Riccardo Bruscagli, Gino Tellini

Il palazzo di Atlante

Le meraviglie della letteratura

1A Dalle origini all'età comunale

- RIASS. + FRANC
- PRESENTAZIONE VISIONE LINGUISTICA E POLITICA DI DANTE

G.D'ANNA
MESSINA·FIRENZE

ISBN: 978-88-577-9137-1; 978-88-577-9153-1; 978-88-577-9192-0

Loescher Editore Divisione di Zanichelli Editore S.p
opera con sistema qualità certific
secondo la norma UNI EN ISO 90
Per i riferimenti consultare www.loesch

Prima edizione	gennaio 2018; ristampa novembre 2018
Ristampa	5 4 3 2 1 2019 2020 2021
Coordinamento editoriale	Paola Sanini, Aldo Simeone
Redazione	Davide Piretti, Fiorenzo Oliva
Rilettura delle bozze	Dacia Scaranari
Consulenza didattica	Silvia Fogliato
Progetto grafico	Davide Cucini
Ricerca iconografica	Melania Macchi
Cartografia	Studio Aguilar - Milano
Impaginazione	Puntografica - Torino
Videolezioni	Larione Multistudio - Bagno a Ripoli (FI)
Coordinamento delle videolezioni	Filippo Doveri
Fotolito	Walter Bassani - Milano
Copertina	Emanuela Mazzucchetti, Davide Cucini; LeftLoft - Milano/New York
Stampa	L.E.G.O. S.p.A. - Via Galilei, 11 38015 Lavis (TN)

Hanno collaborato alla stesura dei materiali: Francesco Caligaris (glossario); Filippo Doveri (contesti); Silvia Fogliato (*Analisi attiva* di tutti i brani, schede *Come si legge*; box *Le parole della tradizione*); Davide Piretti (schede *Interpretare il mondo*); Andrea Santelli (attività *Obiettivo scuola e lavoro* e *Fact checking*); Studio Maddali e Bruni (attività *Verso l'Invalsi*).

G. D'Anna Casa editrice - Via Baldanzese 39 - 50041 Calenzano (FI)
tel. 011.56.54.111 - fax 011.56.54.200 - e-mail mail@loescher.it - web www.loescher.it

La nostra letteratura è uno scrigno di meraviglie. Per averne la riprova non serve andare a caccia dell'inusitato. I manuali – lo sappiamo bene – devono rispettare il «canone», e non si fa letteratura italiana senza Dante o Manzoni o Leopardi. Ma non è detto che si debba sempre studiare *quel* Dante, *quel* Manzoni, *quel* Leopardi. Magari si può scoprire che Dante era un «poeta semplice» (Eliot), Manzoni un irriducibile ribelle, Leopardi un favoloso incantatore.

Magari si possono considerare Dante e Cavalcanti come due amici alla pari, senza che l'ombra del primo schiacci il secondo. Si può dare rilievo a un Manzoni che mette la parola «fine», nella grande impresa del romanzo, non dopo *I promessi sposi* ma dopo la *Storia della colonna infame*. Si può riconoscere in Leopardi un formidabile poeta della felicità e del piacere di vivere.

Si può anche scoprire che certi punti considerati fermi forse non lo sono affatto: non è vero che non abbiamo avuto una produzione teatrale all'altezza delle principali letterature europee; soltanto, non abbiamo avuto *quel* tipo di teatro; il nostro è stato la Commedia dell'Arte e il melodramma. E per questa via si può apprezzare un genio assoluto come Goldoni; o fare più spazio a Metastasio, che per decenni portò in scena una cultura italiana all'estero di sorprendente vitalità e successo. E poi: siamo sicuri che Verga è scrittore impassibile e distaccato? Siamo sicuri, come spesso si ripete, che la nostra letteratura moderna pecca di provincialismo, rispetto al resto d'Europa? Provinciali Verga, Pascoli, d'Annunzio, Pirandello? Non sarà che – come dice Gadda – in Italia siamo maestri, purtroppo, nel brutto vizio dell'«autodenigrazione»?

Tanto altro ci sarebbe da mettere in luce. Tanta altra polvere da spolverare. Qui basti aver appena dischiuso le porte del *Palazzo*...

Riccardo Bruscagli e Gino Tellini

Indice

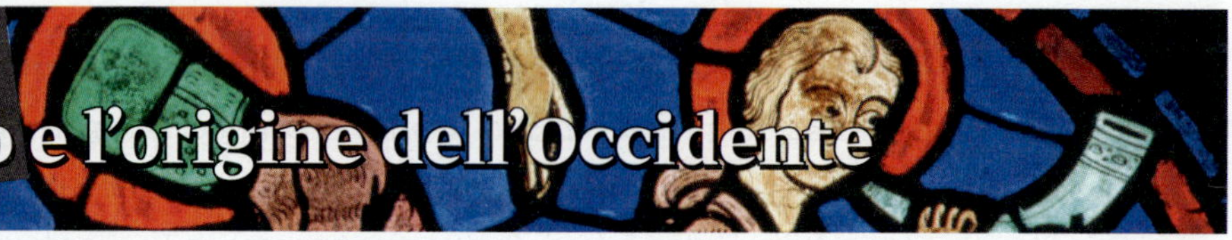

Sezione 1
Il Medioevo e l'origine dell'Occidente

Il contesto

LA DOTAZIONE MULTIMEDIALE

PPT PowerPoint

Palestre di Cloudschooling
Contesto storico-culturale del mondo antico

Audiolibro

Il romanzo di Tristano e Isotta
T Béroul, Gli amanti sorpresi nella foresta
La "quête" del Graal
Il Graal e il mito cavalleresco
Il *Perceval* di Chrétien de Troyes
T Chrétien de Troyes, *I cavalieri sono angeli*
T Chrétien de Troyes, *Al castello del Re Pescatore*
Grandangolo La riscoperta del Graal nel Romanticismo e il *Parsifal* di Wagner
Grandangolo Il Graal, un mito cristiano: la *Questue du Graal*

Una trovatrice: Contesse (Béatrice) De Die
Arnaut Daniel: il desiderio carnale
T Arnaut Daniel, *Lo ferm voler* [il desiderio carnale]
Verifica dei fatti Il *De Amore* di Andrea Cappellano
Grandangolo L'amore di terra lontana: un tema romantico

Sezione 2
Il Duecento e le origini della letteratura italiana

Il contesto

Capitolo 2 La poesia religiosa del Duecento

LA DOTAZIONE MULTIMEDIALE

PPT **PowerPoint** La poesia religiosa del Duecento

Audiolibro

T Guido Cavalcanti, *Donna me prega, per ch'eo voglio dire*

Audiolibro

Eugenio - Verso l'Invalsi

Audiolibro

Eugenio - Verso l'Invalsi

Audiolibro

Capitolo 5 Non solo Stilnovo: gioco, caricatura, evasione

LA DOTAZIONE MULTIMEDIALE

PowerPoint

Non solo Stilnovo: gioco, caricatura, evasione

Audiolibro

Eugenio - Verso l'Invalsi

Cecco Angiolieri, *S'i' fosse foco*

Audiolibro

Capitolo 6 In chiesa e in piazza: la prosa

LA DOTAZIONE MULTIMEDIALE

Sezione 3
Il Trecento: i padri fondatori

Il contesto

Capitolo 7 Dante Alighieri

• TENZONE TRA DANTE E FORESE DONATI

LA DOTAZIONE MULTIMEDIALE

PowerPoint

Videolezioni
Il padre della lingua italiana
Pietà all'Inferno
La clinica dell'anima: l'invenzione del Purgatorio
Paradiso: missione impossibile

Palestre di Cloudschooling
Dante Alighieri
Dante Alighieri - *Commedia*

T *Vita nuova*, Oltre la spera che più larga gira

Audiolibro

Audiolibro
Eugenio - Verso l'Invalsi

Audiolibro

Capitolo 9 Giovanni Boccaccio

LA DOTAZIONE MULTIMEDIALE

Capitolo 10 Il motto e la beffa dopo Boccaccio

Lingua, letteratura, territorio

Lingua nazionale e parlate locali

«Una lingua è un dialetto, più un esercito e una marina militare». Questa affermazione è dovuta a un grande linguista del Novecento, **Max Weinreich** (1894-1969), che intendeva affermare come non esistano, in natura, "lingue" - nel senso di lingue nazionali - diverse per essenza e costituzione dai dialetti. Quelle che noi consideriamo "**lingue**" non sono in realtà che delle **parlate locali**, cioè dei **dialetti**, che si sono **imposti con la forza**: con un esercito e una marina militare. In effetti, che cos'è oggi, per esempio, lo spagnolo? Nient'altro, in origine, che il castigliano, ovvero la parlata di Castiglia, imposta a tutto il regno con la costituzione di un'unitaria monarchia nazionale, tramite la fusione dei regni di Castiglia e di Aragona, alla fine del Quattrocento. E che cos'è il francese? Nient'altro che la variante settentrionale delle parlate di Francia, imposta a tutto il Paese con la costituzione di una monarchia nazionale, sotto l'autorità di una dinastia dell'Île-de-France.

Il caso italiano

In Italia, le cose sono andate in modo del tutto diverso. Qui, infatti, non ci sono stati né un esercito né una marina militare che abbiano imposto l'uso generalizzato, nazionale, di un "dialetto" locale promosso a lingua dell'intero territorio. Questo per il semplice fatto che l'Italia, come nazione, ha raggiunto la sua unità molto tardi, nel 1861, al culmine del nostro Risorgimento. A partire da quella data il nuovo Stato unitario certamente si pose il problema della promozione e del monitoraggio della lingua nazionale: ma ormai i giochi erano fatti e da secoli l'Italia, una "non-nazione", aveva prodotto una magnifica, varia e influente letteratura in una lingua unitaria: il **toscano**, nella sua **variante fiorentina**. Quel toscano non si era imposto tramite la volontà coercitiva di una monarchia nazionale (che per secoli non era esistita), ma per il suo puro, intrinseco prestigio. Se l'italiano della nostra letteratura (e l'italiano che oggi usiamo e parliamo) è quello che è - cioè il toscano nella sua variante fiorentina -, ciò è dovuto a una sorta di stupefacente *big bang* iniziale della nostra letteratura. Ovvero, è dovuto all'emergere, in un breve arco temporale, di **tre capolavori** che subito imposero il toscano come "la" lingua italiana: la *Commedia* di Dante Alighieri (1265-1321), le *Rime* di Francesco Petrarca (1304-74), e il *Decameron* di Giovanni Boccaccio (1312-76). Le date parlano da sole: nel giro di due generazioni, tre opere scritte in fiorentino stabilirono un canone linguistico che si impose in tutta la penisola, declassando automaticamente a "dialetti" le altre parlate locali. Questo è l'evento da cui prende avvio la nostra identità linguistica e culturale italiana.

La scelta del toscano, dal Trecento in poi, ha dunque permesso all'Italia di costruire una sua identità linguistica e letteraria, anche in assenza di una nazione, cioè di uno Stato che sorreggesse, incoraggiasse, vigilasse sull'uso di quella lingua. Ma c'è stato un prezzo da pagare: per tanto tempo il toscano è stato la lingua della nostra letteratura - cioè una lingua scritta - e non sempre, non dappertutto, una lingua dell'uso parlato.

Un Paese di illetterati

Nel 1963 il linguista Tullio De Mauro pubblicò uno studio, *Storia linguistica dell'Italia unita*, che ebbe un effetto dirompente. Egli metteva di fronte agli occhi dei lettori statistiche addirittura sconvolgenti: nel 1861, al momento dell'unificazione italiana, calcolava che in Italia la percentuale degli analfabeti fosse superiore al 75% della popolazione, e che solo il 2,5% degli italiani fosse in grado di usare la lingua nazionale (queste statistiche sono state poi un po' ammorbidite da studi successivi, che hanno portato la percentuale degli italiani in grado di usare la lingua nazionale alla cifra, anch'essa non esaltante, del 9,52%). Anche in questo senso l'Italia rappresenta una situazione peculiare: l'illetterato italiano, infatti, non solo non sa né leggere né scrivere, ma non sa neanche parlare la lingua nazionale; si trova cioè gravemente escluso da una normale partecipazione alla vita civile del suo Paese. Bisogna allora tenere presente che non solo la nostra letteratura è stata a lungo non condivisa dalla gran parte degli italiani, ma, soprattutto, che anche gli alfabetizzati e i nostri scrittori, se di nascita non toscana, hanno sempre molto faticato a scrivere "in italiano", per continuare a dare vita a una letteratura "italiana".

La fatica degli scrittori italiani

Non stupisce dunque che l'**italiano** in molti dei nostri autori, anche i più grandi, sia stato una **conquista faticosa**. Questa fatica è tanto più rilevante - e quasi commovente - perché testimonia l'ostinazione con cui, anche in assenza di una nazione "normale", gli scrittori italiani hanno voluto aderire a una tradizione letteraria sentita essenziale; essenziale a mantenere viva almeno un'"idea" di Italia. **Vittorio Alfieri**, nel Settecento, si era fabbricato un vocabolarietto personale, a tre colonne: nella prima annotava la parola francese, nella seconda la corrispondente parola piemontese, nella terza quella italiana (toscana), che era quella che gli premeva ricordare, e usare nelle sue opere. Lo stesso **Alessandro Manzoni** in una celebre pagina testimonia del suo sforzo - ma anche della sua determinazione - nel perseguire una prosa di romanzo in una lingua "viva e vera":

> E ci sarebbe da farvi più pietà ancora, se v'avessi a raccontare i travagli ne' quali so essersi trovato uno scrittore non toscano che, essendosi messo a comporre un lavoro mezzo storico e mezzo fantastico e col fermo proposito di comporlo, se gli riuscisse, in una lingua viva e vera, gli s'affacciavano alla mente, senza cercarle, espressioni proprie, calzanti, fatte apposta per i suoi concetti, ma erano del suo vernacolo, o d'una lingua straniera, o per avventura del latino, e naturalmente, le scacciava come tentazioni; e di equivalenti, in quello che si chiama italiano, non ne vedeva.

Tuttavia ancora dopo i *Promessi sposi* per i nostri scrittori il toscano era duro da usare. **Federico De Roberto**, l'autore dei *Viceré*, riconosceva in una sua lettera del 1895 che i suoi primi libri erano «scritti in una lingua ostrogota»; nel 1884 aveva scritto all'amico Luigi Capuana: «Che disperazione con questo strumento della nostra lingua che per noi siciliani è quasi come una lingua morta, come già per gran parte degli italiani».

Con l'unità d'Italia, naturalmente, il rapporto fra lingua parlata e lingua scritta è cambiato, anche se più lentamente di quanto ci si potesse aspettare. Comunque, la **diffusione dell'istruzione elementare**, e soprattutto l'avvento e la diffusione pressoché istantanea dei **mezzi audiovisivi** (radio, televisione, cinema) hanno fatto sì che oggi l'italiano - cioè il fiorentino di Dante, Petrarca e Boccaccio - sia comunemente inteso, parlato e scritto nel nostro Paese. Ma non è un caso se, nel corso della nostra storia letteraria, incontreremo più di una volta la cosiddetta "questione della lingua". Essa in Italia non è mai stata solo una questione di grammatica o di correttezza formale. È sempre stata una questione civile e politica. Per cui potremmo dire davvero che l'esistenza stessa di una letteratura degli italiani è il risultato di un sforzo eroico, collettivo, di costruzione di un'identità nazionale.

Sezione 1

Il Medioevo e l'origine dell'Occidente

L'IMMAGINE CHIAVE

... perché:

- esemplifica l'immaginario cavalleresco;
- nei colori accesi e nella semplificazione delle immagini ci dice quanto la cultura medievale fu cultura non solo scritta, ma visiva, affidata all'illustrazione pubblica;
- nella compresenza delle azioni (Orlando suona il corno e cerca di spezzare Durlindana prima di morire) esemplifica le modalità di racconto non realistico.

◂ La morte di Orlando. Vetrata di Carlo Magno, Chartres, Cattedrale di Notre-Dame, fine XII secolo.

I CONCETTI CHIAVE

Cavalleria
Il tardo Medioevo (dopo l'anno Mille) è dominato dalla figura del cavaliere, sia nella società e nell'organizzazione militare del tempo, sia nell'immaginazione letteraria. Questa figura riunisce in sé prodezza, coraggio, lealtà, spirito di avventura, fedeltà alla causa della fede cristiana.

Cortesia
Tra i valori cavallereschi spicca la cortesia, virtù speciale di chi gravita nell'ambito della corte. Sia in guerra sia in amore il cavaliere dovrà essere impeccabile nella sua lealtà, anche verso i nemici, e pronto ad affrontare le più rischiose avventure, come omaggio alla donna amata.

Allegoria
Per la mentalità medievale, un testo (letterario o figurativo) non dice solo quello che letteralmente vi si legge o vi si osserva: rimanda sempre ad altri significati, morali o spirituali. Testi e autori della cultura pagana vengono spesso piegati a significare, allegoricamente, contenuti estranei alla loro intenzione originale. La realtà fisica stessa è vista come depositaria di significati nascosti.

IL TESTO CHIAVE

« Basta pensare all'etimologia della parola "simbolo" per comprendere quale sia il posto occupato dal pensiero simbolico non soltanto nella teologia, nella letteratura e nell'arte dell'Occidente medievale, ma anche negli strumenti del pensiero. Il *sýmbolon* era presso i greci un segno di riconoscimento rappresentato dalle due metà di un oggetto diviso fra due persone. [...]. È il riferimento a un'unità perduta, ricorda e richiama una realtà superiore e nascosta. Ora, nel pensiero medievale, ogni oggetto materiale era considerato come la raffigurazione di qualcosa che gli corrispondeva su un piano più elevato e diventava così il suo simbolo. [...] Un grande serbatoio di simboli è la natura. Gli elementi dei diversi ordini naturali sono gli alberi di questa foresta di simboli. Minerali, vegetali, animali sono tutti simboli [...]. Lapidari, florari, bestiari, dove sono catalogati e spiegati quei simboli, occupano un posto di primo piano nella biblioteca ideale del Medioevo.

(J. Le Goff, *Il simbolismo medievale*, in *La civiltà dell'Occidente medievale*, Einaudi, Torino 1981)

LE OPERE FONDAMENTALI

Chanson de Roland

Il testo (anonimo, risalente alla seconda metà dell'XI secolo) è la più alta testimonianza della "materia di Francia", ovvero dei poemi che celebrano Carlo Magno e i suoi paladini, devoti alla difesa della cristianità di fronte al pericolo musulmano. Orlando, nipote di Carlo, è l'eroe centrale di questa epica, insieme guerriera e religiosa: la sua morte a Roncisvalle, a causa del tradimento di Gano di Maganza, è quella di un cavaliere combattente, ma anche di un martire della fede.

Lancelot

Sotto questo titolo si comprendono in realtà almeno due testi, o "romanzi" in versi, opere di Chrétien de Troyes (attivo nella seconda metà del XII secolo): il *Chevalier de la Charrette* e il *Chevalier au Lion*, resi popolarissimi in Italia da infinite trasposizioni e traduzioni. La storia di Lancillotto e Ginevra è la più rappresentativa della "materia di Bretagna", incentrata sulle avventure di re Artù e dei suoi cavalieri e caratterizzata, a differenza della "materia di Francia", da amori e magie.

Jaufré Rudel, *Quan lo rius de la fontana*

La poesia è emblematica della lirica d'amore fiorita in Provenza verso la metà del XII secolo, incentrata sul concetto della *fin'amor*, o amore "cortese": il poeta amante si fa vassallo della donna amata, lontana e irraggiungibile. Rudel spinge questa situazione agli estremi, sognando di un *amors de terra londhana*: un amore anche fisicamente lontano, che si consuma nella nostalgia e nello spasimo di un desiderio inappagabile.

Il contesto

Il Medioevo e l'origine dell'Occidente

1. Il quadro storico

Che cos'è il Medioevo? Il termine «Medioevo» significa letteralmente **"età di mezzo"** e indica, a grandi linee, il **periodo compreso tra il V e il XV secolo**. Si tratta di un concetto retrospettivo, nel senso che gli uomini vissuti in quei secoli non sapevano affatto di essere «nel Medioevo». L'immagine di un periodo di oscuro regresso compreso tra la fine del mondo antico e la «rinascita» degli studi classici fu utilizzata già da Petrarca e divenne poi un tratto caratteristico della cultura umanistico-rinascimentale.

Tale visione negativa del Medioevo - visto come un'epoca di oscurantismo e superstizione - fu ripresa dall'Illuminismo settecentesco e solo **con il Romanticismo**, nell'Ottocento, **l'età medievale fu rivalutata** ed esaltata come momento chiave per la nascita dei moderni Stati europei. Oggi, studi approfonditi hanno permesso sia di evidenziare le differenze tra i vari periodi del Medioevo, sia di appurare che esso non fu un periodo di sola decadenza, ma un passaggio fondamentale per la formazione della cultura europea, grazie al contatto tra molteplici realtà.

La periodizzazione del Medioevo Per molto tempo i limiti cronologici del Medioevo sono stati fissati da due date dalla forte valenza simbolica: il **476**, anno della **caduta dell'Impero romano d'Occidente**, e il **1492**, anno della **scoperta dell'America**. Si tratta, ovviamente, di date stabilite in maniera convenzionale, che nel corso del Novecento sono state messe in discussione con proposte alternative. Alcuni storici, per esempio, spostano l'inizio del Medioevo al VII secolo, in corrispondenza con la penetrazione araba in Europa; altri ne anticipano la fine alla metà del Trecento, epoca della grande «peste nera» e della successiva crisi economica e demografica; altri ancora al 1453, quando i Turchi conquistarono Costantinopoli, ponendo fine alla millenaria storia dell'Impero romano d'Oriente. È comunque utile ricordare che già l'umanista italiano Flavio Biondo, il primo a utilizzare l'espressione *media aetas* per indicare la lunga **"parentesi"** tra lo splendore della civiltà classica e l'Umanesimo quattrocentesco, suggerì nelle sue *Decadi della storia dal declino dell'Impero romano* (1450 ca) una periodizzazione che andava dal 410 (anno del sacco di Roma da parte dei Visigoti) alla metà del XV secolo.

Oggi, la maggior parte degli studiosi tende a far coincidere la fine del Medioevo con la **fine del Trecento**, quando giunsero a compimento alcuni fenomeni di lunga durata che interessavano la società, l'economia e la cultura dell'Europa occidentale, ovvero:

- l'avvento delle **prime monarchie nazionali**, che presero il posto, sulla scena internazionale, di Impero e Papato, i due grandi poteri universali che si erano scontrati per quasi due secoli;
- l'indebolimento delle strutture feudali e la nascita di un **sistema economico che aveva i suoi centri nelle città** ed era gestito da una nuova classe sociale «borghese», legata ai commerci e agli affari;
- il passaggio da una mentalità che aveva al centro Dio e la religione a una **nuova visione del mondo**, in cui l'uomo acquistava maggiore rilevanza e in cui i testi della cultura classica vennero "riscoperti" per il loro valore intrinseco e non interpretati in chiave cristiana.

Alto e Basso Medioevo Un'altra convenzione storica, usata soprattutto dalla storiografia italiana, è la **divisione del Medioevo in due periodi**, Alto Medioevo e Basso Medioevo.

L'**Alto Medioevo**, compreso tra il 476 e il 1000, si apre con la formazione dei regni romano-barbarici; successivamente, vede la nascita del Sacro romano impero di Carlo Magno e, dopo il suo smembramento, la diffusione di un nuovo sistema politico e sociale, il feudalesimo.

Teocrazia
Forma di governo in cui il potere civile è subordinato a quello religioso.

Nel **Basso Medioevo** (dal 1000 fino alla fine del XIV secolo) i tentativi di restaurazione imperiale si scontrano con le ambizioni **teocratiche** del papato, dando vita a un conflitto che dura fino alla metà del XIII secolo. Parallelamente, i miglioramenti delle tecniche agricole portano a una crescita della popolazione e a una ripresa dei commerci, con una conseguente “rinascita” delle città che, nell’Italia centro-settentrionale, dà luogo a una nuova forma istituzionale, il **Comune**. Tra XII e XIII secolo i Comuni, desiderosi di maggiore autonomia, saranno protagonisti di aspre **lotte contro l’Impero e contro il Papato**, ma la crescente tensione tra le fazioni politiche porterà, nel giro di pochi decenni, prima a lotte intestine e poi alla comparsa delle prime **Signorie**.

La fine dell’Impero romano e la formazione dei regni romano-barbarici Già dalla metà del IV secolo l’Impero romano era indebolito dalla pressione di popolazioni germaniche stanziate lungo i suoi confini. Nel corso del V secolo, i “barbari” penetrarono sempre più spesso in Occidente, arrivando a colpire la stessa Roma (saccheggiata nel 410 dai Visigoti e nel 455 dai Vandali), e dopo il crollo dell’Impero si insediarono in varie regioni: i Visigoti nella Gallia meridionale e in Spagna, Angli e Sassoni nelle isole britanniche, Alamanni e Burgundi a nord delle Alpi, i Franchi nella Gallia settentrionale, i Vandali nell’Africa latina, gli Ostrogoti in Italia. In questi territori, i conquistatori diedero vita ai cosiddetti **regni romano-barbarici**, così chiamati perché fondati sull’unione tra **usanze germaniche** (importanza dei legami familiari, primato sociale dell’aristocrazia guerriera ecc.) e **strutture amministrative romane** (diritto, fiscalità, rete viaria ecc.).

◂ Chiesa di San Giovanni Battista a Müstair (Svizzera), dettaglio della statua raffigurante Carlo Magno, XII secolo.

Mentre l’Europa occidentale vide il succedersi di questi regni per oltre due secoli, diverso fu il destino dell’**Italia**, teatro di un sanguinoso conflitto tra Goti e Bizantini - la cosiddetta guerra gotica (535-53) - al termine del quale il Paese tornò per un breve periodo sotto il controllo dell’Impero romano d’Oriente, prima di essere nuovamente invaso dai **Longobardi**, che si impossessarono dell’Italia centro-settentrionale, lasciando ai **Bizantini** quasi tutta l’Italia meridionale e la città di Ravenna.

Carlo Magno e il Sacro romano impero Il più duraturo tra i regni romano-barbarici fu quello dei **Franchi** che, da un’area corrispondente all’attuale Francia nord-orientale, estesero progressivamente il proprio dominio ai danni di altre tribù, fino a comprendere un territorio assai vasto. Inoltre, sotto la guida di Carlo Martello, fondatore della dinastia carolingia, i Franchi furono gli unici in grado di **fermare l’avanzata degli Arabi** - che, dopo il Nord Africa, avevano conquistato tutta la penisola iberica - sconfiggendoli nella battaglia di Poitiers (732).
Nel 754 il re franco Pipino il Breve scese in Italia su richiesta del papa e, dopo alcuni anni di lotta, sconfisse i Longobardi, donando al Papato un’area dell’Italia centrale, primo nucleo del futuro **Stato della Chiesa**. Due decenni più tardi, suo figlio Carlo Magno batté nuovamente i Longobardi e si impadronì dell’Italia centro-settentrionale; egli, inoltre, sconfisse i Sassoni e combatté in numerose campagne contro gli Arabi di Spagna (in una delle quali, nel 778, vi fu la famosa rotta di Roncisvalle, episodio che ispirò la *Chanson de Roland*).
Carlo Magno creò un vero e proprio impero, che si estendeva dai Pirenei al mare del Nord, e nella notte di Natale dell’**800, a Roma**, fu **incoronato imperatore del Sacro romano impero** da papa Leone III. L’evento era denso di molteplici significati: sul piano simbolico, resuscitava nell’Europa occidentale la grandezza dell’antica Roma; per la Chiesa, comportava il rafforzamento della supremazia del papa, che si attribuiva l’autorità di conferire al capo politico-militare dell’Occidente il nuovo titolo imperiale; per il sovrano dei Franchi, infine,

l'incoronazione favorì il riconoscimento di una pari dignità da parte di Costantinopoli, che verrà ottenuta nell'812.

Carlo Magno morì nell'814 e il grande organismo politico-territoriale da lui costruito non gli sopravvisse di molto, ma la sua figura assunse, nelle epoche successive, i connotati dell'eroe leggendario e dell'incrollabile baluardo della fede. Intorno a lui e ai suoi celebri «paladini», primo fra tutti **Orlando** (*Roland* in francese) si sviluppò una tradizione epica che, a partire dalla *Chanson de Roland* [▸ p.30 sgg.], si diffuse in tutta Europa, diventando uno dei pilastri delle nuove letterature in volgare.

Il feudalesimo Per governare un territorio così vasto, Carlo Magno fu costretto a dotarsi di un **efficiente apparato amministrativo** che gli assicurasse il sostegno dell'aristocrazia guerriera e, allo stesso tempo, ne limitasse le spinte autonomistiche, tipiche delle società germaniche prive di uno Stato centralizzato.

Vassallo
Parola di origine celtica (*vassus*) che significa letteralmente "servo".

Egli utilizzò dunque in chiave politica un legame tipico della società franca, il **vassallaggio**: i **vassalli** erano esponenti di gruppi tribali o familiari che nel corso di una cerimonia - detta «investitura» - giuravano **fedeltà al signore** e lo aiutavano nelle sue campagne militari, ricevendo in cambio parte del bottino. Carlo Magno organizzò quindi l'Impero creando una **struttura piramidale** che aveva al vertice l'imperatore e sotto di lui i suoi vassalli, che amministravano i territori assegnati loro e rispondevano direttamente al sovrano.

Nei decenni successivi, questa consuetudine si strutturò in maniera sempre più articolata. Il vassallo riceveva dal sovrano una porzione di territorio da amministrare, chiamata all'inizio «beneficio» e poi «**feudo**» (da cui, appunto, il termine «feudalesimo»), ed era legato al suo signore da un **giuramento di fedeltà** con cui, in cambio di concessioni come la possibilità di riscuotere le tasse o di amministrare la giustizia, egli offriva la sua sottomissione (detta «**omaggio**») e si impegnava a prestargli aiuto in caso di guerra.

Feudo
Termine di origine incerta, che probabilmente designava in origine il possesso di bestiame; in seguito passò a indicare una porzione di terra più o meno grande, comprendente anche città e villaggi.

Durante il regno di Carlo Magno e di suo figlio, Ludovico il Pio, questo sistema sembrò funzionare poiché i feudi erano solo **affidati** ai vassalli e, dopo la morte di questi ultimi o in caso di contrasti, tornavano automaticamente al sovrano; in tal modo, veniva preservata l'integrità territoriale del regno. Ma la situazione cambiò nel giro di pochi anni, in seguito al conflitto che oppose i tre figli di Ludovico il Pio (nel quale, tra le altre cose, vi fu la prima testimonianza scritta di uso dei volgari nazionali) e che si concluse con la **spartizione dell'impero**, sancita nell'843 dal **trattato di Verdun**: a Lotario fu assegnato il regno d'Italia

◂ Carlo Magno cattura la bandiera in battaglia, dalle *Grandes Chroniques de France*, seconda metà del XIV secolo (Londra, British Library).

▲ **Il dittico di Ratisbona**

In questa scultura in avorio, il dittico di Ratisbona, dell'890 circa, troviamo molto evidenti i forti legami tra Impero romano e cristianità: la lupa che allatta Romolo e Remo, simbolo di Roma, è all'origine della nuova religione, raffigurata come Cristo in croce.

e la Lotaringia (regione compresa tra il Reno e la Loira); a Carlo il Calvo toccò il regno di Francia; Ludovico divenne re di Germania.

La lotta per l'eredità dell'Impero ebbe come effetto immediato il **rafforzamento dei vassalli**, il cui aiuto militare era necessario ai sovrani. In questo contesto si inserisce, nell'877, il **Capitolare di Quierzy**, editto con cui Carlo il Calvo - che aveva temporaneamente riunificato l'impero grazie alla morte senza eredi di Lotario e del figlio di Ludovico - sanciva l'ereditarietà dei feudi maggiori, sperando di assicurarsi l'appoggio dei grandi feudatari. Ma, per ottenere l'alleanza di feudatari ormai di fatto indipendenti, i sovrani erano obbligati a sempre maggiori concessioni - come il diritto di battere moneta o la facoltà di imporre nuove tasse nel feudo -, che finivano per accrescere ulteriormente il potere dei vassalli. Inoltre, potendo disporre liberamente dei propri possedimenti, i feudatari iniziarono a loro volta a cedere parti del loro territorio in beneficio a vassalli minori (poi detti «valvassori»), i quali facevano lo stesso con altri sottoposti (detti «valvassini»).

Tale frammentazione raggiunse il suo apice quando l'imperatore Corrado II emanò la ***Constitutio de feudis*** (**1037**) una legge che rendeva ereditari anche i feudi minori (cioè quelli dei valvassini e dei valvassori). Sorsero così un'infinità di **domini autonomi**, che riconoscevano prima di tutto l'autorità del vassallo maggiore, il quale poteva anche opporsi alla volontà dell'imperatore, spesso privo della forza militare necessaria per ricondurlo all'obbedienza.

Il Sacro romano impero germanico Dopo la dissoluzione dell'Impero fondato da Carlo Magno, nel 962 nacque il **Sacro romano impero germanico**, comprendente i territori tedeschi e l'Italia centro-settentrionale, con a capo **Ottone I di Sassonia** che, come Carlo Magno, era stato incoronato a Roma dal papa. Pochi giorni dopo la sua incoronazione, Ottone emanò un decreto destinato ad avere enormi ripercussioni nella storia dei rapporti tra Impero e Papato, il ***Privilegium Othonis***; questo documento stabiliva che l'elezione papale potesse avvenire soltanto con l'approvazione dell'imperatore e sanciva, quindi, la **superiorità del potere temporale** dell'imperatore su quello spirituale del papa. Oltre a investire Ottone - profondamente religioso e a favore di una riforma della Chiesa che eliminasse il lusso e la corruzione degli ecclesiastici - del ruolo di «imperatore cristiano», le conseguenze più immediate del *Privilegium* riguardarono la **gestione dei feudi** da parte dell'imperatore. Dal momento che il Capitolare di Quierzy aveva riconosciuto l'ereditarietà dei feudi maggiori, Ottone nominò dei vescovi di sua fiducia ai quali affidare i feudi (i **vescovi-conti**) e impose loro l'obbligo del celibato (all'epoca non ancora ufficialmente richiesto agli ecclesiastici): in tal modo, i beni del vescovo-conte non potevano essere lasciati in eredità e, alla sua morte, tornavano al sovrano.

Il conflitto tra Impero e Papato: la lotta per le investiture L'istituzione dei vescovi-conti sembrava aver posto un freno alla frammentazione dei territori imperiali, ma originò un **duro scontro** tra l'Impero e il Papato, destinato a durare per più di un secolo. Il *Privilegium Othonis* aveva affermato la supremazia del potere imperiale, una prerogativa inaccettabile per il Papato, che rivendicava il primato dell'autorità spirituale, sostenendo che il papa riceve il proprio mandato direttamente da Dio. È naturale, quindi, che la Chiesa non tollerasse l'investitura dei vescovi da parte del potere imperiale: tale pratica fu condannata nel 1059 da papa Niccolò II, che, contemporaneamente, escluse l'imperatore dalla partecipazione attiva all'elezione del pontefice. Tuttavia, il papa e l'imperatore

continuavano a contendersi il **diritto di concedere l'investitura ai vescovi-conti**, i quali si trovavano spesso a dovere scegliere se obbedire al papa in quanto vescovi, o all'imperatore in quanto conti.
Nel 1075 papa Gregorio VII emanò il ***Dictatus papae***. Questo documento, che diede inizio alla **«lotta per le investiture»**, vietava alle autorità laiche di assegnare cariche religiose, stabiliva l'obbligo del celibato per il clero (in modo che dopo la morte dei prelati i loro beni tornassero alla Chiesa) e ribadiva in modo esplicito la **superiorità del potere papale su quello imperiale**, affermando che solo i cardinali potevano eleggere il papa (escludendo dunque sia l'imperatore, sia i vescovi, spesso di nomina imperiale).
La risposta dell'imperatore Enrico IV non si fece attendere. Egli si oppose alle tesi esposte nel *Dictatus papae* e, nella **Dieta di Worms** (1076), dichiarò nulla l'elezione di Gregorio VII. Il papa reagì a sua volta scomunicando Enrico e sciogliendo i sudditi dall'obbligo di fedeltà all'imperatore. Temendo una ribellione dei feudatari tedeschi, Enrico fu costretto a cercare la riconciliazione: si recò personalmente nel castello di Canossa (nell'odierno territorio di Reggio Emilia) per incontrare Gregorio VII, e dopo che ebbe atteso per tre giorni di essere ricevuto (episodio noto come **«umiliazione di Canossa»**) la scomunica gli fu revocata. Ma, nonostante questo, i contrasti proseguirono: Gregorio VII favorì l'elezione di un nuovo re di Germania, mentre Enrico IV fece eleggere dai vescovi a lui fedeli un antipapa tedesco, Clemente III, fino a quando **nel 1083 Enrico IV occupò Roma** e si fece proclamare imperatore dall'antipapa. Rifugiatosi in Castel Sant'Angelo, Gregorio VII chiamò in aiuto le **truppe normanne** di Roberto il Guiscardo, che a partire dal 1060 aveva assunto il controllo di quasi tutta l'Italia meridionale. Dopo mesi di assedio, i Normanni sconfissero le truppe imperiali ma, una volta entrati in città, si abbandonarono a saccheggi e devastazioni, tanto che Gregorio VII fu costretto a lasciare Roma per sfuggire alla popolazione inferocita e morì pochi mesi dopo a Salerno.
Dopo altri decenni di tensioni, la lotta per le investiture terminò nel 1122 con il **Concordato di Worms**, stipulato tra Callisto II ed Enrico V, che distingueva tra **investitura feudale**, spettante all'imperatore, e **investitura episcopale**, di pertinenza del papa o di suoi rappresentanti. Il Concordato, inoltre, stabilì delle norme che miravano a conciliare in modo pragmatico le divergenze ancora esistenti: mentre in Italia l'investitura religiosa doveva precedere quella laica, in Germania la procedura era inversa e all'imperatore era consentito intervenire nelle nomine dei vescovi.

▲ In questa miniatura vediamo, da sinistra a destra, Ugone l'abate di Cluny, Enrico IV, la contessa Matilde. La scritta in basso dice: «Il re invoca l'aiuto dell'abate e nello stesso tempo supplica Matilde».

La prima Crociata Nel pieno dello scontro tra Impero e Papato ebbe luogo in Europa un'impresa senza precedenti: la riconquista di Gerusalemme e dei luoghi sacri della religione cristiana, che nel 1076 i Turchi Selgiuchidi avevano strappato agli Arabi. Nel **1095**, al concilio di Clermont, papa Urbano II bandì la **prima Crociata** per liberare la Terra Santa e tutta la cristianità si trovò improvvisamente unita dal fervore religioso contro un nemico comune (gli «infedeli»). Ma fu soprattutto il miraggio delle favolose ricchezze di Gerusalemme a scatenare la popolazione, al punto che prima della partenza dell'esercito cristiano, dalla Francia si mosse una spedizione di poveri e avventurieri (la cosiddetta «Crociata dei pezzenti»), che nel corso del lungo viaggio si diede a saccheggi e massacri ai danni delle comunità ebraiche della Germania e della Boemia, e fu distrutta in

Asia Minore dall'esercito turco. La prima Crociata "ufficiale" terminò invece con la **conquista di Gerusalemme** (1099) e la creazione di regni cristiani in Medio Oriente. Tuttavia, mentre la città rimase in mano cristiana per **meno di un secolo** (fu riconquistata nel 1187 dal Saladino, nel corso della terza Crociata), le ripercussioni che questo evento ebbe sui commerci europei e, in particolare, sulle Repubbliche marinare italiane, furono decisive per lo sviluppo economico dei secoli XII e XIII.
Al di là dei motivi religiosi, però, la Crociata fu anche un modo per tenere a freno le **spinte autonomistiche dei grandi feudatari**: indirizzare la nobiltà guerriera verso conquiste extraeuropee significava infatti, distoglierla sia dalle pretese al trono imperiale, sia dalla possibile opposizione al progetto teocratico del Papato.

La società medievale Quella medievale era una **società chiusa**, in cui le classi erano rigidamente separate e la mobilità pressoché impossibile. La più celebre definizione che ne fu data è quella del vescovo francese Adalberone di Laon che, intorno al 1025, in un suo scritto indirizzato al re di Francia Roberto II il Pio, spiega la differenza tra «nobili» e «servi» e parla di **«tre ordini»**:

> La Chiesa con tutti i suoi fedeli forma un solo corpo, ma la società è divisa in tre ordini. Infatti la legge degli uomini distingue altre due condizioni: il nobile e il servo non sono sotto una stessa legge. I nobili sono guerrieri, protettori della Chiesa, difendono con le loro armi tutto il popolo, grandi e piccoli, e ugualmente proteggono se stessi. L'altra classe è quella dei servi: questa razza di infelici non possiede nulla senza dolore. Ricchezze e vesti sono fornite a tutti dal lavoro dei servi e nessun uomo libero potrebbe vivere bene senza i servi. Dunque la città di Dio, che si crede essere una sola, è in effetti triplice: alcuni pregano; altri combattono; e altri lavorano. Questi tre ordini vivono insieme e non possono essere separati; il servizio di uno solo permette l'attività degli altri due e ognuno di volta in volta offre il sostegno a tutti.

1 Cristo, in trono, consegna a san Pietro le chiavi del Regno dei Cieli; un gesto che si rinnova a ogni elezione del pontefice: infatti, ogni papa è il successore di san Pietro.

2 Il libro aperto riporta il passo del Vangelo in cui Cristo designa come proprio successore san Pietro.

3 Era regola che nessun sovrano avrebbe potuto avere un trono sontuoso quanto quello del pontefice.

◂ **Il primato della Chiesa**
Lorenzo Veneziano, *Cristo consegna le chiavi a san Pietro*, 1370, tempera e oro su tavola (Venezia, Museo Correr). Il dipinto è una rappresentazione del primato del papa di Roma.

Accanto a coloro che pregano (*oratores*, categoria che comprende tutti i membri del clero) e ai lavoratori (*laboratores*, di cui fanno parte sia uomini liberi che i servi veri e propri), sono menzionati i combattenti (*bellatores*), ovvero i **cavalieri**, coloro che più di tutti incarnavano gli ideali di vita della società feudale, spesso violenta e bellicosa. Soltanto i figli cadetti dei nobili (il primogenito era infatti colui che ereditava il titolo) potevano diventare cavalieri, poiché erano necessarie notevoli risorse economiche per addestrarsi, armarsi e mantenere cavallo e servitori. Mentre inizialmente si diventava cavalieri solo dopo anni di duro apprendistato guerresco, all'inizio dell'XI secolo si andò affermando l'idea di una casta ereditaria e chiusa, alla quale si apparteneva per diritto di sangue. Ma, nel giro di pochi decenni, la figura del cavaliere si trasformò radicalmente, influenzando l'**immaginario sociale e culturale di un'intera epoca**. Grazie all'azione moralizzatrice della Chiesa - in cui rientra anche la proclamazione della prima Crociata, che indirizzò l'aggressività della cavalleria europea contro i nemici della fede -, il cavaliere non fu più visto come un predone dedito a razzie e saccheggi, ma come un difensore dei valori cristiani, protettore di damigelle in pericolo e in lotta contro ogni genere di soprusi; in questa veste fu dunque raffigurato e idealizzato dal romanzo cortese [▶ p. 37 sgg.].

La stessa **cerimonia d'iniziazione**, detta «vestizione» o «addobbamento», si corredava di **riti cristiani** come la benedizione della spada: dopo la notte trascorsa nella «veglia d'armi», il novello cavaliere riceveva la spada da un cavaliere più anziano, e subiva la «palmata», un colpo sul viso che ne provava robustezza e autocontrollo e serviva come segno di incitamento alla lotta.

GUIDA ALLO STUDIO

1. Quali erano le principali caratteristiche dei regni romano-barbarici?
2. Come era organizzato l'impero di Carlo Magno dal punto di vista amministrativo?
3. Chi erano i vescovi-conti?
4. Come si concluse la lotta per le investiture?
5. In che modo si trasformò la figura del cavaliere nel corso dell'XI secolo?

A COLPO D'OCCHIO Medioevo e origine dell'Occidente

Didattica INCLUSIVA

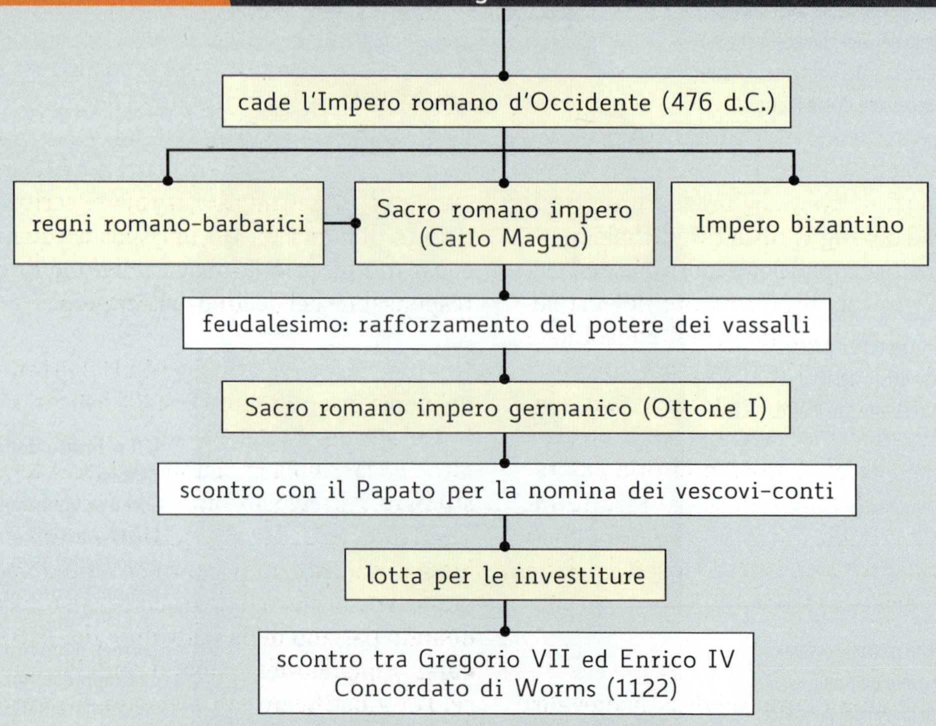

2. Il quadro culturale

Le radici culturali del Medioevo: fratture e integrazioni Nei lunghi secoli del Medioevo maturano sia la realtà geopolitica sia l'idea stessa dell'Occidente, così come ancora oggi lo percepiamo.
Uno degli eventi che contribuiscono a questo processo è la **divisione dell'Impero romano** - sancita in modo definitivo nel 395 alla morte dell'imperatore Teodosio I - in una parte occidentale, con capitale Milano e, dal 402, Ravenna, e in una parte orientale, con capitale Costantinopoli (l'attuale Istanbul, in origine Bisanzio, da cui la denominazione «Impero bizantino»). Il risultato più evidente di questa separazione è che, a partire dalla fine del VI secolo, si verifica una insanabile **frattura culturale tra Occidente "latino" e Oriente di tradizione greco-bizantina**, al punto che nel corso del Medioevo - con l'eccezione di alcune zone dell'Italia meridionale in cui erano presenti Bizantini e Arabi - **la lingua greca diventa sconosciuta in Occidente**. Soltanto nel Quattrocento, con l'Umanesimo, il greco si diffonderà nuovamente in Italia e poi nel resto d'Europa, grazie anche all'esodo di numerosi studiosi bizantini, fuggiti da Costantinopoli dopo la conquista turca del 1453.
L'identità dell'Occidente si forma anche grazie al decisivo influsso delle popolazioni germaniche giunte nei territori dell'Impero già a partire dal IV secolo, tanto che Roma viene spesso difesa da generali barbari romanizzati, come Stilicone ed Ezio; proprio questa integrazione pacifica è uno dei fattori che renderanno possibile la nascita dei **regni romano-barbarici**.
Infine, l'identità geopolitica e culturale dell'Occidente si definisce ulteriormente nel VII secolo, quando alla divisione ormai consolidata tra Ovest (latino) ed Est (greco-bizantino) si aggiunge quella tra **Nord cristiano e Sud islamico**. La penetrazione araba nel Nord Africa e in Spagna crea un'altra linea divisoria che taglia - stavolta orizzontalmente - il Mediterraneo, spezzando l'unità di quello che era stato un mare "romano" e spostando a settentrione il baricentro dell'Occidente.

Una sintesi tra cultura classica e cristianesimo Quella che chiamiamo «civiltà medievale» nasce dall'**incontro tra mondo classico e religione cristiana** e, soprattutto, dall'**assimilazione della cultura greco-latina** operata dal cristianesimo fin dal IV secolo, grazie all'opera mediatrice dei cosiddetti Padri della Chiesa.
Personaggi come sant'Ambrogio (339-97), san Girolamo (347-420), sant'Agostino (354-430) si trovarono ad affrontare il conflitto tra la loro raffinata educazione di stampo classico e l'intransigenza della nuova fede. L'ammirazione per gli autori pagani e per la bellezza delle loro opere è ancora vissuta come una sorta di colpevole **idolatria** da Girolamo, rigoroso **asceta** ma anche fine filologo e traduttore delle Sacre Scritture dal greco al latino (a lui si deve la versione "ufficiale" della Bibbia, nota come *Vulgata*). Più densa di futuro è invece la soluzione moderata di Agostino che, pur rivendicando la superiore verità del cristianesimo, nel trattato *De doctrina christiana* teorizza l'opportunità del **«sacro furto»**: quanto di buono e di compatibile con la nuova religione è stato prodotto dalla cultura antica può e deve essere "rubato" e utilizzato dai cristiani, poiché fornisce strumenti impareggiabili per l'affermazione della vera fede. La giustificazione della civiltà greco-romana come preparazione all'era cristiana è formulata anche nel *De civitate Dei*, un'opera scritta dopo il sacco di Roma del 410, in risposta a quanti accusavano proprio la nuova religione di essere responsabile del declino dell'Impero.

Idolatria
Adorazione di oggetti o immagini a cui sono attribuiti poteri divini.

Asceta
Persona che rinuncia ai beni materiali e conduce una vita austera e ritirata per perseguire fini spirituali.

La lettura allegorica dei testi Nei primi secoli del cristianesimo molti eruditi avevano sostenuto l'immoralità degli autori pagani e ribadito che la Bibbia era l'unico testo da leggere e studiare. Tuttavia, in vari passi i testi sacri presentavano episodi dal significato letterale ambiguo o addirittura in contrasto con quelle che erano le norme religiose, come, per esempio, quando parlano della poligamia dei patriarchi ebrei o quando legittimano omicidi o violenze. Per giustificare tali passaggi si ricorreva a un'**interpretazione allegorica o «figurale»**,

che, oltre al significato letterale, svelava un «sovrasenso» nascosto.
Quando, sulla scia di Agostino, ha inizio un vero e proprio "programma" di **cristianizzazione della letteratura pagana**, il metodo a cui gli studiosi ricorrono è proprio quello dell'allegoria: nei testi antichi si cerca un messaggio educativo **conforme alle verità cristiane.** Esempio di un tale procedimento è la *IV Egloga* di Virgilio: il poeta latino vi celebrava la nascita del figlioletto di un amico, augurando al neonato di aprire una nuova età di pace universale, mentre gli studiosi medievali vi leggono una profezia del prossimo avvento di Gesù Cristo e della redenzione di tutti i peccati.

Il concetto di *auctoritas* L'interpretazione allegorica si lega a un altro aspetto tipico della mentalità medievale, la **mancanza di senso storico**: tutti i testi sono percepiti come contemporanei al tempo e alla civiltà del presente, senza alcun interesse per le intenzioni originarie dell'autore o per il suo contesto storico-culturale. Da ciò ha origine il concetto di ***auctoritas***, cioè il ricorso a un'"autorità" per dare valore a un ragionamento. Per gli uomini del Medioevo non occorre dimostrare in modo empirico una determinata teoria: perché essa sia considerata vera è sufficiente che pensatori autorevoli del passato l'abbiano sostenuta e ripetuta nel corso del tempo. Agli inizi del Medioevo le *auctoritates* indiscusse erano **Padri e Dottori della Chiesa**; in seguito si cominciarono a citare anche alcuni tra i più noti autori della classicità (Cicerone, Seneca, Orazio), fino a quando – con il periodo di massimo splendore della filosofia scolastica, nel XIII secolo – l'*auctoritas* per eccellenza divenne il filosofo greco **Aristotele**, per citare il quale era sufficiente la formula ***ipse dixit*** ("lo ha detto lui", e quindi ha valore). Il ricorso ad Aristotele come *auctoritas* è uno dei paradossi della cultura medievale; infatti, con la scomparsa della lingua greca in Occidente, praticamente nessuno aveva letto i testi originali del filosofo greco, ma ci si basava su versioni latine di essi, derivate a loro volta da traduzione arabe!

Il simbolismo La mentalità medievale si fonda sulla convinzione che tutto ciò che ricade sotto il dominio dei sensi è soltanto un'immagine limitata della perfezione del mondo ultraterreno. Per questo, la realtà è vista come un insieme di simboli che rinviano a una **dimensione più piena e profonda**: sotto la superficie delle cose e delle parole si nascondono significati teologici, filosofici o morali a cui è possibile giungere seguendo nessi razionali o, più spesso, spericolate immaginazioni.
Nel Medioevo **la simbologia accompagna ogni aspetto della vita quotidiana**, ogni evento storico, ogni fenomeno naturale e ne condiziona il valore e l'interpretazione. È così che *lapidari*, *erbari* e *bestiari* descrivono vizi, virtù e significati spirituali nascosti di minerali, vegetali e animali; è così che l'architettura sacra conferisce valenze simboliche alla struttura, all'orientamento, alle proporzioni delle chiese, o che l'aritmetica indaga le proprietà mistiche dei numeri, mentre la musica studia le leggi armoniche dell'universo. Perfino lo studio della grammatica risponde a logiche simboliche, in base alla regola per cui *nomina sunt consequentia rerum* ("i nomi sono segni che comunicano la vera essenza delle cose").

▸ **I bestiari**
A sinistra, miniatura con elefante che lotta con un drago, da un codice del *Physiologus* («Bestiario di Aberdeen»), manoscritto inglese della fine XII secolo (Aberdeen, University Library).
A destra, miniatura con balena, da un codice del *Physiologus* («Bestiario di Oxford»), fine XII secolo (Oxford, Bodleian Library).

Il salvataggio dei classici Nei secoli compresi tra la caduta dell'Impero romano d'Occidente e la nascita del Sacro romano impero, l'immenso patrimonio culturale del mondo classico rischiò di scomparire a causa di fattori quali la disgregazione delle strutture amministrative e politiche romane, la barbarie dei bellicosi e incolti invasori e l'ostilità di alcuni pensatori cristiani verso ogni manifestazione della cultura pagana. Ma, per quanto gravemente impoverito, esso fu difeso e salvaguardato in primo luogo dall'**aristocrazia di tradizione romana**, che manteneva un ruolo di primo piano anche nei nuovi regni romano-barbarici. Emblematica in tal senso è la figura di **Severino Boezio** (480-525), che molti studiosi considerano l'ultimo grande pensatore dell'età romana: discendente da una nobile famiglia senatoria, studiò alla scuola di Atene e fu autore di traduzioni e commenti a filosofi greci che, per tutto il Medioevo, rappresentarono l'unica via d'accesso a importanti aspetti del pensiero di Platone e dei neoplatonici. Famoso per la sua erudizione anche a Costantinopoli, Boezio svolse un ruolo fondamentale nell'integrazione tra romani e barbari, tanto da essere scelto come consigliere del re Teodorico. Ingiustamente accusato di aver preso parte a una congiura contro il sovrano, fu condannato a morte e durante i mesi di prigionia scrisse quella che è la sua opera più celebre, imitata e letta per secoli, il *De consolatione philosophiae* ("La consolazione della filosofia").
Ma i veri protagonisti del salvataggio di gran parte del patrimonio librario dell'antichità furono **piccoli gruppi di monaci** che continuarono a leggere e trascrivere le opere antiche nelle biblioteche dei loro monasteri. Fondamentale, in tal senso, fu l'opera di **Cassiodoro** (485-580 ca), un patrizio romano che intorno al 540, durante la guerra gotica, si ritirò nei suoi possedimenti in Calabria e qui fondò il monastero di Vivarium, dotato di una ricchissima biblioteca, in cui erano conservati centinaia di manoscritti greci e latini. In particolare, Cassiodoro diede regole precise all'attività di copiatura dei testi, istituendo un vero e proprio ***scriptorium*** ("laboratorio di scrittura") ed estendendo tale attività non solo ai monaci infermi o malati - come accadeva prima - ma a tutti i membri alfabetizzati del monastero.

Monasteri e *scriptoria* In questo ambito, di cruciale importanza fu l'attività dei **monasteri benedettini**. Nel 529, san Benedetto da Norcia (480-546 ca) aveva fondato il monastero di **Montecassino**, dove nel 534 fu scritta la famosa *Regola*, che si impose come norma universale dei cenobi (o «comunità monastiche») di tutta Europa. Composta da 73 capitoli, la *Regola* benedettina organizzava la vita quotidiana dei monaci, dividendo il loro tempo fra l'attività spirituale, il lavoro intellettuale e quello manuale, come illustrato dal precetto ***ora et labora*** ("prega e lavora"). La giornata dei monaci era scandita dalle otto ore canoniche (Mattutino, Lodi, Prima, Terza, Sesta, Nona, Vespro, Compieta, computate ogni tre ore circa, da mezzanotte alle nove di sera), in corrispondenza delle quali ci si riuniva per la preghiera; nel resto del tempo i monaci si occupavano delle diverse attività necessarie al monastero. Fra queste, una grande importanza era conferita alla **lettura**, per lo più dei **testi sacri o devozionali**, condotta in privato nelle rispettive celle o affidata alla voce di un monaco lettore nello spazio comune del refettorio.

▸ Regola di San Benedetto, pagina con miniatura raffigurante la *Maiestas Domini*, 915-34 (Montecassino, Biblioteca Monumentale e Archivio Storico).

▲ Alcuino di York presenta a Otgario, vescovo di Magonza, il suo scolaro Rabano Mauro che gli dedica i carmi sulla croce (Codice della Biblioteca di Fulda, Vienna, Nationalbibliothek).

Grazie al diffondersi capillare del monachesimo benedettino, per tutto l'Alto Medioevo la conservazione, lo studio, l'insegnamento e la rielaborazione della cultura classica trovarono il loro luogo deputato negli *scriptoria* e nelle **biblioteche dei monasteri**. Qui si conservavano i manoscritti (o «codici») raccolti dal monastero o copiati al suo interno per opera degli **amanuensi**, che nello *scriptorium* trascrivevano (direttamente o sotto dettatura), miniavano e rilegavano i testi sacri e le opere di Padri e Dottori della Chiesa, ma anche quelle dell'antichità classica, scelte e corrette sugli esemplari circolanti fra i diversi centri monastici. Lo *scriptorium* era di solito una grande sala rischiarata da lunghe file di alte finestre, la cui luce agevolava il lavoro dei copisti: un lavoro che, pur servendosi di strumenti materiali come l'inchiostro, il calamo e la pergamena, era considerato equivalente a una vera occupazione spirituale: una preghiera «fatta non con la bocca ma con le mani», secondo l'abate Pietro il Venerabile.

La rinascita carolingia Se nei primi secoli dell'Alto Medioevo il patrimonio culturale della classicità si conservò prevalentemente grazie all'iniziativa dei monasteri e di pochissimi eruditi, con Carlo Magno fu invece avviata una **politica culturale di ripresa degli studi**, nota come **«rinascita carolingia»**. L'imperatore - benché analfabeta - volle affiancare all'unificazione politica una rinnovata fioritura intellettuale, e a tale fine chiamò alla sua corte prestigiosi maestri da tutta Europa, come il teologo e grammatico Paolino, il monaco Paolo Diacono, autore della *Historia Langobardorum* ("Storia dei Longobardi") e, soprattutto, il diacono Alcuino di York, che ebbe il compito di organizzare un programma culturale, da lui esposto nella circolare *De litteris colendis* ("Sul culto delle lettere"), vero e proprio manifesto dell'impegno imperiale a favore dell'educazione linguistica e letteraria.
Attorno ad Alcuino, nel palazzo imperiale di Aquisgrana, si organizzò un'accademia di dotti chiamata **Scuola palatina**, che rappresentò il più prestigioso centro di espansione della cultura latina in Europa. I manuali elaborati da Alcuino formalizzarono un programma di insegnamento fondato sull'articolazione del sapere in **sette arti liberali**, ripartite nei due gruppi del Trivio e del Quadrivio. Il primo riuniva grammatica, dialettica e retorica, le tre arti aventi per oggetto il linguaggio (*verba*) e dunque il pensiero; il secondo gruppo includeva aritmetica, geometria, astronomia e musica, discipline che studiano le cose naturali (*res*). Questa ripartizione, già proposta da Boezio, divenne la base del sistema formativo del Medioevo e rimase in vigore fino al Quattrocento inoltrato.
Nello stesso tempo, Alcuino e i suoi collaboratori promossero la ricerca di testi classici considerati dispersi, mandando messaggeri in tutti i territori dell'Impero e favorendo la diffusione delle opere dei **grandi autori latini**. Questo progetto, volto a una maggiore circolazione del sapere e a una "unificazione" della cultura occidentale, trovò una sorta di emblema grafico nella **lettera carolina**, una scrittura minuscola tonda elegante ed estremamente leggibile, messa a punto negli *scriptoria* dell'Impero, che gradualmente soppiantò le grafie in uso nelle diverse regioni europee, restando in auge fino al XII secolo, quando fu progressivamente sostituita da un'altra scrittura detta «gotica».

La nascita di una cultura urbana Nonostante l'impulso dato dalla «rinascita carolingia», la cultura e l'alfabetizzazione erano riservate a un ristrettissimo numero di persone. L'unica istruzione di base veniva impartita dalla **Chiesa**:

nelle **scuole dei monasteri** e nelle **scuole cattedrali** si insegnavano il latino e i rudimenti delle arti liberali ai figli delle famiglie nobili e ai ragazzi che avrebbero intrapreso la vita religiosa. I pochissimi che proseguivano gli studi erano tutti destinati alla carriera ecclesiastica e, se anche non prendevano i voti sacerdotali, erano comunque **chierici**, ovvero membri della Chiesa cattolica che, pur non potendo celebrare la messa o impartire i sacramenti, erano però tenuti a osservare il celibato e rispondevano alla giustizia ecclesiastica invece che a quella civile. La situazione cambia intorno alla metà dell'XI secolo, quando in buona parte dell'Europa occidentale, in conseguenza della ripresa economica e demografica, le **città** tornano a essere il centro propulsivo delle attività economiche e culturali, e all'insegnamento religioso si affiancano le prime forme di **istruzione urbana**: gruppi di studenti sempre più numerosi affluiscono nelle città, attratti dalla reputazione dei maestri che vi tengono corsi a pagamento. Si tratta del primo nucleo delle università (il termine ***universitas*** designa infatti in origine la **"totalità" di studenti e maestri**) che di lì a pochi decenni assumeranno una struttura stabile e definita grazie al contributo economico delle istituzioni cittadine.

Scuole cattedrali
Erano così chiamate le scuole che si trovavano presso le cattedrali delle città sedi di vescovadi.

▲ **Le arti liberali**
Harrad von Landsberg, *Hortus Deliciarum, la filosofia delle sette arti liberali*, 1180, miniatura.
Le arti liberali (cioè degne dell'uomo libero), poste alla base del sapere, diventano uno dei soggetti preferiti dell'arte medievale. Qui le vediamo raffigurate in una miniatura. ❶ Leggendo la figura in senso orario, e partendo dall'alto, vediamo, nell'ordine, la grammatica, la retorica (le due arti del linguaggio), la dialettica (l'arte del pensiero), la musica, l'aritmetica, la geometria, l'astronomia (le arti dei numeri).
❷ Nel cerchio interno, vediamo nella parte superiore la filosofia (allo studio della quale si potrà accedere dopo aver assimilato, appunto, le basi, le arti liberali), in quella inferiore Socrate e Platone. ❸ Al piede, quattro poeti.

Il fatto che il sostentamento dei docenti fosse garantito da precisi contratti con gli allievi afferma per la prima volta il principio che il **lavoro intellettuale può essere retribuito** e si può quindi, in questo senso, parlare di una prima forma di **cultura laica**. Bisogna però ricordare che questa nuova forma di insegnamento (laica non tanto nei contenuti, ma perché non più impartita in modo diretto dalla Chiesa) fu comunque fornita, ancora per molti decenni, da insegnanti che facevano parte del mondo ecclesiastico, anche se spesso noti per le loro posizioni eterodosse e per la loro vita brillante. Come i maestri, anche i primi studenti sono quasi tutti religiosi, perlopiù chierici. Tra questi ultimi si distinguono i ***clerici vagantes*** ("chierici girovaghi"), così chiamati perché si spostavano tra le varie città universitarie pur di ascoltare le lezioni dei maestri più famosi. Dalla loro vita goliardica e avventurosa nasce una vasta produzione - anonima - di poesia ironica e parodica, di cui fanno parte famosi componimenti come i ***Carmina Burana***, in cui si celebrano le gioie terrene, il vino, il sesso, dissacrando la poesia devota e le Sacre Scritture.

La civiltà cortese Anche se nell'XI secolo ha inizio una ripresa delle città e lo sviluppo delle prime forme di cultura urbana, ciò che caratterizza maggiormente la società di quest'epoca è la **civiltà cortese**, un nome sotto cui è compresa una serie di manifestazioni culturali e letterarie che hanno origine nella **Francia centro-settentrionale** e, nel volgere di alcuni decenni, raggiungono il massimo splendore nelle **regioni meridionali della Francia**, con la fioritura della poesia provenzale.

Come suggerisce la parola «cortese», si tratta di una cultura legata indissolubilmente all'**ambiente delle corti feudali** e ai valori sociali in esse promossi. Nella società feudale, infatti, la «cortesia» è la qualità che caratterizza la nobiltà d'animo e sulla quale si fonda il codice di comportamento del cavaliere; essa è alla base del rapporto d'amore e si contrappone alla «villania», che indica invece tutto ciò che è rozzo e volgare. La cultura cortese nasce come strumento di legittimazione delle nuove dinastie feudali, subentrate al potere imperiale in seguito alle due leggi che avevano sancito l'ereditarietà dei feudi maggiori (Capitolare di Quierzy, 877) e dei feudi minori (*Constitutio de feudis*, 1037). I signori feudali dell'XI e XII secolo intendevano, tramite la nuova cultura, perseguire precisi obiettivi politici: **nobilitare le origini delle casate**, come fatto in Inghilterra con la ripresa di antiche leggende sulla figura di re Artù; **propagandare ideali di lealtà e fedeltà** per assicurarsi l'appoggio della piccola nobiltà, secondo il modello proposto dalle *chanson de geste* dei paladini di Carlo Magno; indicare **nuovi modelli di comportamento** che celebrassero lo splendore delle corti in quanto luoghi di pace, armonia e serenità, come fatto nella lirica provenzale.

Le corti più grandi e importanti propongono di fatto un **modello alternativo alla cultura ecclesiastica** e incoraggiano nuove forme di cultura, caratterizzate dall'uso della **lingua volgare** e destinate a un nuovo pubblico. Anche se si tratta sempre di un numero esiguo di persone, la funzione aggregativa delle corti feudali permetteva di diffondere romanzi, liriche e poemi tra tutti coloro che facevano parte della vita di corte e consentiva a queste opere di girare da una corte all'altra.

Con la nascita di una letteratura in volgare prevalentemente **scritta** e destinata, se non alla lettura privata, quantomeno a una recitazione pubblica, spesso accompagnata dalla musica, nascono così anche le **prime figure di letterati di professione**: chierici o poeti che compongono in base alle esigenze dei loro signori (come per esempio Chrétien de Troyes, ▸ **T2**, p. 39) e sono disponibili a spostarsi per vendere i loro servigi in corti diverse.

GUIDA ALLO STUDIO

1. Quali sono le fratture fondamentali che definiscono l'identità dell'Occidente?
2. In che cosa consiste il principio dell'*auctoritas*?
3. Chi era Cassiodoro?
4. Quali sono i princìpi a cui si ispira la *Regola* benedettina?
5. Che cosa era la Scuola palatina?
6. Quali erano gli obiettivi che si proponeva la nuova cultura cortese?

A COLPO D'OCCHIO Rapporto tra cristianesimo e cultura classica

Didattica INCLUSIVA

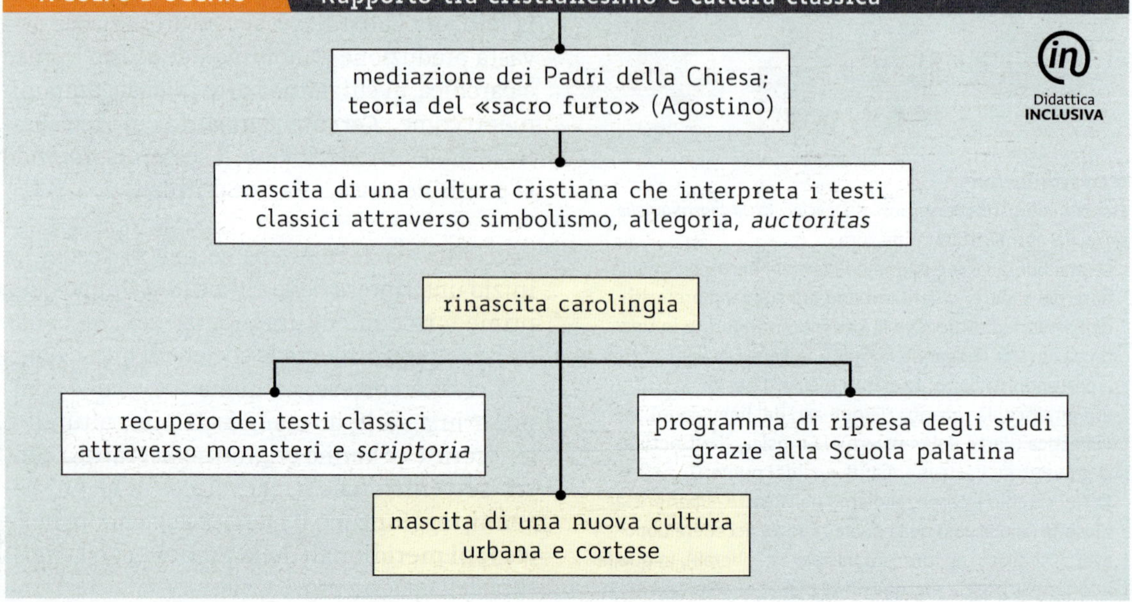

3. Il quadro artistico

L'arte paleocristiana La religione cristiana affonda le proprie radici in quella ebraica, che proibisce la raffigurazione di Dio. Anche i primi artisti cristiani si trovano nella difficoltà di dover rendere visibile quel che può essere conosciuto solo attraverso un atto di fede, la trascendenza di Dio. La soluzione a cui giungono è quella di attribuire agli oggetti **un significato simbolico**, in modo da far predominare la **realtà soprannaturale** su quella terrena, conferendo valore didattico alle rappresentazioni sacre.
Dopo il 313, anno in cui Costantino concede la libertà di culto ai cittadini dell'Impero romano, i cristiani iniziano a riunirsi e a celebrare i loro culti nelle basiliche, edifici religiosi nati sul modello delle basiliche civili romane.
La basilica primitiva è a **sviluppo longitudinale** e a navata unica, costituita cioè da un'unica sala rettangolare, con struttura muraria continua. In seguito, l'ambiente diviene più complesso e viene suddiviso in tre o in cinque navate, attraverso la costruzione di esili muri paralleli sorretti da colonnati.
Nell'architettura paleocristiana il significato simbolico della struttura dell'edificio è estremamente importante: il nome stesso di **navata**, attribuito alla sala rettangolare, rievoca la forma di una nave rovesciata, diretta verso la salvezza: la sala è rivolta a Oriente, punto in cui sorge il sole, simbolo del Cristo risorto, e culmina nell'abside, un elemento architettonico a pianta semicircolare, in cui è collocato l'altare. La navata principale può incrociare, in prossimità dell'abside, una navata trasversale, chiamata **transetto**, coperta da volte a botte a sezione semicircolare: in questo modo la basilica assume una pianta a T, o a **croce latina**. Le più famose basiliche paleocristiane sono quelle romane di Santa Maria Maggiore, Santa Sabina, San Giovanni in Laterano, San Pietro, e quelle ravennati di Sant'Apollinare in Classe e di Sant'Apollinare Nuovo, risalenti al IV e al V secolo.
Oltre alle basiliche a sviluppo longitudinale si diffondono anche gli edifici a **pianta centrale**, come Santo Stefano a Roma e San Lorenzo a Milano, adibiti a battisteri, a mausolei, a *martyria*, cioè luoghi di culto in cui si venerava il sepolcro di un martire, e la cui struttura interna si ispira allo schema di architetture romane.
Le più importanti testimonianze dell'arte figurativa si rintracciano negli affreschi delle **catacombe** romane - cimiteri comuni che i primi cristiani usavano come luogo di celebrazione dei riti quando non vi era ancora libertà di culto - e mostrano una chiara derivazione dai moduli stilistici della pittura romana: le forme tendono a essere schematiche e prevalgono i soggetti di tipo simbolico.
I **sarcofagi in pietra** del IV e del V secolo sono decorati con bassorilievi ispirati a soggetti religiosi e a scene simboliche.
Dopo la promulgazione dell'editto di Costantino (313), si diffondono i primi cicli di **decorazione a mosaico**. Sono famosi i mosaici parietali delle basiliche di Sant'Apollinare Nuovo, di Sant'Apollinare in Classe, di San Vitale e del mausoleo di Galla Placidia a Ravenna, databili al V e al VI secolo.

▲ Pavone, particolare dei mosaici della Basilica di San Vitale a Ravenna, 525-50.

▲ Navata centrale della Basilica di Santa Sabina a Roma.

L'arte romanica La ripresa economica che ha inizio dopo l'anno Mille e il conseguente miglioramento delle condizioni di vita favoriscono lo sviluppo delle città, sia di quelle antiche, di fondazione romana, sia dei nuovi borghi, sorti vicino a castelli o monasteri.

L'arte romanica, che caratterizza questo periodo, si distingue per la grande solidità degli edifici, per una spiccata simbologia e lo sviluppo della decorazione, soprattutto scultorea, delle chiese.

L'**architettura romanica** deriva direttamente da quella altomedievale ed è, generalmente, caratterizzata da strutture massicce e dalla presenza di archi a tutto sesto. Il punto di partenza di una serie di innovazioni strutturali nasce dalla necessità di coprire con volte in muratura gli ambienti, per renderli più sicuri. Questo comporta un ripensamento nella scelta dei sostegni: non più colonne ma pilastri, in relazione a spazi che dovevano essere di dimensioni ridotte, le campate. Un importante esempio di architettura romanica europea è la **Basilica di Sainte-Marie-Madeleine di Vézelay**, in Borgogna (Francia), mentre in Italia è rappresentativa la chiesa di **San Michele Maggiore a Pavia**.

◂ Benedetto Antelami, *Giugno*, 1196-1216 ca, pietra (Parma, Battistero).

La **scultura romanica**, almeno quella in pietra, nasceva nello stesso cantiere e nello stesso momento in cui sorgeva un'architettura e da essa in gran parte dipendeva: i rilievi, di soggetto sacro, storico o letterario, venivano realizzati direttamente sulle facciate o sulle pareti laterali, nelle lunette sopra ai portali, sui capitelli e sugli altari. Gli scultori più importanti sono Wiligelmo, Maestro Niccolò, Bonanno Pisano, Nicolaus de Verdun, Benedetto Antelami.

Le pareti delle chiese romaniche erano coperte da arazzi, oppure erano decorate con grandi cicli di **affreschi** dai colori brillanti: come le pagine di una Bibbia illustrata messa a disposizione dei fedeli, affreschi e arazzi avevano per lo più uno scopo didattico e dovevano istruire gli analfabeti che non potevano leggere le Sacre Scritture. Tra gli esempi più antichi e importanti vi è il ciclo affrescato della **Chiesa di Sant'Angelo in Formis**, in Campania.

Importante anche la **produzione musiva** di questo periodo, di cui si hanno splendidi esempi a Venezia (nella Basilica di San Marco e a Torcello) e in alcune zone dell'Italia meridionale (per esempio nelle cattedrali di Monreale e Palermo).

◂ Facciata occidentale della Basilica di Sainte-Marie-Madeleine a Vézelay, in Francia.

D

Il Mausoleo di Galla Placidia

Costruzione: 425-26

Luogo: Ravenna

Dimensioni: altezza circa 11 m, lunghezza 15 m, larghezza 13 m

Idee chiave: semplicità esteriore e ricchezza interna

Il mausoleo dedicato a Galla Placidia, figlia dell'imperatore Teodosio I e reggente dell'Impero romano d'Occidente dal 425 al 450 in nome del figlio Valentiniano III, è uno dei più celebri monumenti dell'arte paleocristiana. Come altri monumenti ravennati del v secolo, la semplicità dell'esterno in muratura contrasta con la ricchezza dell'apparato decorativo all'interno: la chiesetta ha pareti e volte interamente ricoperte da mosaici. Anche in questo contrasto si legge un'intenzione simbolica, ovvero la necessità di superare le apparenze esteriori, fallaci e ingannatrici, per coltivare la bellezza interiore, quella dello spirito. Inizialmente si riteneva che i mosaici fossero stati realizzati da maestranze bizantine, poiché Galla Placidia soggiornava frequentemente a Costantinopoli, dove era nata, ma l'abilità degli artisti nella resa dei volumi e nella disposizione spaziale delle figure fa pensare piuttosto a una partecipazione di maestranze di provenienza romano-occidentale.

1 Il mausoleo ha semplici forme geometriche: i quattro bracci della croce disposti intorno al cubo centrale sopraelevato sono rivestiti da un paramento murario in mattoni.

2 I bracci sono coperti da tetti a due spioventi; tutto dà l'impressione di un edificio dimesso, che non fa presagire la ricchezza sontuosa dell'interno.

3 La croce centrale della cupola è circondata da 577 stelle a otto punte; nei pennacchi è raffigurato il tetramorfo, ovvero le teste di angelo, toro, leone e aquila alate, che sono simboli dei quattro evangelisti.

4 Negli elementi architettonici di raccordo tra i bracci della croce dell'edificio ricorrono vari motivi decorativi di tipo geometrico: qui compare una greca, ma sono usati anche motivi che richiamano le foglie di acanto.

5 Nell'arcone che sovrasta ogni lunetta sono raffigurati due apostoli ai lati di un bacino d'acqua a cui si abbeverano colombe bianche. Si noti il tentativo di attribuire una corporeità fisica alle figure, attraverso la rappresentazione dell'ombra e la loro collocazione in uno spazio prospettico.

6 Lo splendore dell'interno, sorprendente rispetto all'esterno del mausoleo, ha ispirato poeti di epoche anche molto lontane, da Venanzio Fortunato, vi secolo («la luce nacque qui, o catturata regna qui liberamente»), a Gabriele d'Annunzio, che si rivolge a Ravenna con questi versi: «Ravenna, glauca notte rutilante d'oro, / sepolcro di violenti custodito / da terribili sguardi, / cupa carena grave d'un incarco / imperiale».

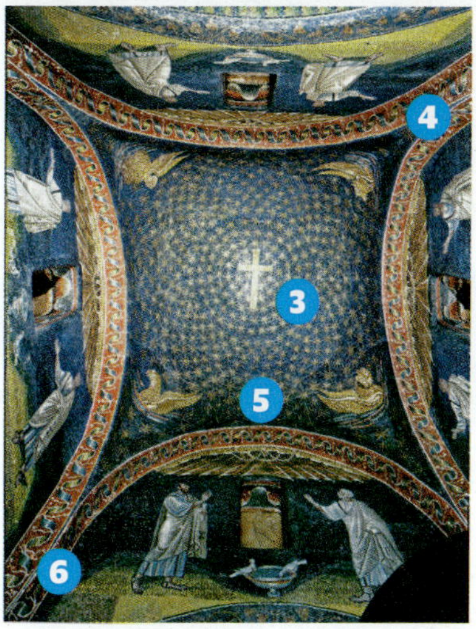

D

Il Duomo di Modena

Costruzione: 1099-1117, con completamento nel 1319

Stile: romanico

Idee chiave: integrazione e armonia fra architettura e scultura; ricorrenza del numero tre, simbolo della Trinità

La cattedrale di Santa Maria Assunta e San Giminiano, Duomo di Modena, è uno tra gli esempi più significativi dell'arte romanica in Europa, sia per gli aspetti architettonici, a cura dell'architetto Lanfranco, sia per le sculture opera di Wiligelmo. La chiesa costituiva un punto di riferimento fondamentale per la comunità cittadina, dal punto di vista sia religioso sia civile, perché con le sue rappresentazioni scultoree e le sue simbologie sintetizzava e tramandava il patrimonio culturale dell'epoca. Del Duomo di Modena ha scritto Dario Fo (1926-2016), premio Nobel per la letteratura nel 1997: «Il Duomo di Modena è un libro di pietra [...] ed è anche qualche cosa di più della Biblia pauperum, *cioè una bibbia dei poveri, come la definivano gli antichi. Questa è la bibbia di un popolo sulla quale è scritta un'epopea dedicata alla presa di coscienza di una comunità, non solo nel senso di popolazione, ma di collettività nella quale sono rappresentate tutte le classi, a partire dalle più umili, che hanno dimostrato di sapersi rendere libere e guadagnare il diritto di contare anche come individui attivi» (stesura 2004 per la lezione-spettacolo* Il tempio degli uomini liberi*).*

1 La facciata è a salienti, divisa da robusti contrafforti in tre parti, tante quante le navate interne.

2 Al centro, il portale è protetto da un protiro (piccolo portico) con leoni, che sorreggono una colonna: viene così ripresa l'allegoria tipicamente greca che faceva della colonna un simbolo dell'uomo. Posta tra il leone e il protiro tridimensionale, la colonna simboleggia infatti l'umanità, in posizione intermedia fra l'animale e il divino.

3 Le mura sono spesse e possenti, ingentilite da portali, finestre, archi.

4 Ornano la facciata quattro rilievi sculturei, opera di Wiligelmo, con scene della *Genesi*.

5 Il rosone centrale venne aggiunto nel XIII secolo.

4. Il quadro linguistico

Dal latino al volgare La lunga dominazione romana aveva unificato l'Europa occidentale non solo a livello politico e amministrativo, ma anche linguisticamente. Il **latino** era - un po' come l'inglese oggi - la lingua usata per gli **scambi commerciali e culturali**, ma già le fonti classiche distinguevano un **latino letterario** e un **latino parlato** dal popolo, usato anche dalle persone colte nelle loro occupazioni quotidiane; sappiamo, per esempio, che Cicerone, in alcune lettere non destinate alla pubblicazione, utilizzava uno stile detto ***vulgaris sermo***, un "latino volgare" comprensibile da tutte le classi sociali, ma che aveva comunque reciproche influenze con il latino letterario.

Nel v secolo la tendenza sempre più marcata alla semplificazione linguistica, unita a una presenza sempre più numerosa dei "barbari" nei territori imperiali, spinse i grammatici a stabilire norme molto rigide che fissavano in modo netto i confini tra i due livelli linguistici. Si determinò così una **frattura insanabile tra la lingua usata per la scrittura e quella parlata**: la prima mantenne regole artificiali ispirate alla classicità, mentre la seconda subì una continua evoluzione, che si accelerò bruscamente nei secoli dei regni romano-barbarici, quando la progressiva integrazione tra i conquistatori e gli abitanti delle regioni occupate portò alla **nascita di nuove lingue**, chiamate appunto **«volgari»**.

Questa fase fu caratterizzata da una **situazione di diglossia**: le lingue volgari erano destinate all'uso pratico e quotidiano, ma per scrivere si continuava a utilizzare il latino, che rimaneva comunque la lingua della liturgia cattolica, della cultura, delle leggi e delle comunicazioni diplomatiche. Nelle diverse regioni colonizzate da Roma, il latino volgare iniziò quindi a evolversi e a diversificarsi sotto l'azione degli idiomi che gli preesistevano (lingue di «sostrato») e di quelli - soprattutto germanici - che gli si affiancarono e vi si sovrapposero (lingue di «superstrato»). Si formarono così **due ceppi linguistici** principali: uno **settentrionale**, in cui prevalsero le originali caratteristiche germaniche, e uno **meridionale**, in cui rimasero più evidenti le influenze del latino. Dal primo si svilupparono le lingue anglosassoni, il tedesco, il fiammingo, il neerlandese e le lingue scandinave; dal secondo derivarono le lingue «neolatine» o «romanze» (dall'aggettivo *romanicum* e dall'avverbio *romanice*, entrambi usati per indicare la «nuova» lingua di origine latina parlata nella "Romània", cioè l'insieme dei territori nei quali si parlava la lingua di Roma): l'italiano, il francese, il provenzale, lo spagnolo, il portoghese, il romeno.

Diglossia
Condizione nella quale una stessa comunità utilizza due lingue diverse, riservando a ciascuna di esse funzioni distinte e non intercambiabili.

Le prime testimonianze del volgare in Europa Mentre in Italia la prima testimonianza scritta del volgare risale alla seconda metà del x secolo (vedi sotto), in Francia e in Germania il volgare locale fu usato in un documento ufficiale più di un secolo prima. Si tratta dei **Giuramenti di Strasburgo** (842), un patto tra due dei figli di Ludovico il Pio, Ludovico il Germanico e Carlo il Calvo, i quali, entrambi in guerra contro il fratello primogenito Lotario, si promettevano reciprocamente, davanti alle loro truppe, di non allearsi mai con lui. Come riferisce lo storico Nitardo nella *Storia dei figli di Ludovico il Pio* (844), affinché il giuramento fosse comprensibile dai due eserciti fu necessario pronunciarlo prima in *romana lingua*, ovvero il volgare francese parlato dall'esercito di Carlo, e poi nella *teudisca lingua*, parlata dai soldati di Ludovico.

I primi documenti del volgare italiano Le prime testimonianze dell'uso di una lingua volgare scritta, definibile come "italiano", non sono di carattere letterario. Esse semplicemente dimostrano che a un certo punto il volgare cominciò a essere non soltanto parlato, ma - in certe circostanze - anche scritto, riflettendo l'**uso vivo della lingua**. È un passaggio cruciale, anche perché in queste prime testimonianze possiamo scorgere lo sforzo di tradurre in segni, cioè in una grafia intelligibile, quello che era suono, ovvero il parlato della vita di tutti i giorni. Queste prime testimonianze sono scritte secondo modalità grafiche abbastanza diverse dall'italiano a cui siamo abituati.

D

L'Indovinello veronese

Periodo: IX secolo

Genere: indovinello

Argomento: indovinello riferito al lavoro del copista

Il più antico dei documenti in cui si può riconoscere un vero e proprio volgare "italiano" è l'Indovinello veronese, copiato da una mano italiana centro-settentrionale della fine dell'VIII secolo o degli inizi del IX. Fu scoperto nel 1924 in un manoscritto liturgico (contenente, cioè, testi usati per la messa e la preghiera) della Biblioteca Capitolare di Verona; l'ignoto copista (sicuramente un monaco) trascrisse l'indovinello – di argomento profano – non vicino ai testi, ma sul foglio bianco posto tra la copertina e la prima pagina, chiamato «foglio di guardia».

Se pareba boves alba pratalia araba
et albo versorio teneba et negro semen seminaba

"Spingeva innanzi i buoi, arava un bianco prato / e teneva un bianco aratro, e seminava un nero seme"

▸ L'Indovinello veronese, fine VIII-inizio IX secolo d.C., pergamena.

IN SINTESI

Questo brevissimo testo sembra descrivere il lavoro di un aratore, ma si riferisce in realtà a quello del copista. L'indovinello è infatti sviluppato attraverso il paragone tra la semina e lo scrivere: i buoi che arano un prato bianco corrispondono alle dita della mano che vergano la pagina bianca; il bianco aratro è la penna (bianca perché fatta con una piuma d'oca), il seme nero l'inchiostro.

Nonostante una forma ancora latineggiante, nel testo sono già ben visibili alcuni esiti del futuro italiano: la caduta della desinenza *-t* per la terza persona singolare del verbo («pareba» invece di *parebat*); la desinenza *-o* al posto di *-um* dell'accusativo latino («albo versorio, negro» invece di *album versorium, negrum*). La provenienza geografica del copista è invece suggerita dall'uso di *pareba* nel significato di "spingere avanti", che ricorda il verbo *parar* usato in maniera analoga nei dialetti veneti.

D

Il graffito nella cripta di Commodilla

Anno: 850

Genere: iscrizione

Argomento: la lettura a bassa voce nella messa

Nella cappella della catacomba romana di Commodilla – riscoperta nel 1903 e nota con il nome di "basilichetta" o "cripta" dei santi Felice e Adàutto – si trova un grande affresco risalente al VI/VII secolo, in cui è raffigurata la Vergine in trono con il Bambino, affiancata dai martiri dedicatari della cappella. Sulla più estesa delle due fasce pittoriche che incorniciano l'affresco si legge l'iscrizione che riportiamo.

Non dicere illa secrita a bboce

"Non pronunciare ad alta voce le orazioni segrete della messa"

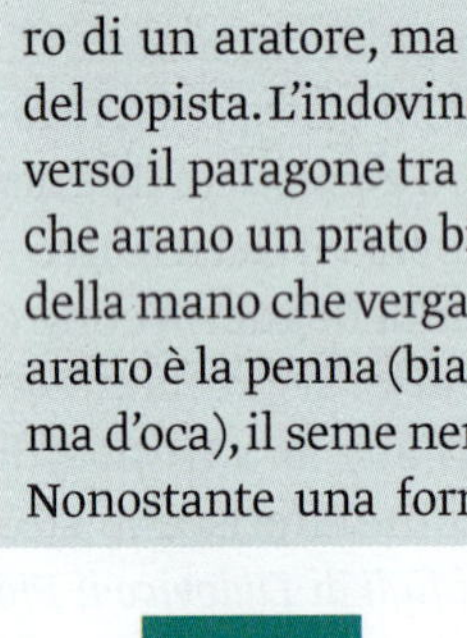

◂ Il graffito nella cripta di Commodilla.

IN SINTESI

Il graffito è databile intorno all'850, periodo in cui si diffonde a Roma la lettura silenziosa o a bassa voce delle *secrete* (le orazioni segrete della messa, in particolare il Canone), cui il testo fa riferimento. Anche in questo caso siamo in presenza di un testo ibrido, in cui i termini latini sono usati secondo forme sintattiche tipiche del volgare («Non dicere» sostituisce il latino classico *Ne diceris*) e dove addirittura compare un'espressione tipica del dialetto romano come «a bboce».

D

I Placiti capuani

Anno: 960-63

Genere: atto notarile

Argomento: definizione dell'appartenenza di terreni

I Placiti capuani (o «cassinesi») sono quattro documenti risalenti agli anni 960-63 e paragonabili a moderni atti notarili, nei quali un giudice stabilì l'appartenenza di alcuni terreni ai monasteri benedettini di Montecassino, Capua, Sessa Aurunca e Teano, contro la pretesa di alcuni nobili locali che ne rivendicavano il possesso. Poiché per dirimere la questione fu necessario far testimoniare alcuni contadini che avevano lavorato le terre per conto del monastero, il loro giuramento fu pronunciato in volgare, come era avvenuto per i Giuramenti di Strasburgo. Presentiamo di seguito il più famoso dei quattro Placiti.

Sao ko kelle terre, per kelle fini que ki contene,
trenta anni le possette parte sancti Benedicti.

"So che quelle terre, entro quei confini che qui [in queste carte] sono descritti, le possedette per trenta anni il monastero benedettino di Montecassino".

▶ I Placiti capuani.

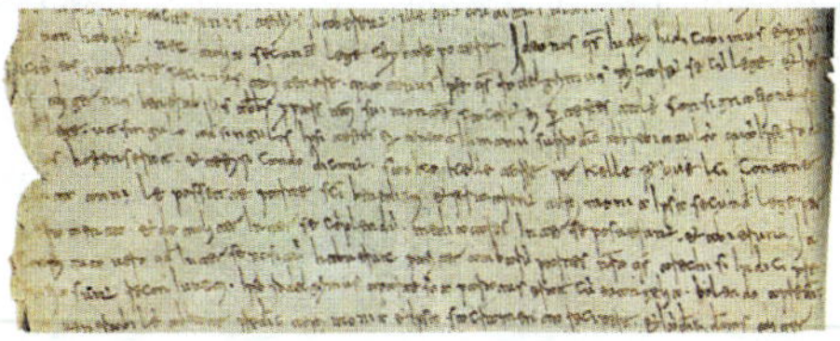

IN SINTESI

Nel marzo del 960, a Capua, Aligerno, abate di Montecassino, accompagnato dall'avvocato del suo monastero, e Rodelgrimo, un cittadino privato nato ad Aquino, comparvero dinanzi a un giudice: oggetto del contendere era il possesso di alcune terre descritte in una sorta di promemoria che Rodelgrimo portava con sé. Rodelgrimo sosteneva che gli appartenevano per eredità, mentre Aligerno le rivendicava per Montecassino, che le aveva possedute per trenta anni (la legge romana dell'*usucapione* - ancora oggi in vigore - stabiliva, infatti, che chi usufruiva per un determinato tempo di un bene ne diventasse poi proprietario a tutti gli effetti). In assenza di documenti, il giudice ordinò che i contendenti si ripresentassero entro un giorno determinato, invitando l'abate a farsi accompagnare da tre testimoni. Il giorno stabilito, questi, tenendo in mano il promemoria, pronunciarono la formula riportata sopra e poi la confermarono giurando sui Vangeli, con il risultato che Rodelgrimo fu costretto a riconoscere i diritti del monastero, rinunciando alle terre. Il giudizio (*placito*) emesso per l'occasione dal giudice e trascritto, ovviamente in latino, dal notaio Adenolfo, si conserva tutt'oggi nell'archivio dell'abbazia di Montecassino.

Il Placito capuano è il primo testo che possiamo considerare esclusivamente volgare. Le forme latine sono scomparse (fa eccezione la formula *sancti Benedicti*), la sintassi è vicina a quella del futuro italiano e anche la fonetica mostra il passaggio dal latino al volgare («ko» per il latino *quod*; «kelle» e «ki» contrazioni del latino *eccum illae* e *eccum hic*), mentre il lessico presenta termini ormai "italiani" («terre», «trenta anni») accanto a espressioni vicine ai dialetti campani («sao», probabilmente costruito per analogia con la forma «stao»).

D L'iscrizione di San Clemente

Periodo: 1080-84
Genere: iscrizione
Argomento: un episodio della passione di san Clemente

Nella navata centrale della Basilica romana di San Clemente al Laterano si trova un affresco che illustra un episodio della «passione di san Clemente», fatto realizzare tra il 1080 e il 1084 dal cardinale Rainerio Raineri, che nel 1099 diventerà papa col nome di Pasquale II. Nella parte inferiore dell'affresco si trovano alcune iscrizioni che, come in un moderno fumetto, costituiscono le "battute" pronunciate dai personaggi coinvolti.

[Sisinnio]: *Fili de le pute, traite, Gosmari, Albertel, traite.*
Falite dereto co lo palo, Carvoncelle!;
[San Clemente]: *Duritiam cordis vestris, saxa traere meruistis.*

[Sisinnio] "Figli di puttana, tirate! Gosmario, Albertello, tirate! Carvoncello, spingi da dietro con il palo!";
[San Clemente]: "A causa della durezza del vostro cuore, avete meritato di trascinare sassi."

▾ Disegno ricostruttivo dall'iscrizione di San Clemente.

IN SINTESI

Nella parte superiore dell'affresco è illustrata la scena che dà inizio al racconto: il prefetto romano Sisinnio ha tentato di arrestare Clemente (che fu il quarto papa della cristianità, tra l'88 e il 97) e questi lo ha reso momentaneamente cieco e sordo. Nella parte inferiore, la scena si è spostata in avanti. Sisinnio ha recuperato la vista e, credendo di aver catturato Clemente, ordina ai suoi servi (Gosmario, Albertello e Carvoncello) di legarlo e trascinarlo via; ma nessuno di loro si accorge che il Santo si è miracolosamente liberato e che al suo posto stanno trascinando una pesante colonna di marmo.
L'intento didascalico dell'iscrizione è testimoniato anche dalle differenze linguistiche: volgare con chiare influenze romanesche, e anche con espressioni triviali, da parte dei personaggi pagani; latino, anche se ormai corrotto, per le parole del santo.

GUIDA ALLO STUDIO

1. Che cos'era il *vulgaris sermo*?
2. Quali sono le lingue dette "romanze" e da dove viene questa definizione?
3. Spiega brevemente il contesto dei Giuramenti di Strasburgo.
4. Di che cosa parla l'Indovinello veronese?

A COLPO D'OCCHIO **Dal latino al volgare**

Didattica INCLUSIVA

- latino
  - rimane la lingua della cultura e delle comunicazioni politiche e amministrative
- parlato (*vulgaris sermo*)
  - dall'incontro con le lingue germaniche nascono le lingue volgari
    - ceppo romanzo
      - italiano, francese, provenzale, spagnolo, portoghese, romeno
    - ceppo germanico
      - tedesco, inglese, olandese e lingue scandinave

◂ Scena d'amore e uomo in contemplazione. Miniature da un canzoniere francese del XIV secolo (Montpellier, Musée Atger).

Prima dell'Italia, la Francia

1 Le origini della letteratura italiana: il retroterra francese

La precocità delle letterature nella penisola iberica e in Francia La letteratura italiana, fra le letterature neolatine dell'Europa medievale, è l'ultima a comparire in scena. Nella **penisola iberica** – le cui lingue principali sono il catalano (nelle regioni sud-orientali), il castigliano (il moderno spagnolo, nella zona centro-settentrionale) e il portoghese (sulla costa occidentale) – le prime produzioni letterarie in volgare risalgono addirittura al x secolo, quando i giullari (cantori di professione) recitavano nelle strade e nei mercati lunghe **narrazioni di argomento epico**. E già al 1140 si può datare il primo documento spagnolo cui si riconosce alta dignità letteraria: l'anonimo ***Cantare del mio Cid***, un poema epico che celebra le gesta di Rodrigo Diaz de Vivar detto El Cid, protagonista della lotta contro gli arabi che avevano invaso la Spagna.

Assai precoci anche i testi prodotti in **Francia** nelle diverse varietà delle due lingue romanze che vi si erano venute sviluppando: il **provenzale** (o **lingua d'*oc*** o occitanico), diffuso nella Francia meridionale, e il **francese** (o **lingua d'*oïl*** o oitanico), sorto invece nella Francia settentrionale.

I primi documenti in lingua d'*oïl* Il testo letterario più antico in **lingua d'*oïl*** risale addirittura alla fine del IX secolo e sono i 39 versi della *Sequenza di Sant'Eulalia*, opera destinata al canto liturgico, cui fa seguito nell'XI secolo (1040 ca) la *Vie de Saint Alexis*, poemetto narrativo già maturo e complesso, che raccoglie anche elementi leggendari di origine orientale. Il punto più alto della produzione letteraria in lingua d'*oïl* fu raggiunto tra la fine dell'XI e il XII secolo con la comparsa delle ***chanson de geste*** ("canzoni di gesta"), poemi incentrati sulle imprese guerresche di un eroe e della sua stirpe (la *geste*, appunto), espressione tipica dell'etica cavalleresca e feudale della classe dominante aristocratica, le cui azioni sono celebrate come imprese collettive della nazione. Il più antico di questi testi è la celebre ***Chanson de Roland***, risalente alla seconda metà dell'XI secolo, anonima: il nome «Turoldo», che appare in uno dei manoscritti che ce l'hanno tramandata, è probabilmente il nome dello scriba, non dell'autore.

Accanto alle *chanson*, fiorisce in lingua d'*oïl* anche la **narrativa**, in prosa e in versi, **ispirata alle avventure dei cavalieri di re Artù**: campione di questo genere è l'autore europeo di maggior rilievo prima di Dante, **Chrétien de Troyes**, vissuto nella seconda metà del XII secolo.

I primi documenti in lingua d'*oc* Anche la **lingua d'*oc*** ha fra i suoi primi documenti alcuni poemetti di carattere religioso, come il *Boeci* (XI secolo), frammento sulla vita del filosofo Severino Boezio, o come l'edificante *Sancta Fides* del 1060 ca. Tuttavia, l'occitanico fu soprattutto il fondamentale strumento per la realizzazione della **poesia lirica dei trovatori** [▸ p. 43 sgg.], che nasce nelle **corti della Francia meridionale** verso la **fine dell'XI secolo**.

Tra le altre opere importanti realizzate in terra di Francia, si ricorda anche il ***Roman de Renart*** (fine del XII secolo), opera d'ispirazione satirica e realistica in cui si raccontano avventure di animali che parlano e agiscono come uomini, mentre risale al XIII secolo il ***Roman de la Rose***, vasto poema allegorico di precettistica amorosa costituito di due parti composte da autori diversi: la prima (1240 ca) è opera di Guillaume de Lorris, la seconda (1269-78) di Jean de Meung. Infine, la letteratura comica trova un genere di grande diffusione nei beffardi ***fabliaux***, caratterizzati da una **comicità grassa e spesso oscena**, ma prodotti, e con grande successo, per lo stesso pubblico cortese fruitore della lirica, dei romanzi e delle *chanson*. Il più antico, incentrato sulla dissoluta *Richeut*, viene datato al 1159.

Una civiltà letteraria europea Rispetto a questa imponente fioritura letteraria, in **Italia** bisognerà aspettare sino all'**inizio del Trecento** perché la nuova letteratura in volgare dia alla luce il suo primo capolavoro, la sua vera e propria grande opera fondativa: la *Commedia* di Dante Alighieri, compiuta negli anni fra il 1307 e il 1321.

Questo ritardo della letteratura in volgare italiano significa che per molto tempo, anche in Italia, la letteratura "moderna", non più in latino ma in volgare, fu quella che si stava affermando al di là delle Alpi. D'altronde, non bisogna pensare che tale letteratura fosse sentita come "straniera". Quando, nel suo trattato linguistico *De vulgari eloquentia*, Dante parla delle lingue moderne neolatine, egli cita il **provenzale** (o *lingua d'oc*), il **francese** (o *lingua d'oïl*) e l'**italiano** (o *lingua del sì*) come **tre varianti di ciò che egli definisce «nostro idioma»**: «nostro», cioè di tutti gli appartenenti alla *Romània*, all'Europa contemporanea, sentita come una patria comune, in cui si elabora una cultura fortemente condivisa.

Le prime e più importanti manifestazioni della letteratura europea delle origini, specialmente in provenzale e in francese, costituiscono il primo capitolo di una **storia comune**, e vennero sentite dalle prime generazioni dei nostri poeti in volgare italiano come esperienze proprie, appartenenti a una propria ascendenza culturale e intellettuale.

Lirica provenzale e narrativa francese In particolare la lirica provenzale, in cui si codificano la teoria e le modalità di manifestazione dell'amor cortese, e la narrativa francese (sia epica che romanzesca, ovvero ispirata ai cavalieri sia di Carlo Magno sia di re Artù) rappresentano un **patrimonio fondativo** anche della nostra letteratura, e costituiscono lo sfondo di cultura, di gusto, di mentalità delle prime generazioni di poeti e letterati che scrivono in volgare italiano.

GUIDA ALLO STUDIO

1. Quali sono le prime testimonianze letterarie nella penisola iberica?
2. Che cosa sono la lingua d'*oïl* e la lingua d'*oc* e quale produzione letteraria riguarda originariamente l'una e l'altra?
3. In che modo le prime manifestazioni della letteratura francese influenzano la cultura italiana?

PERCORSO IN MODALITÀ FLIPPED CLASSROOM

- **A casa** Gli studenti guardano il file PowerPoint e leggono in autonomia il testo, prendendo appunti per rispondere alle domande delle *Guide allo studio*.
- **In classe** A partire dagli appunti raccolti dagli studenti, l'insegnante integra e approfondisce le informazioni. In seguito ci si dedica alla lettura e analisi dei testi.
- **Strumenti e materiali** Mappe in PowerPoint.

PERCORSO AD ALTA VELOCITÀ

- **Schemi** Le prime produzioni letterarie in volgare, p. 28 - La figura del cavaliere, p. 30 - Il romanzo medievale, p. 40 - La poesia provenzale, p. 47
- **Testi chiave T1** *La fine del conte Orlando*, p. 32 - **T4** Jaufré Rudel, *Quan lo rius de la fontana*, p. 50
- **Sintesi** L'essenziale, p. 54 - A colpo d'occhio, p. 55 - Le parole per ricordare, p. 55

A COLPO D'OCCHIO **Le prime produzioni letterarie in volgare**

Didattica INCLUSIVA

- **penisola iberica**
  - in lingua
    - spagnola
    - catalana
    - portoghese
  - *Cantar del mio Cid* (1140)
- **Francia settentrionale**
  - in lingua
    - d'*oïl*
  - *chanson de geste* (*Chanson de Roland*, seconda metà XI secolo)
  - narrativa (Chrétien de Troyes, seconda metà XII secolo)
  - *Roman de Renart* (fine XII secolo)
  - *Roman de la Rose*
  - *fabliaux* (dal 1159)
- **Provenza**
  - in lingua
    - d'*oc*
  - lirica dei trovatori (fine XI secolo)

2 La letteratura in lingua d'*oïl*: cavalleria, avventura, cortesia

Gli ideali cavallereschi La letteratura francese, che rappresenta il retroterra di quella italiana delle origini, gravita tutta intorno agli ideali cavallereschi. Ci possiamo quindi chiedere: chi erano nel Medioevo i cavalieri? Da quale situazione storico-sociale emerge la loro figura? Quali sono le loro norme di vita e di comportamento, che condizionano così profondamente le letterature romanze delle origini?

L'origine della cavalleria L'impulso unitario impresso all'Europa cristiana dal Sacro romano impero di Carlo Magno ebbe breve durata. Ben presto quell'Impero si dissolse, lasciando posto alla frammentazione del **regime feudale**. Al centro di tale regime era il **vincolo tra vassallo e signore**. Per capire questo rapporto bisogna tenere presente che l'economia del Medioevo, regredita a un sistema di pura sussistenza nel quale fino al Duecento la circolazione monetaria era pressoché nulla, non consentiva di stipendiare soldati e funzionari con beni mobili. Poiché l'unica ricchezza concreta era quella fondiaria – la terra, insomma – il signore poteva farsi servire soltanto concedendo in beneficio temporaneo un suo possedimento (il feudo, appunto), e legando a sé il vassallo tramite un **giuramento di fedeltà** personale. Tale modello subì ben presto importanti evoluzioni: il possesso del feudo assunse carattere ereditario, trasmettendosi di padre in figlio, e l'investitura del vassallo spesso fu ridotta a una formalità. Conseguenza fu l'indebolimento di ogni potere centrale e l'ulteriore frammentazione dei territori in aree variamente autonome, controllate da vere e proprie dinastie di vassalli divenuti in realtà a loro volta signorotti locali.

Il cavaliere cristiano Il **cavaliere** è il tipico membro dell'aristocrazia feudale. In genere si tratta di un **vassallo** beneficiato di risorse economiche sufficienti ad addestrarsi, armarsi e mantenere cavallo e servitori, così da prestare servizio militare al proprio signore, spesso anch'egli cavaliere. Nasce così la **cultura cavalleresca**: un sistema di valo-

Fellonia
Nel diritto feudale, violazione del patto di fedeltà che legava il vassallo al suo signore, con conseguente perdita del feudo. Il termine deriva dal latino medievale *fello, -onis*, "traditore".

ri fondato sulla prodezza personale e sull'uso delle armi ma, specie dalla fine dell'XI secolo, anche profondamente **influenzato dall'azione moralizzatrice della Chiesa**. Essa cerca infatti di frenare e sublimare la turbolenza dei soldati, sempre pronti a darsi guerra o a razziare chiese e villaggi.

Gli ideali codificati in questa cavalleria cristianizzata uniscono i brutali valori primitivi con nuove virtù: resta fondamentale la **prodezza**, cioè la forza fisica, il valore nelle armi, il coraggio e l'ardimento nelle imprese; si complica tuttavia il codice d'onore del cavaliere, che non solo deve fuggire la menzogna, l'inganno e il tradimento, osservando **fedeltà** al suo signore e **lealtà** agli avversari (pena l'onta della **fellonia**), ma deve anche **proteggere i deboli**, le donne, gli orfani e i religiosi, ossia le vittime preferite di guerre e scorribande. Il cavaliere cristiano è infine contraddistinto dalla **fede ardente** e dalla volontà di **difendere la religione cristiana**: è questo il modello eroico che si vede all'opera nelle *chanson de geste*, che celebrano le imprese dei cavalieri franchi come vero e proprio esercito di Dio.

Il cavaliere cortese I romanzi della Tavola Rotonda di re Artù propongono, dopo la metà del XII secolo, un diverso modello di cavalleria. Quella arturiana, o bretone (Artù è re della Gran Bretagna), è una **cavalleria mondana**, i cui adepti non combattono tanto per la fede, ma si cimentano in avventure d'armi e d'amore che ne provino la perfetta virtù. Nella cavalleria arturiana diviene centrale il **valore della «cortesia»**: termine che deriva dalla corte, il centro economico e politico del feudo, residenza del signore e del suo seguito. È presso le grandi corti di Francia che il romanzo detto appunto «cortese» definisce in lingua volgare le **norme del comportamento aristocratico**. Tra i nuovi valori primeggia la **liberalità**, cioè la generosità e il disprezzo per il risparmio e l'accumulo del denaro; poi la **magnanimità** degli atti e dello stile di vita; il **culto del bello**, dei piaceri eleganti, dei modi gentili, dei passatempi colti e degli agi raffinati. Al centro di questa vita cortese è l'**amore**, e la totale dedizione del cavaliere alla donna amata.

FACT CHECKING
Il *De Amore* di Andrea Cappellano

Il *De Amore* di Andrea Cappellano L'amore cortese viene teorizzato intorno al 1185 nel trattato *De Amore* di Andrea Cappellano: si tratta di un sentimento che **prescinde dal matrimonio**, e che viene vissuto soprattutto come un'esperienza di **raffinamento morale e spirituale**, di nobilitazione interiore. L'amante deve compiacere ai voleri della donna, fuggire l'avarizia, astenersi da menzogne e maldicenze, celare il proprio innamoramento. Il servizio per la propria donna (*domina*, "signora") **non comporta la soddisfazione del desiderio**: ciò smorzerebbe la tensione nobilitante della passione, e trasformerebbe l'amor cortese in una banale storia di adulterio. Inoltre, il consumarsi materiale della passione annullerebbe la distanza gerarchica fra l'amata, la signora, e l'amante, che secondo le convenzioni cortesi deve sempre esserle socialmente inferiore.

▸ Cavaliere cristiano armato con lancia, scudo, corazza, spada, elmo (miniatura del 1330 ca).

GUIDA ALLO STUDIO

1. Quali sono le radici socio-economiche della cavalleria?
2. Quali sono i valori della cavalleria medievale e in che senso sono influenzati dalla morale cristiana?
3. In che direzione si evolve il modello cavalleresco con il ciclo dei romanzi arturiani?

A COLPO D'OCCHIO La figura del cavaliere

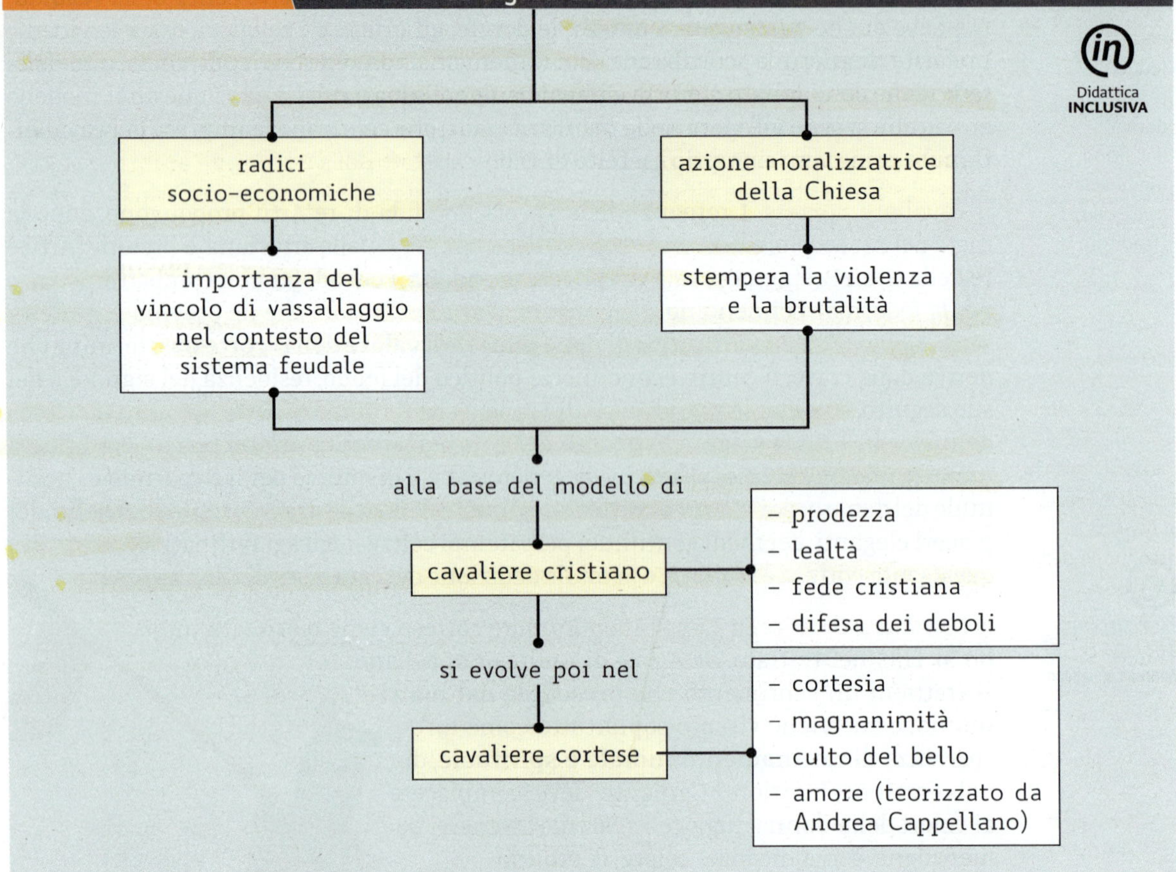

3 Alla corte di Carlo Magno: la *chanson de geste*

Guerra e fede cristiana: la *Chanson de Roland* Nel 778 **Carlo Magno** compie una breve spedizione in Spagna; il 15 agosto, al rientro in Francia, la retroguardia del suo esercito è assalita e annientata tra i valichi pirenaici da una banda di Baschi. Questo l'antefatto storico della *Chanson de Roland* registrato nelle cronache ufficiali del tempo, dove tra i caduti si annoverano tre membri dell'alta aristocrazia, il conte palatino Anselmo, il siniscalco Aggiardo, il prefetto della Marca di Bretagna Orlando. Nella *Chanson* il nucleo storico di fondo resiste, ma profondamente **rimaneggiato**. Il trentaseienne re dei Franchi si trasforma in un imperatore bicentenario; scompaiono Anselmo e Aggiardo, mentre Orlando assurge al ruolo di protagonista, affiancato da altri undici Pari (paladini, o «cavalieri di palazzo»), tra i quali il compagno d'arme Oliviero, fratello di Alda la bella, che di Orlando è promessa sposa, e il patrigno Gano, al quale tocca il ruolo infelice del traditore. L'azione viene collocata al termine di una campagna lunga sette anni, durante la quale Carlo Magno avrebbe riconquistato, secondo questa *Chanson*, tutta la penisola iberica, a eccezione della città di Saragozza. Qui si sono attestate le difese dell'emiro Marsilio, che offre la pace a condizione che i Franchi lascino la Spagna. Gano tradisce accordandosi con Marsilio perché sferri un attacco alla retroguardia dei Franchi sui Pirenei, quando ormai il grosso dell'esercito di Carlo Magno starà rientrando in Francia. Così, al passaggio del valico pirenaico di Roncisvalle, Orlando, i paladini (tranne Gano) e ventimila cavalieri vengono sopraffatti dal nemico. L'ultimo a cadere è Orlando stesso, non senza aver richiamato con il suono del corno il grosso dell'esercito ormai in territorio francese. Quando l'imperatore torna indietro e giunge a Roncisvalle è ormai troppo tardi per salvare i suoi uomini, ma non per vendicarli; Gano, smascherato, viene condannato a morte e pubblicamente squartato.

Come si vede, la scaramuccia del 778 si è trasformata nello **scontro fra la cristianità**, rappresentata dai Franchi, **e l'islam**, rappresentato dai saraceni, gli arabi di Spagna: una cristianità alla fine vincente, anche se solo dopo essere passata attraverso la **prova del martirio**. Così lo spirito della crociata contro gli arabi di Spagna viene a rinnovare il modello della passione per eccellenza, quella evangelica. Si può osservare, infatti, una serie di suggestive corrispondenze: Orlando e Gano fanno parte dei dodici paladini (dodici come gli Apostoli), Orlando si sacrifica come Cristo, Gano tradisce come Giuda Iscariota; l'imperatore stesso, figura biblica con la sua «barba fiorita» e la sua straordinaria longevità, è in certo modo Dio Padre, dispensatore finale di giustizia.

▸ Miniatura dalle *Grandi Cronache di Francia*: le otto tappe della *Chanson de Roland*, 1457 (San Pietroburgo, Biblioteca Nazionale Russa).

1 La battaglia di Roncisvalle.
2 Gano viene squartato.
3 La morte di Orlando.

Periodo: seconda metà dell'XI secolo

Genere: *chanson de geste*

Argomento: in punto di morte, Orlando cerca di spezzare la sua spada, si confessa a Dio e si affida agli angeli che lo vengono a prendere

T1

Chanson de Roland, lasse CLXVII-CLXXV

La fine del conte Orlando

AUDIOLIBRO

Dinanzi alla schiacciante preponderanza numerica dei saraceni, Oliviero invita Orlando a suonare il corno, affinché l'imperatore, avvertito dell'imboscata, venga in soccorso; ma Orlando in un eccesso di orgoglio rifiuta sdegnosamente la proposta. Alla fine della battaglia, su invito dell'arcivescovo Turpino, Orlando si arrende; adesso suona il corno con tutte le sue forze, fino a farsi schiantare le vene sulle tempie. Ormai morente, l'eroe trova la forza di ricomporre i cadaveri di Oliviero e degli altri Pari, aiutato dall'arcivescovo, che a sua volta muore. Seguono il lamento di Orlando sul cadavere di Turpino e la morte dello stesso protagonista, che occupa le lasse (unità narrative minime, nelle chanson de geste, *cadenzate da rime o assonanze) che qui presentiamo nella traduzione di Giovanni Pascoli.*

CLXVII

Qui sente Orlando che la morte gli è presso;
ché gli esce fuor dalle orecchie il cervello.
Dominedio per i suoi Pari prega,
prega per sé l'angelo Gabriello.
In mano il corno (biasmo non vuole!) prende
e Durendal, la spada, nella destra.
Più che non può quadrello da balestra,
ver Spagna va, per un prato maggese.
A sommo un poggio sotto due piante belle
quattro pietroni fatti di marmo vede:
e' cade là rovescio sopra l'erba,
e tramortisce: ché la morte gli è presso.

CLXVIII

Alte montagne ed alberi ben alti:
quattro pietroni v'ha lucidi di marmo:
sull'erba verde è steso il conte Orlando.
Un saracino ecco lo guarda e guarda:
s'è finto morto e se ne sta tra gli altri:
il corpo e il viso e' sì lordo di sangue.
Ecco si leva e a correre s'avaccia.
Bell'era e forte e di gran vassallaggio.
Per sua superbia e' cominciò quest'atto:
Orlando afferra e suo corpo e sue armi;
e dice: «È vinto il nipote di Carlo!
io porterò la sua spada in Arabia».
Prendela in pugno e tira a lui la barba:
in quel tirare egli rinvenne alquanto.

CLXIX

Là sente Orlando che la spada gli è tolta;
ed apre gli occhi e dice due parole:
«Per quel ch'io so, tu non se' già de' nostri».

5. biasmo non vuole: **non vuole che lo si biasimi** [di aver lasciato il corno in preda ai nemici].
7. Più che ... da balestra: **Più veloce di una freccia scagliata da un arco.**
9. A sommo un poggio: **Sulla sommità di una collina.**
14. v'ha: **ci sono.**
19. s'avaccia: **si affretta.**
20. Bell'era ... vassallaggio: **Era bello, forte e di grande nobiltà.** Si riferisce al saraceno.
21. Per sua superbia ... atto: **Per superbia fece questo gesto.**
26. egli: è Orlando, che sentendosi tirare la barba rinviene un poco.

Il corno tien, che mai lasciar non vuole,
fièdel nell'elmo ch'era di gemme e d'oro.
Sbriciola via l'acciaio e il capo e l'ossa,
mettegli i due occhi dal capo fuori,
a' piedi suoi sì lo distende morto.
Li dice poi: «Finto, che sì fosti oso,
che preso m'hai né a diritto né a torto?
Uom non sarà che non t'abbia per folle!»
Fenduto s'è il padiglion del corno
ed il cristallo sì n'è caduto e l'oro.

CLXX
Lì sente Orlando che la vista ha perduta:
levasi in piedi, richiama sua virtù.
Nella sua faccia ha il suo color perduto.
Tien Durendal sua spada tutta nuda.
Davanti lui c'era una pietra bruna:
colpi vi dà ben dieci in sua rancura:
crocchia l'acciaio, non l'intacca né rompe.
E dice il conte: «Santa Maria, aiuta!
Eh Durendal, buona foste in malora!
se n'ho tal pro' non ho di voi più cura.
Tante battaglie ho vinto qui con voi,
tante terre ho lontane combattute,
che Carlo tien, che la barba ha canuta.
Non uomo v'abbia ch'avanti ad altri fugga!
Un pro' vassallo v'ha lungo tempo avuta!
Mai tale in Francia la libera non fu!».

Torna ripetutamente nelle lasse il motivo della spada Durindana che, anche se scagliata con forza, non si rompe. È il segno di una sacra infallibilità.

CLXXI
Orlando fiede il gran masso di sarda:
l'acciaio crocchia e non si rompe e sgrana.
Quand'egli ciò vede, che non si frange,
tra sé e sé comincia a farne il pianto.
«Eh! Durendal! come sei chiara e bianca!
In contro al sole come riluci e fiammi!
Carlo si stava in val di Morïana:
Dio gli mandò per l'angelo suo santo
che ti donasse a un conte capitano.
E mi ti cinse il re gentile, il magno.

[...]
Molto mi pesa e duol di questa spada:
meglio morire che in Pagania rimanga.
Signor Dio padre, onta difendi a Francia».
[...]

31. fièdel nell'elmo: lo colpisce sull'elmo.
34. sì lo distende morto: lo stende morto a terra.
35. Finto: Falso, fellone.
37. Uom: come in antico francese e in antico spagnolo, anche in italiano antico *uom(o)* può essere impiegato in senso generico, impersonale (così ancora oggi nel francese moderno, *on*).
38. Fenduto: rotto. ■ **il padiglion:** la parte terminale, allargata a forma di cono.
41. richiama sua virtù: raduna le forze.
45. in sua rancura: pieno di rancore, di rabbia.
46. crocchia: stride.
48. buona ... in malora: è proprio vero che siete sempre stata una buona spada, malora a voi! Impreca contro Durendana che non si vuole spezzare, e insieme ne celebra l'eccezionalità.
49. se n'ho ... più cura: se da voi devo ricavare simile vantaggio, vi lascio al vostro destino.
52. canuta: bianca.
53. Non uomo ... fugga!: Non vi abbia un uomo codardo!
54. pro': prode.
55. Mai tale ... non fu!: Mai nella libera Francia vi fu un cavaliere così coraggioso!
56. sarda: sardonica, pietra dura.
59. farne il pianto: deplorare, addolorarsi.
61. fiammi: fiammeggi.
62. Morïana: probabilmente la Maurienne, regione della Savoia.
63-64. Dio gli mandò ... un conte capitano: Dio gli comandò attraverso un suo messo celeste di donarti a un conte capitano.
65. mi ti cinse: mi cinse il fianco di te. ■ **gentile:** nell'accezione medievale di nobile.
80. Pagania: riproduce il francese *Paienie*, terra pagana, terra dei pagani; indica, genericamente, i regni musulmani.

CLXXIII

Orlando sente che la morte lo prende,
e dalla testa sopra il cuor gli discende;
e sotto un pino è andato egli correndo.
Sull'erba verde egli si colca e stende;
sotto di sé la spada e il corno mette;
volta la testa alla pagana gente.
[...]

CLXXIV

Orlando sente che tempo non n'ha più,
e verso Spagna giace in un monte acuto.
Con una mano il petto s'è battuto:
«*Deus, mea culpa*, tanta è la tua virtù,
pe' miei peccati, i grandi ed i minuti,
che ci ho commessi dal dì che nato fui
sino a quest'ora che qui non vivo più».
Il destro guanto verso Dio tende: a lui
calano allora gli angeli di lassù.

È un segno di sottomissione vassallatica: la relazione con Dio si compie con i gesti e i rituali caratteristici della società feudale.

CLXXV

Il conte Orlando giace sottesso un pino
e verso Spagna egli ha rivolto il viso:
di molte cose a ricordar gli prese,
di tante terre ch'egli, il baron, conquise,
di dolce Francia e della sua famiglia,
di Carlo Magno, suo sir, che lo nutrì;
e non può far non pianga e non sospiri.
Ma già sé stesso in tanto non oblia;
grida sua colpa e mercé chiede a Dio:
«Dio padre vero che giammai non mentisci,
Lazaro dal sepolcro rivivisti,
e da' leoni Daniel guarentisti,
l'anima mia salva d'ogni periglio
per i peccati che in mia vita commisi».
Il destro guanto a Dio egli distese;
San Gabriel dalla sua man lo prese.
Sopra il suo braccio e' tiene il capo chino:
giunte le mani, è ito alla sua fine.
Dio gli mandò l'angelo Cherubino
e San Michel dal mare del periglio:
San Gabriel insieme a lor discese:
l'anima sua portano in Paradiso.

111. monte acuto: monte aguzzo.
117. a lui: verso di lui, per lui.
119. sottesso: proprio sotto.
123. famiglia: Pascoli qui traduce in termini domestici, come «famiglia», ciò che nell'originale è «lignaggio», «stirpe» (*lign*).
124. nutrì: allevò; nel lessico feudale «nutriti» sono gli aspiranti cavalieri allevati nella casa del signore feudale, spesso un fratello della madre (tale è Carlo nei confronti di Orlando).
125. non può far non pianga: non può fare a meno di piangere.
126. sé stesso in tanto non oblia: non dimentica se stesso, i doveri verso la propria anima.
127. mercé chiede: chiede la grazia.
129. rivivisti: resuscitasti; riferimento all'episodio evangelico narrato da Giovanni, 11, 1-44.
130. guarentisti: proteggesti, custodisti; l'episodio è narrato nell'Antico Testamento, Libro di Daniele, 6, 17-24.
138. dal mare del periglio: è apposizione di san Michele: *saint Michel du Péril (de la Mer)*, "san Michele del Pericolo (del mare)"; una delle maniere con cui l'arcangelo, soccorritore dei naviganti in pericolo, era venerato.

T1 Dentro il testo

IN SINTESI

Il testo si può suddividere in tre gruppi di tre lasse ciascuno. Nella poesia epica, la lassa è una strofa con un numero variabile di versi legati da rima o assonanza; nella *chanson de geste*, è l'unità narrativa minima cadenzata da rime o assonanze.
Nelle prime tre lasse (CLXVII-CLXIX) Orlando difende la spada dal saraceno che lo assale a tradimento. Viene così introdotto il tema di Durendal, affrontato nelle tre lasse successive (CLXX-CLXXII): l'eroe tenta invano di spezzarla contro una pietra, perché non cada in mano indegna; nell'ultima terna (lasse CLXXIII-CLXXV) assistiamo alla morte dell'eroe, la cui anima è portata in cielo dagli angeli Cherubino, Michele e Gabriele.
La composizione per blocchi conferisce una staticità quasi liturgica all'insieme, mentre il dinamismo dell'azione è affidato a sottili trapassi tematici. Il tema della spada collega le prime due terne; nella seconda però Durendal si lega anche al ricordo di Carlo, che della spada è stato il donatore. Si introduce così il tema della fedeltà al proprio signore: sia a quello terreno, Carlo, sia a quello celeste, il Signore che è nei Cieli. È così che l'episodio si conclude con il passaggio dell'omaggio vassallatico (l'offerta del guanto) da Carlo Magno a Dio stesso.

I TEMI E L'ESPRESSIONE

VIRTÙ GUERRIERA E RELIGIOSITÀ

Il racconto della morte di Orlando esemplifica perfettamente il **carattere insieme sacro e guerriero** dell'epica medievale francese. La morte di Orlando è, a tutti gli effetti, insieme la morte di un **eroe di guerra** e di un **santo**, di un martire della fede.
L'ultimo suo gesto come combattente (l'incauto nemico saraceno sfracellato con un colpo del corno) non è che una pallida eco dell'antico valore del guerriero ormai morente e senza forze; è sufficiente tuttavia a farci intravedere la sua **possanza epica**, la sua invincibilità di soldato. Nello stesso tempo, Orlando affronta la morte come una **solenne liturgia**: il modo con cui si compone, l'offerta del guanto a Dio, l'ultima preghiera, danno alla fine dell'eroe una cadenza suggestivamente religiosa.

Il punto di più intensa sovrapposizione dei due codici, guerriero e religioso, consiste nell'addio di Orlando alla sua spada, la celebre **Durendal** (o Durlindana). Essa è **strumento di guerra**, di conquista e di morte: ma essa, come viene detto altrove nel poema, reca nell'impugnatura anche molte illustri reliquie; è anche, dunque, un **oggetto sacro**. La sacralizzazione delle armi e della guerra ci riporta d'altronde alla civiltà cavalleresca e feudale da cui nasce la *Chanson de Roland*: una civiltà in cui i rapporti di potere terreno rispecchiano rapporti celesti, religiosi. Orlando, infatti, servendo Carlo in terra, è come se servisse Dio nei Cieli; i rapporti feudali modellano nel profondo anche il modo di sentire e di vivere la fede religiosa.

LA TECNICA RETORICA: RICHIAMI E PARALLELISMI

Dal punto di vista della tecnica retorica, le **prime tre lasse** sono **incatenate**: iniziano, cioè, riprendendo la fine della lassa precedente. Le **tre lasse successive** sono soprattutto **parallele** (o similari): tre tentativi di spezzare la spada contro una pietra, prima «bruna», poi «di sarda», quindi «bigia». Attenzione: può darsi che qui non si vogliano rappresentare tre diversi tentativi in successione ma, secondo una tecnica caratteristica della *Chanson*, uno stesso unico gesto, osservato tre volte da tre diversi punti di vista

◂ Scontro di cavalieri, episodio dalla *Chanson de Roland* (rilievi della facciata della Cattedrale di Angoulême, particolare).

(per questo si parla di lasse similari). Infatti, ai colpi tremendi contro la pietra, Durendal risponde con resistenza invariata; identica è l'apostrofe dell'eroe all'arma fedele che sta per abbandonare; le presunte tre pietre potrebbero anche essere i quattro pietroni delle due lasse iniziali.
Questa tecnica di **richiami e parallelismi** sia strutturali sia formali è stata spiegata come **espediente mnemonico**, destinato a favorire l'esecuzione orale del testo. Sta di fatto, però, che in questa *Chanson* la tecnica di memorizzazione diventa un **fatto di stile**, e le continue variazioni e ripetizioni contribuiscono al carattere quasi rituale, incantatorio, del racconto. Si osservi come nell'ultima terna riaffiorano l'erba verde e il poggio delle lasse iniziali, salvo che per un leggero cambiamento di scena (si aggiunge ora l'ombra di un pino); oppure il ritorno del motivo dell'approssimarsi della morte, che apre (e chiude) la prima lassa e che si fa rintocco lugubre ad apertura delle lasse successive (fanno eccezione CLXVIII e CLXXI). Tutte queste riprese fanno del testo quasi uno **spartito musicale**: una vera e propria *chanson*.

Analisi e interpretazione Tipologia A

LEGGERE CON METODO

COMPRENSIONE GLOBALE

1. Suddividi il testo in sequenze (porzioni di testo di contenuto omogeneo), quindi sintetizzane il contenuto completando la tabella.

Sequenze	Lasse	Contenuto
prima sequenza	CLXVII-CLXIX	Orlando giace svenuto in punto di morte; un saraceno che si è finto morto cerca di impadronirsi della sua spada, ma Orlando rinviene e lo uccide
seconda sequenza		
terza sequenza		

2. Perché Orlando cerca di spezzare la sua spada?
3. Perché, sdraiandosi in attesa della morte, volge il capo in direzione della Spagna?
4. Quale gesto, tipico della cultura feudale, compie nel momento di chiedere perdono a Dio?

LA LINGUA E LE STRUTTURE

5. Quali funzioni assumono nel testo le ripetizioni, le riprese e i parallelismi?

I TEMI E L'INTERPRETAZIONE

6. Quale valore simbolico assume nel testo la spada Durendal?
7. In quale modo l'Orlando presentatoci nel testo incarna contemporaneamente la figura del perfetto guerriero e del perfetto cristiano?

USARE IL DIGITALE

APPROFONDIMENTI E CONFRONTI

8. Dopo aver cercato informazioni in rete, in una presentazione di alcune *slide* metti a confronto l'episodio storico della cosiddetta "battaglia di Roncisvalle" con la sua trasposizione leggendaria.

4 Alla corte di re Artù: il romanzo cortese

Un romanzo da leggere Accanto alla canzone di gesta, si sviluppa, sempre in terra francese, il cosiddetto **«romanzo»**. Il termine deriva da *romanz*, che in origine designava un qualsiasi discorso, orale o scritto, in lingua volgare. A partire dalla seconda metà del XII secolo il termine si è, tuttavia, specializzato a indicare un'«opera narrativa versificata in volgare, destinata non al canto bensì alla semplice lettura» (Aurelio Roncaglia). Proprio la **lettura**, ad alta voce, e non silenziosa secondo l'uso moderno, è la prima caratteristica che oppone il romanzo alla canzone di gesta, destinata al canto. Il metro del romanzo antico è il distico di ottosillabi a rime baciate secondo la formula aabbcc...nn: si tratta di una **struttura aperta**, continuabile all'infinito. Forse anche per questo il romanzo tende a dilatarsi fino a proporzioni pressoché abnormi: nell'autore più rappresentativo di questo genere, **Chrétien de Troyes**, esso si attesta su una media di 6000 versi. È un dato materiale che, anche se non si oppone a una lettura pubblica ad alta voce, sembra però già preludere a una lettura mentale, silenziosa. Rispetto alla *chanson de geste*, cantata in pubblico da esecutori professionisti, il romanzo, destinato solo alla lettura, anticipa quindi assai più da vicino le caratteristiche, per noi familiari, del **romanzo moderno**.

Nei primi anni del Duecento, dunque in una fase nettamente successiva, il romanzo in versi si trasforma in **romanzo in prosa**, distaccandosi ulteriormente dalle caratteristiche dell'antica *chanson de geste*.

I titoli principali Il primo romanzo a noi noto è il ***Roman de Brut*** ("Romanzo di Bruto") del normanno **Wace** (1155 ca): volgarizzamento francese dedicato alla regina Eleonora d'Aquitania della *Historia regum Britanniae* ("Storia dei re d'Inghilterra") del bretone Goffredo di Monmouth (1100-35 ca). Wace rielabora e arricchisce la cronaca di Goffredo, dedicata agli avvenimenti leggendari intercorsi tra l'arrivo in Britannia di Bruto, nipote di Enea, e la morte di re Artù (VI secolo d.C.), puntando sugli aspetti più attuali di quel passato leggendario.

Il romanzo di Tristano e Isotta
▶ T Béroul, Gli amanti sorpresi nella foresta

Di origine bretone è anche la leggenda, inizialmente indipendente dal mito arturiano, di **Tristano e Isotta**: leggenda di un amore tragico, di cui la letteratura cortese non tarderà a impadronirsi, consegnandoci un mito la cui fortuna in età moderna è testimoniata dall'opera del compositore tedesco Richard Wagner. Tra le varie versioni della storia di Tristano e Isotta, fondamentale è la versione attribuita a **Béroul**, databile tra il 1165-70 e il 1190. Questa redazione è detta «comune» perché sembra escludere una rielaborazione troppo personale del materiale originario, oggi almeno in parte perduto. Infine con **Thomas**, chierico attivo intorno al 1170 (secondo alcuni studiosi già tra il 1150 e il 1160), la «versione comune» diventa una «versione cortese»: la storia dei due amanti di Cornovaglia è rivisitata in una prospettiva profondamente influenzata dai valori della *fin'amor* provenzale.

▶ Il primo bacio di Lancillotto e Ginevra (sinistra); una conversazione (destra), da *Le Roman de Lancelot du Lac*. Nord-est della Francia, inizio del XIV secolo (New York, The Pierpont Morgan).

I cavalieri della Tavola rotonda Nonostante la grande fortuna dei romanzi antichi e dei romanzi di Tristano, il romanzo medievale per eccellenza resta quello incentrato su **re Artù e i cavalieri della Tavola rotonda**: romanzo cortese e di avventure in cui si riconosce l'antenato del poema cavalleresco italiano del Rinascimento. Punto di partenza è il *Roman de Brut* di Wace con la sua «materia di Bretagna» desunta da Goffredo di Monmouth, ma arricchita di temi nuovi. All'attualità punta infatti l'invenzione della Tavola rotonda, immagine simbolica di un **rapporto di tipo paritetico fra il re e i suoi cavalieri**, ma anche emblema di un mondo pacificato, in cui l'ordine politico-sociale garantito dal sovrano e l'ordine naturale voluto da Dio vengono a identificarsi. L'autore che crea i capolavori di questo ciclo è **Chrétien de Troyes**, il più importante dei romanzieri medievali.

Le armi e gli amori: Chrétien de Troyes e i suoi romanzi

La «quête» del Graal
- **Il Graal e il mito cavalleresco**
- **Il *Perceval* di Chrétien de Troyes**

▶ T Chrétien de Troyes, *I cavalieri sono angeli*
▶ T Chrétien de Troyes, *Al castello del Re Pescatore*

GRANDANGOLO
▶ La riscoperta del Graal nel Romanticismo e il *Parsifal* di Wagner
▶ Il Graal, un mito cistiano: la *Questue du Graal*

La vita Chrétien, attivo fin dal 1160, nacque a Troyes, nella Champagne. Svolse gran parte della sua attività di romanziere presso la corte di Enrico I il Liberale, conte di Champagne, per poi trasferirsi, alla morte di Enrico (1192), alla corte di Filippo d'Alsazia, conte di Fiandra; a Filippo dedicò, appunto, l'ultimo dei suoi romanzi, l'incompiuto *Conte del Graal* ("Racconto del Graal").

Cavalleria e amore Nei suoi romanzi il mondo arturiano non è tanto un passato storico da recuperare, ma una finzione da cui estrarre modelli di comportamento individuale e di costume validi per i contemporanei. Fondamentale, nella prospettiva della società cortese alla quale Chrétien si rivolge, è l'**associazione di cavalleria e di amore** che già troviamo in Wace e che ritroveremo ancora in pieno Rinascimento in Boiardo e in Ariosto, fino all'affermazione di Don Chisciotte, secondo la quale «un cavaliere errante senza amore è come un albero senza foglie e frutti o come un corpo senz'anima».

Il rapporto tra armi e amore è, però, spesso problematico. Alla base della prima opera conservata, ***Erec et Enide***, sta il contrasto tra prodezza e amore, tra l'autoaffermazione del cavaliere (Erec) e i vincoli (in questo caso coniugali) che lo trattengono al fianco dell'amata (Enide).

◀ Un cavaliere e la sua dama. Miniatura da Chrétien de Troyes, *Roman du Graal* (Firenze, Biblioteca Medicea Laurenziana).

Nel ***Chevalier de la charrette*** ("Il cavaliere della carretta") il tema è quello dell'amore di **Lancillotto**, prototipo dell'amante perfetto e del perfetto cavaliere, per la regina **Ginevra**, che però è moglie del suo signore, re Artù. Nel ***Chevalier au lion*** ("Il cavaliere del leone") il protagonista, Ivano, non ha mantenuto la promessa fatta alla moglie di tornare entro una certa data; respinto per aver trasgredito il patto, impazzisce di dolore, regredendo allo stato di uomo selvaggio; una volta recuperato il senno, ne esce consapevole della necessità di indirizzare le proprie imprese al trionfo della giustizia.

L'ultimo dei romanzi di Chrétien è l'incompiuto ***Conte del Graal*** (noto anche come ***Perceval***, dal nome del protagonista). L'avventura è ricerca di un oggetto dal quale dipende, quasi magico amuleto, la salvezza di una terra resa sterile dalla ferita inferta al suo signore, il re Pescatore. L'oggetto è il ***Graal***, appunto, sorta di vassoio e simbolo misterioso in cui i continuatori del romanzo vedranno la coppa dell'Ultima cena e quella in cui Giuseppe d'Arimatea avrebbe raccolto il sangue di Cristo.

GUIDA ALLO STUDIO

1. Per quali aspetti il romanzo si differenzia dalla *chanson de geste*?
2. Qual è il primo romanzo a noi noto?
3. Il rapporto di cavalleria e amore è, nei romanzi di Chrétien de Troyes, spesso problematico. Fai qualche esempio.

A COLPO D'OCCHIO **Il romanzo medievale**

Didattica INCLUSIVA

- **epoca**
  - dal XII secolo
- **caratteristiche**
  - lettura ad alta voce
  - vasta estensione
- **esempi**
  - *Roman de Brut* (Wace)
  - *Tristano e Isotta* (Béroul, Thomas)
  - Chrétien de Troyes:
    - *Erec et Enide*
    - *Chevalier de la charrette*
    - *Conte del Graal*

T2

Chrétien de Troyes, *Il cavaliere della carretta*

La prova del Ponte della Spada

Periodo: 1177-81
Genere: romanzo
Argomento: Lancillotto, per salvare Ginevra, affronta la prova del Ponte della Spada

Il Chevalier de la charrette *venne composto intorno al 1177-81 su richiesta di Maria di Champagne. Vi si narra di Meleagante, figlio del re di Gorre, che ha preso in ostaggio la regina Ginevra. Galvano, nipote di Artù, insieme a un cavaliere misterioso, cerca di liberarla. Per entrare nel regno di Gorre vi sono due passaggi: il Ponte sotto l'Acqua, scelto da Galvano, e il Ponte della Spada, per il quale opta il cavaliere misterioso. Una volta entrato nel regno del nemico, quest'ultimo combatte contro Meleagante, impresa alla quale assiste la stessa Ginevra, dalla cui voce apprendiamo finalmente (siamo al verso 3660!) che il cavaliere misterioso altri non è che Lancillotto del Lago. Per la conclusione del romanzo (sconfitta definitiva e morte di Meleagante) saranno necessari altri 4000 versi, durante i quali assisteremo alla notte d'amore tra Lancillotto e Ginevra, preceduta e seguita da altre avventure, grazie alle quali Lancillotto si conferma amante perfetto e perfetto cavaliere. Un cavaliere che si sottomette di buon grado agli ordini della regina anche a scapito del proprio onore, e che alla passione d'amore può sacrificare la lealtà che lo lega al suo sovrano.*
Nel brano che segue, ecco Lancillotto affrontare – e superare – la prova del Ponte della Spada, attraverso la quale potrà entrare nel regno di Gorre, dove Ginevra è tenuta in ostaggio.

Quando ognuno fu sul suo cavallo, si incamminarono col congedo e l'autorizzazione del loro ospite, che li aveva serviti e onorati quanto poteva. Camminano sempre sulla via giusta, fino a che il giorno va declinando, e giungono al Ponte della Spada dopo le tre del pomeriggio, verso sera. Ai piedi del ponte, che è molto terribile, sono discesi dai loro cavalli; e vedono l'acqua furente, rapida e strepitosa, nera e densa, tanto orrenda e tanto spaventevole, come se fosse il fiume del diavolo, e tanto perigliosa e profonda, che non c'è nessuna creatura al mondo che, se vi cadesse, non fosse spacciata come nel gelido mare. E il ponte che la traversava era diverso da tutti gli altri, poiché non ve ne fu né ve ne sarà mai uno simile. Mai non vi fu, se uno mi chiede di dirgli la verità, un ponte così orribile, né una passerella così tremenda: di una spada rilucente e bianca era fatto il ponte sull'acqua fredda; ma la spada era forte e robusta, e aveva la lunghezza di due lance. Da ogni parte vi era un gran tronco, nel quale la spada era fissata. Nessuno deve temere che essa si spezzi o si pieghi, benché non sembri, a chi la guardi, che possa portare un gran peso. Faceva molto spaventare i due cavalieri che si trovavano lì insieme al terzo, il fatto che sembrava loro che in capo al ponte, dall'altra parte, vi fossero due leoni o due leopardi legati a un masso. L'acqua e il ponte e i leoni mettono loro tale spavento che tremano tutti di paura e dicono:

– Signore, ascoltate il nostro consiglio riguardo a ciò che voi vedete, poiché ne avete bisogno e necessità. Questo ponte è stato fatto e costruito con malvage intenzioni, e con malvage intenzioni è stato montato. Se a questo punto non ve ne tornate indietro ve ne pentirete troppo tardi. Bisogna fare queste cose, come molte altre, con ponderazione. Poniamo pure che voi siate passato di là – ma questo non potrebbe in nessun modo avvenire, come non potreste trattenere i venti o impedire ad essi di soffiare, o impedire agli uccelli di cantare o far sì che non osassero cantare più, né potrebbe uno rientrare nel ventre della madre e rinascere: tutto ciò sarebbe impossibile, così come nessuno potrebbe vuotare il mare – potete voi supporre e pensare che quei due leoni furiosi, che sono incatenati di là, non vi ammazzino, e non vi succhino il sangue dalle vene, e non vi mangino la carne e poi rosichino le ossa? Io sono davvero molto ardito se oso fissarvi gli occhi e guardarli. Se non siete prudente essi vi uccideranno, sappiatelo: molto presto essi vi avranno lacerate e strappate dal corpo le membra, poiché non sapranno aver misericordia di voi. Ma abbiate voi pietà di voi stesso, e rimanete insieme con noi. Commettereste un torto verso di voi stesso se vi metteste consapevolmente in un così sicuro pericolo di morte.

E quello risponde loro ridendo:

– Signori – dice – io vi ringrazio molto, dal momento che vi preoccupate tanto per me; ciò deriva dal vostro affetto e dalla vostra nobiltà. Io so bene che in nessun modo voi vorreste la mia sventura: ma ho tale fede e tale fiducia in Dio, che credo che mi proteggerà dovunque. Non temo questo ponte e quest'acqua più di questa dura terra, ma voglio lanciarmi nell'avventura, e prepararmi a passare oltre. Preferisco morire che ritornare indietro.

Quelli non sanno più che cosa dire, ma l'uno e l'altro piangono e sospirano di pietà molto fortemente. E il cavaliere si prepara meglio che può a passare l'abisso, e fa una cosa molto strana, poiché si disarma i piedi e le mani: non sarà certo del tutto incolume e sano, quando sarà giunto dall'altra parte. Si teneva ben saldo sulla spada, che era più tagliente di una falce, con le mani nude e i piedi scalzi, poiché non si era lasciati nei piedi né calzari, né calze, né le piastre che proteggevano il collo del piede. Non si spaventava punto se si feriva alle mani o ai piedi; preferiva riempirsi di piaghe che cadere dal ponte e annegare nell'acqua, dalla quale mai sarebbe più uscito. Passa di là con grande dolore e con grande affanno; si ferisce mani, ginocchia e piedi, ma tutto lo riconforta e lo risana Amore, che lo conduce e lo guida, così che la sofferenza gli era dolce.

Con le mani, coi piedi e con le ginocchia si affatica tanto che giunge dall'altra parte. Allora si ricorda e si risovviene dei due leoni che gli sembrava di aver veduto quando era dall'altra parte: guarda in quel luogo: non c'era nemmeno una lucertola, né alcuna cosa che gli faccia del male. Mette la mano davanti alla faccia, e guarda e mette alla prova il suo anello; dal momento che non vi trova nessuno dei due leoni che credeva di aver veduto, si convinse di essere stato ingannato. Non c'era alcuna creatura viva.

T2 Dentro il testo

IN SINTESI

Il Ponte della Spada è una sottile lama d'acciaio sopra un fiume in piena; dove termina il ponte sembra vi siano leoni furiosi. Lancillotto accetta comunque di attraversare il ponte, scalzo e privo di armi; all'arrivo non trova nessuno dei leoni che gli era parso di vedere.

I TEMI E L'ESPRESSIONE

LA PROVA DELL'EROE

In questo episodio la spada tagliente, il sangue che zampilla dalle mani nude e dai piedi scalzi di Lancillotto, il pensiero stesso di Amore che, come il Dio cristiano, conforta il suo fedele nel momento della prova, conferiscono un **sapore quasi mistico** all'avventura di Lancillotto. Essa diviene simbolo di quell'**amore perfetto che richiede il sacrificio totale** di sé. Per questo il passo è denso di elementi fortemente simbolici: l'acqua del fiume da passare è nera e spaventosa come l'inferno; la lama del ponte taglia ma insieme purifica, come in una sorta di Purgatorio da cui si esce santificati; le belve che aspettano dall'altra parte sono la proiezione dei terrori stessi dell'eroe (che infatti, superata la prova, le vedrà sparire come fantasmi inconsistenti).

L'eroe non combatte contro eserciti nemici, come nelle *chanson de geste*; non combatte nemmeno in tornei e singolar tenzoni, come pure ancora avviene in tanti romanzi cortesi. Qui l'eroe **si misura soprattutto con se stesso**, con le sue paure e le sue esitazioni. La prova non ha più carattere epico-guerresco, ma simbolico: è un rituale di passaggio del cavaliere, affrontato in solitudine, verso un più alto livello di consapevolezza di sé. In Chrétien l'avventura cavalleresca è ormai «intesa non come evasione, ma come volontaria determinazione dell'individuo, lanciato alla ricerca d'incontri che lo rivelino a se stesso, di prove che confermino e confortino la sua vocazione nativa, di rischi nei quali possa cimentarla e irrobustirla sino ad attingere la perfezione ideale della propria personalità nella comunità solidale dello sforzo umano» (Aurelio Roncaglia).

Analisi e interpretazione Tipologia A

LEGGERE CON METODO

I TEMI E L'INTERPRETAZIONE

1. Come si caratterizza la figura del cavaliere Lancillotto?
2. Che cosa simboleggiano i leoni che appaiono al cavaliere alla fine del ponte?

LA PAROLA A... **Leo Spitzer**

L'avventura nei romanzi cortesi

Leo Spitzer (1887-1960), uno dei più significativi linguisti e critici letterari del Novecento, spiega il significato dell'avventura nei romanzi cortesi del Medioevo. Mentre nelle *chanson* ciò che avviene ai personaggi appare storicamente motivato e fondato (anche se la materia delle *chanson* è in realtà leggendaria), nei romanzi cortesi ciò che colpisce è proprio l'apparente mancanza di motivazioni per gli strani incontri, gli strani avvenimenti, gli strani rituali che contraddistinguono l'esistenza dei protagonisti. I quali non perseguono un ideale collettivo - nazionale o religioso - ma, semplicemente, lo sviluppo e l'affermazione della loro individualità. Le prove che affrontano non hanno senso se non in se stesse, come test di bravura individuale; possono verificarsi casualmente, l'una dopo l'altra, senza un legame veramente necessario, senza costruire un racconto organico e concluso.

L'avventura è una situazione singolare, straordinaria, imprevista, che viene dal di fuori dell'uomo, gli «avviene» e deve esser da lui superata con coraggio ed acume, in una vittoria che rappresenta una prova morale di se stesso. L'avventura è, a questo scopo, ricercata da molti dei nostri eroi, ma esiste sempre quale realtà. Nella leggenda agiografica[1] l'uomo imita il divino e trascende l'umanità; nei nostri «romanzi», invece, l'avventura è tutta umana e individuale e serve appunto a sviluppare l'individualità dell'eroe. E, tuttavia, nel fatto stesso che le situazioni s'impongono, vengono dal di fuori agli eroi dei romanzi, si può riconoscere un legame con gli eroi dei *cantari di gesta* e delle leggende di santi: anch'essi sono esposti a situazioni che avvengono al di fuori e che non hanno scelte. Ora, il lettore di romanzi moderni si aspetta una descrizione realistica e pragmatica delle circostanze avverse in cui si trovano i protagonisti nel loro sviluppo oggettivo, continuo, logico e motivato: siano i protagonisti vincitori o vinti, nei romanzi moderni le circostanze contro cui essi lottano debbono sempre essere forze sociali, economiche, religiose, storiche, che siamo in grado d'intendere e di spiegarci.

Niente di tutto questo nei romanzi medievali, in cui, sin dal primo momento, ci sentiamo trasportati in un ambiente fantastico, quasi miracoloso, presentato come vigente e reale che ostacola (e più raramente aiuta) il protagonista. E invece di situazioni che si sviluppano logicamente l'una dall'altra, spesso ci troviamo in presenza di una sfilza di situazioni, di «avventure» incoerenti, che possono magari anche ripetersi e non hanno altro senso se non mostrarci la bravura o l'acume del protagonista. [...]

Nei cantari si tratta di un ideale (nazionale-religioso) che fu suggerito da un momento storico (le crociate), mentre l'ideale cavalleresco dei romanzi è un ideale personale e individuale. Va anche notato che, in uno sviluppo secondario, i romanzi cavallereschi potevano essere infusi di uno spirito religioso affine alla leggenda agiografica: il *Perceval* di Chrétien [...] poteva così svilupparsi, nella Ricerca del Santo Graal, in una leggenda cavalleresco-religiosa, i cui protagonisti, per esempio Galaad, diventavano cavalieri che aspiravano alla santità. Ma perdura anche in questa sfera l'atmosfera irreale e la stilizzazione ritualistica delle avventure. L'individuo, benché ritratto nella conquista della sua individualità, compie le sue prove in un mondo di fiaba.

(L. Spitzer, *Prefazione*, in A. Bianchini [a cura di], *Romanzi medievali d'amore e d'avventura*, Garzanti, Milano 1981)

1. **agiografica:** relativa alla vita dei santi.

TESTO ARGOMENTATIVO | Tipologia B

1. Secondo Spitzer, qual è la differenza tra le avventure che coinvolgono i personaggi dei romanzi moderni e quelle in cui si imbattono i protagonisti dei romanzi medievali?
2. Perché le avventure in questi romanzi formano una «sfilza»?
3. Quali sono le differenze e le somiglianze tra le avventure dei *cantari di gesta* e dei romanzi cavallereschi?
4. Sulla base delle risposte precedenti, elabora un testo espositivo-argomentativo in cui presenti la tesi di Spitzer in merito all'avventura nei romanzi cavallereschi.

5 In Provenza: la lirica della *fin'amor*, o "amore perfetto"

Diffusione della lirica provenzale La lirica provenzale nasce nelle corti della **Francia meridionale** verso la **fine dell'XI secolo.** Tale poesia presto emigra nel resto dell'Europa romanza e germanica, fornendo il modello per una nuova poesia d'arte, laica, espressa in volgare. La lirica provenzale si trapianta con successo anche in Sicilia, presso la corte di Federico II, dando luogo a uno dei primi fenomeni di letteratura in un volgare italiano: la cosiddetta Scuola siciliana [▶ p. 112 sgg.].

Trovatore
Nella letteratura provenzale, il termine «trovatore» (dal provenzale *trobar*, "comporre versi") designa il poeta, colui che compone versi in lingua provenzale (lingua d'*oc*). Il termine fa riferimento ai poeti attivi nel Sud della Francia tra l'XI e il XII secolo.

Un po' di cronologia Il più antico **trovatore** di cui ci sia giunta l'opera, **Guglielmo IX duca di Aquitania**, è attivo alla fine dell'XI secolo, mentre la massima fioritura della lirica provenzale si colloca nel pieno del XII secolo. I tratti essenziali del codice poetico sono già fissati nel volgere di un cinquantennio, quando alle prime due generazioni di poeti, rappresentate soprattutto da Guglielmo IX e **Jaufré Rudel**, succede la generazione che sarà detta «classica», alla quale appartengono poeti attivi tra la metà e la fine del XII secolo quali Bernart de Ventadorn, Giraut de Bornelh, Bertran de Born, Arnaut Daniel, Folquet de Marselha (Folchetto di Marsiglia).

Il Trecento rappresenta invece l'età della fossilizzazione accademica della poesia provenzale, di cui diventa emblema l'**Accademia della Gaia Scienza**, fondata a Tolosa nel 1323, dove si procede a una codificazione puntigliosa delle regole della scuola.

Un gruppo di poeti interclassisti Un aspetto essenziale della lirica provenzale è il suo **carattere interclassista**. Infatti, fra i circa 350 poeti di cui ci è stato conservato il nome (per un totale di circa 2500 componimenti, molti dei quali anonimi), troviamo re, prìncipi, membri dell'aristocrazia feudale, ma anche piccoli feudatari o, appunto, poveri cavalieri, monaci, chierici, borghesi di varia estrazione (anche artigiani), giullari. Tutti sono accomunati dalla fedeltà a un modello indiscusso di **poesia aristocratica nei temi e nelle forme**, tale da esigere una notevole **capacità tecnica** e soprattutto una grande **consapevolezza culturale**. Si tratta di un fenomeno di rilievo, se pensiamo alla distinzione, così netta nel Medioevo, tra *litterati* e *illitterati*: nella poesia provenzale essa sembra venire meno, almeno nella misura in cui tutti obbediscono a un codice comune di temi, motivi, linguaggio e procedure formali.

Una poesia destinata al canto La poesia provenzale era destinata al **canto**, non alla lettura. Il poeta era al tempo stesso l'autore del testo verbale e della musica; parole e melodia erano tra loro complementari e insieme formavano il componimento. Veicolo privilegiato della lirica provenzale è la **canzone**: genere metrico il cui nome ricorda ancora l'originaria simbiosi di parole e musica. Canzoni però non sono soltanto poesie d'amore; il termine si applica anche a **poesie di attualità o di circostanza**, come il **sirventese** (forse da connettersi a *sirven*, "servitore", "dipendente": si tratterebbe dunque di una poesia rivolta a un signore da un poeta del suo seguito) e il ***planh*** (letteralmente "pianto", genere riservato al compianto funebre).

- **Una trovatrice: Contessa (Béatrice) De Die**
- **Arnaut Daniel: il desiderio carnale**

▶ **T** Arnaut Daniel, *Lo ferm voler*

La *fin'amor* Il tema privilegiato della lirica provenzale è la *fin'amor* (attenzione: *amor* in provenzale era femminile) o **"amore perfetto"**, che vede protagonisti la dama (la signora del castello, di norma sposa del signore feudale del luogo) e il poeta che ne canta la bellezza e la virtù, e se ne dichiara umile vassallo. È un amore che implica, per definizione, la **distanza incolmabile della dama** e quindi l'impossibilità di una consumazione fisica del desiderio, destinato a rimanere irrealizzabile, quindi infinito. Questa distanza riflette quella storica, reale, fra la donna cantata e il poeta, che spesso è di classe sociale inferiore e viene relegato in un ruolo di vassallo rispetto alla donna/

◂ Un poeta e la sua dama colloquiano su temi d'amore. Miniatura dal Codice Manesse, XIV secolo (Heidelberg, Universitätsbibliothek).

signora. D'altra parte, la **sproporzione sociale** tra l'amante e l'amata, mentre rappresenta un ostacolo oggettivo alla realizzazione del desiderio, diventa fonte inesauribile di affinamento e di promozione individuale e sociale dell'amante.

Il modello feudale: il vassallo e la signora Nella poesia provenzale la sproporzione fra amata e amante viene espressa attraverso un **complesso sistema di metafore ispirate al mondo feudale**. Alla donna amata, assimilata al proprio signore, ci si rivolge con l'appellativo di *domna*, "signora" (*domina*), o anche col maschile *midons*, "mio signore" (*meus dominus*); parallelamente, l'amante, umile e ubbidiente, è il suo vassallo. L'amore è il servizio che il vassallo presta al suo signore ricevendone in cambio la giusta ricompensa (*merce*, da cui l'italiano letterario *mercé*, da intendersi, etimologicamente, come "mercede"). Il rapporto gerarchico tra l'amata e l'amante comporta un elemento di **reciprocità** simile a quello implicato nel patto feudale, nel senso che la mancata disponibilità della donna ad accettare il servizio d'amore, o la sua disponibilità ad accettarne più di uno alla volta, libera l'amante da ogni vincolo di fedeltà e di lealtà, autorizzandolo a cambiare signore, ovvero a mettersi al servizio di un'altra dama.

Il **modello vassallatico** dell'amore provenzale ha dato origine a una lettura sociologica di quel rapporto, visto da alcuni studiosi come direttamente determinato da specifiche circostanze sociali delle corti di Provenza.

La sublimazione amorosa Anche se destinato a non essere consumato mai, non si deve credere che l'amore cortese sia però un amore platonico, del tutto spirituale. Anzi, il desiderio dei trovatori è spesso esplicitamente **sensuale**, e perciò tanto più tormentoso, proprio perché perennemente **frustrato** nella sua fisicità.

L'amore di lontano La distanza tra amante e amato può anche assumere i tratti di una **distanza geografica**, sempre altrettanto incolmabile. È questo il caso dell'***amor de lonh*** ("amore di lontano" o "amore lontano"), che trova il suo cantore soprattutto in **Jaufré Rudel**. Il motivo avrà fortuna anche al di fuori della poesia lirica, dando luogo al tema, frequentissimo nella narrativa medievale, dell'**«innamoramento da lontano» o «per fama»**. Nei romanzi medievali, infatti (ma anche nella narrativa del nostro Rinascimento, nella novellistica e nel teatro), non sarà raro il caso di damigelle e di cavalieri che s'innamorano per sentito dire, conquistati dalla fama della bellezza o del valore di uno sconosciuto (o sconosciuta) che magari vive in terre lontane. Talvolta, l'*amor de lonh* viene scatenato dalla visione di un semplice ritratto; talvolta basta il racconto di un'impresa meravigliosa, o la descrizione di una beltà senza pari. Anche in questi casi, la distanza, rendendo la conquista amorosa ardua, se non impossibile, **affina la virtù**, la costanza, la qualità morale dell'amante, e si traduce in un fattore di crescita e di approfondimento interiore.

L'amore cortese: invenzione dell'amore moderno? Ci si può chiedere, in conclusione, quanto l'amor cortese sia lo specchio di un **costume amoroso reale**, veramente esistito e praticato, e quanto esso sia, invece, una pura **fantasia letteraria**. Quello che è certo, è che l'amor cortese segnò un modo di sentire e di rappresentare la passione amorosa che, indipendentemente dalla sua eventuale, minore o maggiore corrispondenza con i costumi erotici effettivamente praticati nel XII secolo, cambiò per sempre il modo nostro, occidentale, europeo, di porsi di fronte al sentimento amoroso.

L'amore cortese scoprì e dette forma alla incolmabilità del desiderio, raffigurando l'amore come una **mancanza**, un **perenne stato di ricerca di un'unione impossibile**, instabile, mai definitiva. In un certo senso si può dire che i provenzali abbiano fondato la concezione moderna di amore romantico: un amore, cioè, fatto più di fantasticheria che di realtà; d'immaginazione, più che di vero contatto fisico o di effettivo scambio emotivo. È questa la lezione, ancora comprensibile per noi lettori di oggi, che ci arriva da una civiltà così lontana da noi e da un codice di comportamento in apparenza così astruso come quello della *fin'amor*.

Bernart de Ventadorn: le inquietudini dell'amore perfetto

L'amore, un sentimento al di là delle convenzioni Originario del Limosino, nel Sud-ovest francese, Bernart frequentò la corte di Eleonora d'Aquitania e fu attivo tra il 1147 e il 1170. Della sua produzione si conoscono 41 liriche sicure.

Forse in nessun altro trovatore come in Bernart de Ventadorn la poesia provenzale trova la sua più alta espressione. In Bernart l'amore è infatti vissuto con particolare **intensità emotiva**, assumendo il carattere di un'esperienza del tutto personale. Nella sua poesia l'accettazione del rituale cortese e della connessa tematica del servizio d'amore va oltre le convenzioni e si trasforma in **sentimento autentico**: Bernart patisce davvero la contraddizione fra il desiderio di felicità e di soddisfazione amorosa, da una parte, e, dall'altra, la frustrazione di quel desiderio e l'impossibilità di consumare la passione amorosa.

Jaufré Rudel e l'amore di terra lontana

La leggenda Anche di Jaufré Rudel non si sa molto, ma le notizie dell'**antica *vida*** ("vita"), che accompagnano le sue liriche nei manoscritti più antichi, sono state sufficienti a creargli intorno un vero e proprio romanzo. Ecco la storia che vi si racconta:

> Giaufré Rudel fu molto gentile uomo e principe di Blaia. Si innamorò della contessa di Tripoli senza vederla, per il gran bene e la gran cortesia ch'egli sentì dire di lei ai pellegrini che tornavano d'Antiochia. E per volontà di vederla si fece crociato, e si mise in mare per andare a vederla. E allora nella nave lo prese una grande malattia, sì che quelli che erano con lui pensarono ch'egli sarebbe morto nella nave; ma tanto fecero che lo condussero a Tripoli, ormai in fin di vita. E fu fatto sapere alla contessa; ed ella venne a lui al suo letto, e lo prese fra le sue braccia. E quando egli seppe ch'era la contessa, riprese il vedere, l'udire e il respirare; e lodò Iddio e lo ringraziò che lo aveva lasciato in vita tanto che l'avesse potuta vedere. E così morì tra le braccia della contessa. Ed ella lo fece onoratamente seppellire nella casa del Tempio di Tripoli; e poi in quel medesimo giorno ella si fece monaca per il dolore ch'ebbe di lui e della sua morte.
>
> (G. Carducci, *Jaufré Rudel. Poesia antica e moderna*, Zanichelli, Bologna 1888)

I tentativi di verificare storicamente questo racconto sono stati molti e vari, e non sono approdati a conclusioni sicure: in particolare, rimane incerta l'identità della contessa di Tripoli (da altre fonti chiamata Melisenda). Di sicuro, Rudel fu **principe di Blaye**, partecipò alla **seconda Crociata** (1147-49) al fianco di Luigi VI e probabilmente morì in Terra Santa.

GRANDANGOLO
L'amore di terra lontana: un tema romantico

L'amor de lonh Nelle sue poesie torna con insistenza il motivo dell'*amor de lonh* o anche *amors de terra londhana*, che ha dato luogo a varie interpretazioni: si tratta dell'amore per una donna lontana, residente in terra straniera, Melisenda o altra? Si tratta di una figura ideale? Oppure, come qualcuno ha voluto intendere, si tratta addirittura dell'amore divino, il più lontano e irraggiungibile? I testi, comunque, parlano con chiarezza di una **donna**, la cui **lontananza** esaspera il motivo tipicamente trobadorico dell'**irrealizzabilità del desiderio**. Questo motivo, combinato con la morte in Terra Santa dell'autore, ha probabilmente innescato la versione leggendaria presente già nella *vida* provenzale.

GUIDA ALLO STUDIO

1. Traccia l'evoluzione cronologica della poesia provenzale.
2. Quali sono le forme metriche prevalenti?
3. In che senso la si può definire una poesia "interclassista"?
4. Che cos'è l'*amor de lonh*?

A COLPO D'OCCHIO — La poesia provenzale

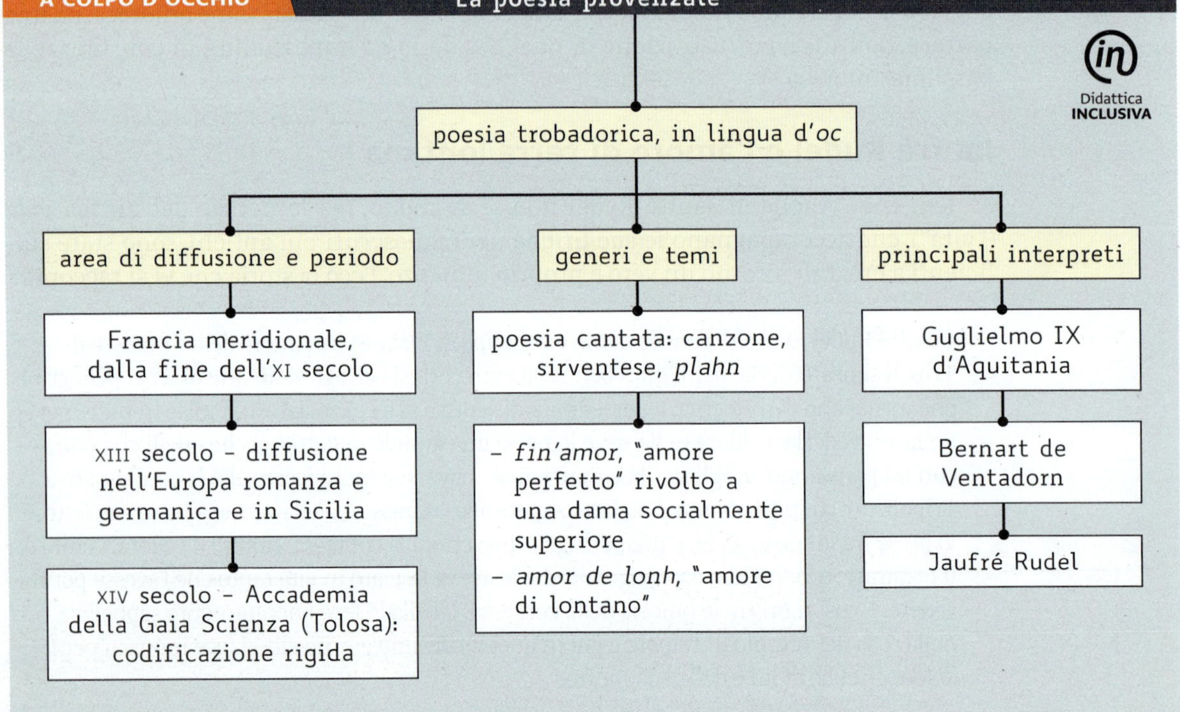

T3

Bernart de Ventadorn

Can vei la lauzeta mover

Periodo: 1147-70

Metro: canzone

Argomento: il dolore bruciante per un amore non corrisposto e lontano, che svuota completamente il poeta, lo sottrae a se stesso, lasciandolo come morto

È il componimento più famoso della produzione di Bernart de Ventadorn, particolarmente rappresentativo del dibattito, non solo letterario, ma anche di natura ideologica, sul significato e sui limiti della fin'amor.

I

Can vei la lauzeta mover
de joi sas alas contra·l rai,
que s'oblid'e·s* laissa chazer
per la doussor c'al cor li vai,
ai! tan grans enveya m'en ve
de cui qu'eu veya jauzion,
meravilhas ai, car desse
lo cor de dezirer no·m fon.

II

Ai, las! tan cuidava saber
d'amor, e tan petit en sai,
car eu d'amar no·m posc tener
celeis don ja pro non aurai.
Tout m'a mo cor, e tout m'a me,
e se mezeis'e tot lo mon;
e can se·m tolc, no·m laisset re
mas dezirer e cor volon.

III

Anc non agui de me poder
ni no fui meus de l'or'en sai
que·m laisset en sos olhs vezer
en un miralh que mout me plai.
Miralhs, pus me mirei en te,
m'an mort li sospir de preon,
c'aissi·m perdei com perdet se
lo bels Narcisus en la fon.

[...]

VI

Merces es perduda, per ver,
et ieu non o saubi anc mai,
car cilh qui plus en degr'aver
no·n a ges; et on la querrai?
A! can mal sembla, qui la ve,
qued aquest chaitiu deziron,

TRADUZIONE

I Quando vedo l'allodoletta muovere per la gioia le sue ali contro il sole e svenire e lasciarsi cadere per la dolcezza che sente nel cuore, ah! così grande è l'invidia che provo di chiunque io veda gioire che mi meraviglio che in quel momento il cuore non mi si sciolga dal desiderio.

II Ahimè! tanto credevo di sapere dell'amore, e tanto poco ne so, perché non posso trattenermi dall'amare colei da cui non avrò mai ricompensa. Mi ha privato del mio cuore, di me, di se stesso e di tutto il mondo; e quando mi ha privato di sé non mi ha lasciato che desiderio e cuore bramoso.

III Non ho più avuto potere su me stesso né sono stato più mio dal momento in cui mi ha lasciato guardare nei suoi occhi, in uno specchio che mi piace molto. Specchio, da quando mi sono guardato in te mi hanno ucciso i sospiri dal fondo dell'animo, e mi sono perduto così come fece il bel Narciso nella fonte.

VI Pietà è veramente perduta, e io non l'ho mai saputo, se colei che più dovrebbe averne non ne ha affatto; e dove la cercherò? Ah! com'è triste, per chi la vede, che lei lasci morire e non soccorra questo infelice pieno di desiderio, che non avrà mai bene senza di lei.

que ja ses leis non aura be,
laisse morir, que no l'aon!

VII
Pus ab midons no·m pot valer
precs ni merces ni·l dreihz qu'eu ai,
ni a leis no ven a plazer
qu'eu l'am, ja mais no·lh o dirai.
Aissi·m part de leis e·m recre;
mort m'a, e per mort li respon,
e vau m'en, pus ilh no·m rete,
chaitius, en issilh, no sai on.

VII Poiché con la mia signora non mi sono di aiuto né preghiera, né pietà, né il diritto che io ho, e a lei non piace che io l'ami, non glielo dirò mai più. Così mi allontano da lei e rinuncio; lei mi ha ucciso e io le rispondo come morto, e me ne vado, perché non mi trattiene, infelice, in esilio, non so dove.

VIII
Tristans, ges no·n auretz de me,
qu'eu m'en vau, chaitius, no sai on.
De chantar me gic e·m recre,
e de joi e d'amor m'escon.

VIII Tristano, nulla più avrete da me, perché me ne vado triste, dove non so. Dal cantare mi astengo e desisto; rifuggo dalla gioia e dall'amore.

▸ Scena cortese, avorio, coppie d'amanti in atteggiamento amoroso, XIV secolo (Parigi, Musée du Louvre).

T3 Dentro il testo

IN SINTESI

L'immagine della felicità perfetta di un'allodoletta in cielo intensifica nell'animo del poeta il dolore bruciante per l'amore non corrisposto e per la lontananza della donna che, facendolo innamorare, lo ha del tutto svuotato, fatto uscire di sé. Ora qualsiasi tentativo di riconquistarla si rivela vano, qualsiasi «diritto» acquisito su di lei, secondo il modello del patto feudale, viene meno: la donna amata, ormai lontana, lo lascia come morto.

I TEMI E L'ESPRESSIONE

LA *FIN'AMOR*

La canzone è sintesi perfetta dei motivi dominanti della *fin'amor* provenzale. Il poeta descrive qui il miraggio di una gioia d'amore che potrebbe quasi far venire meno per la dolcezza, ma da cui ci si sente irrimediabilmente lontani; lo spasimo del **desiderio inappagato** e della **distanza** della donna amata; il contratto amoroso come **contratto feudale** che, una volta rescisso, lascia l'amante libero sì, ma votato alla morte. Il codice è dunque pienamente rispettato, ma con un'intensità di partecipazione passionale che bene esprime lo strazio dell'amore «a una direzione», smisurato quanto non corrisposto, bruciante e inutile al tempo stesso.

L'IMMAGINE DELL'ALLODOLA E IL DESIDERIO IRREALIZZABILE

L'immagine iniziale dell'allodola che muove le ali verso il sole e, appagata dalla gioia del volo, si lascia cadere sopraffatta, estatica, è l'immagine di una felicità irraggiungibile, che lascia il poeta invidioso, con il cuore che si strugge per il desiderio. Si pone così, in apertura, il tema della canzone, che è quello del **desiderio irrealizzabile** e dell'**amore sterile**, perché non ricambiato. Tuttavia, la figurazione iniziale dell'allodola esprime efficacemente quale potrebbe essere lo sconfinato godimento amoroso, se la signora ricambiasse l'amante. La poesia si svolge dunque tutta nel contrasto fra quella accecante immagine iniziale - di gioia quasi delirante - e la miserevole situazione del poeta deluso.

AMORE NARCISISTA

Nella terza strofa il poeta approfondisce la sua situazione di innamorato deluso svolgendo il tema dell'**amore** come **spossessamento** e **perdita di sé**. Il motivo dell'**innamoramento attraverso la vista** ci fa per un momento intravedere gli occhi della dama: superficie splendente come specchio, in cui l'amante si riflette e vede non altri che se stesso, come Narciso. È un modo per dirci che «l'amore è una creazione esclusiva della persona che ama, qualcosa di soggettivo e di incomunicabile, che riguarda il singolo e non due persone» e che «dietro lo specchio c'è il nulla o la morte» (Costanzo Di Girolamo). È un elemento di consapevolezza che merita di essere sottolineato: il poeta sa che, proprio perché è lui che parla, che canta, che esprime il suo amore, questo amore non è che un **riflesso narcisistico** della sua immaginazione.

Nella *fin'amor*, infatti, la donna è lontana, fredda, insensibile: anche nel senso che non le è mai dato diritto di replica, nessuno spazio di dialogo o di reciprocità. Per questo l'amore dei trovatori non può che tornare su se stesso, specchiando un'unica immagine: quella del poeta amante.

Analisi e interpretazione Tipologia A

LEGGERE CON METODO

COMPRENSIONE GLOBALE

1. Nella prima stanza, di chi dice di provare invidia il poeta? Perché?
2. Qual è la condizione attuale del poeta?
3. Che cosa ha deciso di fare?

LA LINGUA E LE STRUTTURE

4. Quale contrasto si instaura tra l'immagine iniziale del volo dell'allodola e la condizione del poeta?
5. Trova nel testo e sottolinea tutte le espressioni che appartengono alla sfera lessicale della perdita e della morte.

I TEMI E L'INTERPRETAZIONE

6. Perché gli occhi della donna diventano uno specchio? In questo contesto, qual è il significato della citazione del mito di Narciso?
7. Quale affinità si può riscontrare tra la situazione del poeta e quella di Tristano, cui allude il *senhal* del destinatario della poesia?

USARE IL DIGITALE

APPROFONDIMENTI E CONFRONTI

8. La lirica trobadorica non è stata composta per essere letta, ma per essere cantata con l'accompagnamento della musica, scritta dallo stesso poeta. Tra tutti i trovatori, Bernart de Ventadorn è uno di quelli di cui meglio è documentata la musica originale (ci è rimasta per 18 componimenti). In rete trovi più di un'esecuzione di *Can vei la lauzeta mover*; prova ad ascoltarne una e descrivi le tue emozioni all'ascolto: a tuo parere la musica riesce a trasmettere l'atmosfera e i sentimenti delle parole del testo?

T4

Jaufré Rudel

Quan lo rius de la fontana

AUDIOLIBRO

Periodo: XII secolo

Metro: canzone

Argomento: l'amore di terra lontana, per il quale il poeta si strugge; egli è tuttavia consapevole che il possesso dell'amata ne estinguerebbe la tensione, l'intensità

La lirica, incentrata sul tema dell'amore di terra lontana, rappresenta il culmine dell'ideologia più tipica della fin'amor *provenzale.*

I

Quan lo rius de la fontana
s'esclarzis, si cum far sol,
e par la flor aiglentina,
e·l rossinholetz el ram
volf e refranh et aplana
son doutz chantar et afina,
dreitz es qu'ieu lo mieu refranha.

II

«Amors de terra lonhdana,
per vos totz lo cors mi dol!»
E no·n puesc trobar meizina
si non vau al sieu reclam
ab atraich d'amor doussana
dinz vergier o sotz cortina
ab desiderada companha.

III

Pus totz jorns m'en falh aizina,
no·m meravilh s'ieu n'aflam,
quar anc genser cristiana
non fo, ni Dieu non la vol
juzeva ni sarrazina:
ben es selh pagutz de mana[4]
qui ren de s'amor gazanha!

IV

De dezir mos cors non fina
vas celha ren qu'ieu plus am;
e cre que volers m'engana
si cobezeza la·m tol;

«Amore di terra lontana» è espressione rimasta nella memoria poetica anche moderna, per esempio in *Sogni di terre lontane*, in *Alcyone*, di d'Annunzio, oltre che nelle poesie ispirate alla vicenda di Jaufré Rudel, da Robert Browning a Giosue Carducci [▸ online].

TRADUZIONE

I Quando il rio della sorgente si fa chiaro, come suole, e sboccia la rosa canina, e l'usignolo sul ramo svolge, riprende e forbisce il dolce suo canto e lo affina, è bene ch'io riprenda il mio.

II Amore di terra lontana, per voi il cuore mi duole, e non posso trovar medicina, se non nell'eco del vostro nome, per la lusinga di un dolce amore nel verziere o dietro cortina, in compagnia beneamata.

III Poiché non ne ho mai l'occasione, non c'è da stupirsi se lo bramo: non vi fu mai, né Dio lo vuole, più bella cristiana, né giudea o saracena. È ben pagato con manna chi guadagna un po' del suo amore.

IV Il mio cuore non finisce di desiderare quella che io più amo; e credo che il volere mi inganni, se la concupiscenza me la toglie;

1-6. Quan ... afina: cioè in primavera. Il poeta mette in parallelo il risvegliarsi del canto dell'usignolo, in mezzo al rifiorire della stagione, e il suo proprio.
8. Amors ... lonhdana: non è l'amore «di una terra lontana» (genitivo oggettivo), né l'amore «che viene da una terra lontana» (genitivo di provenienza), ma proprio un amore «caratterizzato dalla terra lontana, dalla lontananza» (genitivo di specificazione qualitativa).
9. lo cors: qui, come nella quarta strofa, può essere inteso sia come «cuore» (dal latino *cor*), sia come «corpo» (dal latino *corpus*): è un'ambiguità costante in tutta la poesia provenzale. «Cuore» è una traduzione spiritualizzante, che tende a escludere la fisicità dalla *fin'amor*; alcuni studiosi traducono, non a torto, «il mio essere».
13. sotz cortina: **dietro le cortine del letto**. L'allusione a una consumazione fisica dell'amore è esplicita.
20. de mana: **con cibo divino, paradisiaco**. La manna è il cibo, disceso dal cielo, che nutrì miracolosamente gli ebrei nel deserto.
25. si cobezeza la·m tol: il desiderio carnale, la concupiscenza (*cobezeza*), se fosse lasciato libero di sfrenarsi, avrebbe la paradossale conseguenza di annullare la volontà di possedere l'amata; è proprio l'insoddisfazione del desiderio che tiene desta, in tensione, la volontà di unirsi a lei.

que plus es ponhens qu'espina
la dolors que ab joi sana!
Don ja non vuelh qu'om m'en planha.

è più pungente della spina il dolore che la gioia d'amore risana; dunque non voglio che mi si compianga.

V
Senes breu de pargamina
tramet lo vers, que chantam
en plana lengua romana,
a·n Hugo Bru par Filhol;
bo·m sap quar gens Peitavina
de Berri e de Guiana
s'esgau per lui e Bretanha.

V Senza foglio di pergamena invio questi versi cantando, in schietta lingua romanza, a Messer Ugo Bruno, per mezzo di Filhol. Sono lieto che la gente del Poitou, del Berry e di Guienna da lei sia rallegrata, e anche la gente di Bretagna.

---

27. la dolors ... sana!: la gioia d'amore sana il dolore del desiderio insoddisfatto, pungente come una spina. Ma si badi: questa «gioia d'amore» non è il possesso fisico della persona amata, che segnerebbe la fine del desiderio; è invece la gioia stessa dell'innamoramento, inestricabile dal dolore del desiderio inappagato. È proprio per questo che, alla fine di questa strofa, il poeta dice di non volere essere compianto da nessuno: la lontananza, e quindi la radicale irraggiungibilità della donna amata, è garanzia della durata della passione, in cui consiste la vera gioia dell'innamorato.
30. chantam: da notare la sottolineatura del carattere orale e cantato della canzone, in contrapposizione a un testo scritto su carta.
32. a·n Hugo Bru: Messer Ugo Bruno, signore della dinastia dei Lusignano, che regnava sulle terre del Poitou, del Berry e della Guyenne. ■ **Filhol:** è il nome del giullare a cui si affida la diffusione della canzone.

T4 Dentro il testo

IN SINTESI

Con il ritorno della primavera e il ridestarsi del canto dell'usignolo, anche il poeta torna al suo canto, per celebrare l'amore di terra lontana, la passione per una donna bellissima e distante. Il poeta non chiede di essere compianto, ma desidera tenere vivo lo struggimento del desiderio, per quanto sia più pungente di una spina: se venisse appagato con il possesso dell'amata, l'amore stesso verrebbe meno. Egli affida dunque al giullare Filhol la propria canzone, destinandola a Messer Ugo Bruno, signore della dinastia dei Lusignano.

I TEMI E L'ESPRESSIONE

L'AMORE DI TERRA LONTANA

L'amore di terra lontana, cioè caratterizzato dalla **lontananza**, rappresenta qui il vero e proprio culmine dell'ideologia più tipica della *fin'amor* provenzale. Specialmente nella strofa 4 il poeta chiarisce il meccanismo psicologico dell'amore dei trovatori: la lontananza garantisce la **durata del desiderio**, perché la volontà di congiungersi all'amata, se cedesse alla concupiscenza carnale e trovasse una soddisfazione fisica, verrebbe meno immediatamente, ponendo fine all'amore. L'amore da lontano si presta a una **idealizzazione romantica**, ma non è affatto un amore spirituale: in questa poesia Rudel allude in modo molto esplicito alla carnalità del desiderio e al tormento pungente della sensualità insoddisfatta e acuita dalla distanza.

UNA PARADOSSALE LETIZIA

Rudel presenta mirabilmente la **contraddittorietà psicologica** dell'amore lontano: dolore del desiderio inappagato e gioia dell'amore che continuamente si alimenta di questa condizione fanno tutt'uno. Ecco perché la poesia si può aprire con la freschissima e lieta immagine primaverile delle acque rischiarate dalla bella stagione, della rosa canina, dell'usignuolo che torna a cantare: un'**apertura allegra**, che invita il poeta a riprendere il suo canto. Ma il suo non è propriamente un canto allegro, visto che si parla del tormento della lontananza dall'oggetto amato. Eppure, a suo modo, il canto di Rudel è un **canto di gioia amorosa**: l'amore trobadorico non è un amore infelice, ma un amore che trova in se stesso le proprie ragioni di letizia interiore.

UN VERO CANTO POETICO

La chiusa della poesia contiene la menzione del **giullare** professionista a cui era affidata la diffusione della canzone e dei **signori**, ai quali essa si riprometteva di arrivare. È uno spiraglio prezioso sulle effettive modalità di composizione, esecuzione e diffusione della poesia provenzale. Quella dei trovatori era davvero una poesia **composta per essere musicata**, e inconcepibile senza il canto e le circostanze sociali che accompagnavano l'esecuzione. La menzione del signore di Lusignano e dei suoi feudi riconduce il canto di Rudel al suo pubblico, a quelle cerchie aristocratiche di Provenza di cui la *fin'amor* dei trovatori esaltava i valori - reali o immaginari che fossero.

Analisi e interpretazione Tipologia A

LEGGERE CON METODO

COMPRENSIONE GLOBALE

1. Quale momento dell'anno fa da sfondo alla lirica? Perché?
2. Perché l'unica cura al suo dolore si trova solo «nell'eco del vostro nome»?

LA LINGUA E LE STRUTTURE

3. Trova nel testo tutte le espressioni che rinviano al tema della lontananza.

I TEMI E L'INTERPRETAZIONE

4. Spiega l'immagine centrale della quarta strofa: perché è proprio la lontananza a rendere possibile l'amore perfetto?

L'essenziale

AUDIOLIBRO

LE PRIME PRODUZIONI LETTERARIE IN VOLGARE

La produzione letteraria nelle lingue romanze prende avvio nella penisola iberica, il cui capolavoro più noto è il *Cantare del mio Cid* (1140); nella Francia settentrionale, in lingua d'*oïl*, con le *chanson de geste* (tra la fine dell'XI e il XII secolo) e i romanzi; nella Francia meridionale, in lingua d'*oc*, con la lirica trobadorica (fine dell'XI secolo).

CAVALLERIA, AVVENTURA, CORTESIA

Il cavaliere, figura chiave della letteratura francese delle origini, è il tipico membro dell'aristocrazia feudale che dispone di risorse economiche sufficienti ad addestrarsi, armarsi e mantenere cavallo e servitori. La Chiesa cerca di frenare la turbolenza dei soldati con un'azione moralizzatrice: per questo, accanto ai valori di prodezza e lealtà, per i cavalieri sono centrali la fede ardente e la missione di proteggere i deboli. Dopo la metà del XII secolo, con i romanzi della Tavola rotonda di re Artù, subentra il modello del cavaliere «cortese», che pone al centro del suo sistema di valori l'amore e la totale dedizione alla donna amata. È un amore che prescinde dal matrimonio e consente un raffinamento morale e spirituale, secondo la teorizzazione di Andrea Cappellano.

LE *CHANSON DE GESTE*

Tra le *chanson de geste*, che celebrano la prodezza di un eroe e della sua stirpe, la più nota è la *Chanson de Roland*, dedicata a uno scontro fra cristianità e islam nel 778 (nella realtà storica, solo un piccolo screzio). Ne è protagonista il conte Orlando.

LA LIRICA PROVENZALE

La lirica provenzale nasce nelle corti della Francia meridionale verso la fine dell'XI secolo e influenza profondamente sia la produzione poetica successiva sia la visione dell'amore nella civiltà occidentale. È una lirica destinata al canto, che si esprime soprattutto nella forma della canzone, e che ha come tema privilegiato la *fin'amor*, l'"amore perfetto", forma di dedizione a una «dama» irraggiungibile, anche per una sua superiorità sociale, che ricalca alcuni aspetti del rapporto signore-vassallo. Soprattutto con Jaufré Rudel viene teorizzato l'*amor de lonh* ("amore di lontano" o "amore lontano"), innamoramento a distanza che rende la conquista amorosa ardua, se non impossibile.

A COLPO D'OCCHIO **La produzione letteraria francese**

Didattica INCLUSIVA

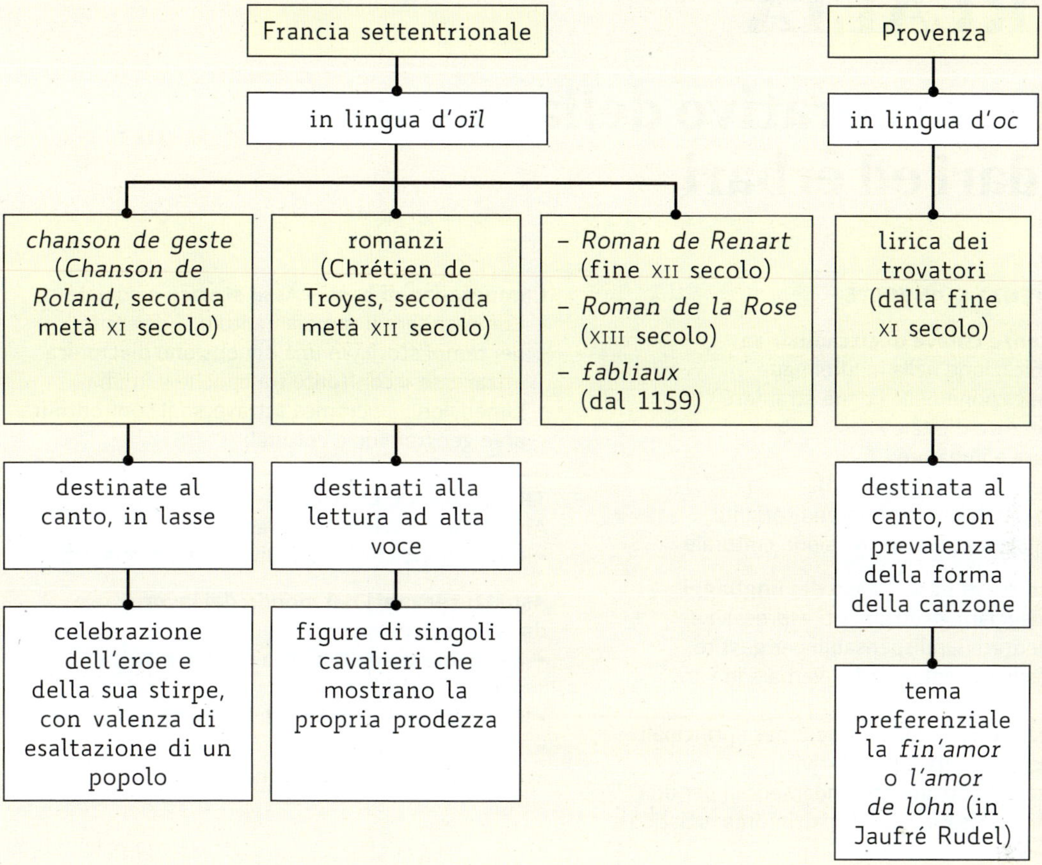

■ Le parole per ricordare

TROVARE LE PAROLE

CAVALLERIA
Istituzione tipica del sistema feudale, che trova ampio spazio nella letteratura francese delle origini. Se in una prima fase prevale il modello del cavaliere cristiano, animato da fede ardente, dalla metà del XII secolo si afferma il cavaliere cortese, amante del bello, magnanimo, animato da amore.

CHANSON DE GESTE
Produzione letteraria in lingua d'*oïl*, organizzata in lasse e diffusa tra la fine dell'XI e il XII secolo; presenta le gesta di un eroe e della sua stirpe, le cui azioni sono celebrate come imprese collettive della nazione.

TROVATORI
Nella letteratura provenzale, il termine trovatore (dal provenzale *trobar*, "comporre versi") designa il poeta, colui che compone versi in lingua provenzale (lingua d'*oc*). Il termine fa riferimento ai poeti attivi nel Sud della Francia tra l'XI e il XII secolo.

FIN'AMOR
"Amore perfetto", che nella lirica provenzale implica la distanza incolmabile della dama e quindi l'impossibilità di un appagamento del desiderio. Questa distanza riflette quella storica, reale, fra la donna cantata e il poeta.

AMOR DE LONH
Nella poesia di Jaufré Rudel è l'"amore di lontano", o "amore lontano": innamoramento a distanza, spesso generato dalla visione di un ritratto o da un racconto; la distanza rende ardua, se non impossibile, la conquista amorosa.

COMPITO DI REALTÀ

TRA SCUOLA E LAVORO

Il potere curativo della natura: lapidari ed erbari

COMPETENZE COINVOLTE

Competenze chiave di cittadinanza
- Comunicazione nella madrelingua
- Comunicazione nelle lingue straniere
- Competenza digitale
- Imparare a imparare
- Competenze sociali e civiche
- Spirito di iniziativa e imprenditorialità
- Consapevolezza ed espressione culturale

Competenze di base - Asse dei linguaggi
- Padroneggiare gli strumenti espressivi e argomentativi indispensabili per gestire l'interazione comunicativa verbale in vari contesti
- Utilizzare una lingua straniera per i principali scopi comunicativi e operativi
- Utilizzare gli strumenti fondamentali per una fruizione consapevole del patrimonio artistico e letterario
- Utilizzare e produrre testi multimediali

Competenze di base - Asse storico e sociale
- Comprendere il cambiamento e la diversità dei tempi storici in una dimensione diacronica attraverso il confronto fra epoche e in una dimensione sincronica attraverso il confronto fra aree geografiche e culturali

TRA SCUOLA E LAVORO

Ambito lavorativo d'interesse
- Promozione culturale e divulgazione scientifica

Aspetti rilevanti nel mondo del lavoro da tenere presenti
- Regolamento della scuola circa le attività parascolastiche
- Organizzazione interna della struttura ospitante
- Pubblicità di un evento
- Utilizzo di dispositivi tecnologici

▸ SITUAZIONE-PROBLEMA

Nell'ottica della multidisciplinarietà prevista dal progetto «Scuola e Salute», gli studenti sono incaricati di organizzare un incontro dal titolo «Alla base della cristalloterapia e della fitoterapia: pietre ed erbe nella cultura classica e medievale». L'evento, da tenersi in una sala fornita da un'associazione culturale cittadina, dovrà prevedere una serie d'interventi degli studenti e di esperti esterni, oltre all'esposizione di cartelloni sulle gemme e sulle piante prese in esame.

▸ PROGRAMMAZIONE

PRODOTTO	Evento divulgativo sulle origini di cristalloterapia e fitoterapia.
TEMPI	3 differenti fasi, così articolate: 1ª fase della durata di 2 ore; 2ª fase di durata non quantificabile; 3ª fase della durata complessiva di 3 ore.
RISORSE	Insegnanti di Italiano, Inglese e Scienze; personale impiegato presso la struttura ospitante; esperti esterni; libri di testo; siti Internet affidabili in cui reperire informazioni aggiuntive; dizionari; materiale da cancelleria; stampante.

▸ **ISTRUZIONI**

Prima fase **Presentazione del lavoro.** Una volta che il docente avrà spiegato alla classe il progetto, dovrà dividere gli studenti in tre gruppi.

Gruppo 1: gli studenti lavoreranno sulle pietre e sulle loro proprietà. In particolare, dovranno documentarsi in rete sulla presenza di 4 pietre nella letteratura medievale e documentare la loro ricerca con un poster.

Gruppo 2: in particolare, gli studenti dovranno documentarsi in rete sulla presenza di 4 erbe nella letteratura medievale e documentare la loro ricerca con un poster.

I membri dei gruppi 1 e 2, inoltre, dovranno prendere contatto con un esperto esterno (rispettivamente gemmologo o cristallo-terapeuta e erborista o fito-terapeuta), al quale sarà chiesto di intervenire con una breve relazione. Sulla base dell'argomento scelto, dovranno poi preparare una presentazione *PowerPoint*, utile a sostegno della relazione dell'esperto.

Verso il mondo del lavoro. Contestualmente è necessario che gli studenti si documentino sulle modalità tramite le quali: contattare una figura professionale; comunicare verbalmente in maniera efficace; realizzare materiale ausiliario chiaro e accattivante; utilizzare correttamente dispositivi informatici.

Gruppo 3: gli studenti dovranno ottenere l'autorizzazione scritta alla realizzazione dell'evento da parte del Dirigente Scolastico e del responsabile della struttura ospitante. Insieme al personale lavorativo dell'associazione, dovranno poi allestire la sala in cui si terranno gli interventi, che verranno da loro scanditi con la presentazione dei relatori. I membri del gruppo, infine, dovranno pubblicizzare la serata, dandone notizia sul sito Internet dell'istituto e in quello dell'associazione ospitante, nonché sui *social network*.

Verso il mondo del lavoro. Contestualmente è necessario che gli studenti si documentino sui seguenti aspetti: modalità in base alle quali la scuola regola l'organizzazione delle attività parascolastiche; regolamento della struttura ospitante; *iter* necessario e corretto per far pubblicità a un evento; questione sicurezza: orari d'accesso alla struttura consentiti, numero massimo di persone ammissibili nello spazio, accessibilità delle uscite di sicurezza ecc.

Seconda fase **Recupero delle autorizzazioni e preparazione del materiale.** Si tratta di una fase in *peer collaboration*, in cui ciascun gruppo è chiamato ad assolvere i vari compiti di cui è incaricato lavorando al di fuori delle ore curricolari. La fase potrà considerarsi conclusa quando tutto il materiale richiesto sarà ultimato e supervisionato dagli insegnanti coinvolti.

Terza fase **Realizzazione dell'evento.** Innanzitutto, gli studenti del gruppo 3, in base agli accordi con il responsabile della struttura ospitante, dovranno predisporre la sala per l'evento, occupandosi di sistemare i vari poster. I membri degli altri gruppi, invece, dovranno intervenire a turno sui temi scelti e con le modalità stabilite.

Al termine dell'attività gli studenti dovranno consegnare all'insegnante di Lettere una breve relazione (con autovalutazione sul possesso e lo sviluppo delle competenze coinvolte e giudizio personale sull'evento), che concorrerà alla valutazione della prova.

AUTOVALUTAZIONE

Prodotto	**Processo**
☐ Insufficiente	☐ Insufficiente
☐ Sufficiente	☐ Sufficiente
☐ Buono	☐ Buono
☐ Ottimo	☐ Ottimo

VERSO L'INVALSI

OBIETTIVO NOVECENTO

Prova computer based

T

Italo Calvino, *Il cavaliere inesistente*, cap. I

Agilulfo e Carlo Magno

Una ripresa originale dei romanzi del ciclo carolingio si trova nel celebre Il cavaliere inesistente *di Italo Calvino, uscito nel 1959, terzo libro della trilogia* I nostri antenati. *Ambientato nel IX secolo d.C., il romanzo ha per protagonista Agilulfo, impeccabile cavaliere di Carlo Magno che in realtà non esiste, è solo un'armatura vuota senza alcuna sostanza fisica, dotata solo di voce e di volontà.*

Sotto le rosse mura di Parigi era schierato l'esercito di Francia. Carlomagno doveva passare in rivista i paladini. Già da più di tre ore erano lì; faceva caldo; era un pomeriggio di prima estate, un po' coperto, nuvoloso; nelle armature si bolliva come in pentole tenute a fuoco lento. Non è detto che qualcuno in quell'immobile fila di cavalieri già non avesse perso i sensi o non si fosse assopito, ma l'armatura li reggeva impettiti in sella tutti a un modo. D'un tratto, tre squilli di tromba: le piume dei cimieri sussultarono nell'aria ferma come a uno sbuffo di vento, e tacque subito quella specie di mugghio marino che s'era sentito fin qui, ed era, si vede, un russare di guerrieri incupito dalle gole metalliche degli elmi. Finalmente ecco, lo scorsero che avanzava laggiù in fondo, Carlomagno, su un cavallo che pareva più grande del naturale, con la barba sul petto, le mani sul pomo della sella. Regna e guerreggia, guerreggia e regna, dai e dai, pareva un po' invecchiato, dall'ultima volta che l'avevano visto quei guerrieri.

Fermava il cavallo a ogni ufficiale e si voltava a guardarlo dal su in giù. - E chi siete voi, paladino di Francia?

- Salomon di Bretagna, sire! - rispondeva quello a tutta voce, alzando la celata e scoprendo il viso accalorato; e aggiungeva qualche notizia pratica, come sarebbe: - Cinquemila cavalieri, tremilacinquecento fanti, milleottocento i servizi, cinque anni di campagna.

- Sotto coi brètoni, paladino! - diceva Carlo, e toc-toc, toc-toc, se ne arrivava a un altro capo di squadrone.

- Ecchisietevòi, paladino di Francia? - riattaccava.

- Ulivieri di Vienna, sire! - scandivano le labbra appena la griglia dell'elmo s'era sollevata. E lì: - Tremila cavalieri scelti, settemila la truppa, venti macchine da assedio. Vincitore del pagano Fierabraccia, per grazia di Dio e gloria di Carlo re dei Franchi!

- Ben fatto, bravo il viennese, - diceva Carlomagno, e agli ufficiali del seguito; - Magrolini quei cavalli, aumentategli la biada. - E andava avanti: - Ecchisietevòi, paladino di Francia? - ripeteva, sempre con la stessa cadenza: "Tàtta-tatatài tàta-tàta-tatàta...".

- Bernardo di Mompolier, sire! Vincitore di Brunamonte e Galiferno.

- Bella città Mompolier! Città delle belle donne! - e al seguito: - Vedi se lo passiamo di grado. - Tutte cose che dette dal re fanno piacere, ma erano sempre le stesse battute, da tanti anni.

– Ecchisietevòi, con quello stemma che conosco? – Conosceva tutti dall'arma che portavano sullo scudo, senza bisogno che dicessero niente, ma così era l'usanza che fossero loro a palesare il nome e il viso. Forse perché altrimenti qualcuno, avendo di meglio da fare che prender parte alla rivista, avrebbe potuto mandar lì la sua armatura con un altro dentro.

– Alardo di Dordona, del duca Amone...

– In gamba Alardo, cosa dice il papà, – e così via. "Tàtta-tatatài tàta-tàtatatàta...".

– Gualfré di Mongioja! Cavalieri ottomila tranne i morti!

Ondeggiavano i cimieri – Uggeri Danese! Namo di Baviera! Palmerino d'Inghilterra!

Veniva sera. I visi, di tra la ventaglia e la bavaglia, non si distinguevano neanche più tanto bene. Ogni parola, ogni gesto era prevedibile ormai, e così tutto in quella guerra durata da tanti anni, ogni scontro, ogni duello, condotto sempre secondo quelle regole, cosicché si sapeva già oggi per domani chi avrebbe vinto, chi perso, chi sarebbe stato eroe, chi vigliacco, a chi toccava di restare sbudellato e chi se la sarebbe cavata con un disarcionamento e una culata in terra. Sulle corazze, la sera al lume delle torce i fabbri martellavano sempre le stesse ammaccature.

– E voi? – Il re era giunto di fronte a un cavaliere dall'armatura tutta bianca; solo una righina nera correva torno torno ai bordi; per il resto era candida, ben tenuta, senza un graffio, ben rifinita in ogni giunto, sormontata sull'elmo da un pennacchio di chissà che razza orientale di gallo, cangiante d'ogni colore dell'iride. Sullo scudo c'era disegnato uno stemma tra due lembi d'un ampio manto drappeggiato, e dentro lo stemma s'aprivano altri due lembi di manto con in mezzo uno stemma più piccolo, che conteneva un altro stemma ammantato più piccolo ancora. Con disegno sempre più sottile era raffigurato un seguito di manti che si schiudevano uno dentro l'altro, e in mezzo ci doveva essere chissà che cosa, ma non si riusciva a scorgere, tanto il disegno diventava minuto. – E voi lì, messo su così in pulito... – disse Carlomagno che, più la guerra durava, meno rispetto della pulizia nei paladini gli capitava di vedere.

– Io sono – la voce giungeva metallica da dentro l'elmo chiuso, come fosse non una gola ma la stessa lamiera dell'armatura a vibrare, e con un lieve rimbombo d'eco, – Agilulfo Emo Bertrandino dei Guildiverni e degli Altri di Corbentraz e Sura, cavaliere di Selimpia Citeriore e Fez!

– Aaah... – fece Carlomagno e dal labbro di sotto, sporto avanti, gli uscì anche un piccolo strombettio, come a dire: "Dovessi ricordarmi il nome di tutti, starei fresco!" Ma subito aggrottò le ciglia. – E perché non alzate la celata e non mostrate il vostro viso?

Il cavaliere non fece nessun gesto; la sua destra inguantata d'una ferrea e ben connessa manopola si serrò più forte all'arcione, mentre l'altro braccio, che reggeva lo scudo, parve scosso come da un brivido.

– Dico a voi, ehi, paladino! – insisté Carlomagno. – Com'è che non mostrate la faccia al vostro re?

La voce uscì netta dal barbazzale. – Perché io non esisto, sire.

– O questa poi! – esclamò l'imperatore. – Adesso ci abbiamo in forza anche un cavaliere che non esiste! Fate un po' vedere.

Agilulfo parve ancora esitare un momento, poi con mano ferma ma lenta sollevò la celata. L'elmo era vuoto. Nell'armatura bianca dall'iridescente cimiero non c'era dentro nessuno.

- Mah, mah! Quante se ne vedono! - fece Carlomagno. - E com'è che fate a prestar servizio, se non ci siete?

- Con la forza di volontà, - disse Agilulfo, - e la fede nella nostra santa causa!

- E già, e già, ben detto, è così che si fa il proprio dovere. Be', per essere uno che non esiste, siete in gamba!

Agilulfo era il serrafila. L'imperatore ormai aveva passato la rivista a tutti; voltò il cavallo e s'allontanò verso le tende reali. Era vecchio, e tendeva ad allontanare dalla mente le questioni complicate.

La tromba suonò il segnale del «rompete le righe». Ci fu il solito sbandarsi di cavalli, e il gran bosco delle lance si piegò, si mosse a onde come un campo di grano quando passa il vento. I cavalieri scendevano di sella, muovevano le gambe per sgranchirsi, gli scudieri portavano via i cavalli per la briglia. Poi, dall'accozzaglia e il polverone si staccarono i paladini, aggruppati in capannelli svettanti di cimieri colorati, a dar sfogo alla forzata immobilità di quelle ore in scherzi ed in bravate, in pettegolezzi di donne e onori.

Agilulfo fece qualche passo per mischiarsi a uno di questi capannelli, poi senz'alcun motivo passò a un altro, ma non si fece largo e nessuno badò a lui. Restò un po' indeciso dietro le spalle di questo o di quello, senza partecipare ai loro dialoghi, poi si mise in disparte. Era l'imbrunire; sul cimiero le piume iridate ora parevano tutte d'un unico indistinto colore; ma l'armatura bianca spiccava isolata lì sul prato. Agilulfo, come se tutt'a un tratto si sentisse nudo, ebbe il gesto d'incrociare le braccia e stringersi le spalle.

Poi si riscosse e, di gran passo, si diresse verso gli stallaggi. Giunto là, trovò che il governo dei cavalli non veniva compiuto secondo le regole, sgridò gli stallieri, inflisse punizioni ai mozzi, ispezionò tutti i turni di corvè, ridistribuì le mansioni spiegando minuziosamente a ciascuno come andavano eseguite e facendosi ripetere quel che aveva detto per vedere se avevano capito bene. E siccome ogni momento venivano a galla le negligenze nel servizio dei colleghi ufficiali paladini, li chiamava a uno a uno, sottraendoli alle dolci conversazioni oziose della sera, e contestava con discrezione ma con ferma esattezza le loro mancanze, e li obbligava uno ad andare di picchetto, uno di scolta, l'altro giù di pattuglia, e così via. Aveva sempre ragione, e i paladini non potevano sottrarsi, ma non nascondevano il loro malcontento. Agilulfo Emo Bertrandino dei Guildiverni e degli Altri di Corbentraz e Sura, cavaliere di Selimpia Citeriore e Fez era certo un modello di soldato; ma a tutti loro era antipatico.

(I. Calvino, *Il cavaliere inesistente*, Einaudi, Torino 2002)

---

1. Le figure di Agilulfo e Carlo Magno presentano:

a □ caratteristiche simili.
b □ disinteresse reciproco.
c □ caratteristiche opposte.
d □ atteggiamenti ribelli.

Motiva la risposta.

....

....

....

....

....

2. L'autore ha scelto di scrivere «Ecchisietevòi» come unica parola:
- a ☐ per sottolineare la ripetitività della formula.
- b ☐ per riprodurre la lingua di Carlo Magno.
- c ☐ per riprodurre le espressioni militari dell'epoca.
- d ☐ per velocizzare la narrazione.

3. Lo stemma di Agilulfo:
- a ☐ rappresenta un manto drappeggiato.
- b ☐ contiene all'infinito uno stemma nello stemma.
- c ☐ è ben visibile.
- d ☐ ha una righina nera ai bordi.

4. Nel disegno dello stemma di Agilulfo è possibile individuare un significato simbolico? Spiega.

....
....
....
....
....
....

5. Nella descrizione di Carlo Magno è evidente l'uso di quale figura retorica?
- a ☐ L'iperbole, ossia una descrizione volutamente esagerata.
- b ☐ La metafora, ossia una forma di similitudine abbreviata.
- c ☐ L'enumerazione, ossia l'accostamento di dati e informazioni.
- d ☐ L'ironia, ossia un tono di derisione.

6. In quale epoca si svolge la vicenda narrata? Quali elementi presenti nel testo consentono di stabilirlo?

....
....
....
....
....
....

7. Il narratore afferma «a tutti loro era antipatico» (r. 121-22): perché Agilulfo si attira l'antipatia degli altri soldati?
- a ☐ Possiede virtù ineguagliabili e, quindi, è un modello irraggiungibile di perfezione.
- b ☐ Non partecipa ai loro dialoghi.
- c ☐ Non si preoccupa di controllare il campo.
- d ☐ Lesina ordini a chi li meriterebbe.

8. Il momento di *Spannung* del passo è rappresentato:
- a ☐ dall'arrivo di Carlo Magno nel campo cristiano.
- b ☐ dalla rivelazione di Agilulfo di essere inesistente.
- c ☐ dalla rivelazione del narratore che Agilulfo risulta antipatico a molti.
- d ☐ dal segnale del «rompete le righe».

9. Secondo la tradizione il paladino è:
- a ☐ un sovrano, sultano d'Egitto.
- b ☐ una persona che vive nel lusso più sfarzoso.
- c ☐ un addetto o appartenente alla corte di un sovrano.
- d ☐ un cavaliere, guardia nobile di Carlo Magno.

10. Attraverso la figura di Agilulfo, Calvino vuole rappresentare l'uomo moderno che:
- a ☐ è felice, pur possedendo piccoli difetti e mediocri virtù.
- b ☐ desidera emanciparsi.
- c ☐ si identifica totalmente nel suo ruolo sociale con la presunzione di essere e di potere tutto, ma di fatto è inconsistente.
- d ☐ cerca e trova l'onore e la gloria in battaglia.

11. «Toc-toc, toc-toc» (r. 21): di quale figura retorica si tratta?
- a ☐ Anafora.
- b ☐ Metafora.
- c ☐ Onomatopea.
- d ☐ Sinestesìa.

12. «Regna e guerreggia, guerreggia e regna» (r. 13). Quale figura retorica è presente?
- a ☐ Anastrofe.
- b ☐ Chiasmo.
- c ☐ Iperbole.
- d ☐ Iperbato.

13. Il narratore:

a si limita a riferire i fatti.	V	F
b fa qualche commento.	V	F
c potrebbe essere sia interno che esterno alla vicenda.	V	F
d racconta la vicenda in prima persona.	V	F

14. Scegli il significato corretto del sostantivo «disarcionamento» (r. 52):
- a ☐ perdita di armi.
- b ☐ brusca e rovinosa caduta di sella.
- c ☐ disapprovazione, reazione ostile.
- d ☐ rottura di un legame o vincolo.

Sezione 2

Il Duecento e le origini della letteratura italiana

L'IMMAGINE CHIAVE

... perché:

- sintetizza lo stretto legame tra francescanesimo, riscoperta della natura (l'albero rappresentato come un "vero" albero) e apprezzamento del creato in tutte le sue forme;
- semplice e immediata, la scena mostra la rivoluzione avvenuta nella mentalità religiosa, che anche in letteratura ricerca forme di comunicazione popolari ed efficaci.

◂ Giotto e bottega, *La predica agli uccelli*, 1290-95 ca, affresco (Assisi, Basilica Superiore).

I CONCETTI CHIAVE

Povertà
È il valore fondamentale del movimento francescano e va inteso in senso altamente positivo.

Gentilezza, gentile
Contro ogni nobiltà di sangue, o privilegio sociale, si afferma la gentilezza come nobiltà di cuore, innata, a cui si contrappone la «villania» o «viltà», nel senso antico di grossolanità e pochezza d'animo.

Retorica
Intesa come capacità di parola, è valore che si sviluppa nell'ambito della civiltà comunale, in cui il saper parlare bene è arma di avanzamento sociale e politico. Ben presto diventa criterio di valutazione dell'individuo anche nella vita di tutti i giorni.

Parte, partito
Nell'Italia lacerata dalle lotte fra guelfi e ghibellini, *parte*, nel senso di "partito" o "fazione politica" è concetto che esprime l'endemica situazione di guerra.

IL TESTO CHIAVE

« [San Francesco] non confondeva la folla con i singoli uomini. Ciò che distingue questo autentico democratico da qualunque altro semplice demagogo è che egli mai ingannò o fu ingannato dall'illusione della suggestione di massa. [...] Per lui un uomo era sempre un uomo, e non spariva tra la folla immensa più che in un deserto. [...] Nessun uomo guardò negli occhi bruni ardenti senza essere certo che Francesco Bernardone si interessasse realmente a lui, alla sua vita intima, dalla culla alla tomba, e che venisse da lui valutato e preso in considerazione. [...] Ora, per questa particolare idea morale e religiosa non c'è altra espressione esteriore che quella di "cortesia". "Interessamento" non può esprimerla, perché non è un semplice entusiasmo astratto; "beneficenza" nemmeno, perché non è una semplice compassione. Può solo essere comunicata da un comportamento sublime, che può appunto dirsi cortesia.

(G. K. Chesterton, *San Francesco*, trad. it. di G. Caputo, Lindau, Torino 2016)

I PERSONAGGI CHIAVE

San Francesco

È il personaggio più influente del XIII secolo, sia come riformatore religioso sia come iniziatore di una nuova cultura.

Guittone d'Arezzo

È il poeta a cui si deve l'introduzione in Toscana della poesia d'amore siciliana e provenzale ma, soprattutto, l'apertura della poesia in volgare a temi politici.

Guido Guinizzelli

È il teorico del «cuor gentile» in quanto inseparabile dal sentimento d'amore: chi ama non può non essere «gentile», e chi ha il «cuor gentile» non può fare a meno di amare.

Guido Cavalcanti

Ateo e materialista, canta una versione dell'amor cortese del tutto pessimistica, come sconvolgimento e devastazione interiore.

Dino Compagni

Cronista degli avvenimenti fiorentini tra il XIII e il XIV secolo, incarna la capacità del volgare fiorentino di affrontare, in prosa, il genere storico, in un linguaggio insieme popolare e di alta incisività narrativa.

Il contesto

Il Duecento: le origini della letteratura italiana

1. Il quadro storico

Sviluppo economico e incremento dei commerci Nell'XI secolo in Occidente ebbe inizio un periodo di **sviluppo economico**, che coincise con una lunga fase di **incremento demografico**, destinata ad arrestarsi solo a metà del Trecento. Tali fenomeni furono accompagnati dall'incremento delle attività artigianali e agricole e da una generale **ripresa dei traffici** mercantili, sia in ambito europeo sia verso l'Oriente, grazie alle vie commerciali aperte con la prima Crociata. In pochi decenni l'Europa passò così da un'economia di tipo «chiuso» come quella feudale, basata in prevalenza sul consumo di prodotti agricoli locali, a un'**economia di tipo «aperto»**, fondata sui commerci e su una rinnovata **circolazione monetaria**.

La nascita dei Comuni Una delle principali conseguenze di questa rinascita economica fu l'**espansione dei centri urbani**: furono fondate nuove città e molte di quelle che erano state abbandonate durante i secoli precedenti tornarono a nuovo splendore. La rinascita urbana interessò soprattutto alcune regioni dell'**Europa occidentale** (l'Italia centro-settentrionale, le Fiandre, la Germania meridionale), mentre fu praticamente nulla nelle regioni orientali e in quelle zone dove si stavano affermando forme di governo centralizzato (Inghilterra, Francia, Spagna) destinate a sfociare nelle prime monarchie nazionali.
Questa ondata di urbanizzazione produsse importanti effetti anche sul piano politico e sociale. Alla tradizionale divisione in ordini della società feudale (clero, nobiltà, contadini) si sostituì gradualmente un nuovo assetto, in cui acquistava un'importanza crescente la cosiddetta **«borghesia»**, di cui facevano parte sia i nuovi ceti produttivi (mercanti, banchieri, funzionari,

◂ Mercanti e cambiavalute in una miniatura nel registro di un monastero di Murano, 1325 ca (Venezia, Biblioteca Marciana).

il cosiddetto **«popolo grasso»**), sia i piccoli artigiani e coloro che svolgevano lavori più modesti (il **«popolo minuto»**). Inoltre, un ruolo importante era ricoperto anche dalla piccola nobiltà terriera, che cercava di assumere una posizione di primo piano nella vita politica cittadina.

In questa situazione, i rapporti di forza tra le diverse componenti sociali - ciascuna orientata a salvaguardare i propri interessi - davano spesso origine a **conflitti**. Così, le comunità urbane cercavano di garantire la concordia attraverso solenni giuramenti pubblici, nei quali i cittadini si impegnavano a mantenere la pace, oppure associandosi in corporazioni o Arti, in modo da tutelare i lavoratori di determinati settori contro le pretese dei vecchi detentori del potere. Nacque così il **Comune**, un **organismo politico di autogoverno** delle popolazioni urbane, che portò a un generale arricchimento delle città e a un complessivo miglioramento delle condizioni di vita anche nelle campagne, legate all'economia cittadina attraverso i mercati agricoli.

In un primo momento la nuova componente borghese, che contribuiva in maniera rilevante al benessere economico, fu esclusa dal governo cittadino, ma ben presto iniziò a mal sopportare il predominio dei nobili - la cui ricchezza era data unicamente dalla proprietà terriera e dallo sfruttamento dei contadini - e a chiedere di essere parte attiva nel governo delle città.

L'organizzazione politica del Comune Inizialmente il governo del Comune fu affidato a dei **consoli di estrazione nobiliare** e anche le altre cariche politiche furono assegnate a membri dell'aristocrazia, gli unici che potevano permettersi di esercitare attività politica a tempo pieno senza dover lavorare. Tuttavia, questo tipo di organizzazione finì per dare luogo a **lotte per il potere tra le famiglie più importanti** e a scontri tra le varie componenti sociali escluse dal governo cittadino.

L'acuirsi delle tensioni portò a una fase di diffusa instabilità. Da un lato, infatti, l'inurbamento dei signori rurali incrementava la componente «nobiliare», divisa in fazioni rivali ma spesso unite nel voler escludere dal governo gli altri gruppi sociali. Dall'altro, l'ascesa economica della borghesia favorì l'**impegno politico delle corporazioni professionali** di Arti e mestieri, volte a ottenere una più ampia e diretta partecipazione al potere.

Al fine di garantirsi una guida imparziale, in grado anche di favorire la mediazione tra le diverse fazioni in lotta, molte città decisero di istituire una nuova carica, alla quale erano riconosciuti poteri straordinari. Nacque così la figura del **«podestà»**: questi era scelto generalmente tra i personaggi di maggiore spicco delle città vicine (doveva essere un forestiero, perché fosse maggiormente garantita la sua imparzialità) e per tutto il periodo del suo mandato (che durava un anno) godeva di ampi poteri all'interno del Comune.

In un secondo tempo, però, la progressiva affermazione degli organismi corporativi determinò in alcune città italiane il **predominio dei ceti popolari**, dotati di propri consigli, di anziani o priori e di un capitano, omologo del podestà, integrati nelle istituzioni del Comune. A Firenze, in particolare, il primo governo «di popolo» si instaurò nel 1250. Malgrado i tentativi di escluderle dalle cariche pubbliche, tuttavia, le diverse fazioni dei «magnati», o «grandi» (cioè le famiglie dell'aristocrazia terriera e quelle più importanti del commercio e della finanza), riuscirono sempre a tornare sulla scena politica.

I Comuni e i rapporti con l'Impero Nel volgere di breve tempo, le istituzioni comunali si andarono perfezionando, godendo sempre più dell'appog-

▲ Andrea Pisano, *La Legislatura (il podestà)*, formella del campanile di Firenze (oggi al Museo dell'Opera del Duomo).

gio e del consenso da parte dei cittadini: i **Comuni dell'Italia centro-settentrionale**, in particolare, conobbero uno sviluppo politico eccezionale (anticipato dalla straordinaria vitalità delle «repubbliche marinare» di Venezia, Genova, Pisa e Amalfi), tanto da soppiantare completamente le antiche istituzioni feudali facendo guadagnare alle città margini di autonomia sempre maggiori, soprattutto rispetto all'autorità imperiale, che rivendicava antichi diritti di natura politica ed economica sui centri più importanti.

L'affermazione delle autonomie comunali, di fatto, provocò un violento **scontro con l'imperatore Federico I Barbarossa** (1122-90), che nel 1154 scese in Italia con un potente esercito deciso a riaffermare i propri diritti. I Comuni erano disposti a riconoscere l'autorità dell'imperatore, a patto che questi concedesse loro il diritto di autogovernarsi e di trattenere una parte significativa del denaro raccolto attraverso le tasse. Proprio queste richieste, però, risultavano incompatibili con il progetto di restaurazione imperiale a cui mirava Barbarossa, il quale, tanto in Italia quanto in Germania, intendeva ricondurre ogni feudo e ogni città sotto il suo controllo. Egli infatti, nella «dieta» (assemblea) di Roncaglia del 1158 (una prima, nello stesso luogo, si era tenuta già nel 1154), sostenuto dai pareri dei giuristi bolognesi (i più insigni dell'epoca), affermò con determinazione la propria autorità in tutti i territori sottoposti all'Impero.

Molti Comuni italiani si rifiutarono di sottomettersi al Barbarossa, e lo scontro divenne inevitabile. La costituzione della **Lega lombarda**, da parte di numerosi Comuni dell'Italia settentrionale, portò alla vittoria nella battaglia di Legnano nel 1176, in seguito alla quale, con la **pace di Costanza** (1183), Barbarossa fu costretto a concedere, almeno parzialmente, la legittimazione delle autonomie comunali.

Guelfi e ghibellini Oltre a costituire un momento decisivo per lo sviluppo politico ed economico dell'Italia centro-settentrionale, la vittoria dei Comuni lombardi fu anche l'inizio delle **lotte tra guelfi e ghibellini**, cioè tra lo **schieramento filo-papale** e quello **filo-imperiale**, che caratterizzò il panorama storico del Duecento italiano.

I due partiti avevano diviso la Germania nelle lotte di successione seguite alla morte di Enrico V (1125): i primi parteggiavano per i duchi di Baviera, i Welfen (da cui il termine «guelfo»), ed erano inclini ad allearsi con il papa, i secondi erano invece favorevoli agli Hohenstaufen, duchi di Svevia e signori del castello di Waiblingen (da cui il nome di «ghibellini» dato ai loro sostenitori). In Italia, la violenta divisione tra Comuni, signori, fazioni e famiglie guelfe e ghibelline fu perlopiù il risultato di rivalità, ambizioni e alleanze economiche, politiche, religiose, familiari e personali preesistenti o indipendenti, in realtà, dal conflitto tra Impero e Papato. Questa, per esempio, era la situazione di Firenze nel corso del Duecento, negli anni della giovinezza di Dante Alighieri: la città era formalmente guelfa, ma la vita politica era dominata dalla feroce divisione tra guelfi neri, di tendenza aristocratica, e guelfi bianchi (cui apparteneva anche Dante), di tendenza più moderata.

▲ Bassorilievo in pietra raffigurante i cittadini di Milano che rientrano in città dalla Porta romana dopo la sconfitta di Federico Barbarossa, 1171 ca (Milano, Castello Sforzesco, Civiche Raccolte d'Arte).

Dino Compagni, *Cronica delle cose occorenti ne' tempi suoi*

D L'inizio delle discordie cittadine a Firenze

Anno: 1310-12

Genere: cronaca

Argomento: le origini del conflitto fra Cerchi e Donati a Firenze

Tra il 1310 e il 1312 il fiorentino Dino Compagni, schierato politicamente con i guelfi bianchi, scrisse la Cronica delle cose occorrenti ne' tempi suoi, *in cui ripercorre la storia delle discordie civili che sconvolsero Firenze tra il 1280 e il 1312, anno della discesa in Italia dell'imperatore Arrigo VII. Nel brano che segue, tratto dal primo libro, Compagni racconta l'origine della divisione tra la famiglia dei Cerchi (esponenti dei guelfi bianchi) e quella dei Donati (principali rappresentanti dei guelfi neri).*

La città, retta con poca giustizia[1], cadde in nuovo pericolo, perché i cittadini si cominciorono a dividere per gara d'ufici, abbominando l'un l'altro. Intervenne che una famiglia che si chiamavano i Cerchi (uomini di basso stato, ma buoni mercatanti e gran ricchi, e vestivano bene, e teneano molti famigli e cavalli, e aveano bella apparenza), alcuni di loro comperorono il palagio de' Conti, che era presso alle case de' Pazzi e de' Donati, i quali erano più antichi di sangue, ma non sì ricchi: onde, veggendo i Cerchi salire in altezza (avendo murato e cresciuto il palazzo, e tenendo gran vita), cominciorono avere i Donati grande odio contra loro. Il quale crebbe assai, perché messer Corso Donati[2], cavaliere di grande animo, essendoglisi morta la moglie, ne ritolse un'altra, figliuola che fu di messer Accierito da Gaville, la quale era reda; ma non consentendo i parenti di lei, perché aspettavano quella redità, la madre della fanciulla, vedendolo bellissimo uomo contro alla volontà degli altri conchiuse il parentado. I Cerchi, parenti di messer Neri da Gaville, cominciorono a sdegnare, e a procurare non avesse la redità; ma pur per forza l'ebbe. Di che si generò molto scandolo e pericolo per la città e per speziali persone. E essendo alcuni giovani de' Cerchi sostenuti per una malleveria nel cortile del

PARAFRASI

La città, governata in modo iniquo, si trovò in un nuovo pericolo, perché i cittadini cominciarono a dividersi per accaparrarsi le cariche pubbliche e a odiarsi a vicenda. Accadde che alcuni membri della famiglia dei Cerchi (uomini non nobili, ma bravi mercanti e molto ricchi, indossavano abiti di buona fattura, avevano molti servi e cavalli e ostentavano la loro ricchezza) comprarono il palazzo dei Conti, vicino alle case dei Pazzi e dei Donati, famiglia di antica nobiltà ma non così ricca; e quindi, quando i Donati videro che i Cerchi aumentavano il loro prestigio (avevano restaurato e ampliato il palazzo e conducevano una vita molto agiata) cominciarono a provare ostilità nei loro confronti. E l'odio crebbe ancora di più quando Corso Donati, cavaliere di grande valore, dopo la morte della moglie, ne prese un'altra, figlia di Accierito da Gaville, unica erede del patrimonio paterno; e anche se i parenti si opponevano perché volevano impossessarsi dell'eredità, la madre della ragazza, considerando Corso un uomo bellissimo, acconsentì alle nozze contro la volontà degli altri. I Cerchi, parenti di Neri da Gaville, si irritarono e cominciarono a darsi da fare per impedire a Corso di impadronirsi dell'eredità, ma lui, nonostante le difficoltà, ci riuscì lo stesso. Da questi avvenimenti ebbero origine forti contrasti che misero in pericolo la città e alcune persone in particolare.
Mentre alcuni giovani della famiglia Cerchi erano tenuti in custodia come

1. **retta con poca giustizia:** al governo della città c'era il podestà Monfiorito da Padova, noto per la sua corruzione.
2. **Corso Donati:** capo della famiglia Donati e principale esponente dei guelfi neri, fu uno dei personaggi più importanti della vita politica fiorentina dell'epoca e un feroce avversario di Dante, che ne "predisse" la morte (nel 1308 fu ucciso dalla folla durante una rivolta, dopo essere caduto da cavallo) nel XXIV canto del *Purgatorio*.

Podestà come è usanza, fu loro presentato uno migliaccio[3] di porco: del quale chi ne mangiò ebbe pericolosa infermità, e alcuni ne morirono; il perché nella città ne fu gran rumore, perché erano molto amati; del quale malificio fu molto incolpato messer Corso. Non si cercò il malificio, però che non si potea provare; ma l'odio pur crebbe di giorno in giorno, per modo che i Cerchi li cominciorono a lasciare, e le raunate della Parte, e accostarsi a' popolani e reggenti[4]. Da' quali erano ben veduti sì perché erano uomini di buona condizione e umani, e sì perché erano molto serventi, per modo che da loro aveano quello che voleano; e simile da' rettori. E molti cittadini tirarono da loro, e fra gli altri messer Lapo Salterelli e messer Donato Ristori giudici, e altre potenti schiatte. I Ghibellini similmente gli amavano per la loro umanità, e perché da loro traevano de' servigi, e non faceano ingiurie; il popolo minuto gli amava perché dispiacque loro la congiura fatta contro a Giano[5]. Molto furono consigliati e confortati di prendere la signoria, che agevolmente l'arebbono avuta per la loro bontà: ma mai non lo vollono consentire.

garanti, come si usa, nel cortile del podestà, fu dato loro del migliaccio di maiale; tutti quelli che lo mangiarono si ammalarono gravemente e alcuni morirono; e questo fece scalpore in città, perché i giovani erano benvoluti da tutti; e molti accusarono Corso Donati di questo delitto. Non si indagò, perché era impossibile trovare le prove, ma l'odio crebbe di giorno in giorno, al punto che i Cerchi cominciarono a disertare le riunioni della loro parte politica e ad avvicinarsi al partito del popolo e a quello della borghesia al potere. E da loro erano ben visti sia perché erano ricchi e generosi, sia perché erano molto compiacenti, di modo che i Cerchi ottenevano quello che volevano sia da loro che da chi stava al governo. E portarono dalla loro parte molti cittadini, fra i quali i giudici Lapo Salterelli e Donato Ristori, e altre importanti famiglie. Anche i ghibellini li stimavano per la loro generosità, perché ne ricevevano favori e perché stavano attenti a non fare nulla che potesse offenderli; anche il popolo li amava perché erano ancora risentiti per la congiura contro Giano. Furono spesso invitati a impadronirsi con la forza del governo cittadino e ci sarebbero riusciti facilmente grazie al consenso di cui godevano; ma non vollero mai accettarlo.

3. **migliaccio:** focaccia a base di farina e sangue di maiale.
4. **i Cerchi ... reggenti:** i Cerchi facevano parte dell'aristocrazia, ma dopo la lite con i Donati cominciarono ad avvicinarsi al popolo e alla borghesia, che in quel momento aveva in mano importanti magistrature cittadine.
5. **la congiura ... Giano:** nel 1293 Giano della Bella aveva promulgato gli *Ordinamenti di giustizia*, in base ai quali solo gli iscritti a un'Arte potevano ricoprire incarichi politici; questo provvedimento, tuttavia, provocò l'ostilità dell'aristocrazia, che nel 1295 riuscì a far esiliare Giano.

IN SINTESI

All'origine della discordia tra Cerchi e Donati vi sono, secondo Compagni, soprattutto rancori personali e motivazioni di carattere economico. I Donati, dall'alto della loro antica nobiltà «di sangue» mal sopportano la nuova aristocrazia proveniente dal contado, che si è arricchita grazie ai commerci. Dal canto loro, i Cerchi guardano con sospetto le manovre di Corso Donati, che sposa la figlia di un loro parente per ottenere in dote la cospicua eredità. In città si crea un clima di tensione che rischia di portare allo scontro aperto dopo che alcuni giovani della famiglia Cerchi muoiono per aver mangiato una focaccia, forse avvelenata. I sospetti cadono immediatamente su Corso Donati e, anche se la sua colpevolezza non viene provata, i Cerchi iniziano ad allontanarsi dall'aristocrazia e si avvicinano al popolo e alla borghesia. Essi riescono a portare dalla loro parte molti cittadini illustri e anche i ghibellini guardano a loro con favore, tanto che da più parti li si esorta a impossessarsi con la forza del governo cittadino. I Cerchi rifiutano ma la situazione è ormai giunta a un punto di non ritorno.

Lo scontro tra Federico II e Innocenzo III L'ultimo grande scontro tra Impero e Papato da un lato e tra i Comuni e l'Impero dall'altro vide protagonisti **Federico II** (1194-1250) - erede al trono imperiale a al Regno di Sicilia, in quanto figlio di Enrico VI e di Costanza d'Altavilla, ultima discendente della dinastia normanna che aveva governato l'isola a partire dal 1091 - e **papa Innocenzo III** (1161-1216).

Approfittando della sconfitta di Barbarossa e della morte improvvisa di suo figlio Enrico VI (1197), il nuovo papa incoraggiò i Comuni dell'Italia centro-settentrionale a ribellarsi all'Impero e, contemporaneamente, ottenne da Costanza d'Altavilla la reggenza del Regno di Sicilia fino alla maggiore età di Federico II. Innocenzo III intendeva rilanciare il **programma teocratico di Gregorio VII** e voleva in primo luogo dividere il Regno di Sicilia dall'Impero per evitare che il Papato si trovasse circondato, e per far questo si assicurò il sostegno dei monarchi europei, appoggiando i loro disegni espansionistici. Nel **1204** bandì la **quarta Crociata** per favorire gli interessi delle repubbliche marinare, ma il movente religioso fu poco più che un pretesto. Dietro suggerimento interessato dei veneziani, infatti, le truppe crociate si fermarono a Costantinopoli: saccheggiarono la città e deposero l'imperatore, dando vita all'Impero latino d'Oriente, politicamente controllato da Genova e Venezia. Nel **1208**, inoltre, il papa proclamò la **Crociata contro gli Albigesi**, un movimento ereticale diffuso nella Francia meridionale, dando modo al re di Francia di impadronirsi della Provenza e della Linguadoca.

Nel 1208, appena uscito dalla minore età, Federico II dovette prima fronteggiare Ottone di Brunswick, che nel 1209 era stato eletto imperatore da Innocenzo III. Sconfitto Ottone nel 1212 e ottenuta l'obbedienza dei grandi feudatari tedeschi, Federico II decise quindi di rientrare in Italia e **unificare la corona siciliana e quella imperiale**. Come prima cosa trasferì la capitale a Palermo e riorganizzò il regno dotandolo di un'amministrazione centralizzata (codificata nelle *Costituzioni di Melfi* del 1231) che limitava il potere dei grandi feudatari. Circondato da giuristi e funzionari dell'Italia meridionale e aperto alle varie influenze culturali presenti nel territorio siciliano (governato in precedenza da bizantini, arabi e normanni), Federico II diede vita a una corte ammirata in tutta Europa, la ***Magna Curia***, dove nacque la prima forma di poesia lirica italiana grazie ai poeti della Scuola siciliana. Il **tentativo di restaurazione imperiale** messo in atto da Federico II lo portò però allo **scontro con i Comuni dell'Italia centro-settentrionale**, decisi a non rinunciare alle autonomie che avevano ottenuto con decenni di lotte. I Comuni guelfi diedero vita a una nuova Lega, che in un primo momento fu sconfitta nella battaglia di Cortenuova (1237). In seguito, però, anche a causa della scomunica inflittagli da Innocenzo IV nel 1245 e alla contemporanea ribellione dei feudatari tedeschi e dei baroni italiani, **Federico II fu costretto a firmare una pace** con i Comuni e a lasciare loro le autonomie di cui godevano. Nel 1250 Federico II morì e il regno passò a suo figlio Manfredi, che fu però ucciso nel 1266, nella battaglia di Benevento contro i Comuni guelfi appoggiati dalle truppe francesi di Carlo d'Angiò. Con la morte di Manfredi termina di fatto l'egemonia imperiale in Italia e il Regno di Sicilia passa nelle mani degli Angiò.

Il consolidamento delle monarchie nazionali
Mentre in Germania e in Italia la crisi dei grandi poteri universali aprì la strada a una frammentazione politica che durò fino al XIX secolo, in altre nazioni europee ebbe inizio il processo di formazione e consolidamento delle grandi monarchie nazionali.

▲ Un'immagine della vivacità culturale e multietnica della *Magna Curia* di Federico II. Miniatura con notai greci, arabi e latini nella cancelleria siciliana di Federico II, in un manoscritto del XII secolo (Berna, Burgerbibliothek).

Il caso più clamoroso è quello della **monarchia francese**, che nel giro di appena quindici anni **raddoppiò la propria estensione territoriale**, occupando un territorio che andava dall'oceano Atlantico al mar Mediterraneo. Prima, con la vittoria nella battaglia di Bouvines (1214) contro Ottone di Brunswick e il re inglese Giovanni Senzaterra, il re francese Filippo II Augusto occupò le regioni a ovest della Loira, feudi della dinastia inglese dei Plantageneti; nel 1229, al termine della crociata contro gli Albigesi, estese i suoi domini anche alle regioni meridionali del Paese.

Sull'altra sponda della Manica la **monarchia inglese**, rinvigorita dall'azione dell'energico Enrico II (1154-89), dovette fronteggiare l'**opposizione dei baroni**, che riuscirono a bloccare la politica centralistica di Riccardo Cuor di Leone (1189-99) e Giovanni Senzaterra (1199-1216). Quest'ultimo, dopo la sconfitta subita a Bouvines, fu costretto a concedere, il 15 giugno 1215, la ***Magna Charta libertatum***, un documento contenente un elenco di norme che limitavano i poteri del monarca, conferivano al Parlamento dei baroni il diritto di partecipare al governo e tutelavano in generale tutti i sudditi liberi, limitando i poteri dei signori locali nei confronti dei contadini.

Negli stessi anni si avviava a conclusione la prima fase della ***Reconquista* cristiana della penisola iberica**, guidata dai re cattolici di Castiglia e di Aragona, che dal secolo XI lottavano per sottrarre la Spagna al dominio arabo. Sconfitti rovinosamente a Las Navas de Tolosa nel 1212 e spinti sempre più a sud, agli Arabi rimase il solo Regno di Granada (che verrà espugnato soltanto nel 1492), mentre la Spagna cristiana si strutturava nei cinque regni di León, Castiglia, Aragona-Catalogna, Navarra e Portogallo.

▾ L'attacco dei crociati contro Béziers in una miniatura dall'*Histoire de la croisade contre les Albigeois*. Manoscritto, XIII secolo.

Il Papato e la lotta ai movimenti ereticali Già nel XII secolo, durante la lotta per le investiture che lo aveva contrapposto all'Impero, il Papato era stato fortemente criticato da ampi settori del mondo ecclesiastico francese e tedesco, che sostenevano la **necessità di un rinnovamento spirituale** contro le mire temporali della Chiesa e contro la crescente corruzione del clero. Tali spinte riformatrici furono incoraggiate dalla Chiesa, anche grazie all'importante ruolo svolto da due congregazioni monastiche francesi, entrambi appartenenti all'Ordine benedettino, i **cluniacensi** (che avevano la loro sede centrale nel monastero di Cluny, in Borgogna) e i **cistercensi** (la cui casa madre era a Cîteaux). Furono in particolare questi ultimi, che in pochi decenni si diffusero in tutta Europa, a promuovere l'ideale di una **religiosità più pura e spirituale** e una più stretta osservanza della *Regola* benedettina, valorizzando nuovamente la povertà e il lavoro manuale.

Tuttavia, all'inizio del XIII secolo la Chiesa dovette ugualmente affrontare una dura contestazione da parte di numerosi **movimenti ereticali di stampo pauperistico-evangelico** – volti cioè a riaffermare, spesso in modo radicale e violento, il valore della povertà e degli ideali spirituali e morali contenuti nel Vangelo – come i **patari lombardi** o i **valdesi** (seguaci del ricco mercante Pietro Valdo che, nel 1174, donò i suoi beni ai poveri e iniziò a predicare nella regione di Lione). La minaccia più seria proveniva dal potente movimento dei **càtari** (dal greco

Movimenti pauperistici
Movimenti religiosi che professano la rinuncia alla proprietà e ai beni terreni e i cui seguaci conducono un'esistenza in assoluta povertà (dal latino *pauper*, "povero").

katharós, "puro"), caratterizzato da una dottrina imperniata sull'ideale di purezza morale e sulla contrapposizione tra Bene e Male. Sorta verso la metà del XII secolo, l'eresia dei càtari si propagò nella Germania renana, in Fiandra, in Borgogna, nell'Italia centro-settentrionale e soprattutto nel **sud della Francia.** La risposta della Chiesa fu caratterizzata da una violenza sorprendente, tanto che nel **1208** Innocenzo III proclamò la cosiddetta **Crociata contro gli Albigesi**, cioè contro i càtari che vivevano nel sud della Francia e avevano il loro centro nella città di Albi. La guerra e le stragi che l'accompagnarono devastarono la regione fino al 1229, portando, tra l'altro, all'assorbimento della Linguadoca nel regno di Francia e al tracollo della civiltà occitanica.

La nascita degli Ordini mendicanti Di fronte ad altri movimenti religiosi che si proponevano di riformare la Chiesa, rimanendo però entro i confini dell'ortodossia, Innocenzo III si comportò con saggezza e lungimiranza. Durante il suo pontificato nacquero due nuovi ordini religiosi, detti **«mendicanti»** perché i loro membri non possedevano beni e vivevano di elemosine. I più importanti furono quello dei **francescani**, o minoriti, fondato da Francesco d'Assisi (1182-1226) [▶ p. 80 sgg.], e quello dei **domenicani**, o predicatori, fondato da Domenico di Guzmán (1170-1221), le cui rispettive regole furono approvate da Innocenzo III nel 1210 e da Onorio III nel 1216, e che contribuirono in modo decisivo ad arginare la propagazione delle eresie.

Con l'esempio della propria vita prima ancora che con la predicazione, **Francesco** indicò a coloro che intendevano seguirlo nel cammino della vita religiosa l'ideale cui tendere: l'umile ma totale adempimento degli insegnamenti evangelici. Tra questi, anzitutto la **povertà**, vissuta con estremo rigore, e poi l'**amore per gli «ultimi»**: coloro che vivevano in miseria, malati, emarginati di ogni tipo. **Domenico**, invece, dopo aver svolto un'intensa attività di predicazione in Linguadoca, comprese che per arginare la diffusione dell'eresia era necessario proporre ai fedeli l'esempio di una vita vissuta secondo gli **insegnamenti del Vangelo**. Per contrastare gli eretici, dunque, i sacerdoti dovevano essere anzitutto poveri e moralmente irreprensibili, ma anche capaci di parlare un linguaggio comprensibile agli incolti. Di qui la decisione di fondare un ordine religioso che curasse con attenzione la **formazione intellettuale dei sacerdoti** e al tempo stesso fosse impegnato a spiegare i contenuti dottrinali della Chiesa attraverso la predicazione e l'insegnamento.

GUIDA ALLO STUDIO

1. Perché l'economia del XIII secolo può essere definita «aperta»?
2. In quale occasione e a che scopo fu creata la Lega lombarda?
3. Perché Federico II si trovò costretto a combattere contro i Comuni dell'Italia centro-settentrionale?
4. Chi erano i càtari?

◀ Nella prima immagine san Domenico ancora in vesti laiche, da studente (ma già ricognoscibile per la sua aureola), vende i suoi beni per soccorrere i poveri; nella seconda si sottopone alla prova della verità: i libri eretici bruciano mentre il Vangelo (nel rogo, al centro) non riporta alcun danno. Miniatura tratta dallo *Speculum Historiale*, XV secolo (Chantilly, Musée Condé).

A COLPO D'OCCHIO Lo scontro tra Papato e Impero

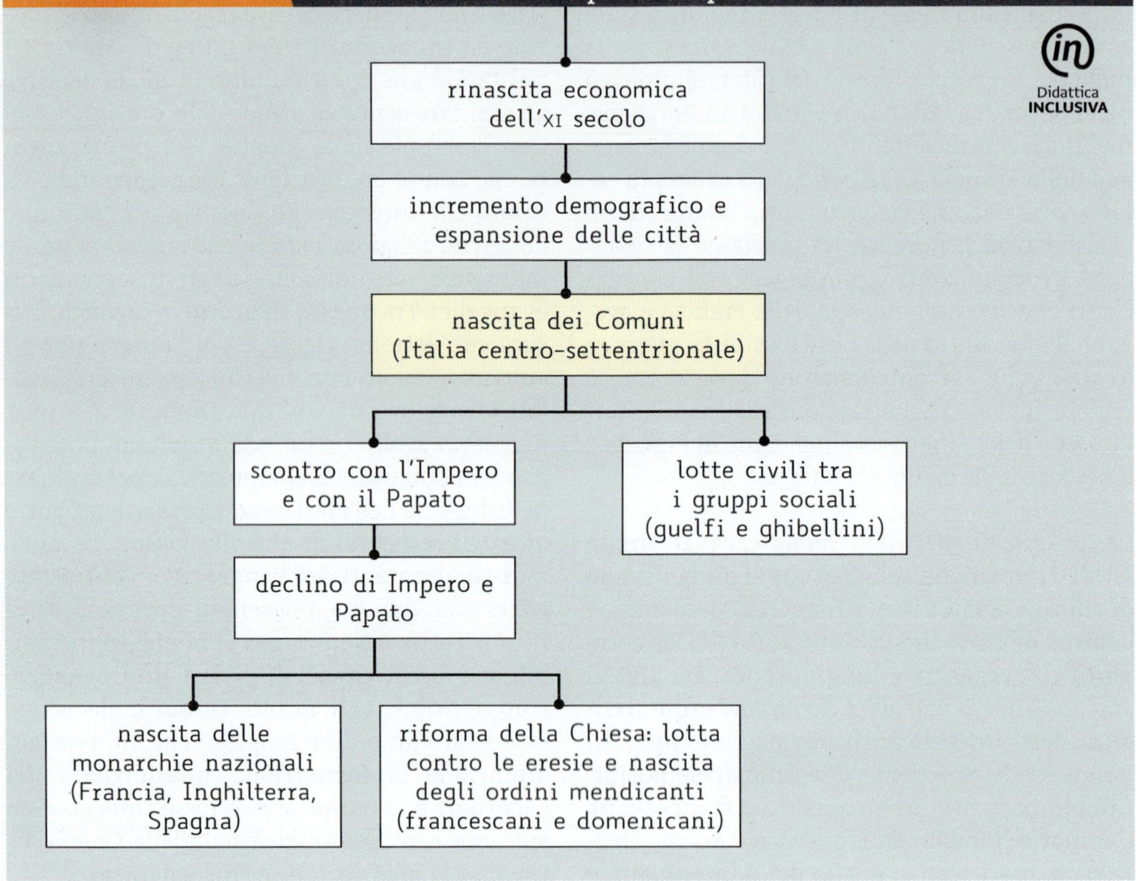

2. Il quadro culturale

Le università Già alla fine dell'XI secolo gruppi di studenti avevano cominciato a radunarsi intorno a scuole cattedrali di prestigio o in città note per via di una radicata tradizione di studio (come, per esempio, nel caso della scuola medica di Salerno). In entrambi i casi, i nuovi organismi nacquero dallo **spontaneo afflusso di studenti** locali e forestieri, attratti in città dalla reputazione dei maestri presenti. Nei decenni successivi queste comunità si organizzarono in **«università»**, termine che propriamente non designa l'istituzione didattica, detta piuttosto *Studium*, bensì la corporazione di mestiere che riunisce, governa e tutela la globalità degli studenti o dei professori.
Entro l'inizio del Duecento, nelle città con gli *studia* più antichi, **le università si erano ormai istituzionalizzate** e andavano cercando un delicato equilibrio con i poteri civili ed ecclesiastici. La loro potenza poggiava su tre privilegi: l'autonomia giurisdizionale e fiscale, il monopolio del conferimento dei gradi universitari e i **diritti di sciopero** (sancito nel 1231 da papa Gregorio IX) **e di secessione** (ossia di trasferimento in altra città, per difendere la propria autonomia: da una secessione bolognese nacque per esempio lo studio di Padova).
Tra le tante università fondate nel Duecento (in Italia si ricordano Arezzo nel 1215, Padova nel 1222, Napoli nel 1224, Siena nel 1246, Piacenza nel 1248), alcune sorsero proprio per **iniziativa delle autorità cittadine**, interessate alla nuova struttura di insegnamento per fini di prestigio, di formazione dei propri dirigenti e di controllo del sapere. L'esempio di queste università «di fondazione» venne da Federico II che nel 1224

Le principali università d'Europa

Le università furono un fenomeno prettamente cittadino; la loro presenza dava lustro e ricchezza ai Comuni che le ospitavano.

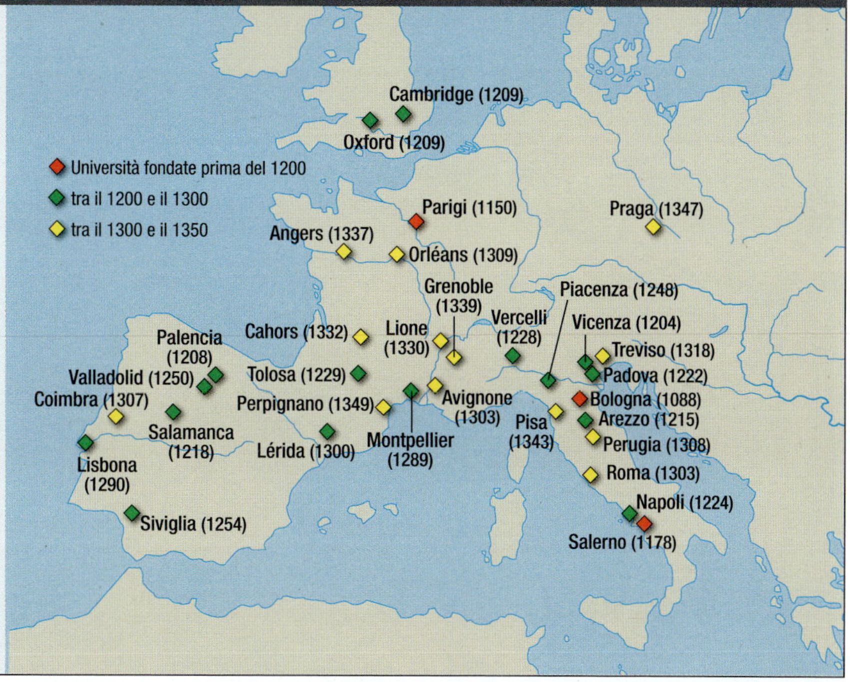

istituì lo *studium* di Napoli, richiamandovi studenti con la garanzia di speciali agevolazioni. Un'operazione analoga fu compiuta dal Papato nel 1229, quando incoraggiò, in funzione antiereticale, la fondazione dell'università di Tolosa, specializzata negli studi teologici.

L'organizzazione degli studi Quanto alla durata e all'organizzazione degli studi, a Parigi l'insegnamento delle Arti (Trivio e Quadrivio, secondo il modello elaborato in età carolingia da Alcuino di York) durava sei anni: dopo i primi due si conseguiva il titolo di **«baccalaureato»**, mentre solo al termine dei sei anni si otteneva quello di **«dottorato»**. Le lezioni di medicina, diritto o teologia si potevano frequentare però solo dopo aver compiuto i vent'anni. La facoltà più impegnativa era quella di Teologia, tanto che per laurearvisi occorrevano circa quindici anni, i primi sei da uditore, gli altri impegnati nella spiegazione della Bibbia e di altri testi fondamentali.

Insegnanti e studenti Il sostentamento dei docenti era in origine garantito da precisi contratti con gli allievi, che ricompensavano in denaro la loro formazione culturale. Questa prassi affermava per la prima volta un principio all'epoca rivoluzionario, secondo il quale anche il lavoro intellettuale doveva essere **retribuito con un salario**. Pur rimanendo questa la modalità di pagamento preferita dagli insegnanti, che in questo modo potevano mantenere la propria indipendenza, in seguito essi poterono contare su altre forme di guadagno: lo **stipendio** offerto da parte del Comune o del principe oppure i proventi di un **beneficio ecclesiastico**, magari concesso proprio in virtù dell'attività intellettuale svolta.

Gli studenti, invece, erano perlopiù mantenuti dalla famiglia o da qualche benefattore; provenivano dai luoghi e dai ceti più vari ed erano in prevalenza chierici: il che permetteva loro di eludere la giustizia civile, sovente interpellata dai cittadini danneggiati dalla loro esuberanza.

Beneficio ecclesiastico Reddito assegnato a membri del clero titolari di una parrocchia (o istituzioni analoghe come canonicati ecc.) attraverso uno stipendio diretto o attraverso la riscossione delle tasse legate alle terre in dotazione all'ente ecclesiastico.

◂ Una lezione di filosofia. Miniatura dalle *Grandi cronache di Francia*, 1375-79 (Castres, Bibliothèque Municipale).

Una delle testimonianze di una più ampia alfabetizzazione, rispetto ai secoli precedenti, è il fatto che, a partire dal Duecento, i libri ❶ sono rappresentati aperti: non sono più, quindi, scrigni segreti, ma strumenti di cultura da consultare e utilizzare.

L'integrazione di alcune migliaia di studenti nelle anguste città medievali non era affare di poco conto, ma rappresentava una notevole fonte di introiti per le attività produttive e commerciali, oltre che una grande opportunità di studio e di futuro guadagno per i giovani locali.

D'altro canto, benché le corporazioni universitarie fossero strettamente legate al luogo in cui operavano, esse erano segnate da una profonda **dimensione universalistica**: maestri e studenti provenivano da ogni Paese, studiavano discipline che non conoscevano frontiere, usavano la lingua latina e al termine degli studi conseguivano il diritto di insegnare ovunque, detto *licentia ubique docendi*.

Questo spiccato universalismo dovette però venire a patti con quello ecclesiastico. Pur essendo in generale tollerante verso il libero sviluppo del sapere, **la Chiesa penetrò negli ambienti universitari** con professori appartenenti ai nuovi ordini mendicanti, **domenicani** e **francescani**, che andavano istituendo loro propri *studia*. In particolare a Parigi, verso la metà del Duecento, ciò suscitò un contrasto che coinvolse i docenti, gli studenti, il Papato e il re di Francia, e che si risolse in favore dei maestri appartenenti agli ordini mendicanti.

La filosofia scolastica L'altro grande fenomeno culturale del Duecento fu la filosofia scolastica, così chiamata perché si sviluppò in origine (cioè nella seconda metà dell'XI secolo) nelle scuole monastiche e vescovili e raggiunse infine gli ambienti universitari. La Scolastica fu insieme un **metodo di insegnamento** e una **scuola filosofica**: essa si fondava sullo studio delle Arti, che offrivano la base di partenza per arrivare alla riflessione filosofica, dalla quale era possibile innalzarsi fino a quella teologica. Si trattava di un metodo che ricalcava quello seguito nelle scuole monastiche, dal cui spirito **dogmatico** però la Scolastica si allontanava, incentrando il proprio sistema di pensiero sulla **dialettica**, in quanto scienza del ragionamento e della dimostrazione razionale.

Dogmatico Che si considera vero e giusto senza nessun tipo di dimostrazione o discussione.

I **rapporti tra ragione e fede** e **tra cultura filosofico-scientifica e rivelazione cristiana** erano l'argomento centrale della riflessione scolastica, e suscitavano vivaci dibattiti e aspri contrasti. Una posizione molto influente fu espressa dal primo illustre esponente della Scolastica, **Anselmo d'Aosta** (1033-1109), che difese il primato e l'autonomia delle verità di fede, ma affermò l'opportunità di sostenerle e confermarle con la ragione. Nel rivoluzionario pensiero di **Abelardo** (1079-1142), invece, la dialettica analizza e discrimina gli articoli di fede trasmessi dalle autorità tradizionali, indagandone le contraddizioni; il *credo ut intellegam* ("credo per capire") di Anselmo diventa *intellego ut credam* ("capisco per credere"), perché **solo la ragione può chiarire al cristiano in che cosa credere**. L'ostilità di san Bernardo e di altre autorità ecclesiastiche nei confronti di questo metodo, giudicato non rispettoso delle antiche *auctoritates*, costò ad Abelardo ripetuti richiami, tanto che egli fu condannato dal concilio di Sens (1140) e poté evitare l'arresto solo rifugiandosi nel monastero di Cluny.

Pro e contro Aristotele Nel corso del Duecento, le dispute in seno alla Scolastica si moltiplicarono, in virtù della rinnovata diffusione del pensiero di Aristotele, riscoperto in Occidente attraverso i commenti di **filosofi arabi ed ebrei**, soprattutto Avicenna (980-1037) e Averroè (1126-98). La **conciliazione dell'aristotelismo con il cristianesimo** divenne l'obiettivo specifico dei teologi appartenenti all'**ordine domenicano**, fra i quali dominarono le figure di Alberto Magno (1206-80) e di Tommaso d'Aquino (1225-74), autori di ***summae*** destinate ad avere grande fortuna presso le università.

Summae
Opere enciclopediche espressamente dedicate all'esposizione organica delle dottrine concernenti la teologia, la metafisica, la morale, la politica, le scienze naturali, la letteratura o le arti.

In polemica con l'orientamento aristotelico dei domenicani, la **scuola francescana** - cui appartennero Bonaventura da Bagnoregio (1221-74), Ruggero Bacone (1214-94), Duns Scoto (1265-1308) e Guglielmo da Ockham (1285-1347), insegnanti nelle università di Parigi e Oxford - si caratterizzò per una maggiore fedeltà alla dottrina agostiniana (di orientamento neoplatonico), che comportava l'attribuzione di un maggior valore all'individuo e una netta separazione tra ragione e fede: se della seconda si riaffermava la piena supremazia, alla prima si apriva la possibilità di sviluppare la ricerca scientifica in modo del tutto svincolato dalla teologia.

Un nuovo tipo di intellettuale Se l'intellettuale dell'Alto Medioevo era tipicamente un monaco o un chierico, che dall'istituzione ecclesiastica derivava tanto gli strumenti di acculturazione quanto i mezzi di sussistenza economica, nel Duecento il clero cede progressivamente il primato culturale a una nuova categoria di intellettuali.

▸ Lippo Memmi, *Trionfo di san Tommaso*, 1340, tempera su tavola (Pisa, Santa Caterina). Il *Trionfo* celebra con straordinaria esattezza i debiti della filosofia di Tommaso d'Aquino nei confronti della tradizione cristiana, del mondo antico, e anche della mediazione araba (seppure nella posizione di Averroè all'interno della figurazione sia possibile leggere il suo superamento da parte del pensiero dell'Aquinate).

1. Al centro della pala grandeggia san Tommaso, con la veste bianca e nera tipica dei domenicani.
2. Accanto a Tommaso, Platone e Aristotele.
3. Sopra, gli evangelisti e i santi Pietro e Paolo.
4. In basso, forse sconfitto, il filosofo arabo Averroè.

L'affermarsi della civiltà comunale, infatti, si accompagna alla **formazione di una nuova classe intellettuale laica**, che si libera progressivamente dall'influenza della cultura di matrice religiosa e inizia a riscoprire i **classici** come nuovo modello a cui attingere. Tale operazione avviene, soprattutto in Italia, tramite la **traduzione in volgare di testi latini**, i cosiddetti «volgarizzamenti», che mirano da un lato ad arricchire il patrimonio della giovane cultura volgare, dall'altro a "educare" le nuove classi dirigenti di estrazione borghese, che spesso non hanno avuto la possibilità di ricevere un'istruzione adeguata. Tale processo raggiungerà il culmine con il *Convivio* di Dante [▶ p. 301 sgg.], vera e propria enciclopedia pensata proprio per coloro che, impegnati nel lavoro o nell'attività politica, non hanno il tempo necessario per dedicarsi agli studi.

A ciò si accompagna un'altra grande novità, ovvero la **partecipazione attiva degli intellettuali alla vita politica del Comune**. Se nel secolo XII si era affermata l'idea che il lavoro intellettuale potesse dare da vivere a scrittori e poeti, ora che ai grandi poteri universali si stanno sostituendo forme di governo a partecipazione popolare, matura la convinzione che gli intellettuali debbano impegnarsi in prima persona nell'attività politica. Il caso più noto è quello di **Dante**, ma prima di lui anche il suo maestro **Brunetto Latini** o un poeta come **Guittone d'Arezzo** sono parte attiva delle istituzioni cittadine ed esprimono le proprie convinzioni politiche nelle loro opere.

GUIDA ALLO STUDIO

1. Che cosa erano gli *studia*?
2. Quale famosa università venne fondata da Federico II?
3. Che cosa è la filosofia scolastica?

A COLPO D'OCCHIO La cultura nella società comunale

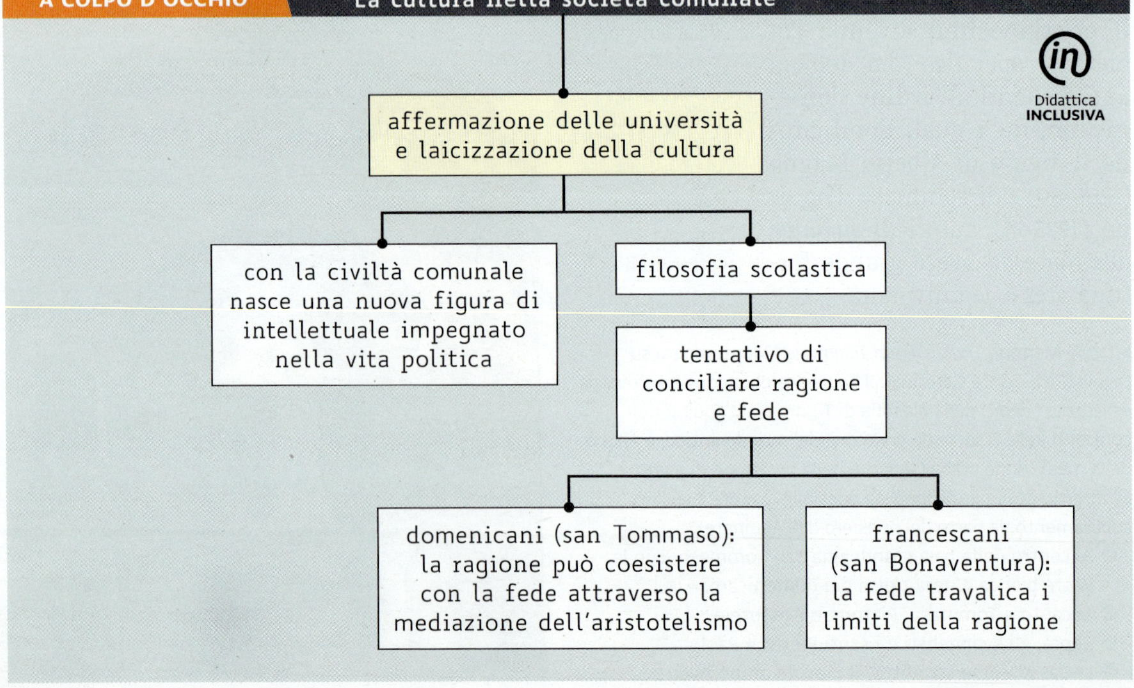

3. Il quadro artistico

Il Gotico L'austerità delle cattedrali romaniche non risponde più alle nuove esigenze della Chiesa, la cui necessità è ora quella di trasmettere un messaggio di speranza, anche attraverso le forme architettoniche.
Nasce così in **Francia**, verso la **metà del XII secolo**, lo stile gotico: partendo dal modello romanico, gli architetti realizzano cattedrali tanto alte e luminose da meravigliare i contemporanei. Questo nuovo stile si estende rapidamente dall'ambito dell'architettura sacra a quello dell'architettura civile, e si diffonde presto in tutta Europa. Giunge anche in Italia, dove la tradizione romanica resiste più a lungo e il Gotico assume caratteristiche particolari.

I tratti caratteristici Queste le idee chiave dell'architettura gotica:

- la **luce**. La visione della luce come simbolo della presenza divina rende necessaria la realizzazione di edifici molto luminosi, con grandi finestre. La luce colorata proveniente dalle vetrate, le dimensioni monumentali e la complessità delle figurazioni fanno vivere al fedele un'esperienza paradisiaca;
- la **leggerezza della struttura**. Le masse e i volumi compatti dell'architettura romanica sono sostituiti nelle cattedrali gotiche da uno scheletro slanciato verso l'alto in cui, grazie alle grandi finestre, il vuoto prevale sul pieno, dando un'idea di leggerezza;
- la **verticalità**, spinta verso Dio. L'idea dello slancio verso il cielo, cioè verso Dio, è espressa in primo luogo dall'altezza vertiginosa delle campate. Lo slancio è accresciuto dalla costante ripetizione di elementi architettonici verticali, come i pilastri, le nervature e i numerosi elementi decorativi;
- la **ricchezza delle decorazioni**. Sculture, vetrate (che sostituiscono gli affreschi) e preziosi oggetti di oreficeria arricchiscono le cattedrali: sono strumento di elevazione a Dio e al tempo stesso manifestazione dell'abilità e intelligenza dell'uomo e della disponibilità di denaro della Chiesa del tempo.

La produzione scultorea Di pari passo con l'edificazione delle cattedrali va una ricca produzione scultorea, che si esprime nella fitta decorazione che riveste le cattedrali stesse. I **portali** si ingrandiscono rispetto a quelli delle chiese romaniche e si popolano di **scene sacre**, con funzione educativa e informativa per il popolo dei fedeli. Le figure umane, ma anche gli animali e i vegetali delle decorazioni, acquistano nel tempo sempre più **naturalezza** ed **espressività**.

◂ Parigi: un *gargouille* della cattedrale di Notre Dame domina la città.

◂ La leggenda di Carlo Magno. L'imperatore bizantino Costantino V vede in sogno Carlo Magno. Vetrata della Cattedrale di Chartres, fine XII secolo.

D

La cattedrale di Reims

Anno: fondata nel 1211

Luogo: Reims, in Francia, a nord-est di Parigi

Idee chiave: luce e tensione verticale

Reims ospita una delle più note cattedrali gotiche francesi. Presenta tutte le caratteristiche significative del Gotico: slancio vertiginoso verso l'alto, ampie vetrate attraverso cui penetra la luce, portale di grandi dimensioni, riccamente lavorato. Così scrive delle cattedrali gotiche il letterato francese René de Chateaubriand all'inizio dell'Ottocento: «Le foreste sono state i primi templi della Divinità e dalle foreste gli uomini hanno attinto le prime idee dell'architettura. [...] Così le foreste druidiche dei Galli hanno ispirato i templi dei nostri padri, e i nostri boschi di querce hanno conservato il loro carattere sacro. Le volte cesellate a fogliami, i rilievi che sorreggono le mura e terminano bruscamente come tronchi spezzati, la freschezza delle volte, le tenebre del tabernacolo, le navate oscure, i passaggi segreti, le porte ribassate, il sesto acuto degli archi e delle ogive, tutto, nella chiesa gotica, riconduce la mente alla foresta e al suo orrore religioso, ai misteri della Divinità» (René de Chateaubriand, Il genio del Cristianesimo*, 1802).*

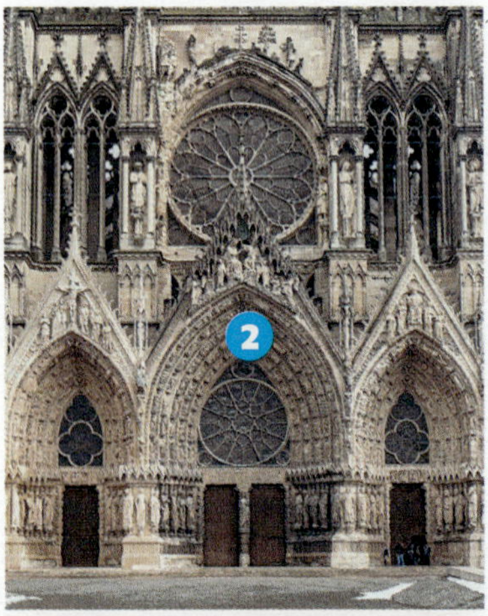

1 Sulla facciata principale si apre uno spazio circolare chiamato rosone, nel quale è incastonata una grande vetrata.

2 Il portale è decorato con statue e ricchissimi rilievi, un tempo colorati.

3 I pilastri sempre più alti e robusti sembrano costituiti da un fascio di sottili colonnine o nervature.

4 Le molte e ampie vetrate fanno penetrare la luce del sole, intesa come manifestazione del divino.

D

Giovanni Pisano

La strage degli innocenti

Anno: 1298-1301

Dimensioni: 102 × 84 cm

Collocazione: Pistoia, pulpito della chiesa di Sant'Andrea

Idee chiave: drammaticità e realismo

Il pannello decora uno dei lati del pulpito della chiesa di Sant'Andrea a Pistoia. In un unico spazio sono narrati due diversi momenti dell'episodio evangelico della strage degli innocenti. Giovanni Pisano (1248 ca - 1315 ca) raffigura l'episodio con grande realismo e drammaticità, accentuando l'espressione dei sentimenti per rappresentare la storia sacra come una tragedia umana di valore universale: il dolore delle madri è quello di ogni madre, la violenza spietata della strage è un'esperienza comune a ogni epoca storica.

1 In alto a destra: Erode in trono, circondato da madri supplicanti e da uomini sconcertati.

2 Nella parte restante del riquadro si compie la strage dei piccoli innocenti.

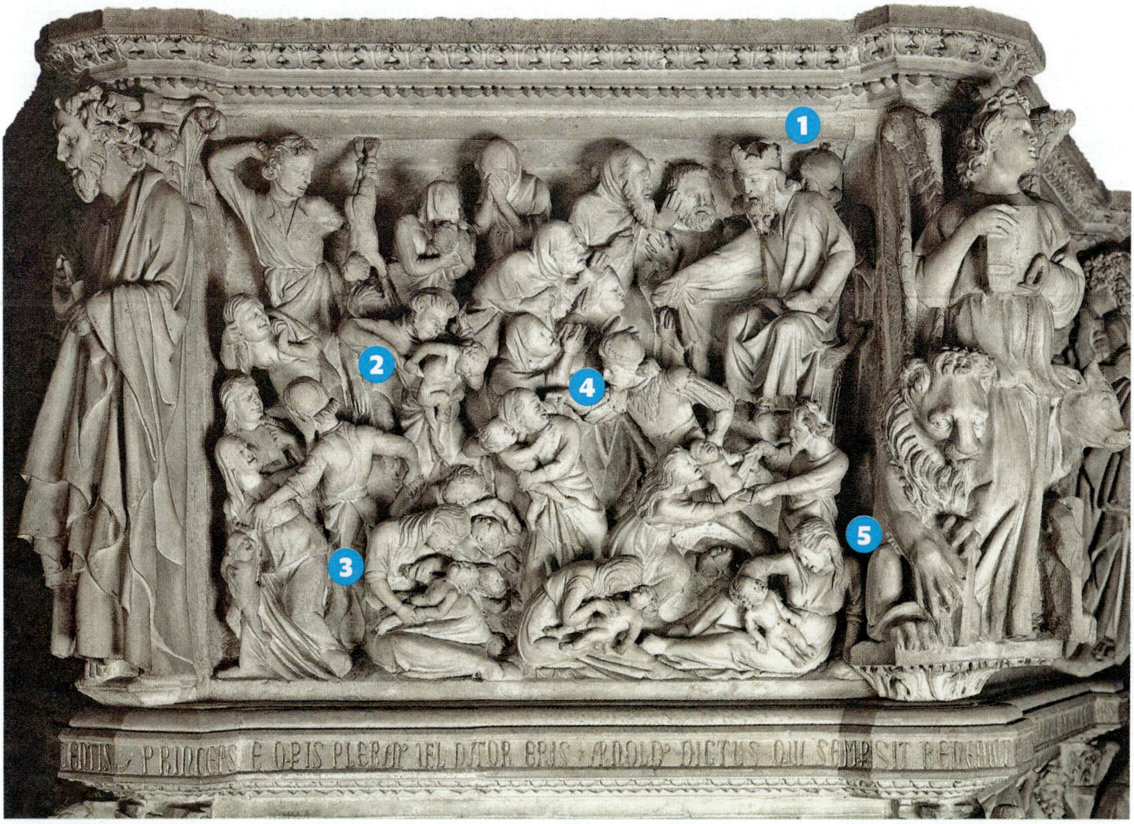

3 La composizione è asimmetrica e produce una sensazione di concitazione, affollamento, scompiglio.

4 I volti si caratterizzano per una drammatica espressività.

5 Nel panneggio si scorge il passaggio dal Gotico a un nuovo classicismo: mentre nelle ampie pieghe del personaggio angolare in piedi si ritrova il gusto linearistico del Gotico, nella figura della donna accasciata si riconosce la lezione della statuaria antica.

4. Il quadro linguistico

La nascita di una letteratura italiana in volgare

È il Duecento il secolo in cui finalmente anche il volgare italiano dà vita a una vera e propria letteratura: cioè a testi elaborati con intenzione poetica ed espressiva. Per gran parte del secolo convivono generi letterari eterogenei, provenienti da diverse parti della penisola italiana, e scritti in lingue volgari assai diverse fra loro (non si può però parlare di dialetti locali rispetto a una lingua nazionale, dal momento che in questa fase le parlate locali hanno ancora tutte una pari dignità).

Così avremo - per fermarci ai fenomeni più rilevanti - la **lirica siciliana**, di diretta imitazione provenzale, scritta in siciliano; la **letteratura religiosa**, promossa soprattutto dal movimento francescano, scritta prevalentemente in **umbro**; la più tarda **poesia amorosa e civile toscana**, scritta in toscano. Solo alla fine del secolo, con la comparsa dei poeti fiorentini dello Stilnovo, e, fra essi, soprattutto di Dante, **la lingua di Firenze assume un'autorevolezza particolare**, e si avvia a diventare la lingua della letteratura italiana.

Dante e la legittimazione culturale del volgare

Occorre attendere proprio la fine del Duecento e l'inizio del secolo successivo per trovare il **primo tentativo di legittimare culturalmente e ideologicamente la lingua volgare**. È Dante, nel trattato ***De vulgari eloquentia*** [▶ p. 308 sgg.], a tracciare per la prima volta una storia della lingua italiana e a descrivere le varietà dialettali presenti in Italia, elogiando il siciliano illustre come primo esempio di lingua letteraria della penisola [▶ **D**, p. 79]. L'operazione di Dante mira a trovare quel volgare "perfetto" che non si identifica con nessuna parlata, ma deve essere creato utilizzando le "parti" migliori dei singoli dialetti. In questo modo, l'Italia, priva di unità politica, avrà però una lingua letteraria comune che potrà essere utilizzata da tutti gli intellettuali e potrà affiancarsi al latino con pari dignità. Come è noto, però, sarà proprio la grandezza del genio dantesco (e, dopo di lui, i grandi modelli di Petrarca per la poesia e Boccaccio per la prosa) a fare del fiorentino la lingua della cultura per i secoli successivi, relegando le altre "lingue" della penisola a semplici dialetti.

GUIDA ALLO STUDIO

1. In quale parlata regionale venne scritta la maggior parte della poesia religiosa del Duecento?
2. Dove nacque il movimento poetico dello Stilnovo?

A COLPO D'OCCHIO La legittimazione della letteratura in volgare

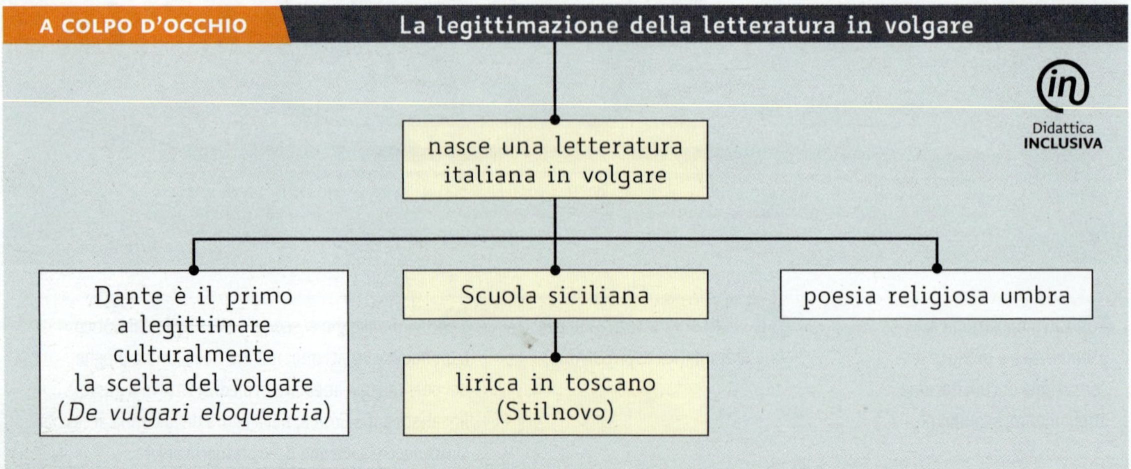

D

Dante Alighieri, *De vulgari eloquentia*, I, II

L'elogio del siciliano illustre

Anno: 1303-307

Genere: trattato in latino

Argomento: loda il siciliano della corte di Federico II, ma considera quello parlato dal siciliano medio inadatto all'uso letterario e poetico

Nella seconda parte del primo libro del De vulgari eloquentia*, Dante passa in rassegna i vari dialetti della penisola italiana. Tra tutti, il siciliano si è affermato come vera e propria lingua letteraria grazie all'operato della Scuola siciliana.*

Consideriamo anzitutto il siciliano: vediamo infatti che questo volgare arroga a sé una fama superiore agli altri volgari, sia perché col nome di «siciliana» viene indicata tutta la produzione poetica degli Italiani, sia perché troviamo che molti maestri nativi di Sicilia hanno composto poesia elevata, come le canzoni: *Ancor che l'aigua per lo foco lassi*, e *Amor, che lungiamente m'hai menato*[1].

Tuttavia, se osserviamo bene dove va a parare questa fama della Trinacria[2], vediamo che il suo permanere torna soltanto a vergogna dei principi italiani, che, dediti alla superbia, si comportano da plebei e non da grandi uomini. L'imperatore Federico e il suo nobile figlio Manfredi[3], che furono signori grandi e illustri, mostrarono l'elevatezza e la rettitudine della loro anima, dedicandosi, finché la fortuna lo permise, alle attività proprie dell'uomo e sdegnando quelle da bestie. Fu per questo che chi era dotato di nobile cuore e ricco di doni divini cercò di star accanto alla maestà di tali principi; di conseguenza, tutto ciò che a quei tempi fu prodotto da Italiani di animo insigne, nacque prima di tutto nella reggia di così grandi sovrani. La sede del trono regale era però in Sicilia, e perciò avvenne che tutta la produzione volgare dei nostri predecessori fosse chiamata «siciliana»: nome che noi conserviamo ancora e che neanche i posteri sapranno mutare. [...]

Affermiamo dunque che, se vogliamo intendere per volgare siciliano quello che esce dalla bocca del siciliano medio (e pare che su questo appunto si debba fondare il nostro giudizio), esso non è affatto degno dell'onore del primo posto. Presenta infatti una certa lentezza nella pronuncia, come, per esempio: *Tragemi d'este focora se t'este a bolontate*[4].

Se invece vogliamo intendere per volgare siciliano quello che proviene dalla bocca dei primi fra i Siciliani, e che si può cogliere nelle canzoni precedentemente citate, esso non è affatto diverso dal volgare più pregevole.

1. ***Ancor che l'aigua ... m'hai menato*:** si tratta di due canzoni di Guido delle Colonne (1210-87), uno degli esponenti della Scuola siciliana.
2. **Trinacria:** antico nome della Sicilia.
3. **Federico ... Manfredi:** Federico II e il suo figlio naturale, Manfredi di Svevia.
4. ***Tragemi ... bolontate*:** terzo verso del celebre contrasto di Cielo d'Alcamo, *Rosa fresca aulentissima*.

IN SINTESI

In questo passo Dante parla del siciliano come di uno dei volgari più illustri tra quelli italiani. Egli ricorda come questo sia senz'altro la più celebre tra le parlate nazionali, grazie a una cospicua produzione poetica che si è diffusa nel resto della penisola, al punto che secondo Dante si può definire «siciliana» tutta la poesia composta in Italia prima della sua generazione. Il merito di questa affermazione del siciliano, però, non è da ricercarsi solo nelle sue caratteristiche linguistiche - come Dante precisa dopo, quando mostra la differenza tra siciliano illustre e siciliano "comune" - ma nell'azione politica di Federico II, che ha creato una corte in cui la lingua volgare si è nobilitata fino al punto di diventare lingua letteraria.

La poesia religiosa del Duecento

1 Francesco: l'amore per il creato

Una nuova spiritualità **Francesco d'Assisi**, pur partecipando nelle fondamentali istanze comuni ai movimenti religiosi del suo tempo, fu portatore di un **messaggio nuovo, radicale ma rispettoso dell'autorità della Chiesa.** Un messaggio rivoluzionario, quindi, ma concepito e promosso entro, non contro, l'istituzione ecclesiastica. Proveniente da una ricca famiglia di mercanti, Francesco sentì la necessità di cambiare innanzitutto la propria vita per seguire le orme di Cristo, rifiutando gli agi e la ricchezza garantita dalla sua estrazione sociale e affermando il supremo valore della povertà. D'altronde, la povertà di Francesco non consisteva solo nella rinuncia ai beni materiali, ma anche in un atteggiamento interiore di totale **umiltà**, sottomissione, pacifica accettazione dell'autorità costituita. Quest'ultimo aspetto consentì alla Chiesa di Roma di accogliere con favore la proposta di Francesco, approvando la **nascita dell'Ordine francescano**, e di avvalersene, anzi, per contrastare i movimenti eretici e anticlericali che ne attaccavano l'autorità.

Il messaggio evangelico alla lettera L'elemento fondante delle scelte compiute da Francesco fu l'intenzione di seguire il dettato evangelico alla lettera. Egli, infatti, intendeva **imitare la vita di Cristo**, così come la si legge nei Vangeli, in modo concreto e radicale. Seguire le orme di Cristo significò in primo luogo per Francesco accettare la **povertà assoluta**, in un rovesciamento radicale della propria condizione privilegiata di partenza, così come Cristo aveva rinunciato alla propria condizione divina per farsi uomo umile, povero e sofferente. Il riconoscimento della stretta analogia fra Cristo e Francesco fu una componente essenziale del francescanesimo, che sentì subito la figura del santo come ***alter Christus*** ("secondo Cristo"). L'identificazione giunse al suo culmine quando nelle piaghe di Francesco, ormai malato, furono riconosciute le stimmate, le stesse ferite del corpo di Cristo crocifisso. Anche riguardo al messaggio, cioè alla *Regola* dell'ordine da lui fondato, Francesco cercò di imporne ai fratelli l'osservanza semplice e diretta. Nel *Testamentum*, infatti, egli raccomandò ai suoi seguaci di recepire gli ammonimenti della *Regola* senza l'aggiunta di spiegazioni e di osservarli «così semplicemente e senza commento».

Individualità e ortodossia Seguire Cristo significava per Francesco farsi povero fra i poveri e umile fra gli umili, vivendo del proprio lavoro manuale e, quando questo non fosse stato sufficiente, di elemosina. A questo progetto di vita non si accompagnava però un atteggiamento esplicitamente polemico e sovversivo nei confronti dell'istituzione ecclesiastica, da più parti accusata di eccedere nel fasto e nella ricchezza; per Francesco **l'umiltà comportava anche l'accettazione dell'ordine costituito**. Occorreva cambiare la propria vita, ma in una **relazione pacifica con la società**, all'interno della quale il rifiuto di certi valori doveva esprimersi attraverso l'esempio e la testimonianza personale e non attraverso un'aperta conflittualità. Di qui l'ortodossia di Francesco, la sua piena **sottomissione al papa** e la volontà di ottenere per la propria *Regola*, anche a costo di rivederla, il riconoscimento e l'approvazione della Chiesa romana.

La teatralità di Francesco La scelta della testimonianza e dell'esempio in prima persona conferisce alla predicazione di Francesco una componente che si potrebbe definire teatrale. La predicazione francescana, infatti, si accompagnava a **gesti emblematici**, spettacolari, in grado di colpire in modo efficace la memoria e l'immaginazione della gente. Si pensi, per esempio, alla sua spoliazione in pubblico, sulla piazza di Assisi; all'aspetto stesso scelto per sé e per i suoi frati, che andavano in giro come veri e propri straccioni; oppure all'**invenzione del presepe**, da cui ebbe inizio una delle più diffuse tradizioni popolari della cristianità. D'altronde, la **gestualità e la teatralità** di Francesco, per quanto intendano risultare immediatamente comprensibili, non sono ingenue. Esse presuppongono in realtà **riferimenti culturali ben precisi**, in primo luogo al dettato evangelico, ma anche alla letteratura cortese, che Francesco doveva ben conoscere, se non altro per le relazioni commerciali del padre con la Francia e per l'origine francese della madre. Le fonti contemporanee riferiscono inoltre che Francesco predicava in **volgare**, o al massimo in un latino assai prossimo alla lingua romanza, facendo ricorso a laudi cantate, parabole ed *exempla* (racconti di fatti e vicende esemplari) e adottando un tono più vicino all'oratoria politica che alla predicazione professionale, carico di passione e accompagnato da una forte componente gestuale.

Il *Cantico delle creature* Questo carattere appassionatamente persuasivo di tutta la vita e della predicazione di Francesco si riconosce anche nel suo capolavoro poetico, il *Cantico delle creature* (o *di Frate Sole*). Con questa poesia, Francesco intese comunicare agli umili e alle persone prive di cultura la sua gioiosa scoperta dell'**armonia del creato**, l'esortazione all'umile sottomissione alla volontà divina, il rovesciamento del pessimismo di chi si aspettava prossima la fine del mondo e perciò considerava la creazione effimera e trascurabile. Tutto è espresso con parole semplici e volutamente accessibili a tutti, tanto che anche gli accorgimenti stilistico-retorici del testo e il ricorso alle fonti bibliche appaiono in certa misura dissimulati in un linguaggio piano e diretto, che affascina ancora oggi per la sua immediatezza.

Le divisioni tra i francescani: spirituali e conventuali La prima comunità francescana seguiva un modello di vita strettamente evangelico. I confratelli vivevano del proprio **lavoro manuale** e, quando questo non bastava, di **elemosina**; possedevano soltanto una tunica e donavano ai poveri ogni altro bene. Questa era la pratica di vita della nuova comunità per la quale Francesco chiese l'approvazione a Innocenzo III,

PERCORSO IN MODALITÀ FLIPPED CLASSROOM

- **A casa** Gli studenti guardano il file PowerPoint e leggono in autonomia il testo, prendendo appunti per rispondere alle domande delle *Guide allo studio*.
- **In classe** A partire dagli appunti raccolti dagli studenti, l'insegnante integra e approfondisce le informazioni. In seguito ci si dedica alla lettura e analisi dei testi.
- **Strumenti e materiali** Mappe in PowerPoint.

PERCORSO AD ALTA VELOCITÀ

- **Schemi** Francesco d'Assisi, p. 83
- **Testi chiave T1** Francesco d'Assisi, *Cantico delle creature*, p. 84 - **T3** Jacopone da Todi, *Donna de Paradiso*, p. 103
- **Sintesi** L'essenziale, p. 110 - A colpo d'occhio, p. 111 - Le parole per ricordare, p. 111

ottenendola, seppure solo oralmente, nel 1210 (o 1209). Appena fondato, l'Ordine dei frati minori crebbe rapidamente, estendendosi anche fuori dell'area umbra e accogliendo soggetti nuovi per estrazione e formazione. Vi aderirono, infatti, anche ecclesiastici e maestri di teologia e di diritto legati all'ambiente universitario di Parigi, che entrarono ben presto in contrasto con il fondatore. Essi, infatti, intendevano dare all'Ordine un impianto analogo a quello degli istituti monastici ed ecclesiastici già esistenti, mentre Francesco e i suoi primi compagni sentivano che esso avrebbe dovuto mantenersi fedele alla loro esperienza originaria. La Curia romana, dal canto suo, nutriva non poche riserve nei confronti del rigorismo dei primi compagni, così come molti frati, per parte loro, non accettavano volentieri la severità della *Regola*.

LA VITA E L'OPERA

FRANCESCO D'ASSISI (Assisi, 1182-1226)

Francesco nacque ad Assisi, in Umbria, il 26 settembre del 1182 (o 1181) da Pietro di Bernardone, ricco mercante di tessuti, e da una donna francese, motivo per cui egli, battezzato Giovanni, ricevette l'appellativo di Francesco (che a quel tempo significava appunto "francese"). Trascorse una giovinezza agiata e mondana e intraprese il mestiere delle armi. Nel 1202 prese parte alla guerra fra Assisi e Perugia, ma venne catturato, restando prigioniero per oltre un anno. Nel 1206, durante il tentativo di unirsi alle truppe di Gualtieri di Brienne in Puglia, si ammalò e dovette tornare ad Assisi. L'esperienza della prigionia e della malattia fu l'occasione di una crisi interiore che lo portò a ritirarsi in un eremo e a prendersi cura dei lebbrosi. Francesco maturò così in quegli anni la propria **conversione religiosa**, incentrata sulla volontà di seguire fedelmente gli insegnamenti dei Vangeli e sul disprezzo delle ricchezze e dei valori della società borghese dei suoi tempi. Tali atteggiamenti provocarono la violenta reazione del padre, Bernardone: questi, infatti, nel 1207 lo convocò in giudizio davanti al vescovo e alla corte episcopale di Assisi. In tale occasione si consumò uno degli episodi centrali del mito francescano: Francesco rinunciò all'eredità paterna e a ogni bene materiale, riconsegnando al padre persino le vesti che aveva indosso, in un gesto che era emblematico della sua scelta di povertà. Dopo alcuni anni di esperienza eremitica, Francesco iniziò a predicare, a mendicare e a occuparsi dei bisognosi. A lui si unirono presto numerosi seguaci e il movimento ottenne, tra il 1209 e il 1210, l'approvazione di papa Innocenzo III, non priva di diffidenze ed espressa solo oralmente. Fra i suoi seguaci c'era anche **Chiara**, proveniente da una nobile famiglia di Assisi, che nel 1212 fondò poi l'Ordine francescano femminile delle clarisse. In concomitanza con l'inizio della quinta Crociata (1217-21), Francesco e i suoi decisero di organizzare **missioni apostoliche in diverse parti del mondo**, come Francia, Germania, Ungheria, Spagna, Marocco. Significativo è in particolare il pacifico viaggio in Terra Santa (1219), che Francesco intraprese personalmente e che è rivelatore di un atteggiamento polemico nei confronti della violenza e dei malcelati interessi economici dei crociati. Per i suoi seguaci, Francesco elaborò una prima ***Regola*** approvata dall'Ordine nel 1221 (detta *Regula non bullata*, vale a dire non approvata ufficialmente dalla Chiesa), mentre più tardi stese una nuova *Regola* (*Regula bullata*), nella quale teneva conto anche delle richieste della gerarchia ecclesiastica, che venne **approvata da papa Onorio III il 29 novembre del 1223**. Sembra, però, che poco dopo la fondazione dell'Ordine si fosse creato un certo **disaccordo tra alcuni frati e Francesco**, tanto che egli, già partito per l'Oriente, dovette fare rientro in Italia nel 1220; il 22 settembre dello stesso anno abbandonò la direzione dell'Ordine e trascorse in solitudine gli ultimi anni, segnati dalla sofferenza fisica, causata fra l'altro da una grave malattia agli occhi. A questi anni i primi biografi datano l'episodio in cui Francesco ricevette le **stimmate** sul monte della Verna e la cosiddetta ***certificatio***, una visione nella quale Dio, approvando il suo operato, gli preannunciava la salvezza eterna. Francesco morì nella notte tra il 3 e il 4 ottobre 1226 e appena due anni dopo, il 16 luglio 1228, venne proclamato **santo** da papa Gregorio IX.

A causa di tali tensioni Francesco decise di abbandonare la direzione dell'Ordine e, per ottenere una piena approvazione della sua *Regola*, dovette collaborare a una sua **revisione** che portò alla *Regula bullata*, dove vennero accolti alcuni mutamenti sostanziali rispetto alla *Regula non bullata*, come la sostituzione dell'obbligo del lavoro con quello dell'elemosina e l'abbandono del principio di eguaglianza.

Tuttavia, soprattutto dopo la morte di Francesco, le divisioni si accentuarono e la compagine francescana fu lacerata dalla lotta fra gli **spirituali**, che si richiamavano con particolare rigore alla forma di vita del primo francescanesimo, e i **conventuali**, fautori di una lettura più blanda della scelta di vita di Francesco. Oggetto della diatriba fu soprattutto l'interpretazione del precetto di povertà, che i Conventuali intesero come un semplice invito a evitare il lusso e il superfluo, mentre per gli Spirituali esso comportava il divieto assoluto di possedere beni di qualsiasi genere.

GUIDA ALLO STUDIO

1. In che cosa consiste la novità del messaggio di Francesco?
2. In che senso possiamo parlare di teatralità di Francesco?
3. Quali erano le differenze tra spirituali e conventuali?

A COLPO D'OCCHIO — Francesco d'Assisi

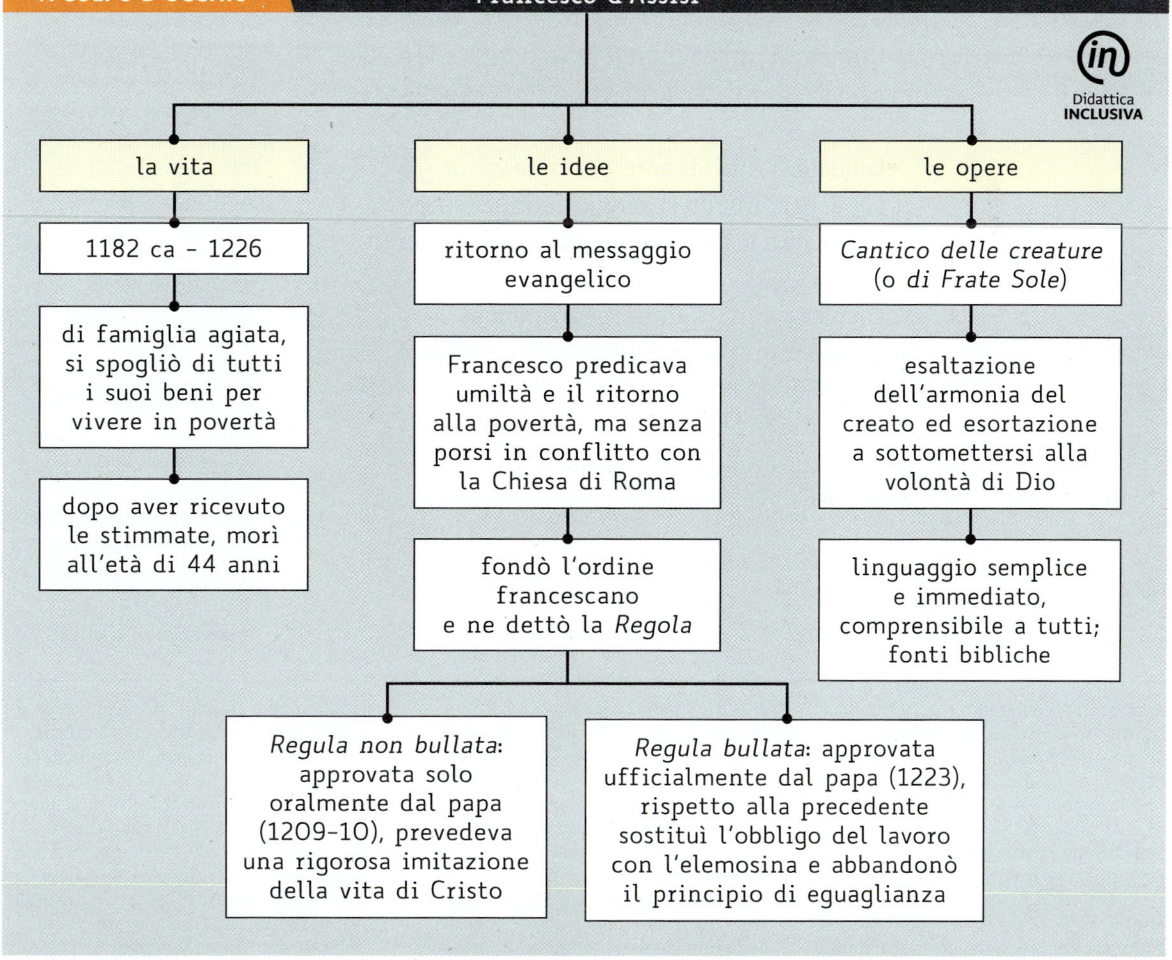

Francesco d'Assisi

T1 Cantico delle creature

AUDIOLIBRO

Anno: 1225

Metro: lauda composta da versetti ripartiti in membri di analoga estensione, marcati in genere dall'assonanza e talvolta dalla rima

Argomento: lode di tutte le creature, animate e inanimate, che si trovano in cielo e in terra, in quanto tutte partecipano della grandezza di Dio

Il Cantico è il più antico componimento in volgare italiano di cui si conosca l'autore. Il manoscritto più antico, conservato ad Assisi, prevedeva per la prima stanza la notazione musicale, purtroppo non riportata dal copista, ma il dato sembra confermare la testimonianza delle antiche fonti biografiche, secondo le quali Francesco avrebbe composto anche la musica con cui accompagnare il testo nelle esecuzioni in pubblico.

Altissimu, onnipotente, bon Signore,
tue so' le laude, la gloria e l'honore et onne benedictione.

Ad te solo, Altissimo, se konfano,
et nullu homo ène dignu te mentovare.

Laudato sie, mi' Signore, cum tucte le tue creature,
spetialmente messor lo frate Sole,
lo qual'è iorno, et allumini noi per lui.
Et ellu è bellu e radiante cum grande splendore:
de te, Altissimo, porta significatione.

Laudato si', mi' Signore, per sora luna e le stelle:
in celu l'ài formate clarite et pretiose et belle.

Laudato si', mi' Signore, per frate vento
et per aere et nubilo et sereno et onne tempo,
per lo quale a le tue creature dài sustentamento.

Laudato si', mi' Signore, per sor'aqua,
la quale è multo utile et humile et pretiosa et casta.

Laudato si', mi' Signore, per frate focu,
per lo quale ennallumini la nocte:
ed ello è bello et iocundo et robustoso et forte.

«Frate» e «sora», ripetuti in tutta la lauda, indicano la stretta comunanza tra gli uomini e gli elementi della natura, sentiti come nostri «fratelli» e «sorelle».

PARAFRASI

vv. 1-4 Altissimo, onnipotente e buon Signore, a te spetta ogni lode, gloria, onore e benedizione. A te solamente, Altissimo, si confanno, e nessuna creatura umana è degna di pronunciare il tuo nome.

vv. 5-9 Che tu sia lodato, mio Signore, con tutte le tue creature: specialmente fratello Sole, il sovrano di tutte (*messor*), il quale è luce, e tu illumini noi attraverso di lui. Ed esso è bello e raggiante con grande splendore: di te, Altissimo, è immagine vera.

vv. 10-14 Che tu sia lodato, mio Signore, per sorella luna e le stelle: in cielo le hai create brillanti (*clarite*) e preziose e belle. Che tu sia lodato, mio Signore, per fratello vento, e per l'aria, e per il tempo nuvoloso o sereno e per ogni stagione (*tempo*), attraverso cui dai sostentamento alle tue creature.

vv. 15-19 Che tu sia lodato, mio Signore, per sorella acqua, la quale è molto utile e umile e preziosa e pura (*casta*). Che tu sia lodato, mio Signore, per fratello fuoco, per il cui mezzo tu ci llumini la notte: e lui è bello e giocondo a vedersi, e vivace (*robustoso*) e forte.

4. et: sembra contraddittorio: nel momento in cui Francesco si accinge a lodare il Signore, ammonisce che nessun uomo è degno di nominare il suo nome. Questo «et» va dunque inteso come una sorta di avversativa: "a Dio spetta ogni lode e benedizione, eppure nessuno è veramente degno di pronunciare quelle lodi". Il verso 4, «*nullu homo ène dignu te mentovare*», allude al secondo comandamento («Non nominare il nome di Dio invano», *Deuteronomio*, v. 12).

10. per: molte le interpretazioni proposte per questa preposizione, che poi ricorre nei vv. 15, 17, 20, 23, 27. A essa sono stati attribuiti i seguenti valori: causale (Dio deve essere lodato *a causa* delle qualità dei singoli elementi del creato); strumentale (la lode di Dio è espressa dall'uomo *per mezzo* delle creature); agente (*per* come il *par* francese, secondo un uso comune della lingua antica: il Signore deve essere lodato «dalle» creature; in questo modo si eviterebbe fra l'altro una contraddizione con l'indegnità dell'uomo a pronunciare il nome di Dio: vedi nota al v. 4); mediale (Dio va lodato *attraverso* le creature; questo peraltro è sicuramente il valore della preposizione nel v. 7). Recentemente, però, la critica è tornata alla più immediata e tradizionale lettura di «per» come causale: la descrizione delle molte qualità delle creature costituisce la ragione della lode.

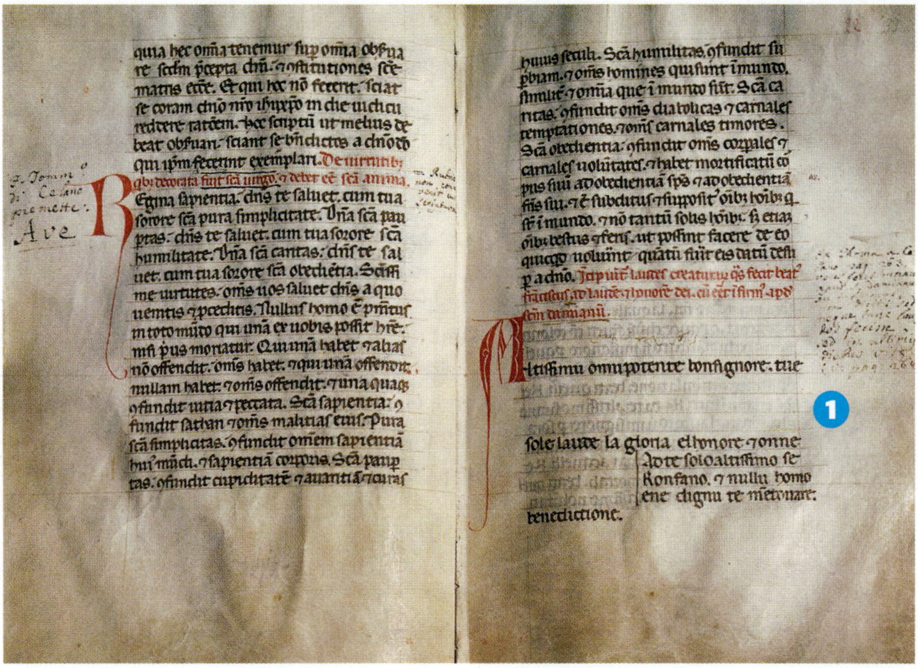

▸ La più antica stesura del Cantico di Francesco che si conosca: quella riportata nel Codice 338, f.f. 33r-34r, XIII secolo, custodito nella Biblioteca del Sacro Convento di San Francesco, ad Assisi.

1 Manca la linea melodica, cioè la segnatura delle note, pur prevista dall'amanuense negli spazi lasciati bianchi, a testimonianza comunque del fatto che il cantico era destinato a essere effettivamente cantato.

Laudato si', mi' Signore, per sora nostra matre terra,
la quale ne sustenta et governa,
et produce diversi fructi con coloriti flori et herba.

Laudato si', mi' Signore, per quelli ke perdonano per lo tuo amore
et sostengo infirmitate et tribulatione.

Beati quelli ke 'l sosterrano in pace,
ka da te, Altissimo, sirano incoronati.

Laudato si', mi' Signore, per sora nostra morte corporale,
da la quale nullu homo vivente pò skappare:
guai a quelli ke morrano ne le peccata mortali;
beati quelli ke trovarà ne le tue sanctissime voluntati,
ka la morte secunda no 'l farrà male.

Laudate et benedicete mi' Signore et rengratiate
e serviateli cum grande humilitate.

vv. 20-24 Che tu sia lodato, mio Signore, per la nostra madre terra, la quale ci nutre e ci alimenta (*ne sustenta et governa*): e produce frutti vari, insieme a fiori di diverso colore, ed erba.
vv. 23-24 Che tu sia lodato, mio Signore, per coloro che perdonano in nome del tuo amore e sopportano infermità e tribolazioni.
vv. 25-33 Beati coloro che le sopporteranno con animo pacifico, perché da te, Altissimo, riceveranno la corona [dell'eterna ricompensa, in Paradiso]. Che tu sia lodato, mio Signore, per la nostra sorella morte - quella del corpo - dalla quale nessun uomo vivente può scappare; guai a quelli che morranno in peccato mortale, beati quelli che la morte troverà in accordo alla tua volontà, perché a quelli la seconda morte [quella dell'anima] non potrà far male. Lodate e benedite il mio Signore e ringraziatelo e servitelo con grande umiltà.

24. infirmitate et tribulatione: il concetto di sofferenza come premio di Dio in quanto strumento di salvezza è già in *Apocalisse,* III, 19 («Io tutti quelli che amo li rimprovero e li castigo» - è Dio stesso che parla).

25. Beati quelli: allocuzioni come «Beati quelli...» (vv. 25 e 30) rimandano al celebre passo delle Beatitudini evangeliche (Matteo, V, 3-10).

29. guai a quelli: la locuzione trova riscontro in Matteo, XI, 21, dove le Beatitudini sono accompagnate da una serie di simmetriche invettive negative.

T1 Dentro il testo

IN SINTESI

Nel *Cantico* il creato è esaltato nelle sue qualità in funzione di rendere lode al Signore: così, per esempio, ammirare la bellezza della luna e delle stelle implica riconoscere la grandezza di chi le ha create. E, allo stesso tempo, la serena accettazione di ogni aspetto del creato, ivi comprese la malattia, la sofferenza e la morte del corpo, rappresenta il necessario atto di umile sottomissione alla volontà divina. Ogni volta che l'autore nomina un elemento o un aspetto del creato lo fa, dunque, riferendosi a Dio: tuttavia, le creature sono esaltate per quegli attributi che sono graditi o utili all'uomo. Il sole fornisce la luce del giorno, la luna rischiara la notte con la sua bellezza, l'aria con le sue trasformazioni stagionali rende possibile il sostentamento degli uomini, l'acqua è «multo utile», il fuoco riscalda e illumina la notte e così via. Ne deriva un quadro armonico del mondo, che è tramite tra l'uomo e la divinità, e al tempo stesso è dono di Dio per l'uomo. Il creato è così magnificato dal cantore per la sua utilità e bellezza e insieme invitato a magnificare esso stesso Dio, insieme all'uomo, che si riconosce lui stesso creatura, e si unisce alle altre nella lode. L'immagine che Francesco rende del creato e della natura è dunque positiva e serena, in quanto la loro bontà rivela la bontà di Dio.

I TEMI E L'ESPRESSIONE

LA TRIPARTIZIONE DEL *CANTICO*

Le antiche fonti biografiche individuavano nel *Cantico* **tre distinti nuclei tematici**, riconducendo la sua composizione a diversi momenti della vita del santo. La prima parte (vv. 1-22), la più estesa, sarebbe stata composta presso il convento delle clarisse di San Damiano dopo una visione nella quale Dio avrebbe preannunciato a Francesco la salvezza eterna. La strofa cosiddetta «del perdono» (vv. 23-26) risalirebbe, invece, all'anno successivo, quando Francesco intervenne a ricomporre un grave dissidio fra il vescovo e il podestà di Assisi. La strofa dedicata alla morte (vv. 27-31) sarebbe da datare al 1226 e da ricondurre al momento in cui Francesco sentì approssimarsi la propria fine. L'idea di una composizione in tre tempi nasceva in parte dall'articolazione tematica del testo, che in effetti può apparire discontinua, ma anche dalla tendenza, tutta medievale, a interpretare ogni opera in **chiave biografica**. Oggi la critica è orientata a respingere tale ipotesi, riconoscendo l'**unità di ispirazione del testo**, da individuare nell'accettazione serena di ogni aspetto del creato in quanto espressione della volontà divina.

UNA STRUTTURA CIRCOLARE

Il *Cantico* è costruito secondo un **movimento** che parte dall'**alto** (il Signore), scende verso il **basso** (fino alla morte), e si chiude poi come in un **cerchio** ritornando all'alto (il Signore). In particolare, si apre con una lode a Dio, per proseguire con una lode al sole, l'unica creatura che possa rappresentare la divinità. È poi la volta degli altri corpi celesti, la luna e le stelle; procedendo verso il basso si incontrano di seguito i quattro elementi che compongono il mondo terrestre, ovvero aria (vento), acqua, fuoco e terra; si scende poi al nostro livello, con la menzione degli uomini che si trovano nella grazia del Signore. Infine, attraverso l'umile accettazione della morte del corpo, si torna in alto, a ricongiungersi al Signore.

LA LINGUA DEL *CANTICO*

Nel *Cantico* si possono riscontrare sia tracce di **latinismi** (puramente grafici o sostanziali), sia una vistosa impronta **volgare umbra**. Questa ambivalenza dipende evidentemente da un lato da una **doppia appartenenza** linguistica e culturale dell'autore (colto, ma sensibile ai valori espressivi della nuova lingua volgare), dall'altro da un programma preciso di **evangelizzazione**: comporre per i dotti e per gli indotti, attrarre i sapienti e gli illetterati.
In parole come «honore», «homo», «humile», «significatione», «pretiosa» si rintraccia l'uso di una grafia tipica di chi era abituato a scrivere in latino; così, ad esempio, nella presenza della congiunzione latina «et» (fatto con tutta probabilità puramente grafico) accanto alla forma volgare «e». Schietti latinismi (e non puri *tic* grafici) sono invece di sicuro le forme «cum», «peccata», «laude», «laudato», «aere», «nubilo», così come espressioni quali «te mentovare» e «nullu homo», che rivelano la volontà di mantenere un tono letterariamente elevato. Tratti umbri sono invece l'uso di «-u» finale in alternanza con «-o», il futuro in «-ano» («sosterrano», v. 25 e «sirano», v. 26), «sostengo» (v. 24), per "sostengono", nonché le forme

come «konfano» (dove manca il rafforzamento consonantico nella desinenza: dovrebbe essere «confanno»), «ène», la congiunzione «ka», l'imperativo «serviateli». Per quanto riguarda il lessico, alle parlate umbre appartiene «skappare» nel significato di «uscire fuori»; la forma «messor» per «messer»; probabilmente anche «mentovare», ritenuto per lo più un francesismo, ma recentemente ricondotto all'area centro-meridionale (I. Baldelli); sicuro francesismo è invece «allumini», "illumini", al v. 7. Certamente però Francesco evita di utilizzare in eccesso tratti dialettali, che avrebbero compromesso la comprensione fuori dall'ambito strettamente locale. Ricorrendo al volgare con l'intento di raggiungere anche gli umili che non capivano il latino, e proponendone una forma illustre, depurata cioè dei più stretti localismi, Francesco manifesta l'intenzione di rivolgersi a un pubblico vasto sia culturalmente e socialmente, sia geograficamente.

L'ANAFORA

Delle dodici stanze che compongono la lauda, ben nove si aprono con «Laudato si'». Si tratta della figura retorica dell'**anafora**, cioè la ripetizione di una parola (o di un gruppo di parole) all'inizio di frasi, versi o strofe successive. Grazie all'anafora, una determinata parola acquista una speciale rilevanza all'interno di un componimento: in questo caso, Francesco intende sottolineare la sua intenzione di **lodare il Signore** per tutto ciò che ha creato. Si trova un altro esempio di anafora in *Donna de paradiso* [▸ **T3**, p. 103], dove Jacopone, immaginando il pianto straziato di una madre, ripete all'inizio di molti versi, quasi ossessivamente, la parola «figlio». L'effetto prodotto dall'anafora è particolarmente "musicale", e permette tra l'altro una migliore memorizzazione dei versi (elemento molto importante in un'epoca in cui ben pochi sapevano leggere).

Analisi e interpretazione Tipologia A

LEGGERE CON METODO

COMPRENSIONE GLOBALE

1. Completa la tabella, indicando le creature, le loro caratteristiche, i vantaggi che portano all'uomo, come ti mostra l'esempio.

	Creatura	Caratteristiche	Utilità per l'uomo
vv. 5-9	il sole	luminoso, bello, raggiante	fornisce la luce del giorno
vv. 10-11	luna e stelle		
vv. 12-14			
vv. 15-16			
vv. 17-19			
vv. 20-22			

2. Quali comportamenti permettono all'uomo di raggiungere la beatitudine celeste?
3. Perché l'uomo non deve temere la morte corporale? Che cos'è invece la morte «secunda»?

LA LINGUA E LE STRUTTURE

4. In quale ordine sono nominate le creature? Perché si può dire che il *Cantico* abbia una struttura circolare?
5. Trova e trascrivi tre esempi di latinismi e tre tratti umbri.

I TEMI E L'INTERPRETAZIONE

6. Quale aspetto della spiritualità francescana è sottolineato dagli appellativi «frate» e «sora» che accompagnano le diverse creature, compresa la morte?
7. Qual è la posizione di Francesco rispetto alle concezioni del suo tempo che esprimono pessimismo, disprezzo e svalutazione del mondo?
8. Riassumi le diverse interpretazioni della preposizione «per», ricorrente nel testo.

RISCRITTURA, GIOCO, PARODIA

Francesco riscrive i salmi biblici

Il *Cantico*, nonostante l'impianto semplice e popolaresco, si inserisce all'interno di una precisa tradizione biblico-liturgica. Molti sono i riscontri puntuali che si possono rintracciare fra il componimento di Francesco e singoli brani della Bibbia. Tuttavia, sono due i brani nei confronti dei quali il *Cantico* presenta maggiori analogie, al punto che essi possono essere considerati ispiratori dell'intero componimento. Si tratta del salmo 148, *Laudate Dominum de caelis*, e del cantico dei tre fanciulli nella fornace in Daniele, III, 51-90.

D Salmo 148

Lodatelo, sole e luna,
lodatelo, voi tutte, fulgide stelle,
lodatelo, cieli dei cieli,
voi acque al di sopra dei cieli.
Lodino tutti il nome del Signore,
perché egli disse e furono creati.
Li ha stabiliti per sempre,
ha posto una legge che non passa.
Lodate il Signore dalla terra,
mostri marini e voi tutti abissi,
fuoco e grandine, neve e nebbia,
vento di bufera che ubbidisce alla sua parola,
monti e voi tutte, colline,
alberi da frutto e voi tutti, cedri,
voi fiere e tutte le bestie,
rettili e uccelli alati.
I re della terra e i popoli tutti,
i governanti e i giudici della terra,
i giovani e le faciulle,
i vecchi insieme ai bambini
lodino il nome del Signore [...]

Il canto narrato da Daniele è, invece, legato alla storia dei tre fanciulli che, rifiutandosi di adorare una statua d'oro pagana, vengono fatti gettare in una fornace ardente dal re babilonese Nabucodonosor. Salvati da un angelo del Signore, i tre ragazzi ringraziano Dio per la sua gloria e la sua potenza, e invitano tutto il creato a intonare la lode del creatore. Il cantico di Daniele è lungo 56 versetti; ne diamo qui un breve saggio.

D Cantico di Daniele

Benedite, opere tutte del Signore, il Signore,
lodatelo ed esaltatelo nei secoli.
Benedite, angeli del Signore, il Signore,
lodatelo ed esaltatelo nei secoli.
Benedite, cieli, il Signore,
lodatelo ed esaltatelo nei secoli.
Benedite, acque tutte che siete sopra i cieli, il Signore,
lodatelo ed esaltatelo nei secoli.
Benedite, sole e luna, il Signore,
lodatelo ed esaltatelo nei secoli.
Benedite, stelle del cielo, il Signore,
lodatelo ed esaltatelo nei secoli.

LEGGERE CON METODO

1. Tra le creature nominate da Francesco, quali sono anche presenti nel salmo 148?
2. Tra gli elementi invitati a lodare il Signore nel cantico di Daniele, quali sono presenti anche nel *Cantico delle creature?*

LA PAROLA A... **Papa Francesco**

Il *Cantico* come chiamata di responsabilità per tutto il creato

Eletto papa il 13 marzo 2013, José Maria Bergoglio ha scelto, primo pontefice nella storia della Chiesa cattolica, di assumere il nome Francesco. Non solo: papa Francesco ha dato alla sua prima Lettera enciclica (cioè "circolare", rivolta a tutti i fedeli) un titolo molto francescano: *Laudato si'. Sulla cura della casa comune*. In questa lettera, il messaggio del santo di Assisi viene letto in chiave ecologica: il suo amore per il creato viene interpretato come un invito a rispettare il pianeta Terra, inteso come la casa comune di tutta l'umanità. Di fronte a una logica di sfruttamento cieco delle risorse naturali, il messaggio di san Francesco torna attuale, nella sua visione del cosmo come un ambiente "fraterno", da trattare con amore.

Credo che Francesco sia l'esempio per eccellenza della cura per ciò che è debole e di una ecologia integrale, vissuta con gioia e autenticità. È il santo patrono di tutti quelli che studiano e lavorano nel campo dell'ecologia, amato anche da molti che non sono cristiani. Egli manifestò un'attenzione particolare verso la creazione di Dio e verso i più poveri e abbandonati. Amava ed era amato per la sua gioia, la sua dedizione generosa, il suo cuore universale. Era un mistico e un pellegrino che viveva con semplicità e in una meravigliosa armonia con Dio, con gli altri, con la natura e con se stesso. In lui si riscontra fino a che punto sono inseparabili la preoccupazione per la natura, la giustizia verso i poveri, l'impegno nella società e la pace interiore. La sua testimonianza ci mostra anche che l'ecologia integrale richiede apertura verso categorie che trascendono il linguaggio delle scienze esatte o della biologia e ci collegano con l'essenza dell'umano. Così come succede quando ci innamoriamo di una persona, ogni volta che Francesco guardava il sole, la luna, gli animali più piccoli, la sua reazione era cantare, coinvolgendo nella sua lode tutte le altre creature. Egli entrava in comunicazione con tutto il creato, e predicava persino ai fiori e [secondo le parole di Tommaso da Celano] "li invitava a lodare e amare Iddio, come esseri dotati di ragione". La sua reazione era molto più che un apprezzamento intellettuale o un calcolo economico, perché per lui qualsiasi creatura era una sorella, unita a lui con vincoli di affetto. Per questo si sentiva chiamato a prendersi cura di tutto ciò che esiste. Il suo discepolo san Bonaventura narrava che lui, "considerando che tutte le cose hanno un'origine comune, si sentiva ricolmo di pietà ancora maggiore e chiamava le creature, per quanto piccole, con il nome di fratello o sorella". Questa convinzione non può essere disprezzata come un romanticismo irrazionale, perché influisce sulle scelte che determinano il nostro comportamento. Se noi ci accostiamo alla natura e all'ambiente senza questa apertura allo stupore e alla meraviglia, se non parliamo più il linguaggio della fraternità e della bellezza nella nostra relazione con il mondo, i nostri atteggiamenti saranno quelli del dominatore, del consumatore o del mero sfruttatore delle risorse naturali, incapace di porre un limite ai suoi interessi immediati. Viceversa, se noi ci sentiamo intimamente uniti a tutto ciò che esiste, la sobrietà e la cura scaturiranno in maniera spontanea. La povertà e l'austerità di san Francesco non erano un ascetismo solamente esteriore, ma qualcosa di più radicale: una rinuncia a fare della realtà un mero oggetto di uso e di dominio.

(Papa Francesco, *Laudato si'. Lettera enciclica sulla cura della casa comune*, Elledici, Torino 2015)

TESTO ARGOMENTATIVO **Tipologia B**

1. Quali vincoli sentiva san Francesco con le creature? Che cosa comportava l'avvertimento di tali vincoli?
2. Perché questo atteggiamento non è romanticismo irrazionale, ma costituisce una lezione attuale per il mondo di oggi?
3. Dopo avere letto il testo, elaborane un commento, riflettendo sull'insegnamento all'uomo di oggi che papa Francesco vuole offrire attraverso il richiamo al Santo.

2 La costruzione del mito di san Francesco: una grande operazione mediatica

Varie interpretazioni di san Francesco La figura di san Francesco già durante la sua vita assunse **tratti leggendari**. Di conseguenza, ben presto il santo fu sottoposto a varie **interpretazioni**, e ciò portò al fiorire di numerosi racconti che lo rappresentarono in modi anche molto diversi fra loro. Si ebbero pertanto biografie nate all'interno dell'Ordine con lo scopo di difendere una visione o un'altra della *Regola*; biografie ufficializzate dalla Chiesa nate per sanare i dissidi e per accreditare presso il pubblico una determinata visione della vicenda francescana; biografie fatte per il largo pubblico, dal carattere edificante e dal messaggio più semplice e immediato. Alla diffusione della leggenda in modo più diretto contribuirono inoltre le numerose **fonti iconografiche**: l'immagine affrescata in una chiesa arrivava infatti in modo ancora più efficace allo sguardo di un pubblico in maggioranza analfabeta. In particolare, bisogna tenere presente che la costruzione del "mito" di Francesco fu profondamente **influenzata** dalle vicende del suo Ordine, che già quando egli era ancora in vita vide la contrapposizione di sensibilità differenti e di diversi modi di interpretare la *Regola* francescana.

Biografie francescane Già in occasione della canonizzazione di san Francesco (avvenuta nel 1228, in Assisi), papa Gregorio IX incaricò il dotto frate **Tommaso da Celano** (1190 ca-1260 ca) di stendere una biografia del santo, che fu detta *Vita* o *Legenda prima*.

Vent'anni più tardi, mentre la fama del fondatore e il prestigio dell'Ordine crescevano in modo esponenziale, si avvertì la necessità di una seconda biografia, più ampia e completa. Per questo il ministro generale dell'ordine francescano **Crescenzio da Jesi** chiese a tutti i frati che avevano conosciuto Francesco di far pervenire documenti e testimonianze, che ancora una volta Tommaso da Celano fu incaricato di ordinare in una biografia ufficiale, detta *Vita* o *Legenda secunda*, terminata nel 1247. Essa fu poi seguita da un particolare trattato sui **miracoli** di san Francesco, che in una prima stesura Tommaso da Celano aveva trascurato, fin quando ricevette il tassativo ordine da parte delle gerarchie ecclesiastiche di procedere al loro racconto. E si può capire perché: il miracolo aveva il potere di attrarre pellegrini e devoti, quindi anche denaro, aumentando al contempo il prestigio dell'Ordine e della Chiesa.

GRANDANGOLO
Le stimmate di san Francesco: tre testimonianze

Accanto alle due *Legendae*, proliferarono le testimonianze dei numerosi "compagni" del santo. Vasta eco ebbero anche *I fioretti di san Francesco*, attribuiti al frate marchigiano **Ugolino da Montegiorgio** e costituiti da una raccolta di episodi edificanti della vita del santo e dei suoi compagni, nell'intento di offrire un testo per la meditazione e la devozione dei fedeli. Suo scopo era di raggiungere il vasto pubblico attraverso un'opera semplice e divulgativa, fatta di vicende che potevano essere raccontate come novelle ma che si rivelavano istruttive dal punto di vista della fede.

Altre biografie di Francesco d'Assisi, non ufficiali, talvolta parziali, si diffusero nel corso del Duecento, tanto che, alla metà del secolo, circolavano varie versioni della vita del santo: evidentemente troppe, discordanti, e quindi fuorvianti. Fu così che il nuovo ministro generale dell'Ordine, Bonaventura da Bagnoregio (ca 1217-74) nel 1260 procedette alla scrittura di una *Legenda maior*. Qui Francesco torna a essere presentato soprattutto come un santo e un profeta; distante nella sua eroica perfezione, egli perde l'affabilità umana che invece si ritrova in tante biografie più antiche.

◂ Giotto, *Storie di san Francesco: l'estasi*, particolare dell'affresco (Assisi, Basilica superiore).

D

Tommaso da Celano, da *Legenda prima*, parte prima, capitolo XXI

La predica agli uccelli

Anno: 1228

Genere: biografia in latino

Argomento: Francesco predica agli uccelli; questi si fermano ad ascoltarlo

Dalla prima Legenda *di Tommaso da Celano emerge l'immagine di un Francesco mite e amorevole, che si entusiasma di fronte ai più piccoli aspetti dell'esistenza e nutre amore per qualsiasi essere vivente, in quanto nato da Dio e quindi sua rappresentazione.*

Mentre, come si è detto, il numero dei frati andava aumentando, Francesco percorreva la valle Spoletana. Giunto presso Bevagna, vide raccolti insieme moltissimi uccelli d'ogni specie, colombe, cornacchie e monachine[1]. Il servo di Dio, Francesco, che era uomo pieno di ardente amore e nutriva grande pietà e tenero amore anche per le creature inferiori e irrazionali, corse da loro in fretta, lasciando sulla strada i compagni. Fattosi vicino, vedendo che lo attendevano, li salutò secondo il suo costume[2]. Ma, notando con grande stupore che non volevano volare via, come erano soliti fare, tutto felice, li esortò a voler ascoltare la parola di Dio. E tra l'altro disse loro: «Fratelli miei uccelli, dovete lodare molto e sempre amare il vostro Creatore, perché vi diede piume per vestirvi, ali per volare e tutto quanto vi è necessario. Dio vi fece nobili tra le altre creature e vi concesse di spaziare nell'aria limpida: voi non seminate e non mietete, eppure Egli vi soccorre e guida, dispensandovi da ogni preoccupazione». A queste parole, come raccontava lui stesso e i frati che erano stati presenti, gli uccelli manifestarono il loro gaudio secondo la propria natura, con segni vari, allungando il collo, spiegando le ali, aprendo il becco e guardando a lui. Egli poi andava e veniva liberamente in mezzo a loro, sfiorando con la sua tonaca le testine e i corpi. Infine li benedisse col segno di croce dando loro licenza di riprendere il volo. Poi anch'egli assieme ai suoi compagni riprese il cammino, pieno di gioia, e ringraziava il Signore, che è venerato da tutte le creature con sì devota confessione.

Siccome poi era uomo semplice, non per natura ma per grazia divina, cominciò ad accusarsi di negligenza, per non aver predicato prima di allora agli uccelli, dato che questi ascoltavano così devotamente la parola di Dio; e da quel giorno cominciò ad invitare tutti i volatili, tutti gli animali, tutti i rettili ed anche le creature inanimate a lodare e ad amare il Creatore, poiché ogni giorno, invocando il nome del Signore, si accorgeva per esperienza personale quanto gli fossero obbedienti.

1. **monachine:** uccelli acquatici.
2. **li salutò ... costume:** come registra la *Legenda*, il saluto di Francesco era «Il Signore vi doni la pace».

IN SINTESI

È uno degli episodi più ingenui e commoventi della vita di Francesco, tra l'altro immortalato da uno dei riquadri affrescati da Giotto nella Basilica superiore di Assisi. Il Santo viene qui presentato volutamente come "uomo semplice", e quasi imbarazzante nella sua ostentata, un po' pazza, eccentricità: predicare agli uccelli? E, alla fine del brano, non solo agli uccelli, ma a «tutti gli animali, tutti i rettili ed anche le creature inanimate». Tuttavia, l'episodio non è che la concretizzazione narrativa dello spirito che pervade il *Cantico delle creature*. Nel *Cantico*, infatti, si invitava tutto il creato - creature animate e inanimate - a unirsi nella lode al Signore, quasi attribuendo a ogni elemento dell'universo un'anima, o almeno la capacità di benedire il Creatore. Ma quando, in questo brano, Francesco li esorta a «lodare molto e sempre amare il vostro Creatore», evidentemente non fa che arricchire il catalogo già presente nel suo *Canticum creaturarum*. Nel *Cantico*, gli uccelli specificamente non comparivano.

D

Ugolino da Montegiorgio, *I fioretti di san Francesco*, VIII

La perfetta letizia

Periodo: XIV secolo

Genere: biografia in volgare

Argomento: la definizione della letizia

*Il titolo dell'opera (*Fioretti*, nel senso di "florilegio", "antologia") allude alla scelta operata dal volgarizzatore (chi ha tradotto il testo dal latino al volgare) di semplificare e di allestire un testo adatto a un vasto pubblico, adottando il volgare e scegliendo un lessico piano e accessibile a tutti. Il testo in volgare accentua la teatralità del racconto dando spazio alla gestualità e al dialogo.*

Venendo una volta santo Francesco da Perugia a Santa Maria degli Angeli con frate Leone a tempo di verno[1], e 'l freddo grandissimo fortemente il crucciava, chiamò frate Leone il quale andava un poco innanzi, e disse così: – O frate Leone, avvegnadio che i frati Minori in ogni terra dieno grande esempio di santità e di buona edificazione; nientedimeno[2] scrivi e nota diligentemente che non è ivi perfetta letizia –. E andando santo Francesco più oltre, il chiama la seconda volta: – O frate Leone, benché il frate Minore allumini i ciechi, stenda gli attratti[3], iscacci i demoni, renda l'udire a' sordi, e l'andare a' zoppi, il parlare a' mutoli[4] e, ch'è maggior cosa, risusciti il morto di quattro dì; scrivi che non è in ciò perfetta letizia –. E andando un poco, santo Francesco grida forte: – O frate Leone, se il frate Minore sapesse tutte le lingue e tutte le scienze e tutte le scritture, sì che sapesse profetare e rivelare, non solamente le cose future, ma eziandio[5] i segreti delle coscienze e degli animi; scrivi che non è in ciò perfetta letizia –. Andando un poco più oltre, santo Francesco chiama ancora forte: – O frate Leone, pecorella di Dio, benché il frate Minore parli con lingua d'Angelo, e sappia i corsi delle stelle e le virtú delle erbe, e fossongli[6] rivelati tutti i tesori della terra, e conoscesse le virtú degli uccelli e de' pesci e di tutti gli animali e degli uomini e degli albori[7] e delle pietre e delle radici e delle acque; scrivi che non è in ciò perfetta letizia –. E andando ancora un pezzo, santo Francesco chiama forte: – O frate Leone, benché il frate Minore sapesse sì bene predicare, ch'egli convertisse tutti gl'infedeli alla fede di Cristo; scrivi che non è ivi perfetta letizia.

E durando questo modo di parlare bene due miglia, frate Leone con grande ammirazione il domandò e disse: – Padre, io ti priego dalla parte di Dio che tu mi dica dove è perfetta letizia –. E santo Francesco gli rispose: – Quando noi giungeremo a Santa Maria degli Angeli, così bagnati per la piova[8] e agghiacciati per lo freddo e infangati di loto[9] e afflitti di fame, e picchieremo la porta del luogo, e il portinaio verrà adirato e dirà: «Chi siete voi?» e noi diremo: «Noi siamo due de' vostri frati»; e colui dirà: «Voi non dite vero, anzi siete due ribaldi che andate ingannando il mondo e rubando le limosine de' poveri: andate via»; e non ci

1. **verno:** inverno.
2. **nientedimeno:** nondimeno, tuttavia.
3. **attratti:** storpi.
4. **mutoli:** muti.
5. **eziandio:** anche.
6. **fossongli:** gli fossero.
7. **albori:** alberi.
8. **piova:** pioggia.
9. **loto:** fango.

aprirà, e faracci stare di fuori alla neve e all'acqua, col freddo e colla fame insino alla notte; allora se noi tante ingiurie e tanta crudeltà e tanti commiati[10] sosterremo pazientemente senza turbazione[11] e senza mormorare di lui, e penseremo umilmente e caritativamente che quello portinaio veramente ci conosca, e che Iddio il faccia parlare contro a noi; o frate Leone, scrivi che ivi è perfetta letizia. E se noi persevereremo picchiando, ed egli uscirà fuori turbato, e come gaglioffi[12] importuni ci caccerà con villanie e con gotate[13] dicendo: «Partitevi quinci[14], ladroncelli vilissimi, andate allo spedale, ché qui non mangerete voi né ci albergherete»; se noi questo sosterremo pazientemente e con allegrezza e con buono amore; o frate Leone, scrivi che quivi è perfetta letizia. E se noi, pur costretti dalla fame e dal freddo e dalla notte, pur picchieremo e chiameremo e pregheremo per l'amore di Dio con grande pianto che ci apra e mettaci pur dentro, e quegli più scandolezzato dirà: «Costoro sono gaglioffi importuni, io li pagherò bene com'ei son degni»; e uscirà fuori con uno bastone nocchieruto[15], e piglieracci per lo cappuccio e gitteracci in terra e involgeracci nella neve e batteracci a nodo a nodo con quello bastone: se noi tutte queste cose sosterremo pazientemente e con allegrezza, pensando le pene di Cristo benedetto, le quali noi dobbiamo sostenere per suo amore; o frate Leone, scrivi che qui e in questo è perfetta letizia. E però odi la conclusione, frate Leone. Sopra tutte le grazie e doni dello Spirito santo, le quali Cristo concede agli amici suoi, si è vincere se medesimo, e volentieri per lo amore di Cristo sostenere pene, ingiurie e obbrobri e disagi; imperò che in tutti gli altri doni di Dio noi non ci possiamo gloriare, però che[16] non sono nostri, ma di Dio, onde dice l'Apostolo: «Che hai tu, che tu non abbi da Dio? e se tu l'hai avuto da lui, perché te ne glorii, come se tu l'avessi da te?». Ma nella croce della tribolazione e della afflizione ci possiamo gloriare, però che questo è nostro, e perciò dice l'Apostolo: «Io non mi voglio gloriare se non nella croce del nostro Signore Gesú Cristo»[17].

---

10. **commiati:** ripulse.
11. **turbazione:** turbamento.
12. **gaglioffi:** delinquenti, malfattori.
13. **gotate:** schiaffi.
14. **quinci:** da qui.
15. **nocchieruto:** nodoso.
16. **però che:** perché.
17. **«Io ... Cristo»:** citazione letterale da san Paolo (*Epistola ai Galati*, VI, 14).

IN SINTESI

Il fioretto è strutturato in due segmenti principali. Nel primo, Francesco a più riprese definisce cosa *non è* perfetta letizia. Nel secondo, in seguito alla perplessa domanda di frate Leone («Se tutto questo non è perfetta letizia, questa benedetta perfetta letizia che cosa sarà mai?»), Francesco scopre le sue carte e ne dà una definitiva e paradossale definizione. Descrivendo in efficace crescendo una durissima esperienza di botte e umiliazioni, egli, alla fine, quasi con un sorriso, se ne esce con la formulazione finale: perfetta letizia è «vincere se medesimo, e volentieri per lo amore di Cristo sostenere pene, ingiurie e obbrori e disagi».
Il fioretto elabora il tema della quinta *Admonitio* ("ammonizione") di Francesco. Le *Admonitiones* sono costituite da testi, redatti in prosa latina, che sembrano essere la registrazione di brevi discorsi pronunciati da Francesco a tutti i frati. Nella quinta *Admonitio*, Francesco ricorda che l'uomo, privilegiato da Dio fra tutte le creature, in quanto fatto a sua immagine e somiglianza, ha messo in croce il figlio di Dio e che ogni altra creatura serve il Creatore meglio dell'uomo. Nessuno, inoltre, può vantarsi di sapienza, bellezza o altre virtù, perché nulla di tutto questo appartiene all'uomo, e anzi può essere a lui nocivo in quanto motivo di superbia. L'uomo può gloriarsi soltanto delle proprie debolezze e di portare ogni giorno la croce di Cristo. In questo, e soltanto in questo, può e deve consistere la sua «letizia».

D

Dante Alighieri, *Paradiso*, XI, 55-75

Il campione di Madonna Povertà

Composizione: 1313-1321

Metro: terzine di endecasillabi a rima incatenata

Argomento: Francesco come campione di Madonna povertà

Nel canto XI del Paradiso, *Dante fa pronunciare a san Tommaso un solenne elogio di san Francesco. Ne esce una figura alquanto diversa da quella delle leggende francescane (che pure Dante tiene presenti) o dei* Fioretti*: qui non compare né il san Francesco ingenuo predicatore agli uccelli, né il poeta innamorato del creato, né il Santo che trova gioia nella umiliazione di sé. Il san Francesco di Dante è invece un guerriero, un combattente; un cavaliere che per tutta la vita si è consacrato al servizio di una dama da tutti disprezzata: Madonna Povertà.*

Non era ancor molto lontan da l'orto,
ch'el cominciò a far sentir la terra
57 de la sua gran virtute alcun conforto;

ché per tal donna, giovinetto, in guerra
del padre corse, a cui, come a la morte,
60 la porta del piacer nessun diserra;

e dinanzi a la sua spirital corte
e coram patre le si fece unito;
63 poscia di dì in dì l'amò più forte.

Questa, privata del primo marito,
millecent'anni e più dispetta e scura
66 fino a costui si stette sanza invito;

né valse udir che la trovò sicura
con Amiclate, al suon de la sua voce,
69 colui ch'a tutto 'l mondo fé paura;

né valse esser costante né feroce,
sì che, dove Maria rimase giuso,
72 ella con Cristo pianse in su la croce.

Ma perch'io non proceda troppo chiuso,
Francesco e Povertà per questi amanti
75 prendi oramai nel mio parlar diffuso.

73. chiuso: oscuro, difficile; il riferimento è al *trobar clus*, il poetare oscuro dei poeti provenzali.

PARAFRASI

vv. 55-57 Non era passato ancora molto tempo dalla sua nascita (*orto*) che egli cominciò a far sentire alla terra il conforto della sua potente virtù;

vv. 58-60 poiché per amore di quella donna [la povertà], a cui nessuno spalancherebbe (*disserra*) la porta del piacere, ancora ragazzo, si mise in conflitto con il padre;

vv. 61-63 e davanti alla corte episcopale e in presenza del padre le si unì in matrimonio; successivamente di giorno in giorno l'amò sempre di più.

vv. 64-66 Questa donna, rimasta priva del suo primo marito, rimase disprezzata e sconosciuta (*dispetta e scura*) per millecento anni e più fino a quando arrivò lui;

vv. 67-69 e non fu di aiuto [a renderla desiderabile] sapere che Giulio Cesare (*colui ch'a tutto 'l mondo fé paura*) la trovò tranquilla e sicura assieme ad Amiclate [un povero pescatore], anche davanti al risuonare dei suoi comandi;

vv. 70-72 né le servì essere fedele e fiera (*costante né feroce*) al punto che, quando Maria rimase ai piedi della croce (*giuso*), lei ci salì per piangere con Gesù.

vv. 73-75 Ma perché io non continui a parlare in modo troppo oscuro, in questo mio lungo discorso intendi gli amanti di cui ho parlato come Francesco e la Povertà.

IN SINTESI

In questo elogio di Francesco, san Tommaso gioca con le aspettative e la curiosità del lettore, il quale si suppone che già conosca, naturalmente, i dati essenziali della biografia francescana. E allora, chi sarà questa "donna" per la quale il Santo si è messo in acerbo contrasto con il padre? Questa donna che nessuno accoglie con piacere, ma a cui Francesco si unisce in solenne sposalizio? Questa donna che ha avuto un primo marito, ma...più di mille e cento anni fa? A questo punto è chiaro che si tratta non di una donna in carne e ossa, ma di una figura metaforica: è Madonna Povertà, già compagna di Gesù, e, adesso, rimaritata a Francesco. Così, il poverello di Assisi per Dante diventa il protagonista di un grande romanzo d'amore, rappresentato secondo le modalità dell'amor cortese: in cui l'innamorato è il campione della donna amata, che si dedica per tutta la vita alla missione di rendersi degno di lei e di servirla come suo fedele cavaliere. Di tutta la ricca personalità del Santo di Assisi, Dante sceglie dunque di sottolineare solo questo aspetto: la sua scelta radicale della povertà, qui simboleggiata dalle mistiche nozze del Santo con questa (metaforica) donna da lui tanto amata.

Interpretare il mondo

Il modello della «decrescita felice»

Il richiamo di Francesco d'Assisi alla povertà (o a «Povertà», come efficacemente umanizzata da Dante, ▸ **D**, p. 94) è stato a lungo dibattuto nel corso dei secoli. La povertà, come intesa da Francesco, è essenzialmente un anelito religioso: egli si richiama alla povertà «originaria» di Cristo e degli apostoli, che sono per lui il modello cui ispirarsi. Si tratta di una povertà personale, limitata al singolo individuo; Francesco in persona ha vissuto sulla propria pelle questa esperienza: da figlio di ricco mercante, egli decide di spogliarsi (letteralmente) di tutti i propri beni, abiti compresi, e di vivere del proprio lavoro e di elemosina.

Questo invito di Francesco è rimasto per lo più disatteso; la stessa Chiesa di Roma è stata a più riprese accusata di aver smarrito l'antico ideale evangelico, al punto che molti movimenti di riforma, tra cui il luteranesimo, promotore del più importante scisma della cristianità (la Riforma protestante), avevano tra i suoi capi d'accusa contro il papato proprio la smisurata ricchezza della Chiesa.

La questione si è ripresentata con la nascita della società dei consumi, una società - come quella in cui viviamo - in cui è centrale per l'economia l'idea di «consumare», di acquistare beni in quantità e a ciclo pressoché continuo. Si tratta di un tipo di economia che ha provocato forti squilibri, come il divario tra Nord e Sud del mondo, e che ha nuovamente portato all'attenzione di tutti la questione della povertà e della diversa distribuzione di risorse e ricchezze. Nell'ultimo ventennio, complice il fenomeno della globalizzazione, che ha portato il consumismo in aree che ne erano ancora immuni, è nato un movimento di opposizione a questo modello di "crescita infinita", movimento che è stato nominato «decrescita felice», il quale ha messo in discussione un modello di sviluppo che sembra considerare possibile una crescita infinita in un mondo dalle risorse limitate. Il principale teorico di questo movimento è l'economista francese Serge Latouche, del quale riportiamo un brano.

> «L'etica della decrescita unisce disciplina personale e impegno nel mondo. Il ritiro dal mondo e la sola ricerca della perfezione individuale sono una forma di rifiuto dell'essere, come lo è l'impegno nel mondo senza la preoccupazione per la propria felicità. La militanza fine a se stessa è l'immagine speculare della guerra economica. Entrambe sono un rifiuto dell'essere. [...] Bisogna rifiutare il mondo (l'immondo) dell'economia della crescita e accettare la vita come gioia [...]. La decrescita è un'accettazione dell'essere, e dunque dell'essere nel mondo, e una testimonianza di gratitudine per il dono ricevuto della bellezza del cosmo. Il fatto di aver ricevuto questo dono forse è stato troppo trascurato, non soltanto dal puritanesimo rivoluzionario, ma anche dalla tradizione caritatevole cristiana. In Occidente la visione [...] di un san Francesco d'Assisi è rimasta marginale».
>
> (S. Latouche, *Come si esce dalla società dei consumi*, trad. it. di F. Grillenzoni, Bollati Boringhieri, Torino 2011)

▸ Uno stile di vita sobrio per tutelare il pianeta.

RIFLESSIONE CRITICA **Tipologia C**

1. Cerca informazioni in rete sulla «decrescita felice» e scrivi un elenco di 4-5 punti che sintetizzi le principali posizioni di questo movimento.
2. Rileggi il **T1** (▸ p. 84): cogli dei punti di contatto con l'idea di povertà e con la visione del creato di Francesco d'Assisi? Trovi anche delle differenze?
3. Che cosa pensi di questo movimento e degli ideali che porta avanti? Discutine con i compagni.

GRANDANGOLO

Gli affreschi della Basilica superiore di Assisi: Giotto e la *Legenda maior*

Prima ancora della sua canonizzazione, nel 1228, i confratelli di Francesco avevano pensato di costruire una chiesa per custodirne le spoglie, in un luogo allora isolato, e anche malfamato, di Assisi. Appena dopo la canonizzazione venne posta la prima pietra della Basilica di San Francesco, costruita secondo il progetto originale di frate Elia e poi ampliata e abbellita con lo straordinario concorso di donazioni ed elemosine che crearono furiose dispute presso i sostenitori del rigorismo francescano.

Nel 1230 l'architettura della chiesa inferiore doveva essere completata (vi si trasferiva infatti in quell'anno il corpo del santo), mentre la costruzione della chiesa superiore sarebbe terminata solo cinquant'anni dopo. Due chiese sovrapposte dunque, costruite una sopra l'altra, ma comunicanti internamente attraverso scale, con due funzioni distinte, ben evidenziate dalla diversa architettura: la chiesa inferiore intesa come cripta, o spelonca, luogo sepolcrale, mèta di meditazione e di preghiera per i fedeli; quella superiore invece aperta e ariosa come una voliera, costruita sì come aula per le cerimonie solenni ma anche per accogliere la folla di pellegrini che accorrevano meravigliati a leggere sulle pareti affrescate le storie sacre, tra cui quella moderna di Francesco.

Nel registro basso della navata centrale è affrescata la leggenda di san Francesco d'Assisi, avviata negli anni Novanta del Duecento da Giotto, per un totale di 28 scene (13 per ogni parete lunga della navata, più 2 nella controfacciata) inquadrate da elementi architettonico-decorativi (mensole, colonne tortili, tendaggi) illusionisticamente dipinti sulle pareti allo scopo di fornire alle storie un'ambientazione teatrale. Il pittore si richiama dichiaratamente alla biografia ufficiale, la ***Legenda maior* di Bonaventura da Bagnoregio**, tradotta qui in una figurazione così alta e memorabile da costituire da allora in poi la iconografia ufficiale del santo di Assisi.

Il ciclo ha inizio vicino all'altare, nella parete destra, e procede in direzione dell'ingresso, continua nella facciata interna e nella parete di sinistra e poi torna all'altare, dove si conclude. La narrazione della leggenda di san Francesco inizia dalla parte del transetto, non dall'ingresso, con punto di vista rovesciato rispetto a quello del pellegrino ma perfettamente in linea con quello del clero, che in occasione di cerimonie e riunioni solenni, alle quali l'aula era principalmente destinata, sedeva e guardava dal lato del transetto.

LE STORIE DI SAN FRANCESCO, NELLA BASILICA SUPERIORE DI ASSISI

1. Omaggio dell'uomo semplice.
2. Dono del mantello.
3. Sogno del palazzo.
4. Monito del Crocifisso di San Damiano.
5. Rinuncia agli averi.
6. Sogno di Innocenzo III.
7. Conferma della *Regola*.
8. Visone del carro di fuoco.
9. Visione dei troni.
10. Cacciata dei diavoli da Arezzo.
11. Prova del fuoco davanti al Sultano.
12. Estasi di san Francesco.
13. Presepe di Greccio.
14. Miracolo dell'assetato.
15. Predica agli uccelli.
16. Morte del cavaliere di Celano.
17. Predica davanti a Onorio III.
18. Apparizione nel Capitolo di Arles.
19. Le stimmate.
20. Morte di san Francesco.
21. Apparizione al vescovo e a frate Agostino.
22. Accertamento delle stimmate.
23. Compianto delle clarisse.
24. Canonizzazione di san Francesco.
25. Apparizione a Gregorio IX.
26. Guarigione del ferito di Lerida.
27. Confessione della donna di Benevento.
28. Liberazione dal carcere di Pietro d'Assisi.

FRANCESCO ONORATO DA UN UOMO SEMPLICE

È la prima scena della vita di san Francesco secondo l'ordinamento di Bonaventura nella *Legenda maior*.

1 Un uomo semplice che, come fece la gente di Gerusalemme al passaggio di Cristo, con gesto riverente stende un mantello davanti ai piedi di Francesco, prefigurandone la santità.

2 Sullo sfondo è rappresentata la città di Assisi, dove l'episodio avvenne, con alcuni dei suoi più famosi monumenti: il tempio di Minerva, poi trasformato parte in chiesa e parte in prigione, e la torre del palazzo del Capitano del Popolo, finita di costruire nel 1305, ma nel dipinto ancora incompiuta. Il che va a costituire un importante indizio circa la controversa cronologia degli affreschi, probabilmente conclusi prima di quella data.

IL SOGNO DI INNOCENZO III

L'episodio raffigurato si riferisce a un passo della *Legenda maior*, in cui si raccontava come il papa Innocenzo III, in sogno, avesse visto la Basilica del Laterano sul punto di crollare, e un «poverello» sostenerla sulle sue spalle, «perché non cadesse».

1 Il significato del sogno è chiaro: la decadenza della Chiesa (simboleggiata da San Giovanni in Laterano, la sede episcopale del papa in quanto vescovo di Roma) viene arrestata da san Francesco e dal suo ordine.

IL MIRACOLO DELLE STIMMATE

La scena raffigura san Francesco inginocchiato sull'arido sasso della Verna mentre riceve nel suo corpo le stimmate, ossia le piaghe della passione di Cristo. In quel tempo il miracolo delle stimmate non aveva precedenti (Francesco è il primo che le riceve) e suscitava un certo scetticismo, soprattutto da parte del clero di Roma.

1 Giotto traccia i raggi che, dal Serafino, in forma di croce, raggiungono i piedi, le mani e il costato del Santo.

3 L'eredità francescana: Jacopone da Todi

La cultura francescana Il movimento francescano era un movimento pragmatico, che insisteva soprattutto sull'**obbligo di carità**, e che diffidava dell'intellettualismo tipico del sistema culturale dominante. Nonostante questo, esso ebbe una forza d'impatto straordinaria sulla cultura duecentesca.

Dal punto di vista letterario, anche a prescindere dall'intrinseco valore poetico del *Cantico delle creature* o dall'intensa fioritura di una letteratura francescana in senso stretto, ispirata al mito del Santo, l'esempio di Francesco rappresentò una spinta enorme verso la definitiva **affermazione del volgare** e la fine del suo sentimento di inferiorità rispetto al latino dei dotti. La grande vitalità culturale del movimento francescano non seguì tuttavia sempre fedelmente l'esempio del santo. Il più grande poeta nato all'interno del movimento, Jacopone da Todi, rappresenta infatti anche un esempio di sensibilità religiosa ed espressiva ben lontana, se non addirittura opposta, a quella di Francesco.

▶ T Jacopone da Todi, *Que farai Pier da Morrone*

Jacopone: gioia mistica e disprezzo del mondo Pur collocandosi all'interno del francescanesimo, Jacopone non accoglie la componente ottimistica e serena propria della concezione di Francesco, che vedeva nella rifondazione del rapporto con Dio la possibilità di una relazione armonica con il creato e di fratellanza fra gli uomini. Del francescanesimo Jacopone rivive radicalmente solo la componente polemica rivolta **contro la ricchezza**, contro la **mondanità**, contro **l'intellettualismo** della cultura ufficiale.

LA VITA E L'OPERA

JACOPONE DA TODI (Todi, 1230 ca - Collazone, 1306)

Jacopone nacque a Todi tra il 1230 e il 1236 dalla nobile famiglia dei Benedetti; ricevette una solida formazione culturale e diventò procuratore legale e notaio. Condusse, a Todi, una vita mondana fino al momento della leggendaria conversione avvenuta intorno al 1268: durante una festa da ballo, la moglie morì a causa del crollo di un pavimento e Jacopone scoprì che essa sotto le vesti mondane indossava un cilicio (ruvida e nodosa cintura di penitenza). La **conversione** fu immediata: il ricco notaio abbandonò la famiglia e la professione, donò i propri averi ai poveri e da quel momento divenne fra Jacopone; trascorse dieci anni dedicandosi all'ascesi e alla mendicità itinerante, per poi entrare (intorno al 1278) come frate laico nell'Ordine dei Minori. Vicino alla corrente spirituale francescana e aspramente polemico **contro la corruzione della Chiesa**, accolse con speranza nel 1294 l'elezione a pontefice dell'eremita Pietro da Morrone, con il nome di Celestino V, cui rivolse la lauda *Que farai, Pier dal Morrone?*, esortandolo a non tradire gli ideali pauperistici che aveva sempre sostenuto. Ma Celestino V rinunciò nel corso dello stesso anno al pontificato e, con l'elezione di Bonifacio VIII, avversario deciso e persecutore degli spirituali, l'opposizione di Jacopone diventò ancora più aspra. Con alcuni spirituali appoggiò i cardinali Jacopo e Pietro Colonna che firmarono un manifesto per invalidare l'elezione di Bonifacio; ma i firmatari vennero tutti **scomunicati** e, rifugiatisi nella città di Palestrina, dopo un lungo assedio si arresero nel settembre 1298. Jacopone finì per anni nel **carcere** di un convento, dove chiese invano la revoca della scomunica. Morto Bonifacio VIII, venne liberato nel 1303, grazie all'indulgenza del nuovo papa, Benedetto XI. Ritiratosi nel convento di San Lorenzo di Collazone, tra Perugia e Todi, vi morì la notte di Natale del 1306.

T2

Jacopone da Todi

O Signor, per cortesia

Periodo: fine del XIII secolo

Metro: ballata a schema xx aaax composta da ottonari e da novenari, cui si aggiungono rari endecasillabi

Argomento: espiazione dei peccati tramite terribili malattie

In questa lauda, Jacopone implora il Signore che gli mandi ogni sorta di orribili malattie. Ma non è puro masochismo. Il dolore fisico e l'umiliazione del corpo servono per distaccarsi dal mondo e aprire l'anima a una vita di gioia puramente spirituale. Non solo: essi vengono visti da Jacopone come l'unico mezzo per espiare le colpe con le quali ogni peccatore si rende responsabile della crocifissione di Cristo, secondo la religione cristiana morto per i nostri peccati.

O Signor, per cortesia,
manname la malsanìa!

A mme la freve quartana,
la contina e la terzana,
la doppla cotidïana
co la granne ydropesia.

A mme venga mal de dente,
mal de capo e mal de ventre;
a lo stomaco dolur' pognenti
e 'n canna la squinanzia.

Mal dell'occhi e doglia de flanco
e la postema al canto manco;
tiseco me ionga enn alto
e d'onne tempo fernosìa.

Aia 'l fecato rescaldato,
la melza grossa e 'l ventr'enflato
e llo polmone sia 'mplagato
cun gran tòssa e parlasia.

A mme venga le fistelle
con migliaia de carvuncilli,
e li granci se sian quelli
che tutto replen ne sia.

PARAFRASI

vv. 1-2 O Signore, per cortesia, mandami la malattia (*malsanìa*)!

vv. 3-6 A me [manda] la febbre quartana, la continua e la terzana, la doppia quotidiana con la grande idropisia.

vv. 7-10 A me venga il mal di denti, il mal di testa e il mal di pancia; dolori acuti (*pognenti*, "pungenti") allo stomaco e in gola (*n'canna*) l'angina (*la squinanzia*).

vv. 11-14 Mal di occhi e dolori ai fianchi e l'ascesso (*postema*) al lato sinistro; mi venga (*me ionga*) la tisi (*tiseco*) in forma violenta (*enn alto*) e il delirio (*fernosìa*) costante.

vv. 15-18 Che io abbia il fegato (*fecato*) infiammato, la milza ingrossata e il ventre gonfio e il polmone sia piagato da una gran tosse e da paralisi (*parlasia*).

vv. 19-22 A me vengano le fistole (*fistelle*) con migliaia di bubboni (*carvuncilli*), i carcinomi (*granci*) siano tali che io ne sia tutto pieno.

---

2. la malsanìa: era la **lebbra**, ma qui è ogni malattia, per antonomasia.
3-5. quartana ... cotidïana: la febbre «quartana» provoca febbri ogni quattro giorni; «contina», «terzana» e «doppia cotidïana» sono forme di malaria: la prima rappresenta lo stadio iniziale della malattia, la seconda è caratterizzata dall'insorgere della febbre ogni tre giorni e la terza da febbri che si manifestano due volte al giorno.
6. ydropesia: l'idropisia fa gonfiare il ventre di liquidi (forse per questo qui è detta «grande»), mentre il resto del corpo deperisce.
10. squinanzia: è un'infiammazione della faringe e della laringe.

A mme venga la podraga
(mal de cóglia sì me agrava),
la bisinteria sia plaga
e le morroite a mme sse dìa.

vv. 23-26 A me venga la gotta ai piedi (*podagra*) (così mi gravi il male ai testicoli [*coglia*]), la dissenteria (*bisenteria*) mi tormenti e mi si diano le emorroidi (*morroite*).

A mme venga 'l mal de l'asmo,
iongasecce quel del pasmo;
como a can me venga el rasmo,
entro 'n vocca la grancia.

vv. 27-30 A me venga il male dell'asma (*asmo*), a questo si aggiunga (*iongasecce*) quello dello spasimo; come a un cane mi venga la rabbia (*rasmo*), in bocca le ulcere (*grancia*).

A mme lo morbo caduco
de cadere enn acqua e 'n foco
e ià mai non trovi loco,
che eo afflitto non ce sia.

vv. 31-34 A me venga il mal caduco, tanto da cadere nell'acqua e nel fuoco e non ci sia un momento in cui io non ne sia afflitto.

A mme venga cechetate,
mutezza e sordetate,
la miseria e povertate
e d'onne tempo entrapparìa.

vv. 35-38 A me venga la cecità, la mutezza e la sordità, la miseria e la povertà e il rattrappimento (*entrapparìa*) continuo.

Tanto sia 'l fetor fetente
che non sia null'om vivente,
che non fuga da me dolente,
posto en tanta enfermaria.

vv. 39-42 Tanto sia disgustoso il mio fetore che non vi sia essere umano che non fugga da me dolente, colpito da tante infermità (*enfermarìa*).

En terrebele fossato,
che Riguerci è nomenato,
loco sia abandonato
da onne bona compagnia.

vv. 43-46 In un terribile fossato, chiamato Riguerci, io sia abbandonato da ogni buona compagnia.

Gelo, grando e tempestate,
fulgure, troni e oscuritate;
e non sia nulla aversitate,
che me non aia en sua bailìa.

vv. 47-50 Gelo, grandine (*grando*) e tempesta, fulmini, tuoni e oscurità; e non vi sia alcuna avversità, che non mi abbia in sua balia.

Le demonia enfernali
sì mme sian dati a menestrali,
che m'essèrcino en li mali,
ch'e' ho guadagnati a mea follia.

vv. 51-54 I demoni dell'Inferno siano dati a me come ministri (*menestrali*), che mi infliggano (*essercitino*) i mali che ho meritato con la mia follia.

Enfin del mondo a la finita
sì mme duri questa vita
e poi, a la scivirita,
dura morte me sse dìa.

vv. 55-58 Fino alla fine del mondo continui per me questa vita e poi, con la separazione [dell'anima dal corpo (*a la scivirita*)] mi sia data una dura morte.

---

31. lo morbo caduco: l'epilessia.
44. Riguerci: era il nome di un fossato (chiamato anche Rigoverci) che si trovava presso Todi, alla sinistra del Tevere; era un luogo popolato da animali selvatici e che incuteva terrore.

Allegom'en seppultura
un ventr'i lupo en voratura
e l'arliquie en cacatura
en espineta e rogarìa.

vv. 59-62 Scelgo (*Allegom'en*) come sepoltura per me un ventre di lupo che mi abbia divorato (*en voratura*) e le mie spoglie (*arliquie*, "reliquie") siano sterco (*cacatura*) tra spineti e rovi (*rogarìa*).

Li miracul po' la morte,
chi cce vene aia le scorte
e le deversazioni forte
con terrebel fantasia.

vv. 63-66 I miracoli dopo la morte siano che chi viene [nel mio luogo di sepoltura] abbia le schiere [*scorte*: di spiriti maligni] e sia fortemente vessato da terribili visioni (*deversazioni forte*).

Onn'om che m'ode mentovare
sì sse deia stupefare
e co la croce sé segnare,
che reo escuntro non i sia en via.

vv. 67-70 Chiunque mi oda nominare debba inorridire (*stupefare*) e farsi il segno della croce, affinché non faccia brutti incontri per strada.

Signor meo, non n'è vendetta
tutta la pena ch'e' aio ditta,
ché me creasti en tua diletta
et eo t'ho morto a villania.

vv. 71-74 Signore, non sono un castigo sufficiente (*vendetta*) tutte le pene che ho detto, giacché tu mi creasti nella tua predilezione e io ti ho villanamente ucciso (*morto*, qui transitivo).

T2 Dentro il testo

IN SINTESI

La lauda è costruita secondo un'elementare struttura elencativa: essa consiste in una sequenza di malanni che Jacopone si augura di ricevere dal Signore, come occasioni ardentemente invocate di auto-umiliazione e di annichilimento fisico e spirituale. Dopo il «manname la malsanìa» iniziale, infatti, la lauda procede con una serie di anafore, cioè di ripetizioni a inizio strofa («A mme, A mme venga»), che introducono un vero e proprio catalogo di repellenti malattie; nei vv. 37-38 alle malattie si aggiungono anche miseria e povertà; infine, dal v. 39 sono elencate altre sofferenze che il poeta desidera per sé: abbandono, esposizione alle intemperie, tormento dei demoni, fino a una dura morte e a una sepoltura infamante. Infatti, ben lontano da augurarsi, dopo tanta sofferenza, il riconoscimento postumo dei suoi meriti, Jacopone si aspetta anche dopo morto una sorte maligna: la sepoltura in luogo squallido (il ventre di un lupo che l'abbia divorato), lo scempio dei suoi resti, gli incubi di chi si troverà a passarci vicino. Anche la gloria postuma della santità viene dunque rifiutata, in un processo di totale disprezzo di sé. L'ultima strofa (vv. 71-74) chiude il cerchio: come nei due versi di apertura, in essa Jacopone si rivolge direttamente al Signore per esprimere ancora una volta la sua ansia di penitenza e di autopunizione. Nessuna pena, infatti, gli pare sufficiente a espiare il peccato dell'uomo che ha messo in croce il figlio di Dio.

I TEMI E L'ESPRESSIONE

LA «CORTESIA» E IL RIFIUTO DEL MONDO

Nell'invocazione delle malattie in vita e nel rifiuto di essere visto come un santo dopo la morte si legge un totale **rifiuto per la dimensione mondana dell'esistenza.** È singolare però che tutti i malanni invocati da Jacopone siano chiesti al Signore, all'inizio del componimento, «per cortesia» (che rima, quasi ironicamente, con «malsanìa»). Qui il rapporto fra Dio e il suo fedele è ancora una volta modellato su quello feudale, tra signore e vassallo; e infatti è normale che il signore manifesti la sua cortesia riempiendo di «doni» il suo vassallo. Ma la situazione qui ribalta paradossalmente il modello: i «doni» che Jacopone chiede al suo Signore di regalargli, «per cortesia», sono una sfilza di orripilanti malattie. Il linguaggio religioso si appropria del **codice mondano cortese**, ma solo per stravolgerlo ironicamente.

A CONFRONTO CON SAN FRANCESCO

Se si confronta la ballata con il *Cantico delle creature* di Francesco d'Assisi, e in particolare con i vv. 23-26, dedicati da Francesco alla malattia, si osserva che la dottrina in fondo è la stessa: le **sofferenze** avvicinano il cristiano al tormento patito da Cristo sulla croce. Tuttavia, nel *Cantico* siamo di fronte all'accettazione, asciutta e serena, delle sofferenze inevitabili che ci affliggono, e di cui bisogna fare occasione di preghiera e di elevazione spirituale. In Jacopone, invece, le malattie e le sofferenze sono **cercate, richieste**, **invocate**, in un delirio quasi morboso, che si compiace nell'immaginazione sfrenata di ogni più repellente dettaglio. Inoltre, in san Francesco è assente il motivo della sofferenza umana come espiazione della sofferenza inflitta dall'umanità a Cristo: il *Cantico* si limita a benedire coloro che andranno incontro a «infirmitate et tribulatione» con spirito sereno, in pace. I patimenti di Jacopone, invece, non possono pacificare il suo spirito tormentato, perché sono visti come il tentativo - di per sé vano - di ripagare, con la propria **penitenza**, i patimenti di Cristo in croce. È una pretesa impossibile, e per questo la preghiera di Jacopone sembra più un grido di disperazione che di serena speranza.

Analisi e interpretazione Tipologia A

LEGGERE CON METODO

COMPRENSIONE GLOBALE

1. Sintetizza il contenuto informativo della lauda completando la tabella.

Sequenze	Contenuto informativo
prima sequenza vv. 1-34	il poeta chiede al Signore di infliggergli le malattie più atroci e ripugnanti
seconda sequenza vv. 35-54	
terza sequenza vv. 55-70	
quarta sequenza vv. 71-74	

LA LINGUA E LE STRUTTURE

2. Individua e sottolinea nel testo le occorrenze delle anafore di «A mme, A mme venga».
3. Il testo è essenzialmente costruito sull'accumulo e l'elencazione minuziosa di infermità e malanni; come esempio di questa tecnica ricorrente, analizza la prima strofa: quanti tipi di febbri sono elencati? A tuo parere quale effetto produce una simile accumulazione di particolari, spesso ripugnanti?
4. Anche lo schema metrico della poesia è molto semplice, e basato sull'insistenza e la ripetizione. Osserva le rime: come sono collegati tra loro i primi due versi (che costituiscono il ritornello) e le altre strofe?

I TEMI E L'INTERPRETAZIONE

5. Quale significato ironico assume la prima parola in rima con «cortesia» (v. 1)?
6. Qual è il significato della ricerca della sofferenza e dell'umiliazione più totale nel testo di Jacopone?

SCRIVERE CON METODO

APPROFONDIMENTI E CONFRONTI

7. In circa una pagina, metti a confronto il testo con il *Cantico delle creature* di Francesco d'Assisi, evidenziando i punti di contatto e le diverse concezioni del significato della sofferenza.

T3

Jacopone da Todi

Donna de Paradiso

AUDIOLIBRO

Periodo: fine del XIII secolo

Metro: ballata di settenari, con qualche ottonario (vv. 25, 28, 56, 69, 76, 128), a schema yyx, aaax

Argomento: il dolore di Maria alla morte di Cristo

In questa lauda, nota anche come «Pianto della Madonna», Jacopone sceneggia la Passione di Cristo con straordinaria efficacia drammatica, distribuendo vere e proprie battute fra i vari personaggi, e soprattutto centrando tutta la rappresentazione sul personaggio di Maria. Il racconto evangelico viene così profondamente manipolato, trasformando la crocifissione di Cristo nel dramma, privato e umanissimo, di una madre che assiste straziata al supplizio del proprio figlio.

«Donna» e «figlio» rimandano al dolore di Maria come madre, e quindi alla sua sofferenza tutta umana, alla quale Cristo risponde affidandola a Giovanni nei vv. 105-111.

«Donna de Paradiso
lo tuo figliolo è preso
Iesù Cristo beato.

Accurre, donna e vide
che la gente l'allide;
credo che lo s'occide,
tanto l'ò flagellato».

«Como essere porria,
che non fece follia,
Cristo, la spene mia,
om l'avesse pigliato?».

«Madonna, ello è traduto,
Iuda sì ll'à venduto;
trenta denar' n'à auto,
fatto n'à gran mercato».

«Soccurri, Madalena,
ionta m'è adosso piena!
Cristo figlio se mena,
como è annunziato».

«Soccurre, donna, adiuta,
cà 'l tuo figlio se sputa
e la gente lo muta:
òlo dato a Pilato».

PARAFRASI

vv. 1-3 «Donna piena di grazia, il tuo figliolo lo stanno arrestando, Gesù Cristo beato.

vv. 4-7 Accorri, donna, e guarda come la gente lo percuote (*allide*); credo che finiranno con l'ammazzarlo, tanto l'hanno flagellato».

vv. 8-11 «Come può essere che lui, che non commise mai colpa (*follia*), Cristo, la mia speranza, sia stato preso?».

vv. 12-15 «Madonna, è stato tradito; è Giuda che se l'è venduto; ne ha avuti trenta denari; l'ha dato via a buon mercato».

vv. 16-19 «Aiuto (*Soccurri*), Maddalena, m'è venuta addosso grande sciagura (*piena*)! Se ne stanno portando via (*se mena*) Cristo mio figlio, come mi fu annunziato [dalle profezie bibliche]».

vv. 20-23 «Aiuto, donna, aiuto! ché il tuo figlio lo stanno sputacchiando (*se sputa*), e la gente lo sta portando da un'altra parte (*lo muta*); l'hanno consegnato a Pilato».

1. de Paradiso: celeste (con riferimento al privilegio di Maria, di essere la madre del Figlio di Dio); per questo nella parafrasi si è reso «piena di grazia», l'appellativo con cui l'angelo si rivolge a Maria nell'Annunciazione.
2. è preso: queste parole, come le successive che riferiscono a Maria che cosa sta accadendo, vanno attribuite ad un «annunciatore» o «messo», figura funzionale, anonima, ma da qualche critico identificata con quella del discepolo Giovanni.
11. om: antico pronome impersonale (dal latino *homo*; come il francese *on*).
17. piena: la sciagura dell'arresto di Gesù è paragonata alla piena di un fiume, imprevista e travolgente.
18. se mena: l'azione collettiva, prima attribuita alla «gente», o al pronome impersonale «om», adesso è espressa semplicemente con l'impersonale del verbo (così sotto è «se sputa», «se spoglia», «se prende», «se prènno»).
19. como è annunziato: **secondo quanto è stato annunziato** (dalle profezie e da Gesù stesso, che nel Vangelo allude più volte alla propria morte).
20. adiuta: probabilmente è proprio puro latino; non è raro che il volgare, specie all'imperativo dei verbi, mantenga le forme originarie.
22. lo muta: **lo porta via**, da un luogo all'altro; dal Sinedrio, il tribunale ebraico, a quello romano di Ponzio Pilato.

«O Pilato non fare
el figlio meo tormentare,
ch'eo te pozzo mustrare
como a torto è accusato».

«Crucifige! Crucifige!
Omo che se fa rege,
secondo nostra lege,
contradice al Senato».

«Prego che mm'entennate,
nel meo dolor pensate!
Forsa mo vo mutate
de que avete pensato».

«Traiàn for li latruni,
che sian soi compagnuni;
de spine s'encoroni,
ché rege ss'è clamato!».

«O figlio, figlio, figlio,
figlio, amoroso giglio!
Figlio, chi dà consiglio
al cor me' angustiato?

Figlio occhi iocundi,
figlio, co' non respundi?
Figlio, perché t'ascundi
al petto o' sì lattato?».

«Madonna, ecco la croce,
che la gente l'aduce,
ove la vera luce
déi essere levato».

vv. 24-27 «O Pilato, non far tormentare mio figlio, ché io ti posso dimostrare come sia accusato a torto».

vv. 28-31 «Crocifiggetelo! Crocifiggetelo! Un uomo che si fa re, secondo la nostra legge, va contro l'autorità!»

vv. 32-35 «Vi prego, statemi a sentire: pensate al mio dolore! Forse ora (*mo*) potreste cambiare idea da quello che avete pensato».

vv. 36-39 «Tiriamo (*Traiàn*) fuori i ladroni, che siano suoi compagni di pena; lo si incoroni di spine, visto che si è proclamato re!».

vv. 40-43 «O figlio, figlio, figlio, figlio, giglio d'amore! Figlio chi dà conforto al mio cuore angustiato?

vv. 44-47 Figlio occhi giocondi, figlio perché non rispondi? Figlio, perché ti nascondi dal petto dove sei stato allattato?».

vv. 48-51 «Madonna, ecco la croce, che la gente sta trasportando, dove [tuo figlio], la vera luce del mondo, deve essere innalzato».

28. Crucifige! Crucifige!: ripresa letterale dal testo evangelico; è il grido della folla dei Giudei, che incitano Ponzio Pilato a condannare a morte Gesù.
29-31. Omo ... senato: Gesù viene accusato dai Giudei, presso Ponzio Pilato, di essersi detto re; pretesa illegale secondo la legge romana. Gesù si era proclamato re, è vero, ma in senso spirituale; Ponzio Pilato stesso, nel racconto evangelico, si dichiara poco convinto di questa accusa. Comunque, egli farà affiggere sulla croce il cartello di condanna che diceva *Jesus Nazarenus Rex Judaeorum* (INRI).
36-37. li latruni ... compagnuni: Gesù viene crocifisso in mezzo a due ladroni, dei quali uno si convertirà proprio durante il martirio; anche questo episodio, come molti altri della Passione, è tralasciato da Jacopone.
50-51. la vera luce ... levato: efficace discordanza; la «luce» è Gesù, che quindi richiede, sia pure contro la grammatica, il maschile («levato»).

«O croce, e que farai?
El figlio meo torrai?
E que ci aponerai,
che no n'à en sé peccato?».

vv. 52-55 «O croce, e che cosa vuoi fare? Ti prenderai mio figlio? E che ci metterai [in cima alla croce, come capo d'accusa], che non ha in sé alcun peccato?».

«Soccurri, plena de doglia,
cà 'l tuo figliol se spoglia;
la gente par che voglia
che sia martirizzato».

vv. 56-59 «Accorri, piena di dolore, che stanno spogliando il tuo figliuolo; la gente pare che voglia sia posto al supplizio».

«Se i tollit'el vestire,
lassatelme vedere,
com'en crudel firire
tutto l'ò ensanguenato».

vv. 60-63 «Se gli levate le vesti, lasciatemelo vedere, come il crudele ferire tutto l'ha insanguinato».

«Donna, la man li è presa,
ennella croc'è stesa;
con un bollon l'ò fesa,
tanto lo 'n cci ò ficcato.

vv. 64-67 «Donna gli prendono una mano, e gliel'hanno stesa sulla croce; con un chiodo (*bollon*) l'hanno trapassata, tanto ce l'hanno ficcato a forza.

L'altra mano se prende,
ennella croce se stende
e lo dolor s'accende,
ch'è plu multiplicato.

vv. 68-71 Ora prendono l'altra mano, e la stendono sulla croce, e il dolore si fa più acuto, che si è moltiplicato.

Donna, li pè se prènno
e clavellanse al lenno;
onne iontur'aprenno,
tutto l'ò sdenodato».

vv. 72-75 Donna, i piedi sono presi, e vengono inchiodati (*clavellanse*) al legno; aprono ogni giuntura, tutto l'hanno slogato (*sdenodato*)».

«Et eo comenzo el corrotto.
Figlio, lo meo deporto,
figlio, chi me tt'à morto,
figlio meo dilicato?

vv. 76-79 «E io comincio il lamento (*corrotto*). Figlio, mia gioia (*deporto*), figlio, chi mi ti ha ammazzato, figlio mio delicato?

Meglio aviriano fatto
ch'el cor m'avesser tratto,
ch'ennella croce è tratto,
stace desciliato!».

vv. 80-83 Avrebbero fatto meglio che mi avessero strappato (*tratto*) il cuore, che tanto è inchiodato anch'esso in croce, ci sta tutto straziato (*desciliato*)».

---

54. E que ci aponerai: allusione ai cartelli di condanna che venivano inchiodati alla croce per denunciare il delitto punito (vedi qui sopra, nota ai vv. 29-31).
76. Et eo ... el corrotto: verso con funzione di didascalia, a segnare l'inizio del vero e proprio pianto, o lamento («corrotto») della Madonna.

«O mamma, o' n'èi venuta?
Mortal me dà' feruta,
cà 'l tuo plagner me stuta,
ché 'l veio sì afferato».

vv. 84-87 «Mamma, dove mai sei venuta? Mi dai una ferita mortale, perché il tuo pianto mi uccide (*me stuta*), che lo vedo così lancinante».

«Figlio, ch'eo m' aio anvito,
figlio, pat'e mmarito!
Figlio, chi tt'à firito?
Figlio, chi tt'à spogliato?».

vv. 88-91 «Figlio, che ne ho ben motivo, figlio, padre e marito (*pat'e mmarito*)! Figlio, chi ti ha ferito? Figlio, chi ti ha spogliato?».

«Mamma, perché te lagni?
Voglio che tu remagni,
che serve mei compagni,
ch'êl mondo aio aquistato».

vv. 92-95 «Mamma, perché ti lamenti? Voglio che tu rimanga [in terra], che tu serva i miei compagni, che io mi sono acquistato in questo mondo».

«Figlio, questo non dire!
Voglio teco morire,
non me voglio partire
fin che mo 'n m'esc'el fiato.

vv. 97-99 «Figlio, questo non lo dire! Voglio morire con te, non mi voglio muovere di qua finché non esalo l'ultimo respiro.

C'una aiàn sepultura,
figlio de mamma scura,
trovarse en afrantura
mat'e figlio affocato!».

vv. 100-103 Che abbiamo una sola sepoltura, figlio di mamma disgraziata (*scura*); madre e figlio soffocato (*affocato*) si trovino insieme al fondo dello strazio (*en afrantura*)».

«Mamma col core afflitto,
entro 'n le man' te metto
de Ioanni, meo eletto;
sia to figlio appellato.

vv. 104-107 «Mamma dal core afflitto, ti metto nelle mani di Giovanni, il mio amico di elezione; sia chiamato tuo figlio.

Ioanni, èsto mea mate:
tòllila en caritate,
àginne pietate,
cà 'l core sì à furato».

vv. 108-110 Giovanni, ecco mia madre: prendila per carità, abbine pietà, tanto ha il cuore trafitto (*furato*, "forato")».

«Figlio, l'alma t'è 'scita,
figlio de la smarrita,
figlio de la sparita,
figlio attossecato!

vv. 112-15 «Figlio, l'anima ti è uscita, figlio dell'abbandonata, figlio della mamma annientata (*sparita*), figlio avvelenato (*attossecato*)!

89. figlio ... 'mmarito: teologicamente, Gesù è "padre", in quanto Dio e creatore; ma la sequenza più semplicemente va intesa come «Figlio, che sei tutto per me».
103. affocato: allude alle modalità del supplizio in croce, in cui i condannati effettivamente morivano non per le ferite, ma per la progressiva impossibilità di respirare.
115. attossecato: **avvelenato**; con riferimento all'episodio (anche questo tralasciato) di Gesù che viene dissetato, sulla croce, con una spugna imbevuta di fiele amarissimo.

Figlio bianco e vermiglio,
figlio senza simiglio,
figlio, e a ccui m'apiglio?
Figlio, pur m'ài lassato!

vv. 116-19 Figlio bianco e rosso [cioè giovane e bello], figlio senza paragone, figlio, e a chi mi posso appoggiare? Figlio eppure m'hai lasciato per davvero!

Figlio bianco e biondo,
figlio volto iocondo,
figlio, perché t'à el mondo,
figlio, cusì sprezzato?

vv. 120-23 Figlio bianco e biondo, figlio volto giocondo, figlio perché il mondo ti ha, figlio, così disprezzato?

Figlio dolc'e placente,
figlio de la dolente,
figlio àte la gente
mala mente trattato.

vv. 124-27 Figlio dolce e piacente, figlio della dolente, figlio, la gente ti ha malamente trattato.

Ioanni, figlio novello,
morto s'è 'l tuo fratello.
Ora sento 'l coltello
che fo profitizzato

vv. 128-31 Giovanni, nuovo figlio mio, tuo fratello è morto. Ora sento il coltello che mi fu profetizzato.

Che moga figlio e mate
d'una morte afferrate,
trovarse abraccecate
mat'e figlio impiccato!».

vv. 132-35 Che muoia (*moga*) madre e figlio straziati (*afferrate*) insieme dalla stessa morte: si trovino abbracciati madre e figlio crocifisso (*impiccato*)».

---

116. bianco e vermiglio: **bianco e rosso**, a indicare un incarnato pieno di giovinezza e di salute.

130-31. Ora sento ... profitizzato: allusione alla profezia di Simeone, che al momento della presentazione di Gesù al Tempio aveva rivolto a Maria queste parole: «E un coltello trapasserà la tua anima» (Luca, II, 35).

T3 Dentro il testo

IN SINTESI

Donna de Paradiso è una lauda "drammatica", una vera e propria sceneggiatura del racconto evangelico della Passione di Cristo. Appare chiaramente divisa in due parti: una prima parte, in cui Jacopone sintetizza molto liberamente il racconto dell'arresto, della condanna e della crocifissione di Gesù; una seconda, che si risolve nel «corrotto», ovvero nel lamento di dolore della Madonna (v. 76: «Et eo comenzo el corrotto»). A sua volta, questo lamento include il dialogo della Madre con il Figlio in croce, per concludersi poi con l'ossessiva, quasi ipnotica invocazione al figlio martirizzato («Figlio... Figlio... Figlio»). La Passione di Cristo appare dunque "maternizzata", interamente filtrata attraverso l'umanissimo sentimento di una madre straziata dalla sofferenza del figlio. Così la Passione di Gesù diventa anche la Passione di Maria, avvicinando l'evento sacro ai sentimenti, all'esperienza e alla sensibilità della gente comune.

I TEMI E L'ESPRESSIONE

IL VANGELO COME COPIONE TEATRALE

Jacopone lavora sul racconto evangelico della Passione di Gesù con **grande libertà**, soprattutto accorciando e concentrando i tempi della narrazione originale ma, d'altra parte, dilatando la parte di Maria, fino a fare diventare questa lauda un vero e proprio «Pianto della Madonna». Jacopone innanzitutto sintetizza il **racconto dei Vangeli**, che qui si svolge secondo questa successione di eventi: arresto di Gesù, flagellazione, consegna a Pilato, «Crucifige!», denuncia della folla, coronazione di spine, comparsa della croce, spoliazione di Gesù, crocifissione. A questo punto, le parole di Maria, «E io comenzo el corrotto», segnano, quasi con il valore di una didascalia teatrale, il passaggio alla seconda parte, ancora più libera rispetto al racconto del Vangelo, di cui serba solo le parole con cui Gesù affida la madre a Giovanni, il discepolo prediletto. Molti particolari presenti nel Vangelo non vengono riportati: i dettagli del processo a Gesù, il suo passaggio presso la corte di Erode, gli interventi dei grandi sacerdoti ebraici, Ponzio Pilato, la scelta fra Gesù e Barabba, la viltà di Pietro, che segue il maestro dopo il suo arresto ma poi lo rinnega, l'ascesa al Gòlgota, il Cireneo che aiuta Gesù a portare la croce... Il racconto di Jacopone appare **scarnificato**, e i tempi e i luoghi concentrati e semplificati in una potente ricerca di **unità d'azione**.

LA PASSIONE "IN DIRETTA"

Per di più, Jacopone immagina che fin dall'inizio tutto venga raccontato, in una sorta di affannosa, incalzante "diretta", a Maria stessa, che dunque immediatamente assurge al ruolo di protagonista. Tutta la Passione, infatti, è vista attraverso quello che le viene riferito, e continuamente intercalata dai suoi interventi, che riportano ogni volta la solennità del racconto sacro al suo **punto di vista personale**, di madre straziata dalla violenza che si sta consumando su suo figlio. La prima parte della lauda costruisce anche, con grande sapienza scenica, una sorta di avvicinamento spaziale al cuore dell'azione. Infatti, il modo con cui l'annunciatore riporta l'azione in corso dà la netta impressione di un movimento dalla periferia al teatro vero e proprio dell'azione, sul quale Maria sembra arrivare in coincidenza con l'atto conclusivo della crocifissione. Nella seconda parte della lauda (il «corrotto») la morte di Gesù in croce ignora quasi del tutto, come già notato, il racconto evangelico, per dare spazio esclusivo al colloquio madre-figlio, e al lamento di lei, di esclusiva invenzione jacoponica.

UMANIZZAZIONE DELLA STORIA SACRA

Una simile rappresentazione della Passione non sarebbe pensabile senza la rivoluzione apportata dal movimento francescano nella sensibilità religiosa del Duecento. Il bisogno di rappresentare sensibilmente e di **teatralizzare** la storia sacra (culminato nella epocale invenzione del presepe) è tipico dell'**evangelizzazione francescana**; così come la tendenza a **umanizzare** il dettato evangelico, avvicinandolo alle emozioni e ai modi di sentire della gente comune. Nella rielaborazione di Jacopone è evidente che il poeta ignora volutamente le implicazioni teologiche più problematiche del racconto evangelico: si noti, per esempio, l'assenza assoluta di ogni polemica antigiudaica, notevole in un'epoca in cui gli ebrei erano considerati "deicidi"; oppure il taglio della disperata invocazione di Gesù sulla croce: «Dio mio, Dio mio, perché mi hai abbandonato?», e così via. Ciò che interessa a Jacopone è il dramma umano della morte di Cristo, visto attraverso il sentimento universale della maternità straziata e offesa.

MATER DOLOROSA

La **protagonista** della lauda, si è detto, è Maria, e non solo perché a lei spetta la maggior parte delle battute. In realtà, è lei che impone il tono generale, altamente patetico, di tutta la rappresentazione. Anche il racconto della Passione ci arriva affannosamente spezzettato a seconda di quanto viene riferito a lei, e i suoi commenti, che vanno dall'incredulità, alla

◂ Pietro Lorenzetti, *Storie della Passione di Cristo, La deposizione dalla Croce*, 1320, affresco, particolare (Assisi, Basilica inferiore di San Francesco).

richiesta d'aiuto, alla supplica, al tentativo di persuasione, all'invocazione disperata, ritraducono la cronaca dell'evento nella dimensione domestica, intima, di una sorta d'incredibile **disgrazia familiare**. Quando poi, nella seconda parte della lauda, la voce di Maria diventa esplicitamente la voce-guida della rappresentazione, essa viene lasciata espandere in un pianto che finisce con l'includere anche la voce di Gesù, qui rappresentato non tanto come il Salvatore crocifisso, ma come un **figlio** angosciato per sé e soprattutto per il dolore che la sua tortura infligge alla **madre**. Anzi, che infligge, come Jacopone gli fa dire, alla sua «mamma» («O mamma, o' n'èi venuta?»), mettendogli in bocca, con commovente candore, il vocabolo che in antico era riservato al linguaggio dell'infanzia.

Analisi e interpretazione Tipologia A

LEGGERE CON METODO

COMPRENSIONE GLOBALE

1. Quali personaggi danno voce al dialogo?

2. Completa la tabella, sintetizzando la prima parte della lauda (vv. 1-75).

	Narrazione dell'annunciatore	Reazione di Maria
vv. 1-11	arresto e flagellazione di Gesù	incredulità
vv. 12-19		
vv. 20-27		
vv. 28-35		
vv. 36-47		
vv. 48-55		
vv. 56-63		
vv. 64-75		

3. Qual è l'ultima azione di Gesù prima di morire?

LA LINGUA E LE STRUTTURE

4. Quale funzione assume nel testo la ripetizione quasi ossessiva della parola «figlio»?

5. Analizza la parte finale del lamento di Maria (vv. 112-135) e sottolinea in colori diversi le espressioni che esprimono disperazione e quelle che esprimono tenerezza.

6. Per tre volte (vv. 84, 92, 104) Gesù rivolgendosi a Maria la chiama «mamma», rivolgendosi a Giovanni (v. 108) usa invece «mate». Spiega il senso di questo mutamento lessicale.

I TEMI E L'INTERPRETAZIONE

7. Da quale punto di vista è vissuta la passione? Prevalgono gli elementi religioso-teologici o quelli umani ed emotivi?

SCRIVERE CON METODO

APPROFONDIMENTI E CONFRONTI

8. La lauda di Jacopone si inserisce in una più ampia sensibilità, in parte ispirata al movimento francescano, che si sviluppa a partire dalla seconda metà del Duecento e tende a privilegiare gli aspetti umani della Passione di Gesù. Ne ritroviamo esempi anche nella pittura del tempo. Tre esempi celebri sono il *Compianto sul Cristo morto* (1303-08), dipinto da Giotto nella Cappella degli Scrovegni di Padova; la *Deposizione di Cristo* (1326-29) di Pietro Lorenzetti; il *Compianto della Croce al Tempio* (1436) del Beato Angelico. In un testo di circa due pagine, metti a confronto queste rappresentazioni pittoriche con il testo di Jacopone, osservando in particolare com'è rappresentata Maria e la sofferenza del corpo di Cristo.

L'essenziale

AUDIOLIBRO

FRANCESCO: L'AMORE PER IL CREATO

Francesco nacque nella cittadina umbra di Assisi nel 1182 (o 1181) da una ricca famiglia di mercanti. Intraprese il mestiere delle armi e, durante la guerra tra Assisi e Perugia (1202), venne fatto prigioniero. Liberato, nel 1206 si ammalò e dovette rientrare in famiglia. Prigionia e malattia lo portarono a una crisi interiore, che sfociò nella sua conversione religiosa. Si spogliò di tutti i suoi beni e predicò una vita semplice e povera. Si unirono a lui alcuni seguaci, tanto che presto fu necessario chiedere l'approvazione del papa per la nascita di un Ordine religioso. Nel 1219 compì un viaggio in Terra Santa. Nel 1221 elaborò una prima *Regola*, non approvata ufficialmente dalla Chiesa; nel 1223 ne elaborò una seconda (*Regula bullata*), approvata da papa Onorio III. Francesco si ritirò poi in un eremo, sul Monte della Verna, dove morì nel 1226. Nel 1228 venne proclamato santo.

Fondamentale nel pensiero di Francesco d'Assisi era l'idea di povertà. Egli rinunciò in modo plateale all'eredità paterna e visse di lavoro ed elemosina, dedicandosi agli umili. Francesco intendeva in questo modo avvicinarsi al messaggio del Vangelo e alla vita di Cristo; ed è proprio con un "secondo Cristo" che Francesco venne identificato dai suoi seguaci.

Francesco cercò l'approvazione della Chiesa per il suo Ordine dei Frati Minori; la ottenne, solo oralmente e con qualche riserva, da papa Innocenzo III, ma fu Onorio III ad approvare definitivamente la *Regola* francescana, non senza aver chiesto e ottenuto modifiche, soprattutto per quanto riguarda la severità con cui le norme dovevano essere seguite. Francesco restò sempre sottomesso all'autorità di Roma, e cercò di evitare ogni tipo di conflitto con le gerarchie ecclesiastiche e civili.

Il movimento francescano, dopo la morte del fondatore, conobbe una divisione tra spirituali, che osservavano rigorosamente la *Regola*, e conventuali, che preferivano una lettura più blanda delle norme dell'ordine, soprattutto per quanto riguardava la povertà, intesa da questi ultimi come rinuncia al superfluo.

IL MITO DI FRANCESCO: UNA OPERAZIONE MEDIATICA

Subito dopo la morte di Francesco, apparvero diversi resoconti della sua vita. Tommaso da Celano scrisse una *Vita* o *Legenda prima* (1228) seguita da una *Vita* o *Legenda secunda* (1247) completa delle testimonianze di chi lo aveva conosciuto direttamente e soprattutto dei miracoli che egli compì. Ugolino da Montegiorgio compilò *I fioretti di san Francesco*, una raccolta di episodi della vita del santo a uso e consumo dei devoti. Infine, Bonaventura da Bagnoregio, nella sua *Legenda maior* (1260), diede risalto al Francesco santo e profeta, trascurando l'aspetto più mite e umano.

L'EREDITÀ FRANCESCANA: JACOPONE DA TODI

Jacopone nacque a Todi, in Umbria, da una ricca famiglia, tra il 1230 e il 1236. Come Francesco, condusse una vita agiata fino a che la morte della moglie non lo portò a una conversione religiosa: entrò nei Frati Minori e cominciò a vivere all'insegna della povertà. A differenza di Francesco, egli fu particolarmente polemico con la Chiesa, soprattutto per quanto riguardava la sua ricchezza, ed entrò in conflitto con papa Bonifacio VIII, che lo fece incarcerare per cinque anni. Uscito di prigione nel 1303, morì nel 1306.

A COLPO D'OCCHIO La poesia religiosa del Duecento

Didattica INCLUSIVA

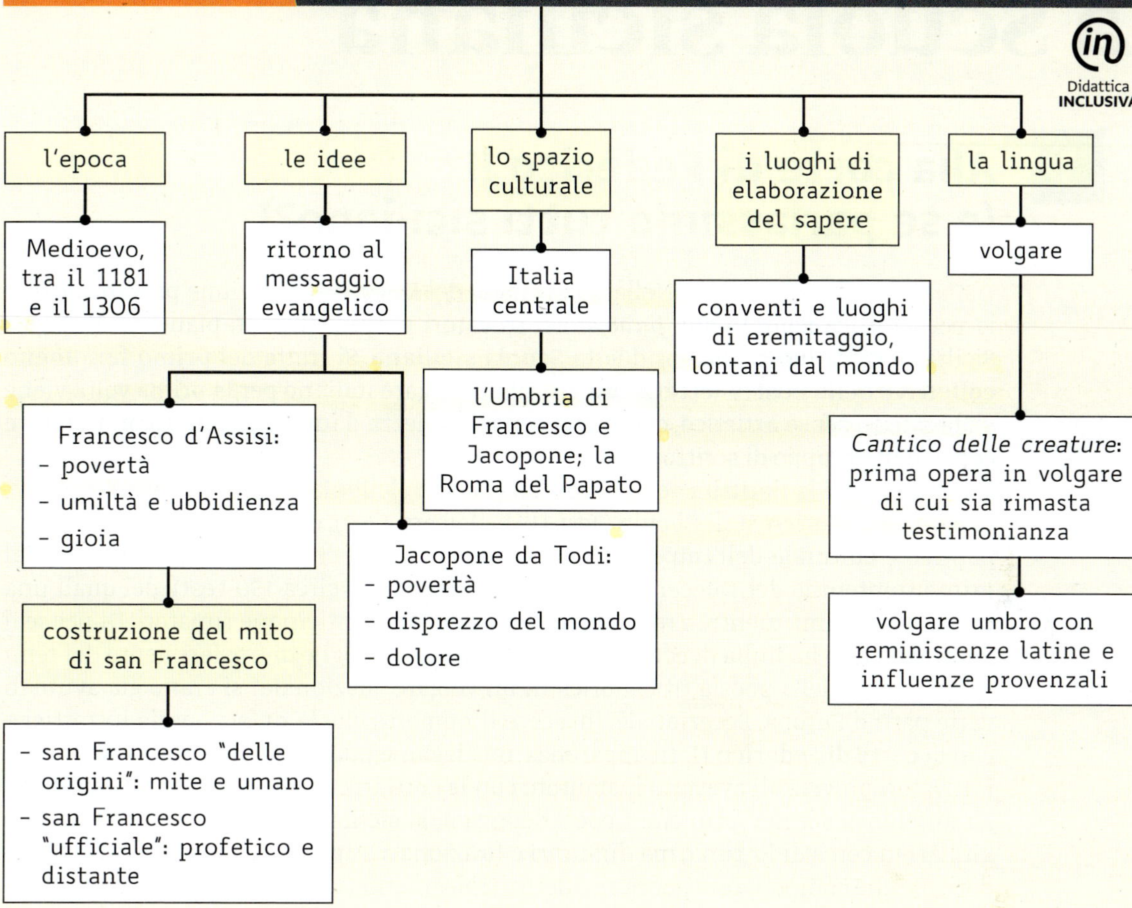

■ Le parole per ricordare

TROVARE LE PAROLE

POVERTÀ
Francesco d'Assisi pone la questione di un ritorno al messaggio evangelico della povertà assoluta. Cristo non possedeva nulla, e così decide di fare anche Francesco, ponendo questa condizione come fondamentale anche per tutti i suoi seguaci.

GIOIA
Nella religiosità di Francesco si avverte una forte gioia nei confronti del creato, in quanto opera di Dio. Tutti gli elementi terreni, compresa la morte del corpo, sono celebrati da Francesco con grande letizia, perché magnificano la grandezza di Dio.

TEATRALITÀ
La predicazione e l'opera di Francesco sono contrassegnate da una grande teatralità: egli compie gesti di forte impatto (la spoliazione pubblica di tutti i suoi beni, la predicazione agli animali) e la sua predicazione avviene in lingua volgare, con testi che devono essere recitati e accompagnati dalla musica.

DISPREZZO
Jacopone da Todi, a differenza di Francesco, sembra considerare il mondo come un luogo volgare e corrotto; soprattutto il suo corpo e la sua umanità sono da disprezzare, tanto da spingerlo a chiedere per sé ogni sorta di malattia e di sofferenza.

DOLORE
Jacopone mette l'accento sul dolore; laddove per i fedeli la morte di Cristo è un elemento necessario per la risurrezione e quindi per la redenzione dell'umanità, Jacopone vede soprattutto il dolore di Maria per la perdita del figlio, dolore che non può essere mitigato, se non in minima parte, dalla "adozione" del discepolo Giovanni.

Capitolo 3

La Scuola siciliana

1 Alla corte di Federico II (e se parlassimo tutti siciliano?)

Dalla Provenza alla Sicilia Nella prima metà del Duecento, la lezione provenzale della poesia lirica ispirata alla *fin'amor* dei trovatori provenzali si trapianta in Italia, in Sicilia, dove dà luogo alla cosiddetta **Scuola siciliana.** Si tratta del **primo fenomeno collettivo della nostra letteratura**, in cui un volgare italiano per la prima volta viene elaborato in senso artistico, con piena consapevolezza d'intenti, da un riconoscibile e consistente gruppo di scrittori.

La nascita e la fioritura della lirica della Scuola siciliana avvennero all'interno della corte di **Federico II di Svevia** (Jesi 1194 - Lucera 1250), che pose in Sicilia il centro politico e culturale dell'Impero. La poesia dei siciliani, che si sviluppa a partire dal primo trentennio del Duecento, è oggi documentata da circa **150 testi**, dei quali una trentina anonimi, mentre i restanti sono ripartiti tra venticinque rimatori. Di per sé il fenomeno non ha nulla di eccezionale: esperienze analoghe di trasferimento dei temi e delle forme della poesia trobadorica in un volgare "nazionale" si erano già avute in varie parti d'Europa. Eccezionale, invece, è il rapporto che la nuova poesia intrattiene con la **corte di Federico II.** In apparenza, tale legame può apparire simile a quello che i trovatori provenzali avevano instaurato con le corti in cui avevano trovato ospitalità. La differenza sta nel fatto che i poeti della Scuola siciliana non sono più trovatori o giullari in cerca di fortuna, ma dignitari e funzionari stipendiati presso la corte di Federico, e che compongono per puro diletto. Tipicamente, molti sono notai, o comunque uomini di legge, con una cultura universitaria alle spalle. In questo senso, la poesia siciliana è **espressione di un gruppo unito e per lo più omogeneo** per posizione sociale e professionale: una cerchia ristretta e selezionata, tale da giustificare l'etichetta moderna di Scuola siciliana.

Il legame organico con la corte di Federico trova conferma nella durata stessa della Scuola, grosso modo riconducibile al **ventennio 1230-50**, quando è documentata l'attività pubblica della maggioranza dei suoi esponenti. Il fenomeno della Scuola siciliana ha fine con la morte di Federico II (1250), ma alcuni rimatori rimangono ancora attivi fino al 1266, quando con la morte di Manfredi, figlio di Federico II, nella battaglia di Benevento, la fortuna della casa degli Hohenstaufen volge al suo termine.

◂ Federico II attorniato dai sudditi, Exultet (Salerno, Biblioteca Capitolare).

La cultura della corte di Federico II Figlio di una regina normanna (Costanza d'Altavilla) e di un imperatore tedesco (Enrico VI, figlio del Barbarossa), Federico II trascorre la sua gioventù in Sicilia tra i dignitari siculo-normanni e i fedeli del padre, che formavano il partito tedesco. Passa poi in Germania dove soggiorna dal 1214, quando il pretendente all'Impero Ottone IV di Brunswick è sconfitto a Bouvines, al 1220, l'anno in cui riceve la corona imperiale per mano di papa Onorio III. Federico partecipa dunque di **due lingue e due culture, francese** (di derivazione normanna) e **tedesca.** Esse corrispondono al doppio ruolo istituzionale che gli compete in quanto re di Sicilia e imperatore: un doppio ruolo che egli intende esaltare, riprendendo energicamente in mano il governo dell'Italia meridionale, dove riesce a contenere il potere dei baroni feudali grazie a un apparato amministrativo solido, affidato a funzionari laici posti alle sue dipendenze dirette. Ma, accanto al francese e al tedesco, Federico usa anche il **volgare italiano nella sua variante siciliana**: una lingua che probabilmente era già stata usata, in privato, dal ramo normanno della famiglia, ma che l'imperatore sembra aver impiegato anche in occasioni pubbliche. Si aggiunga il consueto apprendimento del **latino**, di cui Federico II personalmente si serve nella redazione del suo trattato di falconeria *De arte venandi cum avibus* ("L'arte della caccia con gli uccelli"). Non solo: Federico II non esita a valorizzare anche la **cultura araba** presente nella corte di Palermo, promuovendo un'intensa attività di traduzione dall'arabo in latino. Per questa via il pensiero di Aristotele, illeggibile nell'originale greco, viene recuperato proprio attraverso i compendi e i commenti di filosofi arabi, come Avicenna e Averroè. Infine, viene chiamato a corte, in qualità di consulente scientifico e di astrologo ufficiale, lo scozzese **Michele Scoto** (1190-1235 ca), che attraverso Avicenna e Averroè si era avvicinato alle opere di Aristotele.

L'università di Napoli e la Magna Curia Una cultura così multiforme potrebbe sembrare dispersiva. Ma Federico II ebbe anche l'ambizione di disciplinare la cultura del suo regno attraverso iniziative di forte istituzionalizzazione e organizzazione del sapere. A questo scopo viene fondata l'**Università di Napoli** (1224), il primo esempio di un'università di Stato, cioè non concepita quale corporazione di studenti e docenti (come era invece Bologna) e svincolata dall'autorità ecclesiastica. Come a Bologna, anche a Napoli trovano particolare sviluppo gli studi non solo di diritto, ma anche di **retorica**, arte applicata alla composizione dei documenti.

Il diritto e la qualità stilistica degli scritti di cancelleria (ovvero della segreteria imperiale) sono appunto gli strumenti con i quali Federico elabora la propria immagine

PERCORSO IN MODALITÀ FLIPPED CLASSROOM

- **A casa** Gli studenti guardano il file PowerPoint e leggono in autonomia il testo, prendendo appunti per rispondere alle domande delle *Guide allo studio*.
- **In classe** A partire dagli appunti raccolti dagli studenti, l'insegnante integra e approfondisce le informazioni. In seguito ci si dedica alla lettura e analisi dei testi.
- **Strumenti e materiali** Mappe in PowerPoint.

PERCORSO AD ALTA VELOCITÀ

- **Schemi di sintesi** La Scuola siciliana, p. 115
- **Testi chiave T3** Giacomo da Lentini, *Meravigliosamente*, p. 124
- **Sintesi** L'essenziale, p. 132 - A colpo d'occhio, p. 133 - Le parole per ricordare, p. 133

di sovrano di uno Stato laico e moderno. L'imperatore si circonda così di un apparato di **dignitari e funzionari**, per lo più giuristi e notai, svincolati dalle gerarchie feudali, ai quali affida il complesso degli uffici che regolano la vita legislativa e giudiziaria del regno: essi formano la Magna Curia.

L'eredità provenzale della Scuola siciliana Nella poesia dei siciliani non c'è spazio per la politica o per la religione: argomento esclusivo, ancora più che in Provenza, è l'**amore**. S'intende che quello dei siciliani è l'*amore fino* dei trovatori, con la ripresa dei temi della distanza dell'amata e del servizio feudale.

Gli aspetti caratteristici della concezione d'amore dei poeti siciliani sono i medesimi che avevano caratterizzato la poesia trobadorica e che erano stati espressi da Andrea Cappellano (1150-1220) nel trattato *De Amore*: la **fedeltà incondizionata all'amata**, di cui l'amante diviene "servo" (e l'amata è infatti detta Madonna o Donna, ossia "la padrona", "la signora"); la **segretezza del sentimento**, che spesso non è corrisposto e non va rivelato per il timore che le maldicenze possano offendere l'onore della donna; la **speranza del guiderdone**, ossia di ricevere qualche cenno di riconoscimento da parte della donna come contraccambio per la devozione e la fedeltà dimostrate.

Le innovazioni rispetto ai trovatori Tuttavia, la ripresa dei temi provenzali è tutt'altro che servile. Rispetto ai trovatori provenzali, i siciliani mostrano una **maggiore capacità di analisi e di introspezione psicologica**; studiano con maggiore interesse come il sentimento d'amore si manifesta e come viene percepito; osservano con attenzione quasi scientifica le loro emozioni amorose. Dalla lirica siciliana vengono anche eliminati i riferimenti a fatti e personaggi contemporanei che invece caratterizzavano la poesia trobadorica: il testo siciliano appare staccato dalla realtà concreta e dalla cronaca dei tempi.

Inoltre, i testi della poesia siciliana ci sono arrivati **senza notazioni musicali**. Può darsi che si tratti di un caso, dovuto a mancanze della tradizione manoscritta di questi testi, dove nessuno spazio è lasciato per la trascrizione delle melodie. Più probabilmente, la poesia siciliana, a differenza di quella trobadorica provenzale, era **destinata alla lettura**, privata o pubblica, e non all'esecuzione cantata. Del resto, il divorzio della poesia dalla musica ben si addice al carattere dei poeti siciliani, che erano in genere funzionari dotati, per formazione scolastica, di cultura giuridica e retorica, ma non necessariamente di cultura musicale.

La lingua: il «siciliano illustre» Non possiamo più leggere i testi dei poeti siciliani nella loro veste linguistica originaria (con l'eccezione di un'unica composizione, *Pir meu cori alligrari* di Stefano Protonotaro ▸ **T1**, p. 116). Infatti, essi ci sono arrivati attraverso la **trascrizione di copisti toscani**, che li «tradussero» nel loro idioma, toscanizzandoli integralmente. Una spia di questo passaggio linguistico è la cosiddetta **«rima siciliana»**: ovvero l'eccezione secondo la quale, nella metrica italiana delle origini, è possibile rimare ***e*** con ***i*** (*avere/servire*) e ***o*** con ***u*** (*uso/amoroso*). Questo dipende dal fatto che i copisti toscani si trovavano di fronte a rime del tutto regolari, ma in siciliano, come *aviri/serviri*, o *uso/amoruso*. Traducendole in toscano, quelle rime diventarono imperfette.

Bisogna anche tenere presente che il siciliano di questi poeti era una lingua non spontanea, ma **letteraria**: era un **«siciliano illustre»**, artisticamente elaborato, e aperto a forti influenze linguistiche dal latino e dal provenzale. D'altra parte, non tutti i poeti di questa scuola erano nativi dell'isola: alcuni erano i cosiddetti «continentali» (come per esempio Rinaldo d'Aquino), nativi del Regno di Federico II, ma non siciliani in senso proprio. Specie per loro, che parlavano dialetti diversi, la lingua di questa scuola poetica era una **lingua d'arte**, da apprendere e usare solo per le loro composizioni poetiche. Detto questo, bisogna riconoscere che, nella sua breve vita, la Scuola siciliana suggerisce una possibilità di sviluppo della nostra letteratura che non ebbe poi seguito, ma che fa riflettere. Forse, se Manfredi non fosse stato sconfitto e ucciso a Benevento, e se l'Impero avesse trionfato sulla Chiesa e sui Comuni guelfi, la nostra lingua letteraria sarebbe oggi il siciliano; e la nostra lingua nazionale sarebbe quella di Stefano Protonotaro.

GUIDA ALLO STUDIO

1. Quale elemento di novità caratterizzava i poeti della Scuola siciliana?
2. Quale fu il rapporto di Federico II con la cultura del suo tempo?
3. Come si sviluppa la tematica amorosa nella Scuola siciliana, in rapporto alla poesia provenzale?
4. Quale tipo di revisione linguistica subirono i componimenti della Scuola siciliana prima di giungere fino a noi?

A COLPO D'OCCHIO **I poeti alla corte di Federico II**

Didattica INCLUSIVA

il contesto	i temi	la lingua
prima metà del Duecento	recupero della tematica amorosa	«siciliano illustre»
corte siciliana di Federico II di Svevia	temi della *fin'amor:* – fedeltà all'amata – segretezza dell'amore – speranza del guiderdone	siciliano elaborato, non popolare, aperto a influenze latine e provenzali
gli autori erano funzionari di corte, notai e uomini di legge, che componevano per diletto	rispetto ai provenzali, maggiore capacità di analisi e introspezione psicologica	le liriche della Scuola siciliana ci sono tutte giunte nella versione rivista dai copisti toscani (tranne *Pir meu cori alligrari*)

2 Stefano Protonotaro e il siciliano originale

Un personaggio misterioso Stefano Protonotaro è **personaggio misterioso**: perfino il nome dà luogo a dubbi, perché forse dovrebbe essere corretto in «di Protonotaro» (quindi non un cognome o una qualifica professionale, ma un patronimico). I documenti lo dicono di Messina, identificabile con un personaggio sicuramente in vita fra il 1261 e il 1301 (Gianfranco Contini); più difficile l'identificazione con quello Stefano da Messina, che fu traduttore dal greco in latino e dedicò a re Manfredi, figlio di Federico II, due trattati arabi di astronomia. In ogni caso, di Stefano rimangono tre notevoli canzoni: *Assai cretti celare*, *Assai mi placeria* e *Pir meu cori allegrari*; quest'ultima particolarmente importante per essere l'unico testo della Scuola siciliana pervenutoci nella sua veste linguistica originale.

T1

Stefano Protonotaro

Pir meu cori alligrari

Periodo: seconda metà del XIII secolo

Metro: canzone formata da cinque strofe *unissonans* (cioè a rime identiche) di endecasillabi e settenari secondo lo schema abC abC (sirma) dDEeFF (fronte) e un congedo finale

Argomento: la gioia d'amore e la necessità di tradurla in canto

Al centro della poesia sta il motivo della gioia d'amore e della insopprimibile necessità di tradurla in canto, perché l'«amuri», anche se soffocato, non manifestato e impossibile, è pur sempre esperienza esaltante. I motivi tradizionali (la donna distante e inattingibile, l'uomo paziente in attesa della ricompensa, il suo silenzioso e fedele servigio amoroso) sono accompagnati non da sentimenti di disperazione suicida, ma di felicità interiore e di fervida speranza.

Pir meu cori alligrari,
chi multu longiamenti
senza alligranza e joi d'amuri è statu,
mi ritornu in cantari,
ca forsi levimenti
da dimuranza turniria in usatu
di lu troppu taciri;
e quandu l'omu ha rasuni di diri,
ben di' cantari e mustrari alligranza,
ca senza dimustranza
joi siria sempri di pocu valuri:
dunca ben di' cantar onni amaduri.

«Joi d'amuri» e «levimenti» sono provenzalismi, ovvero termini presi a prestito dalla lingua provenzale. Altri provenzalismi o francesismi sono: «alligranza» (v. 9); «miraturi» (v. 24); «nuritura» (v. 27); «inavanza tutisuri» (v. 36); «bonamenti» (v. 50); «beninanza» (v. 63); «tutturi» (v. 65).

E si pir ben amari
cantau jujusamenti
omu chi avissi in alcun tempu amatu,
ben lu diviria fari
plui dilittusamenti
eu, chi son di tal donna inamuratu,
dundi è dulci placiri,
preju e valenza e jujusu pariri
e di billizzi cutant'abundanza
chi illu m'è pir simblanza,
quandu eu la guardu, sintir la dulzuri
chi fa la tigra in illu miraturi;

chi si vidi livari
multu crudilimenti
sua nuritura, chi ill'ha nutricatu:
e sì bonu li pari
mirarsi dulcimenti
dintru unu speclu chi li esti amustratu,
chi l'ublïa siguiri.
Cusì m'è dulci mia donna vidiri:
ca 'n lei guardandu met[t]u in ublïanza
tutta autra mia intindanza,
sì chi istanti mi feri sou amuri
d'un colpu chi inavanza tutisuri.

TRADUZIONE

vv. 1-12 Poiché il mio cuore è allegro, che molto a lungo è stato senza allegria e gioia d'amore, torno a cantare, ché [altrimenti] facilmente per il troppo tacere potrei mutare l'indugio in abitudine; ma quando si ha ragione di poetare, ben si deve cantare e mostrare allegria, perché senza manifestazione la gioia sarebbe di poco valore: dunque ben deve cantare ogni persona che ama.

vv. 13-24 E se colui che avesse in qualche tempo amato cantò con gioia per il suo amore perfetto, ben dovrei farlo con maggior diletto io, che sono innamorato di una donna nella quale si trovano dolce fascino, pregio, valore e aspetto gioioso, e bellezza in tanta abbondanza, che mi sembra, quando la guardo, di sentire la dolcezza che sente la tigre dinanzi allo specchio;

vv. 25-36 che si vede togliere molto crudelmente i piccoli che ha allevato: e tuttavia le piace guardarsi dolcemente in uno specchio che le viene mostrato, tanto che dimentica d'inseguirli. Allo stesso modo mi è dolce veder la mia signora: ché, guardandola, dimentico ogni mio altro interesse, sicché tosto il suo amore mi ferisce di una ferita che si aggrava sempre di più.

1. Pir ... alligrari: attenzione: non è una finale, come potrebbe sembrare, ma una causale.
24. la tigra ... miraturi: come si spiega subito dopo, si credeva che la tigre, se i cacciatori disseminavano pezzi di specchio («miraturi») sul suo cammino, si fermasse, come incantata, a contemplare la sua immagine riflessa.

Di chi eu putia sanari
multu leg[g]eramenti,
sulu chi fussi a la mia donna a gratu
meu sirviri e pinari;
m'eu duttu fortimenti
chi, quandu si rimembra di sou statu,
nu·lli dia displaciri.
Ma si quistu putissi adiviniri,
ch'Amori la ferissi di la lanza
chi mi fer'e mi lanza,
ben crederia guarir di mei doluri,
ca sintiramu engualimenti arduri.

vv. 37-48 Della quale [ferita] io sarei potuto sanare molto facilmente, solo che fossero graditi alla mia signora il mio servire e le mie pene; ma io temo fortemente che le possano spiacere quando rifletta al proprio stato. Ma se potesse accadere ciò, che Amore la ferisse con la lancia che mi ferisce e trafigge, ben crederei di poter guarire dai miei dolori, giacché sentiremmo lo stesso ardore.

Purrïami laudari
d'Amori bonamenti
com'omu da lui beni ammiritatu;
ma beni è da blasmari
Amur virasimenti
quandu illu dà favur da l'unu latu
e l'autru fa languiri:
chi si l'amanti nun sa suffiriri,
disia d'amari e perdi sua speranza.
Ma eu suf[f]ru in usanza,
ca ho vistu adess'a bon suffirituri
vinciri prova et aquistari unuri.

vv. 49-60 Potrei compiacermi francamente di Amore, come colui che ne è stato ben ricompensato; ma ben è da biasimare Amore, veramente, quando a una parte concede i suoi favori e l'altra fa languire: ché se l'amante non sa sopportare, desidera amare e perde l'oggetto della sua speranza. Ma io sopporto per costume, perché ho visto sempre che chi sopporta pazientemente vince la prova e acquista la ricompensa.

E si pir suffiriri
ni per amar lïalmenti e timiri
omu acquistau d'amur gran beninanza,
dig[i]u avir confurtanza
eu, chi amu e timu e servi[vi] a tutturi
cilatamenti plu[i] chi autru amaduri.

vv. 61-66 E se per sopportare o per amare lealmente e temere, qualcuno ha acquistato dall'amore un grande benessere, devo confortarmi io, che amo e temo e vi servo sempre celatamente più di qualunque altro amante.

---

66. cilatamenti: torna il motivo, già provenzale, della necessaria segretezza dell'amore, che va protetto dalle insinuazioni e maldicenze dei malevoli pettegoli, anche per non macchiare la reputazione della donna amata.

T1 Dentro il testo

IN SINTESI

Il tema della canzone è quello della gioia d'amore: il poeta sente l'esigenza di cantare l'amore, del quale è stato a lungo privato. Egli è innamorato di una donna estremamente bella, tanto bella che di fronte a lei si sente rapito come la tigre davanti allo specchio. Ma, invece di considerare la situazione bloccata, senza uscita, impossibile, qui il poeta non si impedisce di "sognare" il giorno in cui la donna si commuoverà della ostinata pazienza dell'amante e corrisponderà al suo amore. Anche se il poeta per il momento è relegato in una devozione dolorosa, egli non può fare a meno di *alligrari* il suo cuore, tanta è la gioia che la bellezza e il valore dell'amata gli fanno comunque sentire.

I TEMI E L'ESPRESSIONE

L'INGIUSTIZIA D'AMORE

In questa canzone la situazione-base dell'amore cortese è rappresentata allargando la coppia amata/amante a un **triangolo** in cui entra prepotentemente, personificato, **Amore** stesso. È a lui, infatti, che si fa risalire l'innamoramento del poeta e l'indifferenza della donna amata: è Amore «da blasmari», "da biasimare", per la sua ingiustizia, visto che ha trafitto l'uomo con la sua lancia, risparmiando la donna; certo, se in futuro trafiggesse anche lei con la stessa «lanza», allora il poeta amante potrebbe lodarsi di lui. Questa sceneggiatura più animata dei meccanismi dell'innamoramento è di grande importanza, perché prelude non soltanto allo Stilnovo di Dante e di Cavalcanti, ma alla poesia di Petrarca stesso, in cui Amore personificato sarà presenza attiva ed efficace.

L'IMMAGINE DELLA «TIGRA»

Per rappresentare il suo stato d'animo, Stefano utilizza l'immagine della **tigre** (o «tigra», in siciliano) di cui i bestiari medievali raccontavano un singolare modo di comportarsi: privata dei tigrotti, la tigre se li lascia portare via, purché i cacciatori abbiano l'accortezza di disseminare sulle loro tracce dei pezzi di specchio; affascinata dalla sua immagine riflessa, la tigre si dimentica di tutto, sino al punto di farsi sottrarre i cuccioli senza reagire. L'immagine esprime perfettamente molti motivi caratteristici della **concezione della *fin'amor***: la situazione di incantamento oblioso dell'amante, che non pensa più a nulla e a nessuno, rapito nel suo sentimento; il carattere autodistruttivo dell'amore (la tigre perde i tigrotti senza accorgersene); e, in fondo, anche il carattere autoriflessivo della passione cortese, all'interno della quale molte volte l'amante non fa che contemplare narcisisticamente, come in uno specchio, se stesso e il suo sentimento.

LA LINGUA SICILIANA

La veste linguistica originale della canzone ci è arrivata grazie alla trascrizione di un erudito cinquecentesco, Giovanni Maria Barbieri, che la copiò nella sua *Arte del rimare* da un codice manoscritto ora perduto. È una lingua "**illustre**", artisticamente elaborata: si notino, per esempio, i fitti **provenzalismi**. Nello stesso tempo, si possono notare le principali differenze rispetto al toscano: dal latino *o lunga/u lunga/u breve* il siciliano dà *u*, invece del toscano *o* (donde esiti come «valuri», «pocu», «dimustranza» ecc.); dal latino *e lunga/i lunga/i breve* il siciliano dà *i*, invece del toscano *e* (donde esiti come «placiri», «vidiri» ecc.).

Analisi e interpretazione Tipologia A

LEGGERE CON METODO

COMPRENSIONE GLOBALE

1. Sintetizza il contenuto informativo di ciascuna strofa della canzone completando la tabella.

Strofa	Contenuto
prima strofa	il poeta torna a cantare per esprimere l'allegria amorosa, perché la gioia che deriva da amore, se non manifestata, ha poco valore
seconda strofa	
terza strofa	
quarta strofa	
quinta strofa	
congedo	

LA LINGUA E LE STRUTTURE

2. A quali metafore, tratte dalla sfera militare (in cui l'amore è vissuto come uno scontro, un duello), ricorre il poeta per indicare la condizione amorosa?
3. Spiega la similitudine della tigre.

3 Giacomo da Lentini

Un notaio e poeta Giacomo, originario di Lentini, a nord di Siracusa, è documentato in atti trascritti negli anni compresi tra il 1233 e il 1240 per conto di Federico II, di cui è detto «notaio e fedele». Si tratta di una documentazione che ce lo mostra al seguito della **corte itinerante del re-imperatore** anche fuori della Sicilia. «Notaio di Lentini» si definisce lui stesso, apponendo la propria firma nel congedo di *Meravigliosa-mente*; Dante lo chiama «il Notaro» per antonomasia per bocca di Bonagiunta, in *Purgatorio*, XXIV, 56. La sua **attività di poeta** dovette svolgersi in contemporanea con quella di **funzionario imperiale**. Infatti, l'unico suo componimento che contenga allusioni alla cronaca del tempo sembra risalire al 1233-34; una sua tenzone poetica con l'abate di Tivoli è stata datata al 1241, quando da Tivoli si trovò a passare Federico II, mentre un'altra, con Jacopo Mostacci e Pier della Vigna, non può essere posteriore al 1248, quando Pier della Vigna venne imprigionato per ordine dell'imperatore. A Giacomo da Lentini si attribuisce tradizionalmente l'**invenzione del sonetto**.

T2

Giacomo da Lentini

Madonna dir vo voglio

Periodo: metà del XIII secolo

Metro: canzone con stanze *singulars* (cioè con rime esclusive, che non ritornano nelle altre stanze) di sedici versi, tra settenari ed endecasillabi, secondo lo schema abaC dbdC eef(f)G hhi(i)G

Argomento: l'impossibilità per il poeta di definire l'amore che prova per la donna

Il componimento è citato da Dante nel De vulgari eloquentia *(I, XII), dove è attribuito a uno scrittore non meglio precisato. I primi ventisei versi traducono la canzone trobadorica* A vos, midontç, voill rettrair'en cantan *("A voi, mia signora, voglio descrivere cantando"), della quale ci è pervenuto un frammento con l'attribuzione al trovatore Folchetto di Marsiglia (attivo tra il 1180 e il 1195).*

Madonna, dir vo voglio
como l'amor m'à priso,
inver' lo grande orgoglio
che voi bella mostrate, e no m'aita.
Oi lasso, lo meo core,
che 'n tante pene è miso
che vive quando more
per bene amare, e teneselo a vita.
Dunque mor'e viv'eo?
No, ma lo core meo
more più spesso e forte
che no faria di morte - naturale,
per voi, donna, cui ama,
più che se stesso brama,
e voi pur lo sdegnate:
amor, vostra 'mistate - vidi male.

PARAFRASI

vv. 1-16 Madonna, vi voglio dire come l'amore mi ha preso, di contro invece alla grande arroganza (*orgoglio*) che voi, bella, mostrate, e [quell'amore] non mi dà nessun aiuto. Ohimè (*Oi lasso*), il mio cuore, che si trova (*è miso*, "è messo") in tante pene, che vive quando muore per la perfezione del suo sentimento (*per bene amare*) e [quella morte] se la tiene come vita! Dunque io vivo e muoio allo stesso tempo? No, ma è il mio cuore che muore più spesso e con maggior dolore (*forte*) di quel che non farebbe per morte - naturale: per voi, donna, che ama, che brama più di se stesso: e voi continuate a sdegnarlo (*pur lo sdegnate*): donna amorosa (*amor*), la vostra amicizia l'ho incontrata - per mio danno (*male*).

3. orgoglio: è «termine tecnico della lingua cortese, a indicare l'atteggiamento della persona amata che non corrisponde» (Gianfranco Contini).

Lo meo 'namoramento
non pò parire in detto,
ma sì com'eo lo sento
cor no lo penseria né diria lingua;
e zo ch'eo dico è nente
inver' ch'eo son distretto
tanto coralemente:
foc'aio al cor non credo mai si stingua;
anzi si pur alluma:
perché non mi consuma?
La salamandra audivi
che 'nfra lo foco vivi - stando sana;
eo sì fo per long'uso,
vivo 'n foc'amoroso
e non saccio ch'eo dica:
lo meo lavoro spica - e non ingrana.

vv. 17-32 Il mio innamoramento non può comparire espresso in parole (*in detto*), ma così come io lo sento né cuore potrebbe concepirlo, né lingua potrebbe esprimerlo; e ciò che io dico è niente in confronto al fatto (*inver'*, "verso") che io sono legato con tanta profondità di sentimento (*tanto coralemente*): ho un fuoco nel cuore che credo non si possa mai estinguere; anzi continua a bruciare (*si pur alluma*): e allora, perché non mi consuma? Ho sentito dire (*audivi*) della salamandra che rimane viva in mezzo al fuoco - restando illesa; io faccio lo stesso per lunga abitudine: vivo nel fuoco d'amore e non so cosa dire: il mio grano (*meo lavoro*) mette le spighe - ma non fa chicchi.

Madonna, sì m'avene
ch'eo non posso avenire
com'eo dicesse bene
la propia cosa ch'eo sento d'amore;
sì com'omo in prudito
lo cor mi fa sentire,
che già mai no 'nd'è quito
mentre non pò toccar lo suo sentore.
Lo non poter mi turba,
com'on che pinge e sturba,
e pure li dispiace
lo pingere che face, - e sé riprende,
che non fa per natura
la propia pintura;
e non è da blasmare
omo che cade in mare - a che s'aprende.

vv. 33-48 Madonna, mi succede (*m'avene*) di non poter arrivare a descrivere compiutamente (*bene*) quale sia con precisione il mio sentimento d'amore; il cuore mi dà una sensazione come quando uno sente un prurito, che mai non si calma (*no 'nd'è quito*, "quieto"), finché non riesce a toccare la parte sensibile (*lo suo sentore*). Questo non potermi esprimere mi disturba, come uno che dipinge e cancella (*sturba*), e intanto (*pure*) gli dispiace quanto riesce a dipingere - e si rimprovera di non saper perfettamente (*per natura*) elaborare una riproduzione esatta (*propia pintura*); e non è da biasimare un uomo che cada in mare - a che cosa si aggrappa.

Lo vostr'amor che m'ave
in mare tempestoso,
è sì como la nave
c'a la fortuna getta ogni pesanti,
e campan per lo getto
di loco periglioso;
similemente eo getto
a voi, bella, li mei sospiri e pianti.
Che s'eo no li gittasse
parria che soffondasse,

vv. 49-64 Il vostro amore che mi ha messo (*che m'ave*) in un mare tempestoso, è come la nave che butta alla tempesta (*fortuna*) ogni carico (*pesanti*), e grazie a quel getto [i marinai] scampano da un luogo pericoloso; allo stesso modo io getto a voi, o bella, i miei sospiri e pianti. Che se io non li gettassi via, mi sembrerebbe di affondare (*che soffondasse*), e sicuramente affonderei (*soffondara*), tanto il cuore diventerebbe pesante (*gravara*, "si aggraverebbe") - nel suo desiderio; poiché tanto il mare in tem-

27-28. La salamandra ... sana: la salamandra che sopravvive alle fiamme del fuoco è una proprietà dell'animale nota ai bestiari e già accolta nella poesia dei trovatori.

e bene soffondara,
lo cor tanto gravara - in suo disio;
che tanto frange a terra
tempesta, che s'aterra,
ed eo così rinfrango,
quando sospiro e piango - posar crio.

pesta si rinfrange a terra, che s'indebolisce (*s'aterra*), ed io allo stesso modo mi frango: quando getto sospiri e pianti - credo (*crio*) di trovare riposo.

Assai mi son mostrato
a voi, donna spietata,
com'eo so' innamorato,
ma creio ch'e' dispiaceria voi pinto.
Poi c'a me solo, lasso,
cotal ventura è data,
perché no mi 'nde lasso?
Non posso, di tal guisa Amor m'à vinto.
Vorria c'or avenisse
che lo meo core 'scisse
come 'ncarnato tutto,
e non facesse motto - a vo', isdegnosa;
c'Amore a tal l'adusse
ca, se vipera i fusse,
natura perderia:
a tal lo vederia, - fora pietosa.

vv. 65-80 Mi sono abbastanza (*Assai*) mostrato a voi, donna spietata, come io sono innamorato: ma credo che vi dispiacerei anche dipinto. Dato che a me solo, ahimè, è dato tale destino (*ventura*), perché non ci rinuncio (*mi 'nde lasso*, "mi lascio libero da lì, da quell'impiccio")? Non ce la faccio, in tal maniera Amore mi ha sottomesso. Vorrei che ora succedesse che il mio cuore se ne venisse fuori fatto persona (*'ncarnato tutto*), e non vi rivolgesse una parola - a voi, sdegnosa; perché Amore lo ha ridotto in tale stato, che, se vi fosse una vipera, perderebbe la sua natura maligna: lo vedrebbe in uno stato tale - forse ne avrebbe pietà.

68. creio ... pinto: l'immagine della pittura sviluppata nella terza strofa viene qui ripresa all'interno dell'espressione popolare «non poter vedere uno nemmeno dipinto».
78-79. ca ... perderia: secondo quanto registrato nei bestiari medievali, la vipera viene alla luce divorando il ventre materno e divora parimenti i genitali del maschio, dopo l'accoppiamento: è dunque animale maligno e crudele.

T2 Dentro il testo

IN SINTESI

In questa canzone la donna amata, come di consueto, disdegna l'amore del poeta, il quale tenta di descriverle il suo stato d'animo. Per fare ciò egli fa ricorso a metafore e similitudini: si sente come una salamandra, che sopravvive in mezzo al fuoco (come lui nell'ardore della sua passione); il suo amore è infruttuoso come una spiga di grano che non faccia chicchi. Ma il suo sentimento non si può nemmeno esprimere a parole, e ciò lo infastidisce, come un pittore che non riesca a raffigurare esattamente ciò che vede. Egli cerca conforto, per quanto possibile, nei suoi lamenti d'amore, che "butta fuori" come fossero una zavorra che appesantisce il suo cuore. Cuore che, alla fine, egli vorrebbe poterle inviare come "messaggero", anche se è ridotto in uno stato pietoso, tanto che perfino una vipera ne proverebbe pietà.

I TEMI E L'ESPRESSIONE

L'INDICIBILITÀ DELL'AMORE

Il presupposto della canzone, espresso nelle prime strofe, consiste nel fatto che la situazione interiore del poeta **non si può esprimere a parole**: «Lo meo 'namoramento / non pò parire in detto» (vv. 17-18). Di conseguenza, ciò che dice il poeta è «nente», "niente", rispetto a quello che egli sente. Soprattutto, a Giacomo appare impossibile esprimere la contraddizione morte/vita che domina i suoi sentimenti. L'amore, infatti, è tormento mortale, ma allo stesso tempo è ragione di vita.

LA SERIE COMPARATIVA

Il poeta affida la descrizione del suo stato di innamorato non a una indagine introspettiva dei sentimenti, ma a una serie di **comparazioni**. D'altronde, la sua situazione psicologica è assai semplice, e non sembra comprendere molte variazioni: il poeta ama, e di fronte all'«orgoglio» della donna che lo respinge, non può fare a meno di continuare ad amare, e di sospirare e lamentarsi per questo amore. Ma proprio perché la situazione psicologica è immobile, senza sbocchi, il discorso amoroso svolto dalla canzone si concretizza in una serie di analogie, che immaginosamente presentano questa situazione bloccata via via in modo diverso. Le comparazioni si susseguono in questo ordine:

- **salamandra** (il cuore del poeta brucia e non si consuma, come la salamandra nel fuoco);
- **prurito** (il bisogno di esprimere il proprio amore è come quando uno sente un prurito e si gratta, anche se sa che si tratta di un sollievo passeggero);
- **pittura** (il poeta si sente frustrato nel tentativo di esprimere il suo amore, come il pittore che si spazientisce perché non riesce a riprodurre pienamente il soggetto prescelto);
- **naufrago** (come il naufrago che per salvarsi si aggrappa a qualsiasi cosa, così il poeta per sopravvivere alla passione si attacca a qualsiasi rimedio);
- **zavorra** (il poeta è come un navigante su una nave in tempesta, che per alleggerire il carico getta fuori bordo le merci pesanti. Allo stesso modo, il poeta, per non affondare sotto il peso della pena d'amore, "butta fuori" sospiri e pianti).

La funzione espositiva di questa serie di comparazioni è sottolineata dal poeta stesso verso la fine della poesia: «Assai mi son *mostrato* / a voi, donna spietata, / com'eo so' innamorato» (vv. 65-67). Le comparazioni, dunque, hanno la funzione non solo di esprimere l'**urgenza** del sentimento, ma di mostrare, di mettere sotto gli occhi dell'amata le **conseguenze** del suo rifiuto, come una sorta di rinfaccio e di rimprovero per la sua durezza di cuore.

IL CUORE PERSONIFICATO

Nella **chiusa**, la fantasia del poeta produce un'ultima, suggestiva immagine. Giacomo si figura, infatti, che il proprio **cuore** gli esca dal petto e, assumendo pienamente la carne di una persona intera («'ncarnato tutto»), si presenti di fronte alla donna amata. Il suo aspetto sarebbe così **miserevole**, s'immagina il poeta, che perfino una vipera, animale crudele per eccellenza, ne avrebbe pietà, mutando radicalmente la sua natura. La figurazione è singolare soprattutto per il mutismo che Giacomo attribuisce a questo cuore incarnato: «e non facesse motto» (v. 76). Nella chiusa delle canzoni, infatti, i poeti siciliani (come prima i provenzali) si congedano dalla loro poesia, inviandola alla donna amata perché essa reciti di fronte a lei, parola per parola, il messaggio poetico dell'amante. Qui al posto della canzone è inviato il cuore, e per di più un **cuore muto**: come se Giacomo pensasse che, per una donna sdegnosa come la sua, le parole non sarebbero bastate, e sarebbe stato necessario lo choc surreale di un cuore che cammina.

Analisi e interpretazione Tipologia A

LEGGERE CON METODO

COMPRENSIONE GLOBALE

1. Quale condizione paradossale viene enunciata nella prima strofa?
2. Secondo il poeta, il sentimento amoroso può essere perfettamente compreso ed espresso con parole?
3. Com'è definita, all'inizio, la donna? C'è una correlazione tra questa sua caratteristica e l'immagine finale della vipera?

LA LINGUA E LE STRUTTURE

4. Spiega le seguenti analogie:
   - poeta / salamandra
   - poeta / uomo che sente prurito
   - poeta / pittore
   - poeta / uomo caduto in mare
   - sospiri del poeta / zavorra

I TEMI E L'INTERPRETAZIONE

5. Perché si può dire che nel testo non c'è uno scavo psicologico della condizione dell'amante, ma piuttosto una sua rappresentazione?

RISCRITTURA, GIOCO, PARODIA

Un siciliano riscrive un testo provenzale

Il rapporto fra imitazione dei trovatori provenzali e innovazione tematica e formale dei siciliani è particolarmente evidente in questa canzone, uno dei pochi esercizi di traduzione di poesie provenzali giunti sino a noi. La fonte di Giacomo da Lentini è, infatti, come già osservato, la canzone di Folchetto di Marsiglia *A vos, midontç, voill rettrair'en cantan*, che qui in parte riproduciamo. Sono evidenziate in corsivo le riprese puntuali da parte di Giacomo.

D

Folchetto di Marsiglia

A vos, midontç

*A vos, midontç, voill rettrair'*en cantan
cosi·m destreign Amors e men'a fre
vas l'arguogll gran, e no m'aguda re,
que·m mostras on plu merce vos deman,
mas *tan* mi son *li consir e l'afan*
que viu quant muer per amar finamen.
Donc muer e viu? Non, mas mos cors cocios
mor e reviu de cosir amoros
a vos, dompna, c'ieu am tan coralmen;
sufretç ab gioi sa vid'al mort cuisen,
per qe *mal vi* la gran beutat *de vos.*

Parer non pot per dig ni per semblan
lo bens ce vos vogll ab ... fe,
mas niens es so ce vos dic: si·m te
al cor us fiocs que no·s...
Par cals raisons no m'ausi consuman?
Savi dion e·l autor veramen
qe *longincs us*, segon drec e raisos,
si convertis e natura, don vos
deves saber car eu n'ai eissamen
per longinc us en fioc d'amor plaisen.

TRADUZIONE

vv. 1-11 A voi, madonna, voglio descrivere cantando
come mi avvince Amore e tiene a freno
e non mi aiuta affatto contro l'orgoglio grande
che mi mostrate quanto più vi domando mercede;
ma tanti sono i miei pensieri e gli affanni,
che vivo quando muoio per amare perfettamente.
Dunque, muoio e vivo? No, ma il mio cuore afflitto
muore e vive per il pensiero amoroso
di voi, donna, che amo tanto profondamente;
concedete, con la gioia, la vita al morto che brucia,
perché con suo danno vide la vostra grande bellezza.

vv. 12-21 Apparire non può per detto né per sembianza
il bene che vi voglio con... fede
ma niente è ciò che vi dico: così mi tiene
nel cuore un fuoco che non si...
Per quale motivo non mi uccide consumando?
I savi e gli autori dicono veracemente
che lungo uso, a buon diritto e ragione,
si converte in natura, per cui voi
dovete sapere che io ho la stessa sorte
per lungo uso in fuoco d'amore piacente.

Dalla fonte la nostra canzone deriva il tema tradizionale della passione d'amore non corrisposta, in cui vita e morte coincidono (vv. 7-9), e che le parole non possono esprimere adeguatamente (vv. 17-20, 34-36): una passione simile al fuoco che arde e non consuma, paragone che introduce alla similitudine, non meno scontata, con la salamandra (vv. 27-30), mutuata dai bestiari medievali come l'immagine finale della vipera (vv. 78-79). Il richiamo all'arte della pittura (vv. 41-46), invece, che ritroveremo anche in *Meravigliosa-mente* (vedi pagina successiva), è con tutta probabilità innovazione originale del poeta siciliano. Il confronto con la fonte, per necessità limitato alla parte che ce ne resta, rivela, in ogni caso, l'indipendenza e la maturità che accompagnano queste prime prove della lirica d'arte italiana, per le quali la traduzione acquista il valore di un vero e proprio "esercizio" in gara con l'originale.

LEGGERE CON METODO

1. Nella rielaborazione delle due strofe superstiti di Folchetto (le altre sono perdute), quali temi riprende Giacomo da Lentini?
2. Che cosa chiede Folchetto alla donna (questa parte è stata tralasciata da Giacomo da Lentini)?

T3

Giacomo da Lentini

Meravigliosa-mente

AUDIOLIBRO

Periodo: metà del XIII secolo

Metro: il componimento si autodefinisce *canzonetta* (v. 55), termine che in questo caso però non individua un genere metrico specifico, ma piuttosto lo stile colloquiale della composizione; è composta di settenari con schema metrico ABCABCDDC

Argomento: la discrezione del sentimento d'amore

Il tema della canzonetta è quello, ben noto ai trovatori provenzali, dell'innamorato timido (anzi «vergognoso», v. 16) e impacciato, dissimulatore dei propri sentimenti, rivelati solo attraverso alcuni segni esteriori, quali sguardi furtivi e sospiri. Tali atteggiamenti, d'altronde, non dipendono solo dal carattere dell'innamorato, ma riconducono ad alcune condizioni fondamentali della fin'amor*: la consapevolezza di una distanza incolmabile tra l'uomo e la donna, fonte di annichilimento, e il motivo, anch'esso trobadorico, dell'obbligo della segretezza. Ma, se questo è il dato tradizionale, è nuovo l'ampio sviluppo che il tema assume nel componimento.*

Meravigliosa-mente
un amor mi distringe
e mi tene ad ogn'ora.
Com'om che pone mente
in altro exemplo pinge
la simile pintura,
così, bella, facc'eo,
che 'nfra lo core meo
porto la tua figura.

In cor par ch'eo vi porti,
pinta come parete,
e non pare difore.
O Deo, co' mi par forte.
Non so se lo sapete,
con' v'amo di bon core;
ch'eo son sì vergognoso
che pur vi guardo ascoso
e non vi mostro amore.

I due aggettivi in rima sottolineano la timidezza del poeta e il suo desiderio di segretezza.

Avendo gran disio
dipinsi una pintura,
bella, voi simigliante,
e quando voi non vio
guardo 'n quella figura,
par ch'eo v'aggia davante:
come quello che crede
salvarsi per sua fede,
ancor non veggia inante.

PARAFRASI

vv. 1-9 Straordinariamente mi avvince un amore, e mi tiene prigioniero (*tene*) ogni momento. Come uno tutto concentrato in un modello (*in altro exemplo*) dipinge un ritratto rassomigliante (*simile*), così, bella, faccio io, che porto la tua immagine (*tua figura)* dentro *(infra*) il mio cuore.

vv. 10-18 Sembra che io vi porti in cuore, dipinta come apparite esteriormente (*come parete*), e di fuori non si vede. Dio, come mi pare duro! Non so se lo sapete, come io vi amo sinceramente (*di bon core*); perché io sono così timido (*vergognoso*) che vi guardo solo (*pur*) di nascosto e non vi dimostro amore.

vv. 19-27 Spinto dal gran desiderio, ho dipinto un ritratto, bella, somigliante a voi, e quando non vi vedo (*vio*), guardo quella immagine, pare proprio che vi abbia di fronte a me; come chi crede di salvarsi per la sua fede, benché non abbia davanti agli occhi (*inante*) l'oggetto in cui crede.

1. Meravigliosa-mente: stampato così, con la lineetta, a evidenziare la non ancora avvenuta fusione, nella lingua antica, dei due componenti dell'avverbio: l'aggettivo e il suffisso *-mente*.
22. vio: sicilianismo; come qui sotto «loco», "lì", e «ancosciare», "angosciare", ma qui nel senso di "respirare affannosamente", "singhiozzare".

Al cor m'ard'una doglia,
com'om che ten lo foco
a lo suo seno ascoso,
e quando più lo 'nvoglia,
allora arde più loco
e non pò star incluso:
similemente eo ardo
quando pass'e non guardo
a voi, vis'amoroso.

vv. 28-36 Nel cuore mi arde un dolore (*doglia*), come un uomo che tiene nascosto il fuoco in petto, e quanto più cerca di soffocarlo (*lo 'nvoglia*), allora lì (*loco*) arde di più e non può più restare rinchiuso: allo stesso modo io ardo, quando passo e non guardo voi, viso amoroso.

S'eo guardo, quando passo,
inver' voi no mi giro,
bella, per risguardare;
andando, ad ogni passo
getto uno gran sospiro
ca facemi ancosciare;
e certo bene ancoscio,
c'a pena mi conoscio,
tanto bella mi pare.

vv. 37-45 Se io volgo lo sguardo, quando passo, non mi giro verso di voi, bella, per guardare una seconda volta (*risguardare*); mentre cammino (*andando*), a ogni passo getto un gran sospiro che mi fa singhiozzare (*ancosciare*); e certo singhiozzo per davvero, che a malapena so chi sono (*mi conoscio*), tanto bella mi apparite.

Assai v'aggio laudato,
madonna, in tutte parti,
di bellezze c'avete.

vv. 46-54 Madonna, vi ho lodato abbastanza (*Assai*) in tutte le parti di bellezza che avete.

---

39. risguardare: l'amante, desideroso di contemplare la bellezza della sua dama e di manifestarle il suo amore, ma reso timido e impacciato dall'intensità del suo sentimento, si comporta in modo contraddittorio: guarda di nascosto (v. 17), guarda l'immagine ideale dell'amata che egli si porta nel cuore (v. 23), passa oltre senza guardare (v. 35), guarda, ma una volta sola, senza osare, appunto, «risguardare».

45. mi pare: **mi appari**. Passa dal «voi» al «tu»; d'altronde prima (vv. 9-10) era passato dal «tu» al «voi».

■ Le parole della tradizione

TROVARE LE PAROLE

▸ **ascoso, ascondere**: «ascoso», "nascosto" è aggettivo e participio passato del corrispondente verbo ***asconder(si)***, "nascondersi".

■ Nella canzonetta di Giacomo da Lentini compaiono per tre volte, in un contesto lievemente diverso, «ascoso» e «asconder(si)»: il poeta timido guarda solo di nascosto («pur vi guardo ascoso», v. 17) la donna amata; si paragona a un uomo che tenga un fuoco nascosto («ten lo foco a lo suo seno ascoso», vv. 29-30) nel petto; la donna sfuggente continua a nascondersi («pur v'ascondete», v. 51). Le due parole hanno origine latina (derivate rispettivamente dal verbo *abscondere*, "nascondere", e dal suo participio, nella forma medievale *absconsus*). Già all'epoca di Dante «ascoso» e «ascondere» erano termini letterari, cui si affiancavano i più comuni «nascoso», «nascondere» (dal tardo latino *inabscondere*); nella *Commedia* dantesca le due serie si alternano, con una lieve preferenza per quella meno ricercata.

■ A dimostrazione che «ascoso» e «ascondere» si specializzano fin dal Trecento come parole del lessico poetico stanno le diverse scelte di Petrarca e Boccaccio: il primo, esattamente come Dante, alterna le due serie; il secondo nel *Decameron* usa esclusivamente «nascoso», «nascosto», «nascondere». Il verbo «ascondere» ma soprattutto l'aggettivo «ascoso» continueranno a far parte del lessico poetico: li troviamo in Ariosto, Tasso, Parini, Leopardi. Manzoni usa tre volte «ascoso» nella *Pentecoste*, mai nei *Promessi sposi*, dove ovviamente sceglie «nascosto». Nel Novecento, in funzione ormai ironica e caricaturale, lo userà più volte Gadda.

Non so se v'è contato
ch'eo lo faccia per arti,
che voi pur v'ascondete;
sacciatelo per singa
zo ch'eo no dico a linga,
quando voi mi vedite.

Non so se vi è stato raccontato che io lo faccia per finta (*per arti*), visto che voi continuate a nascondervi (*pur v'ascondete*): apprendetelo dai segni esteriori (*per singa*), ciò (*zo*) che io non dico con la lingua, quando voi mi vedrete.

Canzonetta novella,
va' canta nova cosa;
lèvati da maitino
davanti a la più bella,
fiore d'ogn'amorosa,
bionda più c'auro fino:
«Lo vostro amor, ch'è caro,
donatelo al Notaro
ch'è nato da Lentino».

vv. 55-63 Canzonetta nuova (*novella*, "appena composta"), va a cantare cose nuove: alzati di buon mattino (*da maitino*) davanti alla più bella, fiore d'ogni donna degna d'amore (*d'ogn'amorosa*), bionda più che oro fino: «Il vostro amore, che è cosa preziosa (*caro*), donatelo al Notaro, quello nativo di Lentini».

55-56. canzonetta ... cosa: la replicazione «novella» - «nova» mette in rilievo l'originalità della poesia e insieme dell'esperienza amorosa qui descritta, che d'altronde era segnalata come «meravigliosa», cioè straordinaria, eccezionale, fin dal primo verso.

T3 Dentro il testo

IN SINTESI

La canzone si svolge intorno al motivo tradizionale dell'immagine, o "figura", della donna amata, che l'innamorato si porta nel cuore. Giacomo, però, rinnova il motivo all'interno di una rappresentazione di sé come innamorato timido e vergognoso, che non osa alzare gli occhi sull'amata e che, in sua presenza (e facendo forza a se stesso), ne evita lo sguardo e cerca, sia pure inutilmente, di sopprimere i sintomi della sua passione. Il "ritratto" interiore della donna diventa così una risorsa di salvezza: la donna che il poeta non osa contemplare nella realtà, egli la può adorare a suo piacimento nell'immagine interna che si è dipinto di lei nel cuore.

I TEMI E L'ESPRESSIONE

LA SCOPERTA DELL'INTERIORITÀ

Rispetto all'esteriorizzazione dei sentimenti, tipica della poesia d'amore antica, questa canzone rappresenta una novità. Sia pure all'interno della situazione convenzionale (l'uomo amante senza speranza; la donna qui, se non sdegnosa, indifferente), Giacomo descrive i suoi comportamenti e sentimenti d'innamorato in maniera più **articolata** e **raffinata**. Si dipinge, infatti, come un amante «vergognoso» (v. 16), che non osa contemplare l'oggetto del suo amore apertamente, ma lo guarda «ascoso» (v. 17), "di nascosto"; quando passa accanto alla donna amata è tale il fuoco interiore che lo arde, da impedirgli, paradossalmente, di volgere lo sguardo verso di lei (vv. 34-36), e se questo accadesse, di voltarsi una seconda volta (vv. 37-39). L'amante non osa parlare: ma invita la donna a capire «per singa» (v. 52), dai segni esteriori del suo comportamento, il sentimento che lo divora. La situazione convenzionale viene così calata in una cornice sempre generica, ma **più reale**: questi personaggi che si passano accanto, che si sfiorano, in un gioco di sguardi furtivi e di gesti repressi, sceneggiano circostanze molto più concrete e quotidiane rispetto ai provenzali. Anzi, la canzone sembra anticipare una delle scene fondamentali del futuro **Stilnovo**: quella del **«saluto»** della donna amata all'amante. Solo che qui la scena è quella di un saluto mancato: ed è l'uomo, si badi, sopraffatto dalla timidezza, che inibisce ogni gesto troppo rivelatore nei confronti della donna amata. In conclusione, in questa canzone le convenzioni della poesia cortese **si addolciscono**, dando luogo ad una più delicata descrizione di emozioni e di sentimenti.

L'IMMAGINE INTERIORE DELLA DONNA AMATA

Tuttavia, anche in questa canzone il sentimento viene espresso principalmente attraverso il ricorso a **immagini, metafore, comparazioni.** Questo si vede soprattutto nelle prime strofe, dove la timidezza dell'amante, che gli inibisce di cercare troppo apertamente la visione diretta della donna amata, si crea una sorta di **privata compensazion**e, contemplando l'immagine che della donna egli porta dentro di sé, nel suo cuore. Il motivo dell'immagine della donna amata "dipinta", o "incisa" o (come diciamo ancora oggi) "scolpita" nel cuore, è tradizionale, e non rappresenta una novità. Originale però è il modo con cui Giacomo usa questo motivo all'interno di una rappresentazione di sé come amante «vergognoso». Infatti, se ogni amante porta dentro di sé, nel cuore, l'immagine dell'amata, per Giacomo questo diventa la **risorsa principale** del suo stato d'innamorato. Il "ritratto" di madonna è cosa privata, segreta («e non pare di fore», v. 12); è rimedio interiore per quella passione che il poeta non osa manifestare («vi guardo ascoso / e non vi mostro amore», vv. 17-18); è un'icona sostitutiva, a cui l'amante ricorre quando non ha occasione di vedere direttamente la donna amata (vv. 22-24). Insomma, il motivo del ritratto nel cuore perde qui la sua genericità per diventare **metafora della segretezza** e della inconfessabilità del sentimento, da parte di un innamorato particolarmente geloso della sua vita interiore e delle sue più private emozioni.

Analisi e interpretazione Tipologia A

LEGGERE CON METODO

COMPRENSIONE GLOBALE

1. Che cosa fa il poeta non potendo guardare l'amata, per timidezza o per lontananza?
2. Quali atteggiamenti configurano il poeta come «amante timido»?
3. Come potrà la donna comprendere l'amore che il poeta non può esprimere a parole?
4. In che modo il poeta firma il suo componimento?

LA LINGUA E LE STRUTTURE

5. Sottolinea nel testo i termini che fanno riferimento allo sguardo, al guardare.

I TEMI E L'INTERPRETAZIONE

6. La rappresentazione del sentimento amoroso è per alcuni aspetti convenzionale, per altri innovativa. Quali motivi hai già incontrato? Quali appaiono nuovi?

USARE IL DIGITALE

APPROFONDIMENTI E CONFRONTI

7. Documentati online sulla condizione della timidezza nelle relazioni, come freno o come risorsa, ed elabora sul tema una presentazione in cinque *slide*.

4 Cielo d'Alcamo: il rovesciamento parodico dell'amor cortese

Un giullare in Sicilia Negli stessi anni in cui sono attivi i poeti della Scuola siciliana, scrive, sempre in Sicilia (fra Trapani e Palermo), un poeta di notevole, ma diversissima personalità, Cielo d'Alcamo, di cui è rimasta famosa una composizione, *Rosa fresca aulentissima*. Al di là del valore in sé e per sé di questa poesia, la presenza di Cielo d'Alcamo è preziosa come indizio di una complessità e varietà della lirica delle origini di cui oggi noi non abbiamo, probabilmente, che una pallida nozione. Cielo d'Alcamo è anche biograficamente lontanissimo dai funzionari regi che compongono la Scuola siciliana: è con tutta probabilità un **giullare di professione**, e la sua poesia rovescia precisamente le tematiche in uso nella Scuola; i canoni letterari e i temi a cui i siciliani si adeguano con tanta cura sono qui stravolti con intento parodico e caricaturale. A tal fine l'autore

Vernacolare
Parlata specifica di un luogo.

mescola il registro aulico-cortese con quello vernacolare, ottenendo l'effetto di abbassare e scardinare dall'interno la dignità del volgare illustre dei poeti di corte. Ma a contribuire alla parodia è anche la **visione bassa e disincantata del corteggiamento**: l'amante cerca di persuadere la donna a cedere a un desiderio amoroso tutt'altro che platonico, e lei, da parte sua, pur mostrandosi ritrosa, finisce col cedere più che volentieri. Siamo dunque molto lontani dall'amore cortese e dal guiderdone (mai di carattere sessuale) che il cavaliere suole chiedere all'amata.

T4

Cielo d'Alcamo

Rosa fresca aulentissima

Anno: 1231-1250

Metro: contrasto composto da strofe di cinque versi: tre settenari doppi monorimi (col primo emistichio sempre sdrucciolo) più due endecasillabi a rima baciata, diversa dalla precedente: AAA BB

Argomento: un giovane uomo cerca di sedurre una bella ragazza e questa, dopo le iniziali esitazioni, gli si concede

Un uomo, forse un giullare, tenta di sedurre una giovane popolana, usando un linguaggio e una retorica degni di una canzone cortese d'amore, ma anche con frequenti cadute in un linguaggio popolaresco e grossolano. Alle battute del seduttore si alternano le repliche della ragazza in un gioco divertito e malizioso di seduzione e rifiuti, durante il quale la donna oppone una resistenza sempre meno convinta, fino alla resa finale. Il contrasto si compone di 32 strofe di 5 versi ciascuna, per un totale di 160 versi; ne riportiamo la prima metà.

«Rosa fresca aulentis[s]ima   ch'apari inver' la state,
le donne ti disiano,   pulzell' e maritate:
tràgemi d'este focora,   se t'este a bolontate;
per te non ajo abento notte e dia,
penzando pur di voi, madonna mia».

«Se di meve trabàgliti,   follia lo ti fa fare.
Lo mar potresti arompere,   a venti asemenare,
l'abere d'esto secolo   tut[t]o quanto asembrare:
avere me non pòteri a esto monno;
avanti li cavelli m'aritonno».

«Se li cavelli artón[n]iti,   avanti foss'io morto
ca'n is[s]i [sì] mi pèrdera   lo solacc[i]o e 'l diporto.
Quando ci passo e véjoti,   rosa fresca de l'orto,
bono conforto dónimi tut[t]ore:
poniamo che s'ajunga il nostro amore» .

«Ke 'l nostro amore ajùngasi,   non boglio m'atalenti:
se ci ti trova pàremo   cogli altri miei parenti,
guarda non t'ar[i]golgano   questi forti cor[r]enti.
Como ti seppe bona la venuta,
consiglio che ti guardi a la partuta».

PARAFRASI

vv. 1-10 «Rosa fresca profumatissima, che sbocci all'inizio dell'estate, le donne ti desiderano, ragazze e sposate: tirami fuori da questi bruciori per piacere; per colpa tua non trovo riposo (*abento*) né di notte né di giorno, sempre pensando a voi, madonna mia».
«Se ti tormenti per me, la tua pazzia te lo fa fare. Potresti arare (*arompere*) il mare, seminare ai venti, adunare tutti gli averi di questo mondo: a questo mondo non mi potresti avere; piuttosto mi taglio i capelli [cioè mi faccio monaca]».

vv. 11-20 «Se ti tagli i capelli, che io sia piuttosto ucciso, ché con loro mi perderei la gioia e il piacere. Quando passo di qui (*ci*) e ti vedo, fresca rosa di giardino, mi dai sempre buon conforto: stabiliamo che si congiunga il nostro amore».
«Che il nostro amore si congiunga, non voglio che mi piaccia; se ti ci trova mio padre con gli altri parenti miei, sta' attento che non ti acchiappino questi forti inseguitori (*cor[r]renti*). Come ti è andato bene il venire qui, ti consiglio di stare attento alla partenza».

2. le donne ... maritate: cioè, le donne desiderano il fiore che tu rappresenti, fanciulle e sposate.
3. focora: **fuochi**. ■ **se t'este a bolontate:** **se questo è nella tua volontà**.
7-8. Lo mar ... asembrare: la prima di queste situazioni impossibili rimanda all'espressione ancora oggi viva, siciliana e calabrese, «zappari a l'acqua e siminari a lu ventu».

«Se i tuoi parenti trova[n]mi, e che mi pozzon fare?
Una difensa mèt[t]oci di dumili' agostari:
non mi toc[c]ara pàdreto per quanto avere ha 'n Bari.
Viva lo 'mperadore, graz[i'] a Deo!
Intendi, bella, quel che ti dico eo?».

«*Tu me no lasci vivere né sera né maitino.*
Donna mi so' di pèrperi, d'auro massamotino.
Se tanto aver donàssemi quanto ha lo Saladino,
e per ajunta quant'ha lo soldano,
toc[c]are me non pòteri a la mano».

«Molte sono le femine c'hanno dura la testa,
e l'omo con parabole l'adimina e amonesta:
tanto intorno procàzzala fin che·ll' ha in sua podesta.
Femina d'omo non si può tenere:
guàrdati, bella, pur de ripentere».

«*K'eo ne [pur ri]pentésseme? davanti foss'io aucisa*
ca nulla bona femina per me fosse ripresa!
[A]ersera passàstici, cor[r]enno a la distesa.
Aquìstati riposa, canzoneri:
le tue parole a me non piac[c]ion gueri».

«Quante sono le schiantora che m'ha' mise a lo core,
e solo purpenzànnome la dia quanno vo fore!
Femina d'esto secolo tanto non amai ancore
quant'amo teve, rosa invidïata:
ben credo che mi fosti distinata».

«*Se distinata fósseti, caderia de l'altezze,*
ché male messe fòrano in teve mie bellezze.

vv. 21-30 «Se mi trovano i tuoi parenti, e che mi posson fare? Ci metto sopra una multa (*difensa*) di duemila augustali: tuo padre non mi potrebbe toccare per quanti soldi ha in Bari. Viva l'imperatore, grazie a Dio! Intendi, bella mia, quel che ti sto dicendo?».
«Tu non mi lasci vivere, né sera né mattino. Io son padrona di moneta (*pèrperi*), di bisanti d'oro. Se tu mi donassi tanto quanto possiede il Saladino e, in aggiunta, quanto possiede il sultano, non mi potresti neanche toccare una mano».
vv. 31-40 «Sono tante le donne di testa dura, e l'uomo a forza di parlarci le sottomette (*adimina*) e le addomestica; la incalza tanto finché non l'ha in suo potere. La femmina dall'uomo non si può difendere; sta' attenta, bella mia, che tu non abbia a pentirti».
«Io dovrei pentirmi? Piuttosto foss'io uccisa, che per mia colpa (*per me*) dovesse essere biasimata qualunque altra donna onesta. Anche ieri sera ci sei ripassato qui davanti, correndo come un invasato (*a la distesa*). Datti pace, menestrello; le tue parole a me non piacciono neanche un po'».
vv. 41-50 «Quanti sono gli schianti (*schiantora*) che mi hai fatto nel cuore, anche solo a pensarci, il giorno quando esco! Femmina di questo mondo non amai tanto fino ad ora quanto amo te, rosa degna d'invidia (*invidiata*): credo proprio che tu mi fosti destinata». «Se ti fossi stata destinata, cadrei ben in basso, che sarebbero (*fòrano*) state male collocate in te (*teve*) le mie bellezze! Se tutto ciò mi dovesse succedere, mi taglierei le trecce, e mi farei suora (*consore*) in qualche monastero (*magione*), prima che tu mi tocchi la persona».

22. Una ... agostari: nelle *Constituzioni* (*Liber augustalis*) promulgate da Federico II a Melfi nell'agosto del 1231 era previsto che chi veniva aggredito potesse difendersi invocando il nome dell'imperatore, e multando, a suo piacimento, i trasgressori; la multa qui stabilita corrisponde, evidentemente, a una cifra iperbolica. Questo vuol dire, fra l'altro, che il nostro *Contrasto* non può essere anteriore all'agosto 1231.
23. ha 'n Bari: questa menzione di Bari non significa che il componimento sia stato composto in Puglia, ma solo che Bari è citata per antonomasia come città molto ricca; ed era, in effetti, una delle più prospere del Regno svevo.
24. lo 'mperadore: Federico II, alla cui morte (1250) il componimento è dunque anteriore.
27. Donna ... massamotino: la donna si vanta della sua florida situazione economica; non le importa, dunque, se il suo corteggiatore diventa ricco attraverso la multa che potrebbe riscuotere dai suoi. Il pèrpero e il massamotino erano bisanti, cioè monete d'oro di grande valore coniate a Bisanzio.
28. lo Saladino: il famoso Salah-ed-Din, sultano di Siria e d'Egitto, morto nel 1193, figura subito entrata nella leggenda, è uno dei protagonisti del *Novellino*; menzionato da Dante tra i personaggi del Limbo (*Inf.*, IV, 129), ritorna a più riprese nel *Decameron* di Boccaccio.
29. lo soldano: **il sultano d'Egitto**, eco immediata dell'appena citato Saladino.
36-37. K'eo ... ripresa: la donna si preoccupa che un suo eventuale cedimento possa arrecare discredito a qualsiasi altra donna onesta; a tutta la categoria, insomma.
39. canzoneri: è qui che il corteggiatore si rivela un giullare; ma «canzoneri» potrebbe anche esser detto per scherno, di un innamorato che perseguita la donna con le sue chiacchiere e le sue serenate.

Se tut[t]o adivenìssemi, tagliàrami le trezze
e consore m'arenno a una magione,
avanti che m'artoc[c]hi 'n la persone».

«Se tu consore arènneti, donna col viso cleri,
a lo mostero vènoci e rènnomi confleri:
per tanta prova vencerti fàralo volonteri.
Conteco stao la sera e lo maitino:
besogn'è ch'io ti tenga al meo dimino».

«Boimè tapina misera, com'ao reo distinato!
Geso Cristo l'altissimo del tut[t]o m'è airato:
concepìstimi a abàttare in omo blestiemato.
Cerca la terra ch'este gran[n]e assai,
chiù bella donna di me troverai».

«Cercat'ajo Calabr[ï]a, Toscana e Lombardia,
Puglia, Costantinopoli, Genoa, Pisa e Soria,
Lamagna e Babilonïa [e] tut[t]a Barberia:
donna non [ci] trovai tanto cortese,
per che sovrana di meve te prese».

«Poi tanto trabagliàsti[ti], fac[c]ioti meo pregheri
che tu vadi adomàn[n]imi a mia mare e a mon peri.
Se dare mi ti degnano, menami a lo mosteri,
e sposami davanti da la jente;
e poi farò le tuo comannamente».

«Di ciò che dici, vìtama, neiente non ti bale,
ca de le tuo parabole fatto n'ho ponti e scale.
Penne penzasti met[t]ere, sonti cadute l'ale;
e dato t'ajo la bolta sot[t]ana.
Dunque, se po[t] i, tèniti villana».

«En paura non met[t]ermi di nullo manganiello:
istòmi 'n esta groria d'esto forte castiello,
prezzo le tuo parabole meno che d'un zitello.
Se tu no levi e va'tine di quaci
se tu ci fosse morto, ben mi chiaci».

vv. 51-60 «Se tu ti fai suora, donna dal viso bello (*cleri*, "chiaro") io vengo al monastero e mi faccio frate (*confleri*): per vincerti in siffatta prova lo farei volentieri. Con te starei (*stao*) la sera e il mattino: è necessario che io ti tenga in mio potere (*dimino*)».
«Ohimè infelice misera, che malvagio destino è il mio! Gesù Cristo l'altissimo è proprio adirato con me: mi hai fatta nascere perché dovessi imbattermi in un miscredente. Attraversa la terra che è grande assai, che troverai donna più bella di me».

vv. 61-70 «Ho percorso Calabria, Toscana e Lombardia, Puglia, Costantinopoli, Genova, Pisa e la Siria, la Germania (*Lamagna*), e Babilonia e tutta l'Africa del Nord (*Barberia*, "la terra dei Berberi"): non ci ho trovato donna tanto cortese, per questo ho preso te come sovrana sopra me stesso».
«Visto che ti sei dato tanta pena, ti rivolgo la preghiera che tu vada a domandarmi a mia madre e a mio padre. Se si degnano di darmi a te in sposa, portami in chiesa (*mosteri*), e sposami davanti a tutti (*la jente*, "la gente"); e poi farò quanto vorrai ordinarmi».

vv. 71-80 «Di ciò che dici, vita mia, niente ti è utile (*bale*), perché delle tue parole non me ne importa più (*fatto n'ho ponti e scale*). Pensavi di mettere penne, ma le ali ti sono cadute; e t'ho dato il colpo di grazia (*la bolta sot[t]tana*). Dunque, se puoi, continua pure a fare la villana con me».
«Non mi metti paura di nessuna macchina da guerra (*manganiello*, "catapulta"); io me ne sto nell'eccellente difesa (*groria*, "gloria") di questo forte castello: considero le tue chiacchiere meno che quelle d'un bambino (*zitello*). Se tu non ti levi e te ne vai da qui, se tu ci restassi ucciso, ben mi piacerebbe».

---

71. **Di ciò ... bale:** il corteggiatore, adesso che la donna si è dichiarata disposta ad accettare il suo amore (previo matrimonio), la prende in giro, per essersi degnata di scendere al suo livello, dopo averlo tanto disprezzato.
72. **fatto n'ho ponti e scale:** espressione siciliana, "non me ne ricordo neppure", "non ne parlo nemmeno più".
74. **la bolta sot[t]ana:** è **il colpo** («bolta») **di sotto in su**, il colpo di grazia. L'uomo vuol dire che inducendo la donna a offrirsi lei stessa in sposa, ha completamente atterrato le sue difese.
76. **manganiello:** l'immagine della catapulta è provocata dalla «bolta sottana» di sopra, che ha trasformato il contrasto amoroso in una sorta di pugilato, o di guerra d'assedio.
77. **istòmi ... castiello:** qui il castello è metafora delle molte virtù esibite dalla fanciulla.

T4 Dentro il testo

IN SINTESI

Già nella parte qui riprodotta, il lungo contrasto rivela la non comune abilità dell'autore nel costruire, attraverso la meccanica successione delle strofe di botta e risposta, un vero e proprio movimento drammaturgico. Il dialogo passa infatti attraverso almeno quattro fasi: la prima (vv. 1-55) in cui le due posizioni, dell'uomo che chiede e della donna che nega, rimangono fisse e inalterate; una seconda (vv. 56-65) in cui la donna, pur lamentandosi dell'irriverenza religiosa del corteggiatore, già lo considera una sorta di suo "destino" e cerca di liberarsene ricorrendo all'argomento «Va' a cercare una donna più bella di me»; una terza fase, costituita da un passo falso della donna, che si dice disposta ad accontentare l'innamorato, ma solo se egli la chiede in sposa (vv. 66-70); l'ultima (vv. 71-80), infine, vede un riattivarsi delle ostilità, con l'uomo che interpreta la disponibilità al matrimonio come un segno di resa da parte della donna, e quest'ultima che riassume rapidamente il solito tono di sfida sarcastica. Sia pure all'interno di un genere consacrato e di uno schema obbligato, i due personaggi appaiono dunque vividamente caratterizzati, e il loro rapporto varia, di strofa in strofa, in modo non convenzionale.

I TEMI E L'ESPRESSIONE

LA TECNICA DI ESECUZIONE E I GENERI DI RIFERIMENTO

Il testo è interamente **dialogato**, con i due interlocutori che si alternano di strofa in strofa: uno **schema teatrale**, che infatti ha fatto pensare che questo *contrasto* sia in realtà un mimo drammatico destinato alla recitazione (con il giullare che recita alternativamente la parte dell'uomo e della donna). Indipendentemente dalla tecnica di esecuzione, il genere più prossimo a questa composizione è però quello della pastorella in **lingua d'*oïl***. Anche nelle pastorelle francesi si assiste al tentativo di seduzione di una donna di umile condizione (nel caso specifico, una giovane pastora), da parte di un intraprendente corteggiatore; dinanzi ai doni e alle lusinghe di costui, la giovane finisce solitamente con l'arrendersi, nonostante non manchino le minacce di chiamare in soccorso il padre, i fratelli o altri parenti (vedi qui vv. 16-18). Però, nella pastorella vera e propria la parte dialogata si inserisce in un quadro narrativo di ambientazione campestre; inoltre, il seduttore (che si mostra come autore del componimento) riveste i panni di un cavaliere, fatto che in genere implica una diversificazione linguistica dei due interlocutori. Nel *Contrasto* di Cielo d'Alcamo, invece, il testo è interamente dialogato, e non c'è traccia di **ambientazione** né di alcuna **cornice narrativa**. Inoltre, i due interlocutori parlano la stessa lingua, allo stesso livello, più o meno, di competenza.

UNA LINGUA D'ARTE

Nel *De vulgari eloquentia*, Dante cita il componimento come esempio del volgare «che esce dalla bocca del siciliano medio». In realtà, la lingua di questo contrasto non può essere considerata semplicemente rappresentativa del dialetto siciliano standard di quel tempo. Si tratta piuttosto di una **lingua letteraria**, dunque in parte artificiale e non spontanea, in cui elementi dialettali sono accostati a elementi di lingua colta, in genere di derivazione francese. Per esempio, «boglio m'atalenti» (v. 16) mette insieme la parola siciliana, «boglio», con un francesismo, «atalenti», e francesismi aulici sono «aersera» (v. 38, fr. *ersoir*), «purpenzànnome» (v. 42), «magione» (v. 49), «confleri» (v. 52), «mosteri» (v. 68, fr. *moustier*), oltre a «mon peri» (v. 67), vero e proprio francesismo ostentato. È come se tutt'e due gli interlocutori cercassero di sollevare il loro dialogo in un'aria più distinta, **più elegante**; quasi a mascherare la sostanza non così cortese del contrasto («Vuoi venire a letto con me?» - «Neanche morta»). A questo proposito, sarà il caso di notare che, alla fine, la donna, fatto giurare il suo corteggiatore sui Vangeli, si arrende con un'espressione francamente dialettale: «A lo letto ne gimo a la bon'ora / ché chissa cosa n'è data in ventura» ("Andiamo a letto alla buon'ora, visto che questa cosa ci è concessa per nostra buona fortuna").

IL CONTRASTO

Rosa fresca aulentissima è un **contrasto**, un tipo di componimento che ebbe molta fortuna nel XIII secolo. Questi componimenti erano caratterizzati da un «botta e risposta» tra due personaggi (uomo e donna, ma anche il corpo e l'anima o il bene e il male, e così via), che si rinfacciano l'un l'altro. Si trattava di poesie abbastanza lunghe, di metrica diversa e non sempre regolare. L'argomento era per lo più **amoroso**, ma esistono contrasti anche di carattere **pedagogico** e **morale**, dove i personaggi tendono a costituirsi come "tipi" più che essere ben definiti dal punto di vista psicologico.

Analisi e interpretazione Tipologia A

LEGGERE CON METODO

COMPRENSIONE GLOBALE

1. Chi sono i protagonisti del dialogo? Come sono caratterizzati socialmente e psicologicamente?
2. A quali minacce ricorre la donna per togliersi di torno il corteggiatore? Lui si fa intimorire?

LA LINGUA E LE STRUTTURE

3. Nei versi 7-8 è presente la figura retorica dell'*adynaton* (elenco di cose impossibili): che cosa dovrebbe accadere prima che l'uomo possa fare sua la ragazza?
4. All'interno del testo, individua alcuni esempi di alternanza tra linguaggio popolare e lessico cortese.

I TEMI E L'INTERPRETAZIONE

5. In che senso possiamo considerare questo testo una parodia della lirica cortese?

SCRIVERE CON METODO

COMMENTO

6. Sulla base delle risposte alle attività precedenti, scrivi un commento della lirica dell'ampiezza massima di una colonna di foglio protocollo.

L'essenziale

AUDIOLIBRO

DALLA PROVENZA ALLA SICILIA

Nella Sicilia del primo Duecento, alla corte di Federico II di Svevia si formò un gruppo di poeti, che diede vita alla Scuola poetica siciliana. Si trattava di funzionari, soprattutto uomini di legge, che scrivevano per diletto. Di questa scuola ci sono rimasti circa 150 componimenti (una trentina anonimi, gli altri suddivisi tra venticinque rimatori).

LA CORTE DI FEDERICO II

Federico II di Svevia fu uomo di grande cultura, legato sia alla Francia (la madre era Costanza d'Altavilla, normanna) sia alla Germania (il padre era l'imperatore Enrico VI). Oltre al francese e al tedesco, parlava il volgare italiano-siciliano e studiò il latino. Diede impulso agli studi, fondando l'Università di Napoli. Il complesso di giuristi e notai che regolavano la vita amministrativa del regno si definisce Magna Curia.

LA TEMATICA AMOROSA

La Scuola siciliana si concentrò soprattutto sulle tematiche amorose, come da tradizione provenzale: la fedeltà alla donna amata, la segretezza del sentimento, la speranza di una ricompensa. Rispetto ai trovatori provenzali, però, i poeti siciliani si distinsero per la loro maggiore capacità di analisi e di introspezione psicologica. Le liriche dei siciliani, inoltre, ci sono giunte prive di notazione musicale, il che lascia supporre che fossero create per essere non cantate ma recitate.

LA LINGUA

I testi della Scuola siciliana (con l'eccezione di *Pir meu cori alligrari*) ci sono giunti ampiamente rimaneggiati dai copisti toscani, che li tradussero dal siciliano in toscano. Si trattava comunque di un «siciliano illustre», cioè non popolare ma legato all'ambiente di corte, con influenze latine e provenzali.

LA PARODIA DI CIELO D'ALCAMO

Cielo d'Alcamo rappresenta un'eccezione: era probabilmente un giullare di professione, del quale è giunto a noi il contrasto *Rosa fresca aulentissima*. Si tratta di un rovesciamento parodistico dell'amor cortese, nel quale il poeta tenta di sedurre la donna, che dopo una iniziale ritrosia decide di concedersi. Il testo mostra che Cielo d'Alcamo conosceva molto bene la tematica amorosa e la parodia che egli opera è condotta con grande perizia.

A COLPO D'OCCHIO — La Scuola siciliana

Didattica INCLUSIVA

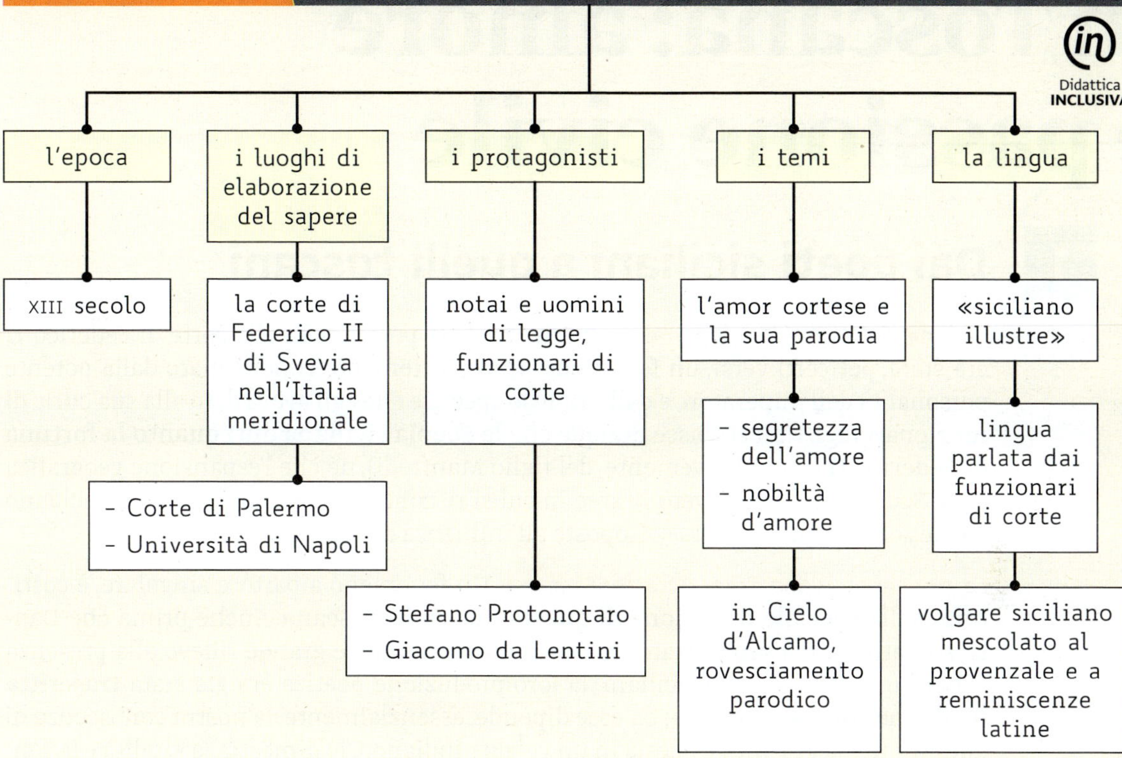

Le parole per ricordare

TROVARE LE PAROLE

GUIDERDONE

I poeti siciliani, così come i provenzali, speravano in un guiderdone, cioè una ricompensa da parte dell'amata. Non si trattava mai di una richiesta di natura sessuale, ma di un cenno di riconoscimento da parte della donna, come ricompensa per gli sforzi del poeta.

SEGRETEZZA

Fondamentale, per salvaguardare l'onore della donna - solitamente sposata con un altro, spesso un nobile - era che il sentimento restasse segreto, non detto, e che si esaurisse nell'ambito della poesia a lei dedicata.

«SICILIANO ILLUSTRE»

I poeti siciliani scrivevano in volgare, ma si trattava di una lingua lontana da quella popolare: impastata di elementi latini e provenzali, era parlata soprattutto dai dignitari della corte di Federico II, notai e uomini di legge.

Capitolo 4

In Toscana: amore e passione civile

1 Dai poeti siciliani a quelli toscani

La fine della Scuola siciliana L'esperienza della poesia nata alla corte di Federico II era stata, per certi versi, un fenomeno unico, fortemente condizionato dalla potente personalità dell'imperatore e dall'impulso speciale che egli aveva dato alla sua curia di funzionari regi. Non stupisce dunque che **la Scuola siciliana duri quanto la fortuna di Federico II** (e, più brevemente, del figlio Manfredi), né che l'espansione geografica della Scuola siciliana, ovvero le aree in cui si riscontra una sua influenza, coincidano con le zone in varia misura sottoposte all'influenza di Federico stesso.

La poesia siciliana trascritta in Toscana Un fenomeno a parte, e singolare, è costituito dalla **speciale diffusione di questa poesia in Toscana.** Anche prima che Dante, soprattutto nel suo trattato *De vulgari eloquentia*, desse grande rilievo alla presenza e alla funzione dei poeti siciliani, la loro produzione poetica era già stata **trascritta in alcune corpose raccolte**; da esse dipende, essenzialmente, la nostra conoscenza di questa che è la più antica poesia in un volgare italiano. Ciò dimostra la vitalità e la sensibilità culturale delle città toscane, che ebbero evidentemente la prontezza di recepire la novità delle poesie dei siciliani ed ebbero il merito di consacrarne l'importanza, costruendo una sorta di canone di autori e di testi che (con variazioni di non troppo conto) si ritrova in tutte queste raccolte.

Uno scenario diverso La transizione dalla Sicilia imperiale alla Toscana comunale significa naturalmente anche un **brusco cambio di scenario** sociale, politico e civile. La Toscana è nel Duecento la sede di un sistema tipicamente cittadino. Si pensi alla floridezza economica e all'intraprendenza di centri come Arezzo, Siena, e soprattutto Firenze: qui si elabora in questi decenni un'arte della mercatura e della finanza in cui spesso si è riconosciuto addirittura l'archetipo del moderno capitalismo. In questo sistema il potere delle famiglie aristocratiche, arroccate in campagna nei loro castelli, viene via via eroso dal potere della **borghesia finanziaria e commerciale cittadina**: non di rado quei castelli vengono incorporati nei territori comunali, e le famiglie nobiliari sono costrette a inurbarsi. È un sistema, d'altronde, esposto a una cronica frammentazione di centri e poteri rivali e in lotta fra di loro: se la Scuola siciliana aveva prosperato all'ombra di un potere fortemente accentrato, la **poesia toscana** del Duecento invece è **tipicamente policentrica**, data la vitalità delle forze cittadine in atto.

Le divisioni e le rivalità toscane si svolgono, nel corso del Duecento, lungo il crinale della divisione fra **ghibellini** (fautori dell'Impero) e **guelfi** (fautori del papa). Alcune date spiccano come decisive, anche per il riflesso che ebbero a lungo nell'immaginazione popolare e nella poesia:

- il **1260**, in cui, a **Montaperti**, le forze di Firenze guelfa vennero sanguinosamente sconfitte dalle forze ghibelline di Arezzo e Siena (e dei fuorusciti fiorentini di simpatie filo-imperiali); Firenze stessa rischiò di essere rasa al suolo dai vincitori;
- il **1266**, allorché furono sconfitte a **Benevento** le forze imperiali capeggiate da Manfredi, figlio dell'imperatore Federico II e morto sul campo;

- il **1313**, anno in cui la **morte di Arrigo (o Enrico) VII**, l'imperatore germanico sceso in Italia per restaurare l'autorità imperiale, segnò l'ultimo, fallito tentativo di imporre al sistema delle libere città italiane (capeggiato anche in quell'occasione da Firenze) la pace anacronistica di un principe universale.

I primi poeti toscani Nel contesto toscano spicca un gruppo di poeti disseminati tra Lucca, Arezzo e Firenze, che si pone di fronte alla recente tradizione siciliana in modo interlocutorio: seguendone certi aspetti, ma anche con un forte **sentimento di autonomia e originalità**. In questi poeti l'influsso siciliano è più evidente per i testi di **ispirazione amorosa**, mentre il discorso si fa più complesso per i testi di **passione civile** (estranea alla materia trattata dai siciliani), i quali inaugurano un filone che porta direttamente a Dante. Il leader indiscusso di questa sorta di **maniera «siculo-toscana»** è **Guittone d'Arezzo**, al quale si aggiungono altre interessanti figure di poeti: Bonagiunta Orbicciani da Lucca, Dante da Maiano, Chiaro Davanzati.

LA VITA E L'OPERA

GUITTONE D'AREZZO (Santa Firmina, 1230 - Bologna, 1294)

Ben poco si sa della vita di Guittone (Guido) d'Arezzo. Della sua esistenza, che deve essere stata comunque piuttosto movimentata, resta qualche traccia solo nelle opere, che ci forniscono indizi e informazioni. Dalle poesie e dalle lettere veniamo infatti a sapere che egli aveva una moglie e tre figli, che si era recato più volte anche a Bologna e Pisa oltre che a Firenze, che teneva rapporti epistolari (sia con vere e proprie lettere, sia con poesie) con la gran parte degli intellettuali e letterati del suo tempo. Da questi documenti ricaviamo anche la data centrale della vita di Guittone: **1265**, l'anno della sua uscita dalla vita civile e del suo ingresso nella **Congregazione dei Frati Gaudenti**. L'avvenimento viene celebrato, nel 1266, con la canzone *O cari frati miei*, nella quale «fra' Guittone» (così egli si firmerà d'ora in poi) celebra con grande entusiasmo la sua recente conversione. Come «frate Guittone» il poeta continuerà la sua opera, accentuando il **tono moraleggiante e filosofico** che d'altronde non era assente neppure nella sua prima produzione. Visse fino al 1294, anno presumibile della sua morte.

Sono arrivati a noi diversi esempi della sua arte poetica: 50 **canzoni** e ben 251 **sonetti** (anche se alcuni sono di dubbia attribuzione); molto importanti anche le 36 **epistole**, nelle quali Guittone tratta diversi argomenti. Nelle sue rime, Guittone mostra di conoscere molto bene tanto la Scuola siciliana quanto la poesia provenzale. Anche la sua opera evidenzia il "cambiamento di rotta" legato alla sua conversione: alle prime liriche di tema amoroso (tipicamente siculo-provenzale) seguono infatti opere a carattere morale e religioso.

PERCORSO IN MODALITÀ FLIPPED CLASSROOM

- **A casa** Gli studenti guardano la videolezione e il file PowerPoint e leggono in autonomia il testo, prendendo appunti per rispondere alle domande delle *Guide allo studio*.
- **In classe** A partire dagli appunti raccolti dagli studenti, l'insegnante integra e approfondisce le informazioni. In seguito ci si dedica alla lettura e analisi dei testi.
- **Strumenti e materiali** Videolezione di Riccardo Bruscagli (*Cavalcanti: Amore nel cielo di Marte*) e mappe in PowerPoint.

PERCORSO AD ALTA VELOCITÀ

- **Schemi** Dalla Scuola siciliana ai poeti siculo-toscani, p. 136
- **Testi chiave T2** Guido Guinizzelli, *Al cor gentil rempaira sempre amore*, p. 144 – **T3** Guido Guinizzelli, *Io voglio del ver la mia donna laudare*, p. 150 – **T5** Guido Cavalcanti, *Chi è questa che vèn, ch'ogn'om la mira*, p. 155 – **T6b** Guido Cavalcanti, *Voi che per li occhi mi passaste 'l core*, p. 158
- **Sintesi** L'essenziale, p. 173 – A colpo d'occhio, p. 174 – Le parole per ricordare, p. 174

Guittone d'Arezzo: il campione della poesia siculo-toscana

Una lunga vita e una posizione di rilievo Guittone d'Arezzo fu una figura dominante nel suo tempo, come dimostra l'alta considerazione (positiva o negativa) in cui era tenuto e la grande quantità di rapporti intrattenuti con le massime personalità poetiche dell'epoca. D'altronde egli ebbe una **lunga vita**: morì nel 1294, quando Dante era già attivo e aveva, probabilmente, già composto la *Vita nuova*. Anche solo cronologicamente, Guittone copre dunque l'epoca che va dalla ripresa della poesia siciliana in Toscana all'inaugurazione della nuova poesia che poi da Dante sarà definita «stilnovista». Ma fu proprio Dante che si impegnò a fondo a ridimensionare la fama e l'importanza di Guittone, che evidentemente sentiva come un «padre» troppo ingombrante.

Il giudizio di Dante In un famoso passo del *Purgatorio* in cui viene definito lo Stilnovo, il poeta Bonagiunta Orbicciani da Lucca, interlocutore di Dante, se ne esce con questa battuta: «O frate, issa [*adesso*] vegg'io ... il nodo / che 'l Notaro, e Guittone e me ritenne / di qua dal dolce stil novo ch'i' odo» (*Purgatorio*, XXIV, 55-57). Giacomo da Lentini, Bonagiunta da Lucca e Guittone stesso vengono tutti e tre respinti «al di qua» della nuova scuola poetica di Dante e dei suoi amici, definita **«dolce stil novo»**; tutti e tre squalificati come vecchi appartenenti a una maniera poetica ormai superata. Il giudizio dantesco è però molto **contestabile**. Guittone non può essere identificato semplicemente come un seguace dei siciliani: la potente ispirazione civile e politica della sua poesia non ha niente a che fare con la lirica della corte di Federico II. Ancora: nel *De vulgari eloquentia* Dante rincara la dose, accusando Guittone e i suoi imitatori di *plebescere*, cioè di insistere in uno stile plebeo e grossolano. E, se non bastasse, sempre nel *Purgatorio* (XXVI, 124-125) Dante sostiene che la fama di Guittone è frutto di un pregiudizio, ovvero di un'opinione che lo ha glorificato «di grido in grido pur lui dando pregio» ("continuando a lodarlo di bocca in bocca", quasi per contagio), ma senza fondamento. Insomma, sembra proprio che Dante abbia fatto di tutto per **diminuire** la figura di Guittone quando essa ancora godeva di grandissima fama.

GUIDA ALLO STUDIO

1. Quali furono i temi prevalenti della poesia siculo-toscana?
2. Quale fu l'avvenimento centrale nella vita di Guittone d'Arezzo e perché?
3. Quale fu il giudizio di Dante Alighieri su Guittone d'Arezzo?

A COLPO D'OCCHIO **Dalla Scuola siciliana ai poeti siculo-toscani**

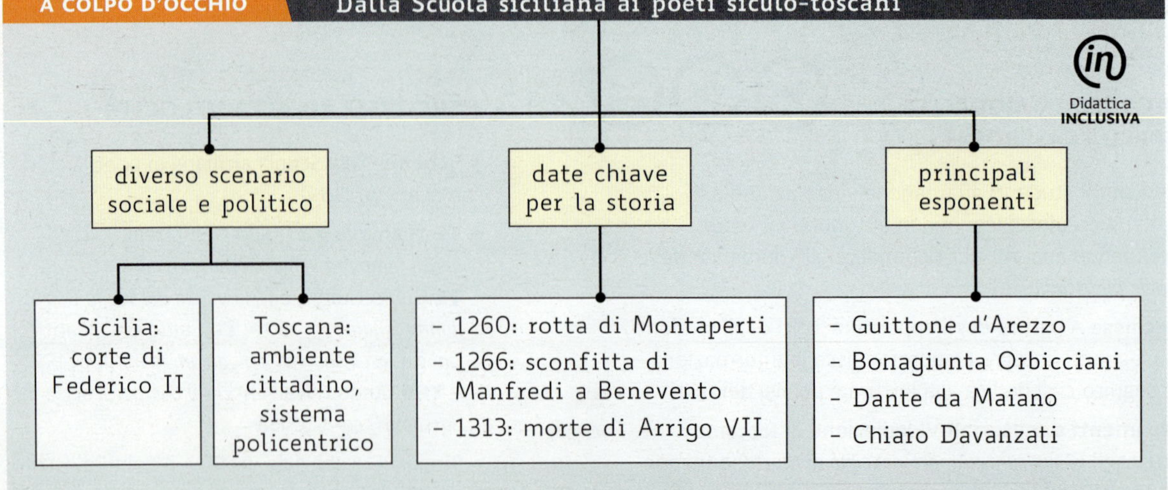

T1

Guittone d'Arezzo

Ahi lasso, or è stagion de doler tanto

Anno: dopo il 1260

Metro: canzone formata da sei stanze e un congedo; ogni stanza è di quindici versi (una fronte di endecasillabi ABBA, CDDC più una sirma di endecasillabi e settenari EFGgFfE)

Argomento: declino di Firenze dopo la dolorosa sconfitta di Montaperti

Il 4 settembre 1260 si combatté a Montaperti, nella campagna senese, una sanguinosa battaglia tra i fuoriusciti ghibellini di Firenze, alleati con i senesi, da una parte, e i guelfi allora al potere in città dall'altra. Firenze guelfa riportò una clamorosa sconfitta e rischiò di essere rasa al suolo dal partito dei vincitori. Della canzone di Guittone qui si propongono le prime tre stanze.

Ahi **lasso**! or è stagion de doler tanto
a ciascun om che ben ama ragione,
ch'eo meraviglio u' trova guerigione,
che morto no l'ha già corrotto e pianto,
vedendo l'alta Fior sempre granata
e l'onorato antico uso romano,
ca certo pere; crudel forte e villano,
s'avaccio ella no è ricoverata!
Ché l'onorata sua ricca grandezza
e 'l pregio quasi è già tutto perito,
e lo valor e 'l poder si desvia.
Ohi lasso! or quale dia
fu mai tanto crudel dannaggio audito?
Deo, com'hailo sofrito
deritto pera e torto entri 'n altezza?

Nel 1248 i ghibellini "insuperbiti" avevano cacciato i guelfi da Firenze; nel 1258 vi era stata un'ulteriore congiura dei ghibellini, che colpirono di nuovo la parte guelfa.

PARAFRASI

vv. 1-15 Ahimè! ora è tempo (*stagion*) di così gran dolore per chiunque ami veramente la giustizia (*ragione*), che io mi meraviglio che costui [l'amante di giustizia] in qualche luogo trovi salvezza e che il lamento e il pianto non l'abbiano già ucciso, vedendo la nobile Firenze, sempre rigogliosa (*granata*), e la nobile antica tradizione romana che perisce senza scampo, crudeltà grande e vergognosa, se non vengono prontamente (*avaccio*) salvate! Perché l'onorata sua florida grandezza e il suo pregio è ormai tutto scomparso, e il valore e il potere si sviano allontanandosi da lei. Ohimè, ora quando mai, in quale giorno (*dia*) fu udito un danno tanto crudele? O Dio come hai potuto permetterlo (*hailo sofrito*), che la giustizia (*deritto*) perisca e l'ingiustizia diventi potente?

5-7. **vedendo ... villano:** si notino gli impieghi di «Fior» al femminile per indicare la città di Firenze e, al contrario, l'assimilazione di «crudeltà» al maschile «crudel», per attrazione di «forte» e «villano». Attenzione a «granata», da non confondersi con la denominazione del colore rosso scuro (che in effetti è quello del giglio di Firenze): è invece il participio passato di «granare» (far maturare i grani), da cui il valore di "piena di semi", fruttifera, rigogliosa.

■ Le parole della tradizione

TROVARE LE PAROLE

▶ **lasso**, dal latino ***lassu(m)***, "stanco".

L'esclamazione di dolore con la quale inizia il compianto di Guittone *Ahi lasso!* è molto comune nel linguaggio poetico.
Il termine nell'italiano antico e letterario è utilizzato in due modi:

- come aggettivo, con il significato di "stanco", fisicamente o moralmente (analogamente al francese *las*, "stanco"), rintracciabile in tutta la nostra tradizione poetica almeno da Dante a Carducci;
- come esclamazione di dolore o di rammarico, molto frequente, con il significato di "infelice, misero", spesso equivalente a «ahimè». Si vedano due esempi di Petrarca: «Lasso, che son! che fui», "Ahimé, che sono, che fui"; «Oime lasso, e quando fia quel giorno», "Povero me, quando arriverà quel giorno". L'uso, frequentissimo nella poesia amorosa, per non parlare dei libretti d'opera, giunge fino a d'Annunzio.

Altezza tanta ella sfiorata Fiore
fo, mentre ver se stessa era leale,
che riteneva modo imperiale,
acquistando per suo alto valore
provincie, terre, presso e lunge, mante;
e sembrava che far volesse impero,
sì como Roma già fece; e leggero
li era, ch'alcun no i potea star avante.
E ciò li stava ben certo a ragione,
ché non se depenava a suo pro tanto,
como per ritener giustizia e poso;
e por folli amoroso
de fare ciò, si trasse avante tanto,
ch'al mondo no è canto,
u' non sonasse il pregio del Leone.

Leone, lasso!, or no è; ch'eo li veo
tratto l'onghie e li denti e lo valore
e 'l gran lignaggio suo mort'a dolore,
ed en crudel pregion miso a gran reo.
E ciò li ha fatto chi? Quelli che sono
de la schiatta gentil sua stratti e nati,
che fun per lui cresciuti e avanzati
sovra tutti altri e collocati a bono;
e per la grande altezza ove li mise
ennantir sì, che 'l piagar quasi a morte.
Ma Deo di guerigion feceli dono,
ed el fe lor perdono,
e anche el refedier poi, ma fu forte
e perdonò lor morte;
or hanno lui e soie membre conquise.

vv. 16-39 Tanta grandezza ci fu nella Firenze ora decaduta, fino a quando fu leale verso se stessa, che manteneva una specie di dignità (*modo*) imperiale, conquistando, grazie al suo alto valore, province e molte (*mante*) terre vicino e lontano; e sembrava che volesse creare un impero come già fece Roma; e le era facile, poiché nessuno poteva fronteggiarla.
E questo le spettava certo secondo giustizia (*a ragione*), perché non si affaticava tanto per il proprio utile (*per pro*) quanto per assicurare giustizia e pace; e poiché le piacque fare questo, si spinse tanto avanti che non vi fu al mondo un luogo (*canto*) dove non si celebrasse la virtù del Leone.

vv. 31-45 Leone, ahimè, non è più, poiché io gli vedo strappati le unghie, i denti e il valore e [vedo] la sua discendenza più nobile uccisa con dolore e messa in crudele prigionia con grande ingiustizia.
E questo chi glielo ha fatto? Coloro che sono discesi (*stratti*) e nati dalla sua nobile stirpe e che furono da lui allevati, posti sopra tutti gli altri e messi in posizione di grandezza e di potenza; e per la grande altezza in cui li aveva messi insuperbirono al punto che lo ferirono quasi a morte.
Ma Dio gli fece dono di guarire ed egli [il Leone] li perdonò; e ancora poi lo colpirono nuovamente, ma fu magnanimo e risparmiò loro la morte; ora hanno conquistato lui e le sue membra.

16-20. Altezza ... mante: da notare l'espressività di «sfiorata Fiore», allitterazione e figura etimologica, vale a dire accostamento di due parole che hanno la medesima origine; «mante» è un francesismo (*maints*).
16. ella: "en la", **nella**.
27-30. e por ... Leone: si allude con questa immagine all'emblema di Firenze, e cioè al leone rampante che tiene uno scudo con dentro un giglio e che è detto Marzocco.
31-34. Leone ... reo: in questi versi si fa preciso riferimento alla sconfitta della parte guelfa durante la battaglia di Montaperti e alle vicende che seguirono.
35-38. Quelli ... bono: Guittone sta parlando dei ghibellini, presentati come cittadini ingrati, che restituiscono alla loro città male per bene.
40. ennantir ... morte: allusione alla prima cacciata dei ghibellini da Firenze avvenuta nel 1248; «ennantir» è un provenzalismo.
41-42. Ma Deo ... perdono: in questo caso l'allusione è alla pace del 1251 tra guelfi e ghibellini e al conseguente ritorno dei guelfi in città.
43-44. e anche ... morte: ci si riferisce alla congiura ghibellina del 1258, a seguito della quale i ghibellini furono esiliati, ma non uccisi.
45. or ... conquise: Guittone intende riferirsi al fatto che i ghibellini dopo la battaglia di Montaperti hanno conquistato il Comune di Firenze, mentre la metafora «membre» indica qui i possedimenti del Comune fuori della città.

T1 Dentro il testo

IN SINTESI

La canzone è un vero e proprio compianto su Firenze sconfitta, gonfio di risentimento politico e di amare recriminazioni. Guittone, guelfo, contrappone drammaticamente le condizioni attuali di Firenze, umiliata e in pericolo, alla sua condizione precedente: «ricca grandezza», «pregio», «valor», «poder», «altezza», «modo imperiale», tutto è stato perduto, e la gloria dell'antica Firenze, qui vista secondo la leggenda cittadina come degna erede di Roma, «certo pere», può essere ormai data per spacciata.

Nelle strofe finali, qui non riportate, Guittone affronta questi temi:

- ribaltamento di ruoli tra Firenze e Siena, ora che quest'ultima ha acquisito supremazia;
- sarcasmo amaro verso i fiorentini, che hanno meritato la soggezione ai tedeschi, mandati in Italia da Manfredi in aiuto ai ghibellini;
- insistenza ironica sulla condizione attuale di Firenze, che potrebbe ora chiamare a sé tutti i signori stranieri.

I TEMI E L'ESPRESSIONE

SDEGNO E SARCASMO

La canzone si apre con un memorabile scatto della **passione**: l'attacco è intonato a solenne tristezza, con l'esclamazione iniziale e la meraviglia dell'autore al pensiero che qualcuno possa non provare lo stesso suo risentimento morale. Si noti in particolare la coppia di sinonimi («corrotto» e «pianto») che sigla il genere stesso, poetico e retorico, di questa composizione (un compianto su Firenze sconfitta; quello che in provenzale si sarebbe detto un *plahn*).
Tuttavia, chi si aspettasse un testo lamentoso rimarrebbe presto deluso. Infatti, già a partire dal secondo verso, Guittone si appella a «ragione» (nel senso di "giustizia") e introduce nella canzone il forte **sdegno della mente**. Il testo si incanala quindi verso una dimensione fondamentalmente **argomentativa**. Alla domanda centrale contenuta nella prima stanza (come si può non soffrire di fronte allo spettacolo dell'ingiustizia che usurpa il posto della giustizia?) segue il ragionamento: Firenze, che emulava la grandezza dell'antica Roma, ora ha perso ogni valore insieme alla sua potenza. L'affermazione, che occupa la seconda e la terza stanza, è svolta attraverso la mitizzazione di un passato di pace, di giustizia, di onore che aveva conferito alla città il suo potere. A partire dalla terza stanza, e dunque dalla metà esatta della canzone, la condanna e la denuncia si colorano di **sarcasmo** e si mutano in **invettiva**, tonalità espressive che dominano anche le altre stanze della canzone qui non riportate.
In complesso, siamo dunque di fronte a un autore capace di trasformare un evento politico, di cronaca, in poesia; un autore che sa come sfruttare registri espressivi vari e diversi, e come dare sfogo a stati d'animo complessi, dalla commozione, all'indignazione, al sarcasmo. Siamo, come si vede, molto lontani dalla monotonia (in senso letterale: unicità di toni) della Scuola siciliana.

UN TESTO COMPLESSO

La solennità del compianto si esprime attraverso un livello di elaborazione stilistica particolarmente alto e difficile. La metrica, incentrata su strofe di ben 15 versi ciascuna, è di **notevole complessità**; la sintassi spesso segue **costruzioni non lineari** (con iperbati, inversioni, verbi in fondo frase); il lessico è di **tono elevato** e impreziosito di provenzalismi. Soprattutto, le vicende politiche fiorentine sono espresse icasticamente attraverso le peripezie del Fiore (il giglio nello stemma della città) e del Leone (il cosiddetto Marzocco, altro simbolo fiorentino): il gioco metaforico innescato dai due emblemi trasferisce la cronaca su un piano di ricercata e suggestiva figurazione verbale.

STRUTTURA E ARTIFICI RETORICI

Molti sono gli elementi retorici che danno compattezza alla canzone, ma il principale è senza dubbio quello, adottato dalla poesia provenzale, della tecnica della **ripresa**: ogni stanza si apre con la parola con cui era terminata la stanza precedente. In provenzale questo procedimento si definisce *coblas capfinidas*. In particolare abbiamo le seguenti riprese: «altezza/ Altezza» (vv. 15-16); «Leone/Leone» (vv. 30-31). La tecnica non si limita alla ripetizione della parola, ma investe lo svolgimento stesso del discorso: infatti in questo modo viene anticipato in ogni stanza l'argomento centrale della stanza successiva.
Inoltre, alcune figure retoriche molto suggestive ritornano ripetute o sviluppate nelle varie stanze,

legandole insieme: tipico il caso della sequenza «alta Fior», «sfiorata Fiore» (vv. 5, 16), seguita più avanti nella canzone da «Fiorenza, fior che sempre rinovella» (v. 93, qui non riportato).

A questa sofisticata retorica della canzone contribuisce anche la fitta presenza di **interrogazioni, interiezioni**, e di una sintassi che si allontana spesso dalla disposizione consueta e piana degli elementi della proposizione. Così, grazie a questa presenza di **strumenti retorici**, l'autore dà spessore e dignità al suo discorso politico. Il che, in senso più generale, è molto significativo non solo per la poesia, ma più in generale per la vita civile della Toscana dei Comuni. La retorica, ovvero il saper parlare, l'elaborazione complessa e suggestiva del linguaggio, è sentita arma essenziale per affermare le proprie opinioni e presentarle come quelle giuste e vincenti. È una lezione di cui si ricorderà soprattutto Dante Alighieri.

FIORE E LEONE: DUE RAFFIGURAZIONI DI FIRENZE

Nella prima stanza Firenze è rappresentata, senza mediazioni, con l'immagine del «**Fiore**». Per spiegare l'immagine «Fior sempre granata» bisogna ricordare che il fiore è l'emblema di Firenze, che la parola *fior*, in provenzale, in francese e in siciliano è femminile, e questo permette a Guittone di usarla appunto come femminile. Dalla sovrapposizione fiore-Firenze nasce la metafora «granata» (nel senso di "feconda"): il fiore si trasforma in frutto, ma il participio è passato; la città di Firenze **solo in passato dava frutti**.

Nella seconda stanza il gioco retorico è più semplice e "la" Fiore risulta **sfiorita** (ma per noi la forma «sfiorata» contiene anche un immediato rimando a un'azione sessualmente violenta, a una brutale deflorazione). Nella stessa seconda stanza viene introdotta l'altra immagine sostitutiva di Firenze: il **leone**, rappresentato nel Marzocco, simbolo del Comune fiorentino. Questo permette un ulteriore gioco metaforico: il «Leone» (v. 30) dello stemma fiorentino era un tempo emblema di una situazione reale di forza e potenza; nel presente quello stesso «Leone» (v. 31) non ha più **né unghie né denti** ed è stato miseramente sottomesso (v. 45). In conclusione, il fiore rappresentava la rigogliosa fecondità di Firenze; il leone, la sua temibile forza. Adesso, dice Guittone, quel fiore è stato sciupato, e quel leone non fa più paura a nessuno. La ricchezza e la potenza di Firenze sono annichilite.

Analisi e interpretazione Tipologia A

LEGGERE CON METODO

COMPRENSIONE GLOBALE

1. Quale evento storico ispira la canzone?
2. Completa la tabella, sintetizzando ciascuna stanza e indicando il tono prevalente (dolore, indignazione, rimpianto, sdegno, denuncia ecc).

Strofa	Sintesi del contenuto	Tono prevalente
prima strofa		
seconda strofa		
terza strofa		

3. Quale artificio metrico lega tra loro le singole strofe?
4. Trova nel testo almeno un esempio per ciascuna delle seguenti strutture sintattiche: iperbato (ovvero disposizione delle parole in ordine diverso da quello naturale, con elementi che normalmente stanno vicini e che invece vengono separati), polisindeti posti in ordine di intensità ascendente (*climax*), coppie di termini con significato identico o simile (dittologie).

I TEMI E L'INTERPRETAZIONE

5. Quali attributi della città incarnano i due simboli di Firenze, «la fiore» e il «Leone»? Come vengono rappresentati?

SCRIVERE CON METODO

COMMENTO

6. Scrivi un commento alla lirica, soffermandoti soprattutto sul suo significato politico nel contesto dell'epoca.

2 I poeti dello Stilnovo

È mai esistito il dolce stil novo? La formula «dolce stil novo» è un'**invenzione dantesca.** Nel *Purgatorio* [▶ p. 359 sgg.] Dante immagina di incontrare l'anima di Bonagiunta Orbicciani da Lucca, un tipico esponente della poesia della generazione precedente, di derivazione siciliana. Ne nasce un breve e densissimo dialogo: Bonagiunta riconosce nel miracoloso visitatore il poeta che aveva scritto *Donne ch'avete intelletto d'amore*, la canzone centrale della *Vita nuova*; Dante si presenta esponendo concisamente i caratteri fondamentali della nuova scuola poetica sua e dei suoi giovani amici; Bonagiunta, infine, mentre riconosce la distanza sua e della sua generazione da questa nuova poesia, conia lui stesso la bellissima e fortunata definizione: «dolce stil novo».

L'amore, prerogativa del «cuor gentile» Al centro della tematica amorosa dello Stilnovo c'è il **«cor gentil»** (cioè "nobile"): l'unico in grado di concepire con pienezza il sentimento amoroso, che solo nel «cuor gentile» può trovare la sua sede. L'amore, dunque, non è un'esperienza banale, che può capitare a tutti. È invece un **processo di nobilitazione interiore**, concesso solo a chi è in possesso di una particolare **sensibilità**, e di cui la donna è artefice e strumento. Essa eleva, purifica (salva addirittura, secondo Dante) l'innamorato semplicemente concedendogli il privilegio di amarla, e di contemplarla da lontano lodando la sua bellezza e virtù.

L'itinerario del cuore Gli stilnovisti seguono un codice comune che individua alcuni momenti obbligati all'interno dell'itinerario del cuore e del rapporto con la donna amata: il **saluto**, lo **sguardo**, la **lontananza**, la **lode di «madonna»** (così, nel senso etimologico di "mia signora", gli stilnovisti si rivolgono all'oggetto del loro amore). Intorno a questi passaggi obbligati si concentrano emozioni e sentimenti, analizzati attraverso un continuo e attento ascolto dell'io. Ciò che unifica in profondità questo gruppo di giovani poeti è infatti la **meditazione sulla propria interiorità.** In essi la tematica amorosa non dà mai luogo a un vero e proprio racconto, a una vera e propria storia d'amore. La loro poesia nasce sempre dal raccoglimento in se stessi e da un atteggiamento di statica contemplazione: non solo e non tanto della donna amata, ma dei fenomeni emotivi che essa è capace di suscitare nell'animo del poeta amante.

◀ Giorgio Vasari, *Sei poeti toscani*, 1544, olio su tavola (Minneapolis, Minneapolis Institute of Arts).

1. Cino da Pistoia.
2. Guittone d'Arezzo.
3. Francesco Petrarca.
4. Giovanni Boccaccio.
5. Dante Alighieri.
6. Guido Cavalcanti.

D

Dante Alighieri, *Purgatorio*, XXIV, 49-63

L'invenzione dello Stilnovo

LA PAROLA A...
Vittorio Sermonti
Tre parole decisive

«Ma di' s'i' veggio qui colui che fore
trasse le nove rime, cominciando
"Donne ch'avete intelletto d'amore"».

E io a lui: «I' mi son un che, quando
Amor mi spira, noto, e a quel modo
ch'e' ditta dentro vo significando».

«O frate, issa vegg'io», diss'elli, «il nodo
che 'l Notaro e Guittone e me ritenne
di qua dal dolce stil novo ch'i' odo!

Io veggio ben come le vostre penne
di retro al dittator sen vanno strette,
che de le nostre certo non avvenne;

e qual più a gradire oltre si mette,
non vede più da l'uno a l'altro stilo»;
e, quasi contentato, si tacette.

PARAFRASI

vv. 49-51 «Ma dimmi se io vedo qui colui che tirò fuori un nuovo modo di poetare (*nove rime*), a partire dalla canzone "Donne ch'avete intelletto d'amore"».

vv. 52-54 E io a lui: «Io sono uno che, quando Amore mi ispira, prendo nota (*noto*) e ciò che egli mi detta dentro vado traducendo in parole».

vv. 55-57 «O fratello, ora (*issa*) mi rendo conto» - disse egli - «dell'impedimento (*nodo*) che trattenne il Notaro, Guittone, e me stesso di qua dal dolce stil novo di cui mi hai dato la definizione!

vv. 58-60 Ora vedo bene come le vostre scritture se ne vanno fedelmente dietro al dettatore, il che delle nostre certo non avvenne;

vv. 61-64 e chi si mettesse a confrontare ulteriormente lo stile delle due scuole non troverebbe ulteriori motivi di differenza»; e quasi pago della spiegazione, tacque.

56. 'l Notaro: è Giacomo da Lentini, esponente illustre della Scuola siciliana. ▪ **Guittone**: è Guittone d'Arezzo, massimo rappresentante dei cosiddetti siculo-toscani, a cui si fa appartenere lo stesso Bonagiunta.
57. dolce stil novo: la *novità*, come le «nove rime» del v. 50, si riferisce allo stile, piano e affabile, ben lontano dal virtuosismo retorico esibito dei siciliani e dei siculo-toscani.
60. che ... non avvenne: Bonagiunta riconosce dunque che la poesia sua e dei suoi compagni (i siciliani, Guittone) non seguiva fedelmente l'immediatezza dell'ispirazione amorosa. Era, infatti, poesia di alta e complicata elaborazione retorica, che interponeva fra l'emozione e l'espressione tutto un sistema di ostentato virtuosismo espressivo.
61. gradire: **approfondire di grado in grado**.

IN SINTESI

Dante incontra Bonagiunta in Purgatorio, tra le anime dei golosi. Bonagiunta lo riconosce come il caposcuola di una nuova poesia. Dante gli spiega in che cosa consista la sua poetica e Bonagiunta riconosce la differenza tra il proprio "vecchio" stile e il "nuovo" stile di Dante e degli stilnovisti.
La formula «dolce stil novo» è dunque un'invenzione di Dante, che però la mette in bocca a un esponente della generazione poetica precedente, Bonagiunta da Lucca. La definizione è pregnante in ognuno dei suoi elementi. Innanzitutto, la poesia di Dante e dei suoi compagni si distingue per una questione di *stile*: Bonagiunta osserva che, sotto altri aspetti, la nuova scuola non è così diversa da quella dei siciliani o dei siculo-toscani (vedi i vv. 61-62: e, in effetti, il tema principale trattato da tutti rimane l'amore). Questo stile è «dolce» perché segue docilmente la dettatura di Amore, rispettando letteralmente, senza complicazioni retoriche e senza virtuosismi formali, ciò che amore suggerisce (anzi, ciò che "detta", parola per parola, al poeta). Questo stile è «nuovo» perché è uno stile di poeti giovani che si contrappongono alle vecchie generazioni. È da notare che la "novità" è rivendicazione comune delle avanguardie di ogni tempo: dai *neoteroi* o *poetae novi* del tempo di Cicerone, capeggiati da Catullo, ai *novissimi* italiani degli anni Sessanta del Novecento.

Guido Guinizzelli: il padre (inconsapevole) dello Stilnovo

Il giudizio di Dante Dante costruisce non soltanto l'ideologia dello Stilnovo, ma anche la sua storia. È a lui, infatti, che si deve l'individuazione del "**padre**" del nuovo stile in **Guido Guinizzelli**, un poeta appartenente alla generazione precedente all'Alighieri (era già morto prima del 1276) e che, naturalmente, non seppe mai di essere stato individuato come l'iniziatore di una nuova scuola poetica. Dante immagina di incontrarlo in Purgatorio, nella cornice dei lussuriosi, e appena Guinizzelli gli si presenta, con tanto di nome e cognome («son Guido Guinizzelli, e già mi purgo / per ben dolermi prima ch'a lo stremo», cioè "sono già qui in questa pena [una delle ultime del Purgatorio] perché mi sono sinceramente pentito dei miei peccati senza aspettare gli ultimi momenti della mia vita"; *Purgatorio*, XXVI, 92-93), egli dice di aver reagito con profonda commozione, di fronte al «padre / mio e de li altri miei miglior che mai / rime d'amore usar dolci e leggiadre» (*Purgatorio*, XXVI, 97-99). Non solo, ma in un sonetto della *Vita nuova*, *Amore e 'l cor gentil sono una cosa*, Dante non solo echeggia la più importante canzone del Guinizzelli, *Al cor gentil rempaira sempre amore* [▸ **T2**, p. 144], ma attribuisce questa massima a un saggio di cui non rivela il nome, e che naturalmente è Guinizzelli stesso. Insomma, se ancora oggi si individua in questo poeta il **primo «stilnovista»**, ciò è dovuto al giudizio di Dante Alighieri.

◂ Pagina miniata della canzone *Madonna lo fino amore k'eo vi porto*, di Guido Guinizzelli, manoscritto del XIII secolo (Firenze, Biblioteca Nazionale Centrale).

GUIDA ALLO STUDIO

1. In che cosa consiste la «nobiltà» secondo gli stilnovisti?
2. I poeti dello Stilnovo raccontavano vicende amorose oppure erano più orientati ad analizzare gli aspetti interiori del sentimento?
3. Quale fu il giudizio di Dante su Guido Guinizzelli?

LA VITA E L'OPERA

GUIDO GUINIZZELLI (Bologna, 1235 - Monselice, 1276)

Guido Guinizzelli è da identificarsi quasi certamente in quel Guido di Guinizzello da Magnano (di professione giudice, attivo a Bologna) che nel 1274 venne esiliato nel Veneto; probabilmente qui morì poco dopo: certo prima del 1276, anno in cui il figlio Guiduccio risulta già affidato alla tutela della moglie Beatrice. Causa dell'**esilio** da Bologna fu la sua militanza nella fazione **ghibellina**, guidata dalla

famiglia dei Lambertazzi, che venne sconfitta dalla parte guelfa. Al nome di Guinizzelli sono attribuite cinque **canzoni** e quindici **sonetti**, in cui si distinguono varie maniere poetiche: non solo composizioni che preannunciano da vicino il nuovo stile, ma anche altre che ricordano piuttosto lo stile siciliano, o guittoniano, e alcune anche di tono comico-realistico.

AUDIOLIBRO

Guido Guinizzelli

T2

Al cor gentil rempaira sempre amore

Periodo: seconda metà del XIII secolo, prima del 1276

Metro: canzone di sei stanze più congedo, tutte di dieci versi, endecasillabi e settenari, secondo lo schema AB AB cDcEdE

Argomento: identificazione tra amore e «cor gentil»

Questa è la canzone manifesto dell'ideologia stilnovista, incentrata sull'identificazione fra amore e «cor gentile». L'amore è il principio di una nuova aristocrazia, tutta spirituale e interiore, in contrasto con l'aristocrazia del sangue e della ricchezza.

Al cor **gentil** rempaira sempre amore
come l'ausello in selva a la verdura;
né fe' amor anti che gentil core,
né gentil core anti ch'amor, natura:
ch'adesso con' fu 'l sole,
sì tosto lo splendore fu lucente,
né fu davanti 'l sole;
e prende amore in gentilezza loco
così propiamente
come calore in clarità di foco.

Foco d'amore in gentil cor s'aprende
come vertute in petra preziosa,
che da la stella valor no i discende
anti che 'l sol la faccia gentil cosa;
poi che n'ha tratto fòre
per sua forza lo sol ciò che li è vile,
stella li dà valore:

PARAFRASI

vv. 1-10 Amore torna sempre al cuore nobile (*gentil*) come alla sua sede naturale, nello stesso modo che fa l'uccellino nella foresta, tra le fronde verdi (*a la verdura*); né natura creò amore prima del cuore nobile, né il cuore nobile prima di amore: perché non appena (*adesso con'*) fu [creato] il sole, subito brillò (*fu lucente*) lo splendore [della luce]; e amore si insedia nella nobiltà del cuor gentile così appropriatamente, come il calore nella luminosità (*clarità*) del fuoco.

vv. 11-20 Il fuoco d'amore si accende nel cuore nobile come la sua qualità speciale si attiva in una pietra preziosa, che il suo potere (*valor*) non le discende dall'astro prima che il sole l'abbia fatta diventare [quella pietra] una cosa nobile; dopo che il sole ne ha tratto fuori con la sua forza ciò che lì [in quella pietra] è di poco valore (*vile*), allora la sua stella le concede

12. vertute: indica la forza specifica e caratteristica di una determinata pietra, come viene illustrato ampiamente nei lapidari, manuali sulle virtù naturali delle pietre preziose molto diffusi nel Medioevo.

■ **doplero**: torcia a due fuochi.

13. da la stella: nelle credenze medievali le proprietà delle pietre (come anche delle erbe e degli animali) erano governate dagli astri. Qui Guinizzelli vuol dire che la «vertute» di una pietra preziosa - che le proviene dall'astro che la governa - non si attiva se prima quella pietra non viene purificata dall'azione del sole.

■ Le parole della tradizione

TROVARE LE PAROLE

▸ **gentile, gentilezza**: dal lat. ***gentile (m)***, "appartenente alla stessa stirpe", che nel latino medievale, in un contesto feudale, assume il significato "di buona stirpe", "nobile di nascita" (ancora oggi si conserva questo significato nei composti «gentiluomo», «gentildonna»).

■ Con la canzone di Guinizzelli, e più in generale con lo Stilnovo, l'aggettivo «gentile» e il suo derivato, il sostantivo «gentilezza», assumono un nuovo significato e diventano parole chiave di un'intera stagione poetica.

■ Nel nuovo contesto borghese, Guinizzelli lega la nobiltà non più alla stirpe, al sangue, ma al valore personale e alle qualità morali. Dunque «gentile» passa a significare "nobile di cuore, capace di sentimenti elevati". In questo nuovo significato, è un attributo ricorrente della donna amata. Il suo segno distintivo è la gentilezza, una singola parola che ne sintetizza tutte le virtù fisiche e spirituali: bellezza, grazia, benevolenza, umiltà, bontà.

■ Solo con Ariosto, accanto all'accezione dominante di "nobile, sia di stirpe sia d'animo", fanno capolino alcuni dei significati moderni: sono definiti gentili un oste che prepara le armi per i cavalieri e i personaggi che prestano aiuto ad altri. Non nobili, ma cortesi, gentili nel senso moderno.

così lo cor ch'è fatto da natura
asletto, pur, gentile,
donna a guisa di stella lo 'nnamora.

Amor per tal ragion sta 'n cor gentile
per qual lo foco in cima del doplero:
splendeli al su' diletto, clar, sottile;
no li stari' altra guisa, tant'è fero.
Così prava natura
recontra amor come fa l'aigua il foco
caldo, per la freddura.
Amore in gentil cor prende rivera
per suo consimel loco
com'adamàs del ferro in la minera.

Fere lo sol lo fango tutto 'l giorno:
vile reman, né 'l sol perde calore;
dis'omo alter: «Gentil per sclatta torno»;
lui semblo al fango, al sol gentil valore:
ché non dé dar om fé
che gentilezza sia fòr di coraggio
in degnità d'ere'
sed a vertute non ha gentil core,
com'aigua porta raggio
e 'l ciel riten le stelle e lo splendore.

Splende 'n la 'ntelligenzia del cielo
Deo criator più che ['n] nostr'occhi 'l sole:
ella intende suo fattor oltra 'l cielo,
e 'l ciel volgiando, a Lui obedir tole;
e con' segue, al primero,
del giusto Deo beato compimento,
così dar dovria, al vero,
la bella donna, poi che ['n] gli occhi splende

Con un sapiente chiasmo Guinizzelli riassume qui il fulcro del suo pensiero: la vera, fulgida nobiltà è il *gentil valore*.

il suo potere: allo stesso modo il cuore che è stato creato dalla natura eletto (*asletto*), puro, nobile, una donna lo fa innamorare come una stella.

vv. 21-30 Amore sta nel cuore nobile per la stessa ragione per cui la fiamma sta in cima al candeliere: lì risplende a suo piacimento, luminoso, sottile; non ci starebbe in altro modo, tanto è vivace. Una natura malvagia contrasta amore come l'acqua contrasta il calore del fuoco, a causa della sua freddezza. Amore prende dimora nel cuore nobile perché quello è un luogo a sé affine, come la calamita nel minerale di ferro.

vv. 31-40 Il sole colpisce con i suoi raggi il fango tutto il giorno: quello rimane cosa vile, né per questo il sole perde il suo calore; dice l'uomo arrogante: «Io sono nobile per stirpe»; io lui paragono al fango, e la nobiltà la paragono al sole: perché non si deve credere che sussista nobiltà al di fuori del cuore, in privilegio d'erede, se [quell'erede] non ha un cuore nobile indirizzato a virtù, allo stesso modo che l'acqua si fa attraversare da un raggio di luce, mentre il cielo mantiene in sé le stelle e il loro splendore.

vv. 41-50 Dio creatore splende nella intelligenza motrice dei cieli più che il sole ai nostri occhi: quella intelligenza riconosce (*intende*) il suo creatore (*fattor*) al di là dello stesso cielo, e, facendolo ruotare, prende (*tole*) a obbedirgli; e così consegue immediatamente (*al primero*) dal giusto Dio il compimento della propria beatitudine; allo stesso modo, in verità (*al vero*), la bella donna dovrebbe concedere [la stessa

20. a guisa di stella: esercitando su di lui il potere che la stella esercita su una pietra preziosa.
22. doplero: in italiano moderno sarebbe il **doppiere**, cioè il candelabro a due bracci.
25. prava natura: in questo contesto l'aggettivo «prava» ("malvagia") funziona da esatto contrario di «gentile» e dunque è da intendersi più propriamente come "vile", "rozzo", "non nobile".
27. per la freddura: per la sua natura fredda; alla naturale freddezza dell'acqua si attribuisce la capacità di respingere il fuoco (creando un parallelo tra cuore ignobile e incapacità di accogliere l'amore).
28. prende rivera: letteralmente, **prende riva**, **giunge a riva**, e dunque **prende dimora** (espressione analoga per significato a «rempaira», «prende loco» ecc.).
30. com'adamàs ... minera: «adamàs» è il diamante, a cui si attribuivano anche proprietà di magnete; qui probabilmente è da intendere proprio come **calamita**; «in la minera» non è da intendersi, come verrebbe spontaneo al lettore moderno, "nella miniera", bensì "nel minerale".
33. dis': sta per «dise», forma settentrionale per **dice**. ■ **sclatta**: **classe sociale**.
36. coraggio: vuol dire proprio "cuore" (dal provenzale *corage*, da cui l'accezione moderna di coraggio come ardimento, audacia).
37. ere': erede; forma apocopata (cioè tagliata, con caduta della vocale finale e della consonante che la precede) di tipo settentrionale.
38. sed: se con «d» eufonica.
41-42. Splende ... criator: Dio creatore splende davanti all'intelligenza motrice del cielo, ossia alle schiere angeliche, che hanno il compito di presiedere al movimento delle sfere celesti (in cui sono incastonati i pianeti e gli altri astri).
44. volgiando: voltando, **rivolgendo**, quindi **ruotando** (detto dei cieli fatti ruotare dall'intelligenza angelica che li presiede).

del suo gentil, talento
che mai di lei obedir non si disprende.

Donna, Deo mi dirà: «Che presomisti?»,
siando l'alma mia a lui davanti.
«Lo ciel passasti e 'nfin a Me venisti
e desti in vano amor Me per semblanti:
ch'a Me conven le laude
e a la reina del regname degno,
per cui cessa onne fraude».
Dir Li porò: «Tenne d'angel sembianza
che fosse del Tuo regno;
non me fu fallo, s'in lei posi amanza».

beatitudine] appena splende negli occhi del suo nobile amante un desiderio (*talento*), che mai si distacca (*disprende*) dall'obbedienza ai suoi voleri.

vv. 51-60 Donna, Dio mi dirà: «Che presunzione è mai stata la tua?», quando la mia anima sarà davanti a lui. «Sei passato al di là del cielo e sei venuto fino a Me, e hai usato me come termine di paragone (*per semblanti*) per un amore profano: perché a me si convengono le lodi e alla regina del degno reame celeste, colei grazie alla quale vien meno ogni maligno artificio (*fraude*)». Allora gli potrò dire: «Aveva l'aspetto (*Tenne ... sembianza*) di un angelo del Tuo regno; non fu mio peccato, se in lei riposi il mio amore (*amanza*)».

50. si disprende: si spegne, cessa il desiderio. È il contrario di «s'aprende» del v. 11.
54. per semblanti: da notare il singolare con finale in *-i*; è un sicilianismo.

T2 Dentro il testo

IN SINTESI

La canzone rivendica un nuovo, rivoluzionario concetto di «gentilezza»: gentile, cioè nobile, non è più chi può vantare una «sclatta» ("stirpe") illustre, ma chi ha un cuore capace di amare. L'identificazione fra amore e «cor gentile» avviene attraverso una catena di comparazioni ispirate alle leggi della scienza naturale. In tal modo il meccanismo dell'innamoramento, in cui si svela appunto l'appartenenza dell'amante a una nuova nobiltà d'animo e di sentimenti, è assimilato a una vera e propria legge di natura, regolata da una propria intrinseca necessità. Nelle ultime due strofe la comparazione assume toni teologici, chiamando in causa la potenza divina.

I TEMI E L'ESPRESSIONE

IL «COR GENTIL»: LA VERA ARISTOCRAZIA È QUELLA INTERIORE

La vera portata rivoluzionaria di questa canzone è contenuta non all'inizio, ma al fondo (quasi) della composizione. Il **centro tematico** del testo si può identificare, infatti, con la quarta strofa (vv. 31-40), in cui Guinizzelli oppone polemicamente la «gentilezza» che viene dal **«gentil core»** (o dal «coraggio», v. 36) a quella che viene dalla «sclatta», dalla stirpe, o da «dignità d'ere'» ("dignità d'erede", ereditaria). È una contrapposizione senza compromessi: le qualità interiori, di chi possiede gentilezza d'animo per natura, sono considerate la vera nobiltà, rispetto a chi vanta semplicemente un nome illustre o un gran patrimonio. Si tratta di un **capovolgimento di valori** clamoroso in una società, come quella medievale, basata sui valori feudali dell'aristocrazia militare, della nobiltà di sangue, della ricchezza terriera, e rigidamente organizzata in classi, in gilde e consorterie, anche all'interno delle nuove realtà comunali. Spesso si tende a identificare in questa rivendicazione della "vera" gentilezza il segnale di una nuova mentalità progressista, che tende a infrangere le rigidità classiste della società medievale. Questo, tuttavia, è vero fino a un certo punto. Basta - come vedremo - aprire il *Decameron* di Boccaccio per rendersi conto che la nuova società mercantile e borghese, destinata a soppiantare quella feudale, non è meno **intollerante** di quella antica: nelle novelle del Boccaccio gli amanti dotati di «cor gentile», ma socialmente inferiori alle loro innamorate, vanno incontro agli stessi identici pregiudizi, sia che le novelle si svolgano in ambiente nobiliare, aristocratico, sia che si svolgano in ambiente borghese, cittadino.

È innegabile però che la forza con cui Guinizzelli distrugge il pregiudizio del nobile tradizionale - «Gentil per sclatta torno» - non potrebbe che uscire dalla poesia di un borghese come lui, e dall'interno di un mondo sociale in movimento, dove le gerarchie consolidate cominciano a scricchiolare.

L'AMORE COME SEGNO DI NOBILTÀ SPIRITUALE

Il **messaggio rivoluzionario** della canzone è circoscritto all'**esperienza amorosa**. Il possesso del «cor gentile» non significa, infatti, una superiorità in ogni ambito rispetto alla nobiltà di sangue, come potrebbe sembrare dalla quarta strofa. Guinizzelli identifica nell'amore, tuttavia, l'esperienza privilegiata in cui si riconosce la vera «gentilezza»: tutta la prima strofa afferma, variando le immagini, la inseparabilità di «amore» e «cor gentile». Amore trova la sua dimora naturale nel cuor gentile, come gli uccellini nel verde del bosco; la natura non creò amore prima del cuor gentile, o il cuor gentile prima di amore; il sole non poté esistere prima della luce, né la luce prima del sole, e così anche il cuor gentile e amore; il calore trova il suo luogo proprio nel fuoco, come amore nel cuor gentile... Questa insistenza può sembrare perfino ossessiva. Ma non si capisce nulla di come l'amore viene vissuto nella poesia delle origini (e per tanto tempo ancora dopo, fino al Rinascimento e oltre), se non si tiene ben presente che, appunto, non si tratta qui solo dell'amore. L'amore qui non è solo desiderio, attrazione, passione, devozione: è un vero e proprio segno di aristocrazia interiore, spirituale. Solo **chi è veramente nobile può amare**: e, inversamente, chi ama dimostra la sua interiore nobiltà d'animo. Essere innamorati, per la poesia dello Stilnovo (e più in generale per la poesia antica, in Italia e fuori d'Italia) non è un accidente banale, che prima o poi capita a tutti: è una scoperta di sé, è una sfida, una conquista. Significa entrare a far parte di coloro che vivono una vita più veramente umana. E chi non ama, è destinato a rimanere nella schiera degli uomini rozzi e «vili», di poco valore: anche se ricchi e provvisti, magari, di cognomi prestigiosi.

LA CATENA COMPARATIVA

La struttura della canzone (con l'esclusione, come si vedrà, delle ultime due strofe) consiste in una serrata **catena di comparazioni**. Il segnale formale di questa struttura è l'insistenza dell'**avverbio «come»**, che si registra ai vv. 2, 10, 12, 26, 30, 39; altrove la comparazione è introdotta da formule diverse: ai vv. 21-22 dall'espressione «per tal ragion ... per qual»; al v. 34 direttamente dal verbo «semblo» ("rassomiglio", "paragono"). La catena comparativa non è altro che un continuo variare e ribadire l'**inseparabilità tra «cor gentile» e «amore»**, e una spiegazione di come funzioni questo rapporto privilegiato. Tale catena si può schematizzare così:

- l'amore trova la sua naturale dimora nel cuor gentile «come» gli uccellini nel verde del bosco;
- la natura non fece amore prima del cuor gentile, né il cuor gentile prima di amore;
- il sole non fu prima della luce, e la luce prima del sole, «come» il cor gentile non fu prima dell'amore, e l'amore prima del cor gentile;
- il calore ha la sua dimora propria nel fuoco «come» l'amore nel cuor gentile;
- l'amore si attacca al cuor gentile «come» la virtù specifica di una pietra preziosa entra in essa;
- amore sta nel cor gentile «come» la fiamma non può che stare in cima alla torcia;
- [la natura «prava», "malvagia", (il contrario quindi del «cor gentile») sta all'amore «come» l'acqua fredda sta al fuoco];
- l'amore trova luogo nel cuor gentile «come» il diamante nel minerale di ferro;
- [l'uomo superbo («alter») sta al «gentil valore», cioè alla nobiltà, «come» il fango sta al sole (il sole non riesce a trasformare il fango in materiale più prezioso, «come» la gentilezza è sprecata in un uomo vile)];
- [la virtù non si trasmette in un cuore vile, «come» la luce delle stelle passa attraverso l'acqua, senza esserne trattenuta].

Come si vede, **non tutte le comparazioni sono in positivo**: abbiamo, in effetti, messo tra parentesi quadre quelle che riaffermano la dottrina del cuor gentile, ma attraverso comparazioni negative. In particolare, la quarta strofa - sull'uomo superbo ma «vile», refrattario all'influsso benefico del sole/amore - si presenta come una controprova di tale dottrina e si lega, in negativo, alla strofa seconda, che non a caso ospita una comparazione particolarmente elaborata.

LA PIETRA, LA STELLA, IL SOLE

Ai vv. 11-20 Guinizzelli attinge per la sua comparazione alla **scienza lapidaria medievale**. Si credeva infatti che ogni pietra possedesse una «vertute», un potere, che le era elargito da una «stella», cioè da un benefico influsso astrale; ma tale potere non poteva diventare efficace finché la pietra non era fatta «gentil cosa» dall'esposizione continua alla luce e al calore del sole. Insomma, il sole "maturava" la potenzialità della pietra finché questa era degna di accogliere in sé la «virtù» che le veniva dalla sua stella. Questa credenza viene adoperata da Guinizzelli stabilendo una serie complessa di **equivalenze**: la pietra (potenzialmente) preziosa è il «cuor gentile» (potenzialmente innamorato, adatto e destinato all'amore); il sole che raffina le potenzialità della pietra è la «natura» che rende il cuore «asletto, pur, gentile» (vv. 18-19); la «virtù», ovvero il potere della pietra/cuor gentile è l'amore, che svela pienamente il suo pregio, la sua gentilezza; la stella che infonde tale virtù è la donna che «lo 'nnamora».

Tale meccanismo è perfettamente sprecato se si ha a che fare con un cuore «vile». Come dice la quarta strofa, infatti, se il sole «fere», cioè colpisce con i suoi raggi, non una pietra preziosa (il cuor gentile), ma «fango» (un cuore vile), questo sempre fango rimane; e il complesso meccanismo di attualizzazione delle potenzialità amorose illustrato nella seconda strofa, semplicemente non scatta.

In questo caso, Guinizzelli attinge dunque alle **scienze naturali** per la sua comparazione. Anche nel resto della serie che abbiamo visto, egli fa ricorso ai fenomeni che oggi potremmo classificare sotto la rubrica «leggi della fisica» (il calore che trova il suo luogo originale nel fuoco, la fiamma che non può che guizzare verso l'alto ecc). Così, il rapporto tra amore e cuore gentile non sembra un'invenzione poetica; sembra piuttosto la scoperta, da parte del poeta, di una legge di natura.

IL POETA IN PARADISO: UN PRESAGIO DANTESCO

Le **due ultime strofe** interrompono la serie comparativa che costituisce la struttura portante della poesia, svoltando verso un **finale imprevedibile**, che certo sarà molto piaciuto a Dante. La penultima strofa, in verità, si lega strettamente a quanto precede. Guinizzelli è ancora alla ricerca di una comparazione: stavolta, la trova attingendo al dominio non della fisica, ma della **teologia**. Come gli angeli del Paradiso - egli dice - volgono i Cieli, ovvero dirigono il rotare delle sfere celesti senza discostarsi mai dal volere divino, e dalla loro obbedienza ricavano immediata beatitudine, così l'amante, una volta che abbia dimostrato la sua totale devozione, dovrebbe subito riceverne ricompensa dall'amata. Ma, stavolta, Guinizzelli è il primo ad accorgersi di essersi spinto un po' troppo in là. E immagina che quando dovrà presentarsi di fronte al Creatore, Dio potrà rimproverarlo: «Che presomisti?», ovvero: "Che cosa ti è saltato in testa?". E si osservi bene: Dio lo rimprovererà proprio di avere ecceduto nella sua smania comparativa: «e desti in vano amor Me per semblanti», cioè: "e hai avuto il coraggio di adoperare Me, il Creatore, come termine comparativo («per semblanti») per un effimero amore terreno". Guinizzelli immagina di cavarsela quasi con una battuta: «Sembrava un angelo sceso dal cielo; non fu mio errore, se me ne innamorai tanto». E in questo modo, *Al cor gentil rempaira sempre amore* può vantarsi anche di avere dato origine alla **tematica della donna-angelo**, che tanta parte avrà nello stilnovismo dantesco. Ma bisognerà osservare subito che in questo finale della canzone guinizzellana la donna è semplicemente scambiata per un angelo, e il paragone è una specie di *boutade* dell'autore. Ben altro peso avrà in Dante, invece, l'attribuzione a Beatrice di qualità veramente angeliche e salvatrici.

Analisi e interpretazione Tipologia A

LEGGERE CON METODO

COMPRENSIONE GLOBALE

1. Sintetizza il contenuto informativo e le immagini di ciascuna stanza della canzone completando sul quaderno la tabella.

Stanza	Contenuto	Immagini
prima	il cuore nobile è la sede naturale dell'amore, la natura li ha creati insieme	- uccellino che ritorna nella selva - il sole che è immediatamente luce - il calore connaturato alla luminosità del fuoco
seconda		
terza		
quarta		
quinta		
congedo		

LA LINGUA E LE STRUTTURE

2. Spiega la complessa serie di immagini contenuta nella seconda strofa: qual è l'analogia tra la pietra, il sole e la stella da una parte, il cuore dell'amante, la natura e la donna dall'altra?
3. Trova nel testo tutti i termini che appartengono alla sfera lessicale della luce, della luminosità. A quali concetti chiave del testo è collegata questa sfera lessicale?
4. Per collegare tra loro le stanze, Guinizzelli usa la tecnica della ripresa: l'ultima parola di una strofa è ripresa, in modo variato, dalla prima parola della strofa successiva. Come è stata usata questa tecnica? Ci sono eccezioni?

I TEMI E L'INTERPRETAZIONE

5. Quale nuova concezione della «gentilezza», ovvero della nobiltà, è esposta nella quarta stanza? Qual è la sua portata rivoluzionaria?
6. Perché l'amore diventa un vero e proprio segno di interiore nobiltà d'animo?
7. Quali effetti ha la donna sull'amante? Può già essere considerata una vera donna-angelo?

SCRIVERE CON METODO

APPROFONDIMENTI E CONFRONTI

8. In un testo di circa due pagine, metti a confronto la canzone di Guinizzelli con i testi che conosci della Scuola siciliana. A tuo parere, è avvertibile quella novità della poesia del poeta bolognese su cui insisteva Dante?

COMMENTO

9. Utilizzando le tue risposte alle attività precedenti, elabora un commento, concentrandoti soprattutto sui contenuti tematici della lirica.

Come si legge...

LEGGERE CON METODO

Un sonetto

■ Insieme alla canzone, il sonetto è il principale componimento metrico della poesia italiana; nasce nell'ambito della **Scuola siciliana** (prima metà del XIII secolo) e probabilmente trae origine da una stanza isolata di canzone; tradizionalmente ne è considerato l'inventore **Giacomo da Lentini**.

■ Al contrario della canzone, una forma aperta con un numero variabile di strofe, il sonetto è una forma chiusa; è infatti obbligatoriamente formato da **quattordici endecasillabi**, raggruppati in **due quartine** (corrispondenti ai piedi o alla fronte della canzone) e **due terzine** (corrispondenti alle volte o alla sirma).

■ Nelle quartine sono possibili due schemi di rime:

- **rime alternate** (schema ABAB ABAB)
  Io voglio del ver la mia donna laud**are**
  ed asembrarli la rosa e lo g**iglio**:
  più che stella diana splende e p**are**,
  e ciò ch'è lassù bello a lei som**iglio**. (Guinizzelli)
- **rime incrociate** (schema ABBA ABBA)
  Chi è questa che vèn, ch'ogn'om la m**ira**,
  che fa tremar di chiaritate l'**âre**
  e mena seco Amor, sì che parl**are**
  null'omo pote, ma ciascun sosp**ira**? (Cavalcanti)

■ Lo schema a rime alternate è il più antico, ma con lo Stilnovo si afferma e diviene prevalente quello a rime incrociate (ABBA ABBA).

■ Nelle terzine le rime possono essere due o tre, con **numerose possibili combinazioni**. Gli schemi più frequenti sono quelli a rime replicate CDE CDE e a rime alternate CDC DCD; più sofisticati gli schemi a rime replicate con inversione CDE DCE e a rime retrogradate CDE EDC.

■ Nei poeti più antichi, nel sonetto prevale una stretta **correlazione tra metro e sintassi**. Rari sono gli *enjambement* e il verso tende a coincidere con la frase, la strofa con un periodo, in ogni caso con un momento lirico. Già Cavalcanti, e poi Dante e Petrarca, si muoveranno con più libertà, facendo ora coincidere, ora divergere metrica e sintassi.

AUDIOLIBRO

T3

Guido Guinizzelli

Io voglio del ver la mia donna laudare

Periodo: seconda metà del XIII secolo, prima del 1276

Metro: sonetto a schema ABAB ABAB CDE CDE. Si noti l'irregolarità nelle rime B (*giglio / somiglio / vermiglio / meglio*, ma nella pronuncia bolognese antica bisogna probabilmente supporre una lettura pressoché equivalente di *geglio, someglio* ecc.)

Argomento: lode della donna ed effetti miracolosi del suo incedere

Il sonetto è incentrato sul tema della lode della donna e sulla descrizione della sua bellezza. Oltre alla tematica laudativa, è presente già in questo componimento la circostanza del «passar per via» della donna, evento capace di effetti miracolosi: questo tema tornerà nella Vita nuova *di Dante.*

Io voglio del ver la mia donna laudare
ed asembrarli la rosa e lo giglio:
più che stella dïana splende e pare,
e ciò ch'è lassù bello a lei somiglio.

Verde river'a lei rasembro e l'âre,
tutti color di fior', giano e vermiglio,
oro ed azzurro e ricche gioi per dare:
medesmo Amor per lei rafina meglio.

Passa per via adorna, e sì gentile
ch'abassa orgoglio a cui dona salute,
e fa'l de nostra fé se non la crede;

e no·lle pò apressare om che sia vile;
ancor ve dirò c'ha maggior vertute:
null'om pò mal pensar fin che la vede.

Il motivo dell'incedere di madonna, del suo saluto, e dei miracoli che ne conseguono avrà un grande futuro, sino al celeberrimo sonetto dantesco *Tanto gentile e tanto onesta pare*.

3. stella dïana: è in realtà Venere, che appare al mattino come l'astro più luminoso (Lucifero).
4. ciò ch'è lassù … somiglio: **paragono a lei tutte le bellezze del cielo**.
5. l'âre: **l'aria pura**.
6. giano: **giallo**, forma francesizzante (da *jaune*).
7. azzurro: non è il colore ma la pietra preziosa, il **lapislazzulo**, da cui in effetti in antico si ricavava, macinandolo finemente, il colore blu.
8. rafina meglio: **si ingentilisce**.
10. a cui … salute: «salute», per **saluto**, anticipa anche il concetto della salvezza dell'anima introdotto nel verso successivo.
11. e fa'l … crede: cioè la donna, con il suo solo aspetto, induce alla conversione chi non è credente.
12. no·lle … vile: **nessuno** (*om* è impersonale) **che abbia animo vile, meschino, può nemmeno accostarsi a lei**. «Vile» (letteralmente: "di poco prezzo", "non pregiato") è qui l'opposto di «gentile».

T3 Dentro il testo

IN SINTESI

Il sonetto svolge il tema della lode di madonna, tema caro a tutti gli stilnovisti e sul quale Dante farà perno. Qui la lode è svolta in due tempi e secondo due diverse modalità, che corrispondono perfettamente alle due metà metriche del sonetto, ovvero alle quartine e alle terzine.

- Nelle quartine, la lode è svolta secondo una catena comparativa: il poeta dichiara esplicitamente di volere paragonare la sua donna («voglio … asembrarli») a una serie di splendidi oggetti naturali: la rosa, il giglio, la stella diana, il cielo, il verde dei prati, l'aria e i colori e i materiali più splendidi: giallo, vermiglio, oro, lapislazzuli.
- Nelle terzine, invece, la donna è presentata in presa diretta, vista nel suo incedere fra la gente: qui la lode consiste nell'ammirata registrazione degli effetti miracolosi indotti dall'apparire di lei, alla cui vista i presenti mirabilmente si mutano in persone migliori, meno superbe, più moralmente elevate, oneste, e perfino più religiose.

I TEMI E L'ESPRESSIONE

FIORI, GIOIELLI E COLORI

Lo scopo del sonetto è la **lode della donna**: lode esteriore nelle quartine, lode riguardante l'intera sua persona e il suo potere salvifico nelle terzine. Quest'ultima parte costituisce concettualmente il punto più nuovo e fruttuoso del testo, ma sono le prime due quartine, in realtà, le più immaginose e fantasiose. Nelle **quartine**, infatti, la lunga catena di comparazioni esplora il **regno vegetale** (i fiori), quello **minerale** (le pietre preziose e i metalli), l'ambiente naturale di **terra e cielo**, accompagnando ogni singolo elemento di brillanti note coloristiche (soprattutto ai vv. 6-7: giallo, rosso vermiglio, oro e azzurro). Alla nota cromatica Guinizzelli aggiunge quella della luce: dalla più cara, proveniente dalla stella luminosa per eccellenza, alla più profana e preziosa luce dei gioielli (v. 7). Il forte aggancio con il mondo della natura e la capacità di renderne la policromia sono, come la menzione della «stella diana», una nota personalissima della poesia guinizzelliana, che si perderà tra gli esponenti successivi dello Stilnovo.

I POTERI DELLA DONNA

Il sonetto racchiude, semplificati, molti dei temi che in modo più teorico sono stati trattati nella canzone *Al cor gentil rempaira sempre amore*. Primo fra tutti quello della **potenza che emana dalla figura della donna**, sia pur solo colta nel suo incedere o nell'atto benevolo del saluto. Ma mentre nella canzone si spiegava, con dovizia di comparazioni, come funzionava la facoltà "attualizzante" della donna rispetto alle potenzialità del «cor gentile», qui ci si limita a mostrare il valore della donna in azione, per così dire, cioè nel momento in cui il suo apparire **trasforma il mondo circostante**.
La tematica specifica del «cor gentile», però, non viene dimenticata: quando, al v. 12, Guinizzelli afferma «e no·lle pò apressare om che sia vile», egli riprende la distinzione fra gentilezza e villania (fra «cor gentile» e cuore di «fango») su cui si fondava proprio la sua famosa canzone. Ma qui quella fondamentale distinzione è vista, appunto, semplicemente in atto: c'è un'incompatibilità radicale fra la donna gentile e l'«om ... vile», tanto che, sembra, l'una e l'altro non possono trovarsi nello stesso tempo e nello stesso posto. Rimane semmai un **interrogativo**: ciò significa che il cuore villano non osa affrontare la presenza beatificante della donna, sapendosene indegno, o vuol dire invece che nessun cuore può rimanere vile di fronte a lei e al suo potere salvifico?

Analisi e interpretazione Tipologia A

LEGGERE CON METODO

COMPRENSIONE GLOBALE

1. Con l'aiuto delle note, fai la parafrasi del sonetto.

LA LINGUA E LE STRUTTURE

2. Dal punto di vista tematico e strutturale, quale differenza possiamo notare fra quartine e terzine? In che modo l'ultimo verso della seconda quartina collega le due parti del testo?
3. Nelle quartine, a quali elementi naturali è paragonata la donna? Per ciascun elemento, ipotizza anche le connotazioni suggerite. Ad esempio, la rosa, regina dei fiori, evoca la bellezza ma anche significati mistici (è il fiore di Maria per eccellenza), il giglio evoca la purezza.
4. Spiega il significato delle seguenti parole tematiche, tutte concentrate nelle terzine: «gentile», «orgoglio», «salute», «vile», «vertute».

I TEMI E L'INTERPRETAZIONE

5. Quali sono gli effetti del «passar per via» della donna? Si può dire che essa sia portatrice di salvezza spirituale e religiosa?

SCRIVERE CON METODO

COMMENTO

6. Raccogliendo le osservazioni degli esercizi precedenti, scrivi una breve presentazione della donna, soffermandoti sulla sua caratterizzazione fisica e spirituale.

T4

Guido Guinizzelli

Lo vostro bel saluto e ’l gentil sguardo

Periodo: seconda metà del XIII secolo, prima del 1276

Metro: sonetto a schema ABAB ABAB CDE CDE. La rima B (*ancide / mercede / divide / vede*) è siciliana

Argomento: l’effetto del saluto della donna sull’animo del poeta

Il sonetto sviluppa il motivo della donna che incede per via, già visto in Io voglio del ver la mia donna laudare. *Qui, però, la donna oltre a incedere tra una folla di astanti ammirati, porge anche il suo saluto al poeta. Ed è sull’effetto devastante di questo saluto che Guinizzelli si sofferma in modo particolare, analizzandone le drammatiche conseguenze interiori.*

Lo vostro bel saluto e ’l gentil sguardo
che fate quando v’encontro, m’ancide:
Amor m’assale e già non ha reguardo
s’elli face peccato over merzede,

ché per mezzo lo cor me lanciò un dardo
ched oltre ’n parte lo taglia e divide;
parlar non posso, ché ’n pene io ardo
sì come quelli che sua morte vede.

Per li occhi passa come fa lo trono,
che fer’ per la finestra de la torre
e ciò che dentro trova spezza e fende:

remagno como statüa d’ottono,
ove vita né spirto non ricorre,
se non che la figura d’omo rende.

PARAFRASI

vv. 1-4 Il vostro bel saluto e il nobile (*gentil*) sguardo che rivolgete intorno, quando v’incontro, mi uccide (*m’ancide*): Amore mi assale e non gl’importa mica (*già non ha reguardo*) se arreca danno (*peccato*) o beneficio (*merzede*),

vv. 5-8 perché mi ha lanciato un dardo attraverso il cuore (*per mezzo lo cor*) che da parte a parte (*ched oltre ’n parte*) lo spacca e lo trafigge; non posso parlare, perché io ardo in pene come uno che si vede davanti la sua morte.

vv. 9-11 [Quel dardo] passa attraverso gli occhi come fa il fulmine (*trono*) che colpisce penetrando dalla finestra di una torre e spezza e spacca (*fende*) tutto ciò che trova all’interno:

vv. 12-14 io rimango (*remagno*) come una statua di ottone, in cui non circola (*ricorre*) né vita né respiro, a parte il fatto che all’esterno raffigura un’immagine umana.

9. **lo trono:** cita l’effetto sonoro - il tuono - ma intende la scarica elettrica che ne è la causa; è il fulmine, infatti, che può entrare per la finestra di una torre, spaccando e devastando tutto, come dice subito dopo.

T4 Dentro il testo

IN SINTESI

Il sonetto svolge il tema dell’incedere di madonna, ma introduce il motivo aggiuntivo del suo saluto, che ha sul fedele innamorato un effetto negativo, devastante. Il poeta rimane senza parole, ardente di una febbre mortale, disanimato, immobile come una «statüa d’ottono». Ciò che sembrava un gesto cortese si trasforma in dardo, in fulmine, in una potenza malefica capace di trasformare il poeta amante in un disanimato oggetto meccanico.

I TEMI E L’ESPRESSIONE

IL SALUTO DELLA DONNA GENTILE

Questo sonetto ha stretti rapporti con *Io voglio del ver la mia donna laudare*, del quale è quasi **naturale continuazione**. Nelle terzine di quel sonetto, infatti, già vedevamo la donna passare «per via adorna e sì gentile» (qui: «Lo vostro bel saluto e ’l gentil sguardo»), ma la situazione iniziale simile si divarica poi violentemente, nel seguito dei due sonetti, verso due direzioni opposte e contrastanti. In *Io voglio del ver* si registravano infatti gli effetti benefici dell'apparizione di madonna; qui si registrano invece **gli effetti distruttivi del suo passaggio.** In *Io voglio del ver* si illustravano gli effetti della donna gentile su una folla indifferenziata di astanti; qui invece il poeta si sofferma a descrivere gli effetti del suo passaggio su un unico soggetto, lui stesso. Ma appunto, al semplice passare per via si è aggiunto un gesto speciale, rivolto a un unico, privilegiato destinatario: è il **saluto**, che scegliendo e individuando, per dire così, il poeta nella folla, si trasforma in **dardo amoroso**, e ribalta gli effetti benefici della donna gentile in **devastazione interiore**.

LA PARTE DI AMORE

Tecnicamente, è **Amore responsabile della devastazione**: sembra che sia lui, infatti, a trasformare il saluto in dardo, che «assale» con esso il poeta, e che «non ha reguardo», non bada minimamente alle conseguenze buone o cattive del colpo vibrato. Ma Amore è in realtà la personificazione di un danno già avvenuto e inflitto personalmente dalla donna: tutto si è già consumato nei primi due versi, in cui si dice che il «bel saluto» e «'l gentil sguardo ... m'ancide». Il senso della poesia è già tutto nella paradossale contraddizione (quasi un ossimoro) fra gli aggettivi «bel», «gentil» e il verbo «m'ancide»: come può una cosa bella e gentile uccidere? Ma proprio su questa contraddizione è costruito il sonetto: la figurazione di Amore serve a spiegare allegoricamente l'inattesa trasformazione del «bel saluto» in ferita mortale.

LO SGUARDO-DARDO-FULMINE

Il sonetto è costruito attraverso una serie di **passaggi comparativi**, scalati in successione. Il saluto e lo sguardo di madonna sono come un «dardo» (vv. 5-8), ma questo dardo a sua volta è come un «trono», un fulmine (vv. 9-11), che provoca una distruzione in mezzo alla quale il poeta rimane «como statüa d'ottono». Gli effetti del dardo e del fulmine, in particolare, sono presentati in modo assai simile e quasi messi in parallelo: «per mezzo lo cor» / «Per li occhi»; «taglia e divide» / «spezza e fende»; gli effetti sul poeta sono nel primo caso (gli effetti del dardo) affidati ai vv. 7-8 della seconda quartina, nel secondo (gli effetti del fulmine) all'ultima terzina («parlar non posso» ecc. / «remagno como statüa d'ottono» ecc.). Nella scalatura di questi effetti devastanti, infine, si scorge una **drammatica intensificazione**: dapprima il poeta è descritto muto («parlar non posso»), divorato da una pena ardente («'n pene io ardo»), moribondo («sì come quelli che sua morte vede»); alla fine egli appare già morto, senza «vita né spirto», o meglio totalmente disanimato e disumanizzato, ridotto alla rigidità metallica di una statua d'ottone, che ha solo «figura», aspetto esteriore, d'uomo. Questa potente immagine finale lascia nel lettore l'impressione che lo sguardo e il saluto di madonna abbiano il quasi malefico potere di operare una metamorfosi: come se chi incrocia lo sguardo e il saluto della donna gentile si trasformasse, all'istante, in una statua di metallo. La gentilezza dell'amata si trasforma così nel **potere di Medusa**, capace, secondo il mito greco, di pietrificare le sue vittime.

Analisi e interpretazione Tipologia A

LEGGERE CON METODO

COMPRENSIONE GLOBALE

1. Quali atteggiamenti della donna scatenano la battaglia amorosa nel cuore del poeta?
2. Quali sono le conseguenze per il poeta?

LA LINGUA E LE STRUTTURE

3. Contrariamente alle scelte abituali, in questo sonetto non c'è coincidenza tra metrica e sintassi: una frase chiave è spezzata e distribuita su due strofe. Quale? Sul piano del contenuto, che cosa sottolinea questa rottura della regolarità metrica e sintattica?
4. Trova nel testo le parole che fanno parte della sfera semantica della violenza o dell'ostilità.

I TEMI E L'INTERPRETAZIONE

5. Spiega in quale modo nel sonetto il tema del saluto-salvezza viene rovesciato nel suo opposto.

SCRIVERE CON METODO

APPROFONDIMENTI E CONFRONTI

6. In circa una pagina metti a confronto il sonetto con *Io voglio del ver la mia donna laudare* [▶ **T3**, p. 150] individuando elementi di continuità e di rottura tra le due liriche.

Guido Cavalcanti: l'amore come devastazione interiore

Il giudizio di Dante Guido Cavalcanti è il più grande poeta delle nostre origini, prima di Dante, che era più giovane di lui di circa sei anni. Anche a Cavalcanti, come già a Guinizzelli [▸ p. 143], Dante assegnò un ruolo preciso nella ricostruzione dei primi decenni della nostra letteratura in volgare. Stavolta, il ruolo assegnato a Guido è quello del **fratello maggiore**: importante, molto amato, ma poi destinato a essere **superato** (ovviamente da Dante stesso). Nel corso del tempo, è sicuro che fra i due si verificò una rottura; alla fine, nella *Commedia*, Dante esplicitamente dichiara che la poesia di Guido Cavalcanti, come quella di Guido Guinizzelli, è destinata a essere superata da qualcuno che «l'uno e l'altro caccerà del nido» (cioè dal posto di rilievo fin qui occupato): ovviamente, egli allude a se stesso (*Purgatorio*, XI, 97-99).

▸ T Guido Cavalcanti, *Donna me prega, per ch'eo voglio dire*

L'amore: un'esperienza totalmente negativa La poesia di Guido Cavalcanti si incentra su una **concezione assolutamente negativa del sentimento amoroso**. L'amore cortese, dai poeti provenzali in poi, è sempre un amore doloroso, segnato dalla lontananza della donna e dalla frustrazione del desiderio: ma in Cavalcanti esso diventa un'esperienza addirittura **distruttiva**, devastante, espressa in modalità tragiche di morte, di paralisi, di annientamento dell'anima. D'altronde, Guido Cavalcanti è noto nelle fonti antiche per essere, come dirà di lui Boccaccio, «filosofo naturale» [▸ **T14**, p. 623], ovvero fortemente **interessato anche a questioni teoriche e dottrinali**. Infatti, la sua concezione negativa dell'amore trova fondamento anche in convinzioni filosofiche, che egli espone nella canzone *Donna me prega*, vero e proprio manifesto della sua ideologia amorosa. Qui egli dichiara la provenienza d'amore non da Venere, ma da una «scuritate / la qual da Marte vene»: amore è dunque figlio dell'oscurità e nasce sotto il segno di Marte, cioè della guerra, del conflitto, del dissidio interiore. Amore è potenza non razionale, da cui segue spesso la **morte**: non necessariamente la morte fisica, ma un senso di annichilamento interiore, frequentemente rappresentato da Cavalcanti nelle sue poesie. Soprattutto, Amore mette l'innamorato di fronte ai limiti della sua capacità di conoscenza. Il valore sublime della donna amata - anche questo motivo tradizionale della poesia cortese - diventa in Cavalcanti la prova della pochezza del nostro intelletto, incapace di penetrare e di rendere vera ragione di quel valore. In conclusione, **amore è un'esperienza di non-conoscenza, di impotenza, di irrazionalità** che ci sovrasta e ci mette in contatto con le zone più conturbanti e incontrollabili della nostra interiorità.

LA VITA E L'OPERA

GUIDO CAVALCANTI (Firenze, 1259-1300)

Guido Cavalcanti nacque a Firenze intorno al 1259; la sua famiglia era fra le più ricche e potenti della **borghesia mercantile** della città. Politicamente, i Cavalcanti erano schierati con i **guelfi** contro i ghibellini e, successivamente, con la parte bianca dei Cerchi contro i Donati di parte nera. Nel 1280 Guido fece il suo ingresso nella vita politica della città come garante della pace fra guelfi e ghibellini; nel 1284 entrò nel Consiglio generale del Comune di Firenze. Ma in quegli stessi anni nacque una terribile **inimicizia tra il giovane Cavalcanti e il capo dei guelfi neri**, Corso Donati. Il culmine di questa sorta di guerra privata venne raggiunto da Donati, che nel 1292 ordì un vero e proprio **attentato** ai danni di Guido, il quale riuscì a scamparla, ma scatenò da parte sua rivalse e vendette contro il partito avversario. A questo punto, i Priori del Comune (fra cui Dante stesso) assunsero la decisione di esiliare i rappresentanti più significativi di entrambe le fazioni. Anche **Guido venne costretto a lasciare Firenze**, il 24 giugno 1300, per il confino a Sarzana, in Lunigiana. Fu un esilio breve, perché il 19 agosto dello stesso anno il bando venne revocato; ma Guido, malato (probabilmente di febbri malariche, dato il clima malsano del paese dove era stato confinato), morì il 29 agosto 1300, dieci giorni dopo aver rimesso piede a Firenze.

T5

Guido Cavalcanti

AUDIOLIBRO

Chi è questa che vèn, ch'ogn'om la mira

Periodo: seconda metà del XIII secolo

Metro: sonetto a schema ABBA ABBA CDE EDC

Argomento: l'effetto del saluto della donna sull'animo del poeta

Il poeta incontra la donna amata, per strada: ma quello che potrebbe essere un momento di beatitudine, per Cavalcanti diventa un'esperienza di frustrazione. In particolare, mentre per Dante l'apparizione di madonna significherà quasi toccare un pezzetto di Paradiso, per Guido significa arrendersi all'impossibilità di capire fino in fondo – ed esprimere – la superlativa qualità della donna che ama.

Chi è questa che vèn, ch'ogn'om la **mira**,
che fa tremar di chiaritate l'âre
e mena seco Amor, sì che parlare
4 null'omo pote, ma ciascun sospira?

O Deo, che sembra quando li occhi gira!
dical'Amor, ch'i' nol savria contare:
cotanto d'umiltà donna mi pare,
8 ch'ogn'altra ver' di lei i' la chiam'ira.

Non si poria contar la sua piagenza,
ch'a le' s'inchin'ogni gentil vertute,
11 e la beltate per sua dea la mostra.

Non fu sì alta già la mente nostra
e non si pose 'n noi tanta salute,
14 che propiamente n'avïàn canoscenza.

PARAFRASI

vv. 1-4 Chi è questa che avanza (*che vèn*), che ognuno non può fare a meno di ammirarla (*la mira*), che fa tremare di splendore (*chiaritate*) l'aria intorno a sé, e conduce in sua compagnia (*mena*) Amore, tanto che nessuno può parlare, ma tutti sospirano?

vv. 5-8 O Dio, che cosa non sembra, quando gira gli occhi intorno! Lo dica Amore, perché io non lo saprei raccontare: mi sembra una donna di tale umiltà che ogni altra al suo confronto (*ver' di lei*) io la chiamo superbia (*ira*).

vv. 9-11 Non si potrebbe descrivere (*contar*, "raccontare") la sua bellezza (*piagenza*), ché a lei rende omaggio (*s'inchin*) ogni nobile virtù, e la bellezza stessa la indica come sua dea.

vv. 12-14 La mia mente non fu mai capace di salire così in alto, né mai si ripose in me tanta grazia divina (*salute*) che io ne potessi avere adeguatamente (*propiamente*) conoscenza.

2. che fa tremar ... l'âre: l'aria stessa sembra percorsa da un fremito d'ammirazione e di stupore; la donna avanza avvolta quasi in un'aura di fulgore.
4. null'omo: con valore impersonale (*on* francese).
5. O Deo ... gira: la perfezione della donna diventa quasi inesprimibile appena i suoi gesti si animano un poco, e la solennità dei primi versi si scioglie in un'attitudine più cordiale.
7-8. cotanto ... ira: come la donna di Guido sembra la personificazione stessa dell'umiltà, così tutte le altre sembrano incarnare la qualità morale opposta, la superbia.
11. la beltate ... mostra: la «beltate» sarebbe Venere, dea della bellezza, ma qui intesa piuttosto come un concetto astratto, che nella donna di Guido, e non nella antica divinità mitologica, riconosce la sua signora.
12-14. Non fu ... canoscenza: il poeta confessa che egli non fu mai dotato di così grande intelligenza naturale, né illuminato da tanta grazia divina, da poter conseguire una conoscenza adeguata della donna amata e della sua perfezione. La «mente» è qui affiancata alla «salute», come due diverse vie di conoscenza (l'una umana, l'altra divina), ambedue insufficienti, nel poeta, al compito di conoscere «propiamente», secondo la sua propria essenza, la virtù della donna.

Le parole della tradizione

TROVARE LE PAROLE

▸ **mirare**: dal latino ***mīrari***, "meravigliarsi".

■ Nella poesia stilnovistica il processo di innamoramento avviene attraverso gli occhi, attraverso la contemplazione della donna. Il verbo tecnico che definisce questa contemplazione è *mirare*, utilizzato nel significato di "guardare fissamente, con profonda partecipazione emotiva".

■ Al termine sarà particolarmente affezionato Dante, che nelle sue opere lo userà più di 130 volte, spesso riferito alla donna o al suo volto e ai suoi occhi, talvolta anche nel significato di "volgere la mente, osservare nel pensiero, considerare": «mirate la dottrina che s'asconde / sotto 'l velame de li versi strani» ("Considerate l'insegnamento che si nasconde sotto il velo degli strani versi").

■ Il verbo fu carissimo a Leopardi: «Sì che a mirarla intenerisce il core» ("Così che a guardarla il cuore si intenerisce"); «E mira ed è mirata, e in cor s'allegra» ("Guarda ed è guardata, e si rallegra nel suo cuore"); «Ma sedendo e mirando» ("Ma sedendo e osservando").

■ Sebbene siano documentati almeno dal Cinquecento, sono sostanzialmente estranei al linguaggio poetico i due significati oggi più usuali: "prendere la mira" e l'uso figurato "tendere l'animo verso una meta da raggiungere, dirigere la propria azione a uno scopo".

T5 Dentro il testo

IN SINTESI

Il tema del sonetto è ancora l'apparizione della donna, il suo incedere come un miracolo terreno in mezzo a un'umanità piena d'ammirazione. Ma, a differenza di quanto descritto da Guinizzelli, la donna di Cavalcanti mette il poeta di fronte alla sua pochezza, e trasforma l'amore in un'esperienza negativa, di frustrazione e di non-conoscenza. L'altissima perfezione della donna, infatti, non può essere compresa né per via umana né per via divina: e l'amore non conduce a Dio, ma si ritorce sul poeta, incapace di penetrare (e tanto meno di esprimere) il mistero di tanta bellezza.

I TEMI E L'ESPRESSIONE

CAVALCANTI E LA *LODA*

L'attacco costruisce un'aura di **miracolo** e di **meraviglia**. Ci si trova di fronte a un evento che non si può descrivere, che lascia stupefatti: per questo il sonetto comincia con un'**interrogazione** («Chi è questa che vèn») modellata solennemente su un'eco biblica, dal *Cantico dei cantici* (*Quae est ista quae progreditur...*). All'interrogazione fa seguito una serie di **negazioni** che definiscono l'incomparabilità della donna, l'impossibilità di descrivere il suo valore, la distanza che la separa dagli altri e, infine, l'insufficienza dell'intelletto umano, incapace di comprendere tanta altezza. La lode si risolve quindi in una serie di considerazioni negative, rimarcate dall'anafora del *non* («*Non* si poria», «*Non* fu sì alta», «*non* si pose»). D'altronde, questa negatività non riguarda solo il poeta amante. La situazione espressa dal sonetto non è riferibile solo a lui: i verbi sono impersonali, e la «mente nostra» su cui si chiude il sonetto è quella di tutta l'umanità in genere, non solo di Cavalcanti. Ciò solleva la composizione a una **dimensione universale**, che va al di là della vicenda personale del poeta.

INCONOSCIBILITÀ DELL'AMORE

Per Cavalcanti **l'amore resta inconoscibile**, la sua esperienza non permette all'uomo nessun avanzamento cognitivo né alcun superamento dell'attimo stravolgente della visione. Così il «vedere», la prima delle reazioni fisiche a catena tipiche dell'innamoramento, resta una soglia oltre la quale la ragione non va. Il poeta amante vorrebbe potersi rendere conto di ciò che c'è oltre quella immagine di bellezza: ovvero, quale sia l'essenza che sta oltre quella immagine; quale sia il valore intimo della donna amata. Ma, come dice l'ultima terzina, per una simile operazione ci vorrebbe una «mente» più «alta» di quella umana, o una «salute», una grazia superiore, più abbondante. Il valore della donna eccede le insufficienti risorse di chi la contempla, ed è destinato a rimanere nel mistero.

Analisi e interpretazione Tipologia A

LEGGERE CON METODO

COMPRENSIONE GLOBALE

1. Quali effetti produce l'apparire della donna?
2. Quali sono le qualità (esteriori e interiori) attribuite alla donna?

LA LINGUA E LE STRUTTURE

3. Qual è l'orgine dell'immagine che apre il sonetto? Quale significato si può attribuire a questa citazione?
4. Qual è la funzione delle negazioni (in particolare la triplice anafora di «non») nel testo?
5. Qual è la funzione dei verbi e delle espressioni impersonali nel sonetto?

I TEMI E L'INTERPRETAZIONE

6. Spiega in quale modo nel sonetto è trattato il tema dell'ineffabilità, ovvero dell'impossibilità di parlare della donna.

SCRIVERE CON METODO

APPROFONDIMENTI E CONFRONTI

7. In circa una pagina, metti a confronto questo sonetto con *Io voglio del ver la mia donna laudare* [▶ **T3**, p. 150], esaminando in che modo viene condotta la lode e quali sono gli effetti della presenza della donna.

T6a

Guido Cavalcanti

Tu m'hai sì piena di dolor la mente

Periodo: seconda metà del XIII secolo

Metro: sonetto a schema ABAB ABAB CDE DCE

Argomento: l'effetto devastante della visione della donna amata

Questi due sonetti sono spesso trascritti uno di seguito all'altro nella tradizione manoscritta: segno evidente che sono stati sempre sentiti come affini. Entrambi affrontano il tema del disfacimento dell'uomo colpito dalla visione della donna. Il primo sonetto racconta del dolore proveniente dalla ferita d'amore e della condizione di "morto che cammina" conseguente alla semplice visione della donna amata.

Tu m'hai sì piena di dolor la mente,
che l'anima si briga di partire,
e li sospir' che manda 'l cor dolente
mostrano agli occhi che non può soffrire.

Amor, che lo tuo grande valor sente,
dice: «E' mi duol che ti convien morire
per questa fiera donna, che nïente
par che pietate di te voglia udire».

I' vo come colui ch'è fuor di vita,
che pare, a chi lo sguarda, ch'omo sia
fatto di rame o di pietra o di legno,

che si conduca sol per maestria
e porti ne lo core una ferita
che sia, com'egli è morto, aperto segno.

PARAFRASI

vv. 1-4 Tu mi hai così riempito di dolore la mente, che l'anima si ingegna di separarsi dal corpo (*briga di partire*), e i sospiri che manda fuori il cuore dolorante mostrano agli occhi che non ce la fa più (*che non può soffrire*, "sopportare").

vv. 5-8 Amore, che avverte la tua grande forza (*valor*), dice: «Mi dispiace che devi (*ti convien*) morire per via di questa donna feroce, che pare assolutamente (*nïente*) non voglia saperne di udire parole di pietà per te».

vv. 9-11 Io avanzo come un morto che cammina, che, a chi lo guarda dal di fuori, pare che sia una creatura (*omo*) fatta di rame o di pietra o di legno,

vv. 12-14 che si muova (*conduca*) solo per un interno artificio meccanico (*per maestria*) e porti nel cuore una ferita che sia aperto segno del fatto che egli in realtà è morto.

1. Tu: è la donna, a cui Guido si rivolge con piglio deciso, col «tu» in luogo del più consueto «voi».
10-11. che pare ... di legno: l'amante sembra, a chi lo guarda, una creatura artificiale, fatta di rame, di pietra o di legno.
13-14. e porti ... segno: il morto che cammina, ovvero l'automa artificiale, mostra il suo cuore spaccato, segno evidente («aperto segno»), cioè causa visibile, della sua morte.

AUDIOLIBRO

T6b

Guido Cavalcanti

Voi che per li occhi mi passaste ’l core

Periodo: seconda metà del XIII secolo

Metro: sonetto a schema ABBA ABBA CDE CDE

Argomento: l’effetto devastante della visione della donna amata

Questo secondo sonetto è incentrato sull’esperienza dell’alienazione che lo sguardo della donna provoca, devastando il cuore e la mente dell’innamorato.

Voi che per li occhi mi passaste ’l core
e destaste la mente che dormia,
guardate a l’angosciosa vita mia,
che sospirando la distrugge Amore.

E’ vèn tagliando di sì gran valore,
che’ deboletti spiriti van via:
riman figura sol en segnoria
e voce alquanta, che parla dolore.

Questa vertù d’amor che m’ha disfatto
da’ vostr’occhi gentil’ presta si mosse:
un dardo mi gittò dentro dal fianco.

Sì giunse ritto ’l colpo al primo tratto,
che l’anima tremando si riscosse
veggendo morto ’l cor nel lato manco.

Il verbo, «tagliare», implica l’uso di una spada, o comunque di un’arma da taglio, inusuale per l’immagine tradizionale di Amore arciere, qui trasformato in una sorta di guerriero violento e senza pietà.

▸ Gli amanti, miniatura da un manoscritto francese, XIII secolo (Parigi, Bibliothèque Nationale).

1. per ... core: gli occhi sono il passaggio privilegiato per Amore, che in questo modo si insinua nelle più profonde fibre vitali dell’amante; è luogo comune della lirica medievale.
2. destaste ... che dormia: il riferimento è allo stato inerte della mente non sollecitata da Amore.
4. sospirando ... Amore: **Amore la distrugge a forza di sospiri.**
5. E’ vèn ... valore: **Egli** [Amore] **viene spaccando tutto** («tagliando») **con così grande violenza.** Si noti la forza dell’immagine che, pur essendo riferita alla consueta freccia che trafigge i cuori, dà al gesto di Amore una non comune violenza.
6. spiriti: sono gli spiriti vitali, nei quali si materializzano le funzioni del corpo e della mente; qui indeboliti e resi inoperosi dalla violenza d’Amore.
7. riman ... segnoria: **rimane in sua signoria solo la mia figura esterna.**
8. parla dolore: **dice parole di dolore.** Si noti l’uso transitivo di «parla», che dà all’espressione un rilievo singolare.
10. da’ vostr’occhi ... si mosse: **prontamente** («presta») **prese le mosse** («si mosse») **dai vostri occhi gentili.**
11. ritto: **dritto, preciso.**
13-14. che ... manco: il «si riscosse» dell’anima è l’equivalente del «destaste» che si incontra al v. 2. ■ **manco:** **sinistro.**

T6a-b Dentro il testo

IN SINTESI

I due sonetti svolgono il tema dell'amore come distruzione, alienazione, morte. Tutti e due si rivolgono direttamente alla donna amata, la quale, anche per via della palese denuncia di Amore stesso (che la definisce senza mezzi termini «questa fiera donna»), ci viene qui incontro non come donna gentile, ma come una creatura spietata e crudele. Gli effetti del sentimento amoroso sul poeta sono dunque, stavolta, tutt'altro che edificanti: l'amore lo conduce sull'orlo della morte, anzi lo trasforma in un morto che cammina, in un automa meccanico, alienandolo dalla sua stessa umanità. L'amore mette a subbuglio l'interiorità dell'amante: i fenomeni di questa vita interiore - l'anima, i sospiri, il cuore dolente, i «deboletti spiriti» - appaiono qui personificati, quasi attori di una recita in cui si rappresenta il «dolor» a cui si è ridotta l'esistenza del poeta.

I TEMI E L'ESPRESSIONE

IL «TU» E IL «VOI»

Entrambi i sonetti cominciano rivolgendosi alla donna amata: ma il primo attacca con un **«Tu»**, il secondo con un **«Voi»**. In tutt'e due i casi, il poeta rinfaccia alla donna amata l'effetto distruttivo dell'amore: ma nel primo caso il pronome più confidenziale imposta il sonetto su un tono particolarmente **ravvicinato e aggressivo**, mentre il secondo, con quel «Voi» più distaccato, introduce una **sfumatura quasi di preghiera**: «Voi ... guardate». E infatti il primo sonetto salta direttamente alle rovinose conseguenze dell'amore, già drammaticamente in atto: dopo la sentenza solenne di Amore («E' mi duol che ti convien morire»), le due terzine presentano l'amante ridotto allo stato di un morto che cammina, di un automa meccanico («I' vo come colui ch'è fuor di vita»). Il secondo sonetto, invece, descrive nei particolari il processo di questa morte d'amore, specificandone analiticamente tutti i passaggi, e quasi additandoli pateticamente alla donna responsabile di tanta devastazione: «Voi ... guardate a l'angosciosa vita mia».

▸ L'amante ripone il proprio cuore in una margherita, miniatura del XVI secolo dai *Poemi d'Amore* di Pierre Sala (Londra, British Library).

IL RUOLO DI AMORE

Amore, personificato, è presente in tutt'e due i sonetti: nel primo, ai vv. 5-8, nel secondo, ai vv. 4-6. D'altronde, Amore è personaggio attivo nella poesia di Cavalcanti (ma anche in quella di Dante, come poi in Petrarca), finendo con il rappresentare quasi il terzo vertice di un **rapporto triangolare donna-amante-Amore**. E, come un vero e proprio personaggio, Amore si comporta e si atteggia, di poesia in poesia e di circostanza in circostanza, in modo diverso. **Nel primo sonetto** Amore sembra quasi **dalla parte dell'amante**: lui stesso sembra colpito, se non addirittura sorpreso, dalla violenta potenza della donna («Amor, che lo tuo grande valor sente») e solidarizza con il poeta condannato a morte dalla passione (vv. 6-8); sembra quasi che abbia interceduto per lui presso «questa fiera donna», ma senza ottenerne pietà. **Nel secondo sonetto**, invece, Amore è rappresentato mentre **distrugge la vita del poeta** a forza di sospiri, e mentre «vèn tagliando» a gran forza il suo cuore, mettendo in fuga i suoi spiriti vitali. Il primo Amore sembra un intermediario fallito; il secondo, un nemico che muove a un assalto senza pietà. L'Amore di Cavalcanti si conferma sempre un personaggio vivo, attivo, che interviene nella vita interiore del poeta e interagisce dinamicamente con lui e con la donna. Ben lontano dal Cupido classico, questo è un Amore adulto, un signore guerriero e temibile.

IL MORTO CHE CAMMINA E L'AUTOMA MECCANICO

I termini di paragone che compaiono nelle terzine del primo sonetto sono fra i più potenti e originali di tutta la nostra poesia antica. Il poeta si rappresenta come uno *zombie*, un robot: e non sembrino attualizzazioni eccessive, o addirittura irriverenti. Al v. 9 il poeta si paragona a un **morto che cammina** («I' vo come colui ch'è fuor di vita»), contrapponendo drammaticamente la notazione di movimento - «I' vo» - alla immobilità implicita nell'assenza di vita - «fuor di vita». Nei versi seguenti accentua tale contrapposizione trasponendola nel contrasto fra la rigida immobilità dei materiali di cui è fatto l'**automa** - «rame», «pietra», «legno» - e il suo movimento, azionato però da un **marchingegno meccanico**, non da un vero spirito vitale. Di qui il finale, di quasi macabra suggestione: il morto-vivo cammina mostrando apertamente il cuore spaccato, causa della sua morte. Come uno *zombie*, appunto; o come un pauroso fantasma.

LA DRAMMATIZZAZIONE DEI SENTIMENTI

I due sonetti si prestano in modo particolare a verificare un tratto distintivo della poesia cavalcantiana: ovvero, la sua abitudine a **oggettivare emozioni e sentimenti in funzioni corporee**, gestite da organi sentiti quasi staccati da sé, dotati di vita propria, o in quelli che egli chiama «spiriti» o «spiritelli», entità immateriali che presiedono alla varie emozioni dell'anima. Nel primo sonetto abbiamo l'«anima» (v. 2) impaziente di separarsi dal corpo; il «cor dolente» (v. 3) che invia come messaggeri i «sospiri» incaricati di mostrare agli «occhi» come esso, il cuore, non ce la faccia più. Nel secondo sonetto, i «deboletti spiriti» (v. 6) in fuga di fronte alla aggressione di Amore; la «voce» (v. 8), unica funzione rimasta a fronteggiare la devastazione amorosa; ancora l'«anima» (v. 13), che trasalisce al colpo del dardo d'Amore; e ancora «'l cor» (v. 14) visto «morto» dall'anima dopo il colpo fatale. Si configura così una sorta di **teatro interiore**, di recita animata da personaggi che agiscono - e interagiscono - sul palcoscenico dell'anima. Il poeta amante sembra scomporsi nel dramma di questi attori interiori, fino a trasformarsi in spettatore, sgomento e impotente. Siamo di fronte a una modalità di rappresentazione dell'io certo caratteristica di Cavalcanti, come si è detto, ma tipica in pari tempo del **modo antico, pre-moderno**, di raccontare la vita intima del soggetto. Oggi ci aspettiamo che un autore descriva i processi interiori di un personaggio (o di se stesso come personaggio) attraverso un processo di analisi psicologica, che ci spieghi cosa si sta muovendo dentro un certo carattere di una certa storia. La letteratura antica, invece, descrive l'interiorità dei personaggi rendendo **obiettivi i processi**, descrivendo i gesti esteriori.

Analisi e interpretazione Tipologia A

LEGGERE CON METODO

COMPRENSIONE GLOBALE

1. Sintetizza il contenuto informativo del sonetto *Tu m'hai sì piena di dolor la mente*, riassumendo ciascuna quartina e terzina.
2. Con l'aiuto delle note, fai la parafrasi del sonetto *Voi che per li occhi mi passaste 'l core*.

LA LINGUA E LE STRUTTURE

3. Nei due sonetti, individua e sottolinea i termini appartenenti alla sfera lessicale del dolore e della morte.
4. Nel secondo sonetto, sottolinea i termini appartenenti alla sfera lessicale della violenza e della guerra.
5. Quale significato assumono i termini sinonimici «valor» (v. 5 del primo sonetto) e «vertù» (v. 9 del secondo sonetto)? In questi testi assumono una connotazione positiva (come nei testi di Guinizzelli) o negativa?

I TEMI E L'INTERPRETAZIONE

6. Come viene presentata la donna? Che cosa conserva della figura della «donna gentile»?
7. Qual è il ruolo di Amore, personificato, nei due sonetti?
8. Attraverso quale particolare tecnica il poeta descrive i propri processi interiori?

SCRIVERE CON METODO

COMMENTO

9. Commenta il sonetto *Voi che per li occhi mi passaste 'l core*, presentandolo in un testo non più lungo di 30 righe come emblematica espressione della visione d'amore di Cavalcanti.

Interpretare il mondo

Tutto passa attraverso gli occhi: che cosa dicono le neuroscienze

Per gli stilnovisti era importantissimo lo sguardo, il momento in cui l'occhio si posa sull'amata per la prima volta, provocando uno stravolgimento nella vita del poeta; e così anche tutti gli sguardi successivi, che perpetuano la magia del primo e procurano allo stesso tempo gioia e dolore all'amante.

Il potere delle immagini non era certo una novità: per secoli esse hanno dominato la vita umana, rappresentando spesso l'unico mezzo per far circolare informazioni quando la scrittura e la lettura erano un privilegio riservato a pochissimi eletti.

Al tempo degli stilnovisti, però, non si sapeva nulla di come funzionasse la vista e di quanto il cervello fosse coinvolto nel processo visivo: tutto era incentrato sugli occhi.

Negli ultimi decenni sia la ricerca medica, e in particolare la neurologia, sia l'ingegneria biomedica - che ha progettato e costruito macchine in grado di evidenziare quali aree del cervello sono chiamate in causa quando svolgiamo un qualsiasi compito - hanno permesso di capire qualcosa in più di come funziona l'intero meccanismo visivo, concentrandosi tanto sull'aspetto "passivo" (in che modo le immagini colpiscono l'occhio e vengono poi inviate al cervello), quanto su quello "attivo" (che cosa fa il cervello quando elabora le immagini).

Si è scoperto così, per esempio, un legame cognitivo molto importante tra immagini e apprendimento, derivato dalla nostra evoluzione biologica: prima di evolverci come *homo sapiens*, i nostri antenati dovevano - letteralmente - vedersela con minacce per scampare le quali occorreva una vista molto acuta; allo stesso tempo, serviva una buona vista per cogliere al volo le occasioni di procurarsi del cibo o un partner:

> «Perché il testo scritto è meno efficace delle immagini? Perché si dà il caso che il cervello veda le parole come tante piccole figure. [...] Indipendentemente da quanta esperienza abbiate come lettori, il vostro cervello continuerà a fermarsi e meditare su ogni singola caratteristica di ogni lettera che leggete, e farà così finché sarete ancora in grado di leggere. [...] La nostra storia evolutiva non è stata dominata da libri, e-mail o messaggini, ma da alberi e tigri dai denti a sciabola. La vista è tanto importante per noi perché le maggiori minacce alla nostra vita nella savana venivano apprese visivamente, e lo stesso valeva per le fonti di nutrimento e per le percezioni di opportunità riproduttive».
>
> (J.Medina, *Il cervello. Istruzioni per l'uso*, trad. it. di G. Olivero, Bollati Boringhieri, Torino 2014)

In anni recenti si è scoperta anche l'esistenza di una particolare patologia neurologica, la *prosopagnosia*, che avrebbe gettato nel panico i nostri stilnovisti: chi ne soffre, infatti, non riesce a riconoscere correttamente i volti delle persone, arrivando a considerare i propri familiari come dei perfetti sconosciuti. Per costoro, ogni volto che incontrano è come se fosse sempre nuovo, anche se si tratta di una persona che incontrano tutti i giorni, come un collega o un amico d'infanzia.

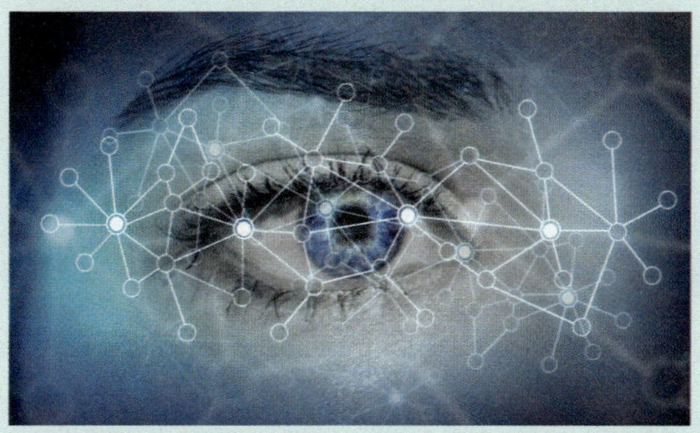

▲ La visione oculare attiva un reticolo di pensieri.

PENSARE CON LA PROPRIA TESTA

1. Fai una ricerca in Internet e individua almeno tre immagini di epoca medievale (miniature, codici illustrati ecc.) nelle quali appaia una donna idealizzata come descritta dai poeti stilnovisti. Descrivi quali sono secondo te le più efficaci e perché.
2. Prova a immaginare in un breve racconto che cosa sarebbe successo se un poeta duecentesco avesse sofferto di prosopagnosia, e come si sarebbe approcciato all'amata. Puoi svolgere il tuo racconto sia in chiave umoristica sia in chiave drammatica.

T7

Guido Cavalcanti

Noi siàn le triste penne isbigotite

Periodo: seconda metà del XIII secolo

Metro: sonetto a schema ABBA ABBA CDE DCE (*costui/noi* è rima siciliana)

Argomento: gli strumenti di scrittura del poeta parlano alla donna, chiedendole accoglienza

Qui il poeta non si presenta in prima persona, ma fa parlare gli strumenti del suo mestiere di scrittore: le penne, *le* cesoiuzze, *il* coltellin. *Il poeta si è come dissolto, sparito, consumato dalla passione. Ora sono gli umili oggetti che solevano essere mossi e animati dalla sua mano, rimasti smarriti e quasi orfani, che cercano da soli, per loro iniziativa, pietà e accoglienza presso la donna alla quale indirizzavano le parole scritte, per loro mezzo, dal poeta.*

Noi siàn le triste penne isbigotite,
le cesoiuzze e 'l coltellin dolente,
ch'avemo scritte dolorosamente
4 quelle parole che vo' avete udite.

Or vi diciàn perché noi siàn partite
e siàn venute a voi qui di presente:
la man che ci movea dice che sente
8 cose dubbiose nel core apparite;

le quali hanno destrutto sì costui
ed hannol posto sì presso a la morte,
11 ch'altro non n'è rimaso che sospiri.

Or vi preghiàn quanto possiàn più forte
che non sdegniate di tenerci noi,
14 tanto ch'un poco di pietà vi miri.

PARAFRASI

vv. 1-4 Noi siamo le tristi penne sbigottite, le forbicine (*cesoiuzze*) e il coltellino addolorato, che [in passato] abbiamo scritto in tono di dolore (*dolorosamente*) quelle parole che voi avete udite.

vv. 5-8 Ora vi diciamo perché siamo venute via e siamo arrivate qui di fronte a voi in questo momento (*di presente*): la mano che era solita manovrarci (*che ci movea*) dice che sente spuntate (*apparite*) nel cuore cose che le fanno paura (*dubbiose*);

vv. 9-11 le quali hanno così devastato (*destrutto*) costui [il poeta] e l'hanno condotto così vicino alla morte, che di lui non son rimasti altro che sospiri.

vv. 12-14 Ora vi preghiamo, quanto più forte possiamo, che non sdegnate di dare ospitalità (*tenerci*) a noi, fin tanto che vi guardi un poco di pietà.

1. **Noi siàn:** nota questa forma antica toscana della prima persona plurale (così, più avanti, «diciàn», «preghiàn», «possiàn»).

1-2. **penne … cesoiuzze … coltellin:** le penne (d'oca, naturalmente) per scrivere, le forbicine per tagliarle, il coltellino per appuntarle.

3-4. **ch'avemo … udite:** penne, forbicine e coltellino sono stati gli strumenti con i quali fin qui i versi del poeta sono stati materialmente scritti e diffusi.

T7 Dentro il testo

IN SINTESI

In questo sonetto il poeta non parla in prima persona, ma trasferisce il suo messaggio in oggetti evocativi, esterni, rappresentati dagli umili strumenti del suo scrittoio: penne, forbicine, temperino. Sono loro che prendono la parola e si presentano alla donna amata, smarriti e sgomenti, senza recare, come di solito, un messaggio vergato dalla mano che soleva adoperarli. Gli strumenti spiegano che il loro proprietario ha il cuore distrutto dall'amore, e chiedono all'amata di accoglierli presso di lei. Per una volta, la drammatica devastazione interiore dell'amore non si esprime soggettivamente, ma attraverso la "supplenza" degli strumenti del mestiere.

I TEMI E L'ESPRESSIONE

LA SCOMPARSA DEL POETA

Il sonetto prende l'avvio da una situazione inconsueta: la **scomparsa del poeta**. Già in altri sonetti Cavalcanti si era descritto come un uomo devastato dalla passione, condotto a morte, anzi, ridotto alla condizione di un morto che cammina, o di un automa: vedi soprattutto *Voi che per li occhi mi passaste 'l core* [▶ **T6b**, p. 158]. Qui il poeta ci si ripresenta nella stessa situazione, se possibile ancora più tragica: i turbamenti del cuore lo hanno così «distrutto» e lo hanno spinto così vicino alla morte, che **di lui non sono rimasti che «sospiri»**, vale a dire non altro che il fiato, qualcosa di invisibile e incapace di articolare parole distinte, di formulare un discorso. Il poeta, insomma, è scomparso, e non è più in grado nemmeno di lamentare la crudeltà della donna o lo sfinimento dell'anima. Il poeta non parla più, e soprattutto non scrive più: il gesto fisico del vergare scrittura, non a caso, è espresso al passato («la man che ci *movea*»). Ed ecco che al suo posto prendono allora la parola gli **strumenti dello scrivere**, lasciati soli e inoperosi: le penne, le forbicine e il coltellino (che servivano per accorciare la penna o per appuntarla). È un artificio che permette a Cavalcanti, per una volta, di esprimere la devastazione amorosa non in prima persona, ma oggettivandola negli umili strumenti del mestiere, per i quali egli immagina una voce sommessa, timida e affettuosa (si noti l'uso dei diminutivi – «cesoiuzze», «coltellin» – che intendono accentuare l'intimità del tono espressivo). Peraltro, anche gli strumenti del mestiere sembrano contagiati dalla crisi del poeta: le penne sono «triste» e «isbigotite», il coltellino è «dolente». Essi diventano così, nel loro desolato abbandono, l'immagine evocativa dei sentimenti del loro padrone.

LE CONTROFIGURE DEL POETA

Penne, coltellino e forbicine agiscono tuttavia, animandosi, anche come **sostituti** e **controfigure** (**prosopopee**, nel linguaggio della retorica), del poeta: si presentano alla donna amata, la pregano di tenerli per pietà presso di sé. Gli strumenti della scrittura eseguono per conto proprio il comando che, tradizionalmente, ricevevano dal poeta: il quale di regola invitava le sue canzoni, nel congedo finale, a recarsi presso la donna e rappresentarle le sue parole. Qui è come se penne, coltellino e forbicine avessero imparato la strada, e fossero capaci di rappresentare lo smarrimento dell'amante anche senza sua esplicita sollecitazione, e senza un messaggio da lui personalmente elaborato. Insomma, l'assenza della scrittura diventa essa stessa occasione di scrittura. Facendo parlare non se stesso, ridotto a un impotente sospiro, ma gli oggetti del suo scrittoio, il poeta ha escogitato una **nuova modalità di comunicazione**, e ribadito, per via indiretta, la costanza del suo sentimento amoroso.

▲ Materiale scrittorio d'epoca medievale con carnet in avorio (Parigi, Musée National du Moyen Age et Thermes de Cluny).

Analisi e interpretazione Tipologia A

LEGGERE CON METODO

COMPRENSIONE GLOBALE

1. Chi prende la parola all'inizio del sonetto? Con quali aggettivi gli oggetti presentano se stessi?
2. A chi si rivolgono e che cosa chiedono?

LA LINGUA E LE STRUTTURE

3. In che modo nella poesia si opera la scomparsa del poeta?
4. Qual è la funzione espressiva dei diminutivi «cesoiuzze», «coltellin»?
5. Osserva l'uso dei tempi ai vv. 7-8: perché il passato «movea»? Perché il presente «dice», «sente»?

I TEMI E L'INTERPRETAZIONE

6. In quale modo innovativo nel sonetto viene presentato il tema della devastazione amorosa?

Come si legge...

LEGGERE CON METODO

Una ballata

■ La ballata è un componimento poetico diffuso sia nella letteratura colta sia nella poesia popolare. È detta anche **canzone a ballo** perché, oltre a essere accompagnata dalla musica, veniva anche danzata. Assente nei poeti siciliani, fu introdotta presumibilmente a Firenze intorno alla metà del XIII secolo. **Guittone d'Arezzo** e **Jacopone da Todi** ne utilizzarono il metro per le loro poesie religiose. A fissarne le forme furono soprattutto gli stilnovisti; fu una delle forme metriche predilette di **Cavalcanti**.

■ Analizziamo la struttura metrica della ballata attraverso un esempio proprio di Cavalcanti. La caratteristica distintiva della ballata è la presenza di un **ritornello**, detto anche ripresa, che si alterna con le strofe, o stanze, in numero variabile. Ciascuna **strofa** è formata da **due o tre piedi** (detti anche mutazioni), con identico schema metrico, e dalla **volta**, con schema metrico uguale alla ripresa. Solitamente il primo verso della volta rima con l'ultimo verso dei piedi e l'ultimo della volta con l'ultimo della ripresa.

	RIPRESA (o ritornello)	Gli occhi di quella gentil foresetta	Y
		hanno distretta - sì la mente mia	Z
		ch'altro non chiama che le', né disia.	Z
STROFE	I PIEDE	Ella mi fere sì, quando la sguardo,	A
		ch'i sento lo sospir tremar nel core	B
	II PIEDE	esce dagli occhi suoi, che me ne ardo	A
		un gentiletto spirto d'amore,	B
	VOLTA	lo qual è pieno di tanto valore,	B
		quando mi giunge, l'anima va via,	Z
		come colei che soffrir nol poria.	Z

■ Questa struttura metrica riflette le origini della ballata, inizialmente destinata ad **accompagnare la danza in tondo**. Il solista intonava il ritornello che veniva ripetuto dai danzatori; la strofa, cantata dal solo solista, nella prima parte aveva una melodia diversa (ecco perché i piedi sono detti «mutazioni») e nella seconda parte (la volta) seguiva la stessa melodia della ripresa. Cantando, i danzatori eseguivano dei movimenti di danza e alla fine della strofa si ritrovavano dunque al punto di partenza.

■ I **versi** utilizzati nelle ballate sono **vari**; Jacopone, ad esempio, utilizzò ottonari e novenari. Gli stilnovisti e Petrarca preferirono il settenario e l'endecasillabo. Nelle ballate popolari (o che vogliono imitare lo stile popolare) il verso più comune è l'ottonario, caratterizzato da un ritmo cantilenante. Un esempio celeberrimo è la *Canzona di Bacco* di Lorenzo de' Medici.

■ Nella storia della letteratura italiana, il metro della ballata è stato tra i più usati, raggiungendo la massima diffusione nel **Quattrocento**, in cui ebbero forma di ballata molti componimenti destinati al canto, come la canzonetta, la barzelletta, la veneziana, la frottola, la villanella, la villotta. Il metro della ballata fu usato anche per la lauda. Anzi, a volte, si usava la stessa musica (e lo stesso schema metrico) per canzoni profane e religiose.

■ Di origini e contenuto diverso è la **ballata romantica**, detta anche romanza. Nata in Scozia e Inghilterra, ha origini popolari; ebbe grande sviluppo artistico tra la fine del Settecento e l'inizio dell'Ottocento nella letteratura tedesca (con Bürger, Goethe e Schiller) e inglese (con Coleridge, Wordsworth, Scott, Keats). Non ha contenuto lirico, ma narrativo, tono epico e fantastico. Basata su un ritmo facile e orecchiabile, ha forma metrica variabile, derivata dalla canzonetta, con preferenza per i versi parisillabi.

▲ Ambrogio Lorenzetti (1285-1348 ca), *Effetti del buono e del cattivo governo in città e in campagna*, particolare, affresco, 1337-39 (Siena, Palazzo Pubblico, Sala dei Nove).

T8

Guido Cavalcanti

Perch'i' no spero di tornar giammai

Periodo: estate 1300?

Metro: ballata stravagante, a schema metrico Vxxyyz (ripresa), AB AB (piedi), Bccddz (volta)

Argomento: il poeta sente approssimarsi la morte e prende congedo dal suo mondo

La situazione del soggetto poetante è omogenea a quella lamentata in molte altre composizioni: «sospiri», «dogli'», «paura»; la «persona» del poeta è «distrutta», la «mente» è «strutta», e il senso della morte imminente non fa che esasperare la devastazione interiore. Qui però la situazione esistenziale appare più complessa: la lontananza dalla patria e il presentimento della morte vanno ad aggiungersi allo sfinimento d'amore, spingendo il poeta a un vero e proprio congedo dall'amata, dalla poesia e dalla vita stessa.

Perch'i' no spero di tornar giammai,
ballatetta, in Toscana,
va' tu, leggera e piana,
dritt'a la donna mia,
che per sua cortesia
ti farà molto onore.

Tu porterai novelle di sospiri
piene di dogli'e di molta paura;
ma guarda che persona non ti miri
che sia nemica di gentil natura:
ché certo per la mia disaventura
tu saresti contesa,
tanto da lei ripresa
che mi sarebbe angoscia;
dopo la morte, poscia,
pianto e novel dolore.

Tu senti, ballatetta, che la morte
mi stringe sì, che vita m'abbandona;
e senti come 'l cor si sbatte forte
per quel che ciascun spirito ragiona.
Tanto è distrutta già la mia persona,
ch'i' non posso soffrire:
se tu mi vuoi servire,
mena l'anima teco
(molto di ciò ti preco)
quando uscirà del core.

PARAFRASI

vv. 1-6 Mia piccola ballata (*ballatetta*), poiché io non ho speranza di tornare mai più in Toscana, va' tu, leggera e semplice (*piana*), dritta dalla mia donna, che in virtù della sua cortesia ti accoglierà con molto onore.

vv. 7-16 Tu le recherai notizie (*novelle*) di sospiri, piene di dolore e di molta paura; ma sta' attenta (*guarda*) di non cadere sotto gli occhi (*che ... non ti miri*) di persona che sia nemica di gentilezza: perché certo per la mia disgrazia (*disaventura*) tu saresti osteggiata (*contesa*), e tanto rimproverata da lei [dalla mia donna] che questo mi provocherebbe angoscia; poi anche dopo la morte, pianto e rinnovato (*novel*) dolore.

vv. 17-26 Tu senti, mia piccola ballata, che la morte mi è così vicina (*mi stringe*), che la vita mi sta abbandonando; e senti come il cuore s'agita forte nel petto per via di quello che ogni spirito vitale gli dice. La mia persona è ormai così distrutta, che io non posso sopportare oltre (*soffrire*); se tu mi vuoi fare un buon servizio (*mi vuoi servire*) porta l'anima con te (te ne prego assai) quando uscirà dal cuore.

2. **ballatetta:** il vezzeggiativo-diminutivo ha carattere affettivo, in quanto lo schema e le dimensioni della ballata non sono particolarmente semplici o popolari.
3. **leggera e piana:** con «leggera» si intende la tenuta da viaggio, con «piana» si intende anche lo stile, non complicato, bensì semplice, chiaro, affabile.
13. **da lei ripresa:** cioè rimproverata dalla donna stessa, irritata del fatto che qualche villano abbia intercettato la «ballatetta» e che l'amore sia stato quindi scoperto. Si ricordi che nella convenzione dell'amore cortese la segretezza e riservatezza del legame sono essenziali, e strenuamente difesi dall'invadenza dei curiosi.

▲ Scontro sui tetti della città di Firenze tra le fazioni dei bianchi (i Cerchi) e dei neri (i Donati), al tempo di Dante Alighieri. Miniatura dalla *Cronica* di Villani.

Deh, ballatetta, a la tu' amistate
quest'anima che trema raccomando:
menala teco, nella sua pietate,
a quella bella donna a cu' ti mando.
Deh, ballatetta, dille sospirando,
quando le se' presente:
«Questa vostra servente
vien per istar con voi,
partita da colui
che fu servo d'Amore».

vv. 27-36 Su, mia piccola ballata, io raccomando alla tua fedele amicizia (*amistate*) quest'anima tremante: portala con te, nel suo dolore (*pietate*), di fronte a quella bella donna da cui ti mando. Su, mia piccola ballata, dille con un sospiro quando sarai in sua presenza: «Questa vostra serva (*servente*) viene per stare con voi, essendosene partita da colui che fu servo fedele d'Amore».

Tu, voce sbigottita e deboletta
ch'esci piangendo de lo cor dolente,
coll'anima e con questa ballatetta
va' ragionando della strutta mente.
Voi troverete una donna piacente,
di sì dolce intelletto
che vi sarà diletto
starle davanti ognora.
Anim', e tu l'adora
sempre, nel su' valore.

vv. 37-46 Tu, voce sbigottita e flebile (*deboletta*) che esci piangendo da questo cuore dolente, insieme con l'anima e con questa piccola ballata va' pure ragionando della mente devastata [del vostro padrone, del poeta stesso]. Voi troverete un'amabile (*piacente*) donna, così dolce e comprensiva (*di sì dolce intelletto*) che vi sarà fonte di piacere starle sempre (*ognora*) davanti. E tu, anima, adorala sempre, nella sua alta virtù (*valore*).

37-38. Tu ... dolente: il poeta si rivolge ora alla voce del suo cuore, introducendo una ulteriore frammentazione del discorso.
39-40. coll'anima ... mente: è un invito alla «voce» ad accompagnarsi alla ballata e all'anima nell'ambasciata alla donna, per parlarle d'amore e della distruzione della mente dell'innamorato.
41. Voi: sono accomunate la voce, la ballatetta e l'anima.

T8 Dentro il testo

IN SINTESI

In questa «ballatetta» Cavalcanti si rivolge sin dall'inizio alla sua poesia. Il colloquio con lei, e l'invito a raggiungere l'amata, qui diventano tutta la poesia, e costituiscono l'intero corpo del testo. Il congedo, che in genere era riservato all'ultima strofa, assume, così, un valore esistenziale: questa è davvero, quale che sia la sua occasione biografica, una poesia di addio alla vita e alla poesia. Anche «ballatetta» non è tanto un'indicazione metrica, quanto una designazione affettiva: il testo è tutto un messaggio d'amore tra il poeta e la donna lontana, e la «ballatetta» assume la funzione sentimentale, intima, di un vero e proprio intermediario d'amore. Ma la poesia non è l'unica personificazione presente nel testo: a essa si aggiungono l'«anima» del poeta, che si staccherà da lui per accompagnare la «ballatetta», e la «voce», che si aggrega anch'essa alla compagnia per ragionare «della strutta mente» (a tutt'e tre insieme si rivolge il «voi» nel finale, v. 41). Ancora una volta, Cavalcanti drammatizza la sua vita interiore in una pluralità di proiezioni sentimentali e psicologiche.

I TEMI E L'ESPRESSIONE

UN EQUIVOCO ROMANTICO

Per molto tempo i critici, specie quelli romantici (a partire da Foscolo), hanno interpretato il testo in chiave fortemente **autobiografica**, immaginandolo come l'ultima poesia scritta da Cavalcanti in esilio a Sarzana, sotto l'oscuro presentimento della morte. Ecco dunque che l'*incipit* suonerebbe davvero commovente, come il vero e proprio testamento poetico dell'esiliato, certo di non rivedere mai più la terra da cui è stato bandito: «Perch'io no spero di tornar giammai, ballatetta, in Toscana». È stata, di conseguenza, fortemente sottolineata, a partitre dagli studi di Francesco De Sanctis, la **spontaneità** dell'ispirazione e la «ballatetta» è sembrata l'espressione di un Cavalcanti meno filosofico, più naturale e immediato. Tuttavia, stando ai dati certi, non vi è alcun indizio che aiuti a collocare cronologicamente questo testo verso la fine della vita del poeta, e quindi non è possibile attribuirgli un carattere documentario preciso. Quello che possiamo dire con certezza è che si tratta di una ballata «di lontananza»: genere poetico ben conosciuto dalla lirica antica, italiana e prima ancora provenzale.

IL TEMA DELLA LONTANANZA

Il fatto che questa sia una ballata scritta di lontano, e indirizzata a un'amata lontana, configura in modo nuovo e diverso, più profondamente malinconico, una serie di motivi di per sé non nuovi nella poesia cavalcantiana. Non è nuova la condizione di devastazione interiore in cui si trova il poeta (vv. 7-8): ma è nuovo che questo strazio esistenziale costituisca il **triste contenuto** delle «novelle» che la «ballatetta» messaggera dovrà **portare alla donna amata**. Non è nuovo nella poesia cortese il motivo degli intrusi invidiosi e maligni che si mettono di mezzo fra l'amante e l'amata, divulgando i segreti del loro amore (sono i *losengiers*, i maligni della tradizione provenzale): ma qui essi diventano (vv. 9-16) come dei veri e propri briganti di strada, che potrebbero intercettare la «ballatetta» nel suo itinerario di viaggio, e suscitare così lo **sdegno** di madonna e il **dolore** del poeta. Non è nuovo che Cavalcanti oggettivi la sua vita interiore in personificazioni animate: ma qui «quest'anima che trema», così come la «voce» del poeta, insieme alla «ballatetta», diventano veri e propri compagni di viaggio, destinati a raggiungere, **al posto del poeta**, la sua «donna piacente»; e (vedi l'ultimo verso), ad adorarla secondo il suo merito, come il poeta lontano non può più fare di persona.

AMORE E MORTE

Il pensiero della morte domina tutta la ballata: «Tu senti, ballatetta, che *la morte* / mi stringe sì, che vita m'abbandona» (vv. 17-18). Ed è sotto l'urgenza di questo senso di morte imminente che il poeta invia la sua poesia messaggera, perché essa prenda presso la donna quel posto che egli non sarà più capace di prendere. L'interpretazione romantica di questo testo non aveva dubbi: si trattava di un presentimento di morte vera e propria, fisica; Guido tremava e palpitava, scosso dai brividi della febbre malarica che lo avrebbe in breve condotto alla fine. Ma, se ci liberiamo di questa interpretazione troppo puntualmente biografica, allora il significato della poesia diventa più **ambiguo**. Siamo sicuri che Cavalcanti si riferisca a una morte reale, fisica? O non si tratterà piuttosto di una morte interiore, simile a quella che altre volte gli è stata inflitta dalle ferite d'Amore e dalla crudeltà di madonna? In questo senso, la morte interiore del poeta coinciderebbe con lo strazio della lontananza, che esaspera i consueti sbattimenti del cuore: «senti come 'l cor si sbatte forte / per quel che ciascun spirito ragiona...». Allora diventa più plausibile pensare che il poeta si senta morire proprio per uno **sfinimento d'amore** che la **lontananza** ha reso insopportabile; e l'uscita dell'anima dal cuore del poeta amante (v. 26) non sarà allora necessariamente il segno di un trapasso fisico, ma andrà visto come fenomeno analogo a quello di altri testi cavalcantiani (specie nella coppia di sonetti *Tu m'hai sì piena di dolor la mente* e *Voi che per li occhi mi passaste il core* ▶ **T6a-T6b**, p. 157 sgg.). Anche in quei testi non è che la morte fisica venisse esclusa, come conclusione di una esperienza d'amore tragicamente distruttiva: ma, così come in questa ballata, essa veniva presentata come un limite di **esasperazione psicologica**, piuttosto che come un evento reale .

LO STILE DOLCE DELLA «BALLATETTA»

La «ballatetta» rappresenta forse l'esempio più suggestivo del «dolce stil novo» di Guido Cavalcanti. Dal punto di vista stilistico, infatti, è tra le sue composizioni **più dolci**: metrica, lessico, sintassi si intonano perfettamente al tono intimistico della poesia, contribuendo all'impressione di una voce pianamente, delicatamente modulata.

Innanzitutto, la **metrica**. Qui la fitta presenza di rime baciate (due rispettivamente nella ripresa e nella volta) o semplicemente alternate (nei piedi) produce ricorrenze sonore semplici ed evidenti, e conferisce alla composizione una linea musicale particolarmente orecchiabile. Anche la prevalente presenza dei settenari (versi più brevi e svelti) rispetto agli endecasillabi (più ampi e solenni) alleggerisce il ritmo, e interrompendo il discorso con pause molto frequenti sembra restituire la pulsazione affannata, e quasi la palpitazione del cuore che «sbatte forte».

Il **lessico**, come già osservato, sembra riassumere il vocabolario privato di Cavalcanti: «sospiri», «dogli'», «paura», «angoscia», «morte», «dolore», «pietate», «voce sbigottita e deboletta», «cor dolente»... Tuttavia, la **drammaticità** di questo vocabolario appare alleggerita dal fatto che il poeta non se ne serve per descrivere la sua devastazione interiore direttamente, in prima persona, come in tante altre occasioni; la devastazione è affidata alla **testimonianza** della «ballatetta», è il triste contenuto delle «novelle» che essa è incaricata di riferire alla donna amata.

Infine, la **sintassi**: Cavalcanti fa coincidere pressoché sempre l'articolazione del discorso sintattico con la misura dei versi. Con appena due eccezioni, in cui due *enjambement* intenzionalmente sottolineano due momenti particolarmente emotivi del testo: tra i versi 27 e 28 («Deh, ballatetta, a la tu' amistate / quest'anima che trema raccomando») e, soprattutto, alla conclusione della poesia, dove il collegamento particolarmente vistoso fra penultimo e ultimo verso («e tu l'adora / sempre») vuole conferire alla chiusa una eccezionale solennità ritmica.

In conclusione, si può dire che tutti gli artifici formali della poesia mirano a uno stesso effetto di **leggerezza e delicatezza espressiva**: tanto che le caratteristiche della «ballatetta» messaggera e viaggiatrice dell'inizio - «leggera e piana» - sembrano indicare emblematicamente anche la sua fisionomia espressiva.

Analisi e interpretazione Tipologia A

LEGGERE CON METODO

COMPRENSIONE GLOBALE

1. Quale messaggio deve portare la «ballatetta» alla donna amata?
2. A che cosa deve prestare attenzione durante il cammino?
3. Chi dovrà condurre con sé la piccola ballata? Quante saranno, alla fine, le proiezioni del poeta al cospetto dell'amata?
4. Come viene presentata la donna alla fine della ballata? È ancora la donna crudele che abbiamo incontrato in alcuni sonetti?

LA LINGUA E LE STRUTTURE

5. Trova e sottolinea nel testo i termini appartenenti alla sfera lessicale della sofferenza e della morte.
6. Qual è il significato del diminutivo «ballatetta»?
7. Attraverso quali scelte lessicali, metriche e sintattiche è ottenuto lo stile dolce?

I TEMI E L'INTERPRETAZIONE

8. In quale periodo della vita sarebbe stata scritta la poesia, secondo l'interpretazione romantica? Questa interpretazione è oggi accettata?
9. Come va interpretato il nesso tra amore e morte?

SCRIVERE CON METODO

APPROFONDIMENTI E CONFRONTI

10. In un testo di circa due pagine, presenta la produzione poetica di Cavalcanti, mettendo in luce l'originalità della sua visione del sentimento amoroso rispetto sia a Guinizzelli sia alla poesia siciliana.

Cino da Pistoia: il poeta «della dolcezza d'amore»

L'ultimo stilnovista Cino da Pistoia è stato detto «l'ultimo degli stilnovisti», e in effetti, a guardare le date della sua vita (1270-1336), egli è il più giovane del gruppo (Guido Cavalcanti era nato probabilmente nel 1259, Dante nel 1265, l'antesignano Guinizzelli negli anni Quaranta del secolo). Ma, più che le date, conta la posizione che egli assunse nell'ambito della poesia trecentesca, che ne fa, più che l'ultimo rappresentante dello Stilnovo, l'**anello di congiunzione fra l'età di Dante e quella di Petrarca.** Infatti, Cino fu in contatto sia con l'uno sia con l'altro, e di tutt'e due conquistò la stima e l'amicizia.

I giudizi di Dante e di Petrarca Nel *De vulgari eloquentia*, passando in rassegna la poesia del suo tempo, Dante assegna a Cino uno dei posti più alti. Egli cita infatti «coloro che più dolcemente e più sottilmente hanno in volgare poetato [...] come Cino da Pistoia e l'amico suo» (cioè Dante stesso). Dal canto suo, Petrarca pianse la morte di Cino nel sonetto *Piangete donne e con voi pianga Amore*, dove lo definisce il «nostro amoroso». I due riconoscimenti da una parte confermano il ruolo del poeta pistoiese come **tramite generazionale** fra l'età di Dante e quella di Petrarca; d'altro canto concordano nella caratterizzazione di Cino come poeta «della dolcezza d'amore». Nel loro giudizio, Cino appare come qualcuno che aveva cantato l'amore continuando sì nel solco del «dolce stil novo», ma introducendovi anche **tonalità nuove**, particolarmente **languide** e **sospirose**.

GUIDA ALLO STUDIO

1. Come si colloca Cino da Pistoia, anche cronologicamente, rispetto agli altri stilnovisti?
2. Quale fu il giudizio di Dante e di Petrarca su Cino da Pistoia?

LA VITA E L'OPERA

CINO DA PISTOIA (Pistoia, 1270 - 1336)

Cino (diminutivo di Guittoncino) nacque, presumibilmente nel 1270, a Pistoia, da una nobile famiglia, i Sigibuldi, schierata con il partito dei guelfi neri. Dopo gli studi di legge a Bologna (e forse anche a Parigi), Cino diventò un famoso giurista e tenne corsi presso le Università di Siena, Perugia, Napoli, e forse anche a Firenze. Dal 1303 al 1306 venne costretto all'esilio da Pistoia a causa della vittoria dei guelfi bianchi, e dovette trovare rifugio a Prato o a Firenze; mutata la scena politica, rientrò in patria e cominciò a ricoprire rilevanti cariche pubbliche. Amò una donna che egli chiamava Selvaggia, appartenente alla famiglia dei Vergiolesi, i quali, essendo guelfi bianchi, dovettero a loro volta lasciare Pistoia per l'esilio, dal 1306 al 1310; Selvaggia morì durante questo periodo. Cino, invece, morì alla fine del 1336, o all'inizio dell'anno successivo, nella sua città.

T9

Cino da Pistoia

La dolce vista e ’l bel guardo soave

Anno: 1303-306

Metro: cinque stanze di nove versi ciascuna, più un congedo, rimate secondo lo schema: AB AB (fronte di endecasillabi a rima alterna), B (verso di collegamento, o *concatenatio*, endecasillabo), ccdD (sirma di tre settenari più un endecasillabo, rimati a coppie)

Argomento: la lontananza dell’amata è paragonata alla morte, la quale però, almeno, gli permetterebbe di rivedere Selvaggia in spirito

*Canzone composta con tutta probabilità durante l’esilio, è la composizione più celebre di Cino, e ben rappresentativa della sua maniera poetica. La canzone fu musicata e diffusa con il canto, influenzando i maestri toscani dell’*Ars nova*, ovvero della nuova scuola musicale trecentesca. Al centro della canzone, l’esilio dalla vista della donna amata, paragonato alla morte; per contro, la vera morte del poeta, che permetterebbe alla sua anima di tornare a Pistoia e di rivedere in spirito Selvaggia, viene fantasticata come l’unica vita possibile, e augurabile.*

La dolce vista e ’l bel guardo soave
de’ più begli occhi che lucesser mai,
c’ho perduto, mi fa parer sì grave
la vita mia, ch’i’ vo traendo guai;
e ’nvece di pensier’ leggiadri e gai
ch’aver solea d’Amore,
porto disir’ nel core
che son nati di morte
per la partenza, sì me ne duol forte.

Omè, Amor, perché nel primo passo
non m’assalisti sì ch’io fossi morto?
Perché non dipartisti da me, lasso,
lo spirito angoscioso ch’io porto?
Amore, al mio dolor non è conforto;
anzi, com’io più guardo,
a sospirar più m’ardo,
trovandomi partuto
da que’ begli occhi ov’io t’ho già veduto.

Io t’ho veduto in que’ begli occhi, Amore,
talché la rimembranza me n’uccide,
e fa sì grande schiera di dolore
dentro a la mente, che l’anima stride,
sol perché morte mia non la divide
da me, come diviso
m’ha dal gioioso riso
e d’ogni stato allegro
lo gran contrario ch’è dal bianco al negro.

PARAFRASI

vv. 1-9 Il dolce aspetto (*vista*) e il bello sguardo soave dei più begli occhi che mai splendessero (*lucesser*) a questo mondo, che ho perduto, mi fanno sembrare la mia vita così pesante da sopportare (*grave*), che io mi lamento in continuazione (*vo traendo guai*); e invece dei pensieri amorosi, piacevoli e allegri (*gai*) che solevo avere, porto nel cuore desideri di morte (*nati di morte*: originati dalla morte), a causa della mia partenza [per l’esilio], tanto forte me ne duole.

vv. 10-11 Ohimè, Amore, perché quando mi colpisti la prima volta (*nel primo passo*) non mi sferrasti un assalto tale che io ne morissi?
vv. 12-18 Perché non separasti da me, infelice (*lasso*), l’anima angosciata che io porto con me? Amore, non c’è consolazione (*conforto*) al mio dolore, anzi, quanto più io considero la mia situazione (*guardo*), tanto più mi consumo in ardenti sospiri (*a sospirar più m’ardo*), trovandomi separato da quei begli occhi nei quali, Amore, io ti ho già veduto.

vv. 19-27 Io ti ho veduto in quegli occhi belli, Amore, tanto che il ricordo di ciò mi uccide, e accumula (*fa ... schiera*) tanto dolore dentro la mente, che l’anima si lamenta (*stride*) soltanto perché la mia morte non la divide da me stesso, così come la gran lotta (*lo gran contrario*) fra bianchi e neri mi ha diviso dal gioioso riso e da ogni allegrezza.

27. **lo gran contrario ... al negro:** l’allusione è alle lotte di parte che, condannandolo all’esilio, lo hanno separato dalla donna amata, Selvaggia. Ma in una canzone d’amore come questa la politica rimane sullo sfondo, e viene evocata, come qui, in modo quasi enigmatico. Si veda, però, alla fine, la citazione di Pistoia: caso raro, nei poeti dello Stilnovo, che tendono a sollevare le loro vicende personali in un’atmosfera astratta, senza riferimenti troppo realistici.

Quando per gentile atto di salute
ver' bella donna levo li occhi alquanto,
sì tutta si disvia la mia virtute,
che dentro ritener non posso il pianto,
membrando di mia donna, a cui son tanto
lontan di veder lei:
o dolenti occhi miei,
non morrete di doglia?
«Sì, per nostro voler, pur ch'Amor voglia».

vv. 28-36 Quando per un gentile atto di saluto (*salute*) alzo solo un poco (*alquanto*) gli occhi su una bella donna, tanto si smarrisce (*si disvia*) la mia forza d'animo (*virtute*), che dentro non posso trattenere il pianto, ricordandomi della mia donna, dalla cui visione sono tanto lontano: o dolenti occhi miei, non morirete di dolore? «Sì, se dipendesse da noi (*per nostro voler*), purché Amore sia d'accordo».

Amor, la mia ventura è troppo cruda,
e ciò ch'agli occhi incontra più m'attrista;
però merzé, che la tua man li chiuda
poi c'ho perduta l'amorosa vista;
e, quando vita per morte s'acquista,
gioioso è 'l morire;
tu sail' ove dé gire
lo spirito mio poi,
e sai quanta piatà s'arà di lui.

vv. 37-45 Amore, la mia sorte è troppo crudele, e tutto ciò che mi viene sotto gli occhi più mi attrista: perciò, per pietà (*merzé*), che la tua mano li chiuda [questi occhi], dato che ho perduto la vista del mio oggetto d'amore (*amorosa vista*); e quando col morire si acquista vita, il morire è gioioso: tu lo sai dove dopo la morte (*poi*) il mio spirito deve recarsi (*dé gire*), e tu sai quanta pietà si avrà di lui [una volta giunto alla sua destinazione].

Amor, ad esser micidial piatoso
t'invita il mio tormento:
secondo c'ho talento,
dammi di morte gioia
che ne vada lo spirito a Pistoia.

vv. 46-50 Amore, il mio tormento t'invita a essere assassino (*micidial*) compassionevole (*piatoso*): secondo il mio volere, dammi la gioia di morire, in modo che il mio spirito se ne possa tornare a Pistoia.

---

46. micidial: in antico non era aggettivo, ma sostantivo: con il significato di "assassino" o, ancora più precisamente, "boia".

T9 Dentro il testo

IN SINTESI

È una canzone di lontananza: Cino è stato esiliato per motivi politici, l'amata Selvaggia è rimasta a Pistoia. Su questa circostanza biografica il poeta imbastisce un gioco concettuale sofisticato, che si fonda sull'equazione lontananza/morte (essere lontani e privi della vista della donna amata è peggio che morire), ulteriormente complicata dal vagheggiamento della morte vera e propria, che equivale invece a somma gioia, perché permetterebbe all'anima di Cino di svincolarsi dal corpo e di riunirsi a Selvaggia. Il continuo ribaltarsi della vita (vera) in morte (metaforica) e della morte (vera) in vita (metaforica) governa tutto il testo, dando luogo talvolta a veri e propri bisticci linguistici.

I TEMI E L'ESPRESSIONE

IL DESIDERIO DI MORTE

Tutte le strofe della canzone insistono sul paradossale **desiderio di morte** del poeta.

- Nella **prima**, Cino porta nel cuore pensieri di morte, ovvero si augura di morire, perché non può più godere della vista della donna amata.
- Nella **seconda**, rimpiange di non essere stato ucciso da Amore nel momento stesso del primo assalto, cioè la prima volta che ha visto l'amata.

- Nella **terza**, l'anima «stride», geme, perché la morte non la divide dalla persona del poeta (così come il poeta è stato diviso da Selvaggia a cagione delle lotte di parte).
- Nella **quarta**, gli occhi del poeta si dichiarano pronti a morire di dolore, e non aspettano altro che il consenso di Amore per dar luogo al loro desiderio.
- Nella **quinta**, si afferma che «gioioso è 'l morire», perché la morte permetterebbe allo spirito di Cino di raggiungere Selvaggia a Pistoia.
- Nel **congedo**, infine, si invita Amore a essere «micidial piatoso», ovvero boia compassionevole, dando al poeta la morte liberatrice.

Nonostante tutta questa insistenza sul tema funebre e mortuario, la canzone non si presenta affatto lugubre. La morte infatti non è vista solo come il rovescio della realtà gaia, leggiadra e gioiosa rappresentata dalla donna e dall'amore del poeta per lei. La morte rappresenta anche, paradossalmente, l'**unica possibilità di recuperare quella condizione di felicità**, se solo Amore acconsentisse a chiudere per sempre gli occhi del poeta amante.

OSSIMORI E ALTRE FIGURE RETORICHE

Il contrasto morte/vita che attraversa tutta la poesia si riflette in una inusuale abbondanza di **figure di contrasto**, volte a sottolineare il chiaroscuro emotivo della composizione:

- ossimori, prima di tutto: a cominciare dal più clamoroso, ovvero «micidial piatoso» detto di Amore (v. 46); e ancora «gioioso ... morire» (v. 42), «di morte gioia» (v. 49);
- equivoci, come quello ai vv. 39-40, dove Cino chiede ad Amore di chiudergli gli occhi «poi c'ho perduta l'amorosa vista» (che non è la capacità visiva soggettiva sua, di Cino, ma la vista, la visione oggettiva della donna amata);
- paradossi, come «vita per morte s'acquista» (v. 41);
- antitesi in rima: «guai ... pensier' leggiadri e gai», vv. 4-5.

Per altro verso, la canzone insiste su artifici che mirano a un **effetto di armonia melodica**, di legatura musicale. Si vedano:

- la ripresa di *coblas capfinidas* («que' begli occhi ov'io t'ò già veduto. // Io t'ho veduto in que' begli occhi, Amore», vv. 18-19), o, più debole ma sempre suggestiva, ai vv. 36-37: «... pur ch'Amor voglia. // Amor, la mia ventura»;
- l'eco lessicale «morte mia non la *divide* / da me, come *diviso*» (vv. 23-24).

Si ricordi, infine, quanto si è già osservato nella nota metrica.

In conclusione, si può dire che la peculiare tonalità stilistica della canzone nasce proprio da questo contemperamento fra una **pulsione drammatica**, che spinge a chiaroscuri molto pronunciati e a laceranti figure di contrasto, da una parte; e, dall'altra, da una **studiata armonizzazione ritmico-metrica**, rivolta a salvaguardare la soavità e la dolcezza dell'espressione complessiva.

Analisi e interpretazione Tipologia A

LEGGERE CON METODO

COMPRENSIONE GLOBALE

1. Sintetizza il contenuto informativo e i temi di ciascuna stanza completando la tabella.

Stanze	Contenuto
prima stanza	la perdita della vista della donna trasforma in pensieri di morte i suoi pensieri un tempo gioiosi
seconda stanza	
terza stanza	
quarta stanza	
quinta stanza	
congedo	

LA LINGUA E LE STRUTTURE

2. La perdita della donna è, soprattutto, impossibilità di contemplare l'oggetto dell'amore. Trova nel testo tutti i termini che fanno riferimento alla sfera lessicale della vista.

3. Ora trova nel testo i termini che fanno riferimento alla sfera lessicale della morte.

4. Individua le figure basate sul contrasto (antitesi e ossimori). Come si spiega la loro abbondanza?

I TEMI E L'INTERPRETAZIONE

5. Nonostante l'alta drammaticità del testo, perché possiamo dire che anche questa canzone conferma la definizione di Cino da Pistoia come «poeta della dolcezza»? Come concepisce l'amore? Come va interpretato il paradossale desiderio di morte?
6. Come viene trattato l'argomento politico? È un aspetto centrale del testo, come nella canzone di Guittone d'Arezzo [▶ **T1**, p. 137] o è semplicemente un dato che fa da sfondo all'individuale vicenda sentimentale del poeta?

USARE IL DIGITALE

APPROFONDIMENTI E CONFRONTI

7. Abbiamo già incontrato il tema dell'amore lontano in una poesia di Jaufré Rudel [▶ **T4**, p. 50], nella «ballatetta» di Cavalcanti [▶ **T8**, p. 165] e ora in questa canzone di Cino. Integrando eventualmente con tue considerazioni, anche a partire da esperienze personali, da film e da altre letture, immagina di intervenire in un blog sul rapporto tra amore e lontananza.

L'essenziale

AUDIOLIBRO

DAI POETI SICILIANI A QUELLI TOSCANI

La Scuola siciliana fu un fenomeno di durata limitata: dopo la morte di Manfredi, figlio di Federico II, la Scuola siciliana si estinse. La produzione poetica siciliana fu però "salvata" dai poeti toscani, che la trascrissero in diverse raccolte, sempre traducendo tali opere in volgare toscano. I poeti rielaborarono i temi amorosi tipici della poesia siciliana, introducendo però la variante della poesia civile.
L'esponente più conosciuto dei siculo-toscani fu Guittone d'Arezzo.
Della vita di Guittone d'Arezzo si sa poco; fu molto attivo e rimase in corrispondenza con diversi letterati del suo tempo, fino al 1265, quando decise di entrare nella Congregazione dei Frati Gaudenti, abbandonando moglie e figli e accentuando il carattere moralistico e filosofico delle sue opere. Di lui ci sono rimasti cinquanta canzoni, duecentocinquantuno sonetti e trentasei epistole.
Dante diede di lui un giudizio poco positivo, considerando la sua poesia troppo vecchia, datata, superata dal «dolce stil novo» di cui Dante stesso era stato esponente.

I POETI DELLO STILNOVO

Il termine «dolce stil novo» fu coniato da Dante, che nel *Purgatorio* fa dire a Bonagiunta Orbicciani da Lucca (esponente della poesia siculo-toscana) che la propria maniera di poetare era ormai obsoleta, superata da quella di Dante e dei suoi amici.
I poeti stilnovisti celebrarono l'amore che nasce nel «cuore gentile» (cioè nobile), che innalza lo spirito di chi è degno di provarlo, portandolo addirittura alla salvezza. Dalla visione della donna amata, dal suo saluto, nasce la meditazione degli stilnovisti sul sentimento che scaturisce dal loro cuore.
Dante identifica Guido Guinizzelli come il «padre» dello Stilnovo, anche se egli era morto prima del 1276, inconsapevole di essere stato l'iniziatore di una nuova scuola poetica. Visse a Bologna, e morì in esilio in Veneto. Di lui ci restano cinque canzoni e quindici sonetti.
Se, secondo Dante, Guinizzelli era il «padre» dello Stilnovo, Guido Cavalcanti ne era invece il «fratello maggiore».
In Cavalcanti l'esperienza amorosa prende una direzione diversa: in lui, infatti, l'amore produce la consapevolezza di non essere all'altezza, di non riuscire a capirne l'irrazionalità. Cavalcanti, come altri prima di lui, subì l'esilio a causa delle lotte tra guelfi bianchi e neri a Firenze. Egli fu buon amico di Dante; la rottura tra i due portò Dante a considerarlo come un maestro da superare, la cui poesia sarebbe stata rinnovata dall'Alighieri stesso.
L'ultimo stilnovista, anche per ragioni anagrafiche, fu Cino da Pistoia, considerato tanto da Dante quanto da Petrarca (entrambi a lui legati da amicizia) il poeta che introdusse nello Stilnovo una visione dell'amore fatta di dolcezza e di sospiri.

A COLPO D'OCCHIO **In Toscana: amore e passione civile**

Didattica INCLUSIVA

- **l'epoca**
  - XIII secolo – inizi del XIV secolo
- **i luoghi di elaborazione del sapere**
  - Firenze, Lucca, Arezzo
- **i protagonisti**
  - borghesia cittadina, impegnata attivamente nella politica della città
    - - Guittone d'Arezzo
      - Guido Guinizzelli
      - Guido Cavalcanti
      - Cino da Pistoia
      - su tutti pesa il giudizio di Dante Alighieri, a loro contemporaneo o di poco più giovane
- **i temi**
  - gli effetti dell'amore sull'animo nobile
    - l'amore è considerato dagli stilnovisti negli effetti che la visione dell'amata produce sull'animo del poeta, effetti sui quali la poesia è chiamata a meditare
      - - l'amore eleva chi possiede un animo nobile; Guinizzelli considera questa la vera nobiltà, mentre Cavalcanti mette l'accento sull'irrazionalità del sentimento
        - Cino da Pistoia, ultimo stilnovista, canta un amore più languido e denso di sospiri
  - le passioni civili
    - Guittone d'Arezzo lamenta la decadenza di Firenze, dovuta alla superbia dei suoi governanti
- **la lingua**
  - volgare

Le parole per ricordare

TROVARE LE PAROLE

NOBILTÀ
Per i poeti stilnovisti la vera nobiltà risiedeva nell'anima, nel cuore che sa provare amore; non era dunque un privilegio che si potesse ereditare.

VISIONE
La visione della donna amata era l'elemento scatenante dal quale prendeva le mosse la poesia stilnovista. L'incedere per strada della donna era il momento culminante dell'esperienza amorosa.

SALUTO, SGUARDO
Questi erano gli unici accenni che la donna potesse permettersi di rivolgere al poeta, che del resto non chiedeva altro. Dal saluto e dallo sguardo della donna potevano nascere sentimenti nobili che elevavano l'animo del poeta così come una devastazione interiore dovuta alla potenza del sentimento.

SOSPIRO
L'amore sa essere così potente che non lascia parole in bocca al poeta: egli riesce soltanto a sospirare.

OBIETTIVO ESAME

VERSO IL COLLOQUIO ORALE

1 Lo stretto rapporto fra i nuovi poeti dell'area toscana e la vivace realtà politica comunale si riflette anche nella produzione letteraria: presenta il caso di Guittone d'Arezzo.

2 Esponi, proponendo anche esempi, la concezione dell'amore e della donna nei poeti dello Stilnovo.

3 La poesia dello Stilnovo rivela un mondo ideale e raffinato, sentimenti puri ed elevati, espressi con un linguaggio aristocratico e prezioso. Argomenta questa affermazione con opportuni riferimenti ai testi studiati.

4 La funzione degli occhi e dello sguardo nella poesia d'amore degli stilnovisti: illustrala con riferimenti alle liriche studiate.

Tipologia B

TESTO ARGOMENTATIVO

Novità e modernità della poesia cavalcantiana

Uno dei tratti caratteristici della poesia cavalcantiana è la rappresentazione drammatica della realtà interiore: gli attori di questo dramma (*anima, mente, core, spiriti, vertù, sospiri, pensier* ecc.) non solo *tremano*, ma *fuggono, si partono, van via, parlano, dicono, ragionano, pregano, chiamano, piangono, mandano sospiri, muoiono uccisi*. Così «i fantasmi interiori possono acquistare un loro spazio autonomo, recitando il ruolo di autentici personaggi protagonisti di uno scontro cruento» (A.E. Quaglio); e gli eventi dell'anima possono essere rappresentati in tutta la loro intensità dolorosa, ma con distacco e perfino con ironia. Altra caratteristica essenziale della poesia di Guido è la struttura rigorosamente intellettualistica; il rigore logico non indebolisce l'elaborazione fantastica, anzi la fonda e la nutre, e ne è a sua volta nutrito: la sintassi si fa chiara e schietta, funzionale a un'espressione dolce e melodica, tendente verso una semplicità classicamente armoniosa.

(L. Cassata, *Introduzione a Guido Cavalcanti*, in G. Cavalcanti, *Rime*, Carocci, Roma 1995)

1 Sintetizza l'interpretazione di Letterio Cassata.

2 Spiega, sulla base delle tue conoscenze, a che cosa si riferisce il critico con le seguenti espressioni:
- «rappresentazione drammatica della realtà interiore»;
- «struttura rigorosamente intellettualistica».

3 Scrivi ora una tua interpretazione della novità della lirica di Cavalcanti, facendo emergere gli aspetti a tuo avviso di maggiore interesse.

Tipologia C

RIFLESSIONE CRITICA

1 C'è ancora spazio, nella realtà contemporanea, per l'idealizzazione dei sentimenti e della persona amata? O l'universo delle relazioni appare ormai banalizzato e appiattito? Rifletti criticamente sul tema, anche introducendo qualche elemento di confronto con la visione stilnovistica dell'amore.

Non solo Stilnovo: gioco, caricatura, evasione

1 «Poeti maledetti» del Duecento: la poesia comico-burlesca

Il rovesciamento dei toni cortesi e stilnovisti Intorno alla fine del Duecento, e dunque contemporaneamente alla poesia dei cosiddetti siculo-toscani e durante i primi anni dello Stilnovo, si afferma in Toscana una maniera poetica destinata a lunga fortuna anche nell'età di Dante e fino al Quattrocento. È la scuola dei cosiddetti poeti comico-grotteschi (o comico-realisti, o comico-giocosi), dei quali il più noto rappresentante è il senese **Cecco Angiolieri** (1260 ca-1313 ca). Si tratta di una **poesia d'argomento e di linguaggio realisticamente basso e quotidiano** (comico), elaborata in **toni scherzosi e burleschi**. Molto spesso le composizioni dei poeti comico-grotteschi sono parodie, che si divertono a rovesciare in modo irriverente, osceno e sarcastico le convenzioni della poesia cortese e stilnovista. Esse rappresentano una reazione di insofferenza e di fastidio per i modi troppo aulici e stilizzati della letteratura ufficiale; richiamano ai diritti insopprimibili della terra, dei sensi, di un eros sessualmente esplicito fino alla deformazione grossolana e grottesca; prediligono un **lessico acceso**, **volgare**, **pittoresco**, non di rado **blasfemo**. Non è un caso che le forme in cui si esprimono siano soprattutto la **caricatura**, l'**invettiva**, il **vituperio**.

I protagonisti: verità biografica o posa letteraria? È difficile dire quanto questa poesia corrisponda a situazioni reali e quanto obbedisca, invece, a una pura posa letteraria. Di certo la maniera comico-grottesca non va intesa alla lettera, come la fedele trascrizione di circostanze effettivamente vissute. D'altronde ciò che sappiamo dei poeti comico-realistici (compreso Cecco Angiolieri) è in effetti spesso poco rassicurante: non sono rare le **biografie effettivamente disastrate**, segnate da debiti di gioco, baldorie, stravizi, fino al caso di scrittori per i quali non stonerebbe l'attributo moderno di «poeti maledetti». Dunque bisognerebbe distinguere caso per caso, su base documentaria sicura, senza ridurre tutto a un gioco letterario, ma senza neanche supporre che dietro gli eccessi di questa maniera poetica ci siano veramente delle vite scellerate. Per esempio, nel caso dei nostri toscani, mentre dietro alla figura di Cecco Angiolieri si disegna effettivamente un retroterra biografico inquietante, per il fiorentino **Rustico Filippi**, data la varietà della sua produzione (che comprende anche sonetti amorosi di stile alto e di pensosa riflessione civile), si è tentati di vedere nelle caricature della sua maniera comico-giocosa soprattutto un esercizio letterario.

2 L'umor nero di Cecco Angiolieri

Verità o finzione? Cecco Angiolieri è il più noto poeta della scuola comico-grottesca. Il suo umorismo rasenta spesso i risvolti oscuri dell'umor nero. Ma, come per tutti i poeti che coltivarono questa maniera letteraria, anche per lui si pone il problema:

dobbiamo credergli alla lettera, quando si descrive come un «poeta maledetto», o dobbiamo prenderlo per un burlone, che si diverte a presentarsi come un bestemmiatore, peccatore incallito, gaudente irresponsabile?

LA VITA E L'OPERA

CECCO ANGIOLIERI (Siena, 1260 ca - 1313 ca)

Di pochi anni più anziano di Dante, Cecco Angiolieri nacque a **Siena** intorno al 1260 da ricca famiglia guelfa. Ricca, ma per poco: se i cinque figli di Cecco rinunciarono all'eredità paterna (sottraendosi così all'obbligo di pagarne i debiti) si può ben immaginare quanto del patrimonio degli Angiolieri potesse essere scampato alla **furia dilapidatrice** del nostro poeta. È vero che molta critica pone giustamente l'accento sull'esagerazione parodistica delle situazioni autobiografiche che Cecco descrive: il suo personaggio avido di sesso e di danaro, irriverente e blasfemo, sembra qualche volta inventato a tavolino. Tuttavia ci sono indizi che ci dicono come l'Angiolieri poeta e il Cecco uomo si assomigliassero per davvero. Infatti, dagli atti giudiziari del tempo Angiolieri appare spesso protagonista di **risse e processi**, ed è fuori di dubbio che egli morì nella miseria più nera dopo una **vita di eccessi e sregolatezze**. La data della morte è ipotizzabile tra la rinuncia dei figli all'eredità (1311) e il 1313.

A COLPO D'OCCHIO La poesia comico-burlesca

Didattica INCLUSIVA

- il contesto → fine del Duecento
- i temi → ribaltamento della tematica amorosa
- la lingua → lessico pittoresco e spesso blasfemo

PERCORSO IN MODALITÀ FLIPPED CLASSROOM

- **A casa** Gli studenti guardano il file PowerPoint e leggono in autonomia il testo, prendendo appunti per rispondere alle domande delle *Guide allo studio*.
- **In classe** A partire dagli appunti raccolti dagli studenti, l'insegnante integra e approfondisce le informazioni. In seguito ci si dedica alla lettura e analisi dei testi.
- **Strumenti e materiali** Mappe in PowerPoint.

PERCORSO AD ALTA VELOCITÀ

- **Schemi** La poesia comico-burlesca, p. 177 - Non solo Stilnovo, p. 197
- **Testi chiave T1** Cecco Angiolieri, *S'i' fosse foco, ardere' il mondo*, p. 178
- **Sintesi** L'essenziale, p. 196 - A colpo d'occhio, p. 197 - Le parole per ricordare, p. 197

T1

Cecco Angiolieri

S'i' fosse foco, ardere' il mondo

AUDIOLIBRO

Periodo: inizio XIV secolo

Metro: sonetto a schema ABBA ABBA CDC DCD

Argomento: Cecco elenca ciò che farebbe se avesse pieno potere di agire secondo le sue voglie

È il sonetto più celebre di Cecco, e uno dei più noti della nostra letteratura. Il poeta sembra posseduto da una forza blasfema e distruttiva: vorrebbe ardere il mondo, devastarlo con tempeste e inondazioni, sprofondarlo all'Inferno; vorrebbe mozzare la testa a tutta la cristianità e, in particolare, essere causa diretta di morte per sua madre e suo padre... Ma l'ultima terzina stempera questo tono crucciato e incattivito con una battuta leggera, di sapore quasi goliardico.

S'i' fosse foco, ardere' il mondo;
s'i' fosse vento, lo tempestarei;
s'i' fosse acqua, i' l'annegherei;
4 s'i' fosse Dio, mandereil' en profondo;

s'i' fosse papa, allor serei giocondo,
ché tutti cristïani embrigarei;
s'i' fosse 'mperator, sa' che farei?
8 a tutti mozzarei lo capo a tondo.

S'i' fosse morte, andarei da mio padre;
s'i' fosse vita, fuggirei da lui:
11 similemente faria da mi' madre.

S'i' fosse Cecco com'i' sono e fui,
torrei le donne giovani e leggiadre:
14 le vecchie e laide lasserei altrui.

PARAFRASI

vv. 1-4 Se fossi fuoco, incendierei il mondo; se fossi vento, lo tempesterei d'uragani; se fossi acqua, lo farei annegare nel diluvio; se fossi Dio, lo farei sprofondare;

vv. 5-8 se fossi papa, allora sì che mi piacerebbe, perché imbroglierei (*embrigarei*) tutti i cristiani; se fossi imperatore, sai che farei? Taglierei la testa tondo tondo a tutti quanti.

vv. 9-11 Se fossi la morte, andrei da mio padre; se fossi la vita, scapperei da lui; e farei lo stesso con mia madre.

vv. 12-14 Se fossi Cecco, come sono e sono sempre stato, mi piglierei (*torrei*) le donne giovani e belle; quelle vecchie e brutte (*laide*) le lascerei agli altri.

T1 Dentro il testo

IN SINTESI

Il sonetto si presenta diviso in due sezioni: la prima, e più lunga, che comprende le due quartine e la prima terzina; la seconda, corrispondente all'ultima terzina. Nella prima sezione il poeta lancia una serie di maledizioni contro il mondo, contro l'umanità, contro la sua stessa famiglia, con una frenesia di accanimento da cui sembra che nulla possa salvarsi, neanche gli affetti più sacri e più cari. Ne viene fuori dunque l'immagine di un Angiolieri arrabbiato, insofferente, blasfemo, che riversa il suo umor nero sulla realtà circostante. Ma la seconda sezione, ovvero il finale del sonetto, ribalta struttura e significato, finendo quasi con uno scherzoso sberleffo ai danni del lettore. L'arrabbiato che avrebbe volentieri mandato a morte il padre e la madre diventa adesso un gaudente che vorrebbe per sé le donne belle e lascerebbe agli altri le brutte e le vecchie. Il lettore rimane spiazzato e il significato del sonetto, chiaramente, si ribalta. Quel tono irosamente minaccioso era dunque una posa, uno scherzo. Il finale rivela il vero Cecco: un finto "maledetto", che le sparava grosse solo per dare rilievo alla divertita risata finale.

I TEMI E L'ESPRESSIONE

UNA STRUTTURA SEMPLICE E MEMORABILE
Il messaggio del sonetto è rafforzato da una struttura formale semplice e memorabile.
La **prima sezione** è caratterizzata da un **formato rigido e ripetitivo**: essa consiste in una serie di ipotetiche, corrispondenti alla misura di un verso (vv. 1, 2, 3, 4, 9) o di due versi (vv. 5-6, 7-8, 10-11); il «se» ipotetico è ripetuto in modo martellante a inizio di verso con un vistoso effetto di anafora. La stessa sintassi si ripete uguale e simmetrica, con una forte cesura ritmica al centro del periodo («S'i' fosse foco, / ardere' il mondo; s'i' fosse vento, / lo tempestarei» ecc.). Il messaggio di questa prima sezione è di conseguenza scandito in modo particolarmente perentorio, memorabile, tanto da essere passato quasi in proverbio.

La struttura rimane identica anche nell'**ultima terzina**, nella quale, dopo avere immaginato l'impossibile («S'i' fosse foco [...] s'i' fosse vento [...] s'i' fosse acqua [...] s'i' fosse Dio [...]» ecc.), Cecco ora constata l'ovvio: «S'i' fosse Cecco com'i' sono e fui [...]» e scioglie la furia distruttiva della prima sezione in un **sorriso ammiccante**: stavolta il condizionale non minaccia tempeste, ma il semplice auspicio di una vita godereccia: «torrei le donne giovani e leggiadre: / le vecchie e laide lasserei altrui». Tuttavia, proprio il fatto che anche quest'ultima terzina mantiene imperturbabile il formato stilistico della prima sezione contribuisce all'ironia della chiusa. La struttura formale rimane la stessa, ma al suo interno il significato viene **giocosamente ribaltato**.

Analisi e interpretazione Tipologia A

LEGGERE CON METODO

COMPRENSIONE GLOBALE
1. Elenca tutte le ipotesi presentate nel sonetto.

LA LINGUA E LE STRUTTURE
2. Su quale struttura linguistica, insistentemente ripetuta, si basa il sonetto? In che modo, nell'ultima terzina, questa struttura viene inaspettatamente rovesciata?
3. Completa la tabella, ricostruendo l'ordine in cui Cecco enumera i diversi elementi.

Elementi	Ordine corretto
elementi naturali	☐
Dio	☐
autorità terrene	☐
famiglia	☐

4. Spiega l'antitesi che occupa i versi 9-10.
5. Individua e sottolinea i termini di registro basso, popolaresco.

I TEMI E L'INTERPRETAZIONE
6. Quale elemento ci permette di capire che la violenza espressiva e l'umor nero di Cecco sono un gioco letterario?

SCRIVERE CON METODO

COMMENTO
7. Il sonetto è uno dei più famosi della tradizione lirica italiana. In un commento di 30 righe al massimo segnalane gli elementi di maggiore interesse.

USARE IL DIGITALE

APPROFONDIMENTI E CONFRONTI
8. Negli anni Sessanta del secolo scorso, il sonetto di Cecco è stato musicato dal celebre cantante Fabrizio De André (1940-99). Cerca il testo in rete, ascoltalo e scrivi le tue considerazioni in 8-10 righe. In particolare, rifletti su questi punti: in quali modi De André ha reso la struttura ripetitiva, quasi ossessiva, del testo? Nella sua interpretazione, sembra emergere più l'aspetto di polemica o quello scherzoso?

◂ Il cantante Fabrizio De André.

T2

Cecco Angiolieri

Tre cose solamente mi so' in grado

Periodo: inizio XIV secolo

Metro: sonetto a schema ABAB ABAB CDC DCD

Argomento: Cecco ama fare diverse cose nella vita, ma la povertà non glielo consente

Le cose che piacciono a Cecco sono tre: «la donna, la taverna e 'l dado», quasi il rovescio involgarito dell'amor cortese, dei raffinati piaceri della tavola e dei giochi di società. Ma c'è un problema: Cecco non ha mai denaro sufficiente a procurarsi questi piaceri.

Tre cose solamente mi so' in grado,
le quali posso non ben ben fornire:
ciò è la donna, la taverna e 'l dado;
queste mi fanno 'l cuor lieto sentire.

Ma sì me le conven usar di rado,
ché la mie borsa mi mett'al mentire;
e quando mi sovvien, tutto mi sbrado,
ch'i' perdo per moneta 'l mie disire.

E dico: «Dato li sia d'una lancia!»,
ciò a mi' padre, che mi tien sì magro
che tornare' senza logro di Francia.

Trarl'un denai' di man serìa più agro,
la man di pasqua che si dà la mancia,
che far pigliar la gru ad un bozzagro!

La illimitata capacità di spesa del mondo cortese si scontra qui con la cronica miseria di Cecco: il sonetto riflette anche, a modo suo, lo scontro di valori di una società in trasformazione. Questo aspetto emerge dai termini relativi al campo semantico del denaro.

PARAFRASI

vv. 1-4 A me piacciono solamente tre cose, delle quali però non posso disporre (*fornire*) a pieno, come vorrei (*ben ben*): cioè la donna, la taverna e il gioco; queste son quelle che mi fanno sentire allegro il cuore.

vv. 5-8 Ma purtroppo (*Ma sì*) mi tocca (*conven*) usarne di rado, perché la mia borsa contraddice (*mett'al mentire*, "smentisce") le mie voglie; e quando me ne rendo conto, mi viene una rabbia da sbranarmi (*tutto mi sbrado*, "sbrano"), perché io perdo il mio desiderio per via dei soldi.

vv. 9-11 E allora mi dico: «Che gli arrivasse un colpo di lancia!» - a mio padre, intendo, che mi tiene così a corto di danaro (*mi tien sì magro*), che potrei tornare di Francia [cioè, da un lungo viaggio] meno logoro di quanto non sia adesso.

vv. 12-14 Tirargli fuori un soldo di mano sarebbe più arduo (*agro*), anche la mattina (*man*) di festa (*pasqua*), quando si danno le mance, che far acchiappare una gru da una poiana!

7. **sbrado: sbrano**. Altri intendono "mi metto a urlare selvaggiamente", "sbraito".
14. **bozzagro: poiana**; uccello lento, ben diverso dai falconi con cui si cacciavano le gru.

T2 Dentro il testo

IN SINTESI

Il sonetto si presenta diviso a metà - secondo il suo schema metrico - fra una prima sezione (le quartine), e una seconda (le terzine). Nella prima metà, Cecco elenca i suoi piaceri proibiti (le donne, la taverna, il gioco dei dadi), ed esibisce la sua povertà, che gli impedisce di soddisfarli; nella seconda, specifica le ragioni di quella povertà, cioè la taccagneria del padre, che non scucirebbe un quattrino neanche per dare una mancia, come d'uso, la mattina di Pasqua.

I TEMI E L'ESPRESSIONE

UN RIBALTAMENTO DEI VALORI CORTESI

In questo sonetto si osserva un brusco **ribaltamento** dei valori tipici del codice cortese. Esso è ottenuto mediante una vera e propria parodia del ***plazer*** provenzale: qui le "cose che piacciono" sono beni materiali e degradati; anche l'amore è ridotto alla pura fruizione sessuale («la donna»). Per di più, il sonetto smaschera il sottinteso economico sul quale la poesia cortese signorilmente sorvolava. Piaceri, cose belle, va bene: ma senza soldi, non c'è verso di ottenere quei piaceri o di godere di quelle cose belle. In tal modo questo sonetto sembra svelare una frustrazione profonda del poeta: quella di un nobile in bolletta, che non riesce più a mantenersi all'altezza dei valori della sua classe. Anzi, nemmeno all'altezza della versione degradata di quei valori: «la donna, la taverna e 'l dado».

PADRE E FIGLIO

La comparsa del **padre** nella seconda metà è importante per precisare meglio il profilo, umano e poetico, di Cecco Angiolieri. Siamo di fronte evidentemente a un **giovane**, o forse semplicemente a un personaggio ancora sotto tutela, che **non dispone di un suo patrimonio**. Un personaggio però che vorrebbe avere una vita autonoma, sia pur dissipata, tra sesso, alcool e gioco. E allora: questo padre taccagno sarà un tiranno irragionevole, o un genitore che si tiene stretti i soldi perché sa bene che uso ne farà il figlio scapestrato? O, magari, sarà un padre che si comporta in questo modo proprio perché così pensa di porre un freno alla dissolutezza del figlio, e magari di rimetterlo sulla buona strada? È chiaro che non è il caso di estrarre da questo sonetto una specie di romanzo familiare. Tuttavia, al di là della tematica consueta - il vizio, il bisogno di soldi, il genitore insensibile - si intravede una realtà economico-affettiva davvero spinosa e **disagiata**, che dà maggiore spessore emotivo e morale a questo tipo di poesia, così spesso convenzionale nella sua posa "maledetta".

Analisi e interpretazione Tipologia A

LEGGERE CON METODO

COMPRENSIONE GLOBALE

1. Sintetizza il contenuto informativo del sonetto completando la tabella.

Sonetto	Contenuto informativo
prima quartina	i piaceri del poeta sono le donne, il bere e i dadi, ma non se li può permettere come vorrebbe
seconda quartina	
prima terzina	
seconda terzina	

LA LINGUA E LE STRUTTURE

2. Individua e spiega le iperboli contenute nella prima terzina.
3. Individua e spiega l'*adynaton* (comparazione impossibile) contenuto nella seconda terzina.

I TEMI E L'INTERPRETAZIONE

4. Quali sono i tre piaceri di Cecco? Perché possono essere considerati il rovesciamento comico-parodico dei valori cortesi?
5. Qual è l'importanza del denaro, del tema economico, nel sonetto?
6. In che modo è trattata l'invettiva contro il padre?

PENSARE CON LA PROPRIA TESTA

APPROFONDIMENTI E CONFRONTI

In modo violento e iperbolico, Cecco tratta il tema del rapporto tra genitori e figli, riducendolo essenzialmente a una questione di soldi. Partendo anche da esperienze personali, scrivi in circa 15 righe le tue riflessioni su questo aspetto, in realtà ancora attuale, della vita di famiglia.

3 Le caricature di Rustico Filippi

Rustico precursore di Dante Il ghibellino Rustico, detto "Barbuto", figlio di un Filippo di Rustico, nasce a **Firenze** probabilmente tra il 1230 e il 1240. Ai suoi tempi fu considerato **personalità di rilievo**: non per nulla il dotto Brunetto Latini gli dedicò il suo *Favolello*. A lui in particolare si deve la messa a punto del **nuovo stile poetico comico-realistico**. È uno stile destinato a grande avvenire: Dante ne approfitterà largamente non solo, come vedremo [▸ **T4**, p. 186 sgg.], nella sua tenzone con Forese Donati ma, soprattutto, nella sua *Commedia*, specie nei passi più orrifici e grotteschi dell'*Inferno*. Non va dimenticato d'altronde che Rustico appartiene alla generazione precedente a Dante, e che il suo picco di attività si colloca proprio negli anni Sessanta del Duecento. Riprendendo la sua maniera poetica, Dante attingeva dunque a una tradizione già nota e diffusa, specialmente a Firenze, e faceva di Rustico uno dei suoi più significativi antecedenti.

▸ Quentin Massys, *La Duchessa brutta*, 1513, olio su legno (Londra, The National Gallery).

T3

Rustico Filippi

Una vecchiaccia

Periodo: seconda metà del XIII secolo

Metro: sonetto a schema ABAB ABAB CDC CDC

Argomento: il ritratto, oltraggioso e rivoltante, di una donna vecchia

Il tema di questo sonetto potrebbe apparire come tipicamente medievale, legato al disprezzo della carne e al compianto sulla caducità della bellezza. Il tema, tuttavia, è ben più antico, e trova precedenti anche nella letteratura classica (Ovidio, Giovenale). Tuttavia, nel Medioevo esso assume maggiore rilievo in quanto diventa un consapevole ribaltamento del tema cortese della bellezza femminile.

Dovunque vai conteco porti il cesso,
oi buggeressa vecchia puzzolente,
che qualeunque persona ti sta presso
4 si tura il naso e fugge inmantenente.

Li dent'i·le gengìe tue ménar gresso,
ché li taseva l'alito putente;
le selle paion legna d'alcipresso
8 inver' lo tuo fragor, tant'è repente.

Ch'e' par che s'apran mille monimenta
quand'apri il ceffo: perché non ti spolpe
11 o ti rinchiude, sì ch'om non ti senta?

Però che tutto 'l mondo ti paventa:
in corpo credo figlinti le volpe,
14 ta·lezzo n'esce fuor, sozza giomenta.

PARAFRASI

vv. 1-4 Dovunque tu vada, [sembra che tu] ti porti un cesso con te (*conteco*), o sudiciona (*buggeressa*) vecchia puzzolente, che chiunque ti si avvicina si tura il naso e scappa via subito (*inmantenente*).

vv. 5-8 I tuoi denti nelle gengive producono (*ménar*) tanto tartaro (*gresso*) da intasare (*ché li taseva*) l'alito fetido; i sedili dei cessi (*selle*) sembrano fatti di aromatico legno di cipresso, a paragone del tuo fetore (*inver'lo tuo fragor*), tanto è fulminante.

vv. 9-11 Tanto che sembra che si scoperchino mille tombe (*monimenta*, "monumenti") quando apri bocca (*ceffo*): perché non crepi (*non ti spolpe*) o ti rinchiudi, sì che la gente (*om*) non ti senta più?

vv. 12-14 Perché tutto il mondo ha paura di te: io credo che in corpo ti figlino le volpi, tal lezzo ne esce fuori, sozza cavalla che non sei altro.

T3 Dentro il testo

IN SINTESI

In questo "ritratto di vecchia", Rustico indugia molto sugli aspetti più repellenti che si possano immaginare; la donna è sporca, è una sudiciona che puzza terribilmente e che provoca repulsione in chiunque la incontri per strada (è evidente il ribaltamento rispetto alle dame degli stilnovisti); ha i denti marci, pieni di tartaro, e puzza più del coperchio di una latrina. In questo contesto, si chiede Rustico, «visto che puzzi come una tomba scoperta, perché non muori?». Perché - è la risposta - tutti (persino la morte, forse) hanno paura di lei e del suo lezzo.

I TEMI E L'ESPRESSIONE

UN GENERE LETTERARIO DI VECCHIA DATA

Il sonetto ha i caratteri di un tipico ***vituperium in vetulam***, ovvero di una «invettiva infamante contro la donna vecchia»: un vero e proprio **genere letterario di derivazione classica**, che si risolve in un ritratto femminile al negativo. Rustico, però, vive nell'epoca della poesia cortese e delle madonne della *fin'amor* provenzale: è dunque quel modello particolare che egli ha in mente, per rovesciarlo parodicamente. D'altronde, si è osservato che la poesia cortese non ci dà, in genere, ritratti particolareggiati della donna amata e cantata dai suoi poeti: piuttosto, questo tipo di poesia descrive gli effetti che la presenza della donna suscita nel cuore del poeta-amante. In fondo, è proprio quello che accade - alla rovescia - anche in questo sonetto. Mentre nel vituperio tradizionale si descriveva analiticamente lo sfacelo fisico della donna vecchia (una sorta di ritratto, sì, ma repellente), qui si descrive piuttosto **l'effetto** che questa vecchia «buggeressa» suscita intorno a sé. Che è un effetto, naturalmente, non di incantamento e di stupefatta meraviglia, ma di **schifo** e di **fuga generale**, di fronte a una creatura che ovunque si presenti, «porta il cesso appresso».

L'ODORATO, NON LA VISTA

In particolare, qui, il carattere comico, rovesciato, di questo ritratto in negativo si appoggia a una **sostituzione dei sensi**, rispetto al modello in positivo del ritratto femminile cortese, o stilnovistico. Infatti, in Dante, in Cavalcanti, o in qualsiasi altro poeta di derivazione cortese, il senso per eccellenza coinvolto nella descrizione della donna amata è la vista: è attraverso gli occhi che Amore vibra i suoi dardi, ed è l'apparizione della donna amata l'argomento preferito di questo tipo di poesia. Qui, invece, il senso coinvolto è l'**odorato**: il ritratto è tutto costruito sul motivo del puzzo che emana da questa vecchia «buggeressa». Le donne cantate dagli stilnovisti non emanano nessun odore: qui invece è tutta una variazione sugli effluvi che escono dal corpo in disfacimento della donna descritta.

UNA VECCHIA DA BESTIARIO

Perché alla fine si dice che la vecchia puzza tanto da far credere che in corpo le si annidino le volpi? Si tratta di un'allusione ai **bestiari medievali**, in cui si attribuiva alle volpi l'astuzia di lordarsi con le carogne degli altri animali per assumerne il puzzo e fingersi morte, così da attirare corvi o cornacchie; o anche di impregnarsi la coda di urina per sviare i segugi da caccia. In ogni caso, l'allusione trasforma la vecchia di Rustico, nella conclusione del sonetto, in una sorta di animale da bestiario.

Analisi e interpretazione Tipologia A

LEGGERE CON METODO

COMPRENSIONE GLOBALE

1. Quale effetto provoca la vecchia su chi le sta vicino?
2. Perché nella seconda terzina si dice che sembra che nel suo corpo si annidino le volpi?

LA LINGUA E LE STRUTTURE

3. Individua e sottolinea tutti i termini che appartengono alla sfera semantica dell'olfatto.
4. Spiega le due similitudini dei vv. 7-8 e 9-10.

SCRIVERE CON METODO

COMMENTO

5. In circa 20 righe, commenta il sonetto anche attraverso il confronto con la poesia d'amore cortese e stilnovista, trattando i seguenti punti:
   - chi è la protagonista?
   - quale dei cinque sensi domina la descrizione?
   - quali sono le «virtù» (ovvero i poteri) della donna?
   - quali sono gli effetti su chi la vede / la annusa?

Interpretare il mondo

Il grottesco ieri e oggi

Su che cosa si fonda il grottesco, l'ironia, lo sberleffo? E quale scopo si prefigge? Come abbiamo visto, la poesia comico-grottesca del Due-Trecento prendeva in giro sia difetti fisici sia alcuni aspetti della vita privata, per esempio i comportamenti giudicati riprovevoli o sospetti. Lo scopo di queste composizioni poteva essere il puro divertimento, la voglia di mettere in mostra le proprie abilità letterarie, ma anche la volontà di colpire una persona nei suoi aspetti più vulnerabili: per vendetta, per ricatto o per ottenere qualche vantaggio economico o politico. Successivamente si sono avute altre forme di grottesco; nelle arti figurative, tra XV e XVI secolo, le caricature di Leonardo da Vinci (lui le definiva «teste grottesche»), che sono da considerare soprattutto disegni di uno studioso di anatomia piuttosto che ritratti a scopo di sberleffo; ma anche i quadri di Pieter Bruegel, dove le figure grottesche servivano invece a evidenziare i vizi e le storture dell'animo umano, soprattutto nelle rappresentazioni dell'Inferno, trasformandosi in un monito a condurre una vita virtuosa.
Qualche secolo dopo, grazie alla nascita dei quotidiani, nella Francia e nella Gran Bretagna dell'Ottocento si diffusero le vignette satiriche e umoristiche, dove i personaggi pubblici venivano messi alla berlina, come accadde ai pittori impressionisti (sbeffeggiati per il loro nuovo modo di dipingere) o addirittura a Charles Darwin (a causa della sua rivoluzionaria teoria evoluzionistica).
Sempre nel XIX secolo, il poeta romano Giuseppe Gioacchino Belli nei suoi sonetti sbeffeggiava i ricchi e i potenti della Roma del suo tempo, senza escludere nemmeno il papa; ma tra i suoi bersagli non mancavano i popolani.
Oggi il grottesco si esprime più con i caratteri della satira politica e sociale, che colpisce soprattutto i personaggi pubblici (politici, sportivi, personaggi dello spettacolo), i cui caratteri vengono esagerati fino all'eccesso, in modo da provocare un effetto comico. Lo scopo può essere sia la critica politica, sia il puro divertimento. La comicità, però, non deriva mai dalla semplice esagerazione; come sosteneva il filosofo Henri Bergson, parlando dei disegni caricaturali:

> «Perché l'esagerazione sia comica, non deve apparire come fine, ma come un semplice mezzo di cui il ritrattista si serve per rendere manifeste ai nostri occhi le contorsioni che vede delinearsi nella natura».
>
> (H. Bergson, *Il riso*, trad. it. di F. Sossi, Mondadori, Milano 1992)

▲ Caricatura dello scienziato Charles Darwin, frontespizio della rivista francese «La Petite Lune», 1878.

RIFLESSIONE CRITICA Tipologia **C**

1. Scrivi un testo di 200 parole in cui metti a confronto un testo comico-grottesco di questo capitolo e un ritratto oppure un testo satirico del giorno d'oggi.
2. Sberleffo e ironia nelle arti figurative. Affronta il tema in un testo, considerando esempi a tua scelta.

4 La tenzone di Dante e Forese Donati

Botta e risposta La tenzone è un **genere letterario** che vede due poeti scambiarsi composizioni a **botta e risposta**, spesso di carattere aggressivo e insultante: una specie di alterco in versi. Spesso le composizioni di una tenzone si rispondono simmetricamente, e talvolta riprendono le stesse rime; un uso che si rispecchia nel modo di dire, ancora attuale, «rispondere per le rime». La più famosa tenzone della nostra letteratura è quella che oppose Dante e il suo amico Forese Donati, probabilmente negli anni successivi alla morte di Beatrice (1290) e alla composizione della *Vita nuova* (1293).

Un'attribuzione controversa Tuttavia, non tutta la critica è concorde nell'assegnare i sei complessivi sonetti della tenzone alle penne di Dante e Forese. Alcuni studiosi la ritengono infatti un **falso quattrocentesco:** dopotutto non risulta che Forese Donati fosse poeta: sembra che non abbia letterariamente prodotto nient'altro all'infuori dei tre sonetti della tenzone. Per di più, pare che Dante non amasse troppo questo genere di botte e risposte: Cecco Angiolieri lo sfidò con tre suoi sonetti, ma Alighieri fece finta di nulla, e non rispose. Il fatto è che nella *Commedia* Dante mette Forese (che era morto nel 1296) in Purgatorio, fra i golosi: peccato che viene rinfacciato a Forese proprio nella tenzone. Inoltre, nell'episodio del *Purgatorio* viene ricordata con grande affetto Nella, la "vedovella" di Forese, che invece Dante prende crudelmente in giro nel primo sonetto della tenzone. Infine, ritrovandosi nell'aldilà, i due amici ricordano con riserbo e vergogna una stagione della loro amicizia che sarebbe bene dimenticare: «Per ch'io a lui: "Se tu riduci a mente / qual fosti meco, e qual io teco fui, / ancor ha grave il memorar presente"» ("Se tu fai tanto da ricordarti come tu ti comportasti con me, ed io con te, il rammentarcelo adesso è penoso"; *Purgatorio*, XXIII, 115-17). Sono tutti indizi che si riferiscono in modo preciso alla tenzone: troppo preciso, secondo i critici che sostengono la tesi del falso, e che credono questi sei sonetti scritti apposta, proprio per corrispondere con esattezza all'episodio dei golosi in Purgatorio. Tuttavia, oggi prevale la tesi dell'**autenticità**, e di un rapporto vero, poetico e umano, fra questi due momenti della vita e della carriera letteraria di Dante.

GUIDA ALLO STUDIO

1. Che cos'è la tenzone?
2. Perché alcuni ritengono falsa la tenzone tra Dante e Forese?

▸ **L'incontro in Purgatorio** Dante e Virgilio incontrano Forese Donati, *Purgatorio*, XXIII. Miniatura da un manoscritto del XIV secolo (Firenze, Biblioteca Medicea Laurenziana).

Dante Alighieri, *Rime*

T4a Forese, povera la moglie tua...

Periodo: 1290-93?

Metro: sonetto a schema ABAB ABAB CDE CDE

Argomento: Dante prende in giro Forese per la sua incapacità di soddisfare la moglie

Il primo affondo della tenzone spetta a Dante. In questo primo sonetto, egli prende in giro l'amico – e sua moglie – con pesanti allusioni all'insufficienza sessuale di lui, e alla cronica mancanza di soddisfazione erotica di lei.

Chi udisse tossir la malfatata
moglie di Bicci vocato Forese,
potrebbe dir ch'ell'ha forse vernata
ove si fa 'l cristallo, in quel paese.

Di mezzo agosto la truovi infreddata:
or sappi che de' far d'ogni altro mese...;
e non le val perché dorma calzata,
merzé del copertoio c'ha cortonese.

La tosse, 'l freddo e l'altra mala voglia
no l'addovien per omor' ch'abbia vecchi,
ma per difetto ch'ella sente al nido.

Piange la madre, c'ha più d'una doglia,
dicendo: «Lassa, che per fichi secchi
messa l'avre' 'n casa del conte Guido».

PARAFRASI

vv. 1-4 Chi sentisse tossire quella sciagurata (*malfatata*) moglie di Forese detto Bicci, potrebbe dire che forse si è congelata (*vernata*) in uno di quei paesi così freddi che il ghiaccio vi si fa cristallo.

vv. 5-8 Il fatto è che anche a metà agosto la trovi raffreddata: ora figurati (*sappi*) come deve stare negli altri mesi... e non le serve a nulla dormire ben coperta (*calzata*), a causa della coltre, che è di quelle di Cortona.

vv. 9-11 La tosse, il freddo e gli altri malesseri non le capitano (*addovien*) a causa di vecchi umori, ma per uno stato di mancanza che lei avverte ai genitali (*nido*).

vv. 12-14 Piange sua madre, che ne ha ben donde, dicendo: «Ahimè, che con una dote di fichi secchi [cioè miserrima] avrei potuto collocarla in casa dei conti Guidi!».

---

8. copertoio c'ha cortonese: è un gioco di parole. Il «copertoio» è il marito stesso, Forese, che non "copre" bene la moglie, perché ha un «corto-nese», un membro troppo piccolo per soddisfare sessualmente la consorte.

T4a Dentro il testo

IN SINTESI

Il sonetto è imperniato sul perenne raffreddore della moglie di Forese: la poverina non fa che tossire, ma non si tratta di un raffreddore dovuto alla stagione. La moglie di Forese è sempre infreddata perché di notte il suo «copertoio», ovvero la sua coperta, non la copre bene, essendo «corto-nese»... La battuta è volgaruccia: Forese viene qui accusato di non "coprire" bene la moglie, cioè di non soddisfarla sessualmente, perché ha il membro troppo corto. La banalità dell'insinuazione tuttavia si riscatta proprio attraverso il gioco di parole, effettivamente divertente, sul «cortonese»: che è insieme aggettivo («di Cortona», riferito al «copertoio») e parola leggibile come aggettivo più nome (corto + nese). Anche in una situazione un po' goliardica come questa, l'inventiva verbale di Dante non viene meno.

T4b

Forese Donati

Dante, che padre che ti ritrovi...

Periodo: fine del XIII secolo

Metro: sonetto a schema ABBA ABBA CDE ECD

Argomento: Forese risponde a Dante rinfacciandogli i vizi di famiglia

Forese risponde alla provocazione di Dante alzando la posta. Lui sarà anche povero e impotente, ma che dire di Dante e della sua famiglia? Specie del padre, Alighiero, che Forese immagina qui di sorprendere in una situazione - e posizione - a dir poco imbarazzante.

L'altra notte mi venne una gran tosse,
perch'io non avea che tener a dosso;
ma incontanente che fu dì, fui mosso
4 per gir a guadagnar ove che fosse.

Udite la fortun' ove m'addosse:
ch'i' credetti trovar perle in un bosso
e be' fiorin coniati d'oro rosso;
8 ed i' trovai Alaghier tra le fosse,

legato a nodo ch'i' non saccio 'l nome,
se fu di Salamone o d'altro saggio.
11 Allora mi segna' verso 'l levante;

e que' mi disse: «Per amor di Dante,
scio'mi!» Ed i' non potti veder come:
14 tornai a dietro e compie' mi' vïaggio.

PARAFRASI

vv. 1-4 L'altra notte mi venne una gran tosse, perché non avevo nulla da mettermi addosso; ma appena che (*incontanente che*) fu giorno, mi mossi per andare a guadagnare qualcosa, dove che fosse.

vv. 5-8 Sentite un po' la fortuna dove mi portò (*addosse*, "addusse"): io credevo di trovare perle in uno scrigno di legno pregiato (*bosso*) e magari dei bei fiorini appena coniati, d'oro rosso; e invece trovai Alighiero [il padre di Dante] in un cimitero (*tra le fosse*),

vv. 9-11 legato in un nodo di cui non saprei dire il nome, se era un «nodo di Salomone» o di altro saggio. Allora mi feci il segno della croce [per scongiuro] verso oriente;

vv. 12-14 e quello mi disse: «Per amore di Dante, scioglimi!» (*scio'mi*). E io non riuscii (*potti*, "potei") a vedere come: per cui tornai indietro e terminai il mio viaggio.

T4b Dentro il testo

IN SINTESI

Il sonetto all'inizio risponde letteralmente a quello di Dante, riprendendo lo spunto della tosse: stavolta quella di Forese stesso, e stavolta causata da un raffreddore dovuto al fatto di non aver nulla da mettersi addosso. Sembra dunque che Forese accetti di autodenigrarsi: non si difende nemmeno dall'insinuazione di scarsa efficienza sessuale, anzi, ci aggiunge quella di essere povero in canna. Ma subito dopo Forese si prende la sua rivincita. Lui sarà povero, ma Dante ha poco da vantarsi: l'amico ha trovato suo padre, Alighiero, annodato in una posa a dir poco imbarazzante: ovvero, in un «nodo» che con tutta probabilità significa un "allacciamento" di tipo omosessuale. Scandalizzato, Forese si è voltato dall'altra parte, facendosi il segno della croce a mo' di scongiuro, e sembra dire: «E adesso? Chi è il più sciagurato? Io, impotente e povero, o tu, caro amico Dante, con un padre di tal genere?».

I TEMI E L'ESPRESSIONE

DALLA TENZONE AL *PURGATORIO*

Quando Dante incontra Forese in Purgatorio, fra i golosi, rimane **stupito**: non sono neanche cinque anni che l'amico è morto, egli dice, e come ha fatto a scalare la divina montagna così alla svelta? I golosi infatti si trovano sulla penultima terrazza del Purgatorio, quindi già vicinissimi alla liberazione dalle loro penitenze, e prossimi a spiccare il volo in Paradiso. Forese spiega che è stata la moglie - «la Nella mia con suo pianger dirotto» - a pregare tanto per lui, da fargli scontare più velocemente le pene dei suoi peccati. È una situazione che, **nella *Commedia***, vuole evidentemente rimediare alle crude insinuazioni di questo primo sonetto della tenzone. Il **matrimonio** di Nella e Forese appare, nelle affettuose parole del goloso penitente, una **unione felice**, piena di premure e di cura reciproca: neanche la morte ha allentato i vincoli che legavano moglie e marito, tanto che la Nella proprio pregando per il suo Forese defunto ne ha accorciato la permanenza in Purgatorio.

IMMANCABILMENTE, LA SUOCERA

Al quadretto di una situazione coniugale spiacevole, tratteggiato nel sonetto di Dante, non poteva mancare la **suocera**. Qui essa sembra recriminare, più che l'insufficienza sessuale del genero, la sua **povertà**: i conti Guidi, presso cui ella dice che avrebbe potuto maritare la figliuola con due lire di dote, erano proverbialmente ricchi sfondati, ed è evidentemente questo tipo di agio che la vecchia suocera rimpiange. La notazione è rilevante, perché è proprio da qui - dalla sua povertà - e non dalla sua pochezza sessuale, che prende spunto la replica di Forese, nel sonetto che segue.

IL «NODO DI SALAMONE»

La posizione in cui Forese dice di aver trovato il padre di Dante, **Alighiero**, non è chiarissima. Forese stesso sembra non sapere come definire il «nodo», cioè il tipo di allacciamento, in cui ha sorpreso lo sciagurato: non saprebbe dire se era un **«nodo di Salamone»** o d'altro tipo. Ora, il «nodo di Salomone» ci rimanda alla fama di sapiente del re biblico, e sembra alludere a un'operazione particolarmente sofisticata, a un nodo particolarmente **difficile da sciogliere**. Qualche interprete ha voluto leggere questo «nodo» in senso metaforico: Forese allude forse a dei vincoli finanziari che angustiavano il padre di Dante? Debiti, per esempio? Ma la reazione schifata di Forese, che si volta dall'altra parte e si fa il segno della croce, quasi per scongiurare l'indegno spettacolo, ci fa piuttosto pensare a un nodo di tipo **sessuale**, a un allacciamento di membra poco dignitoso; con tutta probabilità, a un Alighiero trovato impegnato in una attività sodomitica. Il che, fra l'altro, testimonia il fatto che in questo tipo di poesia gli autori le sparano grosse, senza preoccuparsi della verità dei fatti, ma solo dell'effettaccio dei loro insulti. Alcuni interpreti, d'altra parte, intendono il nodo come riferimento al peccato di **usura**, il che corrisponde meglio a quanto si sa della effettiva professione del padre di Dante, prestatore di danaro (come d'altronde il nonno stesso del poeta): una tradizione di famiglia di cui certo Dante non andò orgoglioso, e di cui non parla mai nelle sue opere.

UNA SPECIE DI DANNATO

Forese trova Alighiero, nella sua scomoda posizione, «tra le fosse». Inoltre, alla fine del sonetto allude alla conclusione del suo «viaggio». Siccome Alighiero viene sorpreso in una situazione degradante, e fisicamente di certo singolare, c'è chi ha visto in questo sonetto una sorta di **caricatura** dell'*Inferno* dantesco: le **fosse** alluderebbero al regno dei morti, o almeno a un cimitero, in cui i peccatori - come Alighiero, e come i dannati danteschi - scontano le loro colpe, fisicamente obbligati per l'eternità a ripetere i gesti corrispondenti ai loro peccati. E anche il **viaggio** di Forese - sia pure un viaggio a due passi da casa - potrebbe leggersi come una riduzione grottesca del ben più solenne e impegnativo pellegrinaggio di Dante nell'aldilà.

Analisi e interpretazione Tipologia A

LEGGERE CON METODO

COMPRENSIONE GLOBALE

1. Nel sonetto di Dante, perché la moglie di Forese è sempre raffreddata?
2. Quali sono le considerazioni della suocera di Forese?
3. Nel sonetto di Forese, chi è raffreddato e ha la tosse? Perché?
4. Chi incontra Forese nel suo breve viaggio? In quale situazione?

LA LINGUA E LE STRUTTURE

5. Spiega i doppi sensi osceni contenuti nel sonetto di Dante.
6. Quali elementi, nelle quartine del sonetto di Forese, riprendono alla lettera termini ed espressioni del sonetto dantesco?

I TEMI E L'INTERPRETAZIONE

7. Perché alcuni critici hanno interpretato il sonetto di Forese come una caricatura grottesca del pellegrinaggio di Dante nell'aldilà?
8. Come vanno interpretati, nell'ambito del genere della tenzone, i pesanti insulti che i due si scambiano?

5 Il *plazer* nella poesia del Duecento

Un genere di origine provenzale Il ***plazer*** (dal latino *placere*, "piacere") è un genere letterario che ha origini nella poesia provenzale. Esso prevede componimenti in cui si elencano una serie di **situazioni piacevoli** desiderate dall'autore: di conseguenza, spesso è organizzato in modo ripetitivo, come una sorta di "lista della spesa". Nella poesia antica, provenzale e italiana, esiste anche il suo contrario: **l'*enueg***, ovvero il componimento che elenca, altrettanto ripetitivamente, **le cose che "danno noia"**, ovvero che infastidiscono e rattristano la vita umana. Il *plazer* è un genere mondano, un po' frivolo, che di per sé evade dalla poetica delle principali scuole letterarie delle nostre origini (siciliani, Stilnovo), le quali, come si è visto, si dedicano esclusivamente alla tematica amorosa. Però ne troveremo tracce perfino in Dante [▸ **T5**, p. 280], a dimostrare che si trattava di un genere amato e diffuso, proprio per la sua disimpegnata leggerezza.

Lapo Gianni: poesia d'amore e *plazer*

La poesia di Lapo La maggior parte della produzione di Lapo Gianni è di **argomento amoroso**, e si rivolge intorno al vagheggiamento e alla lode della donna amata («angelica figura»), rappresentata secondo gli stilemi dello Stilnovo. Tuttavia la sua più celebre composizione è il sonetto *Amor eo chero*, un *plazer* in cui l'amore perde la sua centralità, venendo elencato in mezzo a molte altre immagini di cose piacevoli.

LA VITA

LAPO GIANNI (Firenze, data di nascita imprecisata - 1328 ca)

Lapo Gianni è forse da identificare con il notaio fiorentino Lapo di Giovanni Ricevuti, della cui attività si hanno documenti riguardanti il periodo compreso fra il 1298 e il 1321. È a lui, probabilmente, che Dante si riferisce nel primo verso del suo celebre *Guido, i' vorrei che tu e Lapo ed io* (un altro *plazer* ▸ **T5**, p. 280); per di più è ancora Dante che nel *De vulgari eloquentia* lo nomina con onore, fra i poeti che insieme a pochi altri (Guido Cavalcanti, Cino da Pistoia, Dante stesso) hanno raggiunto l'**eccellenza nella lingua volgare**.

◂ Maestro Venceslao, *Il mese di luglio*, particolare con dama e cavaliere, dal ciclo dei mesi della Torre dell'Aquila, 1390-1407 (Trento, Castello del Buonconsiglio).

T5

Lapo Gianni

Amor, eo chero mia donna in domìno

Periodo: inizio del XIV secolo

Metro: sonetto «caudato», cioè con una coda (qui di due versi: 21-22) dopo la seconda quartina, e «doppio», cioè con dei settenari inseriti dopo il primo e terzo endecasillabo delle quartine, e il primo delle terzine. Si ottengono così 22 versi invece dei normali 14, secondo lo schema AaBBbA, (quartine) CdDD DdDC EE

Argomento: il poeta enumera i propri sogni e desideri

*Amore compare qui nel primo verso, e così pure la donna del poeta, che egli vorrebbe tenere sempre con sé, a sua disposizione (*in domìno*). Il resto del sonetto si abbandona a un sogno quasi surreale: il poeta non desidera solo cose concrete – giardini, compagnie festose, abbondanza di cibo – ma anche metamorfosi fantastiche – che le mura di Firenze diventino d'argento, e i lastricati della città di cristallo, e l'acqua dell'Arno balsamo fine...*

Amor, eo chero mia donna in domìno,
l'Arno balsamo fino,
le mura di Firenze inargentate,
le rughe di cristallo lastricate,
fortezze alt'e merlate,
mio fedel fosse ciaschedun latino;

il mondo in pace, securo 'l camino;
no mi noccia vicino,
e l'aria temperata verno e state;
[e] mille donne e donzelle adornate,
sempre d'amor pregiate,
meco cantasser la sera e 'l matino;

e giardin' fruttuosi di gran giro,
con grande uccellagione,
pien' di condotti d'acqua e cacciagione;
bel mi trovasse come fu Absalone;

Sanson[e] pareggiasse e Salamone;
servaggi di barone
sonar viole, chitar[r]e e canzone;
poscia dover entrar nel cielo empiro:

giovine, sana, alegra e secura
fosse mia vita fin che 'l mondo dura.

PARAFRASI

vv. 1-6 Amore, io vorrei la mia donna a mia disposizione, l'Arno trasformato in balsamo della più fine qualità, le mura di Firenze laminate d'argento, le strade (*rughe*) lastricate di cristallo, fortezze alte e merlate; che ogni italiano (*latino*) fosse mio suddito (*fedel*);

vv. 7-12 [vorrei] il mondo in pace, ogni viaggio (*camino*) senza pericoli (*securo*), che nessun vicino mi desse noia (*noccia*), e [vorrei] clima (*aria*) temperato d'inverno e d'estate; e che mille donne e fanciulle graziose (*adornate*), apprezzate da tutti (*sempre ... pregiate*) per il loro valore amoroso, cantassero con me mattina e sera;

vv. 13-16 e [vorrei] giardini da frutto grandissimi (*di gran giro*, "di grande circonferenza"), con tanta uccellagione, pieni di canali (*condotti*) d'acqua e di cacciagione: e che mi trovassi bello come fu Assalonne;

vv. 17-20 che pareggiassi [in forza] Sansone e [in saggezza] Salomone; [vorrei] servitori degni di un barone, [vorrei] che risuonassero viole, chitarre e canzoni; poi essere ammesso (*dover entrar*) nel cielo empireo (*empiro*):

vv. 21-22 fosse la mia vita da qui alla fine del mondo, giovane, sana, allegra e sicura.

1. eo chero: io chiedo. ▪ **in domìno:** in mio potere.
16. bel ... Absalone: secondo la Bibbia, Assalonne era uno dei figli di Davide, il più bello; ribellatosi al padre, ne fu sconfitto e ucciso.
20. dover entrar ... empiro: l'«empiro», Empireo, è l'ultimo cielo della cosmologia (e teologia) medievale, in cui le anime beate godono della diretta visione di Dio. Dopo aver tanto goduto in terra, insomma, il poeta si augura anche l'eterna beatitudine del Paradiso.

T5 Dentro il testo

IN SINTESI

È un tipico *plazer*, ovvero una tipica lista di cose piacevoli (tutta dipendente dall'iniziale «eo chero», "io chiedo", "io vorrei"), elencate secondo una doppia modalità: o sotto forma di oggetti diretti («mia donna 'n domino», «Arno balsamo fino», «le mura di Firenze inargentate» ecc.), o in forma desiderativa, mediante congiuntivi («mio fedel fosse», «no mi noccia», «mille donne ... meco cantasser» ecc.). Il giro di questi desideri compone l'ideale di una vita cortese, in cui si riconoscono circostanze tipiche di una spensierata vita di brigata, insieme a scherzose fantasie d'onnipotenza (essere potente, ricco, bello, giovane, sano) e, con maggiore finezza, vagheggiamenti più sognanti e fiabeschi, presenti specialmente nella prima strofa (l'acqua dell'Arno trasformata in profumo, le mura di Firenze d'argento, le strade di cristallo...). È soprattutto questo tono favoloso e incantato che ha reso giustamente celebre la composizione.

I TEMI E L'ESPRESSIONE

LA STRUTTURA ELENCATIVA

Come molti *plazer*, anche questo di Lapo Gianni presenta una **struttura molto semplice**. Dal verbo desiderativo iniziale, «eo chero» ("io chiedo", "io vorrei"), dipende infatti un elenco di cose desiderate, accostate paratatticamente: alcune in forma di **complementi oggetti**, altre come **subordinate ottative**. Per limitarci alla prima strofa: nei primi cinque versi sono presenti altrettanti oggetti diretti («mia donna», «l'Arno», «le mura», «le rughe», «fortezze»), nel sesto e ultimo, invece, è presente una subordinata ottativa al congiuntivo («mio fedel fosse»). Tramite questa semplice alternanza, Lapo riesce a imbastire un testo relativamente esteso (22 versi), variando a capriccio la costruzione di strofa in strofa e di verso in verso, e quindi controbilanciando con l'**irregolarità della sintassi** la monotonia dell'elenco. E infatti, indicando con *a* i complementi oggetti, con *b* le subordinate ottative, otteniamo uno schema di questo genere: *aaaaabaababababbaaab*. Uno schema, come si vede, sinuoso e irregolare, in cui la prevalente successione di semplici oggetti è interrotta e variata dall'intervento degli ottativi.

I DESIDERI DEL POETA

Le **cose desiderate**, allineate paratatticamente le une alle altre, seguono anch'esse un criterio di **capricciosa variazione**. Esse infatti non sembrano seguire alcun ordine logico o d'importanza gerarchica: nella prima strofa si susseguono un desiderio erotico (la donna), desideri d'incanto favoloso (l'Arno tramutato in profumo, le mura di Firenze d'argento, le strade di cristallo), cui segue un riferimento più realistico («fortezze alt'e merlate»), più, infine, una fantasia d'onnipotenza ("che tutti i latini, gli italiani, fossero miei sudditi"). In questo susseguirsi di desideri capricciosamente accostati, senza un ordine prestabilito, si possono distinguere tuttavia dei gruppi di **desideri affini**. Sono riconoscibili, prima di tutto, quelli legati a un'ideale vita di brigata cortese: il godimento amoroso (v. 1), la compagnia di donne e donzelle cantanti da mattina a sera (vv. 11-12), i giardini ricchi di frutta e di canali d'acqua, abbondanti di uccellagione e cacciagione (vv. 13-15), il concerto di viole e chitarre (v. 19). Si possono poi individuare delle fantasie d'onnipotenza: Lapo sogna il potere (vv. 6 e 18), la pace (vv. 7-8), l'eterna primavera (v. 9), la bellezza (v. 16), la forza e la sapienza (v. 17), la giovinezza, accompagnata da salute e allegria (vv. 21-22) e perfino la vita eterna (v. 20). Ma i desideri **più suggestivi** sono presentati nella prima strofa, dove Lapo sogna la sua città trasfigurata in un luogo incantato di profumi, d'argento e di cristallo. Ed è questa Firenze magicamente trasformata che più si incide nella memoria e nella fantasia del lettore.

Analisi e interpretazione Tipologia A

LEGGERE CON METODO

COMPRENSIONE GLOBALE

1. Quali sono i desideri espressi da Lapo? Elencali, raggruppandoli secondo il seguente schema.
   - desideri riconducibili agli ideali di vita cortese: ....
   - aspirazione a una vita serena e pacifica: ....
   - fantasie di onnipotenza: ....
   - fantasie magico-fiabesche: ....

LA LINGUA E LE STRUTTURE

2. Qual è la particolare struttura metrica della lirica?
3. In che modo la semplice struttura elencativa del *plazer* viene variata da Lapo? Le due varianti seguono un ordine prevedibile?
4. È possibile individuare un ordine logico o una struttura gerarchica nell'elenco delle cose desiderate?

SCRIVERE CON METODO

COMMENTO

5. Il *plazer* di Lapo tratteggia una vita rallegrata da piaceri cortesi molto diversi da quelli un po' gaglioffi a cui aspirava Cecco [▶ **T2**, p. 180]. Sviluppa un commento della lirica di Lapo, anche attraverso cenni di confronto con Cecco, soffermandoti in particolare sulla rappresentazione dell'amore, dei piaceri, del denaro (significativamente assente nel testo di Lapo, centrale in quello di Cecco).

APPROFONDIMENTI E CONFRONTI

6. Sul modello della poesia di Lapo, scrivi un tuo *plazer*, elencando cose belle e desiderabili. Puoi farlo in prosa o in versi, seguendo o meno un ordine logico.

Folgóre da San Gimignano e i sonetti dei mesi

I *plazer* di Folgóre Il più tipico autore di *plazer* del Due e Trecento è Folgóre da San Gimignano. Nei suoi sonetti, organizzati in **collane**, egli abbraccia in pieno le caratteristiche del genere: ripetitività, struttura sintattica elencativa, lusso fantasioso d'immagini. Ma sotto la sua brillante capacità descrittiva si può scorgere anche un **discorso ideologicamente più profondo e impegnato.**

LA VITA E L'OPERA

FOLGÓRE DA SAN GIMIGNANO (San Gimignano, 1270 - 1332 ca)

Si chiamava in realtà Jacobo (Giacomo) di Michele; Folgóre, cioè "splendore", è un **soprannome** che allude forse alla sua eccellenza artistica. Originario di San Gimignano, se ne hanno notizie a partire dal 1295; morì probabilmente fra il 1317 e il 1332. Uomo politico e uomo d'arme, partecipò attivamente alla vita pubblica e fu cavaliere di parte guelfa. La sua militanza si riflette in **pochi sonetti di vigorosa intonazione politica**, ispirati alla cronaca contemporanea; ma Folgóre deve la sua fama soprattutto a tre collane di sonetti, dedicate alla vestizione di un cavaliere (questa ci è giunta incompleta), ai giorni della settimana e ai mesi dell'anno. È qui che gli ideali di vita cortese, propri della civiltà signorile feudale, si dimostrano ormai pienamente diffusi nella società borghese toscana fra Due e Trecento.

T6a

Folgóre da San Gimignano

Di Gennaio

Periodo: prima metà del XIV secolo

Metro: sonetto a schema ABBA ABBA CDC DCD

Argomento: il poeta enumera le cose piacevoli di ogni mese dell'anno; qui gennaio

*I due sonetti seguenti (*Di Gennaio, Di Maggio*) fanno parte del ciclo dei mesi, che ne comprende 14 (uno per ogni mese, più un sonetto di dedica e uno di congedo). Folgóre struttura il ciclo secondo la forma – ripetuta in ogni sonetto – del* plazer *provenzale: per ogni mese, egli fa un elenco di cose piacevoli, caratteristiche di quel momento dell'anno. In particolare, queste cose piacevoli si immaginano pertinenti alla vita di una cortese brigata, che di mese in mese trova via via sempre nuovi motivi di raffinato godimento.*

I' doto voi nel mese di gennaio
corte con fuochi di salette accese,
camere e letta d'ogni bello arnese,
lenzuol' di seta e copertoi di vaio,

treggea, confetti e mescere arazzaio,
vestiti di doagio e di rascese;
e 'n questo modo stare alle difese,
muova scirocco, garbino e rovaio;

uscir di fuor alcuna volta il giorno,
gittando della neve bella e bianca
alle donzelle che saran d'attorno;

e quando la compagna fosse stanca,
a questa corte facciasi ritorno,
e si riposi la brigata franca.

PARAFRASI

vv. 1-4 Io vi dono, nel mese di gennaio, un castello (*corte*) con fuochi di sterpi crepitanti (*salette accese*), camere e letti forniti di ogni magnifico arredamento (*d'ogni bello arnese*), lenzuoli di seta e coperte di pelliccia di scoiattolo (*vaio*),

vv. 5-8 confetti (*treggèa*), dolci (*confetti*) e mescita di vino razzese (*arazzaio*), vestiti di stoffe francesi, di Douai (*doagio*) e di Arras (*rascese*): e in questo modo difendersi [dalla brutta stagione], soffi scirocco, libeccio (*garbino*) o tramontana (*rovaio*).

vv. 9-11 Qualche volta uscir fuori durante il giorno, gettando palle di neve bella e bianca alle fanciulle che si troveranno a tiro;

vv. 12-14 e quando poi la compagnia si fosse stancata, si faccia ritorno dentro questo signorile rifugio (*corte*): e si riposi la nobile (*franca*) brigata.

◂ Maestro Venceslao, *Il mese di gennaio*, 1390-1407, affresco, particolare del ciclo della Torre dell'Aquila (Trento, Castello del Buonconsiglio).

1. **I' doto voi:** è la formula iniziale di tutti i sonetti della corona dei mesi, seguita dalla lista dei piaceri che caratterizzano quel mese particolare.
2. **salette:** piantina palustre, capace di fare fuoco molto vivo, ma di breve durata.
5. **arazzaio:** vino ligure dal sapore pungente. ■ **treggea:** era una specie di confetto, con frutta candita o semi aromatici rivestiti di zucchero (tipici per esempio i semi d'anice), che veniva usata per rinfrescare la bocca. Da questa voce deriva il francese *dragée*, che significa "confetto"; anche in sardo i confettini di zucchero si chiamano «traggea».
6. **doagio ... rascese:** erano tessuti molto pregiati, provenienti da Douai, nel nord della Francia, e da Arras, in Piccardia (località della Francia settentrionale famosa anche per le sue tappezzerie: di qui l'italiano «arazzo»).

T6b

Folgóre da San Gimignano

Di Maggio

Periodo: prima metà del XIV secolo

Metro: sonetto a schema ABBA ABBA CDC DCD

Argomento: il poeta enumera le cose piacevoli di ogni mese dell'anno; qui maggio

Di maggio sì vi do molti cavagli,
e tutti quanti sieno affrenatori,
portanti tutti, dritti corritori;
pettorali e testiere di sonagli,

bandiere e coverte a molti intagli
e di zendadi di tutti colori;
le targhe a modo degli armeggiatori;
viuole e rose e fior, ch'ogni uom v'abbagli;

e rompere e fiaccar bigordi e lance,
e piover da finestre e da balconi
in giù ghirlande ed in su melerance;

e pulzellette e giovani garzoni
baciarsi nella bocca e nelle guance;
d'amor e di goder vi si ragioni.

I festeggiamenti e i tornei del mese di maggio sembrano essere una magnifica occasione per le giovani coppie, che possono finalmente incontrarsi e ragionare d'amore.

PARAFRASI

vv. 1-4 Di maggio vi do molti cavalli, e tutti quanti siano docili al freno (*affrenatori*), robusti (*portanti*) tutti, e veloci a raggiungere la meta (*dritti corritori*); [vi do] pettorali, testiere adorne di sonagli,

vv. 5-8 bandiere insieme a coperture tutte intagliate e sfrangiate, fatte di zendado di tutti i colori; scudi da torneo (*targhe*) preparati secondo la volontà (*a modo*) dei partecipanti alla gara; viole, rose, fiori [dai colori così vivi] che ognuno ne rimanga abbagliato;

vv. 9-11 e [vi do] il rompere e l'andare in frantumi (*fiaccar*) di lance di legno (*bigordi*) e di ferro (*lance*), e piovere da finestre e balconi ghirlande di fiori in giù, e melarance in su;

vv. 12-14 e fanciulle, giovani e giovinetti (*garzoni*) che si baciano in bocca e sulle guance; e vi si ragioni d'amore e di godere.

4. pettorali ... sonagli: tutte parti dell'armatura del cavallo, a protezione del petto e della testa. I sonagli adornano la testiera stessa.
5. coverte: le coperture di stoffa dei cavalli da torneo o combattimento, variamente intagliate («a molti intagli»).
6. zendadi: stoffe leggere, d'importazione orientale.
7. armeggiatori: il torneo era detto anche «armeggeria», e partecipare a un torneo "armeggiare": di qui «armeggiatori» per indicare i cavalieri impegnati nella gara.
11. in giù ... melerance: durante la festa del torneo, dalle finestre e dai balconi si lanciavano ghirlande di fiori, mentre i passanti rispondevano gettando melarance, una varietà di arance, alla gente affacciata.

T6a-b Dentro il testo

IN SINTESI

I due sonetti mettono a confronto le risorse di due mesi molto diversi e quasi opposti fra loro: gennaio, il cuore dell'inverno, e maggio, il mese del pieno fiorire primaverile. Gennaio significa freddo, vento, neve; maggio significa «viuole e rose e fior» (v. 8). Ma Folgóre vuole trarre vantaggio da qualsiasi tempo e stagione: ogni mese ha le sue attrattive per la sua cortese brigata. Così, gennaio si risolve in un vagheggiamento dei piaceri dello stare al chiuso (camini accesi, letti soffici e caldi, vesti confortevoli, vini pungenti e cibi calorosi; anche la sortita all'aperto per la battaglia di palle di neve sembra fatta apposta per assaporare ancor meglio, poi, il ritorno all'interno della «corte»). Maggio è invece un mese da vivere tutto all'aperto, nel tripudio di fiori e colori di una festa cavalleresca da godere per strada, in un'esuberante esplosione di vitalità giovanile.

I TEMI E L'ESPRESSIONE

UNA STRUTTURA IDENTICA

I due sonetti presentano un'identica struttura.

- Nel primo verso, il **verbo di donazione e di augurio** («I' doto voi» / «sì vi do») da cui dipende l'organizzazione sintattica del sonetto.
- Segue l'**elenco delle cose donate o augurate**, in ambedue i sonetti sotto forma di sostantivi («corte», «camere e letta», «lenzuol di seta», ecc. / «molti cavagli», «pettorali», «testiere», «bandiere», «coverte» ecc.), oppure di infiniti sostantivati («stare alle difese», «uscir di fuor» / «rompere e fiaccar», «piover da finestre», «baciarsi»).
- Chiude ambedue i sonetti, nell'ultimo verso, un **congiuntivo desiderativo**, che introduce una garbata variazione sintattica: «e si riposi la brigata franca» / «d'amor e di goder vi si ragioni». Non in tutti i sonetti la costruzione è così perfettamente sovrapponibile: tuttavia, sempre si conferma la forma tendenzialmente ripetitiva del *plazer.*

Quello che impedisce la monotonia è la varietà, il vivido colorismo e il riferimento concreto agli oggetti elencati: in quest'ambito Folgóre si conferma un vero maestro.

LE OCCUPAZIONI DELLA BRIGATA

Sia gennaio o sia maggio, le occupazioni della brigata definiscono un sogno di **raffinata vita cortese**, lontana da ogni incombenza volgare e da ogni preoccupazione materiale. D'inverno, la corte descrive uno **spazio chiuso e confortevole** rispetto alla rigidità del clima esterno, in cui la «compagna», la compagnia, si raduna intorno al fuoco acceso dei camini, dorme fra lenzuola di seta e coperte di pelliccia, si veste di calde e pregiate stoffe francesi, si ristora di vini forti e dolci piccanti, e talvolta affronta il freddo esterno per fare a palle di neve. A maggio, la brigata è colta nel mezzo di un **festoso torneo**, in cui gli aspetti esteriori dell'armeggeria - i finimenti dei cavalli, gli abbigliamenti, le bandiere, le ghirlande di fiori - hanno la meglio sugli aspetti più propriamente sportivi (v. 9: «e rompere e fiaccar bigordi e lance»); la festa d'altronde sfocia negli amoreggiamenti dell'ultima terzina.

In ambedue i sonetti è da notare l'**attenzione al dettaglio**, all'individuazione esatta degli oggetti (di qui i molti termini tanto precisi quanto oggi in disuso: «salette», «treggea», «arazzaio», «doagio», «rascese», «targhe», «bigordi»), che restituiscono l'immagine complessiva di un mondo certo idealizzato, ma anche vividamente realistico.

NON SOLTANTO UNA "DOLCE VITA" CORTESE

La "dolce vita" della brigata, proprio nel suo agio raffinato, può dare un'impressione di spensierata superficialità. Tuttavia, bisogna pensare che questa attraente superficie cortese presuppone, in realtà, un discorso di **valori** tutt'altro che banale o disimpegnato. Lo si comprende soprattutto da uno dei sonetti "sciolti" di Folgóre, *Cortesia cortesia cortesia chiamo*, in cui il poeta denuncia con asprezza l'assenza di cortesia nella società a lui contemporanea, e deplora il vizio contrario, l'avarizia.

Si comprende allora che il gusto delle cose belle e raffinate, l'indugio sulle comodità del vivere, sul lusso, sulle feste, non sono che l'aspetto esteriore di una scelta di costume più profonda. Coinvolto nella **florida società borghese toscana**, tra San Gimignano e Siena, Folgóre vede come questa società si stia appropriando dei nobili e dispendiosi **costumi dell'antica società cortese feudale**; e nota anche le resistenze, le meschinerie, l'avarizia di chi fa del denaro e della sua accumulazione l'unico scopo della vita. Ma la scelta di Folgóre è evidente: egli sogna una società in cui il denaro sia speso, non gelosamente custodito; in cui lo sviluppo economico dia luogo a una vita più civile e agiata, in cui il benessere crescente si traduca in un progressivo **raffinamento dei costumi.** In questo senso anche il ciclo dei mesi offre una sua lezione morale, e indica uno **stile di vita ideale**, proposto quasi come un programma alla brigata nobile e cortese.

Analisi e interpretazione Tipologia A

LEGGERE CON METODO

COMPRENSIONE GLOBALE

1. Quali comfort renderanno piacevole l'inverno alla lieta brigata?
2. Con quale attività all'aperto ci si potrà svagare nel freddo gennaio?
3. Quali sono, invece, i due piaceri che caratterizzano il mese di maggio?

LA LINGUA E LE STRUTTURE

4. Quale struttura compositiva si ritrova, identica, in entrambi i sonetti?
5. A chi si rivolge Folgóre? A chi corrisponde il «voi» che compare in entrambi i sonetti?
6. Quali termini tecnici rendono preciso, ma anche prezioso, il lessico dei due sonetti?

I TEMI E L'INTERPRETAZIONE

7. Come va intesa l'esaltazione di una vita cortese e raffinata da parte di Folgóre nell'ambito della società comunale?

SCRIVERE CON METODO

COMMENTO

8. Sulla base delle risposte alle attività precedenti, sviluppa un breve commento di 20 righe al massimo.

L'essenziale

AUDIOLIBRO

«POETI MALEDETTI» DEL DUECENTO

Nel Due-Trecento si assiste anche a un "rovesciamento" delle forme della poesia cortese e stilnovista, dovuto a una serie di poeti che usarono un linguaggio basso e popolare per dar vita a satire e caricature. Alcuni di essi vissero una vita dedita al gioco e ai piaceri, mentre per altri il ricorso a tali stilemi sembra essere più una posa letteraria che non un elemento biografico reale.

CECCO ANGIOLIERI

Cecco Angiolieri fu senz'altro tra coloro che vissero in ristrettezze economiche, a causa soprattutto del padre, che egli descrive come avaro e per nulla propenso a elargirgli il denaro necessario al godimento dei piaceri. È lui il più noto poeta della "scuola" comico-grottesca.

RUSTICO FILIPPI

Rustico Filippi fu una personalità di grande rilievo nella Firenze del Duecento, tanto che lo si può considerare fra gli antenati letterari dello stesso Alighieri. A Rustico Filippi in particolare si deve la messa a punto del nuovo stile comico-realistico, di cui in seguito Dante approfitterà largamente.

LA TENZONE

La tenzone ("gara", "duello") è un genere che vede sfidarsi due o più poeti, con una serie di componimenti a «botta e risposta», nel corso dei quali essi non lesinano pesanti insinuazioni sulla vita privata dell'avversario, rinfacciandosi debiti di gioco, adulteri o amori "proibiti". Celebre è la tenzone tra Dante Alighieri e Forese Donati, nella quale Dante rinfaccia a Forese la scarsa vigoria sessuale, e Forese risponde insinuando di aver visto il padre di Dante in una situazione più che imbarazzante.

IL *PLAZER*

Il *plazer* è un genere letterario, di derivazione provenzale, che consiste nella enumerazione di cose che il poeta ritiene piacevoli e desiderabili (esiste anche il suo contrario, l'*enueg*, l'enumerazione di cose spiacevoli e da evitare). Lapo Gianni canta i piaceri dell'amore, mentre Folgóre da San Gimignano, nei sonetti dedicati ai mesi, elenca le cose piacevoli caratteristiche di ogni mese dell'anno.

A COLPO D'OCCHIO **Non solo Stilnovo**

Didattica INCLUSIVA

- **l'epoca e i luoghi**
  - XIII secolo - inizi del XIV secolo
  - Toscana
- **i protagonisti**
  - autori che fanno parte della borghesia cittadina, alcuni dei quali vivono in ristrettezze economiche
    - Cecco Angiolieri
    - Rustico Filippi
    - Dante Alighieri
    - Forese Donati
    - Lapo Gianni
    - Folgóre da San Gimignano
- **i temi**
  - i piaceri della vita e le difficoltà economiche
    - la vita può donare grandi piaceri come l'amore, il buon cibo, il gioco, i tornei e la bella compagnia
      - non sempre le condizioni economiche permettono di godere di tali piaceri
  - la satira e lo sberleffo
    - Rustico Filippi sbeffeggia una donna anziana per la puzza che emana
      - Dante e Forese Donati ingaggiano un duello letterario, fatto di pesanti allusioni alla vita privata, anche a sfondo sessuale
- **la lingua e le forme poetiche**
  - volgare toscano
    - sonetto
    - tenzone
    - plazer
    - lingua "bassa" e popolare

■ Le parole per ricordare

TROVARE LE PAROLE

SCHERZO
Lo scherzo, la burla, lo sberleffo, la caricatura, la satira furono elementi caratteristici della poesia "giocosa" che si affermò in questi anni. Scherzare, prendersi gioco l'uno dell'altro in maniera anche pesante, prendere in giro personaggi buffi o grotteschi come la vecchia puzzolente di Rustico Filippi, furono un modo per "ribaltare" le immagini idealizzate dei rimatori provenzali e degli stilnovisti.

TENZONE
La sfida, il duello tra due o più contendenti poteva prendere strade letterarie anziché quella delle armi. Le stoccate non erano certo più leggere: anche tra amici (com'erano Dante e Forese) non si risparmiavano colpi bassi, come insinuazioni sulla vita privata condite da pesanti allusioni sessuali.

PLAZER/ENUEG
Il piacere (e talvolta il suo contrario, il dispiacere) era un tema molto caro ai poeti del Due-Trecento, tanto da fare dell'enumerazione delle gioie della vita un vero e proprio genere letterario. Amori, feste, buona tavola, il tepore delle coperte quando fuori fa freddo, le allegre compagnie scandiscono i mesi dell'anno di Folgóre da San Gimignano.

Capitolo 6

In chiesa e in piazza: la prosa

1 Scritture di religione: le leggende dei santi, tra fede e superstizione

Reliquie
Nella tradizione cristiana, il termine (dal latino *reliquiae -arum*, "resti", "avanzi") indica i resti corporali di un santo oppure oggetti o strumenti a lui appartenuti, che vengono venerati e conservati in luoghi sacri.

Una letteratura fatta per stupire ed edificare La letteratura religiosa del Duecento e del Trecento è dominata dalla fioritura dei testi francescani e, soprattutto, dalla colossale presenza della *Divina Commedia* di Dante. Non si deve pensare, però, che questi due fenomeni esauriscano il panorama delle scritture di religione del tempo. Anzi, il diffondersi capillare della predicazione (francescana, ma anche domenicana, e di altri ordini religiosi), il crescente culto dei santi, la venerazione di **reliquie** caratteristica di questa età, determinano la comparsa di una immensa e pervasiva **letteratura religiosa**, rivolta soprattutto a incoraggiare e nutrire la devozione popolare. È una letteratura spesso di **povero livello teologico**, e che mira soprattutto a impressionare, edificare gli animi, stupire i propri destinatari con racconti fantastici di miracoli e sensazionali interventi del divino nella vita di tutti i giorni. La maggior parte di questa letteratura è prodotta in Toscana, in un linguaggio semplice e largamente accessibile, in forme spesso molto vicine alla **novellistica**; anche le prediche si risolvono molto spesso in *exempla*, cioè nel racconto di episodi esemplari, che illustrano la morale che si vuole insegnare. È certo una letteratura **ingenua**, talvolta disarmante nella sua credulità nei confronti del soprannaturale. È anche una letteratura che è sempre stata molto amata dai puristi della nostra lingua, che nel semplice toscano in cui è scritta hanno tradizionalmente identificato il **vero e puro italiano delle origini**.

Domenico Cavalca: la letteratura religiosa popolare

▸ T D. Cavalca, Le tentazioni di sant'Antonio

La formazione morale per chi non ha cultura Domenico Cavalca, frate dell'Ordine domenicano (morto nel 1342), trascorse buona parte della sua esistenza nel convento di Santa Caterina a Pisa. La sua attività letteraria è tutta rivolta all'edificazione morale del popolo cristiano. Il suo principale scopo è essere utile e chiaro ai «non litterati» per i quali scrive, usando un **linguaggio semplice e fiabesco**, adattissimo a una sensibilità religiosa popolare. Il più originale dei suoi scritti è la volgarizzazione delle *Vitae Patrum* ("Vite dei santi Padri"), corposa antologia leggendario-biografica delle vicende di quegli uomini che, a partire dalla fine del III secolo, diedero vita alla pratica del **monachesimo solitario**, isolandosi nei deserti della Tebaide e di Nitria (Egitto) per stabilire una più intima comunione con Dio. Anche se non inventa nulla, Cavalca si distingue per la **semplice potenza del suo stile**, che ne ha fatto da sempre un classico della prosa trecentesca.

◂ Maestro di Tolentino, Cappellone della Basilica di San Nicola da Tolentino a Tolentino: particolare di affresco che rappresenta il santo che ascolta la predica di un frate agostiniano e viene accolto nell'Ordine, 1330-48.

Jacopo Passavanti: l'efficacia degli «esempi»

Un predicatore di successo Domenico Cavalca era un religioso di poca dottrina, ma anche figure più colte e più istruite si dedicarono nel Trecento con grande zelo a una letteratura popolare, capace di **impressionare le folle** facendo leva sulla loro credula ingenuità. È il caso di Jacopo Passavanti, domenicano, priore di Santa Maria Novella a Firenze, e autore dello *Specchio di vera penitenza*.

Gli *exempla*: espedienti per catturare l'uditorio Famoso predicatore, Passavanti ci ha lasciato testimonianza della sua oratoria religiosa nello *Specchio di vera penitenza*. Lo *Specchio* in verità è un **ponderoso trattato teologico**, ma al suo interno si leggono anche i **sermoni** che fra' Jacopo tenne in tutto l'arco della sua feconda predicazione, specialmente nella quaresima del 1354. E i sermoni, a loro volta, hanno il pregio maggiore negli **«esempi»** (*exempla*), brevi racconti illustrativi, spesso in forma di vere e proprie novelle. Essi hanno la funzione di **catturare l'immaginazione dell'uditorio**, ma anche di imprimere con efficacia la lezione morale della predica in cui sono incastonati.

GUIDA ALLO STUDIO

1. Quali furono le caratteristiche della prosa religiosa del Duecento e del Trecento?
2. Che cosa sono le reliquie?
3. Quali furono le caratteristiche degli scritti di Domenico Cavalca?
4. Che cosa sono gli *exempla*? Quale funzione hanno?

LA VITA E L'OPERA

JACOPO PASSAVANTI (Firenze, 1302 ca - 1357)

Nato a Firenze nel 1302 circa, Passavanti divenne **frate domenicano** nel 1317. Intellettuale di grandi capacità, fu mandato a completare la propria formazione teologica a Parigi; rientrato in Italia, fu lettore di filosofia a Pisa, professore di teologia a Siena e Roma e, infine, priore di Santa Maria Novella, la grande chiesa domenicana fiorentina, proprio nel periodo in cui veniva terminata la costruzione della basilica; fu Passavanti stesso ad affidare all'artista Andrea Orcagna gli affreschi della Cappella maggiore. Morì nel 1357.

PERCORSO IN MODALITÀ FLIPPED CLASSROOM

- **A casa** Gli studenti guardano il file PowerPoint e leggono in autonomia il testo, prendendo appunti per rispondere alle domande delle *Guide allo studio*.
- **In classe** A partire dagli appunti raccolti dagli studenti, l'insegnante integra e approfondisce le informazioni. In seguito ci si dedica alla lettura e analisi dei testi.
- **Strumenti e materiali** Mappe in PowerPoint.

PERCORSO AD ALTA VELOCITÀ

- **Schemi** *Il Novellino*, p. 208
- **Testi chiave** **T5** Il Novellino, *La moglie che faceva un figlio ogni due mesi*, p. 212 – **T7** Dino Compagni, *Al tempo del priorato di Dante: faide e odio di parte*, p. 216
- **Sintesi** L'essenziale, p. 232 – A colpo d'occhio, p. 233 – Le parole per ricordare, p. 233

T1

Jacopo Passavanti, *Specchio di vera penitenza*

Orrori notturni alla fossa del carbonaio

Periodo: prima metà del XIV secolo

Genere: *exemplum* contenuto in un trattato teologico

Argomento: una coppia di adulteri e omicidi è condannata a scontare la pena in un Purgatorio terreno

La storia del carbonaio di Niversa vuole inculcare, come spesso in Passavanti, la paura del peccato e delle pene ultraterrene. Ma, quasi senza volere, il predicatore domenicano qui si trasforma in uno scrittore horror: la visione che ogni notte appare intorno alla fossa del carbonaio è una fantasmagoria di fuoco, di sangue, di crudeltà che rimane impressa per la sua intrinseca forza narrativa, al di là del messaggio edificante che intende trasmettere.

Leggesi scritto da Elinando[1], che nel contado d'Universa[2] fu uno povero uomo, il quale era buono e che temeva Idio, et era carbonaio e di quell'arte si vivea[3]. E avendo acesa la fossa de' carboni una volta, e stando la notte in una sua cappannetta a guardia della acesa fossa[4], sentì in su l'ora della mezza notte grandi strida. Uscì fuori per vedere che fosse, e vide venire verso la fossa correndo e stridendo una femmina scapigliata e gnuda, e dietro le venia uno cavaliere in su uno cavallo nero correndo, con uno coltello ignudo[5] in mano: e della boca e degli ochi e dello naso del cavaliere e del cavallo uscìa fiamma di fuoco ardente. Giugnendo la femmina alla fossa ch'ardea, non passò più oltre, e nella fossa non ardiva a gittarsi, ma, correndo intorno alla fossa, fu sopragiunta dal cavaliere che dietro le correa: la quale traendo guai[6], presa per li svolazzanti capelli, crudelmente ferì per lo mezzo del petto col coltello che tenea in mano. E cadendo in terra con molto spargimento di sangue, la riprese per l'insanguinati capegli e gittolla nella fossa de' carboni ardenti: dove lasciandola stare per alcuno spazio di tempo, tutta focosa et arsa[7] la ritolse[8], e ponèndolasi davanti in sul collo del cavallo, correndo se n'andò per la via dond'era venuto.

La seconda e la terza notte vide il carbonaio simile visione. Donde, essendo egli dimestico[9] del conte di Niversa, tra per l'arte sua de' carboni e per la bontà la quale il conte, ch'era uomo d'anima, gradiva[10], venne al conte, e dissegli la visione che tre notti avea veduta. Venne il conte col carbonaio al luogo della fossa, e veghiando[11] insieme nella cappanetta, nell'ora usata venne la femmina stridendo e 'l cavaliere dietro, e feciono tutto ciò che 'l carbonaio avea veduto fare. Il conte avegnaché[12] per l'orribile fatto ch'avea veduto fosse molto spaventato, prese ardire. E partendosi[13] il cavaliere spietato con la donna arsa atraversata[14] in sul nero cavallo, gridò scongiurandolo che dovesse ristare e sporre la mostrata visione[15].

Volse il cavaliere il cavallo e, fortemente piangendo, e' disse: «Da poi[16], conte, che tu vuoli sapere i nostri martirî, i quali Idio t'ha voluto mostrare, sappi ch'io fui Giuffredi tuo cavaliere, e in tua corte nodrito[17]. Questa femina alla quale io sono tanto crudele e fiero, è dama Beatrice, moglie che fu del caro tuo cavalie-

1. **Elinando:** o Elinardo, abate cistercense vissuto all'inizio del XIII secolo.
2. **Universa:** oggi Nevers, in Borgogna.
3. **di quell'arte si vivea:** con questo mestiere si guadagnava da vivere.
4. **avendo acesa … fossa:** il carbonaio accende legna in una fossa, finché la fiamma accesa non la riduce in carbone; un procedimento da vigilare con attenzione: per questo egli passa la notte vegliando in una sua capannetta vicino alla carbonaia.
5. **ignudo:** sguainato.
6. **traendo guai:** mentre alzava acuti lamenti.
7. **tutta focosa et arsa:** tutta bruciata e avvolta nel fuoco.
8. **la ritolse:** la ritirò fuori (dalla fossa dei carboni).
9. **essendo egli dimestico:** avendo una certa familiarità.
10. **tra per l'arte … gradiva:** sia per via del suo mestiere di carbonaio, sia per la sua onestà, che il conte, essendo un uomo generoso, apprezzava.
11. **veghiando:** vegliando.
12. **avegnaché:** benché.
13. **partendosi:** mentre si allontanava.
14. **atraversata:** sistemata di traverso.
15. **scongiurandolo … visione:** scongiurandolo di fermarsi e di spiegare il significato dell'episodio cui avevano assistito.
16. **Da poi:** Visto che, poiché.
17. **nodrito:** allevato, cresciuto.

re Berlinghieri. Noi, prendendo piacere di disonesto[18] amore l'uno dell'altro, ci conducemmo a consentimento di pecato[19], il quale a tanto condusse lei che, per potere più liberamente fare il male, uccise suo marito. Perseverammo nel pecato infino alla 'nfermità della morte, ma nella infermità della morte[20], prima ella e poi io, tornammo a penitenza[21] e, confessando il nostro pecato, ricevemmo misericordia da Dio, il quale mutò la pena eterna dello 'nferno in pena temporale[22] di purgatorio. Onde sappi che noi non siamo dannati, ma facciamo a cotale guisa[23], come hai veduto, nostro purgatorio: e avranno fine, quando che sia, li nostri gravi tormenti».

E domandando il conte che gli desse ad intendere più specificatamente le loro pene, rispuose con lagrime e con sospiri: «Però che[24] questa donna per amore di me uccise il suo marito, l'è data questa pena che, ogni notte, tanto quanto ha stanziato la divina giustizia[25] patisce per le mie mani duolo di penosa morte di coltello. E però ch'ella ebbe vèr di me ardente amore di carnale concupiscenza, per le mie mani ogni notte è gittata ad ardere nel fuoco, come nella visione vi fu mostrato. E come già ci vedemmo con gran disio e con piacere di grande diletto, così ora ci veggiamo con grande odio e ci perseguitiamo con grande sdegno. E come l'uno fu cagione a l'altro d'acendimento di disonesto amore, così l'uno è cagione a l'altro di crudele tormento: ché ogni pena ch'io fo patire a lei sostengo io, ché 'l coltello di che io la ferisco tutto è fuoco che non si spegne: gittandola nel fuoco e traèndolane e portandola, tutto ardo io. Il cavallo è uno demonio, al quale siamo dati, che ci ha a tormentare. Molte altre sono le nostre pene. Pregate Idio per noi, fate limosine e dir messe, acciò che si alleggino[26] i nostri martirî». E, questo detto, sparì come saetta folgore[27].

---

18. disonesto: adultero, illecito.
19. ci conducemmo ... di pecato: arrivammo di comune accordo a consumare il nostro amore peccaminoso.
20. nella infermità della morte: alla morte, estrema malattia dell'esistenza umana.
21. tornammo a penitenza: ci pentimmo.
22. temporale: temporanea.
23. cotale guisa: tal modo.
24. Però che: Poiché.
25. tanto ... giustizia: per tutto il tempo stabilito dalla giustizia divina.
26. alleggino: alleggeriscano.
27. come saetta folgore: alla velocità di un fulmine.

T1 Dentro il testo

IN SINTESI

Un carbonaio ogni notte ha una orrenda visione; egli invita il conte al cui servizio lavora a vederla con lui: il cavaliere protagonista della visione ne spiega allora il significato.
La "visione" all'inizio si presenta come un rituale feroce, ma incomprensibile: una donna nuda preannunciata da alte strida; l'arrivo di un cavaliere misterioso su un cavallo nero; la donna che, disperata, corre intorno ai bordi della fossa; la pugnalata al cuore, il cavaliere che la getta in mezzo al carbone acceso, e poi la riprende per mettersela di traverso sul cavallo e sparire di nuovo nel buio...

Ma la visione in realtà ha un senso molto preciso. Come spiega poi il cavaliere, ogni gesto corrisponde a un aspetto del peccato commesso dai due. La coltellata nel cuore della donna corrisponde alla crudele morte da lei inflitta al marito; i carboni accesi corrispondono alle fiamme della passione carnale che le fecero commettere adulterio; l'ostilità che divide adesso la donna e il cavaliere rovescia l'attrazione un tempo provata dai due; e come l'uno fu per l'altra occasione «di disonesto amore», ora sono reciprocamente «cagione... di crudele tormento».

I TEMI E L'ESPRESSIONE

LA FUNZIONE DELLA PAURA

Il racconto presenta una doppia natura: di **novelletta dell'orrore**, e insieme di **parabola didattica**, perfettamente in linea con l'insegnamento che il predicatore vuole impartire.

Il messaggio che Passavanti intende trasmettere con questo brano è chiaro. Da una parte, egli vuole spaventare il suo pubblico, presentando a fosche tinte le pene del Purgatorio: pugnali che bruciano come fuoco, carni riarse, cuori spaccati... Dall'altra, egli vuole in un certo senso consolare quello stesso uditorio: quelle pene non sono eterne, esse dureranno «tanto quanto ha stanziato la divina giustizia» (rr. 41-42), ma prima o poi «avranno fine, quando che sia». L'importante dunque è pentirsi, finché si è in tempo, e confidare che anche i peccati più gravi incontreranno la **misericordia divina**: anche l'adulterio e l'omicidio, come in questo caso, possono essere perdonati, purché il peccatore si penta almeno nella «infermitade della morte», anche solo all'ultimo momento. Con un corollario, sempre molto caro ai predicatori e agli uomini di Chiesa in genere: bisogna pregare, fare elemosine, dire messe. Il messaggio, però, per essere efficace, deve rimanere ben impresso: di qui il ricorso a una vera e propria novelletta, di colore notturno e orroroso; quasi una storia di fantasmi.

▲ Figura diabolica. Affresco medievale del monastero di Tismara, in Romania.

Analisi e interpretazione Tipologia A

LEGGERE CON METODO

COMPRENSIONE GLOBALE

1. Riassumi il racconto in circa 20 righe. Per lavorare con metodo, suddividilo in tre sequenze:
   1) l'apparizione misteriosa
   2) il carbonaio va dal conte
   3) l'ultima apparizione e la spiegazione della pena
2. Le pene dei due amanti saranno eterne?

LA LINGUA E LE STRUTTURE

3. Rileggi il racconto della prima apparizione (rr. 5-16) e sottolinea le espressioni che appartengono alle sfere semantiche del fuoco, del dolore e della violenza. Quale atmosfera conferiscono alla narrazione?

I TEMI E L'INTERPRETAZIONE

4. Ricostruisci la regola del contrappasso, che presiede all'attribuzione della pena, compilando la tabella.

Colpa	Penitenza
Beatrice ha ucciso il marito	
ha amato Giuffredo d'ardente amore carnale	
i due amanti si incontravano con piacere e diletto	
ciascuno dei due ha acceso nell'altro un amore disonesto	

5. Quale insegnamento voleva impartire il predicatore attraverso questa novella?

Una scrittrice analfabeta: santa Caterina da Siena

▸ Ambrogio da Fossano detto il Bergognone, *Madonna col Bambino, santa Caterina da Siena e il beato Stefano Maconi*, detta «Madonna del Certosino», 1488-90, tempera e olio su tavola (Milano, Pinacoteca di Brera).

Un'opera elaborata dai seguaci della santa Caterina da Siena è un'autrice della nostra letteratura... che non sapeva scrivere. Infatti le parole di santa Caterina si sono trasformate in testo scritto solo grazie a un **processo d'elaborazione comune tra lei - analfabeta - e i suoi seguaci**. Ma, benché Caterina non scrivesse materialmente, le pagine che le vengono attribuite sono marcate da uno **stile personalissimo**: segno che i trascrittori rispecchiavano fedelmente la passione e l'espressività linguistica della santa.

GUIDA ALLO STUDIO

1. Quali furono le caratteristiche della religiosità di santa Caterina da Siena?
2. Di che cosa venne sospettata santa Caterina? Perché?

LA VITA E L'OPERA

SANTA CATERINA DA SIENA (Siena, 1347 - 1380)

Di umili origini, Caterina nacque a Siena nel 1347 da un artigiano tintore, Iacopo Benincasa, e da Monna Lapa (destinataria principale delle sue lettere familiari). Precocissima la sua **vocazione mistica**: a sei anni ella ebbe la prima visione di Cristo in trono che la benediceva, a dodici si sottrasse a ogni progetto matrimoniale imbastito dalla madre, si tagliò i capelli e si dedicò a una vita penitenziale fatta di digiuni, cilici e dei più umili lavori domestici. Tra il 1363 e il 1364 prese l'abito delle Mantellate, suore terziarie domenicane, e per tre anni visse in casa ma come una monaca, osservando strettamente il voto del silenzio. La particolare regola dell'Ordine, che non confinava le proprie seguaci tra le mura di un monastero, permise alla giovane suora di cominciare, fin dal 1365, una fervente **opera di carità** direttamente tra le miserie del popolo. I suoi atteggiamenti radicali da una parte le crearono fin da subito molto seguito popolare, dall'altra destarono inquietudini nelle autorità civili e **sospetti di eresia** da parte della Chiesa. Nel 1374 fu sottoposta a interrogatorio dai domenicani e la sua combattiva passione religiosa venne affidata al controllo del teologo Raimondo da Capua. Raimondo però cadde ben presto sotto la suggestione della potente personalità di Caterina, tanto che divenne il coordinatore del gruppo di seguaci raccolti intorno alla santa, nonché suo futuro biografo. Questo cenacolo, denominato dalla santa la «mia famiglia», pose Caterina al centro di una rete di vaste relazioni, permettendole di entrare in contatto con la Santa Sede e con le più alte autorità politiche e civili del tempo. Di fronte a tutti, Caterina predicò incessantemente il bisogno di tornare a un'**interpretazione rigorosa della fede cristiana**; in ambito più politico, si spese in particolare per il ritorno della sede papale da Avignone a Roma. Morì a Roma nel 1380, a 33 anni: l'età di Cristo.

L'opera letteraria ascrivibile al nome, e al carattere, di santa Caterina è costituita dal ricco ***Epistolario*** (una raccolta di 381 lettere scritte a partire dal 1370, indirizzate a personaggi di ogni condizione sociale, compresi familiari, confratelli, re e papi) e da un manuale di carattere ascetico, il *Libro della divina dottrina*, o *Dialogo della divina provvidenza*.

T2

Santa Caterina da Siena, *Epistole*

Ultime ore di un condannato a morte

Anno: 1375 ca

Genere: epistola in volgare

Argomento: Caterina ricorda i conforti religiosi offerti a un condannato a morte

Nella lettera, indirizzata a Raimondo da Capua, Caterina racconta l'assistenza prestata a un condannato alla decapitazione. Ma il tono è trionfale, esaltato: la santa sembra ubriacarsi del sangue della vittima, confuso con quello di Cristo immolato sulla Croce; e con quello stesso di lei, che ella sogna di versare per il suo Sposo celeste.

Andai a visitare colui che vi sapete[1], e elli ricevette tanto conforto e consolazione che si confessò e disposesi molto bene. E fécemisi promettere per l'amore di Dio che, quando venisse el tempo della giustizia[2], io fusse con lui: e così promisi e feci. Poi, la mattina inanzi la campana[3], andai a lui, e ricevette grande consolazione; mena'lo[4] a udire la messa e ricevette la santa comunione, la quale mai più[5] non aveva ricevuta. Era quella volontà accordata e sottoposta alla volontà di Dio[6]; solo v'era rimaso uno timore di non essere forte in su quello punto[7]: ma la smisurata e affocata[8] bontà di Dio lo ingannò[9], creandoli tanto affetto e amore nel desiderio di me in Dio, che non sapeva stare senza lui[10], dicendo: «Sta meco, e non m'abandonare, e così non starò altro che bene, e morrò contento», e teneva il capo suo in sul petto mio[11]. Io sentivo un giubilo, uno odore del sangue suo, e non era senza l'odore del mio, el quale io aspetto di spandere[12] per lo dolce sposo Gesù. Crescendo el desiderio nell'anima mia e sentendo el timore suo, dissi: «Confòrtati, fratello mio dolce, ché tosto giogneremo alle nozze[13]. Tu n'andarai[14] bagnato nel sangue dolce del Figliuolo di Dio, col dolce nome di Gesù el quale non voglio che t'esca dalla memoria; io t'aspettarò al luogo della giustizia[15]». Or pensate, padre e figliuolo, che 'l cuore suo perdé ogni timore, la faccia sua si trasmutò di tristizia in letizia, godeva e esultava e diceva: «Unde[16] mi viene tanta grazia che la dolcezza dell'anima mia[17] m'aspettarà al luogo santo della giustizia?» (è gionto a tanto lume che chiama il luogo della giustizia luogo santo!). E diceva: «Io andarò tutto gioioso e forte, e parrammi mille anni che io ne venga, pensando che voi m'aspetterete ine[18]». E diceva parole tanto dolci che è da scoppiare della bontà di Dio. Aspetta'lo al luogo della giustizia, e aspettai ine con continua orazione e presenzia di Maria e di Caterina

Caterina parla di «lume», intendendo l'illuminazione della vera fede, alla quale il condannato si è rivolto in punto di morte, grazie anche alle parole di Caterina stessa. Qui la santa ci dice che il condannato è tanto pervaso dalla fede che chiama «luogo santo» il patibolo dove sta per essergli mozzata la testa.

1. **colui che vi sapete:** il condannato a morte.
2. **el tempo della giustizia:** il momento dell'esecuzione.
3. **inanzi la campana:** prima del rintocco che annunciava l'esecuzione.
4. **mena'lo:** lo portai.
5. **mai più:** da lungo tempo.
6. **accordata e sottoposta alla volontà di Dio:** l'intercessione di Caterina determina la totale sintonia («accordata») tra la volontà del condannato e quella di Dio.
7. **in su quello punto:** in punto di morte.
8. **affocata:** ardente di fuoco divino, il quale purifica l'animo da ogni paura e lo tempra per sostenere l'angoscia dell'approssimarsi della morte.
9. **lo ingannò:** lo convinse che il «timore di non essere forte in su quello punto» era infondato.
10. **senza lui:** senza Dio: che il condannato avverte nella presenza di Caterina.
11. **il capo suo in sul petto mio:** il tenere il capo sul petto della santa è atto che quasi costituisce, per il condannato, una sorta di ideale preparazione al gesto capitale di poggiarlo sul ceppo dove verrà giustiziato.
12. **io aspetto di spandere:** io spero di versare; Caterina esprime il desiderio del martirio personale, quale compimento ideale delle nozze mistiche col Cristo.
13. **tosto giogneremo alle nozze:** presto giungeremo allo sposalizio mistico (con il sangue di Cristo, e quindi con Dio).
14. **Tu n'andarai:** Tu morirai, partirai da questa vita.
15. **al luogo della giustizia:** sul patibolo.
16. **Unde:** Da dove; l'uso del dotto latinismo testimonia l'alto livello culturale e stilistico del trascrittore.
17. **la dolcezza dell'anima mia:** la stessa Caterina.
18. **parrammi mille anni ... m'aspetterete ine:** non vedo l'ora di salire sul patibolo pensando che voi mi attenderete lì. L'attesa per l'incontro con il boia assume, per grazia divina, gli stessi toni di trepidazione di un appuntamento amoroso.

vergine e martire[19]. Prima che giognesse elli, posimi giù e distesi el collo in sul ceppo[20]; ma non mi venne fatto che io avessi l'effetto pieno di me ine su[21]. Pregai e costrinsi[22] Maria che io volevo questa grazia, che in su quello punto gli desse uno lume e pace di cuore, e poi el vedesse tornare al fine suo[23]. Empissi tanto l'anima mia che, essendo la moltitudine del popolo, non potevo vedere creatura, per la dolce promessa fatta a me[24]. Poi egli giunse, come un agnello mansueto, e vedendomi cominciò a rìdare[25], e volse[26] che io gli facesse el segno della croce; e, ricevuto el segno, dissi: «Giuso alle nozze[27], fratello mio dolce, ché testé sarai alla vita durabile[28]». Posesi giù con grande mansuetudine, e io gli distesi il collo[29], e china'mi giù e ramenta'li el sangue dell'Agnello. La bocca sua non diceva se non Gesù e Caterina, e così dicendo ricevetti el capo nelle mani mie, fermando l'occhio nella divina bontà[30], dicendo: «Io voglio[31]!».

[...]. Riposto che fu[32], l'anima mia si riposò in pace e in quiete, in tanto odore di sangue che io non potei sostenere di levarmi el sangue, che m'era venuto adosso, di lui[33]. Oimè misera miserabile, non voglio dire più: rimasi nella terra con grandissima invidia[34]. Parmi che la prima pietra sia già posta, e però non vi maravigliate se io non v'impongo che 'l desiderio di vedervi altro che anegati nel sangue e nel fuoco che versa el costato del Figliuolo di Dio. Or non più negligenzia, figliuoli miei dolcissimi, poi che 'l sangue cominciò a versare e a ricevere vita.

---

19. **presenzia di Maria ... martire:** l'evocazione quasi fisica della Madonna e di santa Caterina (d'Alessandria: la martire uccisa sulla ruota di tortura), forma, con la presenza della stessa Caterina da Siena, una triade del compianto del tutto simile a quella composta dalle Tre Marie sotto la Croce del Calvario.
20. **posimi giù e distesi el collo in sul ceppo:** la volontà di condivisione totale del sacrificio spinge Caterina a imitare lo stesso gesto capitale che il condannato dovrà compiere a breve.
21. **ma non mi venne ... ine su:** **ma non provai pienamente l'effetto su di me**.
22. **costrinsi:** **convinsi**.
23. **tornare al fine suo:** **giungere all'eterna salvezza**.
24. **Empissi tanto l'anima ... promessa fatta a me:** **L'anima mia fu talmente riempita dall'estasi per la concessione della grazia richiesta** («promessa fatta a me»), **da estraniarmi completamente da ogni presenza circostante** («non potevo vedere creatura»), **nonostante la gran moltitudine di popolo che assisteva all'esecuzione**.
25. **a rìdare:** **a sorridere**.
26. **volse:** **volle**.
27. **Giuso alle nozze:** da notare il contrasto fra l'imperativo («Giuso», "giù!"), che incoraggia il condannato a porre il capo sul ceppo, e «alle nozze»: la decapitazione imminente è vista come un evento festoso, di ricongiungimento nuziale dell'anima a Cristo Gesù.
28. **testé sarai alla vita durabile:** **presto raggiungerai la vita eterna**.
29. **e io gli distesi il collo:** Caterina diventa protagonista dell'atto stesso dell'esecuzione, trasformata in una sorta di immolazione sacra.
30. **fermando l'occhio nella divina bontà:** la fissità solenne dell'ultimo sguardo conclude e racchiude, quasi teatralmente, tutti i gesti dell'esecuzione.
31. **«Io voglio!»:** l'acconsentire al sacrificio richiama il gemito di Cristo sulla croce: «Sia fatta la tua volontà».
32. **Riposto che fu:** **Trasportato ormai via il cadavere**.
33. **io non potei sostenere ... di lui:** **non ebbi la forza di togliermi il suo sangue di dosso**. Il compimento dell'estasi assume nel finale toni raccapriccianti: la volontà di rimanere lordata di sangue rimanda quasi l'immagine di una macabra reliquia vivente.
34. **rimasi nella terra ... invidia:** **restai nella vita terrena, provando invidia** per chi aveva ormai raggiunto quella eterna.

T2 Dentro il testo

IN SINTESI

Nella lettera Caterina racconta la visita in prigione a un condannato a morte, la conversione del giovane, il suo coraggio nell'affrontare il patibolo, la sua fine straziante, il momento in cui ella raccoglie nelle sue stesse mani la testa sanguinante di lui. La dimensione terrena dell'evento è totalmente sublimata nell'esaltazione mistica con cui la santa lo vive. La morte del giovane è vista come un evento nuziale: la provvidenziale, estatica cerimonia di ricongiungimento dell'anima col suo Creatore. Ma questo sposalizio avviene nella morte, in un rito violento dominato dalla presenza del sangue. «Sangue» è infatti la parola che ricorre ossessivamente nel testo: il sangue non solo del giovane decapitato, ma di Cristo, anch'egli vittima di un supplizio atroce, e di santa Caterina stessa, che anela di spanderlo per Cristo e per la sua Chiesa.

I TEMI E L'ESPRESSIONE

L'ODORE DEL SANGUE

Nel testo il **sangue** non è solo quello **mistico** dell'Agnello (cioè di Cristo crocifisso) o quello fantasticato da Caterina, che anela al martirio come momento supremo di congiungimento con lo Sposo celeste. Qui il sangue è quello **fisico**, materiale, versato dal giovane decapitato, in una scena orripilante che Caterina descrive con grafica evidenza: «La bocca sua non diceva se non Gesù e Caterina, e così dicendo ricevetti el capo nelle mani mie» (rr. 34-35). Non solo, ma dopo aver ricevuto in grembo la testa mozza del condannato, Caterina sottolinea come non si sia voluta lavare del sangue che le era schizzato addosso, anzi, abbia scelto di rimanere immersa «in tanto odore di sangue che io non potei sostenere di levarmi el sangue, che m'era venuto adosso, di lui» (rr. 37-39). D'altronde, questa **sete di sangue**, espressa con tratti di **violenta fisicità**, era comparsa già prima del momento dell'esecuzione: stringendosi al petto il capo del giovane penitente, Caterina aveva sentito «un giubilo, uno odore del sangue suo, e non era senza l'odore del mio, el quale io aspetto di spandere per lo dolce sposo Gesù». E, subito dopo, preparando il condannato alla sua fine: «Tu n'andarai bagnato nel sangue dolce del Figliuolo di Dio». Questa coincidenza di **esaltazione mistica** e di **cruda corporalità** è tipica della scrittura di Caterina, che parte sempre da situazioni estremamente realistiche e concrete, per lasciarsi poi travolgere dal delirio della sua passione spirituale.

UN CONDANNATO SENZA STORIA

Colpisce, nella lettera, la totale **mancanza di informazioni** circa le circostanze concrete dell'evento. Chi era il giovane condannato alla cruenta decapitazione che ci viene descritta? Per quale reato era stato condannato? Era una sentenza giusta o ingiusta? E, volendo lasciare spazio a interrogativi forse troppo attuali, ma non fuori luogo: che cosa pensava la santa della pena capitale e della giustizia degli uomini? Si può leggere, nel modo con cui Caterina decide di assistere un criminale, la sua almeno implicita obiezione di coscienza nei confronti dell'orribile fine che gli è destinata? Qualcosa di simile, insomma, alla dura contestazione di una suora moderna, Helen Prejean, che ha deciso di dedicare la sua vita all'assistenza dei condannati a morte (e la cui vicenda è approdata al cinema nel film del 1996 *Dead Man Walking*)?

Analisi e interpretazione Tipologia A

LEGGERE CON METODO

COMPRENSIONE GLOBALE

1. Sintetizza il contenuto informativo del testo in circa 15 righe. Per lavorare con metodo, suddividilo in tre sequenze:
   1) la visita al condannato e la conversione spirituale
   2) l'esecuzione
   3) Caterina rimane «nella terra»

LA LINGUA E LE STRUTTURE

2. Sottolinea nel testo le occorrenze della parola «sangue» (e dei suoi derivati). Quali significati assume il sangue nella realtà e nella visione mistica di Caterina?
3. Analizza il testo e sottolinea tutti i termini che appartengono alla sfera semantica della gioia. In che modo un'esperienza terribile, forse anche ingiusta, si trasforma in gioia?

I TEMI E L'INTERPRETAZIONE

4. Perché la decapitazione del giovane è vissuta da Caterina come un evento nuziale?
5. In che modo in Caterina si esprime la compresenza di misticismo e corporalità?

SCRIVERE CON METODO

APPROFONDIMENTI E CONFRONTI

6. Al tema della pena di morte, in particolare al vissuto e ai sentimenti di chi a quella pena atroce è condannato, sono stati dedicati moltissimi film e opere letterarie (tra i tanti, potremmo citare *L'ultimo giorno di un condannato a morte* di Victor Hugo o *Lo straniero* di Albert Camus). Non mancano anche toccanti lettere e testimonianze di condannati nel braccio della morte. Scegli uno di questi documenti e presentalo alla classe in circa dieci minuti, mettendolo anche a confronto con il testo di Caterina.

2 Il primo libro laico della nostra letteratura: il *Novellino*

Laico
L'aggettivo indica ciò che riguarda la vita terrena, mondana, considerata nei suoi aspetti materiali e si contrappone pertanto a «religioso», «spirituale». Deriva dal latino *laicus*, a sua volta dal greco *laikòs*, "del popolo", "volgare".

La data, il titolo, l'autore La raccolta di brevi novelle indicata tradizionalmente come il *Novellino* costituisce il primo vero e proprio libro di **prosa narrativa laica** della nostra letteratura. Dai dati storici disseminati nelle novelle, la data di questa raccolta può essere situata nel periodo compreso tra il 1281 e il 1300. Più **incerta l'identità dell'autore**: se la veste linguistica dell'opera rimanda inequivocabilmente a Firenze, e se i valori presenti nei racconti ci parlano di un probabile rappresentante della borghesia cittadina, nient'altro ci è arrivato che permetta di attribuire all'anonimo autore una fisionomia storica più precisa. Tuttavia, che il *Novellino* sia opera d'autore, e non antologia di pezzi novellistici disparati, sembra innegabile. Basterebbe il *proemio*, che presenta una salda e consapevole intenzione di scrittura, a testimoniare dell'esistenza, dietro questo testo, di una mano autoriale precisa. Tuttavia, la trasmissione delle novelle è sicuramente passata attraverso **vicissitudini** che ne hanno compromesso la veste originale. La versione pubblicata nel 1525 da Gualteruzzi è la più attendibile.

▶ T La cortesia del Re Giovane e il «luffo» sotto il tappeto
▶ T Il favolatore e le pecore

Le tipologie narrative... La rubrica iniziale dell'opera ne mette a fuoco con precisione i temi dominanti e le corrispondenti tipologie narrative: il libro conterrà «alquanti fiori di parlare», «belle cortesie», «be' risposi», «belle valentie», «doni». A parte la generica indicazione di atti di virtù («belle valentie»), è evidente che il libro ruota intorno a due centri di attrazione: **gesti di cortesia** («belle cortesie», «doni») e **motti** o comunque prove di scaltrezza ed eleganza linguistica («fiori di parlare», «be' risposi»). Cortesia e motto identificano in realtà un ideale etico-comportamentale di per sé non perfettamente omogeneo. La virtù della cortesia e della liberalità ci riporta all'aristocrazia feudale, dove la larghezza nel donare era considerata il primo segno di vera signorilità. Il motto a sua volta ci riporta sia alla tradizione classica dei detti memorabili attribuiti ai grandi antichi sia alla più recente passione per la retorica, sviluppatasi specie in Toscana e a Firenze, come il requisito primario per emergere e affermarsi in una società competitiva e politicamente dinamica, nella quale l'uso efficace, elegante, tagliente, della parola poteva far guadagnare una reputazione, e diventare il fondamento di un carisma sociale e politico di grande peso.

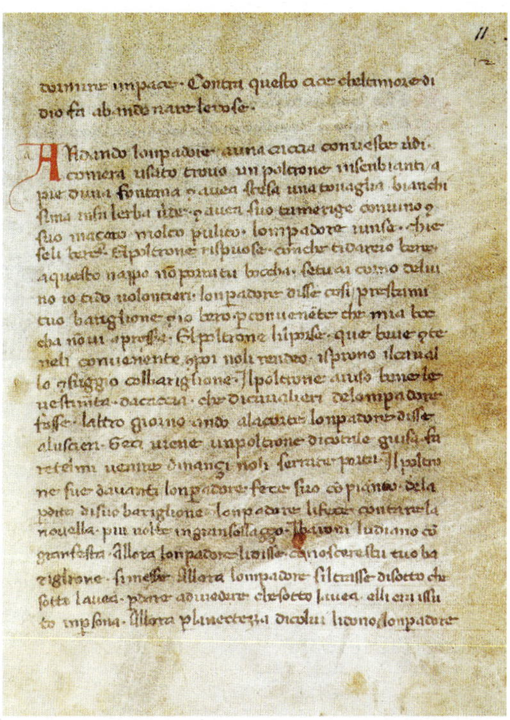

▶ Pagina tratta da un manoscritto del *Novellino*.

... e i valori in campo In conclusione, **la cortesia** è virtù che proviene dal mondo gerarchico, feudale, signorile del Medioevo; **l'arte della parola** proviene invece dal nuovo mondo dei **liberi Comuni**, dal mondo delle Arti e dei partiti politici. Che il *Novellino* accosti e sovrapponga valori provenienti da questi due mondi diversi è un sintomo decisivo di ciò che sta accadendo nella società e nella cultura toscana del Duecento. I ceti emergenti stanno dando luogo a una sorta di sistema economico-finanziario che potremmo definire antenato del capitalismo, fondato sull'intrapren-

◂ Scena di commercio in città. Particolare da una miniatura di scuola bolognese, XIV secolo.

denza personale, sul rischio, sull'intelligenza pratica e operativa: in questo sistema la parola è sempre meno sfoggio di cultura e sempre più arma efficace e persuasiva, capace di incidere sulla realtà. Ma, allo stesso tempo, questi ceti emergenti **guardano al passato** con profonda ammirazione: la larghezza nel donare, la signorilità dei modi, la lealtà, l'abnegazione, la fedeltà sono tutti valori tradizionali che i nuovi borghesi guardano con profonda e reverente partecipazione. Fra poco, il Boccaccio del *Decameron* incoraggerà apertamente i suoi borghesi e i suoi mercanti a farsi i veri e propri eredi dei valori cortesi di un'età ormai trascorsa, ma ancora piena di suggestione.

GUIDA ALLO STUDIO

1. Perché la critica attribuisce il *Novellino* a un singolo autore?
2. Cortesie e motti del *Novellino* si possono attribuire a due mondi diversi: quali?

A COLPO D'OCCHIO — Il *Novellino*

Didattica INCLUSIVA

- il contesto
  - fine del Duecento a Firenze
- l'autore e la trasmissione dell'opera
  - la critica attribuisce il *Novellino* a un solo autore, ravvisando una sola "mano" nella stesura dell'opera
  - il *Novellino* ci è giunto in più edizioni, di cui quella di Gualteruzzi del 1525 è probabilmente la più fedele all'originale
- i temi
  - i gesti di cortesia, lascito del mondo signorile
  - i motti, le parole argute che denotano scaltrezza, tipiche del mondo cittadino «borghese»

T3

Novellino, Proemio

Proemio

Periodo: 1281-1300 ca
Genere: novella
Argomento: l'autore espone i fini della sua opera

Il proemio dell'opera, nella sua semplicità, rispecchia un piano di scrittura nitido nelle intenzioni come nelle procedure stilistiche prescelte. Il carattere esemplare dell'opera è in primo piano: i comportamenti eccellenti registrati nelle novelle devono servire di modello ai lettori. Ma ciò si appoggia su una consapevolezza sociale che regge tutto il libro: il modello è rappresentato nei gesti dei nobili e gentili, proposti all'imitazione dei minori. La celebrazione degli atti di cortesia e dei bei motti non rimane dunque astratta, ma si cala entro una dinamica precisa, all'interno di una società in movimento.

Questo libro tratta d'alquanti fiori di parlare[1], di belle cortesie e di be' risposi[2] e di belle valentie[3] e doni[4], secondo che per lo tempo passato hanno fatti molti valenti uomini.

Voi ch'avete i cuori gentili e nobili infra li altri, acconciate le vostre menti e le vostre parole nel piacere di Dio[5], parlando, onorando e temendo e laudando quel Signore nostro che n'amò prima che elli ne criasse[6], e prima che noi medesimi ce amassimo[7]. E se in alcuna parte, non dispiacendo a lui, si può parlare, per rallegrare il corpo e sovenire e sostentare[8], facciasi con più onestade e con più cortesia che fare si puote.

Et acciò che li nobili e ' gentili sono nel parlare e ne l'opere molte volte quasi com'uno specchio appo i minori[9], acciò che il loro parlare è più gradito, però ch'esce di più dilicato stormento[10], facciamo qui memoria d'alquanti fiori di parlare, di belle cortesie e di belli risposi e di belle valentie, di belli donari e di belli amori, secondo che per lo tempo passato hanno fatto già molti.

E chi avrà cuore nobile et intelligenzia sottile, sì li potrà simigliare[11] per lo tempo che verrà per innanzi, et argomentare e dire e raccontare in quelle parti dove avranno luogo[12], a prode[13] et a piacere di coloro che non sanno e disiderano di sapere.

E se i fiori che proporremo fossero mischiati intra molte altre parole, non vi dispiaccia: ché 'l nero è ornamento dell'oro[14], e per un frutto nobile e dilicato piace talora tutto un orto, e per pochi belli fiori tutto un giardino.

Non gravi a' leggitori[15]: che sono stati molti, che sono vivuti grande lunghezza di tempo, e in vita loro hanno appena tratto uno bel parlare[16], od alcuna cosa da mettere in conto fra i buoni.

1. **fiori di parlare:** detti scelti, eccellenti.
2. **be' risposi:** belle risposte; «motti», come dirà Boccaccio.
3. **belle valentie:** gesti di valore, nobili.
4. **doni:** il dono è qui inteso come segno di liberalità e generosità, ovvero di animo cortese.
5. **acconciate ... di Dio:** adattate le menti e i discorsi secondo quello che piace a Dio; ovvero, seguite il suo volere sia dentro i vostri cuori che nelle vostre parole.
6. **che n'amò ... criasse:** che ci amò prima ancora di crearci, prima della nostra nascita. In Dio, eterno presente, tutti vengono amati fin dal principio del mondo.
7. **ce amassimo:** ci amassimo. L'amore di Dio precede persino quello che ognuno di noi ha naturalmente per se stesso.
8. **sovenire e sostentare:** aiutare e sostenere; l'oggetto è sempre «il corpo» che precede.
9. **appo i minori:** presso le persone che non sono né nobili né gentili; presso le classi sociali meno privilegiate.
10. **però ... stormento:** la lingua dei nobili e gentili è qui vista come uno strumento («stormento»), più delicato, cioè più raffinato e musicale di quello costituito dalla lingua delle classi più rozze.
11. **simigliare:** imitare, prendere a modello.
12. **in quelle parti ... luogo:** in quei luoghi, o circostanze, in cui i gesti e le parole esemplari delle novelle saranno adatti, cadranno a tono.
13. **a prode:** a utilità.
14. **'l nero ... dell'oro:** per apprezzare l'oro occorre l'accompagnamento di un colore contrastante, come il nero.
15. **Non gravi a' leggitori:** Non dispiaccia ai lettori; il soggetto è la rarità dei fiori di cui ha appena parlato.
16. **hanno ... tratto uno bel parlare:** hanno tirato fuori un solo detto eccellente.

T3 Dentro il testo

IN SINTESI

Il proemio innanzitutto si preoccupa di legittimare il carattere laico dell'opera. Lo svago del racconto, purché onesto, non contraddice all'obbligo primario del cristiano, che è quello di seguire il volere di Dio; entro questo imperativo preliminare, tutto ciò che rallegra l'uomo è perfettamente lecito. L'aspetto secolare del *Novellino*, che pure non presenta uno scopo immediato di edificazione religiosa, non è dunque in contraddizione con la fede cristiana dell'autore e del lettore.

Segue lo scopo edificante dell'opera, che vuole suggerire modelli di comportamento ai meno avvantaggiati socialmente, ponendo loro di fronte i gesti esemplari delle classi più gentili e raffinate. A questo proposito, alcuni studiosi hanno voluto vedere nei racconti del *Novellino* niente di più che una traccia sommaria, da riutilizzare e sviluppare in contesti via via differenti, un po' come accadeva con le "scalette" delle prediche e degli *exempla* dei predicatori. Questa sembra tuttavia una tesi estrema: i racconti si presentano nella raccolta perfettamente compiuti, anche nella loro brevità, e il loro carattere didattico non significa che essi vadano letti come appunti provvisori. Piuttosto, essi andranno volta per volta riattualizzati dai destinatari, in uno sforzo di auto-educazione e di raffinamento autonomo dei costumi.

I TEMI E L'ESPRESSIONE

PAROLE CHIAVE (E DI MOLTO FUTURO)

Il brano presenta un vocabolario di parole chiave, che disegnano un preciso **ideale morale e civile**. Tra queste, «cortesia», «onestade», «gentili» ("gentilezza"), «intelligenzia», «nobile» ("nobiltà"). Tutti questi termini hanno significati leggermente diversi da quelli attuali:

- per «cortesia» si intende non tanto gentilezza di modi, ma "liberalità", "generosità nel donare";
- per «onestà» non dirittura morale, ma "decoro esteriore", eleganza nei modi di atteggiarsi e comportarsi;
- per «gentilezza», a sua volta, si intende "nobiltà d'animo";
- per «intelligenza», non tanto brillantezza intellettuale ma, più precisamente, "capacità di comprendere";
- per «nobiltà», non quella di sangue, ma quella interiore.

È significativo che questo stesso vocabolario sia caratteristico anche della poesia dello **Stilnovo**, e poi del *Decameron* di **Boccaccio**: siamo di fronte a una **sensibilità comune**, che, al di là dei singoli autori e dei diversi generi letterari, ci parla di una cultura matura e coesa, che si riconosce in un medesimo assetto di valori.

Analisi e interpretazione Tipologia A

LEGGERE CON METODO

COMPRENSIONE GLOBALE

1. Quali destinatari vengono individuati nelle prime righe del testo?
2. In che modo si afferma il carattere laico del libro?
3. Quali saranno i contenuti delle novelle?

LA LINGUA E LE STRUTTURE

4. Chi saranno i protagonisti delle novelle? Individua e spiega la similitudine con la quale l'autore giustifica tale scelta.
5. Con quali metafore, nell'ultima parte del proemio, vengono giustificate eventuali cadute di stile?

I TEMI E L'INTERPRETAZIONE

6. Qual è lo scopo dichiarato del testo? In quale contesto storico e sociale va collocato?

SCRIVERE CON METODO

COMMENTO

7. Sulla base delle risposte alle attività precedenti, commenta il *Proemio* del *Novellino*, prestando attenzione in particolare ai destinatari e al contesto storico-sociale in cui matura l'opera.

T4

Novellino, XXV

Liberalità del Soldano

Periodo: 1281-1300 ca
Genere: novella
Argomento: la generosità del Saladino

Il cortese donatore è il Saladino, cioè un signore musulmano. Fra le caratteristiche della cortesia medievale c'è infatti anche la sua universalità. È un valore dei signori, e se uno di questi signori è un "infedele", ciò non fa che aumentare lo stupore e l'ammirazione dei lettori.

Saladino[1] fu Soldano, nobilissimo signore prode e largo[2]. Un giorno donava a uno dugento marchi, ché l'avea presentato uno paniere di rose, di verno, a una stufa[3]; e 'l tesoriere suo, dinanzi da lui, li scrivea a uscita[4]. Scorseli la penna e scrisse .CCC. Disse il Saladino: «Che fai?» Disse il tesoriere: «Messere, errava» e volea dannare il soprapiù[5]. Allora il Saladino parlò: «Non dannare: scrivi .CCCC. Per mala ventura se una tua penna sarà più larga di me![6]».

1. **Saladino:** celeberrimo signore musulmano, presente più volte sia nel *Novellino* sia nel *Decameron*. Dante lo mette nel Limbo tra gli «spiriti magni». Nato nel 1138 da un emiro curdo, divenuto sultano d'Egitto e di Siria, per vent'anni (1176-90) combatté i Franchi che avevano occupato la Palestina in seguito alle Crociate. L'Occidente cristiano ne fece una figura leggendaria di signore cortese e di esemplare liberalità.
2. **largo:** generoso.
3. **che l'avea presentato ... a una stufa:** il Saladino ricambia con duecento marchi un dono raffinato, ma ben modesto: qualcuno durante l'inverno, e quindi fuori stagione, gli aveva regalato un cesto di rose.
4. **li scrivea a uscita:** registrava la spesa dei duecento marchi.
5. **volea ... soprapiù:** voleva cancellare la somma in eccesso.
6. **Per mala ... di me!:** guai se la tua penna dovesse essere più generosa di me!

T4 Dentro il testo

IN SINTESI

In questa brevissima novella si ha un primo esempio della sovrapposizione dei due centri ispiratori di tutto il *Novellino*: cortesia e motto. Il Saladino, infatti, aumenta con signorile disinvoltura il dono fissato da duecento a quattrocento marchi, appena si accorge che il tesoriere ha sbagliato inavvertitamente a mettere a registro la somma: e questa è la solita manifestazione di larghezza che ci si aspetta da signori come lui. Ma al gesto si aggiungono le parole, che rifiniscono con una battuta improvvisata quanto felice il gesto cortese: «Scrivi pure quattrocento. Non vorrai mica che la tua penna sia più cortese di me?».

I TEMI E L'ESPRESSIONE

LA GARA DI CORTESIA

Il donativo del Saladino è destinato *a uno*, a un suddito non meglio identificato che un giorno d'inverno aveva offerto al suo signore un cesto di rose. Si intuisce qui una meccanica del dono più complessa: il subordinato offre spontaneamente un dono di non grande pregio intrinseco, ma raffinato (un cesto di rose in inverno); il potente sultano restituisce la cortesia secondo la scala della sua propria ricchezza e dei suoi mezzi economici. Si intravede il motivo della **gara di cortesia**, diffusissimo nel mondo feudale, e fondamentale poi anche nel *Decameron*.

Analisi e interpretazione Tipologia A

LEGGERE CON METODO

COMPRENSIONE GLOBALE

1. Chi sono i protagonisti del breve aneddoto? Sintetizza le loro rispettive azioni.

I TEMI E L'INTERPRETAZIONE

2. In quale modo nel testo si delinea il tema della gara di cortesia?

Novellino, IL

AUDIOLIBRO

T5 La moglie che faceva un figlio ogni due mesi

Periodo: 1281-1300 ca

Genere: novella

Argomento: un medico rimanda la sua novella sposa a casa del padre

Novella di motto, nella quale il motteggiatore vuole liberarsi di una sposa evidentemente arrivata già gravida al matrimonio (due mesi dopo mette al mondo una bella bambina) e che il marito cerca di allontanare con garbo, appartenendo lei a una potente famiglia del luogo. Il motto finale ha proprio la funzione di esprimere con spiritosa eleganza, ma con fermezza, l'intenzione dell'uomo, di fronte a un altezzoso parente della sposa.

Uno medico di Tolosa tolse per mogliera una gentile donna di Tolosa, nepote dell'arcivescovo. Menolla[1]. In due mesi fece una fanciulla. Il medico non ne mostrò nullo cruccio, anzi consolava la donna e mostravale ragioni secondo fisica, che ben poteva essere sua di ragione[2].

E con quelle parole e con belli sembianti[3] fece sì che nel parto la donna non la poteo traviare[4]. Molto onoroe la donna nel parto.

Dopo il parto sì l'ebbe e disselе[5]: «Madonna, io v'ho onorata quant'i' ho potuto; priegovi per amore di me che voi ritorniate omai a casa del vostro padre. La vostra figliuola io terrò a grande onore».

Tanto andaro le cose innanzi, che l'arcivescovo sentì che 'l medico avea dato commiato alla nepote. Mandò per lui[6] e, acciò ch'era grande uomo, parlò sopra a lui molto grandi parole, mischiate con superbia e con minacce.

Quand'ebbe assai parlato, e 'l medico rispuose e disse così: «Messer, io tolsi vostra nepote per moglie credendomi della mia ricchezza potere fornire e pascere[7] mia famiglia; e fu mia intençio[8] d'avere di lei uno figliuolo l'anno e non più, onde la donna ha cominciato a fare figliuoli in due mesi: per la qual cosa io non sono sì agiato, se 'l fatto dee così andare, ch'io li potesse notricare; e voi non sarebbe onore che vostro lignaggio andasse a povertade: perch'io vi cheggio mercede che voi la diate a uno più ricco omo ch'io non sono, che possa notricare i suoi figliuoli sì che a voi non sia disinore».

rr. 1-8 Il fatto: la donna ha una figlia solo dopo due mesi dal matrimonio.

rr. 9-16 Il marito invita la donna a tornare a casa dal padre, suscitando lo sdegno dello zio di lei, arcivescovo.

rr. 17-26 Il motto di spirito: l'uomo si dichiara preoccupato di non poter mantenere la famiglia se nasceranno altri figli ogni due mesi.

1. **Menolla:** Se la portò a casa. Ma è il verbo tecnico che segna l'inizio della convivenza matrimoniale.
2. **mostravale ... ragione:** le esponeva dei ragionamenti scientifici per cui a buon diritto la bambina, pur nata solo dopo due mesi di matrimonio, poteva essere «sua», cioè legittima figlia del medico.
3. **con belli sembianti:** con aspetto affabile, sereno.
4. **fece sì ... traviare:** fece in modo che nell'occasione del parto la donna non facesse nulla per abortire.
5. **sì l'ebbe e disselе:** le ebbe a dire proprio così.
6. **Mandò per lui:** Lo mandò a chiamare.
7. **credendomi ... pascere:** credendo che con la mia ricchezza avrei potuto dare alla mia famiglia tutto il necessario per vivere e per mangiare.
8. **intençio:** intenzione.

T5 Dentro il testo

IN SINTESI

Boccaccio, nel *Decameron*, presenterà il motto come mezzo per fuggire «pericolo o scorno». Questa novella del *Novellino* sembra già perfettamente allineata con tale tipologia narrativa. Qui, infatti, il medico di Tolosa, protagonista del racconto, cerca di sottrarsi allo *scorno* di una sposa che evidentemente ha già avuto rapporti con altri proprio attraverso il motto finale, rivolto allo zio di lei, il potente arcivescovo della città. Il motto qui appare nella sua funzione più caratteristica: quella di messaggio indiretto, coperto, rivolto da un personaggio socialmente inferiore a uno superiore. La gerarchia sociale non permette un messaggio diretto (che in questo caso suonerebbe più o meno così: «Caro arcivescovo, vostra nipote io l'ho sposata nella presunzione che fosse una donna per bene; invece la ragazza era incinta, e voi avete cercato di usarmi come un paravento; a questo gioco io non ci sto, e la vostra nipote ve la rimando a casa»). Il motto, invece, consiste nel fingere un'assoluta ingenuità, tanto da non mettere in questione l'onestà della ragazza, e prendere per buono che, invece, si possano fare figli ogni due mesi. Si noti che il racconto non registra la reazione del personaggio a cui il motto è indirizzato; non sappiamo dunque quanto veramente efficace esso sia stato.

I TEMI E L'ESPRESSIONE

UN MESSAGGIO «IN CODICE»

Va osservato che la battuta finale si integra perfettamente nella **strategia "morbida"** adottata dal medico in un frangente così delicato: di fronte al precoce parto della moglie, egli non dà in escandescenze, evita lo scandalo, cerca di uscirne nel modo più discreto possibile. È lui che consola la moglie, è lui che, approfittando del suo sapere professionale, trova ragioni scientifiche per giustificarla, è lui che si impegna a educare come sua la bambina, e a rimandare a casa la moglie senza troppa pubblicità. All'interno di una tale strategia, la finta ingenuità del motto paradossale può essere letta anche come un'offerta di negoziato, non scevra da una sotterranea minaccia. Ovvero, il motto potrebbe essere parafrasato anche così: «Se vogliamo trovare un accordo e non fare scandali, io sono anche disposto; ma altrimenti chi corre i veri rischi siete voi, e la reputazione della vostra famiglia».

Analisi e interpretazione Tipologia A

LEGGERE CON METODO

COMPRENSIONE GLOBALE

1. Come si comporta il medico quando scopre che la moglie è incinta e, a soli due mesi dalle nozze, sta per partorire? Cosa fa, invece, dopo il parto?
2. Come vengono caratterizzati, seppure molto brevemente, i due protagonisti maschili della novella? Di quali diversi ceti sociali sono rappresentanti e quali comportamenti tipici incarnano?

LA LINGUA E LE STRUTTURE

3. La strategia "morbida" del medico di Tolosa è messa in evidenza da una serie di espressioni che indicano la sua moderazione, la sua capacità di autocontrollo. Sottolineale nel testo.

I TEMI E L'INTERPRETAZIONE

4. Perché si può dire che in questa novella l'arte della parola è utilizzata per uscire da una situazione incresciosa?

SCRIVERE CON METODO

APPROFONDIMENTI E CONFRONTI

5. Sulla base delle novelle lette, in circa una pagina illustra i modi in cui è trattato nel *Novellino* il tema dei motti.

T6

Novellino, LXXI

Meglio i fichi che le pesche

Periodo: 1281-1300 ca

Genere: novella

Argomento: un servo risponde argutamente al padrone

Schietta novella di motto, che ancora una volta schiera un personaggio socialmente inferiore (un fittavolo) accanto al suo superiore (il proprietario della terra). Ma stavolta il motto arguto del fittavolo lo salva davvero da una situazione spiacevole, sciogliendo la tensione tra servo e padrone in una risata finale liberatoria.

Uno fedele[1] d'uno signore, che tenea sua terra[2], essendo a una stagione i fichi novelli, il signore, passando per la contrada, vidde in su la cima d'un fico un bello fico maturo. Fecelsi cogliere.

Il fedele si pensò: «Da che li piacciono, io li guarderò per lui». Sì ssi pensò d'imprunarlo[3] e di guardarli.

Quando furono maturi, sì gliene portoe una soma, credendo venire in sua grazia. Ma, quando li recò, la stagione era passata, che n'erano tanti, che quasi si davano a' porci.

Il segnore, vedendo questi fichi, sì ssi tenne bene scornato[4], e comandò a' fanti[5] suoi che 'l legassero e togliessero que' fichi e tutti li gittassero a uno a uno entro il volto. E quando il fico li venia presso all'occhio, e quelli gridava: «Domine, te lodo».

I fanti, per la nuova cosa, l'andaro a dire al signore, et egli il domandoe e disse: «Perché di' tu così quando il fico ci viene presso a l'occhio?». E quelli rispose: «Messere, perch'io fui incorato[6] di recare pesche: che s'io l'avesse recate, io sarei ora cieco».

Allora il signore incominciò a ridere e fecelo sciogliere, e vestire di nuovo, e donolli, per la nuova[7] cosa ch' avea detta.

---

1. **fedele:** **servitore**; qui, colono che lavora il podere del padrone.
2. **tenea sua terra:** **coltivava la sua terra**.
3. **d'imprunarlo:** di circondare il fico di pruni, in maniera da proteggerne i frutti.
4. **sì ssi ... scornato:** **pensò che lo si volesse prendere in giro**. I fichi rappresentavano ai suoi occhi un dono troppo banale, visto che "quasi si davano a' porci", tanta ne era l'abbondanza in quel momento della stagione.
5. **fanti:** **servi**.
6. **fui incorato:** **ebbi cuore**, **voglia**.
7. **nuova:** **originale**, **spiritosa**.

T6 Dentro il testo

IN SINTESI

Nel finale la novella definisce il motto del servo come «nuova cosa»: «nuovo», nel senso di "bizzarro", "inaspettato", è aggettivo che diventerà caratteristico del motto di spirito in Boccaccio e oltre. Esso coglie perfettamente il tono buffo ed estemporaneo della battuta, che non a caso viene attribuita a un personaggio di classe inferiore, e che nel corso del racconto non ha neanche dato prova di particolare perspicacia (non ha capito che il fico fuori stagione era una primizia raffinata, mentre al termine della stagione era cibo comune e grossolano).

I TEMI E L'ESPRESSIONE

LA REAZIONE DEL DESTINATARIO

La novella si presenta narrativamente molto matura per vari aspetti: è l'unica fra quelle che abbiamo letto nella quale il motto non rimanga in sospeso, ma se ne colgono le **conseguenze nella reazione del motteggiato**. Finalmente vediamo non solo il motteggiatore che lancia la sua battuta, ma anche il destinatario che la raccoglie, ne ride, e ristabilisce un rapporto cordiale prima incrinato. È esattamente la struttura di quella che diventerà una delle novelle boccacciane più famose: quella a tutti nota di **Chichibio e la gru** [▶ **T13**, p. 617], in cui parimenti uno screzio fra padrone e servo verrà risolto dal motto imprevedibilmente comico di quest'ultimo.

Analisi e interpretazione Tipologia A

LEGGERE CON METODO

COMPRENSIONE GLOBALE

1. Perché il contadino riserba i fichi per il padrone e gliene porta un grosso carico?
2. Come mai il padrone gli fa gettare addosso i fichi dai suoi servi?

LA LINGUA E LE STRUTTURE

3. Quale significato assume l'aggettivo *nuovo* nell'espressione «nuova cosa» (rr. 13 e 18)?

I TEMI E L'INTERPRETAZIONE

4. Con quale battuta buffa il contadino si salva? È dettata da ingegno o piuttosto è una reazione estemporanea alla brutta situazione in cui si trova?
5. Quali caratteristiche, tipiche della sua classe, vengono attribuite al signore?

3 La storia del Trecento nelle parole dei contemporanei: i cronisti

La politica fiorentina nella *Cronica* di Dino Compagni

La voce di un protagonista La *Cronica* di Dino Compagni non è un libro di storia, ovvero un'indagine lontana nel tempo dalla materia presa in esame. È invece una sorta di **diario personale**, tenuto da uno dei diretti protagonisti delle vicende raccontate. È quello che si diceva in antico un «libro di ricordanze», come dimostra anche il titolo scelto dall'autore: *Cronica delle cose occorrenti ne' tempi suoi*.

LA VITA E L'OPERA

DINO COMPAGNI (Firenze, 1225 ca - 1324)

Dino Compagni (1255 ca-1324) fu priore del Comune nel 1289, gonfaloniere di Giustizia nel 1293, ambasciatore della Repubblica fiorentina in Francia presso papa Giovanni XXII. Di nuovo priore nel 1301, si dimise polemicamente dalla carica per protestare contro l'invio a Firenze di Carlo di Valois, mossa determinante di Bonifacio VIII per il definitivo successo politico della parte nera capeggiata da Corso Donati. La stesura della sua *Cronica* va probabilmente collocata nello stesso biennio finale del resoconto storiografico (1310-12), animata com'è dalle speranze legate alla vicenda di Enrico VII di Lussemburgo, comparso in Italia nel 1310 come il restauratore della pace e della giustizia, al di sopra delle fazioni e delle parti.

Un resoconto oggettivo La storiografia di Compagni condivide molti motivi con l'opera di Dante. Il suo pessimismo di fondo, davanti alle reali, meschine motivazioni dell'agire politico degli uomini, e il conseguente estremo appello alla giustizia divina come unica fonte di speranza salvifica, ricordano da vicino il modo con cui Dante reagisce agli eventi del suo tempo. "Dantesco" è anche il suo animo polemico e la personale, scoperta compromissione con le "cose" raccontate: dalla *Cronica* traspare tutto l'impegno di un cittadino che si espone **in prima persona**, e che non arretra davanti alla necessità di dare giudizi e di esprimere sentenze, anche se in modo, in genere, mai fazioso. Infatti, se da una parte la sua indagine cerca di rappresentare con oggettività l'accaduto, dall'altra Compagni non si preclude certo la possibilità di scagliarsi, quando occorra, contro i comportamenti di quei personaggi che, secondo lui, guidano la storia, sollecitati da perversi interessi personali.

GUIDA ALLO STUDIO

1. Qual è l'atteggiamento di fondo di Compagni di fronte agli eventi storici?
2. Compagni rappresentò gli eventi in modo oggettivo oppure fazioso?

Dino Compagni, *Cronica*, I, 20-21

AUDIOLIBRO

T7

Al tempo del priorato di Dante: faide e odio di parte

Anno: 1310-12

Genere: storiografia

Argomento: gli avvenimenti della guerra tra Bianchi e Neri del 1300

Due eventi della guerra civile tra guelfi bianchi (capeggiati dalla famiglia dei Cerchi) e neri (con a capo i Donati) – la zuffa della vigilia di San Giovanni (23 giugno 1300) e l'attentato al legato pontificio (cioè l'ambasciatore del papa) Matteo d'Acquasparta (tra il 15 e il 18 luglio) – vedono attore di primo piano proprio Compagni. Mentre Dante rimane chiuso nelle stanze del palazzo priorale, Compagni si muove attivamente per le strade di Firenze, cercando di rimediare a una situazione politica ormai fatta precipitare ad arte da Bonifacio VIII in favore della parte nera, capeggiata da Corso Donati.

rr. 1-14 Guido Cavalcanti, l'ostilità con Corso Donati e la lite.

Uno giovane gentile, figliuolo di messer Cavalcante Cavalcanti, nobile cavaliere, chiamato Guido, cortese e ardito ma sdegnoso e solitario e intento allo studio, nimico di messer Corso[1], avea più volte diliberato[2] offenderlo. Messer Corso forte lo temea, perché lo conoscea di grande animo; e cercò d'assassinarlo, andando Guido in pellegrinaggio a San Iacopo; e non li venne fatto[3]. Per che, tornato a Firenze e sentendolo, inanimò[4] molti giovani contro a lui, i quali li promisono esser in suo aiuto. E essendo un dì a cavallo con alcuni da casa i Cerchi, con uno dardo in mano, spronò il cavallo contro a messer Corso, credendosi esser seguìto da' Cerchi, per farli trascorrere nella briga[5]: e trascorrendo il cavallo[6], lanciò il dardo, il quale andò in vano. Era quivi, con messer Corso, Simone

1. **messer Corso:** Corso Donati.
2. **diliberato:** deciso di.
3. **e non li venne fatto:** non riuscì nell'impresa.
4. **inanimò:** spronò, incitò.
5. **farli trascorrere nella briga:** per farli entrare nella lite, trasformando la provocazione in scontro aperto.
6. **trascorrendo il cavallo:** mentre egli passava accanto col cavallo.

suo figliuolo, forte e ardito giovane, e Cecchino de' Bardi, e molti altri, con le spade; e córsogli dietro: ma non lo giugnendo[7], li gittarono de' sassi; e dalle finestre gliene furono gittati, per modo fu ferito nella mano.

Cominciò per questo l'odio a multiplicare. E messer Corso molto sparlava di messer Vieri[8], chiamandolo l'asino di Porta, perché era uomo bellissimo, ma di poca malizia[9], né di bel parlare; e però spesso dicea: «Ha raghiato[10] oggi l'asino di Porta?»; e molto lo spregiava. E chiamava Guido, Cavicchia[11]. E così rapportavano[12] i giullari, e spezialmente uno si chiamava Scampolino, che rapportava molto peggio non si diceva[13], perché i Cerchi si movessero a briga[14] co' Donati. I Cerchi non si moveano, ma minacciavano con l'amistà[15] de' Pisani e delli Aretini. I Donati ne temeano, e diceano che i Cerchi aveano fatta lega co' Ghibellini di Toscana: e tanto l'infamarono, che venne a orecchi del Papa.

rr. 15-25 Le tensioni fra Cerchi e Donati vengono scatenate da maldicenze e beffe a danno di Vieri de' Cerchi.

Sedea in quel tempo nella sedia di San Piero papa Bonifazio VIII, il quale fu di grande ardire e alto ingegno, e guidava la Chiesa a suo modo, e abbassava chi non li consentia[16]. Erano con lui sua mercatanti gli Spini, famiglia di Firenze ricca e potente: e per loro stava là Simone Gherardi, uomo pratico in simile esercizio; e con lui era uno figliuolo d'uno affinatore d'ariento, fiorentino, si chiamava il Nero Canbi, uomo astuto e di sottile ingegno, ma **crudo**[17] e spiacevole. Il quale tanto

rr. 26-37 Papa Bonifacio VIII invia come suo legato Matteo d'Acquasparta, che tenta di far emergere i Donati, ma non vi riesce.

7. **non lo giugnendo:** **non raggiungendolo**.
8. **messer Vieri:** Vieri de' Cerchi, capo della fazione dei Cerchi.
9. **di poca malizia:** **di poca furbizia**, **di poco ingegno**. Pur essendo Compagni guelfo bianco e quindi politicamente vicino alla fazione dei Cerchi, tale sottolineatura dimostra piena libertà di giudizio sulle effettive qualità del proprio capocorrente.
10. **raghiato:** **ragliato**.
11. **Cavicchia:** ancora oggi, cavicchio significa **legnetto diritto**. Ma la scelta del soprannome, declinato al femminile, si presta a facili riferimenti osceni di natura omosessuale.
12. **rapportavano:** **raccontavano**, **riportavano**.
13. **rapportava ... diceva:** nel senso che **le sparava grosse**.
14. **si movessono a briga:** **attaccassero briga**, **combattessero**.
15. **l'amistà:** **l'amicizia**.
16. **abbassava ... consentia:** **schiacciava chi non era d'accordo con lui**.
17. **crudo:** **duro**, **severo**.

■ Le parole della tradizione

TROVARE LE PAROLE

▸ **crudo**, dal latino ***crudus***, "sanguinolento", "non cotto".

■ L'aggettivo «crudo» nell'italiano antico è fortemente polisemico; accanto al significato di base, "non cotto", assume infatti diversi valori figurati, soprattutto nel linguaggio poetico. Nero Canbi è definito «crudo e spiacevole», ovvero di carattere aspro e sgradevole.

■ Dante lo usa molte volte nella *Commedia* e nelle *Rime*, in una vasta gamma di sfumature; il significato più frequente è "duro, orribile, terribile".

■ Anche nei poeti successivi, la ricchezza semantica dell'aggettivo «crudo» lo fa preferire al meno duttile sinonimo «crudele». Nella poesia amorosa, «cruda» è la donna che non corrisponde all'amore dell'amante, ma anche la sorte, i costumi e gli atteggiamenti ("crudeli", ma anche "rozzi", "aspri", "selvatici", "poco civili", proprio come quelli di Nero Canbi).

■ L'alternanza tra «crudo» e «crudele», ben presente in Petrarca, Ariosto e Tasso, giunge fino al Settecento, con Parini e Alfieri, che usa di fatto «crudo» come sinonimo intercambiabile, ma di tono letterario, di "crudele".

aoperò col Papa per abassare lo stato de' Cerchi e de' loro sequaci, che mandò a Firenze messer frate Matteo d'Aquasparta[18], cardinale Portuense[19], per pacificare i Fiorentini. Ma niente fece, perché dalle parti non ebbe la commessione volea[20], e però sdegnato si partì di Firenze.

L'esilio dei capi delle due fazioni era la soluzione che al Consiglio dei Cento parve più opportuna per sedare gli animi. Il provvedimento, insomma, sembrava equanime, e Dante, allora priore, lo approvò. Fa impressione pensare che fra i bianchi esiliati di cui Dante firmò la condanna c'era anche il suo «primo amico», Guido Cavalcanti.

rr. 38-51 Dopo una zuffa alla vigilia di San Giovanni (23 giugno 1300) il Consiglio dei Cento, di cui fa parte Dino Campagni stesso (e anche Dante), decide di mandare al confino i capi delle due fazioni.

Andando una vilia di San Giovanni[21] l'Arti a offerere[22], come era usanza, e essendo i consoli innanzi, furono manomessi[23] da certi grandi[24], e battuti, dicendo loro: «Noi siamo quelli che demo la sconfitta in Campaldino; e voi ci avete rimossi degli ufici e onori della nostra città»[25]. I Signori, sdegnati, ebbono consiglio da più cittadini, e io Dino fui uno di quelli. E confinorono alcuni di ciascuna parte: cioè, per la parte de' Donati, messer Corso e Sinibaldo Donati, messer Rosso e messer Rossellino della Tosa, messer Giachinotto e messer Pazino de' Pazi, messer Geri Spini, messer Porco Ranieri, e loro consorti[26], al Castel della Pieve[27]; e per la parte de' Cerchi, messer Gentile e Messer Torrigiano e Carbone de' Cerchi, Guido Cavalcanti, Baschiera della Tosa, Baldinaccio Adimari, Naldo Gherardini, e de' loro consorti, a Sarezano[28], i quali ubidirono e andorono a' confini.

rr. 52-62 I Donati rifiutano di partire e Matteo d'Acquasparta invita i Lucchesi in loro aiuto, ma i priori li fermano, per scongiurare il pericolo di una guerra civile.

Quelli della parte de' Donati non si voleano partire, mostrando che tra loro era congiura[29]. I rettori li voleano condannare. E se non avessono ubidito e avessono presa l'arme, quel dì avrebbono vinta la terra; però che i Lucchesi, di conscienzia del Cardinale, veniano in loro aiuto con grande esercito d'uomini[30].

Vedendo i Signori che i Lucchesi veniano, scrissono loro, non fussono arditi entrare su loro terreno[31]; e io mi trovai a scrivere la lettera: e alle villate si comandò pigliassono i passi[32]. E per studio

---

18. Matteo d'Acquasparta: fu nominato legato papale per la Toscana e la Romagna il 23 maggio del 1300. L'astuto frate avrebbe dovuto esercitare le funzioni di paciere, ma di fatto s'adoperò segretamente per rafforzare il potere dei neri di Corso Donati, favorendo i magnati e contro il partito popolare.
19. Portuense: dell'antica città di Porto (lat. *Portus urbis Romae*), nata intorno al primo porto costruito dall'imperatore Claudio nel I secolo d.C. alle foci del Tevere; qui significa "**romano**".
20. la commessione volea: non ebbe i poteri e le deleghe che si aspettava.
21. vilia di San Giovanni: vigilia di San Giovanni (patrono di Firenze) del 23 giugno 1300; Dante era priore da appena una settimana.
22. l'Arti a offerere: i consoli delle Arti e i notabili del governo popolare sfilavano in processione, come da tradizione consolidata, per recare nel battistero di San Giovanni le offerte votive.
23. manomessi: **malmenati**.
24. certi grandi: **alcuni autorevoli** esponenti della famiglia dei Cerchi.
25. «Noi siamo ... della nostra città»: il ricordo della zuffa è talmente vivo da restituire le precise parole dell'accusa che i «grandi» rivolgono al governo popolare.
26. consorti: qui non ha il significato moderno di «coniugi» ma sta per **compagni**, **sodali**.
27. per la parte de' Donati ... Castel della Pieve: gli otto capi per parte nera vennero condannati al confino nel territorio perugino di Castel della Pieve.
28. per la parte de' Cerchi ... Sarezano: i sette capi per parte bianca furono esiliati a Sarzana.
29. tra loro era congiura: **vi era una congiura ai loro danni**.
30. Quelli della parte de' Donati ... esercito d'uomini: i bianchi obbedirono al provvedimento di espulsione recandosi al loro confino in Lunigiana, ma i neri si rifiutarono di partire per l'Umbria. L'azione che Matteo d'Acquasparta pose in atto non fu affatto ispirata a criteri di giustizia ed equidistanza: i Donati non vennero puniti, e anzi il finto paciere cercò di ottenere milizie da Lucca per imporre la sua volontà e concludere il colpo di stato in favore dei neri.
31. Vedendo ... su loro terreno: i priori esortarono i Lucchesi a non seguire la richiesta del legato pontificio e a evitare quindi il pericolo di una guerra tra i due Comuni e le loro fazioni.
32. alle villate ... i passi: **si ordinò che le loro forze si dirigessero verso i villaggi** («villate») **circostanti senza puntare su Firenze**.

di Bartolo di messer Iacopo de' Bardi tanto si procurò, che ubidirono.

Molto si palesò allora la volontà del Cardinale, che la pace, che egli cercava, era per abbassare la parte de' Cerchi e inalzare la parte de' Donati[33]. La quale volontà, per molti intesa, dispiacque assai. E però si levò uno di non molto senno[34], il quale con uno balestro saettò uno quadrello[35] alla finestra del vescovado (dove era il Cardinale), il quale si ficcò nell'asse[36]: e per paura si partì di quindi, e andò a stare oltrarno a casa messer Tommaso per più sicurtà[37].

rr. 63-74 Emerge chiaramente l'intento di Matteo d'Acquasparta di favorire i Donati. Un attentato, non andato a buon segno, induce Matteo a trasferirsi in Oltrarno; i priori gli offrono un risarcimento in denaro.

I Signori, per rimediare allo sdegno avea ricevuto, gli presentorono fiorini MM[38] nuovi. E io gliel portai in una coppa d'ariento, e dissi: «Messere, non li disdegnate perché siano pochi, perché sanza i consigli palesi[39] non si può dare più moneta». Rispose gli avea cari; e molto li guardò, e non li volle.

33. **Molto si palesò ... de' Donati:** con il riconoscimento della parzialità di Acquasparta si giunge al momento del conflitto aperto tra i bianchi e il papa (e di conseguenza tra Bonifacio VIII e Dante stesso).
34. **si levò uno di non molto senno:** l'attentato (tra il 15 e il 18 luglio), che Compagni attribuisce alla volontà individuale di un popolano scriteriato, fu invece probabilmente progettato ad arte dal cardinale stesso.
35. **quadrello:** dardo corto da balestra, con punta quadrangolare di ferro.
36. **si ficcò nell'asse:** dunque il colpo non andò proprio a segno; ciò fa sospettare che fosse organizzato apposta dallo stesso legato pontificio.
37. **oltrarno ... per più sicurtà:** il rione d'Oltrarno era posto sulla riva sinistra del fiume; essendo una zona più piccola e meno frequentata della città era evidentemente meglio difendibile.
38. **MM:** **2000**, numero romano.
39. **sanza i consigli palesi:** **senza la possibilità di votare**.

T7 Dentro il testo

IN SINTESI

Il passo offre uno spaccato delle tensioni, nella Firenze del 1300, tra guelfi bianchi e guelfi neri, capeggiati rispettivamente dalla famiglia dei Cerchi e da quella dei Donati. Dino Compagni, oltre che autore della cronaca, è protagonista in prima persona di alcune vicende.

Così si succedono i fatti raccontati nel testo:

- tra Corso Donati e Guido Cavalcanti scoppia un giorno una lite, che coinvolge oltre a loro anche molti dei Donati, a fianco di Corso, e dei Cerchi, a sostegno di Guido;
- le tensioni si intensificano a seguito di beffe e maldicenze nei confronti di Vieri de' Cerchi;
- alle orecchie di papa Bonifacio VIII giunge la notizia di simpatie dei Cerchi per i ghibellini; egli manda allora un proprio legato, Matteo d'Acquasparta, apparentemente come paciere, ma nella realtà per far emergere i Donati;
- Matteo d'Acquasparta non raggiunge il suo obiettivo e, sdegnato, lascia Firenze;
- a seguito di un'ulteriore zuffa, il 23 giugno 1300, il Consiglio dei Cento, dei quali fa parte anche Dino Compagni, delibera di mandare al confino i capi delle due fazioni;
- i Donati rifiutano di partire; con atteggiamento evidentemente non equanime, Matteo d'Acquasparta, anziché punirli, cerca di offrire loro l'aiuto di truppe lucchesi;
- un attentato ai danni di Matteo d'Acquasparta, attribuito da Compagni a un pazzo scriteriato, non va a buon fine, ma lo induce, per paura, a rifugiarsi in Oltrarno;
- i priori gli offrono un risarcimento in denaro, che però egli rifiuta.

I TEMI E L'ESPRESSIONE

UNA STORIA DI PERSONE

La storia, per il Compagni, è fatta non tanto di idee, posizioni politiche, o conflitti sociali. La storia, come la vede e la racconta lui, è fatta dal **carattere degli individui**. Che cosa divide, all'inizio di questo brano, Guido Cavalcanti e Corso Donati? Il primo è «nobile cavaliere ... cortese e ardito ma sdegnoso e solitario e intento allo studio» (rr. 2-4); del secondo si dice solo che «forte lo temea» (r. 5), a quanto pare perché «lo conoscea di grande animo» (r. 5). Ciò che li divide sembra essere niente più che un'avversione di carattere, una profonda **antipatia**: ciò è sufficiente a giustificare due tentati omicidi.

Andando avanti nel racconto, la situazione della città di Firenze precipita, a quanto sembra, per il **vituperio di un soprannome** («Ha raghiato oggi l'asino di Porta?», rr. 18-19) amplificato dalle **maldicenze** del giullare Scampolino: tanto basta a dilatare gli eventi fino a coinvolgere papi, poeti, eserciti e imperatori.

E anche a livelli di ceto e di potere molto più alti, l'impostazione non cambia. Anche la posizione politica di **Bonifacio VIII** è condensata da Dino nel fatto che egli «guidava la Chiesa a suo modo, e abbassava chi non gli consentia» (rr. 27-28); un atteggiamento che ebbe enorme peso all'epoca, che Dino riporta ancora una volta a un dato elementare di carattere: Bonifacio «fu di grande ardire e alto ingegno» (r. 27). Così **Nero Cambi** è «uomo astuto e di sottile ingegno, ma crudo e spiacevole»; questo basta a spiegare azioni che, anche qui, avranno il potere di fare storia. Nella cruda realtà degli eventi Compagni legge solo la conseguenza di caratteri specifici degli attori in scena; e non sono mai, o di rado, caratteri lodevoli.

LA «CITTÀ PARTITA»

Dino Compagni rappresenta qui efficacemente, dal di dentro, quella che Dante nella *Commedia* chiama la «città partita» (*Inferno* VI, 61), cioè dilaniata dai partiti, dalle faide personali e familiari. La Firenze di questo brano appare infatti attraversata da **profonde inimicizie**, ma ciò che colpisce è che esse si manifestano non tanto in azioni politiche, quanto in **imboscate**, **risse**, **zuffe** di strada. Corso Donati cerca di assassinare Guido Cavalcanti tendendogli un agguato sulla via del pellegrinaggio a Santiago di Compostela; Guido reagisce attaccandolo per strada con un «dardo» e, avendolo mancato, deve battere in ritirata, sotto la sassaiola dei sostenitori di Corso, rimanendo ferito a una mano. Durante la festa di San Giovanni, i «grandi», cioè gli aristocratici, mettono le mani addosso agli ufficiali del Comune in processione; qualcuno poi («uno di non molto senno») ha la bella idea di saettare con un quadrello le finestre di Matteo d'Acquasparta, il paciere (per modo di dire) inviato dal papa... Ne esce l'immagine di una città angusta e brutale, abitata da facinorosi. Eppure, questa è la città di Guido Cavalcanti, di Dante, dello Stilnovo; la città di Beatrice. Ma Dino è un animale politico, e vede solo **politica**. È questo che fa la grandezza appassionata della sua *Cronica*, ed è questo anche il suo limite.

Analisi e interpretazione Tipologia A

LEGGERE CON METODO

COMPRENSIONE GLOBALE

1. Sintetizza il contenuto narrativo del brano.

LA LINGUA E LE STRUTTURE

2. Con quali aggettivi sono, rispettivamente, caratterizzati Guido Cavalcanti, Vieri de' Cerchi, Bonifacio VIII e Nero Cambi? Quale visione della politica emerge da questi sinteticissimi ritratti?
3. Sottolinea le frasi da cui emergono episodi di violenza che si verificano in città. Come caratterizzano l'atmosfera politica di Firenze in quei mesi?
4. Sottolinea le frasi dalle quali emerge il coinvolgimento diretto di Dino nelle vicende della sua città.

I TEMI E L'INTERPRETAZIONE

5. Le rivalità tra gruppi politici sono presentate da Dino soprattutto come contrasti politici o essenzialmente come rivalità personali?
6. Secondo la ricostruzione degli storici di oggi, guelfi bianchi e neri erano divisi soprattutto sul ruolo politico del papa: i guelfi bianchi erano fautori della totale indipendenza della città e rifiutavano le ingerenze papali nella politica fiorentina, i neri, invece, erano strettamente legati al pontefice anche dal punto di vista economico. Qual è la posizione di Dino Compagni? Come giudica l'intervento del cardinale d'Acquasparta?

Giovanni Villani: la storia raccontata dai vincitori

Un "ragioniere" della storia Dante e Dino Compagni «scrivono con il pugnale», mentre Giovanni Villani (e i continuatori della sua *Cronica*, Matteo e Filippo) compilano un resoconto «come facessero un inventario», con la **penna di un ragioniere.** Con tali paragoni il critico Francesco De Sanctis misurò impietosamente tutta la distanza concettuale e stilistica che separa l'opera di Giovanni Villani da quella di Dino Compagni. La *Cronica* di Giovanni Villani è in effetti prodotto dell'ideologia di un tipico mercante della ricca borghesia fiorentina, tranquillamente adagiato nello *status quo*, e perfettamente soddisfatto del «governo dei popolani grassi e possenti» che gli pare, oltretutto, sostenuto dal benevolo favore della Provvidenza. D'altra parte, la vita pubblica fiorentina, cui egli partecipò, al tempo suo era più tranquilla, meno turbata dalle lotte politiche che l'avevano divisa alla fine del secolo precedente, e che tanta parte avevano avuto nel determinare il **timbro passionale** della *Cronica* di Dino Compagni.

LA VITA E L'OPERA

GIOVANNI VILLANI (Firenze, 1276 ca - 1348)

Nato a Firenze intorno al 1276 da una famiglia popolana, esercitò l'attività di **mercante** e di **banchiere**, socio delle importanti famiglie dei Peruzzi e dei Buonaccorsi. Ricoprì tre volte la carica di priore (nel 1316, nel 1321 e nel 1328), nel 1317 divenne membro della commissione per le nuove gabelle (tasse). Nel 1324 sovrintese alla costruzione delle mura e nel 1329 fu ufficiale addetto a far fronte alla carestia che attanagliava Firenze. Nel 1331 cominciò il suo declino dalla scena politica, a seguito di un'accusa di uso illecito di denaro pubblico (successivamente rivelatasi infondata) che gli era stata mossa al tempo in cui era stato camarlingo del Comune per l'edificazione delle mura. In seguito fu coinvolto nel fallimento bancario dei Buonaccorsi e perfino incarcerato, attorno al 1346, in quanto considerato mercante fuggitivo. Morì di peste nel 1348: mentre era al lavoro sulla sua *Cronica*, venne stroncato dalla malattia in maniera così fulminea, che lasciò a metà una frase.

▸ T Bonifacio VIII, il Giubileo del 1300

Un vero storiografo L'opera di Villani presenta a prima vista un impianto arcaico. I **primi sei libri**, che (cominciando dalla costruzione della torre di Babele) arrivano fino all'anno della calata in Italia di Carlo d'Angiò, nel 1265, hanno un **andamento leggendario e favoloso** e trovano la loro principale ragione d'interesse nella orgogliosa rivendicazione delle origini romane di Firenze. Gli **ultimi sei**, dedicati alle vicende del periodo 1265-1348, sono **più nuovi e avvincenti**, sia per la ricchezza di informazioni che contengono, sia per la tendenza dell'autore a **cogliere i nessi fra i fatti storici** e a spiegarli nella loro dinamica e nei loro rapporti di causa-effetto. Ne deriva una capacità di osservazione e di documentazione degli eventi - fra l'altro, anche attraverso l'analisi e la trascrizione di atti ufficiali e di testi d'archivio - che fa di Villani un vero storiografo, e non un cronista politico. Certo, quando si ferma a giudicare gli avvenimenti che racconta lo fa applicando **parametri moralistici usuali**, principi di buon senso un po' scontati. Di conseguenza, il suo stile non è mosso e drammatico come quello di Dino Compagni, ma piano e uniforme: «la calma penna del Villani livella un po' tutto, scolorando e appiattendo» anche gli eventi più decisivi della storia fiorentina (Giorgio Petrocchi).

GUIDA ALLO STUDIO

1. A quale classe sociale apparteneva Giovanni Villani?
2. In quante parti si può suddividere la *Cronica* di Villani?
3. Quali differenze si riscontrano tra l'opera storiografica di Villani e quella di Compagni?

T8

Giovanni Villani, *Nuova cronica*, IX, 63

Bonifacio VIII, l'oltraggio di Anagni

Periodo: prima metà del XIV secolo

Genere: cronaca

Argomento: l'oltraggio di Anagni

È l'episodio passato alla storia come "lo schiaffo di Anagni" (anche se non di "schiaffo" vero e proprio si trattò, ma comunque di oltraggio alla persona del papa da parte degli scherani del re di Francia). Villani, com'è suo costume, non prende partito, ma si colloca in una posizione mediana, da borghese di buon senso: non tace i «grandi peccati» di Bonifacio VIII, o l'uso strumentale che egli fa dell'arma della scomunica, ma gli riconosce coraggio, dignità, e non manca di scandalizzarsi di fronte al comportamento oltraggioso dei francesi. Per Villani, il rispetto dell'autorità costituita viene prima di tutto.

Nota il ricorrere del denaro in queste manovre politiche e l'implicazione della borghesia finanziaria fiorentina (i Peruzzi) in queste trattative. La politica descritta da Villani non è fatta soltanto di ideali (come in Dante), ma anche, concretamente, di soldi.

Dopo la detta discordia nata tra papa Bonifazio e 'l re Filippo di Francia[1] ciascuno di loro procacciò[2] d'abbattere l'uno l'altro per ogni via e modo che potesse: il papa d'aggravare il re di Francia di scomuniche e altri processi per privarlo del reame [...]. Lo re di Francia dall'altra parte non dormia, ma con grande sollecitudine, e consiglio di Stefano della Colonna e d'altri savi Italiani e di suo reame, mandò uno messere Guiglielmo di Lunghereto di Proenza[3], savio cherico e sottile[4], con messer Musciatto Franzesi[5] in Toscana, forniti di molti danari contanti, a ricevere dalla compagnia de' Peruzzi (allora suoi mercanti) quanti danari bisognasse, non sappiendo eglino perché [...]. E menarono il trattato segreto di fare pigliare in Anagna papa Bonifazio, spendendone molta moneta, corrompendo i baroni del paese e' cittadini d'Anagna; e come fu trattato venne fatto: che essendo papa Bonifazio co' suoi cardinali e con tutta la corte ne la città d'Anagna in Campagna, ond'era nato e in casa sua, non pensando né sentendo questo trattato[6], né prendendosi guardia, e se alcuna cosa ne sentì, per suo gran cuore il mise a non calere[7], o forse come piacque a Dio, per gli suoi grandi peccati, del mese di Settembre 1303, Sciarra della Colonna, con genti a cavallo in numero di trecento, e a piè di sua amistà assai, soldata de' denari del re di Francia[8] [...] e dissesi coll'assento[9] d'alcuno de' cardinali che teneano al trattato, e una mattina per tempo entrò in Anagna colle insegne e bandiere del re di Francia, gridando: «Muoia papa Bonifazio, e viva il re di Francia», e corsono la terra[10] senza contrasto niuno, anzi quasi tutto l'ingrato popolo di Anagna seguì le bandiere e la rubellazione[11]; e giunti al palazzo papale, sanza riparo vi saliro e presono il palazzo, perocché il presente assalto fu improvviso al papa e a' suoi, e non prendeano guardia.

Papa Bonifazio sentendo il romore, e veggendosi abbandonato da tutti i cardinali, fuggiti e nascosi per paura o chi da mala parte[12], e quasi da' più de' suoi

1. **Filippo di Francia:** Filippo IV il Bello.
2. **procacciò:** **tentò**, **s'ingegnò**.
3. **Guiglielmo di Lunghereto di Proenza:** Guglielmo di Nogaret di Provenza.
4. **sottile:** **acuto**, dal ragionamento fine.
5. **Musciatto Franzesi:** un banchiere fiorentino stabilitosi in Francia per esercitarvi la mercatura. Divenne tesoriere e stretto collaboratore di Filippo il Bello.
6. **non pensando ... questo trattato:** **non avendo cognizione né sospetti del piano ordito ai suoi danni**.
7. **il mise a non calere:** **decise di non dargli importanza**.
8. **e a piè... di Francia:** sottintendi *gente*, dal plurale precedente (con *genti* a cavallo): **e con parecchia gente a piedi a lui fedele** (*di sua amistà*), **assoldata dal re di Francia**.
9. **coll'assento:** **con l'assenso**.
10. **la terra:** **il borgo**.
11. **rubellazione:** **ribellione**.
12. **o chi da mala parte:** e qualcuno con malvagie intenzioni; di tradire il papa, cioè.

famigliari[13], e veggendo ch' e' suoi nemici aveano presa la terra e 'l palazzo ov'era, si cusò[14] morto, ma come magnanimo e valente disse: «Dacché per tradimento, come Gesù Cristo, voglio esser preso e mi conviene morire, almeno voglio morire come papa»; e di presente si fece parare dell'ammanto di San Piero[15] [...] e in su la sedia papale si pose a sedere. E giunto a lui Sciarra e gli altri suoi nimici, con villane parole lo scherniro[16], e arrestaron lui e la sua famiglia, che con lui erano rimasi: intra gli altri lo schernì messer Guiglielmo di Lunghereto [...] e minacciollo, dicendo di menarlo legato a Leone sopra Rodano[17], e quivi in generale concilio il farebbe diporre e condannare[18]. Il magnanimo papa gli rispuose ch'era contento d'esser condannato e diposto per gli paterini[19] com'era egli, e 'l padre e la madre arsi per paterini[20]; onde messer Guiglielmo rimase confuso e vergognato. Ma poi come piacque a Dio, per conservare la santa dignità papale, niuno ebbe ardire di toccarlo o non piacque loro di porgli mano addosso, ma lasciarlo parato sotto cortese guardia, e intesono[21] a rubare il tesoro del papa e della Chiesa. In questo dolore, vergogna e tormento stette il valente papa Bonifazio preso per gli suoi nimici per tre dì, ma come Cristo al terzo dì resuscitò, così piacque a lui che papa Bonifazio fosse dilibero[22], che sanza priego o altro procaccio[23], se non per opera divina, il popolo d'Anagna, ravveduti del loro errore, e usciti dalla loro cieca ingratitudine, subitamente si levaro all'arme gridando: «Viva il papa e sua famiglia, e muoiano i traditori»; e correndo la terra ne cacciarono Sciarra della Colonna e' suoi seguaci, con danno di loro di presi[24] e di morti; e liberarono il papa e la sua famiglia.

Papa Bonifazio veggendosi libero e cacciati i suoi nimici, per ciò non si rallegrò niente[25], perché aveva conceputo e addurato[26] nell'animo il dolore della sua avversità; incontanente[27] si partì d'Anagna con tutta la corte, venne a Roma a Santo Piero per fare concilio, con intendimento di sua offesa e di Santa Chiesa fare grandissima vendetta contro il re di Francia[28], e chi offeso l'aveva; ma come piacque a Dio, il dolore impetrato[29] nel cuore di papa Bonifazio per la ingiuria ricevuta, gli surse, giunto in Roma, diversa malattia[30], che tutto si rodea come rabbioso, e in questo stato passò di questa vita a dì 12 d'Ottobre gli anni di Cristo 1303, e nella chiesa di San Piero all'entrare delle porte, in ricca cappella fattasi fare a sua vita[31], onorevolmente fu seppellito.

---

13. famigliari: qui nel senso di **domestici**, persone di casa. Anche loro sembrano avere abbandonato il papa.
14. si cusò: **si ritenne.**
15. si fece ... San Pietro: **si fece vestire coi paramenti di san Pietro**. Non senza ragione, Bonifacio VIII confida nel prestigio che comunque emana dal suo ruolo, e che l'«ammanto di San Piero» e il trono pontificio dovrebbero simboleggiare.
16. Sciarra ... lo scherniro: l'umiliazione fu gravissima, tuttavia deve considerarsi leggenda lo schiaffo che il papa avrebbe ricevuto da Sciarra Colonna.
17. Leone sopra Rodano: Lione, in Francia.
18. diporre e condannare: a Lione il concilio avrebbe disposto la deposizione del papa.
19. paterini: **patarini**, **eretici**.
20. arsi per paterini: **bruciati sul rogo come eretici**.
21. intesono: **si dedicarono**.
22. dilibero: **liberato**.
23. sanza ... procaccio: **senza che li si supplicasse o si procurasse in altro modo il loro favore**.
24. di presi: **di prigionieri**.
25. non si rallegrò niente: nella mancata soddisfazione del papa è leggibile l'amarezza di un brusco risveglio: il suo sogno si è ormai irreparabilmente infranto contro la possente realtà degli Stati nazionali.
26. addurato: **indurito**.
27. incontanente: **immediatamente**.
28. con intendimento ... contro il re di Francia: con l'intenzione di vendicarsi solennemente contro il re di Francia dell'offesa *sua*, inferta a lui, e alla Santa Chiesa.
29. impetrato: **impietrito**.
30. gli surse ... malattia: **l'incancellabile dolore per l'onta ricevuta si trasformò** (*gli surse*) **in strana** (*diversa*) **malattia appena giunto a Roma**.
31. a sua vita: **mentre era ancora in vita**.

T8 Dentro il testo

IN SINTESI

Il passo racconta l'episodio dell'oltraggio di Anagni, punto culminante dello scontro tra papa Bonifacio VIII e il re di Francia Filippo IV. Mentre il papa colpiva ripetutamente il re con scomuniche, questi si adoperava a "comprare" con il denaro il favore della popolazione di Anagni, nel Lazio, in modo da non trovare ostacoli nel suo piano di catturare il papa e condurlo a Lione, per poi farlo deporre. Al denaro è dunque riconosciuta una funzione tutta nuova, di lubrificante per gli ingranaggi della storia. D'altra parte, ciò che non è mosso dal danaro, viene determinato da voleri ultraterreni. Ecco dunque che, inaspettatamente, dopo tre giorni di prigionia del papa, i cittadini di Anagni lo liberarono, per una imperscrutabile volontà divina.

La rivincita papale non fu possibile per la sopravvenuta malattia e morte di Bonifacio, «come piacque a Dio».

I TEMI E L'ESPRESSIONE

VILLANI *VS* DANTE: BONIFACIO VIII

La figura di Bonifacio VIII ci è nota soprattutto attraverso il punto di vista di Dante: sappiamo che egli è la vera e propria "bestia nera" dell'Alighieri. Il quale, non potendolo mettere all'Inferno per ragioni di cronologia (il viaggio dantesco si svolge appunto nel 1300, l'anno giubilare, mentre Bonifacio muore nel 1303), tuttavia immagina che un altro papa dannato, Niccolò III, punito nella bolgia dei simoniaci, si aspetti l'arrivo del suo successore, e scambi Dante stesso per lui (*Inferno*, XIX, 52-57).

Il punto di vista di Villani è **ben diverso da quello di Dante**. Pur riconoscendo i «grandi peccati» di papa Bonifacio, egli rimane visibilmente **ammirato** di fronte alla grande personalità del pontefice, alla sua sprezzante forza d'animo nel fronteggiare i francesi, alla sua prontezza di lingua, alla sua incrollabile fiducia nel prestigio dell'autorità pontificia. Alla fine, Villani sembra inchinarsi di fronte a quella onorevole sepoltura («nella chiesa di San Piero all'entrare delle porte, in ricca cappella fattasi fare a sua vita, onorevolmente fu seppellito», rr. 55-56) che sigilla l'esistenza di un personaggio comunque degno di grande considerazione.

Analisi e interpretazione Tipologia A

LEGGERE CON METODO

COMPRENSIONE GLOBALE

1. In che modo Filippo il Bello preparò l'attacco a Bonifacio VIII?
2. Perché il papa, invece di nascondersi o fuggire, ricevette i persecutori nella solennità delle vesti pontificali?

LA LINGUA E LE STRUTTURE

3. Dal punto di vista stilistico, nel testo prevalgono i periodi brevi e vivaci oppure quelli lunghi e articolati? L'ipotassi o la paratassi?
4. Sottolinea nel testo tutte le espressioni che appartengono alla sfera lessicale del denaro.

I TEMI E L'INTERPRETAZIONE

5. Complessivamente, nel giudizio di Villani su Bonifacio VIII prevalgono gli elementi critici o l'ammirazione? Rispondi con precisi riferimenti al testo.
6. Quale importanza viene data, rispettivamente, ai fattori economici e religiosi nella ricostruzione storica di Villani?

SCRIVERE CON METODO

COMMENTO

7. Elabora un commento al testo, soffermandoti in particolare su:
   - l'articolazione argomentativa del discorso di Villani;
   - il giudizio di Villani su Bonifacio VIII.

4 Medioevo meraviglioso

Mirabilia, merveilles, fantasy L'uomo del Medioevo ha una percezione del «meraviglioso» molto diversa da noi moderni. Per noi il meraviglioso coincide con il fantastico, e corrisponde in letteratura a un genere che oggi chiamiamo, con parola inglese, ***fantasy***. Ma noi sappiamo perfettamente che le creature, gli eventi, i fenomeni straordinari del fantastico non sono veri, sono una pura invenzione senza riscontro nella realtà. Per l'uomo del Medioevo, invece, il meraviglioso non è affatto incredibile, o inventato: è semplicemente una zona della realtà che gli appare **misteriosa e incomprensibile**, ma della cui veridicità egli non dubita affatto. Forse la definizione più chiara del meraviglioso medievale è quella offerta dallo studioso inglese Gervasio di Tilbury, nel 1210, nella sua opera enciclopedica *Otia imperialia*, che nell'ultima parte registra una lunga serie di fenomeni "meravigliosi": «Noi chiamiamo meravigliosi i fenomeni che, pur essendo naturali, eccedono la nostra comprensione». Di qui, anche, il termine che più comunemente indicava questi fenomeni: ***mirabilia*** in latino, ***merveilles*** in francese, plurali ambedue, a significare l'insieme delle «cose che suscitano meraviglia».

Meraviglioso cristiano e meraviglioso popolare Il meraviglioso medievale è di vari tipi e proviene da una varietà di culture e di esperienze. La **Chiesa** cerca fermamente di assicurarsene il monopolio, tentando di **identificare meraviglioso e miracolo**, e di ricondurre ogni fenomeno straordinario all'intervento diretto di Dio o, altrettanto spesso, di Satana. Tuttavia, al meraviglioso sacro, controllato dalla religione, si affianca prepotentemente quello che deriva dal **folclore popolare**, spesso di antiche e mai totalmente estirpate radici pagane; poi quello che deriva dall'esplorazione di nuovi Paesi, specie orientali, in coincidenza con il prepotente espandersi delle attività mercantili.

▶ T *Il Milione*, Falsi mostri d'Oriente

Oriente meraviglioso I **viaggi in Oriente**, terra di mostri e meraviglie fin dall'antichità classica, rappresentano un tipico caso di commistione fra *reportage* di fenomeni naturali oggi spiegabili, ma incomprensibili (e quindi meravigliosi) agli occhi del viaggiatore medievale, e amplificazioni fantasiose e superstiziose. Il viaggiatore medievale non racconta solo ciò che ha visto, ma si sente in obbligo di inserire nella sua esperienza anche la memoria letteraria di ciò che ha letto o che altri hanno fantasticato, su quegli stessi Paesi di cui peraltro egli può vantare esperienza diretta. Tipico il caso di Marco Polo e del suo *Milione* (non a caso intitolato originariamente *Le livre des merveilles du monde*, "Il libro delle meraviglie del mondo"). Marco Polo consegna all'Occidente una narrazione orientale di straordinaria suggestione, proprio perché egli riferisce veridicamente ciò che ha effettivamente visto e toccato, ma allo stesso tempo non resiste alla tentazione di amplificare immaginosamente il dato reale, dando al suo racconto un'avvincente coloritura fantastica.

◂ Le creature mostruose del Paese dei Mekrit (odierna Siberia), ripresa della tradizione di Erodoto e Plinio, miniatura dal *Libro delle meraviglie del mondo* di Marco Polo, 1410 ca (Parigi, Bibliothèque Nationale).

Marco Polo e il *Milione*: tra cronaca e leggenda

La grande fama del veneziano La naturale affinità tra viaggio, fiaba e mito stimolò inevitabilmente l'immaginazione di ogni viaggiatore medievale, ma «né le relazioni dei francescani che avevano preceduto il Polo alla Corte del Gran Cane, né le memorie dei viaggiatori successivi, godettero neppur lontanamente della popolarità addirittura proverbiale che toccò in sorte al gran libro del veneziano» (Sergio Solmi).

GUIDA ALLO STUDIO

1. Com'era la concezione del «meraviglioso» per l'uomo medievale?
2. Che cosa caratterizza i racconti che narrano dell'Oriente?
3. Di quale Paese Marco Polo racconta usi e costumi nel *Milione*?

LA VITA E L'OPERA

MARCO POLO (Venezia, 1254 - 1324)

Marco Polo (Venezia, 1254-1324) partecipò, nel 1271, al secondo viaggio in **Cina** (allora chiamata Catai) del padre Niccolò e dello zio Matteo, incaricati da papa Gregorio X di una non ben precisata missione diplomatica presso Qubilai, il Gran Khan, nipote di Gengis Khan. Il giovane Marco si inserì nella gerarchia feudale mongola, ottenendo la stima e la fiducia del Gran Khan, dal quale ricevette incarichi che lo fecero viaggiare in tutto il territorio imperiale. Egli poté così osservare e conoscere direttamente **caratteristiche, usi e costumi** dei popoli della Cina. Tornato a Venezia nel 1295, durante un periodo di prigionia a Genova in seguito alla sconfitta veneziana di Curzola (1298), dettò le proprie memorie a **Rustichello da Pisa**, autore di romanzi in prosa in lingua d'*oïl* e compagno di prigionia di Marco, che le trascrisse fedelmente in **francese**. Ne nacque un testo, *Le divisament dou monde* ("La descrizione del mondo"), poi tradotto in italiano come *Il libro delle meraviglie del mondo*, che rimase per molti secoli fonte insuperata di conoscenza di quelle terre lontane. Il titolo con il quale l'opera oggi è comunemente conosciuta, ***Il Milione*** (o semplicemente *Milione*) deriva, a quanto pare, da un soprannome dell'autore (forse da «Emilione»); esso già compare nella più antica versione toscana, quella trecentesca detta dell'«Ottimo». Tornato a Venezia nel 1299, Marco curò personalmente la diffusione del libro, che venne copiato e tradotto in redazioni e lingue diverse (se ne contano 149 codici manoscritti). In seguito, con l'avvento della stampa, a partire dalla fine del Quattrocento, il libro andò incontro a numerosissime edizioni, confermando il **grande successo di pubblico** che permane fino a oggi.

A COLPO D'OCCHIO — Il *Milione*

Didattica INCLUSIVA

- **le caratteristiche del meraviglioso medievale**
  - nel Medioevo tutti i fenomeni fantastici erano considerati veri, ma al di là della comprensione umana
  - la Chiesa cerca di identificare il meraviglioso con i miracoli
  - oltre al miracolo, il meraviglioso folclorico e dei viaggiatori
- **l'autore**
  - Marco Polo
  - in missione diplomatica nel Catai, dove si stabilì per circa vent'anni e percorse tutto il territorio della Cina
- **l'opera**
  - il *Milione*
  - raccoglie le memorie dettate da Marco Polo a Rustichello da Pisa

RISCRITTURA, GIOCO, PARODIA

Un *Milione* moderno: le *Città invisibili* di Italo Calvino

Nelle *Città invisibili* (1972) **Italo Calvino** offre una personale riscrittura del *Milione* di Marco Polo, immaginando che il grande viaggiatore descriva al Gran Khan le tante città da lui visitate, in lungo e in largo per l'immenso impero, e che il monarca personalmente non ha mai visto. Sono città, per questo, «invisibili»: ricostruite solo per via di parola di fronte all'imperatore, e chissà se e quanto vere, o non piuttosto deformate, o inventate, dal grande viaggiatore-narratore. Ogni città ha la sua distintiva personalità: anzi, proprio in questo il libro di Calvino trova il suo fascino particolare, ovvero nella capacità di inventare città caratterizzate da un'unica cifra dominante, classificate quasi come una infinita enciclopedia di tutte le città possibili.

«Non si deve mai confondere la città col discorso che la descrive», afferma Calvino. E il suo libro, infatti, non è la descrizione di tante città possibili, quanto una riflessione sul "discorso" in sé, sul potere della parola e sulla sua enigmatica distanza dalla realtà. È, alla fine, la proposta di leggere il *Milione* di Marco Polo non come il libro di un viaggio avvenuto, ma come il racconto di un viaggio fatto solo di descrizioni, soltanto fantasticato.

Cornice *Le labbra strette sul cannello d'ambra della pipa, la barba schiacciata contro la gorgiera*[1] *d'ametiste, gli alluci inarcati nervosamente nelle pantofole di seta, Kublai Kan ascoltava i resoconti di Marco Polo senza sollevare le ciglia. Erano le sere in cui un vapore ipocondriaco*[2] *gravava sul suo cuore. – Le tue città non esistono. Forse non sono mai esistite. Per certo non esisteranno più. Perché ti trastulli con favole consolanti? So bene che il mio impero marcisce come un cadavere nella palude, il cui contagio appesta tanto i corvi che lo beccano quanto i bambù che crescono concimati dal suo liquame. – Perché non mi parli di questo? Perché menti all'imperatore dei tartari, straniero? – Polo sapeva secondare l'umor nero del sovrano. – Sì, l'impero è malato e, quel che è peggio, cerca d'assuefarsi alle sue piaghe. Il fine delle mie esplorazioni è questo: scrutando le tracce di felicità che ancora s'intravvedono, ne misuro la penuria. Se vuoi sapere quanto buio hai intorno, devi aguzzare lo sguardo sulle fioche luci lontane. – Alle volte il Kan era invece visitato da soprassalti d'euforia. Si sollevava sui cuscini, misurava a lunghi passi i tappeti stesi sotto i suoi piedi sulle aiole, s'affacciava alle balaustre delle terrazze per dominare con occhio allucinato la distesa dei giardini della reggia rischiarati dalle lanterne appese ai cedri. – Eppure io so, – diceva, – che il mio impero è fatto della materia dei cristalli, e aggrega le sue molecole secondo un disegno perfetto. In mezzo al ribollire degli elementi prende forma un diamante splendido e durissimo, un'immensa montagna sfaccettata e trasparente. Perché le tue impressioni di viaggio si fermano alle delusive apparenze e non colgono questo processo inarrestabile? Perché indugi in malinconie inessenziali? Perché nascondi all'imperatore la grandezza del suo destino? –. E Marco: – Mentre al tuo cenno, Sire, la città una e ultima innalza le sue mura senza macchia, io raccolgo le ceneri delle altre città possibili che scompaiono per farle posto e non potranno più essere ricostruite né ricordate. [...]*

Eutropia Entrato nel territorio che ha Eutropia per capitale, il viaggiatore vede non una città ma molte, di eguale grandezza e non dissimili tra loro, sparse per un vasto e ondulato altopiano. Eutropia è non una ma tutte queste città insieme; una sola è abitata, le altre vuote; e questo si fa a turno. Vi dirò ora come. Il giorno in cui gli abitanti di Eutropia si sentono assalire dalla stanchezza, e nessuno sopporta più il suo mestiere, i suoi parenti, la sua casa e la sua via, i debiti, la gente da salutare o che saluta, allora tutta la cittadinanza decide di spostarsi nella città vicina che è lì ad aspettarli, vuota e come nuova, dove ognuno prenderà un altro mestiere, un'altra moglie, vedrà un altro paesaggio aprendo la finestra, passerà le sere in altri passatempi amicizie maldicenze. Così la loro vita si rinnova di trasloco in trasloco, tra città che per l'esposizione o la pendenza o i corsi d'acqua o i venti

---

1. gorgiera: colletto.

2. vapore ipocondriaco: l'espressione si riferisce a uno stato d'animo. Allude a una sensazione di malessere, a una convinzione vaga di stare male.

si presentano ognuna con qualche differenza dalle altre. Essendo la loro società ordinata senza grandi differenze di ricchezza o di autorità, i passaggi da una funzione all'altra avvengono quasi senza scosse; la varietà è assicurata dalle molteplici incombenze, tali che nello spazio d'una vita raramente uno ritorna a un mestiere che già era stato suo.
Così la città ripete la sua vita uguale spostandosi in su e in giù sulla sua scacchiera vuota. Gli abitanti tornano a recitare le stesse scene con attori cambiati; ridicono le stesse battute con accenti variamente combinati; spalancano bocche alternate in uguali sbadigli. Sola tra tutte le città dell'impero, Eutropia permane identica a se stessa. Mercurio, dio dei volubili, al quale la città è sacra, fece questo ambiguo miracolo.

Isidora All'uomo che cavalca lungamente per terreni selvatici viene desiderio d'una città. Finalmente giunge a Isidora, città dove i palazzi hanno scale a chiocciola incrostate di chiocciole marine, dove si fabbricano a regola d'arte cannocchiali e violini, dove quando il forestiero è incerto tra due donne ne incontra sempre una terza, dove le lotte dei galli degenerano in risse sanguinose tra gli scommettitori. A tutte queste cose egli pensava quando desiderava una città. Isidora è dunque la città dei suoi sogni: con una differenza. La città sognata conteneva lui giovane; a Isidora arriva in tarda età. Nella piazza c'è il muretto dei vecchi che guardano passare la gioventù; lui è seduto in fila con loro. I desideri sono già ricordi.

(I. Calvino, *Le città invisibili*, Mondadori, Milano 1996)

LA CORNICE E LE CITTÀ

I brani che abbiamo letto esemplificano il carattere del libro di Calvino, la sua cornice e la sostanza delle sue descrizioni.
Nella *cornice*, lo scrittore segue il rapporto via via cangiante fra l'imperatore in ascolto e Marco Polo, viaggiatore e narratore. È qui che trovano luogo le riflessioni sul meccanismo stesso del racconto, della descrizione, della memoria di Marco; è qui che Calvino ragiona sul rapporto fra realtà e narrato, fra le cose e le parole, fra la città vista e la città ricordata e narrata. Egli non prende mai una posizione finale a favore di una totale veridicità o di una totale falsità del racconto, ma, come nel primo dei brani riportati, lascia sempre ambiguo e irrisolto il rapporto fra verità e invenzione.
I due esempi di città invisibili che seguono ci presentano Isidora e Eutropia, la città dei traslochi, la città dei sogni. Sono città evidentemente molto diverse, ma ambedue città strane, elusive. I visitatori di Isidora la scambiano all'inizio per la città dei loro sogni, salvo accorgersi che ci si era già arrivati, che anzi ci si è già passata la vita, e che i sogni e i desideri sono ormai ricordi. Gli abitanti di Eutropia credono di cambiare vita traslocando da una Eutropia all'altra, ma non fanno che cambiare la loro posizione su una scacchiera fissa. L'infinita varietà del mondo assume così un carattere deludente: non di varietà si tratta, in fondo, ma di ripetizione e di spostamento, entro una serie data di combinazioni già previste. Le città invisibili finiscono con l'essere l'esatto contrario del vero viaggio, della vera scoperta, della vera avventura.

LEGGERE CON METODO

1. Quale ambiguo rapporto c'è tra Marco Polo e l'imperatore?
2. In che modo Isidora delude il viaggiatore?
3. Perché gli abitanti di Eutropia, anche se sono in continuo trasloco, finiscono per ripetere sempre le stesse azioni, le stesse vite?

I viaggiatori e le loro strade

Marco Polo descrive il suo viaggio in Catai in un'epoca nella quale viaggiare aveva un senso molto diverso rispetto a oggi.
L'uomo medievale si spostava ben poco: le sole infrastrutture dell'epoca erano **strade malsicure**, che passavano in mezzo a paludi insalubri e boschi pieni di briganti. La stragrande maggioranza delle persone non si spostava mai dal luogo di nascita, se non per brevi tratti, e solo per necessità. Le due eccezioni di rilievo erano i pellegrini e i mercanti.
Il **pellegrinaggio** era un'occasione di arricchimento spirituale per chi lo compiva (il Giubileo fu inventato proprio nel Medioevo, precisamente nel 1300, da papa Bonifacio VIII), ma anche di arricchimento materiale per chi riceveva i pellegrini, per esempio le locande lungo il cammino, o anche nella stessa Roma. Stava nascendo l'«industria del turismo», ai suoi albori. I pellegrini erano soliti percorrere strade ben note, delle quali ben conoscevano il tracciato – consolidato da tanti altri viaggiatori prima di loro – e che sarebbero divenute famose nei secoli a venire: valgano per tutti il Cammino verso Santiago de Compostela e la Via Francigena che portava a Roma.
I **mercanti**, invece, potevano anche esplorare nuove rotte, non prive di pericoli ma che promettevano – se la fortuna li assisteva – un notevole ritorno economico. Non è un caso che si faccia coincidere la data convenzionale di inizio dell'Era moderna con il 1492, cioè con l'apertura di una nuova rotta commerciale: quella tracciata da Cristoforo Colombo per le nuove terre che verranno poi chiamate Americhe.
Marco Polo percorre una via già conosciuta, la Via della Seta, una strada carovaniera tracciata fin dai tempi antichi dai mercanti che trasportavano le merci tra la Cina, il Vicino Oriente e l'Europa occidentale. Figlio di importanti mercanti veneziani, si farà poi "catturare" dal fascino del Catai, tanto da godere della fiducia del Gran Khan e restarvi per vent'anni. Marco era guidato non solo dal desiderio di guadagno, ma anche dalla sete di conoscenza, dalla curiosità verso civiltà distanti dalla sua, tanto che egli viene considerato uno dei primi «viaggiatori» della storia.

Nel XXI secolo, la grande disponibilità dei mezzi di trasporto ha fatto sì che nascesse una specie diversa di viaggiatore, sconosciuta in precedenza: il «turista».

> La ferrovia, scriveva John Ruskin nel 1849, "trasforma l'uomo da viaggiatore in pacco vivente" perché il passeggero del treno "a malapena sa i nomi delle città dove è passato, e solo di sfuggita le riconosce dai campanili delle cattedrali più famose [...]": la metafora del "turista/pacco postale" avrebbe conosciuto una grande fortuna nei due secoli successivi.
>
> (Marco D'Eramo, *Il selfie del mondo*, Feltrinelli, Milano 2017)

▲ L'afflusso di pellegrini a Roma per il giubileo del 1300, manoscritto dell'inizio del XV secolo (Lucca, Archivio Nazionale).

RIFLESSIONE CRITICA **Tipologia C**

1. Pensa a una località che hai visitato nella tua vita, scegline un aspetto che ti ha colpito in modo particolare (un monumento, una piazza ecc.) e descrivilo come se scrivessi una guida turistica.
2. Secondo te esiste una differenza tra «viaggiatore» e «turista»? Affronta l'argomento in un breve testo espositivo-argomentativo.

T9

Il Milione, XL-XLI

Il Veglio della Montagna e gli assassini

Anno: 1298

Genere: memorie di viaggio

Argomento: il metodo di reclutamento del Vecchio della Montagna

È il sintetico e affascinante reportage di una realtà storica, ben presto, in Occidente, divenuta leggenda. Si parla qui infatti del Veglio, *o «*Vecchio*», della* Montagna*: ossia del capo della setta eretica musulmana degli «assassini», ramo di quella degli ismailiti, una corrente dell'islam sciita fondata dal persiano Hassan-ibn-Sabbah (1090), fiero combattente contro i musulmani ortodossi. Il titolo di Veglio si trasmise a tutti i successori di Hassan-ibn-Sabbah fino al personaggio descritto qui da Marco Polo, Ala-uddin Mohammed (1220-55). Il governo del Veglio, fondato sul reclutamento di fedelissimi resi succubi dall'assunzione di droghe, non è invenzione di Marco Polo, ma pare che corrispondesse ai metodi operativi della setta ismailitica.*

Milice è una contrada ove 'l Veglio de la Montagna solea dimorare anticamente. Or vi conterò l'afare, secondo che messer Marco intese da più uomini.

Lo Veglio è chiamato in loro lingua Aloodin[1]. Egli avea fatto fare tra due montagne in una valle lo piú bello giardino e 'l piú grande del mondo. Quivi avea tutti frutti (e) li piú begli palagi del mondo, tutti dipinti ad oro, a bestie, a uccelli; quivi era condotti[2]: per tale venía acqua e per tale mèle e per tale vino; quivi era donzelli e donzelle, li piú begli del mondo, che meglio sapeano cantare e sonare e ballare. E facea lo Veglio credere a costoro che quello era lo paradiso. E perciò 'l fece, perché Malcometto[3] disse che chi andasse in paradiso, avrebbe di belle femine tante quanto volesse, e quivi troverebbe fiumi di latte, di vino e di mèle. E perciò 'l fece simile a quello ch'avea detto Malcometto; e li saracini di quella contrada credeano veramente che quello fosse lo paradiso.

E in questo giardino non intrava se none colui cu' e' volea fare **assesin[o]**[4].

1. **Alodin:** si tratta di Ala-uddin Mohammed (1220-55), capo della setta al tempo di Marco Polo.
2. **condotti:** **condutture**, **tubature**, attraverso le quali, come si spiega subito dopo, arrivava acqua, oppure miele («mèle») o vino.
3. **Malcometto:** **Maometto**. Segue una rappresentazione del paradiso islamico, coerente non tanto col Corano, quanto con la banalizzazione della cultura islamica nei Paesi d'Occidente.
4. **se none ... assesin[o]:** **se non colui che il Veglio intendeva fare assassino**.

■ Le parole della tradizione

TROVARE LE PAROLE

▸ **assesino**, dall'arabo ***hashishiyyah***, "uomini che consumano hashish".

■ La nostra parola «assassino» deriva proprio dall'appellativo dato ai componenti della setta del Veglio. In verità, fra le denominazioni usate dagli autori musulmani per i seguaci di al-Hasan, quella di *hashishiyyah* risulta rarissima, ma è quella che sarà poi predominante nell'uso popolare, così da dar origine al vocabolo europeo ancora oggi in uso. L'appellativo deriva proprio dall'hashish, la droga che il Veglio somministrava ai giovani prescelti per le missioni omicide degli ismailiti (Marco Polo parla nel brano di «oppio»). Nella poesia cortese, francese e italiana, si fece un uso molto romantico del termine: «assassino» si definisce l'amante - per esempio nelle poesie di Aimeric de Peguilhan (*Puois descobrir*) e di Guido delle Colonne (*Gioiosamente canto*) – in quanto la dipendenza dell'«assassino» dal suo capo politico e religioso viene assunta come metafora della fedeltà assoluta dell'amante alla sua donna.

■ Anche Dante usa questo termine («perfido assessin»), nella bolgia dei simoniaci (*Inferno*, XIX, 50), ma per indicare ormai, come oggi, un omicida spietato.

A la ’ntrata del giardino ave’ uno castello sí forte, che non temea niuno uomo del mondo. Lo Veglio tenea in sua corte tutti giovani di 12 anni, li quali li paressero da diventare prodi uomini. Quando lo Veglio ne facea mettere nel giardino a 4, a 10, a 20, egli gli facea dare oppio a bere, e quelli dormía bene 3 dí; e faceali portare nel giardino e là entro gli facea isvegliare. Quando li giovani si svegliavano e si trovavano là entro e vedeano tutte queste cose, veramente credeano essere in paradiso. E queste donzelle sempre stavano co loro in canti e in grandi solazzi; e aveano sí quello che voleano, che mai per loro volere non sarebboro[5] partiti da quello giardino. E ’l Veglio tiene bella corte e ricca e fa credere a quegli di quella montagna che cosí sia com’è detto. E quando elli ne vuole mandare niuno di quegli giovani ine uno luogo, li fa dare beveraggio che dormono, e fagli recare fuori del giardino in su lo suo palagio. Quando coloro si svegliono (e) truovansi quivi, molto si meravigliano, e sono molto tristi, ché si truovano fuori del paradiso. Egli se ne vanno incontanente[6] dinanzi al Veglio, credendo che sia uno grande profeta, inginocchiandosi; e egli dimand[a] onde vegnono. Rispondono: «Del paradiso»; e contagli tutto quello che vi truovano entro e ànno grande voglia di tornarvi. E quando lo Veglio vuole fare uccidere alcuna persona, fa tòrre[7] quello che sia lo piú vigoroso, e fagli uccidire cui egli vuole. E coloro lo fanno volontieri, per ritornare al paradiso; se scampano, ritornano a loro signore; se è preso, vuole morire, credendo ritornare al paradiso.

E quando lo Veglio vuole fare uccidere neuno uomo, egli lo prende e dice: «Va’ fa’ cotale cosa; e questo ti fo perché ti voglio fare tornare al paradiso». E li assesini vanno e fannolo molto volontieri. E in questa maniera non campa niuno uomo dinanzi al Veglio de la Montagna a cu’elli lo vuole fare; e sí vi dico che piú re li fanno trebuto per quella paura.

---

5. **sarebboro:** sarebbero.
6. **incontanente:** subito, prontamente.
7. **fa tòrre:** sceglie dal gruppo.

T9 Dentro il testo

IN SINTESI

Il metodo di reclutamento dei suoi fedelissimi, da parte del Veglio, pare che implicasse davvero l’uso di droghe, oppio o hashish. Marco Polo raccoglie qui una versione alquanto romanzesca di tale metodo, e la trasforma in una sorta di racconto favoloso, in una novella di (finta) magia. In questa versione il Veglio viene infatti rappresentato come un astuto creatore di finzioni, capace di manipolare con particolare finezza la psicologia delle sue vittime predestinate. Innanzitutto, egli gioca sull’immaginario religioso dei giovani su cui ha messo gli occhi: sa bene come essi si rappresentano il paradiso secondo i dettami di «Malcometto», e allestisce un finto luogo di delizie in tutto e per tutto corrispondente all’aspettativa di quei giovani. Per di più, egli li porta nel suo «paradiso» profondamente addormentati per l’effetto della droga: così che essi credano davvero di sperimentare le delizie dell’aldilà. Poi, con lo stesso metodo, egli li riporta nella vita reale: ma a quel punto il gioco è fatto, ed essi saranno disposti a compiere qualsiasi cosa egli comandi, a perpetrare qualsiasi misfatto, pur di ritornare, vivi o morti, nel paradiso che hanno sperimentato.

I TEMI E L'ESPRESSIONE

LA MANIPOLAZIONE DELLA REALTÀ

Il trucco del Veglio, e specialmente l'accurata messinscena del finto aldilà islamico, sembra quasi anticipare certi aspetti di quella che sarà la beffa di Boccaccio: quando i beffatori saranno capaci di costruire intorno alle loro vittime una **realtà alternativa**, manipolandone astutamente la coscienza e l'immaginazione.

Analisi e interpretazione Tipologia A

LEGGERE CON METODO

COMPRENSIONE GLOBALE

1. In che modo il Vecchio allestisce il suo «paradiso» e perché i giovani in esso attirati lo credono vero?
2. Che età hanno i giovani che egli attira?

LA LINGUA E LE STRUTTURE

3. Trova nel testo almeno 5 parole che, pur essendo usate anche nell'italiano moderno, hanno mutato grafia.

L'essenziale

AUDIOLIBRO

LA LETTERATURA RELIGIOSA

La letteratura religiosa del Due-Trecento si distingue per il suo compito di istruire e edificare e comprende una vasta produzione di vite di santi, con narrazione di miracoli e di *exempla*.
Domenico Cavalca scrisse le *Vitae Patrum*, con l'intento di raccontare le vite dei Padri della Chiesa in un linguaggio semplice e popolare, adatto alle persone semplici e illetterate.
Il predicatore Jacopo Passavanti, nel suo *Specchio di vera penitenza*, riporta gli *exempla* che devono servire da istruzione e da monito ai fedeli, catturandone l'immaginazione grazie alla potenza della narrazione.
Santa Caterina da Siena fu tra le predicatrici più importanti dell'epoca, nonostante fosse completamente analfabeta. Il suo fervore religioso la portò a essere indagata dalle gerarchie ecclesiastiche, che la sospettavano in odore di eresia.

IL *NOVELLINO*

Il *Novellino* è una raccolta di novelle, di autore anonimo, che si caratterizza per un costante richiamo alle cortesie, cioè ai gesti nobili e generosi come il dono, e ai motti, cioè alle arguzie usate per trarsi d'impaccio. Così facendo, si trova a essere a "metà strada" tra un mondo in via di sparizione, quello cortese, e uno che si sta affermando sempre più, quello cittadino e borghese.

LA STORIA, LA CRONACA

Dino Compagni fu protagonista diretto delle storie che racconta, e che descrive con estrema partecipazione. Nel suo racconto non si astiene, quando serve, da giudizi anche duri, pur senza dimostrarsi fazioso.
A differenza di Compagni, Giovanni Villani fu un vero e proprio storiografo, che raccontò la Firenze del suo periodo storico anche con l'ausilio e la trascrizione di atti e documenti. La sua *Cronica* inizia dalla costruzione della Torre di Babele per arrivare ai suoi tempi.

MEDIOEVO FANTASTICO

Nel Medioevo, ciò che era meraviglioso e fantastico era percepito come qualcosa di reale, anche se inspiegabile. Il mondo dei miracoli e delle imprese dei santi coesisteva con residui di religiosità pagana ancora ben radicati nella popolazione.
Il veneziano Marco Polo dettò le sue memorie mentre si trovava in prigione, a Genova. In esse trovano posto i suoi ricordi del viaggio di vent'anni compiuto nel Catai, l'antica Cina, dove egli si era recato col padre e i fratelli per motivi commerciali, e dove rimase come uomo di fiducia del Gran Khan.

A COLPO D'OCCHIO — In chiesa e in piazza: la prosa

Didattica INCLUSIVA

- **l'epoca e i luoghi**
  - – XIII-XIV secolo
  - – Nord e Centro Italia
- **i protagonisti**
  - – chierici epersonalità religiose
  - – mercanti ed esponenti della borghesia cittadina
    - – Domenico Cavalca
    - – Jacopo Passavanti
    - – Caterina da Siena
    - – L'anonimo autore del *Novellino*
    - – Dino Compagni
    - – Giovanni Villani
    - – Marco Polo
- **i temi**
  - **la fede**
    - Cavalca, Passavanti e Caterina da Siena chiamano alla fede attraverso racconti esemplari
  - **le cortesie e i motti**
    - nel *Novellino* si esaltano due virtù appartenenti a mondi contrapposti: la cortesia aristocratica e i motti arguti, tipici della borghesia mercantile
  - **la storia e la cronaca**
    - – Dino Compagni racconta gli eventi fiorentini con la partecipazione di chi li ha vissuti in prima persona
    - – Giovanni Villani è più distaccato, e fa ricorso a elementi tipici dello storiografo
  - **il fantastico e il meraviglioso**
    - Marco Polo riporta nei suoi ricordi le meraviglie dell'Oriente

■ Le parole per ricordare

TROVARE LE PAROLE

EXEMPLUM

Secondo la religiosità medievale, era fondamentale il ricorso agli *exempla* per rafforzare la fede. Non bastava predicare i princìpi morali della religione cristiana, in astratto, ma bisognava esemplificarli in storielle suggestive.

MOTTO

La parola, la pronta risposta, l'arguzia erano le nuove virtù che si stavano affermando presso la borghesia cittadina. Il ceto mercantile assumeva sempre maggior importanza, e ciò si rifletteva anche nei valori celebrati dalla letteratura.

MERAVIGLIA

Il fantastico e il meraviglioso sono elementi dell'immaginario medievale. Ogni aspetto della vita ne è permeato, dai prodigi compiuti dai santi della religione "ufficiale" fino ai mostri e agli esseri meravigliosi delle terre lontane. Tutto ciò che era fantastico era comunque percepito come reale, anche se inspiegabile.

VERIFICA DEI FATTI

CONTRO LE FALSE INFORMAZIONI

T

Ristoro d'Arezzo, *La composizione del mondo*

«De la scurazione del sole e de la luna»

Anno: 1239

Genere: prosa scientifica

Argomento: la descrizione di un'eclissi

Il passo è tratto da La composizione del mondo, *un trattato scientifico in volgare composto nel Duecento da Ristoro d'Arezzo. L'autore si concentra qui sulla descrizione di un fenomeno di natura astronomica, cioè l'eclissi di Sole e Luna che egli poté vedere di persona il 3 giugno 1239.*

Estando noi e-lla[1] città d'Arezzo, e-lla quale noi fommo nati, e-lla quale noi facemmo questo libro [...] uno venardie e·la sesta ora del die, stando el sole vinti gradi en gemini[2], stando lo tempo sereno e chiaro, encomenzò l'aere ad engialire, e vedémo[3] coprire a passo a passo e oscurare tutto lo corpo del sole e fecese notte; e vedemmo Mercurio presso al sole; e vedeanose tutte le stelle le quali erano sopra quello orizzonte[4]; e li animali spaventaro tutti, e li ucelli e le bestie selvateche se poténo prèndare ascevelemente[5] [...]; e vedemmo stare lo sole tutto coperto per spazio ch'omo potesse bene andare doicento cinquanta passa; e l'aere e la terra s'encomenzò a rafredare e incomenzòse de coprire e de scoprire dal lato d'occidente; e adequammo[6] e trovammo lo sole e la luna in uno grado coniunti cum capo de dragone[7] [...]. E avemo veduto quando la luna vene a l'opposizione del sole èssare; e quando ella vene all'opposizione deritta deventare oscura e nera tutta; e avemo adequato, e avemo trovato lo sole en uno grado cum capo de dragone, e la luna e-ll'opposito cum cauda de dragone. E l'oscurazione de la luna è segno che entra lo corpo del sole e 'l corpo de la luna sia un altro corpo ottuso[8], lo quale non lasci passare la luce del sole, lo quale empedementesca lo sole e stéli denanti[9], da non potere aguardalli e aluminare la luna.

(Ristoro d'Arezzo, *La composizione del mondo*, Guanda, Parma 1997)

1. **e-lla:** **nella**; si tratta di una forma linguistica tipicamente aretina.
2. **stando...gemini:** la posizione del Sole nel cielo corrisponde a quella in cui si trova la costellazione dei Gemelli.
3. **vedémo:** **vedemmo**.
4. **vedeanose ... orizzonte:** nonostante fosse giorno, era possibile vedere le stelle.
5. **ascevelemente:** **facilmente**. Si potevano catturare facilmente gli animali, perché spaventati.
6. **adequammo:** **misurammo**.
7. **trovammo ... dragone:** Ristoro intende dire che la stessa distanza separava il Sole, la Luna e le stelle che formano il capo del Dragone nell'omonima costellazione; lo stesso vale di seguito, in riferimento però alla coda («cum cauda de dragone»).
8. **ottuso:** **opaco**, **non trasparente**.
9. **empedementesca ... denanti:** **crea un impedimento per il Sole e gli sta davanti**.

T Per un inquadramento

L'OPERA

La composizione del mondo è il primo testo scientifico in volgare italiano. Più nello specifico, si tratta di un trattato astronomico - in cui trovano però spazio anche astrologia, archeologia, zoologia ecc. - diviso in due libri: il primo s'interessa del cosmo, del cielo e dei pianeti, mentre l'altro indaga le cause che rendono possibile la perfezione del creato. L'opera si caratterizza per rigore metodologico e laicismo scientifico e, sebbene sia innegabile la dipendenza dai modelli greci e arabi, presenta una certa originalità, soprattutto nell'attribuzione di grande importanza all'intelligenza umana. Lo stile è piano e poco articolato, sebbene ricco di tecnicismi, latinismi e opposizioni.

Proposta operativa

Ti proponiamo la lettura di una pagina di Mario Marti, nella quale lo studioso mette in luce, da un lato, la scientificità dell'atteggiamento di Ristoro e, dall'altro, la funzionalità del suo stile. Il testo è stato alterato con la riscrittura di alcune parti e l'aggiunta di altre.

La fonte più fresca e più urgente della *Composizione del mondo* è il vivo e sempre desto spirito d'osservazione dell'autore, il suo desiderio che non gli sfugga alcuno degli aspetti degli esseri che lo circondano, e dei fenomeni che egli osserva, mai direttamente.

Di qui il sottile inesplicabile fascino che esercitano sul lettore le pagine più felici di quest'opera, pur se scritte in una prosa così monotona nella sua struttura e povera nei suoi nessi. Il Bartoli[1] ha giustamente affermato che quelle che Ristoro chiama "operazione per oposito" (ogni cosa ha il suo contrario per l'unità e coerenza del tutto) «sembra essere in gran parte la sua teoria scientifica». [...]. Certo, Ristoro prosatore è fuori dalla tradizione retorica più recente, ed è spiritualmente lontano dalla *concinnitas*[2] dei ciceroniani di ogni tempo. Ma vorremmo accoglierlo a condanna? Il suo mondo, in verità, non è quello della parola; le sue capacità culturali non si esauriscono, né in grande, né in piccola parte, nella ricerca della espressione ornata [...]. Così quelle pagine dell'opera, nelle quali si concretizza quella ricordata "operazione per oposito", formicolano di sostantivi e di aggettivi, in un'attenzione continua e vibrante verso la strutturazione retorica del discorso; e il percorso si adegua alla natura stessa del pensiero: una teoria di osservazioni e di affermazioni bipolari, rese esplicite all'interno di periodi dalla complessa architettura sintattica, nei quali si affolla l'infinita varietà del creato, la luce e l'ombra, il bianco e il nero, il vuoto e il pieno, l'anima e il corpo, l'umano e il divino. Sono le pagine nelle quali meglio si fondono, di Ristoro d'Arezzo, il senso e l'ammirazione del bello con l'attenzione e l'interesse del vero, il gusto dell'arte, insomma, con la curiosità di scienza.

(Adattamento da M. Marti, *La prosa del Duecento*, a cura di C. Segre e M. Marti, Ricciardi, Milano-Napoli 1959)

---

1. **Bartoli:** Adolfo Bartoli (1833-94), filologo, linguista e studioso di letteratura italiana.
2. ***concinnitas*:** il termine latino, che corrisponde all'italiano "eleganza" o "raffinatezza", allude a una caratteristica stilistica tipica di Cicerone e viene impiegato in riferimento a un periodare armonico, curato, proporzionato nelle varie parti e ricco di corrispondenze interne.

Ti proponiamo un percorso in tre tappe, al termine del quale potrai riportare il testo alla sua forma originaria e sfruttarlo per comprendere in maniera più approfondita il brano di Ristoro.

1. Dopo aver riletto l'estratto de *La composizione del mondo*, indica se le seguenti affermazioni sono vere o false.

a. Alcuni elementi presenti nel passo rivelano che l'autore era personalmente presente durante lo svolgimento del fenomeno naturale descritto.	V	F
b. Ristoro racconta dell'eclissi in maniera romanzata, servendosi di artifici retorici e di uno stile ampolloso.	V	F
c. L'attenzione dell'autore è rivolta soltanto a se stesso e agli astri.	V	F
d. Sulla base delle sole informazioni lette, siamo in grado di localizzare il luogo in cui Ristoro ha osservato l'eclissi e di ipotizzare il periodo dell'anno in cui questa si è verificata.	V	F

2. Indica quali delle seguenti espressioni sono frutto di un intervento esterno sul brano di Marti, che ne ha alterato il significato. Dovrai individuarne tre.

- ☐ il vivo e sempre desto spirito d'osservazione dell'autore (rr. 1-2)
- ☐ una prosa così monotona nella sua struttura e povera nei suoi nessi (r. 5)
- ☐ mai direttamente (r. 3)
- ☐ periodi dalla complessa architettura sintattica (rr. 15-16)
- ☐ verso la strutturazione retorica del discorso (rr. 13-14)
- ☐ si affolla l'infinita varietà del creato (r. 16)

Sezione 3

Il Trecento: i padri fondatori

L'IMMAGINE CHIAVE

... perché:

- è la Firenze del Trecento, molto diversa da quella di oggi;
- è la città che dette a Dante la lingua volgare della *Commedia*, facendo diventare il fiorentino lingua nazionale;
- è una città potente e in crescita, ma non è in nessun modo una "capitale";
- ci fa toccare con mano come l'invenzione della lingua italiana non nacque da un'egemonia politica, ma dal genio dei "padri fondatori".

▲ Andrea Daddi, *Veduta di Firenze*, particolare della *Madonna della Misericordia*, 1342, affresco (Firenze, Loggia del Bigallo).

I CONCETTI CHIAVE

Italia
Si afferma sempre di più l'idea di "Italia", erede di un glorioso passato, destinata a una sorte comune, ma lacerata da un presente di divisioni e particolarismi distruttivi.

Eloquenza
Indica per antonomasia il «bello scrivere» in latino, ma Dante sostiene la possibilità di un'eloquenza «volgare», aprendo la strada a una nuova letteratura in una nuova lingua.

Mercatura
Indica non solo la nuova realtà sociale del secolo, ma anche una mentalità nuova, pragmatica e rivolta alla soluzione di problemi concreti.

Commedia
Non è solo il titolo del capolavoro dantesco, ma nel senso di "stile mescolato", capace di abbracciare una vasta gamma di situazioni e di registri, è concetto applicabile a tutta la letteratura del Trecento.

Libro
I capolavori del Trecento, *Commedia, Canzoniere, Decameron*, sono "libri", cioè strutture compatte, tenute insieme da rapporti testuali molto saldi.

IL TESTO CHIAVE

« Dante [...] sapeva [...] o almeno sperava che, pochi anni dopo, la *Commedia*, in copie innumerevoli, avrebbe portato quello che era il suo idioma (talora con calcolati cedimenti ad altri dialetti) quasi dappertutto, modello straordinario e totale. Si può dire che è stata la *Commedia* a trasformare il dialetto toscano in lingua nazionale. Poi, la letteratura offrirà altre invenzioni letterarie, altri modi d'impiegare il toscano. E quando Petrarca, col suo *Canzoniere*, porterà al culmine della sua perfezione la poesia cortese, darà un'ulteriore spinta al valore paradigmatico del dialetto fiorentino. Naturalmente questa vicenda non è puramente letteraria. Ha per esempio come robusto supporto la fioritura commerciale, economica e artistica di quegli anni: basta pensare a Giotto e alle splendide architetture di Firenze. C'è poi una constatazione che è quasi luogo comune: il toscano, e in particolare il fiorentino, è tra i dialetti italiani quello che è rimasto più vicino al latino. Anche per questo gli altri dialetti hanno potuto accettare senza grossi traumi la sua superiorità e il suo valore esemplare.

(C. Segre, *Lingua letteraria, lingua nazionale*, in *L'Italiano dalla nazione allo Stato*, a cura di V. Coletti, Le Lettere, Firenze 2011)

I PERSONAGGI CHIAVE

Dante Alighieri

Sia con i suoi scritti teorici (*Convivio, De vulgari eloquentia*), sia con la sua opera di poeta (*Vita nuova, Commedia*), afferma e dimostra la legittimità dell'uso del volgare non solo come veicolo di comunicazione, ma anche come lingua d'arte, capace di coprire qualsiasi argomento o registro espressivo. Con lui cominciano davvero la letteratura italiana e l'affermazione del fiorentino come lingua nazionale.

Francesco Petrarca

Con il suo *Canzoniere*, ispirato all'amore per Laura, continua la tradizione di Dante poeta d'amore e impone il modello di un linguaggio lirico raffinatissimo, che avrà profonda e duratura influenza nella nostra letteratura. Allo stesso tempo, con le sue opere latine e i suoi studi sui classici apre la strada all'Umanesimo quattrocentesco.

Giovanni Boccaccio

Con il *Decameron* affianca alla "commedia divina" di Dante una "commedia umana", aprendo il racconto a un'infinità di figure e situazioni nuove, in cui si rispecchia la grande varietà del mondo comunale del tempo, segnato dall'ascesa del ceto borghese. Amico di Petrarca, contribuisce anche lui allo sviluppo del nascente Umanesimo.

Il contesto

Il Trecento: i padri fondatori

1. Il quadro storico

Un secolo di crisi? Il Trecento si aprì con il primo **Giubileo** della Chiesa cattolica: un evento altamente simbolico che, richiamando a Roma pellegrini da tutta Europa, celebrava il trionfo del potere universale del papa. Eppure, fu anche il secolo che decretò la **crisi irreversibile degli ideali universalistici** e delle istituzioni che li avevano incarnati (Papato e Impero), segnando di fatto l'inizio della fine del Medioevo.

Giubileo
Per la Chiesa cattolica, l'anno giubilare è un anno in cui il pontefice concede l'indulgenza plenaria a chi compie il pellegrinaggio a Roma o altre opere ugualmente meritorie.

Il XIV secolo fu tempestato da una lunga serie di **guerre, carestie ed epidemie** – tra le quali la più grave fu la «peste nera» del 1347-51 – che causarono un grave **regresso demografico** e profonde **trasformazioni economiche e sociali.** Dopo secoli di crescita economica ininterrotta, l'Europa occidentale vide una drastica contrazione della produzione agricola e dei commerci e una forte perdita del potere d'acquisto di lavoratori salariati e contadini, causa di tensioni nelle città e di rivolte nelle campagne, soprattutto in Francia.

▲ Processione di flagellanti a Doornik nel 1349. Miniatura tratta dalla *Chronica Aegidii Li Muisius*.

Anche se l'insieme di questi cambiamenti è oggi indicato con l'espressione «crisi del Trecento», **la storiografia si divide nell'interpretare il significato della crisi**. Secondo la **tesi «depressionista»**, il Trecento fu un periodo di decadenza, contraddistinto dal crollo demografico, cui fece seguito una contrazione della domanda di beni, la riduzione della produzione e infine una lunga fase di depressione economica. Secondo la **tesi «ottimista»**, invece, la crisi fu all'origine di un periodo di trasformazioni e diede avvio a un processo di riconversione economica, stimolando produttori e mercanti a ricercare attività più efficienti, che portarono a un aumento della ricchezza e a un conseguente miglioramento delle condizioni di vita.

Il sogno teocratico di Bonifacio VIII Dopo la morte di Federico II (1250) e di suo figlio Manfredi (1266), **il Regno di Sicilia passò nelle mani della dinastia francese degli Angiò.** Con l'eccezione della Sicilia che nel 1282, dopo la rivolta dei «vespri siciliani», fu conquistata dalla dinastia spagnola degli Aragonesi, gli Angiò mantennero il controllo dell'Italia meridionale fino alla metà del Quattrocento, rendendo di fatto vano qualsiasi tentativo di restaurazione imperiale in Italia.
Con l'Impero assente e i Comuni italiani divisi tra guelfi e ghibellini, all'inizio del Trecento vi fu un ultimo tentativo del **Papato** di imporre la propria autorità su tutta la penisola.
Fin dalla sua contestata ascesa al soglio pontificio – a seguito dell'abdicazione di Celestino V, nel 1294 – l'azione di **Bonifacio VIII** era stata rivolta a rafforzare l'autorità del Papato non solo a livello spirituale, con la proclamazione del Giubileo, ma anche e soprattutto nelle vicende più propriamente «temporali», a cominciare dalla difficoltosa amministrazione di Roma, in cui il pontefice doveva fronteggiare

l'ostilità dei Colonna e di altre potenti famiglie patrizie. Il progetto teocratico di Bonifacio VIII prevedeva un **coinvolgimento attivo del Papato negli scontri** che opponevano guelfi e ghibellini nei comuni dell'Italia centrale. Tale politica fu evidente a **Firenze**, dove Bonifacio VIII svolse un ruolo di primo piano nello scontro tra le fazioni guelfe dei bianchi, difensori dell'autonomia politica della città, e dei neri, favorevoli all'ingerenza papale negli affari del Comune. Il suo intervento fu determinante per le sorti del governo bianco, rovesciato nel **1301** da un **colpo di Stato** compiuto dai neri grazie all'appoggio delle truppe di Carlo di Valois, conte d'Angiò, inviate dal pontefice a pacificare Firenze. Fu in questa occasione che Dante, insieme ad altri fiorentini di parte bianca, fu condannato prima all'esclusione da ogni carica pubblica e al confino per due anni, e infine, dopo il rifiuto di tornare in città e pagare un'ammenda, colpito con la condanna al rogo in contumacia.

Le ambizioni di Bonifacio VIII finirono però per provocare un duro **scontro con il re di Francia Filippo IV il Bello** (1285-1314), il quale aspirava alla creazione di una Chiesa francese "nazionale", a lui politicamente asservita.

La causa scatenante del conflitto era legata ad alcune rendite ecclesiastiche che il re di Francia pretendeva per sé; in un primo momento, Bonifacio VIII avallò le pretese di Filippo il Bello, nel timore di perdere tutte le rendite provenienti dalla Francia. Ma le ostilità si riaccesero nel 1301, quando l'arresto di un vescovo indusse Bonifacio VIII a convocare un **concilio del clero francese a Roma** perché giudicasse l'operato del monarca; questi rispose riunendo per la prima volta gli Stati Generali, assemblea cui parteciparono i rappresentanti della nobiltà, del clero e della borghesia cittadina e che proclamò l'**indipendenza del potere politico da quello spirituale**.

Bolla
In origine il termine latino *bulla* indicava il sigillo di piombo apposto ad atti e lettere ufficiali; in seguito, passò a indicare gli stessi documenti, in particolare quelli imperiali e papali.

A questa aperta ribellione, il papa rispose con le **bolle** *Ausculta, fili* (1301) e *Unam sanctam* (1302), che proclamavano la **supremazia del potere spirituale su quello temporale**. Ma il re di Francia, alleatosi con la potente famiglia romana dei Colonna, attaccò direttamente il pontefice, facendolo dichiarare **simoniaco** ed eretico da un concilio. In questo contesto si colloca il leggendario episodio dello **«schiaffo di Anagni»**, che il pontefice avrebbe ricevuto da Sciarra Colonna, comandante della guarnigione che, nella cittadina di Anagni, aveva catturato il papa (settembre 1303). Benché liberato da una rivolta degli abitanti, Bonifacio VIII morì dopo poche settimane, lasciando campo libero alle pretese della monarchia francese.

Simonia
Il peccato di comprare o vendere cariche ecclesiastiche o sacramenti, che prende il nome dalla figura del "mago" Simone di Samaria, che negli *Atti degli Apostoli* offre del denaro a Pietro e Giovanni per ottenere il potere di infondere lo Spirito Santo con l'imposizione delle mani.

La «cattività avignonese» Grazie alle pressioni di Filippo il Bello, nel 1305 fu eletto un papa francese, **Clemente V**, che spostò la sua residenza ad Avignone, mettendosi sotto la tutela del re, e **nel 1309 trasferì tutta la sede apostolica ad Avignone**, aprendo il periodo della **«cattività avignonese»**. Nonostante la definizione negativa, che evoca la prigionia forzata degli ebrei a Babilonia, la storiografia recente giudica quello provenzale non come un periodo di crisi, ma come una fase di rafforzamento istituzionale e splendore culturale per la corte pontificia che, pur accentuando la propria componente francese, non interruppe affatto i rapporti economici e politici con l'Italia.

Anche se la nuova sede pontificia divenne ben presto il **punto di riferimento della cultura europea**, grazie al prestigio di figure quali Francesco Petrarca - figlio di un notaio impiegato nella cancelleria pontificia - lo choc causato in Italia da questa "deportazione" fu enorme. Per decenni illustri esponenti della cultura e della spiritualità italiane - come lo stesso Petrarca e santa Caterina da Siena - invocarono il ritorno del papa a Roma, fino a quando **nel 1377 Gregorio XI riportò a Roma la sede pontificia**: un gesto non condiviso da tutti i cardinali, soprattutto quelli francesi, che avrebbero voluto mantenere la sede papale ad Avignone. La spaccatura si aggravò nel 1378 con l'elezione di Urbano VI, papa che fin dal nome evidenziava il rinnovato legame con l'*Urbs*, ovvero con la città di Roma; i cardinali francesi rifiutarono

▲ **La cattività avignonese**
In questa miniatura del 1320 Clemente V lascia un palazzo, che simboleggia l'Italia, mentre una donna in lacrime, la personificazione di Roma, lo saluta.

di giurare obbedienza al pontefice ed elessero un **antipapa**, che si sottomise al re di Francia e mantenne la propria residenza ad Avignone. Si determinò così una frattura all'interno della Chiesa, nota come «**scisma d'Occidente**», o «grande scisma», destinato a durare **fino al 1417**.

Il sogno universalista di Enrico VII Pochi anni dopo il fallimento del progetto teocratico di Bonifacio VIII ci fu anche l'**ultimo tentativo di restaurare l'autorità imperiale in Italia**, dove, dopo la morte di Federico II (1250), i Comuni si erano ulteriormente rafforzati, approfittando dell'assenza degli imperatori tedeschi.
Nel 1308 **Enrico VII di Lussemburgo** (spesso citato anche con il nome di Arrigo VII) divenne imperatore e nel 1310 scese in Italia per riprendere il controllo dei territori sottoposti all'Impero, proponendosi come arbitro nelle lotte che opponevano le diverse città; ciò suscitò l'entusiasmo di molti, tra i quali Dante, che vedeva in questo progetto l'unica possibilità per il ripristino della pace e l'unica speranza per poter rientrare a Firenze. Dopo aver cinto a Milano la corona di Ferro, simbolo del re d'Italia, e aver sconfitto alcuni Comuni ribelli dell'Italia settentrionale, Enrico VII marciò verso Roma, mentre una lega guidata dal re di Napoli, Roberto d'Angiò, e da Firenze, a capo delle città guelfe, si preparava a sbarrargli il cammino. **Enrico riuscì a raggiungere Roma nel maggio 1312**, ma trovò la città in parte occupata dalle truppe angioine e da quelle della famiglia Colonna; ciononostante decise ugualmente di farsi incoronare imperatore nella Basilica del Laterano, riaffermando così anche simbolicamente la continuità di un'autorità imperiale che discendeva direttamente da Carlo Magno. Dopo Roma, però, la campagna militare di Enrico era destinata a concludersi drammaticamente. Egli tentò inizialmente di assediare Firenze, che però resistette. Sottomessa buona parte della Toscana, Enrico progettò di marciare verso sud per affrontare Roberto d'Angiò ma, **nell'agosto 1313, morì improvvisamente di malaria a Buonconvento**, presso Siena, decretando la fine del sogno imperiale in Italia.

La crisi del sistema comunale e le prime signorie Nel corso del XIV secolo, le tensioni politiche che avevano interessato i Comuni italiani sfociarono in una crisi che le istituzioni comunali si dimostrarono incapaci di fronteggiare. Di fronte ai continui scontri tra le diverse fazioni, l'esigenza di ordine e di pacificazione portò in molti casi all'istituzione di una **nuova forma di governo**, nella quale il **potere** veniva assegnato a un'**unica persona**. Non si trattava più di un podestà, ma di persone scelte per tutelare interessi che generalmente coincidevano con quelli dei ceti più forti. Esse con il tempo consolidarono la propria posizione, raccogliendo il consenso di ampi strati della popolazione. La nascita delle Signorie rappresentò quindi non soltanto la **conclusione autoritaria** di un regime "democratico" come quello comunale, ma anche un momento in cui i contrasti interni si avviavano verso una soluzione pacifica, attraverso la graduale formazione di **nuovi gruppi sociali**. In particolare si assistette al progressivo **riavvicinamento tra aristocrazia e grande borghesia** (mercanti, banchieri, proprietari fondiari, politici, giuristi), ormai orientata verso i valori e gli ideali della nobiltà e verso una nuova rivalutazione della proprietà terriera. Tale mutamento di prospettiva si spiega anche con la crisi vissuta a metà del Trecento dall'economia mercantile, a causa di eventi quali il fallimento delle compagnie bancarie dei Bardi e dei Peruzzi – innescato dalla mancata restituzione, da parte del re d'Inghilterra, degli ingenti prestiti ricevuti per finanziare la guerra con la Francia - e la grande disponibilità di terra venutasi a creare dopo il crollo demografico seguito alla peste del 1348.

Le Signorie sorte all'inizio del Trecento si andarono via via rafforzando e alcune famiglie salite al potere riuscirono a dare vita a vere e proprie **dinastie**. È il caso degli Estensi a Ferrara, dei Visconti a Milano, dei da Romano in diversi centri veneti; gli Scaligeri salirono al potere a Verona e Vicenza, i Gonzaga a Mantova, i Carraresi a Padova. Fu proprio l'azione delle principali Signorie padane a provocare una **lunga fase di guerre e di instabilità**, caratterizzata dall'assorbimento di Signorie e città minori e da prolungate contese fra le signorie maggiori. Questo processo portò alla progressiva semplificazione del sistema politico italiano, con la creazione di organismi territoriali più estesi e meglio organizzati, embrioni degli **Stati regionali quattrocenteschi**.

Un caso particolare fu invece quello dello Stato della Chiesa, che durante la cattività avignonese divenne teatro di scontro tra le grandi famiglie nobiliari. A Roma, nel 1347, un'agitazione popolare portò al potere Cola di Rienzo, un popolano cultore degli scrittori latini e della grandezza di Roma repubblicana, che egli si proponeva di restaurare pacificando la città. Dopo un iniziale successo, Cola fu però costretto alla fuga dalla popolazione, delusa per i suoi modi autoritari e per il mantenimento dei tributi contro i quali era insorta. Nel 1354 tornò a Roma come inviato di papa Innocenzo VI, ma morì decapitato dopo pochi mesi in seguito a una nuova rivolta popolare.

La peste del 1348 Nel corso del Trecento l'Europa venne colpita a ripetizione da **tre flagelli**, che si abbatterono sulla popolazione quasi contemporaneamente: **peste, fame e guerre**, tanto che in questi anni, nelle chiese di tutto l'Occidente cristiano, i religiosi invocavano: «A peste, fame et bello libera nos Domine».

Le guerre divennero nel Trecento quasi abituali, dal momento che si era venuto accentuando il legame tra il potere politico e militare di signori, re, città. Alla **guerra dei Cent'anni**, che oppose i regni di Francia e Inghilterra dal 1337 al 1453, si aggiunsero scontri dinastici nella penisola iberica e una **condizione quasi permanente di guerra in Italia**, dovuta agli antagonismi tra le diverse Signorie e alla volontà di ottenere il controllo della penisola da parte di altri Stati europei. Gli Angiò (francesi) e gli Aragonesi (spagnoli) si contendevano la Sardegna e il meridione della penisola e, sempre la Francia, tentava di conquistare territori anche nel settentrione. Oltre a sottrarre gli uomini alle attività produttive e a richiedere ingenti quantità di denaro, le guerre causavano anche lo **spopolamento delle campagne**: gli abitanti delle zone rurali, infatti, subivano sfruttamenti, saccheggi e devastazioni da parte degli eserciti - costituiti sempre più spesso da compagnie mercenarie straniere -, tali da indurre la maggior parte delle popolazioni ad abbandonare i villaggi e a trasferirsi nelle città, dove andavano ad aumentare il numero dei poveri.

Ma a spopolare le campagne furono soprattutto gli **effetti combinati di carestie ed epidemie**. Già tra il 1315 e il 1317 si verificò una prima ondata di crisi frumentarie, che nei decenni successivi tornarono ciclicamente, legate a ondate di epidemie. La popolazione, decimata dalla malattia, non poteva produrre che scarsi raccolti, cui seguivano carestie che indebolivano ancora di più le difese immunitarie; quelli che non morivano di fame finivano così per contrarre infezioni mortali, anche a causa delle inadeguate condizioni igieniche. In questo modo, **la carestia favoriva il diffondersi di una nuova epidemia**, che provocava il ripetersi di questo tremendo circolo di sciagure.

Il flagello più grave del secolo fu rappresentato proprio da una di queste epidemie: la peste. Con questo termine, venivano chiamati vari tipi di epidemie (tifo, dissenteria, colera) ma, **tra il 1347 e il 1351**, esso passò a indicare una malattia che dilagò in Europa, la **«peste bubbonica»**, caratterizzata da bubboni alle ascelle, all'inguine o al collo, febbre, delirio e, nella maggior parte dei casi, morte.

▸ Girolamo Masini, *Monumento a Cola di Rienzo*, 1871, bronzo (Roma, Cordonata del Campidoglio).

D

Matteo Villani, *Nuova cronica*

La peste a Firenze

Il fiorentino Matteo Villani (1283-1363) è il fratello minore di Giovanni Villani, autore della Nuova cronica. *Dopo la morte di Giovanni, avvenuta durante l'epidemia di peste del 1348, Matteo continuò l'opera, ma nel 1363 morì anch'egli di peste. Il passo che segue racconta l'inizio dell'epidemia in Oriente e la sua diffusione in Italia e in Europa.*

Avendo per cominciamento nel nostro principio a raccontare lo sterminio della generazione umana e convenendone divisare il tempo e il modo, la qualità e la quantità di quella, stupidisce la mente appressandosi a scrivere la sentenzia che la divina giustizia con molta misericordia mandò sopra gli uomini, degni per la corruzione del peccato di final giudizio[1]. Ma pensando l'utilità salutevole che di questa memoria puotte addivenire alle nazioni che dopo noi seguiranno, con più sicurtà del nostro animo così cominciamo. [...]

Cominciossi nelle parti d'Oriente, nel detto anno[2], inverso il Cattai[3] e l'India superiore e nelle altre provincie circustanti a quelle marine dell'Oceano, una pestilenzia tra gli uomini d'ogni condizione di catuna età e sesso: che cominciavano a sputare sangue e morivano chi di subito, chi in due o in tre dì, e alquanti sostenevano più al morire. E avveniva che chi era a servire questi malati, appiccandosi quella malattia, o infetti, di quella medesima corruzione incontanente malavano, e morivano per somigliante modo; e a' più ingrossava l'anguinaia, e a molti sotto le ditella delle braccia a destra e a sinistra, e altri in altre parti del corpo, che quasi generalmente alcuna enfiatura singulare nel corpo infetto si dimostrava. Questa pestilenzia si venne di tempo in tempo e di gente in gente apprendendo, comprese infra il termine d'uno anno la terza parte del mondo che si chiama Asia. E nell'ultimo di questo tempo s'aggiunse alle nazioni del Mare Maggiore[4] e alle ripe del Mare Tirreno, nella Soria e Turchia, e in verso lo Egitto e la riviera del Mar Rosso, e dalla parte settentrionale la Russia e la Grecia, e l'Erminia[5] e l'altre conseguenti provincie. E in quello tempo galee[6] d'Italiani si partirono del Mare Maggiore e della Soria e di Romania per fuggire la morte e recare le loro mercatanzie in Italia: e' non poterono cansare che gran parte

PARAFRASI

Volendo raccontare la strage della stirpe umana e indicarne il tempo, il modo e la quantità, la mente si confonde nell'avvicinarsi a descrivere la punizione che la giustizia divina inflisse con grande misericordia agli uomini, che per la loro corruzione erano degni del giudizio universale. Ma pensando all'utilità che da questa narrazione potrà venire alle generazioni future, cominciamo con animo sicuro.
Nel 1346, nelle regioni orientali tra la Cina, l'India e l'Oceano Indiano, ebbe inizio una pestilenza che colpiva uomini di ogni condizione, età e sesso, che cominciavano a sputare sangue e morivano, chi subito, chi in due o tre giorni, mentre altri impiegavano più tempo. Coloro che assistevano questi malati erano a loro volta colpiti dall'epidemia e morivano rapidamente e in modo simile; ai più si ingrossava l'inguine, a molti spuntavano dei bubboni sotto le ascelle e in altre parti del corpo, quasi sempre visibili sui corpi infetti. L'epidemia nel giro di un anno colpì un terzo del mondo conosciuto, cioè quella parte detta Asia. E alla fine dell'anno raggiunse le regioni del mar Nero e le coste del mar Tirreno, la Siria, la Turchia, l'Egitto e la costa del mar Rosso, e a nord la Russia, la Grecia, l'Armenia e tutte le provincie limitrofe. E in quel tempo navi italiane lasciarono il mar Nero, la Siria e la Romania per sfuggire all'epidemia e portare le loro merci in Italia, ma non poterono evitare che la maggior parte degli uomini morisse in mare a causa della malattia. E arrivati in Sicilia parlarono con gli abitanti e lasciarono lì gli ammalati, e per questo

1. **la sentenzia ... final giudizio:** Villani interpreta la pestilenza come una punizione inflitta all'umanità per le sue colpe che avrebbero meritato addirittura la fine del mondo (il «final giudizio»).
2. **nel detto anno:** si tratta del 1346.
3. **Cattai:** la Cina.
4. **Mare Maggiore:** Mar Nero.
5. **Erminia:** Armenia.
6. **galee:** navi a vela molto diffuse fino al Cinquecento inoltrato, usate sia per commerciare sia per scopi militari.

di loro non morisse in mare di quella infermità. E arrivati in Cicilia conversaro co' paesani e lasciàrvi di loro malati, onde incontanente si cominciò quella pestilenzia ne' Ciciliani. E venendo le dette galee a Pisa e poi a Genova, per la conversazione di quegli uomini cominciò la mortalità ne' detti luoghi, ma non generale. Poi conseguendo il tempo ordinato da Dio a' paesi, la Cicilia tutta fu involta in questa mortale pestilenzia. E l'Africa nelle marine e nelle sue provincie di verso levante, e le rive del nostro Mare Tirreno. E venendo di tempo in tempo verso il ponente, comprese la Sardigna e la Corsica e l'altre isole di questo mare; e dall'altra parte, ch'è detta Europa, per simigliante modo aggiunse alle parti vicine verso il ponente, volgendosi verso il mezzogiorno con più aspro assalimento che sotto le parti settentrionali. E negli anni di Cristo 1348 ebbe infetta tutta Italia, salvo che la città di Milano e certi luoghi circustanti all'Alpi che dividono l'Italia dall'Alamagna[7], ove gravò poco. E in questo medesimo anno cominciò a passare le montagne e stendersi in Proenza e in Savoia e nel Dalfinato[8] e in Borgogna e per la marina di Marsilia e d'Acquamorta[9], e per la Catalogna e nell'isola di Maiolica e in Ispagna e in Granata[10]. E nel 1349 ebbe compreso fino nel ponente, le rive del Mare Oceano, d'Europa e d'Africa e d'Irlanda, e l'isola d'Inghilterra e di Scozia, e l'altre isole di ponente e tutto infra terra con quasi eguale mortalità, salvo in Brabante[11] ove poco offese. E nel 1350 premette gli Alamanni e gli Ungheri, Frigia[12], Danesmarche, Gotti e Vandali[13] e gli altri popoli e nazioni settentrionali. E la successione di questa pestilenzia durava nel paese ove s'apprendeva cinque mesi continovi, ovvero cinque lunari: e questo avemmo per isperienza certa di molti paesi. Avvenne, perché parea che questa pestifera infezione s'appiccasse per la veduta e per lo toccamento, che, come l'uomo o la femmina o i fanciulli si conoscevano malati di quella enfiatura, molti n'abbandonavano: e innumerabile quantità ne morirono che sarebbono campati se fossono stati aiutati delle cose bisognevoli. Tra gl'infedeli[14] cominciò questa inumanità crudele, che le madri e' padri abbandonavano i figliuoli, e i figliuoli le madri e' padri, e l'uno fratello l'altro e gli altri congiunti: cosa crudele e maravigliosa e molto strana alla umana natura, detestata tra i

di lì a poco la pestilenza si propagò tra i siciliani. E quando le suddette galee giunsero a Pisa e a Genova, a causa del contatto con quegli uomini il morbo si diffuse anche in quei luoghi, anche se non in modo generale. Infine, giungendo il momento deciso da Dio, tutta la Sicilia fu colpita da questa epidemia mortale, e allo stesso modo anche le coste dell'Africa settentrionale e le sue regioni orientali e le coste del mar Tirreno. E diffondendosi verso occidente, raggiunse la Sardegna, la Corsica e le altre isole del Tirreno; in Europa, colpì più duramente le regioni meridionali che non quelle settentrionali. E nell'anno 1348 tutta l'Italia era infettata, tranne la città di Milano e certe zone alpine, in cui l'epidemia fece poche vittime. E in quello stesso anno superò le Alpi e iniziò a diffondersi in Provenza, in Savoia, nel Delfinato, in Borgogna, a Marsiglia e nelle paludi di Aigues-Mortes, in Catalogna e nell'isola di Maiorca, in Spagna e a Granada. E nel 1349, a occidente aveva raggiunto le sponde dell'Oceano Atlantico, l'Europa, l'Africa settentrionale, l'Irlanda, l'Inghilterra, la Scozia, e in tutte queste regioni colpì con la stessa mortalità, a eccezione del Brabante in cui fu più leggera. E nel 1350 colpì gli abitanti della Germania, l'Ungheria, i Paesi Bassi, la Danimarca, la Scandinavia e gli altri popoli del nord. E il decorso di questa pestilenza durava per cinque interi mesi, come sappiamo da quanto avvenuto in molte regioni. Poiché sembrava che l'epidemia si propagasse attraverso la vista e il contatto fisico, quando qualcuno veniva riconosciuto infetto, molti lo abbandonavano; e morì una grande quantità di persone che si sarebbe potuta salvare se fosse stata data loro l'assistenza necessaria. Questa pratica disumana per cui i genitori abbandonavano i figli, i figli i genitori e i fratelli gli altri fratelli, ebbe inizio tra gli infedeli: una cosa crudele e spaventosa e lontana dalla natura umana, inizialmente condannata dai cristiani, dove pure, in seguito, si diffuse la stessa usanza. Una

7. **Alamagna:** letteralmente sarebbe la Germania, ma qui il termine viene usato per definire le regioni di lingua tedesca al di là delle Alpi.
8. **Dalfinato:** antica provincia francese compresa tra la Savoia e la Provenza.
9. **Acquamorta:** celebre città fortificata alla foce del Rodano, oggi Aigues-Mortes.
10. **Granata:** Granada viene citata a parte perché all'epoca vi era ancora un Califfato arabo.
11. **Brabante:** antica regione corrispondente alla parte meridionale degli attuali Paesi Bassi e a una parte delle Fiandre settentrionali.
12. **Frigia:** la Frisia, regione settentrionale dei Paesi Bassi.
13. **Gotti e Vandali:** abitanti delle regioni scandinave.
14. **infedeli:** le popolazioni non cristiane.

fedeli cristiani, nei quali, seguendo le nazioni barbare, questa crudeltà si trovò. Essendo cominciata nella nostra città di Firenze, fu biasimata da' discreti la sperienza veduta di molti, i quali si provvidono e rinchiusono in luoghi solitari e di sana aria[15], forniti d'ogni buona cosa da vivere, ove non era sospetto di gente infetta; in diverse contrade il divino giudicio (a cui non si può serrare le porte) gli abbatté come gli altri che non s'erano provveduti. E molti altri, i quali si dispuosero alla morte per servire i loro parenti e amici malati, camparono avendo male, e assai non l'ebbono continovando quello servigio; per la qual cosa ciascuno si ravvide, e cominciarono senza sospetto ad aiutare e servire l'uno l'altro: onde molti guarirono, ed erano più sicuri a servire gli altri. Nella nostra città cominciò generale all'entrare del mese d'aprile gli anni Domini 1348, e durò fino al cominciamento del mese di settembre del detto anno. E morì, tra nella città, contado e distretto di Firenze, d'ogni sesso e di catuna età de' cinque i tre e più, compensando il minuto popolo e i mezzani e' maggiori, perché alquanto fu più menomato, perché cominciò prima ed ebbe meno aiuto e più disagi e difetti.

volta che l'epidemia arrivò a Firenze, i saggi disapprovavano la condotta di molti che si rinchiudevano in luoghi isolati e con aria buona, in cui non vi era nessun sospetto di contagio; ma in molte zone il giudizio divino - che non si può contrastare - li uccise come quelli che non avevano cercato di sfuggire all'epidemia. Invece molti altri, che erano disposti a morire per assistere amici e parenti malati, sopravvissero pur ammalandosi, e alcuni non si ammalarono pur continuando ad aiutare i malati. Per questo le persone cessarono di abbandonare i malati e cominciarono ad assisterli senza paura, in modo che molti guarirono e a loro volta erano in grado di assistere altri malati. A Firenze l'epidemia iniziò nell'aprile del 1348 e durò fino ai primi di settembre dello stesso anno. Tra la città e le campagne morì più di un terzo della popolazione, soprattutto tra la plebe che, rispetto alla borghesia e ai nobili, fu la più colpita, perché fu la prima a essere infettata e ricevette meno aiuti.

---

15. **luoghi ... di sana aria:** Villani allude alle campagne e alle colline nei dintorni di Firenze.

IN SINTESI

Il brano è tratto dall'inizio della *Nuova cronica* e dà il via alla narrazione dal punto in cui si era interrotta quella del fratello Giovanni. Per prima cosa Villani parla del flagello che ha colpito il mondo, cioè la grande epidemia di peste che Dio ha inviato sulla Terra per punire la malvagità degli uomini. Villani descrive l'inizio dell'epidemia in Oriente e il suo arrivo in Europa, portata da navi pisane e genovesi che erano partite dal mar Nero e avevano fatto tappa in Sicilia. Nel giro di due anni l'epidemia aveva raggiunto tutta l'Europa; oltre all'elenco dei Paesi colpiti, quello su cui Villani insiste maggiormente sono l'estrema mortalità del morbo, che uccideva la maggior parte delle persone contagiate, e l'estrema facilità di propagazione, tale che secondo molti era sufficiente il semplice sguardo. La peste colpiva uomini e donne di ogni classe ed età e faceva vittime anche tra coloro che avevano cercato scampo in campagna o in zone apparentemente libere dal contagio. Come Boccaccio nel *Proemio* del *Decameron*, anche Villani insiste su un'altra drammatica conseguenza dell'epidemia, ovvero il deterioramento dei legami sociali. Una volta scoperta l'infezione, i malati venivano abbandonati anche dai loro stessi familiari, provocando spesso la morte di chi avrebbe potuto salvarsi se adeguatamente assistito. Solo in un secondo momento ci si accorse che chi sopravviveva alla malattia ne era poi immunizzato e poteva dunque aiutare gli altri, e tale scoperta portò alla fine di questa pratica inumana. Nonostante tutto, a Firenze l'epidemia si rivelò una vera catastrofe, causando la morte di oltre la metà della popolazione, soprattutto tra i poveri, tra i quali si diffuse subito e colpì con maggior violenza.

Un disastro demografico La prima conseguenza della peste del 1348 - che negli anni successivi assunse carattere endemico, ripresentandosi in modo ricorrente - fu la **scomparsa di quasi un terzo della popolazione europea**: circa trenta milioni di individui.
In una città come Firenze gli abitanti si dimezzarono, passando dai 100 000 del 1338 ai 50 000 del 1351; nei decenni successivi aumentarono fino ai 75 000 del 1380, ma ciò fu soprattutto grazie all'inurbamento degli abitanti del contado. Anche se il contagio si propagò con maggiore rapidità e con effetti più devastanti fra la popolazione dei centri urbani, peste, carestie e flussi migratori verso le città o verso altre regioni causarono un drastico spopolamento anche nelle zone rurali, alcune delle quali (come l'Andalusia in Spagna o la Maremma in Italia) non si ripopolarono più per secoli. Un lento recupero demografico cominciò solo a metà Quattrocento, e nemmeno ovunque.

Conseguenze sociali e politiche Il crollo demografico segnò l'inizio di un'**epoca di «crisi generale» in tutta Europa**, con drammatiche conseguenze sull'economia e la società. Mentre la Francia fu attraversata da una lunga serie di **rivolte nelle campagne** - le cosiddette ***jacqueries*** - in Italia scoppiarono vari **tumulti tra i ceti popolari urbani**, soprattutto nelle città in cui si producevano tessuti, danneggiate in quel periodo dalla guerra dei Cent'anni, che impediva alle lane inglesi di rifornire i laboratori.
A Firenze, dove la crisi economica era aggravata dagli effetti del fallimento dei grandi banchieri Bardi e Peruzzi, un improvviso calo nella produzione delle pezze di lana, nel 1377, portò alla disperazione molti lavoratori salariati dell'industria laniera, i cosiddetti «Ciompi», che restarono disoccupati. **Nel 1378 i Ciompi insorsero** contro il governo della città: uno dei loro sostenitori (Michele di Lando) venne eletto gonfaloniere e si stabilì che i priori dovessero essere scelti fra tutte le Arti. Poteva essere una conquista importante per i ceti popolari e per quello borghese, ma in seguito a un voltafaccia di Michele di Lando e all'alleanza di altre Arti minori con i ceti più ricchi, i Ciompi vennero isolati e la loro Arte abolita. Nel 1382, con la sconfitta dei Ciompi e l'abolizione delle Arti dei tintori e dei farsettai, si aprì per Firenze un periodo di oligarchia patrizio-mercantile, che si concluse

▲ **Raffigurazioni della peste**
❶ Una rappresentazione simbolica, con scheletri e indemoniati a cavallo, che accentua il significato morale e religioso dell'epidemia, vista come espressione della collera divina.
❷ Una rappresentazione realistica, che insiste sulle condizioni disperate della popolazione: i sopravvissuti si affrettano a cercare bare per seppellire i morti.

soltanto con l'avvento al potere della dinastia dei Medici alla metà del Quattrocento.

L'esempio di Firenze è per certi versi tipico della «crisi» che caratterizzò il Trecento e delle sue conseguenze: quasi ovunque **si accentuarono le differenze economiche fra i diversi ceti**, venne negata la rappresentanza politica a operai e contadini, si consolidò la convergenza sociale tra nobiltà feudale e «borghesia» urbana, accomunate dalla proprietà fondiaria e dalla residenza in città, una città che era sempre più il centro economico e politico del territorio circostante.

GUIDA ALLO STUDIO

1. In che modo Bonifacio VIII influì sulle vicende politiche di Firenze?
2. Che cosa è la «cattività avignonese»?
3. Quali dinastie straniere si scontrarono nel Trecento per il dominio del meridione italiano?
4. Quali furono le cause che portarono alla fine dei Comuni e alla nascita delle prime Signorie?
5. Che cosa fu il tumulto dei Ciompi?

A COLPO D'OCCHIO La crisi del Trecento

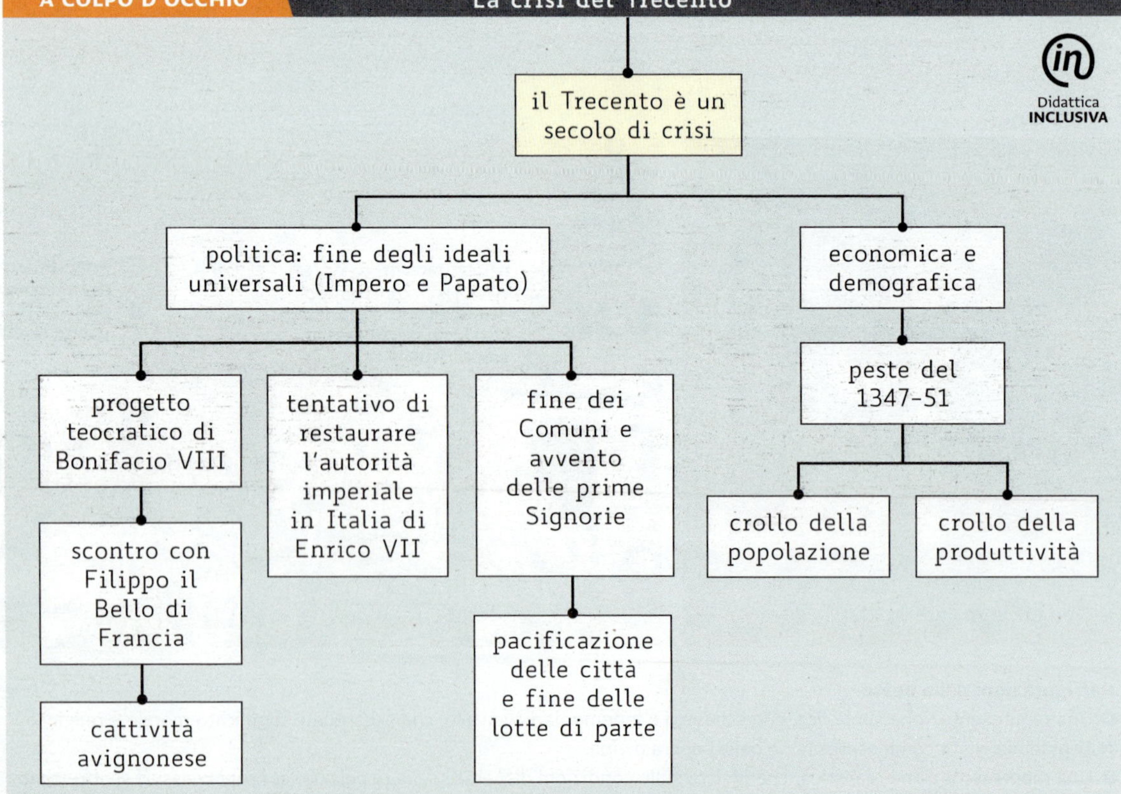

2. Il quadro culturale

La decadenza della Scolastica In ambito culturale, il Trecento si presenta come un **secolo di passaggio tra Medioevo ed Età moderna**, segnato da crisi e trasformazioni che portano al superamento degli aspetti più caratteristici della mentalità medievale.

In campo filosofico il tramonto dei sistemi universalistici elaborati dalla Scolastica e il venir meno della fiducia nella logica come metodo di spiegazione del reale aprirono il campo alla **rinascita delle scienze applicate e sperimentali**, a una nuova attenzione nei confronti dell'uomo visto come individuo e non più come parte di un sistema che aveva il suo centro in Dio. Quando si parla di «tramonto della Scolastica», comunque, si intende soprattutto il declino dell'aristotelismo di Tommaso d'Aquino, messo in difficoltà dalle questioni religiose che suscitava e duramente colpito dalla condanna di 219 tesi filosofiche da parte del vescovo di Parigi nel 1277. Ma in campo filosofico la maggiore novità fu introdotta dal francescano inglese **Guglielmo di Ockham** (1290-1349 ca), il quale teorizzò un metodo che **rifiutava la speculazione metafisica** e accettava la logica solo come strumento utile a spiegare l'esperienza sensibile del mondo, negando però la conoscibilità razionale di Dio e della sua onnipotenza.

Il Trecento è anche il secolo in cui si sviluppano **nuove teorie politiche**. La più celebre è quella elaborata da **Marsilio da Padova** (1280-1342 ca) nel *Defensor pacis* (1324), opera che si colloca nell'ambito dello scontro tra Impero e Papato e che nel 1340 fu condannata dalla Chiesa. In questo trattato Marsilio assegna l'autorità legislativa alla volontà popolare - dato che le leggi servono all'utile della comunità - lasciando al sovrano il compito di farle applicare e negando alla Chiesa ogni potere temporale, in quanto concepisce lo **Stato come unico depositario del potere politico**, al quale spetta anche il controllo dell'autorità religiosa.

La Signoria e la corte A partire dal XIV secolo l'Italia si divise in numerosi Stati indipendenti: un fenomeno che per secoli danneggiò la penisola dal punto di vista politico, ma che ebbe importanti ripercussioni in campo culturale. All'interno di queste Signorie si andò infatti strutturando quel **modello culturale «cortigiano»** che sarà protagonista della storia italiana nel XV e XVI secolo. La corte del signore divenne brillante centro artistico e culturale, nel quale gli artisti si incontravano e avevano la possibilità di esprimere il proprio talento grazie alle risorse messe a loro disposizione dai signori, che oltre a capi politici e militari divennero spesso anche generosi mecenati. Esempi eminenti in questo senso furono i Medici a Firenze, i Gonzaga a Mantova, gli Estensi a Ferrara e, a partire dalla metà del Quattrocento, la corte pontificia a Roma.

L'intellettuale «di corte» Mentre nei secoli precedenti gli scrittori laici avevano tutti basato la propria sussistenza su un'occupazione diversa da quella letteraria, nel Trecento si andò affermando una **nuova immagine di intellettuale**, cosciente della propria autonomia e del

◂ La cacciata dei Bonacolsi da Mantova. Domenico Morone, *Combattimento tra Bonacolsi e Gonzaga*, 1494, olio su tela (Mantova, Palazzo Ducale).

proprio valore, non più ancorato a uno speciale contesto scolastico o cittadino, né a uno specifico pubblico, ma proiettato a comunicare la propria opera all'intera comunità degli uomini. Tale concezione fu elaborata precocemente da **Dante**, sradicato dalla vita politica comunale e costretto a un incessante vagare di corte in corte, per prestare i propri servigi senza compromettere l'integrità delle proprie convinzioni etico-politiche. Benché la figura dell'intellettuale «municipale», impegnato nell'educazione dei propri concittadini, sopravvivesse e continuasse a evolversi (specialmente in Toscana), la vicenda dantesca fu ripercorsa in vario modo da numerosi letterati trecenteschi che si **spostarono tra le diverse corti signorili**, alla continua ricerca di un protettore che garantisse loro l'agiatezza economica in cambio dell'attività intellettuale.

Si trattava di una schiera di cortigiani «professionisti» e «volontari», il cui prototipo fu per molti versi **Petrarca**, il quale, grazie al grandissimo prestigio conquistato dal suo ingegno e dalla sua preparazione letteraria, poté godere della protezione di potenti mecenati - salvaguardando la propria indipendenza, anzi teorizzando la libertà interiore del dotto - e dedicarsi con tranquillità alle proprie opere. Tuttavia, è bene ricordare che Petrarca non era formalmente un laico, bensì un chierico, e che tale condizione ideale di *otium* letterario gli fu resa possibile soprattutto dai proventi derivanti dai suoi numerosi benefici ecclesiastici.

Nella seconda metà del secolo, in effetti, furono molti i letterati che tornarono a cercare all'interno dell'istituzione religiosa quella sicurezza e stabilità economica che non trovavano più nel Comune e non avevano ancora nella corte: chierico fu anche Boccaccio, che pure per tutta la vita provò nostalgia per l'esperienza giovanile di cortigiano nell'affascinante Napoli tardogotica di Roberto d'Angiò.

Nuove figure di intellettuali Accanto a questi nuovi letterati di «professione» un ruolo importante era svolto dagli **uomini di legge**, come giudici e notai. Tali figure erano già fondamentali nella gestione del Comune e anche con l'avvento delle Signorie mantennero una posizione di rilievo come **funzionari** e, talvolta, **consiglieri di corte**. I notai, in particolare, ricoprirono incarichi importanti, spesso assumendo cariche «a vita» nelle cancellerie cittadine. Erano esperti in *ars dictaminis*, ovvero l'arte della composizione letteraria, e pertanto erano incaricati di curare tutta la corrispondenza ufficiale che i signori inviavano.

Un grande contributo per il fiorire della nuova cultura venne poi dagli **insegnanti di grammatica e retorica**, che nelle loro scuole private formarono le nuove generazioni di intellettuali: emblematica la figura di Pietro da Moglio che, prima di insegnare retorica nelle facoltà di Padova e Bologna, tenne una famosa scuola di «grammatica» a Bologna, dove ebbe tra i suoi discepoli il futuro cancelliere fiorentino Coluccio Salutati, cui trasmise il proprio amore per la poesia e la maestria nella composizione epistolare.

Nel Trecento si affermò anche la nuova figura del **mercante scrittore**, che di rado contribuiva all'elaborazione della cultura alta, ma che rappresentò uno dei maggiori promotori dell'espansione della letteratura volgare, non solo come fruitore, ma anche come autore. I mercanti trecenteschi ci hanno lasciato infatti libri di conti, ricordanze personali e familiari, cronache cittadine e libri di viaggio, che danno vita a un importante filone di **letteratura memoriale** e ci trasmettono una vivida immagine della loro civiltà.

Letteratura e religione Nonostante l'affermazione di queste nuove figure di intellettuali, una larga parte delle professioni legate al mondo della cultura era ancora occupata da **religiosi**. Nelle università era particolarmente rilevante il contributo dei maestri provenienti dagli Ordini mendicanti: francescani e domenicani erano in prima fila nell'elaborazione della cultura religiosa e nella sua diffusione fra le popolazioni, soprattutto urbane.

La letteratura religiosa rappresenta un settore primario nella produzione letteraria del Trecento, con una notevole quantità di volgarizzamenti, raccolte di ***exempla*** e vite di santi, ma il mezzo più efficace per raggiungere anche gli strati più incolti della popolazione rimaneva quello della **predicazione nelle piazze**. I frati più carismatici provocavano

Exemplum Termine latino che significa «esempio» e che designa una breve narrazione che vuole esemplificare un insegnamento morale o religioso.

fenomeni di vero e proprio «divismo», suscitando l'entusiasmo delle folle, sicure della santità del predicatore, cui cercavano di toccare la tunica, tagliandone a volte un brandello da conservare come reliquia. Il pubblico partecipava alle prediche con **grande trasporto emotivo** e il predicatore doveva essere in grado di prevedere e controllare le reazioni dei fedeli, adattando il sermone e la propria recitazione alle circostanze particolari e all'uditorio che si trovava di fronte. Nonostante il genere della predica fosse latino e codificato da una serie di regole (insegnate nelle *Artes praedicandi*, "Arti del predicare"), la recitazione si svolgeva in volgare, così come in volgare sono giunti fino a noi i sermoni trascritti sul momento, oppure rielaborati in un secondo tempo. Il tema centrale di queste omelie era sempre la **salvezza personale del fedele** e il predicatore suggeriva i modi per raggiungerla. Sempre erano tenuti ben presenti i problemi concreti e i reali stili di vita dei ceti cittadini, distinguendo per esempio la condanna dell'usura dall'assoluzione del guadagno onesto; l'attenzione dell'uditorio era mantenuta viva corredando gli elementi essenziali del catechismo con la narrazione di brevi racconti, l'esposizione di consigli medici, la divulgazione di nozioni scientifiche. Le prediche avevano insomma anche una funzione narrativa e informativa, di svago e d'acculturazione di base, arricchite com'erano di *exempla* e della narrazione di miracoli, di aneddoti, proverbi, notizie di attualità, curiosità o episodi di storia antica.

Il Preumanesimo Anche se è nel corso del Trecento che la letteratura italiana viene per la prima volta codificata con il canone delle "Tre Corone", ovvero Dante, Petrarca e Boccaccio, è in questo stesso periodo che in Italia ha inizio un **recupero della cultura classica** che darà vita all'**Umanesimo** quattrocentesco. Già sul finire del Duecento a Padova inizia a diffondersi una nuova sensibilità definita dalla critica con il nome di **Preumanesimo**, che non si identifica soltanto con la riscoperta di opere antiche dimenticate, ma anche con un **nuovo metodo di indagine filologico**, che consiste nel ricostruire un testo confrontandone le diverse copie manoscritte (*collatio*) e correggendo gli errori che esse trasmettono (*emendatio*).
All'origine di questi fermenti vi fu un evento casuale, destinato però a dare un decisivo impulso alla riscoperta della classicità. Il notaio padovano **Lovato Lovati** (1240-1309) scoprì nella biblioteca del monastero di Pomposa un manoscritto contenente le tragedie di Seneca (ancora oggi esistente e conservato nella Biblioteca Laurenziana di Firenze), un testo di fatto ignoto alla cultura medievale. Questo ritrovamento diede origine a un vivace dibattito su quanto della letteratura classica era effettivamente noto e provocò un notevole interesse per il genere tragico; molti intellettuali si interrogarono infatti sulle finalità del teatro tragico latino (ovvero se fosse pensato per la recitazione o per la lettura) e provarono a ricostruirne schemi metrici e apparati di commento. Ma soprattutto la scoperta aprì la strada a una **nuova prospettiva di intendere gli autori antichi**: per tutto il Medioevo gli autori classici erano stati considerati come delle *auctoritates*, depositari di verità morali che si accordavano con quelle della fede cristiana, come modelli dai quali attingere passivamente. Nessuno, però, aveva mai osato comporre opere ispirate alla classicità calate nel contesto storico del Medioevo. Fu il padovano **Albertino Mussato** (1261-1329) a infrangere questa convenzione che durava immutabile da secoli: ispirandosi ai testi di Seneca, egli compose nel 1313 l'***Ecerinis***, una **tragedia in latino** incentrata sullo scontro tra il tiranno Ezzelino da Romano e la città di Padova, che gli valse la conquista dell'alloro poetico.

Avignone, culla del Preumanesimo Il centro di irradiazione della nuova cultura preumanistica fu **Avignone**, che dal 1309 era la sede del Papato. Nella città provenzale affluirono intellettuali, chierici, giuristi e notai da ogni parte d'Europa e lo scambio culturale e librario era favorito dalla presenza della **Biblioteca Pontificia** (la più grande dell'epoca, con i suoi oltre 2000 volumi). Il principale protagonista di questa rinascita della classicità fu **Francesco Petrarca**, che visse ad Avignone, seppur non continuativamente, fino al 1353, e che con il suo enorme prestigio internazionale contribuì in modo decisivo alla consacrazione della città come "capitale" della cultura europea; lo stesso Petrarca sottolineò l'importanza di Avignone come luogo di scambi culturali e di incontri tra studiosi in una lettera indirizzata nel 1373 al segretario di Gregorio XI, Luca de Penna.

Il ruolo di Petrarca Petrarca fu decisivo anche nel continuare l'opera dei preumanisti padovani, dando vita a un **tentativo consapevole di far rivivere la letteratura antica**. Egli inaugurò un metodo che prevedeva controlli filologici accurati, volti a "ripulire" i testi dalle aggiunte che nel corso dei secoli ne avevano corrotto la lezione originaria; per far questo egli utilizzò una fitta rete di amici e conoscenti che gli procuravano in tutta Europa nuove copie delle opere da lui richieste, favorendo in tal modo la circolazione dei testi.
Grazie alla sua fama, Petrarca fu il promotore di una vera e propria **rinascita della civiltà classica**, come ammisero anche gli umanisti quattrocenteschi, che identificarono in lui il precursore degli *studia humanitatis*. Sempre a Petrarca si deve un altro momento fondamentale per la nascita dell'Umanesimo: la **ripresa dello studio del greco**, lingua che durante il Medioevo era quasi del tutto scomparsa. Insieme a Boccaccio, Petrarca fece tradurre in latino i poemi omerici da un monaco calabrese, Leonzio Pilato. Anche se nessuno dei due riuscì a imparare il greco, il loro progetto diede i suoi frutti pochi anni dopo, grazie a **Coluccio Salutati**. Questi, nel 1397, chiamò a Firenze il dotto bizantino Manuele Crisolora, istituendo una nuova cattedra pubblica di greco e aprendo di fatto la strada alla nascita dell'Umanesimo.

GUIDA ALLO STUDIO

1. In che modo si evolve la figura dell'intellettuale tra Duecento e Trecento?
2. Qual era il metodo di maggiore diffusione della letteratura religiosa?
3. Che tipo di scoperta fu fatta dal notaio padovano Lovato Lovati?
4. Perché Petrarca è considerato il precursore del movimento umanistico?

A COLPO D'OCCHIO La cultura a corte

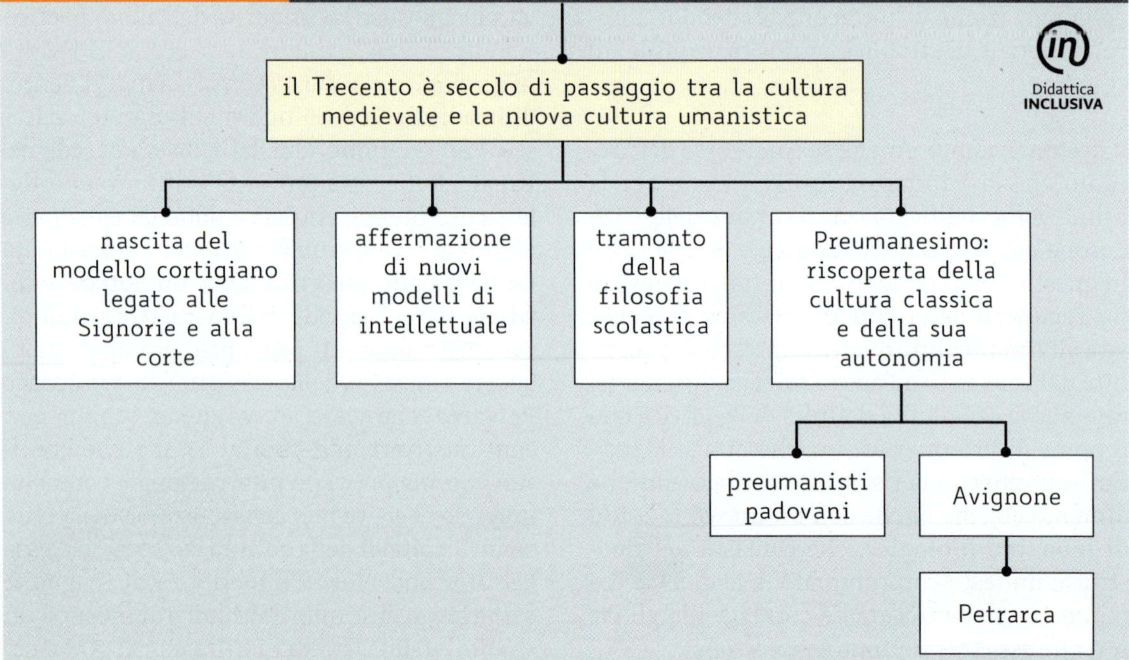

3. Il quadro artistico

Il Gotico Mentre nell'Europa centro-settentrionale il Gotico inizia a diffondersi già a partire dalla metà del XII secolo, in Italia questa nuova tendenza artistica si manifesta con un certo ritardo, sul finire del XIII secolo, grazie soprattutto ai nuovi **Ordini mendicanti**, i quali promuovevano ideali di sobrietà e povertà evangelica. I caratteri stilistici e i sistemi costruttivi tipici dell'architettura francese (luminosità e verticalismo) furono ripresi dagli architetti italiani, ma smorzati e mediati con la tradizione romanica.

Un esempio significativo è quello della **Basilica di Assisi**, dedicata a san Francesco, edificata su un'altura e costituita da due basiliche sovrapposte, quella inferiore e quella superiore. La Basilica superiore presenta una sola navata; lo spazio è quindi semplice, così da permettere ai fedeli di assistere in modo più diretto ai riti officiati all'altare e di «leggere» più agevolmente le vicende della vita del santo, affrescate sulle pareti da Giotto e dalla sua bottega.

Anche nelle cattedrali cittadine, simbolo di ricchezza e potere, l'adesione al nuovo linguaggio fu solo parziale. Gli edifici di dimensioni contenute si limitarono, infatti, ad adottare elementi tipicamente gotici, come l'arco acuto e le volte ogivali, e ad accentuare la decorazione delle facciate.

▲ Assisi, l'ingresso della Basilica inferiore e la Basilica superiore dalla piazza inferiore.

▲ Gentile da Fabriano, *Adorazione dei Magi*, 1423, tempera su tavola (Firenze, Galleria degli Uffizi).

Il Gotico internazionale Nel corso del Trecento la nascita delle Signorie permise l'affermazione di uomini d'affari, banchieri e ricchi mercanti. Questi divennero committenti di **oggetti raffinati e lussuosi** come arazzi, dipinti su tavola o ad affresco, che decoravano le loro dimore private.

Tra la fine del Trecento e la prima metà del Quattrocento si affermò una variante dello stile gotico, definita sia «Gotico internazionale», per via della sua diffusione a livello europeo, sia «Gotico cortese», in quanto tipica della società aristocratica e raffinata delle corti. Lo stile gotico internazionale fu caratterizzato dal **gusto per l'eleganza**, la preziosità dei materiali e la decorazione diffusa, elementi che ben si adeguavano al desiderio di ostentazione della ricchezza e del lusso dell'aristocrazia e della nuova borghesia cittadina. Il Gotico internazionale fu adottato soprattutto nell'ambito della pittura e nelle arti minori, ma interessò anche l'architettura, con la costruzione del Duomo di Milano e di Palazzo Ducale a Venezia.

Tra i maggiori artisti del Gotico internazionale italiano si possono ricordare il senese **Simone Martini** (1284-1344), che lavorò per molti anni ad Avignone nella nuova sede pontificia, Antonio Pisano detto **Pisanello** (1395-1455), attivo principalmente alla corte estense di Ferrara, e **Gentile da Fabriano** (1370 ca-1427), attivo in molte corti italiane.

D

Giotto

Compianto sul Cristo morto

Anno: 1303-1305

Tecnica: affresco

Collocazione: Padova, Cappella degli Scrovegni

Dimensioni: 2 x 1,85 m

Idee chiave: chiaroscuro, senso del volume delle figure

Nel 1304 il pittore fiorentino Giotto (1266-1337), la cui fama aveva già oltrepassato i confini della Toscana, fu incaricato dal banchiere padovano Enrico degli Scrovegni di affrescare una cappella privata fatta costruire nel centro di Padova. Giotto vi lavorò per circa due anni e realizzò una serie di trentasette riquadri che avevano come tema le storie della Vergine e di Cristo; sulla parete all'ingresso dipinse un grande Giudizio universale.

1 La scena qui rappresentata mostra uno degli ultimi episodi della vita di Cristo: dopo essere stato deposto dalla croce, il corpo viene pianto prima di essere collocato nella tomba.

2 Intorno a Cristo, oltre alla Madonna, le "tre Marie" (Maria di Magdala, Maria di Cleofa e Maria di Salomè), san Giovanni Evangelista, Nicodemo e Giuseppe d'Arimatea.

3 Le aureole contraddistinguono i personaggi presenti nel racconto evangelico; gli altri, senza aureola, rappresentano la folla anonima dei seguaci di Gesù.

4 Il centro della composizione è in basso a sinistra, dove si trovano i volti di Cristo e della Madonna e dove convergono sia gli sguardi delle altre figure, sia quello dell'osservatore, "spinto" in quel punto anche dalla linea discendente della roccia.

5 È da notare come le figure risaltano soprattutto grazie alla tecnica del chiaroscuro, che conferisce loro un forte senso del volume all'interno della rappresentazione spaziale.

D

Ambrogio Lorenzetti

Le conseguenze del buon governo

Anno: 1338-39

Tecnica: affresco

Collocazione: Siena, Palazzo Pubblico, Sala dei Nove

Dimensioni: 2,65 x 7,7 m

Idee chiave: armonia, vivacità, prosperità

*Ambrogio Lorenzetti (1290-1348) dipinse l'*Allegoria del buono e del cattivo governo *tra il 1338 e il 1339. Si tratta di due grandi affreschi commissionati dal governo senese «dei Nove» (nove uomini scelti tra le famiglie più influenti della città) e collocati nella sala del Palazzo Pubblico in cui si riuniva il governo. Entrando, l'osservatore si trova davanti la rappresentazione del cattivo governo e dei suoi esiti ed è quindi portato a voltarsi verso le altre due pareti, illuminate dalla luce delle finestre, dove sta l'*Allegoria del buon governo, *con gli effetti che questo produce sulla vita della città e del suo contado.*

1 Nella parte sinistra, alcuni luoghi della città di Siena (il Duomo, alcuni palazzi cittadini, le torri).

2 Sulla destra, il contado senese, con i suoi campi coltivati e le relative attività agricole ben visibili sullo sfondo.

3 Al centro dell'affresco, in alto, è raffigurata una figura alata che tiene in mano un cartiglio con alcuni versi («Senza paura ogn'uom franco camini / e lavorando semini ciascuno / mentre che tal comuno / manterrà questa donna in signoria / ch'el à levata a' rei ogni balia»). Si tratta di una sorta di "didascalia" dell'immagine, affidata all'allegoria della Sicurezza, che spiega come fino a quando Siena sarà retta dal Buon Governo sia la città che la campagna saranno luoghi sicuri e prosperi. Rispetto alla mentalità che opponeva la città alla *villa*, spesso identificata con costumi "villani", l'affresco offre invece una visione conciliante dei due mondi, pacificamente complementari sotto il "buon governo".

4. Il quadro linguistico

Prestigio del latino e ascesa del volgare Benché il Trecento sia il primo grande secolo della letteratura italiana, quello in cui vedono la luce i grandi capolavori della lingua volgare, prontamente riconosciuti come tali, è bene non dimenticare che **la lingua di massimo prestigio resta indiscutibilmente il latino**, che è la lingua in cui si esprime la cultura «ufficiale» della Chiesa, delle università, della politica, e che serve da modello tanto alla nuova letteratura preumanistica quanto ai grandi autori volgari.
L'uso del latino come lingua di cultura superiore è poi testimoniato dal fatto che anche i commenti e le annotazioni a opere volgari venivano scritti normalmente in latino, ed era frequente il caso di **traduzioni latine di opere originariamente redatte in volgare** (accadde al *Milione* di Marco Polo, alle *Lettere* di santa Caterina, all'ultima novella del *Decameron* latinizzata da Petrarca nella celebre *Historia Griseldis*).
Tale «complesso di superiorità» era particolarmente evidente negli ambienti preumanistici: Lovato Lovati deplorava l'abbassamento di stile delle *chansons de geste* da parte dei cantastorie di piazza, mentre Giovanni del Virgilio biasimava Dante per aver espresso le dottrine teologiche e filosofiche della *Commedia* in una lingua "bassa" come il volgare. Tale atteggiamento determinò anche la bassa considerazione esibita da Petrarca per le proprie liriche in volgare (cui pure egli dovrà la propria fama), da lui chiamate non a caso *nugae*, "cose di poco conto", di contro alle alte ambizioni affidate a quelle latine: un atteggiamento che si trasmetterà alle future generazioni di umanisti, pesando non poco sugli sviluppi quattrocenteschi della lingua e della letteratura italiane.

Il volgare nelle regioni d'Italia Contrapporre latino e volgare significa in realtà operare una semplificazione, sia perché il panorama linguistico dell'Italia trecentesca – al pari di quello politico e territoriale – è frammentato in una **moltitudine di differenti volgari locali** (corrispondenti grossomodo agli odierni dialetti), sia perché proprio in questo secolo la **progressiva affermazione del toscano** – e particolarmente del fiorentino – come lingua letteraria crea una nuova divisione interna al volgare, destinata a caratterizzare la storia linguistica della nostra penisola per i secoli successivi.
Nel Trecento, tuttavia, l'egemonia toscana riguarda prevalentemente il **genere lirico**, lasciando ampi margini d'espressione ai diversi volgari nei generi «minori», più legati alle tradizioni locali, quali le cronache in versi, i poemetti didattici o agiografici, le laudi. Nel campo della **prosa**, poi, la destinazione municipale o regionale dei testi si combina con la mancanza di modelli toscani autorevoli – almeno fino alla diffusione del *Decameron* di Boccaccio – e determina una marcata resistenza delle lingue d'uso nelle cronache, nelle prose narrative, nei volgarizzamenti, per non dire delle scritture pratiche, come le corrispondenze commerciali, i testamenti, gli statuti.

Francese e provenzale Accanto al latino e ai diversi volgari, mantenne una posizione di rilievo il **francese**, largamente diffuso non solo come lingua letteraria – con la vasta circolazione nell'Italia settentrionale di *chansons* e romanzi in lingua d'*oïl*, e la contestuale fioritura della letteratura franco-veneta – ma anche come lingua del commercio, usata specialmente tra i mercanti centro-settentrionali, che spesso soggiornavano per anni in terre francofone. Nel **Regno angioino di Napoli**, invece, l'affermarsi della cultura francese fu un fenomeno elitario, favorito dall'immigrazione di nobili e funzionari d'Oltralpe e dall'assimilazione della nobiltà locale, che commissionò numerosi volgarizzamenti di opere latine in francese e una ricca produzione di letteratura cortese.
La fortuna del **provenzale** si prolungò soprattutto nel **Nord della penisola**, segnalata dal proliferare di canzonieri occitanici trecenteschi in Veneto, a Mantova e a Ferrara. A parte il caso speciale di Petrarca, che in Provenza risiedette a lungo parlando la lingua del luogo, la cultura trobadorica fu presente e attiva non solo in Dante (si ricordino i versi in lingua d'*oc* pronunciati da Arnaut Daniel in *Purgatorio*, XXVI), ma anche in molti altri rimatori settentrionali.

Prestigio e diffusione della lingua fiorentina «Lingua tusca magis apta est ad literam sive literaturam quam aliae linguae, et ideo magis est communis et intelligibilis» ("la lingua toscana è più adatta alla scrittura e alla letteratura delle altre lingue, e per questo è più comune e comprensibile"), scriveva nel 1332 il giudice e rimatore padovano Antonio da Tempo nella sua *Summa latina* di metrica volgare. Così, egli documentava la grande **espansione della cultura toscana**, che già nel primo Trecento conquistò una posizione di supremazia linguistica costantemente ribadita e potenziata nei decenni successivi, fino alla definitiva canonizzazione a opera dei grammatici cinquecenteschi (sopra tutti Pietro Bembo, che su Petrarca e Boccaccio fonderà, in pieno Rinascimento, le regole della poesia e della prosa volgari).

Si è visto come il toscano sia fin da subito un modello sovraregionale imprescindibile per tutti i poeti di corte trecenteschi, ma sono svariati i suoi canali di diffusione e i rapporti con le tradizioni locali. Molteplici sono anche i fattori di tale affermazione, in primo luogo l'enorme e **immediato successo ottenuto dalla *Commedia***, specie in aree toccate dalle peregrinazioni del suo poeta esule, o legate alla Toscana da antiche relazioni culturali. Ma, oltre a quelli letterari, si devono considerare anche importanti motivi pratici: il dinamismo della società toscana generava una forte **mobilità commerciale e finanziaria**, politico-amministrativa e intellettuale, che condusse alla formazione di **«colonie» toscane** in alcune città venete e a Napoli (dove i fiorentini conquistarono prima il potere economico e poi anche quello politico e dove visse in gioventù anche Boccaccio). Data la potenza della sua economia, il volgare di Toscana si afferma inoltre come nucleo primario della **lingua comune mercantile** sviluppatasi in Italia fra Trecento e Quattrocento.

GUIDA ALLO STUDIO

1. Qual era l'atteggiamento dei preumanisti nei confronti del volgare?
2. Quale genere letterario venne rapidamente codificato secondo il modello toscano?
3. In quali aree italiane venne usato il francese come lingua letteraria nel corso del Trecento?

A COLPO D'OCCHIO L'ascesa del volgare

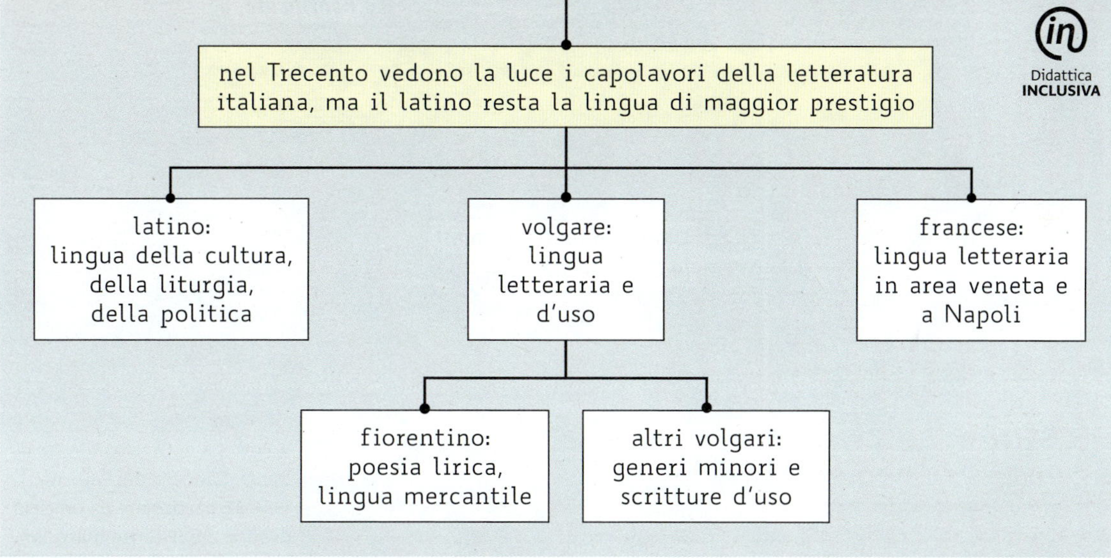

Capitolo 7

Dante Alighieri

In viaggio verso l'eterno

◂ Bottega di Giotto, *Ritratto di Dante*, Cappella del Podestà, 1334-37, particolare da un ciclo di affreschi (Firenze, Bargello).

Dante nel racconto di Giovanni Villani

Ritratto

*Il cronista fiorentino Giovanni Villani [▶ **T8**, p. 222] ci lascia questo ritratto di Dante nella sua* Nuova Cronica*, scritta a inizio Trecento. Villani non nasconde lo sconcerto di fronte all'arroganza con cui Dante si era permesso, nel suo poema, di spedire la gente all'Inferno o in Paradiso, a suo piacimento; né passa sotto silenzio alcuni aspetti meno gradevoli del temperamento di Dante uomo.*

Nel detto anno MCCCXXI, del mese di luglio, morì Dante Allighieri di Firenze ne la città di Ravenna in Romagna, essendo tornato d'ambasceria da Vinegia[1] in servigio de' signori da Polenta, con cui dimorava; e in Ravenna dinanzi a la porta de la chiesa maggiore fue sepellito a grande onore in abito di poeta e di grande filosafo [...]. Questi fue grande letterato quasi in ogni scienza, tutto fosse laico[2]; fue sommo poeta e filosafo, e rettorico perfetto tanto in dittare, versificare, come in aringa parlare, nobilissimo dicitore[3], in rima sommo, col più pulito e bello stile che mai fosse in nostra lingua infino al suo tempo e più innanzi. [...] E fece la Commedia, ove in pulita rima[4], e con grandi e sottili questioni morali, naturali, strolaghe[5], filosofiche, e teologhe, con belle e nuove figure, comparazioni, e poetrie, compuose e trattò in cento capitoli, overo canti, dell'essere e istato del ninferno, purgatorio, e paradiso così altamente come dire se ne possa, sì come per lo detto suo trattato si può vedere e intendere, chi è di sottile intelletto. Bene si dilettò in quella Commedia di garrire e sclamare a guisa di poeta[6], forse in parte più che non si convenia. [...] Questo Dante per lo suo savere fue alquanto presuntuoso e schifo[7] e isdegnoso, e quasi a guisa di filosafo mal grazioso non bene sapea conversare co' laici; ma per l'altre sue virtudi e scienza e valore di tanto cittadino ne pare che si convenga di dargli perpetua memoria in questa nostra cronica.

da *Nuova Cronica, Chi fue il poeta Dante Allighieri di Firenze* (CXXXVI)

1. **d'ambasceria da Vinegia:** da un'ambasceria a Venezia.
2. **tutto fosse laico:** anche se era un laico, cioè privo di titoli universitari.
3. **dicitore:** oratore.
4. **in pulita rima:** con versi perfetti.
5. **strolaghe:** astrologiche.
6. **Bene si dilettò ... a guisa di poeta:** È ben vero che in quella sua *Commedia* gli piacque parecchio litigare (*garrire*) e alzare la voce (*sclamare*) in persona di poeta.
7. **schifo:** schizzinoso.

Nasce a Firenze **1265** – Scrive la *Vita nuova* **1294-95** – Scrive *Inferno* e *Purgatorio* **1306/7-13** – Scrive il *Paradiso* **Dopo il 1315** – Muore a Ravenna **1321**

PERCORSO IN MODALITÀ FLIPPED CLASSROOM

- **A casa** Gli studenti guardano i video e il file PowerPoint e leggono il testo, prendendo appunti per rispondere alle domande delle *Guide allo studio*.
- **In classe** A partire dagli appunti raccolti dagli studenti, l'insegnante integra e approfondisce le informazioni. In seguito ci si dedica alla lettura e analisi dei testi.
- **Strumenti e materiali** Videolezioni di Riccardo Bruscagli (*Il padre della lingua italiana?*; *Pietà all'Inferno*; *La clinica dell'anima: l'invenzione del Purgatorio*; *Paradiso: missione impossibile*) e mappe in PowerPoint.

PERCORSO AD ALTA VELOCITÀ

- **Schemi** L'opera di Dante, p. 263 - Carattere, idee, poetica, p. 267 - La *Vita nuova*, p. 272 - Le opere dottrinarie e sulla lingua volgare, p. 309 - Il *De Monarchia*, p. 315 - La *Commedia*, p. 327
- **Testi chiave** **T2** Donne ch'avete intelletto d'amore (*Vita nuova*), p. 277 - **T4** Tanto gentile e tanto onesta pare (*Vita nuova*), p. 284 - **T5** Guido, i' vorrei (*Rime*), p. 290 - **T12** Una lingua senza capitale (*De vulgari eloquentia*), p. 310 - Dalla *Commedia*: **T14** Nella «selva oscura», p. 330 - **T15** Paolo e Francesca, p. 341 - **T16** Il «folle volo» di Ulisse, p. 347 - **T19** I morti «per forza», p. 371 - **T22** Nel cielo di Marte, p. 383
- **Sintesi** L'essenziale, p. 395 - A colpo d'occhio, p. 396 - Le parole per ricordare, p. 396

1 La vita

La famiglia e la giovinezza Dante (diminutivo di Durante, probabilmente un nome di famiglia) nacque a **Firenze** nel 1265 da Alighiero e Bella degli Abati, esponenti della **piccola nobiltà cittadina**. Il poeta stesso nella *Commedia* dice di essere nato sotto la costellazione dei Gemelli; una tradizione raccolta da Boccaccio precisa la data: alla fine di maggio del 1265.

Sulla fanciullezza e prima giovinezza di Dante i dati certi sono scarsi. Sappiamo che la madre Bella morì quando Dante era ancora bambino e, nel 1277, il padre Alighiero concordò il matrimonio del figlio (allora appena dodicenne) con **Gemma di Manetto Donati**: la data non è certa, ma le nozze dovrebbero essere state effettivamente celebrate intorno al 1285, dopo la morte di Alighiero. Dall'unione con Gemma nacquero almeno **quattro figli**: Giovanni, Pietro, Jacopo e Antonia. Ma per la poesia di Dante, più che la vita di famiglia, è importante l'amore per la donna che nella sua opera egli canta con il nome di **Beatrice**. Secondo il suo stesso racconto, il loro primo incontro avvenne quando tutt'e due erano ancora bambini, a 9 anni (dunque nel 1274). Beatrice viene ordinariamente identificata con Bice di Folco Portinari, una nobile fanciulla dell'alta nobiltà fiorentina, andata sposa a Simone de' Bardi e morta ancor giovane, il 19 luglio del 1290. Per lei Dante scrisse le sue prime rime, raccolte nella ***Vita nuova*** (1294-95), un libretto composto di poesie e prose, in cui egli fa la **cronistoria di questo suo amore giovanile**.

1265 Nasce a **Firenze** nel 1265, da Alighiero e Bella degli Abati.
1274 Incontra per la prima volta **Beatrice**.
1285 Sposa Gemma di Manetto Donati.
1290 Muore Beatrice.
1294-95 Scrive la ***Vita nuova***.

▸ La casa di Dante a Firenze. L'edificio è un falso neogotico di inizio Novecento.

Gli anni dell'amore per Beatrice sono anche quelli della **grande amicizia con Guido Cavalcanti**, che Dante chiama nella *Vita nuova*, a lui stesso dedicata, il suo «primo amico»: più vecchio di Dante (era più anziano di almeno sei anni), già poeta affermato, aristocratico di gran nobiltà e ricchezza, molto esposto nella vita politica fiorentina, Guido fu sicuramente colui che introdusse il giovane Alighieri nella vita letteraria della città.

Gli studi Dopo la morte di Beatrice si aprì una nuova fase nella vita e negli interessi culturali e letterari di Dante. Egli stesso, nel *Convivio*, fa nascere il suo **interesse per la filosofia** in quella data, come contraccolpo alla scomparsa della donna amata; anzi, quasi se ne scusa, come di una consolazione che si era poi risolta in distrazione e allontanamento dalla memoria di Beatrice. È certo che Dante poté trovare in Firenze stessa, alla fine del Duecento, stimoli e risorse di prim'ordine per i suoi nuovi interessi filosofici. In effetti, nei tre principali conventi fiorentini (Santa Croce, Santo Spirito e Santa Maria Novella) esistevano importanti scuole di formazione universitaria: quella di Santa Croce addirittura di poco inferiore a Parigi, Oxford e Cambridge. Inoltre, Dante stesso, in un episodio della *Commedia* (*Inferno*, XV), presenta come suo maestro **Brunetto Latini** (1220 ca-1294 ca): uno degli intellettuali più influenti della Firenze duecentesca, autore di una enciclopedia, intitolata il *Trésor* (in francese d'*oïl*: Brunetto era stato a lungo esule in Francia) e di un importante trattato sull'arte del ben parlare, la *Rettorica*, che traduce una parte del *De inventione* di Cicerone.

Dopo il 1290 Studi di filosofia.

Dante introduce Brunetto come colui che gli aveva insegnato «come l'uom s'etterna», cioè come un vero **maestro di vita e di cultura**: probabilmente si era trattato non tanto di un rapporto formale tra allievo e professore, ma di una **libera frequentazione intellettuale**, di cui tuttavia Dante volle lasciare una aperta e affettuosa testimonianza.

Il poeta entra in politica La Firenze guelfa dei tempi di Dante stava vivendo un processo di **dura contrapposizione sociale**: la nuova classe emergente - mercanti, borghesi - cercava di limitare l'accesso delle famiglie aristocratiche alla gestione del potere, che era stato tradizionalmente loro esclusiva. Nel gennaio 1293 erano stati approvati gli **Ordinamenti di Giano della Bella**, che impedivano ai magnati l'accesso alle cariche pubbliche; nel luglio del **1295** gli Ordinamenti erano stati un po' ammorbiditi, e almeno i nobili non magnati potevano adesso accedere alle cariche, a patto che, almeno formalmente, risultassero iscritti a un'Arte (oggi diremmo a un sindacato). Per questo Dante si iscrisse all'**Arte dei Medici e Speziali**: non perché fosse medico o farmacista, ma perché ciò gli dava la possibilità di concorrere a **cariche pubbliche**. In tal modo Dante arrivò a ricoprire la massima carica del Comune fiorentino: dal **15 giugno 1300** diventò **priore** (per due mesi: la durata degli incarichi a Firenze era brevissima). Dante si trovò così in mezzo a uno dei frangenti più aspri della storia fiorentina: da una parte i **bianchi**, capeggiati dalla famiglia dei Cerchi, rappresentativi delle «genti nuove» arricchite dai traffici e dai commerci, dall'altra i **neri**, capeggiati dai Donati, che rappresentavano l'antica nobiltà feudale, antipopolare e fiera delle proprie tradizioni.

1295 Comincia a partecipare alla **vita politica fiorentina** dopo essersi iscritto all'Arte dei Medici e Speziali.
1300 15 giugno: entra in carica per un bimestre come **priore**. Il 23 giugno deve condannare al confino i capi dei guelfi bianchi e neri, fra cui Guido Cavalcanti.

Sul fronte della politica estera la situazione non era meno aggrovigliata. Il papa, **Bonifacio VIII**, cercava di espandere il suo potere nella Toscana meridionale e verso Firenze, spalleggiato dai neri, che speravano di ricavarne a loro volta appoggio contro i loro avversari bianchi. La situazione precipitò nel corso del 1300, proprio durante il bimestre in cui Dante era priore. Il 23 giugno scoppiò un **tumulto** in cui bianchi e neri si affrontarono a sangue, e i capi delle due fazioni (fra di essi Corso Donati e Guido Cavalcanti) vennero condannati al confino.

Dante guelfo bianco? Non è chiaro il ruolo di Dante in queste vicende. Probabilmente non era politicamente schierato con una delle due fazioni in campo; di sicuro però **osteggiava l'espansionismo pontificio**, e questo lo collocava di fatto dalla parte dei bianchi. Nel 1301 il quadro politico precipitò: Bonifacio VIII inviò in Toscana Carlo di Valois come mediatore, ma in realtà con l'intento di favorire la parte nera. Dante intanto venne mandato in ambasceria **a Roma presso il papa**; si trovava dunque fuori città quando, il 7 novembre, Carlo di Valois entrò in Firenze, e i neri (con il suo appoggio) si impadronirono del potere. I bianchi vennero messi in fuga e le loro case saccheggiate.

1301 Ambasceria a **Roma** presso papa Bonifacio VIII. Mentre è fuori Firenze, i neri prendono il potere.
1302 Accusato di baratteria, il 27 gennaio è **condannato** al confino; il 10 marzo è condannato a morte.

Contumacia Omissione o rifiuto di presentarsi all'udienza in un processo. La condanna in contumacia è quella che viene pronunciata in assenza del condannato. Deriva dal latino *contumacia*, "riluttanza, arroganza".

Dante sotto processo: il confino, la condanna a morte Raggiunto dalla notizia di questi sconvolgimenti mentre era sulla strada del ritorno, Dante apprese anche di essere stato citato in giudizio per **baratteria**, cioè per aver intascato denari in cambio di favori politici. Ben consapevole del carattere strumentale del processo intentatogli, Alighieri non rientrò in città, non si presentò in giudizio, e il 27 gennaio 1302 **venne condannato in contumacia** al pagamento di 5000 fiorini,

Confino
Obbligo di dimora in un comune diverso dal proprio imposto dall'autorità giudiziaria.

a due anni di **confino** e all'interdizione dai pubblici uffici. Il 10 marzo, non essendosi presentato in tribunale per la seconda volta, **venne condannato al rogo**. Da quel momento non rimise più piede a Firenze.

Dopo il 1302: tentativi di riscossa In un primo tempo tuttavia Dante non perse la speranza di poter rientrare in città, dove era rimasta la sua famiglia, con i suoi libri, i suoi scritti, i suoi averi. Egli partecipò attivamente ai tentativi di **riscossa dei bianchi fuoriusciti**: all'inizio del 1303 trovò rifugio a **Forlì**, presso **Scarpetta Ordelaffi**, capitano dei bianchi che preparavano la guerra contro Firenze, ma lo scontro, avvenuto nella primavera in Mugello, si trasformò in un disastro per i bianchi. Dopo la primavera del 1303 l'Alighieri andò a **Verona**, presso **Bartolomeo della Scala**, vicario imperiale, forse per cercare ancora aiuti. All'inizio del 1304 era di nuovo in Toscana: si cominciava a sperare in un ritiro del bando contro i bianchi dopo la morte di Bonifacio VIII e l'elezione di **Benedetto XI** (22 ottobre 1303). Falliti alcuni tentativi di trattativa, i bianchi ricorsero di nuovo alle armi, ma il 20 luglio 1304, alla **Lastra**, alle porte di Firenze, subirono una ennesima, pesantissima sconfitta. Ancora a distanza di un decennio, scrivendo il canto XVII del *Paradiso*, Dante serba una memoria fresca e bruciante dei **dissensi** che si erano manifestati allora tra i fuoriusciti bianchi a proposito della nuova campagna militare. Dissensi che finirono con l'allontanare decisamente il poeta dai suoi compagni di partito: egli rivendicò di non aver più voluto assecondare la «bestialitate» della «compagnia malvagia e scempia ("sciocca")» dei bianchi irriducibili, diventata «tutta ingrata, tutta matta ed empia» nei confronti del poeta, evidentemente incline alla prudenza (XVII, vv. 61-69).

1303 In missione a **Forlì**, presso Scarpetta Ordelaffi.
1303-04 A **Verona**, ospite di Bartolomeo della Scala.
1304 Di nuovo in **Toscana**, con gli altri bianchi fuoriusciti. Il 20 luglio i bianchi sono sconfitti alla Lastra; Dante abbandona il partito.

L'esilio Dopo l'abbandono della parte bianca, Dante deve essersi reso conto che le possibilità di ritornare a Firenze erano praticamente nulle. È ora che comincia il **vero esilio**; è ora che Dante comincia a firmarsi *exul immeritus*, "esule senza colpa". Sono anni di grandi difficoltà, anche economiche: nel *Convivio* (I, III, 4-5), avviato proprio in quegli stessi anni, Dante non esita a raffigurarsi quasi come un mendicante:

> Poi che fu piacere de li cittadini de la bellissima e famosissima figlia di Roma, Fiorenza, di gittarmi fuori del suo dolce seno [...] per le parti quasi tutte a le quali questa lingua si stende, peregrino, quasi mendicando, sono andato, mostrando contra mia voglia la piaga de la fortuna, che suole ingiustamente al piagato molte volte essere imputata. Veramente io sono stato legno sanza vela e sanza governo, portato a diversi porti e foci e liti dal vento secco che vapora la dolorosa povertade.

Da quando piacque ai cittadini della bellissima e famosissima figlia di Roma, Firenze, buttarmi fuori dal dolce seno di quella città, sono andato pellegrino, quasi mendicando, per quasi tutte le regioni (*parti*) in cui si parla questa lingua volgare italiana; mostrando mio malgrado la ferita che mi è stata inflitta dalla mia malasorte: malasorte che spesso suole essere ingiustamente addebitata (*imputata*) alla vittima di quella ferita. Davvero io sono stato come una nave (*legno*) senza vela e senza timone (*governo*), trasportata a diversi porti, e foci e litorali dal vento secco che esala (*che vapora*) la dolorosa povertà.

Dante uomo di corte Come si manteneva Dante durante gli anni dell'esilio? Lontano dalle istituzioni comunali di Firenze, egli cominciò a frequentare **corti e signori feudali**: fra questi, quelli che, specie nell'Italia centro-settentrionale, stavano trasformando il sistema comunale in un sistema ormai signorile. Egli, antico priore di una città repubblicana, diventò uomo di corte: un po' diplomatico, un po' segretario, mediatore, uomo di fiducia. Così, nell'ottobre del **1306** Dante

1306 In **Lunigiana**, presso i Malaspina.
1307 In **Casentino**, ospite di Guido da Battifolle.
In questi anni progetta il ***Convivio*** e il ***De vulgari eloquentia***.

si trovava in **Lunigiana**, in qualità di procuratore dei marchesi Malaspina; nel **1307** si trovava in **Casentino**, ospite di **Guido da Battifolle**, signore di Romena. Intanto, negli anni che seguirono la sanzione definitiva dell'esilio, l'interesse di Dante per gli studi e per la letteratura riprese con grande vigore. Germogliano in questo periodo i progetti delle opere dantesche più impegnative: il *Convivio* e il *De vulgari eloquentia*. Malgrado le incertezze sulla datazione, entrambi i progetti sembrano interrompersi in concomitanza con il comparire di un progetto nuovo e ancora più impegnativo, quello della *Commedia*. Entro il 1313 dovrebbero essere stati composti sia l'*Inferno* che il *Purgatorio*.

9 Enrico VII è incoronato imperatore e decide di scendere in
a per restaurare l'autorità imperiale.
Enrico VII muore di malaria: fine del sogno di
aurazione imperiale. Probabilmente in questi anni Dante
de il ***De Monarchia***. Entro questa data compone ***Inferno*** *e*
atorio.

Dante "imperiale" Lo scenario politico sembrò offrire una prospettiva di mutamento dopo che il 6 gennaio 1309, ad Aquisgrana, **Arrigo (Enrico) VII** di Lussemburgo venne incoronato **imperatore**. Arrigo, infatti, aveva deciso di scendere in Italia per restaurare l'autorità imperiale e farsi incoronare solennemente a Roma. Ma ben presto il suo tentativo si avviò a un tragico epilogo. Colpito dalla malaria, il 13 marzo 1313 l'imperatore si ritirò a Pisa e di là progettò di muovere contro Roberto d'Angiò, ribelle all'Impero e condannato a morte; ma la malattia lo divorò e il 24 agosto morì. È in queste circostanze drammatiche che Dante concepisce il ***De Monarchia***, a difesa della monarchia universale.

Amnistia
Atto legislativo con il quale si annulla il reato e si condona la pena. Deriva dal greco *amnestía*, "dimenticanza".

Il rifiuto di tornare a Firenze È da notare che a un certo punto Dante avrebbe potuto tornare a Firenze, e non volle. Infatti il 2 settembre 1311 il Comune decretò un'**amnistia generale** per i fuoriusciti guelfi – la cosiddetta «Riformagione di Baldo d'Aguglione» – che permetteva il **ritorno dei condannati** dietro il pagamento di una multa. Dante non era però nella lista dei possibili amnistiati e si capisce perché: pochi mesi prima, il 31 marzo, aveva diretto contro gli «scelleratissimi Fiorentini di dentro» la più violenta delle sue **invettive**, l'**Epistola VI**, gonfia di sdegno di fronte al disconoscimento, da parte di Firenze, dell'autorità dell'Impero. Nel maggio 1315 il Comune decretò una **nuova amnistia**,

◂ Castello Fosdinovo dei Marchesi Malaspina: Dante (al centro) assiste alla firma della pace, da lui stesso patrocinata, fra il vescovo di Luni e la famiglia Malaspina. L'affresco fa parte di un ciclo, risalente all'Ottocento, che celebra i rapporti fra Dante Alighieri e la famiglia Malaspina.

anche stavolta condizionata all'esborso di una multa e all'umiliante procedura dell'**oblazione** a San Giovanni; la quale prevedeva, almeno per i delinquenti comuni, che si recassero in processione, rivestiti di sacco, una candela in mano e una mitria derisoria in capo, al battistero, come penitenti che invocavano perdono per i loro reati. Dante, condannato politico e non delinquente comune, avrebbe potuto evitare il sacco, la candela e la mitria; non l'umiliazione pubblica; non l'ammissione di una colpevolezza da espiare. Ma un innocente non chiede la grazia del crimine che non ha commesso. Dante stavolta era nella lista di chi poteva tornare. E non tornò neanche questa volta. Scrisse, invece, l'epistola sua più bella, la XII, quella in cui l'esilio si rivela per quello che veramente fu: una **scelta**. Una opzione morale difesa contro l'ipocrisia dei finti pentimenti, delle scuse e delle discolpe formali. «Dunque io potrei tornare - dice Dante - *si solvere vellem certam pecunie quantitatem vellemque pati notam oblationis*? ("se volessi pagare una certa quantità di denaro e volessi sopportare la vergogna dell'offerta?"). È questa la grazia con cui Dante Alighieri è richiamato in patria dopo aver patito quasi per tre lustri l'esilio?». Roba da ridere: *ridenda*, dice Dante; *Non est hec via redeundi ad patriam*: "non è questa la via del ritorno in patria". E a quei patti, Dante non tornò.

Oblazione Offerta, tributo reso come segno di gratitudine; in particolare, per i condannati, pagamento di una multa o sottomissione volontaria a un atto di pubblica ammissione di colpa, in modo da veder ridotta o estinta la pena.

1315 Rifiuta di tornare a Firenze alle condizioni che gli vengono imposte. È posteriore a questa data la stesura del ***Paradiso***.

Tra Verona e Ravenna: gli ultimi anni e la conclusione della *Commedia* Dante trascorse gli anni che seguirono tra Verona (1313-18), ospite di Cangrande della Scala, e Ravenna (1318-21), ospite di Guido Novello da Polenta, spesso incaricato di ambascerie e **missioni diplomatiche**. Appartiene a questi ultimi anni la stesura del *Paradiso*: la più lunga delle lettere dantesche (Epistola XIII), databile a non molto dopo il 1315 e rivolta a Cangrande della Scala, contiene la **dedica**, non è chiaro se dell'intero *Paradiso* o di parte di esso, **al signore di Verona**; data e autenticità della lettera sono però state messe in dubbio. Abbiamo testimonianze dei contemporanei sul fatto che, vivente l'autore, almeno le prime due cantiche erano già diffuse e con grande successo, tanto che negli ultimi anni ravennati Dante era oggetto di culto e circondato di amici e ammiratori. Tra la fine di luglio e l'inizio di agosto del 1321 Dante si recò in

1313-18 È a **Verona**, ospite di Cangrande della Scala, cui dedicherà il *Paradiso*.
1318-21 È a **Ravenna**, ospite di Guido Novello da Polenta.
1321 Fra il 13 e il 14 settembre **muore** di malaria.

▶ Monumento equestre dall'arca di Cangrande della Scala, 1329 ca, marmo (Verona, Museo di Castelvecchio).

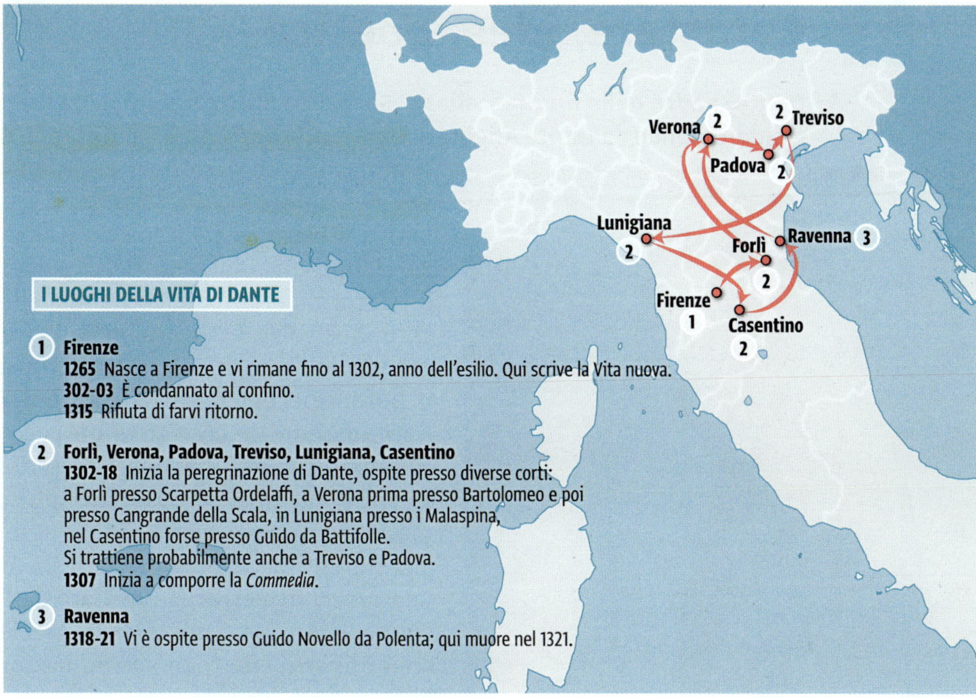

ambasceria presso la Repubblica di Venezia: dal viaggio rientrò a Ravenna avendo contratto la **malaria** nelle valli di Comacchio. Morì fra il 13 e il 14 settembre. Per volontà di Guido da Polenta gli vennero tributate **solenni onoranze funebri**.

GUIDA ALLO STUDIO

1. Quali sono i due personaggi più importanti per la formazione letteraria di Dante?
2. Quali incarichi ebbe il poeta presso il Comune di Firenze?
3. Come si schierò Dante all'interno della lotta tra bianchi e neri?
4. Quali furono le tappe del suo esilio?

A COLPO D'OCCHIO — L'opera di Dante

Didattica INCLUSIVA

in volgare

Vita nuova poesie con commento in prosa

Rime liriche di argomento vario

Convivio trattato incompiuto di argomento filosofico, con prosa e poesia

Commedia poema in terzine organizzato in tre cantiche, per un totale di 100 canti

in latino

De vulgari eloquentia trattato incompiuto dedicato all'origine della lingua e al volgare italiano

De Monarchia trattato politico

Epistole lettere di argomento vario

2 Carattere, idee, poetica

Dante, padre della lingua italiana Se questo libro è scritto nella lingua che state leggendo, dipende da Dante Alighieri. Quello che oggi infatti definiamo "**italiano**", ovvero la nostra lingua nazionale, è la **lingua che Dante usò nel suo capolavoro, la *Commedia***, ossia la sua lingua nativa, il **toscano** nella sua variante fiorentina. È grazie all'immenso successo del capolavoro dantesco che il fiorentino si impose come modello linguistico per chiunque volesse continuare a scrivere in italiano; è per via dell'autorità assunta dall'opera dantesca che il fiorentino del Due-Trecento è diventato italiano. Naturalmente, le cose sono un poco più complicate. Innanzitutto, bisogna tenere presente che nell'arco di 50 anni, in Italia, comparvero non solo la *Commedia*, ma altri due capolavori scritti da autori toscani in lingua fiorentina: **il *Decameron* di Boccaccio** (1352) **e il *Canzoniere* di Petrarca** (lavorato dall'autore fino alla vigilia della morte, nel 1374). Fu grazie anche a questo straordinario effetto di accumulazione che la lingua di Firenze si impose come la lingua più prestigiosa, relegando le altre parlate locali in posizione minoritaria e marginale.

Dante, dunque, "padre" della lingua italiana: ma di quale lingua? Scritta o parlata? Della lingua della letteratura, o della società italiana? È evidente che il fiorentino si impose soprattutto come **lingua scritta**, o comunque come la lingua degli alfabetizzati, di chi sapeva leggere e scrivere. Gli analfabeti continuarono a lungo, fino all'epoca moderna, a usare i loro dialetti nativi, rimanendo tagliati fuori dalla lingua dell'Italia colta. Non solo, ma **le parlate locali continuarono** (e continuano) **ad avere una loro vitalità** anche presso le persone istruite, sia pure in ambiti d'uso diversi rispetto alla lingua nazionale. Tuttavia, pur con tutte queste precisazioni, va sottolineato che in Italia, a differenza di ogni altro Paese europeo, fu il prestigio iniziale di un solo autore, e di una sola opera, a imporre una lingua particolare come lingua dell'intero Paese. Una unificazione, dunque, raggiunta non per via politica, come conseguenza di una raggiunta unità nazionale (che in Italia dovrà aspettare fino all'Ottocento per realizzarsi), ma per via culturale.

▲ In alto, Salvador Dalí, *Dante*, xilografia di illustrazione del canto I del *Paradiso*.
In basso, Salvador Dalí, *L'incontro fra Dante e Beatrice*, xilografia di illustrazione del canto XXIX del *Purgatorio*.

Tra Medioevo ed Età moderna Dante è l'ultimo uomo del Medioevo o il primo dell'Età moderna? Per certi aspetti – soprattutto per la coraggiosa **adozione di una lingua moderna e viva** come nuova lingua di una nuova letteratura – Dante è certamente un **grande innovatore**. Per altri aspetti, e soprattutto per i suoi legami con la **filosofia cosiddetta «scolastica»**, che aveva in san Tommaso d'Aquino e in Aristotele i suoi punti di riferimento, egli può sembrare un **uomo del passato**: ben presto la nuova cultura umanistica, dal Quattrocento in poi, troverà in Platone, e non in Aristotele, il maestro ispiratore di una nuova mentalità e di un nuovo pensiero.

In particolare, Dante è uomo del Medioevo nel suo **rapporto con i classici**. Dante adora la classicità e si nutre degli autori latini (i greci a quel tempo non erano direttamente conosciuti): Stazio, Lucano, Orazio, Ovidio, soprattutto Virgilio, che, nella *Commedia*, egli sceglie non a caso come sua guida attraverso l'Inferno e il Purgatorio. Ma appunto: la cultura classica in Dante viene profondamente **cristianizzata**, o, comunque, reinterpretata in rapporto a esigenze correnti, tipiche del tempo in cui Dante vive. Questo è un atteggiamento caratteristico del Medioevo, e che l'Umanesimo cambierà in modo radicale. Gli autori antichi nel Medioevo non vengono letti filologicamente, secondo la loro verità storica: essi vengono adattati, manipolati, equivocati per piegarli a un significato che avesse rilevanza per chi li leggeva allora, in un'età tanto diversa da quella in cui erano nati.

Ciò è possibile soprattutto attraverso l'uso dell'**allegoria**. Ovvero, i testi antichi vengono letti come se, al di sotto del significato letterale, ci fosse un **altro significato, nascosto**, da scoprire. Esempio tipico: Virgilio nella IV *Egloga* aveva salutato l'imminente nascita del bambino di un amico con espressioni di giubilo e di augurio, immaginando che il neonato avrebbe portato una nuova era di pace e di prosperità. Dante, come tutto il Medioevo, legge questa egloga come se essa volesse dire anche un'altra cosa, cioè come se fosse la profezia dell'imminente nascita di Cristo. Così Virgilio nella mentalità medievale diventa ben più di un poeta: diventa un sapiente, un vate, un indovino che guardando al futuro vede la nuova era cristiana che sta per dispiegarsi, e che sta per sostituire l'era pagana.

Le idee politiche Soprattutto in politica le idee di Dante sono state giudicate passatiste, cioè legate al passato, alla tradizione, se non addirittura reazionarie. In genere, si identifica il pensiero politico di Dante con le **posizoni filoimperiali** esposte soprattutto nel ***De Monarchia***, dove egli si schiera dalla parte dell'Impero universale, erede legittimo di quello romano, e voluto da Dio stesso per garantire pace e benessere sulla terra. Nei fatti, la storia europea andrà in direzione molto diversa: l'Impero (autorità più formale che efficace, già al tempo di Dante) diventerà una sorta di potenza locale, identificandosi con i territori tedeschi e austriaci, mentre tutto intorno si stabilizzeranno le realtà dei nuovi Stati nazionali (Francia, Spagna, Inghilterra, e via dicendo). Dante, dunque, sogna la restaurazione di un ideale universalistico superato dai tempi?

In realtà, bisogna considerare che Dante scrive il *De Monarchia* soprattutto per **combattere il progetto teocratico del Papato**, cioè il tentativo, da parte del pontefice romano, di sottoporre l'autorità laica dell'imperatore al controllo dell'autorità religiosa della Chiesa. Combattendo ogni forma di ingerenza del potere religioso nel campo secolare dell'Impero, Dante è in questo senso assolutamente moderno: si potrebbe dire, un po' forzando, che egli si schieri per una **separazione della Chiesa dallo Stato**. Questo, comunque, è il Dante ghibellino degli anni dell'esilio, e specie di quelli coincidenti con la discesa in Italia di Arrigo VII, che Dante vide come un possibile restauratore dell'autorità imperiale nella penisola. Tale Dante ghibellino può sembrare in contrasto con il fatto che Dante, negli anni fiorentini prima dell'esilio, era stato guelfo, e guelfo bianco. In realtà, parteggiare per i bianchi già significava schierarsi per una maggiore indipendenza nei confronti degli interessi del Papato, rispetto ai guelfi neri. Si può dire dunque, in conclusione, che il filo conduttore delle idee politiche di Dante è soprattutto la **lotta per la salvaguardia della laicità** delle istituzioni civili rispetto all'invadenza del potere ecclesiastico e, in specie, all'aggressività del progetto teocratico di Bonifacio VIII, il papa causa del suo esilio, che costituisce la vera "bestia nera" del pensiero politico di Dante.

Beatrice: l'amore come forza di salvezza Dante pone tutta la sua esistenza sotto il segno di Beatrice, punto di riferimento della sua vita non soltanto affettiva, ma anche filosofica, religiosa, politica. Questo naturalmente avviene per gradi. Nella ***Vita nuova*** il rapporto con Beatrice ha ancora un **carattere** soprattutto **privato e personale**. Il poeta racconta il suo amore, dall'infanzia alla prima giovinezza alla morte di lei, e poi al lutto successivo, senza dar spazio ad altre esperienze psicologiche o sentimentali (se non forse, un poco, all'amicizia con Guido Cavalcanti). Insomma, nella *Vita nuova* non esistono, in sostanza, se non lui e Beatrice. Però gli ultimi capitoli del «libello», dopo la morte della donna, si aprono a prospettive diverse. Dante confessa di essere stato tentato di dimenticare Beatrice, attratto da una nuova «donna gentile»; di essere poi rinsavito da questa tentazione, di essere tornato al culto tutto interiore della donna amata, e di avere l'intenzione di dedicarle qualcosa che non è mai stato scritto per nessun'altra donna (allusione, forse, alla stessa *Commedia*). Questo amore che continua dopo la morte evidentemente non è una passione banale. È diventato invece il **principio ordinatore e ispiratore** di tutta una esistenza.

Più tardi, nel *Convivio*, Dante sosterrà che quella «donna gentile» doveva essere intesa allegoricamente: era in realtà la **filosofia**, in cui egli aveva cercato rifugio nel lutto della perdita di Beatrice. Ma, di fatto, nel seguito dell'opera di Dante, la filosofia non sarà una rivale della donna amata. Anzi, nella *Commedia*, Dante immagina di fare di Beatrice la sua **guida** attraverso i cieli del **Paradiso**, fino all'ultima visione di Dio. In questa veste, Beatrice cambia radicalmente aspetto e funzione rispetto alla fanciulla della *Vita nuova*. Come anima beata, infatti, essa ha accesso alla sapienza divina. Così adesso Beatrice diventa lei stessa filosofa, scienziata, teologa: spiega a Dante l'ordine dell'universo, il fenomeno delle macchie lunari, la disposizione delle gerarchie angeliche; si dimostra ben al corrente dei mali della Chiesa e delle vicende politiche del suo tempo, profetizza disgrazie e l'avvento di personaggi redentori...

Insomma, **Dante attribuisce alla donna amata la sua stessa vastissima cultura**, attraendola così all'interno del suo mondo morale e intellettuale. Soprattutto egli la rivive come un'**ispirazione spirituale**, capace di salvarlo dai suoi smarrimenti morali e di condurlo fino in Paradiso: è lei che, all'inizio della *Commedia*, vedendolo perduto nella «selva oscura» del peccato, si muove per rimetterlo sulla via di Dio, inviandogli Virgilio come salvatore e guida nella prima parte del suo viaggio.

La *Commedia*: dottrina e immaginazione L'opera poetica e letteraria di Dante converge tutta sulla ***Commedia***, il poema a cui egli lavorò almeno dai primi anni dell'esilio (1307 ca) fino alla morte nel 1321 (ma non è detto che sia falsa la notizia antica, divulgata da Boccaccio, secondo cui Dante avrebbe cominciato i primi canti della *Commedia* già a Firenze, prima dunque del 1302). Dante stesso dice che l'impresa del poema lo aveva ridotto «macro», tutto pelle e ossa: e in effetti si tratta di un progetto grandioso. Dante racconta il suo **viaggio immaginario nell'oltretomba**: nei tre regni dell'Inferno (l'abisso dove soffrono per l'eternità i dannati), del Purgatorio (la montagna, in mezzo all'oceano, dove le anime penitenti si purificano dei loro peccati prima di essere ammesse in Paradiso) e del Paradiso (dove le anime godono tutte insieme la loro beatitudine nel cospetto di Dio, ma scendono, di cielo in cielo, appositamente per incontrarsi con Dante).

La **topografia** dell'oltretomba si appoggia alle cognizioni geografico-astronomiche del tempo, ovvero al **cosmo tolemaico**: Dante è molto generoso di indicazioni astronomiche e astrologiche. La struttura morale dei tre regni rispecchia a sua volta la dottrina della Chiesa, presentando una classificazione dei peccati e delle pene modellata soprattutto sull'autorità di san Tommaso, a sua volta "traduttore" in termini cristiani della morale aristotelica.

La folla delle anime che Dante incontra - dannate, purganti, beate - costituisce un affresco umano di grandissimo respiro: è notevole soprattutto la **grande quantità di**

contemporanei, o almeno di moderni, che gremiscono i versi della *Commedia*, la quale sotto questo aspetto ai lettori del tempo (non più a noi, evidentemente...) dovette fare l'effetto di un gigantesco *instant book*, dove uomini e donne della cronaca corrente venivano ritratti sullo sfondo del loro eterno destino.

Queste varie dimensioni del testo - storica, scientifico-filosofica, religiosa - rendono la *Commedia* un **poema densissimo di dottrina**, carico di informazioni e di contenuti. E tuttavia, se oggi continuiamo a leggere la *Commedia* non è, naturalmente, *per* la sua dottrina, di cui noi non condividiamo quasi più nulla. Ma non è neanche *nonostante* quella dottrina. La *Commedia*, infatti, è un poema in cui il dato intellettuale - la dottrina - si trasmuta costantemente in immaginazione, in inventività linguistica e poetica. Anche quando elabora le teorie astronomiche più astruse, o descrive - secondo la scienza medievale! - lo sviluppo dell'embrione umano, o discute delle gerarchie angeliche, Dante riesce sempre a **catturare la fantasia del lettore** con la potenza dell'espressione. Per cui è inutile andare a cercare le parti più poetiche della *Commedia*: tutto nel poema è poesia, se per poesia si intende la capacità di esprimersi (di esprimere *tutto*) creando le parole per dirlo.

GUIDA ALLO STUDIO

1. In che senso possiamo affermare che Dante è stato sia un innovatore sia un uomo profondamente legato al suo tempo?
2. Quale fu la posizione di Dante riguardo ai rapporti tra Impero e Papato?
3. Come cambiò nel tempo l'amore di Dante nei confronti di Beatrice?
4. In che senso la *Commedia* è un testo denso di dottrina?

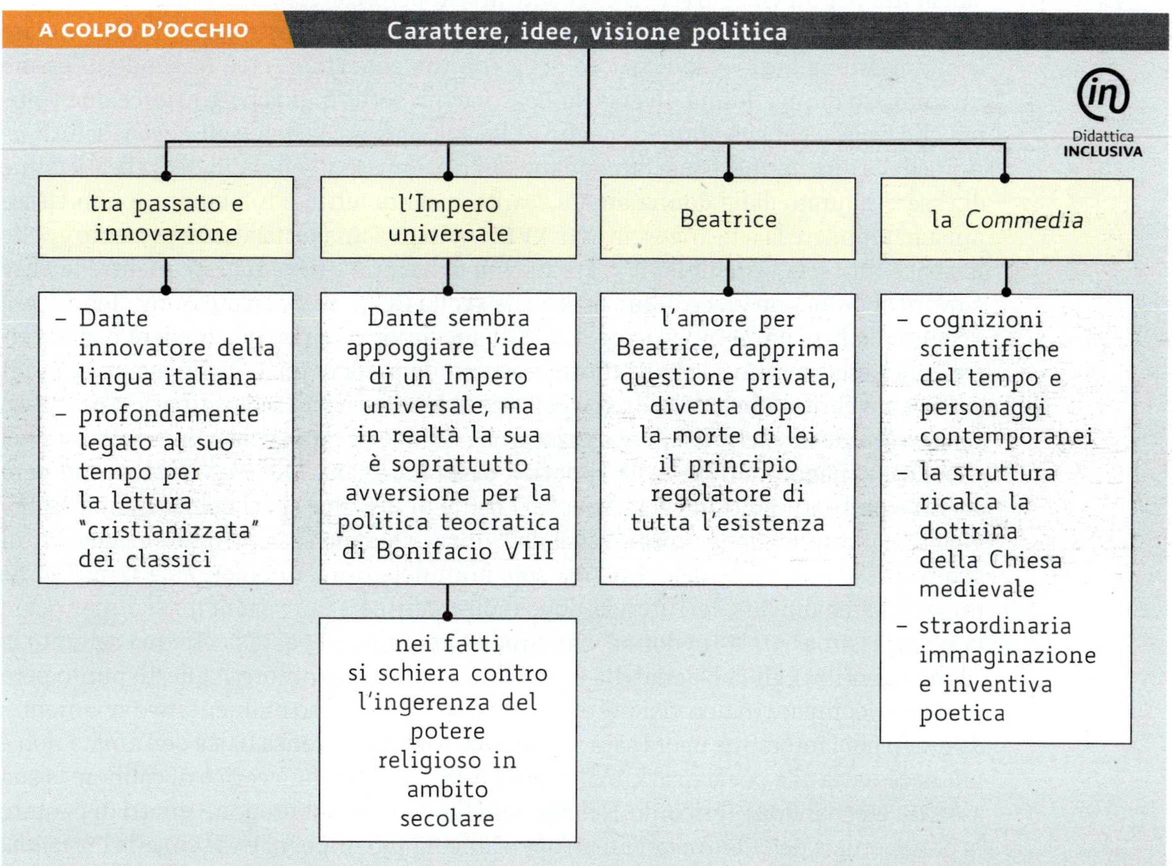

3 Amore oltre la morte: la *Vita nuova*

Data e titolo Il «libello» – così Dante chiama la *Vita nuova* – vede la luce **dopo la morte di Beatrice** (**1290**) e viene compiuto entro il **1295**: la datazione più probabile cade fra il 1294 e il 1295. Il titolo oscilla nella tradizione fra *Vita nuova* e *Vita nova*: in questo secondo caso si tratterebbe probabilmente di un titolo latino, il che non deve stupire, perché alle origini della nostra letteratura non era raro che si assegnassero titoli latini a opere in volgare. Quanto al significato, "vita nuova" può voler dire **"giovinezza"** (dunque si potrebbe parafrasare: «Ritratto dell'autore da giovane») o **"vita rinnovata dall'amore"** («La mia nuova vita»).

▸ T Oltre la spera che più larga gira

Il racconto della *Vita nuova* La *Vita nuova* racconta la **storia dell'amore di Dante per Beatrice**, dal primo incontro, alla morte precoce di lei, al proposito finale del poeta di consacrarsi alla sua memoria. Gli eventi esterni di questa storia d'amore non sono molti, e sono esposti in modo volutamente non realistico. A parte Beatrice (e la donna di Cavalcanti, detta Giovanna), nessun altro personaggio è chiamato per nome; sono **assenti riferimenti precisi al tempo storico** in cui si svolge la vicenda; Firenze stessa, teatro di questo amore, è sempre e solo identificata genericamente come la «città».

Dopo la promessa di registrare in modo veritiero ciò che la memoria serba (I), il racconto comincia con il primo incontro di Dante e Beatrice, all'età di 9 anni (II); ne segue un secondo, 9 anni più tardi, che è causa del vero e proprio innamoramento (III). Dante si rappresenta all'inizio nei **panni tipici dell'amante cortese**: spasima per il saluto da parte dell'amata; aspetta qualche segno che almeno gli dimostri l'attenzione di Beatrice nei suoi confronti; conosce la nostalgia della lontananza quando deve assentarsi dalla città per un viaggio (IV-XI). Per sottrarsi ai pettegolezzi della gente, ed evitare la maligna intrusione di estranei nella sua storia d'amore, Dante cerca di dissimulare la sua passione attraverso il trucco della **«donna schermo»**, cioè fingendo di essere innamorato di una donna diversa da Beatrice; un sotterfugio che gli riesce due volte, ma che finisce per suscitare lo sdegno di Beatrice stessa, la quale gli nega il saluto, irritata dalle dicerie che ormai circondano tali finzioni (XI). Venuta meno la beatitudine di essere salutato dalla donna amata, Dante si sente ferito e impotente, e non riesce più a nascondere la sua angoscia (XII XVI). Invitato a una festa a cui è presente anche Beatrice, alla sola vista di lei il poeta rischia di svenire e deve fuggire mentre le altre giovani si prendono gioco di lui. Ed ecco la svolta (XVII-XIX): Dante non cercherà più il saluto dell'amata, compenso egoistico al suo amor proprio; né chiederà o si aspetterà più nulla, nessun segno di contraccambio, da parte di lei. D'ora in avanti, gli sarà sufficiente **cantare le lodi** della sua bellezza e delle sue virtù straordinarie. Così nasce ***Donne ch'avete intelletto d'amore***, canzone che costituisce una vera e propria svolta nel «libello», e inagura la fase della **«poetica della lode»** (XX-XXVII). Si addensano però eventi e presentimenti luttuosi: muore il padre di Beatrice e, nel delirio di una febbre violenta, Dante sogna la morte stessa dell'amata. Quando essa però muore davvero, il suo trapasso non viene descritto, ma solo annunciato solennemente da Dante come un cataclisma universale. Tuttavia, dopo molte lacrime, Dante è tentato di dimenticare la «gentilissima». Un'altra donna, che rimane anonima (il poeta la chiama soltanto la «donna gentile»), gli fa balenare la possibilità di un nuovo amore. A questo punto però Beatrice ricompare in una visione e il poeta si redime dal suo momentaneo sviamento: da ora in poi l'intera sua opera sarà rivolta solo a lei. La presenza fisica dell'amata non è più necessaria alla poesia, sarà anzi la poesia stessa che si farà carico di colmare la sua assenza eternandone il ricordo. Nel capitolo finale Dante si propone infatti di cantare la protagonista della *Vita nuova* in un'opera ancora più impegnativa: forse, la *Commedia* stessa.

Beatrice, donna «salutifera» L'amore della *Vita nuova* segue, specie all'inizio, le regole dell'amor cortese, o *fin'amor*, come era stato codificato dai poeti provenzali. Da una parte c'è la **donna**: la *domina*, o *madonna* ("mia donna"), nel senso etimologico di "signora". Ella non ama, ma è amata: tiene il suo amante a distanza, non concede se non rari segni di apprezzamento per l'adorazione di cui è oggetto. Dall'altra parte c'è il **poeta amante**, che vede nella sua *madonna* il culmine di ogni perfezione - fisica, morale, spirituale - e ne canta le virtù. L'amor cortese prescinde dal matrimonio e non prevede alcun contatto fisico tra la donna e il suo amante; anzi, si dà per scontato che questo rapporto ignori la reale situazione anagrafica dei protagonisti (non deve stupire, insomma, che Dante canti Beatrice mentre è fidanzato e poi sposato a Gemma Donati, e mentre la Portinari è sposa di Simone de' Bardi).

Dante elabora questo schema in modo del tutto originale. Beatrice non solo rappresenta un **ideale di perfezione umana** in sé e per sé, ma viene vista come **apportatrice di beatitudine**, prima per il poeta, poi per tutta l'umanità. In questo senso essa è davvero la donna «salutifera», come la chiama Dante, giocando sulla paronomasia, cioè sul bisticcio verbale «saluto/salute»: Beatrice è la donna che, salutando, eleva i destinatari del suo saluto a una dimensione superiore, li fa divenire persone migliori, li avvia al Paradiso. Così la distanza che continua a separare la donna e il poeta amante non si traduce più in un desiderio tormentoso, ma ha una funzione educativa, di **elevazione spirituale verso il divino**. È per questo che, anche oltre la morte - e oltre la *Vita nuova* -, Beatrice rimane nella vita di Dante una vera e propria, decisiva guida spirituale. Non tanto una donna "angelicata", come si suol dire, ma una donna incaricata di una missione redentrice, per Dante e per chiunque abbia la fortuna di incontrarla.

Genesi dell'opera Come è nata la *Vita nuova*? Dopo la morte di Beatrice, dobbiamo immaginare Dante profondamente in crisi. La donna che aveva dominato i suoi pensieri non c'è più; forte la tentazione di dimenticarla, di considerare quell'amore un capitolo chiuso. Invece, Dante reagisce al lutto decidendo di ricordare quell'amore: e non soltanto come una memoria morta e imbalsamata, ma come una **presenza ancora viva**, che agisce nella sua interiorità, e si fa sorgente di nuova vita morale e spirituale. Così

▸ Dante Gabriele Rossetti, *Il sogno di Dante*, 1871, olio su tela (Liverpool, Walker Art Gallery).

❶ Il quadro rappresenta un momento del sogno in cui Dante vede (in anticipo) la morte di Beatrice, narrata nella canzone *Donna pietosa e di novella etade* e nella relativa prosa di accompagnamento della *Vita nuova*. ❷ Dalla prosa viene il particolare delle donne che coprono Beatrice morta, cioè la sua testa, «con uno bianco velo». ❸ Dalla canzone proviene la presenza di Amore (vv. 26-27: «Allor diceva Amor: Più nol ti celo; / vieni a veder nostra donna che giace»), qui riconoscibile dall'arco e le frecce. ❹ Il bacio di Amore a Beatrice è invenzione del pittore.

nasce l'idea della *Vita nuova*. Dante riapre i cassetti dove giacevano le poesie scritte per Beatrice, a cominciare dal primo sonetto composto per lei a 18 anni; riordina quelle rime, le incornicia con una prosa che ne chiarisce l'occasione e le commenta; probabilmente alcune le corregge, di certo altre le esclude dalla selezione; le ricompone in un **percorso autobiografico coerente**. Quando arriva a registrare la morte di Beatrice, il libro non si ferma: Dante continua a scrivere nuove rime che testimoniano il suo smarrimento, fino all'ultima, in cui una visione di Beatrice, in sogno, lo spinge a immaginare di scrivere, per lei, un'opera che non era mai stata scritta per nessuna altra donna.

Prosa e poesia La *Vita nuova* è quindi un **prosimetro**, cioè un **testo che alterna poesia e prosa**. I modelli di questo formato "misto" si possono ritrovare nel *De consolatione philosophiae* di Severino Boezio, un testo molto amato nel Medioevo, e che Dante conosceva molto bene, o anche nei canzonieri della poesia provenzale, dove le liriche erano spesso accompagnate da una spiegazione o da un commento in prosa (*razo*). Infatti, anche la *Vita nuova* si presenta come un **canzoniere**, o una **raccolta di rime** (31 in tutto), ognuna introdotta da una prosa che specifica l'**occasione** in cui quella determinata poesia è stata scritta, e seguita da un secondo brano prosastico (che Dante chiama «divisione»), in cui la poesia viene "divisa", cioè analizzata e spiegata parte per parte.

LA PAROLA A... **Domenico De Robertis**

È la prosa la vera novità della *Vita nuova*

Il critico **Domenico De Robertis** (1921-2011) sottolinea l'originalità della formula prosa-poesia adottata da Dante nella *Vita nuova*. Libri "misti" di questo genere ce n'erano già stati, ma l'invenzione dantesca consiste nel costruire un libro che presenta nello stesso tempo la poesia e il suo retroscena, l'opera in versi di un autore e, allo stesso tempo, l'autoriflessione di quello stesso autore sulla propria poesia. È dunque la prosa che rappresenta la vera novità del «libello» dantesco.

È un fatto che non si sottolineerà mai abbastanza, e per me estremamente significativo, che il primo libro della nostra letteratura sia composto di prosa e di versi. Un libro nel quale la riflessione trova posto, e dignità, accanto all'invenzione, che ammette la coesistenza di due forme distinte d'espressione, una doppia misura delle cose, e che rispecchia, esso stesso, un procedimento riflessivo, di arretramento e distacco. E quella coesistenza è giustapposizione e confronto di momenti e di realtà diverse, quella doppia misura si anima in una prospettiva, dà luogo a una distinzione di piani; la riflessione si esercita proprio sull'invenzione, quel distacco è una storia in atto. La prosa ripropone le immaginazioni della poesia con mezzi e in termini nuovi, se ne fa interprete e insieme giudice: prosa nata intorno alla poesia, per la poesia, in armonia con essa, eppure prosa-prosa, con una sua funzionalità e caratteri suoi, consapevole di essi [...]. In verità, è la prosa il fatto nuovo di questo libro; ed è in virtù della prosa che la storia di Dante apre nello stesso tempo un nuovo capitolo della storia della nostra letteratura (e non soltanto per quel che riguarda l'inaugurazione di un "genere" misto, che avrà tanta fortuna). E d'altra parte è la poesia che dà senso e sfondo alla testimonianza della prosa, e ne costituisce la più intima ragione. E il dialogo poesia-prosa assume, su un diverso piano, il carattere di dialogo tra poesia e poesia, tra poesia di ieri e poesia di oggi, fra tradizione e innovazione. È in quel manipolo di rime che Dante accolse nel libro, e nelle "ragioni" di cui le accompagnò, che noi riconosciamo l'immagine e la definizione più autentica di quello che fu poi detto "stil novo".

(D. De Robertis, *Il libro della «Vita nuova»*, Sansoni, Firenze 1961)

TESTO ARGOMENTATIVO **Tipologia B**

1. In che cosa consiste, secondo Domenico De Robertis, la vera novità della *Vita nuova*? Individua in che modo viene esposta e descritta questa novità.
2. Di quale doppia realtà sono rispettivamente espressione la poesia e la prosa? Con quali conseguenze?

▸ Le vetrate di Camm
Florence Camm (1874-1960) nei suoi lavori ispirati alla *Vita nuova* porta all'estremo l'eredità preraffaellita, accentuando, anche a causa della tecnica prescelta (la vetrata, tradizionalmente destinata a usi ecclesiastici), la lettura misticheggiante dell'amore di Dante per Beatrice. Le vetrate furono eseguite per la "English House" all'Esposizione Internazionale di Torino del 1911. A sinistra: Il sogno di Dante (*Vita nuova*, III). A destra: Il turbamento di Dante (*Vita nuova*, XIV).

❶ L'artista segue fedelmente il racconto dantesco, mostrandoci Dante addormentato. ❷ Nella «nebula» rossa, nel sogno, gli appare Amore. Amore è raffigurato in forma di un adulto «Segnore» che tiene in braccio Beatrice addormentata, e in una mano il cuore del poeta. Beatrice appare pudicamente vestita, mentre nella *Vita nuova* è detta «nuda». ❸ Dante, invitato a una festa di matrimonio, quasi sviene alla vista di Beatrice. ❹ Si noti il convito di nozze sullo sfondo e l'amico che sorregge Dante. ❺ Beatrice è vestita sontuosamente a festa.

Tempo della prosa e tempo delle rime La *Vita nuova* è dunque un'opera dinamica, in movimento. Prosa e poesia non si trovano sullo stesso piano. La prosa è stata **scritta tutta insieme**, dopo la morte di Beatrice; le liriche invece appartengono a **tempi diversi**, anche se il divario temporale fra prosa e poesie si accorcia, naturalmente, man mano che si va dall'inizio alla fine del libro (in sostanza, se l'opera è stata finita nel 1295, Dante aveva allora 30 anni, mentre il primo sonetto, come già detto, dovrebbe risalire a quando ne aveva appena 18). Questo permette a Dante di rileggere se stesso - il se stesso adolescente e giovane - con la consapevolezza della maturità, e soprattutto con l'intenzione di vedere, nella storia del suo amore giovanile, una storia provvidenziale. Soprattutto, preme a Dante di accentuare il **carattere salvifico** della presenza di Beatrice nella sua esistenza, vedendo in lei, fin dall'inizio, un destino che via via si fa più chiaro. L'amore per Beatrice diventa così non solo una banale infatuazione giovanile, ma l'esperienza che rivela a Dante la sua vocazione di cristiano (destinato a raggiungere la sua donna in cielo) e di poeta (chiamato a celebrarla in opere degne di lei).

Simbolismo della *Vita nuova* Nella *Vita nuova* l'esistenza di Beatrice appare sempre marcata da una rete assai fitta di **simboli.** La simbologia comprende almeno tre ordini di riferimenti: riferimenti al Vangelo e più in generale alla Sacra Scrittura; riferimenti astronomico-astrologici; riferimenti numerologici.

Beatrice viene spesso inserita in una fitta trama di **rimandi analogici a Cristo**: per esempio, il secondo incontro fra lei e Dante (cap. III) avviene all'ora nona del giorno, quella in cui Cristo muore in croce; nel capitolo XXIII la profezia della morte di Beatrice rievoca lo sconvolgimento della Terra alla morte del Salvatore. Infine, nel capitolo XXIV Beatrice e Giovanna (la donna musa di Cavalcanti) si trovano nello stesso rapporto che nei Vangeli si stabilisce fra Gesù e Giovanni Battista (Giovanna serve da "battistrada" per la superiore bellezza e virtù salvifica di Beatrice). Anche il più famoso sonetto della *Vita nuova*, *Tanto gentile e tanto onesta pare*, in cui la donna si muove tra due ali di folla benedetta dalla sua presenza, ricorda la scena evangelica dell'ingresso di Gesù in Gerusalemme, la domenica delle Palme. Gli altri riferimenti, numerologici e astronomico-astrologici, hanno la stessa funzione simbolica. Il **numero nove** (cioè tre per tre) accompagna sempre la donna perché questo numero, come spiega Dante nel capitolo XXIX, rappresenta il segno tangibile che Beatrice è un miracolo prodotto da Dio, cioè dalla Trinità; un numero che alcuni critici hanno proposto di vedere già inscritto nel nome latino di Beatrice: *Beatr-IX*. Quanto ai **riferimenti astrologici**, Dante registra l'ora precisa degli avvenimenti cruciali della sua storia d'amore collocandoli sempre su uno sfondo cosmico: per esempio, il primo incontro avviene quando «lo cielo stellato era mosso verso la parte d'oriente de le dodici parti l'una d'un grado», e così via. Queste precisazioni, che a volte ci possono sembrare astruse, hanno la funzione di proiettare la vita di Beatrice oltre la banalità quotidiana, in una dimensione di misteriosa fatalità.

GUIDA ALLO STUDIO

1. In quali tempi furono composte le prose e le poesie della *Vita nuova*?
2. Quali sono i principali simbolismi presenti nella *Vita nuova*?

A COLPO D'OCCHIO — La *Vita nuova*

Didattica INCLUSIVA

la vicenda narrata	la struttura e i simboli
l'opera fu composta dopo la morte di Beatrice e racconta dell'amore per lei	prosimetro, opera in cui si alternano prosa e poesia
primi incontri con la donna; tentativo di dissimulare l'amore per lei quando Beatrice gli toglie il saluto; sogno della morte dell'amata, fatto che poi si realizza; tentazione di un nuovo amore e superamento di questo momento di debolezza dopo la ricomparsa dell'amata in sogno	simbologie e riferimenti: - religiosi (Beatrice rimanda a Cristo) - astrologici (il tempo è scandito da rimandi cosmici) - numerologici (il numero nove)

Vita nuova, III

T1 Una fanciulla vestita di bianco: il saluto, il sogno, il sonetto

Anno: 1290-95

Genere: prosimetro

Metro: sonetto a schema ABBA ABBA CDC CDC

Argomento: il secondo incontro tra Dante e Beatrice

Il secondo incontro fra Dante e Beatrice avviene quando hanno ambedue 18 anni: esattamente nove anni dopo il primo incontro. Stavolta Beatrice saluta Dante, e quel segno di riconoscimento basta a sconvolgere il giovanissimo poeta.

Poi che fuoro passati tanti die, che appunto erano compiuti li nove anni appresso l'apparimento soprascritto di questa gentilissima[1], ne l'ultimo di questi die avvenne che questa mirabile donna apparve a me vestita di colore bianchissimo[2], in mezzo a due gentili donne, le quali erano di più lunga etade; e passando per una via, volse li occhi verso quella parte ov'io era molto pauroso[3], e per la sua ineffabile cortesia, la quale è oggi meritata nel grande secolo[4], mi salutoe molto virtuosamente, tanto che me parve allora vedere tutti li termini de la beatitudine. L'ora che lo suo dolcissimo salutare mi giunse, era fermamente nona di quello giorno[5]; e però che quella fu la prima volta che le sue parole si mossero per venire a li miei orecchi, presi tanta dolcezza, che come inebriato mi partio da le genti, e ricorsi a lo solingo luogo d'una mia camera, e puosimi a pensare di questa cortesissima. E pensando di lei, mi sopragiunse uno soave sonno, ne lo quale m'apparve una maravigliosa visione: che me parea vedere ne la mia camera una nebula di colore di fuoco, dentro a la quale io discernea una figura d'uno segnore di pauroso aspetto a chi la guardasse; e pareami con tanta letizia, quanto a sé, che mirabile cosa era; e ne le sue

PARAFRASI

Dopo che furono passati tanti giorni (*die*) che si erano per l'appunto compiuti nove anni dalla prima apparizione (*apparimento*) - sopra descritta - di questa gentilissima, nell'ultimo di questi giorni avvenne che questa ammirevole donna mi apparve vestita di colore bianchissimo, in mezzo a due nobili (*gentili*) donne, più mature di lei; e passando per una via, rivolse gli occhi verso dove mi trovavo io, quasi paralizzato da un divino spavento (*pauroso*), e per la sua indicibile cortesia, la quale adesso riceve il suo merito nell'eternità (*è ... meritata nel grande secolo*), mi salutò con la signorilità che si addiceva alla sua grande virtù (*molto virtuosamente*), tanto che allora a me parve toccare il colmo della felicità. L'ora in cui mi giunse il suo dolcissimo saluto era di sicuro l'ora nona di quel giorno; e siccome quella fu la prima volta che le sue parole si mossero per arrivare ai miei orecchi, fui sopraffatto da una tale dolcezza, che come un ubriaco (*inebriato*) mi allontanai dalla gente che avevo intorno, e mi rifugiai nella solitudine di una mia camera, e mi misi a pensare a questa cortesissima donna. E mentre pensavo a lei, mi sopraggiunse un soave sonno, nel quale mi apparve una straordinaria (*maravigliosa*) visione. Mi pareva di vedere nella mia camera una nuvola (*nebula*) rossa come il fuoco, dentro la quale io distinguevo appena (*discernea*) la figura di un signore d'aspetto spaventoso a chi lo guardasse; e mi pareva che, per quanto stava in lui (*quanto a sé*),

1. **gentilissima:** da notare che Dante attribuisce questo superlativo solamente a Beatrice (altre donne sono solo «gentili»); anzi, lo usa per antonomasia: «gentilissima» è termine che basta a indicare la donna amata.
2. **di colore bianchissimo:** nel primo incontro a nove anni, invece, Beatrice era apparsa vestita di rosso cupo: «vestita di nobilissimo colore, umile e onesto, sanguigno».
3. **molto pauroso:** è una reazione tipica degli innamorati, nella poesia dell'amor cortese: la donna è una creatura divina, che quasi impone il tremore e il terrore di un'apparizione sovrannaturale. Ma allo stesso tempo, qui Dante rappresenta realisticamente la timidezza, quasi terrorizzata, di un ragazzo di fronte alla fanciulla che domina i suoi sentimenti.
4. **è oggi meritata nel grande secolo:** fin da questi primi capitoli della *Vita nuova* Dante guarda indietro, ai primi momenti del suo amore, dal punto di vista della fine della storia: Beatrice è già morta mentre Dante scrive la prosa del suo «libello», e quindi sta godendo in cielo la ricompensa dei suoi meriti.
5. **era ... nona di quello giorno:** ancora una volta il numero nove, simbolico di Beatrice e del suo essere, in terra, il riflesso della Trinità divina.

parole dicea molte cose, le quali io non intendea se non poche; tra le quali intendea queste: «Ego dominus tuus»[6]. Ne le sue braccia mi parea vedere una persona dormire nuda, salvo che involta mi parea in uno drappo sanguigno leggeramente; la quale io riguardando molto intentivamente, conobbi ch'era la donna de la salute[7], la quale m'avea lo giorno dinanzi degnato di salutare. E ne l'una de le mani mi parea che questi tenesse una cosa la quale ardesse tutta, e pareami che mi dicesse queste parole: «Vide cor tuum». E quando elli era stato alquanto, pareami che disvegliasse questa che dormia; e tanto si sforzava per suo ingegno, che le facea mangiare questa cosa che in mano li ardea, la quale ella mangiava dubitosamente. Appresso ciò poco dimorava che la sua letizia si convertia in amarissimo pianto; e così piangendo, si ricogliea questa donna ne le sue braccia, e con essa mi parea che si ne gisse verso lo cielo; onde io sostenea sì grande angoscia, che lo mio deboletto sonno non poteo sostenere, anzi si ruppe e fui disvegliato. [...]

fosse così allegro, che era una meraviglia; e nelle sue parole diceva molte cose, delle quali io non intendevo se non poche; tra le quali comprendevo queste: "Io sono il tuo Signore". Mi sembrava di vedere fra le sue braccia una persona addormentata, nuda, se non che mi sembrava avvolta leggermente in un drappo rosso cupo (*sanguigno*); e fissandola con attenzione (*molto intentivamente*) mi accorsi che era la donna del saluto, la quale quel giorno stesso si era degnata di salutarmi. E mi sembrava che questo signore (*questi*) tenesse in una mano una cosa che ardeva tutta, e mi sembrava che dicesse queste parole: «Ecco il tuo cuore». E dopo essere rimasto per un po' così, mi sembrava che svegliasse la donna che dormiva; e tanto si sforzava in ogni modo (*per suo ingegno*), che le faceva mangiare la cosa che aveva in mano, la quale ella alla fine mangiava, ma con esitazione (*dubitosamente*). Dopo questo passava poco tempo che la sua allegria si tramutava in amarissimo pianto; e sempre piangendo, raccoglieva questa donna fra le sue braccia, e con lei mi pareva che se ne andasse (*si ne gisse*) verso il cielo; per cui io ero così angosciato, che il mio lieve (*deboletto*) sonno non poté resistere: anzi si ruppe, e così mi svegliai.

A ciascun'alma presa e gentil core
nel cui cospetto ven lo dir presente,
in ciò che mi rescrivan suo parvente,
salute in lor segnor, cioè Amore.

Già eran quasi che atterzate l'ore
del tempo che onne stella n'è lucente,
quando m'apparve Amor subitamente,
cui essenza membrar mi dà orrore.

Allegro mi sembrava Amor tenendo
meo core in mano, e ne le braccia avea
madonna involta in un drappo dormendo.

Poi la svegliava, e d'esto core ardendo
lei paventosa umilmente pascea:
appresso gir lo ne vedea piangendo.

Nell'opera di Dante i riferimenti temporali sono sempre molto precisi, e spesso fanno riferimento alla posizione degli astri, cioè all'unico "orologio" di cui si disponesse a quell'epoca. Anche nella *Commedia* questi riferimenti sono numerosi, come i «Pesci» al v. 21 di *Purgatorio*, I [▶ **T18**, p. 361].

vv. 1-4 In nome del loro signore, cioè Amore, mando un saluto a tutti coloro che hanno l'anima innamorata (*presa*) e il cuore nobile (*gentil*), nel cui cospetto arrivi lo scritto che qui invio adesso, affinché mi rispondano, dicendo per iscritto che cosa gliene pare (*suo parvente*).

vv. 5-8 Erano già trascorse le prime tre ore di notte, allorché ogni stella è più splendente, quando all'improvviso (*subitamente*) mi apparve davanti Amore, con un aspetto (*essenza*) che a ricordarlo (*membrar*) mi fa ancora venire i brividi.

vv. 9-11 Amore mi pareva allegro, mentre teneva il mio cuore in mano, e fra le braccia la mia donna, addormentata, avvolta in un drappo.

vv. 12-14 Poi la svegliava, e piano piano (*umilmente*) le faceva mangiare (*lei ... pascea*) codesto cuore ardente, nonostante che lei ne fosse sbigottita (*paventosa*); poi lo vedevo allontanarsi in lacrime.

6. **«Ego dominus tuus»:** a proferire queste parole è Amore. Parla in latino (così anche sotto, «Vide cor tuum»), il che aggiunge solennità e mistero alla visione.
7. **la donna de la salute:** Dante gioca sull'analogia fra le due parole «saluto/salute»: Beatrice è la donna, che, salutando, apporta salvezza.

[...] A questo sonetto fue risposto da molti e di diverse sentenzie; tra li quali fue risponditore quelli cui io chiamo primo de li miei amici[8], e disse allora uno sonetto, lo quale comincia: *Vedeste, al mio parere, onne valore*[9]. E questo fue quasi lo principio de l'amistà tra lui e me, quando elli seppe che io era quelli che li avea ciò mandato. Lo verace giudicio del detto sogno non fue veduto allora per alcuno, ma ora è manifestissimo a li più semplici[10].

A questo sonetto fu risposto da molti, offrendo diverse interpretazioni (*di diverse sentenzie*); e tra quelli che risposero ci fu colui che io chiamo il primo dei miei amici, ed egli dettò allora un sonetto, il quale comincia: *Vedeste, al mio parere, onne valore*. E questo sonetto fu in pratica il principio dell'amicizia fra me e lui, quando egli seppe che ero io quello che glielo aveva mandato. Il vero significato (*giudicio*) del sogno suddetto non fu capito allora da nessuno (*per alcuno*), ma ora è chiarissimo anche ai più sprovveduti (*semplici*).

8. primo de li miei amici: Guido Cavalcanti, il più grande amico di Dante nella prima gioventù [▶ **T5**, p. 290].
9. *Vedeste ... onne valore*: malgrado Dante affermi che nessuno capì il vero significato del sonetto, va notato che Cavalcanti sembra però indovinare il messaggio luttuoso insito nella composizione. Infatti, nel suo sonetto di risposta egli introduce il tema della possibile morte di madonna: «Di voi lo core ne portò, veggendo / che vostra donn'a la morte cadea: / nodriala dello cor, di ciò temendo» (vv. 9-11: "Portò il vostro cuore con sé, vedendo che la vostra donna stava per morire: avendo paura di questo, la nutriva del cuore").
10. ma ora ... semplici: ora che Beatrice è morta, tutti possono capire il perché del pianto finale di Amore: esso presagiva la fine prematura della «gentilissima».

T1 Dentro il testo

IN SINTESI

Dopo il secondo incontro e il saluto di Beatrice, Dante si rifugia nella sua cameretta, già posseduto da una passione incontenibile e, quasi sopraffatto dall'emozione, si addormenta. Nel sonno, gli appare una visione misteriosa, che lo turba ancora di più. È l'occasione - egli dice - della sua prima poesia: il sonetto *A ciascun'alma presa e gentil core*. Dante sogna Amore con la sua donna addormentata in braccio, e in una mano il suo stesso cuore; poi vede che Amore sveglia la donna e la costringe, riluttante, a cibarsi di quel cuore; alla fine, Amore sparisce, in lacrime. Certo il passaggio di Amore dall'allegria al pianto è un po' strano; il rituale di cibarsi del cuore dell'amato invece è motivo tradizionale, e simboleggia l'unione perfetta degli amanti: una realtà a cui evidentemente Dante aspira.

Questo capitolo della *Vita nuova* ci fa capire chiaramente come è costruito tutto il libro. Infatti, se proviamo a leggere il sonetto da solo, lasciando da parte la prosa, abbiamo di fronte un testo "antico", di un Dante diciottenne; un testo che racconta un sogno un po' misterioso, ma in fondo anche semplice. Se leggiamo invece il sonetto nel contesto della sua prosa di accompagnamento vediamo come, riprendendo in mano questo testo dopo più di 10 anni, Dante ne complichi e ne arricchisca il significato, leggendolo tutto come un presagio luttuoso della morte di Beatrice. In questo modo l'amore della *Vita nuova* si lega subito, fin dall'inizio, con il motivo della donna che, oltre la morte, rimane al centro della vita poetica e spirituale del poeta.

I TEMI E L'ESPRESSIONE

L'OCCASIONE DEL SONETTO

Il testo in prosa aggiunge soprattutto l'occasione di composizione del sonetto, che nel sonetto stesso non compariva. Adesso Dante lo riporta a un momento cruciale della sua storia d'amore: il **primo saluto di Beatrice**, incontrata per strada vestita di colore bianchissimo, in mezzo a due gentili donne. Anzi, più di un incontro è la manifestazione di un **miracolo**: non a caso Dante dice che Beatrice gli «apparve», come se si trattasse di una visione, di una rivelazione del divino nella vita di tutti i giorni. Da quella apparizione nasce lo sconvolgimento del poeta, il suo rifugiarsi nella «camera», il suo abbandonarsi a un «soave sonno» nel pensiero della donna amata: e di qui il **sogno**, e poi, alla fine, il **sonetto**. In questo modo la poesia viene a porsi al culmine di un crescendo emotivo, come lo sbocco di un turbamento profondo. La prosa svela un retroterra psicologico che la poesia, in sé e per sé, non lasciava presagire.

IL SOGNO IN RIMA E IN PROSA

Se confrontiamo il sogno com'è descritto nel sonetto e nella prosa di accompagnamento, vediamo che ci sono profonde differenze. Riprendendo il testo giovanile a tanta distanza di tempo, Dante lo riscrive, aggiungendo dettagli e mutando anche l'atmosfera generale della visione. Prima di tutto, **il sogno in prosa si fa molto più scenografico**: Dante aggiunge adesso una «nebula di ... fuoco» che invade la sua cameretta, e in mezzo alla quale appare una visione indistinta, che solo a poco a poco viene messa a fuoco, con un nuovo effetto di *suspense*. Amore infatti all'inizio non è identificato come tale, ma detto solo «uno segnore di pauroso aspetto» (nel sonetto invece si dice subito «quando m'apparve Amor subitamente, / cui essenza membrar mi dà orrore»). Per di più l'Amore della prosa parla latino («Ego dominus tuus», «Vide cor tuum»), il che aggiunge solennità e mistero alla visione. Anche la donna all'inizio appare più indistintamente come una persona, e il cuore è «una cosa»; solo «riguardando molto intentivamente» Dante capisce che si tratta, rispettivamente, della donna amata e del suo stesso cuore. Il quale solo nella prosa appare in fiamme: «una cosa la quale ardesse tutta», in consonanza con la «nebula di colore di fuoco» entro cui si era manifestata la visione (e, magari, anche con il velo di colore «sanguigno», rosso cupo, che copre Beatrice addormentata).

UNA DIVERSA BEATRICE

Infine, Beatrice: una Beatrice sorprendente, nuda, appena velata di «uno drappo sanguigno». Nella prosa, il sogno rivela così un **turbamento erotico** che non si ritroverà più non solo nel resto della *Vita nuova*, ma di tutta l'opera di Dante riguardante la «donna de la salute». Per di più, con uno scambio cromatico significativo, Dante sogna la donna amata non come l'ha vista di giorno, nel momento del saluto, vestita di bianco, ma avvolta d'un velo rosso scuro: un colore non solo in armonia con il fuoco che divora il suo cuore e con la «nebula» in cui gli si è manifestato Amore, ma che è lo stesso dell'abito con cui gli è apparsa per la prima volta Beatrice, a nove anni. Il ritorno al colore in cui prima gli apparve la «cortesissima» scavalca l'emozione recente del saluto, pur così intensa, per recuperare, quasi scavando nel subconscio, la primissima, fatale visione di lei.

IL PIANTO DI AMORE: UN'INTERPRETAZIONE RETROSPETTIVA

Di tutti i poeti che risposero all'invito di Dante nessuno, secondo lui, riuscì a intendere propriamente il **senso del sogno** descritto in questo sonetto. Nessuno: nemmeno Guido Cavalcanti, l'unico qui citato (anche se non indicato per nome), che rispose con il sonetto *Vedeste, al mio parere, onne valore*. Adesso invece, secondo Dante, il significato del sogno è chiaro: «Lo verace giudicio del detto sogno non fue veduto allora per alcuno, ma ora è manifestissimo a li più semplici». Ovvero: ora, mentre Dante sta scrivendo la prosa della *Vita nuova*, dopo la morte di Beatrice, è chiaro che la visione voleva avvertire il poeta che, in seguito a una profonda unione amorosa con la donna amata (il pasto del cuore), si sarebbe verificato un evento doloroso (la morte di lei), causa delle lacrime di Amore.

Analisi e interpretazione Tipologia A

LEGGERE CON METODO

COMPRENSIONE GLOBALE

1. Quali sono gli effetti del saluto di Beatrice su Dante?
2. Sintetizza in cinque righe il racconto del sogno come viene esposto nella prosa.
3. A chi viene inviato il sonetto? A quale scopo?
4. Qual è il significato del sogno che al momento nessuno aveva compreso ma che ora, dopo gli eventi, appare chiaro anche ai «più semplici»?

LA LINGUA E LE STRUTTURE

5. Spiega il significato dei latinismi e dei termini poetici presenti nel testo in prosa, che hanno la funzione di elevarne il linguaggio, conferendo all'episodio un'aura quasi sacrale.

Latinismi e termini poetici	Significato
die	GIORNI
etade	ETÀ
ineffabile	INDICIBILE
solingo	SOLITUDINE
nebula	NUVOLA
sostenere	RESISTERE

6. Con quali aggettivi sostantivati al grado superlativo assoluto viene definita Beatrice?
7. Spiega il gioco di parole contenuto nell'espressione «la donna de la salute, la quale m'avea lo giorno dinanzi degnato di salutare».

I TEMI E L'INTERPRETAZIONE

8. Trova nel testo gli elementi simbolici, osservando in particolare i numeri e i colori delle vesti di Beatrice.
9. Confronta il sonetto con il racconto che lo precede e rileva le differenze: quali elementi non indicati nel sonetto vengono aggiunti nella prosa?

T2

Vita nuova, XIX

AUDIOLIBRO

Donne ch'avete intelletto d'amore

Anno: 1290-95

Genere: prosimetro

Metro: canzone di endecasillabi a schema ABBC ABBC CDD CEE. La struttura della stanza, di 14 versi, gioca con quella del sonetto, di cui si propone come variazione

Argomento: l'esposizione della poetica della lode

Beatrice è indignata con Dante, perché non tollera i pettegolezzi che accompagnano la seconda "donna dello schermo" e gli ha tolto il saluto: il che ha precipitato Dante nell'angoscia. Un gruppo di donne, vedendolo così mal ridotto, gli chiede nel corso di una festa che senso abbia il suo amore, se lo fa soffrire in quel modo. Dante lì per lì non sa rispondere alle sue interlocutrici ma, dopo pochi giorni, passeggiando lungo un corso d'acqua, gli balena in testa il primo verso di una nuova poesia: Donne ch'avete intelletto d'amore. *Ora Dante ha trovato le parole e il modo per esprimersi. Non si rivolgerà più direttamente a Beatrice, ma alle donne che sanno che cos'è l'amore, e che possono capirlo. E lo farà per cantare in modo del tutto disinteressato le lodi della donna amata. È nata la «poetica della lode»: una poesia in cui Dante troverà la propria gratificazione nella pura celebrazione delle qualità miracolose di Beatrice.*

Donne ch'avete intelletto d'amore,
i' vo' con voi de la mia donna dire,
non perch'io creda sua laude finire,
ma ragionar per isfogar la mente.
Io dico che pensando il suo valore,
Amor sì dolce mi si fa sentire,
che s'io allora non perdessi ardire,
farei parlando innamorar la gente.
E io non vo' parlar sì altamente,
ch'io divenisse per temenza vile;
ma tratterò del suo stato gentile
a respetto di lei leggeramente,
donne e donzelle amorose, con vui,
ché non è cosa da parlarne altrui.

PARAFRASI

vv. 1-14 Donne che avete conoscenza diretta dell'esperienza amorosa (*intelletto d'amore*), io voglio parlare della mia donna proprio con voi: non perché io creda di lodarla in modo esauriente (*sua laude finire*), ma tanto per ragionare, così da sfogare ciò che sento dentro di me. Io dico che quando penso al valore della mia donna, Amore mi si fa sentire con così tanta dolcezza, che se io in quel preciso frangente (*allora*) non mi perdessi d'animo, farei innamorare la gente con le mie parole. E io non voglio parlare in modo così sublime (*altamente*) da dover temere poi di non essere all'altezza del compito; ma tratterò della sua nobiltà d'animo (*suo stato gentile*) così alla leggera (*leggeramente*) rispetto a quello che lei si meriterebbe, con voi, donne e fanciulle innamorate; perché questa non è cosa da parlarne con altra gente [diversa da voi].

Angelo clama in divino intelletto
e dice: «Sire, nel mondo si vede
maraviglia ne l'atto che procede
d'un'anima che 'nfin qua su risplende».
Lo cielo, che non have altro difetto
che d'aver lei, al suo segnor la chiede,
e ciascun santo ne grida merzede.
Sola Pietà nostra parte difende,
ché parla Dio, che di madonna intende:
«Diletti miei, or sofferite in pace
che vostra spene sia quanto me piace
là ov'è alcun che perder lei s'attende,
e che dirà ne lo inferno: O mal nati,
io vidi la speranza de' beati».

Madonna è disiata in sommo cielo:
or voi di sua virtù farvi savere.
Dico, qual vuol gentil donna parere
vada con lei, che quando va per via,
gitta nei cor villani Amore un gelo,
per che onne lor pensero agghiaccia e pere;
e qual soffrisse di starla a vedere
diverria nobil cosa, o si morria.
E quando trova alcun che degno sia
di veder lei, quei prova sua vertute,
ché li avvien, ciò che li dona, in salute,
e sì l'umilia, ch'ogni offesa oblia.
Ancor l'ha Dio per maggior grazia dato
che non pò mal finir chi l'ha parlato.

Dice di lei Amor: «Cosa mortale
come esser pò sì adorna e sì pura?».
Poi la reguarda, e fra se stesso giura
che Dio ne 'ntenda di far cosa nova.
Color di perle ha quasi, in forma quale
convene a donna aver, non for misura:
ella è quanto de ben pò far natura;
per essemplo di lei bieltà si prova.
De li occhi suoi, come ch'ella li mova,
escono spirti d'amore inflammati,

vv. 15-28 Nella mente di Dio [cioè in Paradiso] c'è un angelo che esclama e dice: «Signore, giù nel mondo si vede un miracolo nelle azioni di un'anima che risplende fin quassù». Il cielo, a cui non manca altro (*che non have altro difetto*) che di avere lei, la chiede al suo Signore, Dio stesso, e ogni santo la domanda come una grazia speciale (*ne grida merzede*). Solo la Pietà prende le difese di noi uomini qui sulla terra (*nostra parte*), in quanto così parla Dio, che conosce perfettamente la virtù di Beatrice (*che di madonna intende*): «Miei diletti, adesso sopportate con rassegnazione che la vostra speranza (*spene*) rimanga sulla terra per tutto il tempo che io vorrò (*quanto me piace*), là dove c'è qualcuno che sa di doverla perdere e che quando sarà all'Inferno dirà: O dannati, io vidi la speranza dei beati».

vv. 29-42 La mia donna è desiderata nell'alto dei cieli; ora voglio (*voi*) farvi sapere qualcosa dei suoi poteri (*virtù*). Dico che qualsiasi donna voglia apparire gentile si accompagni a lei, che quando passa per strada, allora Amore infonde (*gitta*) nei cuori villani un gelo, per cui ogni loro pensiero agghiaccia e si distrugge (*pere*); e chi avesse la forza (*soffrisse*) di contemplarla a lungo, diventerebbe gentile a sua volta, o morirebbe all'istante. E quando incontra qualcuno che sia già degno di vederla, quegli fa vera esperienza del suo potere (*prova sua virtute*), perché tutto ciò che gli giunge da lei (*che li dona*: ovvero il saluto) si trasforma in beatitudine; e lo rende così umile e pacifico, che dimentica ogni ingiuria che gli sia stata fatta. Anzi, Dio le ha conferito una grazia ancora più grande: che chi le abbia parlato non possa fare una cattiva fine.

vv. 43-56 Amore dice di lei: «Una cosa mortale come può essere così bella (*adorna*) e così pura?». Poi la guarda un'altra volta, e giura fra se stesso che Dio abbia intenzione di farne qualcosa di straordinario (*cosa nova*). [La sua carnagione] ha quasi il colore delle perle, come una donna deve avere, non fuori di misura; ella è quanto natura può far di bene; attraverso il suo esempio [prendendo lei come paragone] si ha prova di che cosa sia bellezza (*bieltà*). Dagli occhi suoi, quando li muove in giro, escono spiriti infiammati d'amore, che colpiscono gli

21. merzede: «merzede», cioè mercede, o mercé, vale **misericordia.**
27-28. O mal nati ... beati: l'«alcun» (v. 26) a cui si attribuisce questa battuta, non è necessariamente Dante, che certo non si aspetta di finire all'Inferno. Qui il poeta vuol dire che chiunque sulla terra abbia ammirato Beatrice, anche in mezzo alle pene infernali, la ricorderebbe come una presenza paradisiaca, e considererebbe un privilegio averla incontrata.
33. cor villani: «villano» è l'esatto contrario di «gentile» nel vocabolario stilnovistico.
37. che degno sia: dunque un cuore già gentile di suo, non villano.
42. mal finir: non possa mai finire all'Inferno.
48. non for misura: non troppo pallida.

che feron li occhi a qual che allor la guati,
e passan sì che 'l cor ciascun retrova:
voi le vedete Amor pinto nel viso,
là 've non pote alcun mirarla fiso.

Canzone, io so che tu girai parlando
a donne assai, quand'io t'avrò avanzata.
Or t'ammonisco, perch'io t'ho allevata
per figliuola d'Amor giovane e piana,
che là 've giugni tu dichi pregando:
«Insegnatemi gir, ch'io son mandata
a quella di cui laude so' adornata».
E se non vuoli andar sì come vana,
non restare ove sia gente villana:
ingegnati, se puoi, d'esser palese
solo con donne o con omo cortese,
che ti merranno là per via tostana.
Tu troverai Amor con esso lei;
raccomandami a lui come tu dei.

occhi a chiunque in quel momento la guardi, e penetrano così a fondo (*passan sì*), che ciascuno di essi raggiunge il cuore: voi le vedete Amore stesso dipinto in viso, là dove nessuno resiste a contemplarla fissamente.

vv. 57-70 Canzone, io so che tu andrai in giro rivolgendoti a molte donne, quando io ti avrò dato licenza (*t'avrò avanzata*). Ora ti ammonisco, siccome io ti ho allevata come figlia d'Amore, giovane e semplice (*piana*), che ovunque tu giunga, tu dica pregando: «Indicatemi la strada (*Insegnatemi gir*), perché mi mandano (*io son mandata*) a quella donna delle cui lodi io sono adornata». E se non vuoi andare in giro come una sciocca (*sì come vana*), non fermarti dove ci sia gente villana: ingegnati, se puoi, di mostrarti (*esser palese*) solo a donne o uomini cortesi, che ti condurranno (*merranno*) là dove devi andare [da Beatrice] per la via più svelta (*per via tostana*). Tu troverai Amore in sua compagnia: raccomandami a lui come è tuo dovere.

T2 Dentro il testo

IN SINTESI

La canzone si impernia su un doppio movimento. Da una parte, Dante rinuncia a rivolgersi direttamente alla donna amata, e cerca altri interlocutori: le donne che hanno «intelletto d'amore», cioè che conoscono a fondo che cosa l'amore costituisce nell'esperienza emotiva, ma anche morale e spirituale, di una persona. Dall'altra, questo parlare non a Beatrice, ma di Beatrice, fa scaturire una lode che non chiede nulla, non si aspetta nulla, neanche il riscontro della persona lodata. D'altronde, non è solo Dante incaricato di lodare Beatrice: sono anche le anime del Paradiso, Dio stesso, Amore in persona a magnificare le doti della donna. Allo stesso tempo, tutto questo coro sembra accompagnare Beatrice senza che la donna dia segno di accorgersene, e quasi alle sue spalle. Solo alla fine, quando (e se) la canzone stessa raggiungerà madonna, ella saprà in che misura la sua bellezza e la sua virtù siano ormai celebrate, non solo in terra, ma addirittura nel Regno dei Cieli.

I TEMI E L'ESPRESSIONE

MISSIONE IMPOSSIBILE

Dante sottolinea che la sua **intenzione** non è quella di lodare la donna amata come lei si meriterebbe, ma soltanto di «ragionar per **isfogar la mente**». Le lodi di madonna sono dunque un soggetto di per sé infinito, e il poeta sa per primo che «finire» - cioè trattare fino in fondo - questo soggetto è per lui impossibile. Non è soltanto falsa modestia. Beatrice infatti è per Dante accesso al divino, che di per sé non può essere espresso compiutamente con parole umane. Si profila già qui un motivo che sarà caro al Dante del *Paradiso*: quello dei **limiti espressivi** dell'arte verbale, di fronte ad argomenti che sovrastano la mente umana.

L'AMORE IN PARADISO

L'idea di un dialogo diretto fra l'intelletto divino e l'intelligenza angelica sembra derivare da **Guido Guinizzelli**, il quale, nell'ultima stanza della canzone *Al cor gentil* [▶ **T2**, p. 144], già presentava un dialogo fra Dio e l'anima beata del poeta. Ma in questa canzone Dante non esita a trasferire audacemente le lodi di Beatrice dalla sua parola umana alle intelligenze angeliche: «Angelo clama in divino intelletto». Perfino gli angeli reclamano in Paradiso la presenza della donna: anzi, sembra proprio che il Paradiso non possa essere tale finché non avrà accolto in sé Beatrice, tanto che i santi chiedono per «merzede», ovvero come un atto di misericordia divina, la compagnia dell'innamorata del poeta. È una situazione quasi sconcertante: l'amore che, fin qui, nella *Vita nuova*, si era regolato sulle norme dell'amor cortese (il saluto, la donna schermo, la passione adorante dell'amante, la rigidità di madonna) adesso viene sbalzato in Paradiso, e Beatrice è considerata un miracolo non solo dal poeta innamorato, ma dai santi e da Dio stesso. Comincia da qui la proiezione di Beatrice in una dimensione di **salvezza cristiana e spirituale**, che troverà poi compimento nella *Commedia*.

I POTERI DI BEATRICE

La terza strofa elenca le **«virtù»** - nel senso antico di poteri - di Beatrice. Innanzitutto ella ha il potere di **neutralizzare**, con la sua sola gentile presenza, **i «cor villani»**. Anzi, in sua presenza il cuore villano o si converte in «nobil cosa» o è destinato a morire. Invece, quando Beatrice incontra qualche animo «degno», gli trasmette tanta «salute» da renderlo mansueto e pacifico, capace di dimenticare ogni offesa che gli sia stata fatta. E fin qui possiamo dire che Dante si tiene nei limiti dei poteri da sempre attribuiti alla «gentilissima»: anche se la capacità di convertire in gentile («nobile») un cuore villano già accenna a una virtù miracolosa che verrà meglio spiegata nel sonetto che qui segue [▶ **T3**, p. 281]. Gli ultimi versi, però, attribuiscono a Beatrice una grazia che le proviene addirittura da Dio: chi le ha parlato una volta, non può «mal finir», cioè si è assicurato la salvezza eterna. Così Beatrice diventa davvero **colei che apporta «beatitudine»**: non più semplicemente l'amata di Dante, ma una creatura investita di una divina missione redentrice.

Analisi e interpretazione Tipologia A

LEGGERE CON METODO

COMPRENSIONE GLOBALE

1. A chi si rivolge il poeta? Perché?
2. Che cosa chiede l'angelo a Dio?
3. In quale situazione, tipica dello Stilnovo, è presentata madonna nella terza strofa? Quali effetti provoca, rispettivamente, sui «cor villani» e su chi ha animo «degno»?

LA LINGUA E LE STRUTTURE

4. Nella prima strofa individua e sottolinea i numerosi verbi che appartengono alla sfera semantica del «parlare». Come si può spiegare la fitta presenza di termini di questa sfera?
5. Spiega il significato dei seguenti termini che Dante riprende dalla poesia di Guinizzelli e Cavalcanti.

Termini ripresi da Guinizzelli e Cavalcanti	Significato
valore	
gentile	
maraviglia	
virtù	
salute	
umilia	

6. Dante considerava di aver inaugurato proprio con questo testo il «dolce stil novo». Scegli, tra le seguenti, le caratteristiche stilistiche prevalenti nella poesia. Le risposte esatte sono più di una.

- [a] La sintassi è complessa e non sempre lineare.
- [b] La sintassi è semplice e piana.
- [c] Prevalgono i suoni duri e aspri.
- [d] Prevalgono i suoni dolci e aperti.
- [e] Il lessico non è ricercato, ma composto da parole comuni e comprensibili.
- [f] Il lessico è complesso, con latinismi e termini dotti.

I TEMI E L'INTERPRETAZIONE

7. In quale modo, nella prima strofa, Dante sviluppa il tema dell'impossibilità di parlare compiutamente della donna amata?

8. In quale modo, nella terza strofa, Beatrice viene investita di una missione divina?

SCRIVERE CON METODO

COMMENTO

9. In un commento alla lirica di due colonne di foglio protocollo mettine in luce i temi fondamentali, soffermandoti sulla figura di Beatrice, sulla sua missione, sullo stato d'animo in cui si trova il poeta.

USARE IL DIGITALE

APPROFONDIMENTI E CONFRONTI

10. Metti a confronto il testo con le poesie di lode di Guinizzelli e Cavalcanti, in particolare *Io voglio del ver la mia donna laudare* [▶ **T3**, p. 150] e *Chi è questa che vèn, ch'ogn'om la mira* [▶ **T5**, p. 155]. Il tuo confronto dovrà essere articolato in una serie di *slide*.

T3

Vita nuova, XXI

Ne li occhi porta la mia donna Amore

Anno: 1290-95

Metro: sonetto a schema ABBA ABBA CDE EDC

Argomento: il potere di Beatrice di risvegliare Amore

Beatrice non soltanto risveglia Amore nei cuori gentili, dove esso già esisteva in potenza, ma lo suscita in qualsiasi cuore, gentile o no. È come se Beatrice creasse qualcosa dal nulla; ed è come se sparisse ogni distinzione tra cuori nobili e cuori villani, poiché Beatrice è capace di convertire all'Amore chiunque entri nel cerchio incantato della sua miracolosa influenza.

Poscia che trattai d'Amore ne la soprascritta rima, vennemi volontade di volere dire anche, in loda di questa gentilissima, parole, per le quali io mostrasse come per lei si sveglia questo Amore, e come non solamente si sveglia là ove dorme[1], ma là ove non è in potenzia, ella, mirabilmente operando, lo fa venire. E allora dissi questo sonetto, lo quale comincia: *Ne li occhi porta.*

PARAFRASI

Dopo avere trattato dell'Amore nella rima precedente, mi venne desiderio di volere dire anche parole – sempre in lode di questa gentilissima – attraverso cui io mostrassi come grazie al suo influsso (*per lei*) Amore viene risvegliato. E come venga risvegliato non solo là dove dorme, ma come – anche dove non è in potenza – Beatrice lo susciti (*fa venire*) operando un vero e proprio miracolo (*mirabilmente operando*). E allora composi questo sonetto, che comincia: *Ne li occhi porta*.

1. ove dorme: cioè non solo nei cuori gentili, dove è già in potenza.

Ne li occhi porta la mia donna Amore,
per che si fa gentil ciò ch'ella mira;
ov'ella passa, ogn'om ver lei si gira,
4 e cui saluta fa tremar lo core,

sì che, bassando il viso, tutto smore,
e d'ogni suo difetto allor sospira:
fugge dinanzi a lei superbia ed ira.
8 Aiutatemi, donne, farle onore.

Ogne dolcezza, ogne pensero umile
nasce nel core a chi parlar la sente,
11 ond'è laudato chi prima la vide.

Quel ch'ella par quando un poco sorride,
non si pò dicer né tenere a mente,
14 sì è novo miracolo e gentile.

vv. 1-4 La mia donna porta nei suoi occhi Amore in persona, per cui ogni cosa sulla quale si posi il suo sguardo diventa nobile; dovunque ella passi, ognuno si gira verso di lei, e a chiunque porga il suo saluto fa tremare il cuore dall'emozione,

vv. 5-8 tanto che, abbassando lo sguardo, [il destinatario del saluto] si sente venir meno (*tutto smore*), e in quel momento si rende conto, sospirando, di tutte le sue imperfezioni (*d'ogni suo difetto*): davanti a lei fuggono superbia e ira. Aiutatemi, donne, a renderle onore.

vv. 9-11 A chi la sente parlare nasce nel cuore ogni dolcezza, ogni pensiero di pace (*umile*): beato chi la vide per primo!

vv. 12-14 Quello che si rivela essere (*par*, "appare") quando sorride un poco, non si può esprimere a parole e neanche ricordare: tanto è cosa miracolosa e piena di nobiltà.

T3 Dentro il testo

IN SINTESI

Dante si propone esplicitamente di esprimere a parole come Amore viene risvegliato e ispirato al passaggio di Beatrice, che esso si trovi o non si trovi già in potenza.
Quali sono gli effetti dello sguardo dell'amata? Si tratta di un vero e proprio miracolo in terra: gli occhi di Beatrice rendono «gentile» ogni cosa su cui si posano, chi la incontra ne resta colpito tanto da sentirsi quasi svenire, chi ascolta la sua voce annega in un mare di dolcezza; insomma, è beato chi incontra per strada un tale esempio di nobiltà.

I TEMI E L'ESPRESSIONE

L'AMORE "IN POTENZA"

Ancora una volta, è utile confrontare il sonetto con la prosa che lo accompagna. La prosa infatti rilegge il sonetto vedendovi una **implicazione filosofica** che non era così chiara. Il sonetto diceva semplicemente «Ne li occhi porta la mia donna Amore, / per che si fa gentil ciò ch'ella mira»: un apprezzamento generico della capacità di Beatrice di ingentilire tutto ciò che cade sotto il suo sguardo. La prosa invece specifica che Beatrice ha il **potere di risvegliare l'amore** non soltanto dove «dorme» ma anche dove «non è in potenzia»: il processo di "ingentilimento" è visto qui nei termini della filosofia aristotelica, che distingueva tra potenza (la virtualità, la possibilità di realizzarsi di un fenomeno) e atto (il verificarsi effettivo di quella virtualità). Beatrice va oltre le leggi di natura codificate da Aristotele: ella crea - dal nulla - qualcosa che non esisteva in potenza.

IL MIRACOLO

Il sonetto già usa il termine «miracolo», ma per indicare la **meraviglia del sorriso** di Beatrice, quindi come una innocente **iperbole** che vuole significare l'incanto che riesce a irradiare nelle persone la donna amata. La prosa invece usa una espressione simile - «mirabilmente operando» - **in senso rigorosamente filosofico**: perché è un vero miracolo, cioè una cosa fuori dall'ordine di natura, che qualcuno possa creare un fenomeno di cui, in natura, non esiste la potenzialità.

OLTRE IL «COR GENTIL»

Fin da Guinizzelli, la poesia stilnovista aveva attribuito alla donna il potere di **risvegliare la nobiltà** nei cuori «gentili». Anzi, un caposaldo dello Stilnovo è che la gentilezza di cuore non dipende dalla schiatta: ovvero, che la nobiltà d'animo non si identifica con l'aristocrazia di sangue, ma che ognuno, indipendentemente dalla sua condizione sociale, può nascere con un «cor gentil». In questo sonetto, Beatrice va oltre questo principio fondativo dello Stilnovo. Siccome adesso è lei che ha il potere non solo di risvegliare l'amore dove esso giace in potenza, ma anche di crearlo dove non c'era, ne consegue che tutti sono uguali, sotto lo sguardo salvifico della «donna salutifera». Villani o gentili, in fondo non fa più differenza: tutti possono essere nobilitati dalla presenza della «gentilissima».

Analisi e interpretazione Tipologia A

LEGGERE CON METODO

COMPRENSIONE GLOBALE

1. Nella prosa introduttiva, qual è il significato dell'espressione «non è in potenzia»? A quale teoria filosofica si rifà?
2. A chi è rivolta la poesia? Quale verso permette di identificare il destinatario interno?
3. Riassumi in cinque righe gli effetti provocati dalla presenza di Beatrice.

LA LINGUA E LE STRUTTURE

4. Il testo è ricco di parole tematiche dello Stilnovo. Spiega quale significato assumono, nello Stilnovo in generale e in questo testo in particolare, alcune parole o espressioni.

Parole o espressioni	Significato nello Stilnovo	Significato nel sonetto *Ne li occhi porta la mia donna Amore*
gentil		
mira		
saluta		
superbia ed ira		
miracolo		

5. A quale coppia di parole di significato opposto si contrappongono «superbia ed ira» (v. 7)? Le coppie sono collocate in chiasmo; spiega in che cosa consiste questa figura.
6. Il sonetto presenta un solo *enjambement*. Individualo e indica quale parola chiave viene in tal modo messa in evidenza.

I TEMI E L'INTERPRETAZIONE

7. Quale novità segna il sonetto rispetto alla tradizione stilnovistica di Guinizzelli?

SCRIVERE CON METODO

APPROFONDIMENTI E CONFRONTI

8. La serie di rime B («mira, gira, sospira, ira») è una citazione del sonetto di Cavalcanti *Chi è questa che vèn, ch'ogn'om la mira* (nel quale, in diverso ordine, «mira, sospira, gira, ira», costituivano la serie A). In circa una pagina metti a confronto i due sonetti, rilevando somiglianze e differenze e osservando, in particolare, in quale modo sono trattati la lode e gli effetti della presenza della donna.

T4

Vita nuova, XXVI

Tanto gentile e tanto onesta pare

AUDIOLIBRO

Anno: 1290-95

Genere: prosimetro

Metro: sonetto a schema ABBA ABBA CDE EDC

Argomento: la funzione salvifica del saluto di Beatrice

In questo sonetto, senz'altro il più famoso della Vita nuova, *Beatrice porge la salvezza attraverso il suo saluto. Tuttavia, il saluto di Beatrice è per tutti: la sua missione di risvegliare Amore nei cuori si è estesa, si potrebbe dire, a tutta l'umanità.*

Questa gentilissima donna, di cui ragionato è ne le precedenti parole, venne in tanta grazia de le genti, che quando passava per via, le persone correano per vedere lei; onde mirabile letizia me ne giungea. E quando ella fosse presso d'alcuno, tanta onestade giungea nel cuore di quello, che non ardia di levare li occhi, né di rispondere a lo suo saluto; e di questo molti, sì come esperti, mi potrebbero testimoniare a chi non lo credesse. Ella coronata e vestita d'umilitade s'andava, nulla gloria mostrando di ciò ch'ella vedea e udia. Diceano molti, poi che passata era: «Questa non è femmina, anzi è uno de li bellissimi angeli del cielo». E altri diceano: «Questa è una maraviglia; che benedetto sia lo Segnore, che sì mirabilemente sae adoperare!». Io dico ch'ella si mostrava sì gentile e sì piena di tutti li piaceri, che quelli che la miravano comprendeano in loro una dolcezza onesta e soave, tanto che ridicere non lo sapeano; né alcuno era lo quale potesse mirare lei, che nel principio nol convenisse sospirare. Queste e più mirabili cose da lei procedeano virtuosamente: onde io pensando a ciò, volendo ripigliare lo stilo de la sua loda, propuosi di dicere parole, ne le quali io dessi ad intendere de le sue mirabili ed eccellenti operazioni; acciò che non pur coloro che la poteano sensibilemente vedere, ma li altri sappiano di lei quello che le parole ne possono fare intendere. Allora dissi questo sonetto, lo quale comincia: *Tanto gentile*.

PARAFRASI

Questa gentilissima donna, di cui si è precedentemente parlato, acquistò tanto favore (*grazia*) presso tutti, che quando passava per la via, le persone accorrevano per vederla; cosa da cui mi veniva grande felicità. E quando lei passava accanto a qualcuno, un tale sentimento di bontà (*tanta onestade*) nasceva nel cuore di quella persona, che non ardiva di alzare lo sguardo, né di rispondere al suo saluto; e di questo molti, avendone fatto personale esperienza (*sì come esperti*), potrebbero rendere testimonianza a chi non ci credesse. Ella se ne andava tutta modesta (*coronata e vestita d'umiltade*), non mostrando alcun orgoglio (*gloria*) di ciò che ella vedeva e udiva intorno a sé. Molti dicevano, dopo che era passata: «Questa non è una semplice donna (*femmina*), anzi è uno dei bellissimi angeli del cielo». E altri dicevano: «Questa è una meraviglia! Benedetto il Signore, che sa fare di questi miracoli» (*mirabilemente sae adoperare*). Voglio dire che ella si mostrava così nobile d'animo (*gentile*) e così piena di ogni amabilità (*di tutti li piaceri*), che quelli che la contemplavano sentivano dentro di sé (*comprendeano in loro*) una dolcezza onesta e soave, tanto che non lo sapevano esprimere a parole (*ridicere*); e non c'era nessuno che potesse volgere a lei lo sguardo (*mirare*), e che subito (*nel principio*) non potesse fare a meno (*nol convenisse*) di sospirare. Queste cose, e anche più miracolose, venivano da lei per la sua virtù: per cui io, pensando a lei, volendo riprendere lo stile della "lode", mi proposi di dettare una poesia (*dicere parole*), in cui facessi intendere i miracoli che faceva; in maniera che non solo coloro che la potevano vedere con i loro occhi (*sensibilemente*), ma anche gli altri sapessero di lei ciò che le parole sono capaci di comunicare. Allora composi questo sonetto, che comincia: *Tanto gentile*.

Dante riprende dalla tradizione provenzale-stilnovista l'aggettivo «gentile».

Tanto gentile e tanto onesta pare
la donna mia quand'ella altrui saluta,
ch'ogne lingua deven tremando muta,
4 e li occhi no l'ardiscon di guardare.

Ella si va, sentendosi laudare,
benignamente d'umiltà vestuta;
e par che sia una cosa venuta
8 da cielo in terra a miracol mostrare.

Mostrasi sì piacente a chi la mira,
che dà per li occhi una dolcezza al core,
11 che 'ntender no la può chi no la prova:

e par che de la sua labbia si mova
un spirito soave pien d'amore,
14 che va dicendo a l'anima: Sospira.

vv. 1-4 La mia donna si rivela (*pare*) così nobile d'animo e di modi (*gentile e ... onesta*) quando saluta la gente intorno a lei (*altrui*), che ogni lingua si fa muta, tremando dall'emozione, e gli occhi dei circostanti non hanno il coraggio di guardarla in viso.

vv. 5-8 Ella se ne va per via (*si va*), sentendo intorno a sé il coro delle sue lodi, tutta piena di benignità e di umiltà; e si rivela una cosa venuta dal cielo in terra a manifestare un miracolo.

vv. 9-11 Si mostra così amabile (*piacente*) a chi la guarda, che infonde attraverso gli occhi una tale dolcezza al cuore, che non la può concepire (*'ntender*, "intendere", "capire") chi non la prova di persona:

vv. 12-14 e pare che dal suo volto (*labbia*) si muova uno spirito soave pieno d'amore che va dicendo all'anima: Sospira.

◂ Henry Holiday, *Dante Alighieri incontra Beatrice Portinari sul Lungarno a Firenze*, 1883, olio su tela (Liverpool, Walker Art Gallery).

È un classico (continuamente riprodotto) della lettura della *Vita nuova* da parte dei pittori cosiddetti "preraffaelliti", che davano una interpretazione romanticamente spiritualizzata della vicenda amorosa narrata da Dante. Il dipinto non si può riferire a nessun episodio specifico della *Vita nuova*: potrebbe illustrare il primo saluto di Beatrice (*Vita nova*, III), quando essa, come qui, appare vestita di bianco; ma le due accompagnatrici non sembrano tanto «di più lunga etade» di lei e Dante non sembra davvero un ragazzo di diciott'anni. Inutile dire che anche l'ambientazione in riva d'Arno è invenzione dell'artista; senza contare il Ponte Vecchio sullo sfondo, simile all'attuale, mentre al tempo di Dante ce n'era uno, più antico, che fu poi spazzato via dall'alluvione del 1333.

T4 Dentro il testo

IN SINTESI

Dante precisa, fin dall'inizio, che egli intende raffigurare la sua donna quando ella saluta «altrui»: gli altri, qualsiasi persona. Di conseguenza, egli non è il solo a sentire dentro di sé gli effetti del passaggio della donna amata: ovunque lei vada, viene ricoperta di lodi da chi la incontra, e in cambio infonde una indicibile dolcezza nei cuori. Si tratta di effetti universali, di fronte al miracolo di una "beatrice" che ha assunto il compito di portare a tutti il suo messaggio di beatitudine e di salvezza.

I TEMI E L'ESPRESSIONE

UNA "MISSIONE" UNIVERSALE

Anche qui, la prosa aiuta a meglio comprendere la poesia. Nella prosa, infatti, Dante svela il motivo per cui egli ha scritto il sonetto: perché anche coloro che non hanno avuto la fortuna di assistere al passaggio e al saluto di Beatrice conoscano, tramite i versi del poeta, i poteri salvifici della sua donna. La prosa, cioè, **chiarisce e amplifica** il senso della poesia, nella quale la missione di ingentilimento di Beatrice non riguarda più solo Dante, ma tutta l'umanità.

IL DISINTERESSE DEL POETA AMANTE

In questo sonetto Dante si presenta come un **amante disinteressato.** Egli indica Beatrice come «la donna *mia*», ma la rappresenta nel momento in cui ella saluta non lui (o non soltanto lui), bensì la folla ammirata che assiste al suo passaggio: «quand'ella *altrui* saluta». L'occasione tanto sospirata dell'incontro e del saluto adesso si allarga a tutta la collettività: «*ogne* lingua» ammutolisce di fronte a Beatrice, non solo quella di Dante; gli effetti amorosi sono estesi in generale a «chi la mira»; anche l'anima alla quale Amore dice «Sospira» sembra che sia non solo quella del poeta amante, ma di chiunque abbia il privilegio di essere toccato dalla presenza della donna. L'amore di Dante ha quindi **perduto ogni possessività**, si è spogliato di ogni egoismo. Il valore di Beatrice è così sublime che merita di essere condiviso, e l'amante non può che rallegrarsi che tanti si uniscano a lui nell'adorazione della donna amata.

I RIFERIMENTI EVANGELICI

Ancora una volta, la prosa amplifica elementi presenti nella poesia. Già il sonetto infatti ci presentava Beatrice che incede in mezzo a due ali di folla ammirata e benedicente: «Ella si va, sentendosi laudare». La prosa esplicita la lode della folla, attribuendole precise espressioni di benedizione: «Questa non è femmina, anzi è uno de li bellissimi angeli del cielo»; «Questa è una maraviglia; che benedetto sia lo Segnore, che sì mirabilemente sae adoperare!». Inoltre, nella prosa è più evidente un riferimento evangelico che nel sonetto rimane solo accennato. Beatrice, in effetti, ricorda nel suo incedere l'**ingresso di Gesù in Gerusalemme**, tra la folla osannante e benedicente, nella domenica delle Palme. Non solo: Dante scrive il sonetto per far presente il miracolo di Beatrice anche a chi non ha potuto assistervi di persona, proprio come un apostolo che diffonde nel mondo la «lieta novella», il Vangelo di una religione.

DOLCEZZA DI STILE

La dolcezza di stile, teorizzata da Dante stesso nella sua definizione dello Stilnovo, raggiunge in questo sonetto uno dei suoi esempi più emblematici. Innanzitutto a livello del **rapporto fra sintassi e metrica**: ogni strofa corrisponde a un periodo compiuto e solo un tenue legame coordinativo («chi no la prova: // e par») connette fra loro le due terzine; l'effetto è di equilibrata armonia fra sintassi e misura strofica. Un forte effetto di **legatura musicale** è perseguito nel **passaggio fra quartine e terzine**: «a miracol mostrare. // Mostrasi»; qui si nota anche la catena allitterativa («***M***iracol ***M***ostrare. ***M***ostrasi»), con insistenza sul suono «m». Anche l'uso dell'***enjambement*** («pare / la donna mia; una cosa venuta / da cielo in terra; si mova / uno spirto soave») persegue l'effetto di far scivolare il primo verso nel secondo, dilatando il ritmo, e obbligando quindi a una dizione senza fratture.

Un effetto armoniosamente simmetrico è perseguito anche attraverso la **ripetizione dello stesso soggetto** nelle prime tre strofe: «la donna mia» (prima quartina), «Ella» (seconda quartina), [la mia donna] sottintesa nel «Mostrasi» (prima terzina); si noti come si passa dall'espressione più individuata («la donna mia») a quella addirittura sottintesa, con un effetto di progressivo alleggerimento. L'ultima terzina invece introduce una variazione: non solo è legata sintatticamente alla strofa precedente, ma il suo soggetto non è più Beatrice bensì «un spirito soave» che emana da lei, con un effetto di ulteriore spiritualizzazione della sua presenza.

Analisi e interpretazione Tipologia A

LEGGERE CON METODO

COMPRENSIONE GLOBALE

1. Come mai nel sonetto il poeta non è presente? Su chi si manifestano gli effetti salvifici di Beatrice?

2. Sintetizza il contenuto informativo di ciascuna strofa completando la tabella.

Strofa	Contenuto
prima quartina	nell'atto del saluto, Beatrice appare tanto nobile che tutti ammutoliscono e nessuno osa guardarla
seconda quartina	
prima terzina	
seconda terzina	

LA LINGUA E LE STRUTTURE

3. Apparentemente il lessico del sonetto è semplice e piano (ma per alcune espressioni si veda *La parola a... Gianfranco Contini*, p. 288), tranne pochi termini. Indica il significato delle espressioni seguenti.
   - «altrui»
   - «deven»
   - «laudare»
   - «labbia»
   - «soave»
4. All'interno di ciascuna strofa, contribuiscono alla fluidità del ritmo alcuni *enjambement*, che hanno la duplice funzione di legare tra loro i versi e di mettere in evidenza parole chiave. Individua gli *enjambement* e commentane la funzione.
5. Leggi ad alta voce il sonetto e definiscine il ritmo.
   - [a] Il ritmo è prevalentemente veloce e dinamico.
   - [b] Il ritmo è lento e solenne.
   - [c] Il ritmo è lento all'inizio, ma molto rapido nelle terzine.
   - [d] Il ritmo è cadenzato, come quello di una marcia.
6. La maggior parte delle parole in rima sono voci verbali (10 versi su 14), tre delle quali all'infinito e due (in paronomasia tra loro) al participio. Individua l'effetto di tale scelta.
   - [a] I numerosi verbi conferiscono alla scena una forte dinamicità.
   - [b] Sono rime facili, quasi banali, che rendono la scena più familiare.
   - [c] I verbi non indicano movimenti, ma una situazione statica, quasi astratta.
   - [d] Le rime sono state scelte soprattutto per i loro suoni aperti, che danno un senso di luminosità.
7. Quella che Dante sta descrivendo è un'epifania, ovvero un'apparizione, una rivelazione miracolosa. Nel testo, infatti, sono numerose le parole che hanno a che fare con la sfera della vista. Sottolinea i termini appartenenti a questa sfera semantica. Tra essi va inserito anche «miracol», che etimologicamente significa "cosa meravigliosa, degna di essere ammirata", con la stessa radice di «mirare».

I TEMI E L'INTERPRETAZIONE

8. Quali riferimenti evangelici sono evidenti soprattutto nella prosa? Dunque a quale figura è assimilabile Beatrice?
9. Quali elementi nel testo richiamano esplicitamente la natura angelica di Beatrice?
10. In quale modo nelle terzine viene trattato il tema dell'ineffabilità, ovvero dell'impossibilità di parlare compiutamente della perfezione della donna?
11. In che modo nel testo la figura di Beatrice, da donna amata che eleva spiritualmente l'amante, si trasforma in portatrice di una missione salvifica che riguarda l'intera umanità?

SCRIVERE CON METODO

COMMENTO

12. In un testo di circa tre colonne, sintetizza le caratteristiche della «poetica della lode» che occupa la sezione centrale della *Vita nuova*, facendo riferimento a tre testi qui esaminati: *Donne ch'avete intelletto d'amore, Ne li occhi porta la mia donna Amore, Tanto gentile e tanto onesta pare.*

LA PAROLA A... **Gianfranco Contini**

Quando le parole dicono più di quel che sembra

Tanto gentile e tanto onesta pare è, in apparenza, un sonetto semplice, di comprensione abbastanza agevole. A parte qualche parola caduta in disuso, la lingua è più o meno la stessa di oggi. Tuttavia, **Gianfranco Contini** (1912-90) dimostra come questa impressione di "normalità" linguistica possa essere ingannevole. In realtà, le parole di questo sonetto si rivelano più lontane da noi di quanto possa sembrare.

[*Tanto gentile e tanto onesta pare*] passa per il tipo di componimento linguisticamente limpido, che non richiede spiegazioni, che potrebbe "essere stato scritto ieri"; e si può dire invece che non ci sia parola, almeno delle essenziali, che abbia mantenuto nella lingua moderna il valore dell'originale. Si pone dunque, anzitutto, un problema di esegesi letterale, anzi lessicale. [...] Ben tre vocaboli del primo verso stanno in tutt'altra accezione da quella della lingua contemporanea. *Gentile* è "nobile", termine insomma tecnico del linguaggio cortese; *onesta,* naturalmente latinismo, è un suo sinonimo, nel senso però del decoro esterno (si ricordi l'*onestade* di Virgilio compromessa dalla fretta); più importante, essenziale anzi, determinare che *pare* non vale già "sembra", e neppure soltanto "appare", ma "appare evidentemente, è o si manifesta nella sua evidenza". Questo valore di *pare,* parola-chiave, ricompare nella seconda quartina e nella seconda terzina, cioè, in posizione strategica, in ognuno dei periodi di cui si compone il discorso del sonetto. Sembra assente dalla prima terzina, ma solo perché essa si inizia con l'equivalente *Mostrasi,* il quale riprende l'ultima parola della seconda quartina. [...] Proseguendo, s'avrà minor occasione di scoperte. Ma è opportuno segnare che *donna* ha esclusivamente il suo significato primitivo di "signora (del cuore)", è insomma un termine con desinenza femminile puramente grammaticale, in cui il genere non segna opposizione (si pensa alla poesia portoghese del tempo, dove si può apostrofare col maschile *senhor* l'amata, si pensa al provenzale *midons*): per "donna" la prosa-commento della *Vita Nuova* usa, in opposizione ad *angeli, femmina.* [...]. Anche *cosa* sta in una rete di rapporti tutta diversa dalla moderna: oggi una cosa è sotto il livello ontologico della persona (una donna può diventare per abnegazione la cosa dell'amante, strumento, oggetto senz'autonomia), qui *cosa* è più largamente un essere in quanto, precisamente, causa di sensazioni e impressioni. [...] *Piacente* (che del resto è l'occitanico *plazer*) non significa la semplice gradevolezza soggettiva per il contemplante: come tutto insiste sulla manifestazione delle qualità, sui rapporti delle sostanze, da un punto di vista dinamico e non statico (e per esempio si ha non "volto" ma "fisionomia"), così *piacente* allude a un attributo oggettivo in quanto si palesa, "fornita di bellezza", "determinante l'effetto che la bellezza necessariamente produce". Non per nulla *piacere* significa nel linguaggio stilnovistico "bellezza", addirittura "bel volto", e la prosa stessa dichiara: «ella si mostrava sì gentile e sì piena di tutti li piaceri». [...]

Riassumendo in uno schema di parafrasi la nostra esposizione, si ottiene press'a poco:

Tale è l'evidenza della nobiltà e del decoro di colei ch'è mia signora, nel suo salutare, che ogni lingua trema tanto da ammutolirne, e gli occhi non osano guardarla. Essa procede, mentre sente le parole di lode, esternamente atteggiata alla sua interna benevolenza, e si fa evidente la sua natura di essere venuto di cielo in terra per rappresentare in concreto la potenza divina. Questa rappresentazione è, per chi la contempla, così carica di bellezza che per il canale degli occhi entra in cuore una dolcezza conoscibile solo per diretta esperienza. E dalla sua fisionomia muove, oggettivata e fatta visibile, una soave ispirazione amorosa che non fa se non suggerire all'anima di sospirare.

(G. Contini, *Esercizio d'interpretazione sopra un sonetto di Dante,* in *Varianti e altra linguistica*, Einaudi, Torino 1970)

TESTO ARGOMENTATIVO **Tipologia B**

1. Perché, secondo Gianfranco Contini, *Tanto gentile e tanto onesta pare* non è un sonetto linguisticamente limpido?
2. Desumendolo dalla spiegazione di Contini, indica qual è il significato assunto nel testo dantesco dalle parole chiave «gentile», «onesta», «pare / par», «donna», «piacente».

NELL'OFFICINA DELLO SCRITTORE

Le liriche escluse dalla *Vita nuova*

Non tutte le poesie che Dante scrisse per Beatrice entrarono a far parte della *Vita nuova*. Alcune rimasero escluse: sono poesie in cui Beatrice, tutt'altro che apparire come la «donna salutifera», che apporta salvezza e beatitudine, infligge invece dolore e sgomento. Si intravede qui una diversa Beatrice e quasi una diversa *Vita nuova*, più vicina alla teoria dell'amore negativo cantato da Cavalcanti. Fino al punto che, come si vede nel passo che qui riportiamo, lo stesso nome della donna viene usato rovesciandone il valore simbolico. Mentre nella *Vita nuova* e nel resto dell'opera di Dante «Beatrice» è interpretato come il nome di colei che porta beatitudine, nella poesia che segue «Beatrice» è inteso come un nome antinomico, paradossale: il nome è «dolce», ma - dice Dante - «mi fa il cor agro». Il che significa che in questo caso il nome significa l'opposto del suo effetto reale: la donna "beatrice" non porta salvezza, beatitudine, felicità, bensì dolore e sofferenza.

D *Rime*

Lo doloroso amor che mi conduce

Lo doloroso amor che mi conduce
a fin di morte per piacer di quella
che lo mio cor solea tener gioioso,
m'ha tolto e toglie ciascun dì la luce
che avean li occhi miei di tale stella
che non credea di lei mai star doglioso:
e 'l colpo suo, c'ho portato nascoso,
omai si scopre per soverchia pena,
la qual nasce del foco
che m'ha tratto di gioco,
sì ch'altro mai che male io non aspetto;
e 'l viver mio (omai esser de' poco)
fin a la morte mia sospira e dice:
«Per quella moro c'ha nome Beatrice».

Quel dolce nome, che mi fa il cor agro,
tutte fïate ch'i' lo vedrò scritto
mi farà nuovo ogni dolor ch'io sento;
e de la doglia diverrò sì magro
de la persona, e 'l viso tanto afflitto,
che qual mi vederà n'avrà pavento.

PARAFRASI

vv. 1-14 L'amore doloroso che mi sta conducendo alla morte - per compiacere colei che un tempo soleva tenere gioioso il mio cuore - mi ha tolto e mi toglie giorno per giorno (*ciascun dì*) la luce che i miei occhi ricevevano da una stella così splendida che non avrei mai creduto di doverne ricavare il dolore che ne ricavo: e il colpo che ho ricevuto da lei, che ho cercato di nascondere (*ho portato nascoso*), ormai si rivela apertamente, perché la pena è troppa: una pena che nasce dalla focosa passione (*del foco*) che mi nega ogni piacere (*m'ha tratto di gioco*): sì che io non mi aspetto ormai altro che male; e il mio vivere (che ormai me ne deve rimanere poco) fino alla morte sospira e dice: «Io sto morendo per quella che ha nome Beatrice».

vv. 15-20 Quel nome dolce, ma che mi inasprisce (*fa ... agro*) il cuore, ogni volta che lo vedrò scritto mi farà sembrare nuovo ogni dolore che io sento; e dal dolore diverrò tanto magro, e il viso mi si farà così smunto (*afflitto*), che chi mi vedrà ne avrà spavento.

5. **stella:** sono gli occhi della donna amata, luminosi come stelle. In genere, essi illuminano e guidano l'amante (come le stelle che erano punti fissi di riferimento per gli antichi navigatori), ma qui Dante non ricava dagli occhi di Beatrice la «luce» (v. 4) consueta, bensì soltanto dolore.

7. **suo:** si può riferire alla «stella» di cui sopra, cioè agli occhi di Beatrice, che adesso feriscono mortalmente il poeta; oppure allo stesso «doloroso amor» del v. 1.

17. **mi farà ... sento:** ogni dolore sembrerà «nuovo», e quindi più fresco e vivo, ogni volta che Dante sarà messo di fronte al nome di Beatrice.

LEGGERE CON METODO

1. Quali conseguenze iperbolicamente negative provoca l'amore per Beatrice?
2. Quale contraddizione si rileva tra il «dolce nome» di Beatrice e l'effetto che provoca?
3. Perché Dante non ha utilizzato questo testo nella *Vita nuova*?

4 Dante e Cavalcanti: storia di un'amicizia

Dante registra nella *Vita nuova* l'inizio della sua amicizia con Guido Cavalcanti. Fra i poeti che risposero con altre poesie al suo primo sonetto, infatti, egli cita l'autore di *Vedeste*, sottolineando che quella fu l'occasione della conoscenza del suo **«primo amico»**. A Guido inoltre egli dedica tutto il «libello»; per di più, si mostra molto **influenzato** dalla concezione cavalcantiana dell'amore doloroso in alcune rime che non entrarono poi a far parte della *Vita nuova*. Insomma, ci dev'essere stata una fase della vita di Dante in cui il sodalizio con Guido, di sei anni più anziano, dev'essere stato strettissimo, e la frequentazione pressoché quotidiana.

T5

Rime, 9

Guido i' vorrei che tu e Lapo ed io

AUDIOLIBRO

Anno: prima del 1290

Metro: sonetto a schema ABBA ABBA CDE EDC

Argomento: Dante sogna un viaggio fantastico assieme a Guido, Lapo e alle loro innamorate

Della fase del sodalizio la testimonianza più bella è il sonetto che segue, in cui Dante sogna di partire con l'amico del cuore (più un terzo, Lapo) per un fantastico viaggio sul vascello incantato di Mago Merlino. Con loro, le loro innamorate: e si badi, in questo caso la compagna di Dante sicuramente non sarebbe stata Beatrice...

Guido, i' vorrei che tu e Lapo ed io
fossimo presi per incantamento,
e messi in un vasel ch'ad ogni vento
per mare andasse al voler vostro e mio,

sì che fortuna od altro tempo rio
non ci potesse dare impedimento,
anzi, vivendo sempre in un talento,
di stare insieme crescesse 'l **disio**.

E monna Vanna e monna Lagia poi
con quella ch'è sul numer de le trenta
con noi ponesse il buono incantatore:

e quivi ragionar sempre d'amore,
e ciascuna di lor fosse contenta,
sì come i' credo che saremmo noi.

PARAFRASI

vv. 1-4 Guido, io vorrei che tu, Lapo e io fossimo catturati da una magia (*incantamento*) e messi in una nave incantata (*vasel*, "vascello"), che andasse per mare, piegandosi ad ogni vento a piacer vostro e mio,

vv. 5-8 così che nessuna tempesta né altro maltempo (*tempo rio*) ci desse fastidio (*impedimento*), anzi, vivendo sempre tutti d'amore e d'accordo (*in un talento*), crescesse continuamente il desiderio di stare insieme fra noi.

vv. 9-11 E poi vorrei che il buon mago [artefice di questo incanto] mettesse insieme a noi monna Vanna e monna Lagia, e quella che occupa il numero trenta:

vv. 12-14 e qui vorrei che si ragionasse sempre d'amore, e che ciascuna di loro fosse contenta, così come credo che saremmo noi.

---

1. Guido: è, come già detto, Guido Cavalcanti, il «primo amico» di Dante. ■ **Lapo:** Lapo Gianni, altro amico poeta della cerchia di Dante. Qualche editore del testo (Gorni) legge "Lippo"; si badi comunque che in antico Lapo e Lippo erano lo stesso nome.
3. vasel: si allude qui a una delle navi incantate che comparivano nei romanzi di re Artù, da Dante ben conosciuti e amati.
5. fortuna: fortunale, burrasca.
9. monna Vanna ... Lagia: rispettivamente, le donne di Guido («Vanna», Giovanna) e di Lapo.
10. quella ... trenta: è l'innamorata di Dante; la donna "numero trenta" nell'elenco delle belle donne di Firenze. Dante aveva composto un sirventese, componimento poetico di origine provenzale, andato perduto, sulle belle donne di Firenze. Questa donna anomima occupa il "numero trenta" in tale graduatoria: viene da pensare che non si trattasse di una posizione così onorevole e che insomma questa compagna occasionale (non Beatrice!) non fosse una gran bellezza.
11. il buono incantatore: Mago Merlino, l'incantatore per eccellenza dei romanzi arturiani.

Le parole della tradizione

TROVARE LE PAROLE

▸ **disio (desio)**, dal latino volgare ***dēsidium***, "atteggiamento che nasce dall'inoperosità", quindi "desiderio ozioso", attraverso il siciliano *disiu*.

■ Rispetto al sinonimo «desiderio», il sostantivo «disio», termine tecnico della poesia amorosa, indica un moto dell'animo più intenso e dotato di maggiore carica affettiva, esplicitamente legato al sentimento amoroso.

■ Attraverso la tradizione precedente, della poesia siciliana e di Guittone d'Arezzo, il termine giunge a Dante. Nel significato di "desiderio amoroso" continuerà a essere usato almeno fino a Carducci.

■ In Dante, oltre a esprimere il desiderio amoroso, può indicare lo struggimento della nostalgia in «Era già l'ora che volge il disio / ai navicanti e 'ntenerisce il core» (*Purgatorio*, canto VIII); l'istinto animale in «Quali colombe dal disio chiamate, / con l'ali alzate e ferme al dolce nido» (*Inferno*, canto V); ma anche il desiderio in potenza, come facoltà umana assoluta, come in diversi passi di *Purgatorio* e *Paradiso*.

■ Frequentissimo è il termine in Petrarca (nel *Canzoniere* ricorre più di 40 volte), nella cui opera esprime un sentimento dolce-amaro, uno struggimento destinato a rimanere inappagato.

T5 Dentro il testo

IN SINTESI

Questo sonetto è quello che nella poesia provenzale si chiamava *plazer*, cioè una poesia in cui si immaginava una situazione piacevole (o si elencava una lista di cose piacevoli). Qui, il piacere immaginato è quello di condividere l'amore insieme all'amicizia. Dante sogna, infatti, di salpare per un fantastico viaggio con la sua donna, e di godere allo stesso tempo della compagnia dei suoi più cari amici (Guido e Lapo), anche loro accompagnati dalle rispettive innamorate (Vanna e Lagia). L'amore non è una passione esclusiva, ma un piacere da condividere, in un'atmosfera di allegra evasione: non a caso, l'innamorata di Dante, in questo sonetto, non è Beatrice, ma una anonima "numero trenta" nella lista delle bellezze di Firenze.

I TEMI E L'ESPRESSIONE

UN VASCELLO FANTASTICO

Il motivo del **vascello** («vasel») **incantato**, che magicamente si muove sulle acque secondo il volere di un «incantatore», ci riporta al mondo della cavalleria bretone, della Tavola Rotonda e delle avventure dei cavalieri di Re Artù. Infatti, nella cavalleria arturiana la componente magica ha grande importanza, e il personaggio del Mago Merlino è centrale. Qui è proprio lui, Merlino, il «buono incantatore» rammentato da Dante: segno di una grande confidenza, da parte di Alighieri, con la narrativa francese e con le sue storie meravigliose d'amore e di magia. D'altronde, Dante stesso fa cenno di questa letteratura, quando nel *De vulgari eloquentia* parla della lingua e letteratura del Nord della Francia (la lingua d'*oïl* [▸ p. 308]), dicendo che le sue realizzazioni più belle erano, fra le altre, le *Arturi regis ambages pulcerrime*, le "fascinose avventure di Re Artù".

LA COMPAGNA DI DANTE NON È BEATRICE

La compagna di Dante qui è identificata con la **donna "numero trenta"** nel sirventese che Dante afferma di aver redatto, elencando in ordine le donne più belle di Firenze. Accennando a questo sirventese nella *Vita nuova*, Dante dice che, immancabilmente, Beatrice si era trovata al «numero ... nove»: il suo numero, il numero sacro che l'accompagna sempre come una sorta di amuleto. Dunque, siamo certi che la donna con cui qui Dante sogna di viaggiare sul vascello incantato di Mago Merlino non è Beatrice. È - sembra - una donna assai meno bella (dal nono al trentesimo posto...), e certo **meno impegnativa**. È la ragazza adatta per una vacanza erotica senza troppe complicazioni, non certo la «donna de la salute».

Analisi e interpretazione Tipologia A

LEGGERE CON METODO

COMPRENSIONE GLOBALE

1. Quali caratteristiche dovrebbe avere il «vasel»?
2. Chi è il «buono incantatore»?
3. Chi è «quella ch'è sul numer de le trenta»?

LA LINGUA E LE STRUTTURE

4. Sottolinea nel testo tutti i termini che appartengono alla sfera semantica della volontà e del desiderio. A tuo parere perché il poeta insiste su questi termini? In che modo connotano l'amicizia?
5. Il sonetto, al di là della cornice generale del viaggio incantato, è strutturato attorno a due temi collegati, il primo dei quali occupa le quartine, il secondo le terzine. Individuali.

I TEMI E L'INTERPRETAZIONE

6. Quali caratteristiche accomunano Dante, Guido e Lapo?

SCRIVERE CON METODO

COMMENTO

7. Secondo il critico Gianfranco Contini questo sonetto sviluppa «il motivo sentimentale principe del dolce stile in quanto "scuola", cioè a dire la necessità dell'amicizia che non può scompagnarsi dall'amore cortese». Commenta questo giudizio, esaminando i seguenti punti:
- com'è concepita l'amicizia?
- il gruppo di amici è ampio o ristretto?
- come si collegano i temi dell'amicizia e dell'amore cortese?

T6

Guido Cavalcanti

S'io fosse quelli che d'amor fu degno

Anno: prima del 1290

Metro: sonetto a schema ABBA ABBA CDE EDC

Argomento: Guido risponde al sonetto di Dante affermando che non si sente nello stato d'animo giusto per il viaggio

Al sonetto di Dante Guido, i' vorrei che tu e Lapo ed io *Cavalcanti risponde con un altro sonetto, in cui declina l'invito dell'amico. Ancora una volta, Cavalcanti assume un atteggiamento negativo: vittima di una passione d'amore che lo distrugge, non è proprio dello spirito adatto per l'evasione marina prospettata da Dante.*

S'io fosse quelli che d'Amor fu degno,
del qual non trovo sol che rimembranza,
e la donna tenesse altra sembianza,
assai mi piaceria siffatto legno.

E tu, che se' de l'amoroso regno
là onde di merzé nasce speranza,
riguarda se 'l mi' spirito ha pesanza:
ch'un prest'arcier di lui ha fatto segno

e tragge l'arco che li tese Amore,
sì lietamente, che la sua persona
par che di gioco porti signoria.

Or odi maraviglia ch'el disia:
lo spirito fedito li perdona,
vedendo che li strugge il suo valore.

PARAFRASI

vv. 1-4 Se io fossi ancora quello d'una volta, meritevole d'essere amato – un individuo che ora mi ricordo appena – e la donna mi si mostrasse diversa da come mi si dimostra adesso (*tenesse altra sembianza*), questo tuo vascello (*legno*) mi piacerebbe molto.

vv. 5-8 E tu, che nel regno d'Amore ancora sei in una situazione in cui si può sperare, vista la pietà (*merzé*, "mercede") che la tua donna ha di te, guarda invece che pesi (*pesanza*) deve portare il mio spirito: che una svelta donna arciera (*prest'arcier*) lo ha preso a bersaglio

vv. 9-11 e scocca (*tragge*) l'arco che Amore le ha fornito, con tanta allegria, che pare una campionessa in quel gioco.

vv. 12-14 Ma sta' a sentire che meraviglia desidera, quel povero mio spirito: pur ferito (*fedito*), perdona l'arciere, mentre vede (*vedendo*) che gli sta distruggendo ogni forza.

T6 Dentro il testo

IN SINTESI

Guido Cavalcanti non si smentisce. All'invito di Dante, improntato a una sognante, felice fantasticheria, egli risponde in tono cupo e pessimista. Se Amore gli fosse ancora propizio, si imbarcherebbe volentieri con Dante, ma Amore è adirato con lui, lo perseguita e lo trafigge. Dunque niente da fare: piuttosto, beato Dante, che può ancora nutrire speranza di incontrare il favore della sua donna.

Analisi e interpretazione Tipologia A

LEGGERE CON METODO

COMPRENSIONE GLOBALE

1. Che cos'è il «legno» del v. 4? Perché costituisce un richiamo al sonetto di Dante?
2. Perché Cavalcanti non è in grado di godere del viaggio proposto da Dante?
3. Come viene rappresentata la donna amata?

LA LINGUA E LE STRUTTURE

4. Anche dal punto di vista linguistico, i due sonetti differiscono: quello di Dante è improntato alla limpidezza espressiva del «dolce stil novo» (sintassi semplice e scorrevole, suoni dolci, lessico volutamente semplice); quello di Cavalcanti è decisamente più "letterario" sia nella sintassi sia nel lessico. Numerosi sono in particolare i termini letterari, derivati dalla tradizione provenzale, siciliana e guittoniana. Trovali e indicane il significato.

I TEMI E L'INTERPRETAZIONE

5. Quale dei temi trattati nel sonetto di Dante è del tutto assente in quello di Guido? Che cosa ne potremmo dedurre sul diverso modo in cui Dante e Cavalcanti vivono il loro rapporto?
6. Dal sonetto di Dante, Cavalcanti riprende un solo termine, sempre in posizione di rima, anche se non è una ripresa letterale: al «disio», sostantivo, del v. 8 di Dante, corrisponde il «disia», verbo, del v. 12 di Cavalcanti. Quali diversi desideri si attribuiscono gli amici?
7. In che modo è presentata l'esperienza amorosa nei due sonetti? Quale differenza tra sé e Dante, da questo punto di vista, Cavalcanti rimarca nella seconda quartina?

RISCRITTURA, GIOCO, PARODIA — De Robertis gioca con le rime

Il critico letterario **Domenico De Robertis** (1921-2011) è l'autore di una monumentale edizione critica delle *Rime* dantesche (Le Lettere, Firenze 2002, 2 voll. in 5 tomi). Ma anche un rinomato filologo può accostarsi alla grande poesia con spirito disinvolto e divertirsi, come qui, a "tradurre" i sonetti di Dante e Guido in un linguaggio moderno e confidenziale.

DANTE: Guido, e se io, te e l'amico Lippo ci si imbarcasse su un battello fatato, in salvo dalle tempeste, e ci si spassasse in compagnia; e con noi le nostre donne, Vanna, Lagia, eccetera? E non si facesse altro che ragionar d'amore: contente loro, contenti noi?
GUIDO: Se fossi quello d'una volta, che appena me ne rammento, caro ad Amore come alla mia donna, sarebbe un bello stare. Ma tu, che sei ancora nelle loro grazie, guarda che mi succede. Amore ha porto a una donna il suo arco già teso, e costei col più lieto viso del mondo me lo scarica addosso. E quel ch'è peggio, è che la perdono dello scempio che fa di me.

(D. De Robertis, *Dante, le rime in breve*, Tipografia Vanzi, Colle Val d'Elsa 2012)

T7

Guido Cavalcanti

I' vegno 'l giorno a te infinite volte

Anno: prima del 1290

Metro: sonetto a schema ABBA ABBA CDE EDC

Argomento: Guido rimprovera a Dante alcuni suoi comportamenti

La stretta amicizia tra Dante e Guido arriva – non sappiamo quando – a un'aspra rottura. Cavalcanti, a quanto pare, non risponde mai alla dedica della Vita nuova*: forse si sente anche sorpassato o comunque insidiato – lui più anziano e già famoso – dal più giovane amico. Di certo la concezione dantesca della donna "salutifera" e "beatrice" contraddiceva quella cavalcantiana dell'amore come patologia, malattia del cuore e dell'anima, esperienza negativa senza scampo. Probabilmente ci si mette di mezzo anche la politica: Cavalcanti rimane escluso da ogni carica pubblica (essendo magnate), mentre Dante (di piccola nobiltà), tramite l'iscrizione all'Arte dei Medici e Speziali, può iniziare la carriera che lo porterà (per sua sventura) a diventare priore. Questa fase di raffreddamento dei rapporti fra i due amici, e – probabilmente – di dissidio politico, è testimoniata dal sonetto di Guido che segue.*

I' vegno 'l giorno a te infinite volte
e tròvoti pensar troppo vilmente:
molto mi dòl de la gentil tua mente
4 e d'assai tue vertù che ti son tolte.

Solevanti spiacer persone molte;
tuttor fuggivi l'annoiosa gente;
di me parlavi sì coralemente,
8 che tutte le tue rime avie ricolte.

Or non ardisco, per la vil tua vita,
far mostramento che tu' dir mi piaccia,
11 né in guisa vegno a te, che tu mi veggi.

Se 'l presente sonetto spesso leggi,
lo spirito noioso che ti caccia
14 si partirà da l'anima invilita.

PARAFRASI

vv. 1-4 Con l'immaginazione, io ti vengo a trovare infinite volte al giorno: e ti trovo perso in pensieri davvero troppo bassi e indegni di te. Mi dispiace assai di vedere ridotta così una mente come la tua, così nobile (*gentil*); e mi dispiace di tutte le belle virtù che hai perduto.

vv. 5-8 Un tempo la maggior parte della gente ti dava fastidio; evitavi sempre le persone spiacevoli (*annoiosa gente*); parlavi di me con tanto sincero trasporto (*sì coralemente*, "di cuore"), che mi ero collezionato (*avie ricolte*) tutte le tue rime.

vv. 9-11 Ora, di fronte a come butti via la tua vita (*per la vil tua vita*), non provo nemmeno a dichiarare (*far mostramento*) che la tua poesia (*tu' dir*) mi piaccia, e non ti vengo a trovare in modo che tu mi veda.

vv. 12-14 Ma prova a leggere e rileggere questo sonetto: vedrai che il fastidio (*spirito noioso*) che ti perseguita lascerà in pace l'anima, ora così avvilita.

Analisi e interpretazione Tipologia A

LEGGERE CON METODO

COMPRENSIONE GLOBALE

1. Da quali parole del testo comprendiamo che le ripetute visite di Cavalcanti a Dante non avvengono realmente? Che cosa ci rivela il fatto che il pensiero di Cavalcanti torni incessantemente su Dante?
2. A che cosa potrebbe alludere l'espressione «tròvoti pensar troppo vilmente»? Quali ipotesi sono state avanzate?
3. In che modo è cambiato l'atteggiamento di Cavalcanti verso la poesia di Dante? Perché?

I TEMI E L'INTERPRETAZIONE

4. Chi potrebbe essere l'«annoiosa gente»? Se si accetta l'ipotesi di una rottura politica, qual è il rimprovero di Cavalcanti a Dante?

T8

Inferno, X, 52-72

Un amico perduto

Anno: prima del 1313

Metro: terzine a rima incatenata

Argomento: Dante incontra all'Inferno Cavalcante de' Cavalcanti, padre di Guido

Guido Cavalcanti viene bandito da Firenze proprio durante il priorato di Dante [▸ p. 259]; l'amico di una volta è tra coloro che devono firmare il bando. In esilio a Sarzana, Guido si ammala; tornato a Firenze, si spegne nell'estate del 1300. Dante, nella Commedia, *immagina di compiere il suo viaggio nell'oltretomba proprio nella primavera di quell'anno: dunque pochi mesi prima della morte di Guido. Di conseguenza, anche se avesse voluto, egli non avrebbe potuto collocare l'antico amico in nessuno dei suoi regni dell'aldilà. Tuttavia, Dante immagina di incontrare all'Inferno, nel cerchio degli epicurei – degli atei, come diremmo oggi – se non Guido, ancora vivo, il padre di lui, Cavalcante de' Cavalcanti. È l'occasione per saldare i conti con l'amico di un tempo, sia pure per interposta persona.*

Allor surse a la vista scoperchiata
un'ombra, lungo questa, infino al mento:
credo che s'era in ginocchie levata.

Dintorno mi guardò, come talento
avesse di veder s'altri era meco;
e poi che 'l sospecciar fu tutto spento,

piangendo disse: «Se per questo cieco
carcere vai per altezza d'ingegno,
mio figlio ov'è? e perché non è teco?».

E io a lui: «Da me stesso non vegno:
colui ch'attende là, per qui mi mena,
forse cui Guido vostro ebbe a disdegno».

Le sue parole e 'l modo de la pena
m'avean di costui già letto il nome;
però fu la risposta così piena.

Di sùbito drizzato gridò: «Come?
dicesti "elli ebbe"? non viv' elli ancora?
non fiere li occhi suoi lo dolce lume?».

PARAFRASI

vv. 52-54 Allora apparve, mostrandosi dall'apertura del sepolcro, un'anima accanto a quella [di Farinata degli Uberti], visibile fino al mento: credo che fosse in ginocchio.

vv. 55-57 Scrutò intorno a me come se volesse rendersi conto se qualcun altro mi accompagnava; dopo che quel suo sospetto (*sospecciar*, "sospettare") fu del tutto svanito,

vv. 58-60 disse piangendo: «Se tu vai attraverso questa tenebrosa prigione per l'altezza delle tue capacità intellettuali, mio figlio dov'è? Perché non è con te?».

vv. 61-63 E io a lui: «Non vengo qui all'Inferno di mia iniziativa: costui, la mia guida, che aspetta là in disparte che io abbia finito di parlare con voi, mi conduce attraverso l'Inferno (*per qui*), a incontrare qualcuno che il vostro Guido forse disdegnò».

vv. 64-66 Le sue parole e la modalità della sua pena mi avevano già rivelato il nome di costui; per questo la mia risposta fu così esauriente.

vv. 67-69 Drizzatosi all'improvviso gridò: «Come? Hai detto "egli ebbe"? non vive più? La dolce luce del sole non colpisce (*fiere*, "ferisce") più i suoi occhi?».

52. vista: qui significa genericamente **varco**, attraverso cui si possa guardare.
53. lungo questa: accanto all'anima di Farinata degli Uberti, con cui Dante aveva parlato fino a quel momento.
54. credo ... levata: è l'ombra di Cavalcante de' Cavalcanti, padre di Guido. Sui Cavalcanti, padre e figlio, pesava il sospetto di epicureismo, ovvero di miscredenza (nella immortalità dell'anima) e di ateismo.
57. poi che ... spento: cioè, dopo che Cavalcante si rese conto che accanto a Dante non c'era Guido, il figlio.
58-60. Se per questo ... teco?: Cavalcante ragiona così: «Il mio Guido non era da meno di questo Dante, come ingegno; e se questo Dante è venuto qui all'Inferno per le sue eccezionali qualità, perché proprio lui, e non il mio Guido?».
61. Da me stesso non vegno: Dante spiega che il privilegio del viaggio nell'aldilà non dipende dai suoi meriti.
62-63. colui ... disdegno: altri, meno bene, attribuiscono il «forse» a «mi mena», come se Dante dicesse: «Virgilio mi conduce, almeno io lo spero» ecc. Ma non si vede perché Dante dovrebbe dubitare della buona riuscita del suo viaggio. Ben più problematica l'identificazione di quel «cui»: chi fu l'oggetto del «disdegno» di Guido?
65. letto: sembra che Dante non riconosca Cavalcante dalla sua fisionomia, ma il modo con cui gli si rivolge e la punizione a cui è sottoposto bastano per identificarlo.
68. elli ebbe*:* Cavalcante è rimasto colpito proprio dal tempo verbale – il passato remoto – usato da Dante nella sua risposta («cui Guido vostro ebbe a disdegno»); egli ne deduce, erroneamente, che Guido sia già morto.

Quando s'accorse d'alcuna dimora
ch'io facëa dinanzi a la risposta,
supin ricadde e più non parve fora.

vv. 70-72 Quando si accorse di un certo mio indugio dopo la sua risposta, si lasciò cadere supino nella tomba e non ricomparve più fuori.

---

70. dimora: Dante esita un poco prima di rispondere, perché è rimasto a sua volta sorpreso dal fatto che Cavalcante, evidentemente, non sa se il figlio sia vivo o morto; questa ignoranza del presente da parte dei dannati lo sconcerta. A questo punto Cavalcante equivoca di nuovo: vede nell'esitazione di Dante l'imbarazzo di chi non vorrebbe dare una cattiva notizia; ne deduce il peggio, e si lascia ricadere, affranto, dentro il sepolcro.

T8 Dentro il testo

IN SINTESI

Siamo nel sesto cerchio dell'Inferno, dove si trovano coloro «che l'anima col corpo morta fanno», cioè che non credono all'immortalità dell'anima: un atteggiamento che in genere si accompagnava anche al vero e proprio ateismo. Fra questi miscredenti, Dante immagina di incontrare Cavalcante de' Cavalcanti, il padre di Guido: d'altronde, tutta la famiglia aveva fama di essere una famiglia di materialisti, che non credevano né in Dio, né nella vita dopo la morte. Adesso, per punizione, essi sono rinchiusi in sepolcri roventi: la tomba, dove secondo loro tutto finiva, è diventata un'orribile camera di tortura. Lo scambio di parole fra Dante e Cavalcante è rapido, e in fondo si riduce a un equivoco. Rispondendo al padre dell'amico, Dante si riferisce a Guido con un passato remoto: «egli ebbe»; tanto basta a inquietare Cavalcante, che ne deduce che il figlio potrebbe essere morto. E la sua inquietudine a sua volta turba Dante, sorpreso che queste anime non conoscano, a quanto pare, lo stato delle cose sulla terra; che siano tagliati fuori dal presente.

I TEMI E L'ESPRESSIONE

UN PADRE MATERIALISTA

Cavalcante è **ateo**, un **materialista** che non crede (credeva) all'immortalità dell'anima. In fondo è rimasto così anche qui all'Inferno: un individuo che ancora ha fiducia solo in valori terreni, in quello che si vede e che si tocca. Questo spiega la stessa prima domanda che egli rivolge a Dante, quando vede che Guido non è insieme a lui: «Se per questo cieco carcere vai *per altezza d'ingegno*, mio figlio ov'è?». Come se il privilegio di visitare da vivo il regno dei morti potesse essere meritato dall'«ingegno», cioè dall'intelligenza di una persona. E in questo caso, dice Cavalcante, perché Guido non è con il suo inseparabile amico? Guido non era mica meno intelligente di Dante... In questa domanda Cavalcante rivela insieme tutta la sua adorazione per il figlio e la **cecità della sua anima**, che ancora si ostina a considerare efficaci solo i valori mondani. Cavalcante non riesce nemmeno a concepire che Dante sia lì non per i suoi meriti, ma per una Grazia divina.

IL DISDEGNO DI GUIDO

I versi «colui ch'attende là, per qui mi mena, / forse cui Guido vostro ebbe a disdegno» sono fra i più tormentati di tutta la *Commedia*. Chi è la persona a cui Virgilio («colui ch'attende là»: bisogna immaginare Virgilio un po' in disparte) sta conducendo Dante? E perché è una persona che invece Guido *disdegnò*? E quel «forse» che cosa vuol dire? Che Dante non è proprio del tutto sicuro del disdegno dell'amico? La soluzione più ragionevole è che il «cui» si riferisca a Dio, verso il quale Virgilio sta conducendo Dante, e che invece Guido, ateo, sdegnò; oppure a Beatrice, intesa non come la persona in carne e ossa, ma come la guida incaricata di condurre Dante alla visione finale di Dio. Questo sarebbe coerente con le **due opposte versioni** dell'amore e della donna seguite dai due antichi amici: Dante qui vorrebbe dire che Guido non condivise la sua interpretazione del sentimento amoroso come forza di salvezza, positiva e redentrice. In ogni caso, il «forse» apre uno spiraglio: Guido non è ancora morto – sembra dire o augurarsi Dante –, e tutto è ancora possibile.

Analisi e interpretazione Tipologia A

LEGGERE CON METODO

COMPRENSIONE GLOBALE

1. Dove avviene l'incontro tra Dante e il padre di Guido Cavalcanti?
2. Perché Cavalcante de' Cavalcanti guarda tutto intorno? Chi sta cercando?
3. Quale motivazione egli attribuisce al viaggio di Dante? Che cosa rivelano le sue parole?
4. Perché alla risposta di Dante si lascia cadere disperato nella tomba?

I TEMI E L'INTERPRETAZIONE

5. Quali due ipotesi vengono avanzate sulla persona che Guido «ebbe a disdegno»? Quale diversa interpretazione del sentimento amoroso è legata alla seconda ipotesi?

SCRIVERE CON METODO

COMMENTO

6. Sulla base della lettura dei testi e delle attività precedenti, commenta i versi in un testo di circa tre colonne, soffermandoti in particolare sul rapporto tra Dante Alighieri e Guido Cavalcanti.

5 Altre rime, altre donne

Un'attività poetica lunga una vita Dante scrisse poesie in pratica lungo tutta la sua esistenza: dalla prima gioventù alla maturità, almeno fino a quando l'impresa della *Commedia* non cominciò ad assorbire tutte le sue energie. Delle **poesie giovanili**, molte entrarono a far parte della *Vita nuova*, ma non tutte: rimangono liriche scritte per Beatrice che non sono comprese nel «libello» [▸ p. 289]. Alcune canzoni erano destinate al *Convivio* [▸ p. 301], che ne prevedeva 15 (ma Dante ne scrisse solo 3, perché l'opera rimase interrotta). Le altre non furono mai raccolte in un vero e proprio canzoniere: quando si parla di ***Rime*** di Dante, ci si riferisce semplicemente all'insieme di **liriche "sciolte"** che ci sono rimaste, e che l'autore probabilmente non ebbe mai l'intenzione di rilegare in una raccolta organica. Così come sono, le rime di Dante si presentano dunque come un grande cantiere sperimentale, in cui il poeta, in varie età della sua vita, si è cimentato in una straordinaria **varietà di temi e di stili**.

La tenzone con Forese Donati e le poesie per altre donne In questo cantiere spicca la tenzone con Forese Donati [tre sonetti con le relative risposte ▸ **T4**, p. 186 sgg.], in cui Dante si **scambia offese e rinfacci** (non sappiamo quanto seri o scherzosi) con uno dei suoi più cari amici di gioventù: in tale caso siamo vicini ai modi della **corrente comico-realistica** della poesia due-trecentesca (Cecco Angiolieri, Rustico Filippi ▸ p. 176 sgg.). Si distinguono poi le **poesie per altre donne**, diverse da Beatrice: una Lisetta, una Violetta, e una «pargoletta», una fanciullina, a cui fa riferimento Beatrice stessa, quando rimprovera a Dante, alla fine del *Purgatorio*, le sue deviazioni morali.

Le rime «petrose» Entro queste rime d'amore devianti si collocano le cosiddette «petrose»: 4 poesie ispirate dal desiderio per una **donna "pietra", dura e insensibile** (ma forse «Pietra» era proprio il nome della donna, un nome in ogni caso "parlante"). Sono poesie molto lontane dalla *Vita nuova*, sia dal punto di vista tematico che da quello stilistico. L'amore infatti vi è rappresentato come una **passione fisica**, **tormentosa**, **carnale**; lo stile presenta un lessico aspro e dissonante, e una sintassi ardua e complicata. Anche la metrica si adegua: al posto del sonetto, metro prevalente della *Vita nuova*, le «petrose» scelgono la **canzone**, metro lungo e di costruzione più complessa.

GUIDA ALLO STUDIO

1. Che cosa si intende con il titolo *Rime* all'interno della produzione dantesca?
2. Oltre a Beatrice, a quali altre donne Dante dedica le sue poesie?
3. Che cosa sono le rime «petrose»?

T9

Rime, 46

Un'antibeatrice: la donna «petra»

Anno: 1296 ca

Metro: canzone di 6 strofe di 13 versi ciascuna (endecasillabi e settenari), più il congedo. Ogni strofa, imperniata su 5 rime, segue lo schema ABbC ABbC CDdEE

Argomento: il comportamento duro della donna trova uno specchio nello stile poetico di Dante

Riportiamo qui le prime cinque strofe della prima «petrosa», in cui esplicitamente Dante lega la natura della donna a quella del suo "parlare": come la donna è detta «bella petra», cioè dura e aspra di fronte alla passione del poeta, così altrettanto dure e aspre saranno le parole di lui.

Così nel mio parlar voglio esser aspro
com'è ne li atti questa bella petra,
la quale ognora impetra
maggior durezza e più natura cruda,
e veste sua persona d'un dïaspro
tal che per lui, o perch'ella s'arretra,
non esce di faretra
saetta che già mai la colga ignuda;
ed ella ancide, e non val ch'om si chiuda
né si dilunghi da' colpi mortali,
che, com'avesser ali,
giungono altrui e spezzan ciascun'arme;
sì ch'io non so da lei né posso atarme.

Non trovo scudo ch'ella non mi spezzi
né loco che dal suo viso m'asconda;
ché, come fior di fronda,
così de la mia mente tien la cima.
Cotanto del mio mal par che si prezzi,
quanto legno di mar che non lieva onda;
e 'l peso che m'affonda
è tal che non potrebbe adequar rima.
Ahi angosciosa e dispietata lima
che sordamente la mia vita scemi,
perché non ti ritemi
sì di rodermi il core a scorza a scorza
com'io di dire altrui chi ti dà forza?

Che più mi triema il cor qualora io penso
di lei in parte ov'altri li occhi induca,
per tema non traluca
lo mio penser di fuor sì che si scopra,
ch'io non fo de la morte, che ogni senso
co li denti d'Amor già mi manduca;
ciò è che 'l pensier bruca

Al tempo di Dante era frequente il richiamo alle proprietà magico-terapeutiche delle pietre preziose. Esistevano a questo proposito dei cataloghi, detti lapidari (così come esistevano i bestiari per gli animali, fantastici o meno che fossero) che elencavano le virtù di ogni singola pietra.

PARAFRASI

vv. 1-13 Voglio essere aspro nel mio parlare come è aspra nelle sue azioni (*atti*) questa bella pietra [Pietra], la quale racchiude in sé come in una pietra (*impetra*) livelli sempre maggiori di durezza e di crudeltà; e riveste la sua persona di un'armatura dura come il diaspro, tanto che in virtù di quella, o forse perché sa come ritrarsi (*s'arretra*) al momento opportuno, non scocca di faretra una freccia che riesca mai a ferirla nelle carni nude; ma lei invece ferisce eccome (*ancide*), e non serve che ci si difenda (*si chiuda*) [indossando un'armatura], né che si cerchi di schivare i colpi mortali battendo in ritirata; perché quei colpi, come se avessero ali, raggiungono chiunque (*altrui*) e spezzano ogni armatura (*arme*); tanto che io non so né posso difendermi (*atarme*) da lei.

vv. 14-26 Non trovo scudo che lei non mi mandi in frantumi, né luogo dove possa nascondermi alla sua vista (*dal suo viso*), perché lei è sempre in cima ai miei pensieri, come il fiore in punta di ramo (*fronda*); e pare che si preoccupi (*si prezzi*) del mio male, quanto una barca si cura di un mare in bonaccia (*che non lieva*, "solleva", *onda*); e invece il peso che mi affonda è tale che non lo si potrebbe esprimere in rima. Ah, lima angosciosa e spietata, che piano piano (*sordamente*) mi consumi (*scemi*) l'esistenza, perché non hai ritegno (*ti ritemi*) di rodermi il cuore così, fibra a fibra (*a scorza a scorza*), come io invece ho ritegno di dire in giro chi è che ti dà il tuo potere?

vv. 27-39 Perché il cuore mi trema - quando io penso a lei in luoghi dove altri possano posare lo sguardo, per paura (*per tema*) che il mio pensiero non traspaia (*traluca*) di fuori sì che venga scoperto - più ancora di quanto non faccia quando penso alla morte, che mi divora ormai ogni senso con i denti d'Amore: voglio dire (*ciò è*) che il pensiero amoroso

3. impetra: c'è chi interpreta anche nel senso di **ottenere**; in questo caso vorrebbe dire che la donna chiede e acquista sempre «maggior durezza».

5. dïaspro: pietra preziosa che, secondo i lapidari medievali, proteggeva la persona che la portava, se era casta. La donna "pietra" protegge dunque con guerriera durezza proprio la sua castità.

31. ch'io ... morte: correlato con «più mi triema il cor» del v. 27.

la lor vertù, sì che n'allenta l'opra.
E' m'ha percosso in terra, e stammi sopra
con quella spada ond'elli ancise Dido,
Amore, a cui io grido
merzé chiamando, e umilmente il priego;
ed el d'ogni merzé par messo al niego.

Egli alza ad ora ad or la mano, e sfida
la debole mia vita, esto perverso,
che disteso a riverso
mi tiene in terra d'ogni guizzo stanco:
allor mi surgon ne la mente strida;
e 'l sangue, ch'è per le vene disperso,
fuggendo corre verso
lo cor, che 'l chiama; ond'io rimango bianco.
Elli mi fiede sotto il braccio manco
sì forte, che 'l dolor nel cor rimbalza;
allor dico: «S'elli alza
un'altra volta, Morte m'avrà chiuso
prima che 'l colpo sia disceso giuso».

Così vedess'io lui fender per mezzo
lo core a la crudele che 'l mio squatra;
poi non mi sarebb'atra
la morte, ov'io per sua bellezza corro:
ché tanto dà nel sol quanto nel rezzo
questa scherana micidiale e latra.
Omè, perché non latra
per me, com'io per lei, nel caldo borro?
ché tosto griderei: «Io vi soccorro»;
e fare'l volentier, sì come quelli
che ne' biondi capelli
ch'Amor per consumarmi increspa e dora
metterei mano, e piacere'le allora.

corrode (*bruca*) in ciascun senso la sua specifica facoltà (*vertù*), in modo che la loro [dei sensi] operazione ne risulta menomata. Lui (*Amore*) mi ha messo a terra, e mi sta sopra con quella spada con cui uccise Didone: lui, Amore, a cui io grido invocando pietà, e lo prego umilmente: e lui si dimostra ostile (*par messo al niego*) a ogni misericordia (*merzé*).

vv. 40-52 Egli alza di nuovo (*ad ora ad or*) la mano e minaccia (*sfida*) la mia debole vita, codesto spietato, che mi tiene rovesciato (*disteso a riverso*) a terra, incapace di dibattermi (*d'ogni guizzo stanco*): allora immagino di gridare; e il sangue, diffuso nelle vene, mi affluisce fuggendo al cuore, che lo chiama in soccorso; per cui io mi sbianco tutto. Ella mi ferisce dal lato sinistro (*sotto il braccio manco*) così violentemente che il dolore rimbalza al cuore; allora dico: «Se alza ancora una volta la mano, Morte mi avrà spacciato (*chiuso*) prima che il colpo sia sceso giù».

vv. 53-65 Così potessi vedere io lui, Amore, spaccare il cuore nel mezzo a questa crudele che squarta il mio; poi la morte non mi farebbe spavento (*sarebb'atra*) - la morte a cui io corro incontro a causa della sua bellezza: perché questa assassina micidiale (*scherana*) e ladra colpisce (*dà*) di giorno e di notte (*nel sol quanto nel rezzo*). Ohimè, perché non latra come un cane anche lei, come me, nell'infocato abisso (*caldo borro*) del desiderio? Che subito griderei: «Eccomi in aiuto»; e lo farei volentieri, giacché affonderei le mani nei biondi capelli che Amore per sfinirmi arriccia e indora - e allora le piacerei.

---

36. Dido: Didone, che secondo il racconto dell'*Eneide* virgiliana, abbandonata da Enea si uccise con la spada avuta in dono da lui. Si ricordi che Enea era figlio di Venere, madre a sua volta anche di Amore; la spada in questione era insomma un'arma di famiglia.
55. atra: propriamente **nera**, e quindi **spaventosa**.

T9 Dentro il testo

IN SINTESI

In questa canzone l'amore è rappresentato come una passione violenta e quasi come uno scontro fisico. La donna amata non si limita qui a opporre un rigoroso distacco al bollore amoroso del poeta-amante: l'amata è una creatura corazzata di pietra («diaspro»), che non si difende soltanto, ma aggredisce, minaccia, colpisce. Non solo, infatti, non c'è saetta che la sorprenda «ignuda», disarmata, ma lei stessa vibra fendenti («ancide»), frantuma le armi dell'amante, lo stana (con l'implacabile fascino del suo viso) ovunque egli cerchi di nascondersi. Né Amore stesso è da meno: come in un incontro di arti marziali, Dante si è fatto mettere a terra da lui, che lo tiene sotto «disteso a riverso», immobilizzato e incapace di ogni «guizzo» di reazione; non contento, lo colpisce con la spada nel fianco sinistro, con un colpo che arriva sino al cuore.

I TEMI E L'ESPRESSIONE

LA POETICA DEL «PARLAR... ASPRO»

Nella canzone l'asprezza del contenuto corrisponde all'**asprezza dello stile**, secondo un parallelismo proclamato in modo esplicito e programmatico nei primi versi: «*Così* nel mio parlar *voglio* esser aspro / *com'*è...». L'asprezza dello stile si esprime soprattutto nelle rime, impostate su vocaboli ricchi di **consonanti**, spesso doppie, di suono stridente, accentuato dalla presenza delle *erre*: «aspro/diaspro», «petra/impetra/arretra», «arme/atarme», «spezzi/prezzi», «scorza/forza», «squatra/atra/latra» e così via. Ma anche all'interno dei versi Dante ricerca **allitterazioni aspre**, con sonorità sorde o graffianti; si veda l'insistenza sulle *esse* e, ancora, sulle *erre*: «sordamente la mia vita scemi»; «sì di rodermi il core a scorza a scorza»; «ch'Amor per consumarmi increspa e dora» e così via. Anche la sintassi non è piana: si veda la terza strofa, con «più mi triema» che regge «ch'io non fo de la morte», ma dopo tre versi in cui viene intercalato un altro concetto; oppure l'anticipazione un po' enigmatica del soggetto, «E'», "egli", al v. 35, che sarà svelato nella sua identità solo dopo, al v. 37: «Amore, a cui io grido».

UN PRECEDENTE DELLA *COMMEDIA*

Le canzoni «petrose» rappresentano un momento di **sperimentazione** molto importante per la poesia dantesca. Niente di simile, infatti, era apparso nelle poesie della *Vita nuova*, e di certo questo tipo di poetica è molto lontano dagli ideali dello Stilnovo. Ma, in prospettiva, per la *Commedia* a Dante non basterà certo lo Stilnovo. Dovendo descrivere la varia realtà dell'Inferno, del Purgatorio e del Paradiso, Dante avrà bisogno di un linguaggio ben più ricco, vasto e inclusivo di quello della sua poesia giovanile. In particolare, dovendo rappresentare gli orrori dell'Inferno, Dante cercherà nella *Commedia* uno stile congeniale, secondo quel principio di corrispondenza contenuto/linguaggio che egli esprime così chiaramente in questa canzone. Per cui non ci sorprende di leggere, all'inizio del **canto XXXII dell'*Inferno***, una **dichiarazione di poetica molto simile**, nella sostanza, a quella di *Così nel mio parlar voglio esser aspro*: «S'io avessi le rime aspre e chiocce, / come si converrebbe al tristo buco / sovra 'l qual pontan tutte l'altre rocce, / io premerei di mio concetto il suco più pienamente...» ("Se avessi le rime aspre e stridule, come sarebbe conveniente per descrivere lo sciagurato buco infernale su cui si appoggiano tutte le pareti rocciose dell'abisso, io spremerei il succo di ciò che intendo dire più pienamente..."). Il principio è lo stesso, anche se nella *Commedia* viene applicato alla terribile realtà dell'Inferno, e non solo al tormento di una passione insoddisfatta.

Analisi e interpretazione Tipologia A

LEGGERE CON METODO

COMPRENSIONE GLOBALE

1. Perché nel primo verso il poeta proclama che adotterà uno stile «aspro»?
2. Perché lo scontro amoroso è impari e il poeta non può che uscirne sconfitto?

LA LINGUA E LE STRUTTURE

3. Lo stile aspro è dato da suoni duri e da incontri consonantici (come *r*, *t*, *s*, *tr*, *rz*, *rt*, *st*, *ss*, *zz*, *spr* ecc.). Individua il ricorrere di questi suoni nella prima strofa.
4. Nella prima strofa e all'inizio della seconda, il poeta insiste sulle metafore guerresche, che trasformano il rapporto amoroso in uno scontro armato. Individua i termini della sfera semantica delle armi e della guerra.

I TEMI E L'INTERPRETAZIONE

5. Nella rappresentazione del rapporto amoroso come scontro armato, quali elementi sono ripresi dalla tradizione e quali sono una novità?

SCRIVERE CON METODO

APPROFONDIMENTI E CONFRONTI

6. In un testo di una pagina, metti a confronto la figura della donna «petra» con quella di Beatrice.

6 La democratizzazione della cultura: dal *Convivio* al *De vulgari eloquentia*

Il *Convivio*

La data del *Convivio* I riferimenti all'esilio contenuti nel primo trattato (I, III, 4-5) sembrano collocare l'avvio della **stesura del *Convivio* fra il 1303 e il 1304**, quando la prospettiva di un rientro a Firenze sfuma definitivamente. In mancanza di date certe, l'ipotesi più accettata fissa l'interruzione dell'opera al 1307, quando cioè comincia a prendere corpo l'*Inferno*. In ogni caso, il *Convivio* non viene **mai condotto a termine**, e quello che ci rimane mostra chiaramente che l'autore non curò neanche queste parti in modo definitivo.

Il titolo Il significato del titolo viene illustrato all'inizio del primo trattato: **acquisire il sapere equivale a partecipare a un banchetto** («convivio», appunto) dove non si mangia comune cibo, ma il «pane de li angeli», vale a dire la conoscenza scientifica, filosofica e teologica. Il primo trattato presta anche molta attenzione a definire i **destinatari** dell'opera: Dante si fa mediatore fra coloro che partecipano al banchetto della sapienza e quanti ne sono esclusi. Per questi ultimi raccoglie le briciole della «beata mensa», a cui, si badi bene, neanche lui partecipa direttamente, non ritenendosi un filosofo o un teologo di professione. Tuttavia, egli scrive per mettere a sua volta quelle "briciole" a disposizione dei non specialisti, convinto com'è che la filosofia, intesa come sete di conoscenza, sia la **fonte della felicità terrena per gli uomini.** Il *Convivio* rientra dunque in un progetto di espansione e democratizzazione della cultura, a vantaggio di coloro che per tante ragioni non possono permettersi di dedicare tutto il loro tempo al sapere.

La scelta (e difesa) del volgare In questa prospettiva anche la scelta della lingua, **l'italiano in luogo del latino**, acquista un particolare rilievo. Costituisce, infatti, un'autentica novità: basti pensare che Brunetto Latini, non molti anni prima, volendo usare una lingua moderna al posto del latino, aveva scelto il francese, e non il volgare italiano, per il suo *Trésor*. Il *Convivio* è invece il primo trattato che ambisce a proporre un'organica **enciclopedia del sapere in italiano**, dimostrando così che le capacità espressive del nostro volgare sono altrettanto solide non solo di quelle del latino, ma anche della lingua d'*oïl*, fino ad allora la più prestigiosa, in Europa, specialmente per gli scritti in prosa.

Il progetto dell'opera Il progetto del *Convivio* è estremamente ambizioso: Dante si propone una vera e propria **enciclopedia dello scibile medievale** organizzata in **15 trattati.** Il primo ha carattere introduttivo, gli altri dovevano essere condotti come commento d'autore ad altrettante sue canzoni, delle quali viene proposta prima l'interpretazione letterale, quindi, attraverso una più attenta decifrazione allegorica, la spiegazione del contenuto filosofico. Infatti, a partire dal secondo, ciascun trattato è costituito da una ***canzone iniziale*** e dal ***commento*** che l'accompagna e chiarisce. Di questo impegnativo disegno Dante realizzò solo l'introduzione e il commento a tre canzoni.

I quattro trattati Il **primo trattato**, come già detto, ha **carattere introduttivo**: descrive il pubblico e l'oggetto del *Convivio*, giustificando l'uso del volgare in un'opera a carattere filosofico e dottrinario. Il **secondo trattato**, a commento della canzone *Voi che 'ntendendo il terzo ciel movete*, illustra in via preliminare il complesso **metodo di decifrazione allegorica** adottato da Dante per analizzare le sue canzoni. Nel **terzo trattato** la canzone presa in esame è *Amor che ne la mente mi ragiona*; nel commento la lode della donna viene allegoricamente convertita in **lode della filosofia** e della felicità che essa apporta. Il **quarto trattato** inizia con una canzone, *Le dolci rime ch'i' solia*, completamente diversa dalle altre: non si tratta di una canzone d'amore riletta in chiave allegorica, ma di una vera e propria canzone dottrinale che ha come oggetto il **tema della nobiltà**. Dante qui si impegna a dimostrare che essa non dipende dalla condizione sociale o dalla discendenza di sangue, ma è soltanto conquista della virtù e dono divino.

GUIDA ALLO STUDIO

1. Perché Dante sceglie come titolo *Convivio*?
2. In quale lingua è scritta l'opera? Perché Dante adotta proprio questa lingua?
3. Che cosa avrebbe dovuto essere il *Convivio*, nelle intenzioni dell'autore?

Convivio, I, I

T10

Anno: 1303-307

Genere: trattato prosimetro in volgare

Argomento: Dante espone le intenzioni e lo scopo del *Convivio*

Una scienza per tutti, anche per chi ha troppo da fare

Dante, non essendo un professionista del sapere, si descrive come uno che raccoglie solo le briciole dall'opera di coloro – i veri filosofi e scienziati – i quali davvero praticano la conoscenza come loro esclusiva occupazione.

Sì come dice lo Filosofo nel principio della Prima Filosofia[1], tutti li uomini naturalmente desiderano di sapere. La ragione di che puote essere ed è che ciascuna cosa, da providenza di prima natura impinta, è inclinabile alla sua propia perfezione; onde, acciò che la scienza è ultima perfezione della nostra anima, nella quale sta la nostra ultima felicitade, tutti naturalmente al suo desiderio semo subietti. Veramente da questa nobilissima perfezione molti sono privati per diverse cagioni [...].

La prima è la cura familiare e civile, la quale convenevolemente a sé tiene delli uomini lo maggior numero, sì che in ozio di speculazione essere non possono. L'altra è lo difetto del luogo dove la persona è nata e nutrita, che tal ora sarà da ogni studio non solamente privato, ma da gente studiosa lontano. [...] Manifestamente adunque può vedere chi bene considera, che pochi rimangono quelli che a l'abito da tutti desiderato[2] possano pervenire, e

PARAFRASI

Come afferma Aristotele (il Filosofo per eccellenza), all'inizio del suo primo trattato filosofico, tutti gli uomini desiderano di conoscere: è un fatto di natura. La ragione della qual cosa (*di che*) può essere – ed è – che ogni cosa si lascia inclinare (*è inclinabile*) verso la sua pienezza di perfezione, sotto l'impulso (*impinta*, "spinta") di una sorta di programma naturale (*da providenza di prima natura*). Ne viene che, siccome (*acciò che*) la conoscenza costituisce la perfezione somma (*ultima*) della nostra anima, e in quella consiste la nostra somma felicità, tutti per natura siamo soggetti a questo desiderio di conoscenza. Ma in verità molti rimangono privati di questa nobilissima perfezione per vari motivi. [...] Il primo motivo sono le preoccupazioni (*la cura*) di famiglia e le occupazioni della vita civile, che – come d'altronde è giusto (*convenevolemente*) – impegnano la maggior parte degli uomini, così che non dispongono di tempo libero (*ozio*) da dedicare alle speculazioni della conoscenza. Altro motivo sono le manchevolezze (*difetto*) del luogo dove una persona è nata e cresciuta (*nutrita*): un luogo che talvolta sarà non solo privo di ogni istituzione di cultura (*ogni studio*), ma sarà lontano da ogni comunità intellettuale (*gente studiosa*). [...] Dunque a pensarci bene (*chi bene considera*) si può chiaramente vedere che ne rimangono pochi, di quelli che possano pervenire alla condizione (*abito*)

1. **lo Filosofo ... Prima Filosofia:** Dante riprende l'abitudine di san Tommaso, che nelle sue opere si riferisce ad Aristotele, per antonomasia, come al *Philosophus*; la «Prima Filosofia» è la *Metafisica* di Aristotele, che in effetti comincia con l'affermazione qui richiamata da Dante.
2. **abito ... desiderato:** l'«abito», dal latino *habitus*, designa un comportamento divenuto abituale, e quindi una condizione permanente dell'individuo.

innumerabili quasi sono li 'mpediti che di questo cibo sempre vivono affamati. Oh beati quelli pochi che seggiono a quella mensa dove lo pane de li angeli[3] si manuca! e miseri quelli che colle pecore hanno comune cibo! [...]

E io adunque, che non seggio alla beata mensa, ma, fuggito della pastura del vulgo, a' piedi di coloro che seggiono ricolgo di quello che da loro cade, e conosco la misera vita di quelli che dietro m'ho lasciati, per la dolcezza ch'io sento in quello che a poco a poco ricolgo, misericordievolemente mosso, non me dimenticando, per li miseri alcuna cosa ho riservata, la quale alli occhi loro, già è più tempo, ho dimostrata; e in ciò li ho fatti maggiormente vogliosi. Per che ora volendo loro apparecchiare, intendo fare un generale convivio di ciò ch'i' ho loro mostrato[4], e di quello pane ch'è mestiere a così fatta vivanda[5], sanza lo quale da loro non potrebbe esser mangiata.

pur da tutti desiderata, e quasi innumerevoli sono quelli in vario modo impediti, che vivono sempre affamati di questo cibo. Oh beati quei pochi che seggono alla mensa ove si mangia (*si manuca*) il pane degli angeli! e sciagurati (*miseri*) quelli che si cibano dello stesso cibo delle pecore! [...] E io dunque, che non mi considero un filosofo di professione (*che non seggio alla beata mensa*) ma, fuggito dall'ignoranza di cui si nutrono gli uomini volgari (*della pastura del vulgo*), seduto ai piedi dei veri addetti alla conoscenza (*di coloro che seggiono*), raccolgo le briciole che cadono dalla loro mensa, e ben conosco la vita sciagurata di quelli che mi sono lasciato indietro, sollecitato dalla dolcezza che io sento di quel poco che comunque riesco a raccogliere poco alla volta, mosso a compassione dalla loro condizione, senza dimenticarmene, per quei poveri ho messo da parte qualcosa, che da tempo gli ho già mostrato; e con questo li ho fatti ancora più desiderosi [del bene della scienza]. Per cui adesso volendo apparecchiare la tavola [per questi poveri], ho intenzione di imbandire come vivanda (*fare un generale convivio*) tutto ciò che ho a loro fin qui mostrato, e di accompagnare queste vivande con il pane necessario, senza cui le pietanze da loro non potrebbero essere mangiate.

3. **lo pane de li angeli:** è la sapienza stessa, vista qui nella sua origine divina.
4. **ciò ... mostrato:** allude alle canzoni già scritte e divulgate, che adesso vengono riproposte con l'aggiunta del «pane» che ne renderà più agevole la comprensione.
5. **pane ... vivanda:** il «pane» è il commento in prosa, che accompagna (e spiega, rendendola digeribile) la «vivanda», costituita dalle canzoni del *Convivio*.

T10 Dentro il testo

IN SINTESI

Questo il filo logico seguito da Dante: ogni uomo desidera la conoscenza; molti ne vengono impediti e distratti da mille occupazioni diverse; egli intende scrivere la sua opera per venire incontro alle loro difficoltà, pur essendo cosciente del fatto che può solo raccogliere «quello che da loro cade». Dante vuole condividere quelle "briciole", che cadono solo dalla mensa dei veri sapienti, con coloro che ancora meno di lui hanno tempo e voglia di perseguire la strada della sapienza. Siamo di fronte, dunque, a un consapevole progetto di divulgazione culturale e di democratizzazione del sapere. Ne consegue che un simile progetto non potrà essere condotto in latino, ma in volgare: la lingua del "volgo", la lingua di tutti, che garantisce a tutti l'accesso - magari limitato, ma sempre prezioso - alla conoscenza.

I TEMI E L'ESPRESSIONE

UN DESIDERIO INTIMAMENTE UMANO

L'istinto più caratteristico dell'uomo, quello che lo distingue dalle bestie, è il **desiderio «di sapere»**. Partendo da questa massima universale, derivata da Aristotele, Dante procede a individuare **varie tipologie di soggetti**, ovvero di persone che si dedicano più o meno alla soddisfazione di quel primario impulso alla conoscenza. Egli distingue tre categorie: i «pochi» felici «che seggiono a quella mensa dove lo pane de li angeli si manuca», ovvero coloro che possono dedicarsi totalmente, a tempo pieno, alla ricerca del sapere; gli «innumerabili» che rimangono tagliati fuori da ogni scienza, e che «di questo cibo sempre vivono affamati»; in mezzo fra queste due schiere lui stesso, Dante, che dice di non sedersi personalmente «alla beata mensa», ma di voler condividere «misericordievolemente» con gli «innumerevoli» di cui sopra «quello che ... cade» dalla mensa dei «pochi». Attraverso la **metafora del cibo**, Dante delinea qui uno schema perfetto di divulgazione culturale. Tra gli specialisti e gli ignoranti egli intende interporre la sua missione: quella di agevolare l'accesso all'alta scienza per coloro che, a causa delle più varie ragioni, ne sono rimasti esclusi.

LE METAFORE DEL CIBO

Il brano è tutto tessuto di un linguaggio che rimanda alla **tavola** e al **mangiare**: «cibo», «affamati», «mensa», «si manuca», «pastura», «apparecchiare», «convivio», «pane», «vivanda». Il programma divulgativo di Dante si esprime efficacemente attraverso questo linguaggio: gli specialisti della conoscenza sono quelli che possono permettersi di sedersi alla vera mensa del sapere; la maggioranza della gente, tagliata fuori da quel sapere, è la massa degli affamati, che non hanno accesso al cibo; Dante è quello che **imbandisce un secondo banchetto** aperto a tutti, dove si propone di dar da mangiare con quello che cade dalla tavola dei professionisti della conoscenza. In questo «convivio», in particolare, si distingue fra «vivanda» e «pane»: ossia fra pietanza, o companatico (le rime), e il pane che fa da accompagnamento (le spiegazioni in prosa). Ma attenzione: nel brano che segue si vedrà come Dante sottolinei l'importanza e la novità soprattutto della prosa in volgare, all'interno del suo trattato. È dunque il «pane», nonostante tutto, più che la «vivanda», ciò che rende veramente speciale il suo «convivio».

LE RAGIONI DELL'IGNORANZA

Dante ci offre un quadro piuttosto scoraggiante dell'umanità che egli vede intorno a sé. A parte i «pochi» dediti alla conoscenza, la **massa** è fatta dagli «innumerabili» che, per una ragione o per l'altra, sono **condannati all'ignoranza**. Dante offre varie ragioni di questa ignoranza: nel brano riportato, sono essenzialmente due (ma altrove egli parla con disprezzo anche dei «pigri», che non accedono alla conoscenza per pura svogliatezza personale). Ci sono quelli danneggiati da «lo difetto del luogo» in cui vivono, cioè dal fatto di risiedere in posti lontani da ogni cultura: Dante sa bene l'importanza dell'ambiente, ai fini di conseguire un apprezzabile livello di conoscenza. Ma il caso più interessante è quello costituito da coloro che non possono coltivare la loro naturale fame di sapere per via della «cura familiare e civile»; e questi, secondo Dante, sono i più. Sono cioè coloro che si devono occupare della famiglia, o della città: gente che lavora, che ha figli, cariche pubbliche. È soprattutto questa gente normale, distratta da mille preoccupazioni quotidiane, il pubblico del *Convivio*; è con questa gente che Dante vuole condividere la sapienza che egli ha faticosamente acquistato. È l'individuazione di questo pubblico "medio", non specialista, ma interessato al sapere, l'aspetto più attuale di questa (incompiuta) enciclopedia dantesca.

Analisi e interpretazione Tipologia A

LEGGERE CON METODO

COMPRENSIONE GLOBALE

1. Chi è il «Filosofo» citato all'inizio del testo?
2. Per quale ragione, secondo Dante, tutti gli uomini desiderano la conoscenza?
3. Nel passo presentato, quali due ragioni possono mantenere nell'ignoranza un così gran numero di persone?
4. Quali gruppi opposti individua Dante rispetto all'accesso alla cultura?

LA LINGUA E LE STRUTTURE

5. Spiega la metafora del cibo che fornisce l'ossatura del testo e a cui rinvia il titolo dell'intero trattato.

I TEMI E L'INTERPRETAZIONE

6. A quale pubblico si rivolge Dante? Quale scelta linguistica è determinata dai destinatari?
7. Qual è la collocazione di Dante rispetto ai «pochi» felici che siedono al banchetto e gli «innumerabili» che ne sono esclusi? Perché decide di condividere la sapienza con chi non ha potuto studiare?

Interpretare il mondo

Cultura e divulgazione: l'accesso al sapere tra "vecchi" media *e Internet*

La questione che affronta Dante nel *Convivio*, cioè la necessità di allargare e di diffondere il più possibile la conoscenza, è tuttora di notevole rilevanza. Al tempo di Dante si trattava di una divulgazione ristretta: la conoscenza di letteratura, scienza e filosofia era riservata a un'utenza privilegiata (spesso persino re e imperatori erano analfabeti, e si servivano di lettori e scrivani), e allargare tale utenza significava essenzialmente coinvolgere un ceto mercantile che stava acquisendo prestigio e ricchezza. Da tale operazione restava comunque **esclusa la maggioranza della popolazione**, che rimaneva analfabeta e quindi al di fuori di qualunque tipo di conoscenza che non fosse quella pratica del loro mestiere. Anche nel XXI secolo la necessità di una corretta divulgazione è molto sentita, visti i preoccupanti tassi di **analfabetismo funzionale** (cioè il non riuscire a mettere in pratica le abilità apprese di lettura, scrittura e calcolo) e **di ritorno** (cioè il fatto di perdere le competenze apprese, a causa del loro mancato uso).
Oggi, la divulgazione culturale si può avvalere di diversi mezzi: dai mass media "classici" (radio e TV, ma anche libri e riviste) a Internet, le possibilità di informazione si sono moltiplicate enormemente. Gli strumenti con i quali si opera sono essenzialmente tre.

- La **lingua**: come già aveva capito Dante, è necessario avere una lingua comune, un substrato condiviso che renda possibile comunicare. Negli anni Sessanta del Novecento la questione era quanto mai attuale, tanto che la RAI mandò in onda dal 1960 al 1968 una trasmissione intitolata *Non è mai troppo tardi*, nella quale veniva fornita un'istruzione di base a coloro che, per diversi motivi, non avevano potuto frequentare la scuola dell'obbligo, e che spesso parlavano un italiano stentato. Questa trasmissione riuscì nell'intento di far conseguire la licenza elementare a un milione e mezzo di persone, e contribuì a diffondere l'uso della lingua italiana tra chi parlava per lo più il dialetto di una ristretta area geografica.
- La **semplificazione**: semplificare un argomento significa renderlo accessibile all'ascoltatore, tenendo presente il suo grado di istruzione e facendo in modo di "agganciare" gli argomenti al bagaglio di conoscenze personali che egli già possiede.
- La **trasmissibilità:** all'epoca di Dante possedere un libro non era una cosa comune; non esisteva la stampa (inventata solo a metà del Quattrocento) e i libri erano copiati a mano uno per uno; solo i ricchi sapevano leggere e possedevano qualche libro. Oggi tale questione assume aspetti molto diversi: dal momento che moltissime informazioni passano per la rete, diventa essenziale potervi accedere, tanto che diversi Paesi hanno sancito per legge che l'accesso a Internet è un diritto della persona. L'Italia, grazie al lavoro di molti giuristi e a diversi dibattiti parlamentari, ha elaborato nel 2015 la *Dichiarazione dei diritti in Internet*.

> **Articolo 2.** 1. L'accesso ad Internet è diritto fondamentale della persona e condizione per il suo pieno sviluppo individuale e sociale. 2. Ogni persona ha eguale diritto di accedere a Internet in condizioni di parità, con modalità tecnologicamente adeguate e aggiornate che rimuovano ogni ostacolo di ordine economico e sociale.
>
> (www.camera.it)

RIFLESSIONE CRITICA Tipologia **C**

1. Pensi che Internet abbia contribuito a rendere la cultura più accessibile a tutti? In che modo?
2. Quali sono i mezzi di divulgazione che preferisci? Perché?
3. Cerca in rete il testo della *Dichiarazione dei diritti in Internet* approvata dalla Camera dei Deputati, scegli un articolo e commentalo in un breve testo espositivo.
4. Guarda qualche puntata di un programma di divulgazione letteraria o scientifica a tua scelta (puoi trovarne diversi su YouTube), in italiano, ma se vuoi anche in altre lingue. Poi, prepara una scheda informativa sul programma, in modo da presentarlo adeguatamente ai tuoi compagni.

T11

Convivio, I, x

Bellezza e utilità del volgare

Anno: 1303-1307

Genere: trattato prosimetro in volgare

Argomento: Dante difende l'uso della lingua volgare, specialmente in prosa

La vera novità del Convivio, *secondo Dante, non è tanto l'uso del volgare in rima, ma in prosa. In rima la bellezza del volgare è aiutata dalle rime, dalle figure retoriche, da un lessico più scelto. È invece nella naturalezza della prosa che il volgare rivela le sue più vere qualità, senza artifici.*

Mossimi ancora per difendere lui da molti suoi acusatori, li quali dispregiano esso e commendano li altri, massimamente quello di lingua d'oco, dicendo che è più bello e migliore quello che questo; partendo sé in ciò dalla veritade. Ché per questo comento la gran bontade del volgare di sì[1] [si vedrà]; però che si vedrà la sua vertù, sì com'è per esso altissimi e novissimi concetti convenevolemente, sufficientemente e aconciamente, quasi come per esso latino, manifestare; [la quale non si potea bene manifestare] nelle cose rimate per le accidentali adornezze che quivi sono connesse, cioè la rima e lo tempo e lo numero regolato: sì come non si può bene manifestare la bellezza d'una donna, quando li adornamenti dell'azzimare e delle vestimenta la fanno più ammirare che essa medesima. Onde chi vuole bene giudicare d'una donna, guardi quella quando solo sua naturale bellezza si sta con lei, da tutto accidentale adornamento discompagnata: sì come sarà questo comento, nel quale si vedrà l'agevolezza delle sue sillabe, le propietadi delle sue costruzioni e le soavi orazioni che di lui si fanno; le quali chi bene aguarderà, vedrà essere piene di dolcissima e d'amabilissima bellezza.

PARAFRASI

Mi sono mosso [a scrivere in volgare] anche per difenderlo dai suoi molti critici, i quali lo disprezzano, mentre invece lodano altri volgari, e soprattutto quello di lingua d'*oc* [il provenzale], dicendo che è più bello e migliore del nostro: allontanandosi così dalla verità. Perché attraverso questo mio commento si vedrà l'eccellenza del volgare del sì [cioè dell'italiano], in quanto si vedrà il suo potere (*vertù*), cioè di esprimere attraverso di lui (*per esso*) altissimi e nuovissimi concetti, in modo adatto, soddisfacente ed elegante, quasi come si farebbe proprio con il latino. Il quale potere non si sarebbe potuto ben manifestare nelle composizioni rimate, per via degli ornamenti che accompagnano la poesia (*accidentali*), connessi con l'atto del comporre in versi: cioè la rima, il ritmo, il metro (*numero regolato*); così come non si può manifestare propriamente la bellezza di una donna, quando l'eleganza del trucco (*dell'azzimare*) e dei vestiti la fanno ammirare più della persona che ella è. Per cui chi vuole veramente giudicare una donna, la guardi quando si presenta al naturale, senza essere accompagnata da nessun ornamento: così come sarà questo mio commento (riguardo alla lingua volgare che userò), nel quale si vedrà la scioltezza delle sue sillabe, la proprietà delle sue costruzioni sintattiche, gli eleganti discorsi che si possono comporre con tale volgare; e chi farà attenzione (*bene aguarderà*) a tutte queste qualità, le vedrà essere piene di dolcissima e amabilissima bellezza.

1. **volgare di sì:** Dante individua, nel suo trattato *De vulgari eloquentia* [▶ p. 308], tre volgari moderni europei: quelli che oggi definiamo il provenzale, il francese e l'italiano. Egli li indica attraverso la rispettiva particella affermativa: così il provenzale è la «lingua d'*oc*», il francese la «lingua d'*oïl*» e l'italiano la «lingua del sì» (derivanti rispettivamente dal latino *hoc*, "questo", *illud*, "quello", e *sic*, "così").

T11 Dentro il testo

IN SINTESI

Dante è ben cosciente che alle sue spalle già esiste una tradizione di volgare poetico, dai siciliani allo Stilnovo, di cui egli è stato ed è uno dei protagonisti. Ma - egli dice - quel volgare in rima può ingannare sulle vere potenzialità della lingua italiana: le rime, il ritmo, gli ornamenti retorici sono come trucchi accessori, che potrebbero lasciare in dubbio sulle qualità del «volgare del sì», una volta che fosse stato spogliato di quegli abbellimenti poetici. Come con le donne: la loro vera bellezza non si può giudicare quando si presentano tutte truccate ed elegantemente vestite, ma quando si lasciano vedere al naturale. Ebbene, Dante pensa che la prosa volgare sia appunto come una bella donna senza trucchi accessori: senza rima, senza ritmo, senza figure retoriche. Ma, proprio in questa semplicità disadorna, egli è sicuro che il volgare italiano - il *suo* volgare italiano - si farà apprezzare in tutta la sua vera bellezza.

I TEMI E L'ESPRESSIONE

L'ECCELLENZA DEL VOLGARE

La novità dell'operazione dantesca consiste nell'uso di un **volgare letterario** - cioè stilisticamente elegante ed elaborato - **in prosa**, e non in poesia. Il passo è una animosa rivendicazione dell'**eccellenza del volgare italiano**: sia rispetto agli altri volgari neolatini (qui, la lingua d'*oc*), sia rispetto al latino stesso. Naturalmente, si tratta di un'eccellenza potenziale: nel senso che la «lingua del sì» - come Dante chiama l'italiano - non può vantare, per il momento, grandi prove delle sue virtù. Ma qui interviene proprio Dante con la sua opera. Egli, infatti, intende dimostrare tutta l'eleganza, la proprietà, la capacità espressiva del volgare nel suo commento: con la consapevolezza, e l'ambizione, di marcare un vero e proprio inizio nell'uso letterario dell'italiano.

UN «DOLCE STIL NOVO» IN PROSA

Attenzione alle qualità con cui Dante caratterizza la bellezza della prosa italiana che egli sta creando. Alla fine del brano egli parla di «agevolezza delle sue sillabe», di «soavi orazioni», di «dolcissima» e «amabilissima bellezza». Egli individua così un **campo semantico della pianezza**, della soavità e della dolcezza, che non può non ricordare le caratteristiche dello Stilnovo in poesia [▸ p. 141]. Anche la prosa, a modo suo, partecipa dunque di quell'ideale estetico di trasparenza e fluidità formale che denotava la rivoluzione poetica di Dante e degli altri stilnovisti.

Analisi e interpretazione Tipologia A

LEGGERE CON METODO

COMPRENSIONE GLOBALE

1. Quale tra le lingue volgari è preferita da coloro che disprezzano i volgari italiani?
2. Perché, secondo Dante, i commenti in prosa del *Convivio* dimostreranno che le capacità espressive del volgare possono eguagliare quelle del latino?

LA LINGUA E LE STRUTTURE

3. Illustra la similitudine centrale del brano, spiegando su quale analogia si basa il confronto tra bellezza della «lingua del sì» e bellezza femminile.

I TEMI E L'INTERPRETAZIONE

4. Qual è la maggiore novità della proposta dantesca?
5. Quali elementi, già incontrati nella poetica stilnovista, Dante ricerca nella prosa?

SCRIVERE CON METODO

COMMENTO

6. In un commento non più lungo di 20 righe esponi la tesi presentata da Dante nel testo e gli argomenti utilizzati a sostegno di essa.

Il *De vulgari eloquentia*

La data Dante compone il *De vulgari eloquentia* **poco dopo il *Convivio***, fra il 1303-04 e il 1304-05. Anche quest'opera rimane **interrotta**; e anche questa, probabilmente, al momento in cui la *Commedia* comincia ad assorbire tutte le energie dell'autore (1307).

Il titolo Dante stesso, accennando a quest'opera nel *Convivio*, ne traduce il titolo in italiano: *L'eloquenza volgare*. In latino o in italiano, si tratta comunque di un **titolo provocatorio**: per *eloquentia*, "eloquenza", si intendeva automaticamente, nel Medioevo, la letteratura in latino. Il fatto che Dante vi accosti l'aggettivo *vulgaris*, "volgare", significa che secondo lui è possibile, invece, una letteratura nella lingua del popolo, nella moderna lingua di tutti, nella lingua parlata nelle strade e nei mercati. Il volgare delle *muliercule*, come egli dice, cioè delle "donnette", può diventare un'alta lingua di poesia, capace di sfidare il latino sul suo stesso terreno.

La scelta del latino Viste le intenzioni dell'opera, sembra paradossale che Dante scelga di scriverla... in latino (tanto più che stava nello stesso periodo scrivendo il *Convivio* in italiano). La scelta si giustifica con l'obiettivo di **difendere la dignità della lingua e della letteratura italiana** nel modo più illustre possibile, e quindi nella lingua di cultura più prestigiosa. Inoltre, il latino rimaneva comunque la "lingua franca" della cultura europea, comprensibile da una platea di lettori ben più vasta di quella che poteva comprendere il volgare.

Il primo libro: la superiorità del volgare sul latino Dante colloca il volgare italiano in una prospettiva europea, all'interno di quello che egli chiama «il nostro idioma», ovvero l'area linguistica neolatina, che gli appare divisa in tre ceppi:

1. lingua d'*oc* (l'area linguistica catalana e occitanica, estesa fra il Sud della Francia e la Catalogna);
2. lingua d'*oïl* (Francia del Nord);
3. la «lingua del sì» (Italia).

A queste lingue naturali si contrappone il **latino**, che Dante chiama «gramatica», e che è invece, secondo lui, una **lingua convenzionale e artificiale**, immutabile, inventata per porre riparo alla mutevolezza delle lingue. Secondo Dante, infatti, al tempo di Roma esistevano due lingue: il latino, riservato all'uso letterario, e una lingua popolare, parlata, simile ai volgari odierni. Da questa prospettiva deriva la **superiorità dell'italiano**, lingua naturale, sul latino, lingua astratta e convenzionale.

Quale volgare? Dante è consapevole che dire «volgare», in Italia, apre una serie di complicate questioni, non solo linguistiche, ma anche sociali e politiche. Di volgari, infatti, non ce n'è soltanto uno: Dante identifica, su e giù per la penisola, **14 parlate locali** (o dialetti, diremmo oggi). Quale scegliere per scrivere in volgare? C'è qualcuna di esse che può essere presa a modello? C'è qualcuna che sia, per natura, il volgare «illustre» di cui Dante va in cerca, cioè una lingua alta e nobile, adatta alla letteratura e alla poesia? Ebbene, Dante pensa di no: del volgare «illustre» si riconosce la traccia in ogni parlata locale, ma **nessuna** di esse, neppure il toscano o il fiorentino, **può vantare un qualche primato**. Egli pensa infatti che un volgare davvero degno potrebbe nascere solo dalla fusione e dalla sintesi dei migliori aspetti delle varie parlate locali; il volgare «illustre» per lui rappresenta non il prevalere di una singola città - e della sua lingua - sulle altre, bensì la migliore sintesi possibile di ciò che è comune a tutte le città italiane, e alle loro parlate locali. È una posizione che contraddice clamorosamente quello che Dante farà poi, in concreto, nella sua *Commedia*, dove egli usa una lingua schiettamente fiorentina, anche se aperta all'influsso di altre parlate (e del latino). Anzi, è proprio l'uso del fiorentino nella *Commedia* che imporrà la lingua di Firenze come la lingua nazionale; ed è per questo che Dante può essere considerato il **padre della nostra lingua**. La contraddizione è così spettacolare che non mancò chi (nel Cinquecento) sostenne che il *De vulgari eloquentia* non era di Dante, o che egli l'aveva scritto allo scopo di disconoscere a Firenze, la patria che lo aveva esiliato, il primato della lingua.

Il secondo libro: generi e forme dell'eloquenza volgare Il secondo libro parla dei **rapporti fra volgare illustre e letteratura**. Dante sostiene che il volgare illustre deve essere adoperato soltanto per trattare degli argomenti più nobili, quelli che egli definisce *magnalia*: valore nelle armi (*armorum probitas*); passione amorosa (*amoris accensio*); rettitudine morale (*directio voluntatis* o *rectitudo*, il più importante dei tre). Quali le forme poetiche adatte a cantare questi tre argomenti fondamentali? Fra canzoni, ballate, sonetti e altre forme irregolari, solo le **canzoni** paiono a Dante adeguate all'impiego della lingua illustre. Quindi il libro procede, fino all'interruzione, analizzando i caratteri retorici e formali della canzone, e adducendo numerosi esempi dalla letteratura provenzale e italiana.

GUIDA ALLO STUDIO

1. Perché Dante scrive quest'opera in latino?
2. Come considera Dante la lingua latina? COLTA E PRESTIGIOSA MA ARTIFICIALE
3. Qual è, tra tutte le parlate italiane, quella più degna di diventare il volgare «illustre»? NESSUNA
4. Quali sono gli argomenti e le forme più adatte alla letteratura in lingua volgare?
SECONDO DANTE SOLO LE CANZONI

A COLPO D'OCCHIO — Le opere dottrinarie e sulla lingua volgare

Didattica INCLUSIVA

Convivio	*De vulgari eloquentia*
iniziate nello stesso periodo, tra il 1303 e il 1304, ed entrambe interrotte verso il 1307	
l'acquisizione del sapere è paragonata a un banchetto, nel quale si mangia il «pane de li angeli»: scienza, filosofia e teologia	secondo Dante è possibile produrre letteratura nella lingua del popolo, cioè in volgare
Dante intende raccogliere le "briciole" di tale sapere e divulgarle	scelta di scrivere l'opera in latino per conferire autorevolezza al suo scritto e per renderlo accessibile agli studiosi di tutta Europa
per fare questo egli ricorre alla lingua volgare	

T12

De vulgari eloquentia, XVII-XVIII

Una lingua senza capitale

AUDIOLIBRO

Anno: 1303-307

Genere: trattato in latino

Argomento: Dante illustra le quattro qualità che deve avere il volgare

Dopo aver elencato le lingue popolari presenti in Italia, averne esaminato pregi e difetti, e aver concluso che nessuna è la lingua che egli cerca, Dante enumera le quattro qualità sulla base delle quali deve essere valutato il volgare.

E in primo luogo dunque mettiamo in chiaro cosa vogliamo significare con l'attributo di illustre e perché definiamo quel volgare come illustre. Invero, quando usiamo il termine "illustre" intendiamo qualcosa che diffonde luce e che, investito dalla luce, risplende chiaro su tutto: ed è a questa stregua che chiamiamo certi uomini illustri, o perché illuminati dal potere diffondono sugli altri una luce di giustizia e carità, o perché, depositari di un alto magistero, sanno altamente ammaestrare: come Seneca e Numa Pompilio[1]. Ora il volgare di cui stiamo parlando è investito da un magistero e da un potere che lo sollevano in alto, e solleva in alto i suoi con l'onore e la gloria.

rr. 1-11 Il volgare è definito «illustre» perché diffonde luce e si solleva autorevolmente sopra le altre parlate.

Che possieda un magistero che lo innalza è manifesto, dato che lo vediamo, cavato fuori com'è da tanti vocaboli rozzi che usano gli Italiani, da tante costruzioni intricate, da tante desinenze erronee, da tanti accenti campagnoli, emergere così nobile, così limpido, così perfetto e così urbano[2] come mostrano Cino Pistoiese e l'amico suo[3] nelle loro canzoni.

rr. 11-27 La natura illustre del volgare è resa evidente dalla sua nitidezza, forza di persuasione, potere di conferire onore a chi lo utilizza.

Che abbia poi un potere che lo esalta, è chiaro. E quale maggior segno di potere della sua capacità di smuovere in tutti i sensi i cuori degli uomini, così da far volere chi non vuole e disvolere chi vuole, come ha fatto e continua a fare?

Che anche sollevi in alto con l'onore che dà, salta agli occhi. Forse che chi è al suo servizio non supera in fama qualunque re, marchese, conte e potente? Non c'è nessun bisogno di dimostrarlo.

E quanto renda ricchi di gloria i suoi servitori, noi stessi lo sappiamo bene, noi che per la dolcezza di questa gloria ci buttiamo dietro le spalle l'esilio.

Orgogliosa e commossa rivendicazione della propria missione di propagatore e sostenitore del volgare: una missione così esaltante da far sembrare tollerabile perfino l'esilio che Dante sta soffrendo.

Per tutto ciò è a buon diritto che dobbiamo proclamarlo illustre.

E non è senza ragione che fregiamo questo volgare illustre del secondo attributo, per cui cioè si chiama cardinale. Come infatti la porta intera va dietro al cardine, in modo da volgersi anch'essa nel senso in cui il cardine si volge, sia che si pieghi verso l'interno sia che si apra verso l'esterno, così

rr. 28-38 Il volgare è «cardinale» perché cardine, termine di riferimento, di tutte le parlate municipali.

1. **Seneca e Numa Pompilio:** rispettivamente, il famoso filosofo e tragediografo latino, vissuto sotto Nerone, e il secondo dei re di Roma, succeduto a Romolo. L'allusione agli uomini illustri «illuminati dal potere» si riferisce probabilmente in particolare a quest'ultimo, che fu capace di illuminare i suoi sudditi, istituendo la religione romana con i suoi riti, perché a sua volta ispirato dai consigli della ninfa Egeria. Tutt'e due comunque, Seneca e Numa Pompilio, sono evocati come depositari di un magistero eccezionale, cioè di una particolare capacità di ammaestrare gli uomini sulla via del bene, illuminandoli.

2. **urbano:** raffinato.

3. **Cino Pistoiese e l'amico suo:** Cino da Pistoia [▸ **T9**, p. 170]; l'«amico suo» è Dante stesso. Le loro canzoni sono qui considerate esempi già maturi di un volgare illustre, pienamente realizzato.

l'intero gregge dei volgari municipali si volge e rivolge, si muove e s'arresta secondo gli ordini di questo, che si mostra un vero e proprio capofamiglia. Non strappa egli ogni giorno i cespugli spinosi dalla selva italica? Non innesta ogni giorno germogli e trapianta pianticelle? A che altro sono intenti i suoi giardinieri se non a togliere e a inserire, come si è detto? Per cui merita pienamente di fregiarsi di un epiteto così nobile.

Quanto poi al nome di regale che gli attribuiamo, il motivo è questo, che se noi Italiani avessimo una reggia, esso prenderebbe posto in quel palazzo. Perché se la reggia è la casa comune di tutto il regno, l'augusta reggitrice di tutte le sue parti, qualunque cosa è tale da esser comune a tutti senza appartenere in proprio a nessuno, deve necessariamente abitare nella reggia e praticarla, e non vi è altra dimora degna di un così nobile inquilino: tale veramente appare il volgare del quale parliamo. Di qui deriva che tutti coloro che frequentano le regge parlano sempre il volgare illustre[4]; e ne deriva anche che il nostro volgare illustre se ne va pellegrino come uno straniero e trova ospitalità in umili asili, dato che noi siamo privi di una reggia.

rr. 39-50 Il volgare è «regale» perché degno di essere parlato nelle regge. Poiché però l'Italia manca di una reggia, di un potere unitario, il volgare è come un pellegrino in cerca di patria.

Infine quel volgare va definito a buon diritto curiale, poiché la curialità non è altro che una norma ben soppesata delle azioni da compiere; e siccome la bilancia capace di soppesare in questo modo si trova d'abitudine solo nelle curie più eccelse, ne viene che tutto quanto nelle nostre azioni è soppesato con esattezza, viene chiamato curiale. Per cui questo volgare, poiché è stato soppesato nella curia più eccelsa degli Italiani, è degno di essere definito curiale[5]. Ma dire che è stato soppesato nella più eccelsa curia degli Italiani sembra una burla, dato che siamo privi d'una curia. Ma è facile rispondere. Perché se è vero che in Italia non esiste una curia, nell'accezione di curia unificata - come quella del re di Germania -, tuttavia non fanno difetto le membra che la costituiscono; e come le membra di quella curia traggono la loro unità dalla persona unica del Principe, così le membra di questa sono state unite dalla luce di grazia della ragione. Perciò sarebbe falso sostenere che gli Italiani mancano di curia, anche se manchiamo di un Principe, perché in realtà una curia la possediamo, anche se fisicamente dispersa.

rr. 51-67 Il volgare è «curiale», perché parlato nelle curie, consigli del re, luogo in cui massimamente si raggiunge la più equilibrata misura delle azioni.

---

4. coloro ... illustre: Dante pensa che la frequentazione di una reggia - qualsiasi reggia - imponga di per sé un uso più raffinato della lingua: dunque il volgare parlato a corte sarà un volgare diverso da quello popolare, sarà un volgare illustre. Poiché però in Italia manca una reggia, questo volgare illustre è come un «pellegrino» che vaga in cerca d'asilo, senza mai fissarsi (e crescere e svilupparsi) in nessun luogo.

5. poiché ... curiale: Dante qui sovrappone due concetti, e due vocaboli: «curia» e «curiale» (*curialitas* nell'originale latino). «Curia», secondo l'uso medievale, indica genericamente il consesso riunito intorno al sovrano con funzione politica, amministrativa e giuridica (qualcosa come "consiglio del re", "parlamento" o simili). *Curialitas*, nel latino medievale, ha invece diversi significati: talvolta vale "cortesia" e perfino "eleganza di stile"; qui significa una virtù morale capace di dettare le norme di ciò che si deve fare, secondo una bilancia, o misura, insieme etica e politica, visto che questa virtù si trova esercitata al massimo nelle eccellentissime curie principesche. Il volgare illustre di cui Dante è in cerca dunque sarà «curiale» perché dovrà corrispondere al modello di misura morale e politica che ci si aspetta dai componenti del consiglio del re: il loro modo di esprimersi dovrà essere all'altezza della loro statura di aristocratici del regno, chiamati a coadiuvare il monarca nella sua attività legislativa e di amministrazione della giustizia.

T12 Dentro il testo

IN SINTESI

Dante si occupa qui del volgare adatto alla scrittura poetica e letteraria, al suo livello più alto. Egli attribuisce al volgare italiano quattro essenziali qualità. Esso deve essere:

- **«illustre»** (luminoso e splendido in sé, e capace di illuminare la strada di chi intende usarlo);
- **«cardinale»** (perché deve servire da cardine e termine di riferimento a tutti gli altri volgari d'Italia);
- **«aulico» o «regale»** (perché è quello che si deve parlare nell'«aula», o reggia del re);
- **«curiale»** (perché è quello che si deve parlare nella «curia», ovvero nella corte e nella più alta magistratura del regno).

I due ultimi sono però attributi problematici: Dante è ben consapevole che in Italia non c'è un re, non c'è una capitale, e quindi non c'è né una reggia né una curia.

I TEMI E L'ESPRESSIONE

UN VOLGARE «PELLEGRINO»

Nel momento in cui pretende che il volgare illustre sia «regale» (o aulico) e «curiale», Dante sembra consapevole di **chiedere all'italiano una cosa impossibile**. Quanto alla regalità, egli osserva: «[...] il nostro volgare illustre se ne va pellegrino come uno straniero e trova ospitalità in umili asili, dato che noi siamo privi di una reggia». E quanto alla curialità: «Ma dire che è stato soppesato nella più eccelsa curia degli Italiani sembra una burla, dato che siamo privi d'una curia». Tutto il progetto di un volgare illustre italiano, che non si identifichi con nessuna delle parlate locali, gira dunque, alla fine, intorno a un vuoto. Senza reggia, senza curia, senza principe, senza una capitale, senza un centro che faccia da magnete attrattivo e da regolatore di una lingua davvero nazionale, come si può presupporre l'esistenza di un vero e proprio italiano? E infatti, come sappiamo, l'italiano che storicamente si affermerà nel nostro Paese non sarà quello – interregionale o super-regionale – ipotizzato dal *De vulgari eloquentia*, ma, più semplicemente, il fiorentino della *Commedia*. Però è stupefacente la lucidità con cui Dante imposta qui il problema, mettendo a fuoco i termini linguistici, sociali, politici, di **una «questione della lingua»** che accompagnerà tutta la storia del nostro Paese.

UNA QUESTIONE POLITICA

Dante qui si dimostra ben consapevole che la questione della lingua di una nazione non è una questione grammaticale, ma una questione politica. È la **presenza di un centro unificatore** – la reggia, la curia – che garantisce la vitalità e il controllo di una lingua nazionale. Senza quel centro, tutto il progetto di individuazione di una lingua praticabile da tutti, in Italia, sembra crollare. E, infatti, il futuro della lingua italiana – senza quella reggia, senza quella curia, senza quel principe – seguirà uno sviluppo ben diverso da quello adombrato qui da Dante, e molto peculiare.

UNA SOLUZIONE COMPENSATIVA: LA CURIA INVISIBILE

Dante tuttavia offre anche una qualche via d'uscita al suo progetto impossibile. È quando egli afferma che, se pure non c'è una curia effettiva e visibile in Italia, però si può dire che ne esista **una virtuale, potenziale, dispersa**: «Perché se è vero che in Italia non esiste una curia, nell'accezione di curia unificata – come quella del re di Germania –, tuttavia non fanno difetto le membra che la costituiscono; e come le membra di quella curia traggono la loro unità dalla persona unica del Principe, così le membra di questa sono state unite dalla luce di grazia della ragione». Ovvero, in Italia esistono, disseminati ovunque, coloro che sarebbero i membri potenziali di una curia principesca, se questa esistesse di fatto: uniti non fisicamente nel palazzo del principe, che non esiste, ma, spiritualmente, «dalla luce di grazia della ragione». E anche qui Dante detta la linea. Infatti sarà proprio così: quella curia di aristocratici e di intellettuali-guida che l'Italia non vedrà mai riuniti fisicamente in uno stesso luogo, costituirà tuttavia, comunque, una *élite* capace di dare al Paese un'identità linguistica e culturale forte e riconoscibile. È a questa *élite* – dispersa e disseminata ovunque – che spetterà il compito di unificare spiritualmente il nostro Paese.

Analisi e interpretazione Tipologia A

LEGGERE CON METODO

COMPRENSIONE GLOBALE

1. Perché il volgare illustre, destinato per natura a essere la lingua della reggia, se ne va «pellegrino»?
2. Che cosa intende Dante con il termine «curia»? Poiché non esiste fisicamente, che cosa sarà dunque la «curia più eccelsa degli Italiani»?

IL REGNO PIÙ GIUSTO PER GLI ITALIANI

LA LINGUA E LE STRUTTURE

3. Il volgare illustre è «aulico», ovvero adatto a una reggia grazie alla sua nobiltà. Rileggi le righe 1-8 e sottolinea tutti i termini che appartengono alla sfera semantica della regalità o della nobiltà.
4. Il volgare illustre è «curiale», ovvero adatto alla curia o corte regia, in cui risiede il potere politico e giudiziario, esercitato attraverso un'azione equilibratrice di ragionamento razionale evidenziata da termini come «bilancia», «soppesare». Sottolinea tutti i termini che fanno riferimento a questo aspetto della curia.

I TEMI E L'INTERPRETAZIONE

5. Quale problema politico viene messo in evidenza da Dante? In quale modo viene parzialmente superato?

SCRIVERE CON METODO

APPROFONDIMENTI E CONFRONTI

6. Il testo dantesco è il primo in cui emerge con chiarezza un problema secolare della cultura italiana, la cosiddetta questione della lingua su cui dibatteranno per secoli gli intellettuali italiani. Il *De vulgari eloquentia*, con la sua proposta mai realizzata e irrealizzabile di una lingua nazionale, nata dalla fusione di quanto c'è di meglio tra i diversi volgari, fu ripreso nel Cinquecento dai teorici della lingua cortigiana (o semplicemente italiana) come Baldesar Castiglione e Gian Giorgio Trissino o ancora nell'Ottocento da chi si opponeva all'idea manzoniana di un italiano a base fiorentina. Fai una ricerca su questo argomento.

7 Libera Chiesa in libero Stato? Il *De Monarchia*

Contro ogni teocrazia Lo scopo del *De Monarchia* è quello di dimostrare l'**indipendenza del potere laico da quello religioso**, ovvero dell'imperatore rispetto al papa. In tal modo Dante si oppone radicalmente alle tesi **teocratiche** che più volte erano emerse nella Chiesa di Roma, e che avevano trovato recente affermazione nei documenti ufficiali e nella politica di Bonifacio VIII. In particolare, proprio Bonifacio VIII, confermando l'imperatore Alberto d'Austria nel 1303, aveva ribadito la subordinazione del potere temporale a quello ecclesiastico, da cui il primo riceveva, secondo lui, la sua autorità. In quell'occasione, il papa aveva usato una celebre allegoria, quella del sole e della luna:

teocratico Che si riferisce alla teocrazia, cioè a una forma di governo in cui chi esercita il potere politico e civile si considera investito direttamente da Dio. Deriva dal greco *theocratìa*, composto di *theòs*, "dio", e *kràtos*, "potere".

> Dio creò i suddetti luminari, cioè il sole – il potere ecclesiastico – e la luna – il potere temporale e imperiale – per governare l'universo. E come la luna non possiede alcuna luce di per sé, se non quella che riceve dal sole, così nessun potere terreno possiede alcunché, se non quanto riceve dal potere della Chiesa.

È proprio questa allegoria che Dante smonta all'inizio del suo trattato, sostenendo che la luna non riceve né la sua esistenza, né il suo movimento dal sole; e anche riguardo alla luce, Dante credeva che la luna ne avesse un po' da sé, anche se ammetteva che la sua luminosità poteva essere potenziata da quella solare. Ma al di là di queste metafore, pur suggestive, ciò che conta è l'audacia con cui **Dante argomenta contro le pretese del potere ecclesiastico**, quasi preannunciando le moderne posizioni del pensiero laico. Non a caso, dopo la sua morte, il *De Monarchia* incontrò la condanna del potere ecclesiastico, e Dante fu perfino **accusato di eresia**.

Stato e Chiesa: una augurabile collaborazione L'indipendenza del potere laico dell'imperatore da quello spirituale del papa non significa però, naturalmente, che Dante consideri Chiesa e Stato due nemici. Anzi, egli vede nell'uno e nell'altro le **due diverse strade attraverso cui l'umanità può raggiungere la felicità**: in questo mondo, sotto il governo dell'imperatore; nell'altro, seguendo le direttive del papa. Inoltre, egli si augura che l'imperatore abbia nei confronti del papa la reverenza di un figlio nei confronti del padre, e auspica una **concorde collaborazione dei due poteri alla causa della pace universale e della salvezza eterna**. Tutto questo, però, tenendo ben fermo che il potere laico non riceve la sua legittimazione da quello ecclesiastico, e quindi sbarrando recisamente la strada a ogni ipotesi teocratica.

Struttura e contenuti Il *De Monarchia*, scritto in lingua latina, è organizzato in **3 libri**. Nel **primo libro** compare la premessa generale: Dante afferma che in questa vita il fine della comunità umana è il **pieno sviluppo** delle proprie **risorse intellettuali** per procedere sulla via della conoscenza, che porta a sua volta alla felicità terrena. Le condizioni indispensabili perché ciò si realizzi sono la pace e la tranquillità, che possono essere garantite da una sola istituzione, l'Impero. L'esempio proposto è quello del regno di Augusto, sotto il quale Roma prosperò e preparò il terreno all'avvento di Cristo.

Il **secondo libro** si concentra sulla **fonte dell'autorità imperiale**. L'Impero romano nacque direttamente per intervento della volontà provvidenziale di Dio e la sua piena legittimità fu confermata dalla nascita e dalla morte di Cristo, che si sottomise alle leggi dell'Impero. Se dunque Dio stesso ha sanzionato la forza e l'efficacia delle istituzioni e delle leggi dell'Impero di Roma, il diritto di scegliere l'imperatore spetta al popolo romano e non ai principi tedeschi che ne hanno usurpata la prerogativa.

▸ Papa Bonifacio VIII ad Anagni e la cacciata di Sciarra Colonna dalla città, miniature dalla *Cronica* di Giovanni Villani, inizio XIV secolo (Città del Vaticano, Biblioteca Apostolica Vaticana). Per questo episodio, che vide il papa umiliato in Anagni dagli scherani del re di Francia (poi cacciati a forza da Anagni) ▸ **T8**, p. 222.

Il **terzo libro** pone su un piano di **perfetta parità** le due autorità del papa e dell'imperatore, giacché entrambe emanano in modo diretto da Dio. L'imperatore risulta soggetto al papa in quanto uomo, ma non in quanto rappresentante dell'autorità imperiale: è pertanto falsa la dottrina secondo la quale il papa media l'investitura divina dell'imperatore. Al papa non spetta nessuna autorità temporale: la donazione di Costantino (l'atto di donazione di Roma sul quale nel Medioevo si fondava il potere temporale del pontefice) è un atto giuridico illegittimo e perciò inefficace. L'imperatore non poteva alienare una parte dei beni dell'Impero, né il papa accettarla, essendogli espressamente vietato dai Vangeli. **I due poteri devono** dunque **collaborare** in modo indipendente alla realizzazione dei fini dell'umanità: l'imperatore provvede perché l'uomo raggiunga la **felicità terrena**, il papa **quella eterna**.

La data Il *De Monarchia* è di **difficile datazione**. Una delle ipotesi più probabili è che sia stato scritto fra la discesa in Italia e la morte di Arrigo VII (1312-13). Alcuni invece lo retrodatano al 1307-09, intendendolo come una replica alla bolla *Unam sanctam* (1302), in cui Bonifacio VIII proclamava la superiorità del potere spirituale su quello temporale. Sulla base di un rimando interno (I, XIII, 6) al *Paradiso*, sembra invece che il *De Monarchia* vada collocato negli anni più tardi della vita di Dante, presumibilmente intorno al **1317**, in coincidenza con la bolla *In nostram et fratrum* di Giovanni XXII, che riaffermava le posizioni teocratiche di Bonifacio.

GUIDA ALLO STUDIO

1. Qual è l'argomento del *De Monarchia*?
2. Che cosa significa «teocrazia»? Perché il Papato di Bonifacio VIII aveva connotazioni teocratiche?
3. Come devono essere, secondo Dante, i rapporti tra Papato e Impero?
4. Da quale "autorità" derivano, secondo Dante, i poteri del papa e dell'imperatore?

A COLPO D'OCCHIO Il *De Monarchia*

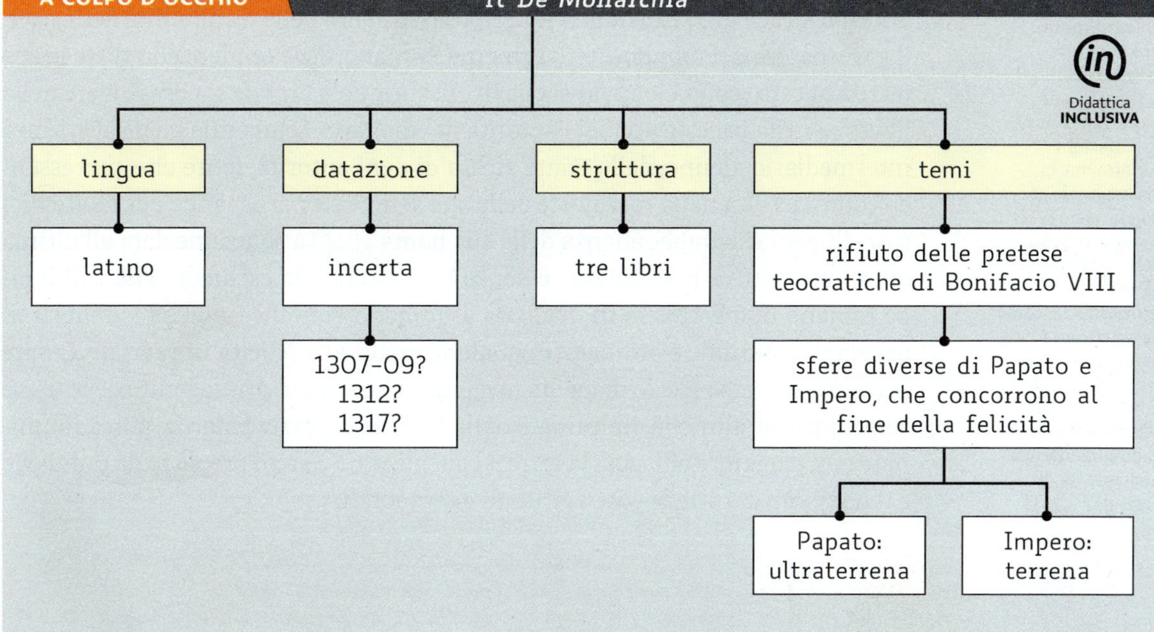

De Monarchia, III, xv

T13

Il papa e l'imperatore: due fini, due strade, due autorità

Anno: 1307-17

Genere: trattato in latino

Argomento: scopo del Papato e dell'Impero è la felicità dell'uomo, eterna e terrena

Sono le ultime battute del De Monarchia, *in cui Dante, dopo avere molto argomentato, arriva alle conclusioni definitive del suo trattato. Dimostrato che l'imperatore non dipende dal papa, Dante chiarisce qui che i due poteri non vanno intesi in conflitto fra loro. Si tratta di due poteri indipendenti ma complementari. Tutti e due, infatti, hanno come scopo la felicità dell'essere umano: la felicità terrena (l'imperatore), quella eterna (il papa).*

ANTONOMASIA = È UNA TRASFORMAZIONE DI NOMI, NOME CHIAMATO AL POSTO DI UN NOME COMUNE PER INDICARE CHE QUELL'ELEMENTO NE POSSIEDE IL RUOLO O LE CARATTERISTICHE

L'ineffabile Provvidenza ha posto dunque innanzi all'uomo due fini a cui tendere: la felicità di questa vita, che consiste nell'esplicazione della propria specifica facoltà, ed è simboleggiata nel paradiso terrestre, e la felicità della vita eterna, che consiste nel godimento della visione di Dio, e costituisce il paradiso celeste[1]; ad essa quella facoltà specifica dell'uomo non può elevarsi senza il soccorso della luce divina. A queste due beatitudini, come a due fini diversi, occorre giungere con mezzi diversi. Alla prima infatti perveniamo per mezzo degli insegnamenti filosofici, purché li mettiamo in pratica operando secondo le virtù morali e intellettuali[2]; alla seconda invece perveniamo per mezzo degli insegnamenti divini che trascendono la ragione umana, purché li seguiamo operando secondo le virtù teologiche della fede, speranza e carità [...] Per questo l'uomo ebbe bisogno di una duplice guida, in corrispondenza del duplice fine, cioè del Sommo Pontefice, per condurre il genere umano alla vita eterna mediante la dottrina rivelata, e dell'Imperatore, per dirigere il genere umano alla felicità terrena attraverso gli insegnamenti della filosofia. E siccome a questo porto [della felicità terrena] nessuno o pochi, ed anche questi con eccessiva difficoltà, potrebbero approdare se il genere umano - sedati i flutti della cupidigia esposta ad ogni seduzione - non riposasse libero nella tranquillità della pace, il governatore del mondo, detto Principe Romano, deve tendere con tutte le sue forze a questo scopo, cioè a far sì che in questa aiuola umana si possa vivere nella libertà e nella pace. [Dunque] l'autorità del monarca temporale gli deriva, senza intermediario alcuno, dalla Fonte stessa di ogni autorità, fonte che, pur essendo tutta raccolta nella roccaforte della sua semplicità, si espande per molteplici ruscelli per la sovrabbondanza della sua bontà[3]. [...] La soluzione data all'ultima questione non va però intesa in senso così stretto, da escludere che il Principe romano non sottostia in qualcosa al romano Pontefice, poiché la felicità di questa vita mortale è ordinata, in qualche modo, alla felicità immortale. Cesare pertanto usi verso Pietro di quella reverenza che il figlio primogenito deve usare verso il padre, affinché, illuminato dalla luce della grazia paterna, possa illuminare con maggiore efficacia la terra, al cui governo è stato preposto da Colui che è il reggitore di tutte le cose spirituali e temporali.

1. **paradiso terrestre ... paradiso celeste:** secondo Dante il pieno esplicarsi delle facoltà umane, su questa terra, equivale alla ricostituzione del Paradiso terrestre, cioè alla riconquista del grado di perfezione morale e di felicità godute dai nostri progenitori, Adamo ed Eva, prima del peccato originale.
2. **per mezzo degli insegnamenti fiosofici ... intellettuali:** la filosofia per Dante non è pura speculazione astratta, ma la via razionale per raggiungere la virtù.
3. **dalla Fonte ... della sua bontà:** da Dio stesso deriva ogni autorità, come da una unica fonte, pura e semplice, si diramano poi tanti ruscelli. Si contrappone l'unità della sorgente alla molteplicità dei derivati.

T13 Dentro il testo

IN SINTESI

La soluzione che qui Dante offre al problema dei rapporti fra il papa e l'imperatore (modernamente, fra Chiesa e Stato) è insieme rigorosa e conciliativa. Da una parte, Dante afferma chiaramente la separazione dei due poteri: l'uomo è chiamato a due diverse felicità (quella terrena e quella celeste), quindi deve seguire due strade differenti per conseguirle ambedue, e, di conseguenza, ha bisogno di due guide, diverse e indipendenti fra loro. Questa dualità è rigorosamente parallela: nel senso che esclude ogni dipendenza dei due poteri l'uno dall'altro, e quindi esclude in particolare ogni tipo di teocrazia, cioè di subordinazione del potere laico al potere religioso. Tale rigore però è addolcito dal rapporto di reverenza che Dante si augura possa instaurarsi fra imperatore e papa: il primo dovrà comportarsi nei confronti del secondo con il rispetto che si deve a un padre. Ma si tratterà sempre di comportamenti personali: non di questioni giuridiche o politiche. Dal punto di vista giuridico, il potere laico dell'imperatore dipende direttamente da Dio, e non dal papa; ma, naturalmente, un cristiano non può che augurarsi che il suo papa e il suo imperatore vadano d'accordo.

I TEMI E L'ESPRESSIONE

SINTASSI DUALE (E NON)

Il pensiero di fondo espresso in questo brano (due le felicità attingibili dall'umanità, due le autorità preposte alla tutela di queste due diverse felicità) trova riscontro anche nella sua costruzione formale. Specie nella prima parte, infatti, la **sintassi** si presenta marcatamente **duale** e il ragionamento segue una **spartizione simmetrica**: «la felicità di questa vita ... la felicità della vita eterna» / «Alla prima infatti perveniamo ... // alla seconda invece perveniamo» / «Per questo l'uomo ebbe bisogno di una duplice guida ... del Sommo Pontefice ... e dell'Imperatore».

Una volta stabilita questa dualità, la seconda parte passa a focalizzare, in particolare, i doveri del principe temporale, l'imperatore. Lo schema sintattico duale viene allora sostituito da una **costruzione più varia**, causale («E siccome»), consecutiva («da escludere»), di nuovo causale («poiché la felicità di questa vita mortale»), finale («affinché ... possa illuminare»). Ciò vuol dire che, una volta liberato dalla soggezione teocratica, il mondo dell'imperatore rimane comunque un mondo complesso, legato da nessi multipli, che mettono in evidenza la delicatezza e la difficoltà della sua missione.

Analisi e interpretazione Tipologia A

LEGGERE CON METODO

COMPRENSIONE GLOBALE

1. Sintetizza il ragionamento nella prima parte del brano, distinguendo felicità della vita terrena e della vita eterna.

LA LINGUA E LE STRUTTURE

2. L'ultimo periodo del brano, che è anche quello conclusivo dell'intera opera, scritto in stile nobile e sostenuto, è ricco di figure retoriche. Individuale e spiegale.

SCRIVERE CON METODO

COMMENTO

3. Esponi sinteticamente, in 20 righe al massimo, la concezione politica che Dante presenta in questo testo, affrontando i seguenti punti: natura provvidenziale e diversi scopi del potere imperiale e del potere pontificio; indipendenza del potere laico da quello religioso; reverenza dovuta dall'imperatore al papa.

APPROFONDIMENTI E CONFRONTI

4. In un testo di circa una pagina, metti a confronto questo brano del *De Monarchia* con il passo del canto XVI del *Purgatorio* in cui Marco Lombardo espone la teoria dei due soli [▶ **D**, p. 318].

GRANDANGOLO

Il papa e l'imperatore nella *Commedia*: la metafora dei due soli

Bonifacio VIII aveva rivendicato la superiorità del potere religioso della Chiesa su quello secolare dell'Impero ricorrendo alla metafora del sole e della luna: il sole era il papa, da cui solo aveva origine la luce (cioè il potere) che illuminava la luna. L'imperatore, quindi, non aveva luce propria, ma godeva di luce riflessa. A questa subordinazione Dante sostituisce invece un parallelismo e una separata uguaglianza e legittimità dei due poteri. Egli riprende e completa la posizione del *De Monarchia* in un episodio della *Commedia*, stavolta rispondendo direttamente alla metafora sole-luna di Bonifacio VIII. Siamo in Purgatorio (canto XVI), sul balzo degli iracondi, fra i quali Dante incontra un contemporaneo, Marco Lombardo, celebre uomo di corte. Marco spiega a Dante i fondamenti della vita morale e della moderna corruzione dei costumi. Tutto dipende dai rapporti sbagliati fra potere secolare e potere religioso: colpa dell'imperatore, che non si cura più di affermare l'autorità dell'Impero, e del papa, che tenta - malamente - di usurpare il potere secolare dell'imperatore. A questo proposito, Marco Lombardo sostituisce, alla metafora teocratica del papa-sole e dell'imperatore-luna, quella paritaria dei due soli.

D

Purgatorio, XVI, 106-111

I due soli

Soleva Roma, che 'l buon mondo feo,
due soli aver, che l'una e l'altra strada
facean vedere, e del mondo e di Deo.

L'un l'altro ha spento; ed è giunta la spada
col pasturale, e l'un con l'altro insieme
per viva forza mal convien che vada;

PARAFRASI

vv. 106-08 Roma, che creò il regime migliore che sia mai esistito, soleva avere due soli, cioè due fonti di luce, che illuminavano le due strade della felicità mondana e di quella divina.

vv. 109-11 Ora l'un sole ha spento la luce dell'altro [cioè la Chiesa ha oscurato l'imperatore, usurpandone il potere temporale]; la spada va congiunta con lo scettro del papa [ovvero, il potere religioso e quello temporale si sono accoppiati], ed è inevitabile che i due poteri vadano male assortiti insieme a forza, contro la natura delle cose.

È una proiezione metaforica che esprime efficacemente l'esigenza di parità dei poteri su cui si impernia anche il *De Monarchia*. Nello stesso tempo, è una metafora paradossale: in natura non esistono due soli; da questo punto di vista, le immagini usate dal teocratico Bonifacio VIII erano molto più calzanti. D'altro canto, non si può pensare che Dante abbia usato la sua metafora impossibile avventatamente, o per puro gusto di ribaltare quella teocratica del papa. Semmai, si può pensare che i «due soli» rappresentino efficacemente proprio la condizione dell'umanità, destinata ad andare oltre l'ordine naturale; ad aspirare a una felicità che non è solo di questo mondo. L'uomo infatti, per grazia divina, è chiamato a partecipare alla vita stessa di Dio, oltre i confini della sua stessa umanità, in Paradiso. Dante, nella sua ultima cantica, esprime efficacemente questo andare oltre i limiti umani con un magnifico neologismo: *trasumanar*. In questo senso anche la metafora dei "due soli", che naturalmente non ha un corrispettivo nella realtà fisica, è altamente significativa: essa indica il destino soprannaturale del cristiano, a cui non basta il benessere terreno, ma che è chiamato a godere anche di quello celeste.

▸ Il papa e l'imperatore, inginocchiati ai piedi del divino legislatore, ricevono la tiara e la spada, miniatura tratta dal *Decretum Gratiani* o *Concordia discordantium canonum*, XIV secolo (Venezia, Biblioteca Marciana).

8 La [*Divina*] *Commedia* (o *Comedìa*)

La *Commedia* prende corpo nell'ultimo quindicennio della vita di Dante e lo impegna con una tensione creativa formidabile, al punto che nel canto XXV del *Paradiso* il poeta parla della sua opera come del «poema sacro / al quale ha posto mano e cielo e terra, / sì che m'ha fatto per molti anni macro» (vv. 1-3): cioè come di un lavoro che lo ha provato anche nel fisico. Stabilire con più esattezza le date interne dell'opera risulta invece problematico. Pare certo comunque che le tre cantiche, *Inferno*, *Purgatorio*, *Paradiso*, siano state **diffuse autonomamente**.

La composizione, il titolo e i numeri

La data Secondo l'ipotesi più ragionevole l'impresa della *Commedia* si mette in movimento fra il **1306 e il 1307**. L'***Inferno*** contiene allusioni a fatti storici **non posteriori al 1309**: deve essere stato perciò concluso non molto dopo quella data. Inoltre, una nota autografa dello scrittore Francesco da Barberino su un proprio manoscritto documenta che la prima cantica era sicuramente in circolazione fra il 1313 e il 1314.

Il ***Purgatorio*** a sua volta non accenna a fatti storici **successivi al 1313**: probabilmente è condotto a termine intorno a quell'anno e diffuso non molto più tardi, malgrado la prima citazione della seconda cantica risalga al 1319.

Ancora più vaghi i dati che riguardano i tempi di composizione e diffusione del ***Paradiso***. L'*Epistola* a Cangrande (XIII) contiene la dedica del canto I (o forse dei primi canti, sicuramente non dell'intera cantica) del *Paradiso* al signore di Verona, ma ciò permette di collocare la stesura in un arco di tempo piuttosto ampio, **fra il 1313 e il 1318**. Non possiamo escludere che la composizione della terza cantica si sia protratta fino agli ultimi anni di vita del poeta.

Un titolo strano Nell'*Epistola* a Cangrande si legge: *Libri titulus est: «Incipit Comedia Dantis Alagherii, florentini natione, non moribus»* ("Il titolo del libro è: *Commedia* di Dante Alighieri, fiorentino di nascita, ma non di costumi"). È questo anche il titolo, probabilmente da leggersi alla greca - *Comedìa* -, che troviamo ripetuto due volte nella prima cantica (*Inferno*, XVI, v. 128 e XXI, v. 2). Per i primi commentatori e per Boccaccio nel *Trattatello in laude di Dante* [▶ p. 667] l'intitolazione del poema è ancora quella dantesca, ma è proprio **Boccaccio a suggerire l'epiteto di «divina»** per sottolineare l'altezza dell'opera e la sublimità del suo argomento. Il nuovo titolo, *Divina commedia*, riscuoterà tanto successo da imporsi come formula canonica a partire dall'edizione cinquecentesca curata da Ludovico Dolce (1555).

Il significato da attribuire al titolo del poema rimane però questione controversa. Lo era anche per i lettori antichi: Petrarca stesso si chiese: *Nec cur Comoediam vocet video*, e cioè: "Non vedo proprio perché mai chiami il suo poema *Commedia*". È chiaro comunque che «commedia» non significa per Dante quello che intendiamo noi moderni: non è un'opera di teatro, e certo è un'opera nella quale, trattandosi di un viaggio nell'oltretomba, c'è poco da ridere. Dante stesso offre una **spiegazione del titolo** nell'*Epistola* a Cangrande, mettendo in contrapposizione la trama tipica della commedia e quella della tragedia: «La commedia comincia con la narrazione di situazioni difficili, ma la sua materia termina felicemente». E in effetti, la commedia di Dante comincia male (all'Inferno) e finisce bene (in Paradiso). Ma non è inverosimile che, specie avviando la stesura dell'*Inferno*, Dante pensasse alla commedia in senso soprattutto **retorico e stilistico**: cioè come un termine che definiva il **registro espressivo** della sua opera. "Comico" sta allora a indicare uno stile basso, grottesco e realistico (in opposizione alla tragedia, termine che invece definisce uno stile alto e sublime). E anche quando, nel *Purgatorio* e nel *Paradiso*, lo stile cambia e diventa più elevato, in fondo il poema nel suo complesso rimane comico, cioè **caratterizzato da un linguaggio mescolato e multiforme**, corrispondente all'ampiezza straordinaria delle situazioni descritte e alla varietà dei personaggi incontrati.

I numeri del testo Strutturalmente l'opera obbedisce a una **organizzazione attentissima, fondata su esatte corrispondenze numerologiche**. Tre sono le cantiche, una per ogni regno oltremondano, e ciascuna cantica si costituisce di 33 canti, a cui ne va aggiunto uno iniziale (ambientato in terra, nella selva del peccato) che funziona da introduzione generale: in totale si tratta perciò di 100 canti. Il numero tre, ovvio riferimento alla Trinità, fonda anche la struttura metrica del poema: la **terzina incatenata**, o **terzina dantesca** (ABA, BCB, CDC ecc.).

Un'altra corrispondenza numerologica riguarda i **sesti canti** delle 3 cantiche (anche qui: 6, cioè 3 più 3), tutti di **carattere politico**, in omaggio anche al libro sesto dell'*Eneide*, in cui Virgilio narrava la discesa di Enea nel regno dei morti, e profetizzava la futura grandezza dell'Impero di Roma.

La data del viaggio Il viaggio si svolge in coincidenza della **Pasqua del 1300** (10 aprile): altre ipotesi lo fissano in prossimità del 25 marzo (data dell'incarnazione di Cristo), che nel calendario fiorentino antico segnava l'inizio del nuovo anno. Dante e Virgilio fanno il loro ingresso attraverso la porta dell'Inferno la mattina del Venerdì santo e sbucano sulla spiaggia del Purgatorio all'alba del giorno di Pasqua: l'ascesa della montagna del Purgatorio dura quattro giorni e il mercoledì 13 i due viandanti si trovano nel Paradiso terrestre. Non è invece possibile determinare - perché Dante cancella intenzionalmente ogni riferimento temporale - quanto duri il viaggio fra il Paradiso e l'Empireo, l'ultimo cielo in cui a Dante è accordata la visione diretta della Divinità.

La scelta di collocare la data del viaggio nella primavera del 1300 obbedisce a più ragioni. Innanzitutto, come si ricava dal canto I dell'*Inferno*, **il 1300 coincide con la metà precisa della vita di Dante** (stimata sui 70 anni, corrisponde a 35): è un tempo cruciale, che segna il passaggio dalla giovinezza alla piena maturità e che pertanto implica il bisogno di compiere un bilancio esistenziale - negativo, nel caso di Dante - e di perseguire la ricerca del bene e della propria salvezza individuale. Il 1300 è però anche una data di significato universale, essendo l'**anno del Giubileo** indetto da Bonifacio VIII: il Giubileo indica la necessità di un mutamento di vita, di una conversione al bene, che investe l'intera umanità. Il viaggio si colloca dunque al crocevia fra ragioni personali e collettive: la *Commedia* intende essere un annuncio di salvezza indirizzato a tutti gli uomini, oltre che l'esempio del duro travaglio compiuto da un uomo, Dante, per liberare la sua anima dal peccato.

Il viaggio nei tre regni

Lo schema dei tre regni

Il racconto della *Commedia*: *Inferno* L'**Inferno** è una **voragine a forma di imbuto**, che si apre sulla superficie terrestre per sprofondare fino al centro della terra. È suddivisa in **9 cerchi** che progressivamente si restringono via via che ci si avvicina alla regione più profonda, dove **Lucifero** è intrappolato in un lago ghiacciato, a cui Dante dà il nome di uno dei fiumi infernali della tradizione classica, **Cocìto**.

Avanzare fisicamente verso le zone più basse e anguste dell'imbuto comporta una **progressiva discesa verso colpe sempre più gravi**: si parte dal peccato di lussuria per arrivare al tradimento dei benefattori, secondo Dante la colpa più grave che un uomo possa commettere. Tuttavia, il racconto non comincia dal cerchio dei lussuriosi: dopo l'**esordio nella selva oscura** (canto I) e il passaggio attraverso le porte infernali, si entra in una sorta di **Antinferno** che raccoglie le anime degli ignavi (coloro che non seppero scegliere né il bene né il male), rifiutati sia dal Cielo sia dall'Inferno (canto III). Alla fine del canto III, Dante incontra il primo ostacolo alla sua discesa, **Acheronte**, un fiume infernale, e il primo demone, il barcaiolo **Caronte**, che all'inizio si oppone, ma inutilmente, al passaggio di un'anima viva sulla nave dei dannati.

Varcato l'Acheronte, il **primo cerchio infernale** è il **Limbo**, riservato a quanti sono morti senza battesimo o prima della venuta di Cristo (canto IV: qui troviamo i grandi scrittori latini e greci - Virgilio è tra questi - e i grandi filosofi non cristiani): essi non soffrono per pene specifiche che siano loro inflitte, ma per l'impossibilità di godere della presenza di Dio.

All'inizio del canto V i due viandanti passano davanti a **Minosse**, il giudice infernale che assegna a ogni anima la sua destinazione finale, e scendono nel secondo cerchio, il primo dove i dannati sono sottoposti a una vera e propria punizione fisica.

I cerchi dal secondo al quinto (canti V-IX) sono occupati dagli **incontinenti**, da coloro cioè che non hanno saputo dominare gli istinti: i **lussuriosi** nel secondo cerchio (canto V), i **golosi** nel terzo (canto VI), nel quarto **avari e prodighi** (canto VII), nel quinto, immersi nella palude Stigia, gli **iracondi** (canto VIII). Fra il quinto e il sesto cerchio si distendono le mura della città di Dite, che fa da confine tra l'Inferno degli incontinenti e quello dei **maliziosi**, cioè di coloro che peccarono non lasciandosi trascinare dagli istinti, ma usando perversamente la loro intelligenza. Così nel sesto cerchio sono collocati gli **eretici** (canti X-XI); nel settimo, a sua volta suddiviso in 3 gironi, gli **assassini e rapinatori** (violenti contro gli altri, canto XII), i **suicidi** (violenti contro se stessi, canto XIII), i **bestemmiatori** (violenti contro Dio, canto XIV), i **sodomiti** (violenti contro natura, canti XV-XVI), gli **usurai** (che fanno soldi con i soldi, e quindi fanno violenza al disegno di Dio, che vuole che l'uomo si guadagni da vivere con il suo lavoro, canto XVII).

L'ottavo cerchio, detto Malebolge, è suddiviso a sua volta in 10 vallette concentriche separate da pareti rocciose (le *bolge*, appunto) e vi sono puniti coloro che hanno commesso **peccati di frode**, ovvero, che hanno usato il loro ingegno per imbrogliare il prossimo: **ruffiani** (prima bolgia, canto XVIII), **adulatori** (seconda bolgia, canto XVIII), **simoniaci**, ovvero coloro che hanno fatto traffico venale di cose sacre (terza bolgia, canto XIX: il nome viene da Simon Mago, che secondo gli *Atti degli Apostoli* cercò di comprare da san Pietro il potere di fare miracoli), **maghi e astrologi** (quarta bolgia, canto XX), **barattieri**, ossia i politici corrotti, che barattano, o scambiano, favori per denaro (quinta bolgia, canti XXI-XXII), **ipocriti** (sesta bolgia, canto XXIII), **ladri** (settima bolgia, canti XXIV-XXV), **consiglieri di frode** (ottava bolgia, canti XXVI-XXVII), **fautori di divisioni politiche e di scismi** (nona bolgia, canto XXVIII), **falsari** (decima bolgia, canti XXIX-XXX).

▸ William Blake, *Minosse*, illustrazione per *Inferno*, canto V, 1824-27, penna e acquerello su matita e gesso nero (Melbourne, National Gallery of Victoria).

Nel canto XXXI un pozzo profondo, vigilato dai giganti dell'antica mitologia, porta al nono e ultimo cerchio, costituito dal lago ghiacciato di Cocìto, dove si punisce la colpa più grave, il **tradimento**. Le quattro zone del cerchio (Caina, Antenòra, Tolomea, Giudecca) contengono, nell'ordine, **traditori** dei parenti (canto XXXII), della patria (canti XXXII-XXXIII), degli ospiti (canto XXXIII), dei benefattori (canto XXXIV). Al centro del lago di ghiaccio (e quindi proprio al centro della terra) si trova **Lucifero**, il più grande peccatore mai esistito, che rispose all'amore di Dio creatore con l'odio e la ribellione.

Il racconto della *Commedia*: *Purgatorio* Il Purgatorio presenta un'**architettura simmetrica**, ma inversa rispetto all'Inferno e molto più semplice. Innanzitutto il Purgatorio non è una voragine, ma al contrario una **montagna**, che si erge altissima in mezzo all'oceano al di là delle colonne d'Ercole, sulla cui sommità si trova il **Paradiso terrestre**. Come l'Inferno, si suddivide in **7 cornici** (canti X-XXVII), dove le anime espiano le loro colpe, che non sono però così esattamente dettagliate come quelle dei dannati. Anche qui c'è una sorta di zona neutra iniziale, l'**Antipurgatorio**: una landa compresa fra la spiaggia del Purgatorio (canti I-II) e la prima cornice (canti III-IX), dove si trovano le anime degli **scomunicati**, di coloro che si sono **pentiti solo in punto di morte** e dei **prìncipi indolenti**, i quali devono espiare più a lungo, prima di salire la montagna fino al Paradiso terrestre. Nelle 7 cornici le colpe sono punite secondo un principio inverso rispetto a quello dell'Inferno: via via che ci si avvicina alla vetta, i peccati sono di entità più lieve. Nell'ordine, troviamo prima coloro che hanno peccato perché hanno indirizzato il loro **amore verso oggetti sbagliati** (prime tre cornici: superbia, canti X-XII; invidia, canti XIII-XIV; ira, canti XV-XVI); poi quanti hanno perseguito il bene con eccessiva indolenza, ossia gli **accidiosi** (quarta cornice, canti XVII-XVIII); infine quanti hanno indirizzato il loro **amore verso beni imperfetti**, quelli terreni (ultime tre cornici: avarizia, canti XIX-XXI; gola, canti XXII-XXIV; lussuria, canti XXV-XXVII).

Gli ultimi 6 canti (XXVIII-XXXIII) sono ambientati nel **Paradiso terrestre**, dove le anime passano attraverso gli ultimi riti di purificazione, immergendosi nelle acque del fiume Letè (che cancella la memoria del male commesso) ed Eunoè (che fa ricordare il bene che uno ha fatto in terra); così purificate, le anime possono finalmente spiccare il volo verso il Cielo.

◂ Renato Guttuso, *I golosi*, 1970, acquerello, da *Il Dante di Guttuso*, *Purgatorio*, canto XXIII (Mondadori, Milano 1970).

GRANDANGOLO Misurare l'aldilà

In tutto il suo poema, ma specialmente nell'*Inferno*, Dante cerca continuamente di dare al suo lettore l'impressione veridica di una realtà concreta, tangibile, misurabile. Questa tendenza ha generato, nel tempo, una vera e propria tradizione di rappresentazioni grafiche dell'aldilà, e specie dell'imbuto (o "cartoccio", come si disse in antico) infernale. Tanto più che il poeta stesso dissemina nel suo testo indicazioni di misura che hanno tutto l'aspetto dell'esattezza, scatenando, specie fra il Quattrocento e il Seicento, una vera e propria ossessione di "misurare" l'Inferno. Il primo che ci provò fu **Filippo Brunelleschi** (1377-1446), l'architetto della cupola di Santa Maria del Fiore, a Firenze; ma i suoi calcoli non ci sono arrivati. Fu poi la volta di un seguace di Brunelleschi, **Antonio Manetti** (1423-97), le cui elucubrazioni ci sono state tramandate da Girolamo Benivieni nel suo *Dialogo di Antonio Manetti a Benedetto suo fratello*, 1506; di **Pierfrancesco Giambullari** (1495-1555) e di molti altri, fino a **Galileo Galilei**.

Dalle dispute antiche si è potuto concludere, per esempio, che Satana sporge «da mezzo il petto» sulla ghiaccia del Cocito per la bellezza, secondo calcoli diversi, di circa 265 o 408 metri: rispetto a questa altezza appare improbabile che Dante possa arrivare a scorgere, sporgenti dalle tre bocche sataniche, Giuda, Cassio e Bruto...
In realtà, fino dai primi "calcolatori" dell'Inferno è stato chiaro che le misure indicate da Dante non sono coerenti. Come disse Galileo, l'Inferno stesso, nel suo insieme, fisicamente non si regge:

> Veggiamo se tal fabbrica può reggersi; che, al parer mio, troveremo non potere, perché, ponendo esso che il burrato [l'ultima voragine infernale] si alzi su con sponde equidistanti tra di loro, si troveranno le parti superiori prive di sostegno che le regga, il che essendo indubitamente rovineranno.

Di queste incoerenze e debolezze strutturali della "fabbrica" dantesca sono state offerte molte interpretazioni: la più convincente è che Dante scrive non come un ingegnere, ma come un poeta, e ci vuole perciò fornire l'illusione puntuale della verità, senza avere l'intenzione di comporre le sue informazioni in un sistema davvero compatibile con le leggi della fisica o della geologia.

▲ Antonio Manetti, *La tana di Gerione*, xilografia, 1506 (Cornell University Library).

▲ Pierfrancesco Giambullari, *Del sito, forma e misure, dello Inferno di Dante*, forma universale dell'Inferno, 1544, incisione.

Il racconto della *Commedia*: *Paradiso* Il Paradiso ripete, in apparenza, la struttura degli altri due regni oltremondani. Anche qui, infatti, le anime appaiono distribuite in 9 sezioni, che corrispondono a **nove cieli**: sette corrispondenti ai pianeti del cosmo così come Dante lo immaginava, sulla scorta della cosmologia di Tolomeo, più un ottavo (il cielo delle stelle fisse, cioè delle costellazioni) e il cielo cristallino, o Primo Mobile, oltre il quale si entra nell'Empireo, il luogo "non luogo", oltre il tempo e lo spazio, destinato alla visione diretta di Dio. Tuttavia, a differenza dell'Inferno e del Purgatorio, le anime del Paradiso non risiedono nei cieli in cui Dante le vede: in realtà, esse stanno tutte insieme nell'Empireo, **di fronte a Dio**; solo per una grazia speciale esse scendono di volta in volta nei singoli cieli, espressamente per incontrare Dante e parlare con lui. L'organizzazione di questo terzo regno, come la vede e la racconta Dante, non corrisponde a una vera e stabile "geografia" paradisiaca.

▲ Salvador Dalí, *L'Angelo custode*, illustrazione per *Purgatorio*, canto II, 1960, xilografia.

Comunque anche qui Dante incontra le anime dei beati in luoghi significativi, ovvero nei cieli dei pianeti dai cui influssi esse hanno tratto l'inclinazione particolare delle loro esistenze e per così dire la "qualità" della loro santità (canti I-XXII). Ecco allora che nel primo cielo, della luna, si trovano le anime di quelli che hanno **mancato in tutto o in parte ai loro voti per colpa di altri** (canti III-V); nel secondo, il cielo di Mercurio, gli **spiriti attivi**, cioè le anime di coloro i quali hanno agito bene, ma cercando fama e gloria terrena (canti V-VII); nel terzo cielo, di Venere, quelle di coloro che hanno **rivolto al bene il desiderio d'amore** (canti VIII-IX); nel quarto cielo, del sole, le **anime dei sapienti** (canti X-XIV); nel quinto cielo, di Marte, le anime di coloro che hanno **combattuto e sono morti per la fede** (canti XIV-XVIII); nel sesto cielo, di Giove, le **anime dei giusti** (canti XVIII-XX); il cielo di Saturno, il settimo, ospita le anime dei **contemplativi** (canti XXI-XXII).

Oltrepassato il settimo cielo (nella seconda parte del canto XXII), Dante arriva nell'ottavo cielo, delle Stelle fisse (canti XXIII-XXVII). Qui assiste al trionfo di Cristo e di Maria (canto XXIII e XXVII), incontra san Pietro, san Giacomo e san Giovanni (dai quali viene esaminato rispettivamente sulla fede, la speranza, la carità) e vede le anime illuminate dallo splendore di Cristo; quindi passa nel cielo cristallino o **Primo Mobile**, dove si svolge il trionfo delle gerarchie angeliche (canti XXVIII-XXIX), per approdare in ultimo all'**Empireo** (XXX). Nell'Empireo Dante può vedere **tutte le anime riunite insieme** (in forma di una candida rosa), così come appariranno dopo la Resurrezione finale, nello splendore della loro carne redenta. Infine, nell'ultimo canto della *Commedia*, Dante, grazie alla mediazione della Vergine Maria, è ammesso alla **contemplazione diretta del mistero della Trinità**.

Temi, personaggi e lingua

La legge del contrappasso Nell'aldilà dantesco le anime ottengono **punizioni o premi in funzione dei loro meriti**. Tuttavia, tale norma distingue nettamente il Paradiso dall'Inferno e dal Purgatorio.

Nell'Inferno, come nel Purgatorio, le anime sono soggette a una **pena**, che nell'Inferno rappresenta una sorta di **vendetta eterna** (la dannazione sarà anzi più grave dopo il Giudizio universale e la resurrezione dei corpi), mentre nel Purgatorio è **transitoria**: serve per purificare le anime e termina con la loro ascesa in cielo. La legge che nei primi due regni governa il rapporto fra colpa e pena viene definita da Dante

«contrappasso» (*Inferno*, XXVIII, v. 142): ogni anima dannata o penitente soffre una punizione che corrisponde, per simiglianza o per contrasto, alla colpa commessa. Per esempio, gli ignavi del canto III dell'*Inferno*, che in vita non si impegnarono per nessuna causa, né buona né cattiva, adesso sono costretti a inseguire uno stendardo (vuoto) che fugge senza meta davanti a loro: e siccome non hanno sudato o versato sangue per nessun ideale, sono tormentati da mosche che li pungono e il loro sangue, misto al sudore, è divorato a terra da vermi, a testimonianza della completa inutilità della loro sofferenza. E, analogamente, i lussuriosi, che in vita si lasciarono sopraffare dalla tempesta della passione, adesso sono sbattuti e tormentati da un vero, violento uragano; gli indovini, che osarono sostituirsi alla Provvidenza divina pretendendo di spingere il loro sguardo nel futuro, sono orribilmente storpiati, con le teste all'indietro; e così via.

In Purgatorio, le punizioni sono **meno violente**: ma anche qui, per esempio, i superbi sono costretti a umiliarsi, letteralmente, procedendo a fatica sotto il peso di enormi massi che gravano loro sulla schiena; i golosi sono sottoposti a una tormentosa fame e sete; gli invidiosi, che guardarono malignamente il loro prossimo, hanno le palpebre cucite di fil di ferro; e così via.

In Paradiso invece il contrappasso non ha più ragione di esistere: rimane soltanto una somiglianza fra la qualità del pianeta che ha esercitato il suo più potente influsso sulle anime beate, e la **qualità del loro carattere**, ovvero del modo con cui, nelle loro vite, si sono conquistate la felicità eterna del Paradiso.

Le guide di Dante: Virgilio... Dante non compie il suo viaggio da solo: **Virgilio lo guida nell'Inferno e in Purgatorio**, fino all'incontro con Beatrice sulla sommità della montagna del Purgatorio; da quel momento sarà lei a diventare la sua nuova guida. Si tratta di due scelte sorprendenti. Come mai, infatti, Dante sceglie un poeta pagano per farsi guidare nelle prime due sezioni del suo viaggio? Non sarebbe stato più indicato un santo cristiano, un angelo, una creatura comunque esperta dell'itinerario di salvezza che Dante deve perseguire? Perché – non dimentichiamolo – **Virgilio** è un'**anima del Limbo**, cioè del primo cerchio infernale: è un "non-salvato", anche se la sua unica colpa consiste nel non aver potuto conoscere Cristo in tempo e la sua punizione (come per le altre anime del Limbo) consiste soltanto in un'infinita nostalgia per la Grazia divina che egli non ebbe il bene di ricevere. Ma è evidente che, scegliendo Virgilio, Dante vuole farsi guidare dalla **creatura più alta e perfetta che la civiltà di Roma avesse potuto produrre**: ovvero, la civiltà che, secondo Dante, rappresenta il culmine di ciò che l'umanità può raggiungere senza la Rivelazione divina, con le sole risorse di intelligenza e di ragione. Così, Dante sceglie Virgilio come guida nella *Commedia* non *nonostante* egli sia un poeta pagano, ma proprio *perché* egli è un poeta pagano: **Virgilio incarna la bontà** (pur insufficiente) **che l'uomo può perseguire da solo**.

▾ Maestro Napoletano, *Dante, Virgilio, la selva oscura e le tre fiere*, miniatura per il canto I dell'*Inferno* da un manoscritto del 1370 (Londra, The British Library).

Ciò spiega anche lo sviluppo del personaggio di Virgilio, nel passaggio dall'Inferno al Purgatorio, via via che ci si avvicina al Paradiso terrestre e al "cambio di guardia" con Beatrice. Mentre all'Inferno Virgilio è maestro affidabile e autorevole, superiore per sapienza e moralità ai dannati, in Purgatorio egli si trova di fronte una realtà spesso imbarazzante: non solo Dante, il suo discepolo, ma tutte le altre anime che incontra sono destinate alla salvezza; mentre lui no. In questa contraddizione consiste però la grandezza poetica del personaggio, che Dante delinea con straordinaria delicatezza, anche nei suoi momenti di inadeguatezza, esitazione, malinconia.

... e Beatrice Anche fare di Beatrice la propria **guida, dal Paradiso terrestre all'Empireo**, è da parte di Dante una mossa molto audace. Beatrice non è una santa ufficialmente riconosciuta, non è una vergine consacrata, non ha alcuna delle qualità che, normalmente, la potrebbero abilitare alla funzione attribuitale da Dante. È l'amore del poeta che ha fatto di lei un «miracolo» in terra - nella *Vita nuova* - e che adesso, nella *Commedia*, la trasforma in un'**anima dotata di immensa sapienza**. Nel *Paradiso* Beatrice diviene scienziata, filosofa, teologa, capace di spiegare i più ardui misteri della fede, della fisica e della metafisica. Se si pensa al ruolo delle donne nella tradizione teologica della Chiesa cattolica (pressoché nullo, tranne alcune grandi eccezioni), o anche semplicemente alla loro "normale" esclusione dall'alta cultura nella società del tempo, si può capire ancora meglio l'ardire con cui Dante trasforma l'innamorata della sua gioventù in un'autorità capace di trattare da pari a pari con le grandi figure della sapienza biblica, con gli apostoli, con i grandi pensatori, cristiani e non, d'ogni tempo.

Il plurilinguismo Lo stile di Dante è plurilingue. Nella *Commedia*, infatti, confluisce tutta una **pluralità di registri, stili, codici linguistici**: si va dall'osceno («e fe' del cul trombetta») al sublime («amor che move il sole e l'altre stelle»), dal domestico («Mai non l'avrei riconosciuto al viso») al dottrinale («Anzi è formale ad esto beato esse»), dal neologismo («s'io m'intuassi come tu t'immii») alla parola di uso dialettale («Issa ["Adesso"] vegg'io», lucchesismo attribuito a Bonagiunta da Lucca). D'altronde Dante stesso è consapevole della necessità di un linguaggio esteso su una **gamma espressiva vastissima**: dopo tutto, come si può pensare di rappresentare gli orrori dell'Inferno, la speranza del Purgatorio, la beatitudine infinita del Paradiso, usando sempre la stessa lingua? Così, all'Inferno Dante si augura di poter trovare «rime aspre e chiocce» ("dure e stridule") per descrivere il «tristo buco», cioè il fondo dell'abisso infernale; ma in Paradiso egli chiede a Dio stesso una lingua così sublime da poter descrivere il trionfo dei beati: «O isplendor di Dio, per cu'io vidi / l'alto triunfo del regno verace, / dammi virtù a dir com'io il vidi!» (*Inferno*, XXX, 97-99).

D'altra parte, il plurilinguismo dantesco è richiesto anche dalla **straordinaria varietà di personaggi** che Dante incontra lungo il suo viaggio. Egli non li fa parlare tutti con la stessa lingua, anzi, per ciascuno trova **accenti emotivi e registri espressivi diversi**. Francesca parla la lingua dell'amor cortese; Pier delle Vigne usa la retorica elaborata che gli era familiare come cancelliere dell'imperatore Federico; Oderisi da Gubbio, celebre miniatore, usa i termini tecnici della sua arte; Piccarda, la vergine smonacata a forza, chiude pudicamente la violenza che le fu fatta in un linguaggio di pacato, cristiano perdono. In tal modo ogni personaggio della *Commedia* è individuato non solo attraverso la sua vicenda e la sua psicologia, ma anche attraverso la voce che Dante inventa per ciascuno di loro.

GUIDA ALLO STUDIO

1. In quali anni è stata scritta la *Commedia*? Perché Dante sceglie proprio questo titolo?
2. Quando si svolge il viaggio di Dante nell'aldilà?
3. Quali sono le principali corrispondenze numerologiche della *Commedia*?
4. In che cosa consiste la legge del contrappasso?
5. Chi sono le guide di Dante?
6. In che cosa consiste il plurilinguismo della *Commedia*?

A COLPO D'OCCHIO — **La *Commedia***

Didattica INCLUSIVA

la composizione

la *Commedia* fu composta a partire dall'*Inferno* (1306-09), proseguendo con il *Purgatorio* (1309-13) e poi con il *Paradiso* (1313); pubblicato dai figli nel 1322

il viaggio

- Pasqua del 1300 (10 aprile)
- tra il Venerdì santo e il mercoledì successivo, Dante attraversa Inferno e Purgatorio
- non ci sono indicazioni temporali per quanto riguarda il Paradiso

corrispondenze numerologiche

- 3 cantiche, ognuna di 33 canti (più uno introduttivo ambientato sulla terra)
- il metro è la terzina incatenata
- il sesto canto di ogni cantica è dedicato a un argomento politico

L'*Inferno*

▸ T *Inferno*, VI
▸ T *Inferno*, XIII
▸ T *Inferno*, XV
▸ T *Inferno*, XXII
Lo schema dei tre regni

La struttura dell'*Inferno* La discesa nell'abisso infernale costituisce il primo tratto del viaggio di Dante nell'aldilà. Qui egli incontra le anime dannate, che scontano per l'eternità le conseguenze non tanto dei loro peccati, ma del **non essersi volute pentire** di essi. Infatti, anche in Purgatorio, e poi in Paradiso, Dante incontrerà dei peccatori; ma saranno peccatori che hanno fatto ricorso in tempo alla misericordia divina.

Dante scrittore e Dante personaggio Lo **scopo** di questa discesa di Dante nel regno del male è **didattico e conoscitivo**. Dante deve rendersi conto dei criteri che la giustizia divina adopera nel comminare le sue pene; deve per prima cosa istruirsi anche lui sul sistema giudiziario e morale a cui risponde la vita di un cristiano. Tuttavia, non si tratta evidentemente di un viaggio soltanto intellettuale, ma di un'**esperienza altamente emotiva**. Il Dante scrittore si oggettiva e si proietta in un Dante personaggio che si comporta come un vero **carattere narrativo**, **romanzesco**, e che non è soltanto il portavoce di una lezione di catechismo. Dante, nel testo, agisce pertanto con grande e anche contraddittoria libertà: simpatizza, si irrita, si sdegna, compatisce, sviene, impreca...

L'orrore e la pietà Ma i due sentimenti e le due esperienze morali su cui si fonda tutto l'impianto dell'Inferno dantesco sono l'orrore e la pietà. Ambedue intendono avere una **funzione didattica e pedagogica**: il contatto con il peccato e con la sua punizione deve far scattare nel visitatore una repulsione educativa, che lo ammonisca a non commettere lui quelle colpe che vede così orrendamente castigate.

Il primo sentimento di reazione è dunque, deve essere, l'**orrore**. Un orrore spesso anche fisico, di fronte a un Inferno che si presenta come una sterminata camera di tortura, dove i dannati sono sottoposti alle pene fisiche più sanguinarie e ripugnanti (immersi nel sangue bollente, nello sterco, nella pece, mutilati di continuo da un diavolo squartatore, infettati dalle malattie più schifose ecc.). Ma l'orrore non basta. Connaturata all'esperienza dell'Inferno è la **pietà**. Talvolta questo sentimento, che Dante anche qui si prende la libertà di provare in modo vario a seconda dei peccati e dei peccatori, ma che è sempre virtualmente presente, è sembrato contraddittorio con l'intenzione e il senso dell'opera. Perché Dante sviene di fronte a Paolo e Francesca? Perché esibisce tanta affettuosa solidarietà di fronte a Brunetto Latini? Perché gli viene da piangere di fronte alla pena degli indovini? Certo non perché egli sia in disaccordo con la giustizia divina che ha condannato quei peccatori a quella punizione. Ma, molto più semplicemente, perché **l'Inferno è per Dante l'esperienza del male.** E il male non fa solo paura e orrore. Perché la lezione dell'Inferno possa essere efficace, bisogna che Dante **si identifichi** - parzialmente, potenzialmente - con i peccati che vede, con le condanne di cui è testimone. Bisogna che egli si identifichi, almeno un po', con i dannati e il loro destino; bisogna che egli li compatisca, che ne abbia **compassione e pietà.** Solo così quel male e quel peccato non saranno un'esperienza aliena, incomprensibile, che non lo tocca: ma un pericolo imminente, da cui guardarsi. Sarebbe facile respingere lontano da noi il male come cosa che non ci appartiene e che non ci riguarda. La pietà di Dante all'Inferno significa, invece, che **il male è vicino a ciascuno di noi**, e nessuno può sentirsene esente. Che in ciascuno di noi si annida, forse, un dannato. Che le anime d'Inferno erano - e sono ancora, in fondo - come noi.

GUIDA ALLO STUDIO

1. Come è fatto l'Inferno di Dante?
2. Secondo quale principio sono collocate le anime nell'Inferno?
3. In che senso il viaggio di Dante è un'esperienza altamente emotiva?
4. Come si intersecano, nell'esperienza di Dante all'Inferno, il sentimento di orrore e quello della pietà?

◂ Robert Rauschenberg, canto V, secondo girone, i lascivi. Dalla serie *Trentaquattro illustrazioni per l'Inferno di Dante*, 1958 (New York, Museum of Modern Art).

Quello di Rauschenberg è un Dante visto attraverso l'immaginazione di un artista che, in quegli anni, stava fondando la Pop Art, basata anche su tecniche innovative, come la combinazione di disegni, acquerelli, immagini tratte da riviste illustrate. «Io penso» dichiarò Rauschenberg «che una pittura assomiglia di più al mondo reale, quando è fatta col mondo reale». In questa tavola del canto V campeggia un vortice astratto, simbolo della «bufera infernal, che mai non resta».
In alto a sinistra emergono figurine, come l'uomo con l'asciugamano ai fianchi, in funzione di contrappunto ironico e comico, nonché un paio di corna demoniache (forse Minosse).

Come si legge...

LEGGERE CON METODO

La *Commedia*

Anche se scritta in versi, la *Commedia* è un **testo narrativo**, con una storia, uno spazio e un tempo, dei personaggi. D'altra parte, è anche un **testo di alta poesia**, un'**enciclopedia**, in cui Dante ha riversato il suo sapere, e un **testo allegorico**, in cui convivono più significati.

LE STRUTTURE NARRATIVE

- Siamo abituati a leggere Dante canto per canto; anzi, c'è un'illustre tradizione di *Lecturae Dantis* che spiegano la *Commedia* secondo l'unità narrativa costituita appunto dal singolo canto. Ma la *Commedia* in realtà è un **poema**, che richiede (richiederebbe) di essere letto nella sua continuità narrativa. Una delle straordinarie qualità narrative di Dante consiste infatti nel **"montaggio"** dei canti, cioè nel rapporto tra la fine di un canto e l'inizio di quello successivo.
- La *Commedia* presenta una duplice difficoltà di lettura: la **lingua**, che in certi casi è lontana dall'uso moderno (ma non quanto si potrebbe pensare); la ricchezza dei **riferimenti storici e culturali**. Le note consentono di cogliere il significato letterale del testo.
- Ogni canto della *Commedia* è organizzato in modo diverso. Conviene orientarsi innanzitutto verificando se il racconto è continuo o articolato in sequenze.
- La *Commedia* è anche un **testo autobiografico**, che racconta, in prima persona, le vicissitudini dell'autore. Come in ogni testo autobiografico, c'è una distanza fra **narratore** e **protagonista**. Cerca di mettere a fuoco soprattutto le reazioni, i comportamenti, le emozioni di Dante come personaggio della storia. Per il personaggio del narratore, tieni presente che mentre nell'*Inferno* e nel *Purgatorio* Dante non ha difficoltà a ricordare e a descrivere il suo viaggio (salvo sottolinearne l'eccezionalità), nel *Paradiso* parte dal presupposto di non poter ricordare quello che ha visto, e di poter restituire una minima parte di ciò che riesce a ricordare.
- La *Commedia* è costituita da una serie di incontri con diversi personaggi. Ogni personaggio va esaminato secondo due criteri: la sua **identità storica** (chi è, che cosa ha fatto); la sua **situazione nell'aldilà**.
- Gli incontri con i personaggi si risolvono sempre in **dialogo**. Si possono così "estrarre" le battute dialogate dal tessuto dei canti, quasi come se fossero un copione teatrale. Questo permette di verificare più attentamente come Dante fa parlare i suoi personaggi: che tipo di linguaggio, di vocabolario, di intonazione, di retorica egli attribuisce a ciascuno di essi. Inoltre, di solito Dante stesso precisa la **gestualità** che accompagna le battute dei personaggi, come se si trattasse di didascalie teatrali: anche questo aspetto è importante per capire meglio come Dante costruisca i caratteri del suo dramma oltremondano.

IL LESSICO

- La caratteristica più evidente del lessico dantesco è il **plurilinguismo**: Dante tocca ogni tasto della lingua, dal linguaggio infantile fino al lessico della filosofia passando per i termini colloquiali, il turpiloquio e la terminologia tecnica. Pur nel generale **pluristilismo**, cioè nella varietà degli stili, nelle tre cantiche sono percepibili alcune differenze di massima. Nell'*Inferno*, la materia e i personaggi turpi prescriverebbero uno **stile basso**. Di fatto, spesso il tono si eleva (molti episodi famosi, dal canto di Francesca a quello di Pier delle Vigne a quello di Ulisse, sono in stile "tragico"); decisamente "comici", in senso medievale, sono i canti di Malebolge. Nel *Purgatorio*, lo stile dovrebbe essere mediano e il tono elegiaco, e spesso è così, soprattutto nella prima parte; di fatto Dante si muove tra **uno stile mediano e uno stile elevato** (un esempio per tutti il canto di Marco Lombardo), sebbene non manchino esempi di stile basso (un esempio è il bestiario del canto XIV). Nel *Paradiso* l'elevatezza della materia fa prevalere lo **stile sublime**; Dante ricorre a frequenti **latinismi** e addirittura ad arditi neologismi.

LE STRUTTURE POETICHE

- La **terzina incatenata** (ABA, BCB, CDC), invenzione di Dante, è un metro dinamico, ideale per condurre la narrazione coniugando rigore e varietà. L'**endecasillabo**, il verso più duttile della poesia italiana, viene piegato da Dante ai più diversi effetti ritmici e sonori, ora scandito e incalzante, ora lento e pensoso. Anche i suoni sposano la materia: ad esempio, negli ultimi canti dell'*Inferno* dominano le «rime aspre e chiocce», ovvero i **suoni volutamente duri**, sgradevoli, fitti di incontri consonantici.
- Nella *Commedia* il periodo tende a coincidere con la **terzina** e la frase o il sintagma con il **verso**; gli *enjambement* sono poco frequenti, ma significativi.
- È fittissima la presenza di **figure retoriche**, che Dante riprende sia dalla tradizione poetica romanza sia direttamente dai classici latini, in particolare Virgilio. La più significativa, per il numero di occorrenze e il ruolo assunto, è la **similitudine** (ne compaiono, a quanto pare, 597). Le similitudini dantesche non sono un ornamento retorico, ma svolgono un **ruolo strutturale**: contribuiscono a creare l'atmosfera del canto, rendono evidente e concreto ciò che rimarrebbe generico e astratto (ruolo particolarmente importante nelle rarefatte atmosfere del *Paradiso*), esprimono il tema del canto.

T14

Inferno, I

Nella «selva oscura»

AUDIOLIBRO

Anno: 1306-09

Metro: terzine incatenate con schema ABA, BCB, CDC ecc.

Argomento: Dante espone le ragioni del suo viaggio, come introduzione all'intera opera

È il Venerdì di Pasqua del 1300. Siamo in una «selva oscura», metafora evidente dello smarrimento esistenziale e spirituale in cui Dante, a metà della sua vita, è precipitato. Il protagonista cerca inutilmente di trarsi d'impaccio con le proprie forze, ma gli ostacoli (tre spaventose «fiere») sono insormontabili. La comparsa dell'ombra di Virgilio appare allora l'unica via di salvezza.

Nel mezzo del cammin di nostra vita
mi ritrovai per una **selva** oscura,
ché la diritta via era smarrita.

PARAFRASI

vv. 1-3 All'età di 35 anni - quella che è considerata la metà della vita umana - mi ritrovai in una selva oscura, perché avevo smarrito la retta via.

1. **Nel mezzo ... di nostra vita:** all'età di 35 anni. Secondo la Bibbia, infatti, l'uomo vive in media 70 anni (*Salmi*, LXXXIX, 10), e Dante aveva già affermato (*Convivio*, IV, XXIII, 6-10) che il «punto sommo di questo arco» dell'esistenza umana doveva ravvisarsi «tra il trentesimo e il quarantesimo anno», e «ne li perfettamente naturati» (cioè "negli individui di natura più perfetta") «nel trentacinquesimo anno». Dante era nato nel 1265, quindi l'inizio della *Commedia* viene collocato dall'autore nel 1300; più precisamente, come si ricava da altri passi del poema, nella primavera di quell'anno: o la sera del venerdì santo (8 aprile) o più probabilmente del 25 marzo (che era il capodanno fiorentino, detto *Ab incarnatione*, 9 mesi esatti prima del Natale).

2-3. **selva oscura ... diritta via:** simboli, rispettivamente, del peccato e della via del bene.

■ Le parole della tradizione

TROVARE LE PAROLE

▸ **selva**, dal latino ***silva***, indica una "foresta", molto più estesa di un bosco, formata da alberi spontanei.

■ Ne dà una definizione perfetta Cristoforo Landino, uno scrittore quattrocentesco che fu anche commentatore di Dante: «La selva è luogo inculto e ombroso e sanza sole, ha gli alberi spessi e sanza alcun frutto; è abitata da fiere e non da uomini».

■ Nel Medioevo, i boschi erano un luogo di connotazione ambigua: da una parte erano una grande risorsa economica; dall'altra erano sede di pericoli reali e immaginari, rifugio di banditi e di animali selvaggi (primo fra tutti il lupo). Ma erano piuttosto i boschi che circondavano i villaggi a essere sfruttati economicamente: infatti la parola «foresta» deriva dal latino *foris*, "al di fuori", e inizialmente indicava un'area non coltivata, esterna all'abitato.

■ Nella *Commedia* ci sono tre selve, due connotate negativamente, una positivamente: la selva del canto I dell'*Inferno*, allegoria del peccato; l'inquietante selva dei suicidi, popolata dalle arpie e da cagne feroci (*Inferno*, canto XIII); la selva del Paradiso terrestre (*Purgatorio*, canto XXVIII). In contrasto con le morte selve infernali, la selva del Paradiso terrestre (ma Dante significativamente la chiama due volte *selva* e due volte *foresta*) è piena di vita, profumata e allietata dal canto degli uccelli; è la «selva antica», destinata all'uomo prima del peccato originale.

■ Il termine «selva» rimane nel lessico poetico italiano fino ai giorni nostri; è per lo più un luogo intricato, pericoloso, inospitale, territorio di apparizioni malvagie (come la selva incantata della *Gerusalemme liberata* di Torquato Tasso); ma può anche essere luogo incontaminato e arcano, come in questi versi di Salvatore Quasimodo: «Una selva corona le sue acque / e ne avvolge le rive, e le fronde come velo / allontanano l'impeto di Febo». Proprio per influsso della *Commedia* di Dante, e in particolare del canto I, il termine si carica inoltre di valori metaforici: diviene allegoria del male, dell'errore, delle difficoltà dell'esistenza, del caos, di situazioni psicologiche senza via d'uscita.

■ A partire dal Rinascimento, con il nome «Selva» viene designato un particolare genere letterario, costituito da raccolte di poesie, spesso occasionali, di vario metro e svariato argomento, a imitazione delle *Silvae* del poeta latino Stazio, commentate e imitate dall'umanista Angelo Poliziano.

Ahi quanto a dir qual era è cosa dura
esta selva selvaggia e aspra e forte
che nel pensier rinova la paura!

vv. 4-6 Ah! Quanto è arduo (*cosa dura*) dire com'era, questa selva selvaggia e intricata (*aspra*) e impenetrabile (*forte*), che solo a ripensarci rinnova il mio terrore!

Tant' è amara che poco è più morte;
ma per trattar del ben ch'i' vi trovai,
dirò de l'altre cose ch'i' v'ho scorte.

vv. 7-9 Quella foresta è tanto tormentosa (*amara*) che la morte lo è poco di più; ma per parlare del bene che io vi trovai, dirò prima delle altre cose che vi ho incontrato.

Io non so ben ridir com' i' v'intrai,
tant' era pien di sonno a quel punto
che la verace via abbandonai.

vv. 10-12 Io non so bene spiegare (*ridir*) come c'ero entrato [in quella selva]: tanto ero smemorato (*pien di sonno*) al momento in cui abbandonai la via della verità (*la verace via*).

Ma poi ch'i' fui al piè d'un colle giunto,
là dove terminava quella valle
che m'avea di paura il cor compunto,

vv. 13-15 Ma come fui arrivato ai piedi di un colle, là dove terminava quella valle che mi aveva trafitto (*compunto*) il cuore di paura,

guardai in alto e vidi le sue spalle
vestite già de' raggi del pianeta
che mena dritto altrui per ogne calle.

vv. 16-18 sollevai lo sguardo e vidi le sue pendici (*spalle*) già rivestite dei raggi del sole, l'astro (*pianeta*) che con la sua luce conduce senza sbagliare (*dritto*) la gente (*altrui*) per ogni via (*calle*).

Allor fu la paura un poco queta,
che nel lago del cor m'era durata
la notte ch'i' passai con tanta pièta.

vv. 19-21 Allora si calmò un poco la paura che mi era durata nell'intimo del cuore (*nel lago del cor*) tutta la notte precedente, trascorsa con tanto affanno (*pièta*).

E come quei che con lena affannata,
uscito fuor del pelago a la riva,
si volge a l'acqua perigliosa e guata,

vv. 22-24 E come colui che con il fiato corto (*lena affannata*), scampato a riva fuori dal mare (*pelago*), si volta verso le acque minacciose (*perigliosa*, "pericolosa"), a contemplarle (*e guata*),

così l'animo mio, ch'ancor fuggiva,
si volse a retro a rimirar lo passo
che non lasciò già mai persona viva.

vv. 25-27 così il mio animo, a cui sembrava di stare ancora scappando dalla selva (*ch'ancor fuggiva*), si voltò indietro a guardare (*rimirar*) quel passaggio (*passo*), che non aveva mai lasciato uscire persona viva.

---

5. esta ... forte: l'insistita allitterazione («eSta Selva Selvaggia e aSpra») vuole sottolineare la difficoltà e l'intrico della selva («selva selvaggia» è anche figura etimologica e replicazione).
8. ben: il «ben» che Dante troverà nella «selva oscura» è Virgilio, e, attraverso di lui, scorgerà la via d'uscita dalla selva, verso la salvezza. Ma prima dell'incontro con Virgilio, Dante dovrà dire dell'«altre cose» (v. 9), ovvero degli ostacoli, da lui incontrati in quella selva.
11. era: forma comune nella lingua antica, fino all'Ottocento per **ero**. ■ **sonno:** il «sonno» simboleggia lo stato di assenza e cecità della ragione, ottenebrata dal peccato.
12. verace via: è la via del vero, del bene.
17. pianeta: il sole è detto «pianeta» perché, nella cosmologia tolemaica, è un corpo celeste che ruota anch'esso intorno alla Terra; qui è simbolo della luce di Dio, che illumina tutti sulla retta via.
20. lago del cor: il «lago» è, nella lingua antica, la cavità interna dove il sangue si raccoglie, e da dove viene reimmesso in circolo.
21. pièta: forma comune, in antico, in alternativa a «pietà» (che in genere però ha il significato moderno di "compassione").
24. guata: nell'uso antico e dantesco, è più intenso del semplice «guardare».
25. l'animo ... fuggiva: vuole dire che il corpo si era fermato (a contemplare la selva da cui era appena uscito), ma l'animo aveva ancora l'impressione di fuggire, credeva a malapena di essere scampato al pericolo.
26-27. lo passo ... viva: è la selva stessa, da cui nessuno era uscito vivo. Vuole significare che dallo stato di peccato in cui si trovava Dante a metà della sua vita non era possibile tornare alla via del bene; almeno non da soli, come il resto del canto dimostrerà.

La lonza è il primo dei tre animali selvatici che appaiono a Dante, ognuno dei quali rappresenta un vizio dell'animo, un peccato che porta alla perdizione. Anche questa simbologia era abbastanza frequente nell'immaginario dell'uomo medievale, abituato dai bestiari ad associare animali – reali o fantastici, come l'unicorno, simbolo di purezza – a virtù o a vizi umani.

Poi ch'èi posato un poco il corpo lasso,
ripresi via per la piaggia diserta,
sì che 'l piè fermo sempre era 'l più basso.

Ed ecco, quasi al cominciar de l'erta,
una lonza leggera e presta molto,
che di pel macolato era coverta;

e non mi si partia dinanzi al volto,
anzi 'mpediva tanto il mio cammino,
ch'i' fui per ritornar più volte vòlto.

Temp' era dal principio del mattino,
e 'l sol montava 'n sù con quelle stelle
ch'eran con lui quando l'amor divino

mosse di prima quelle cose belle;
sì ch'a bene sperar m'era cagione
di quella fiera a la gaetta pelle

l'ora del tempo e la dolce stagione;
ma non sì che paura non mi desse
la vista che m'apparve d'un leone.

Questi parea che contra me venisse
con la test' alta e con rabbiosa fame,
sì che parea che l'aere ne tremesse.

vv. 28-30 Dopo che ebbi fatto riposare un poco il corpo sfinito dalla stanchezza (*lasso*), ripresi la strada per quel declivio deserto, procurando di appoggiare saldamente il piede che [nel salire] era il più basso.

vv. 31-33 Ed ecco, quasi all'inizio della salita (*erta*), una femmina di leopardo (*lonza*), agile e molto svelta (*presta*), con il suo pelo maculato;

vv. 34-36 e non mi si allontanava (*partia*) di fronte, anzi impediva tanto il mio cammino, che io mi volsi più di una volta indietro [rischiando di ritornare nell'oscurità della selva].

vv. 37-39 Erano le prime ore del mattino, e il sole stava sorgendo in compagnia della costellazione dell'Ariete: quelle stesse stelle che erano congiunte con il sole (*con lui*) quando l'amore divino

vv. 40-42 creò da principio la bellezza del firmamento (*quelle cose belle*); così che mi davano ragione di ben sperare, riguardo a quella fiera selvatica dalla pelle screziata (*gaetta*),

vv. 43-45 l'ora e la dolce stagione primaverile; ma non tanto che non mi facesse paura la vista di un leone, apparso all'improvviso.

vv. 46-48 Questi sembrava che mi venisse addosso (*contra me*) con la testa alta, famelico e feroce (*con rabbiosa fame*), tanto che pareva che l'aria stessa, intorno, ne tremasse.

▸ Dante appena uscito dalla selva oscura, e in vista del colle solatìo, incontra prima le belve e poi Virgilio, scene dal I canto dell'*Inferno*, pagina miniata, XIV secolo.

29. piaggia: il declivio intermedio fra la pianura e l'altura vera e propria; qui, fra la selva, che giace in basso, al buio, e il «colle» visto di sopra, baciato dai raggi del primo sole.

30. sì che 'l piè ... basso: verso molto discusso, ma che sembra alludere semplicemente al fatto che Dante sta affrontando l'inizio della salita più ripida (il «cominciar de l'erta», v. 31); forse con troppa ingenua baldanza, senza tenere conto della forza d'abitudine dei suoi peccati, simboleggiati dalle tre fiere che gli sbarrano subito il passo.

Ed una lupa, che di tutte brame
sembiava carca ne la sua magrezza,
e molte genti fé già viver grame,

vv. 49-51 E una lupa, che sembrava portare, impressi nella sua magrezza, i segni di tutte le sue cupidigie (*brame*), e che già afflisse (*fé ... viver grame*) tanta gente,

questa mi porse tanto di gravezza
con la paura ch'uscia di sua vista,
ch'io perdei la speranza de l'altezza.

vv. 52-54 costei mi angosciò talmente (*mi porse tanto di gravezza*), con la paura che ispirava la sua vista, che io persi la speranza di poter raggiungere l'alto [del colle].

E qual è quei che volontieri acquista,
e giugne 'l tempo che perder lo face,
che 'n tutti suoi pensier piange e s'attrista;

vv. 55-57 E come colui [un avaro o un giocatore], che si allieta dei suoi acquisti, e quando viene invece il momento di perdere ciò che ha guadagnato, si dispera profondamente dentro di sé,

tal mi fece la bestia sanza pace,
che, venendomi 'ncontro, a poco a poco
mi ripigneva là dove 'l sol tace.

vv. 58-60 così mi fece quella bestia implacabile (*sanza pace*), che, venendomi sempre più incontro, mi respingeva via via verso il buio della selva (*là dove 'l sol tace*).

Mentre ch'i' rovinava in basso loco,
dinanzi a li occhi mi si fu offerto
chi per lungo silenzio parea fioco.

vv. 61-63 Mentre io stavo precipitando laggiù in basso, ecco che mi comparve dinanzi agli occhi uno, che a causa del suo protratto silenzio poteva sembrare senza voce.

Quando vidi costui nel gran diserto,
«*Miserere* di me», gridai a lui,
«qual che tu sii, od ombra od omo certo!».

vv. 64-66 Quando vidi costui in quella landa desolata (*gran diserto*) gli gridai: «Pietà (*Miserere*) di me! chiunque tu sia, un fantasma (*ombra*) o un uomo in carne e ossa (*omo certo*)!».

Rispuosemi: «Non omo, omo già fui,
e li parenti miei furon lombardi,
mantoani per patrïa ambedui.

vv. 67-69 Egli mi rispose: «Uomo in carne e ossa non sono, ma lo sono stato, e i miei genitori furono lombardi, tutt'e due nativi del mantovano.

Nacqui *sub Iulio*, ancor che fosse tardi,
e vissi a Roma sotto 'l buono Augusto
nel tempo de li dèi falsi e bugiardi.

vv. 70-72 Nacqui sotto il potere di Giulio Cesare (*sub Iulio*), benché tardi (per farmi conoscere da lui) (*ancor che fosse tardi*), e vissi a Roma sotto il regno del valoroso (*buono*) Augusto, al tempo dei falsi e ingannevoli dèi pagani.

---

63. chi ... fioco: è Virgilio, come si dirà subito. Egli sembra «fioco», senza voce, per essere stato a lungo senza parlare. Si può intendere che Virgilio ha taciuto dai tempi dell'antichità classica; Dante sembra rivendicare qui il merito di ridargli la parola dopo tanto tempo. Si potrebbe intendere «fioco» anche come «scolorito»: in questo caso l'espressione vorrebbe dire che l'apparizione di Virgilio ha l'evanescenza di un fantasma (ma in questo caso il «lungo silenzio» che cosa significherebbe? Forse la lunga assenza della luce del sole?). Il passo rimane comunque di difficile interpretazione.
65. *Miserere* di me: la forma latina, resa familiare dalla sua frequenza nella liturgia cristiana, era d'uso comune.
68-69. parenti: latinismo, da *parentes* ("genitori"). ■ **lombardi, mantoani:** patria tradizionale di Virgilio è Andes (odierna Pietole), piccolo villaggio nei pressi di Mantova; terra lombarda nel senso antico, quando per Lombardia si intendeva generalmente tutta l'Italia settentrionale. Virgilio vi nacque nel 70 a.C.; morì a Brindisi nel 19 a.C., avendo appena terminato (ma non perfezionato) il suo capolavoro, l'*Eneide*, qui sotto ricordato anche da Dante.
70. *sub Iulio* ... tardi: sotto Giulio Cesare (anche se, a dire il vero, nel 70 a.C., data di nascita di Virgilio, Cesare aveva solo 30 anni, e non aveva ancora preso il potere a Roma; per questo Virgilio aggiunge «ancor che fosse tardi», volendo dire che egli era nato troppo tardi per farsi conoscere e apprezzare da Cesare, che infatti cadde assassinato nel 44 a.C., quando Virgilio non si era ancora affermato come poeta).
71. Augusto: Augusto fu il vero protettore di Virgilio, e a lui (e alla sua stirpe) è infatti dedicata l'*Eneide*.
72. nel tempo ... bugiardi: cioè in pieno paganesimo. È proprio questo essere nato troppo presto per conoscere il cristianesimo che condanna Virgilio (vedi sotto, vv. 124-26) al primo cerchio infernale, quello del Limbo.

Poeta fui, e cantai di quel giusto
figliuol d'Anchise che venne di Troia,
poi che 'l superbo Ilïón fu combusto.

vv. 73-75 Fui poeta, e cantai di quel campione di giustizia (*quel giusto*), [Enea], il figlio di Anchise che venne da Troia, dopo che la sua superba rocca, Ilio, fu ridotta in cenere (*combusto*).

Ma tu perché ritorni a tanta noia?
perché non sali il dilettoso monte
ch'è principio e cagion di tutta goia?».

vv. 76-78 Ma tu perché torni indietro in quel luogo d'angoscia (*a tanta noia*)? perché non sali verso il monte dilettevole (*dilettoso*) che è principio e causa di ogni gioia?».

«Or se' tu quel Virgilio e quella fonte
che spandi di parlar sì largo fiume?»,
rispuos' io lui con vergognosa fronte.

vv. 79-81 «O dunque tu sei quel Virgilio, quella sorgente che spande così largo fiume di eloquenza?», gli risposi io pieno di vergogna in faccia.

«O de li altri poeti onore e lume,
vagliami 'l lungo studio e 'l grande amore
che m'ha fatto cercar lo tuo volume.

vv. 82-84 «O tu, onore e luminosa ispirazione (*lume*) d'ogni altro poeta, che mi valga il lungo studio e il grande amore che mi ha fatto leggere e rileggere (*cercar*) il tuo poema.

Tu se' lo mio maestro e 'l mio autore,
tu se' solo colui da cu' io tolsi
lo bello stilo che m'ha fatto onore.

vv. 85-87 Tu sei il mio maestro e il mio modello (*autore*), tu sei l'unico da cui io ho tratto il bello stile che mi ha fatto onore.

Vedi la bestia per cu' io mi volsi;
aiutami da lei, famoso saggio,
ch'ella mi fa tremar le vene e i polsi».

vv. 88-90 Guarda la bestia a causa della quale io stavo tornando indietro (*per cu'io mi volsi*): salvami da lei, famoso saggio, perché mi fa tremare le vene e i polsi».

«A te convien tenere altro vïaggio»,
rispuose, poi che lagrimar mi vide,
«se vuo' campar d'esto loco selvaggio;

vv. 91-93 «A te occorre prendere un'altra strada», mi rispose, vedendomi in lacrime, «se vuoi scampare da codesto luogo selvaggio;

ché questa bestia, per la qual tu gride,
non lascia altrui passar per la sua via,
ma tanto lo 'mpedisce che l'uccide;

vv. 94-96 perché questa bestia, che ti fa gridare aiuto, non lascia passare nessuno (*altrui*) per la sua via, ma tanto lo ostacola che alla fine l'uccide;

e ha natura sì malvagia e ria,
che mai non empie la bramosa voglia,
e dopo 'l pasto ha più fame che pria.

vv. 97-99 e ha una natura così malvagia e crudele (*ria*), che non sazia (*empie*) mai la sua bramosa voglia, e dopo aver mangiato ha più fame di prima.

---

76. noia: in antico, non ha mai il significato attuale di "tedio", ma indica sempre **dolore**, **tormento**.
87. lo bello stilo ... onore: Dante riconosce in Virgilio il modello di stile «alto» («bello», cioè eccellente sopra ogni altro) di cui egli ha già dato prova, e che gli ha già procurato «onore», fama di poeta. Dante qui si riferisce alle poesie d'amore e morali composte prima del 1300, data del viaggio della *Commedia*.
88. la bestia ... volsi: Dante e Virgilio, d'ora in avanti, si riferiscono soltanto all'ultima delle tre fiere apparse al poeta: la lupa, simbolo dell'avarizia e della cupidigia.
89. famoso saggio: Dante definisce Virgilio in questo modo non solo perché ogni poeta è anche un sapiente, secondo Dante, ma perché Virgilio, in particolare, era stato trasformato dalla cultura medievale in una sorta di filosofo, profeta, e perfino mago, dotato di poteri divinatori.

Molti son li animali a cui s'ammoglia,
e più saranno ancora, infin che 'l veltro
verrà, che la farà morir con doglia.

vv. 100-02 Molti sono gli animali con cui s'accoppia (*s'ammoglia*), e saranno anche di più, finché non verrà il veltro che la farà morire con dolore (*doglia*).

Questi non ciberà terra né peltro,
ma sapïenza, amore e virtute,
e sua nazion sarà tra feltro e feltro.

vv. 103-05 Questi non avrà appetito né di terra né di ricchezze (*peltro*), ma di sapienza, di amore e di virtù, e la sua nascita sarà tra feltro e feltro.

Di quella umile Italia fia salute
per cui morì la vergine Cammilla,
Eurialo e Turno e Niso di ferute.

vv. 106-08 Esso sarà la salvezza (*salute*) di quella misera (*umile*) Italia per cui morirono la vergine Camilla, Eurialo, Turno e Niso, feriti mortalmente.

Questi la caccerà per ogne villa,
fin che l'avrà rimessa ne lo 'nferno,
là onde 'nvidia prima dipartilla.

vv. 109-11 Questi [il veltro], caccerà [la lupa] di paese in paese (*per ogne villa*), finché l'avrà risprofondata all'Inferno, da cui la fece partire (*dipartilla*) l'invidia di Satana (*'nvidia prima*).

Ond' io per lo tuo me' penso e discerno
che tu mi segui, e io sarò tua guida,
e trarrotti di qui per loco etterno;

vv. 112-14 Per cui, al fine della tua salvezza (*per lo tuo me'*) io penso e ritengo (*discerno*) che tu mi debba seguire, e io sarò la tua guida, e ti tirerò via (*trarrotti*) di qui attraverso luoghi senza tempo (*per loco etterno*);

ove udirai le disperate strida,
vedrai li antichi spiriti dolenti,
ch'a la seconda morte ciascun grida;

vv. 115-17 dove tu sentirai le strida di disperazione, e vedrai gli spiriti tormentati fin dall'inizio dell'umanità (*antichi*), dei quali ciascuno invoca la morte dell'anima (*seconda morte*);

---

100. Molti ... s'ammoglia: la **lupa** (cioè la cupidigia) **si accoppia con molti altri animali** (cioè con altrettanti vizi). Vuol dire che la cupidigia non agisce mai in solitudine, ma istiga la comparsa di depravazioni sempre nuove.
101. veltro: è un cane da caccia ben addestrato; di norma si intende un levriero. Animale adatto, dunque, a cacciare la lupa (non stupisca che un cane possa dare la caccia a un lupo: vedi il celebre sogno di Conte Ugolino, in cui una muta di cagne aizzate caccia e sbrana una famiglia di lupi: canto XXXIII, vv. 31-36). Allegoricamente, il veltro rappresenta l'utopia di un liberatore, o redentore, che scaccerà dalla società corrotta dei tempi di Dante la cupidigia, radice di tutti i mali, ristabilendo quindi sulla terra un regno di giustizia, di ordine e di pace. Arduo dire a chi Dante pensasse, profetizzando l'avvento di questo veltro: a Cangrande della Scala, il munifico signore suo protettore? All'imperatore Arrigo VII, in cui Dante riponeva le sue speranze di restaurazione dell'autorità imperiale? Oppure a una figura religiosa, come farebbero forse pensare i versi 103-05? O dobbiamo forse supporre che il veltro rappresenti solo l'auspicio di una nuova età di redenzione? Ancora una volta, ci troviamo di fronte a un passo molto controverso, e aperto a molteplici interpretazioni.
103. peltro: è una lega spesso usata ai tempi di Dante per battere moneta.
104. sapïenza ... virtute: allusione alle tre persone della Trinità: il Padre (che è «virtute», potenza creatrice), il Figlio («sapïenza»), lo Spirito Santo («amore»). Il veltro si ciberà solo di loro, ovvero sarà tutto dedito al servizio di Dio.
105. e sua nazion ... feltro: altro passo oscuro. Il liberatore simboleggiato nel veltro nascerà «tra feltro e feltro»: cioè, avvolto in ruvidi panni (qual è il feltro)? Sarà dunque un eroe povero, di umili origini? O forse, proveniente da un ordine religioso che professi la povertà (e quindi l'uso di vestiario ruvido), come i francescani? O si dovrà intendere quel «feltro» in senso geografico, cioè che il veltro nascerà tra Feltre, nel Veneto, e Montefeltro, in Romagna?
106-08. Di quella umile Italia ... Niso di ferute: il veltro sarà la salvezza di quella misera Italia alla cui difesa morirono colpiti a morte tanti eroi dell'*Eneide*: Camilla, Turno, Eurialo e Niso. Ma «umile» ricalca probabilmente un verso dell'*Eneide* stessa (*humilemque videmus Italiam*, III, 522-23), dove però significa letteralmente "piatta", e si riferisce alla penisola salentina, la prima terra italiana avvistata da Enea.
116. antichi: perché l'Inferno ospita fra i dannati tutti i malvagi, fin dai primordi della storia umana.
117. la seconda morte ... grida: ogni dannato invoca una seconda - e definitiva - morte; cioè implora di morire davvero, di sparire, per sottrarsi al dolore della dannazione. Si può anche intendere la «seconda morte» come la morte dell'anima, dopo quella del corpo; in questo caso «grida» vorrebbe dire "lamenta gridando".

e vederai color che son contenti
nel foco, perché speran di venire
quando che sia a le beate genti.

vv. 118-20 e poi vedrai coloro che sono contenti pur nella pena (*nel foco*), perché sperano di arrivare, quando che sia, al luogo dei beati (*a le beate genti*).

A le quai poi se tu vorrai salire,
anima fia a ciò più di me degna:
con lei ti lascerò nel mio partire;

vv. 121-23 Poi, se tu vorrai salire fin lassù, ci sarà un'anima più degna di me a tale scopo: con lei ti lascerò al momento di prendere congedo;

ché quello imperador che là sù regna,
perch' i' fu' ribellante a la sua legge,
non vuol che 'n sua città per me si vegna.

vv. 124-26 perché quel monarca (*imperador*) che regna lassù [in Paradiso], non vuole che io entri nella sua città, dato che non seguii la sua legge.

In tutte parti impera e quivi regge;
quivi è la sua città e l'alto seggio:
oh felice colui cu' ivi elegge!».

vv. 127-29 Ovunque esercita il suo potere e qui è la sede del suo regno (*quivi regge*); qui è la sua città e il suo nobile trono: oh felice colui che egli elegge per questa destinazione (*cu'ivi*)!».

E io a lui: «Poeta, io ti richeggio
per quello Dio che tu non conoscesti,
a ciò ch'io fugga questo male e peggio,

vv. 130-32 E io a lui: «Poeta, io ti supplico (*richeggio*) in nome di quel Dio che tu non conoscesti, affinché io fugga da questo male e peggio,

che tu mi meni là dov' or dicesti,
sì ch'io veggia la porta di san Pietro
e color cui tu fai cotanto mesti».

vv. 133-36 che tu mi conduca là dove mi hai detto, sì che io possa vedere la porta di san Pietro [il Paradiso], e le anime di coloro che tu descrivi (*fai*) così afflitti (*mesti*)».

Allor si mosse, e io li tenni dietro.

Allora egli si mosse, e io lo seguii.

118-19. che son contenti nel foco: sono le anime del Purgatorio, condannate a pene dolorose (qui indicate genericamente con «foco»), ma contente, perché sanno che attraverso quelle sofferenze si guadagnano il Paradiso.
122. anima: Beatrice, che avrà il compito di fare da guida a Dante in Paradiso, subentrando a Virgilio.
124-26. quello imperador ... si vegna: ovviamente, la "ribellione" di Virgilio alla rivelazione cristiana era stata involontaria: egli era nato troppo presto per conoscere il Vangelo. Tanto basta, però, per qualificarlo oggettivamente come "ribelle", estraneo alla vera legge di Dio. Nota la forma impersonale «per me si vegna», con «per» complemento d'agente.
127. In tutte parti ... regge: Dio esercita il suo dominio dappertutto nel creato, ma, in particolare, «regge», cioè governa, direttamente il Paradiso, come sua «città» (v. 128) e sede del suo regno.
134. la porta di san Pietro: sarebbe quella del Paradiso; ma Virgilio ha appena precisato che egli non potrà scortare Dante fin lassù. Dante vorrà intendere, più genericamente, la mèta finale del viaggio che sta per intraprendere sotto la guida di Virgilio.

T14 Dentro il testo

IN SINTESI

Il canto I della *Commedia* imposta chiaramente lo schema del racconto. Da una parte c'è il suo significato letterale: un protagonista che si ritrova nel mezzo di una foresta, al buio, terrorizzato; il suo uscire da quella selva, il suo tentativo di scalare un colle che, di fronte a lui, nelle prime luci del mattino, promette serenità e salvezza; l'apparire improvviso di tre belve che gli tagliano la strada; l'intervento, infine, di un aiutante, che gli promette di guidarlo alla salvezza attraverso un itinerario rischioso (un viaggio nei tre regni dell'oltretomba), ma protetto dalla sua autorevole guida. Tuttavia, si capisce subito che il racconto va letto anche in un altro modo; che il suo significato letterale ne nasconde uno allegorico, il quale intende trasmettere un diverso messaggio. Così, ogni singolo aspetto del racconto, pur conservando la sua *suspense* narrativa, può essere interpretato in modo simbolico: la «selva oscura» significa il buio della coscienza in stato di peccato; lo smarrimento significa - come diciamo ancora oggi - la perdita della «diritta via»; il «colle solatìo» sta per la salvezza dell'anima, o per Dio stesso, luce del mondo; le tre belve impersonano i vizi che, ormai inveterati nell'anima, si ripresentano implacabili a impedire la via del bene; l'aiutante Virgilio, infine, al di là del personaggio storico, rappresenta le risorse della ragione umana che, almeno fino a un certo punto, possono aiutare a recuperare la salute spirituale per adesso smarrita nel peccato.

I TEMI E L'ESPRESSIONE

UN INIZIO SORPRENDENTE

L'inizio della *Commedia* è così famoso che non ci rendiamo più conto di quanto sia sorprendente. In realtà, nessuno dei grandi poemi che Dante conosceva e con cui intendeva confrontarsi - l'*Eneide* di Virgilio, la *Farsaglia* di Lucano, l'*Achilleide* di Stazio - comincia così. Cominciano tutti, invece, con l'autopresentazione del poeta narratore, con il preannuncio dell'argomento del poema e, magari, con una invocazione alle Muse, o ad Apollo, dio della poesia, che aiutino l'autore nella sua fatica. Niente di tutto questo in Dante. Tutte le cerimonie iniziali della grande poesia classica sono bruciate: qui si entra subito nel **cuore del racconto**, e noi lettori siamo precipitati bruscamente in una **situazione di angoscia affannosa**.

IL SONNO DELL'ANIMA

È da notare che il protagonista, smarrito nella foresta, non sa rendersi conto di come o quando vi sia entrato, perché in quel momento era «pien di sonno». Dante vuol dire che a un certo punto, all'improvviso, è come se si fosse risvegliato e si fosse reso conto, con terrore, della sua miserevole condizione morale. Non è stato il maturare di una coscienza progressiva: è stato **come una rivelazione** - negativa - di uno stato dell'anima vissuto fino a quel momento senza consapevolezza, davvero "da incosciente". Tanto da non ricordarsi nemmeno più quando e come sia iniziato il processo di degenerazione morale che ora appare in tutta la sua paurosa evidenza. È un dettaglio di straordinaria penetrazione psicologica: per riscattarsi dal male c'è bisogno di uno **choc**, di un soprassalto improvviso dell'anima, che determini l'intenzione di un decisivo mutamento di rotta.

PERCHÉ LA LUPA

Le prime due belve, la pantera (o leopardo) e il leone, forse sarebbero affrontabili da Dante con le sue sole forze. Il che significa che i due peccati che esse rappresentano - la lussuria e la superbia - potrebbero essere superati in qualche modo dalla forza morale che il protagonista sente dentro di sé, e che lo ha portato fuori dalla «selva oscura». Ma la lupa no: la **cupidigia**, di cui la lupa è il simbolo, non è possibile vincerla con le proprie sole forze. Perché? Perché, come è chiaro dal testo, la lupa è un peccato non privato, individuale (come potrebbero essere considerati la lussuria e la superbia), bensì **sociale**. La lupa infatti «molte genti fé già viver grame», cioè ha attaccato comunità e popoli interi; inoltre «non lascia altrui passar per la sua via», dove «altrui» significa "la gente", in generale; infine «s'ammoglia» a molti altri animali, cioè induce ad altri vizi, è una specie di comune denominatore di tutti i peccati. La cupidigia infatti, ovvero l'ossessione del denaro e del possesso, è secondo Dante la molla che ha corrotto tutta la società, come si vedrà nel seguito della *Commedia*; a cominciare dalle supreme autorità della Chiesa e dell'Impero. Corrotte queste istituzioni basilari, tutto l'edificio del convivere umano è destinato a crollare. Solo un «veltro», ovvero un provvidenziale cane da caccia, sarà capace di averla vinta sulla lupa. Ovvero: la salvezza dell'umanità è nelle mani di un personaggio redentore (chiunque Dante avesse in mente), che saprà debellare l'epidemia del male portata dalla orribile belva e ricacciarla all'Inferno.

VIRGILIO PERSONAGGIO

Si è già visto perché Dante sceglie Virgilio come guida nel suo viaggio oltremondano [▶ p. 325]. Bisogna tuttavia precisare che, fino dalla sua apparizione in questo primo canto, Virgilio non si limita a essere una allegoria della ragione umana e della forma storica in cui quella ragione si è espressa al livello più alto, cioè la civiltà latina. Virgilio è innanzitutto un personaggio del racconto dantesco, con una sua definita **psicologia**. Qui, all'inizio della *Commedia*, egli appare forse un po' schematico: tuttavia, dimostra già gli elementi fondamentali che lo accompagneranno nel seguito della narrazione. Soprattutto, quando Virgilio precisa che potrà fare da guida a Dante, ma solo fino alle soglie del Paradiso, regno per lui interdetto, in quanto pagano non battezzato, egli presenta già il lato umanamente più patetico e tormentato della sua figura, che consiste proprio nella drammatica contraddizione fra la sua grandezza umana e la sua esclusione dall'ultima beatitudine del Paradiso. È un dato teologico, dottrinale: senza battesimo, non c'è salvezza. Tuttavia, è un dato che Dante usa per creare un **carattere a tutto tondo**: sospeso fra la coscienza del proprio valore e la frustrazione dolente del proprio destino.

UNA DOPPIA LETTURA

Il doppio binario di lettura rimarrà fondamentale per tutto il poema. Occorre quindi, da una parte **immergersi nel racconto**, cioè nelle avventure di questo viaggio straordinario, pieno di sorprese, di incontri, di paesaggi incredibili; dall'altra, tenere presente che il racconto racchiude anche altri **significati di carattere morale**, giacché intende descrivere il cammino di redenzione di un'anima, dal peccato alla grazia. Infine, l'anima destinata a compiere, prima della morte, questo viaggio eccezionale nell'oltretomba, è sì l'anima di Dante Alighieri, ma va intesa come rappresentativa di tutta l'umanità, sempre combattuta fra la tentazione del male e la sua aspirazione al bene e alla salvezza.

RISORSE RETORICHE DEL RACCONTO DANTESCO

Fin da questo primo canto, Dante ci fa capire che il suo racconto ricorre a un'ampia gamma di risorse retoriche. Innanzitutto l'**allegoria**: la selva, il colle, le tre belve, il veltro che caccerà la lupa non sono che le emergenze di un discorso che è tutto, di per sé, allegorico. Dante, mentre racconta il suo viaggio nell'oltretomba, "parla anche d'altro", cioè del necessario itinerario di salvezza dell'anima. In senso generale, perfino la scelta della **terzina** ha un **significato allegorico**, non solo perché rimanda alla Trinità, ma perché questo è il metro del sirventese medievale, cioè della "canzone del servente". Già con la metrica Dante si professa "al servizio" del suo Dio, e presenta il suo poema come a Lui rivolto e dedicato. All'interno del testo, già in questo primo canto Dante fa ricorso alle **similitudini:** quella nel naufrago scampato alle acque (vv. 22-27) e del perdente (vv. 55-60). Particolare attenzione va prestata alla **catena fonica**, di cui Dante fa sempre un uso molto espressivo. Si osservino gli esempi più evidenti:

- l'allitterazione in ***s***, per indicare l'aspra impenetrabilità della selva oscura («e**S**ta **S**elva **S**elvaggia e a**S**pra»), effetto rafforzato dalla **figura etimologica** «selva/selvaggia»;
- l'**allitterazione** «lonza leggera» (v. 32), che invece intende comunicare un senso di snella sveltezza;
- la **paronomasia** «più volte volto» (v. 36) che in fine di verso serve a clausola di una situazione drammatica, poiché Dante è sospinto di nuovo verso la selva oscura;
- l'enfatica **replicazione**, o anadiplosi, «Non omo, omo già fui» nell'autopresentazione di Virgilio (v. 67).

Naturalmente questi sono per così dire i ferri del mestiere: volta per volta va osservato e valutato come Dante se ne serva all'interno del racconto.

Infine, va fin d'ora notata l'estrema **pieghevolezza della terzina** dantesca. Nel **rapporto con la sintassi**, Dante si muove con **piena libertà**, servendosi della terzina come di una semplice cellula narrativa: può far coincidere la terzina con un periodo compiuto (come nelle quattro prime terzine di apertura del canto); può invece collegarle in periodi estesi (vv. 37-45, o 91-99, o 112-20, corrispondenti a tre terzine); usa spesso l'***enjambement*** con effetti volutamente drammatici, a partire dal primo («di nostra vita / mi ritrovai»), accentuato dai richiami consonantici delle *v* e del nesso *tr*.

Analisi e interpretazione Tipologia A

LEGGERE CON METODO

COMPRENSIONE GLOBALE

1. Dopo aver letto integralmente il canto con l'aiuto delle note, sintetizzane il contenuto informativo completando la tabella.

Sequenza	Titolo sintetico	Contenuto
vv. 1-12	la selva	dopo esservi entrato senza sapere come, Dante trascorre una notte d'angoscia nella selva oscura
vv. 13-30	VISIONE DEL PARADISO TERRESTRE	DOPO UNA PICCOLA PAUSA INIZIA IL SUO VIAGGIO SUL MONTE PURGATORIO.
vv. 31-60	L'INCONTRO CON I TRE ANIMALI	DOPO AVER SUPERATO LA LONZA E IL LEONE DANTE VIENE RESPINTO NELLA SELVA DA UNA LUPA
vv. 61-90	INCONTRO CON VIRGILIO	DANTE INCONTRA VIRGILIO CHE GLI SPIEGA COME OLTREPASSARE LA LUPA
vv. 91-136	UN BREVE DIALOGO	VIRGILIO INTRODUCE A DANTE I TRE REGNI DELL'OLTRETOMBA

2. Perché Dante non è in grado di spiegare come è finito nella selva?
3. Quale circostanza infonde a Dante qualche speranza di uscire dalla selva e placa parzialmente la sua paura?
4. Qual è la reazione di Dante nel riconoscere Virgilio?
5. Attraverso quali perifrasi sono nominati i tre regni dell'oltretomba?

LA LINGUA E LE STRUTTURE

6. Nella *Commedia*, Dante è allo stesso tempo personaggio e voce narrante. Questo duplice ruolo è avvertibile nei vv. 4-10. Quali sentimenti prova Dante narratore nel ripensare e nel raccontare la sua avventura? C'è perfetta aderenza tra Dante narrato e Dante narratore?
7. Individua e sottolinea tutti i termini che si riferiscono alla selva: come è descritta? Quali sentimenti incute? OSCURA, SELVAGGIA, INTRICATA E IMPENETRABILE
8. Ripeti l'esercizio precedente ma questa volta individuando i termini che si riferiscono al colle. Quale triplice contrapposizione puoi notare tra i due ambienti che fanno da sfondo al canto? LUCENTE, SE SERVO AIUTO A TROVARE LA STRADA GIUSTA
9. Accanto a ciascuna delle seguenti espressioni scrivi il significato assunto nel canto.

Espressione	Significato	Espressione	Significato
verace	*giusta*	gravezza	ANGOSCIA
pianeta	SOLE → LUCE, DIO	*miserere*	PIETÀ
calle	VIA	parenti	GENITORI
pelago	MARE	noia	ANGOSCIA
perigliosa	PERICOLOSA	cercar	RILEGGERE
guata	CONTEMPLA	ria	CRUDELE
lasso	STANCO	salute	SALVEZZA
cagione	RAGIONE	discerno	RITENGO
brame	CUPIDIGIE	elegge	ELEGGE

10. Quali rime di tipo particolare, intese a nobilitare il discorso, troviamo tra i vv. 34 e 36 e i vv. 44, 46, 48?
11. Nei vv. 22-27 Dante introduce la prima similitudine del poema. Spiegala, concentrandoti in particolare sullo stato d'animo da essa evidenziato.
12. Spiega ora la seconda similitudine, contenuta nei vv. 55-60; essa occupa un punto di snodo della vicenda: subito dopo l'apparizione della lupa, segna il momento di massima disperazione di Dante, prima che compaia Virgilio. Come spesso nella *Commedia*, ha un ruolo strutturale e tematico, anticipando il significato allegorico della lupa-cupidigia che sarà svelato da Virgilio.

I TEMI E L'INTERPRETAZIONE

13. Perché la lupa-cupidigia non può essere vinta da Dante con le sue sole forze? In che senso si può dire che la cupidigia non è un peccato individuale, ma sociale?
14. Quali interpretazioni sono state date della figura del veltro?
15. Come mai Dante sceglie il pagano Virgilio come guida? Perché questo ruolo sarà limitato ai primi due regni?

SCRIVERE CON METODO

APPROFONDIMENTI E CONFRONTI

16. L'aperta ammirazione per Virgilio, che Dante proclama «lo mio maestro e 'l mio autore», testimonia l'importanza che ebbe per il poeta fiorentino la cultura classica, fonte d'ispirazione e modello letterario, pure nei limiti di una cultura pagana da cui egli, cristiano, non può che prendere le distanze. Svolgi una ricerca sul rapporto tra Dante e la cultura classica ed esponi i risultati in un testo di circa due colonne.

LA PAROLA A... **Thomas Stearns Eliot**

Dante è un poeta semplice

Thomas Stearns Eliot (1888-1965) è stato uno dei poeti moderni che più hanno ammirato, e più si sono lasciati influenzare, dalla poesia di Dante. A lui Eliot ha dedicato in particolare due saggi intitolati *Dante* (I, 1920 e II, 1929), più un conclusivo scritto autobiografico, *Cosa significa Dante per me* (1965). Nel brano che segue, Eliot esprime un giudizio sorprendente: Dante è un poeta «semplice». Con questo egli vuole affermare la potenza dell'immaginazione visiva dantesca, che si esprime per immagini immediatamente comprensibili a tutti. In questo senso Eliot interpreta anche l'uso dell'allegoria, della quale gli interessa non tanto il risultato (la figurazione da decifrare nel suo significato nascosto), quanto il processo creativo, cioè l'abitudine a esprimersi per figure, tipica della visionarietà, tuttora comprensibile e condivisibile, della mentalità medievale.

Ciò che sorprende nella poesia dantesca è, in un certo senso, la sua estrema facilità di lettura. [...] Non voglio dire che Dante scriva in un italiano semplice, poiché ciò non è affatto vero, né che i suoi contenuti siano semplici o siano sempre espressi con semplicità. In realtà sono spesso esposti con una tale forza di compressione che è necessario un intero paragrafo per spiegare tre versi, e un'intera pagina di commento per chiarirne i riferimenti. Intendo dire che Dante [...] è il poeta più universale che abbia scritto in una lingua moderna. [...] Lo stile di Dante possiede una particolare lucidità, una lucidità poetica, distinta da una lucidità intellettuale. Il pensiero potrà essere oscuro, ma la parola è lucida, o meglio, trasparente. [...]

A una prima lettura del canto I dell'*Inferno* non consiglierei di preoccuparsi dell'identità della Lonza, del Leone o della Lupa. È preferibile ignorare, non interessarsi di ciò che queste figure significano. Dovremmo piuttosto considerare non tanto il significato delle immagini, ma il processo inverso, ossia quello che permette a chi possiede un'idea di esprimerla in immagini. Dobbiamo considerare quel tipo di intelletto che, attraverso la natura e l'esperienza, cercò di esprimersi in termini allegorici: e, per un poeta capace, allegoria significa chiare immagini visive. E un'immagine visiva chiara sarà tanto più intensa se dotata di significato (non ci interessa sapere quale ma, nel cogliere l'immagine, va da sé che dobbiamo ammettere in essa la presenza di un significato). L'allegoria è solo un procedimento poetico, ma un procedimento dotato di molti vantaggi.

Quella di Dante è un'immaginazione visiva. Lo è in un senso diverso da quello riferibile a un pittore contemporaneo di nature morte: è visiva in quanto egli visse in un'epoca in cui la gente aveva ancora delle visioni. Si tratta di un atteggiamento psicologico di cui abbiamo dimenticato il meccanismo, che rimane comunque valido come qualsiasi altro. Ora non conosciamo null'altro che l'esperienza del sogno, e abbiamo dimenticato che avere delle visioni - un fenomeno ormai relegato a forme di aberrazione o di ignoranza - era un tempo un modo più espressivo, più interessante e ordinato di sognare. Diamo per scontato che i nostri sogni abbiano origine dal basso ed è per questo, forse, che la loro qualità ne soffre di conseguenza.

A questo punto, ciò che chiedo al lettore è di farsi sull'allegoria un'idea chiara e possibilmente priva di ogni pregiudizio, e di ammettere almeno che non si trattava di un meccanismo che permettesse di scrivere versi a chi era privo di ispirazione, ma piuttosto di una disposizione mentale che, quando toccava il livello del genio, poteva fare di un uomo un grande poeta come pure un grande mistico o un santo. Ed è proprio l'allegoria che permette a quei lettori che non conoscono neppure tanto bene l'italiano di gustare Dante. Il linguaggio cambia, ma i nostri occhi sono sempre gli stessi.

(T. S. Eliot, *Dante* [II], in *Scritti su Dante*, a cura di R. Sanesi, Bompiani, Milano 2009)

TESTO ARGOMENTATIVO Tipologia **B**

1. In che senso, secondo Eliot, Dante «è il poeta più universale che abbia scritto in una lingua moderna»?
2. Qual era il significato della visione nella cultura medievale?
3. Perché anche il lettore che non conosce bene l'italiano può afferrare e gustare l'allegoria dantesca?

Inferno, V, 70-142

AUDIOLIBRO

T15 Paolo e Francesca: la seduzione dell'eros (e della poesia)

Anno: 1306-09

Metro: terzine incatenate con schema ABA, BCB, CDC ecc.

Argomento: la punizione di due lussuriosi

Siamo nel secondo cerchio, dove sono puniti i lussuriosi, colpevoli di essersi abbandonati all'impulso della passione carnale, senza sottometterla al controllo della ragione. La storia raccontata da Francesca serve per illustrare il suo terribile errore. Ma è un errore presentato in modo seducente: la donna, colpevole dell'adulterio consumato con il cognato Paolo, lo presenta nei modi e nei termini dell'amor cortese, citando addirittura la teoria del «cor gentil» cara allo Stilnovo.

Poscia ch'io ebbi 'l mio dottore udito
nomar le donne antiche e ' cavalieri,
pietà mi giunse, e fui quasi smarrito.

I' cominciai: «Poeta, volontieri
parlerei a que' due che 'nsieme vanno,
e paion sì al vento esser leggeri».

Ed elli a me: «Vedrai quando saranno
più presso a noi; e tu allor li priega
per quello amor che i mena, ed ei verranno».

Sì tosto come il vento a noi li piega,
mossi la voce: «O anime affannate,
venite a noi parlar, s'altri nol niega!».

Quali colombe dal disio chiamate
con l'ali alzate e ferme al dolce nido
vegnon per l'aere, dal voler portate;

cotali uscir de la schiera ov' è Dido,
a noi venendo per l'aere maligno,
sì forte fu l'affettüoso grido.

«O animal grazïoso e benigno
che visitando vai per l'aere perso
noi che tignemmo il mondo di sanguigno,

PARAFRASI

vv. 70-72 Dopo che ebbi udito [Virgilio], la mia guida e istruttore (*dottore*), citare per nome (*nomar*) le donne antiche e i cavalieri, fui preso da compassione, e rimasi tutto smarrito.

vv. 73-75 E cominciai: «Poeta, io parlerei volentieri a quei due che se ne vanno insieme, e paiono essere così leggeri in mezzo all'uragano (*al vento*)».

vv. 76-78 E lui a me: «Vedrai quando saranno più vicini a noi: allora tu pregali, in nome di quell'amore che ancora li trascina (*mena*), ed essi verranno».

vv. 79-81 Appena il vento li sospinse verso di noi, alzai la voce: «O anime affannate, venite a parlare con noi, se non c'è una volontà superiore (*altri*) che lo impedisca!».

vv. 82-84 Come colombe, richiamate dal desiderio, volano per l'aria portate a destinazione dal loro volere, con le ali alzate e ferme, in dirittura verso il loro dolce nido;

vv. 85-87 così quei due uscirono dalla schiera (dei loro compagni), dove si trovava anche Didone, venendo verso di noi attraverso quell'aria funesta (*aere maligno*): tanta fu la forza delle mie affettuose parole.

vv. 88-90 «O creatura (*animal*) cortese (*grazïoso*) e benevola, che per quest'aria di tenebra (*per l'aere perso*) vai visitando noi, che tingemmo il mondo di color di sangue,

70-71. Poscia ... cavalieri: Virgilio, il maestro di Dante, ha appena indicato, nella folla dei lussuriosi, i grandi amanti della tradizione letteraria, fra cui Didone, Cleopatra, Semiramide, Paride, Tristano; «cavalieri», per Dante, indica gli eroi sia antichi sia contemporanei.

75. e paion ... leggeri: Dante non vorrà dire che i due amanti volteggiano con leggerezza in mezzo alla bufera infernale; è più probabile invece che essi gli sembrino più leggeri proprio perché trascinati con maggiore impeto dal turbine, a cui sembrano opporre minore resistenza.

82. dal disio chiamate: «disio» fa riferimento al sentimento di nostalgia per il loro «dolce nido» (v. 83).

86. l'aere maligno: **l'aria funesta**, ordinata alla punizione dei dannati.

87. l'affettüoso grido: dall'invocazione di Dante traspare già la disposizione affettiva del poeta nei confronti di queste anime; un senso di tenerezza, di rispetto e di compassione, da cui Francesca sembra a sua volta commossa.

88. animal: *animal*, in latino, è qualunque creatura dotata di vita animata.

89. perso: indica in particolare un colore rosso cupo: adatto a chi, come dice subito dopo, tinse il mondo di color di sangue («noi che tignemmo il mondo di sanguigno»).

se fosse amico il re de l'universo,
noi pregheremmo lui de la tua pace,
poi c'hai pietà del nostro mal perverso.

vv. 91-93 se il re dell'universo ci fosse amico, noi pregheremmo lui di donarti pace, visto che hai pietà del male atroce (*perverso*) che soffriamo.

Di quel che udire e che parlar vi piace,
noi udiremo e parleremo a voi,
mentre che 'l vento, come fa, ci tace.

vv. 94-96 Noi staremo a sentire e parleremo con voi di quello di cui vi piacerà udire e parlare, mentre il vento, come sta facendo in questo momento, qui smette di imperversare (*ci tace*).

Siede la terra dove nata fui
su la marina dove 'l Po discende
per aver pace co' seguaci sui.

vv. 97-99 La città (*terra*) dove nacqui giace (*Siede*) sulla marina dove il Po sbocca per placare in mare il suo corso, insieme con i suoi affluenti (*seguaci*).

Amor, ch'al cor gentil ratto s'apprende,
prese costui de la bella persona
che mi fu tolta; e 'l modo ancor m'offende.

vv. 100-02 Amore, che attecchisce (*s'apprende*) immediatamente in un cuore nobile (*gentil*), prese costui della bella persona che mi fu strappata con la violenza (*tolta*); e il modo [in cui ciò accadde] ancora mi ferisce (*m'offende*).

Amor, ch'a nullo amato amar perdona,
mi prese del costui piacer sì forte,
che, come vedi, ancor non m'abbandona.

vv. 103-05 Amore, che non permette che nessuna persona amata non risponda all'amore, mi prese della bellezza (*piacer*) di costui con tale forza che, come vedi, [quell'amore] ancora non mi abbandona.

Amor condusse noi ad una morte.
Caina attende chi a vita ci spense».
Queste parole da lor ci fuor porte.

vv. 106-08 Amore condusse noi alla stessa morte. La Caina [giù nel fondo dell'Inferno] attende chi ci tolse la vita». Queste parole ci furono porte da costoro.

Quand' io intesi quell' anime offense,
china' il viso, e tanto il tenni basso,
fin che 'l poeta mi disse: «Che pense?».

vv. 109-11 Quando io ebbi ascoltato quelle anime tormentate (*offense*), chinai il viso, e lo tenni basso così a lungo, finché il poeta, Virgilio, mi disse: «Che stai pensando?».

---

96. ci tace: invece che nel senso di "smette di soffiare in questo luogo", altri leggono «si tace» senza grande differenza di senso: la bufera infernale si è interrotta, così che possa avere luogo il dialogo fra Dante e Francesca. Da notare la costruzione ritmica del verso, con le due violente fratture sintattiche («mentre che 'l vento | come fa | ci tace»): due colpi di freno, a esprimere il placarsi, per gradi, della bufera.

97. la terra: la città di Ravenna, che sorge sulla marina, in riva al mare (un tempo ancora più vicino di ora alla città), sul delta del Po. Francesca vi era nata dopo la metà del Duecento, figlia di Guido da Polenta il Vecchio, signore del luogo; tra il 1275 e il 1282 andò sposa a Giovanni Malatesta detto il Ciotto ("lo zoppo"), o anche Gianciotto, signore di Rimini. Divenuta l'amante del cognato, Paolo Malatesta, fu uccisa insieme a lui dal marito, probabilmente fra il 1283 e il 1286. Alcune fonti antiche riportano che in un primo momento Francesca era stata promessa al bel Paolo, e non allo sgraziato Gianciotto; oppure che Paolo era intervenuto allo sposalizio per procura, illudendo la giovane che lo sposo fosse lui: tentativi evidenti di diminuire la colpa dell'adulterio. Da notare che Paolo fu Capitano del Popolo a Firenze fra il 1282 e il 1283; Dante, allora diciottenne, potrebbe averlo conosciuto personalmente.

100. Amor, ch'al cor ... s'apprende: Dante mette qui in bocca a Francesca un verso della canzone *Al cor gentil rempaira sempre Amore* [▶ **T2**, p. 144], di Guido Guinizzelli (v. 11, «Foco d'amore in gentil cor s'aprende»), in cui si teorizza il legame indissolubile tra Amore e il «cor gentil», cioè nobile; di una nobiltà naturale, si badi, non dovuta a una aristocrazia di nascita. Nota l'anafora nelle tre terzine (vv. 100, 103 e 106: «Amor ... Amor ... Amor») a cui Francesca affida il suo racconto.

102. e 'l modo ... m'offende: la misura (o meglio, violenta dismisura) dell'amore di Paolo, insomma, la violenta passione dell'amante ancora offende, ferisce Francesca, con l'enormità delle sue nefaste conseguenze: il peccato e la pena infernale. C'è anche chi intende il «modo» come la modalità con cui la «bella persona» di Francesca le fu tolta: in questo caso si alluderebbe alla crudeltà dell'uccisione da parte di Gianciotto, che ancora Francesca rivive con orrore.

104. piacer: è un provenzalismo (*plazer*).

106. ad una morte: Paolo e Francesca furono trucidati insieme.

107. Caina: è la sezione del lago Cocìto, in fondo alla voragine infernale, in cui vengono puniti i traditori dei parenti; per questo è il luogo che attende «chi a vita ci spense», cioè Gianciotto, omicida della moglie e del fratello.

Quando rispuosi, cominciai: «Oh lasso,
quanti dolci pensier, quanto disio
menò costoro al doloroso passo!».

vv. 112-14 Quando risposi, cominciai: «Ahimè! (*Oh lasso!*) quanti dolci pensieri, quanto desiderio condusse costoro a una fine così sciagurata! (*doloroso passo*)».

Poi mi rivolsi a loro e parla' io,
e cominciai: «Francesca, i tuoi martìri
a lagrimar mi fanno tristo e pio.

vv. 115-17 Poi mi rivolsi di nuovo a loro e fu la mia volta di parlare, e cominciai: «Francesca, i tuoi tormenti mi rendono così triste e pietoso (*pio*) da farmi piangere.

Ma dimmi: al tempo d'i dolci sospiri,
a che e come concedette amore
che conosceste i dubbiosi disiri?».

vv. 118-20 Ma dimmi: al tempo dei dolci sospiri, a quali indizi (*a che*) e in che modo Amore concesse che voi conosceste i vostri desideri, ancora incerti (*dubbiosi*) [se fossero o no ricambiati]?».

E quella a me: «Nessun maggior dolore
che ricordarsi del tempo felice
ne la miseria; e ciò sa 'l tuo dottore.

vv. 121-23 E quella a me: «Non c'è maggior dolore che ricordarsi del tempo felice nella disgrazia; e questo lo sa bene il maestro che ti fa da guida (*'l tuo dottore*).

Ma s'a conoscer la prima radice
del nostro amor tu hai cotanto affetto,
dirò come colui che piange e dice.

vv. 124-26 Ma se tu hai tanta passione (*affetto*) di conoscere la radice prima del nostro amore, farò come chi parla e piange allo stesso tempo.

Noi leggiavamo un giorno per diletto
di Lancialotto come amor lo strinse;
soli eravamo e sanza alcun sospetto.

vv. 127-29 Un giorno noi leggevamo, per svago, di Lancillotto, come amore si impossessò di lui (*lo strinse*); eravamo soli, e senza alcuna idea di quel che sarebbe successo (*sanza alcun sospetto*).

Per più fiate li occhi ci sospinse
quella lettura, e scolorocci il viso;
ma solo un punto fu quel che ci vinse.

vv. 130-32 Quella lettura più volte ci spinse a guardarci negli occhi, e ci fece impallidire (*scolorocci il viso*); ma solo un punto del racconto fu quello che ebbe ragione delle nostre resistenze (*ci vinse*).

Quando leggemmo il disïato riso
esser basciato da cotanto amante,
questi, che mai da me non fia diviso,

vv. 133-35 Quando leggemmo le desiderate labbra (*disïato riso*) [di Ginevra] esser baciate da un tale amante, questi, che mai sarà separato da me,

---

113. disio: Dante riflette su quanto deve essere stata intensa la passione che ha condotto due anime così nobili al «doloroso passo» (v. 114), a una fine tanto sciagurata.
116. Francesca: la donna non ha detto il suo nome, qui pronunciato da Dante per la prima volta; evidentemente gli indizi da lei forniti erano più che sufficienti a riconoscere la protagonista di quello che dovette essere un fatto di sangue assai noto negli anni della giovinezza del poeta.
121-23. Nessun maggior dolore ... miseria: la massima, per cui non c'è pena maggiore che ricordarsi dell'antica felicità nella disgrazia presente, deriva da Severino Boezio: *In omni adversitate fortunae infelicissimum est fuisse felicem* ("In ogni avversità di fortuna è somma infelicità l'essere stato felice", *De consolatione Philosophiae*, II, IV, 2). Ma quel che segue («e ciò sa 'l tuo dottore», cioè Virgilio) sembra alludere a qualche testo virgiliano: forse al celebre esordio del racconto dell'ultima notte di Troia, da parte di Enea, di fronte a Didone: *Infandum regina iubes renovare dolorem; sed si tantus amor casus conoscere nostros ... quamquam animus meminisse horret luctuque refugit, incipiam* ("Tu mi comandi, o regina, di rinnovare un dolore indicibile; ma se hai tanto desiderio di conoscere le nostre sventure, benché l'animo abbia orrore di ricordare e rifugga dal pianto, pure incomincerò").
128. Lancialotto ... strinse: le storie d'amore di Lancillotto. Francesca e Paolo stavano leggendo uno dei romanzi più celebri del ciclo della Tavola rotonda, in cui si racconta come il giovane e valoroso Lancillotto si faccia cavaliere di re Artù e campione della regina Ginevra; divenuti amanti, Lancillotto e Ginevra causano la dispersione e la rovina della Tavola rotonda, e vanno incontro a una fine infelice.
129. sanza alcun sospetto: cioè senza alcun presentimento del fatto che la lettura del romanzo li avrebbe spinti a rivelarsi il reciproco amore.
134. basciato: il nesso *sc* restituisce la pronuncia fiorentina (così sotto «mi basciò», v. 136).

la bocca mi basciò tutto tremante.
Galeotto fu 'l libro e chi lo scrisse:
quel giorno più non vi leggemmo avante».

vv. 136-38 mi baciò la bocca tutto tremante. Per noi il libro stesso ebbe la funzione che nel libro aveva Galeotto, e il suo autore; quel giorno non andammo più avanti nella lettura».

Mentre che l'uno spirto questo disse,
l'altro piangëa; sì che di pietade
io venni men così com' io morisse.

vv. 139-42 Mentre uno dei due spiriti diceva così, l'altro piangeva: tanto che io svenni dalla compassione come se stessi per morire.

E caddi come corpo morto cade.

E caddi come cade a terra un corpo morto.

136. bocca: parlando di Ginevra, Dante aveva usato il termine «riso» (v. 133), più idealizzato, mentre venendo alla realtà dell'adulterio di Paolo e Francesca usa «bocca» (v. 136), una parola più fisicamente realistica.

137. Galeotto ... scrisse: Galeotto, Galehaut nel romanzo francese di Lancillotto, è il siniscalco della regina Ginevra, ed è lui a fare da intermediario fra i due, mettendoli in grado di consumare il loro amore. Nella storia di Paolo e Francesca questa funzione intermediaria è assolta dal libro stesso e dal suo autore («chi lo scrisse»).

138. quel giorno ... avante: dal primo bacio si passa alla consumazione dell'amore, e la lettura rimane interrotta.

T15 Dentro il testo

IN SINTESI

Virgilio ha appena indicato, nella schiera dei lussuriosi tormentati dalla bufera infernale, i grandi amanti della tradizione letteraria, antica e moderna: Dante ne è rimasto turbato. Ma adesso, in quella schiera, una coppia di dannati attira la sua curiosità: al suo pietoso richiamo, essi si fanno vicini e la donna racconta la sua storia. È Francesca, già sposa di Gianciotto, il signore di Rimini, rimasta vittima di una passione invincibile per il cognato, Paolo. La passione che li ha condotti alla morte - uccisi ambedue dal marito tradito - e alla dannazione infernale. Conquistato da questa storia di amore e morte, Dante non può non sentire compassione dei due; specialmente quando Francesca racconta l'occasione del rivelarsi reciproco dell'amore e del loro primo bacio, mentre leggevano la romantica storia di Lancillotto e della regina Ginevra. Potenza e pericolo della poesia, che non va mai confusa con la vita reale.

▲ Jean-Auguste-Dominique Ingres, *Paolo e Francesca*, olio su tela, 1819 (Angers, Musée de Crissé).

I TEMI E L'ESPRESSIONE

LA PIETÀ DEL POETA

L'incontro di Dante con Francesca (e con Paolo, sia pure muto e piangente) è emblematico di una condizione dell'Inferno che si ritrova più volte nel corso della prima cantica. I dannati infatti - almeno in molti casi - non suscitano il disgusto di Dante, ma la sua

pietà. Ciò non significa naturalmente che egli ne faccia degli eroi, o che non approvi i decreti della giustizia divina. Anche qui, infatti, il peccato dei lussuriosi è condannato lucidamente: essi sono coloro che, come dice Virgilio all'inizio del canto, «la ragion sommettono al talento»; ovvero, che si lasciarono sopraffare dal loro arbitrario piacere, senza sottometterlo al vaglio della ragione. È questo un atteggiamento che Dante non può non sanzionare: sia il Dante autore, che nel costruire l'opera segue la morale dettata dalla sua religione cristiana (e quindi deve collocare i lussuriosi all'Inferno), sia il Dante personaggio, che all'interno del racconto agisce come uno dei caratteri della storia. Però, proprio come carattere di questa narrazione, **Dante è un personaggio vivo**, rappresentato con tutta la sua **emotività**, esposto alle contraddizioni della sua esperienza di pellegrino. Per questo egli è ben cosciente del peccato di Francesca, ma **si commuove** di fronte alle sue parole: perché non può fare a meno di sentire, nella peccatrice dannata, una umanità traviata sì, ma autentica, e proprio per questo più straziante.

I LUSSURIOSI: LA LEGGE DEL CONTRAPPASSO

Il **contrappasso** che, come sempre, determina il tipo di punizione a cui sono sottoposti i peccatori, è in questo caso chiarissimo. Si dice infatti comunemente, di due amanti, che «si sono lasciati trascinare dalla tempesta della passione». Ebbene, ora quella **tempesta** da metaforica si è fatta maledettamente concreta. Non è più un modo di dire, ma costituisce la debita tortura dei lussuriosi, investiti senza scampo da un uragano furioso che li trascina e li sbatte nell'aria buia di questo secondo girone: «anime affannate», come dice Dante, per l'eternità.

PERCHÉ DANTE SVIENE

Lo svenimento di Dante, alla fine del canto, è il **culmine della compassione** che lo ha pervaso appena entrato in questo cerchio dei lussuriosi. Francesca stessa lo ha notato, apprezzando il garbo con cui il poeta si è rivolto a lei e al suo compagno: «[...] se fosse amico il re de l'universo, / noi pregheremmo lui de la tua pace, / poi c'hai *pietà* del nostro mal perverso». Dante in persona dice che i «martìri» della donna lo fanno piangere («a lacrimar mi fanno tristo e *pio*»), e, alla fine, si arrende del tutto alla commozione: «di *pietade* / io venni men così com'io morisse». La pietà, si è detto, non è rara all'Inferno: qui dipende certamente dal **fascino personale di Francesca** e dalla sua sorte tragica di amante assassinata, ma anche da una particolare immedesimazione di Dante nella sua vicenda. L'amore, dopotutto, è un sentimento così universale, a cui è così facile soccombere. Ma c'è di più. Francesca rappresenta la sua storia usando il **linguaggio dell'amor cortese**, cioè di quella cultura entro cui Dante stesso è cresciuto, e che ha nutrito la sua poesia giovanile. Adesso Dante deve rendersi conto che quelle convenzioni letterarie erano moralmente pericolose; potevano portare al peccato e alla dannazione. Se in fine di canto Dante sviene, è proprio per questo: perché non può tollerare la **contraddizione** fra le belle storie d'amore scritte nei libri e la dura realtà della morale cristiana.

LA MANIPOLAZIONE DEL LINGUAGGIO DELL'AMOR CORTESE

Francesca, per descrivere il suo amore, usa il linguaggio dell'**amor cortese**; anzi, più specificamente, dello **Stilnovo**. L'inizio della sua storia con Paolo, come lei la racconta, cita addirittura letteralmente l'*incipit* della più celebre canzone di Guido Guinizzelli (Francesca: «Amor, ch'al cor gentil ratto s'apprende»; Guinizzelli: «Al cor gentil rempaira sempre Amore», v. 1 e «Foco d'amore in gentil cor s'aprende», v. 11), appoggiandosi al concetto fondamentale del «cor gentil», che rivela la sua nobiltà proprio manifestandosi capace di amare. Tuttavia, le conseguenze che Francesca trae dalla teoria dell'amore stilnovista non sono affatto in linea con la lirica di Guinizzelli (ma neanche di Cavalcanti, o di Dante stesso). Prima di tutto, l'innamoramento del «cor gentil» è nelle sue parole una passione fisica, per la «bella persona» (o per il «piacer», che qui ha lo stesso significato) dell'amante; a sentire Francesca, è inevitabile che quell'amore porti alla consumazione dell'eros, che diventi insomma una storia di sesso. Naturalmente, niente di simile era contemplato nel vero Stilnovo, e neanche nell'amor cortese medievale, dove accenti di **forte sensualità** pure esistevano, ma dove si cantava proprio – semmai – l'impossibilità di soddisfare il proprio desiderio sessuale. Dunque Francesca "orecchia" soltanto il linguaggio della lirica d'amore stilnovista, e lo piega a esiti erronei. Ciò non toglie però che Dante riconosca nelle sue parole almeno l'eco della poesia che anch'egli aveva coltivato; questo aggiunge una suggestione particolare, per lui, al racconto di Francesca.

FRANCESCA LETTRICE DI ROMANZI

È anche molto significativo che Paolo e Francesca si siano rivelati il loro amore leggendo un **romanzo**, cioè la celebre storia d'amore (adulterino) di Lancillotto e Ginevra: lui cavaliere, lei moglie di re Artù. È stato il bacio dei due amanti arturiani che li ha così stregati, da farli passare dall'immaginazione letteraria alla realtà: il bacio di Lancillotto si è trasferito dalla pagina di un libro alla vita dei due lettori. Attraverso questo particolare, si precisa meglio il carattere di Francesca. Ella si rivela, infatti, il **prototipo della donna sognatrice**, che scambia le sue fantasie con la realtà, che si aspetta dalla sua esistenza i brividi e le emozioni dei personaggi romanzeschi. Per questo è stato detto che Francesca è la prima Madame Bovary: cioè la prima di quelle lettrici che chiedono alla letteratura una evasione dalla realtà, e fanno errori tragici nel momento in cui si identificano con le eroine delle loro letture.

LA RETORICA DI FRANCESCA

Francesca è una lettrice, un personaggio a suo modo esperto di letteratura. Forse allora non è un caso che si esprima con tanta **raffinatezza retorica**; che, insomma, parli così bene. Fin dal suo primo intervento ella si rivolge a Dante con una coppia di latinismi («animal», nel senso di "essere animato", e «grazïoso», nel senso di *gratiosus*, "cortese"); definisce se stessa e la sua schiera con una splendida, cupa doppia allitterazione chiastica, «noi che ti**GN**e**MM**O il **MO**ndo di sangui**GN**o»; usa il ritmo dell'endecasillabo per significare, con due "frenate" successive, il calmarsi del vento infernale («mentre ch'el vento | come fa | ci tace»).

Nel presentare la sua storia di amore e morte, usa **una delle anafore più potenti** di tutta la *Commedia*: «*Amor*, ch'al cor gentil ... *Amor*, ch'a nullo amato ... *Amor* condusse noi ...», esaltata dalla posizione di *Amor* all'inizio di ogni terzina. Francesca, manipolando il **linguaggio dell'amore cortese** e stilnovista, gli conferisce però - nel rintocco solenne e fatale dell'anafora - un **senso tragico** di ineluttabilità che i testi di riferimento, specie di Guinizzelli, non possedevano.

Nel seguito del discorso, Francesca cita dottamente Virgilio stesso, o, forse, Severino Boezio; al momento di raccontare la suggestione della lettura del romanzo di Lancillotto su lei e Paolo, è lei che passa dalla metafora (il «riso» di Ginevra) alla cosa reale (la «bocca»), e che personifica il libro in «Galeotto». Ed è Francesca, alla fine, che sigilla la sua storia con una memorabile cesura nel suo ultimo endecasillabo: «quel giorno più | non vi leggemmo avante».

Tale densità di risorse retoriche culmina infine nell'ultimo celebre verso del canto, in cui lo svenimento del poeta è sottolineato dalla sequenza allitterante della **C** dura: «e **C**addi **C**ome **C**orpo morto **C**ade».

Analisi e interpretazione Tipologia A

LEGGERE CON METODO

COMPRENSIONE GLOBALE

1. A quale pena vengono condannati i lussuriosi? Come si spiega in base al contrappasso?
2. Quale elemento differenzia Paolo e Francesca dalla massa dei lussuriosi e attira l'attenzione di Dante, tanto da destare in lui il desiderio di parlare con loro?
3. Sintetizza in due righe gli elementi della biografia di Francesca che emergono dal testo.
4. In quali circostanze i due cognati si rivelano il reciproco amore? Qual è il significato dell'espressione «Galeotto fu 'l libro e chi lo scrisse»?
5. Perché Francesca dice che chi uccise lei e Paolo è destinato alla Caina?

LA LINGUA E LE STRUTTURE

6. La celebre similitudine dei vv. 82-87 introduce una connotazione in forte contrasto con l'atmosfera di violenza del canto; spiega la similitudine, individuandone anche il valore connotativo.
7. Qual è l'effetto retorico della triplice anafora dei vv. 100-06?

I TEMI E L'INTERPRETAZIONE

8. Quali elementi della vicenda di Francesca coinvolgono emotivamente Dante, sino allo svenimento finale?
9. Quali elementi stilnovistici vengono ripresi dal discorso di Francesca? Perché, tuttavia, si può parlare di uno stravolgimento della visione stilnovista dell'amore?

SCRIVERE CON METODO

APPROFONDIMENTI E CONFRONTI

10. Perché Francesca è stata definita la prima Madame Bovary? Se non la conosci, informati sulla trama del romanzo dello scrittore francese Gustave Flaubert (1821-80) e in una pagina circa traccia un confronto tra i due personaggi.

T16

Inferno, XXVI, 85-142

Il «folle volo» di Ulisse

AUDIOLIBRO

Anno: 1306-09

Metro: terzine incatenate con schema ABA, BCB, CDC ecc.

Argomento: Ulisse viene punito per aver avvilito la sua intelligenza nella frode

Dante si trova nell'ottava fossa delle Malebolge, dove sono puniti i fraudolenti, trasformati in torce accese che vagano per la cupa atmosfera infernale. Fra queste anime troviamo, uniti nella stessa fiamma, gli inseparabili Ulisse e Diomede. Secondo Dante, dopo il soggiorno presso la maga Circe (nel golfo di Gaeta) Ulisse non tenta di dirigersi a est, verso la patria, ma in direzione opposta: verso la Sardegna, le Baleari, Gibilterra, l'aperto oceano sconosciuto. Da una parte, dunque, gli affetti familiari, una vita normale; dall'altra la sfida verso l'ignoto, fino a intravedere, addirittura, in mezzo all'Atlantico, la sconosciuta montagna del Purgatorio.

◂ Dante e Virgilio incontrano nell'Inferno l'anima di Ulisse. Si noti come il miniatore ha immaginato i ponti che scavalcano le bolge. Miniatura su manoscritto lombardo, *Vitae Imperatorum Magister*, 1440 ca (Imola, Biblioteca comunale).

Lo maggior corno de la fiamma antica
cominciò a crollarsi mormorando,
87 pur come quella cui vento affatica;

indi la cima qua e là menando,
come fosse la lingua che parlasse,
90 gittò voce di fuori e disse: «Quando

mi diparti' da Circe, che sottrasse
me più d'un anno là presso a Gaeta,
93 prima che sì Enëa la nomasse,

né dolcezza di figlio, né la pièta
del vecchio padre, né 'l debito amore
96 lo qual dovea Penelopè far lieta,

PARAFRASI

vv. 85-87 La punta più alta (*maggior corno*) della fiamma che fasciava quei due antichi peccatori cominciò a scrollarsi mormorando, come quando una fiamma è agitata dal vento;

vv. 88-90 poi, muovendo la sua cima qua e là, come fosse una lingua che articolava parole, gettò voce all'esterno, e disse:

vv. 91-93 «Alla mia partenza da Circe, che mi aveva trattenuto (*sottrasse / me*) più di un anno là presso Gaeta, prima che Enea così la chiamasse,

vv. 94-96 nessun affetto familiare - né la tenerezza verso mio figlio, né il rispetto (*pièta*) dovuto a mio padre, né l'amore di cui ero debitore verso Penelope e che doveva rallegrarla [dopo tanti anni di lontananza] -,

90-91. Quando mi diparti' da Circe: Dante ricava le sue informazioni su Ulisse da pochi e sporadici testi; soprattutto da Ovidio (*Metamorfosi*, XIV, 154 sgg.) trae la notizia che Circe aveva trattenuto l'eroe presso di lei per «più d'un anno», prima che egli tornasse a casa. Circe, figlia del Sole, è la maga che nel racconto omerico trasforma tutti quelli che capitano nel suo regno in animali; la sua dimora era presso il promontorio di Gaeta, «prima che sì Enëa la nomasse», giacché il nome venne dato al luogo in memoria della nutrice di Enea, Caieta, qui morta e sepolta durante il viaggio dei Troiani verso il Lazio.

94-96. né dolcezza di figlio ... lieta: Ulisse distingue con esattezza la tipologia degli affetti che avrebbero dovuto trattenerlo in patria: tenerezza nei confronti del figlio Telemaco, devozione per il vecchio padre Laerte, amore coniugale per la fedele Penelope; sentimento, quest'ultimo, «debito», "dovuto", in quanto solennemente promesso nel vincolo del matrimonio, e anche quale giusto risarcimento alla sposa, che aveva atteso Ulisse per 20 anni.

vincer potero dentro a me l'ardore
ch'i' ebbi a divenir del mondo esperto
e de li vizi umani e del valore;

vv. 97-99 poté vincere dentro di me la passione che io ebbi sempre, di fare esperienza del mondo, dei vizi e delle virtù umane;

ma misi me per l'alto mare aperto
sol con un legno e con quella compagna
picciola da la qual non fui diserto.

vv. 100-02 ma mi avventurai in mare aperto, con una nave (*legno*) sola, e con quel piccolo stuolo di compagni (*compagna / picciola*) da cui non ero stato abbandonato (*diserto*).

L'un lito e l'altro vidi infin la Spagna,
fin nel Morrocco, e l'isola d'i Sardi,
e l'altre che quel mare intorno bagna.

vv. 103-05 Vidi l'una costa e l'altra del Mediterraneo, fino alla Spagna, fino al Marocco e all'isola dei Sardi, e le altre, che quel mare bagna lì intorno.

Io e' compagni eravam vecchi e tardi
quando venimmo a quella foce stretta
dov' Ercule segnò li suoi riguardi

vv. 106-08 Io e i compagni eravamo vecchi e lenti nei movimenti (*tardi*) quando giungemmo a quello stretto passaggio dove Ercole lasciò come monito le sue colonne (*segnò li suoi riguardi*)

acciò che l'uom più oltre non si metta;
da la man destra mi lasciai Sibilia,
da l'altra già m'avea lasciata Setta.

vv. 109-11 affinché l'uomo non vada più oltre: dalla destra mi lasciai indietro Siviglia, dall'altra parte già avevo lasciato Ceuta.

«O frati,» dissi, «che per cento milia
perigli siete giunti a l'occidente,
a questa tanto picciola vigilia

vv. 112-14 «Fratelli miei» dissi «che attraverso centomila pericoli siete giunti all'occidente, a questa breve aspettativa (*vigilia*)

d'i nostri sensi ch'è del rimanente
non vogliate negar l'esperïenza,
di retro al sol, del mondo sanza gente.

vv. 115-17 di vita sensibile che ancora ci rimane, non vogliate negare l'esperienza di dove il sole va a finire (*di retro al sol*), del mondo disabitato.

Considerate la vostra semenza:
fatti non foste a viver come bruti,
ma per seguir virtute e canoscenza».

vv. 118-20 Considerate il seme da dove venite [la vostra umanità]: non siete stati creati per vivere come bestie, ma per conseguire virtù e conoscenza».

Li miei compagni fec' io sì aguti,
con questa orazion picciola, al cammino,
che a pena poscia li avrei ritenuti;

vv. 121-23 Con questo breve discorso io feci i miei compagni così ardentemente vogliosi (*aguti*) [di proseguire] il cammino, che dopo avrei fatto fatica a trattenerli;

e volta nostra poppa nel mattino,
de' remi facemmo ali al folle volo,
sempre acquistando dal lato mancino.

vv. 124-26 e girata la nostra poppa verso est, facemmo dei nostri remi ali al [nostro] folle volo, sempre avanzando verso sinistra [a sud-ovest].

---

103. L'un lito e l'altro: Le due sponde del Mediterraneo, quella europea e quella africana.
104-105. l'isola d'i Sardi ... bagna: la Sardegna e le altre isole vicine: la Corsica e le Baleari.
107-09. quella foce stretta ... non si metta: lo stretto di Gibilterra, dove Ercole aveva innalzato le sue colonne affinché gli uomini non le oltrepassassero.
110-11. Sibilia ... Setta: Siviglia e Ceuta, rispettivamente dalla parte della Spagna e dell'Africa.
112. frati: i componenti della «compagna / picciola» sono ormai fratelli, accomunati in un intimo destino di conoscenza e di morte.
122. orazion picciola: il discorso è breve, ma retoricamente efficace e ben costruito, come si addice all'eroe eloquente per eccellenza, fra quelli antichi.
125. folle: in Dante, «folle» designa sempre un eccesso, una smoderatezza mentale che non tiene conto né dei richiami della ragione, né della legge divina.

Tutte le stelle già de l'altro polo
vedea la notte, e 'l nostro tanto basso,
che non surgëa fuor del marin suolo.

vv. 127-29 La notte ormai rivelava tutte le costellazioni dell'altro emisfero (*polo*), e mostrava il nostro [emisfero] tanto basso, che non emergeva ormai più dalla linea dell'orizzonte.

Cinque volte racceso e tante casso
lo lume era di sotto da la luna,
poi che 'ntrati eravam ne l'alto passo,

vv. 130-32 Il lume della luna si era acceso cinque volte, e altrettante si era oscurato (*casso*), da quando eravamo entrati in tale rischiosa avventura (*alto passo*),

quando n'apparve una montagna, bruna
per la distanza, e parvemi alta tanto
quanto veduta non avëa alcuna.

vv. 133-35 quando ci apparve una montagna, bruna per la lontananza, e mi parve alta quanto non ne avevo mai visto prima nessuna.

Noi ci allegrammo, e tosto tornò in pianto;
ché de la nova terra un turbo nacque
e percosse del legno il primo canto.

vv. 136-38 Noi ci rallegrammo, ma [la nostra allegria] ben presto si convertì in pianto: perché da quella terra ignota si sprigionò un turbine (*turbo*) e percosse la prua (*primo canto*) della nave.

Tre volte il fé girar con tutte l'acque;
a la quarta levar la poppa in suso
e la prora ire in giù, com' altrui piacque,

infin che 'l mar fu sovra noi richiuso.

vv. 139-42 Fece girare l'imbarcazione tre volte insieme con tutte le acque; la quarta volta fece rizzare la poppa in su, e fece andare in giù la prora, secondo l'altrui [imperscrutabile] volere, finché il mare non si fu richiuso sopra di noi.

130-32. Cinque volte ... passo: erano dunque trascorsi cinque mesi di navigazione da quando Ulisse e i compagni avevano iniziato tale avventura. I mesi trascorsi vengono indicati attraverso le lunazioni: ciò significa il «lume» cinque volte acceso e altrettante volte oscurato sulla faccia della luna.
133. una montagna: è la montagna del Purgatorio, al centro dell'oceano Atlantico, alla quale Ulisse non potrà arrivare, perché l'al di là non può essere espugnato da forze puramente umane.
140-41. levar ... ire: dipendono tutt'e due da «fé» del verso precedente; il turbine fa girare tre volte la nave su se stessa; al quarto giro la fa sollevare sulla poppa e inabissare la prua. ■ **com'altrui piacque:** **secondo l'imperscrutabile volere** «altrui», di Dio.

T16 Dentro il testo

IN SINTESI

Ulisse, interrogato da Virgilio, racconta le vicende che furono causa della sua dannazione: partito da Circe, invece di far vela verso casa, verso Itaca, decide di esplorare il mondo. Viaggia per il Mediterraneo, conoscendo Spagna, Marocco, Sardegna e le altre isole di quel mare. Ma arriva a quello che era considerato il limite invalicabile: le colonne d'Ercole, oltre le quali era vietato proseguire. Ulisse decide allora di spronare i compagni, esortandoli a vivere una vita "umana", fatta di conoscenza e non di abbrutimento. Ma oltrepassare quei limiti costa loro caro: la nave viene presa in un gorgo, sollevata in aria e infine fatta sprofondare nell'oceano, uccidendo Ulisse e i suoi marinai.

I TEMI E L'ESPRESSIONE

LA PENA DEI CONSIGLIERI FRAUDOLENTI

In che cosa consiste il contrappasso dei peccatori di frode? Se ne possono offrire due spiegazioni. Da una parte, questi dannati sono chiusi e resi invisibili dal loro involucro fiammeggiante: **nascosti e indecifrabili**, qui all'Inferno, come furono nascosti e subdoli in vita, quando ingannarono sotto false apparenze le loro vittime. Dall'altra, questi dannati parlano facendo uscire la loro voce dalla punta della loro fiamma, come se si trattasse di una **lingua**

parlante: simbolo dello strumento che, in vita, essi usarono per frodare il prossimo, cioè proprio la loro lingua, la loro insidiosa abilità di parola.

LA FRODE E IL VIAGGIO

Qual è il nesso fra il peccato per cui Ulisse si trova all'Inferno - la frode - e l'avventura che egli racconta? Certo quel viaggio in sé non è un peccato, tantomeno di frode; anche se alcuni critici hanno creduto di poter accusare Ulisse di aver ingannato i suoi compagni attirandoli in un viaggio senza scampo (ma non si vede come: egli, con la sua «orazion picciola», li sprona senza sottintesi a dedicare il poco di vita che gli avanza a un'avventura unica, che - si sa già - non potrà concludersi se non con la morte). Tuttavia il nesso c'è. Sia nelle frodi perpetrate in occasione della guerra di Troia, sia nel suo ultimo viaggio, Ulisse dimostra di aver comunque **usato male gli straordinari doni di intelligenza** ricevuti dalla natura. Con la **frode**, egli ha avvilito il suo ingegno in inganni meschini e sleali. Con il suo viaggio, ha usato quell'ingegno per gettarsi in un'avventura senza limiti, come se bastassero doti solamente umane, per quanto eccezionali, ai fini di conseguire la conoscenza.

IL FASCINO DELL'AVVENTURA

L'Ulisse di Dante è innanzitutto, in questo episodio infernale, uno che non torna a casa. Quel suo girare le spalle agli affetti (e anche ai doveri) familiari è il primo elemento inquietante del suo carattere, che denota un **fiero individualismo**, e quasi una sorta di indifferenza per il destino degli altri (che sarà di una donna lasciata sola, di un vecchio padre senza assistenza, di un figlio senza guida paterna?). Ciò che conta, per questo uomo di mare, è solo l'avventura, il **fascino dell'ignoto**: l'opposto della vita di famiglia. In realtà, la sua famiglia è la «compagna picciola» dei suoi amici marinai, che egli coinvolge in una sfida suprema ai tabù del suo tempo: oltrepassare le colonne d'Ercole, disobbedire al divieto di spingersi nell'infinità dell'oceano. In questo l'Ulisse dantesco è sicuramente un **eroe della conoscenza**, che non si ferma di fronte a nulla: né di fronte al richiamo degli affetti, né di fronte ai pregiudizi della sua cultura. Ma la sua fine vuole dimostrare che, invece, la pura sfida cieca della conoscenza può toccare dei limiti distruttivi. Per Dante, poeta cristiano, **il limite è quello della Grazia divina**: non si arriva alla spiaggia del Purgatorio, ovvero al contatto con l'aldilà della fede, con le verità ultime che riguardano la nostra esistenza, attraverso le pure forze umane. Più in generale, l'Ulisse di Dante può essere letto come l'emblema di un avvertimento che va ben al di là della cultura medievale da cui proviene. La fine di questo Ulisse ci avverte della **responsabilità morale** insita in ogni acquisto di conoscenza: del fatto che il puro avventurarsi nell'ignoto, incuranti delle conseguenze, può ritorcersi in morte e distruzione. In termini moderni, che nessuna scoperta umana, per quanto nobile, può prescindere da un'assunzione seria di responsabilità.

L'«ORAZION PICCIOLA» DI ULISSE

Ulisse conferma qui la sua abilità di parola, con un breve discorso («orazion picciola») che, non a caso, elettrizza i suoi compagni e li spinge ad affaticarsi ancora di più sui remi, per coprire quanto più possibile del mondo sconosciuto in cui si vanno avventurando. D'altronde, il discorso di Ulisse **non fa sconti**. Egli non incita certo i compagni alla conquista di nuovi mondi, né si fa illusioni sulla loro presente condizione. Il suo non è un eroismo "muscolare": lui e i compagni sono ormai «vecchi e tardi», e pertanto non si illudono sulla «picciola vigilia ... ch'è del rimanente», cioè sul poco di vita che ancora gli resta da vivere. Ma, proprio in queste condizioni, mentre stanno per toccare il limite dell'esistenza umana, il loro sforzo appare più commovente, più grandioso. Perché - dice Ulisse - non siamo fatti per vivere come animali, ma per conoscere; e il tempo, ormai, è poco. È un **discorso ammirevole**; ma è un **discorso senza Dio**, senza nessuna prospettiva religiosa o metafisica. È evidente che per Ulisse tutto finisce con la morte: non c'è, in lui, pagano, nessuna prospettiva ultraterrena, nessun senso della Grazia divina. Quello che l'uomo può investigare, lo deve investigare da sé, contando sul suo **coraggio**. Per questo, alla fine, perfino l'autore del naufragio che sommerge lui e i compagni rimane sconosciuto, avvolto nel mistero: «com'*altrui* piacque». È questo orizzonte puramente umano che alla fine costituisce la condanna di Ulisse e lo esclude, necessariamente e fisicamente, da quell'aldilà cristiano (la montagna del Purgatorio) che appartiene a una dimensione spirituale dell'esistenza a lui ignota.

IL VIAGGIO DI ULISSE E IL VIAGGIO DI DANTE

Non si può leggere l'ultimo viaggio di Ulisse senza pensare al **viaggio stesso di Dante**, destinato anche lui ad arrivare, ma per ben altra strada, a quella montagna del Purgatorio che rimane un mistero per il protagonista di questo episodio. Il contrasto è evidente: da una parte un'avventura guidata da una pura sfida alle conoscenze acquisite, dall'altra un **cammino assistito dalla Grazia** divina e garantito da una guida, Virgilio, che, pur pagana - come Ulisse -, è ben **consapevole dei limiti della ragione umana**, e anzi li patisce in se stessa, nella sua sofferta esclusione dalla salvezza finale. Il rapporto fra i due viaggi verso la montagna purgatoriale ha anche un riscontro formale: la terzina finale del racconto di Ulisse («Tre volte il fé girar con tutte l'acque; / a la quarta levar la poppa in suso / e la prora ire in giù, com'altrui piacque») trova un preciso riscontro in alcuni versi finali del canto I del *Purgatorio*: «Venimmo poi in sul lito diserto, / che mai non vide navicar sue acque / omo, che di tornar sia poscia esperto. / Quivi mi cinse sì com'altrui piacque». L'allusione, rinforzata dalle rime identiche («acque/piacque») è evidente: nessun «omo» è destinato a toccare, vivo, la spiaggia del Purgatorio, tranne Dante stesso. Inoltre, va notato che, se Dante emergerà sulla spiaggia della divina montagna da sottoterra, cioè dalla voragine infernale, le anime del Purgatorio ci arrivano invece per mare, su un divino vascello governato da un angelo, che le raccoglie via via alla foce del Tevere. In questo caso il parallelo dei due viaggi è perfino più calzante: il vascello angelico fa la stessa rotta percorsa un tempo da Ulisse, ma, appunto, si tratta di una rotta voluta e governata da Dio stesso, e diretta dalla sua Provvidenza. Al confronto, Ulisse appare ancora più chiaramente come un viaggiatore abusivo, e il suo viaggio ancora più illegittimo.

Analisi e interpretazione Tipologia A

LEGGERE CON METODO

COMPRENSIONE GLOBALE

1. Riassumi le tappe del viaggio di Ulisse quali emergono dal suo racconto.
2. A quali valori fa appello Ulisse nella sua «orazion picciola» per convincere i compagni?
3. Che cos'è la «montagna bruna» che appare al termine del viaggio? Come mai i naviganti non riescono a raggiungerla?

LA LINGUA E LE STRUTTURE

4. Perché il viaggio di Ulisse è definito «folle»? Quale significato assume questo termine in Dante?
5. Lo stile del canto XXVI è decisamente sublime (ovvero tragico, nei termini della retorica medievale); a conferire alta dignità letteraria a questi versi contribuisce la ricchezza di figure retoriche. Spiega le figure che compaiono nelle seguenti espressioni.
   - «Lo maggior corno»
   - «l'ardore / ch'i' ebbi a divenir del mondo esperto / e de li vizi umani e del valore»
   - «legno»
   - «cento milia / perigli»
   - «de' remi facemmo ali al folle volo»
   - «marin suolo»
   - «noi ci allegrammo, e tosto tornò in pianto»

I TEMI E L'INTERPRETAZIONE

6. Nonostante Dante consideri positivamente la sete di conoscenza, il valore fondamentale che impronta il discorso di Ulisse ai suoi compagni ne mette anche in luce i limiti: perché in Ulisse questo desiderio si rivela alla fine peccaminoso?
7. È possibile istituire un parallelo tra il viaggio di Ulisse e quello di Dante: quali sono i punti in comune? Qual è la fondamentale differenza?

SCRIVERE CON METODO

RIFLESSIONE CRITICA

8. Il ricordo del canto di Ulisse (proprio questo è il titolo del capitolo) ispira uno dei capitoli più memorabili di *Se questo è un uomo* di Primo Levi (1919-87). Nell'inferno di Auschwitz, i versi di Dante e lo stesso atto di richiamarli alla memoria, là dove ogni umanità è negata, diventano uno strumento di riscatto e di salvezza. Dopo aver letto il testo di Primo Levi [▶ **Verso l'Invalsi**, p. 400], esprimi in circa due colonne le tue considerazioni: perché proprio questo canto si è imposto nella memoria di Primo Levi? Quali analogie si possono individuare tra la sua situazione e quella di Ulisse?

Interpretare il mondo

Oltre le colonne d'Ercole

Per i contemporanei di Dante (ma anche nei secoli a seguire), la conoscenza umana aveva dei limiti che non potevano in alcun modo essere oltrepassati. Si trattava di limiti che - secondo il sentire comune - erano stabiliti da Dio, e che Dante incarna in un luogo simbolico: le colonne d'Ercole, cioè lo Stretto di Gibilterra. Il passaggio di questo limite è il peccato per il quale l'Ulisse di Dante è punito con la dannazione eterna.
Anche se oggi i termini della questione sono radicalmente cambiati, grazie anche al diverso rapporto che abbiamo con la scienza, e grazie a movimenti culturali come l'Illuminismo e il Positivismo, che hanno in parte smantellato superstizioni e atteggiamenti antiscientifici, tuttora si dibatte su quali limiti si debba porre la scienza nel corso delle sue ricerche: la disciplina che se ne occupa si chiama **bioetica**.
Le nuove frontiere sono ovviamente molto diverse da quelle che poteva anche solo lontanamente immaginare Dante. Le sfide odierne riguardano in primo luogo la **genetica**: la struttura a doppia elica del **DNA** fu identificata nel 1953, facendoci finalmente capire come venissero archiviati e soprattutto come fossero trasmessi tutti i dati ereditari che dai genitori passano alla discendenza. Nel corso degli ultimi decenni, le ricerche in questo campo si sono dirette in larga parte verso la cura delle malattie, tentando di decifrare le loro **origini genetiche**, in modo da elaborare cure e strategie di prevenzione più efficaci.
Gli **OGM**, sigla che sta per «organismi geneticamente modificati», sono allo stesso tempo fonte di **grandi speranze** per la sopravvivenza del pianeta e di **enormi timori** per la salute umana. Gran parte delle colture odierne si basa proprio sulle ricerche OGM, ma permangono molte paure - in parte razionali, in parte no - sugli effetti di tali organismi sul corpo umano, così come sulle **conseguenze economiche e sociali** da essi derivanti.
Esistono ricerche anche in altri ambiti, destinate probabilmente a rovesciare la nostra attuale conoscenza del mondo. Nel campo della **fisica delle particelle**, le ricerche dell'ultimo secolo hanno stabilito che tutto ciò che esiste nell'universo non è mai qualcosa di "stabile", ma è il frutto di interazioni continue di particelle elementari; una di queste particelle, il **bosone di Higgs**, è stata addirittura soprannominata (con una certa esagerazione) «particella di Dio», per sottolineare il ruolo fondamentale nella sua interazione con le altre.
Le prossime frontiere del sapere riguardano aspetti sempre più importanti dell'esistenza: le origini del **cosmo**, la natura del **tempo**, il funzionamento del nostro **corpo** e del nostro **pensiero**.
Quello che appare chiaro è che, nonostante paure e timori, la sete di conoscenza dell'uomo è destinata a non estinguersi, e che è vano limitare il nostro desiderio di «seguir virtute e canoscenza».

> «Noi non siamo curiosi contro natura: siamo curiosi per natura. Centomila anni fa la nostra specie è partita dall'Africa, forse spinta proprio da questa curiosità, imparando a guardare sempre più lontano. Sorvolando l'Africa di notte mi sono chiesto se uno di quei nostri lontani antenati, alzandosi e mettendosi in cammino verso gli spazi aperti del Nord, e guardando il cielo, avrebbe potuto immaginare un suo lontano nipote volare in quel cielo, interrogandosi sulla natura delle cose, spinto ancora dalla sua stessa curiosità».
>
> (C. Rovelli, *Sette brevi lezioni di fisica*, Adelphi, Milano 2014)

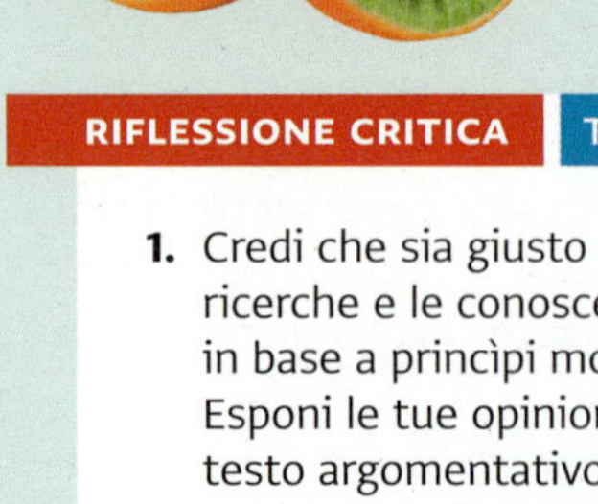

◂ Cibi transgenici: due arance che all'interno sono kiwi.

RIFLESSIONE CRITICA | **Tipologia C**

1. Credi che sia giusto limitare le ricerche e le conoscenze scientifiche in base a princìpi morali o religiosi? Esponi le tue opinioni in un breve testo argomentativo.
2. Secondo te, l'uso degli OGM ha effetti positivi o negativi? Rispondi in un breve testo scritto dopo aver svolto una ricerca in rete e in biblioteca per informarti adeguatamente sull'argomento.

T17

Inferno, XXXIII, 1-75

Pietà per un padre: il conte Ugolino

Anno: 1306-309

Metro: terzine incatenate con schema ABA, BCB, CDC ecc.

Argomento: la morte del conte Ugolino e dei suoi figli

Dante si trova nel nono cerchio, che imprigiona nel ghiaccio del lago Cocìto le anime dei traditori, divisi in quattro zone concentriche. Nella zona riservata ai traditori della patria, egli si imbatte in Ugolino della Gherardesca, già podestà di Pisa. A lui è concesso un orrendo privilegio: quello di vendicarsi del suo peggiore nemico, l'arcivescovo di Pisa Ruggieri degli Ubaldini, da cui era stato a sua volta tradito, rodendogli la nuca per l'eternità. Un gesto che richiama l'atroce pena a cui egli era stato condannato per colpa di Ruggieri: la morte per fame, insieme con i suoi figli.

La bocca sollevò dal fiero pasto
quel peccator, forbendola a' capelli
del capo ch'elli avea di retro guasto.

Poi cominciò: «Tu vuo' ch'io rinovelli
disperato dolor che 'l cor mi preme
già pur pensando, pria ch'io ne favelli.

Ma se le mie parole esser dien seme
che frutti infamia al traditor ch'i' rodo,
parlare e lagrimar vedrai insieme.

PARAFRASI

vv. 1-3 Quel peccatore sollevò la bocca dal suo feroce (*fiero*) pasto, e nel fare così se la pulì ai capelli del capo che egli aveva roso (*avea ... guasto*) sulla nuca (*di retro*).

vv. 4-6 Poi cominciò: «Tu vuoi che io rinnovi il disperato dolore che ancora mi opprime il cuore, anche solo al pensarci, prima di parlarne.

vv. 7-9 Ma se le mie parole devono essere come un seme che frutti disonore (*infamia*) al traditore che io rodo, allora mi vedrai parlare e versare lacrime allo stesso tempo.

4-6. Tu vuo' ... ch'io ne favelli: così anche Enea, iniziando il racconto dell'ultima notte di Troia di fronte alla regina Didone: *Infandum, regina, iubes renovare dolorem* [...] *quamquam animus meminisse horret lucyuque refugit* ("Tu mi comandi, regina, di rinnovare un indicibile dolore [...] per quanto l'animo abbia orrore di ricordare e rifugga dal pianto"; *Eneide*, II, 3-12).

7-8. Ma se le mie parole ... ch'i' rodo: il peccatore risponde alla proposta avanzata da Dante alla fine del canto precedente: se egli spiegherà le ragioni per le quali egli tratta così orribilmente il suo compagno di pena, e se queste ragioni appariranno fondate, Dante provvederà a riportarle e diffonderle nel mondo dei vivi.

▸ Vecchietta, *La storia di Ugolino e fra' Alberigo*, 1445 ca, miniatura, dal codice Yates Thompson (Londra, The British Library, Yates-Thompson Collection).

Io non so chi tu se' né per che modo
venuto se' qua giù; ma fiorentino
mi sembri veramente quand'io t'odo.

vv. 10-12 Io non so chi tu sei, né come sei sceso quaggiù: ma mi sembri davvero fiorentino, a sentirti parlare (*quand'io t'odo*).

Tu dei saper ch'i' fui conte Ugolino,
e questi è l'arcivescovo Ruggieri:
or ti dirò perché i son tal vicino.

vv. 13-15 Tu devi sapere che io fui il conte Ugolino, e questi è l'arcivescovo Ruggieri: ora ti dirò perché io sono per lui un vicino di questa fatta (*tal*).

Che per l'effetto de' suo' mai pensieri,
fidandomi di lui, io fossi preso
e poscia morto, dir non è mestieri;

vv. 16-18 Che per effetto delle sue maligne trame (*mai pensieri*), mentre mi fidavo di lui, io sono stato preso e poi ucciso (*morto*), non c'è bisogno (*non è mestieri*) di ricordarlo;

però quel che non puoi avere inteso,
cioè come la morte mia fu cruda,
udirai, e saprai s'e' m'ha offeso.

vv. 19-21 però quello che tu non puoi avere saputo (*inteso*), cioè come fu crudele la mia morte, tu lo sentirai, e saprai se lui mi ha offeso.

Breve pertugio dentro da la Muda,
la qual per me ha 'l titol de la fame,
e che conviene ancor ch'altrui si chiuda,

vv. 22-24 Un piccolo pertugio dentro la torre della Muda, che a causa mia ha preso il nome (*titol*) di torre della fame, e dove tanti altri (*altrui*) ancora saranno rinchiusi,

m'avea mostrato per lo suo forame
più lune già, quand' io feci 'l mal sonno
che del futuro mi squarciò 'l velame.

vv. 25-27 mi aveva lasciato vedere attraverso una fessura (*forame*) già [l'avvicendarsi di] più mesi (*lune*), quando io ebbi il brutto sogno che mi squarciò il mistero (*velame*) di ciò che mi aspettava.

Questi pareva a me maestro e donno,
cacciando il lupo e ' lupicini al monte
per che i Pisan veder Lucca non ponno.

vv. 28-30 [Nel sogno] questi mi pareva maestro e signore (*donno*) di caccia, che stesse inseguendo il lupo e i suoi cuccioli (*lupicini*) sul monte [di San Giuliano], quello che impedisce ai pisani la vista di Lucca.

10-11. né per che modo ... qua giù: dunque il peccatore si è accorto che Dante è vivo, ma non manifesta interesse a sapere i motivi e le modalità di tale privilegio.
13. conte Ugolino: Ugolino della Gherardesca, conte di Donoratico, nato nella prima metà del Duecento da nobile famiglia ghibellina, signore di vasti feudi in Maremma e in Sardegna. Nel 1275, insieme al genero Giovanni Visconti, promosse a Pisa la supremazia del partito guelfo, contro la sua tradizionale affiliazione ghibellina: questo è probabilmente il tradimento per cui Dante lo colloca qui nell'Antenòra, la zona riservata ai traditori della patria. Ma vedi qui sotto, *Dentro il testo*.
14. arcivescovo Ruggieri: Ruggieri degli Ubaldini, arcivescovo di Pisa dal 1278. Responsabile del ritorno al potere dei ghibellini pisani nel 1288, Ugolino lo presenta come colui che lo aveva tradito, attirandolo in città dopo la sua fuga, per poi consegnarlo alla sua miserevole fine (vv. 16-18). Morì nel 1295, dopo essere stato rimosso dall'ufficio per volere di papa Bonifacio VIII.
17. fidandomi di lui: dunque Ugolino rappresenta il caso di un traditore a sua volta tradito.
18. dir non è mestieri: non c'è bisogno di raccontarlo, perché Dante, fiorentino, come si sente dal suo accento, non può ignorare le drammatiche vicende che qui Ugolino soltanto accenna, e che avevano riempito le cronache dell'epoca.
22. Breve pertugio ... Muda: la torre dove Ugolino era stato rinchiuso con i figli e i nipoti era quella dei Gualandi, famiglia ghibellina nemica del conte; era detta «della Muda», probabilmente, perché d'ordinario serviva a tenere falconi da caccia o, secondo qualche commentatore antico, le aquile del Comune, a mudare, cioè a cambiare le penne.
28. maestro e donno: nel sogno, a Ugolino sembra di assistere a una partita di caccia, nella quale il suo nemico fa la parte del **maestro e signore** («donno», da *dominus*) della partita, cioè di colui che coordina e guida la battuta.
29-30. cacciando ... non ponno: a Ugolino sembra, in sogno, che l'arcivescovo Ruggieri stia cacciando una famigliola di lupi (padre e cuccioli), su per il monte di San Giuliano, che si erge fra Pisa e Lucca (e che impedisce alle due città, pur così vicine, di vedersi fra di loro).

Con cagne magre, studïose e conte
Gualandi con Sismondi e con Lanfranchi
s'avea messi dinanzi da la fronte.

vv. 31-33 Lui aveva messo davanti, nelle prime file dei cacciatori, i Gualandi con i Sismondi e i Lanfranchi, insieme a cagne magre, pronte a inseguire la preda (*studïose*) e ben addestrate (*conte*).

In picciol corso mi parieno stanchi
lo padre e' figli, e con l'agute scane
mi parea lor veder fender li fianchi.

vv. 34-36 Dopo una breve corsa mi parevano stanchi padre e figli, e mi pareva che [quelle cagne] gli lacerassero i fianchi (*fender li fianchi*), con le loro aguzze zanne (*scane*).

Quando fui desto innanzi la dimane,
pianger senti' fra 'l sonno i miei figliuoli
ch'eran con meco, e dimandar del pane.

vv. 37-39 Quando mi svegliai prima dell'alba (*innanzi la dimane*) sentii i miei figliuoli, che erano con me, piangere nel sonno e domandar del pane.

Ben se' crudel, se tu già non ti duoli
pensando ciò che 'l mio cor s'annunziava;
e se non piangi, di che pianger suoli?

vv. 40-42 Sei proprio crudele, se già non ti duoli pensando a quello che il mio cuore si figurava (*s'annunziava*); e se non piangi, che cosa ti ci vuole per farti piangere?

Già eran desti, e l'ora s'appressava
che 'l cibo ne solëa essere addotto,
e per suo sogno ciascun dubitava;

vv. 43-45 Ormai erano svegli, e si avvicinava l'ora in cui ci soleva essere portato il cibo, e a causa del proprio sogno ciascuno era in apprensione (*dubitava*);

e io senti' chiavar l'uscio di sotto
a l'orribile torre; ond' io guardai
nel viso a' mie' figliuoi sanza far motto.

vv. 46-48 e io sentii inchiodare l'uscio di sotto all'orribile torre; per cui guardai nel viso i miei figliuoli senza far parola.

Io non piangëa, sì dentro impetrai:
piangevan elli; e Anselmuccio mio
disse: «Tu guardi sì, padre! che hai?».

vv. 49-51 Io non piangevo, tanto ero impietrito, dentro di me; loro piangevano; e il mio Anselmuccio disse: «Padre, tu hai certi occhi! (*guardi sì*) che hai?».

Perciò non lagrimai né rispuos' io
tutto quel giorno né la notte appresso,
infin che l'altro sol nel mondo uscìo.

vv. 52-54 Perciò non versai una lacrima né risposi nulla tutto quel giorno e la notte dopo, finché non si levò al mondo il sole del giorno successivo.

Come un poco di raggio si fu messo
nel doloroso carcere, e io scorsi
per quattro visi il mio aspetto stesso,

vv. 55-57 Come un po' di luce entrò nel doloroso carcere e io scorsi il mio stesso aspetto nei loro quattro visi,

ambo le man per lo dolor mi morsi;
ed ei, pensando ch'io 'l fessi per voglia
di manicar, di sùbito levorsi

vv. 58-60 mi morsi tutt'e due le mani per il dolore; e essi, pensando che lo facessi (*fessi*) per voglia di mangiare (*manicar*), d'un tratto si levarono in piedi

---

31-33. Con cagne ... da la fronte: il soggetto è sempre Ruggieri, che aveva collocato in prima fila nella battuta di caccia («s'avea messi dinanzi da la fronte») dei cacciatori appartenenti alle famiglie nemiche di Ugolino - Gualandi, Sismondi, Lanfranchi - insieme con cagne «magre» (e quindi affamate), intente alla preda («studïose», dal latino *studium*, che significa "passione", "dedizione") e ben addestrate («conte»).
38. i miei figliuoli: con Ugolino vennero imprigionati due figli, Gaddo (v. 68) e Uguccione, e due nipoti, nati dal matrimonio del primogenito del conte, Guelfo, con Elena, figlia di re Enzo: Nino, detto "il Brigata", e Anselmuccio (v. 50). Va anche osservato che qui essi compaiono tutti come fanciulli, mentre l'unico ragazzo era Anselmuccio; gli altri erano in realtà uomini fatti e il Brigata, in specie, già noto come facinoroso politicante.
60. manicar: più forte e popolaresco del semplice «mangiare».

e disser: «Padre, assai ci fia men doglia
se tu mangi di noi: tu ne vestisti
queste misere carni, e tu le spoglia».

vv. 61-63 e dissero: «Padre, ci farà molto meno male (*ci fia men doglia*) se tu mangi noi; tu ci hai rivestito di queste misere carni, e tu puoi spogliarcene».

Queta'mi allor per non farli più tristi;
lo dì e l'altro stemmo tutti muti;
ahi dura terra, perché non t'apristi?

vv. 64-66 Allora mi calmai (*Queta'mi*) per non affliggerli ulteriormente; quel giorno e il giorno dopo (*l'altro*) restammo tutti muti: ahi dura terra, perché non ti apristi [a inghiottirci tutti quanti]?

Poscia che fummo al quarto dì venuti,
Gaddo mi si gittò disteso a' piedi,
dicendo: «Padre mio, ché non m'aiuti?».

vv. 67-69 Dopo che fummo arrivati al quarto giorno, Gaddo mi si gettò disteso ai piedi, dicendo: «Padre mio, perché non mi aiuti?».

Quivi morì; e come tu mi vedi,
vid' io cascar li tre ad uno ad uno
tra 'l quinto dì e 'l sesto; ond' io mi diedi,

vv. 70-72 Morì lì, ai miei piedi (*Quivi*); e come tu mi vedi, io vidi cascare gli altri tre a uno a uno, tra il quinto giorno e il sesto; per cui mi diedi,

già cieco, a brancolar sovra ciascuno,
e due dì li chiamai, poi che fur morti.
Poscia, più che 'l dolor, poté 'l digiuno».

vv.73-75 ormai cieco, a brancolare sopra ciascuno di loro, e per due giorni li chiamai, dopo che furono morti; poi, più che il dolore, ebbe potere la fame».

61-63. Padre ... tu le spoglia: i ragazzi offrono ingenuamente le loro carni perché il padre se ne possa sfamare, pur di non vederlo soffrire così.
69. Padre mio ... aiuti?: è il grido di Cristo sulla croce: «Dio mio, Dio mio, perché mi hai abbandonato?».
73. già cieco, a brancolar: la fame sta uccidendo anche Ugolino; già non ci vede più, e per questo può soltanto «brancolar», alla cieca appunto, sui corpi dei figli.
75. Poscia ... 'l digiuno: **Poi il digiuno fu più forte del dolore**: ovvero, Ugolino muore stroncato dalla fame, e non dal dolore (come forse ci si sarebbe potuti aspettare, e come sarebbe stato giusto, visto lo strazio immenso della sua pena). È l'interpretazione più semplice, attestata già nei primi commentatori; altri, tuttavia, hanno pensato che Ugolino intenda qui che il dolore della morte dei figli fu comunque sopravanzato dal «digiuno», dal bisogno di mangiare, e che egli si sarebbe cibato delle carni dei figli morti.

T17 Dentro il testo

IN SINTESI

Fra i traditori della patria, Dante trova due personaggi imprigionati nel ghiaccio; uno dei due rode la nuca all'altro, in un gesto di bestiale ferocia. Interrogato, il personaggio leva la bocca dal "pasto" e tra le lacrime racconta a Dante la propria storia. Si tratta del conte Ugolino, e il nemico di cui si vendica è l'arcivescovo Ruggieri, che lo tradì e lo fece morire. Ma - dice Ugolino - Dante non può sapere *come* avvenne questa morte: imprigionato in una torre assieme ai figli, un giorno, dopo un sogno tristemente premonitore, sente che la porta della torre viene inchiodata, e capisce che nessuno porterà più loro del cibo. Davanti all'angoscia dei figli, Ugolino cerca di contenersi, ma quando arriva a mordersi le mani per l'angoscia, i ragazzi - pensando che quel gesto fosse dettato dalla fame - gli offrono di cibarsi piuttosto di loro stessi. A queste parole Ugolino si calma, per non essere fonte di ulteriore sofferenza per loro; ma la privazione di cibo giunge alla sua ovvia conclusione. Uno a uno i figlioletti di Ugolino muoiono ai suoi piedi, fino a che, due giorni dopo, cieco e pazzo di dolore, anch'egli soccombe al digiuno.

I TEMI E L'ESPRESSIONE

I TRADITORI POLITICI E IL LORO CONTRAPPASSO

Il nono e ultimo cerchio, suddiviso in quattro zone, racchiude la colpa che Dante considera più grave: il **tradimento.** I traditori, infatti, sono coloro che hanno risposto con l'odio all'affetto, all'amore, ai vincoli di parentela e di cittadinanza. Nell'ordine si trovano qui i traditori dei parenti (nella Caina, da Caino, uccisore del proprio fratello Abele); della patria (nell'Antenòra, da Antènore, il troiano che aprì le porte della sua città ai greci); degli ospiti (nella Tolomèa, da Tolomeo, il re d'Egitto che tradì e uccise Pompeo rifugiatosi presso di lui); dei benefattori (nella Giudecca, cosiddetta da Giuda, traditore del benefattore supremo, Gesù Cristo). Il loro **contrappasso** è chiaro: i traditori, non solo quelli politici, hanno negato il calore dell'amore e della carità scegliendo il gelo dell'odio e del tradimento; perciò sono immersi, quasi cristallizzati, in un **lago ghiacciato.** Si badi che gli ultimi, quelli della Giudecca, sono totalmente imprigionati nel ghiaccio, e Dante li vede solo in trasparenza sotto i suoi piedi, senza che con loro sia possibile alcuna comunicazione, alcun dialogo. La loro assenza d'amore li ha alienati da qualsiasi contatto umano, trasformandoli quasi in fossili viventi.

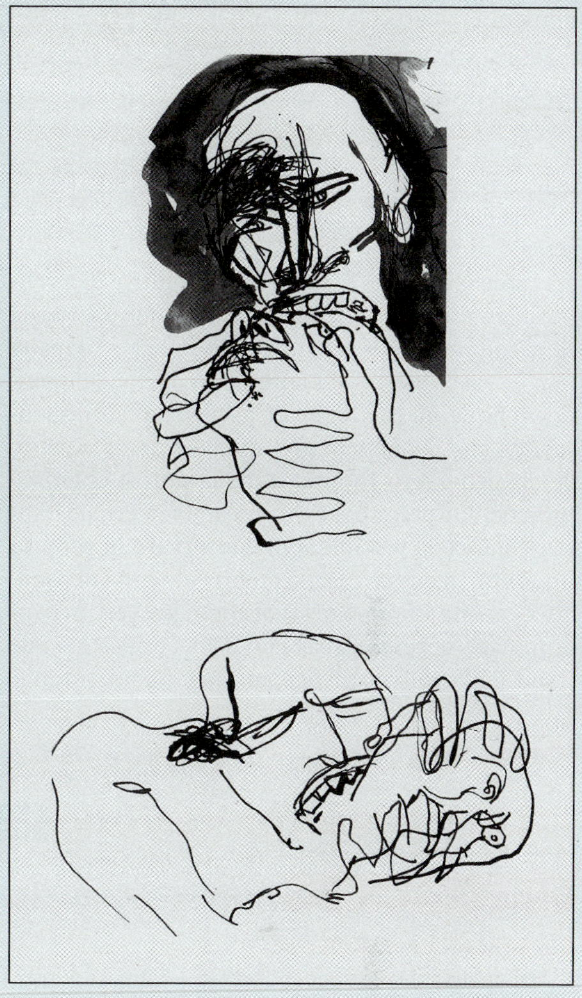

▲ Renato Guttuso, Il conte Ugolino (*Inferno*, XXXIII), 1970, acquarello tratto da "Il Dante di Guttuso: Cinquantasei tavole dantesche disegnate da Renato Guttuso", Mondadori, Milano 1970.

UGOLINO DELLA GHERARDESCA E IL VESCOVO RUGGIERI DEGLI UBALDINI

Ugolino di Guelfo della Gherardesca, conte di Donoratico, apparteneva a una antica e potente famiglia ghibellina, che possedeva ricchi feudi nel territorio pisano e in Sardegna. In Sardegna fu vicario di re Enzo, con il quale era anche imparentato. Nel 1275 si accordò con il genero, Giovanni Visconti, capo della fazione guelfa avversaria, per difendere i comuni interessi in Sardegna: il risultato fu che Ugolino venne accusato di tradimento e bandito da Pisa. L'anno successivo, con l'appoggio della lega guelfa, poté far ritorno nella città e da quel momento acquistò sempre maggior prestigio, fino a diventare **podestà di Pisa** (1284). In questa veste il conte si trovò a gestire la difficile situazione succeduta alla sconfitta della Meloria: cedette alcuni castelli ai fiorentini e ai lucchesi per evitare di arrivare a un conflitto. A torto o a ragione, il suo comportamento fu considerato indizio di una **profonda ambiguità**, suscitandogli odi e risentimento. Nel 1285 Ugolino aveva cooptato nel governo della città Ugolino Visconti, esponente guelfo, figlio di Giovanni e suo nipote, ma poi, nel 1288, tornando ad appoggiarsi alla fazione ghibellina, capeggiata dall'arcivescovo Ruggieri, lo aveva estromesso. Ruggieri, non meno ambiguo e ambizioso del conte, dapprima lo sostiene e poi lo costringe ad abbandonare la città. Rientrato a Pisa per trattare un accordo con Ruggieri e la parte ghibellina, Ugolino viene invece imprigionato e **lasciato morire di fame** in una torre (febbraio 1289), insieme a due figli e a due nipoti. Le vicende presupposte dal canto sono, come si vede, assai intricate e offrono uno spaccato terribile delle complesse trame che regolano la vita politica in un Comune del XIII secolo.

IL DOLORE DI UN PADRE

Fin dall'inizio, questo episodio intende concentrarsi sulla sorte di Ugolino come padre; un padre che è stato sottoposto all'atroce tortura di vedersi morire per fame, sotto gli occhi, i propri figli. Per questo Ugolino non sembra particolarmente interessato a comprendere «per che modo» Dante, vivo, sia sceso all'Inferno; per questo non intende soffermarsi sui propri peccati, noti a tutti: «dir non è mestieri», egli afferma, come egli abbia tradito e poi sia stato a sua volta tradito dall'arcivescovo Ruggieri. Ciò che gli sta a cuore, e ciò che costituisce il cuore di questo episodio, è il suo **strazio di padre.** Alcuni interpreti considerano questa come una tattica diversiva: un tentativo di Ugolino di far dimenticare le sue colpe, parandosi dietro la sorte miserevole dei suoi figli innocenti. Ma in realtà non è così. Ugolino - e Dante - non possono dimenticare l'Inferno che li circonda, e le terribili responsabilità che hanno portato l'anima dannata a patire la sua pena. Però, l'anima dannata non si esaurisce tutta nel suo peccato. A ogni peccatore infernale Dante riconosce la possibilità di **conservare la propria umanità**: in questo caso, la propria umanità di padre atrocemente straziato nei suoi affetti più veri. In ogni criminale continua a vivere un uomo: e questo rende il suo delitto, e il suo castigo, ancora più commovente.

PIETÀ ALL'INFERNO

Dobbiamo provare pietà per il conte Ugolino? Per i figli innocenti, naturalmente sì: ma per il loro padre? Ritorna qui in primo piano il problema del canto di Francesca: se sia giusto che Dante - il Dante personaggio - e noi lettori proviamo compassione per i dannati. La risposta non può essere che positiva. Sì, non solo i figli innocenti, ma **anche Ugolino è degno di pietà.** È evidente che ciò non significa ignorare le sue colpe, anzi: di fronte al suo strazio di padre, noi potremmo chiedergli: «chi ha portato quei poveri ragazzi a morire di fame? Non sei stato forse tu, con le tue tresche e i tuoi raggiri di politico senza scrupoli?». Ma le colpe di Ugolino non esauriscono il personaggio. Così, nel leggere questo episodio, noi vediamo nel traditore un **protagonista della sanguinosa politica del suo tempo**; ma vediamo anche, oltre la politica, oltre la storia, un **sentimento paterno offeso**; e, con quello, e solo con quello, siamo chiamati a identificarci.

Analisi e interpretazione Tipologia A

LEGGERE CON METODO

COMPRENSIONE GLOBALE

1. Di quale colpa si sono macchiati i dannati puniti nel nono cerchio? A quale pena sono sottoposti?
2. Con quale scopo Ugolino accetta di raccontare a Dante la storia della propria morte?
3. Insieme a chi Ugolino viene rinchiuso nella torre?
4. Con estrema precisione, il racconto di Ugolino scandisce le tappe della sofferenza inflitta a lui e ai suoi figli, collocandole in una precisa dimensione temporale. Sintetizza le vicende degli otto giorni che intercorrono tra la chiusura della torre e la morte di Ugolino.

LA LINGUA E LE STRUTTURE

5. Individua e sottolinea i termini che rinviano all'area semantica del mangiare e della fame.
6. Individua e sottolinea i termini e le espressioni con i quali Ugolino cerca di coinvolgere emotivamente Dante (quindi, indirettamente, noi lettori).

I TEMI E L'INTERPRETAZIONE

7. Perché, allontanandosi dalla realtà dei fatti, i figli (in realtà i figli e i nipoti) di Ugolino vengono presentati come fanciulli innocenti?
8. Quali diverse interpretazioni sono state date del v. 75 «Poscia, più che 'l dolor, poté 'l digiuno»?
9. Ugolino viene presentato mentre rode la nuca del suo nemico, con un atto bestiale. A sua volta, nel sogno, lui stesso, i suoi figli e i suoi persecutori vengono trasformati in animali. Come si può interpretare questa scelta? Da quali caratteristiche della lotta politica del tempo Dante prende le distanze in tal modo?

PENSARE CON LA PROPRIA TESTA

APPROFONDIMENTI E CONFRONTI

10. La politica medievale era spesso lotta di fazioni e scontro tra famiglie. Le scelte politiche del capofamiglia coinvolgevano automaticamente i familiari, ed era del tutto consueto e generalmente accettato che le colpe dei padri ricadessero sui figli. Le vicende personali di Dante lo resero particolarmente sensibile all'ingiustizia di queste procedure. Quali conseguenze ebbero per i figli di Dante le scelte politiche paterne? A tuo parere - pur nella diversità delle vicende - nel canto si può individuare una componente autobiografica?

Il *Purgatorio*

▶ T *Purgatorio*, VI
▶ T *Purgatorio*, XXVIII

Il Purgatorio, un'invenzione dantesca L'esperienza del Purgatorio è, più dell'Inferno e del Paradiso, un'invenzione dantesca. Anche dal punto di vista teologico, l'esistenza, la configurazione, la finalità di un *locus purgatorius*, ovvero di un luogo di purgazione e purificazione delle anime dopo la morte, erano state a lungo **oggetto di discussione**. Si badi che solo nel 1254, pochi anni prima della *Commedia*, c'era stato un pronunciamento teologico autorevole: una lettera del pontefice Innocenzo IV, che aveva affermato l'esistenza del Purgatorio richiamandosi soprattutto alla tradizione della Chiesa, più che a luoghi specifici della Sacra Scrittura. Ma, in ogni caso, ancora al tempo di Dante non era ben chiaro dove fosse, come fosse e a che cosa servisse il Purgatorio. In genere, era raffigurato come un luogo sotterraneo, continguo all'Inferno, a esso assai simile; si disputava se fosse custodito da angeli oppure da demoni; spesso si pensava che servisse a purificare dai peccati veniali, che fosse quindi un **luogo di perfezionamento dalle minori infermità dell'anima**, prima di salire in Paradiso.

Una montagna speculare rispetto all'Inferno Dante trasforma radicalmente la tradizione purgatoriale e, oltre alla topografia e alla configurazione morale del Purgatorio, inventa una vera e propria **esperienza psicologica**, una dimensione interiore «purgatoriale», a cui conferisce spazio e importanza pari e simmetrica rispetto alle altre due cantiche. Infatti, il Purgatorio di Dante è una **montagna librata verso il cielo**, non un luogo sotterraneo; è anzi il calco perfetto dell'Inferno, di cui replica i peccati in successione inversa (dai più gravi ai più lievi). Non è affatto, dottrinalmente, una "zona grigia", riservata ai peccati veniali. Il suo stesso rapporto speculare rispetto all'Inferno ci dice che qui i peccati sono esattamente gli stessi, e che la sacra montagna è abitata da peccatori non meno esperti del male di quelli infernali. «Orribil furon li peccati miei» dice infatti Manfredi nel canto III; e subito aggiunge: «ma la bontà infinita ha sì gran braccia, / che prende ciò che si rivolge a lei» (vv. 121-23).

Peccatori pentiti La differenza, semplice e radicale, è tutta qui. Gli abitanti del Purgatorio non sono stati migliori di quelli dell'Inferno, ma **si sono pentiti**. Ovvero, c'è stato nella loro esistenza, magari anche soltanto in punto di morte, un momento in cui si sono affidati al perdono di Dio. Bonconte da Montefeltro dice della sua morte: «nel nome di Maria finii» (V, 101): basta il nome della Vergine, sussurrato in fin di vita, a salvare un'anima. Tanto che il diavolo venuto a prendere possesso dell'anima di Bonconte (il quale evidentemente non era ritenuto uno stinco di santo) non può che constatare la propria sconfitta. «Tu te ne porti di costui l'etterno» - egli protesta stizzito contro l'angelo che prende con sé lo spirito del morto - «per una lagrimetta che 'l mi toglie» (vv. 106-107). Una «lagrimetta», appunto: tanto è sufficiente a dividere dannazione e salvezza, Inferno e Paradiso.

◀ William Blake, *Beatrice si rivolge a Dante dal Carro*, 1824-27, acquarello, illustrazione di *Purgatorio*, XXX (Londra, Tate Gallery).

Una clinica dell'anima Ma pentirsi non è che l'inizio di un processo. Forse solo noi contemporanei, così esperti delle vicissitudini e dei traumi della psiche, possiamo apprezzare appieno la grandiosa modernità dell'intuizione dantesca. Dante inventa il Purgatorio come un lungo, penoso e faticoso **processo di terapia, di guarigione spirituale e psicologica.** Non basta pentirsi, ovvero decidere di cambiare, di farla finita con il proprio passato. Dante sembra avere indovinato che anche le decisioni morali più drastiche e irreversibili hanno però bisogno di essere coltivate, rafforzate, assunte come parte finalmente accettata e tranquilla del proprio vissuto. Il Purgatorio è la dimensione in cui i peccatori ripensano il loro passato, vengono a patti con un'identità che non riconoscono più come propria, soffrono in se stessi le conseguenze di quel passato per disfarsene una volta per tutte. L'Inferno è un ergastolo senza speranza, in cui si vuole soltanto la punizione del colpevole; **il Purgatorio è una casa di correzione**, dove si lavora per la sua riabilitazione morale. O meglio, è una casa di cura: una clinica dell'anima, dove i pazienti sono sottoposti a un lento programma di ricostituzione dell'identità.

Anime in viaggio Il Purgatorio è quindi un luogo di passaggio, che non è destinato a durare per sempre. Mentre noi abbiamo visto i peccatori infernali inchiodati al luogo che la giustizia divina assegna loro per l'eternità, tutte **le anime del Purgatorio sono pellegrine**, in viaggio, *in itinere*. Infatti, anche se Dante le incontra nei gironi che meglio le caratterizzano moralmente, è inteso che tutti i penitenti passano attraverso tutti i balzi della montagna e ne sperimentano tutte le pene. Come Dante si muove in ascesa verso la vetta, dunque, così anch'esse: e questo comune movimento rende tutta la montagna un luogo di viaggio e di trasformazione, non solo per Dante.

GUIDA ALLO STUDIO

1. Come è strutturato il Purgatorio di Dante?
2. Qual è la radicale differenza tra le anime del Purgatorio e quelle dell'Inferno?
3. Qual è la destinazione che attende le anime del Purgatorio?

▲ Dante con Virgilio e Catone, miniatura dal manoscritto di Holkham per il canto I del *Purgatorio*, fine XIV secolo.
❶ Virgilio invita Dante a inginocchiarsi di fronte a Catone. ❷ Catone è illuminato dalle quattro stelle della costellazione australe simboleggianti le virtù cardinali. Il suo aspetto è venerabile (lunga barba, lunghi capelli). ❸ A destra, i giunchi di cui Dante si cinge i fianchi in segno di umiltà, alla fine del canto.

T18

Purgatorio, I, 13-75

Alba sulla spiaggia del Purgatorio

Anno: 1309-13

Metro: terzine incatenate con schema ABA, BCB, CDC ecc.

Argomento: Dante e Virgilio incontrano Catone sulla spiaggia del Purgatorio

Usciti dal lungo cunicolo che unisce il fondo dell'Inferno alla spiaggia del Purgatorio, Dante e Virgilio si trovano immersi in un'atmosfera luminosa che contrasta fortemente con le tenebre finora esplorate. La spiaggia del Purgatorio si presenta quasi come la prosecuzione del mondo terreno, sebbene tutto sembri più lieve e aereo. I due viandanti appaiono al lettore smarriti (Virgilio da questo momento non sa più niente della strada da percorrere) ed esitano a proseguire il cammino. A rimetterli in marcia interviene la figura solenne di Catone, il suicida elevato a custode della sacra montagna.

Dolce color d'orïental zaffiro,
che s'accoglieva nel sereno aspetto
del mezzo, puro infino al primo giro,

a li occhi miei ricominciò **diletto**,
tosto ch'io usci' fuor de l'aura morta
che m'avea contristati li occhi e 'l petto.

Lo bel pianeto che d'amar conforta
faceva tutto rider l'orïente,
velando i Pesci ch'erano in sua scorta.

PARAFRASI

vv. 13-15 Un delicato colore azzurro, come di zaffiro orientale, che si diffondeva (*s'accoglieva*) nel sereno aspetto dell'atmosfera (*mezzo*), pura e trasparente fino all'orizzonte (*primo giro*),

vv. 16-18 mi restituì il piacere della vista, appena io uscii dall'aria di morte [dell'Inferno] che mi aveva afflitto la vista e l'anima.

vv. 19-21 [Venere], il fulgido astro (*bel pianeto*) che induce (*conforta*) all'amore, riempiva del suo sorriso luminoso tutto l'oriente, velando un poco lo splendore della costellazione dei Pesci che l'accompagnava (*ch'erano in sua scorta*).

13. **Dolce color ... zaffiro:** è soggetto di «ricominciò diletto» (v. 16): il delicato e prezioso azzurro del cielo (siamo vicini all'alba), simile nel colore e nella trasparenza a uno zaffiro orientale, è come un ristoro per gli occhi e per lo spirito di Dante, che hanno dovuto sopportare così a lungo la caligine dell'abisso infernale.

■ Le parole della tradizione

TROVARE LE PAROLE

▸ **diletto**, sostantivo, derivato dal verbo ***dilettare***, "allietare, provocare piacere", indica un sentimento di intima soddisfazione, non meno intensa ma più superficiale e immediata rispetto al sinonimo ***gioia***.

■ Nella *Commedia* il termine ricorre molte volte, con sfumature positive o negative. Nel canto I del *Purgatorio*, indica il godimento della vista allietata dal ritrovare i colori del cielo; nel canto XXIII della stessa cantica indica il piacere, misto a dolore, che nasce dall'udire il dolce canto angelico, turbato dal sentimento di pietà destato dalle lacrime dei golosi; nel canto XXVIII del *Paradiso*, Beatrice lo userà per indicare il grado di beatitudine dei Troni, tanto più alto quanto maggiore è la loro comprensione di Dio. Altrove, accompagnato da aggettivi che ne precisano la natura, indica invece un piacere errato e peccaminoso, come nel canto XVII del *Purgatorio*, dove il piacere rivolto alle cose terrene è definito «mal diletto».

■ Nel significato generale di "godimento, intima gioia dello spirito, contentezza" rimarrà costante nel lessico poetico italiano, almeno fino a Gabriele d'Annunzio.

■ Nell'italiano di oggi, in cui il termine appartiene al registro alto, sta spesso a indicare il piacere o la soddisfazione che si prova a fare qualcosa, come praticare un'arte, una scienza o uno sport, in modo tuttavia né profondo né professionale. Ecco perché chi coltiva un'arte o pratica uno sport in modo amatoriale è definito «dilettante» (termine che ha anche assunto la sfumatura negativa di "persona con competenze superficiali e scarsa preparazione").

I' mi volsi a man destra, e puosi mente
a l'altro polo, e vidi quattro stelle
non viste mai fuor ch'a la prima gente.

vv. 22-24 Io mi voltai verso destra, e volsi la mia attenzione (*puosi mente*) all'altro polo, l'antartico, e vidi quattro stelle non viste mai da nessuno, fuor che dai nostri primi progenitori (*prima gente*).

Goder pareva 'l ciel di lor fiammelle:
oh settentrïonal vedovo sito,
poi che privato se' di mirar quelle!

vv. 25-27 Il cielo pareva compiacersi del loro scintillìo (*lor fiammelle*): oh cielo del settentrione, così desolato (*vedovo*), poiché sei privo del piacere di contemplarle!

Com' io da loro sguardo fui partito,
un poco me volgendo a l'altro polo,
là onde 'l Carro già era sparito,

vv. 28-30 Come io ebbi staccato lo sguardo da loro, voltandomi un poco verso il polo artico, là da dove la costellazione del Carro [l'Orsa Maggiore] era già sparita,

vidi presso di me un veglio solo,
degno di tanta reverenza in vista,
che più non dee a padre alcun figliuolo.

vv. 31-33 vidi presso di me un vegliardo, da solo, all'aspetto degno di tanta reverenza, che più non ne deve un figliuolo al proprio padre.

Lunga la barba e di pel bianco mista
portava, a' suoi capelli simigliante,
de' quai cadeva al petto doppia lista.

vv. 34-36 Portava la barba lunga e mista di pelo candido, simile ai suoi capelli, dei quali due lunghe ciocche (*doppia lista*) gli scendevano fino al petto.

Li raggi de le quattro luci sante
fregiavan sì la sua faccia di lume,
ch'i' 'l vedea come 'l sol fosse davante.

vv. 37-39 I raggi delle quattro sacre stelle tanto abbellivano (*fregiavan*) la sua faccia del loro lume, che io lo vedevo come se fosse direttamente illuminato dalla luce del sole.

«Chi siete voi che contro al cieco fiume
fuggita avete la pregione etterna?»,
diss' el, movendo quelle oneste piume.

vv. 40-42 «Chi siete voi che, risalendo il fiume sotterraneo (*cieco*), siete fuggiti dall'eterna prigione infernale?» diss'egli, muovendo nell'atto di parlare il venerabile piumaggio della sua barba (*quelle oneste piume*).

«Chi v'ha guidati, o che vi fu lucerna,
uscendo fuor de la profonda notte
che sempre nera fa la valle inferna?

vv. 43-45 «Chi vi ha guidato, o chi vi rischiarò il cammino, uscendo dalla profonda notte che fa sempre nero il baratro (*valle*) infernale?

22-24. puosi mente ... polo: Dante si rivolge a una parte del firmamento ignota all'umanità, come subito non manca di sottolineare. ■ **quattro stelle ... prima gente:** Dante vede una costellazione mai vista da alcuno, tranne che da Adamo ed Eva («la prima gente»), prima che essi fossero scacciati dal Paradiso terrestre. Si tratta di una costellazione allegorica, simboleggiante le quattro virtù cardinali (prudenza, giustizia, fortezza, temperanza), di derivazione platonica, ma incorporate nella morale cristiana (e dunque emblema di una perfezione umana, sia pure perduta con il peccato originale).

26-27. oh settentrïonal ... quelle!: l'emisfero settentrionale, o boreale, è «vedovo», cioè deserto, essendo privo della possibilità di contemplare tale costellazione.

28. da loro sguardo: «sguardo» ha valore verbale, mentre «loro» è complemento oggetto.

31. un veglio: è Marco Porcio Catone Uticense, il fiero oppositore di Cesare in nome delle tradizioni repubblicane di Roma; vista perduta la sua causa, si suicidò a Utica, in Africa, nel 46 a.C., all'età di 48 anni (quindi non era proprio un «veglio», un uomo di età avanzata, ma Dante lo presenta tale per accentuare la sua venerabile autorevolezza).

37-39. Li raggi ... davante: lo splendore della costellazione appena scoperta da Dante investe in pieno il volto di Catone, come se fosse il sole a illuminarlo. Allegoricamente, significa che Catone possiede pienamente le virtù cardinali (simboleggiate dalle quattro stelle della costellazione australe), tanto che esse, pur appartenenti alla perfezione puramente umana dei nostri progenitori, gli conferiscono una luce di moralità simile a quella irradiata dal sole della Grazia divina. Insomma, Catone, pur pagano, era moralmente così perfetto quasi come lo sarebbe stato se fosse stato cristiano.

40. contro al cieco fiume: risalendo il «ruscelletto» sotterraneo che ha guidato Dante e Virgilio dalla «burella» infernale (*Inferno*, XXXIV, 127-32) al tondo «pertugio» attraverso cui sono emersi sulla spiaggia del Purgatorio.

42. movendo quelle oneste piume: nell'atto del parlare, la venerabile barba di Catone si muove seguendo le espressioni del volto.

Son le leggi d'abisso così rotte?
o è mutato in ciel novo consiglio,
che, dannati, venite a le mie grotte?».

Lo duca mio allor mi diè di piglio,
e con parole e con mani e con cenni
reverenti mi fé le gambe e 'l ciglio.

Poscia rispuose lui: «Da me non venni:
donna scese del ciel, per li cui prieghi
de la mia compagnia costui sovvenni.

Ma da ch'è tuo voler che più si spieghi
di nostra condizion com' ell' è vera,
esser non puote il mio che a te si nieghi.

Questi non vide mai l'ultima sera;
ma per la sua follia le fu sì presso,
che molto poco tempo a volger era.

Sì com' io dissi, fui mandato ad esso
per lui campare; e non lì era altra via
che questa per la quale i' mi son messo.

Mostrata ho lui tutta la gente ria;
e ora intendo mostrar quelli spirti
che purgan sé sotto la tua balìa.

Com' io l'ho tratto, saria lungo a dirti;
de l'alto scende virtù che m'aiuta
conducerlo a vederti e a udirti.

vv. 46-48 Sono così infrante le leggi dell'abisso? Oppure in cielo ci sono nuove disposizioni (*consiglio*), così che, pur essendo anime dannate, voi avete accesso alle rocce della montagna che io guardo (*mie grotte*)?»

vv. 49-51 La mia guida (*duca*), [Virgilio], allora mi afferrò (*mi diè di piglio*) e, con parole, gesti e cenni, mi indicò come dovessi inginocchiarmi e tenere basso lo sguardo in segno di reverenza (*reverenti mi fé le gambe e 'l ciglio*).

vv. 52-54 Poi procurò lui di rispondere: «Non sono giunto qui di mia volontà; una donna scese dal cielo, in virtù delle cui preghiere io soccorsi costui con l'aiuto della mia compagnia.

vv. 55-57 Ma, visto che tu desideri che ti si diano più ampie spiegazioni della nostra condizione, secondo la sua verità (*com'ell'è vera*), il mio desiderio a sua volta non può opporsi a quello che tu vuoi.

vv. 58-60 Questi non ha ancora visto l'ultimo giorno della sua esistenza; ma per la sua follia ci è andato così vicino, che ci sarebbe voluto poco tempo a precipitarlo nell'eterna perdizione (*a volger*).

vv. 61-63 Come ho detto, io fui mandato a lui per scamparlo; e non c'era altra via se non questa per la quale mi sono messo.

vv. 64-66 Gli ho mostrato tutti i dannati (*gente ria*), e ora ho intenzione di fargli vedere le anime che si purificano sotto la tua custodia (*balìa*).

vv. 67-69 Come io l'ho condotto fin qui (*tratto*), sarebbe lungo a spiegartelo; dall'alto scende un potere che mi aiuta a guidarlo fin qui, a vederti e udirti.

46-48. Son le leggi d'abisso ... a le mie grotte?: Catone, rigido guardiano delle leggi purgatoriali, registra subito l'irregolarità della situazione: forse le norme infernali non valgono più (cioè: non si giudica e si condanna più, all'Inferno, come d'uso)? O forse in cielo si è cambiata idea, tanto da permettere che dei «dannati» salgano su alle «grotte», alle rocce della sacra montagna («mie», dice Catone, perché affidate complessivamente alla sua giurisdizione)?

51. reverenti ... e 'l ciglio: Virgilio induce il suo discepolo ad abbassare, in segno di reverenza, lo sguardo e «le gambe», inginocchiandosi.

52. Da me non venni: «Da me stesso non vegno», aveva detto Dante di fronte a Cavalcante (*Inferno*, X, 61); in tutt'e due i casi si sottolinea che Virgilio e Dante devono il privilegio dell'eccezionale viaggio alla Grazia divina, non a iniziative personali.

53. donna: **Beatrice**.

58. Questi ... sera: Dante non è morto, e quindi la sua presenza, per quanto eccezionale, non infrange «le leggi d'abisso».

66. che purgan ... balìa: Virgilio enfatizza un poco, per cortesia, le funzioni di Catone, promuovendolo a "capo" di tutto il Purgatorio.

68-69. de l'alto scende ... a udirti: Virgilio riconosce umilmente che, senza l'aiuto di un potere («virtù») che discende dal cielo, egli non sarebbe in grado di guidare Dante nel suo viaggio; d'altra parte, continua a enfatizzare l'importanza di Catone, presentando il pellegrinaggio di Dante come destinato ad arrivare a vederlo e udirlo.

Or ti piaccia gradir la sua venuta:
libertà va cercando, ch'è sì cara,
come sa chi per lei vita rifiuta.

vv. 70-72 Ora ti prego di gradire che sia giunto al tuo cospetto: è in cerca di libertà - libertà che è così preziosa (*cara*) come sa chi per lei rifiuta la vita.

Tu 'l sai, ché non ti fu per lei amara
in Utica la morte, ove lasciasti
la vesta ch'al gran dì sarà sì chiara».

vv. 73-75 Tu lo sai, poiché non ti fu doloroso affrontare la morte a Utica, dove tu deponesti la veste del tuo corpo mortale, che nel giorno del Giudizio (*gran dì*) risorgerà in tutto il suo splendore (*sarà sì chiara*)».

[Ma non c'è bisogno di ingraziarsi il custode della spiaggia del Purgatorio: basta assicurarlo che Dante e Virgilio sono lì per volere divino. Catone si limita a imporre un semplice rituale di purificazione: che Dante si pulisca il volto, annerito dalla fuliggine infernale, con la rugiada del primo mattino; e si cinga - in segno di umiltà, come se fosse un cordone di penitente - dei giunchi che crescono sulla battigia. Così i due pellegrini scendono là dove l'isola è lambita dalle acque dell'oceano; e con questi riti d'ingresso Dante si prepara a salire l'ardua montagna del Purgatorio.]

71-72. libertà va cercando ... rifiuta: Virgilio continua a ingraziarsi Catone, richiamando il suo suicidio come esempio di amore per la libertà; quella libertà «sì cara», così preziosa, che Dante sta cercando di conseguire. Virgilio coglie con esattezza il senso del viaggio di Dante, che è veramente un viaggio di affrancamento dalla schiavitù del vizio e del peccato, verso il Bene, scelto e accolto in piena libertà e responsabilità.

T18 Dentro il testo

IN SINTESI

Uscito dall'Inferno, Dante si guarda attorno e si trova su una spiaggia, sotto un cielo di un azzurro trasparente. Improvvisamente vede un vecchio dall'aspetto nobile, con barba e capelli bianchi e lunghi, che interroga i due viandanti sulla loro identità: è Catone, guardiano della sacra montagna. Avendoli visti uscire dalla prigione eterna dell'Inferno, egli si chiede se il cielo non abbia cambiato le sue regole. No, gli risponde Virgilio, siamo qui perché una donna dal Paradiso mi pregò di aiutare quest'uomo, che non è ancora morto anche se ci è andato vicino, per lo meno dal punto di vista morale. Gli ho mostrato le anime dell'Inferno, continua Virgilio, e ora lo porterò a visitare il Purgatorio; che ti sia gradita la sua visita, tu che - proprio come lui - ti sei sacrificato per la libertà.

I TEMI E L'ESPRESSIONE

UN PAESAGGIO CELESTIALE

Con le prime terzine del *Purgatorio*, Dante ci trasporta in un clima del tutto diverso rispetto all'Inferno appena abbandonato. La **freschezza** di questa apertura ha anche una **ragione teologica**: questo paesaggio (e specie le quattro nuove stelle che brillano in cielo, sconosciute a noi che viviamo sull'opposto emisfero) è lo scenario che Dio aveva preparato per l'umanità all'inizio della creazione, e che l'umanità ha perduto con il peccato originale di Adamo ed Eva. Per questo le stelle che splendono in cielo non furono «viste mai fuor ch'a la prima gente»: quel cielo così bello, nessuna creatura vivente l'ha visto mai, dopo i nostri progenitori e prima di Dante. Siamo dunque di fronte a un **viaggio** non solo **nello spazio**, ma anche **nel tempo**: stiamo tornando verso le origini, verso la nostra innocenza perduta. D'altronde, la presenza di un personaggio come Catone ci dice che neppure questo viaggio sarà così agevole. Suicida per amore di libertà, il severissimo Catone è il guardiano della spiaggia del Purgatorio: emblema di quanto può costare la difesa di quel libero arbitrio, cioè di quella capacità di decisione morale, che è alla base di ogni salvezza.

LA LUCE DEL PURGATORIO

Dopo la breve apparizione del sole dietro la cima della montagna nel canto I della *Commedia*, l'Inferno è stato un mondo buio, senza luce e senza colori. Per contrasto, quello che balza agli occhi del lettore nel canto I del *Purgatorio* è proprio la **trasparenza dell'aria**, la brillantezza soffusa della luce, la bellezza dell'azzurro del cielo. Specie nei vv. 13-18, Dante descrive il suo stupore, appena uscito «fuor de l'aura morta», per la luminosità del luogo («Dolce color d'orïental zaffiro», «sereno aspetto», «puro»): uno stupore che prosegue anche nei versi successivi, diventando uno dei tratti dominanti della poesia del *Purgatorio*. Per di più, si tratta qui di una luce d'alba, che segna il sorgere di un nuovo giorno. L'Inferno è ormai alle spalle. Per Dante comincia **un'esperienza del tutto nuova**, piena di nuova speranza.

IL TEMPO DEL PURGATORIO

Nel Purgatorio la ricomparsa della luce significa anche la **ricomparsa del tempo**, scandito dall'alternarsi del giorno e della notte, dal trascorrere delle ore del giorno. Anche durante il viaggio nell'abisso infernale il tempo passava, naturalmente, ma Dante non poteva rendersene conto, in quella tenebra senza mutamento. Qui invece l'esperienza dantesca riprende un ritmo umano, simile a quello della vita sulla terra, anche se siamo nell'aldilà: nel seguito del racconto ci saranno infatti altre albe, e tramonti, e nottate in cui Dante si addormenterà (all'Inferno questo non succedeva mai) e farà anche dei sogni. D'altronde, la montagna del Purgatorio appartiene alla superficie terrestre, e fa parte di una **topografia "umana"**, soggetta almeno in parte ai fenomeni meteorologici della nostra vita normale. Anche in questo senso, il Purgatorio si conferma come un **regno di passaggio**, fra i tre regni dell'oltretomba: certo destinato alle anime dei morti, ma ancora vicino, sotto tanti aspetti, al mondo dei vivi.

UNA SCELTA ANTICONFORMISTA: CATONE A GUARDIA DELLA SACRA MONTAGNA

Tutte le fonti classiche conosciute da Dante erano unanimi nel sottolineare l'**eccezionalità morale di Catone**: nel poema epico *Pharsalia*, il poeta latino **Lucano**, lo chiama «vero padre della patria, degnissimo, o Roma, dei tuoi altari» (IX, 601-02) e celebra in lui l'eroismo della sconfitta: «la causa dei vincitori piacque agli Dèi, ma la causa dei vinti a Catone» (I, 128). **Cicerone**, nel trattato *De officiis* (I, 31), ne proclama la superiorità morale, che rende il suo suicidio un atto non di rinuncia e di viltà, ma di finale, estrema coerenza: «ad altri forse il fatto di essersi tolti la vita sarebbe stato attribuito a mancanza, poiché la loro vita fu più frivola e i loro costumi più corrivi; ma Catone, avendogli la natura donato una incredibile gravità di carattere, e avendola egli rafforzata con perpetua determinazione, e essendo rimasto fermo nelle sue posizioni, una volta decise e prese, doveva di necessità morire piuttosto che sopravvivere per vedere il volto del tiranno». Anche nelle altre opere di Dante, Catone è ricordato per la sua inflessibilità morale: nel ***De Monarchia*** (II, v, 15) il suo suicidio è definito «quel famoso inenarrabile sacrificio di quel veramente rigorosissimo paladino di libertà, Marco Catone»; il gesto estremo di Catone viene collegato esplicitamente al suo amore per la libertà: «quanto valesse la libertà lo mostrò preferendo uscire di vita da uomo libero, piuttosto che rimanervi senza libertà» (II, v, 15). Nel ***Convivio*** il suo volontario sacrificio viene addirittura visto come analogo a quello di Cristo, anch'egli vittima volontaria per il riscatto e la libertà morale dell'umanità: «Quale uomo terreno più degno fu di significare Iddio, che Catone?» (IV, XXVIII, 15). È chiaro insomma che Dante vede in Catone l'**emblema della libertà morale e della difesa del libero arbitrio**, senza cui non si dà alcuna vita morale; non a caso i primi canti del *Purgatorio* insistono sul motivo della salvezza come scelta libera dell'individuo, magari anche solo in punto di morte. Comunque l'opzione di affidare a un pagano, e per di più suicida, la guardia dell'intero Purgatorio, rimane **altamente anticonformista**.

IL NUOVO STILE DEL PURGATORIO

Il passaggio dall'*Inferno* al *Purgatorio* implica anche un radicale mutamento stilistico. Nell'*Inferno* Dante cercava rime «aspre e chiocce», dure e stridule, corrispondenti all'orribile materia trattata; adesso, nel *Purgatorio*, egli cerca uno **stile dolce e armonioso**, in accordo con il carattere del nuovo regno, che è sì luogo di pena, ma soffuso di speranza e di consolazione. Ecco allora che il brano si apre su un verso, in questo senso, esemplare: «Dolce color d'orïental zaffiro». Non soltanto l'aggettivo iniziale, «dolce», può essere inteso come l'indicazione musicale valida per tutta la cantica, ma la stessa catena fonica, di questo e dei versi seguenti, conferma la capacità dantesca di cambiare stile.

Si noti l'insistenza sulle **consonanti liquide** («do**L**ce co**L**or d'o**R**ïental zaffi**R**o»), che torna anche in versi come «**L**o be**L** pianeta che d'ama**R** confo**R**ta / faceva tutto **R**ide**R** **L**'o**R**iente / ve**L**ando i Pesci...» (vv. 19-21), o in rime come *stelle : fiammelle : quelle*, o *polo : solo : figliuolo*.

Nel resto del brano, costituito soprattutto dall'intervento di Catone e dalla lunga, elaborata risposta di Virgilio, si annuncia un altro aspetto dello stile del *Purgatorio*, che a sua volta dipende dalle mutate circostanze del racconto. Il **dialogato**, spesso altamente drammatico nell'*Inferno*, qui tende a distendersi in **forme pacate**. Nel caso di Virgilio lo stile è addirittura fiorito; da notare:

- antomasie («donna scese del ciel», v. 53, con riferimento a Beatrice);
- costruzioni sintattiche complesse («esser non puote il mio che a te si nieghi», v. 57);
- metafore («l'ultima sera», per dire "la morte", v. 58);
- replicazioni («sa chi», «Tu'l sai», vv. 72-73);
- una sentenza memorabile, passata in proverbio: «libertà va cercando, ch'è si cara» (v. 71).

Alla nuova relazione fra i personaggi corrisponde quindi una **modalità di interlocuzione nuova** e diversa, impostata su **toni persuasivi**, spesso finemente lavorati.

Analisi e interpretazione Tipologia A

LEGGERE CON METODO

COMPRENSIONE GLOBALE

1. Riassumi il brano in circa dieci righe, dopo averlo diviso in tre sequenze:
   - **a.** la riscoperta del cielo
   - **b.** l'indignazione di Catone
   - **c.** la risposta di Virgilio
2. Perché il personaggio Dante all'inizio del canto prova un'intensa sensazione di gioia visiva?
3. Dov'è collocata la montagna del Purgatorio? Chi è la «prima gente» che sola ha potuto godere della vista delle quattro stelle?
4. Chi è la donna scesa dal cielo grazie alle cui preghiere Virgilio ha assunto il ruolo di guida di Dante?

LA LINGUA E LE STRUTTURE

5. Catone Uticense (che in realtà morì a meno di 50 anni) è descritto come un vecchio venerabile, simile nell'aspetto alle immagini dei santi e dei profeti biblici consuete al tempo di Dante. Quali tratti fisici gli conferiscono tanta dignità?
6. Con l'inizio della nuova cantica, Dante lascia da parte le rime «aspre e chiocce» per un linguaggio più limpido ed elevato, ricco di artifici retorici. Spiega le figure retoriche nelle seguenti espressioni.
   - «Lo bel pianeto che d'amar conforta»
   - «rider l'orïente»
   - «settentrïonal vedovo sito»
   - «pregione etterna»
   - «oneste piume»
   - «l'ultima sera»
   - «la vesta ch'al gran dì sarà sì chiara»
7. Nella descrizione di Dante e nelle parole di Catone è evidente il contrasto tra il buio, che connota l'Inferno, e la luce, che connota il Purgatorio. Individua e sottolinea una volta i termini appartenenti alla sfera semantica del buio, due volte quelli appartenenti alla sfera semantica della luce.

I TEMI E L'INTERPRETAZIONE

8. Per quale motivo un pagano, e per di più suicida, viene scelto come custode del Purgatorio?
9. Qual è il significato allegorico delle quattro stelle?

PENSARE CON LA PROPRIA TESTA

RIFLESSIONE CRITICA

10. La libertà per la quale Catone ha immolato la vita è quella politica: egli si è ucciso piuttosto che piegarsi di fronte a un tiranno. Quella che ricerca Dante è la libertà morale, che può essere conseguita affrancandosi dal vizio e dal peccato. Ma altri tipi di libertà potremmo trovare ai nostri giorni: la libertà di scegliere autonomamente il proprio destino, che per esempio è negata alle donne in molte parti del mondo; la libertà dal bisogno; la libertà dalla paura; la libertà dal condizionamento delle mode e delle convenzioni sociali ecc. Per te, che cos'è la libertà? Scrivi le tue considerazioni in proposito in circa due colonne.

Purgatorio, III, 103-45

T19

Manfredi: la condanna degli uomini, il perdono di Dio

Anno: 1309-13

Metro: terzine incatenate con schema ABA, BCB, CDC ecc.

Argomento: Dante incontra alcune anime di peccatori pentiti in punto di morte

Siamo nel cosiddetto «anti-Purgatorio»: se il Purgatorio vero e proprio è una lunga attesa del Paradiso, qui, per così dire, si aspetta di attendere; ci si macera pazientemente in preghiera, finché si avrà il permesso di cominciare l'ascesa alla montagna. È ciò che tocca a chi aspettò l'ultimo momento per pentirsi; in particolare, a chi morì di morte violenta, ed ebbe appena il tempo di raccomandarsi a Dio. Qui Dante incontra personaggi inaspettati: personaggi notoriamente miscredenti, nemici della Chiesa, pubblici peccatori, che tutti scommetterebbero di trovare all'Inferno. E invece no: il perdono di Dio è più grande dei pregiudizi e delle condanne degli uomini. Così, fra le anime in attesa del Purgatorio (e quindi del Paradiso) Dante immagina di incontrare nientemeno che Manfredi, il figlio di Federico di Svevia: scomunicato, infamato, creduto anima dannata, Manfredi invece è qui, a testimoniare l'immensità della misericordia di Dio.

E un di loro incominciò: «Chiunque
tu se', così andando, volgi 'l viso:
pon mente se di là mi vedesti unque».

Io mi volsi ver' lui e guarda il fiso:
biondo era e bello e di gentile aspetto,
ma l'un de' cigli un colpo avea diviso.

Quand' io mi fui umilmente disdetto
d'averlo visto mai, el disse: «Or vedi»;
e mostrommi una piaga a sommo 'l petto.

Poi sorridendo disse: «Io son Manfredi,
nepote di Costanza imperadrice;
ond' io ti priego che, quando tu riedi,

vadi a mia bella figlia, genitrice
de l'onor di Cicilia e d'Aragona,
e dichi 'l vero a lei, s'altro si dice.

PARAFRASI

vv. 103-05 E uno di loro incominciò: «Chiunque tu sia, voltati in qua, così sempre camminando (*andando*): pensa (*pon mente*) se tu mi hai mai visto di là».

vv. 105-08 Io mi voltai e lo guardai attentamente (*fiso*): era bello, biondo e di nobile (*gentile*) aspetto, ma un colpo gli aveva spaccato (*diviso*) metà della fronte (*l'un de' cigli*).

vv. 109-11 Quando io ebbi cortesemente negato di averlo mai visto, egli disse: «Guarda»; e mi mostrò una piaga in cima al petto.

vv. 112-14 Poi sorridendo disse: «Io sono Manfredi, nipote dell'imperatrice Costanza; per cui ti prego che, quando tu ritorni di là,

vv. 115-17 che tu vada dalla mia bella figlia, la madre degli onorati re di Sicilia e di Aragona, e tu le dica la verità [sulla mia sorte eterna], nel caso che se ne parli diversamente (*s'altro si dice*).

104. così andando ... viso: l'anima invita Dante a volgere il viso indietro, senza smettere di camminare; per vedere, come spiega subito, se lo riconosce.
105. unque: mai.
112. Io son Manfredi: è il figlio di Federico II imperatore, nato dalla sua relazione adulterina con la nobildonna siciliana Bianca Lancia. Dopo la morte del padre (1250), appena diciottenne, fu sovrano di fatto del Meridione d'Italia e della Sicilia, in qualità di reggente in nome del fratellastro, ed erede legittimo, Corrado IV Hohenstaufen; eletto re a Palermo dopo la morte del fratello (e in spregio ai diritti del nipote Corradino) fu capo del partito ghibellino in Italia e nemico naturale della Chiesa, da cui fu più volte scomunicato. Signore cortese, colto e liberale, fu accompagnato dalla fama di epicureo, come il padre (il quale è punito all'Inferno nel cerchio degli eretici); tuttavia anche gli storici e i cronisti di parte guelfa ne dovettero riconoscere il fascino e il grande carisma personale. Fu sconfitto da Carlo d'Angiò nella battaglia di Benevento (1266) e morì sul campo; ben presto si diffuse la leggenda (qui ripresa da Dante) di un suo pentimento in punto di morte.
113. Costanza imperadrice: è Costanza d'Altavilla, sposa dell'imperatore Arrigo VI e madre di Federico II. Dante la collocherà in Paradiso, nel cielo della luna.
115-16. a mia bella figlia ... d'Aragona: la «bella figlia» di Manfredi (e «buona», anche: v. 143) è un'altra Costanza, andata sposa a Pietro III d'Aragona, e madre di due re: Federico, re di Sicilia dal 1296, e Giacomo, successore del padre sul trono aragonese.
117. dichi ... si dice: a Manfredi, morto scomunicato e, come tutti i ghibellini, in sospetto di dannazione, preme far sapere alla figlia che invece egli è salvo, e che quindi le preghiere in suffragio della sua anima non vanno sprecate.

Poscia ch'io ebbi rotta la persona
di due punte mortali, io mi rendei,
piangendo, a quei che volontier perdona.

vv. 118-20 Dopo che io ebbi ferito (*rotta*) il corpo (*la persona*) di due colpi (*punte*) mortali, io, piangendo, mi misi nelle mani (*mi rendei*) di colui che volentieri concede il suo perdono.

Orribil furon li peccati miei;
ma la bontà infinita ha sì gran braccia,
che prende ciò che si rivolge a lei.

vv. 121-23 I miei peccati sono stati orribili; ma l'infinita bontà [di Dio] ha braccia così grandi, che accoglie ciò che si rivolge a lei.

Se 'l pastor di Cosenza, che a la caccia
di me fu messo per Clemente allora,
avesse in Dio ben letta questa faccia,

vv. 124-26 Se il vescovo (*pastor*) di Cosenza, che allora fu messo alle mie calcagna (*a la caccia / di me*) da papa Clemente, avesse ben considerato in Dio questo aspetto (*faccia*),

l'ossa del corpo mio sarieno ancora
in co del ponte presso a Benevento,
sotto la guardia de la grave mora.

vv. 127-29 le ossa del mio corpo sarebbero ancora all'estremità (*in co*) del ponte presso Benevento, sotto la custodia (*guardia*) del cumulo di pietre (*grave mora*) (lì accumulate dai miei nemici).

Or le bagna la pioggia e move il vento
di fuor dal regno, quasi lungo 'l Verde,
dov' e' le trasmutò a lume spento.

vv. 130-32 Ora le bagna la pioggia e le agita il vento fuori dai confini del regno, quasi lungo il corso del Verde, dove il vescovo di Cosenza le trasportò (*trasmutò*) a ceri spenti.

Per lor maladizion sì non si perde,
che non possa tornar, l'etterno amore,
mentre che la speranza ha fior del verde.

vv. 133-35 Ma anche con la maledizione degli uomini di Chiesa, l'eterno amore di Dio non va perduto tanto che non possa tornare vivo, finché c'è ancora un filo di speranza (*mentre che la speranza ha fior del verde*).

Vero è che quale in contumacia more
di Santa Chiesa, ancor ch'al fin si penta,
star li convien da questa ripa in fore,

vv. 136-38 Vero è che chi muore in uno stato di irregolarità (*in contumacia*) nei confronti della Santa Chiesa, benché alla fine si penta, è condannato a stare fuori dall'alta parete (*ripa*) della montagna,

per ognun tempo ch'elli è stato, trenta,
in sua presunzïon, se tal decreto
più corto per buon prieghi non diventa.

vv. 139-41 trenta volte il tempo che egli è stato ostinato nella sua presuntuosa indifferenza [rispetto ai decreti ecclesiastici] (*in sua presunzion*), a meno che tale decreto non sia accorciato in virtù delle preghiere dei buoni.

Vedi oggimai se tu mi puoi far lieto,
revelando a la mia buona Costanza
come m'hai visto, e anco esto divieto;

ché qui per quei di là molto s'avanza».

vv. 142-45 Vedi ora se tu mi puoi far lieto, rivelando alla mia buona Costanza come mi hai visto, e anche il divieto di cui ti ho parlato: perché qui si acquista molto vantaggio (*molto s'avanza*) per i meriti di chi è rimasto in vita (*per quei di là*).

---

121. Orribil ... miei: da notare che Dante accoglie qui il giudizio negativo della propaganda guelfa circa la vita morale di Manfredi, accusato come padre di ogni nefandezza; soltanto, però, per ribaltarlo, attraverso il pentimento sincero del peccatore, in una assoluzione finale.
131. di fuor dal regno: oltre il confine del Regno di Napoli, dove le ossa dello scomunicato Manfredi vennero disperse. ■ **lungo 'l Verde:** oggi è il fiume Liri, allora confine fra il Regno di Napoli e le terre della Chiesa.
132. dov'e'... lume spento: il vescovo di Cosenza, dopo aver dissotterrato le spoglie di Manfredi, le aveva trasportate oltre il Verde in una sorta di "contro-funerale", accompagnate da ceri spenti e capovolti, com'era d'uso per gli eretici e gli scomunicati.
135. mentre ... del verde: **finché la speranza ha un poco di freschezza, di vitalità**; secondo altre interpretazioni «verde» fa riferimento alle candele antiche, tinte di tale colore nella parte inferiore: donde anche le espressioni odierne «essere al verde, rimanere al verde», per dire "essere allo stremo delle proprie risorse".
143. a la mia buona Costanza: la figlia, già rammentata con affetto ai vv. 115-16, qui destinataria delle raccomandazioni paterne, perché si sforzi di abbreviare il tempo della di lui pena mediante il suffragio delle sue preghiere.

T19 Dentro il testo

IN SINTESI

Sulla spiaggia dell'Antipurgatorio, fra coloro che, pentitisi all'ultimo momento, aspettano di accedere alla sacra montagna, Dante incontra un personaggio che gli chiede, cortesemente, se lo riconosce. È bello, biondo, d'aspetto nobile, ma reca in fronte, e alla sommità del petto, i colpi delle ferite che l'hanno ucciso. Alla risposta negativa di Dante, che dice di non conoscerlo, il personaggio si presenta: è Manfredi, il figlio dell'imperatore Federico II, caduto nella battaglia di Benevento e che, morto scomunicato e in odio alla Chiesa, tutti considerano dannato; tanto che il vescovo di Cosenza si è permesso di esumare le sue ossa e di oltraggiare i suoi resti. Ma la misericordia di Dio è più grande delle condanne degli uomini: sul campo di battaglia Manfredi ha fatto in tempo a pentirsi, e si è salvato, anche se adesso dovrà attendere nell'Antipurgatorio trenta volte il tempo della sua scomunica, prima di essere ammesso al Purgatorio vero e proprio. Quello che gli preme, ora, è soprattutto di sfatare la sua cattiva fama: per questo prega Dante di avvertire sua figlia, Costanza, che il padre è salvo, e che ha bisogno, come tutti, delle preghiere dei vivi.

I TEMI E L'ESPRESSIONE

UN'ANIMA RISCATTATA

Tre giorni dopo la battaglia di Benevento, in cui Manfredi fu sconfitto, il suo cadavere venne ritrovato sul luogo dello scontro; Carlo d'Angiò gli negò, in quanto scomunicato, la sepoltura in terra consacrata, ma lo fece seppellire, secondo quanto egli stesso scrisse al papa Clemente IV, con un qualche onore; sulla sua tomba i baroni di Francia sfilarono gettando ciascuno una pietra, donde la «grave mora» (v. 129), ovvero il cumulo di pietrame che rimase a segnare il luogo in cui era stato interrato. Tuttavia, la **vendetta ecclesiastica** non si fermò qui, perché dopo poco tempo, per ordine del vescovo di Cosenza, Bartolomeo Pignatelli, il cadavere venne dissotterrato e, secondo la versione seguita qui da Dante, le ossa furono disperse al di là dei confini del regno (secondo altri, esse furono murate nel ponte di Ceprano, dove Manfredi aveva fatto il giuramento di fedeltà al pontefice, poi non mantenuto).

Manfredi in Purgatorio è un colpo a sorpresa, che va contro ciò che tutti, sulla terra, pensano di lui: che sia un'anima dannata come suo padre, Federico, collocato infatti tra gli atei del sesto girone infernale. Ma casi come questo di Manfredi vogliono testimoniare che alla fine **nessuno**, **nemmeno la Chiesa** con i suoi sacramenti e le sue scomuniche, **si può interporre fra Dio e l'uomo**, fra la creatura e il suo Creatore. Certo, il pentimento sincero non basta: bisogna poi scontare la penitenza dei propri peccati, secondo la severa e precisa disciplina del Purgatorio.

MANFREDI COME UN EROE CAVALLERESCO

In questo episodio, Dante non soltanto salva Manfredi da un Inferno a cui tutti, sulla terra, lo destinavano, ma **lo riscatta anche umanamente**, come personaggio. Nella sua breve comparsa, infatti, Manfredi si presenta come un vero e proprio **cavaliere**, un **eroe** che sembra uscito dalle pagine di un romanzo di re Artù. Prima di tutto, la sua cortesia: «pon mente se di là mi vedesti unque». Nessuna alterigia, nessuna pretesa che la sua fama lo abbia reso riconoscibile a tutti, nessuna autopresentazione eclatante: è solo un'anima che si rivolge, con garbo, a un interlocutore speciale, che sarà in grado di aiutarlo. Poi l'**aspetto fisico**: «biondo era e bello, e di gentile aspetto»: come, appunto, un personaggio di romanzo, pieno di fascino e di carisma. Anche quando deve dire chi è, e si qualifica «nepote di Costanza imperadrice», in fondo mantiene un **profilo discreto**: non si qualifica figlio di Federico (figura, certo, poco raccomandabile...) e neanche monarca italiano, ma evoca una nonna, quasi più un affetto familiare che non un blasone aristocratico. Infine, il modo con cui accenna alle sue **ferite**: la prima, su «l'un de' cigli», la seconda, a «sommo 'l petto». Sono piaghe che però **non deturpano la bellezza** del personaggio: anzi, sembrano quasi decorazioni che parlano dell'antico coraggio di un combattente valoroso. La seconda, in particolare, viene mostrata addirittura con un sorriso, quasi per tranquillizzare l'interlocutore, per fargli capire che quel sangue non fa più male, e che non deve fargli impressione. Sono tratti che bastano a qualificare la gentilezza d'animo e la vera nobiltà di questo personaggio.

I VIVI E I MORTI

Manfredi è anche l'esempio di come funziona, nel Purgatorio di Dante, il **rapporto tra i vivi e i morti**. La Chiesa predicava l'efficacia del suffragio delle anime purganti: esse si sarebbero viste accorciare il tempo delle loro penitenze grazie alle indulgenze acquistate dai vivi, per mezzo di preghiere, elemosine, donazioni. Qui, di questa dottrina ecclesiastica rimangono soltanto le preghiere. Non soltanto, ma le preghiere dei propri cari: per questo a Manfredi preme che Dante faccia sapere a sua figlia che lui non è all'Inferno, come tutti credono, ma in Purgatorio, e che quindi le preghiere per lui non saranno sprecate. Ma, appunto, si parla qui solo delle preghiere di una figlia per il padre. Nel sistema dantesco **non ci sono elemosine, donazioni** "in memoria di", non c'è l'appalto della preghiera di suffragio a monasteri, ordini religiosi, preti o monache (dietro, naturalmente, debito pagamento). C'è solo un padre - un tempo potente - che si raccomanda al ricordo affettuoso della propria figliuola; senza contare su nessun privilegio che gli derivi dalla sua antica potenza o ricchezza. Il che significa che questo di Dante è, fra l'altro, come si vede, un Purgatorio radicalmente egualitario; diciamo pure, un "Purgatorio democratico".

Analisi e interpretazione Tipologia A

LEGGERE CON METODO

COMPRENSIONE GLOBALE

1. Quali segni di violenza deturpano la bellezza di Manfredi?
2. Come mai Manfredi si trova in Purgatorio e non all'Inferno?
3. Quale sorte ha avuto il corpo di Manfredi dopo la morte?
4. Quale supplemento di pena tocca a chi morì in stato di scomunica?
5. Spiega il significato del v. 145: «ché qui per quei di là molto s'avanza».

LA LINGUA E LE STRUTTURE

6. Nel discorso di Manfredi si mescolano riferimenti a una realtà di violenza e dolore e un atteggiamento di sereno distacco e di gratitudine per la bontà divina. Evidenzia le espressioni cui viene affidato questo duplice atteggiamento.
7. Quale tipo particolare di rima lega i vv. 131 e 135?

I TEMI E L'INTERPRETAZIONE

8. Perché Manfredi non si qualifica come figlio dell'imperatore Federico, ma come nipote di sua nonna Costanza?
9. Sebbene espressa in termini moderati e umili da Manfredi, il canto contiene una polemica abbastanza evidente contro la pretesa della Chiesa di farsi interprete della volontà di Dio. In che modo l'infinita misericordia di Dio si contrappone al cieco desiderio di vendetta degli uomini di Chiesa?

SCRIVERE CON METODO

COMMENTO

10. Quali caratteristiche conferiscono a Manfredi una dimensione eroica e cavalleresca? Esponi le tue considerazioni in un commento di circa una pagina, con precisi riferimenti al testo.

◂ Miniatura dal manoscritto di Holkham per il canto III del *Purgatorio*, schiera degli scomunicati, Dante con Virgilio e Manfredi (Bodleian Library, Oxford University).

Purgatorio, V, 67-136

AUDIOLIBRO

T20 I morti «per forza»: Jacopo, Bonconte, la Pia

Anno: 1309-13

Metro: terzine incatenate con schema ABA, BCB, CDC ecc.

Argomento: Dante incontra le anime di chi è morto di morte violenta e improvvisa

Siamo ancora nell'Antipurgatorio: fra le anime in attesa, Dante incontra la schiera dei «per forza morti», cioè delle vittime di una morte improvvisa e violenta. Fra questi «per forza morti», tre prendono la parola: Jacopo del Cassero, assassinato dai sicari del marchese di Ferrara nelle paludi del Brenta; Bonconte da Montefeltro, caduto combattendo nella battaglia di Campaldino; Pia de' Tolomei, una nobildonna senese vittima di quello che oggi chiameremmo un femminicidio, ovvero trucidata dal suo stesso marito.

[...]
io, che solo innanzi a li altri parlo,
ti priego, se mai vedi quel paese
che siede tra Romagna e quel di Carlo,

che tu mi sie di tuoi prieghi cortese
in Fano, sì che ben per me s'adori
pur ch'i' possa purgar le gravi offese.

Quindi fu' io; ma li profondi fóri
ond' uscì 'l sangue in sul quale io sedea,
fatti mi fuoro in grembo a li Antenori,

là dov' io più sicuro esser credea:
quel da Esti il fé far, che m'avea in ira
assai più là che dritto non volea.

Ma s'io fosse fuggito inver' la Mira,
quando fu' sovragiunto ad Orïaco,
ancor sarei di là dove si spira.

Che significa? Che Jacopo rimpiange di non aver preso la strada verso la Mira, e di non essersi quindi salvato? Preferirebbe essere ancora vivo e non, salvo, in Purgatorio? Certo no: ma il passo rivela l'attaccamento che, nonostante tutto, queste anime sentono ancora per quella vita terrena da cui li ha strappati il trauma improvviso dell'uccisione.

PARAFRASI

vv. 67-69 [...] io, che solo parlo per primo (*innanzi a li altri*), ti prego, se tu mai veda il paese che confina con la Romagna e con il regno di Carlo [d'Angiò],

vv. 70-72 che tu interceda cortesemente per me a Fano, in modo che lì si innalzino per me buone preghiere (*ben per me s'adori*), tanto che possa purificarmi delle gravi offese (fatte a Dio durante la mia esistenza).

vv. 73-75 Di Fano io sono, infatti; ma i profondi squarci da cui uscì il sangue che mi sosteneva in vita (*in sul quale io sedea*) mi furono fatti nella terra di Antenore [nel padovano],

vv. 76-78 là dove io pensavo di essere più al sicuro; il marchese d'Este me li fece fare, che era adirato con me assai più di quanto non fosse giusto.

vv. 79-81 Ma se io fossi fuggito verso la Mira, quando fui sopraggiunto dai sicari ad Oriaco, sarei ancora di là, dove si respira [nel mondo dei vivi].

67. io: chi parla è Jacopo del Cassero (anche se l'anima non dichiarerà il suo nome: basta la notorietà di quello che gli è successo, evidentemente, a identificarlo). Discendente da un'antica e potente famiglia di Fano, Jacopo, nato nel 1260, si era distinto come guerriero e uomo politico impegnato a favore della parte guelfa; come guelfo aveva combattuto a Campaldino, nel 1289. Aveva difeso animosamente le sue terre dall'espansionismo del marchese di Ferrara, Azzo d'Este, da cui lo divideva un'aspra inimicizia; le fonti antiche dicono che Jacopo aveva diffamato il marchese accusandolo di discendere da una lavandaia, di avere avuto una relazione con la matrigna, di essere codardo e cattivo. Azzo aveva ricambiato il suo odio facendolo assassinare dai suoi sicari nel 1298.

68-69. quel paese ... di Carlo: il paese che si estende tra la Romagna, a nord, e il regno di Napoli (allora in mano a Carlo d'Angiò) a sud. Indica la Marca Anconetana, una delle province dello Stato della Chiesa.

71. ben: perché l'adorazione sia debitamente efficace bisogna che chi prega sia in grazia di Dio.

74. 'l sangue ... io sedea: il sangue era considerato sede della vita.

75. in grembo a li Antenori: la città di Padova, secondo la leggenda, era stata fondata da Antenore, guerriero troiano su cui pesava una grave accusa di tradimento: egli avrebbe consegnato ai greci il Palladio (la statuetta di Atena che proteggeva Troia dall'ostilità della dea) e avrebbe aperto dall'esterno il famoso cavallo, mettendo la patria in mano ai nemici. Jacopo, nominato podestà a Milano, per raggiungere la sua destinazione era passato nelle vicinanze di Padova, seguendo il corso del Brenta, onde evitare il territorio ferrarese, per lui pericoloso; ma proprio lì, dove pensava di essere più sicuro (v. 76), venne raggiunto dai sicari del marchese d'Este. La menzione di Padova come città «antenorèa», fondata da un traditore, forse allude a una complicità dei padovani nel suo assassinio.

77. quel da Esti: da notare la reticenza; Jacopo non nomina esplicitamente il suo nemico, quasi volendo evitare una denuncia diretta delle sue responsabilità.

79-80. Mira ... Orïaco: due borghi sulle rive del Brenta.

◂ Gustave Doré, *Dante e Pia dei Tolomei*, 1885.

Gustave Doré è il più popolare illustratore della *Commedia*, rappresentativo della lettura romantica del poema dantesco. Con molte libertà: qui, ad esempio, isola la figura malinconica di Pia de' Tolomei (mentre nel testo di Dante essa emerge, dopo Bonconte, da una folla di penitenti), e la situa in un ambiente suggestivamente boschivo, mentre nella *Commedia* l'incontro avviene sullo sfondo della nuda roccia della montagna purgatoriale.

Corsi al palude, e le cannucce e 'l braco
m'impigliar sì ch'i' caddi; e lì vid' io
84 de le mie vene farsi in terra laco».

Poi disse un altro: «Deh, se quel disio
si compia che ti tragge a l'alto monte,
87 con buona pïetate aiuta il mio!

Io fui di Montefeltro, io son Bonconte;
Giovanna o altri non ha di me cura;
90 per ch'io vo tra costor con bassa fronte».

E io a lui: «Qual forza o qual ventura
ti travïò sì fuor di Campaldino,
93 che non si seppe mai tua sepultura?».

«Oh!», rispuos' elli, «a piè del Casentino
traversa un'acqua c'ha nome l'Archiano,
96 che sovra l'Ermo nasce in Apennino.

vv. 82-84 Corsi alla palude, invece, e le cannucce e la melma (*braco*) mi impigliarono in modo che io caddi, e lì io vidi farsi in terra un lago del mio sangue».

vv. 85-87 Poi disse un altro: «Deh! augurandoti (*se*) che abbia buon compimento il desiderio che ti fa montare (*tragge*) su per l'alto monte, aiuta il mio [di desiderio], con caritatevole pietà!

vv. 88-90 Io fui della famiglia dei Montefeltro, io sono Bonconte; Giovanna [la mia vedova], o altri, non si cura di me; per cui io vado con costoro [nella mia schiera], a testa bassa [per la mortificazione]».

vv. 91-93 E io a lui: «Quale violenza o quale caso (*ventura*) ti portò così lontano (*travïò*) dal campo di battaglia di Campaldino, che non si seppe mai che fine avesse fatto il tuo cadavere? (*tua sepultura*)».

vv. 94-96 «Oh!», egli rispose, «ai piedi del Casentino scorre un torrente che si chiama Archiano, che ha la sua sorgente sull'Appennino, sopra l'Eremo [di Camaldoli].

85. se: il «se», come spesso in Dante, è ottativo, ed esprime un auspicio, un desiderio.
87. il mio: il desiderio è quello di essere ricordato sulla terra e che i suoi parenti preghino per lui.
88. Io fui ... Bonconte: Bonconte, figlio di Guido da Montefeltro, ghibellino, fu tra i protagonisti delle lotte di fazione di fine Duecento; nel 1287 cacciò i guelfi da Arezzo; nel 1288 capeggiò i ghibellini aretini contro i senesi nella battaglia di Pieve del Toppo; nel 1289 combatté anche lui a Campaldino, contro i guelfi fiorentini (e quindi contro Dante stesso), trovando la morte sul campo di battaglia.
89. Giovanna: la vedova di Bonconte, che si è già dimenticata di lui e non si cura di pregare per la sua anima.
96. che sovra ... in Apennino: l'Archiano ha la sua sorgente sull'Appennino, sopra l'Eremo di Camaldoli.

Là 've 'l vocabol suo diventa vano,
arriva' io forato ne la gola,
fuggendo a piede e sanguinando il piano.

vv. 97-99 Là dove l'Archiano perde il suo nome [confluendo nell'Arno], arrivai io con uno squarcio nella gola, fuggendo a piedi, e lasciando in terra dietro di me una scia di sangue.

Quivi perdei la vista e la parola;
nel nome di Maria fini', e quivi
caddi, e rimase la mia carne sola.

vv. 100-02 Qui perdei la vista e la parola; ebbi appena il tempo di mormorare, mentre morivo, il nome di Maria, e qui caddi, e rimase sola la mia carne mortale.

Io dirò vero, e tu 'l ridì tra' vivi:
l'angel di Dio mi prese, e quel d'inferno
gridava: «O tu del ciel, perché mi privi?

vv. 103-05 Io ti dirò la verità, e tu ripetila fra i vivi: mi prese con sé l'angelo di Dio, e l'angelo nero d'inferno gridava: «O tu, creatura celeste, perché me lo rubi?

Tu te ne porti di costui l'etterno
per una lagrimetta che 'l mi toglie;
ma io farò de l'altro altro governo!».

vv. 106-08 Tu te ne porti via l'anima, la parte immortale di costui (*di costui l'etterno*) per una lacrimetta che me lo sottrae; ma io tratterò ben diversamente l'altra sua parte (*l'altro*), [il suo corpo mortale]!».

Ben sai come ne l'aere si raccoglie
quell' umido vapor che in acqua riede,
tosto che sale dove 'l freddo il coglie.

vv. 109-11 Tu sai bene come il vapore acqueo (*quell'umido vapor che in acqua riede*) si raccoglie in alto nell'aria e ritorna giù in acqua appena, salendo, incontra gli strati più freddi dell'atmosfera.

Giunse quel mal voler che pur mal chiede
con lo 'ntelletto, e mosse il fummo e 'l vento
per la virtù che sua natura diede.

vv. 112-14 Il diavolo (*quel*) congiunse la sua maligna volontà, sempre intesa al male (*che pur mal chiede*), con il suo intelletto, e mise in azione le nubi (*il fummo*) e il vento grazie al potere che gli è consentito per natura.

Indi la valle, come 'l dì fu spento,
da Pratomagno al gran giogo coperse
di nebbia; e 'l ciel di sopra fece intento,

vv. 115-17 Poi, come il sole fu tramontato, coprì di nebbia la valle, dal Pratomagno ai gioghi più alti [dell'Appennino] (*al gran giogo*); e di sopra fece il cielo saturo di umidità,

sì che 'l pregno aere in acqua si converse;
la pioggia cadde, e a' fossati venne
di lei ciò che la terra non sofferse;

vv. 118-20 sì che l'aria, gravida di vapore (*pregno aere*) si tramutò in acqua: cadde la pioggia, e l'acqua che il terreno non riuscì ad assorbire giunse ai fossati;

e come ai rivi grandi si convenne,
ver' lo fiume real tanto veloce
si ruinò, che nulla la ritenne.

vv. 121-23 e come arrivò (*si convenne*) ai torrenti più grandi, precipitò (*si ruinò*) tanto velocemente verso il fiume principale (*real*) [l'Arno], che nulla poté trattenerla.

Lo corpo mio gelato in su la foce
trovò l'Archian rubesto; e quel sospinse
ne l'Arno, e sciolse al mio petto la croce

vv. 124-26 L'Archiano in piena (*rubesto*) trovò il mio freddo cadavere al punto di confluenza [con l'Arno] (*in su la foce*); sospinse quel cadavere nel fiume, e sciolse sul mio petto la croce

---

99. sanguinando il piano: fuggendo ferito a morte, Bonconte lascia dietro di sé una scia di sangue.

102. la mia carne sola: il corpo privato della sua anima.

106. l'etterno: la parte eterna di Bonconte, la sua anima, che l'angelo del cielo si porta via, perché salvata dal suo pentimento *in extremis*.

109-11. Ben sai ... il coglie: spiega come si forma la pioggia: il vapore acqueo si raccoglie in alto nell'aria e ritorna giù in acqua appena incontra gli strati più freddi dell'atmosfera.

112-14. Giunse ... diede: il diavolo cioè prima decide di scatenare la tempesta; poi escogita con l'intelligenza i mezzi per ottenere lo scopo; infine mette in atto concretamente i suoi poteri.

115. la valle: la piana di Campaldino, stretta fra il Pratomagno e il «gran giogo», cioè le cime più alte dell'Appennino.

122. fiume real: l'Arno è detto «fiume real» come tutti quelli che sfociano in mare, per distinguerli dagli affluenti.

Da notare la maestria di Dante nel "montaggio" delle voci dei personaggi: alla chiusa grave e cupa del racconto di Bonconte fa seguire subito, senza didascalia introduttiva, il levarsi della voce femminile, timida e soave, della Pia.

ch'i' fe' di me quando 'l dolor mi vinse;
voltòmmi per le ripe e per lo fondo,
poi di sua preda mi coperse e cinse».

«Deh, quando tu sarai tornato al mondo
e riposato de la lunga via»,
seguitò 'l terzo spirito al secondo,

«ricorditi di me, che son la Pia;
Siena mi fé, disfecemi Maremma:
salsi colui che 'nnanellata pria

disposando m'avea con la sua gemma».

vv. 127-29 che io avevo fatto delle mie braccia, quando mi aveva sopraffatto (*vinse*) il dolore mortale; mi rotolò per le rive e il fondo del fiume, poi mi coprì e mi fasciò (*cinse*) con i detriti che aveva trascinato con sé (*sua preda*)».

vv. 130-32 «Deh, quando tu sarai tornato nel mondo di là, e ti sarai riposato del lungo viaggio» continuò un terzo spirito dopo il secondo,

vv. 133-36 «ricordati di me, che sono la Pia; Siena mi diede la vita, Maremma me la tolse; lo sa (*salsi*) colui che mi diede l'anello nuziale con la sua gemma, stipulando prima il suo contratto di sposo (*pria / disposando*)».

---

129. sua preda: sono i detriti portati dalla piena del fiume, quasi come «preda» della sua violenta devastazione.
133. la Pia: da sempre identificata con Pia de' Tolomei, senese, andata sposa a Nello Pannocchieschi, signore del castello di Pietra in Maremma. Qui il marito l'avrebbe fatta uccidere, o l'avrebbe precipitata lui stesso da un balcone del castello, forse per gelosia, forse per poter passare a seconde nozze con Margherita Aldobrandeschi, nipote di papa Bonifacio VIII.
134. Siena ... Maremma: da notare il chiasmo (ABBA), con i nomi delle località in principio e fine di verso, e i due verbi di nascita e di morte accostati all'interno.
135-36. salsi ... gemma: lo sposo è indicato con una perifrasi come colui che aveva posto l'anello con la sua gemma al dito della Pia, «pria disposando», avendo prima firmato il contratto nuziale. Sono le due fasi dello sposalizio antico, peraltro in genere celebrate nella stessa occasione, o comunque a breve distanza di giorni: lo «sposare» e il «dare l'anello». Seguiva il «menare» la sposa, ovvero il condurla a casa, che segnava l'inizio della convivenza vera e propria.

T20 Dentro il testo

IN SINTESI

La prima anima che prende la parola è quella di Jacopo del Cassero, un nemico personale del marchese Azzo d'Este. Mentre Jacopo cercava di arrivare a Milano (dove era stato nominato podestà) via Padova, venne raggiunto dai sicari del marchese e ucciso nelle paludi del Brenta. Nessun odio, però, per il mandante del proprio assassinio: Jacopo si limita a osservare che Azzo lo «avea in ira / assai più là che dritto non volea». Ogni passione terrena è spenta, in queste anime: non però il ricordo della loro morte violenta e inaspettata, che sembra ancora impressa davanti ai loro occhi (qui, il «laco» di sangue che Jacopo vede ancora allargarsi intorno a lui, mentre viene straziato dai sicari del marchese).
Il secondo di questi «per forza morti» è Bonconte da Montefeltro: un caporione ghibellino, caduto nella battaglia di Campaldino (1289), a cui aveva partecipato Dante stesso, ma nell'esercito avversario, quello guelfo. Naturalmente, qui, in Purgatorio, i rancori e gli odi partigiani di un tempo non hanno luogo: Dante e Bonconte non accennano nemmeno al fatto di aver combattuto l'uno contro l'altro, da nemici. Ciò che invece interessa Dante è dove Bonconte andò a finire, in quella battaglia: visto che il suo corpo non fu mai identificato. Così Bonconte racconta la storia che nessuno sa: i suoi ultimi momenti, prima di morire; la finale raccomandazione alla Vergine Maria, mentre esalava l'ultimo respiro; la sorte miserevole del suo cadavere, strapazzato da un diavolo adirato perché gli era stata sottratta, all'ultimo momento, un'anima che pareva destinata all'Inferno. È una storia di salvezza eterna, ma insieme anche di lancinante nostalgia per la terra appena abbandonata e per la propria povera carne terrena, sfigurata e offesa dalla vendetta delle forze del male. Rispetto a Jacopo, che è sicuro di poter contare sulle preghiere dei suoi, una volta avvertiti e sollecitati da Dante, Bonconte si trova in una situazione più triste: dimenticato dalla vedova, Giovanna, trascurato dai suoi cari, egli se ne va tra i compagni di pena «con bassa fronte», mortificato dalla dimenticanza dei suoi.
Infine, Pia de' Tolomei, protagonista di un fosco episodio di violenza domestica: nata e maritata no-

bilmente a Siena, uccisa dal marito in Maremma, in circostanze oscure. La Pia di Dante, però, accenna appena, con reticenza, a questa storia di sangue: quello che le preme è raccomandarsi al poeta perché egli preghi per lei, una volta tornato dal suo lungo viaggio. «Ricorditi di me», ella dice: perché, all'infuori di Dante, sa che non c'è nessuno, fra i vivi, che si ricorderà di lei.

I TEMI E L'ESPRESSIONE

OLTRE LE LOTTE DI PARTE

Va sottolineato che a **Campaldino** avevano combattuto, nel 1289, sia Jacopo del Cassero, sia Bonconte, sia Dante stesso: Jacopo e Dante nell'esercito guelfo, Bonconte in quello ghibellino. Ma naturalmente adesso, in Purgatorio, **queste inimicizie terrene non hanno più senso**; anzi, non vengono nemmeno più rammentate. Questa è un'altra differenza fondamentale rispetto all'Inferno: mentre nell'abisso dei dannati le ostilità della vita passata non solo continuavano, ma apparivano inasprite e incattivite, qui in Purgatorio la memoria delle guerre, delle divisioni, delle lotte di parte, è superata in una **perfetta serenità**. Certo, Manfredi ricorda la battaglia in cui ha perso la vita, l'odio della Chiesa, i suoi orribili peccati; Bonconte e Jacopo, dal canto loro, vengono fuori da un passato di risse municipali che costituiscono, secondo Dante, la rovina dell'Italia del tempo. Ma la politica, in questi personaggi che pure vi erano stati immersi, sembra ormai lontana: una cosa davvero dell'altro mondo. Nelle loro anime, adesso, si è fatta una grande pace. La salvezza significa anche questo: riconciliarsi con i nemici di una volta, rinunciare al proprio colore di partito.

IL SANGUE DI JACOPO...

Jacopo del Cassero rievoca la sua fine in **termini brutalmente fisici**, come se ancora rivivesse quegli ultimi istanti di sgomento e di terrore. Le sue ferite sono «fóri / ond'uscì 'l sangue in sul quale io sedea», egli dice; e ancora il suo sangue è stata l'ultima cosa che egli ha visto, prima di morire: «e lì vid'io / de le mie vene farsi in terra laco». C'è, in queste anime strappate violentemente al mondo dei vivi, un **attaccamento viscerale alla vita** che hanno abbandonato: si veda come Jacopo dica che, se fosse andato verso la Mira, invece che verso la palude di Oriaco, egli sarebbe ancora «di là dove si spira». Che significa? Jacopo non è contento di essere morto in grazia di Dio, e di essere sulla via della felicità eterna? Rimpiange di non essere più dall'altra parte? Certamente no. Tuttavia, il **trauma della morte** sembra ancora fresco nella sua mermoria, e l'immagine di quel sangue sembra ancora inseguirlo, come un'ossessione.

... E DI BONCONTE

Da che cosa scappa Bonconte, «fuggendo a piede e sanguinando il piano»? Non dai suoi nemici: dietro di lui non c'è nessun inseguitore. Dal campo di battaglia, dove si intuisce che è stato disarcionato (adesso fugge a piedi) in uno scontro che non ci è concesso di vedere. Ma Bonconte per primo sa cosa vuol dire quel sangue che gli sgorga dalla ferita («forato ne la gola») e che egli si lascia dietro di sé («sanguinando il piano»). Bonconte sa che sta per morire: e forse è proprio da questo, dalla **paura della morte**, che egli scappa, nella sua corsa pazza verso il nulla. Poi, dal terrore della morte imminente, la **salvezza**: il furore del combattimento e l'orrore del sangue si placano in un «nome di Maria» appena sussurrato prima di spirare. Così, dalla mischia sanguinosa di una guerra fratricida, Dante ci mostra ancora una volta, dopo il caso di Manfredi, come contro ogni aspettativa umana, contro ogni ragionevole previsione, possa spuntare il **miracolo della misericordia divina**.

QUASI UNA SACRA RAPPRESENTAZIONE

Il duello fra l'angelo e il diavolo sul corpo appena spirato di Bonconte si svolge come una **sacra rappresentazione medievale**, in cui non era raro vedere anime fisicamente contese da agenti del Paradiso e dell'Inferno. In particolare, il diavolo di questo episodio mostra la natura irosa, vendicativa e maligna che avevano spesso i diavoli nell'immaginazione popolare. Tuttavia, anche se in negativo, e rabbiosamente, il diavolo in questione impartisce una lezione ineccepibile dal punto di vista teologico. Certo, lo manda su tutte le furie che soltanto un **breve sospiro di pentimento** basti a salvare l'anima di Bonconte: una «lagrimetta», com'egli dice, con un diminutivo/dispregiativo eloquente, in cui si esprime tutta la sproporzione fra un così breve ravvedimento e un'intera vita di peccato. Ma, paradossalmente, il diavolo ha ragione. Sì, basta davvero così poco: una «lagrimetta» di pentimento sincero, per andare in Paradiso. Una sola, piccola lacrima può fare la differenza tra la dannazione eterna e l'eterna beatitudine.

UN PRONOME SPIA

«E quivi / caddi, e rimase la mia carne sola»: Bonconte sancisce così la separazione fra il destino dell'anima, salva, e quello del corpo (la «carne sola», privata dell'anima), a cui sembra tutto sommato indifferente. Verso la fine del racconto il distacco dal corpo e dalla vita fisica è espresso poi in quel «corpo ... gelato» («Lo corpo mio *gelato* in su la foce / trovò l'Archian rubesto; e quel sospinse / ne l'Arno»), attraverso cui il personaggio sembra guardare con **oggettivo distacco**, come cosa separata da sé, al proprio corpo di una volta. Ma si noti cosa accade quando quel povero cadavere senza vita viene violentato dalla tempesta scatenata dal demonio: «voltòm*mi* per le ripe e per lo fondo, / poi di sua preda *mi* coperse e cinse»: è come se l'anima di Bonconte fosse rientrata nel corpo, a ricostituire l'unità della persona, nel momento dell'oltraggio e della violenza. Bastano quei pronomi - anzi, quelle *particelle pronominali* - a dire **la tenerezza che ancora lega Bonconte**, e i suoi compagni di pena, **alla carne umana** che hanno appena abbandonato.

LA DANNAZIONE DEL PADRE, LA SALVEZZA DEL FIGLIO

L'episodio di Bonconte rispecchia - e smentisce - un altro episodio della *Commedia*: quello che, nell'*Inferno*, narra la fine del padre di Bonconte, **Guido da Montefeltro.** Non c'è dubbio che Dante abbia intenzionalmente accostato i due episodi, per affermare nel modo più clamoroso una verità che evidentemente gli sta molto a cuore: ovvero che la Chiesa, con i suoi sacramenti, è sì mezzo essenziale di salvezza, ma non può sostituirsi al **rapporto diretto del Creatore con la sua creatura.** La morte di Bonconte, infatti, dimostra che **anche un grande peccatore può salvarsi l'anima** se si pente sinceramente in fin di vita: senza confessione, senza sacramenti, **senza la mediazione ecclesiastica**; basta, come si è visto, una sua «lagrimetta».
Nella vicenda di Guido, invece, succede l'opposto: il grande peccatore, campione di astuzie e di frodi, si pente in tempo, inizia come terziario francescano una vita di espiazione e di penitenza: salvo cadere preda, alla fine, della trappola teologica di Bonifacio VIII, che lo rassicura sull'efficacia della propria, preventiva assoluzione di un peccato che Guido non ha ancora commesso (il consiglio fraudolento che sta a cuore al papa). Alla morte di Guido, ecco la sorpresa: l'assoluzione papale non vuol dir nulla, perché, come dice il diavolo che si porta via l'anima del povero consigliere mal consigliato, la salvezza è assicurata dal pentimento; ma non si può, nello stesso momento, fare una cosa e pentirsi di farla:

«ch'assolver non si può chi non si pente,
né pentere e volere insieme puossi
per la contradizion che nol consente».

Oh me dolente! come mi riscossi
quando mi prese dicendomi: «Forse
tu non pensavi ch'io löico fossi!».

(*Inferno*, XXVII, vv. 118-123)

vv. 118-20 «perché non si può assolvere chi non si pente, e non ci si può pentire di una cosa e volerla nello stesso momento (*insieme*): per il principio di contraddizione, che non lo consente».

vv. 121-23 Povero me! Come mi riscossi dalla mia falsa persuasione, quando (quel diavolo) mi afferrò dicendomi: «Forse tu pensavi che io non fossi un maestro di dialettica! (*löico*, "logico")».

Così, l'accostamento dei due episodi dimostra che mentre, da una parte, un **istante di ravvedimento** sincero basta ad andare in Paradiso, dall'altra, non c'è solenne intervento ecclesiastico che possa sostituirsi all'**autenticità della coscienza** e delle sue deliberazioni.

MINIMALISMO DANTESCO

La Pia dei Tolomei di Dante è **un miracolo di concentrazione espressiva.** Il personaggio è perfettamente individuato in soli sei versi: dei quali, i primi due sono impiegati per augurare a Dante un buon ritorno; gli ultimi due per indicare, con complicata perifrasi, il marito assassino; degli altri due che rimangono, uno chiude in un chiasmo memorabile la sua vicenda di morte («Siena mi fe, disfecemi Maremma»: ABBA), l'altro dichiara il suo nome, e prega Dante di ricordarsi di lei. Ne esce una donna premurosa, preoccupata più dell'altrui che del proprio bene (è l'unica nella *Commedia* che pensa alla fatica di Dante, in un così lungo viaggio); una sposa legata ancora al marito - per indicare il quale spende un terzo del poco spazio vocale a disposizione - da una oscura solidarietà coniugale; una vittima dalla vita semplice e lineare, senza storia. Ma, proprio in questa mitezza di vittima, che accenna senza rammarico alla propria vita sciagurata e ai propri affetti mal riposti, la Pia rimane indelebile nell'immaginazione dei lettori.

«RICORDITI DI ME»

Manfredi raccomanda a Dante di raccomandarlo a sua volta alle preghiere della figlia [▸ **T19**, p. 367]: questa è la preoccupazione dominante delle anime dell'Antipurgatorio. La presenza inaspettata di una persona viva, come Dante, che tornerà sulla terra a raccontare ciò che ha visto nell'aldilà, eccita le loro speranze: finalmente qualcuno che si farà carico dei loro bisogni, che potrà - per così dire - riportare i loro messaggi a casa. Ma la Pia non chiede a Dante di raccomandarla a nessuno. «Ricorditi di me», ella dice: è Dante, e **solo Dante**, la persona che potrà, se vorrà, pregare per lei; l'unica a cui ella può chiedere di ricordarsi di lei, una volta ritornato dal suo viaggio. Ciò significa che la Pia non può contare su nessun altro: non c'è nessuno, sulla terra, che si curi di lei. In quella richiesta - «ricorditi di me» - si conferma il destino desolato, di abbandono e di oblio, che è toccato a questo personaggio. E, com'è nella natura del personaggio, è un destino espresso per reticenza, con discrezione: non dichiarato né recriminato in parole esplicite.

UNA COMPLICATA PERIFRASI

Ci si può chiedere perché la Pia, invece di dire «mio marito», usi la complicata perifrasi che chiude il suo breve intervento: «colui che, avendo prima sancito per contratto lo sposalizio (*pria disposando*), mi aveva poi posto al dito l'anello nuziale con la gemma *sua*, scelta da lui per l'occasione». Anche qui, si può pensare a una forma di **reticenza**: Pia non vuole nominare troppo chiaramente il marito responsabile del suo assassinio. Allo stesso tempo, però, questo suo indugiare sui riti matrimoniali e questo suo evocare l'anello, simbolo del vincolo nuziale, ci dà l'impressione di un **legame** che tuttora esiste e conta, per questa donna sacrificata. Naturalmente, qui in Purgatorio non potrebbe sussistere alcuna forma di risentimento, o di vendetta, nei confronti del coniuge colpevole. Ma nella Pia sembra esserci qualcosa di più: come la sopravvivenza di un affetto, il **ricordo struggente di una felicità coniugale** breve ma indimenticabile; quanto meno la memoria lieta di quel primo giorno di nozze, in cui ella si era trovata al dito il suo anello di sposa.

Analisi e interpretazione Tipologia A

LEGGERE CON METODO

COMPRENSIONE GLOBALE

1. Perché Bonconte se ne va a testa bassa, malinconico e vergognoso, in mezzo agli altri penitenti?
2. In quali condizioni Bonconte fugge dalla battaglia? Quali potrebbero essere le ragioni della sua fuga?
3. Che cosa fa Bonconte in punto di morte?
4. Secondo il diavolo, che cosa è bastato a Bonconte per ottenere la salvezza eterna?
5. In che modo il diavolo si vendica dello smacco subito?
6. In che modo Pia mostra la sua sollecitudine nei confronti di Dante e il suo carattere di donna premurosa che pensa prima agli altri, poi a sé?
7. Perché Pia, anziché chiedere a Dante di raccomandarla ai parenti, gli chiede semplicemente di ricordarsi di lei?

LA LINGUA E LE STRUTTURE

8. Se l'anima di Bonconte è salva, invece il suo corpo è stato straziato, in vita e in morte. Individua e sottolinea nel testo le espressioni che fanno riferimento alla sfera lessicale del sangue e del corpo.
9. Quali figure retoriche caratterizzano il v. 134? Con quali effetti?

I TEMI E L'INTERPRETAZIONE

10. Quale importante aspetto della visione teologica della salvezza nella *Commedia* di Dante è messo in risalto dall'episodio di Bonconte, evidenziato paradossalmente dalle stesse parole del diavolo?
11. Perché Pia, anziché nominare esplicitamente il marito, ricorre a una complessa perifrasi che occupa due dei sei versi dell'episodio? Quali ipotesi interpretative possiamo avanzare?

SCRIVERE CON METODO

APPROFONDIMENTI E CONFRONTI

12. Possiamo riscontrare molti punti in comune tra l'episodio di Manfredi e quello di Bonconte: sono entrambi peccatori, sono morti in battaglia, in punto di morte si sono salvati l'uno affidandosi a Dio, l'altro invocando la Vergine; dopo la loro morte, i corpi di entrambi sono stati oltraggiati, l'uno dagli uomini, l'altro da Satana. Ma sono riscontrabili anche differenze, soprattutto nell'atmosfera generale e nel carattere dei due personaggi. Metti a confronto i due episodi, evidenziando somiglianze e differenze.

▸ Yates Thompson Ms. 36, 1444 ca (Londra, British Library). L'illustrazione è dovuta al senese Giovanni di Paolo (1403-82).

❶ Beatrice e Dante (inginocchiato) di fronte alla Vergine Maria. ❷ La nave con la figura nuda (Nettuno, riconoscibile dal tridente) si riferisce a una similitudine di Paradiso, XXXIII, 94-96: «Un punto solo m'è maggior letargo / che venticinque secoli a la 'mpresa / che fé Nettuno ammirar l'ombra d'Argo».

Il *Paradiso*

▸ T *Paradiso*, III
▸ T *Paradiso*, VI

Il teatro virtuale della beatitudine Il Paradiso, come Dante lo vede - e lo racconta -, non esiste. L'Inferno è un luogo reale, destinato a permanere, nella forma in cui Dante lo visita, oltre il Giudizio finale. La montagna del Purgatorio è pure un luogo tangibile, sia pure destinato a sparire, come luogo di purgazione, al momento in cui l'ultima anima avrà spiccato il volo verso il Cielo, alla fine dei tempi. Ma **il Paradiso è soltanto uno spettacolo**, una sorta di straordinario *show* allestito da Dio stesso per un unico spettatore: Dante. Anche qui c'è una **topografia particolare**, costituita dai **cieli** così come li rappresentava la cosmologia tolemaica; e anche qui Dante viaggia, di cielo in cielo, pur se l'unico segnale di spostamento è costituito dal progressivo intensificarsi dell'abbagliante **luce che emana dagli occhi di Beatrice**; Dante non sente fisicamente il volo, ma ne percepisce le conseguenze. Ma tutto ciò che appare a Dante di cielo in cielo non esiste veramente lì, in quella forma. Le anime dei beati non risiedono nei cieli in cui appaiono a Dante; esse scendono dal loro vero e unico luogo di residenza, l'Empireo, per consentire al divino pellegrino di imparare via via i misteri della fede cristiana, e di penetrare come egli può, per gradi successivi, nel mistero di Dio.

Una comunicazione nuova con le anime Questo muta radicalmente anche le **modalità di comunicazione** fra Dante e le anime che egli incontra. All'Inferno e in Purgatorio, egli era un visitatore, a volte un intruso male accolto, e talvolta, anche in Purgatorio, liquidato con impazienza. Di conseguenza, il suo dialogo con le anime aveva tutti i caratteri dell'accidentalità e dell'improvvisazione; doveva ritagliarsi il suo spazio nella vita di interlocutori ben altrimenti affaccendati. Qui invece, in Paradiso, **i santi scendono dall'Empireo** apposta per parlare con lui: il dialogato paradisiaco diventa una specie di copione celeste dettato dalla carità. Per di più, un copione per metà inutile. Le anime, infatti, sanno sempre in anticipo ciò che Dante pensa o vorrebbe dire, perché tutto leggono già riflesso nella mente di Dio. La **comunicazione**, in Paradiso, perde dunque la sua urgenza informativa, e diviene **più espressiva**; un atto non funzionale, ma di espansione verbale e fisica dell'affettività.

Un'esperienza indescrivibile Il fatto è che di per sé l'esperienza del Paradiso è **inesprimibile.** Come si potrebbe infatti descrivere l'esperienza della visione di Dio, faccia a faccia, oltre il tempo e lo spazio? Come si potrebbe raccontare, entro le costrizioni necessarie del linguaggio umano, il contatto con l'eternità? È ovvio, di conseguenza, che il Paradiso rappresenta per Dante una sfida perduta in partenza. Già quello che egli ha veduto è una sorta di approssimazione puramente didattica rispetto alla vera e propria esperienza del Paradiso; ma anche quella approssimazione è infinitamente superiore a ciò che il poeta può esprimere adesso, tornato sulla terra.

Di qui la qualità lirica del *Paradiso* dantesco rispetto alle altre due cantiche: nel senso che la narrazione si sposta dalla rappresentazione di una realtà esterna alla descrizione delle impressioni soggettive che quella realtà ha lasciato nell'animo del poeta. Più che raccontare quello che ha visto, il poeta descrive la sua **frustrazione nel *non* poterlo raccontare**: e questo diventa sempre più frequente via via che ci si avvicina, in un crescendo spasmodico, alla visione finale di Dio. La quale, beninteso, non viene descritta mai: la *Commedia* si chiude proprio nel momento in cui Dante, folgorato un'ultima volta dalla Grazia divina, penetra nell'indicibile mistero della divinità. Così, tutta la terza cantica si presenta anche come una continua tensione del desiderio verso l'oggetto ultimo dell'amore: ma questo oggetto rimarrà impossibile a descriversi.

GUIDA ALLO STUDIO

1. Come è strutturato il Paradiso di Dante?
2. In quale modo le anime del Paradiso entrano in contatto con il poeta?
3. Dante descrive il Paradiso nello stesso modo in cui ha descritto gli altri luoghi dell'aldilà?

T21

Paradiso, I, vv. 1-12; 43-81

Verso la luna: Dante «trasumanato»

Anno: 1313-18

Metro: terzine incatenate con schema ABA, BCB, CDC ecc.

Argomento: fissando i suoi occhi in quelli di Beatrice, Dante ascende verso le sfere celesti

All'inizio del canto I siamo ancora nel Paradiso terrestre, sulla cima della montagna del Purgatorio. Da qui, Dante e Beatrice volano oltre la sfera del fuoco, che si credeva frapporsi fra il mondo sublunare e le sfere celesti, verso il cielo della luna. È Beatrice che attiva il volo di Dante: proprio guardando negli occhi splendenti della sua donna, il poeta ascende mirabilmente di cielo in cielo.

La gloria di colui che tutto move
per l'universo penetra, e risplende
in una parte più e meno altrove.

Nel ciel che più de la sua luce prende
fu' io, e vidi cose che ridire
né sa né può chi di là sù discende;

perché appressando sé al suo disire,
nostro intelletto si profonda tanto,
che dietro la memoria non può ire.

Il riferimento al movimento è un'allusione alla filosofia di Aristotele e alla sua teoria del «primo motore immobile», secondo la quale Dio è causa prima del movimento, una causa senza cause antecedenti. Come si vedrà nell'ultimo verso della *Commedia* [▶ **T23**, v. 145, p. 389] è l'amore divino la causa prima del mondo.

PARAFRASI

vv. 1-3 La gloria di Dio, motore di tutto il creato, penetra e risplende per l'universo dove più e dove meno.

vv. 4-6 Io fui nel cielo, l'Empireo, che più riceve di quella luce divina, e vidi cose che chi torna sulla terra di lassù (*di là sù discende)* non può, né sa ridire;

vv. 7-9 perché il nostro intelletto, mentre cerca di avvicinarsi all'oggetto del suo desiderio, sprofonda tanto nel mistero di Dio, che la memoria non può stargli dietro.

1. colui che tutto move: Dio, motore di ogni palpito di vita nel cosmo. Dante qui pensa certo alla definizione di Dio secondo Aristotele (poi ripresa dalla filosofia di san Tommaso): «motore immobile». Secondo tale concezione, Dio è principio e origine di ogni movimento, ma immobile Egli stesso, dato che la mobilità dell'universo dipende dalla tensione di tutte le cose verso il loro fine, ovvero verso il compimento e perfezionamento della loro natura; mentre Dio, perfetto in sé, non tende a nulla e non necessita di alcuna alterazione del suo essere.
4-6. Nel ciel ... fu' io: è l'Empireo, il cielo più vicino a Dio, e quindi quello che più abbondantemente riceve la luce divina. Dante si riferisce alla conclusione della sua ascesa paradisiaca, che lo porterà, di cielo in cielo, sino alla visione finale. ■ **vidi cose ... discende:** comincia qui il motivo della indicibilità delle cose viste nell'Empireo o, più in generale, in Paradiso. Chi ha avuto il privilegio di contemplare la gloria di Dio, non è capace di riferirne.
7-9. perché ... non può ire: Dante vuol dire che è impossibile ripetere nella memoria l'esperienza della visione di Dio: l'intelligenza cerca di riavvicinarsi il più possibile a quell'obiettivo, ma non c'è memoria umana capace di registrare, e poter esprimere adeguatamente, quello sforzo supremo.

Veramente quant' io del regno santo
ne la mia mente potei far tesoro,
sarà ora materia del mio canto.

vv. 10-12 In verità, tutto quello di cui io potei far tesoro, di quel regno di santità, sarà adesso materia della mia poesia.

[Dopo una invocazione ad Apollo, dio della poesia, perché lo assista in questa sua ultima, ardua prova poetica, Dante riprende il racconto da dove lo aveva lasciato nel Purgatorio. Siamo ancora nel giardino dell'Eden: da qui, semplicemente fissando il suo sguardo negli occhi di Beatrice, Dante comincia il suo volo verso il primo dei cieli, quello della luna.]

Fatto avea di là mane e di qua sera
tal foce, e quasi tutto era là bianco
quello emisperio, e l'altra parte nera,

vv. 43-45 Quel punto dell'orizzonte da cui sorge il sole (*tal foce*) aveva già fatto mattina nell'emisfero australe (*di là*) e sera nel nostro boreale (*di qua*), e quell'emisfero era ormai tutto candido di luce,

quando Beatrice in sul sinistro fianco
vidi rivolta e riguardar nel sole:
aguglia sì non li s'affisse unquanco.

vv. 46-48 quando vidi Beatrice girata sul suo fianco sinistro, e rivolgere il suo sguardo al sole; aquila (*aguglia*) mai vi fissò gli occhi altrettanto intensamente.

E sì come secondo raggio suole
uscir del primo e risalire in suso,
pur come pelegrin che tornar vuole,

vv. 49-51 E come un raggio riflesso (*secondo*) suole sprigionarsi dal primo e ritornare in su, proprio come un falcone pellegrino che vuole volare di nuovo in alto,

così de l'atto suo, per li occhi infuso
ne l'imagine mia, il mio si fece,
e fissi li occhi al sole oltre nostr' uso.

vv. 52-54 così dall'atto di Beatrice, percepito attraverso gli occhi nella mia immaginazione (*ne l'imagine mia*), si generò il mio, e fui capace di fissare il mio sguardo nel sole al di là di quanto noi uomini siamo abituati a fare (*oltre nostr'uso*).

Molto è licito là, che qui non lece
a le nostre virtù, mercé del loco
fatto per proprio de l'umana spece.

vv. 55-57 Molto è lecito là [nel Paradiso terrestre], che qui non è permesso ai nostri poteri (*virtù*), grazie alla natura del luogo, creato in origine apposta per la specie umana.

Io nol soffersi molto, né sì poco,
ch'io nol vedessi sfavillar dintorno,
com' ferro che bogliente esce del foco;

vv. 58-60 Io non riuscii a tollerare quello splendore (*nol soffersi*) a lungo, ma neanche così poco, da non vedere l'astro sfavillare tutto intorno, come un ferro che esce incandescente dal fuoco;

---

46. in sul sinistro fianco: è mezzogiorno e, per guardare in direzione del sole, Beatrice si deve voltare verso sinistra, all'incontrario di quanto succede nel nostro emisfero, dove se qualcuno è girato verso Oriente, si trova il sole di mezzogiorno a destra.
48. aguglia ... unquanco: Dante riporta l'opinione comune secondo cui l'aquila, unico fra gli animali, poteva fissare il sole sostenendone lo splendore.
49-54. E sì come ... oltre nostr'uso: Dante vuol dire che egli ripete il gesto che vede fare a Beatrice, usando due similitudini: la riflessione di un raggio di luce e il movimento di un falcone da caccia (o falcone pellegrino) che dall'alto scende sulla preda e (presumibilmente, dopo averla mancata) risale verso l'alto. L'«imagine» è, tecnicamente, la funzione immaginativa, o fantasia, in cui si accolgono le percezioni fornite dai nostri sensi.
56-57. mercé ... spece: Dante torna, per Grazia divina, a sperimentare le facoltà originarie dell'umanità, tra cui la straordinaria potenza della visione, che lo rende capace di fissare il sole senza esserne abbagliato.
58-60. Io nol soffersi molto ... del foco: Dante non riesce a tollerare lo splendore del sole troppo a lungo, ma neanche così poco, da non discernere chiaramente la sua forma: contornata di faville, come un ferro arroventato che esce incandescente dal fuoco.

e di sùbito parve giorno a giorno
essere aggiunto, come quei che puote
avesse il ciel d'un altro sole addorno.

vv. 61-63 e all'improvviso (*di sùbito*) mi parve che la luce del giorno si moltiplicasse, come se Dio onnipotente (*quei che puote*) avesse adornato il cielo di un altro sole.

Beatrice tutta ne l'etterne rote
fissa con li occhi stava; e io in lei
le luci fissi, di là sù rimote.

vv. 64-66 Beatrice stava con gli occhi fissi nelle eterne sfere celesti; e io fissai i miei occhi in lei, dopo averli distolti di lassù, dalla visione del sole.

Nel suo aspetto tal dentro mi fei,
qual si fé Glauco nel gustar de l'erba
che 'l fé consorto in mar de li altri dèi.

vv. 67-69 Nel fissare lo sguardo (*aspetto*) in Beatrice, sentii trasformarmi dentro (*tal dentro mi fei*) come si trasformò Glauco, quando assaggiò l'erba che lo rese della stessa natura (*consorto*), in mare, degli altri dèi [marini].

Trasumanar significar per verba
non si poria; però l'essemplo basti
a cui esperïenza grazia serba.

vv. 70-72 Non si potrebbe esprimere con parole l'esperienza di andare oltre la natura umana (*Trasumanar*): ma l'esempio [di Glauco] basti per coloro a cui la Grazia divina riserva l'esperienza [di una tale trasformazione].

S'i' era sol di me quel che creasti
novellamente, amor che 'l ciel governi,
tu 'l sai, che col tuo lume mi levasti.

vv. 73-75 Se in quel momento io ero solo [della mia persona], quello che tu, amore che governi il cielo, creasti per ultimo (*novellamente*), tu lo sai, che mi sollevasti in virtù della tua luce.

Quando la rota che tu sempiterni
desiderato, a sé mi fece atteso
con l'armonia che temperi e discerni,

vv. 76-78 Quando il moto rotante delle sfere celesti, che tu rendi eterno (*sempiterni*) infondendo in loro il desiderio di te, mi attirò (*fece atteso*) con quella musica che tu stesso accordi (*temperi*) e dirigi nota per nota (*discerni*),

parvemi tanto allor del cielo acceso
de la fiamma del sol, che pioggia o fiume
lago non fece alcun tanto disteso.

vv. 79-81 mi parve allora che tanta parte del cielo si accendesse della fiamma solare, che mai un eccesso di pioggia o lo straripare di fiumi formò un lago così smisurato (*disteso*).

67-69. Nel suo aspetto ... de li altri dèi: nel fissare lo sguardo in Beatrice, Dante si sente trasformare dentro di sé come si sentì trasformare Glauco quando assaggiò l'erba che lo rese un dio marino, compagno delle altre divinità acquatiche. Racconta infatti Ovidio (*Metamorfosi*, XIII, 898-968) che Glauco, povero pescatore della Beozia, aveva osservato come i pesci da lui pescati, a contatto con una certa erba del litorale, tornavano vivi e guizzanti e saltavano di nuovo nell'acqua; assaggiatala, egli si trovò trasformato all'istante in un dio del mare. Il mito antico è usato come termine di paragone per il «Trasumanar» (v. 70) di Dante.
70. Trasumanar: il verbo è neologismo dantesco: il primo dei tanti che il poeta inventerà in questa cantica, sollecitato dall'esigenza di forzare i limiti della lingua "normale" per descrivere un'esperienza assolutamente fuori della normalità, come l'ascesa al Paradiso.
71. l'essemplo: il mito antico di Glauco, usato qui come esempio, come termine di paragone.
72. a cui ... serba: coloro che, per Grazia di Dio, andranno in Paradiso, potranno sperimentare personalmente ciò che significa oltrepassare i confini dell'umano; per il momento, però, si devono accontentare del paragone istituito da Dante con il mito antico, per avere un'idea di quello che li aspetta.
73-75. S'i' era ... mi levasti: Dante si rivolge a Dio (apostrofato «amor che 'l ciel governi») dicendo che solo Lui sa se il poeta, nel momento in cui iniziò l'ascesa al Paradiso, fosse solo anima o anche corpo; Lui, che lo sollevò al cielo per forza della sua luce, riflessa in Dante dallo sguardo di Beatrice. L'anima è qui espressa dalla perifrasi «di me quel che creasti / novellamente»: si credeva infatti che l'anima razionale non venisse infusa al momento del concepimento, ma durante la gravidanza, quando l'organismo era già sviluppato.
76-81. la rota ... tanto disteso: salendo verso il cielo della luna, e quindi avvicinandosi alle sfere celesti, Dante ne ascolta per la prima volta l'armonia; allo stesso tempo, vede che il cielo si "allaga" di luce: o perché il sole stesso (che secondo il sistema tolemaico gira anch'esso, in quarta posizione, intorno alla terra) si fa più vicino; oppure perché - secondo altri interpreti, ed è forse la lettura più corretta - egli sta attraversando la sfera del fuoco, che gli antichi immaginavano si interponesse fra il mondo sublunare e la prima sfera della luna.

T21 Dentro il testo

IN SINTESI

Il primo canto del *Paradiso* vede Dante ascendere dal Paradiso terrestre, su cui si era concluso il *Purgatorio*, verso la prima delle sfere celesti, quella della Luna. Il passaggio comporta l'ingresso in un mondo in cui non valgono più le leggi umane della fisica: Dante, in effetti, ascende guardando fisso gli occhi di Beatrice, che hanno la funzione di «trasumanarlo», cioè di attribuirgli poteri che egli di per sé non avrebbe, e che gli permettono l'accesso alla luce, via via sempre più intensa, dei vari cieli. Fin dall'inizio, comunque, Dante mette le cose in chiaro: raccontare la sua esperienza del Paradiso sarà comunque impossibile. Primo, perché la visione, a distanza di tempo, non può più essere recuperata nella sua pienezza; secondo, perché anche quello che riesce a ricordare di quella esperienza, ora che è tornato nella sua realtà ordinaria di tutti i giorni, sovrasta le capacità espressive della sua lingua e della sua poesia.

I TEMI E L'ESPRESSIONE

L'INDICIBILE

L'inizio del *Paradiso* mette subito le cose in chiaro: il poeta ha visto cose, nell'ultima parte del suo viaggio in Cielo, che nessuno è in grado di ridire con parole umane, una volta ridisceso sulla terra. La sua ultima fatica sarà dunque una **continua lotta**: contro la sua memoria, che non è in grado di ricordare una visione che gli è stata accordata per un intervento eccezionale, limitato nel tempo, della Grazia divina; contro la sua lingua, che comunque non è in grado di esprimere a parole neanche quel poco che la sua memoria è in grado di ricordare. La situazione è radicalmente diversa, come si vede, rispetto alle prime due cantiche. Sia all'Inferno che in Purgatorio, Dante poteva dichiarare talvolta di non sentirsi capace di descrivere adeguatamente quello che aveva visto: ma mai egli si dichiarava impotente rispetto al contenuto, alla materia stessa della sua esperienza. Nelle prime due cantiche, Dante ricordava tutto: solo, talvolta, si augurava di trovare le parole adatte alla circostanza. Qui in Paradiso, invece, è proprio la **materia della visione** che si fa difettiva, evanescente: e, proprio per questo, difficilissima da esprimere. È una condizione poetica del tutto nuova, e che accentua la **dimensione lirica**, e non narrativa, del poema dantesco: nel senso che, più che raccontare oggettivamente le tappe del suo viaggio, nel *Paradiso* Dante esprime soprattutto i sentimenti soggettivi, intimi, che quel viaggio, impossibile da ricordare, ha lasciato dentro di lui.

GLI OCCHI DI BEATRICE

Nel canto I del *Paradiso* scopriamo subito uno dei ruoli fondamentali di Beatrice. La donna fissa gli occhi nella luce del sole e nei cieli rotanti; Dante commette l'errore di guardare dove Beatrice guarda e rimane abbacinato. È una lezione preziosa per il pellegrino, che distoglie lo sguardo dalla luce eccessiva dei cieli e li concentra **sugli occhi di Beatrice**, quasi sprofondando dentro di lei. Beatrice costituisce, dunque, il **tramite** che consente a Dante di immergersi nel bagliore celeste e di avanzare nella sua ascesa verso l'Empireo. Ogni passaggio tra un canto e l'altro sarà segnato infatti dagli occhi di Beatrice, che diventano sempre più luminosi e ridenti mentre il viaggio prosegue di cielo in cielo. Il motivo degli occhi di Beatrice è senza dubbio un'eredità della poesia giovanile di Dante e delle convenzioni della lirica cortese, ma il *Paradiso* mostra la capacità di reinventare anche gli stereotipi più consumati. Gli occhi dell'amata, oggetto di adorazione amorosa per il poeta cortese, si trasformano adesso negli specchi in cui diventa tollerabile lo splendore dei cieli.

«TRASUMANAR»: LA NECESSITÀ DEL NEOLOGISMO

«Trasumanar» (v. 70) è solo il primo dei neologismi – cioè delle parole inventate di sana pianta da Dante – del *Paradiso*. La lingua dantesca è straordinariamente inventiva anche nell'*Inferno* e nel *Purgatorio*, ma mai come in questa terza cantica il poeta osa **"creare" davvero la sua lingua**, attigendo soprattutto al latino, ma non soltanto: più avanti si troveranno formazioni linguistiche come «immiarsi» ("immergersi nel *me*") e «intuarsi» ("immergersi nel *tu*"). Naturalmente, non si tratta solo di uno sfoggio di bravura. È la materia stessa della terza cantica, che richiede una simile creatività linguistica. Ciò che Dante vede in quest'ultima parte del viaggio va talmente oltre la normale esperienza umana, che anche la lingua deve andare **oltre i suoi limiti** normali, e diventare, a volte, una "superlingua", che cerca di esprimere, nella sua assoluta novità, la incomparabile eccezionalità del viaggio dantesco.

Analisi e interpretazione Tipologia A

LEGGERE CON METODO

COMPRENSIONE GLOBALE

1. Nei vv. 1-12, Dante espone il contenuto della cantica: con quali perifrasi viene definito il Paradiso? Quale sarà l'oggetto della cantica? Perché si tratta di una materia impossibile da esprimere con parole umane?
2. Dove si trovano Dante e Beatrice all'inizio del canto? A quale ora del giorno si trovano in quel luogo?
3. Quale errore compie inizialmente Dante? In quale modo avverrà la sua ascesa al cielo?

LA LINGUA E LE STRUTTURE

4. Con quali due perifrasi è nominato Dio? Quali aspetti della natura divina vengono in tal modo sottolineati da Dante?
5. Il canto (in anticipazione di quanto avverrà nell'intera cantica) è dominato dal motivo della luce; individua e sottolinea tutte le espressioni appartenenti alla sfera lessicale della luminosità.
6. La difficoltà di esprimere la propria esperienza, rendendola almeno in parte comprensibile al lettore, si traduce nel ricorso a similitudini eccezionalmente numerose. Individuale e spiegale.

I TEMI E L'INTERPRETAZIONE

7. Gli occhi della donna amata, che nella poesia cortese erano veicolo d'amore, assumono un nuovo ruolo nella poesia del *Paradiso*. Illustra questo elemento fondamentale del canto (e dell'intera cantica).
8. Per quali ragioni la lingua del *Paradiso* si fa più inventiva e ricca di neologismi?

Paradiso, XVII, 46-69

T22 Nel cielo di Marte: l'incontro con Cacciaguida e la profezia dell'esilio

AUDIOLIBRO

Anno: 1313-18

Metro: terzine incatenate con schema ABA, BCB, CDC ecc.

Argomento: Dante incontra il suo avo Cacciaguida, che gli preannuncia l'esilio

Alla metà esatta del Paradiso *troviamo un gruppo di canti, dalla fine del XIV all'inizio del XVIII, in cui si sviluppa un lungo colloquio fra Dante e il capostipite della sua famiglia, Cacciaguida, un cavaliere crociato caduto in Terrasanta nel XII secolo. Al canto XV, in cui l'immagine della Firenze del passato diventa emblema della città ideale, si contrappone il lungo resoconto, nel canto successivo, di un processo di degrado che ha condotto ai dissidi e alle lotte tra le fazioni, e di riflesso anche alla disgrazia personale di Dante. Infine, il canto XVII fa chiarezza sulle numerose e minacciose profezie di esilio che Dante si è sentito rivolgere nel corso delle prime due cantiche, e svela l'amara realtà che attende il poeta al ritorno dal suo viaggio oltremondano. Ecco la parte iniziale della profezia di Cacciaguida.*

«Qual si partio Ipolito d'Atene
per la spietata e perfida noverca,
tal di Fiorenza partir ti convene.

Questo si vuole e questo già si cerca,
e tosto verrà fatto a chi ciò pensa
là dove Cristo tutto dì si merca.

PARAFRASI

vv. 46-48 «Come Ippolito dovette abbandonare (*si partio*) Atene a causa della sua spietata e perfida matrigna, così è destino (*convene*) che tu lasci Firenze.

vv. 49-51 Questo si vuole e questo si sta già macchinando (*si cerca*) e presto verrà messo in atto (nella curia papale), là dove Cristo quotidianamente è oggetto di mercato (*si merca*).

46. Ipolito: secondo il mito antico, Ippolito, figlio di primo letto del re di Atene, Teseo, dovette lasciare la patria perché perseguitato dalla matrigna, Fedra, che follemente innamorata di lui e respinta, lo aveva accusato presso il padre di tentata violenza.

50. a chi ciò pensa: è Bonifacio VIII, che già nel 1300 (data in cui Dante ambienta la sua *Commedia*) sta macchinando la sconfitta dei bianchi a Firenze e quindi la rovina di Dante.

51. là dove ... si merca: nella Curia romana, dove ogni giorno si fa commercio di Cristo, cioè si comprano e vendono i beni spirituali.

La colpa seguirà la parte offensa
in grido, come suol; ma la vendetta
fia testimonio al ver che la dispensa.

Tu lascerai ogne cosa diletta
più caramente; e questo è quello strale
che l'arco de lo essilio pria saetta.

Tu proverai sì come sa di sale
lo pane altrui, e come è duro **calle**
lo scendere e 'l salir per l'altrui scale.

E quel che più ti graverà le spalle,
sarà la compagnia malvagia e scempia
con la qual tu cadrai in questa valle;

vv. 52-54 Come sempre succede (*come suol*) la colpa ricadrà sui perdenti (*la parte offensa*), almeno nell'opinione comune (*in grido*): ma la vendetta che coglierà i veri colpevoli sarà testimonianza della verità che dispensa [tali punizioni].

vv. 55-57 Tu lascerai ogni cosa più cara; e questo è quello strale che l'arco dell'esilio scocca per primo.

vv. 58-60 Tu proverai come è amaro (*come sa di sale*) il pane che gli altri ti danno per compassione (*altrui*), e che penoso cammino (*duro calle*) è lo scendere e il salire per le scale delle dimore altrui [dove cerchi accoglienza].

vv. 61-63 E quello che più ti sarà di peso, sarà la compagnia malvagia e stupida (*scempia*) insieme a cui ti troverai precipitato in questa oscura situazione (*valle*);

52-54. La colpa ... la dispensa: i bianchi, battuti ed esiliati, sembreranno insomma esserselo meritato; ma i loro nemici (Bonifacio VIII, i capi della parte nera) faranno ben presto una fine in cui si potrà leggere la punizione divina. Il papa, infatti, oltraggiato in Anagni dai Colonna, morirà di lì a poco; Corso Donati, facinoroso capo dei neri, finirà miseramente la sua esistenza, bandito e ucciso sulla strada dell'esilio.

56-57. e questo ... saetta: il primo dolore che assale l'esiliato è l'abbandono di ogni cosa cara.

59-60. lo pane altrui ... l'altrui scale: il pane degli altri, elemosinato nella povertà dell'esilio, «sa di sale», è amaro; le scale delle case degli altri, salite e scese in cerca di aiuto e di protezione, sono «duro calle», penoso cammino.

61-69. E quel che più ... per te stesso: si profetizzano qui gli avvenimenti immediatamente successivi alla condanna di Dante e al suo bando da Firenze e ci si riferisce ai vari tentativi dei bianchi di ritornare a Firenze con un intervento armato. Risulta che Dante in un primo momento partecipò a tali iniziative, promosse nel raduno di San Godenzo (giugno 1302) e, in seguito (1303), affidate alla guida di Scarpetta Ordelaffi da Forlì; di sicuro, però, si dissociò dalla terza spedizione militare, che finì nella sanguinosa sconfitta dei bianchi alla Lastra, presso Firenze, nell'estate del 1304. Pare anzi che Dante avesse sconsigliato questo ulteriore tentativo, e che gli altri fuoriusciti lo avessero accusato di viltà e tradimento; di qui la sua rottura sdegnosa con gli antichi compagni di sventura, e gli accenti particolarmente duri e polemici di questo passo.

■ Le parole della tradizione

TROVARE LE PAROLE

▸ **calle**, dal latino *calle(m)*, in Dante indica nel significato proprio un "sentiero".

■ Si tratta di un sentiero per lo più stretto e disagiato, come quello percorso nella città di Dite: «Ora sen va per un secreto calle, / tra 'l muro de la terra e li martìri» (*Inferno*, X, 1-2). Altrove può assumere il significato generale di "cammino": «[il] pianeta / che mena dritto altrui per ogne calle» (*Inferno*, I, 17-18); può assumere anche il significato specifico di "corso di un fiume": «Tra brutti porci ... [l'Arno] dirizza prima il suo povero calle» (*Purgatorio*, XIV, 43-45). Nel canto XVII del *Paradiso* assume significato figurato: il «duro calle», la strada difficile, è l'esperienza umiliante del dover dipendere dagli altri per il proprio stesso sostentamento.

■ Dopo Dante, «calle» rimane a lungo nel lessico poetico italiano. Nel significato letterale, quasi sempre indica un "sentiero arduo", in luoghi fuori mano, magari contorto e difficile (così in Ariosto e Tasso); l'uso persiste fino a d'Annunzio: «Eravamo giunti per un calle aspro e angusto».

■ Anche l'uso metaforico permane nella poesia dei secoli successivi, a partire da Petrarca fino a giungere a un celebre passo della *Ginestra* di Leopardi: «Qui mira e qui ti specchia, / secol superbo e sciocco, / che il calle insino allora / dal risorto pensier segnato innanti / abbandonasti, e volti addietro i passi, / del ritornar ti vanti, / e proceder il chiami». Qui «calle» è la strada del pensiero razionale, imboccata a partire dal Rinascimento, e ora abbandonata dagli intellettuali ottocenteschi. Del resto il termine è caro a Leopardi, che in altri tre passi dei *Canti* lo utilizza nel significato traslato di "cammino".

■ Nell'italiano di oggi il termine rimane solo nell'uso regionale veneto, e in particolare indica le caratteristiche viuzze veneziane (è però femminile: «la calle», «le calli»).

che tutta ingrata, tutta matta ed empia
si farà contr' a te; ma, poco appresso,
ella, non tu, n'avrà rossa la tempia.

Di sua bestialitate il suo processo
farà la prova; sì ch'a te fia bello
averti fatta parte per te stesso».

vv. 64-66 [compagnia] che tutta ingrata, tutta matta e iniqua ti si metterà contro; ma, poco dopo, sarà lei, non tu, a riportare le sanguinose ferite [meritate con la sua pazzia].

vv. 67-69 Il loro comportamento sarà la prova della loro bestialità, così che per te sarà un onore esserti tirato da parte, quasi facendo un partito per conto tuo».

T22 Dentro il testo

IN SINTESI

In queste terzine, Cacciaguida espone con tagliente chiarezza, davvero senza fare sconti, il destino di sventura che aspetta Dante. In successione, egli elenca gli eventi che si verificheranno dal 1302 in poi, anzi che già si stanno macchinando nella Curia romana («dove Cristo tutto dì si merca»): la sua forzata esclusione da Firenze; l'infamia di aver causato i disordini fiorentini, che, come al solito, ricadrà sui perdenti, i bianchi sconfitti e scacciati dai neri; la vendetta divina che colpirà i neri e il partito in genere favorevole a Bonifacio VIII; l'esilio, con l'abbandono di «ogne cosa diletta / più caramente»; la povertà e l'umiliazione di dover elemosinare il pane quotidiano; il dissidio con i propri compagni di partito, rivelatisi degli idioti scriteriati; la necessaria, finale solitudine che accompagnerà l'uscita da ogni politica di partito. Si tratta, certo, di un seguito di disgrazie: le quali però disegnano un destino di eccezione. Dante, escluso, perseguitato, perdente, povero, solo, finisce con il giganteggiare come uno spirito superiore, che non può non ritrovarsi respinto da un mondo meschino, infido e volgare.

I TEMI E L'ESPRESSIONE

STILE PARATATTICO

Cacciaguida parla con uno stile diretto, senza oscurità, ben diverso da quello ambiguo e astruso dei vaticini antichi. Si noti, in particolare, come ogni terzina corrisponda a un **periodo sintattico compiuto**, che si conclude con il punto fermo (tranne la sesta, chiusa da un punto e virgola; e infatti la terzina successiva continua con un pronome relativo: «che tutta ingrata»). Così, ogni modulo metrico corrisponde con esattezza a un evento preciso, e ne esce una **sequenza netta, perentoria**, senza margini di ambiguità o incertezza. All'interno di ogni terzina, la **sintassi** è generalmente **paratattica**, priva di complicazioni subordinate. I verbi sono quasi tutti al presente o al futuro: «ti convene», «si vuole», «si cerca», «verrà fatto», «pensa», «si merca», «seguirà», «fia», «lascerai», «è», «saetta», «proverai», «graverà» ecc. Il futuro si spiega dunque davanti a Dante con tutta la sua inevitabilità, e al poeta non resta che piegare la testa e prepararsi a resistere.

UN *ENJAMBEMENT* MEMORABILE

«Tu lascerai ogne cosa diletta / più caramente»: l'*enjambement* fra i due versi è particolarmente **espressivo**. Si tratta di un espediente metrico-retorico che, spezzando la congiunzione naturale e logica delle parole con la frattura del verso, ha ordinariamente l'effetto di sottolinearne per contrasto l'intima relazione. Questo effetto ha luogo anche qui, con un risultato particolarmente **drammatico**. La frattura, infatti, tra la «cosa diletta» e la specificazione avverbiale «più caramente» esprime lo strappo interiore dell'esiliato, che deve lasciarsi alle spalle tutto ciò che gli è più caro. Se proviamo a rileggere l'espressione ignorando la fine del verso, come se fosse prosa (o comunque un verso continuo: «Tu lascerai ogni cosa diletta più caramente») ci accorgiamo di come l'*enjambement* sia qui artificio di potente intensificazione drammatica.

UN PANE SALATO

Si noti innanzitutto l'**allitterazione** («*S*ì come *S*a di *S*ale») nella frase con cui Cacciaguida annuncia l'amarezza di un futuro in cui Dante sarà costretto a mendicare il suo pane, come un accattone: il suono volutamente sgradevole delle *s* esprime la durezza dell'esperienza che aspetta il poeta. Ma anche dal punto di vista del contenuto, l'espressione è divenuta memorabile, a indicare le **sofferenze dell'esilio dantesco**. Naturalmente il pane che «sa di sale» non è semplicemente un pane salato, ma un pane amaro: o meglio ancora, un pane che fa venire sete, che lascia la gola secca. D'altronde, non dimentichiamo che in quel periodo storico il pane salato era quello dei poveri o delle classi inferiori, per le quali esso serviva da pane e companatico; mentre il pane bianco, delicato e senza sale, era quello dei signori, destinato ad accompagnare le vivande, e non a essere vivanda esso stesso.

Analisi e interpretazione Tipologia A

LEGGERE CON METODO

COMPRENSIONE GLOBALE

1. Chi è la «perfida noverca» del v. 47? Quale analogia possiamo riscontare tra il destino di Ippolito e quello di Dante?
2. Sintetizza gli eventi profetizzati da Cacciaguida, completando la tabella.

Versi	Titolo sintetico	Contenuto
vv. 49-51	la macchinazione	la Curia romana sta già macchinando ai danni di Dante
vv. 52-54		
vv. 55-57		
vv. 58-60		
vv. 61-69		

3. A quali eventi storici allude Cacciaguida con l'espressione «la vendetta / fia testimonio al ver che la dispensa» (vv. 53-54)?
4. A quale evento invece allude il v. 66: «ella, non tu, n'avrà rossa la tempia»?

LA LINGUA E LE STRUTTURE

5. Analizza e spiega le figure retoriche contenute nelle seguenti espressioni.

Espressioni	Figure retoriche
e questo è quello strale / che l'arco de lo essilio pria saetta	
sì come sa di sale	
è duro calle / lo scendere e 'l salir per l'altrui scale	
in questa valle	
n'avrà rossa la tempia	

I TEMI E L'INTERPRETAZIONE

6. In quali termini è presentata la Curia romana (con un tema polemico ricorrente nella *Commedia*)?
7. Perché si può dire che le disgrazie dell'esilio, nonostante il loro carico di dolore, sono anche segno di un destino di eccezione per il poeta?

APPROFONDIMENTI E CONFRONTI

8. Ripercorrendo la *Commedia*, individua i luoghi in cui Dante si è sentito preannunciare, in termini più o meno oscuri, un destino di dolore che, grazie alle parole di Cacciaguida, viene ora chiarito consistere nell'esilio dalla propria città.

Interpretare il mondo

Intellettuali in esilio: la perdita d'identità

Quando in un Paese si instaura una dittatura, un regime che limita le libertà civili e opprime la cittadinanza, la scelta di molti intellettuali è l'esilio. Non si tratta solo di **scrittori**, ma anche di **scienziati**, **musicisti** e **architetti**. Poco prima della Seconda guerra mondiale, centinaia di donne e uomini di cultura fuggirono dalla Germania nazista, tra cui l'architetto Mies van der Rohe, la filosofa Hannah Arendt, il fisico Albert Einstein, che vide bruciare le proprie opere in roghi pubblici; vi furono anche **registi** e **attori**, come Ernst Lubitsch e Marlene Dietrich.

In anni più recenti, **personaggi dello spettacolo** come il ballerino russo Rudolf Nureyev o **dello sport** come la ginnasta romena Nadia Comaneci hanno cercato scampo dall'oppressione dei regimi comunisti dell'Europa dell'Est.

L'esilio può anche essere una condizione di **lontananza dalla vita quotidiana**, imposta per ragioni di sicurezza. Lo scrittore indo-britannico **Salman Rushdie** è costretto da anni a vivere nascosto e sotto scorta in Gran Bretagna, a causa di una condanna che un tribunale islamico iraniano ha emesso contro di lui, per un suo romanzo considerato «blasfemo».

La condizione degli intellettuali in esilio è spesso (ma non sempre) "mitigata" dalla considerazione di cui essi godono all'estero, e che permette loro di **continuare a esercitare il proprio lavoro** liberamente: per esempio, Hollywood accolse a braccia aperte i registi in fuga dall'Europa negli anni Trenta, e Albert Einstein trovò all'università di Princeton una cattedra pronta per lui.

Per contro, l'esiliato va incontro a una **perdita d'identità** molto grave e la sua condizione sembra portare a un vicolo cieco: salvarsi la vita può significare perdere ciò che di più importante abbiamo nella vita stessa. Il ritorno in patria non sempre è risolutivo: passati molti anni, e cambiate molte cose, il ritorno si può risolvere in una tremenda delusione per l'ex esiliato, che così si ritrova "straniero in patria".

Le condizioni e le motivazioni dell'esilio, insomma, non sembrano essere cambiate molto dai tempi di Dante, e ora come allora «è duro calle, lo scendere e 'l salir per l'altrui scale».

Ecco cosa scrive **Marjane Satrapi**, iraniana, autrice del fumetto autobiografico *Persepolis*:

> «E così, non avendo potuto realizzare nulla nel mio Paese, mi accingevo a lasciarlo nuovamente. [...] Tra il giugno e il settembre del '94, data della mia partenza definitiva, gironzolai ogni giorno per i monti di Teheran, cercando di ricordare ogni scorcio. Me ne andai con la nonna sul Mar Caspio, e mi riempii i polmoni di quell'aria così particolare che non esiste da nessun'altra parte. Portai dei fiori sulla tomba del nonno e gli promisi che sarebbe stato fiero di me».
>
> (M. Satrapi, *Persepolis*, trad. it. di C. Sparagana, G. Gasparini, A. Nobécourt, Rizzoli, Milano 2007)

▲ Vignetta della protagonista del fumetto storico-autobiografico *Persepolis*.

RIFLESSIONE CRITICA Tipologia **C**

1. Conosci qualche caso di intellettuale esiliata o esiliato? Fai qualche ricerca, in rete o in biblioteca, ed esponi il risultato in un breve testo espositivo.
2. Come ti immagini la vita lontano dal tuo Paese? Quali sono le cose che ti mancherebbero di più?

T23

Paradiso, XXXIII, 55-66; 121-45

L'ultima visione

Anno: 1313-18

Metro: terzine incatenate con schema ABA, BCB, CDC ecc.

Argomento: Dante è ammesso alla visione di Dio, ma è un'esperienza impossibile da raccontare

In questo finale della Commedia, *Dante sottolinea la sua impotenza a esprimersi: paradossalmente, fa poesia dichiarando l'impossibilità di fare poesia. Finché, negli ultimi versi, egli si deve arrendere. L'ultima visione, in realtà, non viene descritta: Dante ci dice solo che finalmente il suo essere era entrato nell'armonia infinita dell'amore di Dio. Ma quell'armonia possiamo solo immaginarla, nella pagina bianca che fa seguito all'ultimo verso del poema.*

Da quinci innanzi il mio veder fu maggio
che 'l parlar mostra, ch'a tal vista cede,
e cede la memoria a tanto oltraggio.

Qual è colüi che sognando vede,
che dopo 'l sogno la passione impressa
rimane, e l'altro a la mente non riede,

cotal son io, ché quasi tutta cessa
mia visïone, e ancor mi distilla
nel core il dolce che nacque da essa.

Così la neve al sol si disigilla;
così al vento ne le foglie levi
si perdea la sentenza di Sibilla.

[...]

Oh quanto è corto il dire e come fioco
al mio concetto! e questo, a quel ch'i' vidi,
è tanto, che non basta a dicer "poco".

O luce etterna che sola in te sidi,
sola t'intendi, e da te intelletta
e intendente te ami e arridi!

PARAFRASI

vv. 55-57 Da qui in poi la mia vista fu maggiore di quello che la parola può descrivere: la mia parola, che si dà per vinta (*cede*) di fronte a tale visione, come si dà per vinta la mia memoria di fronte a un tale eccesso (*oltraggio*).

vv. 58-60 Come uno che in sogno ha visto qualcosa e una volta sveglio (*dopo 'l sogno*) gli rimane impressa l'emozione (*passione*) [di ciò che ha visto], ma il contenuto del sogno (*l'altro*) non torna (*riede*) alla memoria,

vv. 61-63 così sono io, che la mia visione si dilegua quasi del tutto, eppure ancora mi scende nel cuore, goccia a goccia (*mi distilla*), la dolcezza che nacque da essa.

vv. 64-66 Così la neve al sole perde la sua forma (*si disigilla*); così al vento, nelle foglie leggere, andavano perse le sentenze della Sibilla.

vv. 121-23 Oh quanto è insufficiente la parola (*il dire*) e come fioca rispetto a quello che ho nella mente (*al mio concetto*)! E anche questo [che riesco a dire], è - rispetto a quello che io vidi - una tale quantità (*tanto*) che definirla "poco" non basta.

vv. 124-26 O luce eterna che sola trovi in te stessa la tua sussistenza (*in te sidi*), che sola ti comprendi, e compresa e capace di comprenderti, ti ami in te stessa e sorridi estasiata (*arridi*) [al tuo amore]!

55-57. Da quinci ... oltraggio: siamo di fronte a una doppia dichiarazione di impotenza: non solo la visione di Dio non si può esprimere a parole, ma la memoria stessa che cerca di recuperare quella visione (dunque anche prima di tentare di restituirla in linguaggio umano) deve cedere «a tanto oltraggio», cioè all'eccesso smisurato di quella esperienza. «Oltraggio» (dal francese *outrage*) in antico non aveva il valore negativo che ha oggi, ma significava soltanto una cosa che andasse oltre la misura.

59. passione: dal latino *passio* (a sua volta da *patior*, "patire", "subire"), indica ogni impressione che un agente esterno suscita nell'animo.

65-66. così al vento ... Sibilla: la Sibilla Cumana, secondo quanto attesta Virgilio (*Eneide*, III, 448-51), scriveva i suoi responsi su foglie disposte ordinatamente, in modo che ne uscisse un senso compiuto, ma quando un soffio di vento penetrava nella sua grotta e scompigliava le foglie, tale senso naturalmente andava perduto.

124-26. O luce etterna ... arridi!: ardua sintesi del mistero della Trinità: Dio è luce eterna che sola siede in se stessa, cioè trova in sé la sua sussistenza, ovvero non è situabile in nessun luogo creato; luce che sola si comprende e mentre si comprende (questo è il Padre, che pensa se stesso nel Figlio) ed è compresa (questo è il Figlio, pensato dal Padre) genera amore (lo Spirito Santo) e si compiace sorridendo di questo amore.

Quella circulazion che sì concetta
pareva in te come lume reflesso,
da li occhi miei alquanto circunspetta,

dentro da sé, del suo colore stesso,
mi parve pinta de la nostra effige:
per che 'l mio viso in lei tutto era messo.

Qual è 'l geomètra che tutto s'affige
per misurar lo cerchio, e non ritrova,
pensando, quel principio ond' elli indige,

tal era io a quella vista nova:
veder voleva come si convenne
l'imago al cerchio e come vi s'indova;

ma non eran da ciò le proprie penne:
se non che la mia mente fu percossa
da un fulgore in che sua voglia venne.

A l'alta fantasia qui mancò possa;
ma già volgeva il mio disio e 'l *velle*,
sì come rota ch'igualmente è mossa,

l'amor che move il sole e l'altre stelle.

vv. 127-29 Quella circonferenza (*circulazion*) che all'interno della tua luce (*in te*) pareva concepita come un lume riflesso, fissata (*circunspetta*) per qualche tempo dai miei occhi,

vv. 130-32 mi parve che portasse dipinta al suo interno, del suo stesso colore, una figura umana (*la nostra effige*): per cui tutta la mia potenza visiva (*'l mio viso*) era concentrata in lei.

vv. 133-35 Come un matematico studioso di geometria (*geomètra*) che si concentra spasmodicamente (*tutto s'affige*) per trovare la formula della quadratura del cerchio, e non riesce a trovare, pensando, la soluzione (*principio*) di cui ha bisogno (*ond'elli indige*),

vv. 136-38 così ero io a quella nuova vista: volevo rendermi conto di come si era combinata l'immagine umana con la circonferenza, e come vi trovava il suo luogo (*s'indova*);

vv. 139-41 ma a ciò le mie facoltà (*penne*) non potevano sollevarsi: se non che la mia mente fu percossa da una folgorazione che venne incontro al suo desiderio.

vv. 142-45 Alla mia immaginazione, pur levatasi così in alto (*alta fantasia*) a questo punto mancò la forza (*possa*); ma già l'amore che muove il sole e le altre stelle armonizzava il mio desiderio e la mia effettiva volontà (*velle*), come una ruota che in ogni suo punto è mossa dallo stesso movimento.

127-31. Quella circulazion ... effige: nuovo mutamento della visione; stavolta appare a Dante, in tutto il suo incomprensibile paradosso, il mistero dell'Incarnazione. Il secondo giro, che è figura della seconda persona della Trinità, il Figlio, appare a Dante insieme come «circulazion», come cerchio, e come fisionomia umana: simbolo dell'inconcepibile compresenza, in Cristo, delle due nature, quella divina e quella umana.
133-36. Qual è 'l geometra ... nova: la quadratura del cerchio era problema già discusso fin da Archimede, e ben noto a Dante, che lo rammenta nel *Convivio* (II, XIII, 27: «Lo cerchio per lo suo arco è impossibile a quadrare perfettamente, e però è impossibile a misurare a punto»). Ancora oggi il fattore per il quale bisogna moltiplicare il diametro per ottenere la circonferenza di un cerchio è espresso dal *pi greco*, che è un numero irrazionale.
138. s'indova: audace neologismo dantesco, coniato su "dove".
139. le proprie penne: metafora delle facoltà umane del poeta, insufficienti a sollevarlo sino alla rivelazione finale di Dio.
141. un fulgore ... venne: questa sorta di fulmine che investe Dante è il mezzo attraverso cui l'oggetto del suo desiderio, Dio stesso, gli viene incontro. Si tratta di un'ultima elargizione di Grazia, che permette a Dante di andare ancora una volta oltre i confini della percezione umana.
142. A l'alta ... possa: la capacità immaginativa di Dante, pur giunta così in alto, deve arrendersi; ormai Dio non è più concepibile per immagini, ma direttamente: pura luce, pura beatitudine.
143-45. ma già ... stelle: il soggetto è «l'amor che move il sole e l'altre stelle», cioè Dio, motore amoroso del cosmo, che armonizza la sete intellettuale di Dante con la sua volontà (*velle* è l'infinito latino del verbo "volere", qui sostantivato). Insomma, per intervento divino, adesso Dante può volere ciò che ha sempre desiderato, di cui ha acutamente sentito il bisogno: le due facoltà girano insieme come una ruota, il cui moto è uguale in ogni suo punto. Da notare che anche questa terza cantica si chiude, con studiata simmetria, con la parola «stelle», su cui si chiudeva l'*Inferno* («e quindi uscimmo a riveder le stelle») e il *Purgatorio* («puro e disposto a salire alle stelle»).

T23 Dentro il testo

IN SINTESI

In questo ultimo canto del poema, Dante descrive il suo ingresso nel mistero di Dio. Da qui in avanti, è davvero impossibile raccontare; è come per i sogni: resta l'emozione, ma le parole non riescono a spiegarli. Il mistero dell'Incarnazione è insieme cerchio e immagine d'uomo («nostra effige»): una specie di paradosso visivo, in cui si esprime il mistero dell'essere il Figlio di Dio, insieme seconda persona della Trinità e Uomo, incarnato nella persona terrena di Gesù Cristo. È questo il paradosso di cui Dante cerca di rendersi conto, come un geometra che cerchi la quadratura del cerchio: finché un'ultima folgorazione della Grazia divina lo percuote e lo fa entrare nell'«amor che move il sole e l'altre stelle».

I TEMI E L'ESPRESSIONE

LA POETICA DELL'INDICIBILITÀ

Più ci si avvicina alla fine, più la visione diventa impossibile da descrivere. È una vera e propria **doppia lotta**: del «dire», cioè delle parole di Dante, con il «concetto», cioè con quello che la sua mente riesce ancora a concepire, a mettere insieme, della visione; e di questo «concetto» con «quel ch'i' vidi», cioè con la vera sostanza della visione stessa. Anzi, nelle comparazioni che aprono il brano, il «concetto» non esiste neanche più: nel senso che il poco che Dante ricorda non è un contenuto, ma una **pura sensazione**, senza un vero contenuto. Come quando uno si sveglia dopo aver sognato, e lì per lì non si ricorda *cosa* ha sognato, ma assapora soltanto l'impressione che gli è rimasta nell'anima.

LA VERA VISIONE: OLTRE L'ULTIMO VERSO

Il vero ingresso nella visione diretta di Dio avviene quando il «disio» di Dante si armonizza con il suo «*velle*»; cioè quando la sua aspirazione a vedere Dio finalmente è **pareggiata dalla sua volontà**: una volontà efficace, che può raggiungere il suo oggetto con un nuovo **intervento della Grazia**, che "fulmina" Dante e gli permette questo ultimo sprofondamento nell'abisso di luce divino. Ma quello che Dante davvero vede, entrato nell'amore di Dio, il poeta non lo dice, e non ce lo può dire. Paradossalmente la *Commedia* rimane senza il suo vero finale. Il possesso di Dio, a cui tendeva tutto il lungo viaggio, dal fondo dell'Inferno al culmine del Paradiso, non può essere raccontato.

Analisi e interpretazione Tipologia A

LEGGERE CON METODO

COMPRENSIONE GLOBALE

1. A quali tre similitudini ricorre Dante per esprimere la discrepanza tra la visione che gli è stata concessa e quanto ne rimane nella sua memoria? Quali aspetti della natura della sua esperienza mettono in luce?
2. In quale modo, nei vv. 124-32, Dante sintetizza e cerca di tradurre in esperienza visiva i misteri della Trinità e dell'Incarnazione?
3. Come si esprime l'ultimo intervento della Grazia, che consente a Dante di accedere alla visione diretta di Dio?

LA LINGUA E LE STRUTTURE

4. Individua e sottolinea tutte le espressioni in cui Dante dichiara la propria impossibilità di comprendere, ricordare ed esprimere quanto ha visto.
5. Spiega la similitudine dei vv. 133-39.
6. Qual è il significato di «indova» (v. 138)? Quali caratteristiche linguistiche riconosciamo in questo termine?

SCRIVERE CON METODO

COMMENTO

7. Raccogliendo le osservazioni tratte dalla lettura e dagli esercizi precedenti, sintetizza in un commento di circa una pagina il modo in cui nel canto si esprime la poetica dell'indicibilità.
8. Con quale parola si conclude il poema? Perché? Argomenta la risposta in un testo di 10 righe.

DIBATTITO CRITICO

Enciclopedia, allegoria o grande narrazione?

La complessità della *Commedia* dantesca ha reso sempre assai difficile fornirne un'interpretazione coerente e totale. Da un lato, è innegabile che Dante pensò al suo poema come un'enciclopedia del sapere: non per nulla i contemporanei furono subito impressionati dall'ampiezza di dottrina che era contenuta in quel testo. Contemporaneamente, la *Commedia* volle essere anche un'opera di testimonianza e di profezia: Dante vi esprime le sue idee circa la riforma dei costumi, della politica e della religione del suo tempo.
Per noi la *Commedia* è soprattutto un'opera di poesia, e per questo continuiamo a leggerla, in un'epoca che non condivide quasi più nulla delle dottrine in cui credeva Dante e che è naturalmente lontanissima dalle sue preoccupazioni civili, morali e religiose. Tuttavia, questi vari aspetti del poema dantesco sono stati variamente valutati dalla critica, come si ricava dalle prese di posizione che qui di seguito si possono leggere.

▲ Kobra, *Dante Alighieri*, 2016, tecnica mista con aerografo su parete.

RISPOSTA 1

Benedetto Croce

D La verità della poesia di Dante può essere compresa solo attraverso l'intuizione lirica

Benedetto Croce *(1886-1952) si interroga su quali siano gli strumenti adatti a mettere meglio in luce la grandezza del poeta della* Commedia. *Pur riconoscendo che l'appello all'allegoria, alla filologia, alla filosofia è rilevante per comprendere il significato del testo dantesco, Croce ritiene che l'importanza di Dante come filosofo e politico sia stata sovrastimata e che la verità da lui offerta non stia nella sua dottrina, ma possa essere raggiunta solo attraverso l'«intuizione lirica». È questa la forma di conoscenza propria dell'arte, che consiste nell'espressione di un sentimento da parte dell'autore e nella capacità del lettore di far rivivere in sé quello stato d'animo.*

Tra le forme d'espressione, o meglio di comunicazione e di scrittura, usuali o predilette nel Medioevo, c'era, senza dubbio, l'allegoria, il fare a nascondino, il proporre e sciogliere indovinelli; talvolta occorre, per intendere certi concetti o per avere notizia di certi fatti, decifrare (se i mezzi disponibili consentono di decifrarli) i crittogrammi allegorici.
Certo, non si può far di meno, e nessuno ha mai fatto di meno, dell'aiuto dei commenti nel leggere Dante; ma il consiglio di gettarli via è buono tutte le volte (e sono assai frequenti) che, invece di fornire i soli dati giovevoli alla interpretazione storico-estetica, essi esibiscono cose inopportune ed estranee: certo, nessuno può leggere Dante senza adeguata preparazione e cultura, senza la necessaria mediazione filologica, ma la mediazione deve condurre al ritrovarsi con Dante da solo a solo, ossia a mettere in immediata relazione con la sua poesia. [...]
Ma quale sarà poi il criterio estetico che converrà seguire? Se la critica in genere, e con essa la critica dantesca, progredì [...] dal Medioevo al Romanticismo e all'estetica idealistica, si può ancor oggi accettare il criterio che si formò in quest'ultimo periodo? Era esso, senza dubbio, di gran lunga superiore a quello della poetica neoclassicistica, e, nonostante le parecchie scorie del passato che

trascinava seco, valse a porre in alto nel mondo dello spirito la poesia, e nel mondo della poesia Dante, come schietto poeta, genio poetico, e non più come insegnatore di dottrine e oratore di virtù o come dotto letterato. Pure quell'estetica non riuscì mai a cogliere il punto giusto nel determinare la natura dell'arte. [...] Si è già adombrato il criterio che è da sostituire a quello dell'estetica idealistica e romantica e che ne è, per certi rispetti, correzione e inveramento: il concetto dell'arte come lirica o intuizione lirica. Concetto speculativo, che giova tener distinto da quello empirico, onde, disputandosi di frequente del genere letterario a cui appartiene la *Commedia*, e proponendosi successivamente il genere epico, il drammatico, il didascalico o il miscuglio di tutti i generi, si è anche pensato, talvolta, al 'genere lirico'. La liricità, di cui parliamo, non è un genere di poesia, ma è la poesia stessa, e anzi ogni opera d'arte, pittorica, plastica, architettonica, musicale o altrimenti che si chiami.

(B. Croce, *La poesia di Dante*, Laterza, Bari 1940)

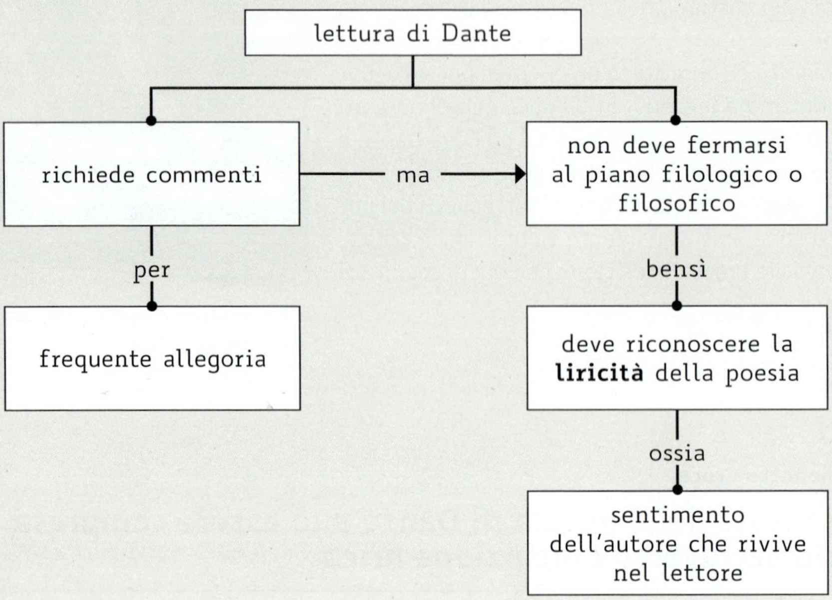

RISPOSTA 2

Edoardo Sanguineti

D La *Commedia* è un «romanzo» costruito con un concatenarsi di segmenti narrativi

*Il critico e scrittore **Edoardo Sanguineti** (1930-2010), uno dei protagonisti dell'Avanguardia italiana degli anni Sessanta del Novecento, ha dedicato diversi scritti allo studio di Dante. I brani che seguono fanno parte di un'analisi dei canti XVIII-XXX dell'Inferno, quelli di Malebolge (a cui appartiene la bolgia dei barattieri, ▶ p. 321). Sanguineti si contrappone alla tesi crociana che attribuiva valore solo alle parti liriche del testo dantesco, cercando di dimostrare come esso vada letto, invece, come un testo narrativo, come un romanzo. Ciò significa che non ci si deve limitare a ritagliare dalla* Commedia *i passi più emotivamente coinvolgenti, ma che si deve restituire al poema la sua continuità, facendo attenzione agli snodi costruttivi e strutturali del racconto dantesco.*

Il "romanzo" non si converte in poesia, ma è, come ciò che pone l'orizzonte di lettura, la stessa poesia dantesca, colta nel suo concreto manifestarsi e svolgersi narrativi, nell'atto in cui, disegnando sé stessa, essa disegna necessariamente ancora l'orizzonte del proprio determinarsi, entro il quale finalmente vuole essere contemplata. Così l'affermazione del Croce, secondo cui ciascuno degli episodi della *Commedia* "sta per sé ed è una lirica a sé", e che vale bene, fuori di ogni suo vario temperarsi e correggersi (o anche in quel suo vario temperarsi e correggersi), come emblema della lettura lirica crociana, cade insieme con l'orizzonte di tale lettura, e di fronte a quella si pone l'affermazione che nessun episodio, propriamente, "sta per sé", ma vuole al contrario essere sempre collocato e contemplato nel suo specifico luogo narrativo, entro il quale soltanto può manifestare il proprio significato di poesia, e in tanto può essere pensato come "episodio", in quanto esso è pensato non "per sé", ma per il tutto narrativo di cui è particolare momento: di cui è, precisamente, "episodio"; né l'episodio, per l'esattezza, vuole essere collocato nel suo luogo, ma nel suo luogo semplicemente conservato, poiché in quel luogo e non altrove è il suo manifestarsi come poesia, ossia, come si verifica fenomenologicamente sempre, il suo manifestarsi narrativo, né l'episodio è una "lirica a sé", giacché, se pur vogliamo conservargli il delicato nome di "lirica" [...] essa non è né sta a sé, ma è e sta in quel nesso narrativo che è il nesso proprio in cui la poesia dantesca si manifesta e si attua.

(E. Sanguineti, *Interpretazione di Malebolge*, Olschki, Firenze 1961)

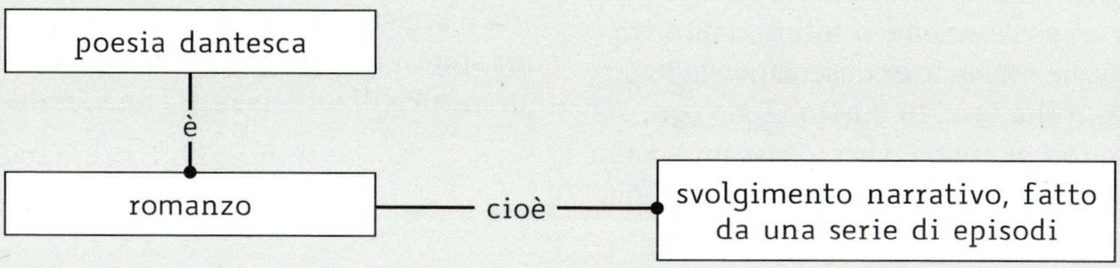

RISPOSTA 3

Erich Auerbach

D Il vero significato della *Commedia* è dato dall'interpretazione figurale

Erich Auerbach *(1892-1957) è stato un grande studioso e filologo della letteratura romanza, attento alla relazione fra l'autore e il proprio tempo storico. Nel suo libro più celebre,* Mimesis, *egli studia le varie modalità stilistiche con cui di volta in volta, da Omero a Virginia Woolf, gli scrittori hanno rispecchiato nella loro opera la realtà contemporanea. Nel caso di Dante, Auerbach sostiene che la poesia della* Commedia *si fonda su un'interpretazione «figurale» degli avvenimenti della storia e della vita degli individui. Ciò significa che i fatti – quelli che chiamiamo «la realtà» – non hanno un significato solo in se stessi. Essi sono anche «figura» di qualcos'altro: portano con sé un significato che si potrà capire quando un altro fatto, nel corso del tempo, ne svelerà il pieno significato. È una concezione che deriva da una lettura particolare dei testi biblici, in cui la tradizione cristiana vedeva il Vecchio Testamento come «figura» del Nuovo, e interpretava gli avvenimenti del popolo ebraico in relazione a quelli della buona novella di Gesù.*

L'interpretazione figurale stabilisce fra due fatti o persone un nesso in cui uno di essi non significa soltanto se stesso, ma significa anche l'altro, mentre l'altro comprende o adempie il primo. I due poli della figura sono separati nel tempo, ma si trovano entrambi nel tempo, come fatti o figure reali [...]. L'interpretazione figurale pone dunque una cosa per l'altra in quanto l'una rappresenta e significa l'altra, e in questo senso essa fa parte delle forme allegoriche nell'accezione più larga. Ma essa è nettamente distinta dalla maggior parte delle altre forme allegoriche a noi note in virtù della pari storicità tanto della cosa significante quanto di quella significata. Nella loro grande maggioranza le allegorie che si trovano nella letteratura o nelle arti plastiche rappresentano per esempio una virtù (come la sapienza) o una passione (invidia) o una istituzione (diritto), o in ogni caso la sintesi più generale di un fenomeno storico (la pace, la patria): mai la piena storicità di un fatto determinato. [...] Nel mio studio su *Dante, poeta del mondo terreno* (1929) ho cercato di mostrare che nella *Commedia* Dante ha voluto «presentare tutto il mondo terreno-storico [...] già sottoposto al giudizio finale di Dio e quindi già collocato nel luogo che gli compete nell'ordine divino, già giudicato, e non in modo tale che nelle singole figure, nella loro sorte escatologica[1]

1. **sorte escatologica:** destino oltre la morte.

finale, il carattere terreno fosse soppresso o anche soltanto indebolito, ma in modo da mantenere il grado più intenso del loro essere individuale terreno-storico, e da identificarlo con la sorte eterna». [...] mi mancava a quel tempo la precisa base storica [...]. Ora io credo di avere trovato questa base: è appunto l'interpretazione figurale della realtà, che domina le concezioni del Medioevo europeo, sia pure in lotta continua con le tendenze meramente spiritualistiche e neoplatoniche; secondo essa la vita terrena è bensì assolutamente reale, ma con tutta la sua realtà è soltanto *umbra* e *figura* di ciò che è autentico, futuro, definitivo e vero, di ciò che, svelando e conservando la figura, conterrà la realtà vera. In questo modo ogni accadimento terreno non è visto come una realtà definitiva, autosufficiente, e neppure come anello di una catena evolutiva in cui da un fatto o dalla concorrenza di più fatti scaturiscano fatti sempre nuovi, ma viene considerato innanzi tutto nell'immediato nesso verticale con un ordinamento divino di cui esso fa parte e che in un tempo futuro sarà anch'esso un accadimento reale; e così il fatto terreno è profezia o *figura* di una parte della realtà immediatamente e completamente divina che si attuerà in futuro. Ma questa non è soltanto futura, essa è eternamente presente nell'occhio di Dio e nell'aldilà, dove dunque esiste in ogni tempo, o anche fuori del tempo, la realtà vera e svelata. L'opera di Dante è il tentativo di una sintesi insieme poetica e sistematica, vista a questa luce, di tutta la realtà universale.

(E. Auerbach, *Figura*, in *Studi su Dante*, Feltrinelli, Milano 1966)

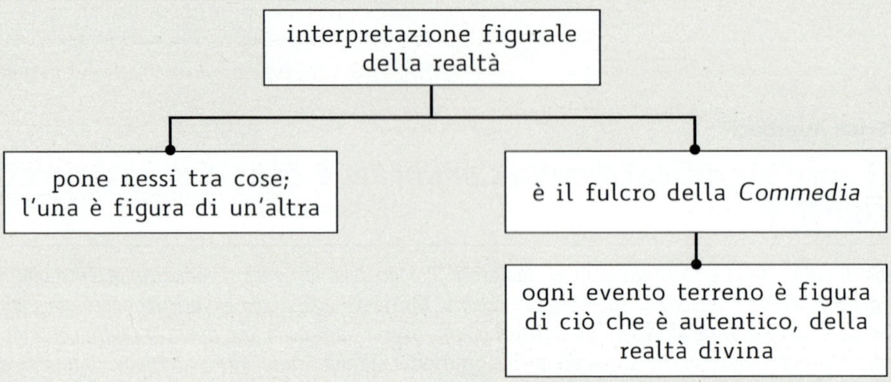

DIBATTITO CRITICO
Prosegue online
▶ **D** Ch. S. Singleton

TESTO ARGOMENTATIVO **Tipologia B**

- **A partire dai documenti proposti, sviluppa l'argomento di questo dibattito critico in un testo, facendo riferimento anche alle tue conoscenze su Dante e la *Commedia*. Scegli un taglio prevalentemente argomentativo, pur prevedendo uno spazio per le tue considerazioni. Ecco una possibile scaletta.**
  a. Introduzione: il problema dell'interpretazione della *Commedia*, come enciclopedia del sapere medievale, testo di polemica, testimonianza e profezia, opera di somma poesia.
  b. La risposta di Croce: la *Commedia* non può essere compresa attraverso l'interpretazione della sua struttura ideologica, ma attraverso l'intuizione lirica.
  c. La risposta di Sanguineti: la *Commedia* non va letta per frammenti lirici, ma come un romanzo, restituendole la sua continuità narrativa.
  d. La risposta di Auerbach: il vero significato della *Commedia* può essere raggiunto applicando a essa l'interpretazione figurale.
  e. Le mie considerazioni: quale approccio mi sembra più congeniale per un lettore di oggi; come mi sono orientato/a nella mia lettura della *Commedia*.

L'essenziale

AUDIOLIBRO

LA VITA

Nato a Firenze nel 1265, a nove anni incontra Beatrice (probabilmente Bice Portinari), la donna celebrata nelle sue poesie, che morirà nel 1290. Si sposa nel 1285 con Gemma Donati, dalla quale avrà quattro figli. Dopo la morte di Beatrice si dedica allo studio della filosofia, e ha tra i suoi maestri Brunetto Latini. Nel 1300 diventa priore. Durante le lotte tra bianchi e neri, Dante, alla vittoria dei neri, riceve una condanna al rogo. Dante è di fatto un esiliato politico che girerà per le corti dell'Italia, tra cui la Lunigiana dei Malaspina, Verona, Forlì e Ravenna. Rifiutatosi di approfittare dell'amnistia, morirà in esilio nel 1321, a Ravenna.

CARATTERE, IDEE, POETICA

Il grande successo dell'opera di Dante, in particolare della *Commedia*, ha fatto sì che il «suo» italiano si sia affermato come lingua nazionale. Nonostante i suoi innumerevoli contributi alla costruzione della nostra identità culturale moderna, Dante è senz'altro un uomo del suo tempo, grande conoscitore dei classici interpretati in chiave allegorica. Dante osteggia le pretese teocratiche del papato, auspicando nel *De Monarchia* una rigida divisione dei poteri. Nella *Vita nuova* e soprattutto nella *Commedia*, Dante vede nell'amore l'unica forza in grado di condurre alla salvezza. Sarà Beatrice a svolgere questo compito, una Beatrice idealizzata.

LA *VITA NUOVA*

Il libello descrive l'amore del poeta per Beatrice, dal primo incontro alla morte di lei, alla decisione di consacrare la vita alla sua memoria. L'opera alterna poesia e prosa, scritte in tempi diversi, ed è ricca di riferimenti simbolici a Cristo, così come di riferimenti astrologici.

ALTRE RIME, ALTRE DONNE

Molte poesie di Dante non riguardano il suo amore per Beatrice e sono raccolte nelle *Rime*. Tra queste vi sono la tenzone con Forese Donati, nella quale Dante scambia con l'amico una serie di offese scherzose, e le cosiddette «rime petrose», dedicate a una donna dura e insensibile come la pietra, e caratterizzate dall'asperità del linguaggio.

DAL *CONVIVIO* AL *DE VULGARI ELOQUENTIA*

Il *Convivio*, opera incompiuta in italiano volgare, avrebbe dovuto essere una sorta di compendio di tutto lo scibile dei suoi tempi. Del progetto iniziale rimangono i primi quattro trattati.
Nel *De vulgari eloquentia*, l'argomento della lingua volgare diventa centrale: Dante ne teorizza la pari dignità rispetto al latino; decide però di scriverlo proprio in latino, per estendere quanto più possibile il pubblico dei fruitori. Per l'Italia Dante auspica una lingua nazionale, che superi le parlate locali.

IL *DE MONARCHIA*

Nel *De Monarchia* Dante espone la sua teoria sulla separazione tra i poteri: al papa spetta il governo delle anime, nella prospettiva della vita eterna, mentre all'Impero spetta il governo delle cose terrene, nella prospettiva della pace tra i popoli. Chiesa e Impero devono vivere l'una accanto all'altro, in armonia.

LA *COMMEDIA*

La *Commedia* impegna Dante dal 1306-307 fin verso la fine della sua vita. Il viaggio di Dante inizia il 10 aprile 1300, Venerdì santo, quando Dante si smarrisce in una selva oscura, e termina pochi giorni dopo. L'opera è densa di riferimenti numerologici basati sulla ripetizione del numero tre. Le guide di Dante sono Virgilio, che lo scorta lungo l'Inferno e il Purgatorio, e Beatrice, che lo conduce in Paradiso fino alla visione salvifica di Dio nell'Empireo.
L'Inferno dantesco è una immensa voragine a forma di imbuto rovesciato, che termina al centro della Terra, dove si trova Lucifero, immerso in un lago di ghiaccio.
La montagna del Purgatorio è speculare e opposta all'Inferno: si eleva verso il cielo andando dai peccati più gravi, che necessitano di maggiore penitenza, a quelli più lievi. Nel Purgatorio si trovano le anime di chi, pur avendo peccato, si è pentito del proprio comportamento prima di morire.
Il Paradiso è un luogo ineffabile. È suddiviso in cieli concentrici, ma le anime dei beati scendono nei cieli appositamente per incontrare Dante: il loro posto è l'Empireo, al cospetto di Dio. Dante, guidato da Beatrice, vive un'esperienza indicibile, impossibile da raccontare. Quando giunge al cospetto di Dio, ogni parola si fa vana.

A COLPO D'OCCHIO **Dante Alighieri**

Didattica INCLUSIVA

le idee e il carattere

tra passato e innovazione
- profondamente imbevuto della mentalità dell'epoca
- condivide e conosce profondamente la filosofia e la scienza del tempo
- innovatore della lingua
- capace di straordinaria inventiva

la visione politica
- contro la visione teocratica
- diverse finalità di Impero e Papato, orientati l'uno alla felicità terrena, l'altro alla salvezza

la cultura e la lingua
- riconosce il valore del volgare, conferendogli alta dignità
- sostiene l'importanza della divulgazione
- plurilinguismo: pluralità di registri, stili, codici

le opere

in latino
- *De vulgari eloquentia* (incompiuto) sull'origine della lingua e sul volgare italiano
- *De Monarchia* di tema politico
- *Epistole*

in volgare
- *Vita nuova* prosimetro
- *Rime* di argomento vario
- *Convivio* (incompiuto) con prosa e poesia

la *Commedia*
- poema in terzine
- tre cantiche, 100 canti
- racconta il viaggio attraverso i tre regni di Inferno, Purgatorio, Paradiso compiuto in prossimità della Pasqua 1300

Le parole per ricordare

TROVARE LE PAROLE

SALUTO
Come i poeti provenzali e stilnovisti prima di lui, Dante vorrebbe che l'amata si accorgesse di lui e che rispondesse ai suoi sguardi con un cenno di saluto. Saluto che Beatrice gli toglie, equivocando, quando Dante decide di usare una «donna schermo» per non comprometterla.

TEOCRAZIA
È una forma di governo in cui chi detiene il potere politico si considera investito direttamente da Dio. Nella Chiesa dell'epoca, Bonifacio VIII mirava a sottomettere il potere imperiale al potere del papa, unico dispensatore di autorità in quanto vicario di Cristo in terra.

ESILIO
La pena dell'esilio, dell'allontanamento dalla città, era una pena durissima in una società che si fondava proprio sul vincolo di cittadinanza, sull'essere parte di una comunità. Dante, all'epoca del suo priorato, vota per l'esilio dei capi dei Bianchi e dei Neri; in seguito viene raggiunto da una pretestuosa accusa di baratteria (denaro in cambio di favori), e subisce a sua volta l'onta dell'esilio.

GUIDA
Dante, da solo, sente di non farcela. Ha bisogno di qualcuno che lo faccia uscire dalla situazione di prostrazione in cui si trova, qualcuno che gli faccia da guida attraverso le zone oscure della sua vita, e che soprattutto lo porti verso la beatitudine eterna. La prima guida è Virgilio, il grande poeta dell'antichità; la seconda è Beatrice, il cui amore lo porta fino al cospetto del Creatore.

OBIETTIVO ESAME

VERSO IL COLLOQUIO ORALE

1 Rileggi la terza stanza della canzone *Donne ch'avete intelletto d'amore* e chiarisci il significato di Beatrice come donna salutifera e quello di poetica della lode.

Madonna è disiata in sommo cielo:
or voi di sua virtù farvi savere.
Dico, qual vuol gentil donna parere
vada con lei, che quando va per via,
gitta nei cor villani Amore un gelo,
per che onne lor pensero agghiaccia e pere;
e qual soffrisse di starla a vedere
diverria nobil cosa, o si morria.
E quando trova alcun che degno sia
di veder lei, quei prova sua vertute,
ché li avvien, ciò che li dona, in salute,
e sì l'umilia, ch'ogni offesa oblia.
Ancor l'ha Dio per maggior grazia dato
che non pò mal finir chi l'ha parlato.

2 Spiega il significato delle quartine del sonetto *Guido, i' vorrei che tu e Lapo ed io* e chiarisci perché questa lirica testimonia il forte legame di Dante con lo Stilnovo.

Guido, i' vorrei che tu e Lapo ed io
fossimo presi per incantamento,
e messi in un vasel ch'ad ogni vento
per mare andasse al voler vostro e mio,

sì che fortuna od altro tempo rio
non ci potesse dare impedimento,
anzi, vivendo sempre in un talento,
di stare insieme crescesse 'l disio.

3 Commenta questo passo del *De Monarchia* per esporre il pensiero politico di Dante.

Per questo l'uomo ebbe bisogno di due guide, in corrispondenza di tale duplice fine (la felicità terrena e la felicità della vita eterna): cioè del sommo pontefice che, seguendo le verità rivelate, guidasse il genere umano alla vita eterna, e dell'imperatore che, seguendo invece gli ammaestramenti della filosofia, lo istradasse alla felicità temporale.

4 Illustra la struttura dell'Inferno nella *Commedia*.

COMPITO DI REALTÀ

TRA SCUOLA E LAVORO

Dante, settecento anni dopo

COMPETENZE COINVOLTE

Competenze chiave di cittadinanza
- Comunicazione nella madrelingua
- Comunicazione nelle lingue straniere
- Competenza digitale
- Imparare a imparare
- Competenze sociali e civiche
- Spirito di iniziativa e imprenditorialità
- Consapevolezza ed espressione culturale

Competenze di base - Asse dei linguaggi
- Padroneggiare gli strumenti espressivi e argomentativi indispensabili per gestire l'interazione comunicativa verbale in vari contesti
- Utilizzare una lingua straniera per i principali scopi comunicativi e operativi
- Utilizzare gli strumenti fondamentali per una fruizione consapevole del patrimonio artistico e letterario
- Utilizzare e produrre testi multimediali

Competenze di base - Asse storico e sociale
- Comprendere il cambiamento e la diversità dei tempi storici in una dimensione diacronica (attraverso il confronto fra epoche) e in una dimensione sincronica (attraverso il confronto fra aree geografiche e culturali)

TRA SCUOLA E LAVORO

Ambito lavorativo d'interesse
- Promozione culturale

Aspetti rilevanti nel mondo del lavoro da tenere presenti
- Regolamento della scuola circa le attività parascolastiche
- Organizzazione interna della struttura ospitante
- Pubblicità di un evento
- Utilizzo di dispositivi tecnologici

▸ SITUAZIONE-PROBLEMA

Rispondendo alla richiesta della *ProLoco* cittadina, l'istituto scolastico ha deciso di inserirsi nell'orbita degli eventi culturali promossi in occasione dei 700 anni dalla morte di Dante e ha incaricato la classe di organizzare tre «serate dantesche», ciascuna delle quali sarà incentrata su una tematica trasversale nell'opera del poeta e vedrà l'intervento dei ragazzi. Essendo prevista la partecipazione di un gruppo di studenti stranieri, si richiede anche la preparazione di una *brochure* e di presentazioni in inglese.

▸ PROGRAMMAZIONE

PRODOTTO	Materiali collegati a evento commemorativo per i 700 anni dalla morte di Dante.
TEMPI	3 differenti fasi, così articolate: 1ª fase della durata di 2 ore; 2ª fase di durata non quantificabile; 3ª fase della durata complessiva di 9 ore (3 ore per ciascuna delle serate).
RISORSE	Insegnanti di italiano, inglese e storia dell'arte; personale impiegato presso la struttura ospitante; libri di testo; siti Internet affidabili in cui reperire informazioni aggiuntive; dizionari d'italiano e bilingue; materiale da cancelleria; proiettore; PC.

▸ ISTRUZIONI

Prima fase **Presentazione del lavoro.** Dopo che il docente avrà spiegato alla classe il progetto e ne avrà definito i caratteri principali, gli studenti dovranno essere divisi in tre gruppi, a ciascuno dei quali verrà affidata l'organizzazione di uno degli incontri:

1. «Amor, ch'al cor gentil ratto s'apprende»: Dante, Beatrice e l'amore cortese.
2. *Sub specie aeternitatis*: il tempo e lo spazio nella *Commedia*.
3. «Tu proverai sì come sa di sale / lo pane altrui, e come è duro calle / lo scendere e 'l salir per l'altrui scale»: il tema dell'esilio, da Dante ai nostri giorni.

Ciascuno dei tre gruppi dovrà prendere contatto con la struttura ospitante, pubblicizzare l'evento, dandone notizia sul sito Internet dell'istituto, in quello dell'associazione ospitante e tramite social network. Dovrà inoltre preparare la *brochure* dell'incontro in italiano e in inglese.

Gruppo 1: gli studenti lavoreranno sul tema dell'amore in Dante e dovranno selezionare dalle opere del poeta almeno cinque passi sull'argomento, a cui daranno voce mediante pubblica lettura. Ogni passo dovrà essere preceduto da una breve contestualizzazione. In questo caso la *brochure* dovrà contenere la presentazione dell'evento (enti coinvolti, data e luogo ecc.) e riportare i passi da leggere.

Gruppo 2: gli studenti dovranno contattare un esperto esterno, che svolgerà con la propria relazione il tema scelto. A loro è affidata la presentazione della struttura dell'Oltretomba dantesco. È prevista anche la preparazione di un pieghevole contenente la presentazione dell'evento e una selezione di immagini, con didascalie esplicative in italiano e inglese.

Gruppo 3: gli studenti dovranno preparare brevi presentazioni su almeno altri quattro grandi esuli antichi e moderni (ad esempio, Cicerone, Ovidio, Victor Hugo e Bertold Brecht). La *brochure* dovrà contenere la presentazione dell'evento e i passi tratti dagli autori scelti, mediante la cui lettura s'intende mettere in luce la loro concezione dell'esilio. Trattandosi di un tema attuale, un dibattito dovrà seguire le presentazioni e la relazione dell'esperto in materia.

Verso il mondo del lavoro Contestualmente è necessario che gli studenti si documentino sui seguenti aspetti: modalità in base alle quali la scuola regola l'organizzazione delle attività parascolastiche; regolamento della struttura ospitante; iter necessario e corretto per far pubblicità a un evento; modalità tramite le quali contattare una figura professionale; funzionamento di un proiettore e dell'attrezzatura tecnica necessaria; questione sicurezza: orari d'accesso alla struttura consentiti, numero massimo di persone ammissibili nello spazio, accessibilità delle uscite di sicurezza ecc.

Seconda fase **Preparazione degli eventi.** È una fase da svolgere in *cooperative learning*, al di fuori delle ore curricolari. Gli studenti dovranno non soltanto coordinarsi fra loro, ma anche con il personale addetto della struttura ospitante. La fase potrà considerarsi conclusa quando tutto il materiale richiesto sarà ultimato e supervisionato dagli insegnanti coinvolti.

Terza fase **Le tre serate dantesche.** Ognuno dei gruppi dovrà occuparsi dell'organizzazione dell'evento loro affidato.

Al termine dell'attività gli studenti dovranno consegnare all'insegnante di lettere una breve relazione (con autovalutazione sul possesso e lo sviluppo delle competenze coinvolte e giudizio personale sull'evento), che concorrerà alla valutazione della prova.

AUTOVALUTAZIONE

Prodotto	**Processo**
☐ Insufficiente	☐ Insufficiente
☐ Sufficiente	☐ Sufficiente
☐ Buono	☐ Buono
☐ Ottimo	☐ Ottimo

VERSO L'INVALSI

OBIETTIVO NOVECENTO

Prova computer based

T

Primo Levi, *Se questo è un uomo*, cap. 11

Il canto di Ulisse

Il testo è tratto da Se questo è un uomo, *romanzo autobiografico del 1947 in cui lo scrittore ebreo Primo Levi (1919-87) racconta la terribile esperienza di prigionia nel lager nazista di Auschwitz. A un compagno di prigionia, il francese Jean, soprannominato Pikolo, Primo Levi cerca di insegnare l'italiano. E nell'episodio citato lo fa sulla base del canto di Ulisse, che egli si sforza di citare a memoria.*

...Il canto di Ulisse. Chissà come e perché mi è venuto in mente: ma non abbiamo tempo di scegliere, quest'ora già non è più un'ora. Se Jean è intelligente capirà. Capirà: oggi mi sento da tanto.

...Chi è Dante. Che cosa è la *Commedia*. Quale sensazione curiosa di novità si prova, se si cerca di spiegare in breve che cosa è la Divina Commedia. Come è distribuito l'Inferno, cosa è il contrappasso. Virgilio è la Ragione, Beatrice è la Teologia. Jean è attentissimo, ed io comincio, lento e accurato:

Lo maggior corno della fiamma antica
Cominciò a crollarsi mormorando,
Pur come quella cui vento affatica.
Indi, la cima in qua e in là menando
Come fosse la lingua che parlasse
Mise fuori la voce, e disse: Quando...

Qui mi fermo e cerco di tradurre. Disastroso: povero Dante e povero francese! Tuttavia l'esperienza pare prometta bene: Jean ammira la bizzarra similitudine della lingua, e mi suggerisce il termine appropriato per rendere «*antica*».

E dopo «*Quando*»? Il nulla. Un buco nella memoria. «*Prima che sì Enea la nominasse*». Altro buco. Viene a galla qualche frammento non utilizzabile: «*... la piéta / del vecchio padre, né 'l debito amore / che doveva Penelope far lieta...*» sarà poi esatto?

...Ma misi me per l'alto mare aperto.

Di questo sì, di questo sono sicuro, sono in grado di spiegare a Pikolo, di distinguere perché «*misi me*» non è «je me mis», è molto più forte e più audace, è un vincolo infranto, è scagliare se stessi al di là di una barriera, noi conosciamo bene questo impulso. L'alto mare aperto: Pikolo ha viaggiato per mare e sa cosa vuol dire, è quando l'orizzonte si chiude su se stesso, libero diritto e semplice, e non c'è ormai che odore di mare: dolci cose ferocemente lontane.

Siamo arrivati al Kraftwerk, dove lavora il Kommando dei posacavi. Ci dev'essere l'ingegner Levi.

Eccolo, si vede solo la testa fuori della trincea. Mi fa un cenno colla mano, è un uomo in gamba, non l'ho mai visto giù di morale, non parla mai di mangiare.

«*Mare aperto*». «*Mare aperto*». So che rima con «diserto»: «*...quella compagna* *picciola, dalla qual non fui diserto»*, ma non rammento più se viene prima o dopo. E anche il viaggio, il temerario viaggio al di là delle colonne d'Ercole, che tristezza, sono costretto a raccontarlo in prosa: un sacrilegio. Non ho salvato che un verso, ma vale la pena di fermarcisi:

..Acciò che l'uom più oltre non si metta.

«*Si metta*»: dovevo venire in Lager per accorgermi che è la stessa espressione di prima, «*e misi me*». Ma non ne faccio parte a Jean, non sono sicuro che sia una osservazione importante. Quante altre cose ci sarebbero da dire, e il sole è già alto, mezzogiorno è vicino. Ho fretta, una fretta furibonda.

Ecco, attento Pikolo, apri gli orecchi e la mente, ho bisogno che tu capisca:

Considerate la vostra semenza:
fatti non foste a viver come bruti,
ma per seguir virtute e conoscenza.

Come se anch'io lo sentissi per la prima volta: come uno squillo di tromba, come la voce di Dio.

Per un momento, ho dimenticato chi sono e dove sono.

Pikolo mi prega di ripetere. Come è buono Pikolo, si è accorto che mi sta facendo del bene. O forse è qualcosa di più: forse, nonostante la traduzione scialba e il commento pedestre e frettoloso, ha ricevuto il messaggio, ha sentito che lo riguarda, che riguarda tutti gli uomini in travaglio, e noi in specie; e che riguarda noi due, che osiamo ragionare di queste cose con le stanghe della zuppa sulle spalle.

Li miei compagni fec'io sí acuti...

e mi sforzo, ma invano, di spiegare quante cose vuol dire questo «*acuti*». Qui ancora una lacuna, questa volta irreparabile. «*...Lo lume era di sotto della luna*» o qualcosa di simile; ma prima?... Nessuna idea, «*keine Ahnung*» come si dice qui. Che Pikolo mi scusi, ho dimenticato almeno quattro terzine.

- Ça ne fait rien, vas-y tout de même.

...Quando mi apparve una montagna, bruna
Per la distanza, e parvemi alta tanto
Che mai veduta non ne avevo alcuna.

Sì, sì, «*alta tanto*», non «molto alta», proposizione consecutiva. E le montagne, quando si vedono di lontano... le montagne... oh Pikolo, Pikolo, di' qualcosa, parla, non lasciarmi pensare alle mie montagne, che comparivano nel bruno della sera quando tornavo in treno da Milano a Torino!

Basta, bisogna proseguire, queste sono cose che si pensano ma non si dicono. Pikolo attende e mi guarda. Darei la zuppa di oggi per saper saldare «*non ne avevo alcuna*» col finale. Mi sforzo di ricostruire per mezzo delle rime, chiudo gli occhi, mi mordo le dita: ma non serve, il resto è silenzio. Mi danzano per il capo altri versi: «*... la terra lagrimosa diede vento...*» no, è un'altra cosa. È tardi, è tardi, siamo arrivati alla cucina, bisogna concludere:

Tre volte il fe' girar con tutte l'acque,
alla quarta levar la poppa in suso
e la prora ire in giù, come altrui piacque...

Trattengo Pikolo, è assolutamente necessario e urgente che ascolti, che comprenda questo «*come altrui piacque*», prima che sia troppo tardi, domani lui o io possiamo essere morti, o non vederci mai più, devo dirgli, spiegargli del Medioevo, del così umano e necessario e pure inaspettato anacronismo, e altro ancora, qualcosa di gigantesco che io stesso ho visto ora soltanto, nell'intuizione di un attimo, forse il perché del nostro destino, del nostro essere oggi qui...

Siamo ormai nella fila per la zuppa, in mezzo alla folla sordida e sbrindellata dei porta-zuppa degli altri Kommandos. I nuovi giunti ci si accalcano alle spalle. - Kraut und Rueben? - Kraut und Rueben -. Si annunzia ufficialmente che oggi la zuppa è di cavoli e rape: - Choux et nevets. - Kaposzta és répak.

Infin che 'l mar fu sopra noi richiuso.

(P. Levi, *Se questo è un uomo*, Einaudi, Torino 2005)

---

1. Pikolo si mostra interessato ad ascoltare. Trascrivi la frase che racchiude il motivo di tale interesse.

2. Il sostantivo «travaglio» (r. 54) in questo contesto può essere sostituito da:

[a] lavoro duro e faticoso.
[b] sofferenza acuta e tormentosa.
[c] lacerazione da sforzo.
[d] tragitto irregolare.

3. «e mi sforzo, ma invano, di spiegare quante cose vuol dire questo "acuti"». Qual è il significato dell'aggettivo «acuti» più adeguato al contesto?

[a] Assottigliati e appuntiti.
[b] Aggravati, esacerbati.
[c] Intensi.
[d] Tesi, concentrati e lucidi.

4. Le sequenze prevalenti nel testo sono:

[a] dialogate perché prevale il discorso diretto.
[b] descrittive perché prevale la descrizione dell'ambiente del Lager.
[c] riflessive perché prevalgono le considerazioni del protagonista.
[d] regolative perché prevalgono indicazioni di comportamento offerte dal protagonista a Pikolo.

5. Quanto dura l'intera vicenda narrata in questo brano? Quali elementi presenti nel testo consentono di stabilirlo?

6. Nella parte finale del capitolo, il protagonista, ormai sommerso «in mezzo alla folla sordida e sbrindellata», propone l'ultimo verso del canto dantesco *Infin che 'l mar fu sopra noi richiuso*. Perché?

[a] Vuol far intendere che il racconto è concluso.
[b] Vuole dimostrare di essere riuscito a ricordare fino all'ultimo verso di Dante.
[c] È preso dal desiderio di riferire a Pikolo quante più informazioni su Dante.
[d] Vuole evidenziare la corrispondenza tra il naufragio di Ulisse e il naufragio del suo estremo tentativo di resistenza.

7. Secondo la tradizione, cosa indicano le colonne d'Ercole?

[a] Un luogo geografico corrispondente alla città natale di Ercole.
[b] Il limite estremo del mondo conosciuto.
[c] Il limite sia settentrionale che meridionale della terra.
[d] Un tempio dedicato a Ercole.

8. Il verbo «saldare» (r. 71) in questo contesto può essere sostituito da:

- [a] oltrepassare, superare.
- [b] estinguere, regolare.
- [c] collegare, connettere.
- [d] evitare, sfuggire.

9. Gli aggettivi «sordida e sbrindellata» (r. 86) offrono la descrizione di una folla:

- [a] variegata e disordinata.
- [b] disattenta e superficiale.
- [c] numerosa e chiassosa.
- [d] sporca, repellente e malconcia.

10. «Pikolo, di' qualcosa, parla, non lasciarmi pensare alle mie montagne, che comparivano nel bruno della sera quando tornavo in treno da Milano a Torino!» (rr. 67-69). Perché il protagonista vuole accantonare il ricordo dei suoi luoghi di origine?

- [a] Perché il ricordo gli accresce la nostalgia, il dolore e la consapevolezza della libertà perduta.
- [b] Perché il ricordo è legato a momenti tristi e difficili della sua vita.
- [c] Perché il ricordo gli impedisce di concentrarsi sui versi di Dante.
- [d] Perché il ricordo lo distoglie dai doveri del Lager.

11. Scegli la spiegazione più plausibile per l'espressione «osiamo ragionare» (r. 55).

- [a] Impegnarsi in riflessioni e discussioni importanti per i prigionieri potrebbe significare sottrarre forza e concentrazione al lavoro del Lager.
- [b] Parlare e comunicare per i prigionieri potrebbe diventare motivo di punizione.
- [c] Ricordare e ragionare per i prigionieri diventa una sfida a una condizione di totale privazione, al pari di quella di Ulisse che ha osato oltrepassare le colonne d'Ercole.
- [d] Ragionare e discutere non ha alcuna utilità per i prigionieri del Lager.

12. «Per un momento ho dimenticato chi sono e dove sono» (r. 50). Il significato di quest'affermazione rimanda a una sensazione provata dal protagonista di:

a. profonda confusione e forte smarrimento.	V	F
b. profonda affermazione di intima libertà.	V	F
c. piacevole riscoperta della dignità umana.	V	F
d. piacevole oblìo dei disagi e delle sofferenze del Lager.	V	F

13. «Di questo sì, di questo sono sicuro, sono in grado di spiegare a Pikolo, di distinguere perché «*misi me*» non è «je me mis», è molto più forte e più audace, è un vincolo infranto, è scagliare se stessi al di là di una barriera, noi conosciamo bene questo impulso» (rr. 23-26). Quale impulso conoscono bene i prigionieri del Lager?

- [a] L'impulso tipico dei marinai di affrontare l'ignoto con incoscienza.
- [b] L'impulso di affrontare a viso aperto il nemico.
- [c] L'impulso di spiegare i concetti letterari a Pikolo.
- [d] L'impulso di libertà uguale a quello di Ulisse.

14. Qual è il messaggio principale del testo?

- [a] Ricordare e richiamare alla memoria che la conoscenza aiuta l'uomo a mantenere intatta la propria *semenza*, per non diventare *bruto*.
- [b] Vantarsi delle proprie conoscenze aiuta a circondarsi di amici.
- [c] Confrontarsi e parlare aiuta a far scorrere più velocemente il tempo in situazioni dolorose come quella del Lager.
- [d] L'intento di far conoscere la sofferenza dei prigionieri all'interno dei Lager.

15. «Trattengo Pikolo, è assolutamente necessario e urgente che ascolti, che comprenda questo» (rr. 79-80). Le subordinate «che ascolti, che comprenda» sono:

- [a] due relative.
- [b] una soggettiva e un'oggettiva.
- [c] due soggettive.
- [d] due finali.

16. Nel periodo «Ecco, attento Pikolo, apri gli orecchi e la mente, ho bisogno che tu capisca» (r. 44) quali sono i modi verbali presenti?

- [a] Indicativo, imperativo e congiuntivo.
- [b] Indicativo e congiuntivo.
- [c] Participio, imperativo e indicativo.
- [d] Participio, indicativo e congiuntivo.

Capitolo 8

Francesco Petrarca

Un'anima a pezzi: tra benedizione e condanna dell'amore terreno

È un uomo maturo, dall'aspetto calmo e riflessivo, dallo sguardo lucido: è il Petrarca che, sia pur tormentato e irrisolto fino alla fine, ha trovato modo di dare forma poetica compiuta al suo disordine interiore.

Altichiero ci ha lasciato altri ritratti di Petrarca, raffigurandolo con libri o come un sapiente nel suo studio. Qui il semplice disegno lo spoglia invece di ogni attributo: niente corona d'alloro, niente libri; solo l'uomo, colto nell'intensità della sua fisionomia.

Altichiero raffigura qui Petrarca come il poeta si rappresenta nell'epistola **Posteritati*****: come un semplice uomo del suo tempo, storicizzato dai suoi indumenti, ma riconoscibile come uno di noi. Coglie così l'essenza del messaggio petrarchesco: la scoperta di una nuova intimità umana, al di là della cultura, dell'erudizione, della sapienza del suo tempo.***

Ritratto

Autoritratto per i posteri

Probabilmente entro il 1367 Petrarca volle lasciare di sé un autoritratto per così dire "autorizzato", in forma di una lettera, in latino, indirizzata Posteritati*: "ai posteri", cioè a noi. È evidente che egli vuole evitare a ogni costo di gloriarsi della sua straordinaria carriera di scrittore e di letterato e intende presentarsi come uomo con i suoi difetti e i suoi pregi, ma che adesso, con la maturità, ha raggiunto la pacatezza e il distacco dalle passioni che si addicono al vero saggio.*

Fui un pover'uomo mortale, come voi siete: di stirpe grande no, ma non vile; di famiglia, come diceva Cesare Augusto della sua, "antica". Dalla natura ebbi carattere né malvagio né tale da vergognarsene, se non gli avesse nociuto il contagio del malcostume dei tempi. L'adolescenza m'ingannò, la gioventù mi guastò, ma l'età matura mi rimise sulla retta via, e mi dimostrò per esperienza la verità di ciò che molto prima avevo imparato: che la gioventù e i suoi piaceri sono vani; o per dir meglio, mi corresse il Creatore supremo di tutti i tempi e di tutte l'età, che talvolta lascia errare i miseri mortali gonfi della loro nullità, perché, se pur tardi, finalmente riconoscano se stessi, memori dei loro peccati. Da giovane fui non troppo robusto, ma agilissimo. Bello proprio, no: ma tale che nei miei verdi anni potevo piacere: carnagione vivace, tra il bruno e il chiaro, occhi vivissimi e di grande acutezza per lungo tempo, la quale venutami meno verso i sessant'anni, mi costrinse a malincuore a ricorrere all'aiuto delle lenti. Sanissimo per tutta la vita, la vecchiaia mi arrivò di colpo, e mi assediò con la solita schiera di malanni. Disprezzai sempre le ricchezze: non perché mi dispiacessero di per sé, ma perché odiavo le fatiche che inevitabilmente le accompagnano. [...] Dalla ostentazione mi tenni sempre lontano, non solo perché cattiva in se stessa e contraria all'umiltà, ma perché affannosa e nemica della quiete. [...] Mi dedicai anima e corpo, tra le altre cose, allo studio dell'antico, perché codesta mia età sempre mi dispiacque; tanto che, se non fosse per l'amore dei miei cari, avrei preferito nascere in qualsiasi altra epoca, e dimenticarmi di questa in cui vivo, proteso sempre con l'animo a trasportarmi nelle altre, le antiche.

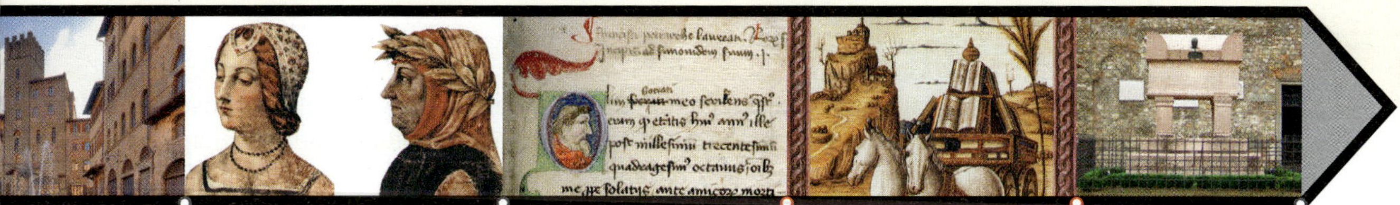

Nasce ad Arezzo **1304**

Ad Avignone vede Laura e se ne innamora **1327**

Torna ripetutamente sulla raccolta dei *Rerum vulgarium fragmenta* **1342-70**

Lavora ai *Trionfi* **1357-74**

Muore ad Arquà **1374**

◂ Altichiero da Zevio, *Ritratto di Francesco Petrarca*, 1370-80, sanguigna su carta.

PERCORSO IN MODALITÀ FLIPPED CLASSROOM

- **A casa** Gli studenti guardano i video e il file PowerPoint e leggono in autonomia il testo, prendendo appunti per rispondere alle domande delle *Guide allo studio*.
- **In classe** A partire dagli appunti raccolti dagli studenti, l'insegnante integra e approfondisce le informazioni. In seguito ci si dedica alla lettura e analisi dei testi.
- **Strumenti e materiali** Videolezioni di Riccardo Bruscagli (*Dal* Secretum *al* Canzoniere; *Laura* vs *Beatrice*; RVF*: l'algebra di un canzoniere*) e mappe in PowerPoint.

PERCORSO AD ALTA VELOCITÀ

- **Schemi** Carattere, idee, poetica, p. 412 - *Il Canzoniere*, p. 432 - *I Trionfi*, p. 490
- **Testi chiave** **T1** Una funesta malattia dell'anima: l'accidia (*Secretum*), p. 416 - **T3** La salita al monte Ventoso (*Familiares*), p. 425 - Dal *Canzoniere*: **T4** Voi ch'ascoltate in rime sparse il suono, p. 436 - **T7** Solo et pensoso i più deserti campi, p. 443 - **T9** Erano i capei d'oro a l'aura sparsi, p. 451 - **T10** Chiare, fresche et dolci acque, p. 454
- **Sintesi** L'essenziale, p. 498 - A colpo d'occhio, p. 499 - Le parole per ricordare, p. 500

1 La vita

Dalla Toscana alla Provenza Francesco Petrarca nacque il 20 luglio del **1304** ad **Arezzo**, primogenito del notaio Petracco di Parenzo e di Eletta Canigiani. Il padre, di origine fiorentina, era stato bandito nel 1302 (come Dante) a causa della sua militanza fra i guelfi di parte bianca, quando nella città era prevalsa la parte nera. Nel 1312 il notaio Petracco con tutta la famiglia si imbarcò per la **Provenza**; si chiuse così l'infanzia italiana di Francesco, che per molti anni risiedette ad Avignone, allora sede del Papato, o nelle sue vicinanze, a Carpentras.

1304 Nasce ad **Arezzo** il 20 luglio.
1312 La famiglia Petrarca si trasferisce in Provenza.
1316 Inizia gli studi a Montpellier.
1320 Si reca con il fratello Gherardo a studiare presso l'università di Bologna.

A Bologna: gli studi giuridici Dal 1320 al 1326 Francesco frequentò i corsi di giurisprudenza presso l'università di **Bologna**, intervallando il soggiorno in Italia con ritorni in Provenza. Si incominciavano a intravedere quei tratti di inquietudine mai placata, di insofferenza alle soste prolungate in un solo luogo, che caratterizzeranno Petrarca maturo. Durante gli anni bolognesi Petrarca intrecciò alcune nuove amicizie, tra le quali spicca quella con Giacomo Colonna, che gli consentì di entrare in contatto con la potente famiglia romana che tanta parte avrà nella sua vita. La morte del padre Petracco, nel 1326, chiuse questo periodo della vita petrarchesca. Francesco tornò in Provenza con il fratello Gherardo e per qualche tempo i due condussero una brillante vita mondana. Ma già l'anno successivo alla morte del padre, Francesco si guardò intorno per cercare di prendere decisioni sul suo destino che tenessero conto anche delle sue mutate condizioni economiche.

L'incontro con Laura e il servizio presso i Colonna Il **1327 fu un anno cruciale** nell'esistenza di Petrarca, perché si legò alle due presenze più significative e costanti della sua esistenza: **Laura**, vista nella chiesa di Santa Chiara ad Avignone il 6 aprile (data celebrata nel *Canzoniere* come inizio della storia d'amore), e la **famiglia Colonna**, che offrì al neochierico (Francesco aveva preso i voti minori, intraprendendo la carriera ecclesiastica) lavoro e sostegno economico. Come cappellano dei Colonna Petrarca visse per oltre un ventennio, intrecciando un solido rapporto di amicizia con il coetaneo Giacomo. Nel frattempo la mente del letterato era concentrata completamente nello studio, sempre più acuto e profondo, dei classici latini.

1327 Ad **Avignone** vede Laura (il 6 aprile, Venerdì santo) e se ne innamora.

▸ Anonimo di scuola fiorentina, *Ritratto di Francesco Petrarca*, XVI secolo (Torino, Galleria Sabauda).

◂ Giorgione, *Ritratto di giovane donna (Laura)*, 1506, tela su tavola (Vienna, Kunsthistorisches Museum). Le frasche di alloro alludono al *senhal* di Laura/lauro.

1337 Di ritorno da un viaggio a Roma, compra una casa a Valchiusa. Nasce il figlio naturale Giovanni.
1337-39 Inizia, a **Valchiusa**, a comporre il poema latino ***Africa*** e il ***De viris illustribus***.
1341 Viene incoronato «poeta laureato» da Roberto d'Angiò in Campidoglio.
1342 Pone mano alla prima raccolta organica dei ***Rerum vulgarium fragmenta***.
1343 Nasce la figlia Francesca; nello stesso anno inizia a scrivere i ***Rerum memorandarum libri***.
1344 Compra una casa a Selvapiana, vicino a Parma.
1346 Compone il ***De vita solitaria*** e inizia a scrivere le egloghe del ***Bucolicum carmen***.

Nascita del primogenito, Giovanni Nel **1337**, nacque Giovanni, il primogenito naturale (cioè fuori dal matrimonio), mentre Francesco si trovava ad Avignone. La vicenda è interessante non tanto per l'anomalia di una paternità *ex lege* (Petrarca in quanto chierico era tenuto al voto di castità), quanto per la naturalezza con la quale, da buon padre, il poeta si occupò della propria prole e per il silenzio assoluto che egli fece calare sull'identità della madre, come di altre donne che attraversarono, ben più concretamente di Laura, il suo cammino terreno.

A Valchiusa e a Roma: l'incoronazione poetica Nell'estate del 1337 Petrarca acquistò una casa a **Valchiusa** (Vaucluse, in Provenza) e iniziò a dar forma alle sue prime opere ambiziose (*De viris illustribus* e *Africa*, entrambe in latino). Il suo successo come letterato e intellettuale crebbe e nel 1341, grazie soprattutto all'appoggio dei Colonna, a Francesco giunse l'invito a ricevere la **corona dell'alloro poetico a Roma**. Egli decise allora di trascorrere un mese presso la corte di Roberto d'Angiò, a Napoli, chiedendo di essere sottoposto dal re, uomo di vasta e profonda cultura, all'esame preliminare all'incoronazione. Dopo tre giorni di varie discussioni letterarie e filosofiche, il poeta si spostò a Roma per la cerimonia, dove fu incoronato solennemente in Campidoglio.

Dopo il soggiorno a Roma, Petrarca è ospite della famiglia signorile dei Correggio, a **Parma**; qui scopre, sull'Appennino, a **Selvapiana**, una sorta di rifugio campestre dove egli si stabilisce per qualche mese, mentre riprende con entusiasmo l'attività poetica, che da qualche tempo sembrava, come scrive egli stesso, "assopita". Ma quel periodo è anche funestato dalla morte di Giacomo Colonna (1341) e di Dionigi da San Sepolcro (1342), amico carissimo e destinatario della più famosa pagina petrarchesca sulle proprie "tempeste interiori" [▸ **T3**, p. 425].

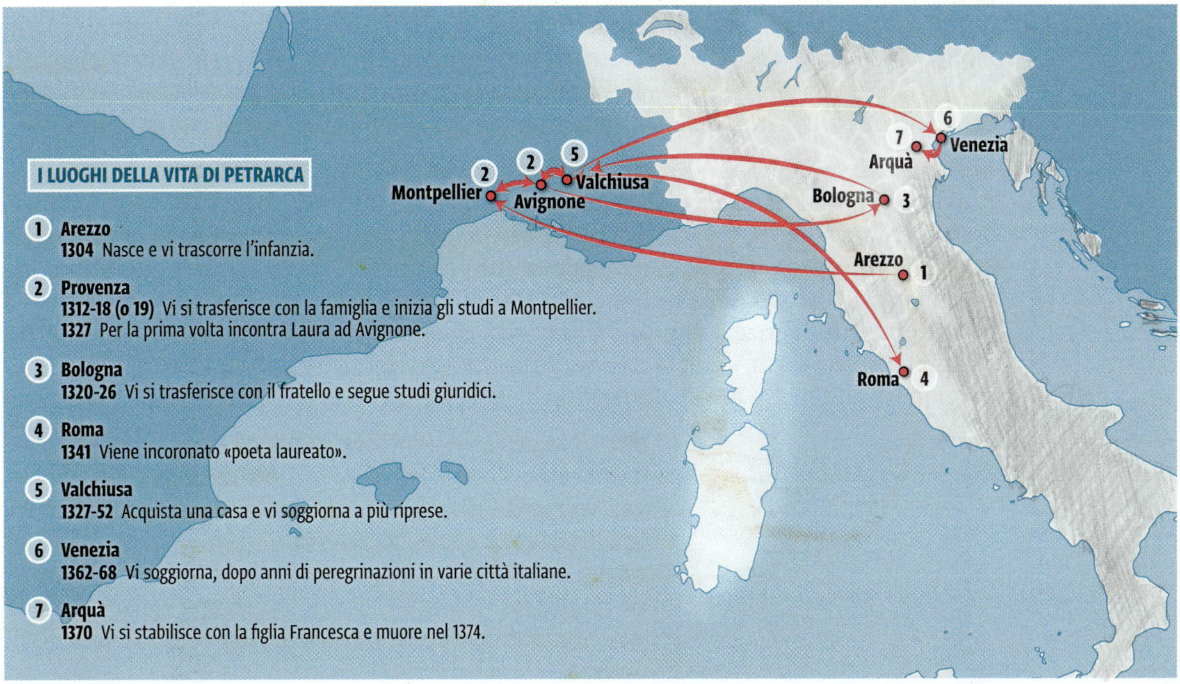

Nascita della figlia Francesca Il **1343** fu caratterizzato da molteplici missioni diplomatiche e, soprattutto, dalla nascita, sempre da madre sconosciuta, della secondogenita Francesca, con la quale Petrarca intratterrà sempre ottimi e affettuosi rapporti, fatto non comune per l'epoca. Dal canto suo, Francesca in età adulta si prenderà amorosamente cura del padre e, anche dopo il matrimonio, continuerà a condividere la sua vita con quella di un genitore anomalo e, in un certo senso, molto ingombrante.

1347 Appoggia l'azione rivoluzionaria di Cola di Rienzo, che fallisce dopo poco. Compone il ***De otio religioso***. Idea probabilmente il ***Secretum***.
1348 L'Europa è devastata dalla peste: Laura muore. Petrarca peregrina per varie città italiane.
1350 Inizia la raccolta dei ***Rerum familiarium libri***; comincia anche a raccogliere le ***Epistole metriche***. Incontra Boccaccio per la prima volta.
1351 Torna a Valchiusa; forse inizia a scrivere l'epistola ***Posteritati***.
1352 Ultimo anno passato a Valchiusa. Continua a lavorare al ***Canzoniere***. Forse inizia i ***Trionfi***.
1353 Si trasferisce a Milano, ospite dei Visconti, fino al 1361.
1354-61 In questi anni continua a lavorare al ***Canzoniere*** e inizia il ***De remediis utriusque fortunae***. Rivede il ***Secretum***.

L'avventura di Cola di Rienzo Nel **1347** Francesco si lasciò affascinare dall'avventuriero **Cola di Rienzo**, che in quell'anno guidò a Roma una rivolta popolare, autoproclamandosi tribuno di una rinata Repubblica romana. Ma fu un traviamento di breve durata: il popolano Cola lo deluse, l'insurrezione fallì. Per il resto, dal 1343 al fatidico **1348**, l'**anno della morte di Laura**, accanto a un sempre più intenso ma non sempre produttivo lavoro letterario, cominciò a profilarsi la necessità di forti e radicali cambiamenti. I rapporti con i Colonna erano seriamente compromessi, soprattutto a causa dell'appoggio pubblico di Petrarca all'operato di Cola, né vi erano più molte ragioni che trattenessero Francesco al di là delle Alpi.

1348: la peste e la morte di Laura La peste nera che funestò l'Europa portò via a Petrarca non solo Laura, la donna lungamente amata, ma anche il vecchio Colonna. I legami con il mondo avignonese, già deboli, furono davvero spezzati. La mobilità, che mai era mancata nella vita di Petrarca, divenne ora frenetica: dal 1348 al 1352 gli spostamenti si fecero rapidi e frequenti, tra **varie località dell'Italia settentrionale**, alla ricerca di una congrua sistemazione per se stesso e per i suoi figli.

L'incontro con Boccaccio Accelerata e feconda fu la cura delle proprie opere: oltre che al *Secretum* (concepito forse nel 1347 ma portato a termine successivamente), Petrarca si dedicò sempre più intensamente al *Canzoniere*, il libro di rime in volgare che sempre di più divenne il perno della sua attività poetica, e iniziò a raccogliere i *Rerum familiarum libri* (cioè le *Lettere familiari*). Riprese in mano il *De viris illustribus*, concepì le *Invective contra medicum*, l'*Epistola alla posterità* (*Posteritati*) e, forse, cominciò a pensare ai *Trionfi*. Nel 1350, in uno dei suoi viaggi, passò da **Firenze** e conobbe **Giovanni Boccaccio**: nacque un'amicizia autentica, che influenzò profondamente il pensiero e l'opera dei due scrittori.

Peregrinazioni in Italia al servizio di vari governi Nel 1351, nonostante le speranze nutrite in special modo da Boccaccio, Petrarca decise di rifiutare le proposte di Firenze, dove gli veniva offerta una cattedra. Dopo un nuovo soggiorno avignonese, si stabilì nel **1353** a **Milano**, presso l'arcivescovo **Giovanni Visconti**. La scelta irritò molto i fiorentini, che lo accusarono di complicità con i tiranni (così erano visti i signori milanesi) e con i nemici di Firenze. I rapporti con Boccaccio restarono improntati a grande affetto reciproco, come testimonia l'imponente scambio di lettere e la visita che nel 1359 Boccaccio fece all'illustre amico, fermandosi quasi un mese nella sua casa milanese.

1361 Inizia la raccolta dei ***Rerum senilium libri***. Muore il figlio Giovanni.
1362 Si trasferisce a Venezia, dove resterà fino al 1368.
1364-68 Scrive ***De ipsius et multorum ignorantia.*** Lavora ai *Trionfi*. Nel 1366 termina la raccolta delle ***Familiari***.

Di nuovo la peste: nuovi lutti Nel 1360, dopo che dolorosi e aspri dissapori li avevano separati, Petrarca accolse in casa con sé anche il figlio Giovanni: ma era una pace destinata a durare poco. La seconda ondata di peste, nel 1361, uccise Giovanni e l'amico Ludwig van Kempen, il musico di casa Colonna, il suo "Socrate", come lo chiama Petrarca nelle lettere. Per sfuggire il morbo, Petrarca si rifugiò tra **Padova** e **Venezia**.

1370 Si trasferisce ad **Arquà** e continua lui stesso a trascrivere il *Canzoniere*, ormai finito.
1374 Muore nella notte tra il 18 e il 19 luglio.

Ad Arquà Nel 1370 il vecchio poeta lasciò Venezia, dove abitava con la famiglia della figlia Francesca, e si trasferì nella casa fatta costruire ad **Arquà**, sui colli Euganei, non lontano da Padova. In questo *otium*, tanto simile a quello provenzale di Valchiusa, trascorse gli ultimi anni. Secondo la tradizione, la morte lo colse, come aveva sempre desiderato, immerso nella lettura degli amati classici. Era la notte tra il 18 e il 19 luglio 1374, un giorno prima del suo settantesimo compleanno.

VAL CHIUSA (FRA)

◂ La casa di Petrarca ad Arquà.
La loggetta e la scala esterna di accesso al primo piano sono aggiunte cinquecentesche: si credeva allora che quel piano fosse stata la residenza del poeta, mentre era riservato originariamente alla servitù. Sempre nel Cinquecento la casa fu affrescata con soggetti pertinenti alle glorie letterarie del poeta: il salone centrale presenta scene ispirate al *Canzoniere*, mentre altre celebrano l'*Africa* e, nella stanza detta *di Venere*, il potere invincibile dell'Amore.

GUIDA ALLO STUDIO

1. In quale città Francesco Petrarca passò buona parte della sua giovinezza?
2. Quale carriera intraprese Petrarca nel 1327?
3. Che cosa avvenne a Roma nel 1347?
4. Quali gravi lutti segnarono la vita di Petrarca?
5. Quali furono le principali tappe delle sue peregrinazioni in Italia?

2 Carattere, idee, poetica

Petrarca uomo diviso Petrarca mostra una **personalità inquieta, instabile, contraddittoria**, costantemente in cerca di un senso unitario della propria esistenza. Cerca una dimora stabile e raccolta, ma cambia in continuazione luogo di residenza, e viaggia senza sosta. In quanto **chierico** è legato al voto di castità, ma conduce una vita sentimentale e sessuale quantomeno volubile (le passioni giovanili, l'amore per Laura, i due figli illegittimi). Adora il mondo classico e allo stesso tempo è legatissimo alla sapienza cristiana dei Padri della Chiesa, sant'Agostino in particolare. Cerca di condurre una vita indipendente e senza obblighi, ma si lega a protezioni importanti e impegnative (i Colonna, i Visconti). Afferma di attribuire importanza solo ai valori eterni, spirituali, ma poi briga per ottenere l'onore mondano della laurea poetica. Considera *nugae* (sciocchezze, bagatelle) le sue rime volgari rispetto ai grandi progetti di opere monumentali in latino (*De viris illustribus*, *Rerum memorandarum libri*, *Africa*), ma poi va a finire che le ambiziose opere latine rimangono incompiute, mentre le rime in volgare vengono lavorate dal poeta con cura estrema, e riescono a comporsi nel capolavoro dei *Rerum vulgarium fragmenta*. Siamo dunque di fronte a uno scrittore che della sua **inquietudine interiore** fa il dato fondante della sua scrittura, delle sue idee e della sua poetica.

Una nuova figura di intellettuale

Testimone di un'età inquieta Giustamente, la critica ha voluto vedere in questo dissidio non un semplice tratto del carattere, ma il **riflesso individuale di una crisi ben più ampia**, che coinvolge il passaggio fra epoca dei Comuni e epoca delle Signorie, o addirittura fra Medioevo e Umanesimo. Petrarca certo non è più, e soprattutto non intende essere più, un intellettuale radicato nella realtà cittadina, comunale, municipale, come era stato Dante, o come era ridiventato Boccaccio, al suo ritorno a Firenze dopo la giovinezza trascorsa a Napoli. Ma a Firenze, appunto, Petrarca, pur fiorentino di famiglia, non volle mai stabilirsi, e cercò di metterci piede il meno possibile. Il rifiuto di andare a insegnare allo Studio fiorentino, e il suo stesso atteggiamento nei confronti di Dante, dalla cui ombra incombente Petrarca cerca di ritrarsi il più possibile, sono segnali chiarissimi di una precisa **scelta di campo**. La distanza interposta fra sé e Firenze è il segno eloquente che Petrarca cerca, per sé e per il proprio mestiere di intellettuale, **nuovi modi di vita e di sostentamento**. In questa ricerca egli traccia strade nuove, apre soluzioni fino ad allora non praticate, sino a disegnare una figura di intellettuale che prefigura ormai il destino dei letterati italiani durante l'Umanesimo e il Rinascimento.

Nuove condizioni di vita Non dimentichiamo che Dante è un cittadino fiorentino, laico e coniugato; Petrarca è un **apolide** (cioè un uomo senza patria, o se vogliamo un cosmopolita, cioè un uomo che fa del mondo intero la sua patria), un chierico (quindi un uomo di Chiesa), che non può stringere legami legittimi. Non sono differenze da poco, o che riguardano soltanto la vita privata degli individui. Essere chierico significa avere ricevuto gli ordini minori, senza poi proseguire sulla strada del sacerdozio; significa, cioè, appartenere all'istituzione ecclesiastica, ma senza nessun vincolo o obbligo di cura d'anime: una comoda posizione che molti intellettuali italiani, d'ora in avanti, cercheranno come una soluzione pratica ai problemi del proprio sostentamento personale, visto che il chiericato apriva la strada alla fruizione di rendite e benefici ecclesiastici. Petrarca ci appare abilissimo nel configurare molto concretamente un **nuovo modello di intellettuale**: libero, indipendente, mobile, economicamente rassicurato dalla sua posizione di chierico, e allo stesso tempo disponibile ad accettare generose protezioni in cambio del prestigio che la sua cultura può apportare ai suoi stessi protettori; una sorta di ***free-lance* della cultura** sempre in movimento, bisognoso di mezzi, di tempo, di tranquillità per dedicarsi al proprio lavoro intellettuale, e quindi necessariamente restio a impegni istituzionali ufficiali. Questo nuovo tipo di intellettuale si trova più a suo agio nelle emergenti **realtà signorili** che nelle vecchie realtà comunali. Trattare direttamente con un signore mecenate, negoziare volta per volta le condizioni del proprio servizio e cambiare, quando quelle condizioni mutassero, è evidentemente più facile, per Petrarca, che inserirsi nelle complesse macchine amministrative e burocratiche delle città comunali.

Petrarca "impolitico"? Il poeta ha spesso attirato su di sé l'accusa di essere un personaggio "impolitico", indifferente alla storia che si svolge intorno a lui, concentrato solo su se stesso e sui propri dissidi interiori. Questa accusa, in realtà, non sembra ben fondata. Petrarca partecipa con passione alle **grandi questioni politiche** del suo tempo: attacca aspramente, anche nel *Canzoniere*, la corruzione della Chiesa contemporanea, specie della corte avignonese; caldeggia il ritorno della sede papale a Roma; si compromette in prima persona nel tentativo di restaurazione della Repubblica romana capeggiato da Cola di Rienzo, anche a costo di rompere con i suoi protettori di sempre, i potentissimi Colonna. Certo, **la sua partecipazione è squisitamente intellettuale**: Petrarca si limita a scrivere e a esporre pubblicamente le sue opinioni, non è parte in causa negli eventi politici del suo tempo. Ma anche in questo senso egli anticipa il futuro, incarnando una figura di intellettuale che si potrebbe definire "impegnato", non nel senso di una attiva militanza politica, ma in quanto interviene con la propria parola a favore di cause ritenute giuste.

Una nuova visione del sapere

Averroismo Corrente della filosofia scolastica che si rifà alla interpretazione di Aristotele del filosofo Averroè (1126-98). Tra le dottrine più criticate, la negazione dell'immortalità dell'anima.

Da dove veniamo? Dove andiamo? La concentrazione su di sé e sui propri dissidi interiori determina in Petrarca una ulteriore frattura rispetto alla cultura del suo tempo. Nelle sue opere emerge una violenta **polemica nei confronti della filosofia aristotelica**, della **Scolastica** e dell'**averroismo**, a cui si aggiungono **giudizi severi contro** mestieri allora socialmente molto prestigiosi, quali la pratica della **medicina e** del **diritto**. Ciò che Petrarca non sopporta in questi saperi tradizionali è soprattutto la pretesa di articolare un sistema completo di sapere e di spiegare l'uomo, per così dire, dall'esterno. La Scolastica, alla quale Dante si era appoggiato proprio per il suo spirito di sistema, perché prometteva di ordinare il cosmo secondo regole universalmente valide, è rifiutata da Petrarca proprio per quelle stesse ragioni: a Petrarca interessa **una filosofia che spieghi non il cosmo, ma l'uomo**. La verità che importa non è al di fuori, ma dentro l'uomo.

L'incontro con sant'Agostino Sul cammino verso una filosofia che si occupi dell'interiorità, Petrarca incontra l'opera di **sant'Agostino**, che diviene per lui una vera e propria **guida spirituale**, un modello di vita. Petrarca si rispecchia continuamente nell'itinerario agostiniano consegnato alle *Confessiones*, l'autobiografia del santo che Francesco porta sempre con sé, e che diventa, nella copia donatagli dall'amico Dionigi da Borgo San Sepolcro, una sorta di libro feticcio, di amuleto morale (si veda l'uso che Petrarca ne fa durante la sua celebre gita sul monte Ventoso ▶ **T3**, p. 425). Come Petrarca, l'Agostino delle *Confessiones* è un personaggio lacerato, diviso. Soprattutto, Agostino è un grande convertito: incarna il modello di un **itinerario travagliato**, ma alla fine **vittorioso**, verso una vera e definitiva *mutatio vitae*, oltre la quale i dissidi dell'anima si sono acquietati nella forza sicura di una fede ferma, di una serenità d'animo definitiva.

Mondo classico e mondo cristiano Agostino rappresenta anche la sintesi di mondo cristiano e mondo pagano, di spiritualità evangelica e di cultura classica. Dante aveva sentito dolorosamente, e rappresentato con intima partecipazione, lo strappo incolmabile fra il mondo della sapienza antica, incarnato in Virgilio, e il mondo della Grazia cristiana. Petrarca, meno interessato alle questioni teologiche e più attratto dalla dimensione morale e spirituale della religione, sente una profonda **continuità tra classicità e cristianesimo**. Egli sente in particolare la suggestione della filosofia stoica, che gli pare gettare un ponte di naturale familiarità fra i suoi autori prediletti, Cicerone, Seneca, Agostino.

La nuova filologia L'incontro con la classicità, sia pure all'interno di una ricerca interiore orientata in senso cristiano e agostiniano, rappresenta un'altra radicale novità del mondo petrarchesco. La cultura medievale si interessa a *che cosa* i testi antichi dicono, non tanto a *chi* li ha scritti o a *come* sono stati scritti: essa se ne appropria, li manipola, li interpreta come profetici e anticipatori del messaggio cristiano. A Petrarca interessa, invece, **restaurare la veridicità storica dei fatti e dei testi:** attribuire correttamente le opere, datarle, annotarle, confrontarle, penetrarne il significato autentico. Nasce da questo atteggiamento la **filologia** modernamente intesa: l'«amore della parola», letteralmente, ma non nel senso di un'arida erudizione.

◀ **Il Virgilio Ambrosiano**
Simone Martini, allegoria virgiliana, frontespizio del codice delle opere di Virgilio appartenuto a Petrarca, 1340 ca, miniatura su pergamena (Milano, Biblioteca Ambrosiana).
❶ È il primo codice messo insieme da Petrarca: una raccolta delle opere di Virgilio (*Bucoliche*, *Georgiche* ed *Eneide*), testimonianza della passione di Petrarca per la classicità. ❷ La figura adagiata in alto, con la penna in mano, è Virgilio. ❸ Il suo commentatore, Servio, lo addita a una figura armata (Enea, simbolo dell'*Eneide*). ❹ Il contadino intento a potare un albero rappresenta le *Georgiche*. ❺ Il pastore che guarda le pecore simboleggia le *Bucoliche*.

Verso l'Umanesimo La filologia petrarchesca, mettendo in una prospettiva storica i testi classici, per questa via li distanzia, li allontana da noi, creando il senso di una **separazione** storica che il Medioevo, invece, non aveva. Gli autori e i testi, tuttavia, così storicizzati, riacquistano la verità e la freschezza del loro messaggio, si rivelano sorprendentemente vicini a noi moderni dal punto di vista morale e spirituale, diventano partecipi di un dialogo intimo e più personale, e in definitiva ci fanno scoprire il valore universale di una *humanitas*, di una comune umanità che travalica il tempo.

In Petrarca la filologia è anche un nuovo atteggiamento nei confronti del libro materialmente inteso e della scrittura. Petrarca fu innanzitutto un **grande scopritore e collezionista di libri**, cioè di manoscritti. In particolare, è memorabile la scoperta, nel 1345, delle lettere di Cicerone nella biblioteca della cattedrale di Verona.

GUIDA ALLO STUDIO

1. Attraverso quali indizi possiamo affermare che Petrarca ebbe una personalità contraddittoria? Come si rispecchia questo aspetto del suo carattere nell'epoca in cui vive?
2. In che senso l'essere un chierico ha influito sulle condizioni di vita di Petrarca?
3. Quale nuovo modello di intellettuale incarnava Petrarca?
4. Quali furono le posizioni politiche di Petrarca? È corretto definirlo "impolitico"?
5. Perché Petrarca rifiutò la filosofia aristotelica e la Scolastica?
6. Chi fu il modello di vita di Petrarca? Perché?
7. In che senso Petrarca instaura una nuova filologia?

A COLPO D'OCCHIO — Carattere, idee, poetica

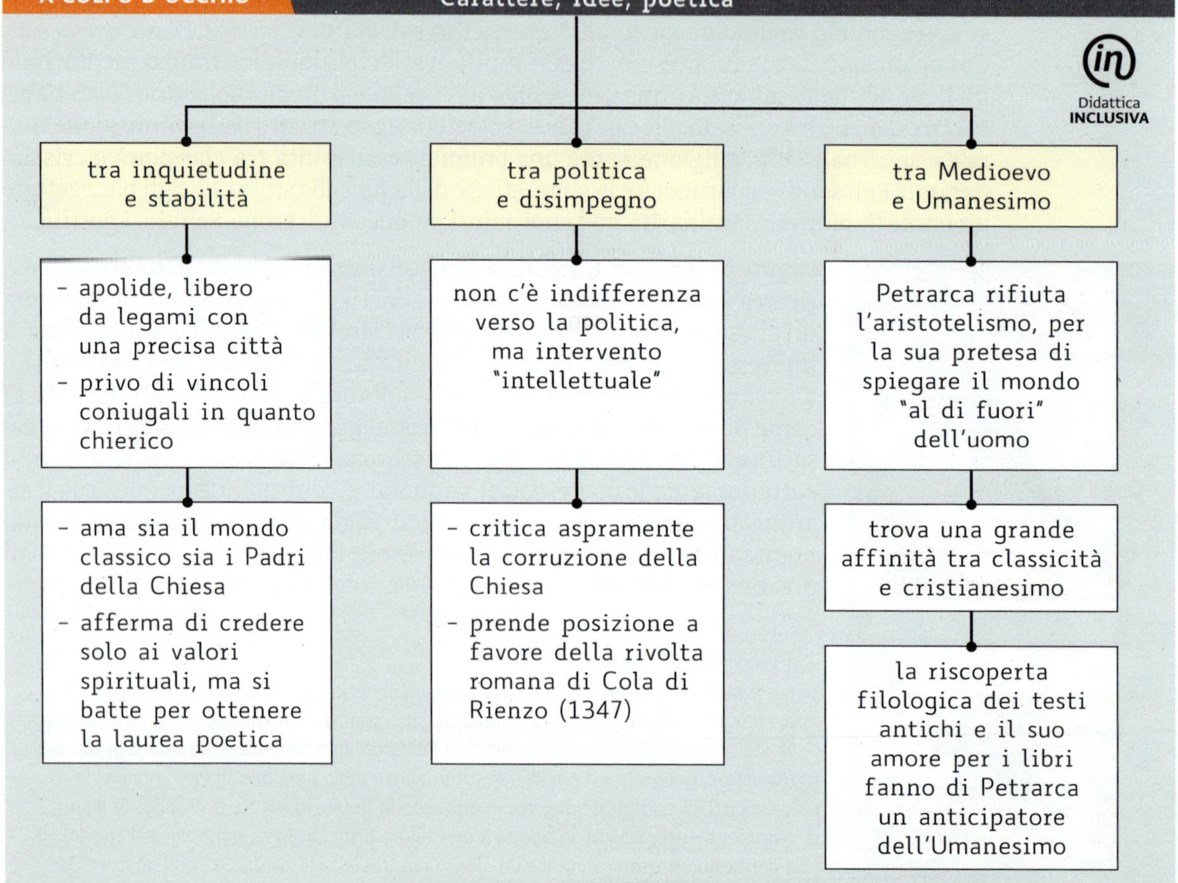

3 Petrarca tra volgare e latino

Tra latino e volgare Petrarca scrive in volgare solo il *Canzoniere* e i *Trionfi*: ovvero, solo opere in rima. Il **volgare** è per lui la **lingua della poesia**: tutto il resto dei suoi scritti è in latino. Ciò significa che il più spontaneo mezzo di espressione, per Petrarca scrittore, era il latino e non il volgare: tant'è vero che in latino sono anche le osservazioni di suo pugno che si leggono in margine al manoscritto autografo (cioè trascritto da Petrarca stesso) del *Canzoniere*. Questo significa che il volgare è sentito dall'autore come una lingua d'arte, riservata a particolari generi letterari, mentre il latino poteva abbracciare una gamma di tematiche e di usi più ampio. In **latino** Petrarca scrive **sia versi che prosa**, e sia prosa più ufficiale, sia prosa personale, come quella delle lettere o del *Secretum*.

Il latino di Petrarca Latino sì, ma quale? Il nuovo senso storico di Petrarca fa sì che il suo latino non possa più essere il latino medievale, quello delle scuole, della Chiesa, o delle facoltà universitarie, il latino dei giuristi, dei medici o dei preti. Petrarca guarda al latino comunemente usato, scritto (e anche parlato) al suo tempo come a una intollerabile deformazione e corruzione del latino classico di Cicerone, Virgilio, Seneca. Scrivendo in latino egli cerca con ogni sforzo di **imitare i suoi autori prediletti**, al fine di distaccarsi per quanto possibile dal latino che ancora dominava nel mondo della cultura a lui contemporanea.

Le opere latine

De viris illustribus ("Gli uomini famosi")	Iniziato a Valchiusa tra il 1338 e il 1339, non fu mai condotto a compimento. Doveva trattarsi di una collezione di biografie esemplari, ma Petrarca ne realizzò soltanto ventidue, da Romolo a Catone il Censore.
Africa ("L'Africa")	Poema in esametri latini, in cui Petrarca aveva intenzione di narrare la seconda guerra fra Roma e Cartagine. Iniziata nei primi anni del soggiorno valchiusano (1338-39), rimase incompiuta. Al centro del poema è la figura di Scipione.
Rerum memorandarum libri ("Libri di cose notevoli")	Opera erudita di imponenti proporzioni, iniziata nel 1343, fu lasciata incompiuta. L'intenzione era quella di celebrare le virtù (ma forse era prevista una seconda parte, dedicata ai vizi), attraverso una serie di esempi dalla storia antica e moderna.
De vita solitaria ("La vita in solitudine") e ***De otio religioso*** ("La pace della vita religiosa")	Furono composte insieme, durante il terzo soggiorno a Valchiusa, tra la fine del 1345 e il 1347. Ambedue lodano i vantaggi della vita in solitudine, dedicata allo studio e alla cura della propria anima.
De secreto conflicto curarum mearum ("Del segreto conflitto delle mie preoccupazioni") o ***Secretum*** ("Segreto")	Dialogo immaginario in tre libri tra lo stesso Petrarca e sant'Agostino, che rinfaccia al poeta le sue debolezze umane e la sua schiavitù per passioni terrene come amore e desiderio di gloria. Anche se l'opera è ambientata nel periodo 1342-43 fu in reltà scritta tra il 1347 e il 1353 e mai diffusa vivente l'autore.
Bucolicum carmen ("Poema bucolico")	Finito nel 1361, è composto di dodici egloghe, o dialoghi pastorali, in cui si adombrano, sotto nomi fittizi e avvenimenti allusivi, personaggi ed eventi contemporanei.
Psalmi penitentiales ("Salmi penitenziali")	Sono sette composizioni scritte a imitazione dei Salmi di Davide, nella Bibbia, e a carattere penitenziale, di confessione e riprovazione dei propri peccati, composti nel 1347 o poco dopo.

Le opere latine	
Rerum familiarium libri ("Libri di cose di famiglia") o ***Familiares*** ("Familiari")	È una raccolta organica delle lettere di Petrarca in 24 libri, avviata nel 1345; non vi rientrano solo lettere effettivamente spedite, e poi riscritte in vista dell'inserimento nell'opera, ma anche lettere che furono scritte appositamente, come quella celebre dell'ascesa al monte Ventoso.
Sine nomine liber ("Libro senza destinatario")	È un'opera risalente al 1359, composta di diciannove epistole non confluite nelle *Familiares*, tutte rivolte a una violenta critica del Papato avignonese. Per questo, cioè per non compromettere i destinatari, Petrarca le pubblica sopprimendo i loro nomi (*sine nomine*), anche se alcuni di essi sono stati sicuramente identificati (come Cola di Rienzo).
Epystolae ("Epistole, o Lettere in versi")	Tradizionalmente conosciute anche come *Epystolae metricae* ("Lettere in versi"), sono lettere in esametri, divise in tre libri. La raccolta fu concepita in parallelo alle *Familiares*, verso il 1350.
Invective contra medicum ("Invettive contro un certo dottore in medicina")	Nel marzo 1352 Petrarca aveva indirizzato una lettera a papa Clemente VI, allora gravemente ammalato, nella quale, fra l'altro, esprimeva un severo giudizio sulla medicina contemporanea. Questo fu all'origine di un polemico scambio di lettere tra Petrarca e un medico della cerchia avignonese. Le lettere del medico sono andate perdute; quelle di Petrarca sono all'origine di questa operetta, compiuta presumibilmente entro il 1357.
De remediis utriusque fortunae ("I rimedi contro la buona e la cattiva sorte")	Compiuta fra il 1354 e il 1367, è un'opera a carattere enciclopedico, divisa in due libri. Si passa in rassegna una vasta gamma di situazioni fortunate (primo libro) e sfortunate (secondo libro). Nella buona e nella cattiva sorte, la Ragione interviene a moderare gli eccessi dell'entusiasmo o della disperazione, indicando al saggio una via di mezzo.
Rerum senilium libri ("Libri della vecchiaia") o ***Seniles*** ("Senili")	La raccolta delle lettere senili, scritte negli anni della vecchiaia, prosegue idealmente il progetto delle *Familiares*: ma solo idealmente, perché in realtà le date si sovrappongono in parte (la più recente delle *Familiares* è del 1366, mentre la più antica delle *Seniles* è del 1354).
De sui ipsius et multorum ignorantia ("Dell'ignoranza sua propria e di molti altri")	L'opera nasce da una contingenza polemica. A Venezia Petrarca era entrato in confidenza con quattro personaggi (di cui egli tace il nome), che gli dimostrano amicizia ma che, dietro le spalle - così è venuto a sapere -, lo deridono come «un brav'uomo privo di cultura».
Invectiva contra eum qui maledixit Italiam ("Invettiva contro uno che disse male dell'Italia")	È l'ultima delle opere polemiche di Petrarca, stesa di getto nel marzo del 1373. Francesco vi dipinge Avignone come un ex schiavo che si ribella al padrone (l'antico Impero romano), esalta la passata grandezza di Roma, mette in ridicolo le pretese di superiorità dei «barbari» francesi in campo storico e letterario.

GUIDA ALLO STUDIO

1. Quali furono le opere in volgare di Petrarca?
2. Come considerava Petrarca la lingua volgare?
3. Quale latino usava Petrarca?

4 Il *Secretum*: a colloquio con la propria anima

Il titolo L'opera in prosa latina conosciuta come *Secretum* (o *Secretum meum*) ebbe in realtà dall'autore il titolo *De secreto conflictu curarum mearum* ("Del segreto conflitto delle mie preoccupazioni", cioè delle mie angosce). Il titolo originario chiarisce in che senso vada intesa la definizione di «segreto»: il libro parla di **problemi e ansie nascoste**, appartenenti solo all'intimo dell'autore e non, come si è a lungo creduto, di un segreto da non divulgare. *Secretum* non equivale, insomma, a diario destinato a rimanere nascosto. Il fatto che sia rimasto inedito è solo una coincidenza, dovuta al fatto che l'autore non lo considerò condotto a perfezione, e dunque non lo divulgò come opera finita.

La datazione L'opera è di datazione controversa. **Petrarca colloca il dialogo negli anni 1342-43**, dicendo che sono sedici anni da che egli è caduto preda della sua passione per Laura: ma questa è la data dell'ambientazione dell'opera, non necessariamente della sua composizione. Le date più attendibili sono quelle del **1347** e del **1353**; comunque l'opera ebbe certamente una stesura composita e stratificata nel tempo.

▲ Sandro Botticelli, *Sant'Agostino*, 1480 ca, dipinto murale staccato (Firenze, Chiesa di Ognissanti).

Il Santo è raffigurato non tanto come un uomo di Chiesa (si noti la mitria di vescovo, non indossata, come in genere nelle immagini del santo, ma posata sul tavolo), bensì come un intellettuale nel suo studio, circondato da libri, di fronte a un leggìo e a una sfera armillare, strumento che rappresentava le orbite del sole e dei pianeti.

Temi e contenuti Il *Secretum* è articolato in un proemio e tre libri.

- **Proemio**: la Verità personificata appare a **Petrarca** e chiama **sant'Agostino** a cercare di guarire le malattie spirituali del poeta.
- **Libro I**: Agostino affronta con Francesco il tema della **cronica infelicità** di quest'ultimo, cercando di convincerlo che nessuno può essere infelice contro la propria volontà; dipende da Francesco decidere di uscire dal suo stato di inconcludente insoddisfazione.
- **Libro II**: Agostino, quasi in veste di confessore, passa in rassegna i **peccati di Francesco**, fermandosi su lussuria e, specialmente, accidia: la paralisi della volontà, l'indolenza interiore che mina nel profondo la vita morale del poeta.
- **Libro III**: Agostino mette a fuoco i due problemi principali della vita di Francesco: l'**aspirazione alla gloria** e l'**amore per Laura**. Invano Francesco cerca di difendere la sua devozione a Laura, sostenendo che essa ha avuto un'influenza positiva sulla sua vita morale; Agostino vi ravvisa invece la catena che ha impedito ai talenti naturali del poeta di svilupparsi pienamente. E per quanto riguarda il desiderio di gloria, Agostino spinge Francesco ad abbandonare i propositi di grandi opere erudite (*Africa, De viris illustribus*) per dedicarsi a un serio esame di sé.

Un finale aperto Naturalmente, anche se il dialogo oppone *Augustinus* a *Franciscus*, **dietro le figure dei due interlocutori c'è sempre Petrarca**, sdoppiato nel ruolo di "psicoterapeuta" e di "paziente". Le ragioni di "Agostino" in altre parole, rappresentano quelle di Petrarca, quando egli guarda alla sua vita in modo costruttivo, deciso a trovare una via di redenzione definitiva dal suo stato di insoddisfazione e di inazione morale. Le ragioni di "Francesco", invece, sono quelle che Petrarca adduce a se stesso per spiegarsi proprio come e perché egli non riesca mai, in definitiva, a superare le sue "cure", le sue angosce interiori. Così, l'opera proietta in un dialogo di due diversi personaggi il continuo e tormentoso **dialogo interiore dell'autore**, scisso tra **volontà e pigrizia**, seria intenzione di riscatto e scoraggiamento. È significativo, a questo proposito, il finale dell'opera. Agostino pensa di aver finalmente vinto la sua partita: cioè di aver persuaso Francesco a intraprendere un decisivo percorso di conversione integrale della sua esistenza. Basta con Laura, basta con la solita accidia, basta con la pretesa di grandi opere (l'*Africa*) che lo distraggono dal compito più urgente: guardare dentro di sé, prendersi cura della propria anima. Francesco sembra convinto: «Sarò presente a me stesso quanto potrò: raccoglierò gli sparsi frammenti dell'anima mia e vigilerò diligente su di me». Però, egli aggiunge, non potrà farlo subito: perché «ora mentre parliamo» egli dice, «mi attendono molti e importanti impegni, benché ancora terreni». Di fronte a questa ultima ed estrema manovra dilatoria, ad Agostino non resta che commentare, sconsolato: «Scivoliamo di nuovo nell'antica controversia: chiami impotenza la volontà». Dunque il finale rimane aperto, e il dialogo fra le «due anime» di Petrarca si risolve in un **nulla di fatto**. La sua vera malattia - l'impotenza della volontà - non è stata guarita.

Rapporti con il *Canzoniere* L'opera con la quale il *Secretum* intrattiene rapporti più stretti è senza dubbio il *Canzoniere*, per la **comunanza delle problematiche** e la forte **valenza autobiografica** che le caratterizza. Anzi, sembra proprio di cogliere, nella conclusione del *Secretum*, una sorta di passaggio del testimone: negli *animae fragmenta* ("frammenti dell'anima") menzionati nel dialogo latino non è difficile vedere un accenno ai *Rerum vulgarium fragmenta*, che proprio nei primi anni Cinquanta incominciano a prendere la forma di un vero e proprio libro. Anche nel *Canzoniere*, in fondo, Petrarca non farà che cercare di mettere insieme i frammenti - i "cocci", oggi diremmo - della sua anima.

GUIDA ALLO STUDIO

1. Che cosa significa *Secretum* nell'accezione che ne dà Petrarca?
2. A quale compito è chiamato sant'Agostino nel *Secretum*?
3. Come si conclude il dialogo? Francesco risolve il suo conflitto interiore?

Secretum, II

T1

Una funesta malattia dell'anima: l'accidia

AUDIOLIBRO

Anno: 1347-53

Genere: dialogo morale in latino

Argomento: Agostino analizza la vera malattia di Francesco

Dopo aver passato in rassegna i peccati capitali, Agostino tocca il punto dolente: l'accidia è la vera malattia di Francesco. È un passaggio fondamentale dell'analisi interiore del poeta: mentre, a un esame superficiale, potrebbe sembrare che i suoi punti deboli fossero l'amore per Laura (lussuria) o l'ambizione (superbia), qui si chiarisce che la sua vera, profonda mancanza consiste in un malessere più profondo, in una sorta di paralisi della volontà, di impotenza ad agire.

Ag. Ti domina una funesta malattia dell'animo, che i moderni hanno chiamato accidia e gli antichi *aegritudo*[1].

Fr. Il nome solo di essa mi fa inorridire.

Ag. Non me ne meraviglio, perché ne sei tormentato a lungo e gravemente.

Fr. È vero; e a ciò s'aggiunge che mentre in tutte quante le passioni da cui sono oppresso è commisto un che di dolcezza, sia pur falsa, in questa tristezza invece tutto è aspro, doloroso e orrendo; e c'è aperta sempre la via alla dispera-

1. **accidia ... *aegritudo*:** annoverata fra i sette peccati capitali, l'accidia si identifica con la totale mancanza di volontà, da non confondersi con la pigrizia. Il nome latino significa appunto *malattia*, a sottolineare l'identità di questo vizio con tutte le possibili malattie dello spirito.

zione e a tutto ciò che sospinge le anime infelici alla rovina. Aggiungi che delle altre passioni soffro tanto frequenti quanto brevi e momentanei gli assalti; questo male invece mi prende talvolta così tenacemente, da tormentarmi nelle sue strette giorno e notte; e allora la mia giornata non ha più per me luce né vita, ma è come notte d'inferno e acerbissima morte. E tanto di lagrime e di dolori mi pasco[2] con non so quale atra voluttà[3], che a malincuore (e questo si può ben dire il supremo colmo delle miserie!) me ne stacco.

Ag. Conosci benissimo il tuo male; tosto[4] ne conoscerai la cagione. Di' dunque; che è che ti contrista[5] tanto? il trascorrere dei beni temporali, o i dolori fisici o qualche offesa della troppo avversa fortuna?

Fr. Un solo qualsiasi di questi motivi non sarebbe per sé abbastanza valido. Se fossi messo alla prova in un cimento[6] singolo, resisterei certamente; ma ora sono travolto da tutto un loro esercito.

Ag. Spiega più particolarmente ciò che ti assale.

Fr. Ogni volta che mi è inferta qualche ferita dalla fortuna, resisto impavido, ricordando che spesso, benché da essa gravemente colpito, ne uscii vincitore. Se tosto essa raddoppia il colpo, comincio un poco a vacillare; che se alle due percosse ne succedono una terza e una quarta, allora sono costretto a ritirarmi - non già con fuga precipitosa ma passo passo - nella rocca della ragione. Ivi, se avviene che la fortuna mi si accanisca intorno con tutta la sua schiera, e mi lanci addosso per espugnarmi le miserie della umana condizione e la memoria dei passati affanni e il timore dei venturi, allora finalmente, battuto da ogni parte e atterrito dalla congerie[7] di tanti mali, levo lamenti. Di lì sorge quel mio grave dolore: come ad uno che sia circondato da innumerevoli nemici e a cui non si apra alcuno scampo né alcuna speranza di clemenza né alcun conforto, ma ogni cosa lo minacci. [...]

Ag. Benché tu abbia trascorso su tutto ciò un poco confusamente, pure capisco che la causa di tutti i tuoi mali è un'impressione sbagliata che già prostrò e prostrerà infiniti altri. Giudichi tu di star male?

Fr. Anzi, pessimamente.

Ag. Per qual ragione?

Fr. Non per una, certo, ma per infinite.

Ag. Tu fai come quelli che per qualsiasi anche lievissima offesa tornano al ricordo dei vecchi contrasti.

Fr. Non è in me piaga così antica che abbia ad essere cancellata dalla dimenticanza; le cose che mi tormentano sono tutte recenti. E ancor che col tempo qualche cosa si fosse potuta sanare, la fortuna torna così spesso a percuotere in quel punto, che nessuna cicatrice può mai saldare l'aperta piaga. Aggiungi l'aborrimento[8] e il disprezzo dello stato umano; da tutte queste cagioni oppresso, non mi riesce di non essere tristissimo. Non do importanza che questa si chiami o *aegritudo* o accidia o come altrimenti vuoi. Siamo d'accordo sulla sostanza.

---

2. **mi pasco:** **mi nutro**; da notare questa nota di «voluttà», esplicitata subito dopo, anticipata nell'uso del verbo.
3. **atra voluttà:** **amaro, oscuro compiacimento**.
4. **tosto:** **presto**.
5. **contrista:** **rattrista**, **affligge**; traduce letteralmente il latino dell'originale (*contristat*).
6. **cimento:** **prova**, **gara**.
7. **congerie:** **grande quantità**.
8. **aborrimento:** **ripugnanza**, **avversione**.

T1 Dentro il testo

IN SINTESI

In questo passo il dialogo raggiunge il punto più alto di tensione. Agostino punta il dito sul peggiore dei mali che affligge Francesco: l'accidia, la malattia della volontà e dell'anima tutta. Scatta a questo punto una descrizione dei sintomi: l'accidia, infatti, viene presentata da Petrarca in tutte le sue sfumature, e il profondo male di vivere che l'accompagna è raccontato minutamente. Va notato che Francesco non disegna di sé un profilo psicologico debole, ma anzi tratteggia una fisionomia di apparente solidità. La prima difficoltà è affrontata impavidamente, senza timori («ogni volta che mi è inferta qualche ferita dalla fortuna, resisto impavido»), ma pian piano viene a mancare la sicurezza e, una volta insinuatasi la sfiducia, il crollo è rapido e precipitoso: «allora finalmente, battuto da ogni parte e atterrito dalla congerie di tanti mali, levo lamenti». È il nucleo profondo della psiche che si incrina e cede; la malattia dell'anima è dunque tanto più pericolosa quanto più è radicata e nascosta.

I TEMI E L'ESPRESSIONE

L'«ATRA VOLUTTÀ» DEL MALE

Francesco riconosce lucidamente che l'**accidia**, anche se lo tormenta continuamente, giorno e notte, rappresenta per lui una sorta di malefico piacere, una «atra voluttà». Si capisce che proprio questa **contraddizione** rende difficile la cura: il male, pur riconosciuto come tale, è anche fonte di una sorta di compiacimento interiore, di «piacere dello star male». Nella sofferenza di Francesco c'è una specie di **narcisismo**: egli soffre, ma anche si vede soffrire, e tutto sommato questo gli procura una strana forma di gratificazione. Se è così, le variazioni del mondo esterno, su cui pure Francesco insiste così tanto, contano poco per il suo stato d'animo: ogni cosa che gli capita, triste o lieta, non avrà il potere di modificare questo attaccamento morboso alla propria scontentezza esistenziale, a cui Francesco è legato come a una oscura, irrinunciabile «**voluttà**».

DEPRESSIONE?

Vale la pena (anche a costo di forzare un po' il testo) di osservare quanto la descrizione di questo stato psichico si avvicini a ciò che oggi è clinicamente conosciuto come **depressione**. Petrarca, infatti, sembra condividere gli aspetti più distruttivi della modernità: è assediato dalla noia, dal disgusto del mondo, dal sospetto della inutilità del vivere, dall'impossibilità di dare una direzione di senso all'esistenza, dall'angoscia di un disagio che sembra insinuarsi nell'anima senza vere apparenti motivazioni. Perché questo è il punto: messo alle strette da **Agostino**, Francesco spiega il suo malessere in modo vago («un poco confusamente», dice Agostino), citando "ferite" e colpi della sorte, ma senza essere capace di citare motivi precisi e concreti di infelicità; il suo sembra davvero un "**male di vivere**" connaturato al carattere, e non tanto motivato da ragioni specifiche.

Non bisogna dimenticare tuttavia la prospettiva, assai lontana da quella moderna, con cui Petrarca affronta questo cammino di autocoscienza. Egli cerca innanzitutto la **liberazione dalla schiavitù** del peccato, e non intende affatto arrestarsi all'analisi della propria personalità nel tentativo di alleviare un disagio puramente psicologico. L'**introspezione** serve - dovrebbe servire - a un serio progetto di **miglioramento spirituale**.

Analisi e interpretazione Tipologia A

LEGGERE CON METODO

COMPRENSIONE GLOBALE

1. Perché secondo Francesco l'accidia è peggiore delle altre passioni che lo affliggono?
2. Perché Agostino ritiene che Francesco, pur conoscendo bene il suo male, ne abbia parlato «un poco confusamente» (r. 34)?

LA LINGUA E LE STRUTTURE

3. I due personaggi del dialogo hanno ruoli asimmetrici: Agostino è il confessore-terapeuta, Francesco il peccatore-paziente. Illustra questa diversità di ruoli con almeno un esempio.
4. Francesco descrive il suo male interiore attraverso una serie di metafore guerresche: elencale e spiegale.

I TEMI E L'INTERPRETAZIONE

5. Rileggi il testo e dai una definizione complessiva dell'accidia.

Interpretare il mondo

Il male dell'anima: arte e malinconia

Che cosa tormentava Francesco Petrarca? Quale nome potremmo dare oggi al suo malessere?

Si tratta sicuramente di una **inquietudine** di tipo **intellettuale**, ma anche di una inquietudine **esistenziale**. È qualcosa di molto simile alla **malinconia**, che nasce dall'oscillare tra due sentimenti opposti (da un lato la necessità di contatti umani, dall'altro il desiderio di solitudine) e dal senso di impotenza che ne deriva. Un grande poeta del Novecento italiano, **Eugenio Montale**, ha coniato un'espressione felice: il «male di vivere».

In tempi recenti, la malinconia - nelle sue manifestazioni più gravi e più ricorrenti - è stata classificata come una patologia a sé stante: la **depressione**. Si tratta di uno stato mentale del quale la malinconia è una delle manifestazioni; a questa si uniscono la perdita di interesse per la realtà circostante, attacchi di panico, insonnia, difficoltà di concentrazione, perdita di appetito (o al contrario tendenza a mangiare smodatamente), ricerca della solitudine, scarsa autostima, pessimismo generalizzato e frequenti pensieri di morte.

I motivi per i quali scaturisce tale malattia possono essere molteplici, tanto che si parla di **multifattorialità**: alle cause **genetico-biologiche** si uniscono fattori **psicologici** e soprattutto **ambientali**, che riguardano l'ambiente nel quale si vive.

Un tipo particolare di "male dell'anima" è il cosiddetto **disturbo bipolare**, caratterizzato dall'alternanza di stati emotivi differenti: a momenti di grande eccitazione (che si definisce **mania**) seguono momenti di forte depressione. L'alternarsi di questi due momenti porta a grandi sbalzi di umore e a veri e propri stati di delirio. A differenza della depressione, spesso chi soffre di disturbo bipolare non riconosce la propria malattia, rifiutando le cure.

Alcuni psichiatri hanno tentato di collegare la **creatività** con il "male dell'anima", mostrando come le biografie di alcuni personaggi storici (scrittori, pittori, musicisti...) evidenziassero la probabile presenza di depressione o di disturbo bipolare; tali argomentazioni, però, non hanno mai convinto la comunità scientifica. Di certo, un personaggio come Petrarca ha trovato conforto nella scrittura, utilizzando la letteratura *anche* come mezzo per estrinsecare le proprie inquietudini.

> «Ma che cos'è la depressione? Quella condizione dell'anima che si registra quando il mondo circostante non ci dice più nulla e il mondo immaginifico, quello dei nostri sogni e dei nostri progetti, tace avvolto da un silenzio così cupo e impenetrabile da impedire anche il più timido degli sguardi che osi proiettarsi nel futuro».
>
> (U. Galimberti, *I miti del nostro tempo*, Feltrinelli, Milano 2009)

▲ Edvard Munch, *Malinconia*, 1891, olio su tela (Oslo, Galleria Nazionale).

RIFLESSIONE CRITICA Tipologia **C**

1. Conosci qualche esempio di artista che abbia sofferto di depressione? Riporta il brano di una canzone (o poesia, o passo di un romanzo, o anche un'opera d'arte visuale) che secondo te è esemplificativa della condizione dell'artista in questione.
2. Fai una ricerca in biblioteca o in rete sul tema della malinconia o dei disturbi depressivi; puoi scegliere di concentrarti su uno dei seguenti aspetti: il rapporto fra depressione e creatività, oppure le situazioni di depressione legate a *mobbing* o bullismo. Esponi i risultati della ricerca in un breve testo argomentativo.

T2

Secretum, III

L'amore per Laura e per la gloria

Anno: 1347-53

Genere: dialogo morale in latino

Argomento: Agostino analizza quella che ritiene la vera malattia di Francesco

Nella terza giornata, si giunge finalmente all'altro punto dolente: viene ora messo sotto processo proprio il sentimento che, nel suo doppio aspetto di amore per una donna e amore per la propria gloria poetica, costituisce il principale ostacolo alla vera conversione di Francesco. Sono le pagine più esplicitamente legate alle rime del Canzoniere.

Ag. Non si può porre in dubbio che spesso si amino bruttamente[1] le cose belle.

Fr. A questo ho già risposto più sopra. Se infatti si potessero scorgere le sembianze dell'amore che regna in me, si vedrebbero non dissimili dal volto di Quella[2] che ho bensì lodata molto, ma tuttavia meno del dovuto. Mi è testimonio costei[3], alla cui presenza parliamo, che nel mio amore non c'è stato mai nulla di turpe, nulla di peccaminoso, nulla infine di colpevole, salvo che essere immenso. Imponigli un limite, e non si potrà pensare nulla di più bello.

Ag. Potrei risponderti con il motto ciceroniano: «tu chiedi un limite al vizio»[4].

Fr. Non al vizio, ma all'amore.

Ag. Anche lui, quando diceva così, parlava dell'amore. Conosci il passo?

Fr. Come no? L'ho letto nelle *Tuscolane*. Ma egli intendeva del comune amore degli uomini: nel mio c'è qualche cosa di particolare.

Ag. Credi che io non sappia che "chi ama si foggia i propri sogni egli stesso"[5]? È una poesia ben nota in tutte le scuole. Insomma, rincresce udire tali sciocchezze dal labbro di tale, cui si converrebbe pensare e parlare più profondamente.

Fr. Almeno questo (sia da ascrivere[6] a gratitudine o a sciocchezza) non voglio tacere: che quel poco che mi vedi, sono per essa; né sarei mai giunto a questo grado, qual che si sia, di nominanza[7] e di gloria, se la tenuissima semente di virtù, che la natura aveva sparso in questo petto, non avesse ella con nobilissimi sentimenti educata. Ella distolse l'animo mio giovinetto da ogni lordura[8], e lo ritrasse, come si dice, con l'uncino, e lo spinse a mirare in alto. Come non mi sarei trasformato secondo i costumi dell'amata? [...] Da giovane infatti non altro desideravo che di piacere a lei, proprio a lei sola, che proprio sola a me era piaciuta; e per riuscire a ciò, rinunciando alle lusinghe di mille piaceri, tu ben sai a quanti affanni anzi tempo mi sottoponessi e a quante fatiche. E mi comandi di dimenticare o d'amare più tiepidamente colei che mi ha allontanato dalla schiera volgare; che, essendomi di guida per ogni cammino, mi ha spronato il torpido[9] ingegno e mi ha destato l'animo semisopito?

---

1. **bruttamente:** in modo brutto, sbagliato; la traduzione rende conto solo in parte dell'avverbio latino *turpiter*.
2. **Quella:** Laura.
3. **costei:** la Verità che, personificata, assiste ai dialoghi tra Agostino e Francesco.
4. **tu chiedi ... vizio:** citazione da Cicerone, *Tuscolanae*, IV, 18 (*Qui modum igitur vitio querit*). Le *Tusculanae disputationes* sono l'opera in cui Cicerone espone la propria filosofia.
5. **"chi ama ... stesso":** citazione da Virgilio, *Bucoliche*, VIII, 108 (*qui amant, ipsi sibi somnia fingunt*).
6. **ascrivere:** imputare.
7. **nominanza:** fama, nomea.
8. **lordura:** sozzura, sporcizia, qui intesa in senso morale.
9. **torpido:** intorpidito.

Ag. Disgraziato! quanto ti sarebbe stato meglio tacere che non aver parlato. È vero che, anche nel tuo silenzio, guardandoti entro avrei scorto il medesimo; ma tuttavia il fatto stesso della tua pertinace[10] affermazione mi muove la nausea e lo sdegno.

Fr. Perché mai?

Ag. Perché pensare il falso è segno di ignoranza, asserire impudentemente l'errore è il segno di ignoranza insieme e di superbia.

Fr. Qual è la prova ch'io senta o enunci così falsi errori?

Ag. Ma tutto ciò che hai ricordato! e prima di tutto quando dici d'essere ciò che sei in grazia sua. Se con ciò intendi che ti abbia dato ella questo essere, senza dubbio tu menti; se invece che ella non ti abbia permesso di essere da più, allora dici la verità. Ah, che grand'uomo saresti potuto riuscire, se ella con le seduzioni della bellezza non te n'avesse ritratto[11]! Quello che sei, dunque, te l'ha dato la benignità della Natura; ciò che potevi essere te l'ha tolto lei, o piuttosto l'hai gettato via tu, ché ella è innocente. La sua bellezza veramente ti è apparsa così lusinghiera, così dolce, che attraverso gli ardori dell'acceso desiderio e le continue piogge del pianto ha inaridita in te ogni messe che poteva sorgere dalla virtuosa tua semenza nativa. Che ella poi ti abbia trattenuto da ogni atto turpe, te ne vanti a torto; ti ritrasse forse da molti, ma ti ha sospinto in affanni maggiori. Perocché[12] né chi pur ammonendoci di evitare una via lorda da brutture, ci spinga poi in un precipizio; né chi, pur guarendoci da minori piaghe, ci inferisca frattanto alla gola una ferita mortale, sarà da dirsi nostro liberatore piuttosto che nostro uccisore. Così costei, che tu esalti per tua guida, trattenendoti da molte brutture ti ha spinto in uno splendido baratro. Quanto all'averti abituato a mirare all'alto, all'averti allontanato dal volgo, che altro fu se non un averti reso suo vagheggiatore[13] e, avvinto alla dolcezza di un solo oggetto, di tutti gli altri spregiatore e pigramente trascurato? Che, come sai, è quanto di più molesto c'è nei rapporti umani. Certamente quando ricordi che ella ti ha irretito in infinite fatiche, questo sì, che è vero; ma pensa quale grande beneficio tu riscopra in ciò! Perché mentre sono d'ogni maniera le fatiche che non è dato di evitare, quanta sciocchezza è l'andarne spontaneamente a cercare di nuove! Quanto poi al vantarti di essere divenuto avido di più chiara nominanza per cagion sua, compatisco il tuo errore; se non che ti mostrerò chiaramente che nessuna delle some[14] dell'anima tua ti è più funesta di questa. Ma il nostro discorso non è ancor giunto lì.

Fr. L'agile schermitore fa la finta e dà la botta; io sono impaurito così dalla finta come dalla botta, e già comincio a vacillare gravemente.

Ag. Quanto più gravemente vacillerai, quando ti avrò inferta una ferita gravissima. Però che costei che esalti, alla quale asserisci di dovere ogni bene, è quella che ti rovina.

Fr. Buon Dio, in qual modo potrò persuadermene?

Ag. Ella ti ha allontanato l'animo dall'amore celeste, ed ha deviato il tuo desiderio dal Creatore alla creatura; che è sempre stata l'unica e più spedita via verso l'errore.

---

10. pertinace: ostinata.
11. ritratto: distolto.
12. Perocché: Perché.
13. vagheggiatore: contemplatore; detto di uno che si perde nell'adorazione della persona amata.
14. some: pesi, affanni.

Fr. Non dare, ti prego, una sentenza precipitosa: l'amore di lei giovò, te l'accerto, a farmi amare Iddio.

Ag. Ma invertì l'ordine.

Fr. In che modo?

Ag. Perché mentre tutto il creato deve esser tenuto caro per amore del Creatore, tu al contrario, preso alle grazie di una creatura, hai amato il Creatore non come si conveniva, bensì ammirando in lui l'artefice di quella, quasi non avesse creato nulla di più bello, mentre la venustà corporea[15] è l'ultima delle bellezze.

---

15. **la venustà corporea:** la bellezza del corpo.

T2 Dentro il testo

IN SINTESI

In questa pagina Petrarca affronta il problema di Laura e del suo amore per lei. Non si tratta semplicemente di desiderio carnale: non è la lussuria al centro di questo passo, come Francesco si affretta a ribadire («nel mio amore non c'è stato mai nulla di turpe, nulla di peccaminoso, nulla infine di colpevole»); si tratta piuttosto della funzione, positiva o negativa, che Laura ha avuto nella vita di Petrarca in senso più ampio, complessivo: che uomo sarebbe stato Francesco se non l'avesse conosciuta e amata in modo così ossessivo? Sarebbe stato migliore o peggiore? Secondo Francesco, Laura ha avuto su di lui un influsso benefico: lo ha distratto da passioni volgari («Ella distolse l'animo mio giovinetto da ogni lordura»), lo ha spinto a migliorarsi, lo ha reso moralmente più esigente («lo spinse a mirare in alto»). Agostino è di tutt'altro avviso: l'amore per Laura, così esclusivo e ossessionante, gli ha impedito di raggiungere i traguardi morali e intellettuali che invece Francesco, per le sue doti di natura, avrebbe potuto e dovuto ottenere («Ah, che grand'uomo saresti potuto riuscire, se ella con le seduzioni della bellezza non te n'avesse ritratto»), e se davvero lo ha trattenuto da alcuni vizi, lo ha spinto verso altri più gravi. Soprattutto, Laura lo ha distolto dall'amore di Dio, e quand'anche lo avesse ben indirizzato (come Francesco reclama: «l'amore di lei giovò, te l'accerto, a farmi amare Iddio»), è avvenuto per le ragioni sbagliate: dovrebbe essere l'amore per Dio a far amare la creatura, e non viceversa.

I TEMI E L'ESPRESSIONE

LA BELLEZZA DI LAURA: UNO «SPLENDIDO BARATRO»

Neanche in questa pagina, in cui Agostino pronuncia un giudizio severissimo sull'amore di Francesco per Laura, la donna viene biasimata o colpevolizzata: essa è **innocente**, anzi, opponendo all'amante la sua incorruttibile onestà, lo ha costretto, in qualche modo, a non peccare. Ma la pericolosità di Laura sta tutta nel modo in cui la donna è stata percepita dall'amante, e cioè nel **carattere ossessivo**, pervasivo, di un sentimento d'amore che ha finito per risucchiare tutta l'energia vitale dell'amante. E qui Agostino e Francesco dissentono radicalmente: mentre Petrarca considera comunque positiva la presenza di Laura nella sua vita, Agostino la vede come uno **«splendido baratro»**, in cui Francesco è precipitato per suo ostinato ed esclusivo volere. Stregato dallo splendore di lei, secondo Agostino Petrarca non è diventato il "grand'uomo" che era destinato a diventare; tutt'altro che migliorarlo, Laura ha limitato le sue facoltà, ha ristretto i suoi orizzonti, gli ha impedito di raggiungere la gloria a cui sarebbe stato chiamato. Questo è fondamentale per capire che i **tormenti** di Francesco circa il suo amore non sono (o almeno non sono soltanto) tormenti sensuali: **sono dubbi** profondi sul ruolo che l'amore per Laura ha avuto sulla sua personalità e sui risultati stessi della sua esistenza. E questo vale qui per il *Secretum* come poi per le rime petrarchesche.

L'INVERSIONE DELLA SCALA DI VALORI E DEI SENTIMENTI

Un altro peccato che secondo Agostino Laura ha indotto, pur innocente lei stessa, sta nell'**ordine** che Francesco osserva nella scala dei suoi sentimenti. Per lui sopra a ogni altra creatura si innalza Laura, che per la sua bellezza induce ad amare Dio che l'ha creata. È un atteggiamento di per sé tutt'altro che irreligioso, e che non esclude affatto l'amore e l'onore dovuto a Dio.

Ma è un **atteggiamento teologicamente rovesciato** e inaccettabile: Dio va amato prima e indipendentemente dalle sue creature e non attraverso o a causa di esse. Dunque, anche se Laura non esclude Dio, è il rapporto fra amore terreno e amore celeste che è radicalmente sbagliato.

UN GROVIGLIO DI CONTRADDIZIONI

Ci si può chiedere: che cosa Laura ha impedito a Petrarca di raggiungere, secondo l'accusa di Agostino? Che cos'era il "grand'uomo" che Petrarca poteva diventare, e non è diventato? Agostino sembra rimpiangere soprattutto che Francesco non abbia raggiunto proprio la grandezza umana a cui lo destinava la sua «virtuosa ... semenza nativa». Insomma, Petrarca non ha raggiunto la gloria e la fama che gli spettava, non riuscendo a superare la condizione di dispersione e **frammentazione dell'anima indotta dall'amore**. Ma altrove, nel testo, anche il desiderio di gloria e di fama sarà sottoposto da Agostino a una spietata analisi, come un altro impedimento alla perfezione spirituale. Siamo entrati in un circolo vizioso: Laura avrebbe impedito a Petrarca di sollevarsi alla vera fama, ma in pari tempo il desiderio di fama è deplorato esso stesso come un altro peccato...

Analisi e interpretazione Tipologia A

LEGGERE CON METODO

COMPRENSIONE GLOBALE

1. Agostino controbatte il ragionamento di Francesco confutando punto per punto le sue affermazioni. Ricostruisci la sua argomentazione completando la tabella.

Francesco afferma che	Agostino replica che
ha raggiunto la sua modesta gloria grazie a Laura	
le sue modeste virtù naturali sono state educate dagli esempi della donna	
Laura ha distolto il suo animo da ogni lordura	
lo ha spinto a mirare in alto e l'ha allontanato dal volgo	
per piacere a lei ha rinunciato ai piaceri e si è sottoposto a nobili fatiche e affanni	

2. Perché secondo Agostino l'amore per Laura ha allontanato Francesco dall'amore celeste?
AGOSTINO AFFERMA CHE DOVREBBE ESSERE L'AMORE VERSO DIO A FAR AMARE LA CREATURA E NON VICEVERSA

LA LINGUA E LE STRUTTURE

3. Analizza la complessa metafora delle righe 50-55: a quali personaggi è paragonata Laura? Qual è il significato del «precipizio» e dello «splendido baratro»? Perché quest'ultimo è detto «splendido»?
4. Quali autori antichi vengono citati in questo testo? Qual è la funzione di queste citazioni?

SCRIVERE CON METODO

COMMENTO

5. Il tema principale del passo è la contrapposizione tra due concezioni dell'amore: quella cristiana, incarnata da Agostino, e quella cortese (e in parte stilnovista) incarnata da Francesco. Confronta le due concezioni in un commento al testo di 30 righe al massimo.

5 Le raccolte epistolari: un autoritratto letterario a uso dei posteri

La lettera (epistola) come genere letterario Petrarca, come tutti gli intellettuali del suo tempo, scrisse moltissime lettere: questo modo di comunicare era allora, ovviamente, l'unico strumento efficace per mantenersi in contatto con le persone che costituivano la cerchia degli affetti e delle affinità culturali. La lettera, del resto, è sempre stata (ed è ancora, nonostante le radicali rivoluzioni imposte dall'informatica) un preciso genere letterario, e Petrarca, nel concepire diversi volumi composti dalle sue lettere, mette in luce molto chiaramente la **valenza letteraria delle sue pagine epistolari**, scegliendole e destinandole, a seconda della tipologia, a libri diversi. A parte le lettere mai confluite in alcuna raccolta (pubblicate in tempi moderni come *Extravaganti*), possiamo annoverare, come abbiamo visto, le *Familiares*, le *Seniles*, le *Sine nomine* (senza nome, ovvero senza indicazione di destinatario) e le *Epystolae metricae* (epistole in versi).

▶ T Su Dante Alighieri (*Familiares*, XXI, 5)

Le *Familiares* e le *Seniles* La prima raccolta comprende in tutto 350 lettere divise in ventiquattro libri, l'ultimo dei quali accoglie **lettere fittizie a personaggi famosi dell'antichità** (come per esempio Cicerone), a sottolineare il rapporto di "familiarità" che l'autore sentiva nei confronti del mondo classico. Comunque anche le **lettere "vere"**, che abbracciano un periodo che va dal 1325 circa al 1366, appaiono **fortemente rielaborate** rispetto a quelle effettivamente spedite ai destinatari. Di ogni lettera originale, infatti, Petrarca conservava una copia presso di sé, che utilizzava poi per gli interventi che riteneva opportuni in vista della pubblicazione. Dedicatario delle *Familiari* nel loro insieme è Ludwig van Kempen (il suo "Socrate"), l'amico musico, collega del poeta alla corte dei Colonna. Non sarà affatto casuale che, nonostante il prolungarsi verso il 1363-64 delle fasi di revisione dell'intera impalcatura della raccolta, l'opera possa dirsi conclusa nel 1361: in quest'anno infatti muore Ludwig, e Petrarca (privato anche del figlio Giovanni) comincerà la nuova silloge epistolare delle *Seniles*. Dopo il 1361, infatti, il grosso delle lettere scritte da Petrarca viene ad accorparsi intorno a un nuovo progetto che, per simmetria con il precedente, aveva un unico destinatario: Francesco Nelli, corrispondente anche di Giovanni Boccaccio e da Petrarca ribattezzato "Simonide", sostituisce la figura di "Socrate" nella funzione di dedicatario. Tuttavia il disegno delle *Seniles* non sarà completato con la stessa cura spesa per le *Familiares* e rimarrà sostanzialmente incompiuto.

▶ Paesaggio di Valchiusa disegnato da Francesco Petrarca, 1351 (Parigi, Bibliothèque Nationale). La didascalia in fondo alla pagina recita: *Transalpina solitudo mea iocundissima* («La mia beatissima solitudine transalpina»).

GUIDA ALLO STUDIO

1. Quali sono le tipologie in cui possono essere suddivise le lettere di Petrarca?
2. Di che cosa trattano le lettere *Familiares*? A chi erano dedicate nel loro insieme?
3. A chi erano dedicate le lettere *Seniles*?

T3

Familiares, IV, 1

La salita al monte Ventoso

AUDIOLIBRO

Anno: 1352-53
Genere: epistole
Argomento: un'ascesa al monte Ventoso diventa metafora dell'accidia del poeta

È una delle più celebri epistole familiari, indirizzata all'amico Dionigi da San Sepolcro, teologo e monaco agostiniano. Narra la salita di Petrarca e del fratello Gherardo al monte Ventoso, in Provenza. L'ascesa diviene però allegoria dell'ascesa spirituale del poeta, faticosa e continuamente contrastata dalla sua patologica tendenza a tergiversare.

Partiti nel giorno stabilito, giungemmo la sera a Malaucena, paese alle falde del monte, verso tramontana[1]. Ivi trattenutici un giorno, oggi finalmente, con due servi, facemmo la salita non senza molto stento, poiché la mole sassosa del monte è scoscesa e quasi inaccessibile; ma ben disse il poeta[2]: «l'ostinato lavoro vince ogni difficoltà». Il giorno lungo, l'aria mite, la buona volontà, il vigore e la destrezza delle membra e altre cose di tal genere favorivano gli alpinisti; solo era d'ostacolo la natura del luogo. Trovammo in una valletta del monte un vecchio pastore, che con molte parole cercò di dissuaderci dal salire, narrandoci che cinquant'anni fa, preso dal medesimo nostro ardore giovanile, egli era salito sulla cima, e non ne aveva riportato che delusione e fatica, e il corpo e le vesti lacerati dai sassi e dai pruni; né mai egli aveva udito che altri, prima o dopo di lui, avesse fatto quel tentativo. Mentre egli così si scalmanava, in noi - com'è nei giovani, restii ad ogni consiglio - cresceva per quel divieto il desiderio. E allora il vecchio, visti inutili i suoi sforzi, fattosi alquanto avanti ci mostrò col dito un erto sentiero, dandoci molti avvertimenti e ripetendoceli alle spalle quando già eravamo lontani. Dopo aver lasciato presso di lui vesti e altri oggetti che avrebbero potuto esserci d'imbarazzo, soli ci accingemmo all'ascensione e c'incamminammo pieni di voglia. Ma, come spesso accade, a quel primo grande sforzo seguì presto la stanchezza; sicché ci fermammo su una rupe non molto lontana. Ripartiti di lì, avanzammo, ma più lentamente; io soprattutto m'arrampicavo per il montano sentiero con passi più moderati, mentre mio fratello per una scorciatoia attraverso il crinale del monte saliva sempre più in alto; io, più fiacco, ridiscendevo verso il basso, e a lui che mi chiamava mostrandomi la via giusta rispondevo che speravo di trovare un più facile accesso dall'altro fianco del monte, e che non mi rincresceva di fare una via più lunga ma più agevole. Era questo un pretesto per scusare la mia pigrizia, e mentre i miei compagni erano ormai in cima, io erravo ancora per le valli senza che mi apparisse da alcuna parte una via migliore; il cammino diveniva più lungo e l'inutile fatica mi stancava. Finalmente, ormai annoiato e pentito di quegli andirivieni, mi decisi a dirigermi direttamente in su; e quando, stanco e affamato, ebbi raggiunto mio fratello che s'era ormai rinfrancato con un lungo riposo, per un poco procedemmo di pari passo. Avevamo appena lasciato quel colle, ed ecco che, dimentico del primo errore, io comincio a rivolgermi in basso, e di nuovo, attraverso le valli alla ricerca di una via più facile, mi trovo in mezzo a gravi difficoltà. Io cercavo di differire la noia del salire, ma la natura non cede all'umana volontà, né può essere che un corpo scendendo guadagni in altezza. Che più? Tra le risate di mio fratello in poche ore ciò mi successe tre volte e anche più.

1. **tramontana:** nord.
2. **poeta:** è Virgilio, del quale viene qui citato un verso delle *Georgiche* (I, 145-46).

[Arrivato infine alla cima del monte, Petrarca s'immerge nei suoi pensieri. Intanto cala la sera; il poeta si riscuote, quasi meravigliato che il sole stia ormai tramontando. Intorno a lui, il paesaggio maestoso che si gode dal monte Ventoso.]

I Pirenei, che son di confine tra la Francia e la Spagna, di lì non si vedevano, non, io credo, per alcun ostacolo che si frapponga, ma soltanto per la limitatezza della nostra vista; chiaramente si vedevano invece, a destra, i monti della provincia di Lione, e a sinistra il mare di Marsiglia e quello che bagna Acque Morte[3], lontani alcuni giorni di cammino; il Rodano era sotto i nostri occhi. E mentre tutte queste cose a una a una ammiravo, e ora m'intrattenevo in pensieri terreni, ora sollevavo l'anima, sull'esempio del corpo, a meditazioni più alte, mi venne in mente di consultare le *Confessioni* di Agostino, dono della tua amicizia; libro che, in memoria dell'autore e del donatore, porto sempre con me e sempre ho tra mano; libretto di piccola mole, ma pieno di dolcezza. L'apro per leggere quel che mi capitava; e cosa mi poteva capitare, che non fosse pieno di pietà e di devozione? Mi venne sott'occhio il decimo libro. Mio fratello, aspettando per la mia bocca una parola di Agostino, era tutto orecchi. Chiamo a testimone Dio e lui ch'era presente, le prime parole che vidi furono: «E gli uomini se ne vanno ad ammirare gli alti monti e i grandi flutti del mare e i larghi letti dei fiumi e l'immensità dell'oceano e il corso delle stelle; e trascurano se stessi.» Stupii, lo confesso; e detto a mio fratello, il quale desiderava ascoltare ancora, che non mi disturbasse, chiusi il libro, adirato contro me stesso per quella mia ammirazione delle cose terrene, quando da un pezzo avrei dovuto imparare anche dai filosofi pagani che niente è degno d'ammirazione fuorché l'anima, per la quale nulla è troppo grande.

3. **Acque Morte:** si tratta della città di Aigues-Mortes, nell'attuale regione francese di Linguadoca-Rossiglione.

T3 Dentro il testo

IN SINTESI

La lettera intende proporre al lettore un doppio messaggio. Innanzitutto, essa istituisce un preciso parallelismo fra l'esperienza fisica della salita al monte e quella spirituale dell'ascesi e dell'innalzamento verso la perfezione interiore. È Petrarca stesso che, riflettendo fra sé, attribuisce alle circostanze della gita un significato metaforico, che allude alle difficoltà e alle contraddizioni della sua vita interiore: il suo tergiversare, il suo pretendere di salire cercando paradossalmente vie piane e più agevoli («speravo di trovare un più facile accesso dall'altro fianco del monte [...] non mi rincresceva di fare una via più lunga ma più agevole»). Il secondo messaggio è quello che proviene dalla citazione di sant'Agostino che Petrarca trova, aprendo a caso le *Confessioni*, e che si rivela quasi prodigiosamente adatta al momento. Proprio sulla cima del monte Ventoso, dopo una così lunga fatica, la voce di Agostino ammonisce Petrarca che non nella contemplazione di panorami esteriori, per quanto grandiosi, sta la verità, ma nel guardarsi dentro («gli uomini se ne vanno ad ammirare gli alti monti ... e trascurano se stessi»). Come dire che la gita è stata in realtà uno sforzo inutile: i veri percorsi, i veri e fruttuosi itinerari sono quelli che l'uomo compie nella sua interiorità.

I TEMI E L'ESPRESSIONE

FRANCESCO E GHERARDO A CONFRONTO

Il valore metaforico dell'**ascesa al monte Ventoso** risulta particolarmente evidente dal contrasto, su cui insiste Petrarca, fra il comportamento "alpinistico" suo e quello del più giovane fratello Gherardo. Quest'ultimo vede subito la **via più diretta** per giungere alla cima, sul crinale del monte: via erta e faticosa, ma semplice e più breve. Francesco, invece, tergiversa: cerca una **via più piana**, meno difficile anche se più lunga, addirittura scende nella presunzione evidentemente assurda di avvicinarsi comunque alla cima, perde la strada, e alla fine raggiunge il fratello solo dopo avere perso molto tempo e, in fondo, avere fatto più fatica. Il comportamento di Francesco alpinista è una perfetta **metafora della sua vita morale**, quale appare soprattutto nel *Canzoniere* e nel *Secretum*: egli vorrebbe giungere alla meta della propria perfezione spirituale, ma per vie traverse, contraddittorie, che lo fanno tornare su se stesso in un movimento incessante ma, in fondo, inefficace. In Gherardo invece, che sprona il fratello alla via più breve, e ride dei suoi goffi tentativi di evitare la strada più diretta, si rispecchia un'indole più semplice e più coraggiosa: quella di cui egli darà prova entrando in convento. Egli tirerà così le conclusioni di una conversione spirituale che Francesco vagheggerà sempre, ma senza arrivarci mai.

LA CITAZIONE DI SANT'AGOSTINO

Da quale contesto viene la citazione agostiniana su cui cade l'occhio di Petrarca e che tanto lo colpisce sulla sommità del monte Ventoso? Si tratta in realtà di un paio di righe alle quali, come di consueto, Petrarca adatta un significato proprio a costo di ritagliarle dal contesto di cui facevano parte, e che suona così: «E vanno gli uomini a contemplare le cime dei monti, i vasti flutti del mare, le ampie correnti dei fiumi, l'immensità dell'oceano, il corso degli astri e trascurano se stessi; non si stupiscono che mentre io rammento tutte queste cose non le vedo con gli occhi, ma non potrei rammentarle se i monti, i flutti, i fiumi, le stelle che conosco per averle viste, o l'oceano di cui ho soltanto sentito parlare non li contemplassi nella mia memoria così smisurati nello spazio come se li avessi lì davanti». Il passo delle ***Confessioni*** è tratto da una delle pagine agostiniane più belle, in cui si scandagliano con attonito stupore le meraviglie della memoria umana, di questo "magazzino della mente" in cui si accumulano sensazioni, nozioni, concetti, secondo procedure di cui noi stessi non abbiamo coscienza. Il **mistero della memoria** era dunque al centro della pagina che Petrarca apre al culmine della sua ascensione; Agostino voleva sottolineare che il mondo esterno è già tutto immagazzinato nell'interiorità dell'uomo attraverso le sue facoltà memoriali. Petrarca, invece, legge la frase in senso moralistico, come un ammonimento a **rientrare in se stessi** e a dare il primato alle esperienze spirituali. È il suo modo di leggere gli autori più cari: appropriandosene, per farli rientrare all'interno del proprio discorso autobiografico.

Analisi e interpretazione Tipologia A

LEGGERE CON METODO

COMPRENSIONE GLOBALE

1. Dividi il brano in sequenze (dovrai individuarne tre); riassumi il testo in non più di 20 righe.
2. Metti a confronto il diverso modo di procedere di Francesco e di Gherardo.

LA LINGUA E LE STRUTTURE

3. Quali autori vengono citati nel passo? Di quale o quali culture sono rappresentativi?

I TEMI E L'INTERPRETAZIONE

4. Di ciascuno dei seguenti elementi del racconto indica il significato allegorico:
   - l'entusiasmo con il quale gli alpinisti affrontano la prima parte dell'ascensione
   - le difficoltà della salita, la stanchezza e la lentezza crescente del cammino
   - Gherardo che sceglie la strada più faticosa ma più breve
   - Francesco che tergiversa, cercando una strada più comoda anche se lunga
   - il paesaggio, molto bello e vasto, ma parziale per i limiti della vista umana
   - la lettura del testo di sant'Agostino

SCRIVERE CON METODO

APPROFONDIMENTI E CONFRONTI

5. Sul modello della lettera di Petrarca, scrivi una lettera a un amico (circa due pagine) raccontando un evento da cui hai tratto un insegnamento importante.

"RERUM VULGARIUM FRAGMENTA"

6 Il *Canzoniere*: un "romanzo" che non comincia (e non finisce) mai

▸ T Quella fenestra ove l'un sol si vede (100)

LA PAROLA A...
Stefano Agosti
▸ T Fiamma dal ciel su le tue trecce piova (136)
▸ T Passa la nave mia colma d'oblio (189)
▸ T I' vo pensando, et nel penser m'assale (264) [testo integrale]
▸ T Gli occhi di ch'io parlai sì caldamente (292)
▸ T E' mi par d'or in hora udire il messo (349)
▸ T Vergine bella, che di sol vestita (366)

Il titolo dell'opera La raccolta di poesie di Francesco Petrarca, comunemente detta *Canzoniere*, è in realtà stata designata dal suo autore con un titolo latino: ***Rerum vulgarium fragmenta*** ("Frammenti di cose in volgare"). Esso rimanda al carattere occasionale dei componimenti (*fragmenta*), sottolineando lo scarso prestigio derivante dall'essere scritti in volgare anziché in latino (*rerum vulgarium*). Però si badi che anche le *Familiares* e le *Epystolae metricae*, scritte in latino, sono presentate ai rispettivi dedicatari come *nugae*, cioè "sciocchezze, bagattelle, cosucce". Non è quindi solo questione di volgare o latino. In realtà sia le epistole in latino sia le rime volgari rappresentano una produzione di carattere intimo, personale, che Petrarca ostenta sempre di guardare con un certo distacco rispetto alle opere di erudizione e di riflessione etico-filosofica. Il progetto di ricomporre una propria **autobiografia coerente**, tramite selezione e correzione dei materiali del passato, contrasta dunque con questa insistenza sulla frammentarietà delle opere che prendono vita da quello stesso impulso. Petrarca riprende in mano le antiche carte, cerca di ricavarne un discorso organico, unitario, ma sembra confessare egli stesso per primo la sua incapacità di superare un limite invalicabile: la sua sarà un'**autobiografia discontinua**, **per frammenti**, e le sue rime rimarranno «sparse», momenti staccati della storia di un'anima che inutilmente cerca un suo centro, una sua continuità morale e spirituale.

Il «libro» e il «frammento» Questo contrasto fra il «libro» e il «frammento», cioè fra l'intenzione unitaria del *Canzoniere* e il suo frantumarsi in «rime sparse», è fondamentale per la comprensione dell'opera. Essa infatti è tutt'altro che una semplice antologia o raccolta di liriche: vuole essere un «libro», un organismo unitario, portatore di un unico messaggio coerente. Ne consegue che nei *Rerum vulgarium fragmenta* ogni singolo «frammento», ogni lirica, è leggibile in sé, come momento staccato e in sé compiuto; tuttavia, allo stesso tempo esso è inserito in un sistema, di cui fa parte e da cui riceve significati ulteriori.

Una storia di conversione mancata Nei *Rerum vulgarium fragmenta* Petrarca ci vuole presentare, sull'esempio delle *Confessiones* di Agostino, una storia esemplare di peccato e di redenzione. Questo proposito è evidente innanzitutto nella struttura del libro, diviso in due parti comunemente indicate come ***In vita*** e ***In morte di madonna Laura***, e nelle liriche che occupano le posizioni strategiche all'interno del libro stesso: il sonetto iniziale (*Voi ch'ascoltate in rime sparse il suono*), la canzone che inaugura la seconda parte *I' vo' pensando*, e la chiusa, costituita dall'ultimo sonetto di tipo intimo e autobiografico (*I' vo piangendo i miei passati tempi*) e dalla grande canzone finale alla Vergine (*Vergine bella, che di sol vestita*).

◂ Maestro della Novella, frontespizio miniato del *Canzoniere*, XV secolo (Venezia, Museo Correr).

Tutte queste composizioni inquadrano saldamente l'opera entro uno **schema penitenziale.** Nel sonetto d'inizio, Petrarca si distanzia dal suo "sé" di un tempo, respinge l'amore come un «giovenile errore», chiede ai suoi interlocutori «pietà, nonché perdono», ovvero comprensione e assoluzione della sua antica follia. A sua volta la canzone *I' vo pensando* costituisce un approfondito esame di coscienza, lucido quanto sfiduciato (si veda la chiusa: «et veggio 'l meglio, et al peggior m'appiglio»), e presenta rapporti strettissimi col *Secretum*, con cui condivide la finissima capacità d'analisi introspettiva e, allo stesso tempo, la scoraggiante certezza di non farcela a mutare veramente vita. Infine, nell'ultimo sonetto, che precede la canzone alla Vergine, Petrarca torna a deplorare i suoi «passati tempi», allontana da sé la donna amata considerandola «cosa mortale», indegna di una passione tanto lunga ed esclusiva, e si affida al perdono divino.

Lo schema, dunque, è penitenziale, ma il senso complessivo del libro è ben lontano dal rappresentare il racconto di una vera e propria *mutatio vitae*. Anche nel *Canzoniere*, in realtà, Petrarca non si smuove dalle posizioni di *Franciscus* nel *Secretum*: soffre, smania, versa amare lacrime, si guarda dentro con implacabile lucidità, denunzia le sue debolezze, ma **non riesce a invertire il senso della sua esistenza**, a mutare veramente vita.

Un "romanzo" che non decolla «Questo amore è dunque la prima pagina di un romanzo; ci manca il romanzo o la storia. Perché si ha storia, quando i fatti generano fatti, quando i sentimenti si sviluppano e, giunti all'ultima intensità, si trasformano in sentimenti di altra natura. Qui hai una folla di piccoli accidenti, staccati, l'uno fuori dall'altro: i fatti variano, il fondo rimane lo stesso» (Francesco De Sanctis, *Saggio critico sul Petrarca*). Il giudizio desanctisiano è ancora di grandissima attualità. Petrarca sembra volerci raccontare la storia del suo amore per Laura, prima e dopo la morte di lei, così come sembra volerci mettere sotto gli occhi un **percorso di conversione** compiuto, dal «primo giovenile errore» al ravvedimento della maturità. Ma come il *Canzoniere* non è il resoconto di una conversione, così non è nemmeno un romanzo d'amore. **Laura è una presenza evanescente**, che non interagisce col poeta, sempre uguale a se stessa, contemplata più nella memoria che rappresentata in presa diretta. Niente avviene tra i due che smuova la situazione iniziale: lui innamorato, lei distante e imprendibile.

Una storia senza tempo Il fatto è che **il tempo**, come successione di eventi che fanno progredire una storia, nel Petrarca del *Canzoniere* **non c'è**. La canzone introduttiva alla seconda parte del *Canzoniere*, che abbiamo già menzionato, rappresenta un caso esemplare. La seconda parte dell'opera è comunemente detta *In morte di madonna Laura*, ma è un'inesattezza: la canzone 264, *I' vo pensando*, è, come già detto, un grande esame di coscienza, che presuppone Laura ancora viva. La notizia della sua morte arriva solo dopo alcuni sonetti, al 267: «Oimè il bel viso, oimè il soave sguardo». Questa sconnessione non è, evidentemente, casuale. Nemmeno la morte di Laura riesce a strutturare narrativamente il libro, spartendolo fra una prima e una seconda parte: come dire che il mondo esterno non conta, e che anche l'evento più traumatico della "storia" (chiamiamola così) viene narrativamente depotenziato, visto che non la notizia della morte dell'amata, ma un solenne esame di coscienza, ha il compito strutturale di segnare il confine tra prima e seconda parte.

Falso movimento: i sonetti anniversari Una manovra simile si osserva anche in occasione degli **anniversari dell'innamoramento**, che rappresentano un vero e proprio «genere» a sé nelle rime petrarchesche. Sono sonetti celebrativi di quel famoso 6 aprile 1327, quando Petrarca vide per la prima volta in chiesa, ad Avignone, durante la liturgia del Venerdì santo, la donna che poi avrebbe cantato per tutta la vita. È una data importante, tanto che Petrarca la falsifica, per intensificarne il valore simbolico (il 6 aprile 1327 non era un venerdì). A quella data Petrarca dedica il sonetto 3 (*Era il giorno ch'al sol*

▲ Laura e Petrarca, affresco dalla casa di Petrarca ad Arquà, XVI secolo.
1 Dalla testa di Francesco spunta un ramo di alloro, simbolo dell'incoronazione poetica.
2 L'affresco fa parte di un ciclo, anonimo, realizzato nel Cinquecento.

si scoloraro), il 62 (*Padre del ciel, dopo i perduti giorni*, undicesimo anniversario), 79 (*S'al principio risponde il fine e'l mezzo*, quattordicesimo anniversario), 118 (*Rimansi a dietro il sestodecimo anno*, sedicesimo anniversario), 122 (*Dicesette anni à già rivolto il cielo*, diciassettesimo anniversario), 211 e 212 (il ventennale: «Mille trecento ventisette, a punto / su l'ora prima, il dì sesto d'aprile»; «Così venti anni, grave et lungo affanno»). Dunque, sembra che ci troviamo di fronte quasi a un **diario**: Petrarca registra puntualmente il passare del tempo e l'evolversi della storia amorosa. Il fatto è che, a leggere i sonetti di anniversario, ci si accorge che l'intenzione di Petrarca non è affatto quella di far progredire una "storia", bensì piuttosto di fermare il tempo, di azzerare il progredire naturale degli eventi, ribadendo ogni volta, ostinatamente, che oggi è come undici, quattordici, sedici anni fa: «e parmi che pur dianzi / fosse il principio di cotanto affanno», com'egli dice nel sonetto 118. E non sembri un atteggiamento romantico: Petrarca non sta semplicemente affermando di essere innamorato come il primo giorno. Nello stesso sonetto, egli sottolinea la permanenza, durante tanti anni, non semplicemente dell'amore, ma della **tormentosa indecisione** che quell'amore porta con sé: «Or qui son, lasso, et voglio esser altrove; / et vorrei più volere, et più non voglio; / et per più non poter fo quant'io posso». Fino alla chiusa: «né per mille rivolte ancor son mosso», che è come dire: "con tutto il mio agitarmi non mi sono, in realtà, smosso di un millimetro dalla condizione di sedici anni fa". Questo agitarsi senza muoversi, questo **falso movimento** rappresenta l'aspetto più straordinario, e moderno, dei *Rerum vulgarium fragmenta*. Esso finisce col rappresentare nel libro una vera e propria **malattia della volontà**, che sembra sempre sul punto di emettere un atto decisivo, e subito dopo si smentisce, impedendo così un vero e proprio progresso romanzesco e narrativo. Forse l'esempio più clamoroso è quello della coppia di sonetti anniversari 61 e 62. Nel primo, *Benedetto sia 'l giorno, e 'l mese, et l'anno*, Petrarca celebra entusiasticamente il suo amore per Laura, benedicendo il giorno in cui l'ha incontrata; nel secondo, *Padre del ciel, dopo i perduti giorni*, egli invoca l'aiuto del Padre celeste per essere liberato dal «dispietato giogo» amoroso, e guardando indietro agli undici anni trascorsi li giudica severamente: «perduti giorni», «notti vaneggiando spese». Si tratta certo di un caso limite, ma il *Can-*

zoniere è in realtà fatto un po' tutto così: Petrarca afferma e nega, vuole e disvuole, gioisce e si pente, piange il tempo sprecato nell'amore e lo celebra come il tempo meglio speso, senza **mai arrivare a un punto fermo**, senza mai disegnare una linea davvero evolutiva della sua storia interiore.

▾ Altichiero da Zevio, *Petrarca nel suo studio di Arquà*, affresco della Sala dei Giganti (Padova, Palazzo del Liviano).

❶ Il poeta è rappresentato come uno studioso, attorniato dai suoi libri.

❷ Si noti però il paesaggio dei colli di Arquà sullo sfondo, allusivo alla pace ritrovata da Petrarca nei suoi ultimi, meno irrequieti, anni di vita.

In morte di madonna Laura Anche la seconda parte, dopo la morte di Laura, **non conosce autentiche variazioni**, per quanto questo possa apparire paradossale. Dire che nella seconda parte tutto rimane come prima sarebbe, evidentemente, eccessivo: l'evento della morte pesa inevitabilmente su questa sezione del *Canzoniere*. Però, anche qui, la storia non va avanti, e il poeta non arriva neanche adesso a una risoluzione dei suoi tormenti interiori. I luoghi, le occasioni, le antiche circostanze dell'amore vengono rivisitati e ripercorsi di continuo, con un esercizio assiduo di memoria: ma, d'altronde, anche nella prima parte, Laura era una presenza soprattutto mentale, memoriale. È vero comunque che la presenza di Laura muta in parte, e in questo senso sono certamente notevoli i sonetti in cui essa appare in sogno al poeta, «più bella et meno altera» (sonetto 302), promettendogli di aspettarlo in cielo e quasi facendogli intravedere una loro riunione oltre la morte. Ma **Laura non diventa mai Beatrice**. Le sue apparizioni sono appunto sogni, **illusioni effimere**, e a questi "ritorni" di Laura si oppongono d'altronde le poesie in cui la sua scomparsa è vista nella sua dimensione più fisica, materialistica, quasi con crudezza, come nel sonetto 292, in cui le bellezze della donna (gli occhi, le braccia, le mani, i piedi, il viso, le chiome, il riso) sono ricordate per dire che adesso «poca polvere son, che nulla sente». L'ambiguità dell'amore per Laura rimane dunque fino in fondo: per quanto creatura celeste, per quanto ascesa in Paradiso, neanche lei riesce a pacificare veramente il poeta, a intercedere per lui come la Beatrice dantesca, a trasformare l'amore antico in una vera strada di elevazione spirituale e di redenzione. Laura morta fa intravedere a Petrarca dei **barlumi di luce paradisiaca**: ma questo evidentemente non basta. Altrimenti non si spiegherebbe la chiusa del libro, nella quale il poeta, tutt'altro che redento e in pace con se stesso, deve, come abbiamo visto, allontanare da sé Laura, «cosa mortale» (altro che Beatrice!) per sperare di essere degno, lui, incapace di sollevarsi al cielo, della Grazia divina.

La lingua del *Canzoniere* Petrarca si dedicò con particolare puntiglio al **raffinamento stilistico e linguistico** delle sue rime volgari, arrivando a **creare una lingua poetica** che detterà legge per secoli, nella nostra letteratura, fino a Leopardi e poi ancora oltre, nel Novecento di Ungaretti e di Saba. Anche qui, è d'obbligo il confronto con la lingua di Dante: rappresentante quest'ultimo, secondo la felice definizione di Gianfranco Contini, di un «plurilinguismo», o «multilinguismo», a cui si oppone radicalmente il «monolinguismo» petrarchesco. Si vuol dire, con questo, che mentre Dante presenta una straordinaria varietà di registri stilistici e linguistici, dall'osceno al sublime, Petrarca invece parla con un unico tono di voce, con un'unica e **pochissimo variata tonalità linguistico-stilistica**. È evidente che la diversità dei due capolavori non poteva che sortire questo effetto: laddove Dante, dalle bolge infernali alla candida rosa paradisiaca, attraversa situazioni estreme, contrastanti, e incontra un'infinita varietà di tipi umani e morali, nel *Canzoniere* **Petrarca non incontra che se stesso.** Ne deriva una lingua uniforme, linguisticamente selettiva, in cui il vocabolario della realtà di tutti i giorni stenta a penetrare. Se lo stile della *Commedia* poteva dirsi comico, proprio perché mescolato, misto, variegato, quello di Petrarca è dunque l'opposto: semmai è nel suo latino che si può osservare una gamma espressiva e una varietà stilistica maggiore, ma le rime volgari sono chiuse entro una lingua raffinatissima, sempre uguale a se stessa.

GUIDA ALLO STUDIO

1. Qual è il titolo originale dato da Petrarca al *Canzoniere*? A che cosa fa riferimento?
2. In quante parti è solitamente divisa la raccolta? A che cosa è dedicata ciascuna parte?
3. Perché il percorso del *Canzoniere* può essere definito "penitenziale"?
4. La figura di Laura e il sentimento che Petrarca prova per lei evolvono nel corso dell'opera oppure restano sempre uguali a se stessi?
5. A quale data e a quale evento fanno riferimento i sonetti anniversari?
6. Che cosa cambia nell'atteggiamento del poeta nella seconda parte del *Canzoniere*? Che cosa resta invece uguale?
7. In che cosa consiste il «monolinguismo» di Petrarca?

A COLPO D'OCCHIO — Il *Canzoniere*

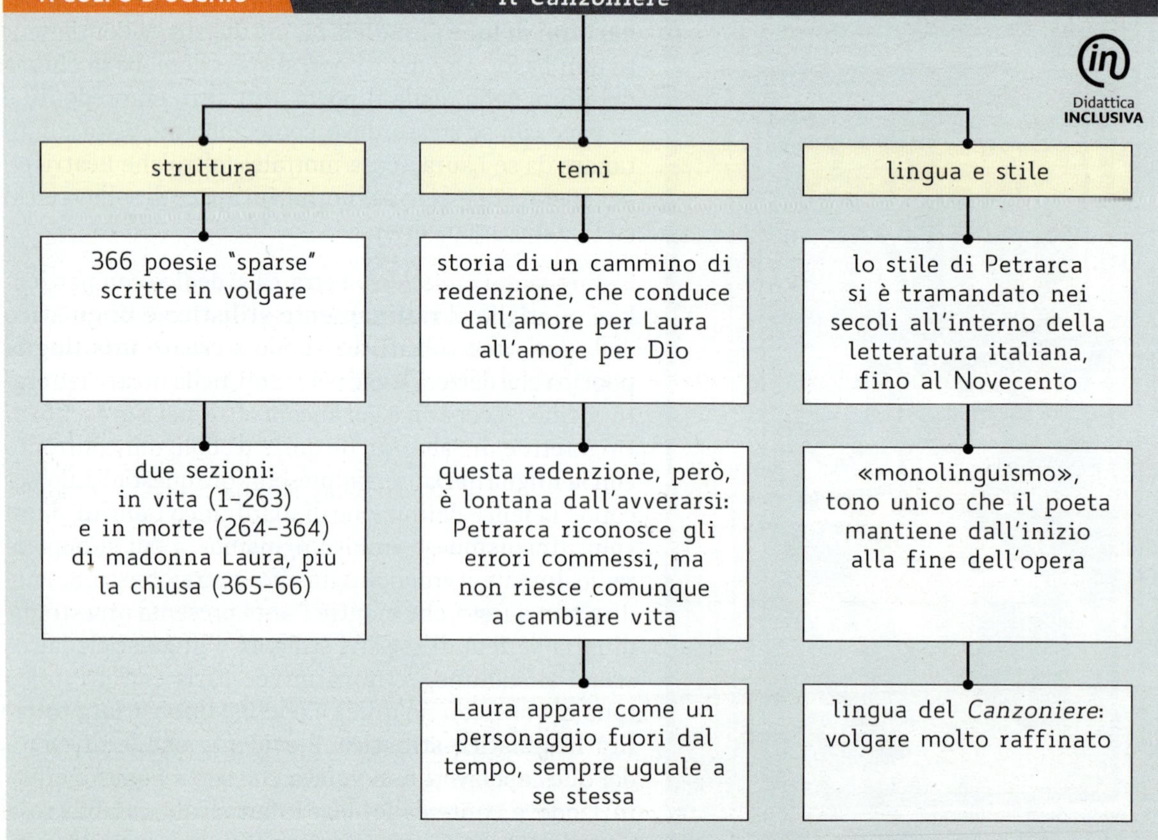

NELL'OFFICINA DELLO SCRITTORE — La redazione del *Canzoniere*

GENESI DELL'OPERA

Nella prima lettera delle *Familiares*, dedicata «al suo Socrate», l'amico Ludwig van Kempen, Petrarca spiega in dettaglio l'origine del libro di epistole familiari di cui quella prima lettera costituisce l'introduzione. Egli sostiene di essersi reso conto di avere la casa impicciata da «un'enorme quantità di scritti di vario genere, sparsi e abbandonati». Allora ha cominciato a frugare in quegli antichi cassetti, ingombrati di carte mezzo corrose, mangiate dai topi e dalle tignole, coprendosi di polvere lui stesso; e il primo impulso è stato quello di buttare tutto nel fuoco. «Ma poi», scrive Francesco, «mi sono detto: che cosa ti impedisce, come da una altura un viaggiatore stanco per il lungo cammino, di riguardare indietro e di ripercorrere, misurandole una a una, le pene della tua giovinezza? [...] Ma in tutto quel caos, non ti so dire quanto quei fogli mi apparissero torbidi e incolori; alcuni non li riconoscevo neppure, e non perché fosse mutato il loro aspetto, ma perché era cambiato il mio modo di pensare; altri invece, mi suscitavano, non senza un certo compiacimento, il ricordo del tempo trascorso». Di quali carte si trattava? Petrarca dice di aver trovato lettere in latino, in prosa e in poesia, e liriche in volgare. Di quelle carte, Petrarca afferma di averne buttate sul fuoco «mille e più pezzi»; col resto, attraverso un'opera di **paziente correzione stilistica e di riscrittura**, ha composto i volumi delle lettere familiari in prosa, dedicate a Ludwig, e delle *Epystolae metricae*, in poesia, che egli intende dedicare a un altro amico, Barbato da Sulmona. Il destino delle rime volgari, ritrovate in quelle cartacce, non viene esplicitato in questa lettera: ma esso è, evidentemente, il *Canzoniere* di Petrarca, i *Rerum vulgarium fragmenta*. Il libro di rime nasce, infatti, negli stessi anni delle raccolte epistolari (l'epistola a Socrate è datata 13 gennaio 1350) e fa parte di un progetto integrale di selezione, riscrittura e sistemazione della propria opera: o meglio, di quella parte della propria opera che aveva carattere più personale, e che si prestava a un'unica, complessiva operazione autobiografica. In questo senso, è chiarissima la genesi del *Canzoniere*. Il poeta si guarda indietro, e dall'**insieme confuso** delle rime scritte fino a quel momento fa emergere l'idea di un'**opera organica**, in cui tutti i singoli pezzi, i *frammenta*, si compongono in un discorso autobiografico compiuto.

I MANOSCRITTI AUTOGRAFI

Il *Canzoniere* è fatto di 366 componimenti: un proemio, più una composizione per ogni giorno dell'anno, quasi una sorta di breviario laico. Così l'opera ci appare nella sua versione definitiva, testimoniata dal Codice Vaticano Latino 3195, in parte autografo; ma dalle prime prove poetiche (forse già negli anni Trenta del Trecento) fino a questa redazione la raccolta passò attraverso **vari stadi**, o "forme" successive: alcune ci sono arrivate materialmente, in forma di testimonianze manoscritte autonome; l'esistenza di altre è desumibile per deduzione, da notizie ricavabili da fonti varie. Tra le principali: la cosiddetta «redazione Correggio» (perché una sua copia era destinata ad Azzo da Correggio), risalente agli anni 1356-58, che comprendeva soltanto 171 componimenti; la «forma Chigi» (conservata nel codice Vaticano Chigiano L.V.176, di mano di Boccaccio), comprendente 204 testi che sicuramente Boccaccio aveva visto e copiato nella sua visita a Petrarca, a Venezia, nel 1363; la «forma di Giovanni», consistente nelle parti del Vaticano 3195 trascritte non da Petrarca, ma dal suo scriba Giovanni Malpaghini negli anni in cui era al suo servizio (1366-67). Va anche notato che altre forme intermedie si ricavano dalle preziose indicazioni di un altro autografo petrarchesco, il cosidetto «codice degli abbozzi», sempre conservato nella Biblioteca Vaticana (Cod. Vat. 3196).

SCRITTURE E RISCRITTURE

Dunque, mentre di Dante non si conserva niente di autografo, neanche una firma, l'**abbondanza di testimonianze autografe** petrarchesche è assai ingente. Ciò ha permesso di seguire da vicino il formarsi nel tempo del capolavoro petrarchesco, che arriva alla sua forma finale attraverso un assiduo lavoro di trasformazione e di correzione. Tale lavoro investe non soltanto il singolo componimento, che spesso l'autore scrive e riscrive, ma anche l'ordinamento del *Canzoniere*, dove la disposizione dei vari pezzi passa attraverso molte varianti, che naturalmente cambiano in modo decisivo il significato del "romanzo spirituale" che Petrarca sta cercando di comporre. L'esempio più eloquente in tal senso riguarda proprio la chiusa del libro. Solo nella primavera del 1374 (Petrarca sarebbe morto in luglio) una nuova numerazione nell'autografo del *Canzoniere* spostò tutto un blocco di sonetti (gli attuali 362-65) alla fine del libro, dove oggi li leggiamo, saldandoli con la canzone finale alla Vergine. In questo modo, Petrarca venne a chiudere il suo canzoniere - prima della canzone-preghiera alla Vergine - col sonetto *I' vo piangendo i miei passati tempi*, che assume così il carattere di un resoconto finale e definitivo: una condanna senz'appello dell'amore per Laura, che si ricollega pertanto perfettamente col sonetto iniziale *Voi ch'ascoltate*. È un caso lampante di come Petrarca lavorasse sino alla fine al significato complessivo del suo *Canzoniere*, e di come la collocazione di un "pezzo" nella serie non sia affatto indifferente per il significato del libro nel suo insieme.

LA PAROLA A... **Marco Santagata**

La crisi dei quarant'anni

Marco Santagata, a cui si deve il più moderno e pregevole commento del *Canzoniere*, fa qui il punto sulla situazione esistenziale da cui nacque la raccolta di rime petrarchesca. Egli individua negli anni Quaranta del Trecento (precisamente fra il 1347 e il 1353: il poeta aveva tra i quarantatré e i quarantanove anni) una svolta essenziale nella vita di Petrarca, che si traduce in un riordino radicale dei suoi scritti e dei suoi progetti di scrittura, da cui nascono sia i *Rerum vulgarium fragmenta*, sia le raccolte di lettere. Ma, secondo Santagata, questo non sarebbe successo se Petrarca non avesse avuto in mente dei precisi modelli letterari, filosofici, morali. Riordinando i suoi scritti, alle soglie dell'età matura, egli intende infatti mettersi sulle orme dei "suoi autori": Seneca, Cicerone, sant'Agostino. Egli vuole costruire, di sé, il ritratto del saggio (ispirato alla filosofia antica), ormai pacatamente lontano da ogni passione, e anche del "santo" cristiano, convertito dagli errori giovanili a una vita migliore.

Rieccoci, dunque, al punto da cui eravamo partiti: agli anni fra il 1347 e il 1353. All'esterno infuria la peste e il mondo a Petrarca più familiare in poco tempo si sfalda; dentro di lui crescono l'inquietudine e l'incertezza sul da farsi. Deve prendere atto che un'epoca della sua vita si è conclusa, ma stenta ad immaginarne gli scenari futuri. Questo, possiamo esserne certi, è un periodo di bilanci. E possiamo anche credere che il consuntivo non lo abbia soddisfatto. È vero, egli era famoso, la sua autorità morale travalicava i circoli letterari, non pochi addetti ai lavori lo consideravano, vivente, già un classico; ma un uomo tanto angosciato, come egli era, dalla labilità delle cose umane e quasi ossessionato dalla necessità di vincere il silenzio che incombe su di noi lasciando un segno del nostro passaggio, un uomo simile non può non essersi chiesto a quale monumento fosse affidata la sua fama presso i posteri. [...] Durante la crisi di cui stiamo parlando il desiderio di mettere ordine nell'immagine che egli aveva di se stesso e che trasmetteva al pubblico deve essersi fatto più acuto che nel passato. Non credo, tuttavia, che sarebbe riuscito a tradursi in un progetto coerente e praticabile se Petrarca non avesse trovato alcuni precisi modelli culturali ai quali agganciarlo, o, meglio, con i quali identificarlo. È quanto, per l'appunto, avvenne in quel frangente.
La filosofia stoica, assorbita dalle pagine di Cicerone, Seneca e Agostino, gli veniva fornendo un modello teorico di saggezza. Saggio è l'uomo che non si lascia trascinare né dalle passioni o dai turbamenti interiori, né dagli eventi della vita sociale, ma che in qualunque circostanza mantiene l'animo tranquillo e il completo controllo di sé. L'opposizione di base è fra l'unità dell'io e il fermo predominio della coscienza, da una parte, e la dispersione o, come oggi diremmo, l'alienazione del soggetto, dall'altra. La difficile dialettica tra "io" diviso e "io" ricomposto deve avere sempre esercitato una particolare attrazione su Petrarca, fin da quando aveva cominciato a percepire quanta forza seduttiva avesse su di lui il fascino morboso del lasciarsi perdere. In quel periodo di crisi nel quale la ricerca di un punto fermo, di un nuovo "io" intorno al quale ricostruirsi, diviene preminente, l'opposizione stoica gli appare più che mai attuale.
Agostino gli presentava il modello storico di un intellettuale cristiano sul quale disegnare la propria parabola umana e culturale. L'*imitatio vitae*, un concetto squisitamente religioso, acquista così un ruolo, sul piano biografico, simile a quello che il classicismo esercita a livello letterario. Nella figura di Agostino convivevano dualità con le quali Petrarca si sentiva profondamente consonante. Agostino era un santo ed era un intellettuale; Padre della Chiesa, ma anche imbevuto di cultura classica e sensibile alle lusinghe della letteratura; teologo, ma teologo dell'anima; rigorista, ma passato attraverso l'esperienza della lacerazione e del peccato. A due facce è anche la sua biografia: essa forniva l'esempio di una vita al cui centro sono una conversione interiore ed una svolta nei rapporti sociali.
Il modello storico del santo e quello teorico del saggio classico si integravano fra loro, indicando a Petrarca le coordinate lungo le quali ripensare la sua intera storia, privata e pubblica, morale e intellettuale.

(M. Santagata, *I frammenti dell'anima*, il Mulino, Bologna 1992)

TESTO ARGOMENTATIVO **Tipologia B**

1. Quali circostanze esterne e interiori, negli anni fra il 1347 e il 1353, spingono Petrarca a riconsiderare la sua opera?
2. Chi è l'uomo saggio secondo la dottrina stoica?
3. Perché sant'Agostino è un modello particolarmente congeniale a Petrarca?

Come si legge...

LEGGERE CON METODO

Il *Canzoniere* di Petrarca

COMPRENSIONE GLOBALE

- Aiutandoti con le note o con la parafrasi, leggi una prima volta il testo per intero.

LA LINGUA E IL LESSICO

- La lingua di Petrarca è il frutto di una rigorosa selezione, volta a depurarla sia dei termini troppo volgari sia di quelli troppo elevati. Presenta molti termini del lessico di base ed è dunque accessibile, pur con alcune particolarità, come:
  - le **grafie latineggianti** («extreme» anziché *estreme*, «secreto» anziché *segreto*, «et» anziché *e*); si faccia attenzione: queste grafie non hanno conseguenze nella pronuncia: per esempio «et» va letta normalmente *e*.
  - l'uso della **consonante semplice anziché doppia** («dubio» anziché *dubbio*, «imagine» anziché *immagine*);
  - le forme del presente indicativo del verbo *avere* prive di *h* iniziale e accentate: «ò», «ài», «à», «ànno»;
  - in alcuni verbi con infinito in *-dere*, al presente indicativo sono usuali le **forme letterarie**: «cheggio» (*chiedo*), «seggio» (*siedo*), «veggio» (*vedo*);
  - la terza persona del passato remoto esce solitamente in *-ro*, anziché *-rono*: «scoloraro» (*scoloraro-no*), «cominciaro» (*cominciarono*).

  Il lessico di Petrarca è in genere abbastanza comprensibile. Il poeta insiste su **parole chiave**, che vengono continuamente riprese e reimpiegate, a volte con significato letterale, a volte con significato figurato. Ad esempio, la frequentissima parola chiave «lume» oltre al significato di base "luce", "luce del giorno", può assumere una moltitudine di significati figurati: pianeta, luce di un faro, luminosità degli occhi di Laura, gli occhi di Laura stessa, l'illuminazione divina, ecc.

METRICA E SINTASSI

- Le due forme metriche predilette da Petrarca, il sonetto e la canzone, richiedono strategie di lettura differenti. Nella lettura di un sonetto devi prestare attenzione a ogni segnale, perché ogni elemento è calibrato per ottenere la massima densità di significato. Le canzoni sono invece testi più distesi, spesso con una struttura logico-argomentativa complessa.
- In Petrarca c'è una stretta **correlazione tra metrica e sintassi**. In molti casi la sintassi è piana, organizzata attorno a frasi brevi, costituite da serie di coordinate o da una principale con una/due subordinate. Più raramente il periodo travalica i limiti delle unità metriche, dando vita anche a strutture sintattiche complesse, talvolta irregolari. Molto frequente è l'*enjambement*, che oltre a rispondere a ragioni ritmiche, spesso mette in rilievo parole chiave.
- Il materiale sonoro delle parole concorre all'armonia dell'insieme; figura comune in Petrarca è l'allitterazione che mette in rilievo parole chiave («di Me MedesMo Meco Mi Vergogno; / et del Mio Vaneggiar Vergogna»). Le parole chiave possono così generare giochi sonori; il più noto esempio è quello che nasce dal nome di Laura: «Laura» / «l'aura» / «lauro» / «l'auro».
- Nella disposizione sintattica delle parole è frequente l'uso del **polisindeto** (ovvero la coordinazione sintattica attraverso *e*/*et*) che, nei casi più eclatanti crea dei veri e propri effetti di accumulazione («monti **et** piagge **et** fiumi **et** selve»; «Benedetto sia 'l giorno, **e** 'l mese, **et** l'anno / **et** la stagione, **e** 'l tempo, **et** l'ora, **e** 'l punto...»). Molto frequenti – e caratteristiche del dettato lirico petrarchesco – sono anche le **dittologie**, ovvero l'accostamento di due sinonimi o termini semanticamente molto simili, generalmente aggettivi («a passi *tardi et lenti*», «il vecchierel *canuto et biancho*»).

I TEMPI VERBALI E LE FIGURE RETORICHE

- **La dimensione temporale** è una delle grandi novità della poesia di Petrarca. Presta sempre grande attenzione all'alternarsi di passato (tempo del ricordo, ma anche della colpa, il «giovenile errore») e presente (tempo della scrittura, ma anche del tormento amoroso, dell'assenza, del pentimento). Talvolta compare il futuro, che è il tempo del sogno e della speranza illusoria.
- Gli oggetti della poesia petrarchesca vengono nominati attraverso un'ampia serie di **perifrasi, spesso metaforiche**, che hanno la funzione di conferire loro nobiltà poetica, sottraendoli alla banalità del quotidiano. Ad esempio, Laura è «colei che sola a me par donna», «colei ch'avanza tutte l'altre meraviglie», «il fior dell'altre belle», «la fera bella e mansueta», «la dolce e acerba mia nemica».
- La lacerazione dell'io e l'inquietudine esistenziale sono sottolineate da figure basate sull'opposizione. Frequenti sono le **antitesi**, talvolta formate da una coppia di elementi coordinati («al cammin **lungo** e al viver **corto**») o evidenziati dalla posizione in rima («perché negli atti d'alegrezza **spenti** / di fuor si legge come dentro **avampi**») o dalla disposizione in chiasmo («**Pace** non trovo et non ò da far **guerra**»). Un'opposizione estrema si ha nell'**ossimoro**, come in questi due esempi che si riferiscono a Laura, «fera bella e mansueta», «dolce mia guerriera».

I TEMI E L'INTERPRETAZIONE

- Tra i temi ricorrenti nel *Canzoniere*:
  - il mito di Laura e la sua identificazione con la gloria poetica;
  - l'assenza e la rievocazione della donna;
  - la solitudine e il colloquio interiore;
  - l'aspirazione alla conversione religiosa;
  - la caducità di ogni bene terreno;
  - la morte di Laura.
- In un numero limitato di testi, Petrarca affronta anche temi politici.

Canzoniere, 1

T4 Voi ch'ascoltate in rime sparse il suono

AUDIOLIBRO

Anno: 1349-50

Metro: sonetto con schema ABBA ABBA CDE CDE

Argomento: Petrarca introduce ai lettori la sua raccolta poetica

Il sonetto ha valore di proemio del libro e ha una duplice funzione: introduce il lettore alla materia che lo aspetta e fornisce le chiavi interpretative per la comprensione dell'opera. Il sonetto ci offre anche un consuntivo dell'intera esperienza amorosa del poeta, presentata come un folle vaneggiare da cui è stato necessario liberarsi per divenire un uomo nuovo, libero dal «primo giovenile errore».

Voi ch'ascoltate in rime sparse il suono
di quei sospiri ond'io nudriva 'l core
in sul mio primo giovenile errore
quand'era in parte altr'uom da quel ch'i' sono,

del vario stile in ch'io piango et ragiono,
fra le **vane** speranze e 'l van dolore,
ove sia chi per prova intenda amore,
spero trovar pietà, nonché perdono.

Termini con connotazione negativa esprimono la condanna del proprio comportamento passato.

PARAFRASI

vv. 1-4 Voi che ascoltate in questi frammenti poetici (*rime sparse*) il suono di quei sospiri di cui alimentavo il mio cuore al tempo delle mie pazzie giovanili, quando ero (almeno in parte!) un'altra persona da quella che sono adesso,

vv. 5-8 io spero di trovare compassione, nonché perdono, dello stile vario con cui piango e ragiono, combattuto tra speranze e sofferenze parimenti vane, inconcludenti, se fra voi c'è qualcuno che per personale esperienza (*per prova*) sa cosa vuol dire l'amore.

1. Voi ch'ascoltate: vocativo rivolto al pubblico dei lettori, secondo una prassi comune della poesia anche antica. ■ **rime sparse:** è in pratica una traduzione del titolo, *Rerum vulgarium fragmenta*, da intendersi anche come precisazione della natura frammentata della propria opera, ben diversa da un poema continuo (come la *Commedia*).
3. in sul ... errore: **al tempo del mio sbaglio giovanile**, cioè quando, da giovane, innamorandomi, mi sviai dalla retta via.
4. in parte: il poeta è ormai uomo maturo, ma il cambiamento intervenuto nel suo «io» non è ancora interamente compiuto.
5. vario stile: indica la varietà dei registri poetici contenuti nel libro. ■ **piango et ragiono:** esplicazione del «vario stile», con riferimento all'alternanza fra le note più emotive e quelle più discorsive e riflessive, ma anche alla contemporaneità dei due aspetti.
7. ove ... amore: **ovunque ci sia qualcuno che per esperienza** («prova») **sappia che cos'è l'amore** (cioè coloro che, per gentilezza di cuore, hanno potuto provare, e quindi capire il sentimento amoroso).
8. pietà ... perdono: **comprensione e assoluzione**; da collegarsi al v. 5. Ricostruendo: «spero trovare pietà del vario stile ecc.».

■ Le parole della tradizione

TROVARE LE PAROLE

▸ **vano** aggettivo, dal latino ***vanus***, "vuoto, cavo".

■ L'aggettivo «vano» (usato 11 volte nel *Canzoniere*) e il verbo «vaneggiare» (usato 5 volte) esprimono uno dei centri poetici del *Canzoniere*, il tema della labilità e della futilità delle cose terrene. Mentre «vaneggiare» compare sempre nel significato di "perseguire i piaceri mondani, perdersi in pensieri futili" (totalmente diverso dal significato odierno, "farneticare, delirare"), «vano» è utilizzato con diverse sfumature: "privo di fondamento razionale, illusorio", "insoddisfatto, inappagato", "effimero, transitorio, legato alla caducità delle cose terrene", "privo di consistenza reale, puramente nominale".

■ Proprio nel sonetto proemiale «le vane speranze e 'l van dolore» sono allo stesso tempo illusori, destinati a rimanere inappagati e rivolti a un oggetto terreno ed effimero. Nel *Canzoniere* ad essere definiti vani, sempre con la stessa ambiguità di significato, saranno le lacrime, i pensieri del poeta, il suo stesso cuore. Nell'ultimo sonetto (365) sarà vana la sua intera esistenza: inutile, perché sprecata dietro obiettivi fallaci.

■ Il termine compare più volte anche nella *Commedia*, con il significato prevalente di "illusorio, falso"; assume però il significato, caro a Petrarca, di "effimero, legato alla caducità delle cose terrene" nel celebre verso del *Purgatorio* (XI, 91): «Oh vana gloria de l'umane posse» ("o effimera, inconsistente, gloria del potere umano").

Ma ben veggio or sì come al popol tutto
favola fui gran tempo, onde sovente
di me medesmo meco mi vergogno;

et del mio vaneggiar vergogna è 'l frutto,
e 'l pentersi, e 'l conoscer chiaramente
che quanto piace al mondo è breve sogno.

vv. 9-11 Ma ora mi rendo ben conto (*veggio*, "vedo") come per gran tempo sono stato la favola della gente (*popol tutto*): per cui spesso mi vergogno di me medesimo nel mio intimo (*meco*, "con me stesso");

vv. 12-14 e dal mio antico vaneggiare nasce (*è 'l frutto*) vergogna, pentimento (*pentersi*, "il pentirsi"), e la chiara coscienza che quello che piace, a questo mondo, è breve illusione.

---

10. onde: della qual cosa (di essere stato agli occhi di tutti nel peccato).
11. di me ... vergogno: mi vergogno di me medesimo con me stesso («meco»), cioè indipendentemente dal giudizio degli altri.
12. vaneggiar: seguire la vanità delle speranze e del dolore (cfr. v. 6), ma con una sfumatura più accentuata sulla componente di follia che il «vaneggiar» comporta.
13. pentersi: infinito sostantivato, come il successivo «conoscer».

T4 Dentro il testo

IN SINTESI

In questo primo sonetto-prefazione Petrarca offre una ricapitolazione complessiva della propria esperienza d'amore e della poesia che l'ha accompagnata. Da una parte, quella esperienza è bollata (e squalificata) come «giovenile errore»; dall'altra, quella poesia si configura come «rime sparse», frammentarie, senza centro. Si preannuncia dunque un libro di valore scarso, sia dal punto di vista dei contenuti che della forma. Per di più, il poeta non ha del tutto superato quella follia giovanile: è cambiato solo «in parte». Non solo: il libro avrà la funzione di esporre i vaneggiamenti di quella indegna stagione giovanile al «popol tutto»; il popolo a cui Petrarca aveva tentato di sottrarsi, nascondendo la sua vergognosa passione, e di fronte al quale adesso, invece, egli ne esibisce i penosi documenti. Pentito dell'amore, il poeta si sottopone, attraverso le sue «rime sparse», quasi a un rituale di pubblica umiliazione ed espiazione. Ma il resto del libro smentirà questa rigida cornice ideologica.
Il poeta si rivolge al pubblico di lettori analizzando in modo retrospettivo la propria esperienza amorosa, che è stata un errore giovanile.
Non solo: ma riandando alla sua vicenda amorosa, ciò che ancora brucia al poeta è il fatto che essa lo ha rivelato nella sua fragilità morale, ha dato luogo a chiacchiere e maldicenze, tanto che egli è stato «favola» per tutta la gente, «al popol tutto». Il canzoniere nasce dunque sotto il segno del pentimento e della vergogna: unica consolazione, il fatto di aver superato (almeno parzialmente, come si è detto) la propria debolezza, e la speranza di trovare «pietà» e magari «perdono» almeno presso chi, come il poeta, è stato vittima della passione. Infine, dall'esperienza che Petrarca si propone di raccontare in queste «rime sparse», egli ha ricavato comunque una solida leziona morale: quello che ci piace in questo mondo «è breve sogno», è inconsistente e ingannevole. Fin dall'inizio l'amore non è dunque per il Petrarca via di salvezza, come per Dante, ma semmai, proprio attraverso la rivelazione del suo non-valore, è severo ammaestramento a considerare la vanità delle passioni mondane.

I TEMI E L'ESPRESSIONE

IL *CANZONIERE* COME CONFESSIONE

Le tappe del percorso penitenziale richiamato nel sonetto erano già state tracciate, quasi punto per punto, nel *Secretum* [▶ **T2**, p. 420]. Il serrato argomentare di sant'Agostino aveva portato Francesco ad ammettere che **l'amore per Laura era una forma di allontanamento dalla retta via dell'amore divino** e che, di conseguenza, era indispensabile cambiare completamente la propria prospettiva interiore, non lasciandosi invischiare nell'idolatria delle cose terrene e riconoscendo a pieno la grandezza di Dio, per poi annullarsi in essa. Francesco prometteva ad Agostino di cercare di «raccogliere gli sparsi frammenti dell'anima» per ricostruire una nuova identità interiore. Il *Canzoniere* parte proprio dal riconoscimento di uno stato di frammentarietà delle rime d'amore, in cui si riflette anche la **frammentazione e alienazione dell'anima**, per ribadire l'avvenuto inizio di una conversione in parte ancora in atto («quand'era in parte altr'uom da quel ch'i' sono», v. 4).

A CHI SI RIVOLGE IL SONETTO?

Gli interlocutori destinatari della confessione passano da un generico «voi» ai soli membri di una ristretta cerchia di «intendenti» (coloro che «per prova», cioè per esperienza, sanno cos'è l'amore). Da una parte quindi c'è un **pubblico generico**, dall'altra parte, c'è - come accadeva nella poesia stilnovista - **il pubblico "specializzato" degli amanti**, dei cuori gentili, di coloro che hanno provato e sofferto l'amore. Tuttavia, le terzine, introdotte da una forte avversativa («*Ma* ben vegg'io...»), rivelano chiaramente l'intenzione di **superare questa doppiezza**: si allontana il motivo della simpatia degli amanti, e si intensificano le tonalità penitenziali. Attraverso la vergogna della propria colpa e di se stesso, si approda infine alla conoscenza della **vanità del tutto**: «quanto piace al mondo è breve sogno», v. 14. Il verso finale è la riscrittura di un passo famoso dell'*Ecclesiaste* (*vanitas vanitatum et omnia vanitas*): su questa citazione biblica si conclude significativamente la composizione.

PETRARCA SGRAMMATICATO?

La sintassi di questo primo sonetto può lasciarci sconcertati. Il "Voi" iniziale sembra infatti aspettare un verbo, che invece non arriva; per il verbo principale bisogna arrivare al verso 8 ("spero trovar pietà, nonché perdono"). Ci troviamo dunque di fronte ad un anacoluto, ovvero ad un soggetto lasciato in sospeso? In questo caso la sconnessione sintattica ci metterebbe davanti un poeta che, fino dall'inizio, non domina il suo discorso interiore. Ma si può intendere questo "Voi" (e la proposizione relativa congiunta, più le subordinate che occupano la prima quartina) come un semplice vocativo, accentuando mentalmente la sua enfasi allocutiva, quasi si trattasse di un'esclamazione. In ogni caso, la costruzione di queste prime due quartine si presenta particolarmente elaborata e difficile: si noti anche la fortissima anticipazione del complemento di specificazione (" del vario stile") al verso 5, rispetto al suo reggente, al verso 8 ("spero trovar pietà, nonché perdono").

ALLITTERAZIONI E LORO FUNZIONE ESPRESSIVA

Il sonetto è tutto percorso da **allitterazioni**, delle quali la più vistosa è quella del v. 11: «di Me MedesMo Meco Mi vergogno»: quasi una mimesi verbale del battersi ripetutamente il petto, da parte di un penitente (e forse un'eco proprio del *Mea culpa, Mea culpa, Mea Maxima culpa* della liturgia cristiana, in cui già ricorre una simile allitterazione). Ma un'altra catena fonica serpeggia per tutto il sonetto, intonata stavolta sulla *V*, a partire dall'iniziale «voi»: «Vario stile», «Vane speranze e 'l Van dolore», «Veggio or sì», «mi Vergogno; et del mio Vaneggiar Vergogna». Queste trame di suono spesso percorrono la poesia di Petrarca, con effetti, come qui, di legatura musicale: un artificio armonico, che accompagna e sottolinea, ma talvolta anche bilancia, la drammaticità dell'enunciato.

Analisi e interpretazione Tipologia A

LEGGERE CON METODO

COMPRENSIONE GLOBALE

1. A chi si rivolge il poeta? Quale gruppo di lettori può capirlo e perdonarlo?
2. Spiega il significato dell'espressione «rime sparse».
3. In che cosa consiste il «giovenile errore»?

LA LINGUA E LE STRUTTURE

4. Come si spiega, sul piano espressivo, il "voi" con cui si apre il sonetto?
5. Sottolinea tutti i verbi e rifletti sull'uso dei tempi verbali. A quale momento esistenziale si riferisce il passato? A quale momento si riferisce invece il presente? C'è opposizione tra i due momenti?
6. Sottolinea e trascrivi i termini che appartengono alla sfera semantica della «vanità». In quali due parti del sonetto si concentrano? Come spieghi questa ripresa?
7. Quali figure di suono sono individuabili nei versi 10-12? Quali parole chiave vengono messe in evidenza?

I TEMI E L'INTERPRETAZIONE

8. Con opportuni riferimenti al testo, analizza la concezione dell'amore presentata nel sonetto, toccando in particolare i seguenti punti:
   a. l'amore è esperienza dolorosa;
   b. provoca sentimenti contraddittori, ma in ogni caso vani;
   c. è un folle vaneggiare da cui bisogna liberarsi per diventare persone nuove.

SCRIVERE CON METODO

COMMENTO

9. In un commento di una ventina di righe, illustra i temi fondamentali del sonetto e la sua la funzione proemiale rispetto al *Canzoniere*.

T5

Canzoniere, 3

Era il giorno ch'al sol si scoloraro

Anno: 1351-52

Metro: sonetto con schema ABBA ABBA CDE DCE

Argomento: Petrarca rievoca la circostanza in cui si è innamorato di Laura

Petrarca incontra per la prima volta Laura un Venerdì santo, in chiesa. In una nota del suo «Virgilio Ambrosiano» il poeta sottolineò la coincidenza fra la data della morte di Laura (6 aprile 1348) e quella del primo incontro, 6 aprile 1327. Si tratta però di una coincidenza fittizia, perché il 6 aprile 1327 non era un venerdì, ma un lunedì: Petrarca ha forzato il calendario, in cerca di una simbolica corrispondenza di date.

Era il giorno ch'al sol si scoloraro
per la pietà del suo factore i rai,
quando i' fui preso, et non me ne guardai,
ché i be' vostr'occhi, donna, mi legaro.

Tempo non mi parea da far riparo
contra colpi d'Amor: però m'andai
secur, senza sospetto; onde i miei guai
nel commune dolor s'incominciaro.

Trovommi Amor del tutto disarmato
et aperta la via per gli occhi al core,
che di lagrime son fatti uscio et varco:

però al mio parer non li fu honore
ferir me de saetta in quello stato,
a voi armata non mostrar pur l'arco.

PARAFRASI

vv. 1-4 Era un Venerdì santo: il giorno in cui i raggi del sole impallidirono, quasi impietositi di fronte alla sofferenza del loro Creatore: fu allora che fui catturato, e non opposi difesa perché furono i vostri begli occhi, donna, che mi fecero prigioniero.

vv. 5-8 Non mi pareva che quella fosse l'occasione in cui mi dovessi riparare dai colpi d'Amore: per questo me ne andai tranquillo, senza sospettare di nulla; e così i miei personali lamenti (*guai*) ebbero inizio in mezzo al dolore della comunità di Gesù.

vv. 9-11 Amore così mi trovò del tutto disarmato, e trovò aperta la via che dagli occhi portava al cuore: occhi che ora sono diventati porta e varco di continue lacrime [d'amore]:

vv. 12-14 per questo, a mio parere, egli non compì un'azione onorevole, a ferire con le sue frecce me, così indifeso, mentre a voi, donna, che non avevate abbassato le vostre difese (*armata*), non fece vedere il suo arco neanche di lontano.

1. scoloraro: nell'eclissi che accompagnò la Passione di Cristo.
2. pietà del suo factore: il *factore*, Creatore, è Cristo stesso, persona divina, la cui Passione suscita la pietà delle sue creature, come il sole.
3. guardai: guardare nel senso di stare in guardia, difendersi (**non stetti in guardia**).
5. Tempo: Francesco si trova in chiesa, il Venerdì santo.
6. me n'andai: al luogo dove mi aspettava il mio nemico, Amore.
7. senza sospetto: l'espressione rimanda al canto V dell'*Inferno*, dove si racconta di come scoppiò l'amore tra Paolo e Francesca: «soli eravamo e senza alcun sospetto» (v. 129).
8. commune dolor: è il dolore della comunità cristiana, radunata in chiesa per piangere la Passione e morte di Cristo.
9-10. Trovommi ... core: Amore fa da soggetto sia a «Trovommi» ("mi trovò"), sia al verso successivo.
12. li: **gli** (ad Amore).
14. armata: Laura è armata della propria virtù e castità.

T5 Dentro il testo

IN SINTESI

Il sonetto si impernia sulla paradossale contraddizione fra giorno dell'innamoramento e Venerdì santo. Infatti, essersi innamorato, in chiesa, durante le funzioni liturgiche del giorno più doloroso del calendario cristiano, quello che rievoca la Passione di Cristo («il giorno ch'al sol si scoloraro / per la pietà del suo factore i rai»), pare anche al poeta un segno funesto, all'origine di tutta una serie di contrasti. Da una parte l'occasione religiosa, il popolo cristiano riunito nella commemorazione di un dolore collettivamente sentito, la ritualizzazione di quel dolore in una solenne liturgia. Dall'altra l'irrompere di un evento profano come l'innamoramento, l'immediata separazione del soggetto amante dalla collettività («i miei guai / nel commune dolor s'incominciaro»), l'impossibilità di comunicare o di rendere palese un sentimento geloso, sentito (come nel primo sonetto) alla stregua di un segreto vergognoso. La contradditorietà dell'evento si concretizza nella metafora continuata dell'imboscata d'Amore: Petrarca rappresenta l'innamoramento come l'agguato sleale da parte di un nemico (Amore stesso, personificato) che lo ha sorpreso proprio dove e quando meno se l'aspettava, e ha infierito su di lui, «disarmato», avendone facile ragione, mentre su Laura (a quanto pare molto più «armata» di lui) non ha avuto alcun effetto.

I TEMI E L'ESPRESSIONE

NON SOLTANTO UNA QUESTIONE DI DATE

In una nota del suo «codice virgiliano», Petrarca annotò la notizia della **morte di Laura**, avvenuta il 6 aprile 1348, all'ora prima, e rilevò la **coincidenza** con la data e l'ora **del primo incontro** e dell'innamoramento: «nella stessa città, nello stesso mese di aprile, nello stesso giorno, il sei, alla stessa ora prima del giorno». Ma, come venne osservato anche dai primi commentatori del Cinquecento, il 6 aprile 1327 **non era Venerdì santo**, che quell'anno cadeva il 10. È una contraddizione per la quale sono state avanzate varie spiegazioni: la più ragionevole è che vi sia stata un'effettiva coincidenza di date, ma che Petrarca abbia trasformato il giorno dell'incontro, da un più prosaico lunedì, a un molto più simbolico Venerdì santo. La forzatura permette, naturalmente, di inquadrare l'evento principale di questa storia in una cornice di **contrasto**, su cui si fonda per intero questo sonetto.

LA METAFORA DELL'AGGUATO D'AMORE

Il **paradosso** che governa il sonetto (essersi innamorato in chiesa, proprio il giorno del Venerdì santo) è tradotto figurativamente nella **metafora continuata dell'imboscata di Amore**. Petrarca rappresenta l'episodio come una scena di guerra: Amore, il nemico, gli ha teso un tranello nel luogo più impensato, in un'occasione di tregua, sorprendendolo completamente disarmato e non esitando a colpirlo, slealmente, attraverso lo sguardo micidiale della donna amata. Ma, commenta quasi ironicamente il poeta nell'ultima terzina, non mi pare che Amore abbia di che gloriarsi: bella forza, accanirsi su di me disarmato, e non avere il coraggio di attaccare Laura, armatissima, neppure di lontano. Fuor di metafora, l'**amante disarmato** significa l'**ingenuità** del poeta che, del tutto alieno dai pensieri d'amore, si reca in chiesa aspettandosi tutto meno che di innamorarsi in una simile circostanza. Laura armata, invece, significa che la donna, ben più cauta, non abbassa le sue difese neanche in un'occasione apparentemente così lontana da tentazioni amorose.

Analisi e interpretazione Tipologia A

LEGGERE CON METODO

COMPRENSIONE GLOBALE

1. In quale giorno avviene l'innamoramento?
2. Perché il poeta non sta in guardia?
3. In che modo Petrarca si innamora?

LA LINGUA E LE STRUTTURE

4. Ricostruisci la doppia antitesi su cui è costruito il sonetto completando la tabella.

Parole chiave	Condizione del popolo cristiano e di Laura	Parole chiave	Condizione del poeta
«nel commune dolor»	nel giorno della Passione, il popolo cristiano è in lutto	«i miei guai … s'incominciaro»	nello stesso giorno il poeta ....
«a voi armata»	Laura è difesa dalla sua castità	«del tutto disarmato»	
«non mostrar pur l'arco»	non è minimamente sfiorata dall'amore	«ferir me de saetta»	

5. Individua tutte le parole attinenti alla sfera militare e ricostruisci la metafora continuata che si riferisce ad Amore.
6. Quale figura retorica si trova in «uscio et varco» (v. 11)? Qual è la sua funzione?

I TEMI E L'INTERPRETAZIONE

7. Perché si può dire che fin dal primo momento l'amore per Laura non si presenta come salvifico (come l'amore di Dante per Beatrice) ma come peccaminoso?

SCRIVERE CON METODO

APPROFONDIMENTI E CONFRONTI

8. In un testo di una ventina di righe metti a confronto le modalità dell'innamoramento di Petrarca con la tradizione stilnovista, in particolare con il testo di Cavalcanti *Voi che per li occhi mi passaste 'l core* [▶ **T6b**, p. 158], mettendo in luce analogie e differenze.

T6

Canzoniere, 16

Movesi il vecchierel canuto et biancho

Anno: 1337

Metro: sonetto con schema ABBA, ABBA, CDE, DCE

Argomento: amore sacro e amore profano; la continua ricerca di Laura

Il verbo usato da Petrarca al v. 9 – il vecchierel che «viene a Roma» – ha fatto pensare che il sonetto sia stato composto durante uno dei soggiorni romani del poeta, forse nel 1337. Peraltro, può benissimo darsi che Petrarca immagini soltanto di trovarsi, idealmente, in quello che era il centro della cristianità, punto di riferimento per la vita spirituale di ogni fedele. Si tratta in ogni caso di un sonetto di lontananza: proprio non poter contemplare direttamente le fattezze della donna amata, da cui si trova lontano, spinge il poeta a cercare di riconoscerne la fisionomia nel volto di altre donne.

Movesi il vecchierel canuto et biancho
del dolce loco ov'à sua età fornita
et da la famigliuola sbigottita
che vede il caro padre venir manco;

indi trahendo poi l'antiquo fianco
per l'extreme giornate di sua vita,
quanto piú pò, col buon voler s'aita,
rotto dagli anni, et dal cammino stanco;

et viene a Roma, seguendo 'l desio,
per mirar la sembianza di colui
ch'ancor lassú nel ciel vedere spera:

cosí, lasso, talor vo cerchand'io,
donna, quanto è possibile, in altrui
la disïata vostra forma vera.

PARAFRASI

vv. 1-4 Il vecchierello dai capelli bianchi (*biancho*) si muove dalla sua dolce dimora, dove ha ormai portato a termine (*fornita*) la sua esistenza, e dalla sua famigliola sgomenta, ché vede il caro padre sul punto di venir meno a ogni momento;

vv. 5-8 poi, trascinando il suo vecchio corpo (*antiquo fianco*) per le ultime giornate che gli toccano da vivere, quanto più può, si aiuta con la buona volontà, affaticato per l'età e stanco per il viaggio;

vv. 9-11 e arriva a Roma, seguendo il suo desiderio, per contemplare le fattezze (*sembianza*) di Colui che ancora spera di vedere lassù in cielo;

vv. 12-14 così, ahimè (*lasso*), talvolta io vado cercando, o donna, per quanto è possibile, il vero vostro aspetto, oggetto del mio costante desiderio, nelle fattezze di altre donne (*in altrui*).

9. a Roma: destinazione per eccellenza dei pellegrini cristiani (di qui il loro appellativo di «romei»).
10-11. per mirar ... spera: a Roma si andava soprattutto per vedere la cosiddetta «Veronica», o vera icona, vera immagine: una venerata tavola bizantina che si credeva riproducesse le autentiche fattezze di Gesù. In questo caso, per il «vecchierel» la contemplazione della Veronica è come l'anticipazione della visione diretta del Salvatore, che egli spera di vedere fra poco, in Paradiso.
13. in altrui: il pronome è generico e non specificatamente femminile; ma è intuibile che il poeta vada cercando corrispondenze di fisionomia con la sua donna nel volto e nella figura di altre donne.

T6 Dentro il testo

IN SINTESI

Il sonetto si apre su una piccola scena, delineata da Petrarca con affettuosa attenzione realistica: un anziano, a cui ormai poco resta da vivere, decide di recarsi a Roma in pellegrinaggio, lasciando la sua famigliola sorpresa e stupefatta, di fronte a questo atto quasi temerario, vista la sua età e il suo fragile stato di salute. Tuttavia, a forza di buona volontà, il vecchietto riesce ad arrivare a Roma e a esaudire il suo desiderio, che è quello di contemplare la «Veronica» (o «vera icona»): una venerata tavola bizantina che, secondo la tradizione, raffigurava le autentiche fattezze di Cristo. Per l'uomo si tratta quasi di una anticipazione di ciò che - egli spera - gli succederà fra poco: ovvero la visione del vero volto di Gesù, ma ormai «lassú nel ciel», in Paradiso, dopo la morte, che non si farà molto aspettare. Da questa piccola scena, Petrarca trae una analogia che converte il discorso da una dimensione religiosa a una dimensione amorosa: come il vecchietto riconosce nella Veronica quella fisionomia del Salvatore che è poi destinato a contemplare nella sua verità in Paradiso, così il poeta, non potendo godere della visione diretta della sua donna lontana, si accontenta di riconoscerne le fattezze «in altrui», nel volto e nella figura di altre donne che le somiglino.

I TEMI E L'ESPRESSIONE

UNA ARDITA ANALOGIA

La **conversione del discorso religioso in discorso amoroso** non mancò di suscitare **scandalo** in qualche lettore: come osava Petrarca paragonare la «Veronica» di Cristo alle immagini della donna amata che egli vedeva replicate, in qualche modo, nelle sembianze di altre donne? Ma, al di là dello scrupolo religioso, l'analogia su cui si fonda il sonetto è comunque molto ardita. Il vero volto di Laura che, data la lontananza, il poeta non può contemplare direttamente, equivale alla vera visione del volto del Salvatore, possibile a contemplarsi solo dopo la morte, in Paradiso; la reliquia romana della «Veronica», ritratto verosimile (ma non più che verosimile) del volto di Cristo, equivale, moltiplicandosi, ai molti volti femminili in cui Petrarca ricerca, e si illude di ritrovare, una somiglianza con le fattezze della donna amata. Se ne deduce che contemplare il vero volto di Laura è come stare in Paradiso; lontano da lei, la vita è un esilio - come è la vita terrena rispetto alla vita eterna - in cui l'unica consolazione è cercare la traccia della sua bellezza in ritratti, o copie, o «vere icone», più o meno verosimili.

UN AMORE, MOLTI AMORI

L'"effetto Veronica" di questa poesia si può prestare anche a una **interpretazione un poco diversa** da quella appena proposta. Il fatto di cercare, e ritrovare, il volto di Laura in altre donne potrebbe anche non essere il segno di una ossessiva, esclusiva dedizione all'amore per lei. Petrarca potrebbe voler dire, invece, che anche quando egli cede alla suggestione di altre bellezze, di altri amori, egli si mantiene **fedele a un solo amore ideale**: ogni altra esperienza non è che il ribadimento dell'unica fondamentale esperienza d'amore per Laura. È la «tesi della fedeltà all'unico amore nella molteplicità degli amori» (G. Contini); in altri termini, è l'affermazione che in ogni altra donna eventualmente amata, Petrarca sa di non aver amato, e cercato, nient'altro che Laura, sempre Laura.

Analisi e interpretazione Tipologia A

LEGGERE CON METODO

COMPRENSIONE GLOBALE

1. Sintetizza il contenuto informativo di ciascuna strofa, attribuendo un breve titolo a ciascuna quartina e terzina.

LA LINGUA E LE STRUTTURE

2. La prima strofa dipinge l'ambiente familiare: quali aggettivi sottolineano la dolcezza, l'affettività di questo ambiente che il vecchietto sta per abbandonare forse per sempre? In questo contesto, qual è la funzione dei diminutivi?

3. Ricostruisci l'analogia su cui si basano le due terzine, completando la tabella.

Prima terzina: il vecchierel	Seconda terzina: l'io lirico
giunto a Roma, contempla le fattezze del Salvatore nella «Veronica»	
spera di godere della vista della vera immagine di Cristo dopo la morte	
la sua sete di Dio sarà appagata solo in Paradiso	

I TEMI E L'INTERPRETAZIONE

4. Perché questo sonetto suscitò scandalo in alcuni lettori?

5. Quale interpretazione controcorrente è stata proposta da Contini?

T7

Canzoniere, 35

AUDIOLIBRO

Solo et pensoso i più deserti campi

Anno: ante 1337

Metro: sonetto con schema ABBA ABBA CDE CDE

Argomento: Petrarca ricerca la solitudine, ma Amore lo perseguita

È questo uno dei più celebri sonetti del Canzoniere. *Per il motivo, quasi pre-romantico, dell'amante solitario ritratto in un paesaggio aspro e desolato, sarà tra i più imitati e ammirati dai poeti dei secoli successivi, giungendo a influenzare la sensibilità di autori del primo Ottocento come Foscolo e Leopardi.*

Solo et pensoso i più deserti campi
vo mesurando a passi tardi et lenti,
et gli occhi porto per fuggire intenti
ove vestigio human l'arena stampi.

Altro schermo non trovo che mi scampi
dal manifesto accorger de le genti,
perché negli atti d'alegrezza spenti
di fuor si legge com'io dentro avampi:

sì ch'io mi credo omai che monti et piagge
et fiumi et selve sappian di che tempre
sia la mia vita, ch'è celata altrui.

Ma pur sì aspre vie né sì selvagge
cercar non so ch'Amor non venga sempre
ragionando con meco, et io co· llui.

Gli «altri», le «genti», sono una costante preoccupazione per il poeta, che ambisce a restare da solo e, soprattutto, a non essere più lo zimbello di chi si è accorto dei suoi sentimenti e dello stato d'animo che questi gli procurano.

PARAFRASI

vv. 1-4 Solo e pensoso vado passeggiando a passi gravi e lenti, come se misurassi il terreno, per le campagne più solitarie, e guardo con attenzione (*gli occhi porto ... intenti*) dove qualche orma umana abbia lasciato l'impronta, per [se fosse il caso] fuggire subito di lì.

vv. 5-8 Non trovo altro schermo [se non la solitudine] che mi scampi dal fatto che la gente ormai evidentemente si è accorta della mia passione: giacché nel mio atteggiamento malinconico (*negli atti d'alegrezza spenti*) si legge benissimo, dall'esterno, come io avvampi d'amore, dentro di me.

vv. 9-11 Tanto che io credo che ormai monti, poggi, fiumi e foreste sappiano di che tenore (*tempre*) sia la mia vita, che io cerco di tenere nascosta agli altri.

vv. 12-14 Ma non so cercare vie così aspre o così selvagge che Amore non mi accompagni comunque, sempre ragionando con me, e io con lui.

2. mesurando ... lenti: il verbo suggerisce l'idea che si cammini a passi cadenzati, quasi misurando il terreno; «tardi et lenti» formano una dittologia sinonimica che indica la lentezza e la gravità della camminata.
6. dal ... genti: il poeta intende difendersi dalla curiosità di persone che intuiscono lo stato d'animo dell'innamorato.
9-10. monti ... selve: panorama descritto per tipologie consuete, con lo scopo di significare tutti i luoghi non abitati dall'uomo.
14. co· llui: la grafia riproduce il raddoppiamento fonosintattico tra «con» e «lui».

T7 Dentro il testo

IN SINTESI

Il sonetto è incentrato sulla ricerca di solitudine da parte del poeta, motivo molto frequente nel *Canzoniere*. Questa solitudine, tuttavia, anche se implica la presenza di uno sfondo naturale, non va affatto intesa in senso idillico: non è la solitudine romantica dell'innamorato che cerca uno sfondo adatto di quiete campestre per fantasticare sul suo amore. La solitudine del Petrarca è una fuga («per fuggire»): è la ricerca, nevrotica e ansiosa, di sottrarsi alla curiosità inquisitrice della gente, di fronte alla quale la sua passione si rivela in modo fin troppo trasparente («di fuor si legge com'io dentro avampi»), tanto che persino gli elementi naturali (montagne, spiaggie, fiumi e foreste) sanno benissimo qual è la sua condizione. Ma è una fuga inutile: dovunque si rintani, Amore è sempre con lui.

I TEMI E L'ESPRESSIONE

LA PAURA DEL VOLGO

In questo sonetto il poeta amante sfugge le persone soprattutto perché si accorge che, pur non sapendo nulla della sua vita interiore, l'occhio indagatore del **volgo pettegolo** e curioso intuisce perfettamente la **tempesta che lo agita**. È la stessa paura di essere oggetto delle chiacchiere altrui che abbiamo trovato nel sonetto introduttivo del *Canzoniere*, *Voi ch'ascoltate* [▶ **T4**, p. 436]. Ma, anche questo sfuggire il volgo, che potrebbe sembrare un atteggiamento lodevole, di riservatezza e di discrezione personale, è tutt'altro che pacifico. Ad esempio, Agostino stesso nel *Secretum* non lo approva affatto, sostenendo che la passione d'amore si cura meglio distraendosi fra la gente che cercando la solitudine. Insomma, cercando la solitudine, e aborrendo la compagnia del volgo, Francesco contraddice alla lezione dei suoi prediletti classici e agli ammonimenti del venerato Agostino. Ancora una volta, il suo modo di vivere l'amore si presenta profondamente sbagliato, e questo sonetto, ben lontano dal rappresentare un presentimento della fantasticheria romantica, si rivela in realtà come un **atto di autoaccusa**.

LA MEMORIA DEI CLASSICI

Per dimostrare come all'innamorato non sia consigliabile frequentare luoghi solitari, Agostino (o meglio Petrarca) nel *Secretum* cita due autorità classiche: **Omero** e **Ovidio**. La menzione di Omero non viene dall'originale, che Petrarca non conosceva, ma da una citazione di Cicerone nelle *Tusculanae* (III, XXVI, 63): «Di te si potrebbe dire non meno giustamente quello che Omero disse di Bellerofonte: *che errava piangendo in terre lontane, divorandosi il cuore, evitando le vestigia umane*». La citazione di Ovidio invece viene dall'*Ars amandi*, *Remedia Amoris*, 579-80: «Chiunque è innamorato, gli sono dannosi i luoghi solitari: guardati dai luoghi solitari. Dove fuggi? In mezzo alla gente puoi sentirti più al sicuro». L'incastro di citazioni non dimostra soltanto l'erudizione di Petrarca ma, poiché egli le attribuisce a sant'Agostino, è un bell'esempio di come per il poeta la sapienza antica dei pagani e quella dei cristiani possano convivere e compenetrarsi senza difficoltà. Inoltre, il passo dimostra la modalità intima, personale, con cui Petrarca legge i classici, facendone maestri e consiglieri di vita. Infine, è qui evidente la stretta parentela fra *Secretum* e *Canzoniere*: il primo discute infatti in dettaglio la situazione morale ed esistenziale che è oggetto di poesia nel secondo.

LA PERSONIFICAZIONE DI AMORE

A chiusura delle terzine, **Amore** personificato si accompagna, quasi segretario e confidente, alla propria **vittima**. Va sottolineato il carattere costante che la personificazione di Amore ha nel *Canzoniere*: esso non è mai il «Cupido», il fanciullino della classicità, ma è figura adulta, che infatti qui si accompagna al poeta come un **viandante conversevole**, e che abbiamo già visto (al sonetto 3) in veste di nemico sleale. D'altronde, anche nel *Trionfo d'Amore* il dio sarà rappresentato come un «garzon crudo», cioè come un giovinetto dall'aspetto crudele. E non dimentichiamo che anche nella *Vita nuova* dantesca Amore era apparso, nel primo sogno del poeta, quale «uno segnore di pauroso aspetto», che si recava in braccio Beatrice addormentata.

IL RITMO E GLI EFFETTI FONICI

A livello ritmico le due quartine si contrappongono in modo netto alle terzine. Mentre nei **primi otto versi** vi è un **ritmo lento e cadenzato**, caratterizzato da una struttura simmetrica – due coppie di versi separate da una congiunzione, nella prima quartina coordinante («et»), nella seconda subordinante («perché») – e da un prevalere di **vocali aperte** («desèrti càmpi», «mesuràndo», «tàrdi», «lènti», «intènti», «humàn», «stàmpi») che sembrano scandire il lento avanzare del poeta, nelle **terzine** il gran numero di ***enjambement*** imprime al ritmo un'**improvvisa accelerazione**.

Analisi e interpretazione Tipologia A

LEGGERE CON METODO

COMPRENSIONE GLOBALE

1. Sintetizza il contenuto informativo di ciascuna strofa completando la tabella.

Strofa	Contenuto
prima quartina	il poeta percorre lentamente i luoghi più deserti, assorto nei suoi pensieri e pronto a cambiare strada al primo segno di presenza umana
seconda quartina	
prima terzina	
seconda terzina	

LA LINGUA E LE STRUTTURE

2. Ricerca e trascrivi gli aggettivi che si riferiscono all'io lirico e ai suoi atteggiamenti. Come connotano la figura del poeta?

3. Ricerca e trascrivi gli aggettivi che si riferiscono all'ambiente naturale. Come lo connotano?

4. Osserva le parole-rima; dal punto di vista fonico è particolarmente interessante la serie «campi» : «stampi» : «scampi» : «avampi»; quale correlazione puoi notare in «campi» : «scampi»? Ricordi come si chiama questo tipo particolarmente ricercato di rima? Quale legame fonico puoi osservare invece in «stampi» : «scampi»? Quale parola della serie rimane così isolata? È legata (per somiglianza di significato o per opposizione) ad altre parole-rima?

5. Ricostruisci la costruzione sintattica del testo e la sua distribuzione nelle strofe completando la tabella. Indica quindi se il poeta distribuisce il materiale in modo simmetrico e armonico o asimmetrico e spezzato.

Strofa	Struttura sintattica	Distribuzione nella strofa
prima quartina	principale coordinata + subordinate	due versi (vv. 1-2) due versi (vv. 3-4)
seconda quartina		
prima terzina		
seconda terzina		

6. Leggendo ad alta voce la prima quartina, puoi notare come gli *enjambement* tra il primo e il secondo verso e il terzo e il quarto contribuiscano a rendere il ritmo fluido e scorrevole. È questa la funzione prevalente degli *enjambement* in questo testo, con un'unica eccezione. Quale sequenza logica viene violentemente spezzata da un *enjambement*? Come puoi interpretare questa irregolarità?

7. Coerentemente con il contenuto intimo, Petrarca ha scelto un linguaggio semplice e piano; le metafore sono poche e non ricercate; accanto a ciascuna di esse scrivi il significato assunto nel testo.
- «vo mesurando»: ....
- «spenti»: ....
- «avampi»: ....
- «si legge»: ....

8. Nella seconda quartina, i termini metaforici «spenti» e «avampi» (come hai già visto, messi in evidenza anche dal sistema di rime) formano un'antitesi, accentuata da due altri termini di significato opposto. Trovali e spiega la loro funzione: quali due realtà mettono in contrasto?

9. I luoghi percorsi dal poeta sono espressi da quattro termini collegati dalla congiunzione «et». Come si chiama questa figura retorica? Quale significato espressivo potrebbe assumere? Scegli la risposta tra le seguenti:

[a] dilatare gli spazi che il poeta va percorrendo
[b] contrapporre tra loro i diversi spazi naturali
[c] suggerire un'idea di dolore e tormento
[d] rendere il paesaggio più realistico

10. Nella prima terzina è presente un'ulteriore antitesi. Quali due mondi mette in opposizione?
11. Due entità non umane sono personificate: quali? In quale modo?

I TEMI E L'INTERPRETAZIONE

12. Il tema principale del sonetto è quello della solitudine. Ricostruisci come è trattato nel testo: per quale motivo il poeta ricerca la solitudine? È un atteggiamento lodevole o discutibile? Alla fine, il poeta ottiene ciò che sta cercando?
13. Nella sua fuga dagli uomini, il poeta percorre gli spazi naturali più deserti. Quale ruolo ha la natura? Gli spazi naturali sono descritti in modo specifico e concreto oppure generico e astratto? Come spieghi tale scelta?

SCRIVERE CON METODO

APPROFONDIMENTI E CONFRONTI

14. In un testo di una ventina di righe approfondisci il tema della ricerca della solitudine in Petrarca, facendo riferimento sia a elementi biografici, sia ad altre opere a te note.

COMMENTO

15. Rielaborando le tue risposte alle attività precedenti, scrivi un commento al sonetto dell'ampiezza massima di due colonne di foglio protocollo.

Canzoniere, 61

T8a Benedetto sia 'l giorno, e 'l mese, et l'anno

Anno: post 1341

Metro: sonetto con schema ABBA ABBA CDC DCD

Argomento: Petrarca benedice il giorno in cui ha incontrato Laura

Nella struttura definitiva della raccolta questo sonetto e il seguente, provocatoriamente accostati, fanno dittico, vanno cioè considerati insieme: un dittico contraddittorio in modo addirittura spettacolare, visto che il primo si gloria dell'amore di Laura come di una benedizione, mentre il secondo descrive quello stesso amore come un folle, peccaminoso vaneggiamento.

Benedetto sia 'l giorno, e 'l mese, et l'anno,
et la stagione, e 'l tempo, et l'ora, e 'l punto,
e 'l bel paese, e 'l loco ov'io fui giunto
da duo begli occhi che legato m'ànno;

et benedetto il primo dolce affanno
ch'i' ebbi ad esser con Amor congiunto,
et l'arco, et le saette ond'i' fui punto,
et le piaghe che 'nfin al cor mi vanno.

Benedette le voci tante ch'io
chiamando il nome de mia donna ò sparte,
e i sospiri, et le lagrime, e 'l desio;

et benedette sian tutte le carte
ov'io fama l'acquisto, e 'l pensier mio,
ch'è sol di lei, sì ch'altra non v'à parte.

2. stagione: la primavera. ■ **tempo:** **la parte del giorno in cui è avvenuto l'incontro** (il mattino). ■ **'l punto:** **l'esatto istante** (dal latino *punctum temporis*).
3. 'l bel paese, e 'l loco: la Provenza e la chiesa di Santa Chiara ad Avignone.
6. ad ... congiunto: **nell'essere unito ad Amore**, cioè nell'innamorarmi.
7. et l'arco ... fui punto: **e benedetto l'arco e le frecce d'Amore da cui fui ferito**.
8. et le piaghe ... mi vanno: **e le piaghe amorose che mi arrivano in profondità, fino al cuore**.
9. voci: da intendersi anche nel senso di **lamenti**, **richiami sparsi** (termine ricorrente in Petrarca con questa accezione); da apparentare con i sinonimi amorosi del v. 11, anche se il legame principale è con le «carte» del v. 12, cioè con le rime del poeta.
10. ò sparte: **ho sparso**.
13. l'acquisto: **le procuro**, riferito a Laura, resa famosa dalle «carte», cioè dalle poesie petrarchesche.
14. altra non v'à parte: **nessun'altra donna vi ha posto**, cioè il mio pensiero non può ospitare l'idea di un'altra donna.

T8b

Canzoniere, 62

Padre del ciel, dopo i perduti giorni

Anno: 1338-50

Metro: sonetto con schema ABBA ABBA CDE CDE

Argomento: Petrarca si pente del tempo sprecato ad amare Laura

L'uso frequente di vocativi e imperativi, tipici del linuaggio liturgico, conferisce al sonetto l'aspetto di una preghiera.

Padre del ciel, dopo i perduti giorni,
dopo le notti vaneggiando spese,
con quel fero desio ch'al cor s'accese,
mirando gli atti per mio mal sì adorni,

piacciati omai col Tuo lume ch'io torni
ad altra vita et a più belle imprese,
sì ch'avendo le reti indarno tese,
il mio duro adversario se ne scorni.

Or volge, Signor mio, l'undecimo anno
ch'i' fui sommesso al dispietato giogo
che sopra i più soggetti è più feroce.

Miserere del mio non degno affanno;
reduci i pensier' vaghi a miglior luogo;
rammenta lor come oggi fusti in croce.

PARAFRASI

vv. 1-4 Padre del Cielo, dopo tanti giorni buttati via (*perduti*), dopo tante notti passate a vaneggiare [in pensieri d'amore], tormentato dal feroce desiderio che mi si era acceso nel cuore contemplando (*mirando*) l'aspetto e gli atteggiamenti (complessivamente, *gli atti*) di Laura, per mia disgrazia così belli (*adorni*),

vv. 5-8 concedimi (*piacciati*) finalmente (*omai*) che illuminato dalla Tua Grazia (*col Tuo lume*) io ritorni ad una vita diversa, a imprese più belle: cosicché il diavolo, il mio crudele nemico, avendo teso la sua rete per catturarmi, ma invano, ne rimanga sconfitto con disonore.

vv. 9-11 Oggi, Signore mio, sono undici anni che io fui sottoposto (*sommesso*) al giogo d'amore, che è tanto più crudele sopra coloro che più si fanno soggiogare (*i più soggetti*, «i più innamorati»).

vv. 12-14 Abbi pietà (*Miserere*) del mio intollerabile (*non degno*) affanno: riporta (*reduci*) i miei pensieri smarriti (*vaghi*, "vagabondi") a luogo migliore [cioè riconduci la mia mente a Te]; ricorda loro come oggi [Venerdì santo] Tu fosti crocifisso.

◂ Il poeta seduto in un giardino parla alla sua amata seduta di fronte a lui. Miniatura tratta dal *Canzoniere*.

1. Padre del ciel: Dio, invocato secondo le modalità del *Padre nostro*, che resta sullo sfondo lungo tutto il sonetto. ■ **perduti giorni:** da intendersi come giorni sprecati a coltivare una passione traviante dalla retta via.
6. più belle imprese: da intendersi probabilmente nella doppia accezione di nuove e migliori opere di poesia e azioni più degne di un cristiano.
8. duro adversario: è il demonio, il nemico per antonomasia del genere umano, che si comporta però come Amore, che tesse le reti (v. 7).
9. volge: **si compie**, **giunge al termine** (ma qualche commentatore intende "incomincia, inizia a scorrere").
10. sommerso ... giogo: **sottomesso al giogo senza pietà** (da intendersi come schiavitù d'Amore); da notare che il latinismo «sommesso» è *hapax*, cioè epressione che nel *Canzoniere* compare solo qui.
12. *Miserere*: **Pietà**; ma è invocazione specifica del linguaggio penitenziale ed è pertanto intraducibile.
13. reduci: **riconduci** (latinismo da *reduco*). ■ **pensier' vaghi:** **pensieri ondivaghi**, non decisi nell'avvicinarsi a Dio, leggeri, frivoli.
14. ramenta ... croce: manifesta rievocazione della concomitanza tra il Venerdì santo e il giorno dell'incontro fatale con Laura.

T8a-b Dentro il testo

IN SINTESI

Accostando questi due sonetti, si assiste alla vicinanza forzata di due "voci" diverse: la prima (sonetto 61) esprime l'abbandono all'amore senza incertezze o ripensamenti e benedice senza riserve («Benedetto... benedetto...») l'ora e il luogo che hanno visto nascere l'amore per Laura, così come la produzione poetica che ne è seguita («benedette sian tutte le carte»).

La seconda voce (sonetto 62) proclama la condanna di ogni cedimento alla passione per una creatura mortale; invoca Dio affinché conceda pace al poeta, dopo che questi ha sprecato tanto tempo dietro all'amore («le notti vaneggiando spese»); chiede al Signore di poter tornare a pensieri più idonei, proprio nel giorno della Passione di Cristo («oggi fusti in croce»). Vengono così messe a contrasto due linee di pensiero che convivono in tutto il *Canzoniere*: quella di matrice stilnovista, benedicente l'amore terreno, e quella agostiniano-penitenziale, di rigetto totale della passione amorosa. Ancora una volta, sono le due voci che abbiamo visto a confronto nel *Secretum*: quella di «Francesco» e quella di «Agostino».

I TEMI E L'ESPRESSIONE

■ *Benedetto sia 'l giorno, e 'l mese, et l'anno*

IL SALMO DI LODE

Il sonetto potrebbe considerarsi una specie di *plazer*, cioè di rassegna di ogni aspetto positivo concernente il proprio oggetto d'amore. Il modulo non è affatto nuovo, ma Petrarca lo manipola ripetendo all'infinito la **formula di benedizione** («Benedetto sia...»), che è modulo di scrittura non mondano, ma biblico, consacrato in modo particolare nel salmo. In altre parole, in questo primo sonetto Petrarca non esita ad attribuire alla sua donna una funzione salvifica e provvidenziale. La poesia d'amore si trasforma così in una salmodiante **litania di lode**.

LA LODE A SE STESSO

La lode dei luoghi, dei tempi, dei sintomi amorosi, copre tutto lo spazio delle quartine e si prolunga anche nelle terzine, finché nella benedizione vengono attratte le poesie stesse dell'amante. In un primo tempo si tratta (vv. 9-11) di «voci» da unirsi ai vari sintomi delle pene d'amore (sospiri, lacrime ecc.), ma poi (v. 12) entrano in scena prepotentemente (e senza equivoci) le «carte», cioè i **componimenti** di Petrarca stesso. Anche se il poeta indica il loro vero merito nella gloria procurata a Laura, emerge però in rilievo il ruolo centrale dell'**io poetante** e dei suoi versi, delle sue "carte" appunto. A sua volta, la chiusa del sonetto ribadisce il dominio di Laura sul pensiero dell'amante («ch'è sol di lei»), quasi che Petrarca sentisse il bisogno di correggere la citazione fin troppo entusiastica – e che poteva sembrare troppo centrata su se stesso – dei versi che la donna gli ispira.

LA STRUTTURA: METRICA E SINTASSI

Il sonetto si presenta strutturalmente simmetrico e compatto. Il più importante elemento di questa costruzione così organica è costituito dall'**anafora della formula benedicente**, che apre le singole quartine e terzine («Benedetto», «et benedetto», «Benedette», «et benedette»): in questo modo la scansione metrica delle quattro strofe viene esaltata con un forte **effetto di simmetria**. All'interno di questa struttura, si snodano le «benedizioni», ciascuna introdotta da un «e», con un effetto di accumulazione paratattica che davvero suggerisce la ritmicità di una processione religiosa.

■ *Padre del ciel, dopo i perduti giorni*

UNA DESOLATA PREGHIERA

Il sonetto inizia come una preghiera, e tale si mantiene lungo tutto il suo svolgimento. Ora però (diversamente che nel sonetto 61) non siamo di fronte ad un salmo di lode: l'anniversario dell'incontro con Laura non è più considerato un'occasione "benedetta", ma rappresenta il punto culminante di una **vita spesa in modo indegno**; la visione della grazia femminile ha fatto capitolare una volontà già debole, imprigionandola in una **rete** (vedi v. 7) **diabolica**. Il contrasto tra Dio e il demonio sta alla base del sonetto: Dio è accompagnato dalla Grazia («lume», v. 5) e dalla misericordia (implicita nel *Miserere*, invocazione di perdono per eccellenza, v. 12), il demonio invece da tutti gli orpelli e le "reti" d'Amore, compresa la bellezza di Laura (i suoi «atti ... sì adorni», v. 4).

L'IDENTIFICAZIONE DI AMORE E MALIGNO

Nel *Canzoniere* il giudizio sull'amore è sempre ambiguo: a cominciare dal giorno stesso dell'innamoramento, quel Venerdì santo diviso fra le lacrime per la Passione del Signore e i primi gemiti della passione amorosa del poeta amante. Tale ambiguità esplode qui in un'aperta e insanabile contraddizione: spariscono le sfumature e, senza appello, Amore viene identificato con il Maligno, dal quale il protagonista, invocando il *Padre nostro*, chiede di essere liberato. La totale **negatività dell'esperienza amorosa** getta così una luce peccaminosa anche sull'attività del poeta, che spera, con l'aiuto divino, di rivolgere il proprio ingegno a più degne «imprese» (vv. 6 e 12-14).

LA STRUTTURA: METRICA E SINTASSI

Le quartine costituiscono un blocco sintattico unitario, costruito su un unico lungo periodo, scandito nei suoi due snodi principali dalla misura delle singole strofe: l'**invocazione a Dio** («Padre del ciel», v. 1) su cui si apre la prima quartina si lega direttamente **al verbo principale** («piacciati», v. 5) su cui si apre la seconda, fornendo una sorta di spina dorsale al dipanarsi delle subordinate che occupano i primi otto versi. La connessione «Padre del ciel ... piacciati» richiama la struttura sintattica del *Pater noster* («Padre nostro che sei nei cieli ... dacci oggi il nostro pane quotidiano») e quindi dà subito al sonetto l'aspetto di una preghiera. Le terzine si aprono con la constatazione del **tempo passato** («Or volge, Signor mio, l'undecimo anno»), ponendo in seconda battuta la nuova **invocazione a Dio**: si crea così un piccolo ma significativo slittamento, che sposta l'attenzione del lettore verso la **ricorrenza anniversaria** e, quindi, verso la storia d'amore e di peccato vissuta dall'io. L'invocazione al Signore torna nell'ultima terzina, scandita a ogni inizio di verso da un imperativo con forte funzione simmetrica: «*miserere ... reduci ... rammenta*», che riprende e conferma il tono di preghiera su cui si era aperto il sonetto.

UN'ANALISI COMPARATIVA

Il contrasto fra i due sonetti non si sviluppa solo sul piano dei contenuti. Si può osservare anche una rete di **riprese lessicali ed espressive** che danno davvero ai due testi tutte le caratteristiche di un polifonico scambio di voci. Il «giorno» benedetto del 61 finisce nei «perduti giorni» del 62; l'«arco, et le saette» del v. 7 del 61 sono l'equivalente delle «reti» tese da Amore (62, v. 7). Ma sopra a tutti i rimandi risalta il «dolce affanno» del 61 (v. 5) che si tramuta nel «non degno affanno» del 62 (v. 12), mantenendo in entrambi i sonetti la rima con «anno», lemma che naturalmente, rintoccando nella scadenza dell'anniversario, è ora momento celestiale (61, v. 1), ora monito tremendo del tempo che passa inesorabile (62, v. 9). Con lo stesso procedimento si possono verificare le occorrenze di «desio» (61, v. 11; 62, v. 3), di «loco» e «luogo» (61, v. 3; 62, v. 13) ecc. Infine, va dedicata una particolare attenzione al motivo della **gloria poetica** presente in ambedue i componimenti: in entrambi il pensiero della voce poetante va al proprio lavoro (alle «carte» del 61, v. 12, alle «più belle imprese» del 62, v. 6) ma all'interno di giudizi di valore completamente opposti.

Analisi e interpretazione Tipologia A

LEGGERE CON METODO

COMPRENSIONE GLOBALE

1. Quale circostanza ispira la composizione di entrambi i sonetti? Quando sono stati scritti rispettivamente? Dove sono collocati nel *Canzoniere*?
2. Fai la parafrasi di *Benedetto sia 'l giorno, e 'l mese, et l'anno*.
3. Ricostruisci il contenuto informativo di *Padre del ciel, dopo i perduti giorni*, completando la tabella. Le due quartine costituiscono un unico periodo e vanno esaminate insieme.

Strofa	Contenuto
prima quartina e seconda quartina	il poeta prega Dio di ....
prima terzina	
seconda terzina	

LA LINGUA E LE STRUTTURE

4. La struttura portante del sonetto *Benedetto sia 'l giorno, e 'l mese, et l'anno* è l'anafora, cioè l'insistita ripetizione a inizio strofa della benedizione (ripresa dal testo biblico). Sottolinea tutte le occorrenze del termine «benedetto» e elenca gli oggetti della benedizione.
5. Trova e spiega l'ossimoro con cui viene descritta la contraddittoria condizione amorosa.
6. Nel sonetto *Padre del ciel, dopo i perduti giorni* sottolinea tutte le espressioni che si riferiscono all'amore per Laura. Come viene connotato quest'ultimo?
7. Nel sonetto c'è una netta contrapposizione tra i verbi al passato, riferiti al poeta, e quelli all'imperativo presente, rivolti a Dio: com'è caratterizzato il passato? Che cosa esprime il presente? Che cosa chiede il poeta per il futuro?

I TEMI E L'INTERPRETAZIONE

8. Metti a confronto i due sonetti completando la tabella: per ogni espressione del primo sonetto, dovrai trovare l'espressione corrispondente nel secondo e indicarne la connotazione, come ti mostrano gli esempi. Quindi sintetizza le tue osservazioni in un testo di una quindicina di righe.

Benedetto sia 'l giorno, e 'l mese, et l'anno		*Padre del ciel, dopo i perduti giorni*	
«Benedetto sia 'l giorno»	connotazione positiva	«perduti giorni»	connotazione negativa
«duo begli occhi che legato m'ànno»	connotazione contraddittoria		
«dolce affanno»			
«et l'arco, et le saette ond'i' fui punto»			
«benedette sian tutte le carte»			

SCRIVERE CON METODO

APPROFONDIMENTI E CONFRONTI

9. Scegli un oggetto, un evento, un problema sul quale con il tempo hai cambiato opinione. Scrivi due brevi testi: nel primo ne farai l'elogio, evidenziando tutti gli aspetti positivi; nel secondo ne traccerai la critica, mettendone in luce gli aspetti negativi.

▶ Gustave Moreau, *Petrarca*, 1826-98, acquerello (Parigi, Musée Gustave Moreau).

T9

Canzoniere, 90

Erano i capei d'oro a l'aura sparsi

AUDIOLIBRO

Anno: 1338-42

Metro: sonetto con schema ABBA ABBA CDE DCE

Argomento: Laura era di una tale bellezza che era impossibile non amarla

Il sonetto è legato a un aneddoto, diffuso nel Cinquecento, secondo cui Petrarca si rivolgerebbe qui a un illustre personaggio (Roberto d'Angiò) che sarebbe rimasto deluso dalla vista di Laura. Di fronte a tale reazione, Petrarca sostiene che, al primo incontro, la donna era di tale bellezza da giustificare il suo innamoramento. Per quanto il racconto sia poco credibile, il poeta effettivamente stabilisce un confronto tra un "allora" di incomparabile splendore e un "ora" di beltà appannata; anche se ciò non muta in nulla la costanza del suo sentimento.

Erano i capei d'oro a l'**aura** sparsi
che 'n mille dolci nodi gli avolgea,
e 'l vago lume oltra misura ardea
di quei begli occhi, ch'or ne son sì scarsi;

e 'l viso di pietosi color' farsi,
non so se vero o falso, mi parea:
i' che l'ésca amorosa al petto avea,
qual meraviglia se di sùbito arsi?

Non era l'andar suo cosa mortale,
ma d'angelica forma; et le parole
sonavan altro, che pur voce humana.

Uno spirto celeste, un vivo sole
fu quel ch'i' vidi: et se non fosse or tale,
piagha per allentar d'arco non sana.

Da notare il *senhal* («l'aura» al posto di Laura) riferito alla donna amata.

PARAFRASI

vv. 1-4 I capelli biondi come oro erano sparsi al vento, che li avvolgeva in mille dolci nodi, e il leggiadro (*vago*) splendore di quegli occhi ardeva oltre misura - quello splendore di cui quegli occhi ora sono così poveri (*scarsi*);

vv. 5-8 e mi pareva - non so se fosse vero o falso - che il suo viso mostrasse nel suo colorito qualche segno di pietà [per i miei tormenti]: io, che tenevo in cuore la pietra focaia (*ésca*) d'amore, c'è da meravigliarsi, se presi subito fuoco?

vv. 9-11 Il suo incedere (*andar*) non era di questo mondo, ma di angelo di Paradiso; e le parole avevano altro suono (*sonavan altro*) che di semplice voce umana.

vv. 12-14 Quello che io vidi fu uno spirito celeste, un sole, ma un sole vivente: e anche se adesso non fosse più così, una ferita non guarisce perché l'arco che ha scoccato la freccia non è più teso (*per allentar*, "per il fatto di essersi allentato").

4. son sì scarsi: si noti l'allitterazione in *s*. **7-8. ésca amorosa ... di sùbito arsi:** nuova allitterazione in *s*. ■ **qual meraviglia:** domanda retorica, il poeta era infatti già predisposto all'amore. **13-14. et se ... sana:** quale che sia diventata la donna all'origine della passione, la passione non muta, una volta che sia stata suscitata.

■ Le parole della tradizione

TROVARE LE PAROLE

▸ **aura**: dal latino ***aura***, "vento", "brezza", è un sinonimo letterario di "aria", usato per indicare l'aria in movimento.

■ L'«aura», la gentile brezza primaverile, è uno dei *senhal* di Laura (di cui è omofono: le due parole si pronunciano allo stesso modo). Il termine compare oltre 30 volte nel *Canzoniere*, quasi sempre connesso a Laura, che evoca, simboleggia e talvolta sostituisce. Come simbolo della donna amata, evoca inoltre la Provenza e i suoi dolci paesaggi. L'«aura» è anche brezza vivificatrice, legata a situazioni primaverili, contrapposta ai venti che spesso sono ostili e portatori di tempesta.

■ Il termine è una voce latina dotta, presente nella nostra lingua fin dalle origini, probabilmente attraverso la mediazione della poesia provenzale. Nell'*Inferno* viene utilizzato nel significato generico di "aria", in alternativa al più comune *aere*; nel significato di "brezza", "vento leggero" compare invece nel *Purgatorio*, nella descrizione del Paradiso terrestre.

■ Rimarrà frequentissimo, con una connotazione positiva, nella poesia successiva, tanto nel significato specifico di "brezza" (termine che entra in italiano solo alla fine del Quattrocento), quanto in quello generico di "aria".

T9 Dentro il testo

IN SINTESI

Il sonetto è incentrato sul contrasto fra un «ora» (vv. 4, 13), che sembra alludere a una condizione attuale di bellezza appannata o sfiorita, e un passato, emblematizzato nell'uso degli imperfetti («Erano», «avolgea» ecc.), in cui la donna riappare in tutto il suo antico splendore. Il sonetto risale al massimo agli anni Quaranta, e di conseguenza è probabile che si riferisca a una Laura non tanto invecchiata, quanto momentaneamente indisposta (altre poesie del *Canzoniere* alludono sicuramente a malattie della donna amata). In ogni caso, se Laura non è più la stessa, ciò non fa che rendere ancora più luminoso il ricordo del suo primo apparire al poeta («angelica forma», «spirto celeste», «vivo sole») in un'istantanea che la ferma nel tempo immobile di una bellezza quasi divina. Ed è nella fedeltà interiore a quell'immagine antica, conservata gelosamente nel cuore, che il poeta trova le ragioni indelebili di un amore che, nel tempo, non muta.

I TEMI E L'ESPRESSIONE

IMPORTANZA E FORTUNA DEL SONETTO

Il motivo generale del sonetto è tradizionale: la lode delle bellezze e dei pregi dell'amata, che costituisce fin dalle origini della nostra poesia un banco di prova obbligatorio per ogni poeta d'amore. La mossa che distingue l'operato di Petrarca da tutti gli altri è l'**inedita proiezione temporale**. L'immagine evocata dalla prima quartina, apparsa alla vittima d'amore il giorno del primo incontro, è opposta a un «or» (vv. 4 e 13) che sarebbe impensabile nella poetica stilnovista; **Laura vive e cambia**, cosa che non succede a Beatrice. È necessario insistere sul paragone perché le terzine, ponendo l'accento sull'incedere divino, sul parlare sovrumano, sull'«angelica forma» di Laura, richiamano chiaramente in primo piano la Beatrice di *Tanto gentile e tanto onesta pare*: ma è una Beatrice indisposta, o invecchiata, scesa in qualche modo dal suo piedistallo.

L'ICONA DI LAURA: ALLITTERAZIONI E METAFORE

Il ritratto di Laura che Petrarca ci offre non è una semplice rappresentazione oggettiva. Fino dai primi versi la descrizione è resa più sofisticata da una serie di **suggestivi giochi allusivi**, incentrati sul nome dell'amata: i «capei d'oro» (*aurum*, in latino) già richiamano Laura: «a l'aura» è addirittura un doppio senso (si potrebbe intendere "al vento", ma anche "a Laura"). L'immagine stessa della donna sembra manipolata alla moviola, da un obiettivo che rallenta il movimento delle chiome agitate dalla brezza per estasiarsi del loro incanto: nel **ritmo** volutamente **indugiante** del verso, intensamente **allitterato** («che 'n miLLe doLci nodi gLi avoLgea»), sembra che lo sguardo insegua ciascuno di quei "nodi", stregato dalla loro bellezza. Ma anche quei **«nodi»** sono allusivi: naturalmente sono gli intrecci dei capelli, ma non va dimenticato che i «dolci nodi» per eccellenza sono, nella poesia amorosa, metafora di quelli con cui Amore lega l'amante; ecco dunque che i capelli diventano, implicitamente, catene e reti d'Amore. Infine, l'immagine di Laura come «vivo sole» (v. 12: un sole «di carne e ossa», così il critico Gianfranco Contini spiega «vivo») è una nuova **metafora** che ce la presenta quasi come una **icona sacra**, circonfusa di luce vivissima, sfolgorante; con un richiamo sicuro, anche se implicito, alle raffigurazioni medievali della Madonna.

IL *SENHAL*: L'AURA / LAURA

Petrarca utilizza in questo sonetto, nel verso 1, un *senhal* per riferirsi alla donna amata, **«l'aura»**, secondo le convenzioni della poesia provenzale. Il "gioco" è abbastanza scoperto: possiamo leggere sia "i capelli biondi ondeggiano al vento" sia, tenendo presente il *senhal*, "le bionde chiome di Laura sono sciolte". A rendere più forte questo effetto, e a rimarcare la presenza di Laura nel *Canzoniere*, dobbiamo considerare che l'uso dell'**apostrofo** fu introdotto nella lingua italiana **solo nel Cinquecento**, e che quindi nel manoscritto di Petrarca troviamo sempre scritto «laura» tutto unito. In tutto il *Canzoniere*, ben sette sonetti (194, 196, 197, 198, 261, 327, 356) addirittura iniziano con questo *senhal*.

Analisi e interpretazione Tipologia A

LEGGERE CON METODO

COMPRENSIONE GLOBALE

1. Ricostruisci il contenuto informativo del sonetto, completando la tabella.

Strofa	Contenuto
prima quartina	Laura apparve al poeta con i biondi capelli sciolti al vento e gli occhi, ora appannati, luminosissimi
seconda quartina	
prima terzina	
seconda terzina	

2. Spiega il gioco di parole contenuto nel primo verso.
3. Spiega il significato dell'ultimo verso.

LA LINGUA E LE STRUTTURE

4. Individua tutti i termini appartenenti all'area semantica della luce e della luminosità che si riferiscono a Laura. Come caratterizzano la figura della donna?
5. Ricostruisci la tensione tra passato e presente che anima il sonetto completando la tabella. Quindi rispondi alle domande: come apparivano gli occhi di Laura in passato? E adesso? Quale impressione ebbe il poeta? Cosa ne pensa ora? Quale sentimento rimane immutato nel tempo?

Passato	Presente
'l vago lume oltra misura ardea di quei begli occhi	ch'or ne son sì scarsi
'l viso di pietosi color' farsi ... mi parea	QUAL MERAVIGLIA SE DI SUBITO ARSI?
uno spirto celeste, un vivo sole fu quel ch'i' vidi	ET SE NON FOSSE OR TALE
piagha per allentar d'arco	NON SANA

I TEMI E L'INTERPRETAZIONE

6. Rintraccia nel testo gli elementi di ascendenza stilnovistica, sia nella descrizione di Laura sia in quella del sentimento amoroso.

SCRIVERE CON METODO

APPROFONDIMENTI E CONFRONTI

7. Confronta la descrizione di Laura con quella che appare nei sonetti di lode stilnovisti, in particolare *Io voglio del ver la mia donna laudare* di Guinizzelli [▶ **T3**, p. 150], *Chi è questa che vèn, ch'ogn' om la mira* di Cavalcanti [▶ **T5**, p. 155], *Tanto gentile e tanto onesta pare* di Dante [▶ **T4**, p. 284]. Presta attenzione agli elementi che Petrarca ha ripreso dai suoi predecessori e alle novità (caratteristiche della donna, effetti su chi la vede e/o sul poeta, collocazione nel tempo).
8. I lunghi capelli sciolti al vento di Laura sono un'immagine che evoca immediatamente la libertà e la sensualità della donna. Non a caso, le prescrizioni religiose e gli usi di molti popoli obbligano le donne a tagliare, acconciare pudicamente, nascondere la chioma. Svolgi una ricerca su questi argomenti, concentrandoti in particolare sull'imposizione del velo in società del passato e del presente.

T10

Canzoniere, 126

Chiare, fresche et dolci acque

AUDIOLIBRO

Anno: 1340-41 o 1343

Metro: canzone costituita da cinque stanze dallo schema uguale (abC abC cdeeDfF) e un congedo. Ogni stanza ha tredici versi (endecasillabi e settenari)

Argomento: il congedo da Valchiusa alla vigilia di una partenza per l'Italia

Siamo alla vigilia di un viaggio in Italia, e il poeta vaga per il paesaggio provenzale alla ricerca, come di consueto, del ricordo di Laura. In questa canzone culmina la simbiosi fra l'amata e il paesaggio, contemplato e, anzi, "visitato" minuziosamente prima della partenza.

Chiare, fresche et dolci acque,
ove le belle membra
pose colei che sola a me par donna;
gentil ramo ove piacque
(con sospir' mi **rimembra**)
a lei di fare al bel fiancho colonna;
herba et fior' che la gonna
leggiadra ricoverse
co l'angelico seno;
aere sacro, sereno,
ove Amor co' begli occhi il cor m'aperse:
date udïenzia insieme
a le dolenti mie parole extreme.

PARAFRASI

vv. 1-13 Acque della Sorga, limpide, fresche, dolci, nelle quali immerse il suo bel corpo colei che a me pare l'unica donna al mondo; ramo gentile, al quale ella si compiacque di appoggiare (*fare ... colonna*) il suo bel fianco [me lo ricordo sospirando]; erba e fiori che la gonna leggiadra [del suo abito] coprì, con una piega degna di una veste angelica; aria divina, serena, dove Amore mi ferì (*m'aperse*) il cuore per mezzo dei dardi che uscivano dai suoi begli occhi: voi tutti ascoltate queste mie parole di dolore, che potrebbero essere le mie ultime (*extreme*).

2. ove ... membra: il passo ha suscitato, nei secoli, dubbi interpretativi: c'è chi intende «nelle quali Laura immerse il suo corpo», alludendo a un bagno integrale, e chi invece intende «presso le quali Laura adagiò il suo corpo». L'interpretazione più corretta mantiene l'idea dell'immersione, senza però dare forzatamente a «belle membra» il valore di intero corpo (è sufficiente pensare al gesto di rinfrescarsi immergendo le mani, le braccia, ecc.).
3. a me par donna: si noti il doppio valore del verbo «par» ("apparire", "sembrare") e il latinismo «donna» per *domina*.
7-9. gonna ... seno: passo molto controverso; probabilmente il verbo «ricoverse» va riferito sia a «gonna» sia a «seno», da intendersi in senso proprio. In questo modo a «co» si potrà conferire, a piacere, un valore strumentale (la veste ricopre l'erba e i fiori con la parte del seno) oppure un valore di congiunzione («e» o, meglio, «insieme a»); in entrambi i casi si deve immaginare Laura sdraiata sull'erba. ■ **angelico seno:** **veste angelica**; «seno», da *sinus* latino, "insenatura", "piega"; ma si può intendere anche: erba e fiori che la gonna leggiadra ricoprì insieme al suo bellissimo seno.

■ Le parole della tradizione

TROVARE LE PAROLE

▸ **rimembrare**: dal francese ***remembrer***, che a sua volta deriva dal latino ***rememorari***. Il verbo, transitivo, viene usato nel significato di "ricordare", "rievocare nella memoria".

■ Il verbo «rimembrare», un prestito di origine provenzale entrato nella poesia italiana fin dal Duecento, nel *Canzoniere* si alterna a «ricordare», cui è preferito. Mentre «ricordare» ("avere presente nella memoria") esprime un fatto oggettivo, «rimembrare» ("richiamare, evocare alla memoria") allude piuttosto a un processo psichico che comporta un profondo coinvolgimento emotivo.

■ Come verbo transitivo, che spesso regge una subordinata, ha una tradizione ininterrotta nella letteratura italiana, da Giacomo da Lentini al Novecento. Almeno fino all'inizio dell'Ottocento, alla costruzione transitiva si affiancava quella intransitiva pronominale: «non ti rimembra di quelle parole?» (Dante), «con sospir mi rimembra» (Petrarca). Frequentissimo è anche l'uso sostantivato.

■ Per Leopardi, poeta del ricordo, è una parola chiave che ricorre frequentemente nei *Canti*, accanto al sostantivo derivato «rimembranza», molto frequente specie nello *Zibaldone*.

■ Proprio questa lunga tradizione letteraria, oltre alle sue risonanze emotive, spinse ad adottare proprio il termine «rimembranza» per nominare i viali e i parchi creati dopo la Prima guerra mondiale in ricordo dei caduti, i parchi della Rimembranza.

S'egli è pur mio destino,
e 'l cielo in ciò s'adopra,
ch'Amor quest'occhi lagrimando chiuda,
qualche gratia il meschino
corpo fra voi ricopra,
e torni l'alma al proprio albergo ignuda.
La morte fia men cruda
se questa spene porto
a quel dubbioso passo:
ché lo spirito lasso
non poria mai in più riposato porto
né in più tranquilla fossa
fuggir la carne travagliata et l'ossa.

vv. 14-26 Se è proprio (*pur*) mio destino - e il cielo sta operando in questa direzione - che Amore stesso chiuda questi miei occhi pieni di lacrime, qualche dono dall'alto (*gratia*) faccia sì di seppellire il mio povero (*meschino*) corpo qui fra voi: e poi l'anima, nuda della sua veste mortale (*ignuda*), faccia ritorno al cielo, che è la dimora che le spetta (*proprio albergo*). La morte sarà meno crudele (*cruda*) se porto con me questa speranza (*spene*) a quel passo pauroso (*dubbioso*): perché il mio spirito estenuato (*lasso*) non potrebbe fuggire la carne sfinita (*travagliata*) e le ossa in un approdo finale (*porto*) più sereno (*riposato*) né in una sepoltura più tranquilla.

Tempo verrà anchor forse
ch'a l'usato soggiorno
torni la fera bella et mansüeta,
et là 'v' ella mi scorse
nel benedetto giorno,
volga la vista disïosa et lieta,
cercandomi: et, o pieta!,
già terra in fra le pietre
vedendo, Amor l'inspiri
in guisa che sospiri
sì dolcemente che mercé m'impetre,
et faccia forza al cielo,
asciugandosi gli occhi col bel velo.

vv. 27-39 Forse verrà anche un tempo che Laura, questa creatura selvatica e insieme bella e dolce, torni a questi luoghi dove soleva soggiornare; e là, nel luogo dove ella mi scorse nel benedetto giorno del nostro incontro, ella volga, cercandomi, il suo sguardo, desideroso di vedermi ancora e lieto: e - oh che vista compassionevole! (*o pieta*) - nel momento in cui vedrà fra le pietre la terra ormai smossa dalla mia sepoltura, Amore la ispiri in modo da sospirare così dolcemente che mi ottenga misericordia, e faccia forza al cielo stesso, asciugandosi gli occhi col bel velo.

Da' be' rami scendea
(dolce ne la memoria)
una pioggia di fior' sovra 'l suo grembo;
et ella si sedea
humile in tanta gloria,
coverta già de l'amoroso nembo.
Qual fior cadea sul lembo,
qual su le treccie bionde,
ch'oro forbito et perle
eran quel dì a vederle;
qual si posava in terra, et qual su l'onde;
qual con un vago errore
girando parea dir: Qui regna Amore.

vv. 40-52 Dai bei rami scendeva (che dolce ricordo!) una pioggia di fiori sopra il suo grembo; ed ella se ne stava seduta, con atteggiamento di umiltà pur in quella cornice gloriosa, ormai coperta tutta da quella nuvola di fiori innamorati. Un fiore le cadeva sull'orlo della veste, uno sulle trecce bionde, che quel giorno alla vista sembravano oro lucido (*forbito*) e perle; uno si posava in terra, uno sulle onde del torrente; e uno, volteggiando leggiadro per l'aria (*con un vago errore / girando*) sembrava dire: «Questo è il regno di Amore».

14. S'egli è pur: «egli» è soggetto impersonale.
29. fera: fiera, nel senso di animale selvatico, metafora adatta a questo sfondo silvestre.
33. o pieta!: esatto calco del latino *Heu pietas* (da tradursi approssimativamente come "oimè").
50. onde: del fiume Sorga.
51. errore: latinismo: *error* in latino significa "cammino senza mèta", donde poi "errare" in senso morale.

Quante volte diss'io
allor pien di spavento:
Costei per fermo nacque in paradiso.
Così carco d'oblio
il divin portamento
e 'l volto e le parole e 'l dolce riso
m'aveano, et sì diviso
da l'imagine vera,
ch'i' dicea sospirando:
Qui come venn'io, o quando?;
credendo esser in ciel, non là dov'era.
Da indi in qua mi piace
questa herba sì, ch'altrove non ò pace.

vv. 53-65 Quante volte mi dissi fra me, pieno di un sacro terrore (*spavento*): «Costei di certo è creatura del Paradiso». Così mi avevano rapito in estasi, fuori di me (*carco d'oblio ... m'aveano*) il suo divino portamento, e il volto, le parole, il dolce sorriso; e così mi avevano alienato (*diviso*) dalla realtà della sua apparizione (*da l'imagine vera*), che io dicevo sospirando: «Qui come ci sono venuto (*come venn'io*), o quando?» credendo di essere in cielo, non dove ero. Da quel momento in poi mi piace tanto questo prato (*herba*), che altrove non riesco a trovare pace.

CONGEDO

Se tu avessi ornamenti quant'ài voglia,
poresti arditamente
uscir del boscho, et gir in fra la gente.

vv. 66-68 Canzone, se tu fossi bella ed elegante come vorresti essere, potresti arditamente uscire dal bosco, e andare in mezzo alla gente.

---

56. carco d'oblio: dipende da «m'aveano» del v. 59 e indica la situazione di straniamento in cui si trova il poeta.
65. herba: letteralmente «l'erba» su cui si è seduta Laura, ma genericamente sineddoche per «luogo erboso», «prato» ecc., fino a comprendere tutta Valchiusa.
68. gir in fra la gente: in luoghi meno solitari, affrontando il giudizio delle persone.

T10 Dentro il testo

IN SINTESI

È una canzone di "rivisitazione" di un paesaggio legato alla presenza della donna, che un tempo usava frequentare questi luoghi, tra le acque della Sorga e la verde campagna circostante. Tale rivisitazione si compie in tre tempi, di diseguale ampiezza.

In un primo tempo, sulle tracce di Laura, Petrarca si limita a elencare, quasi riconoscendoli a uno a uno, i particolari del paesaggio che sembrano trattenere l'impronta del passaggio di lei: le acque in cui Laura si immerse, il ramo a cui si appoggiò, l'aria stessa che si illuminò al suo sguardo, l'erba sulla quale si distese... La donna ancora non è propriamente rievocata, ma il poeta registra solo i frammenti disgiunti, i "pezzi" isolati di cui il luogo gli sollecita la memoria: le «belle membra», il «bel fiancho», l'«angelico seno», gli «occhi».

Il secondo tempo della poesia (stanze II-III) svolta verso il pensiero della morte, apparentemente allontanandosi dalla descrizione del luogo boschereccio: o meglio, proiettandolo in un futuro nel quale potrebbe diventare (così il poeta si augura) il luogo della propria sepoltura, e, magari, di un postumo, tardivo pentimento di Laura.

Nel terzo tempo della lirica (stanze IV e V) il ricordo della donna irrompe, quasi per effetto di una memoria involontaria, nella forma di una gloriosa epifania. Se all'inizio della composizione Petrarca si muoveva cautamente dentro un paesaggio segnato dal passaggio di Laura, ma che ancora non gli restituiva l'intera immagine di lei, adesso invece la donna amata è recuperata nell'abbagliante splendore primaverile del giorno in cui fu vista in quei luoghi: «humile in tanta gloria», avvolta in un nembo di fiori come una Madonna profana. E, di fronte al rivelarsi potente dell'immagine memoriale, la reazione è appunto di «spavento»: quasi un *horror* religioso, di fronte al manifestarsi della divinità, contro uno sfondo che perde i suoi connotati naturalistici, per sfumare in una sorta di Paradiso («credendo essere in ciel, non là dov'era»).

I TEMI E L'ESPRESSIONE

STRUTTURA E MECCANISMO MEMORIALE

La canzone è costruita con grande libertà, seguendo il filo di una **memoria mobile**, che si muove tra ricordo e riflessione, tra passato e presente. All'inizio non si ha una vera descrizione del luogo silvestre in cui Laura apparve al poeta: piuttosto, siamo messi di fronte a frammenti, pezzi di paesaggio, particolari che appaiono all'improvviso, quasi a voler rendere in tempo reale il movimento dell'occhio che si sposta da un punto all'altro della scena («acque», «ramo», «erba e fior», «aere»...). Alla rievocazione, il soggetto fa seguire un'immediata, inaspettata, espressione del **desiderio di morire**: di essere sepolto in quei luoghi per essere pianto dalla donna e riportato in vita dalla sua straordinaria potenza, capace di sfidare il volere del cielo (stanze II-III). Non siamo dunque, come forse si poteva pensare leggendo la prima strofa, in un pacifico idillio agreste: il luogo sacro all'amore diviene tomba, e il presente della rivisitazione si proietta in un futuro di morte. Con la quarta strofa, la canzone muta ancora registro. La **memoria della donna**, cercata all'inizio, poi un poco accantonata nelle stanze "di morte" II e III, torna prepotente, senza preavviso, riemergendo alla coscienza con irresistibile **spontaneità**: «Da' be' rami scendea...». Dalla fantasticheria sul futuro («Tempo verrà...») si passa così, con un intervallo potente fra strofa e strofa, all'**imperfetto memoriale**, che d'ora in avanti dominerà il resto della canzone: «scendea», «sedea», «cadea», «eran», «si posava», «parea dir», «m'aveano», «dicea».

C Hiare fresche & dolci acque
oue le belle membra
pose colei che sola a me par donna
gentil ramo oue piacque
(con sospir mi rimembra)
allei di fare al bel fianco colonna
herba & fior che lagonna
leggiadra ricouerse
con langelico seno
aer sacro sereno
oue amor cho begliocchi il cor mapse
date udienza inseme
a ledolenti mie parole extreme
S eglie pur mio destino
el cielo incio sadopra
chamor qusti occhi lagrimando chiuda
qual che gratia ilmeschino
corpo fra uoi ricopra
& torni lalma al pprio albergo ignuda
la morte fia men cruda
se questa speme porto
a quel dubioso passo
che lo spirito lasso
non poria mai in piu riposato porto
nen piu tranquilla fossa
fuggir la carne trauagliata e lossa
T empo uerra ancor forse
cha lusato soggiorno
torni lafera bella & mansueta
& la ouella mi scorse

▲ Incunabolo dei *Rerum vulgarium fragmenta*, xv secolo, incipit di *Chiare, fresche et dolci acque* (Brescia, Biblioteca Civica Queriniana).

❶ Il miniatore coglie l'ambientazione silvestre della canzone, il motivo del nembo di fiori che scende su Laura, e delle sue chiome, «ch'oro forbito et perle / eran quel dì a vederle». ❷ È peculiare che egli la rappresenti nuda, intendendo così alla lettera l'inizio della canzone, con le «belle membra» di Laura immerse nelle «chiare, fresche et dolci acque».

L'«EPIFANIA» DI LAURA

Nelle ultime due strofe si può parlare proprio di «epifania» di Laura. «Epifania» nel senso di "manifestazione", e di manifestazione del sacro. La rappresentazione della donna può ricordare quella del sonetto *Erano i capei d'oro* [▶ **T9**, p. 451]: anche qui c'è un effetto di rallentamento che conferisce all'immagine un **senso estatico** di incanto. Però, mentre nel sonetto il *ralenti* riguardava la descrizione delle chiome di Laura sparse al vento, qui invece la donna è rappresentata immobile, seduta, e le sue chiome sono raccolte in composte «treccie bionde». È **la natura** intorno a lei, **che si muove**, animata, e che l'occhio del poeta indugia a descrivere al rallentatore. È la **pioggia di petali** di cui si insegue il «vago errore», uno per uno: cioè il mirabile scendere, in volute leggiadre, a coprire la donna di un nembo primaverile. È un'immagine sacra: anche Beatrice, alla fine del Purgatorio, appariva a Dante circonfusa da un nembo di fiori che gli angeli spargevano intorno a lei. Qui non siamo nell'aldilà, e questi fiori scendono semplicemente dagli alberi circostanti, ma non a caso la reazione del poeta amante è di «spavento», di orrore sacro: «Costei per fermo nacque in paradiso». Evidentemente per Petrarca non c'è bisogno di penetrare il mondo dei morti, per entrare in una dimensione ultraterrena. Con la presenza di Laura, anche le rive della Sorga possono trasformarsi in un pezzetto di Paradiso in terra.

METRICA E SINTASSI

Dei tredici versi che compongono ogni strofa, la grande maggioranza (nove) sono **settenari**: questo significa che, già a livello metrico, siamo di fronte a una canzone certo complessa, ma di articolazione "leggera", in cui la solenne cadenza dell'endecasillabo è una rarità. Non solo, ma i primi sei versi di ogni strofa rimano a tre a tre nello stesso modo (abC abC), quasi come fossero le terzine di un sonetto, aggiungendo un elemento di facile **musicalità** al discorso poetico. Questa orchestrazione metrica imposta la canzone su un **registro umile**, intimistico: si vedano invece, per contrasto, canzoni come *Italia mia* (strofe di 17 versi, di cui nove endecasillabi), o *I' vo' pensando* (strofe di 18 versi, di cui soltanto quattro settenari), di costruzione ben più sostenuta. Peraltro, entro questa struttura metrica più leggera la sintassi può presentare un periodare ampio, che può occupare anche tutto lo spazio della strofa, come ai vv. 27-39, oppure costringere il lettore ad aspettare il verbo in fondo, in chiusa di strofa, come all'inizio della canzone, con i vocativi in successione ai versi 1 («Chiare ... acque»), 4 («gentil ramo»), 7 («herba et fior'»), 10 («aere sacro»), che rimangono sospesi in attesa del verbo finale («date udïenza», v. 12). La strofa dell'epifania di Laura si presenta invece scandita in cinque proposizioni paratattiche, che registrano puntualmente, in presa diretta (nella memoria, beninteso) il rivelarsi dell'immagine divina di Laura. Siamo dunque di fronte a una canzone di tono complessivamente **unitario**, **affettuoso**, ma **molto varia** di strofa in strofa dal punto di vista **ritmico-sintattico**: il che consuona con l'andamento irregolare del testo, che passa dall'invocazione all'augurio ottativo, all'immaginazione del futuro, all'epifania di madonna e alle sue conseguenze sul poeta, adorante spettatore. In particolare, la strofa dell'epifania di Laura si distingue dalle altre per l'immediatezza della rappresentazione: i verbi sono tutti all'imperfetto, le proposizioni, come detto, tutte paratattiche, mentre l'anafora del «qual» (ai vv. 46, 47, 50, 51) accentua il senso di armoniosa simmetria della composizione. Anche per questo la strofa si staglia, isolata, come una scena improvvisamente rivelata, in mezzo alle altre strofe, tutte puntate invece sulla tormentata interiorità del poeta innamorato.

PETRARCA PRE-PROUSTIANO

In una pagina celebre della sua opera *Alla ricerca del tempo perduto*, lo scrittore francese Marcel Proust (1871-1922) descrive un'**esperienza memoriale** che è diventata simbolica del moderno senso del tempo. È la pagina in cui il protagonista, tornato a casa infreddolito in un pomeriggio piovoso, si prende una tazza di tè accompagnata da una pasta, una *madeleine*. Il sapore della *madeleine* suscita in lui un effetto memoriale imprevisto. All'inizio, è solo uno smuoversi di ricordi indistinti; ma inzuppando di nuovo la pasta nel tè, e quindi insistendo in questo tentativo di ricordare, ecco che finalmente il protagonista ricorda: la *madeleine* lo riporta all'infanzia, a Combray, quando ogni domenica mattina egli andava a trovare la zia Léonie nella sua camera, e lei gli faceva assaggiare un pezzetto di pasta inzuppata nel suo infuso di tè o di tiglio. È una pagina moderna, ma è impressionante la **somiglianza con il meccanismo memoriale descritto da Petrarca** in questa canzone. Si potrebbe dire che anche qui, fin dall'inizio, Petrarca **cerca di ricordare**: di recuperare cioè l'immagine vera e intera della donna amata, così come si è mostrata a lui in un giorno privilegiato. Ma, all'inizio, la donna "non torna". Per quanto egli provochi il ricordo, perlustrando il paesaggio, di Laura non riemergono che frammenti, pezzi separati del suo corpo bellissimo. Il luogo non "parla". Quando ecco che, nella quarta strofa, senza preavviso, il ricordo si profila netto e perfetto, nei minimi particolari: «Da' be' rami scendea...». Che cosa lo ha provocato? Che cosa lo ha fatto tornare? Apparentemente, nulla: è un caso lampante di **memoria involontaria**. E, in questo senso, è una memoria straordinariamente **moderna**, che sembra indovinare i meccanismi misteriosi dell'inconscio novecentesco: ovvero di una coscienza dove l'io non è più padrone assoluto dei suoi moti interiori, ma ne è, talvolta, lo spettatore.

Analisi e interpretazione Tipologia A

LEGGERE CON METODO

COMPRENSIONE GLOBALE

1. Ricostruisci il contenuto informativo della canzone e la collocazione temporale di ciascuna stanza.
2. In quale momento della vita di Petrarca si colloca la canzone? Quale significato dunque essa assume?

LA LINGUA E LE STRUTTURE

3. Per la sua canzone Petrarca ha scelto un metro inconsueto, con forte prevalenza di settenari (9 settenari contro soli 4 endecasillabi). Qual è l'effetto ritmico?
   - a Il ritmo risulta lento e posato.
   - b Il ritmo è molto variabile.
   - c Il ritmo è prevalentemente rapido e concitato.
   - d Il ritmo è spezzato.

4. Nella prima stanza gli elementi del paesaggio rievocano e fanno riaffiorare alla memoria frammenti del corpo di Laura. Ricostruisci questo meccanismo compositivo completando la tabella.

Elementi del paesaggio	Frammenti di Laura
le acque	le belle membra
il ramo (l'albero, per sineddoche)	
l'erba e i fiori	
l'aria	

5. Nella seconda stanza individua e sottolinea le espressioni che conferiscono un forte patetismo alla fantasia di morte.

6. Spiega le figure retoriche che compaiono nelle seguenti espressioni:
- v. 19 «torni l'alma al proprio albergo ignuda» ....
- v. 22 «dubbioso passo» ....
- v. 29 «la fera bella e mansüeta» ....
- v. 45 «amoroso nembo» ....
- vv. 48-49 «ch'oro forbito et perle eran quel dì a vederle» ....
- vv. 57-58 «il divin portamento e 'l volto e le parole e 'l dolce riso» ....
- v. 65 «questa herba» ....

I TEMI E L'INTERPRETAZIONE

7. La descrizione del bel luogo (*locus amoenus*) che fa da cornice all'apparizione di Laura è realistica e dettagliata oppure stilizzata e astratta? Motiva la risposta con precisi riferimento al testo, osservando quali oggetti sono nominati e se sono accompagnati da elementi che permettano di caratterizzarli in modo specifico.

GRANDANGOLO Il mistero della memoria, da sant'Agostino a Proust

Nel *Canzoniere*, dove il poeta non fa che scrutare la propria interiorità, i meccanismi della memoria occupano un luogo preminente. Laura stessa il più delle volte riemerge nella memoria del soggetto poetante, memoria spesso sollecitata dalla vista dei luoghi testimoni del suo passaggio. Così la memoria petrarchesca può essere sollecitata dal poeta stesso, come all'inizio di *Chiare fresche et dolci acque*; o può essere memoria involontaria, che sorprende d'improvviso, come nella quarta strofa di questa stessa canzone («Da' be' rami scendea...»). In questo senso Petrarca offre un esempio saliente della rappresentazione dei nostri meccanismi memoriali.
Qui diamo altri due esempi - uno antico, uno moderno - di questa rappresentazione della memoria. L'esempio antico viene da un autore carissimo a Petrarca, sant'Agostino: è la pagina di cui egli assicura di aver letto una frase, a caso, sulla cima del monte Ventoso [▶ **T3**, p. 425]. La citazione moderna è tratta invece da *Alla ricerca del tempo perduto*, di Marcel Proust.

▶ Claudio Parmiggiani, *La salita della memoria*, installazione, 1976, biacca, tela, pane e legno (Coll. Compiani).

D

Sant'Agostino

La «sala immensa» della memoria

In questo brano delle Confessioni, *sant'Agostino rappresenta il suo stupore di fronte al mistero della memoria. Essa gli appare come un grande magazzino, una «sala immensa» in cui si conservano accumulate tutte le nozioni, sensazioni, impressioni di una vita. Ma il mistero consiste nel fatto che l'uomo è ignaro di questa immensa riserva di informazioni che porta con sé. Se ne avvede, appunto, solo nel momento in cui qualcosa - un'immagine, un sentimento, una musica - riemerge, anche senza volere, alla luce della coscienza. Ciò che lascia Agostino stupefatto è questo nostro vivere inconsapevoli di quanto ci portiamo dentro; ignari e indifferenti, il più del tempo, agli infiniti tesori della nostra interiorità.*

Tutto ciò si svolge nel mio interno, nella sala immensa della mia memoria. E vi sono, pronti al mio cenno, il cielo, la terra, il mare e tutte le sensazioni che mi hanno dato, ad eccezione di quelle che ho dimenticato. E là anche mi faccio incontro a me stesso, ricordo me stesso, quello che ho fatto e quando e dove, quali emozioni abbia avuto nel farlo. E là sono tutti i ricordi delle esperienze o delle affermazioni credute. E ancora da quel deposito traggo confronti delle cose di propria esperienza o credute per esperienze altrui, queste e quelle collego a casi passati, e da esse deduco quello che farò, gli eventi, le speranze, tutto come se mi fosse davanti. «Farò questo, farò quello», mi dico nelle vaste pieghe del mio spirito, ricche di immagini di tante e tante importanti cose. E ne conseguono questo o quello. «Oh, se accadesse questo o quest'altro!»; «Iddio ne scampi da questo o da quello!»: così parlo a me stesso, e, mentre parlo, ecco pronte le immagini di tutto ciò che dico balzate fuori sempre da quel tesoro della memoria: né potrei dir nulla se esse non ci fossero. Grande è questa virtù della memoria, o mio Dio, grande assai, ricettacolo di ampiezza illimitata: e chi potrebbe toccarne il fondo? È una forza del mio spirito, fa parte della mia natura, ma neppure io riesco a contenere tutto quello che sono. O che l'animo è troppo ristretto per contenere se stesso? E dove starà quello di sé che non vi è accolto? Fuori di lui, e non in lui? Come va allora che non vi sta? Una grande maraviglia sorge in me a queste considerazioni: sono invaso da stupore. E gli uomini se ne vanno a contemplare le vette delle montagne, i flutti vasti del mare, le ampie correnti dei fiumi, l'immensità dell'oceano, il corso degli astri, e non pensano a se stessi, non si meravigliano che mentre io nomino tutte codeste cose non le vedo con gli occhi, ma che non potrei nominarle se i monti, i flutti, i fiumi, le stelle che conosco per averle viste, l'oceano di cui ho sentito parlare non li vedessi nella mia memoria così smisurati nello spazio come se li vedessi lì davanti. Eppure non le ho tratte dentro quando le guardai con gli occhi, non sono qui vicine, esse, bensì le loro immagini; e so anche quale senso del corpo me ne ha stampato dentro l'impressione.

(Agostino, *Le confessioni*, trad. it. di C. Vitali, Rizzoli, Milano 1974)

D Marcel Proust

Il passato in una tazza di tè

Siamo all'inizio della Ricerca del tempo perduto, *nel primo dei sette volumi del romanzo, intitolato* La strada di Swann. *L'opera non segue un ordinato resoconto degli avvenimenti narrati, ma procede a blocchi, evocando luoghi e circostanze secondo le «intermittenze del cuore». La pagina della* madeleine, *che qui proponiamo, è diventata quasi simbolica della percezione moderna della memoria. Anche qui si tratta di una memoria involontaria: un po' come in Agostino, che rimaneva sorpreso di quanto potesse, a tratti, ricordare, o come Petrarca, sopraffatto d'improvviso dall'«epifania» di Laura. Tuttavia in Proust il riemergere della memoria cosciente procede da un'associazione sensoriale che all'inizio non scatta: per un tempo abbastanza lungo il sapore della* madeleine *e la sensazione di felicità che a essa si associa rimangono inspiegabili; finché, appunto, quasi faticosamente, la connessione si ristabilisce, e il ricordo esce alla coscienza, nitido, perfettamente recuperato.*

Già da molti anni di Combray tutto ciò che non era il teatro e il dramma del coricarmi non esisteva più per me, quando in una giornata d'inverno, rientrando a casa, mia madre, vedendomi infreddolito, mi propose di prendere, contrariamente alla mia abitudine, un po' di tè. Rifiutai dapprima, e poi, non so perché, mutai d'avviso. Ella mandò a prendere una di quelle focacce pienotte e corte chiamate *maddalenine*, che paiono aver avuto come stampo la valva scanalata d'una conchiglia di san Giacomo. Ed ecco, macchinalmente, oppresso dalla giornata grigia e dalla previsione d'un triste domani, portai alle labbra un cucchiaino di tè, in cui avevo inzuppato un pezzetto di *maddalena*. Ma, nel momento stesso che quel sorso misto a briciole di focaccia toccò il mio palato, trasalii, attento a quanto avveniva in me di straordinario. Un piacere delizioso m'aveva invaso, isolato, senza nozione della sua causa. M'aveva subito reso indifferenti le vicissitudini della vita, le sue calamità inoffensive, la sua brevità illusoria, nel modo stesso che agisce l'amore, colmandomi d'un'essenza preziosa: o meglio quest'essenza non era in me, era me stesso. Avevo cessato di sentirmi mediocre, contingente, mortale. Donde m'era potuta venire quella gioia violenta? Sentivo ch'era legata al sapore del tè e della focaccia, ma lo sorpassava incommensurabilmente, non doveva essere della stessa natura. Donde veniva? Che significava? Dove afferrarla? Bevo un secondo sorso in cui non trovo nulla di più che nel primo, un terzo dal quale ricevo meno che dal secondo. È tempo ch'io mi fermi, la virtù della bevanda sembra diminuire. È chiaro che la verità che cerco non è in essa, ma in me.

[...].

Toccherà mai la superficie della mia piena coscienza quel ricordo, l'attimo antico che l'attrazione d'un attimo identico è venuta così di lontano a richiamare, a commuovere, a sollevare nel più profondo di me stesso? Non so. Adesso non sento più nulla, s'è fermato, è ridisceso forse; chi sa se risalirà mai dalle sue tenebre? Debbo ricominciare, chinarmi su di lui dieci volte. E ogni volta la viltà, che ci distoglie da ogni compito difficile, da ogni impresa importante, m'ha consigliato di lasciar stare, di bere il mio tè pensando semplicemente ai miei fastidi di oggi, ai miei desideri di domani, che si possono ripercorrere senza fatica. E ad un tratto il ricordo m'è apparso. Quel sapore era quello del pezzetto di *maddalena* che la domenica mattina a Combray (giacché quel giorno non uscivo prima della messa), quando andavo a salutarla nella sua camera, la zia Léonie mi offriva dopo averlo bagnato nel suo infuso di tè o di tiglio. La vista della focaccia, prima d'assaggiarla, non m'aveva ricordato niente; forse perché, avendone viste spesso, senza mangiarle, sui vassoi dei pasticcieri, la loro immagine aveva lasciato quei giorni di Combray per unirsi ad altri giorni più recenti; forse perché di quei ricordi così a lungo abbandonati fuori della memoria, niente sopravviveva, tutto s'era disgregato; le forme - anche quella della conchiglietta di pasta, così grassamente sensuale sotto la sua veste a pieghe severa e devota - erano abolite, o, sonnacchiose, avevano perduto la forza d'espansione che avrebbe loro permesso di raggiungere la coscienza. Ma, quando niente sussiste d'un passato antico, dopo la morte degli esseri, dopo la distruzione delle cose, soli, più tenui ma più vividi, più immateriali, più persistenti, più fedeli, l'odore e il sapore, lungo tempo ancora perdurano, come anime, a ricordare, ad attendere, a sperare, sopra la rovina di tutto il resto, portando sulla loro stilla quasi impalpabile, senza vacillare, l'immenso edificio del ricordo.
E, appena ebbi riconosciuto il sapore del pezzetto di *maddalena* inzuppato nel tiglio che mi dava la zia (pur ignorando sempre e dovendo rimandare a molto più tardi la scoperta della ragione per cui questo ricordo mi rendesse così felice), subito la vecchia casa grigia sulla strada, nella quale era la sua stanza, si adattò come uno scenario di teatro al piccolo padiglione sul giardino, dietro di essa, costruito per i miei genitori (il lato tronco che solo avevo riveduto fin allora); e con la casa la città, la piazza dove mi mandavano prima di colazione, le vie dove andavo in escursione dalla mattina alla sera e con tutti i tempi, le passeggiate che si facevano se il tempo era bello. E come in quel gioco in cui i giapponesi si divertono a immergere in una scodella di porcellana piena d'acqua dei pezzetti di carta fin allora indistinti, che, appena immersi, si distendono, prendono contorno, si colorano, si differenziano, diventano fiori, case, figure umane consistenti e riconoscibili, così ora tutti i fiori del nostro giardino e quelli del parco di Swann, e le ninfee della Vivonne e la buona gente del villaggio e le loro casette e la chiesa e tutta Combray e i suoi dintorni, tutto quello che vien prendendo forma e solidità, è sorto, città e giardini, dalla mia tazza di tè.

(M. Proust, *Alla ricerca del tempo perduto*, I [*La strada di Swann*], trad. it. di N. Ginzburg, Einaudi, Torino 1963)

LEGGERE CON METODO

1. Quale caratteristica della memoria suscita il più grande stupore in sant'Agostino?
2. Quale ricordo sorge nella memoria di Marcel Proust dopo aver assaporato il tè con la *madeleine*?
3. A quali metafore o similitudini ricorrono rispettivamente Agostino e Proust per descrivere la potenza della memoria?

T11

Canzoniere, 128

Italia mia, benché ’l parlar sia indarno

Anno: 1344-45

Metro: canzone di 7 stanze di 16 versi ciascuna a schema AbCBaC cDEeDdfGfG, più congedo aBCcBbdEdE

Argomento: Petrarca immagina un’Italia unita e libera dalle lotte intestine

La canzone risale al periodo della residenza parmense dell’autore ed è con tutta probabilità ispirata a Petrarca dalla guerra intercorsa, tra il 1344 e il 1345, tra i Gonzaga e gli Este per il controllo di Parma. Il poeta dà voce a un insieme di tematiche civili e culturali che rappresentano anche sue personali convinzioni circa la civiltà italiana (contrapposta alla "barbarie" germanica) e la superiorità della cultura latina.

Italia mia, benché ’l parlar sia indarno
a le piaghe mortali
che nel bel corpo tuo sì spesse veggio,
piacemi almen che’ miei sospir’ sian quali
spera ’l Tevero et l’Arno,
e ’l Po, dove doglioso et grave or seggio.
Rettor del cielo, io cheggio
che la pietà che Ti condusse in terra
Ti volga al Tuo dilecto almo paese.
Vedi, Segnor cortese,
di che lievi cagion’ che crudel guerra;
e i cor’, che ’ndura et serra
Marte superbo et fero,
apri Tu, Padre, e ’ntenerisci et snoda;
ivi fa’ che ’l Tuo vero,
qual io mi sia, per la mia lingua s’oda.

Voi cui Fortuna à posto in mano il freno
de le belle contrade,
di che nulla pietà par che vi stringa,
che fan qui tante pellegrine spade?
perché ’l verde terreno
del barbarico sangue si depinga?
Vano error vi lusinga:
poco vedete, et parvi veder molto,
ché ’n cor venale amor cercate o fede.

PARAFRASI

vv. 1-16 Italia mia, benché le parole siano inutili (*indarno*, “invano”) di fronte alle piaghe mortali che vedo così fitte (*sì spesse*) nel tuo bel corpo, voglio almeno (*piacemi almen*) che i miei sospiri siano in accordo con le speranze della terra che si stende fra il Tevere e l’Arno, e il Po, dove ora mi trovo (*seggio*) pieno di dolore e di preoccupazione (*doglioso et grave*). Signore (*Rettor*) del cielo, io chiedo che quella pietà del genere umano che Ti condusse in terra Ti faccia rivolgere all’Italia, il nobile paese oggetto della Tua predilezione. Vedi, Signore cortese, che crudele guerra [è nata] da cause così lievi; Tu, Padre, intenerisci e sciogli (*snoda*) i cuori che Marte, superbo e feroce, indurisce e incatena (*serra*); lì [in quei cuori] fa’ che la Tua verità (*’l Tuo vero*), risuoni attraverso la mia lingua, qualunque sia il mio valore (*qual io mi sia*).

vv. 17-32 Voi, a cui la Fortuna ha messo in mano la guida (*il freno*) di questo bel Paese - di cui pare non sentiate alcuna pietà - che ci fanno qui tante spade straniere (*pellegrine*)? perché il verde terreno d’Italia rosseggia (*si depinga*) di sangue straniero (*barbarico*)? Voi vi lasciate illudere da un errore vano: povera vista avete - e invece vi pare di vederci benissimo - se cercate amore e lealtà (*fede*) in un cuore venale. Quello di voi che può contare su truppe più numerose (*più gente*),

5. spera: forma singolare, perché il verbo è preposto ai soggetti (e dunque, potenzialmente, da iterarsi dopo ogni nome: *spera il Tevere, spera l’Arno* ecc.); ma anche perché ci si riferisce alla terra compresa tra i tre fiumi (Po, Tevere e Arno, quindi l’odierna Italia centro-settentrionale) simbolicamente rappresentante l’Italia tutta (è da ricordare che nel Trecento il Regno di Napoli si percepiva come distinto dall’Italia).
8. pietà ... terra: si intende la pietà per il genere umano, condannato dal peccato originale, al quale viene data l’occasione del riscatto con la venuta di Cristo.
9. Tuo: perché privilegiato da Dio, che vi pose la sede del Papato. ■ **dilecto:** la predilezione divina per l’Italia è legata al fatto che essa è sede del vicario di Cristo, ossia il papa.
13. Marte: dio della guerra, dunque personificazione della guerra stessa.
15. ivi: nei «cor» del v. 12.
16. per la mia lingua: **tramite le mie parole**. Il poeta, pur dichiarandosi indegno («qual io mi sia») si autoinveste del ruolo di diffusore della verità.
17. Voi: si rivolge ai signori d’Italia. ■ **freno:** **il governo** (immagine attinta dall’attrezzatura del cavaliere, che con il freno, il morso, governa il cavallo).
25. cor venale: capace di vendersi per denaro. Si riferisce, come si comprende dal seguito, alle truppe mercenarie.

Qual più gente possede,
colui è più da' suoi nemici avolto.
O diluvio raccolto
di che deserti strani,
per inondar i nostri dolci campi!
Se da le proprie mani
questo n'avene, or chi fia che ne scampi?

è in realtà quello più circondato da nemici. O alluvione (*diluvio* [di gente straniera]) raccolta da che strane lande desolate, per inondare i nostri dolci campi! Se questo ci succede (*n'avene*) per nostra stessa iniziativa (*da le proprie mani*), ora chi ci sarà (*fia*) che potrà salvarci?

Ben provide Natura al nostro stato,
quando de l'Alpi schermo
pose fra noi et la tedesca rabbia;
ma 'l desir cieco, e 'ncontra 'l suo ben fermo,
s'è poi tanto ingegnato,
ch'al corpo sano à procurato scabbia.
Or dentro ad una gabbia
fiere selvagge et mansüete gregge
s'annidan sì che sempre il miglior geme;
et è questo del seme,
per più dolor, del popol senza legge,
al qual, come si legge,
Mario aperse sì 'l fianco,
che memoria de l'opra ancho non langue,
quando assetato et stanco
non più bevve del fiume acqua che sangue.

vv. 33-48 La Natura stessa ben provvide al nostro stato, quando pose le Alpi a schermo fra noi e il barbarico furore tedesco (*tedesca rabbia*); ma il cieco desiderio [di potere], ostinato (*ben fermo*) contro il suo stesso interesse (*ben*), si è poi tanto ingegnato che ha procurato la scabbia [una malattia penosa] a un corpo che era sano. Ora dentro a una stessa gabbia si annidano bestie selvatiche (*fiere selvagge*) e animali domestici, tanto che l'animale più mansueto (*il miglior*) è quello che sempre geme; e - per farci ancora più soffrire (*per più dolor*) - questo avviene dal seme del popolo incivile (*senza legge*) [i Teutoni], a cui, come si legge nelle storie, Mario inferse ferite così profonde (*aperse sì 'l fianco*) che ancora non è svanita (*non langue*) la memoria dell'impresa, quando, assetato e stanco, bevve dal fiume [vicino al campo di battaglia] più sangue che acqua.

Cesare taccio che per ogni piaggia
fece l'erbe sanguigne
di lor vene, ove 'l nostro ferro mise.
Or par, non so per che stelle maligne,
che 'l cielo in odio n'aggia:
vostra mercé, cui tanto si commise.
Vostre voglie divise
guastan del mondo la più bella parte.
Qual colpa, qual giudicio o qual destino
fastidire il vicino

vv. 49-64 Non voglio parlare di Cesare che, dovunque portò le nostre armi, fece il terreno rosso del loro sangue. Ora, non so per quale infausto influsso delle stelle (*per che stelle maligne*) pare che il cielo ci abbia preso in odio: grazie a voi, a cui si affidò (*si commise*) una responsabilità così alta (*tanto*). Le vostre voglie in conflitto l'una con l'altra (*divise*) stanno rovinando la parte più bella del mondo. Quale colpa, quale giudizio divino, o quale destino [è questo di] dar noia (*fastidire*) al proprio vicino più povero di forze,

---

26-27. gente ... avolto: il poeta intende dire che chi possiede più mercenari («gente») corre maggiormente il pericolo di essere tradito, in quanto circondato («avolto») da nemici.
28-30. O diluvio ... campi: immagine molto forte, in cui l'insieme dei soldati stranieri viene paragonato a un diluvio radunato («raccolto») per invadere, inondandoli, i nostri dolci campi.
Per «deserti strani» occorre notare la possibilità di una duplice interpretazione: «strani» può essere letto sia come esotici, dunque stranieri, sia come selvaggi.
35. tedesca rabbia: espressione tolta dai classici latini, che stigmatizzavano così la tradizionale inimicizia tra Romani e i popoli germanici.
38. scabbia: malattia della pelle; qui malattia devastante e deturpante per eccellenza.
45. Mario: condottiero romano che vinse i Teutoni nel 102 a.C. presso l'attuale Aix-en-Provence.
47-48. quando ... sangue: il riferimento è all'episodio, raccontato dallo storico Floro, secondo il quale Mario, alle sue truppe assetate e stanche, disse, guardando il fiume Arc, di conquistarsi l'acqua; la furia romana fece sì che, quando il fiume fu nelle loro mani, l'acqua era mista al sangue dei nemici uccisi.
49-51. Cesare ... mise: ricordo delle imprese galliche di Giulio Cesare.
54. vostra ... commise: la frase, rivolta ai signori italiani, indica (sarcasticamente) la poca abilità nello svolgere il compito di governare l'Italia.
57. Qual ... destino: la colpa (umana), il castigo (divino), la sorte (predestinazione) sono le tre possibili chiavi di lettura del disastro a cui Petrarca assiste e che descrive nei versi successivi.

povero, et le fortune afflicte et sparte
perseguire, e 'n disparte
cercar gente et gradire,
che sparga 'l sangue et venda l'alma a prezzo?
Io parlo per ver dire,
non per odio d'altrui, né per disprezzo.

Né v'accorgete anchor per tante prove
del bavarico inganno
ch'alzando il dito colla morte scherza?
Peggio è lo strazio, al mio parer, che 'l danno;
ma 'l vostro sangue piove
più largamente, ch'altr'ira vi sferza.
Da la matina a terza
di voi pensate, et vederete come
tien caro altrui che tien sé così vile.
Latin sangue gentile,
sgombra da te queste dannose some;
non far idolo un nome
vano senza soggetto:
ché 'l furor de lassù, gente ritrosa,
vincerne d'intellecto,
peccato è nostro, et non natural cosa.

Non è questo 'l terren ch'i' toccai pria?
Non è questo il mio nido
ove nudrito fui sì dolcemente?
Non è questa la patria in ch'io mi fido,
madre benigna et pia,
che copre l'un et l'altro mio parente?
Perdio, questo la mente
talor vi mova, et con pietà guardate
le lagrime del popol doloroso,
che sol da voi riposo
dopo Dio spera; et pur che voi mostriate
segno alcun di pietate,
vertù contra furore
prenderà l'arme, et fia 'l combatter corto:

e perseguitarlo quando la sua sorte è misera e sciagurata (*le fortune afflicte et sparte / perseguire*), e reclutare gente da altre parti (*'n disparte*) e aver piacere (*gradire*) che sparga il suo sangue e venda l'anima per soldi (*a prezzo*)? Io parlo per dire la verità, non per odio o disprezzo verso chicchessia (*altrui*).

vv. 65-80 Ancora non vi accorgete dopo tante prove della perfidia dei Bavari (*bavarico inganno*) [per indicare in genere le truppe mercenarie tedesche], che scherzano con la morte alzando il dito [segnale per arrendersi in battaglia, quando le cose si mettono al peggio]? A mio parere è peggio lo spregio che il danno; ma il vostro sangue sgorga (*piove*) più largamente [di quello dei mercenari], perché una ben altra ira vi stimola (*vi sferza*). Pensate alla vostra situazione (*di voi*) a mente calma, la mattina presto, dall'alba alle nove (*Da la matina a terza*) e vedrete come chi ha così scarsa considerazione di sé (*tien sé così vile*) [tanto da vendersi come "soldato"] possa aver caro qualcun altro (*altrui*). Gentile sangue latino, liberati (*sgombra*) di questi dannosi pregiudizi: non adorare (*non far idolo*) un nome vuoto, senza consistenza (*senza soggetto*): che se la barbarie (*furor*) dei popoli di lassù, gente incolta (*ritrosa*), ci vince d'intelligenza, questo è colpa (*peccato*) nostra, non è una cosa naturale.

vv. 81-96 Non è questo il suolo (*terren*) su cui io ho prima messo i piedi? Non è questo il mio nido in cui sono stato allevato (*nudrito*) così teneramente? Non è questa la patria in cui mi affido, madre benigna e premurosa (*pia*), terra che ricopre [il corpo di ambedue] i miei genitori? Perdio, queste considerazioni vi smuovano la mente una buona volta, e guardate con compassione le lacrime del popolo sofferente, che si aspetta (*spera*) sollievo da voi, dopo che da Dio stesso; e pur che voi mostriate qualche segno di pietà, la virtù prenderà l'armi contro la barbarie, e il combattimento avrà breve durata: che il

66-67. bavarico ... scherza: si riferisce all'inganno dei mercernari tedeschi che si prendono gioco della morte alzando il dito in segno di resa (com'era nell'uso dei combattimenti fra gladiatori) quando le cose si mettono al peggio sul campo di battaglia; «bavarico», letteralmente: "bavarese", della regione germanica dalla quale provenivano in gran parte le truppe mercenarie, ma è da intendersi genericamente come "tedesco".

70. ch'altr' ... sferza: **che ben altra ira vi colpisce e incita**; il paragone è, naturalmente, con l'apatia di chi combatte per denaro e non è abitato da alcun odio.

75. dannose some: **pesi pericolosi**; da intendersi anche come impedimenti ed è da riferirsi alle compagnie mercenarie.

78. furor de' lassù: **la rabbia**, **la forza bruta di lassù** (cioè degli abitanti delle regioni germaniche che vengono menzionati subito dopo).

84. mi fido: l'interpretazione di questo verbo non è univoca; vi sono critici che intendono «ho le mie fondamenta» e altri «mi affido, mi sento sicuro».

85. madre: è un'ulteriore personificazione della patria.

88. vi mova: da intendersi nello stesso tempo: **vi smuova e vi commuova**, sempre riferito ai signori italiani.

chè l'antiquo valore
ne l'italici cor' non è anchor morto.

Signor', mirate come 'l tempo vola,
et sì come la vita
fugge, et la morte n'è sovra le spalle.
Voi siete or qui; pensate a la partita:
ché l'alma ignuda et sola
conven ch'arrive a quel dubbioso calle.
Al passar questa valle
piacciavi porre giù l'odio et lo sdegno,
vènti contrari a la vita serena;
et quel che 'n altrui pena
tempo si spende, in qualche acto più degno
o di mano o d'ingegno,
in qualche bella lode,
in qualche honesto studio si converta:
così qua giù si gode,
et la strada del ciel si trova aperta.

Canzone, io t'ammonisco
che tua ragion cortesemente dica,
perché fra gente altera ir ti convene,
et le voglie son piene
già de l'usanza pessima et antica,
del ver sempre nemica.
Proverai tua ventura
fra' magnanimi pochi a chi 'l ben piace.
Di' lor: - Chi m'assicura?
I' vo gridando: Pace, pace, pace. -

valore antico non è ancora morto nei cuori italiani.

vv. 97-112 Signori, guardate come vola il tempo, come la vita fugge, e la morte ci insegue dappresso. Ora voi siete qui [in questo mondo]; pensate a quando dovrete staccarvene: perché a quel passaggio pauroso (*dubbioso calle*) l'anima ci deve arrivare (*conven ch'arrive*) ignuda e sola. Passando dalla valle di questa vita terrena, per favore, deponete l'odio e lo sdegno, che sono come venti contrari alla serenità del vivere; e quel tempo che ora viene speso per far penare il prossimo (*'n altrui pena*) lo si converta in qualche azione più degna, o di mano o d'intelletto, o in qualche impresa degna di bella lode: così quaggiù sulla terra si è felici, e ci si trova aperta la strada al cielo.

vv. 113-22 Canzone, io ti avverto che tu dica le tue ragioni cortesemente, perché dovrai andare (*ir ti convene*) fra gente superba, i cui voleri sono pieni dell'usanza pessima e antica [l'adulazione], sempre nemica della verità. Metterai a prova la tua sorte (*proverai tua ventura*) fra quei pochi d'animo generoso (*magnanimi pochi*) a cui piace il vero bene. A loro di' pure: - Chi mi protegge (*assicura*)? Io vado gridando: Pace, pace, pace - .

---

102. dubbioso calle: il cammino pauroso, cioè il punto di trapasso, tra la vita e la morte.
117-118. usanza ... nemica: lunga perifrasi per indicare l'adulazione.

T11 Dentro il testo

IN SINTESI

La canzone rappresenta il vero e proprio manifesto politico di Petrarca. In essa egli non solo mette a fuoco la sua personale diagnosi sulla situazione politica dell'Italia contemporanea, ma chiarisce anche quale, secondo lui, è il ruolo del moderno intellettuale (compreso se stesso, naturalmente) all'interno di tale situazione. L'Italia descritta da Petrarca, personificata nel corpo di una bella donna («bel corpo tuo»), è afflitta da una malattia diffusa: la divisione endemica, cioè persistente e radicata, che arma i signori italiani l'uno contro l'altro e che trasforma il suolo della patria in un sanguinoso campo di battaglia («vostre voglie divise / guastan del mondo la più bella parte»). Di fronte a questa guerra di tutti contro tutti, il poeta alza la voce, cercando di richiamare a ideali più alti, meno contingenti: la superiorità della civiltà latina, il dovere di essere degni della propria storia e della bellezza del proprio Paese, il senso ultimo del vivere, di fronte al quale si ridimensionano le sciocche contese terrene. Petrarca, vale a dire, sceglie di non entrare nel merito specifico dei conflitti in corso (come farebbe invece Dante), e li scavalca per portare tutto su un piano culturale, morale, religioso. La funzione dell'uomo di cultura, in questo quadro, è quella del predicatore laico: uomo libero, al di sopra delle parti, di superiore educazione e sensibilità, a cui spetta l'insostituibile compito di indicare e riaffermare i valori durevoli dell'esistenza, gli unici che contano.

I TEMI E L'ESPRESSIONE

LA COSTRUZIONE DEL DISCORSO: I DESTINATARI

Petrarca svolge la sua appassionata allocuzione ai «Signor» (v. 97), nelle cui mani la Fortuna ha voluto riporre «il freno / de le belle contrade» (v. 18). Sono questi signori italiani che il poeta apostrofa con un collettivo **«voi»**, identificandoli con un unico corpo politico. È una **mossa retorica** da cui dipende tutta l'organatura formale e ideologica della canzone. Anche se proprio dentro quei «voi» si annidano le discordie e le divisioni da cui nascono le guerre che insanguinano il Paese, la canzone si ostina a riconoscerli come una indivisa unità, senza neppure tentare di distinguere colpe e responsabilità, torti e ragioni. In tal modo, il poeta vuole porsi su un piano che trascende la discordia politica quotidiana, per richiamare i suoi destinatari a una **visione più alta**, meno contingente, della realtà. Il suo tentativo è infatti quello di suscitare in questi signori rivali e nemici un sentimento comune che li ricompatti in unità: un **sentimento patriottico**, che li metta di fronte a una comune appartenenza a uno stesso «dilecto almo paese», l'Italia, e a una medesima civiltà, quella latina. Non a caso il «voi» si staglia subito contro un antagonista: le «pellegrine spade» dei **soldati mercenari tedeschi**, identificati come il vero nemico, come il vero intruso da scacciare dal suolo italiano. Trovare un nemico comune da combattere, d'altronde, è da che mondo e mondo risorsa fondamentale di ogni sentimento di unità nazionale.

LA PERSONIFICAZIONE DELL'ITALIA

Ma la prima "persona" alla quale Petrarca si rivolge è l'**Italia** stessa, personificata qui come una **donna bella e piagata**, il «bel corpo» crivellato di ferite mortali. La personificazione della propria terra natale in una figura femminile, anzi materna, è tradizionale, e viene rinforzata nel corso della canzone, ai vv. 84-86: «Non è questa la patria in ch'io mi fido, / madre benigna et pia, / che copre l'un et l'altro mio parente?». Meno comune è la rappresentazione della terra-madre come una donna insanguinata, massacrata di ferite (il tema del sangue d'altronde percorre insistentemente tutto il testo: vv. 22, 48, 62, 69). Petrarca crea qui un mito nazionale di lunghissima durata: **l'Italia come Paese bellissimo e sfortunato**, ferito dagli eventi della storia e, più ancora, dal cieco furore dei suoi abitanti discordi.

IL PRIMATO ITALIANO

Uno degli aspetti centrali della canzone è il contrasto fra il «Latin sangue gentile», da una parte, e la «tedesca rabbia», dall'altra. È una **contrapposizione** che Petrarca fa risalire all'**antichità latina**, stabilendo uno stretto rapporto di continuità fra presente e passato. Nei tempi moderni, questa contrapposizione è riconosciuta nel contrasto fra gli italiani e le truppe "barbariche" che combattono per loro conto sul terreno italiano; nell'antichità, il contrasto è ravvisato nella lotta di Mario contro i Cimbri e di Cesare contro i Galli. Non esattamente tedeschi, quindi: ma anche qui Petrarca consacra una distinzione geografica e culturale che avrà grandissima fortuna. Tedeschi, Cimbri, Galli, sono tutti infatti accomunati dall'essere **«oltramontani»** (come si dirà ancora durante l'Ottocento): popoli che vivono al di là delle Alpi, sentite non solo come una realtà fisico-geografica, ma come un simbolico baluardo della civiltà latina contro la barbarie che vive e preme al di là. Nel finale, tale contrapposizione si schematizza nel **contrasto** radicale **tra «virtù» e «furore»**: due definizioni così pregnanti della civiltà latina e della barbarie oltremontana che Machiavelli non troverà chiusa migliore per il suo *Principe*, che infatti termina con la citazione dei vv. 93-96 di questa canzone.

UNA CANZONE PACIFISTA?

Nel congedo, Petrarca immagina di mandare in giro la sua canzone affidandole una semplice invocazione: «Chi m'assicura? / I' vo gridando: Pace, pace, pace». L'ideale petrarchesco sembra dunque un **ideale pacifista**. Ciò non sorprende, visto che la canzone si presenta fin dal principio come scaturita dal miserabile spettacolo delle lotte fratricide che insanguinavano il Nord Italia al tempo della sua composizione. Ciò non sorprende anche tenendo presente, più in generale, l'aspirazione petrarchesca a una vita solitaria, pacifica, lontano dai contrasti e dal frastuono del mondo; si potrebbe dire che Petrarca sia un intellettuale pacifista per carattere, prima ancora che per convinzione ideologica. Tuttavia, non si deve dimenticare che il pacifismo della canzone si fonda sulla energica rivendicazione di una **identità nazionale**, anzi di una superiorità nazionale rispetto agli altri popoli, sentiti come alieni, barbari, incivili. È dunque una **canzone contraddittoria**, che predica la pace, ma entro le mura domestiche della patria; una pace che non conosce ancora (né potrebbe, all'interno della cultura medievale) il rispetto della diversità.

INTERPRETARE IL MONDO
Campanilismo e spirito nazionale

Analisi e interpretazione **Tipologia A**

LEGGERE CON METODO

COMPRENSIONE GLOBALE

1. A chi si rivolge il poeta nelle tre apostrofi contenute nella canzone?
2. Quale preghiera rivolge a Dio nella prima stanza?
3. Qual è il principale errore politico dei signori italiani?
4. Quali legami personali del poeta con l'Italia vengono evidenziati nella sesta stanza?
5. Quale tema centrale del *Canzoniere* domina l'ultima stanza? In nome di quali valori Petrarca chiede ai signori italiani di deporre le armi?

LA LINGUA E LE STRUTTURE

6. Per la sua grande canzone politica, Petrarca ha adottato uno stile elevato fin dalle scelte lessicali. Accanto a ciascuna espressione scrivi il significato in cui è usata nel testo.
   - v. 1: «indarno» ....
   - v. 6: «doglioso» ....
   - v. 9: «almo» ....
   - v. 11: «cagion'» ....
   - v. 20: «pellegrine» ....
   - v. 29: «strani» ....
   - v. 46: «opra» ....
   - v. 58: «fastidire» ....
   - v. 81: «pria» ....
   - v. 86: «parente» ....
   - v. 100: «partita» ....
   - v. 119: «ventura» ....
7. Anche le figure retoriche sono particolarmente numerose e ricercate. Spiega le figure retoriche che compaiono nelle seguenti espressioni:
   - vv. 1: «Italia mia»
   - vv. 2-3: «le piaghe mortali che nel bel corpo tuo sì spesse veggio»
   - v. 13: «Marte superbo et fero»
   - vv. 28-30: «O diluvio raccolto di che deserti strani, per inondar i nostri dolci campi!»
   - v. 38: «al corpo sano à procurato scabbia»
   - v. 40: «fiere selvagge et mansüete gregge»
   - v. 49: «Cesare taccio»
   - v. 57: «Qual colpa, qual giudicio o qual destino»
   - v. 73: «tien caro altrui che tien sé così vile»
   - v. 74: «Latin sangue gentile»
   - v. 82: «nido»
   - v. 93: «vertù contra furore»
   - v. 102: «dubbioso calle»
   - v. 103: «questa valle»

I TEMI E L'INTERPRETAZIONE

8. Quali episodi storici vengono ricordati nella canzone? Perché?
9. Individua e sottolinea tutte le espressioni che si riferiscono all'Italia e/o al suo popolo: quale immagine ne emerge?
10. Individua e sottolinea tutti i termini che si riferiscono agli stranieri: in quale modo vengono connotati?

SCRIVERE CON METODO

COMMENTO

11. In un testo di due-tre pagine, commenta la canzone, soffermandoti soprattutto sull'atteggiamento di Petrarca verso la politica del suo tempo, riflettendo in particolare sul suo atteggiamento verso le emergenti Signorie, le autorità universali (Impero e Papato), il fenomeno delle truppe mercenarie, il ruolo che assegna agli intellettuali e quindi a se stesso.

T12

Canzoniere, 234

O cameretta che già fosti un porto

Anno: non databile

Metro: sonetto con schema ABBA, ABBA, CDE, CDE

Argomento: il tormento d'amore e la ricerca di un conforto nel clamore della folla

Il sonetto rovescia la situazione che abbiamo visto descritta in modo esemplare in Solo et pensoso i più deserti campi. *Qui il tormento d'amore non induce il poeta a ricercare la solitudine, ma anzi lo spinge a fuggire dall'intimità della sua «cameretta» e dal riposo del suo «letticciuol», per cercare di dimenticare e di stordire la sua disperazione nella folla: in mezzo a quel «vulgo» che altrove, invece, egli cercava di evitare in ogni modo.*

O cameretta che già fosti un porto
a le gravi tempeste mie diürne,
fonte se' or di lagrime nocturne,
che 'l dí celate per vergogna porto.

O letticciuol che requie eri et conforto
in tanti affanni, di che dogliose urne
ti bagna Amor, con quelle mani eburne,
solo ver 'me crudeli a sí gran torto!

Né pur il mio secreto e 'l mio riposo
fuggo, ma piú me stesso e 'l mio pensero,
che, seguendol, talor levommi a volo;

e 'l vulgo a me nemico et odïoso
(chi 'l pensò mai?) per mio refugio chero:
tal paura ò di ritrovarmi solo.

In questa frase si coglie un ribaltamento nel percorso interiore di Petrarca: stare solo con se stesso non è più fonte di consolazione per il poeta, ma genera paura.

PARAFRASI

vv. 1-4 O cameretta mia, che un tempo (*già*) fosti come un porto contro le tempeste turbolente (*gravi*) che mi tormentavano durante il giorno (*diürne*), ora sei una fonte di lacrime notturne, che di giorno io nascondo (*celate ... porto*) per vergogna.

vv. 5-8 O lettino mio (*letticciuol*), che eri riposo e conforto in mezzo a tanti affanni, adesso con quante abbondanti lacrime di dolore - tante che sembrano versate da due urne - ti bagna Amore, per colpa di quelle mani candide come l'avorio (*eburne*), così ingiustamente crudeli solo verso di me!

vv. 9-11 E io non fuggo solo l'intimità della mia camera (*il mio secreto*) e il riposo del mio letto, ma ancor più fuggo me stesso e il mio pensiero amoroso, che pure talvolta, seguendolo io, ebbe il potere di elevarmi spiritualmente (*levommi a volo*);

vv. 12-14 e ricerco (*chero*) per mio rifugio (chi l'avrebbe mai pensato?) la gente (*vulgo*), a me di solito nemica e odiosa: tanta paura ho di ritrovarmi solo con me stesso.

2-3. diürne ... nocturne: da notare la contrapposizione, sottolineata anche dalla rima: un tempo la cameretta aveva la funzione di porto e di rifugio, durante il giorno; adesso ne ha un'altra, di sfogo di lacrime, durante la notte.
4. che 'l dí ... porto: il motivo della vergogna che il poeta prova a causa del suo amore per Laura è continuo nel *Canzoniere* (si veda *Solo et pensoso i più deserti campi*, ▸ **T7**, p. 443); qui però la situazione è ribaltata, perché, come si vede nella chiusa, la disperazione amorosa induce stavolta il poeta a perdersi nella folla, invece che a cercare la solitudine.
7-8. con quelle mani ... torto: le «mani eburne» di Laura si accaniscono ingiustamente solo contro il poeta, nel senso che solo lui è preso da tale passione nei confronti della donna, così da sentirsi ferito e sconvolto da ogni aspetto della sua bellezza (qui, le sue mani candide come l'avorio).
9. il mio secreto e 'l mio riposo: il «secreto» risponde all'intimità della cameretta; il «riposo» alla funzione ordinaria del «letticciuol».
10-11. 'l mio pensero ... a volo: il poeta riconosce che talvolta il pensiero amoroso ha avuto su di lui un'influenza positiva, distaccandolo dagli aspetti più bassi e volgari della realtà; è motivo su cui Petrarca insiste pure nel *Secretum*, anche se esso non basta mai a giustificare del tutto la sua ossessiva passione per Laura.
12-13. e 'l vulgo ... chero: anche qui una corrispondenza con il *Secretum*, dove sant'Agostino insisteva perché Petrarca cercasse di distrarsi dalla esclusività dei suoi pensieri amorosi cercando la compagnia della gente, invece di rifugiarsi nella solitudine di Valchiusa. È un precetto di origine ovidiana: *Quisquis amas, loca sola nocent: loca sola caveto; / quo fugis? in populo tutior esse potes* ("Tu che ami, chiunque tu sia, i luoghi solitari non ti fanno bene; i luoghi solitari li devi evitare; dove credi di fuggire? In mezzo alla gente puoi essere più padrone di te"; Ovidio, *Remedia Amoris*, 579-80).

T12 Dentro il testo

IN SINTESI

Il sonetto si incentra intorno al motivo del «refugio» (v. 13): ovvero di quale sia, per il poeta ossessionato dalla passione amorosa, lo scampo che gli conceda un po' di respiro e di sollievo. Un tempo, dice Petrarca, questo rifugio era l'intimità della sua cameretta, oppure il riposo che gli veniva offerto dal suo «letticciuol»: ma adesso anche quella camera e quel letto, non conoscono che lacrime e disperazione. Il poeta non cura più il tormentoso pensiero d'amore rifugiandosi nel proprio «secreto» (v. 9), cioè ritirandosi in se stesso: anzi, adesso è proprio uscendo in mezzo alla folla, al «vulgo», che egli spera di distrarsi e di trovare un qualche sollievo. La realtà psicologica di questo sonetto è siglata dalla chiusa, che assume la funzione di una orrenda, conclusiva rivelazione: «tal paura ò di ritrovarmi solo» (v. 14). Per un poeta, e un personaggio, così dedito all'introspezione e all'analisi della propria interiorità, questa è un'affermazione devastante, che contraddice tutto il suo cammino spirituale. Il ritrovarsi a tu per tu con la propria anima non è più una risorsa benefica, fonte di salute morale e spirituale, ma è un'esperienza spaventosa, che mette il soggetto di fronte alla propria incurabile disperazione.

I TEMI E L'ESPRESSIONE

IL SONETTO E IL *SECRETUM*: FUNZIONE BENEFICA DEL PENSIERO AMOROSO?

Il sonetto presenta dei rapporti molto stretti con il *Secretum* sotto due aspetti. Prima di tutto, l'allusione dei vv. 10-11 a un «pensero» amoroso che, «seguendol», ha sollevato «a volo» il poeta, rimanda alla **difesa dei benefici effetti dell'amore per Laura** che Francesco rivendica di fronte ad Agostino:

> [...] tutto quel poco che mi vedi, sono per essa; né sarei mai giunto a questo grado - se qualcosa vale - di rinomanza o di gloria, se costei non avesse coltivato, con nobilissimi sentimenti, la tenuissima semente di virtù, che natura aveva posto in questo cuore.

Tuttavia, già in questo sonetto tali effetti benefici dell'amore sono citati di passaggio, quasi per inciso, e certo non hanno il potere di trasformare la disperazione amorosa del poeta in uno stato di soddisfazione o di tranquillità interiore; può darsi che il pensiero amoroso abbia sollevato Petrarca da sentimenti e ambizioni troppo terrestri o volgari, ma certo non gli ha donato né felicità né serenità interiore. Anche questo collima con il *Secretum*, dove Agostino, rispondendo al giudizio positivo di Francesco circa l'effetto benefico avuto su di lui da Laura, replica:

> [...] dici che devi a lei di essere quello che sei. Se con ciò intendi che essa ti ha permesso di essere così, senza dubbio tu menti. Ma se intendi che non ti ha permesso di essere qualcosa di più, allora dici il vero. Oh, che grand'uomo saresti potuto riuscire, se essa non t'avesse distolto con le lusinghe della sua bellezza!

Come si vede, sia nel sonetto sia nel *Secretum* Petrarca è disposto a rivendicare anche **gli aspetti positivi del suo amore per Laura**: ma, significativamente, essi non riescono a smuovere fino in fondo la posizione morale e psicologica del poeta, che anche in questo sonetto vede quell'**amore** soprattutto come **sorgente di lacrime e di devastazione interiore**.

IL SONETTO E IL *SECRETUM*: IL POETA E IL VOLGO

Anche il **rapporto fra la solitudine e il gettarsi in mezzo alla folla**, nel tentativo di distrarsi dalla propria ossessione amorosa, trova riscontro nel *Secretum*. Qui, infatti, Agostino quasi prende in giro Francesco e la sua illusione che il ritirarsi dal mondo sia rimedio ai tormenti della passione:

> *Agostino*: Sappi che dovrai evitare la solitudine finché non t'accorgerai che non resta più traccia del tuo male. Quando infatti mi hai ricordato che i tuoi ritiri in campagna non ti sono giovati, non c'era nulla di strano. Che rimedio, per favore, potevi credere di trovare in una campagna solitaria e appartata? Lo confesso, più d'una volta mentre tutto solo fuggivi colà sospirando e voltandoti a guardare la città, ti ho irriso dall'alto e ho detto tra me: - Ecco come l'amore ha addensato su questo infelice la nebbia di Lete e gli ha tolto dalla memoria versi che tutti i ragazzi ben conoscono! Fuggendo il suo male, corre alla morte!
> *Francesco*: E facevi bene: ma a quali versi accenni?
> *Agostino*: Son di Ovidio: «Chiunque tu ami, ti sono dannosi i luoghi solitari, guardati da essi. Ove fuggi? Col volgo puoi esser più sicuro».

Dunque si può dire che in questo sonetto, eccezionalmente, Petrarca segue i **dettami di Agostino** (e di Ovidio): la **ricerca della compagnia del «vulgo»**, invece che della solitudine. Ma naturalmente, come in tutto il *Canzoniere*, neanche questo funziona, come rimedio alla passione. È solo un tentativo passeggero: il poeta in realtà rimarrà fedele alla sua abituale ricerca di solitudine, e di meditazione interiore.

Analisi e interpretazione Tipologia A

LEGGERE CON METODO

COMPRENSIONE GLOBALE

1. Perché, pur considerando odiosa e nemica la folla, il poeta dichiara di preferirla alla solitudine della sua camera?

LA LINGUA E LE STRUTTURE

2. Nella sua limpidezza e apparente semplicità, il sonetto è caratterizzato in realtà da scelte linguistiche e retoriche calibratissime, a cominciare dalle rime, spesso molto significative. Analizza e commenta le seguenti rime, come ti mostra l'esempio:
   - vv. 1 e 4: «porto» / «porto»: rima equivoca, basata sull'accostamento di due omofoni, il sostantivo *porto* e il verbo *porto*, prima pers. sing. del pres. ind. di *portare*; la rima mette in evidenza e allo stesso tempo nega la parola chiave «porto» (la cameretta era un rifugio dalle tempeste della vita, ma ora non lo è più)
   - vv. 2 e 3: «diürne» / «nocturne»
   - vv. 5 e 8: «conforto» / «torto»
   - vv. 9 e 12: «riposo» / «odïoso»
   - vv. 11 e 14: «volo» / «solo»
3. Il contrasto tra il passato (quando la cameretta era un amato rifugio) e il presente (in cui è diventata un luogo da fuggire) è sottolineato dal contrasto tra i tempi verbali. Completa il testo sottostante:
   - prima quartina: passato *fosti un porto* / presente ....
   - seconda quartina: passato .... / presente ....
   - prima terzina: presente .... / passato ....
   - seconda terzina: passato .... / presente ....

I TEMI E L'INTERPRETAZIONE

4. Come si sviluppa nel sonetto il tema della solitudine? Con quali differenze rispetto a *Solo et pensoso*?

APPROFONDIMENTI E CONFRONTI

5. In un testo di una quindicina di righe, individua i punti di contatto e di continuità con il *Secretum*.

▸ La morte di Laura

Francesco Petrarca, *Le cose volgari*, Aldo Manuzio, Venezia, 1501, miniato da Benedetto Bordon? (Parigi, Bibliothèque Nationale).

Nel foglio membranaceo inserito a principio delle rime in morte di Laura, tinto di nero, si staglia la raffigurazione della tomba dell'amata, concepita come un monumento funebre a parete con un sarcofago dorato su cui giace l'effigie scolpita della defunta. Da qui in avanti, nella nostra antologia, leggeremo i testi della sezione «in morte di Laura».

T13

Canzoniere, 264

I' vo pensando, et nel penser m'assale

Anno: ante 1348

Metro: la canzone, nella sua interezza, è composta di 7 stanze di 18 versi di cui 4 settenari, a schema ABbCBAaC CDEEDdFfGG, più congedo uguale alla sirma

Argomento: il poeta di fronte al pensiero della morte e alla necessità di una seria conversione spirituale

▶ **T** Testo integrale

Questa canzone, che apre la parte del Canzoniere *detta «in morte di madonna Laura», è impostata su un esame di coscienza, di cui fa parte integrante anche la tentazione ancora ben viva dell'amore per la donna. Rinunciando però a far coincidere esattamente la seconda parte della raccolta con l'annuncio della morte di Laura, e inaugurandola con una canzone di scandaglio interiore, Petrarca invia ai suoi lettori un messaggio di esemplare chiarezza: l'articolazione del libro non dipende da eventi esterni, ma è regolata dai moti dell'animo del poeta. Proponiamo qui la prima strofa e il congedo.*

I' vo pensando, et nel penser m'assale
una pietà sì forte di me stesso,
che mi conduce spesso
ad altro lagrimar ch'i' non soleva:
ché, vedendo ogni giorno il fin più presso,
mille fïate ò chieste a Dio quell'ale
co le quai del mortale
carcer nostro intelletto al ciel si leva.
Ma infin a qui nïente mi releva
prego o sospiro o lagrimar ch'io faccia:
e così per ragion conven che sia,
ché chi, possendo star, cadde tra via,
degno è che mal suo grado a terra giaccia.
Quelle pietose braccia

2. pietà: compassione.
4. ad altro ... soleva: a lacrimare per motivi diversi da quelli per cui ero solito piangere (la causa più consueta di pianto era l'amore).
5. il fin più presso: la fine (della vita) più vicina.
6. mille fïate: mille volte, cioè moltissime volte.
7-8. co le quai ... si leva: con le quali il nostro intelletto si eleva al cielo, dal nostro mortale carcere terrestre.
9. nïente mi releva: niente mi solleva (con «niente» si anticipano i sospiri, le lacrime ecc. del verso successivo).
11. per ragion: con valore avverbiale: giustamente.
12. possendo star: potendo star saldo, potendo stare in piedi.
14. pietose braccia: le braccia di Dio, ma ancora più convincente intendere l'immagine riferita alle braccia aperte di Cristo crocifisso.

◀ Pagina miniata del componimento 264 del *Canzoniere*, Bologna, 1414 (Monaco, Bayerische Staatsbibliothek).

❶ La miniatura rappresenta la morte di Laura, attorniata da un coro di donne, secondo quanto si legge nel *Trionfo della Morte*: comincia qui infatti la seconda parte del *Canzoniere*, *In morte di madonna Laura* (ma la canzone 264, *I' vo' pensando*, in realtà presuppone la donna ancora viva).

in ch'io mi fido, veggio aperte anchora,
ma temenza m'accora
per gli altrui exempli, et del mio stato tremo,
ch'altri mi sprona, et son forse a l'extremo.

[...]

Canzon, qui sono, ed ò 'l cor via più freddo
de la paura che gelata neve,
sentendomi perir senz'alcun dubbio:
ché pur deliberando ò vòlto al subbio
gran parte omai de la mia tela breve;
né mai peso fu greve
quanto quel ch'i' sostengo in tale stato:
ché co la morte a lato
cerco del viver mio novo consiglio,
et veggio 'l meglio, et al peggior m'appiglio.

Questo verso sarà poi ripreso quasi alla lettera da Foscolo nel sonetto II: «Conosco il meglio et al peggior mi appiglio».

15. in ch'io ... anchora: vedo ancora spalancate quelle braccia pietose (di Gesù crocifisso) in cui ho fiducia.
16. temenza m'accora: la paura mi prende il cuore, mi angoscia.
17. gli altrui exempli: gli esempi degli altri, di quelli che non sono riusciti a salvare l'anima.
18. ch'altri mi sprona: mi sprona un diverso pensiero, cioè quello della morte.
127. ed ò 'l ... freddo: ho il cuore ben più freddo.
130-31. pur ... breve: continuando solo a rimuginare una decisione senza decidere davvero («pur deliberando») ho già avvolto intorno al fuso della vita gran parte della tela, cioè del breve tempo che mi è concesso; «subbio» è il legno tondeggiante intorno a cui si avvolge la tela.
132. greve: pesante.
135. novo consiglio: nuova norma, nuova regola (per la mia vita, come dice l'emistichio precendente).
136. et veggio ... m'appiglio: traduce praticamente alla lettera un passo di Ovidio (*Met.*, VII, 20-21): *Video meliora proboque, / deteriora sequor* ("Vedo le cose migliori e le approvo, ma seguo quelle peggiori").

T13 Dentro il testo

IN SINTESI

Sulla soglia della seconda parte del suo libro di rime, Petrarca ricapitola solennemente, in un'autodiagnosi lucida quanto impietosa, la propria situazione spirituale. Al centro del testo è la confessione della propria impotenza («infin a qui nïente mi releva», v. 9), ovvero della propria incapacità di cambiare davvero: di quella accidia che già il *Secretum* aveva individuato come il vero peccato di Francesco. Quella impotenza è dolorosamente verificata nella incapacità del soggetto di liberarsi dalle sue due passioni dominanti: l'amore per Laura e il desiderio di gloria. Ma la canzone non si limita a chiarire l'incidenza negativa di queste passioni sulla vita del poeta: la vera angoscia scaturisce dal senso di una prigionia interiore da cui egli non riesce a sottrarsi. È una vera malattia della volontà: «pur deliberando ò vòlto al subbio / gran parte omai de la mia tela breve», dice Petrarca (vv. 130-31), ovvero, "ho passato la vita a decidere", evidentemente senza decidere mai. Ed è una vera e propria eresia teologica: come ribatteva Agostino nel *Secretum*, non si può ammettere che il peccatore "non possa" risollevarsi; se non si rialza è perché in realtà non vuole. Ma in questa canzone il punto di vista è quello di Francesco, non di Agostino: e il cuore del ragionamento rimane proprio la riaffermazione, da parte del soggetto poetante, della propria paralisi morale, della propria impossibilità di mutare vita.

I TEMI E L'ESPRESSIONE

RUOLO E FUNZIONE DEL TESTO

La canzone svolge, all'interno dell'architettura del libro, la funzione strutturale della **trave portante**; e questo fin dall'inizio, cioè fin da quando, nell'elaborazione del *Canzoniere*, Petrarca cominciò a pensarlo diviso in due. Il testo, infatti, era già presente nel primo gruppo di componimenti che danno corpo alla cosiddetta «Forma Correggio», nella quale non era ancora chiara la distinzione in due parti; ma a partire dalla forma successiva («Forma Chigi») la struttura del libro era ormai fissata e la canzone vi occupava già la posizione che manterrà poi stabilmente in tutte le successive trascrizioni. Questa posizione chiave dal punto di vista strutturale è rafforzata da una **suggestiva coincidenza del calendario** interno dell'opera. Infatti, se ci atteniamo ai tempi della finzione narrativa e diamo al primo sonetto la data del 6 aprile (anniversario dell'innamoramento), la canzone 264 si colloca esattamente al **25 dicembre**, giorno di Natale e, all'epoca di Petrarca, inizio dell'anno nuovo. Nessuna migliore occasione per un severo sguardo indietro e per il proposito di un necessario rinnovamento spirituale. Siccome però la canzone si chiude su un nulla di fatto («et veggio 'l meglio, et al peggior m'appiglio», v. 136) la sua potente funzione strutturale finisce col risultare **annullata**, quasi ironizzata. *I' vo pensando* è collocata in modo da costituire una svolta, l'inizio di una nuova vita: ma, come al solito, ancora una volta, la storia nel *Canzoniere* non decolla.

FIGURE DELL'IMPOTENZA

Nella canzone non viene nominata l'**accidia**, che invece era centrale nel *Secretum*. Tuttavia, la sintomatologia è quella: anche qui il soggetto soffre una penosa paralisi della volontà. All'inizio della canzone (v. 12) si dice infatti che chi, «possendo star, cadde tra via», cioè che chi, potendo benissimo stare in piedi, si è lasciato cadere durante il cammino, in mezzo alla strada, si merita che «mal suo grado» rimanga per terra. Infine, l'ultima immagine è tratta dalla filatura della lana: il poeta dice (vv. 130-31) di avere avvolto all'arcolaio ormai quasi tutto il **filo della sua vita** «pur deliberando», cioè sempre prendendo decisioni, che però evidentemente non hanno deciso nulla.

PETRARCA «LUTERANO»?

Dal punto di vista dell'ortodossia cattolica, la **posizione** esposta da Petrarca in questa canzone è **eretica** (e infatti Agostino nel *Secretum* non mancava di rimproverarlo al proposito). Per la dottrina cristiana, infatti, non esiste il caso di uno che, essendo caduto una volta, *non possa* risollevarsi. Come dice e ridice Agostino nel *Secretum*, non è questione di potere, ma di volere. Tuttavia, qui, Petrarca vede la sua unica via di salvezza non in sé, ma nella **misericordia divina**. È Cristo che tiene «aperte anchora» le sue «pietose braccia»: solo dalla sua Grazia, come dono gratuito, può arrivare una salvezza che superi l'impotenza e l'inadeguatezza radicale del peccatore. Il rapporto fra «Grazia» (salvezza elargita da Dio stesso, oltre i nostri meriti) e «opere» (salvezza conquistata *anche* con l'azione del peccatore) sarà al centro, due secoli dopo Petrarca, del dibattito teologico fra cattolici e protestanti, fra la Chiesa di Roma e Lutero. In questa canzone, Petrarca sembra quasi adombrare quel futuro dibattito, e schierarsi, per così dire, dalla parte **luterana**. Infatti, l'unico intervento risolutore delle sue interiori angosce, secondo questa canzone, potrebbe venire non da una sua conversione, ma da un **aiuto dall'alto**.

Analisi e interpretazione Tipologia A

LEGGERE CON METODO

COMPRENSIONE GLOBALE

1. Con l'aiuto delle note, fai la parafrasi della prima stanza.
2. Perché nel congedo il poeta dichiara di sentirsi agghiacciare di spavento?

LA LINGUA E LE STRUTTURE

3. Individua e sottolinea tutte le espressioni che descrivono lo stato d'animo del poeta (e eventualmente le sue manifestazioni esteriori): quali sentimenti vengono evidenziati?
4. Nella prima stanza si contrappongono immagini che indicano il basso (la caduta) e immagini che indicano l'alto (l'elevazione). Rintraccia le due serie e spiega che cosa simboleggiano rispettivamente.
5. Spiega la metafora portante della prima stanza, contenuta nei vv. 6-8.

I TEMI E L'INTERPRETAZIONE

6. Individua tutte le espressioni che sottolineano l'impotenza e la paralisi della volontà in cui si dibatte il poeta. Illustrale quindi in un breve commento.

APPROFONDIMENTI E CONFRONTI

7. Metti a confronto questo testo con il brano del *Secretum* "Una funesta malattia dell'anima: l'accidia" [▶ **T1**, p. 416].

T14

Canzoniere, 267

Oimè il bel viso, oimè il soave sguardo

Anno: 1348

Metro: sonetto a schema ABBA ABBA CDE CDE

Argomento: la morte di Laura

È il primo sonetto in morte di Laura. All'interno del Canzoniere *la storia di Laura e Francesco subisce adesso una brusca inversione di rotta, ma, come si è detto, fino a un certo punto. Il tema della morte era già presente: adesso si dilata fino a occupare tutta la scena. D'altronde Laura rimane presenza dominante: morta, ma sempre signora della memoria e della mente del poeta.*

Oimè il bel viso, oimè il soave sguardo,
oimè il leggiadro portamento altero;
oimè il parlar ch'ogni aspro ingegno et fero
4 facevi humile, ed ogni huom vil gagliardo!

et oimè il dolce riso, onde uscìo 'l dardo
di che morte, altro bene omai non spero:
alma real, dignissima d'impero,
8 se non fossi fra noi scesa sì tardo!

Per voi conven ch'io arda, e 'n voi respire,
ch'i' pur fui vostro; et se di voi son privo,
11 via men d'ogni sventura altra mi dole.

Di speranza m'empieste et di desire,
quand'io partì' dal sommo piacer vivo;
14 ma 'l vento ne portava le parole.

PARAFRASI

vv. 1-4 Ohimè quel bel viso, ohimè quello sguardo soave, ohimè il suo portamento, insieme leggiadro e signorile (*altero*), ohimè quella voce, che rendeva mansueto (*humile*) ogni temperamento aspro e brutale (*fero*, "feroce"), e rendeva coraggioso ogni carattere vile!

vv. 5-8 e ohimè quel dolce sorriso da cui scoccò la freccia da cui ormai non spero altro bene che la morte: anima regale, veramente degna di governare un impero, se non fossi nata (*fra noi scesa*) così tardi [cioè quando imperi in questo mondo non ce ne sono più].

vv. 9-11 Per voi è mio destino (*conven*, "conviene") che io arda, e che in voi respiri, che io veramente (*pur*) fui vostro; e se sono privato di voi, ogni altra sventura mi duole senza paragone assai meno (*via men*).

vv. 12-14 Al momento di separarmi dal più alto piacere che fosse in vita (*sommo piacer vivo*) [Laura stessa], voi mi riempiste di speranza e di desiderio; ma le parole [dell'ultimo saluto] se le portava via il vento.

4. ogni ... gagliardo: sono questi, e quelli del verso precedente, effetti miracolosi del parlare di Laura.
8. sì ... tardo: **così tardi**, cioè quando il mondo non era più in grado di apprezzare la virtù e quando, comunque, quest'ultima non si identificava più con una qualunque idea imperiale.
10-11. se ... dole: la morte di Laura è in assoluto la più grande delle sventure.
13. quand'io ... vivo: si riferisce all'ultima volta che vide Laura viva e se ne accomiatò, lasciando la Provenza.

T14 Dentro il testo

IN SINTESI

Il sonetto registra l'evento funesto della morte di Laura, che irrompe nel *Canzoniere* senza preavviso, come se il poeta reagisse a una notizia appena ricevuta. Questo spiega la costruzione del sonetto, specie nelle due prime quartine, che si riducono a una serie di disperati esclamativi; nella prima terzina, invece, il poeta, calmatosi un poco, ribadisce il suo fatale legame d'amore e di devozione alla donna, sia pure adesso scomparsa; nell'ultima terzina, infine, rievoca l'ultima volta che l'ha vista viva, nel momento di lasciare la Provenza. Egli allude a un saluto che, adesso, assume un valore quasi di presagio misterioso: le parole di quel saluto, che egli non poteva sapere sarebbe stato l'ultimo, non era riuscito a intenderle, e si erano perse nel vento.

I TEMI E L'ESPRESSIONE

IL COLPO DI SCENA

Per comunicare la notizia della morte di Laura, Petrarca sceglie, all'interno del libro di rime, la strategia del **colpo di scena**. Niente ci aveva preparati a questa **improvvisa tragedia**; in fondo, anche il fatto che la seconda parte del *Canzoniere* si fosse aperta con una canzone come *I' vo pensando*, di carattere introspettivo e penitenziale, poteva averci comunicato un messaggio fuorviante, come se ci volesse dire che il libro procedeva sulle consuete coordinate tematiche. Il poeta stesso sembra preso alla sprovvista: la drammatica notizia gli strappa un sonetto, non una canzone, e per giunta un sonetto di costruzione formale molto semplice.

LA MORTE IMPLICITA

Si noti che in realtà all'inizio del sonetto non si dice esplicitamente che Laura sia morta. Anzi, i primi due versi, che irrompono con i loro concitati esclamativi sulla scena del *Canzoniere*, non fanno che allineare doti ben conosciute della donna amata, altrove elencate in lode di lei: il «bel viso», il «soave sguardo», il «leggiadro portamento altero». E così anche i due distici successivi, che pure non si riducono a un elenco nominale come i primi due versi, e si distendono in due subordinate relative («il parlar *ch'*ogni aspro ingegno»; «il dolce riso, *onde* uscìo»), tornano a citare le lodi di madonna, senza dire che cosa sia accaduto. Ma, naturalmente, bastano quegli ***oimè*** a farcelo capire; così come sono indicatori molto eloquenti i **tempi verbali**, ormai tutti al passato: «facevi», «fui vostro», «m'empieste». Nel corso del sonetto, l'unica dichiarazione di perdita è al v. 10: «se di voi son privo». Insomma, è come se l'emozione della notizia fosse così enorme da non lasciare spazio per un necrologio, ma solo per il grido inconsulto che la perdita (non detta) ha provocato.

L'ULTIMO SALUTO

Alcuni accenni nell'ultima terzina del sonetto sembrano rimandarci all'ultima volta in cui Petrarca ha visto Laura, prima di essere raggiunto dalla tragica notizia della sua scomparsa. Egli ricorda di essersi separato dal «piacer vivo» (Laura stessa, incarnazione di ogni sua gioia), a quanto pare in termini **affettuosi**: le ultime parole della donna lo avevano riempito di desiderio e di speranza. Adesso, quelle ultime parole suonano struggenti: come un sogno di felicità svanito nel vento. Naturalmente, non sappiamo a quale circostanza autobiografica rimandi questa terzina; a quale arrivederci tra i due; a quale momento concreto del loro rapporto. Come sempre, la **vita reale affiora appena** nel *Canzoniere*, ed è vano cercare di precisare i contorni dell'esperienza verificabile del poeta. Come sempre, tutto - anche se magari realmente accaduto - è rivissuto nell'intimo della sua coscienza e della sua memoria.

METRICA E SINTASSI: UNA COSTRUZIONE SEMPLICE

Il sonetto presenta una costruzione molto semplice. Le prime due quartine si reggono sulla successione degli *oimè* esclamativi, ripetuti cinque volte, a cui seguono gli attributi consueti di Laura, ormai oggetto di rimpianto («viso», «sguardo», «portamento», «parlar», «dolce riso»). A questa serie anaforica segue ancora un'esclamativa, ma stavolta sorretta da un'apostrofe alla donna stessa: «alma real»! La sintassi si placa nelle due ultime terzine, ciascuna corrispondente a un periodo compiuto; l'articolazione delle proposizioni si fa più complessa, con alcune subordinate che denotano una capacità di ragionamento più articolata; anche l'uso di una forte metafora («piacer vivo», per indicare Laura, terrena incarnazione di ogni piacere per il poeta) ci dice di un **maggior controllo dello stile** da parte dell'autore. Adesso egli sembra tornato nel pieno possesso delle sue capacità espressive, rispetto alla pura e semplice esagitazione dei primi versi.

Analisi e interpretazione Tipologia A

LEGGERE CON METODO

LA LINGUA E LE STRUTTURE

1. In quale punto del sonetto compare un riferimento esplicito alla morte di Laura? Nei versi precedenti, a quali spie linguistiche era stata affidata la funzione di preparare questa rivelazione?
2. Con quale parola, dal significato contrastante, rima la parola chiave che rivela la morte di Laura?
3. Quale figura retorica si trova nel verso 12? Quale funzione espressiva assolve?

I TEMI E L'INTERPRETAZIONE

4. Completa la tabella, riportando gli elementi fisici e morali di Laura che vengono rievocati. Quindi scrivi

una breve conclusione rispondendo alle domande: quali elementi fisici di Laura sono rievocati? Quali tratti morali? Quali effetti morali sugli altri? Quali elementi sono ripresi dalla tradizione stilnovistica?

Strofa	Distribuzione	Elemento rievocato
prima quartina	primo verso	il viso e lo sguardo
	secondo verso	
	terzo-quarto verso	
seconda quartina	primo-secondo verso	
	terzo-quarto verso	

5. Il sonetto è nettamente diviso in due parti: mentre le quartine rievocano la figura di Laura, quali funzioni assumono rispettivamente la prima e la seconda terzina (differenti per collocazione temporale e atmosfera emotiva)?
6. Esamina l'ultimo verso: da quali figure di suono è caratterizzato? Quale ruolo assolve il tema del vento che disperde le parole?

SCRIVERE CON METODO

APPROFONDIMENTI E CONFRONTI

7. Il sonetto, di suono dolce e melodioso nonostante la tragicità del tema, è stato tra i prediletti dei musicisti del Rinascimento che lo hanno musicato più volte; una delle versioni più note è quella di Claudio Monteverdi. Ascolta una delle tante registrazioni reperibili in rete, riflettendo in particolare su come il musicista ha interpretato il testo. Ti sembra che sia riuscito a renderne l'atmosfera emotiva? (Presta attenzione, in particolare, alla ripetizione di «oimè», allo stacco tra quartine e terzine, alla resa dell'ultimo verso). Riassumi le tue osservazioni in un breve testo.

T15

Canzoniere, 272

La vita fugge, et non s'arresta una hora

Anno: 1348-56/57

Metro: sonetto a schema ABBA ABBA CDE CDE

Argomento: pensieri e considerazioni sulla fugacità della vita

La perdita di Laura conferisce al pensiero della morte una desolazione ulteriore: la donna viene rievocata nella sua antica funzione di guida, ormai scomparsa, a rendere l'esperienza esistenziale del poeta ancora più buia e cieca.

La vita fugge, et non s'arresta una hora,
et la morte vien dietro a gran giornate,
et le cose presenti et le passate
mi dànno guerra, et le future anchora;

e 'l rimembrare e l'aspettar m'accora,
or quinci or quindi, sì che 'n veritate,
se non ch'i' ò di me stesso pietate,
i' sarei già di questi pensier' fora.

PARAFRASI

vv. 1-4 La vita fugge, e non si arresta un'ora, e intanto la morte la insegue, come un nemico, a marce forzate (*a gran giornate*); e il presente e il passato mi tormentano, e pure il futuro;

vv. 5-8 sia ricordare [il passato] che aspettare [il futuro] mi angoscia (*accora*) così tanto, da una parte e dall'altra, che in verità, se non fosse che io ho compassione di me stesso, mi sarei già liberato di queste preoccupazioni.

2. a gran giornate: **a tappe forzate** (traduzione del latino *magnis itineribus*).
6. or quinci or quindi: **ora dall'una ora dall'altra parte**. Con riferimento alle due dimensioni opposte del passato e del futuro.
7. se non ... pietate: intende dire che la pietà di sé, e in particolare della sorte della sua anima, lo ha fermato sull'orlo del suicidio.
8. i' sarei ... fora: **mi sarei già liberato di queste preoccupazioni**, togliendomi la vita.

Tornami avanti, s'alcun dolce mai
ebbe 'l cor tristo; et poi da l'altra parte
veggio al mio navigar turbati i vènti;

veggio fortuna in porto, et stanco omai
il mio nocchier, et rotte arbore et sarte,
e i lumi bei, che mirar soglio, spenti.

vv. 9-11 Mi ritorna davanti, agli occhi della mente, quel poco di dolcezza che il mio cuore disperato eventualmente ebbe a godere; ma poi dall'altra parte vedo agitati (*turbati*) i venti che governano la mia navigazione;

vv. 12-14 vedo la tempesta che mi aspetta proprio in porto, e vedo ormai stanco il mio timoniere, vedo spezzati gli alberi e le sartie della mia nave, e vedo spenti quei bei lumi che solevo contemplare.

9-10. Tornami ... tristo: il soggetto è il «dolce» che segue.
11. mio navigar: la navigazione è metafora della vita.
12. fortuna in porto: «fortuna», nel duplice significato di "sorte" e di "fortunale". Il fortunale, la tempesta, aspetta il poeta proprio «in porto», dove cioè non si dovrebbero scatenare burrasche; metafora della vecchiaia turbata e senza pace che aspetta il poeta.
13. il mio nocchier: da intendersi come la guida della nave; metaforicamente la ragione, che ha il compito di dirigere la rotta dell'esistenza.
14. e i lumi ... spenti: dipende da «veggio» (v. 12); sono gli occhi di Laura, che solevano guidare, a guisa di stelle, il poeta-navigante, e che adesso non brillano più.

T15 Dentro il testo

IN SINTESI

Il sonetto rappresenta la situazione del poeta nell'appressarsi della morte attraverso tre livelli diversi di immagini e di figurazioni.
All'inizio, Petrarca usa una metafora guerriera: la vita è un combattente che fugge, incalzato dalla Morte, temibile nemico che lo insegue a marce forzate («vien dietro a gran giornate»).
In un secondo momento, l'angoscia del soggetto è presentata come un assedio, ma un assedio speciale: a stringere dappresso il poeta sono le dimensioni del tempo (passato, presente, futuro), nessuna delle quali ricorda o promette serenità; se non fosse stato per un sentimento di pietà verso se stesso, avrebbe preferito togliersi la vita.
Il fuggevole bene eventualmente goduto torna come un ricordo istantaneo, ben presto eclissato dalla visione della propria esistenza come una navigazione (terzo livello d'immagini), in balìa dei marosi. E l'unico punto di riferimento, «i lumi bei», cioè gli occhi di Laura, sono ormai spenti, e non possono più fungere da faro per la navigazione, non possono più dirigere il poeta in porti sicuri.

I TEMI E L'ESPRESSIONE

LA PRIMA METAFORA: GUERRA

L'immagine della vita (o del tempo) che passa, scorre, fugge, si dilegua, corre via, è tradizionale: *ruit hora*, dicevano i latini, ovvero "l'ora corre via". Ma su questa metafora proverbiale Petrarca imposta un'immagine ben più drammatica, concitata e tragica. La vita fugge perché inseguita; e l'**inseguitore è la morte**, raffigurata come un nemico implacabile, che procede accelerando il passo, a marce forzate. Lo scorrere del tempo viene così caricato di ansia e di paura, e il modo di dire perde la sua genericità, per entrare in una metafora più complessa, a più personaggi, **drammatizzata**.

LA SECONDA METAFORA: ASSEDIO

Il **soggetto** si presenta **assediato** dal tempo, in tutte le sue dimensioni: il passato («le cose ... passate», «'l rimembrare»), il presente («le cose presenti»), il futuro («le future», «l'aspettar»). La prima metafora, in cui la vita rappresentava un presente angoscioso, e la morte, ahimè, il futuro, si arricchisce della dimensione del passato e allo stesso tempo si universalizza. È il **tempo** in sé che **angoscia il soggetto poetante**, giacché non esiste dimensione temporale che, «or quinci or quindi», cioè da una parte o dall'altra, non sia causa di pena.

LA TERZA METAFORA: NAVIGAZIONE

Il terzo livello d'immagini riprende un campo metaforico assai presente nel *Canzoniere*: la vita come **navigazione.** È una metafora che si presta a considerare l'esistenza come affidata ai capricci di un elemento infido come quello marino, mettendo a contrasto la volontà della nave e del suo nocchiero, che cercano di seguire una rotta stabilita, e l'**imprevedibilità della «fortuna»**. Qui la navigazione petrarchesca ha perduto ogni orientamento, ogni energia volta a mantenere la rotta, ogni strumento di bordo: la tempesta segue il poeta fino «in porto» (ovvero, le tempeste della vita non danno pace a Petrarca neppure in vecchiaia), il «nocchier» non ha più la forza di guidare l'imbarcazione, l'alberatura e le sartie sono sfasciate e, soprattutto, le stelle che servivano di orientamento alla navigazione (gli occhi di Laura) non sono più visibili.

L'ULTIMA METAFORA: GLI OCCHI COME STELLE

Da notare, nella chiusa del sonetto, il **rimpianto** per il ruolo di guida e direzione morale che Laura aveva rivestito, in vita, per il poeta. È una valutazione positiva dell'influsso di Laura su Petrarca che Francesco aveva strenuamente difeso contro Agostino nel *Secretum*, ma che non sempre, come abbiamo visto più volte, trionfa su un apprezzamento invece molto meno positivo. Continua anche in morte della donna l'**oscillazione di giudizio** circa la funzione di Laura nella vita del poeta, su cui è impostato tutto il libro del *Canzoniere*.

▸ La nave affonda, colpita da una violenta tempesta di grandine. Particolare da una miniatura da un codice del *Canzoniere* e dei *Trionfi* pubblicato a fine xv secolo (Brescia, Biblioteca Queriniana).

Analisi e interpretazione Tipologia A

LEGGERE CON METODO

COMPRENSIONE GLOBALE

1. Sintetizza il contenuto informativo di ciascuna strofa.

LA LINGUA E LE STRUTTURE

2. La prima quartina è caratterizzata da un insistito polisindeto (con la congiunzione «et» cinque volte ripetuta). Quale relazione si può individuare tra questa scelta retorica e il contenuto?
3. A quali metafore di origine militare ricorre il poeta nella prima quartina? Con quale effetto?
4. Il testo è ricco di coppie antitetiche: ad esempio a «la vita» del v. 1 si contrappone «la morte» del v. 2. Sottolinea e trascrivi le altre antitesi.

I TEMI E L'INTERPRETAZIONE

5. Quali dimensioni temporali compaiono nel sonetto? Spiega come si rapporta il poeta verso ciascuna di esse.
6. A tuo parere, il tema principale del sonetto è la fuga del tempo o la morte di Laura? Motiva la risposta con riferimenti al testo, osservando in particolare il peso e l'intensità dei diversi temi.

T16

Canzoniere, 302

Levommi il mio penser in parte ov'era

Anno: 1351-52

Metro: sonetto a schema ABBA ABBA CDE CDE

Argomento: Laura, dopo la morte, torna a consolare il poeta con la sua presenza

È una "visione", in cui lo spirito del poeta davvero si eleva alle sfere del Paradiso. Tuttavia non è Laura che interviene a sollevare il suo antico amante al cielo di Venere dove lei si trova, ma è il «penser» dell'amante stesso. Di conseguenza, tutta la visione assume più l'aspetto di una immaginazione personale che di una vera e propria esperienza mistica.

Levommi il mio penser in parte ov'era
quella ch'io cerco, et non ritrovo in terra:
ivi, fra lor che 'l terzo cerchio serra,
4 la rividi piú bella et meno altera.

Per man mi prese, et disse: - In questa spera
sarai anchor meco, se 'l desir non erra:
i' so' colei che ti die' tanta guerra,
8 et compie' mia giornata inanzi sera.

Mio ben non cape in intelletto humano:
te solo aspetto, et quel che tanto amasti
11 e là giuso è rimaso, il mio bel velo. -

Deh perché tacque, et allargò la mano?
Ch'al suon de' detti sí pietosi et casti
14 poco mancò ch'io non rimasi in cielo.

PARAFRASI

vv. 1-4 Il mio pensiero mi sollevò in un luogo [il Paradiso] dove si trovava colei che io continuo a cercare qui sulla terra, senza poterla ritrovare; lì, fra le anime che contiene (*serra*) il terzo cielo, la rividi più bella [di quando era viva] e meno sdegnosa (*altera*).

vv. 5-8 Mi prese per mano, e disse: «In questa sfera (*spera*) celeste sarai anche tu con me, se il mio desiderio non m'inganna (*non erra*): io sono colei che ti fece tanto soffrire (*ti diè tanta guerra*), e compii i miei giorni mortali prima di sera.

vv. 9-11 La mia beatitudine (*Mio ben*) non può essere compresa (*non cape*) da un intelletto umano; aspetto solo te e il mio bel corpo mortale (*il mio bel velo*), che tu tanto amasti e che è rimasto laggiù, sulla terra».

vv. 11-14 Deh, perché tacque, e lasciò andare (*allargò*) la mano? Che al suono delle sue parole così compassionevoli e caste poco mancò che anch'io rimanessi in cielo con lei.

2. quella: si riferisce a Laura.
3. 'l terzo cerchio: il cielo di Venere, dedicato agli spiriti amanti.
4. più bella ... altera: la bellezza di Laura è stata perfezionata dalla condizione celeste; il suo atteggiamento verso Petrarca è meno altero rispetto a quando era sulla terra, dove cedere alle sue richieste sarebbe equivalso a compromettere la virtù.
8. inanzi sera: **prima di raggiungere la vecchiaia**.

T16 Dentro il testo

IN SINTESI

Assorto nel suo «penser», al poeta pare di essere salito in Paradiso, nel cielo di Venere, quello degli amanti, e di avervi incontrato di nuovo Laura, ancora più bella che da viva, e meno scostante. Anzi, adesso la donna lo prende per mano, si scusa quasi di avergli fatto, in terra, «tanta guerra»; lo assicura della sua eterna, indicibile beatitudine, alla quale non manca che il ricongiungersi al suo poeta, e riprendere il suo «bel velo», cioè il corpo mortale, nella finale resurrezione dei morti. Ma è un breve sogno: Laura lascia andare la mano del poeta, e la fantasticheria si dilegua - anche se Petrarca dice che poco è mancato che egli restasse in Cielo, tanto potente era stata la suggestione del vedere Laura, e riascoltare la sua voce.

I TEMI E L'ESPRESSIONE

LAURA E BEATRICE

Il sonetto fa parte di un gruppo (sonetti 178, 234, 362) in cui Petrarca "vola" in cielo per incontrarvi la sua Laura, e anticipare la felicità di un **ricongiungimento ultraterreno** con la donna amata. La situazione richiama da vicino quella della *Vita nuova* e della *Commedia* di Dante, ma non si inserisce in nessun itinerario di salvezza del soggetto poetante, e in questo sta la radicale differenza di questa Laura "imparadisata" rispetto a Beatrice. Mentre Beatrice era guida - talvolta severa - verso una salvezza duramente guadagnata, **Laura si limita a consolare** Petrarca della sua assenza. Il che è singolare, se si pensa quanto il tema della conversione e di una risolutiva «mutazione di vita» sia centrale nel Petrarca del *Canzoniere* (e del *Secretum*). Ma, di fronte a Laura che lo chiama, o lo accoglie, in Paradiso, il poeta sembra aver improvvisamente sospeso il suo irrisolto tormento interiore. Il suo approdo al Paradiso è dato per scontato, le sue pene miracolosamente risolte. Ma proprio per questo tali sonetti rappresentano solo sporadici intervalli di consolazione, che in realtà non risolvono nulla delle angosce esistenziali del poeta.

VISIONE, SOGNO, O IMMAGINAZIONE?

Qual è la vera natura dell'esperienza rappresentata qui (e negli altri sonetti sopra citati)? Petrarca al proposito lascia la questione aperta. Di certo non siamo di fronte a una vera ascesa in Paradiso paragonabile a quella di Dante (col corpo? senza il corpo? tali questioni, che sono state sollevate per Dante, qui non hanno luogo). Però non siamo neanche di fronte a un sogno: alla fine, quando Laura lascia andare la mano del poeta, quello che segue non è un risveglio, ma è il **rimpianto** di un'esperienza svanita: poco è mancato che Petrarca restasse in quel terzo cielo da cui la donna amata adesso è scomparsa. Meglio intendere che siamo di fronte a una **immaginazione**, frutto del «penser» dell'amante, che si fabbrica da solo una situazione autoterapeutica, che lo guarisca dal dolore della perdita e illuda il senso della mancanza. Per questo Laura è qui modellata in un atteggiamento così lontano da quello tenuto in vita: lo prende per mano, promette un ricongiungimento che, a detta di quest'anima santa, è l'unica cosa che ancora le manca, a parte la resurrezione finale della carne... Il che, fra l'altro, è una combinazione un po' singolare: l'unione cioè di una delle verità ultime della fede cristiana con la frivola aspirazione di ricongiungersi a un amante a lungo rifiutato. Insomma, si sarà nel giusto a interpretare questo sonetto soprattutto come una **proiezione dei desideri compensativi** dell'autore.

UN CIELO SOLO PSICOLOGICO

Da quale Cielo, o Paradiso, ci parla Laura? In senso letterale, da quello di Venere, che anche in Dante è il cielo degli spiriti amanti. Anche qui, però, l'eredità "teologica" della *Commedia* perde la sua ricchezza: le verità di fede sono vissute in senso puramente terreno. Il **cielo** da cui parla Laura, infatti, non è il cielo della fede cristiana: è solo una **zona confortevole dell'immaginazione** del poeta. Una zona in cui la donna, un tempo rigida e altera, prende per mano il poeta (gesto di confidenza che Beatrice non si permette mai, nella *Commedia*), dice che lo aspetta in Cielo, e sembra dunque implicare di averlo sempre amato. Infine, quando Laura lascia andare la mano, il **Paradiso** in cui poco è mancato che il poeta restasse, non è certo quello di Dante, ma è semplicemente il **senso di benessere psicologico** che quella stretta di mano femminile gli infondeva.

LA METAFORA DELLA GUERRA

Persino in Paradiso, in morte di Laura, la metafora dell'**amore come guerra**, che abbiamo già visto in altri componimenti [▶ **T5**, p. 439], non cessa: Petrarca non può fare a meno di ricordare quanto lei fosse «altera» in vita, anche se ora lo è di meno ed è «più bella»; al verso 7 Laura stessa ammette esplicitamente di essere colei che gli aveva mosso guerra. Questa ricorrente metafora, quindi, alberga profondamente **nell'animo del poeta**, tanto da voler rimarcare l'atteggiamento di Laura persino ora che lei è morta e si trova in uno stato di beatitudine eterna.

Analisi e interpretazione Tipologia A

LEGGERE CON METODO

COMPRENSIONE GLOBALE

1. Quali spiriti hanno dimora nel terzo cielo del Paradiso?
2. Quale gesto, impensabile in vita, compie Laura nei confronti del poeta?

LA LINGUA E LE STRUTTURE

3. Quale particolarità si nota nelle rime delle quartine? Con quale effetto?
4. Spiega il significato delle seguenti metafore:
   - v. 7 «tanta guerra» ....
   - v. 8 «compie' mia giornata inanzi sera» ....
   - v. 11 «il mio bel velo» ....

I TEMI E L'INTERPRETAZIONE

5. Con quale perifrasi viene designata Laura? Quale condizione psicologica è così messa in evidenza?

SCRIVERE CON METODO

APPROFONDIMENTI E CONFRONTI

6. Cerca tra i materiali online *Oltre la spera che più larga gira*, il sonetto della *Vita nuova* in cui Dante illustra una situazione analoga a questo sonetto; in una decina di righe, metti a confronto i due testi esaminando i seguenti punti:
   - come viene innalzato in cielo il poeta;
   - in quale luogo è trasportato;
   - come viene rappresentata la donna;
   - come termina la visione;
   - il significato complessivo della visione.

T17

Canzoniere, 310

Zephiro torna, e 'l bel tempo rimena

Anno: 1352

Metro: sonetto con schema ABAB, ABAB, CDC, DCD

Argomento: il contrasto tra la rinascita primaverile e la desolazione lasciata nel poeta da Laura dopo la sua morte

È un sonetto tipico della seconda parte del Canzoniere, *dove è continuo il motivo dell'assenza di Laura, esasperato dalla contrapposizione con i tempi, i luoghi, le stagioni, che l'avevano vista viva e splendente di bellezza. Qui, è il ritorno della primavera, con la sua allegria, che si contrappone al vuoto desolante lasciato dalla dipartita della donna.*

Zephiro torna, e 'l bel tempo rimena,
e i fiori et l'erbe, sua dolce famiglia,
et garrir Progne et pianger Philomena,
et primavera candida et vermiglia.

Ridono i prati, e 'l ciel si rasserena;
Giove s'allegra di mirar sua figlia;
l'aria et l'acqua et la terra è d'amor piena;
ogni animal d'amar si riconsiglia.

Ma per me, lasso, tornano i piú gravi
sospiri, che del cor profondo tragge
quella ch'al ciel se ne portò le chiavi;

et cantar augelletti, et fiorir piagge,
e 'n belle donne honeste atti soavi
sono un deserto, et fere aspre et selvagge.

L'avversativa «Ma» divide in modo netto le quartine dalle terzine, separando la descrizione del ritorno della primavera da quella della desolazione che alberga nell'animo del poeta.

PARAFRASI

vv. 1-4 Zefiro torna, e riporta con sé la bella stagione (*'l bel tempo*) e con essa i fiori e l'erbe, che spuntano di nuovo sotto il suo dolce soffio generatore (*sua dolce famiglia*), e [riporta] il garrire delle rondini (*garrir Progne*) e il lamentoso canto dell'usignolo (*pianger Philomena*), e [insomma] la primavera, splendente (*candida*) con i suoi colori brillanti (*vermiglia*).
vv. 5-8 Ridono i prati e il cielo si rasserena; Giove si rallegra nel vedere la luce del pianeta Venere; l'aria, l'acqua, la terra traboccano d'amore; ogni essere animato (*animal*) torna a voler amare (*d'amar si riconsiglia*).
vv. 9-11 Ma per me, ahimè (*lasso*), tornano i più tristi (*gravi*) sospiri, che mi trae dal profondo del cuore colei, [Laura], che di quel cuore se ne portò le chiavi in cielo [con la sua morte];
vv. 12-14 e per me il cantare degli uccellini, il fiorire dei prati, e gli atteggiamenti pieni di grazia (*atti soavi*) di belle donne dal signorile portamento (*honeste*) sono come un deserto, e come bestie (*fere*) aspre e selvagge.

1. **Zephiro:** vento occidentale, dolce e tiepido, con il cui arrivo si faceva coincidere l'inizio della primavera.
2. **sua dolce famiglia:** proprio nel senso che i fiori e le erbe nuove sono generati da Zefiro, dalle dolci temperature che esso apporta.
3. **Progne ... Philomena:** secondo la leggenda Filomela (o Filomena) era stata violentata da Tereo, re della Tracia e marito di sua sorella Progne. Per impedirle di rivelare l'accaduto, Tereo le aveva tagliato la lingua, ma Filomena riuscì a rivelare il fatto tessendone le immagini su di una tela. Progne, per vendetta, fece a pezzi suo figlio Iti e lo diede in pasto a Tereo. Per scamparle dalla furia di Tereo, gli dèi trasformarono le due sorelle in usignolo e rondine (ma in diverse versioni del mito talvolta è Progne l'usignolo e Filomena la rondine).
4. **vermiglia:** non significa "rossa", ma "vivace", "brillante" (come il latino *purpureus*).
6. **Giove ... sua figlia:** si tratta qui dei due astri, Giove e Venere, che in primavera si trovano congiunti nel firmamento.
13. **'n belle donne ... soavi:** le «belle donne» e i loro portamenti eleganti sono anch'essi ingredienti della primavera: quando il bel tempo invita a festeggiare, a uscire all'aperto, e a coltivare una vita sociale più vivace.
14. **deserto ... fere:** il deserto si contrappone alle «piagge» fiorite; le «fere» alle «belle donne» del verso precedente.

T17 Dentro il testo

IN SINTESI

Il sonetto è chiaramente bipartito: da una parte le quartine, in cui si descrive il ritorno della primavera, con tutta la sua luminosa allegria e vitalità; dall'altra le terzine, inaugurate da un violento «Ma», accentuato dall'allitterazione («*Ma* per *me*»), che contrappongono al ciclico rinnovarsi della natura la tristezza e il senso di abbandono che dominano invece nel cuore del poeta. Questa contrapposizione costituisce un motivo poetico tradizionale, spesso però impostato sul contrasto fra il ritorno della bella stagione e il "non ritorno" della cara persona scomparsa (è un contrasto che arriverà in questi termini fino a *Pianto antico* di Giosue Carducci). Qui però l'impostazione è diversa: la desolazione delle terzine non è incentrata tanto sul rimpianto di Laura che non ritorna (alla donna, anzi, si allude come a creatura beata in cielo) quanto sul vuoto che si è fatto nell'anima del poeta. Al centro della poesia c'è sempre lui, Petrarca: rappresentato dolorosamente insensibile alle bellezze e alla fresca vitalità della nuova stagione.

I TEMI E L'ESPRESSIONE

LA PRIMAVERA COME STAGIONE DI FECONDITÀ

In questo sonetto la primavera non è rappresentata soltanto esteticamente bella: la sua bellezza esteriore nasce anche dalla **intima fecondità** di cui il creato è pervaso all'arrivo della nuova stagione. Così, Zefiro non solo riporta il bel tempo, ma con il suo soffio tiepido e vivificatore fa spuntare le nuove erbe e i fiori (per questo detti «sua dolce famiglia»); usignoli e rondini cantano perché si stanno schiudendo le prime covate e si stanno preparando i nuovi nidi; il creato è pieno «d'amor», quindi di un'insopprimibile energia fecondatrice, e infatti «ogni animal d'amar si riconsiglia»: ogni essere animato torna disponibile all'accoppiamento, o all'innamoramento. È proprio da questo nuovo ciclo di bellezza, e insieme di fecondità, che il poeta si sente lontano: chiuso in un pensiero di morte, prigioniero di «gravi / sospiri», solo e isterilito nell'animo. Si noti infatti che il suo «cor» è ormai sigillato: le «chiavi» se l'è portate in cielo Laura. Mentre tutto, intorno a lui, è movimento, rinascita, ritorno di vita, egli sperimenta una sorta di **arresto dei sentimenti**: come se il suo cuore avesse smesso di battere.

LE «BELLE DONNE» E LE «FERE»

Secondo la tradizione della poesia cortese, la primavera è anche una **stagione "sociale"**: in essa si comincia a uscire all'aperto, si festeggia, ci si diverte, ormai liberati dal tedio e dal brutto tempo invernale. Così, dello scenario primaverile fanno parte a buon diritto, insieme ai fiori, ai prati, alle rondini e agli usignoli, anche le «belle donne», qui viste in «atti soavi», cioè occupate nelle eleganti occasioni di una vita mondana che riprende, anch'essa, il suo ciclo. Ma proprio da questa ripresa di allegra socialità Petrarca si dichiara lontano ed estraneo, nella chiusa del sonetto: quelle «belle donne» per lui sono «fere», bestie selvatiche. Il divorzio del poeta dalla bella stagione avviene dunque non solo sul piano della natura, ma anche su quello della vita sociale e di relazione.

Analisi e interpretazione Tipologia A

LEGGERE CON METODO

COMPRENSIONE GLOBALE

1. Sintetizza il contenuto informativo del sonetto.

LA LINGUA E LE STRUTTURE

2. Nelle quartine sottolinea le espressioni che connotano la primavera come una stagione di serenità, rigoglio e fecondità.
3. Quali reminiscenze classiche impreziosiscono la descrizione della primavera nelle quartine?
4. Qual è la funzione della congiunzione «ma», prima parola del verso iniziale della prima terzina?

I TEMI E L'INTERPRETAZIONE

5. Su quale contrasto si basa il sonetto? In che modo Petrarca rinnova il tema tradizionale del contrasto tra il ritorno della primavera e il non ritorno di una persona cara?
6. Perché il divorzio del poeta dalla primavera non avviene solo sul piano della natura, ma anche su quello dei rapporti sociali?

USARE IL DIGITALE

APPROFONDIMENTI E CONFRONTI

7. Questo sonetto, celeberrimo per la perfetta fusione tra un contenuto ricco di contrasti e la levigata raffinatezza formale, fu molto amato dai musicisti e messo in musica più volte. La versione più celebre è quella di Monteverdi (pubblicata nel *Sesto libro dei madrigali a cinque voci*, 1614). Ascolta una delle tante interpretazioni del madrigale di Monteverdi disponibili in rete e rifletti su come il musicista ha tradotto in musica l'atmosfera del sonetto: nella parte iniziale, come viene espressa la gioia della primavera? Quale cambio di ritmo avvertiamo nel passaggio tra le quartine e le terzine? Perché nell'ultima parte del madrigale percepiamo dissonanze tra le voci che si inseguono o si intrecciano?

T18

Canzoniere, 365

I' vo piangendo i miei passati tempi

Anno: 1358

Metro: sonetto a schema ABBA ABBA CDC DCD

Argomento: Petrarca fa il bilancio della propria vita, affidandosi a Dio

È l'ultimo sonetto del Canzoniere, *prima della canzone-preghiera alla Vergine,* Vergine bella. *È una chiusura che vuole avere un valore risolutivo: liquidando una volta per tutte le oscillazioni sparse nelle rime della raccolta, qui il poeta allontana da sé l'amore per Laura come esperienza negativa, degna di un pentimento finale. Ma allo stesso tempo il sonetto ribadisce, come la canzone d'apertura della seconda parte,* I' vo pensando, *l'impotenza del poeta, incapace di giungere alla salvezza con le sue sole forze.*

I' vo piangendo i miei passati tempi
i quai posi in amar cosa mortale,
senza levarmi a volo, abbiend'io l'ale,
per dar forse di me non bassi exempi.

Tu che vedi i miei mali indegni et empi,
Re del cielo invisibile immortale,
soccorri a l'alma disvïata et frale,
e 'l suo defecto di Tua gratia adempi:

sì che, s'io vissi in guerra et in tempesta,
mora in pace et in porto; et se la stanza
fu vana, almen sia la partita honesta.

A quel poco di viver che m'avanza
et al morir, degni esser Tua man presta:
Tu sai ben che 'n altrui non ò speranza.

2. i quai ... mortale: i quali, riferito a «passati tempi», trascorsi nell'amare una creatura mortale (Laura).
3. abbiend'io l'ale: benché avessi le ali, cioè le forze.
4. per dar ... exempi: tanto da lasciare di me, forse, esempi non spregevoli («non bassi exempi»).
5. mali: colpe.
7. l'alma ... frale: l'anima sviata e fragile; l'anima è sviata dal retto cammino ed è appunto fragile.
8. e 'l suo ... adempi: e la sua mancanza riempi con la Tua Grazia; si riferisce alla possibilità che la grazia possa aiutare l'uomo, sopperendo così alle carenze umane.
10. mora: muoia. ■ **porto:** è il porto di quiete a cui tante volte Petrarca ha fatto riferimento. ■ **stanza:** il rimanere sulla terra, lo stare al mondo.
11. vana: inutile. ■ **partita:** dipartita, morte. ■ **honesta:** onorevole.
12. m'avanza: mi resta.
13. degni ... presta: si degni la Tua mano di essere pronta all'aiuto.

T18 Dentro il testo

Il sonetto ha una funzione strutturale decisiva: esso chiude il canzoniere petrarchesco, così come *Voi ch'ascoltate* lo apriva, e come *I' vo pensando* aveva il compito di inaugurare la seconda parte del libro. Con le altre due composizioni, questo sonetto condivide una tematica penitenziale: segno evidente dell'intenzione dell'autore di inquadrare la sua storia entro lo schema agostiniano dell'errore superato e della conversione risolutiva. Ma Petrarca non ce la fa neanche questa volta. Da una parte, infatti, il sonetto allontana da sé Laura come «cosa mortale» indegna del suo amore, confessa i «mali ... indegni et empi» commessi, è ben conscio di avere un animo debole («alma disvïata et frale») e denuncia la propria «stanza», il proprio soggiorno su questa terra, come «vana», inutile e frivola. Ma il riconoscimento del peccato non significa che il peccatore sia arrivato a superare davvero il proprio passato nella luce di una nuova speranza. Petrarca ribadisce anche qui la paralisi morale che era al centro di *I' vo pensando* (e del *Secretum*): l'invocazione alla Grazia divina, che deve compensare il «defecto» del poeta, ci riporta infatti al tema dell'impotenza dell'anima, incapace di sollevarsi alla salvezza con le sole sue forze. Non resta che sperare in una "uscita" - cioè in una morte - virtuosa, che possa riscattare le debolezze di una vita intera; non resta che sperare, quindi, nella pietà divina.

I TEMI E L'ESPRESSIONE

LA PREGHIERA E IL RIEPILOGO

Il sonetto ha valore di riepilogo, specie rispetto alle tematiche delle altre composizioni «strutturali» del *Canzoniere*, il sonetto proemiale (*Voi ch'ascoltate*) e la grande canzone di ripensamento che inaugura la seconda parte del libro (*I' vo pensando*). Anche qui il soggetto **ripensa a tutta la sua vita** e alla stortura profonda dell'impostazione data agli affetti e agli interessi di un'intera esistenza. Se ne pente e **si affida a Dio**. Per farlo egli ricorre a **metafore** impiegate lungo tutto il *Canzoniere*: il **volo** come innalzamento dalla pochezza del mondo, il **porto** come quiete e salvezza, il peccato come **sviamento** ed errore. Una sorta di **enciclopedia**, insomma, del proprio vocabolario poetico e spirituale.

RIMORSO DEL CRISTIANO O DEL LETTERATO?

Sebbene sul complessivo **valore penitenziale** del sonetto non sia lecito dubitare, i vv. 3 e 4 lasciano tuttavia un piccolo dubbio in merito. Il poeta si condanna perché non ha saputo alzarsi in volo, pur avendo le ali, quindi le capacità, per dare «non bassi exempi» di sé. Pare si debba intendere che il poeta, benché avesse i mezzi per farlo, non abbia saputo raggiungere mete più degne; si insinua qui nuovamente, e ormai al termine del viaggio interiore, il rimpianto per un **obiettivo non raggiunto**. Quale obiettivo? Un livello di perfezione morale più alto? O non piuttosto un'eccellenza letteraria più illustre? Insomma: Petrarca sembra riecheggiare qui, ancora una volta, il rimorso già espresso nel *Secretum* di avere investito le sue energie di poeta nelle rime per Laura, trascurando opere (come le grandi imprese in lingua latina) da cui gli sarebbe potuto e dovuto derivare più alto onore? Se fosse così, un ultimo **residuo di vanità mondana** si insinuerebbe anche in quest'ultimo sonetto; e non sarebbe, in fondo, una sorpresa.

UNA LITOTE

Al verso 4 Petrarca usa una litote, cioè **afferma un concetto negando il suo contrario**. In questo caso, i «non bassi exempi» che il poeta avrebbe potuto lasciare di sé sono - in termini moderni - un esempio di **falsa modestia**: Petrarca conosce bene il proprio valore, tanto da affermare che avrebbe ben potuto levarsi in volo, date le sue doti naturali; ma, nel momento in cui si affida a Dio, non potrebbe affermare direttamente il proprio valore senza peccare di vanità. Così, affida a questa litote il compito di insinuare che, in realtà, qualche buon esempio di sé lo ha certamente lasciato.

Analisi e interpretazione Tipologia A

LEGGERE CON METODO

COMPRENSIONE GLOBALE

1. Con l'aiuto delle note, fai la parafrasi del sonetto.
2. Quale giudizio esprime il poeta sulla sua vita passata?
3. Qual è l'unica speranza che gli è rimasta?

LA LINGUA E LE STRUTTURE

4. Nel sonetto è ravvisabile un legame tematico tra prima quartina e prima terzina, seconda quartina e seconda terzina, sottolineato anche dalla contrapposizione dei tempi verbali. Quale tempo prevale in ciascuna coppia? Quali sono i due temi prevalenti così evidenziati?

5. Individua e sottolinea le coppie di aggettivi o di sostantivi (dittologie). Quindi individua e sottolinea le antitesi. A tuo parere, quale può essere la funzione, in un testo di sincero pentimento, di una così alta concentrazione di artifici retorici?
6. Il testo contiene molte metafore ricorrenti nel *Canzoniere*; accanto a ciascun significato, trascrivi la metafora corrispondente, come ti mostra l'esempio.
   - l'incapacità di staccarsi dal mondo mortale *senza levarmi a volo*
   - il possesso potenziale delle doti morali ....
   - la lotta contro le passioni ....
   - il tumulto delle passioni ....
   - la pace della morte ....

I TEMI E L'INTERPRETAZIONE

7. Con quale perifrasi è definita Laura? Quale significato morale e psicologico vi si può attribuire?
8. In quale modo viene espresso il pentimento del poeta? È un pentimento totale o è riscontrabile qualche ambiguità?
9. Perché si può dire che anche in questo testo finale il poeta non supera la propria impotenza morale?

SCRIVERE CON METODO

APPROFONDIMENTI E CONFRONTI

10. In un testo di una ventina di righe, metti a confronto il testo con il sonetto proemiale (▶ **T4**, p. 436) e con *Padre del ciel dopo i perduti giorni* (▶ **T8b**, p. 447). Procedi così: rileggi i tre testi, sottolinea le eventuali parole ricorrenti; individua i temi comuni. Rifletti poi se c'è un'evoluzione, un percorso che giunga a un approdo o piuttosto una sostanziale continuità.

GRANDANGOLO Petrarca e la poesia moderna

La poesia italiana ha continuato la sua strada, dopo i padri fondatori delle origini, più seguendo la direzione di Petrarca che quella di Dante. La *Commedia* rimane nella nostra letteratura un'opera inimitabile; il *Canzoniere*, invece, ne rappresenta l'opera più imitata; quella che ha fatto davvero scuola, sul piano sia dei contenuti sia del linguaggio. Di conseguenza, la nostra letteratura è piena di «petrarchismi»: dal Trecento al Novecento. Ma che cosa può rappresentare un poeta così antico per i poeti del nostro tempo? Come si sono messi in rapporto i nostri poeti moderni con un padre così lontano? Ed è possibile, in Italia, fare poesia ignorando Petrarca? A questi interrogativi rispondono qui, in modo diverso, tre protagonisti della lirica italiana del Novecento: Mario Luzi, Vittorio Sereni, Andrea Zanzotto.

La memoria di Petrarca, in Italia e in Europa

D Mario Luzi

Il poeta e il mondo

Per ***Mario Luzi*** *(1914-2005) la lirica petrarchesca non ha altro oggetto che i moti interiori dell'anima, e quindi è evidente che si ispira a un principio di separazione dal mondo, o addirittura di indifferenza per ciò che succede al di fuori di sé. Luzi approfondisce questo aspetto sottolineando la drammaticità implicita del rapporto mancato tra poesia e mondo. Petrarca, infatti, non si rifugia semplicemente nei "segreti" del suo cuore, ma lo fa perché il soggetto poetante si è già convinto che nella realtà intorno a sé non c'è proprio nulla da salvare. Il soggettivismo esclusivo del* Canzoniere *è insomma un tacito rimprovero rivolto allo squallore e degrado dell'età in cui il poeta si trova a vivere. Questo atteggiamento è per Luzi un rischio grave perché alla fine «il letterato e l'artista si fanno forti della propria esclusione o autoesclusione», che – provocata da un disdegno del mondo magari giustificato – può risolversi però in sterile, aristocratico isolamento.*

Quasi che la città abbia chiuso le porte sulla propria disdetta e il destino collettivo sia stato giocato e perduto, Petrarca sostituisce alla profezia la confessione, decide di concentrare su di sé, vale a dire sugli eventi, le seduzioni, gli inganni, i riscatti e le remissioni del proprio ego, la lettura del mondo. Non è detto con questo che egli tagli i ponti con la realtà ma ne domina gli accessi: le permette di filtrare all'interno del suo sistema solo previa trasformazione: e chi opera questa trasformazione, chi è dunque unicamente autorizzato a mantenere il rapporto è la memoria. Si verifica insomma questa disperata inversione: data per irredimibile la causa del mondo, il fuoco dell'intelligenza si appunta sui contraccolpi individuali di quella sconfitta lasciando giocare tutti i motivi di tormento e di compensazione che rendono inquieta e nello stesso tempo consolatoria la solitudine: data per refrattaria a ogni legge se non a quella della degradazione la realtà civile del mondo, l'attenzione è polarizzata dalla mobilità e dalla metamorfosi continua dell'io interiore. [...] Nasce così quell'universo personale, non opposto ma speculare rispetto a quello violento e contraddittorio della comunità e della storia dove il poeta che l'ha creato prova simultaneamente la frustrazione e il privilegio dell'esilio. [...] Petrarca inaugura infatti il paradosso dell'artista occidentale moderno che stabilisce con il mondo rapporti a senso unico, arrogandosi il diritto di regolarli secondo il suo criterio egocentrico e nello stesso tempo riversando sul mondo il prezzo della sua fondamentale insoddisfazione. [...] Petrarca è il prototipo dell'artista che deve tutto alla sua arte e perciò non ha altri doveri reali che verso di essa. Per *primo* e si direbbe per sempre ha impartito l'esaltante doloroso insegnamento che una opera può essere costruita non in collaborazione con il mondo, tutt'al più nella commiserazione di esso, e chiudersi in uno proprio che se non è sostitutivo dell'altro almeno lo adegua alla nostra fragilità.

(M. Luzi, *Padre mite e dispotico*, in «L'Approdo Letterario», n. 66, giugno 1974)

D

Vittorio Sereni

Nel *Canzoniere* tutto è finzione

Vittorio Sereni *(1913-83) parte dalla considerazione di ciò che Laura è nel* Canzoniere *petrarchesco. Laura è «finzione», nel senso latino di* fictio*: è una creazione della mente e del cuore del poeta. Ma non solo Laura: tutto nel* Canzoniere*, secondo Sereni, è* fictio*, cioè proiezione, gesto, recita, rappresentazione. Il miracolo è che quella «finzione» funziona come vera: innanzitutto per il poeta, che è il primo a crederci.*

Al cospetto dello specchio che è Laura, Petrarca ha lavorato a formare la propria immagine. È a questa che parla nel parlare con Laura. Il punto in discussione è qui. Ma se una eco può essere più vera del suono che l'ha prodotta, questo è il caso del Petrarca: nella sua inventività, nella sua «fictio», nella sua finzione sta la sua verità; e insieme la sua ossessione, la sua sofferenza, non inferiore e non meno vera di quella che può avere sofferto vivendo. Predispone situazioni e atteggiamenti, li articola e li varia secondo le sfumature del cuore, fornisce alla lunga schiera delle future anime amanti persino i gesti, i silenzi e le pause. Possiamo a tratti spazientirci del suo dire e disdire, dei suoi alternati rapimenti e depressioni, e non tanto delle sue contraddizioni quanto dell'ostentato compiacimento di queste, ma siamo subito con lui, gli crediamo sulla parola non appena entra in scena ed *ex abrupto* ci dice: «i' vo piangendo i miei passati tempi i quai posi in amar cosa mortale» così come, superando il disagio della formalità calcolata, della convenzione, del rituale per cui la lunga vicenda si conclude con una preghiera alla Vergine, non stentiamo a vederlo rientrato in se stesso, finalmente uomo comune e spoglio, presto oscuro cadavere, all'ultimo verso del *Canzoniere*.

(V. Sereni, *Petrarca: nella sua finzione la sua verità*, in «Neue Zuercher Zeitung», 21 luglio 1974)

D

Andrea Zanzotto

Petrarca, gli intellettuali, il potere

Andrea Zanzotto *(1921-2011) è stato uno dei poeti (e critici) più originali del Novecento, sia in lingua italiana che in dialetto. Il suo Petrarca è soprattutto un intellettuale, che ha elaborato un rapporto col potere di fondamentale importanza per il futuro della cultura italiana ed europea. Dall'esterno, questo tipo di intellettuale può sembrare un «poltron-pauroso»: uno che vuole solo proteggere i suoi ozi letterari, pronto a ogni compromesso col potere pur di essere lasciato in pace. In realtà, in questa posizione Zanzotto vede un intento più serio. L'intellettuale Petrarca certo non sfida il potere: ma se ne fa rispettare, quando occorre si nega e sfugge, e la sua poesia è un luogo di libertà interiore indisputabile, il segno della sua interiore autonomia. Gli intellettuali «petrarcheschi», dice Zanzotto, «lavorano come termiti all'interno delle strutture della violenza»: non le attaccano frontalmente, ma vi oppongono la loro - parola chiave - «indisponibilità».*

Si profilano il mezzo-sogno e la mezza-realtà dei letterati e "umanisti" curiali che pur stanno "in disparte" tra malinconia e ammicco, e che lavorano come termiti all'interno delle strutture della violenza, giostrando con accortezza, destreggiandosi tra doppie verità (anche linguistiche), pseudo-acquiescenze e modici sfoghi, senza mai perdere davvero la faccia. Questo più o meno si verifica nel periodo che va da Petrarca a Erasmo; in seguito, anche se più aggressivi, avranno qualcosa di questo atteggiamento i donatori di lumi intenti a ispirare sovrani alle riforme ed a cooptarli nel giro del loro impalpabile potere elitario. [...] Quell'atteggiamento non fu malafede, né falsa coscienza, anche se fu coscienza incerta con possibilità di equivocare, e se nella versione caricaturale offerta da taluni epigoni concesse alibi all'eterno parassitismo dei letterati. [...]

Petrarca, più di altri, ha quindi un diritto di porre l'accento sulla propria indisponibilità: «Così, mentre tutti cercavano il palazzo (si recavano al palazzo del principe), io cercavo il bosco o riposavo nella mia stanza tra i libri», egli dice scrivendo al Boccaccio, ben rivelandosi. Chiama quella stanza *thalamus*, un talamo certamente sterile in rapporto ai movimenti della storia "bestiale", un talamo per nozze con la negazione, pronube le sacre scartoffie.

(A. Zanzotto, *Una stanza piena di libri*, in «il Giorno», 14 luglio 1974)

TESTO ARGOMENTATIVO Tipologia **B**

1. Secondo Luzi, quale convinzione ha spinto Petrarca a concentrarsi sulla propria interiorità?
2. Qual è il «paradosso dell'artista occidentale» inaugurato da Petrarca?
3. Perché Sereni definisce Laura «uno specchio»?
4. Il giudizio di Zanzotto sul rapporto di Petrarca con i potenti è negativo o almeno parzialmente positivo?

7 I *Trionfi*: una sfilata allegorica

La datazione Col titolo *Trionfi* si designa il **poema in terza rima** (il metro della *Commedia* di Dante) a cui Petrarca lavorò all'incirca nell'**ultimo ventennio** della sua vita. Rispetto alle altre opere petrarchesche, di questa si sa molto poco: circostanze dell'ideazione, tempi di scrittura, lavoro sul testo restano abbastanza nel vago. Le date poste a margine di manoscritti dei *Trionfi* vanno **dal 1357** (la più antica è dell'8 settembre) **al 1374** (l'ultima è del 14 febbraio), ma si può anticipare ai primi anni Cinquanta la stesura di una prima redazione che iniziava dal *Triumphus Mortis*.

Il titolo Con la denominazione di *Trionfi*, oggi per noi alquanto generica, Petrarca intendeva designare un preciso tipo di **situazione spettacolare**: il «trionfo» è un grande carro addobbato guidato dal personaggio celebrato in quell'occasione. Il punto di partenza è naturalmente il **trionfo militare romano**, ma il carro trionfale, specie allegorico (con personificazioni di dei pagani, virtù, elementi della natura, e così via) ha una lunga storia iconografica, che culminerà nelle fastose celebrazioni delle corti rinascimentali. In altre parole, quando nei *Trionfi* petrarcheschi si parla di *Trionfo di Amore* e poi di *Trionfo della Castità* è vero che si tratta, in progressione allegorica, della vittoria della seconda sul primo, ma più concretamente, anche della successione dei carri adornati che si avvicendano nella visione del poeta e che, avanzando, scacciano il trionfo precedente.

Struttura dell'opera La finzione narrativa ci mostra l'autore-protagonista che, a Valchiusa, il 6 aprile di un anno non precisato, dunque in uno dei tanti **anniversari del giorno «laurano» per eccellenza** (data, come sappiamo, dell'innamoramento del poeta e della morte della donna), viene colto da un improvviso sonno, durante il quale è visitato da una visione in cui avanzano sei carri trionfali, uno dopo l'altro: *Triumphus Cupidinis* (Amore), *Triumphus Pudicitiae* (Castità), *Triumphus Mortis* (Morte), *Triumphus Famae* (Fama), *Triumphus Temporis* (Tempo), *Triumphus Aeternitatis* (Eternità).

▶ T Il Trionfo d'Amore

Amore Il primo incontro è con **Amore-Cupido**, che appare alla guida del suo carro trionfale circondato da una folla di amanti in guisa di schiavi. Da questa moltitudine fuoriesce un'ombra che si presenta al protagonista come amico di gioventù, toscano anch'esso, e indica all'autore tutti gli illustri soggiogati da Amore. La rassegna è ampia e occupa quasi per intero i primi due capitoli. Nel terzo capitolo il protagonista incontra Laura e se ne innamora, cadendo schiavo d'amore come i personaggi appena conosciuti. L'intera carovana si dirige poi a Cipro, patria di Venere, dove Cupido viene celebrato con una grande cerimonia.

Castità Il carro della **Castità** è **guidato da Laura e dalle Virtù**: Laura non solo resiste ad Amore, ma lo vince e, come una novella Baccante, ne fa strazio. Il corteo, da Cipro, torna a Roma dove, presso il Tempio della Pudicizia, vengono depositate le spoglie di Amore. Mentre il carro della Castità si allontana, di ritorno dalle celebrazioni, incontra la Morte.

Morte La **Morte** minaccia Laura che, al contrario della maggior parte degli esseri umani, non mostra alcun **timore**: muore, come ricordato più volte e come viene rievocato ancora una volta in questi versi, all'ora prima del giorno 6 aprile. Nella seconda parte del Trionfo l'autore, che già ha usato l'espediente del sonno improvviso per richiamare le visioni dei carri trionfali, innesca un vero e proprio procedimento a «scatole cinesi»: il protagonista si addormenta (nel sogno) e sogna (nel sogno) di parlare con Laura, la quale si abbandona a **confidenze** su se stessa e sul loro amore; la donna giunge ad affermare che anch'essa era innamorata, ma è solo stata più forte nel nascondere i propri sentimenti.

▲ Pagina miniata dai *Trionfi* di Petrarca, XV secolo (Firenze, Biblioteca Nazionale Centrale).

▲ Particolare da manoscritto francese del 1503, codice dei *Trionfi* di Petrarca, il *Trionfo di Castità e Ragione* (Parigi, Bibliothèque Nationale de France).

Fama La Morte ha ormai raccolto la sua lugubre messe e se ne va; subentra il carro della **Fama**, che **sola può vincere la Morte**. È in questo Trionfo che vengono presentati, a gruppi, gli uomini illustri che accompagnano il carro: nel primo capitolo i Romani, nel secondo gli stranieri (antichi e moderni), nel terzo i filosofi greci e latini.

Tempo Il **Tempo**, rappresentato attraverso il carro del Sole, **non accetta l'immortalità** raggiunta dagli uomini illustri e accelera vorticosamente il suo corso per fagocitarli nel nulla. L'autore si confronta con le considerazioni, a lui così familiari, sulla caducità e pochezza delle umane aspirazioni.

Eternità Il Tempo si dissolve per lasciar spazio all'ultimo Trionfo, che si presenta come una **visione profetica**: lo sguardo del narratore spazia verso la vita ultraterrena e cerca di descrivere l'assoluta immobilità del mondo «ultimo» occupato dai **beati**, che, ormai risorti anche nella carne, contemplano Dio, unico punto fermo di ogni esistenza umana.

In gara con Boccaccio e con Dante La scelta della terza rima rimanda in modo evidente a due possibili modelli: da una parte il Boccaccio dell'*Amorosa visione*, dall'altra il Dante della *Commedia*. Per molto tempo, dato il rapporto di amicizia che legava Petrarca a Boccaccio, è stata enfatizzata la parentela con l'opera boccacciana, ma studi recenti hanno dimostrato che **l'influenza di Dante è quella più attiva** e presente. Petrarca si prefigge di costruire un mito intorno a Laura, proprio come Dante aveva fatto intorno a Beatrice. Come Beatrice dalle pagine della *Vita nuova* si era evoluta sino a diventare la protagonista del poema, così anche Laura sarebbe dovuta diventare, nelle intenzioni di Petrarca, l'eroina laica di un racconto allegorico.

Laura *vs* Beatrice Naturalmente Laura non è Beatrice: quest'ultima poteva giocare ruoli leggermente diversi, ma fondamentalmente la sua funzione nell'opera dantesca è unitaria e non contraddittoria. Laura, invece, fa i conti con un **creatore fortemente diviso** tra la condanna del suo amore per lei e una altrettanto forte aspirazione a fare di questo sentimento il motivo nobilitante della propria esistenza. La **contraddizione** si fa visibile nel *Triumphus Aeternitatis*. La visione del «mondo novo» oltre la fine dei tempi, «più bello e più giocondo» (v. 24), è il più spettacolare tentativo petrarchesco di gareggiare con la poesia di Dante. È, o meglio, vorrebbe essere un trionfo della gioia, della sicura e stabile beatitudine, della pienezza dei tempi. E invece la lettura lascia una **sensazione opposta**: una sensazione di vuoto, di assenza, di mancanza di vita, di morte. Nel momento in cui Petrarca è chiamato dalla struttura del suo poema a definire e proclamare il senso della suprema certezza, il superamento delle angosce e delle paure di una vita intera, egli **non riesce a immaginare una vita ultraterrena che compensi davvero le miserie di questo mondo**.

GUIDA ALLO STUDIO

1. Che cos'era, al tempo di Petrarca, un «Trionfo»?
2. Quali sono i sei trionfi che si susseguono nella visione di Petrarca?
3. Com'è la figura di Laura nei *Trionfi*, anche in rapporto alla Beatrice di Dante?

A COLPO D'OCCHIO — I *Trionfi*

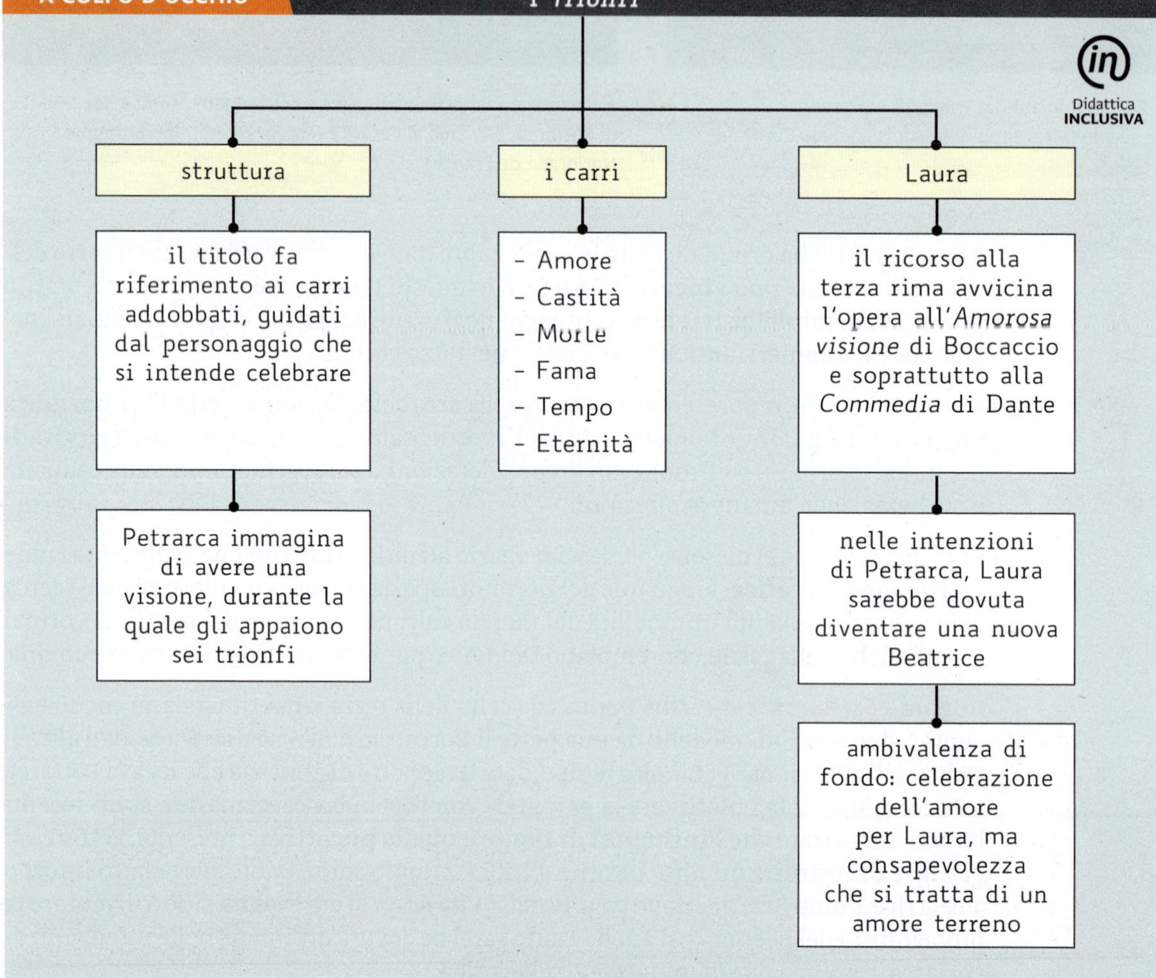

T19

Trionfo della Morte, I, vv. 113-117; 129-172

Il Trionfo della Morte

Periodo: primi anni Cinquanta

Metro: terzine incatenate a schema ABA, BCB, CDC

Argomento: la morte di Laura

Il Triumphus Mortis *viene dopo il Trionfo dell'Amore e il Trionfo della Castità. Nella sequenza allegorica dell'opera, questo vuol dire che l'Amore può essere sconfitto dalla Castità, ma che anche la virtù della Castità è poi destinata, a sua volta, a essere sopraffatta dalla Morte.*

Allor di quella bionda testa svelse
Morte co la sua mano un aureo crine;
così del mondo il più bel fiore scelse,
non già per odio, ma per dimostrarsi
più chiaramente ne le cose eccelse.

[...]

O umane speranze cieche e false!
Se la terra bagnar lagrime molte
per la pietà di quella alma gentile,
chi 'l vide, il sa; tu 'l pensa che l'ascolte.
L'ora prima era, il dì sesto d'aprile,
che già mi strinse, ed or, lasso, mi sciolse.
Come Fortuna va cangiando stile!
Nesun di servitù già mai si dolse,
né di morte, quant'io di libertate
e de la vita, ch'altri non mi tolse.
Debito al mondo e debito a l'etate
cacciar me inanzi, ch'ero giunto in prima,
né a lui tôrre ancor sua dignitate.
Or qual fusse il dolor qui non si stima,
ch'a pena oso pensarne, non ch'io sia
ardito di parlarne in versi o 'n rima.
«Virtù mort'è, bellezza e leggiadria!»
le belle donne intorno al casto letto
triste diceano «Omai di noi che fia?
Chi vedrà mai in donna atto perfetto?
Chi udirà il parlar di saver pieno,
e 'l canto pien d'angelico diletto?»

PARAFRASI

Allora la Morte con la sua mano strappò da quella testa bionda un capello che sembrava d'oro; così colse il più bel fiore che ci fosse al mondo, non già per odio, ma per dimostrare il suo potere anche nelle realtà più alte e nobili.

[...]

O speranze umane, cieche e ingannevoli! Se molte lacrime bagnarono la terra per pietà di quella anima gentile, lo sa bene chi era presente; tu, che ascolti, cerca di immaginartelo.

Era l'ora prima, il sei di aprile, l'ora che già mi incatenò prigioniero d'amore, e che ora, ahimè, mi liberò di quelle catene.

Come può cambiare il modo di agire della Fortuna!

Nessuno mai ebbe a dolersi della sua servitù, o della morte, quanto io della mia libertà e della vita, che nessuno (*altri*) volle togliermi.

Era cosa dovuta (*Debito*) al mondo e alla mia età mandare avanti me [alla morte], che ero nato prima di lei, e non togliere a esso [al mondo] la cosa più degna che aveva.

Ora quale fosse il dolore a questo punto non si può misurare, che appena oso pensarci, nonché avere il coraggio di parlarne in versi o in rima.

«È morta virtù, bellezza e leggiadria!» dicevano le belle donne intorno al letto di quella casta donna: «E ora (*omai*) che ne sarà di noi? Chi vedrà mai più in una donna atteggiamenti di tale perfezione? Chi ascolterà parole così piene di saggezza, e il suo canto, pieno di un'armonia degna degli angeli?»

113-14. Allor ... crine: reminiscenza virgiliana. Così muore Didone nell'*Eneide* (IV, 698 sgg.), quando Giunone, impietosita, per troncare la sua agonia, invia Iride a strappare dal capo della regina suicida un capello biondo, sacro a Proserpina, da cui dipendeva la sua vita.
115. scelse: qui nel senso antico di **cogliere**, non di "selezionare".
117. eccelse: sono le realtà più nobili, cioè come Laura.
133. L'ora prima ... aprile: ovvero, le sei antimeridiane. Il poeta ribadisce l'identità cronologica del giorno dell'innamoramento con quello della morte della donna.
135. Come ... stile!: il poeta sottolinea il contrasto fra le due date: la prima, quella dell'innamoramento, e la seconda, quella della liberazione dall'amore.
136-38. Nesun ... non mi tolse: si rammarica, paradossalmente, di essere stato liberato dalla servitù (d'amore) e di essere stato lasciato in vita dopo la morte di Laura.
140. cacciar me inanzi: farmi morire prima di Laura, vista l'età meno giovane.
141. sua dignitate: Laura stessa, considerata la cosa più degna al mondo.
146. casto letto: figura di ipallage (scambio di attributi): non è il letto che è «casto», naturalmente, ma Laura stessa.

Lo spirto per partir di quel bel seno
con tutte sue virtuti in sé romito
fatto avea in quella parte il ciel sereno.
Nesun degli adversarii fu sì ardito
ch'apparisse già mai con vista oscura,
fin che Morte il suo assalto ebbe fornito.
Poi che, deposto il pianto e la paura,
pur al bel volto era ciascuna intenta,
per desperatïon fatta sicura,
non come fiamma che per forza è spenta,
ma che per se medesma si consume,
se n'andò in pace l'anima contenta,
a guisa d'un soave e chiaro lume
cui nutrimento a poco a poco manca,
tenendo al fine il suo caro costume.
Pallida no, ma più che neve bianca,
che senza venti in un bel colle fiocchi,
parea posar come persona stanca.
Quasi un dolce dormir ne' suo' belli occhi,
sendo lo spirto già da lei diviso,
era quel che morir chiaman li sciocchi.
Morte bella parea nel suo bel viso.

Questa splendida immagine compare in una poesia di Cavalcanti: «aria serena quand' apar l'albore / e bianca neve scender senza venti» (*Biltà di donna e di saccente core*, vv. 5-6).

Lo spirito di lei, nel momento in cui stava per allontanarsi da quel bel seno, raccolto in se stesso con tutte le sue virtù, aveva rasserenato il cielo tutto lì intorno.
Nessuno dei demoni fu così ardito da farsi vedere nel suo tenebroso aspetto finché la Morte non ebbe finito la sua azione violenta.
Dopo che, finito il pianto e lo sgomento, ciascuna [di quelle donne] si mise a contemplare fissamente il bel volto di Laura - ognuna di loro ormai rassegnata, perché non c'erano più speranze - non come una fiamma che venga spenta per forza, ma che si consumi da sé, l'anima [di Laura] se ne andò contenta in pace, come una lampada soavemente luminosa, a cui viene a mancare poco a poco l'alimento, mantenendo fino in fondo il suo dolce modo di fare.
Pallida no, ma candida più che neve che fiocca senza vento su un bel colle: così pareva riposare la persona di lei, estenuata.
Quello che gli sciocchi chiamano «morire» era quasi un dolce sonno nei suoi begli occhi, ora che ormai l'anima si era separata dal corpo.
Anche la Morte sembrava bella nel suo bel viso.

151-53. Lo spirto ... sereno: vuol dire che al momento in cui Laura trasse l'ultimo respiro il cielo si rasserenò, in segno di letizia per l'ascesa dell'anima della donna in Paradiso.
154. Nesun degli adversarii: «avversario» è per antonomasia il diavolo; vuol dire che, contrariamente alla credenza secondo cui i demoni erano in agguato intorno al morente per eventualmente carpirne l'anima, niente di tutto questo si verifica nel caso della morte di Laura.
168. stanca: per via della lotta estrema con la Morte.
171. li sciocchi: sono quelli che non riescono ad apprezzare il valore della morte come inizio della vera vita spirituale.

T19 Dentro il testo

IN SINTESI

Il brano della morte di Laura, nei *Trionfi*, dà modo a Petrarca di descrivere ciò che nel *Canzoniere* non si era potuto rappresentare: la scena del trapasso della donna. Nelle rime il poeta aveva rappresentato soltanto i suoi sentimenti di fronte al tragico evento: qui egli immagina invece di assistere alla morte stessa di lei, vista come un segno dell'universale signoria della Morte su tutto, anche sulle «cose eccelse», su «del mondo il più bel fiore». È «il dì sesto d'aprile» quando Laura muore, ma la sua dipartita non ha niente di orrido, di scomposto, di pauroso. Laura si spegne a poco a poco, come un «soave e chiaro lume» che viene meno dolcemente, circondata da un corteggio di donne celebranti fino all'ultimo la sua virtù; la morte somiglia in lei a un «dolce dormir»; il suo colore non è quello cadaverico dei morti, ma un biancore niveo, che richiama l'immagine di una stupenda, calma nevicata. Insomma, la bellezza di Laura vince la Morte, sì che all'interno di questo trionfo (della Morte sulla Castità) se ne celebra un altro, non ufficialmente annunciato, che si potrebbe definire della Bellezza sulla Morte, tanto da far apparire la Morte stessa come «bella ... nel suo bel viso».

I TEMI E L'ESPRESSIONE

IL CORO FEMMINILE

Nel *Canzoniere* Laura appariva sempre da sola. Mentre Beatrice nella *Vita nuova* è presentata sempre accompagnata, e spesso colta anche in mezzo a occasioni di socialità urbana (una festa, un banchetto di nozze, e così via), Laura si staglia invece **solitaria** contro sfondi silvestri, in luoghi appartati (basti pensare a *Chiare fresche et dolci acque*). Qui, nel momento della morte, Laura non è sola. Intorno al «casto letto» della morente, Petrarca immagina un coro di «belle donne» che piangono la sua dipartita: «Virtù mort'è, bellezza e leggiadria! ... Omai di noi che fia?» Le **donne piangono** insieme a Laura **la scomparsa delle sue doti**, e quasi della femminilità in assoluto: «Omai di noi che fia?» suona infatti quasi: "Dove andrà a finire il nostro sesso, privato dell'esempio sublime di Laura?". Noi lettori ci possiamo chiedere a nostra volta: chi sono queste donne? Da dove spuntano? Certo non è difficile immaginare intorno al letto di morte di Laura un gruppo di parenti o di amiche, anche se di esse non ci viene specificato nulla. Tuttavia, la scena sembra avere un **valore più assoluto**: come se, per una volta, Laura fosse accompagnata da rappresentanti di tutto il suo sesso, e la sua esemplarità ricevesse una sanzione collettiva. Ancora una volta, dunque, Petrarca **imita Dante**, evocando intorno a Laura un coro di donne che esaltano le sue doti: ma lo fa solo qui, in morte della donna. Nel *Canzoniere*, l'immagine di **Laura rimane sola** e sovrana, nel paesaggio interiore della memoria.

DUE AGGETTIVI SIMBOLICI: «PALLIDA» E «BIANCA»

Petrarca insiste, nella scena della morte di Laura, sulla differenza fra «pallida» e «bianca». Il **pallore** è associato allo squallido colore della **morte**, alla perdita del colorito vivo e naturale nel momento del trapasso. Il **bianco** invece richiama la **perfezione** candida della neve: come se l'incarnato della donna subisse una meravigliosa metamorfosi, in un candore di abbagliante bellezza. Ora, Petrarca non poteva ignorare un passo celebre di uno dei suoi classici preferiti, **Ovidio**, in cui si afferma che il **pallore** è il **colore degli amanti**: «Impallidisca chiunque sia innamorato: questo è il colore che si addice agli amanti» (*Ars amandi*, I, 729). Il pallore, quindi, nella tradizione non è solo quello cadaverico della morte ma quello, carico di emozioni, che tradisce la passione degli innamorati. Allora si può vedere, nell'opposizione pallida/bianca di Laura defunta non solo il fatto che l'orrore della morte su di lei non ha presa, ma anche che la donna, pur nel momento di morire, rimane estranea al colore degli amanti, e si trasfigura in una bellezza incontaminata, candida e pura come neve.

Analisi e interpretazione Tipologia A

LEGGERE CON METODO

COMPRENSIONE GLOBALE

1. Riassumi in una quindicina di righe il contenuto informativo del brano. Per lavorare con metodo, suddividilo in quattro sequenze:
   - la Morte uccide Laura
   - la reazione del poeta
   - il compianto delle donne
   - la descrizione della morte di Laura

LA LINGUA E LE STRUTTURE

2. Spiega la similitudine dei vv. 160-65.
3. Spiega la contrapposizione tra «pallida» e «bianca» contenuta nel v. 166.

I TEMI E L'INTERPRETAZIONE

4. Qual è il significato della presenza di un coro di donne?
5. In quale atmosfera avviene la morte di Laura? Scegli la risposta corretta e motiva la tua scelta con precisi riferimenti al testo.
   a In un'atmosfera di orrore.
   b In un'atmosfera di universale disperazione.
   c In un'atmosfera di serenità e pace.
   d In un'atmosfera profondamente religiosa.

SCRIVERE CON METODO

APPROFONDIMENTI E CONFRONTI

6. Anche se oggi i *Trionfi* sono considerati un'opera non del tutto riuscita, esercitarono una grande influenza sulla letteratura e sulle arti figurative, soprattutto nel Quattrocento e nel Cinquecento. Ad esempio, il *Trionfo dell'Amore* e il *Trionfo della Castità* furono frequentemente rappresentati sui cassoni nuziali. Dopo aver svolto una ricerca in rete sull'argomento, presenta i risultati in una relazione di due-tre pagine, corredata di alcune immagini significative.

DIBATTITO CRITICO

Liriche d'amore o diario di un'anima?

Chi è il vero protagonista del *Canzoniere*? Laura o Petrarca? Ovvero: siamo di fronte a una storia d'amore in versi - sia pure, come sappiamo, non corrisposta, non consumata, tutta vissuta nel cuore dell'amante - oppure siamo di fronte al resoconto di una vicenda interiore in cui la donna amata compare sì, ma più come un "reagente", che come vero oggetto di poesia? Non a caso, come per Beatrice, non sono mancati coloro che hanno negato l'esistenza storica della persona amata dal poeta: fra i contemporanei di Petrarca, vi fu chi avanzò l'ipotesi che si trattasse di null'altro che di una allegoria del «lauro» poetico. Petrarca reagì vivacemente, protestando che Laura era una donna in carne e ossa - magari non lo fosse stata! Però, sul piano della poesia, la questione rimane aperta: ovvero, si può discutere sul ruolo effettivo svolto dal sentimento d'amore nel *Canzoniere*. Perché, da una parte Laura può essere intesa semplicemente come uno stimolo esterno, che favorisce l'introspezione continua, il continuo guardarsi dentro del soggetto poetante; dall'altra, il fatto che Petrarca canti di Laura fino all'ultimo, ben oltre la morte di lei, testimonia della vitalità interiore di un sentimento autentico, senza il quale l'esistenza stessa del poeta sembrerebbe non avere senso. Negli interventi che seguono, tre studiosi offrono punti di vista diversi riguardo a questa problematica.

▲ Laura incorona Petrarca. Miniatura da un manoscritto delle *Rime* del XV secolo (Firenze, Biblioteca Medicea Laurenziana).

RISPOSTA 1

Natalino Sapegno

D Il *Canzoniere* è la storia di una passione che diventa continuo esame di se stesso

Natalino Sapegno *(1901-90) in questa pagina parte identificando l'amore di Petrarca per Laura come il centro sentimentale della sua poesia: un «affetto unico e tirannico» intorno al quale ruota tutta la vita interiore del poeta. Tuttavia, proprio nell'ossessività di questo sentimento, il critico crede di scorgere qualcosa di più profondo. Proprio nel momento in cui l'amore diventa patologia, esso si pone come «simbolo dell'infermità petrarchesca»: esso svela cioè la malattia del poeta, come un magnete che attrae e dà forma espressiva a tutte le inquietudini, le angosce, gli incubi che turbano la sua anima.*

Il *Canzoniere* del Petrarca è nella sua sostanza una storia d'amore, tutta pervasa dal palpito di una passione costante e non mai domata, dinanzi alla quale non pur gli altri affetti minori, ma le idealità stesse più nobili ed alte retrocedono, s'attenuano, diventano secondarie e marginali. Passione umana e terrena, desiderio che investe tutta l'anima, e la carne, e non si piega ad esser infrenato negli schemi platonici della tradizione letteraria, tanto più profondo e imperioso quanto meno è esaudito e soddisfatto, vivente ancora quando già, per la dipartita di Laura, ogni speranza è morta. Questo amore ha in sé qualcosa di oscuro e di morboso, nella sua natura stessa di desiderio perennemente inappagato, nella sua durata oltre la morte della donna, nella sua qualità di affetto unico e tirannico. Talora pare che il poeta si rassegni nella consuetudine del desiderio e del sogno, talora invece la passione insorge più prepotente e gli fa cercare la realtà della donna, e lamentarsi, e impetrare pietà e rimpiangere gli anni che fuggono senza consolazione e senza speranze; talora anche, stanco di tanto desiderare e aspettare invano, il poeta invoca d'esser liberato dal suo travaglio, ma poi ricade e ritorna alle inutili speranze, ai morbidi vagheggiamenti dell'immaginazione, alle preghiere, al pianto. Morta Laura, egli trasferisce il suo amore nel cielo ove ella è salita, e la rievoca nei sogni, donna ancora bellissima, anzi più mite con lui e quasi materna, più sollecita delle sue pene, meglio disposta a consolarle; ovvero, rivolgendosi a considerare la dura realtà della morte, vede il mondo fatto squallido e vuoto, prato senza fiori, anello senza gemma, e piange inconsolabile la perduta speranza della sua beatitudine. Intorno al nucleo costituito da questa storia d'amore si raccoglie una vasta e ricca materia sentimentale: e cioè tutte le perplessità e le oscillazioni dell'anima petrarchesca, un'insistente seppure indeterminata preoccupazione etica, un'incerta aspirazione religiosa, un fervore di passioni varie ancor più vagheggiate e contemplate che vissute. Non Laura, sì il poeta stesso campeggia nel quadro come protagonista; non le vicende esteriori dell'amore, sì le ripercussioni di quelle nella vita intima del Petrarca costituiscono la materia affettiva del canto. E la storia stessa angosciosa e mutevole di quell'amore si trasforma in un simbolo dell'infermità petrarchesca, perché in essa si riassume il gioco vario e turbinoso delle sue passioni in contrasto con l'esigenza viva sempre e mai soddisfatta d'un superiore equilibrio.

(N. Sapegno, *Dalle origini alla fine del Quattrocento*, in *Compendio di Storia della letteratura italiana*, vol. I, La Nuova Italia, Firenze 1941)

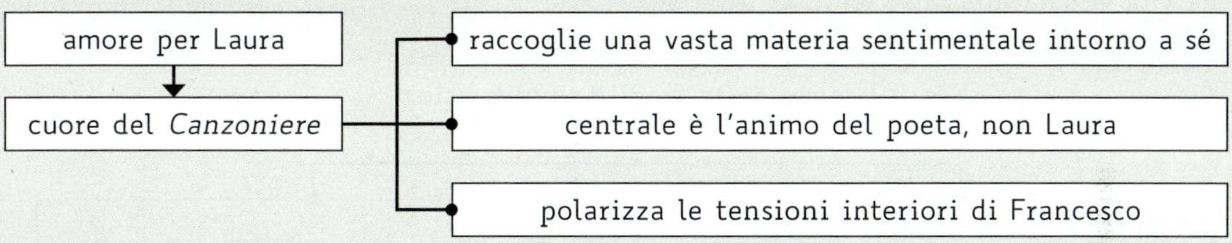

RISPOSTA 2

Umberto Bosco

D Il *Canzoniere* è una inesausta riflessione sulla fragilità dell'esistenza

«Laura non è la sorgente né il centro»: questa è l'affermazione radicale di questa pagina di ***Umberto Bosco*** *(1900-87). Per questo studioso, infatti, il nucleo centrale della poesia di Petrarca sta nel sentimento della universale labilità dell'esistenza, che preesiste e va al di là della stessa passione amorosa. Questa passione ha accentuato quel sentimento, ma non lo ha creato: esso apparteneva alle fibre più profonde, congenite, del modo petrarchesco di rapportarsi con la realtà.*

Domina anzitutto la lirica petrarchesca, subito notato dai primi lettori, più sottilmente individuato e descritto dal De Sanctis e dai critici postdesanctisiani, il senso della caducità della vita, di ogni cosa viva. Il senso profondo del *Canzoniere* è dal Petrarca stesso consegnato al verso finale del sonetto-proemio, e di là si irradia e permea ogni pagina: è il conoscer chiaramente che quanto piace al mondo è breve sogno. Il lamento stesso di Magone morente, il lamento perenne del Petrarca in prosa e in versi, in latino e in volgare:

I dì miei, più leggier che nesun cervo,
Fuggir come ombra; e non vider più bene
Ch'un batter d'occhio e poche ore serene,
Ch'amare e dolci nella mente servo.

Misero mondo, instabile, protervo!
Del tutto è cieco chi 'n te pon sua spene

(CCCXIX, 1-6)

In una lunghissima lettera all'amico di giovinezza Filippo di Cabassole (*Fam.* XXIV, 1), Petrarca, ormai giunto verso la fine della vita, analizza egli stesso questo senso della caducità che è suo costante compagno, e ce ne indica le origini. Richiama una sua lettera di trenta anni prima (è la *Fam.* I, 3) nella quale aveva affermato sugli albori della vita la irrimediabile caducità di essa; fugacità che allora semplicemente avvertiva e prevedeva, e ora conosce per esperienza. È quel giovanile "pensiero della morte" che ricorda anche nel *Secretum* (III, 6). Mentre i condiscepoli e lo stesso dotto maestro erano intenti a trarre da Orazio, Giovenale, Virgilio, Ovidio, Seneca, Cicerone, ammaestramenti semplicemente grammaticali e letterari, egli trovava in quei testi scolastici qualcosa d'altro, di nascosto: «notavo con sicurezza non le decorazioni verbali ma le cose stesse, cioè l'angustia di questa misera vita, la brevità, la velocità, l'affrettarsi, lo scivolare, la corsa, il volo e gl'inganni nascosti, l'irrecuperabilità del tempo, il fiore della vita caduco e mutabile, la fuggente bellezza di un viso roseo, l'irrefrenabile fuga della giovinezza che non tornerà più e le insidie della vecchiaia tacitamente strisciante; in fine le rughe e le malattie e la tristezza e il dolore e la dura implacabile inclemenza dell'indomabile morte» (*Fam.* XXIV, 1, 10). E la traduzione non rende l'appassionata eloquenza dell'originale latino.

[...] La verità è che quel sentimento, cronologicamente anteriore all'amore perché congenito al suo spirito e quindi esistente in lui da sempre, trova in Laura [...] il centro fantastico necessario alla sua espressione lirica. Accenna bensì il meravigliarsi d'essersi lasciato per un momento irretire, egli che pure da giovinetto sapeva la vanità d'ogni speranza. Fu una parentesi: il fumo della vita vissuta diminuì l'acutezza della sua vista, e l'età più impetuosa estinse la prima luce dell'anima; ma almeno ora comincia a vedere qualcosa. Laura non è la sorgente né il centro; ella e il suo amore, o più genericamente l'amore, non è in questa fondamentale autobiografia che un momento d'esperienza. Del resto, poeticamente, ed è quello che più conta, l'accento del Petrarca non batte sullo sfiorire della bellezza di Laura e neppure sull'immagine di lei morta: ella poeticamente è sempre viva e giovane e bella; e Petrarca si afferra alla sua immagine appunto perché l'unica cosa certa e ferma in tanto fluire e precipitare.

(U. Bosco, *Francesco Petrarca*, Laterza, Bari 1965)

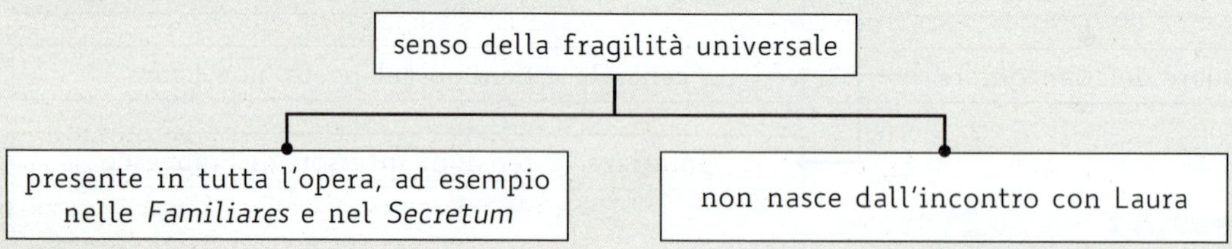

RISPOSTA 3

D3 **Marco Santagata**

Il *Canzoniere* è un itinerario dell'anima dall'errore alla saggezza

*Di **Marco Santagata** qui proponiamo due brani: il primo tratto dal* Manuale della letteratura italiana, *il secondo tratto dalla sua* Introduzione al Canzoniere. *Centrale in queste pagine è il rapporto fra il* Canzoniere *e il* Secretum, *e, di conseguenza, il rapporto di Petrarca con sant'Agostino e le sue* Confessioni. *Come Agostino, Petrarca, secondo Santagata, cerca di continuo la via della conversione, di un cambiamento che egli crede di poter raggiungere riordinando continuamente i "pezzi" della sua anima e della sua produzione letteraria. Così facendo, egli insegue l'ideale vita del saggio; questi può incominciare il suo esame di coscienza prendendo atto del proprio disordine interiore, ma intende poi superare quel disordine in una ulteriore, pacificata serenità morale.*

Parlando del *Canzoniere* come di un diario mi riferivo al dato forse più appariscente tra i fenomeni di ordine macrostrutturale, e cioè al fatto che esso sia una narrazione in prima persona di un'unica ed esclusiva esperienza amorosa e che tale narrazione sia disposta lungo un asse cronologico progressivo. Lo scorrere del tempo è evidenziato da una fitta serie di notazioni cronologiche, disposte quasi sempre in corrispondenza degli anniversari del primo incontro e, con due sole eccezioni, in successione rigorosamente crescente.

[...] Il *Canzoniere* petrarchesco produce un «effetto realtà» che non ha corrispettivo nella lirica amorosa anteriore o coeva (con la sola eccezione, forse, di quel romanzo *sui generis* che è la *Vita nuova*). Toccherò solo due aspetti che aiutano a comprendere in che senso si possa parlare di «realismo» per una poesia notoriamente antinaturalistica. Per primo, il trattamento dei personaggi, dotati entrambi di un riconoscibile statuto anagrafico e, soprattutto, di spessore psicologico nonché di una ideologia, o, se si preferisce, di una personale istanza morale. L'«io» che parla nella raccolta non è, come in gran parte della precedente poesia lirica, una istanza locutrice o poco più; è l'io di un amante, con una sua problematica concezione dell'amore, che è anche un intellettuale, in grado quindi di esprimere valori che trascendono il tema del desiderio. Di converso, dietro al «tu» o al «voi» non si cela una passiva destinataria del discorso, chiamata a ripetere meccanicamente la parte tradizionale dell'antagonista, ma prende corpo una figura di donna, che può sì avere valenze di ordine simbolico, ma che prima di tutto impone la fisicità della sua presenza. Dunque, veri personaggi, al punto da poter essere descritti e anche analizzati nel loro evolversi nel tempo.

[...] Il genere letterario che più si avvicina a un'opera che fonde insieme elementi diaristici e romanzeschi, un racconto che aderisce agli eventi nel loro accadere e nello stesso tempo li proietta nel passato, consentendo di formulare un giudizio di valore sulla loro globalità [...] il genere che più si avvicina, dicevo è quello autobiografico... È un autobiografismo che non si perita di falsificare i dati della vita pur di costruire l'immagine di un personaggio ideale, prototipo di un nuovo intellettuale, nel quale anche le debolezze e le contraddizioni dell'uomo Petrarca possano presentarsi come tratti distintivi di una sensibilità e di una cultura moderne. [...] Il *Canzoniere* sarebbe un racconto a due piani - mondano-amoroso, l'uno; ascetico-spirituale, l'altro - nel quale si delineerebbe un itinerario, nello stesso tempo individuale ed esemplare, dal peccato alla grazia.

(M. Santagata, in F. Brioschi e C. Di Girolamo [a cura di], *Manuale di letteratura italiana: storia per generi e problemi*, vol. 1, Bollati Boringhieri, Torino 1994)

La nuova letteratura punta a rinnovare profondamente l'immagine di letterato di Petrarca e la stessa letteratura che egli produce. La nuova letteratura avrà come oggetto privilegiato il suo stesso autore, sarà cioè autobiografica. Una autobiografia da non intendere modernamente come resoconto veritiero, ma come costruzione di un personaggio ideale. Quindi una autobiografia che mescola liberamente realtà e finzione, vita e letteratura. Di se stesso personaggio, ovviamente, interessa l'animo, l'interiorità: altra caratteristica delle scritture autobiografiche sarà, allora, quella di fondere insieme discorso introspettivo e valutazione etica. [...] Il racconto autobiografico fa leva sull'esame di una conversione, sul tema del passaggio dall'uomo traviato della giovinezza all'uomo rinsavito della maturità: insomma, dall'errore alla saggezza. [...] Quello della conversione è un luogo comune che Petrarca desume soprattutto da Agostino, arricchendolo però di armonie filosofiche di stampo stoicizzante. La filosofia stoica, appresa sulle pagine di Cicerone, di Seneca e dello stesso Agostino, forniva al Petrarca un modello laico di saggezza. Saggio è chi ha il completo controllo delle passioni e dei sentimenti, colui che è sempre presente a se stesso in qualunque situazione si trovi. [...] Il saggio è «uno»: cioè padrone della sua intera personalità. Un modello siffatto consentiva un'autobiografia in due tempi: ad un primo tempo caratterizzato dalla dissipazione e dalla dispersione dell'«io», preda delle passioni e delle illusioni mondane, poteva correlarsi una seconda fase caratterizzata dalla raggiunta saggezza e dalla conquista di un quadro stabile di valori.

(M. Santagata, *Introduzione*, in M. Santagata [a cura di], F. Petrarca, *Canzoniere*, Mondadori, Milano 1996)

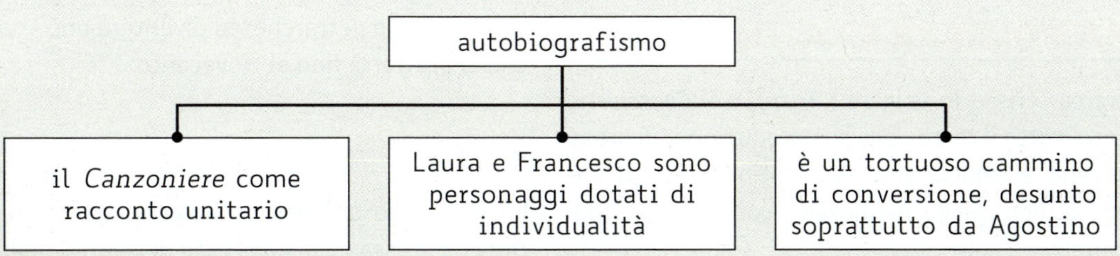

TESTO ARGOMENTATIVO **Tipologia B**

- **A partire dai documenti proposti, sviluppa il tema in un testo argomentativo. Ecco una possibile scaletta:**
  a. introduzione: il problema dell'interpretazione del *Canzoniere*, come storia d'amore con protagonista Laura o come itinerario di un'anima, con protagonista il poeta stesso;
  b. Sapegno: è una storia d'amore reale, simbolo dell'infermità di Petrarca;
  c. Bosco: al centro del *Canzoniere* non c'è l'amore per Laura, ma il sentimento della caducità della vita;
  d. Santagata: il *Canzoniere* è l'autobiografia di un'anima, che mescola realtà e finzione;
  e. le mie considerazioni: quale tra queste posizioni è più convincente e perché.

L'essenziale

AUDIOLIBRO

LA VITA

Francesco Petrarca nasce ad Arezzo nel 1304, e nel 1312 la famiglia si trasferisce ad Avignone, in Provenza. Dal 1320 al 1326 alterna gli studi di giurisprudenza a Bologna con frequenti ritorni in Provenza. Incontra Laura nel 1327, lo stesso anno in cui muore il padre.

CARATTERE, IDEE, POETICA

Il carattere di Petrarca è quello di un uomo inquieto, diviso. Non è esiliato, ma per tutta la vita cerca una sistemazione stabile; è chierico, ma ha due figli; si interessa alle vicende politiche del tempo, ma non vi prende parte attivamente. Le sue posizioni filosofiche lo portano al rifiuto dell'aristotelismo, in cerca di una filosofia centrata sull'uomo. Vede una continuità tra mondo classico e mondo cristiano, senza trascurare la verità filologica dei testi. Petrarca incarna quindi la figura di un intellettuale di tipo nuovo, attento esaminatore dei testi e collezionista di libri, per molti versi anticipatore dell'Umanesimo.

TRA VOLGARE E LATINO

Petrarca scrisse in volgare i *Trionfi* e il *Canzoniere*, mentre tutto il resto della sua produzione, in prosa e in versi, è redatta in latino. Il latino di Petrarca è classico, non quello medievale "contaminato" dal volgare.

IL *SECRETUM*

Il *Secretum* è un'opera in prosa in latino, nella quale Petrarca intende parlare dei propri drammi intimi. È diviso in tre libri; nel Proemio Francesco chiama sant'Agostino a guarire la propria anima; nei libri successivi Agostino spiega a Francesco come i suoi problemi dipendano dalla sua accidia e indolenza. Nell'ultimo libro, Agostino definisce l'amore per Laura come un pensiero che allontana Petrarca dal vero amore, quello per Dio. Fino alla fine, l'atteggiamento di Francesco è di chi allontana sempre nel tempo la soluzione dei propri problemi.

LE RACCOLTE EPISTOLARI

Petrarca scrisse moltissime lettere, in latino, che poi rivide per la pubblicazione. Petrarca le divise in diversi volumi: le *Familiares*, le *Seniles*, le *Sine nomine* (senza destinatario), le *Epystolae metricae* (in versi) e le *Extravaganti* (mai confluite in raccolta).

IL *CANZONIERE*

L'opera, il cui titolo originale è *Rerum vulgarium fragmenta* ("Frammenti di cose in volgare"), è una raccolta di poesie in lingua volgare. Consta di 366 componimenti, convenzionalmente divisi in due parti: «in vita» (1-263) e «in morte» (264-365) di Laura, più una canzone finale dedicata alla Vergine. L'intento di Petrarca è di presentare la sua vita, dal peccato (l'amore per Laura) alla redenzione (l'amore per Dio). Il poeta, nonostante i suoi sforzi e il riconoscimento dei propri errori, alla fine non riesce a cambiare vita. Laura stessa appare come un personaggio statico e non assume quella funzione salvifica che aveva avuto Beatrice nella *Commedia* dantesca. Il volgare in cui è composto il *Canzoniere* è una lingua raffinata, lontana dalla lingua quotidiana; lo stile petrarchesco diventerà uno standard che si protrarrà fino al Novecento.

I *TRIONFI*

I *Trionfi* sono un'opera in volgare, scritta in terza rima (la stessa della *Commedia* di Dante), nella quale Petrarca immagina di assistere in una visione a una sfilata di Trionfi, ovvero carri condotti da un personaggio «vincitore». In questa visione si susseguono Amore, Castità, Morte, Fama, Tempo, Eternità: ognuno di questi è vincitore su quello immediatamente precedente. Laura viene vinta dalla Morte, che però non riesce a toglierle la sua bellezza. Nel trionfo dell'Eternità, Petrarca ha una visione del Paradiso, che non riesce però a trasmettere quella sensazione di gioia che ci si aspetterebbe di fronte alla vita eterna.

A COLPO D'OCCHIO

Francesco Petrarca

Didattica INCLUSIVA

le idee e il carattere

- intellettuale attento alla politica del suo tempo
- si appassiona alla rivolta di Cola di Rienzo
- non prende parte in prima persona alla lotta politica

le opere

il *Secretum*

- dialogo con sant'Agostino, il quale è chiamato a smuovere il poeta dallo stato – l'accidia – in cui si trova
- l'amore per Laura, sostiene il Santo, è stato la causa che ha impedito al poeta di realizzare i suoi obiettivi

i *Trionfi*

- Petrarca ha la visione di sei carri
- sono i Trionfi di Amore, Castità, Morte, Fama, Tempo, Eternità
- ogni personaggio lotta col precedente e lo vince

le *Epistole*

- Petrarca riunì le sue lettere in diverse raccolte, spesso modificandole per l'occasione
- le più importanti furono le *Familiares*, e le *Seniles*, scritte dopo il 1361
- altre raccolte di lettere furono le *Sine nomine*, le *Metricae* e le *Extravaganti*

il *Canzoniere*

titolo e struttura

il *Canzoniere*, titolo comune dei *Rerum vulgarium fragmenta*, raccoglie l'opera poetica di Petrarca in lingua volgare

366 poesie, divise convenzionalmente in due sezioni: «in vita» e «in morte» di Laura, e una canzone finale alla Madonna

temi

- cammino interiore che porta Petrarca dall'amore per Laura all'amore per Dio
- Petrarca, pur riconoscendo i suoi errori, non riesce a cambiare vita

Laura appare come un personaggio immobile, senza evoluzione

lingua

si è tramandata come l'italiano poetico per eccellenza nel corso dei secoli

volgare raffinato, lontano dalla lingua quotidiana, e caratterizzato da monolinguismo

Le parole per ricordare

TROVARE LE PAROLE

PENITENZA
Petrarca tenta di fare della sua vita (almeno in letteratura) un percorso penitenziale. Dalla presa di coscienza che l'amore per Laura lo distoglie dall'amore per Dio, la sua opera va nella direzione di una conversione, di un tentativo di redimere questo amore terreno grazie a un amore ultraterreno ed eterno.

ACCIDIA
L'accidia, cioè l'indolenza, il non decidersi all'azione, è – secondo la religione cristiana – uno dei peccati capitali. Petrarca si autoaccusa di questo peccato, e tenta di sottrarvisi anche con l'aiuto di sant'Agostino.

SOLITUDINE
La vita di Petrarca fu contrassegnata dalla solitudine. Fu soprattutto il suo carattere («solo et pensoso») a portarlo in questa direzione.

L'AURA/LAURO
Questi termini ricorrono spesso nel *Canzoniere*; si tratta di *senhal*, secondo la tradizione provenzale. Quello che oggi chiameremmo un «gioco di parole» intende equivocare sul nome dell'amata: Laura si può intendere anche come l'aura (l'aria) e come lauro (alloro). In quest'ultimo senso diviene simbolo della gloria poetica: non dimentichiamo che Petrarca era stato incoronato ufficialmente poeta a Roma in Campidoglio.

OBIETTIVO ESAME

Tipologia A

ANALISI E INTERPRETAZIONE DI UN TESTO

Leggi con attenzione il sonetto 164 del *Canzoniere*, poi analizzalo e commentalo secondo le indicazioni.

Or che 'l ciel et la terra e 'l vento tace
et le fere e gli augelli il sonno affrena,
Notte il carro stellato in giro mena
et nel suo letto il mar senz'onda giace,

vegghio, penso, ardo, piango; et chi mi sface
sempre m'è inanzi per mia dolce pena:
guerra è 'l mio stato, d'ira et di duol piena,
et sol di lei pensando ò qualche pace.

Cosí sol d'una chiara fonte viva
move 'l dolce et l'amaro ond'io mi pasco;
una man sola mi risana et punge;

e perché 'l mio martir non giunga a riva,
mille volte il dí moro et mille nasco,
tanto da la salute mia son lunge.

2. il sonno affrena: il sonno mantiene immobili. Soggetto è il sonno.
5. chi mi sface: Laura, che mi distrugge (*sface*).
9-10. sol d'una ... l'amaro: da una sola fonte luminosa di vita derivano la dolcezza e l'amarezza.
11. una man sola: la mano di Laura.
12. giunga a riva: finisca.

LEGGERE E ANALIZZARE

COMPRENSIONE GLOBALE
1. Elabora la parafrasi completa del testo.
2. Scrivi una sintesi di 5 righe al massimo.

I TEMI E L'INTERPRETAZIONE
3. Perché il poeta si rappresenta in un paesaggio così vasto? Come esprime il contrasto fra se stesso e la natura intorno?
4. Quale conflitto interiore si svolge nel suo animo?

LA LINGUA E LE STRUTTURE

5. Rintraccia il polisindeto dei versi 1-4 e l'asindeto del verso 5. Quale contrasto sottolinea questa variazione del ritmo?
6. Individua le antitesi presenti nelle terzine e spiegane la funzione.
7. Che figura retorica è «dolce pena» (v. 6)? Che cosa suggerisce dello stato d'animo del poeta?

INTERPRETARE E COMMENTARE

8. Elabora ora un commento interpretativo della lirica, di 30 righe al massimo. Nel commento collega anche il sonetto ai temi fondamentali della produzione lirica petrarchesca, soffermandoti sul motivo dell'oscillazione fra stati d'animo opposti.

Tipologia B

TESTO ARGOMENTATIVO

Il *Canzoniere* come lungo e ininterrotto dialogo interiore

Nell'opera da cui è tratto il brano lo studioso **Giuseppe Petronio** intende fornire una personale selezione dei libri «da leggere», per il piacere che possono dare. Nel caso di Petrarca l'accento è posto sullo scavo interiore che il poeta compie su se stesso.

Questo mio discorso si può condensare in poche parole: il *Canzoniere* è il frutto di una lunga appassionata esplorazione che il Petrarca fa di se stesso: uno scavo nel suo profondo. Ma qui bisogna, di nuovo, mettere in guardia il lettore, perché non attribuisca a Petrarca una sensibilità e una psicologia che sono nostre, ma che lui, per ragioni di cultura e di storia, non poteva possedere. Il profondo in cui scava e la psicologia che lo guida in questo suo scavo non hanno niente a che vedere con l'inconscio e con la psicologia di Freud o di Jung o di qualsiasi altro moderno. La zona profonda in cui scende il Petrarca non è la camera buia dove pulsioni represse o rimosse fermentano, e se non trovano sfogo se lo procurano a forza mascherandosi come papere, sogni, isterie, nevrosi, fantasie di malati o di artisti.

[...] Il *Canzoniere*, dunque non è una discesa negli abissi bui dell'inconscio, ma un colloquio intenso con se stesso; un libro, in questo suo nucleo centrale, di memorie, timori, speranze, altalenare della volontà, in una zona dell'anima non oscura ma separata: in quella zona che ogni uomo, forse anche il più rozzo, possiede, e vi si ritira, lontano dal rumore del mondo, per auscultare se stesso.

[...] Analizza sentimenti e passioni; costruisce il romanzo dell'uomo che in un ondivagare tortuoso si spoglia delle scorie terrene: si inventa una Laura umanamente amorosa ma preoccupata di sé e di lui; ricrea i momenti affascinanti della sua umana avventura: Laura con i suoi capelli d'oro sparsi al vento, Laura su cui scende fitta una pioggia di fiori: i suoi turbamenti, le sue accensioni, i suoi scoramenti, il senso del fuggire veloce del tempo, della Morte che inesorabile avanza, lo sgomento del giudizio finale... la storia di un'anima come simbolo o figura della storia di ogni anima. E a mano a mano che lui si affina e si smaterializza si affina anche Laura.

(G. Petronio, *Il piacere di leggere. La letteratura italiana in 101 libri*, Mondadori Milano 1997)

LEGGERE E ANALIZZARE

1. Indica sinteticamente, con precisi richiami e citazioni dal testo, qual è la tesi di Petronio.
2. Lo studioso presenta una limitazione della propria tesi, mettendo in guardia da possibili equivoci. In che modo?
3. Nel terzo capoverso si trovano alcune esemplificazioni della tesi: elencale.

ARGOMENTARE E PRODURRE

4. Sulla base del testo che hai letto, elabora un testo argomentativo in cui a tua volta spieghi perché il *Canzoniere* è un libro da non perdere. Puoi sviluppare lo spunto di Petronio oppure proporre una tesi diversa.

VERIFICA DEI FATTI

CONTRO LE FALSE INFORMAZIONI

T

Canzoniere, 34

Apollo, s'anchor vive il bel desio

Anno: prima del 1337

Metro: sonetto con schema ABBA ABBA CDE CDE

Argomento: invocazione ad Apollo, per ottenere la guarigione di Laura e la gloria poetica

Questo sonetto, il trentaquattresimo del Canzoniere, *ha una forte densità concettuale e un alto valore simbolico, tanto che era in origine collocato in posizione incipitaria, ossia apriva con funzione introduttiva la raccolta delle liriche petrarchesche.*
Composta in occasione di una malattia di Laura prima del 16 novembre 1337 e successivamente rimaneggiata, la lirica muove dall'invocazione di Apollo e gioca su una doppia identificazione: quella di Francesco con il dio e quella di Laura con Dafne. Il poeta, inoltre, dopo essersi ingraziato i favori divini e aver coinvolto Apollo nella propria esperienza personale, gli chiede di liberare l'aria dalle nebbie invernali («l'aere disgombra», v. 12), consentendogli così di immaginare meglio e più liberamente la donna amata.

Apollo, s'anchor vive il bel desio
che t'infiammava a le thesaliche onde,
et se non ài l'amate chiome bionde, mani eburne,
volgendo gli anni, già poste in oblio:

dal pigro gielo e dal tempo aspro et rio,
O letticciuol, che dura quanto 'l tuo viso s'asconde,
difendi or l'onorata et sacra fronde,
ove tu prima, et poi fu' invescato io;

et per vertú de l'amorosa speme,
che ti sostenne ne la vita acerba,
(chi 'l pensó mai?), per mio refugio chero:
di queste impressïon l'aere disgombra;

sí vedrem poi per meraviglia inseme
seder la donna nostra sopra l'erba,
fuggo, ma piú me stesso e 'l mio pensiero,
et far de le sue braccia a se stessa ombra.

1. desio: desiderio.
2. thesaliche onde: sono quelle del Peneo, il fiume della Tessaglia citato nel racconto della metamorfosi di Dafne del poeta latino Ovidio.
4. poste in oblio: dimenticate.
5. dal pigro gielo: dal gelo che rende pigri. ■ **rio:** avverso.
7. onorata e sacra fronde: il lauro.
8. ove tu prima, e poi fu' invescato io: dal quale tu per primo e io poi fummo catturati.
9. per vertú de l'amorosa speme: in forza della passione amorosa.

▸ Testo interpolato per svolgimento dell'attività

T Dentro il testo

IL SIGNIFICATO DEL TESTO

Il componimento si apre con un'invocazione al figlio di Giove e Latona e con il richiamo al racconto del suo amore per Dafne, la ninfa che sfuggì al corteggiamento del dio mutandosi in alloro. In questo caso il mito è funzionale a evocare temi fra loro differenti: giacché Apollo è dio della medicina e della poesia, infatti, le richieste del poeta sono volte a ottenere, da un lato, la guarigione di Laura malata e, dall'altro, la gloria poetica. Questa chiave di lettura, in particolare, viene suggerita dalla locuzione «sacra fronde» (v. 7), che consente di identificare Dafne con Laura (si noti il *senhal*: lauro-Laura) e, al contempo, di ipotizzare che Francesco richieda la protezione divina sulla sua poesia. L'alloro, del resto, indica per metonimia l'investitura poetica, essendo la pianta utilizzata in questa cerimonia. Le vicende di Apollo e Dafne e quella di Petrarca e Laura, inoltre, sono altresì affini per il fatto che in entrambi i casi si tratta di amori vani, che provocano dolore nell'amante.

LA FIGURA DI LAURA

Bisogna rimarcare che nella descrizione di Laura sono messe in risalto non soltanto le «chiome bionde» (v. 3), attributo già divino e caratteristico della donna nel *Canzoniere*, ma anche - con un tratto di novità - le «mani eburne» (v. 3), bianche cioè come l'avorio.

IL LETTICCIUOL

Il richiamo al «letticciuol» (v. 6) ha diviso gli studiosi: alcuni, infatti, pensano che si tratti del letto in cui Laura giaceva malata, mentre altri che sia quello del poeta stesso, come sembra suggerire anche il rimando al «refugio» (v. 11), segnale di stanchezza fisica e d'animo da parte di Francesco, diviso tra Italia e Francia, tra Impero e Papato.

Proposta operativa

Il testo proposto è interpolato: ciò significa che vi sono stati inseriti elementi estranei al testo originale petrarchesco. In relazione alle opere classiche e medievali, del resto, l'interpolazione è un fenomeno abbastanza comune, che si spiega con errori di copiatura o meccanismi di trasmissione testuale difettosi. Questo, in tutta evidenza, comporta anche la possibilità di travisare il testo e di non interpretarlo correttamente.
Il percorso che ti proponiamo di seguito ha due finalità: in primo luogo dovrai ricostruire il testo, cioè riportarlo alla sua versione originaria; in seconda battuta, invece, dovrai passare in rassegna l'interpretazione fornita eliminando quanto non strettamente attinente.

1. Al fine di individuare le parti di testo aggiunte impropriamente, ragiona sulla struttura del componimento e rispondi alle seguenti domande:
   - Qual è l'architettura delle strofe?
   - Qual è lo schema delle rime?
   - I versi sono solo endecasillabi?

   Considera che la presenza di violazioni delle regole di composizione del sonetto è spia di interpolazione testuale, che in questo caso consiste nell'aggiunta di locuzioni e di interi versi.

2. Riporta nella griglia che segue le "eccedenze testuali", cioè i passaggi che sono stati erroneamente aggiunti al testo di Petrarca.

3. Quali temi, fra quelli riportati, sono presenti nella lirica? Indicali con una crocetta.
   - ☐ **a.** gloria poetica
   - ☐ **b.** durezza della condizione esistenziale
   - ☐ **c.** solitudine
   - ☐ **d.** amore
   - ☐ **e.** fede in Dio
   - ☐ **f.** mito classico

4. Trova nel testo una locuzione o un gruppo di versi per ciascuno dei temi scelti e il loro relativo sviluppo nell'analisi.

5. Prendi ora in esame le parti del **Dentro il testo** prive di un esplicito richiamo testuale e nota se, fra queste, alcune si riferiscono alle porzioni di testo cancellate.

6. Elimina infine dall'analisi tutto ciò che è connesso alle parti di testo già espunte, in quanto non fanno parte del sonetto di Petrarca.

VERSO L'INVALSI

OBIETTIVO NOVECENTO

Umberto Saba, *Il Canzoniere*

Prova computer based

Nella sera della domenica di Pasqua

La lingua e la poesia di Petrarca influenzano profondamente tutta la nostra tradizione poetica, fino al Novecento. Esemplare il caso del poeta triestino Umberto Saba (1883-1957): il titolo stesso del sua capolavoro, Canzoniere, *rinvia a Petrarca, insieme a non pochi aspetti espressivi caratteristici della sua poesia, ad esempio la predilezione per strutture metriche chiuse come il sonetto, o il gusto della riscrittura, con un processo di continuo intervento sul testo che non trova mai pacificazione.*

Solo e pensoso dalla spiaggia i lenti
passi rivolgo alla casa lontana.
È la sera di Pasqua. Una campana
4 piange dal borgo sui passati eventi.

L'aure son miti, son tranquilli i vènti
crepuscolari; una dolcezza arcana
piove dal ciel sulla progenie umana,
8 le passioni sue fa meno ardenti.

Obliando, io penso alle leggende
di Fausto, che a quest'ora era inseguito
11 dall'avversario in forma di barbone.

E mi par di vederlo, sbigottito
fra i campi, dove ombrosa umida scende
14 la notte, e lungi muore una canzone.

1. Dal punto di vista della struttura, il componimento è:
[a] una canzone.
[b] un sonetto.
[c] un madrigale.
[d] un'ode.

2. Dal punto di vista della misura, il componimento è formato da:
[a] settenari ed endecasillabi.
[b] decasillabi.
[c] decasillabi ed endecasillabi.
[d] endecasillabi.

3. Le quartine presentano una rima:
a alternata
b baciata
c incatenata
d incrociata

4. Nell'intero componimento la figura retorica più frequente è:
a l'*enjambement*.
b il chiasmo.
c la metafora.
d l'ossimoro.

5. Quale figura retorica è presente al v. 5?
a Iperbole.
b Personificazione.
c Chiasmo.
d Sinestesìa.

6. Al v. 6 l'aggettivo «arcana» indica una dolcezza:
a sacra.
b segreta.
c antica.
d inaspettata.

7. Al v. 13 gli aggettivi «ombrosa umida» sono accostati per:
a asindeto.
b inversione.
c polisindeto.
d anafora.

8. Il verbo «piange» del v. 4 può essere sostituito da:
a versa lacrime.
b soffre.
c emette un suono languido.
d si sfoga per cercare conforto.

9. «L'aure son miti, son tranquilli i vènti» (v. 5). Il paesaggio descritto è sereno perché la scena si svolge:
a al crepuscolo.
b sulla spiaggia.
c sotto la pioggia.
d la sera di Pasqua.

10. Nelle quartine prevale l'allitterazione della S, nelle terzine quella di suoni più duri come *D*, *B*, *G*. Perché? Quali sensazioni vuole trasmettere il poeta?

....
....
....
....
....
....
....
....
....
....

11. Nel componimento il poeta è:
a estremamente malinconico.
b tristemente visionario.
c desideroso di procedere nel cammino verso casa.
d sereno e tranquillo.

12. Il sopraggiungere della notte (vv. 13-14) conferma che:
a il poeta ha concluso il suo percorso di ritorno a casa.
b l'animo del poeta si riflette nel paesaggio mite e sereno del crepuscolo.
c le leggende si svolgono di sera.
d l'animo del poeta si riflette nel paesaggio cupo delle ombre notturne.

13. Il gerundio «Obliando» del v.9 potrebbe essere sostituito da una proposizione esplicita:

a. finale	V	F
b. causale	V	F
c. temporale	V	F
d. modale	V	F

14. Sintatticamente, qual è il soggetto di «fa meno ardenti» al v. 8?
a «le passioni sue».
b «una dolcezza arcana».
c «ciel».
d «progenie umana».

Capitolo 9

Giovanni Boccaccio

La commedia umana

L'affresco fa parte di un **Ciclo degli Uomini e donne illustri** *dipinto per* **Villa Carducci di Legnaia.** *Il ritratto di Boccaccio, insieme agli affreschi di* **Dante** *e* **Petrarca**, *simboleggiava le virtù letterarie.*

La figura è ritratta in posizione eroica e stringe tra le mani il proprio libro.

In quanto "uomo illustre", Boccaccio è rappresentato qui come personaggio di statura imponente e di grande dignità: più l'umanista amico di Petrarca, forse, che l'autore del **Decameron**.

Uno a cui piacciono le donne

R Ritratto

All'interno del Decameron *troviamo una risposta di Boccaccio alle critiche che già circolavano intorno a lui e al suo libro. Lo si accusava, in particolare, di avere scritto un'opera frivola: troppe donne, troppi amori, troppo sesso. Boccaccio risponde a queste critiche prendendo in parola i suoi critici. Ebbene sì: lui è un uomo – e uno scrittore – a cui le donne e l'amore piacciono, parecchio. È un autoritratto spregiudicato, in cui l'autore non esita a rivendicare, al di là del ruolo di intellettuale, la sua identità di uomo, fedele in primo luogo agli istinti di natura.*

Dicono adunque alquanti de' miei riprensori che io fo male, o giovani donne, troppo ingegnandomi di piacervi, e che voi troppo piacete a me. Le quali cose io apertissimamente confesso, cioè che voi mi piacete e che io m'ingegno di piacere a voi; e domandogli se di questo essi si maravigliano, riguardando, lasciamo stare l'aver conosciuti gli amorosi basciari e i piacevoli abbracciari e i congiugnimenti dilettevoli che di voi, dolcissime donne, sovente si prendono; ma solamente a aver veduto e veder continuamente gli ornati costumi e la vaga bellezza e l'ornata leggiadria e oltre a ciò la vostra donnesca onestà [...]. Per certo chi non v'ama e da voi non disidera d'essere amato, sì come persona che i piaceri né la vertù della naturale affezione né sente né conosce, così mi ripiglia, e io poco me ne curo.

PARAFRASI

Dunque alcuni dei miei critici dicono che io sbaglio, o giovani donne, perché m'ingegno troppo di piacervi, e perché voi troppo piacete a me. Il che io confesso apertissimamente: cioè che voi mi piacete e che io m'ingegno di piacere a voi; e a loro (*a questi miei critici*) io domando se di questo c'è ragione di stupirsi, guardando – lasciamo stare l'aver provato gli appassionati baci e i teneri abbracci e i piaceri del fare all'amore, tutte cose che da voi, dolcissime donne, spesso si prendono – anche soltanto guardando continuamente, dicevo, i vostri eleganti costumi, la leggiadra bellezza, e oltre a questo la vostra femminile onestà. [...] Per certo sono quelli che non vi amano, e da voi non desiderano d'essere amati – gente che non sente né conosce i piaceri o la potenza degli affetti di natura – che così mi rimproverano: e di gente così io poco mi curo.

1313	Nasce a Certaldo
1334-40	È a Napoli per fare pratica mercantile
1336-38	Scrive il *Filocolo*, con elementi che anticipano il *Decameron*
1340	Fa ritorno a Firenze
1349-51	Scrive il *Decameron*
1375	Muore a Certaldo

◄ Andrea del Castagno, *Giovanni Boccaccio*, 1450 ca, affresco (Firenze, Galleria degli Uffizi).

PERCORSO IN MODALITÀ FLIPPED CLASSROOM

- **A casa** Gli studenti guardano le videolezioni e leggono in autonomia il testo, prendendo appunti per rispondere alle domande delle *Guide allo studio*.
- **In classe** A partire dagli appunti raccolti dagli studenti, l'insegnante integra e approfondisce le informazioni. In seguito ci si dedica alla lettura e analisi dei testi.
- **Strumenti e materiali** Videolezioni di Riccardo Bruscagli (*Non sono barzellette: il motto nel* Decameron; *Beffati, beffatori, auto beffatori nel* Decameron; *I diritti del corpo nel* Decameron) e mappe in PowerPoint.

PERCORSO AD ALTA VELOCITÀ

- **Schemi** Boccaccio, fondatore di una nuova cultura, p. 514 – Il *Decameron*, p. 527
- **Testi chiave** Dal *Decameron*: **T5** Ser Ciappelletto, p. 542 – **T6** Landolfo Rufolo, p. 554 – **T7** Andreuccio da Perugia, p. 565 – **T11** Federigo degli Alberighi, p. 603 – **T13** Chichibio cuoco, p. 617 – **T15** Frate Cipolla, p. 628
- **Sintesi** L'essenziale, p. 676 – A colpo d'occhio, p. 677 – Le parole per ricordare, p. 677

1 La vita

L'infanzia a Firenze Giovanni Boccaccio nacque tra il giugno e il luglio del 1313, frutto di una **relazione illegittima** di Boccaccino di Chelino di Bonaiuto, mercante originario di **Certaldo**, borgo della val d'Elsa, con una donna sulla quale non possediamo alcuna notizia certa. Lungamente discussa è stata l'identificazione del luogo che ha dato i natali a Boccaccio. Lo scrittore allude in alcune sue opere giovanili a una sua nascita a **Parigi**, da una nobildonna francese, se non addirittura da una figlia del re di Francia, ma si trattava sicuramente di una vanteria senza fondamento. In realtà, Boccaccio dev'essere nato o a **Certaldo** o a **Firenze**, e a Firenze di sicuro egli trascorse l'infanzia, ben presto legittimato e accolto nella casa paterna, **prospero ambiente borghese.**

1313 Nasce da una relazione del certaldese Boccaccino di Chelino con una donna di cui non si hanno notizie. Incerto il luogo della nascita: **Firenze o Certaldo**.

Precoce vocazione alla letteratura e trasferimento a Napoli In seguito Boccaccio fece risalire già agli anni della prima infanzia la precoce consapevolezza della propria **vocazione poetica** e, allo stesso tempo, la sua avversione per il mestiere di mercante a cui lo avrebbero voluto avviare i familiari. Sul finire del 1327, Giovanni si trasferì a **Napoli** al seguito del padre, rappresentante della potente Compagnia finanziaria (oggi diremmo "banca") dei Bardi. A Napoli Boccaccio rimase fino al 1340, quindi dai 14 ai 27 anni: si può ben dire che egli sia **"napoletano" di formazione**, e si può ben capire che Napoli gli sia rimasta sempre nel cuore. Più volte, nel corso della vita, egli tentò infatti di fare stabile ritorno nella «lieta, pacefica, abondevole, magnifica» città della sua giovinezza. All'inizio, Giovanni venne avviato al **mestiere di mercante**, per il quale si mostrava poco idoneo. Il padre, per prepararlo comunque a una professione lucrosa, lo spinse allora verso gli **studi giuridici**, ma anch'essi risultarono sgraditi rispetto a una sempre più prepotente vocazione

1327 Si trasferisce a **Napoli** al seguito del padre, rappresentante della Compagnia dei Bardi; qui compie il suo apprendistato bancario e intraprende studi giuridici.
1330-31 Frequenta lo Studio napoletano, dove segue le lezioni di Cino da Pistoia, e la Biblioteca regia.

▸ Casa natale di Boccaccio a Certaldo.

▴ Simone Martini, *San Ludovico di Tolosa incorona il fratello Roberto d'Angiò*, 1317 ca, tempera e oro su tavola (Napoli, Museo di Capodimonte).

letteraria. Presso lo Studio napoletano **Boccaccio ebbe modo di conoscere Cino da Pistoia** [▸ p. 169 sgg.], che vi insegnava diritto ma era anche raffinato poeta e uno dei più cari amici di Dante. Né va dimenticato che Napoli, sede della corte di Roberto d'Angiò, era allora una delle città **più colte e stimolanti d'Europa**. Innanzitutto era una città cosmopolita: il re era francese, la regina, Sancha di Maiorca, era spagnola; vi si parlavano latino, francese, provenzale, spagnolo, catalano, volgare italiano (cioè toscano), senza contare il dialetto locale; la Biblioteca regia, a cui Boccaccio ebbe accesso, era tra le più ricche d'Europa. Intorno alla corte ruotavano **intellettuali prestigiosi**, alcuni dei quali ebbero profonda influenza sul giovane Boccaccio: fra di essi Dionigi da Borgo San Sepolcro, il padre agostiniano maestro di retorica e poetica che lo introdusse all'opera di Petrarca, il bolognese Graziolo de' Bambaglioli, uno dei primi commentatori della *Commedia*, il calabrese Barlaam, primo tramite dell'avvicinamento del giovane Giovanni alla cultura greca. Napoli significava anche la **brillante vita di corte**, con i suoi riti, le feste, i divertimenti, che Boccaccio ricorderà per tutta la vita.

La nascita dello scrittore: le opere napoletane A Napoli Boccaccio esordì come scrittore, esercitandosi su una vasta serie di generi e di stili. Qui, infatti, scrisse gran parte delle ***Rime***, in cui si distinguono influssi stilnovistici, danteschi e, ancora marginalmente, petrarcheschi. A Napoli egli compose la ***Caccia di Diana*** (1334?), il ***Filostrato*** (1335?), il ***Filocolo*** (1336-38?), il ***Teseida*** (1339-41). Al periodo napoletano risale anche la creazione di un **mito autobiografico** in qualche modo collegato a quello dei nobili natali in terra di Francia. Con analogo intento nobilitante, lo scrittore immagina di vivere l'amore ricambiato e poi tradito per una donna, indicata con il nome di **Fiammetta**, sotto il quale sarebbe celata, secondo i suggerimenti offerti da Boccaccio stesso, una figlia illegittima di re Roberto.

1334-40 Opere del periodo napoletano: ***La caccia di Diana*, *Filostrato*, *Filocolo*, *Teseida***, oltre a una parte delle rime.

La bancarotta dei Bardi e il ritorno a Firenze Il banco dei Bardi, di cui Boccaccino di Chelino era rappresentante a Napoli, negli anni Quaranta entrò in una forte crisi e **nel 1345 andò in bancarotta**; già nel 1340 i due Boccaccio, padre e figlio, furono costretti a lasciare Napoli e rientrare a **Firenze**. Per il ventisettenne Giovanni dovette essere un duro colpo: ma va detto che, apparentemente, egli seppe adattarsi molto bene sia alla nuova situazione familiare ed economica sia al clima culturale fiorentino. Nella produzione letteraria di questo periodo si nota una forte presenza di significati **allegorici e simbolici**, che risentono evidentemente dell'esempio dantesco: così nella *Comedia delle ninfe fiorentine* o *Ninfale d'Ameto*, del 1341-42, un prosimetro (alternante prosa e terzine dantesche) a imitazione della *Vita nuova*; così nell'*Amorosa visione*, del 1342-43, altro poemetto allegorico. Di poco posteriori sono invece il *Ninfale fiesolano*, forse del 1344-46, dedicato alle origini di Fiesole, e l'*Elegia di madonna Fiammetta*, presumibilmente risalente al 1343-44.

1340-41 In seguito alla grave crisi della banca dei Bardi, Boccaccio rientra a Firenze.
1341-46 Opere del periodo fiorentino: ***Comedia delle ninfe fiorentine*, *Amorosa visione*, *Elegia di madonna Fiammetta*, *Ninfale fiesolano***.

A Firenze: la peste e il *Decameron* Ci furono in questi primi anni fiorentini anche **segni d'inquietudine**. Firenze presentava una situazione difficile e instabile da un punto di vista politico e finanziario, con il fallimento delle banche dei Bardi e dei Peruzzi. Il quadro era reso ancor più complesso dalla **dura carestia del 1346-47**. Questa situazione spinse Boccaccio a cercare altrove un'adeguata e tranquilla sistemazione: si recò allora a **Ravenna** e quindi a **Forlì**, in cerca di sistemazione presso le corti dei signori locali. Ma entrambi i tentativi andarono a vuoto.

1345-48 È prima a Ravenna, presso Ostasio da Polenta, quindi a Forlì, alla corte di Francesco Ordelaffi.
1348 Rientra a Firenze: è l'anno della peste nera.
1349 Muore il padre; inizia la stesura del ***Decameron***.
1350 Conosce Francesco Petrarca, con cui stringe una lunga e profonda amicizia.
1351 Porta a termine il *Decameron*.

Boccaccio si trovò di nuovo a **Firenze nel 1348**, all'infuriare della **peste nera** che falcidiò pesantemente la popolazione e che causò fra l'altro la morte del padre e della matrigna, nonché la scomparsa di alcuni degli amici più cari. Tra il 1349 e il 1351 portò a compimento la stesura del suo capolavoro, il ***Decameron***, che si apriva proprio con una famosa descrizione della peste del 1348.

Ecloga
Componimento, solitamente in versi, di carattere pastorale, nel quale vengono idealizzati gli elementi della vita dei pastori. Dietro costoro si celano molto spesso allusioni a personaggi contemporanei.

Una svolta: l'amicizia con Petrarca e gli studi eruditi Nel 1350 Petrarca si recò a Roma per il Giubileo. Ad accoglierlo ufficialmente al passaggio per Firenze trovò Boccaccio, che lo richiese per quei giorni ospite nella propria abitazione. Era l'inizio di un **affettuoso e duraturo sodalizio tra i due**, che conobbe altre occasioni di incontro e venne testimoniato da una **assidua corrispondenza**. Sotto il segno dell'influenza petrarchesca, Boccaccio si dedicò, negli anni successivi al *Decameron*, a un'intensissima attività di **studi e ricerche erudite**. Il nuovo indirizzo culturale diede luogo a una serie di opere latine: la *Genealogia deorum gentilium* ("Genealogia degli dèi pagani"); il *De casibus virorum illustrium* ("Sventure di uomini illustri"); il *De montibus, silvis, fontibus, lacubus, fluminibus, stagnis seu paludibus et de nominibus maris* ("Monti, selve, fonti, laghi, fiumi, stagni, paludi e denominazioni del mare"); il *De mulieribus claris* ("Le donne famose"). Anche in un'altra opera di Boccaccio dalla lunga gestazione, il *Buccolicum carmen*, raccolta di sedici **ecloghe** composte a partire dagli anni Cinquanta fino al 1367, è evidente la lezione petrarchesca, che si può notare sia nel richiamo all'opera di Petrarca di eguale titolo sia nel continuo omaggio allusivo al maestro, attraverso costanti riferimenti e citazioni dalle sue opere.

1355 Stesura definitiva del ***Trattatello in laude di Dante***.
1361 Abbandonata temporaneamente l'attività pubblica, si trasferisce a Certaldo, dove si dedica a studi eruditi.
1363 Termina la ***Geneologia deorum gentilium***, la più importante delle sue opere erudite, avviata intorno al 1350.
1365 Assume nuovi impegni nella vita politica fiorentina e compone il ***Corbaccio***.
1370-72 Si dedica alla revisione del *Decameron*.

Boccaccio pioniere dell'Umanesimo Dal 1360 la casa di Boccaccio divenne un vero e proprio **cenacolo letterario**, sede di dotte conversazioni e centro d'irradiazione della **nuova cultura umanistica**. Vero pioniere del rinnovato culto dell'antico, Boccaccio, sull'esempio di Petrarca, fu fra i primi a cercare e rintracciare, in polverose biblioteche fino ad allora trascurate, i manoscritti che conservavano opere classiche ancora sconosciute. Tuttavia, furono questi gli anni anche di una profonda, seppure temporanea, **crisi spirituale**. Ritiratosi a Certaldo, Boccaccio venne profondamente colpito dal monito del certosino Pietro Petroni, che rimproverò lui e Petrarca per l'esclusiva dedizione a una letteratura tutta laica e profana. Anche in questa circostanza la parola affettuosa di Petrarca fu determinante nell'aiutare Boccaccio a superare ogni perplessità e a desistere dal proposito di abbandonare gli studi. Ripreso l'impegno culturale, egli affiancò agli studi umanistici la **continua revisione del *Decameron***, a cui lavorò almeno fino al 1370-72, e la stesura dell'ultima sua opera, un'acre satira contro le donne, dal titolo un po' misterioso, *Corbaccio* (1365 ca).

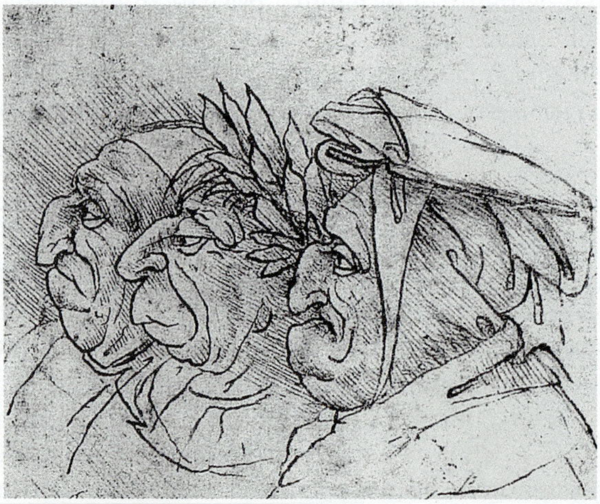

◄ Leonardo da Vinci o la sua scuola, *Le tre Corone e la dama ideale*, particolare con la caricatura di Dante, Petrarca e Boccaccio (Venezia, Galleria dell'Accademia).

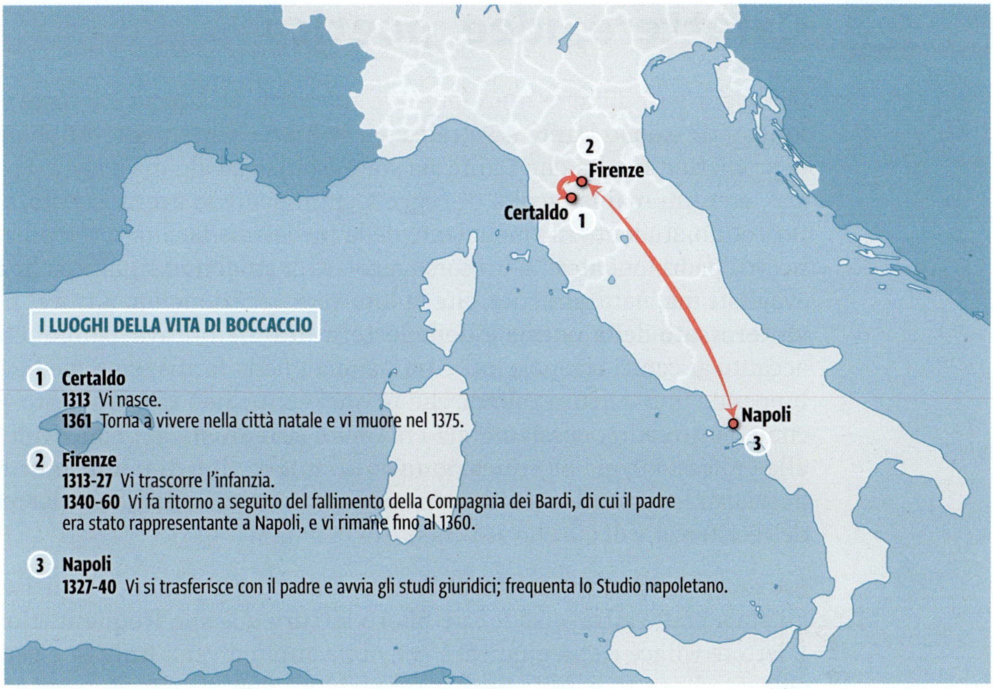

Il culto dantesco Proseguì inoltre il **fervido culto per l'opera di Dante**. Boccaccio compose la più antica biografia del poeta, il *De origine, vita, studiis et moribus viri clarissimi Dantis Aligerii florentini*, noto anche come *Trattatello in laude di Dante*, che rimane ancora oggi all'origine di molte notizie esclusive sulla vita di Dante. Inoltre, negli ultimi anni di vita, si fece carico della **pubblica lettura e commento** della *Commedia* nella chiesa di Santo Stefano di Badia a Firenze (dal 25 ottobre 1373 al gennaio 1374). Le letture, e le *Esposizioni sopra la Comedia* in cui sono organizzati i materiali utilizzati per queste lezioni, si interruppero al canto XVII dell'*Inferno*. Aggravato dai malanni, Boccaccio fu costretto infatti a rientrare a Certaldo nel corso del 1374. Lì venne raggiunto dalla notizia della morte del carissimo Petrarca, il quale nel testamento lasciava all'amico cinquanta fiorini d'oro per l'acquisto di una veste di «vaio» (pelliccia di scoiattolo), a conforto delle fredde notti di studio. L'anno seguente anche Boccaccio si spense, il 21 dicembre **1375**, dopo aver lasciato agli agostiniani della chiesa fiorentina di Santo Spirito i suoi scritti e la sua ricca biblioteca.

1373 Inizia a Firenze la pubblica lettura della *Commedia*, interrotta al principio del 1374 a causa delle cattive condizioni di salute.
1375 Muore a **Certaldo**, all'età di sessantadue anni.

GUIDA ALLO STUDIO

1. In quale città Boccaccio trascorse gli anni della sua giovinezza? Perché tale città fu così importante per la sua formazione?
2. Quale fu l'avvenimento che nel 1348 funestò l'intera Europa? Perché fu importante per la vita e l'opera di Boccaccio?
3. A quale tipo di studi si dedicò Boccaccio dopo aver conosciuto Petrarca?
4. Come si rapportò Boccaccio alla nuova cultura umanistica?
5. Che cosa pensava Boccaccio dell'opera di Dante?

2 Carattere, idee, poetica

Un poeta autodidatta e un laureato mancato Boccaccio è il terzo dei nostri "padri fondatori" - dopo Dante e Petrarca - a non aver portato a termine un regolare corso di studi. Non risulta che Dante sia stato iscritto ad alcuna scuola; Petrarca, dal canto suo, non finì mai la facoltà di Legge a cui il padre lo aveva iscritto, a Bologna; e così Boccaccio, studente inconcludente della medesima facoltà, a Napoli. La resistenza dei nostri "padri fondatori" a un corso regolare di studi non significa che fossero studenti svogliati ma, naturalmente, che la loro vera vocazione era altrove: nell'**esercizio disinteressato della poesia e della letteratura**. Significava, però, anche un'altra cosa: accanto ai centri riconosciuti e tradizionali della formazione medievale si stava sviluppando una **cultura nuova**, che in quei centri non trovava posto. È la cultura che, come l'università, possiamo già chiamare **«umanistica»**: non rivolta al guadagno e alle professioni, ma all'**educazione di un nuovo tipo di uomo**, nutrito soprattutto di poesia, di letteratura e di filosofia morale. Un uomo alla libera ricerca dei significati dell'esistenza, e di ciò che veramente ci fa umani.

Boccaccio lettore (e scrittore) onnivoro Boccaccio dunque acquisisce la cultura che gli sta a cuore attraverso le sue **libere letture** e le sue **frequentazioni intellettuali**. È lettore vorace e spregiudicato, sensibile ai più diversi influssi e generi di scrittura; egli assorbe tutto, e imita tutto: i grandi latini, specie i narratori più estrosi e inventivi (Ovidio, Apuleio), i moderni provenzali, la nuova lirica toscana (conosciuta soprattutto attraverso il contatto con Cino da Pistoia), i favolosi racconti dei romanzi (in italiano e francese) che riprendevano le leggende dell'antichità greca e latina. Dopo il trasferimento a Firenze, diventa fondamentale per Boccaccio il **confronto con le opere di Dante** e con la poesia politica, didattica e allegorica particolarmente presente in Toscana. Da tutti questi apporti nasce uno scrittore tipicamente "contaminato", che passa da un genere letterario all'altro, incrociando le più varie influenze in una sorta di **sperimentazione continua**, in prosa come in poesia.

▸ Maestro di Jacques de Besançon, *Boccaccio allo scrittorio*, miniatura tratta da *De muliebris claris*, revisione della traduzione anonima del 1410 di Antoine Vérard (Parigi).

Il "miracolo" del *Decameron* Dopo una sperimentazione di stili e di contenuti così tumultuosa, il *Decameron* appare come un miracolo. Finalmente Boccaccio sceglie la **prosa** come suo mezzo espressivo d'elezione, e la novella, cioè la misura breve, come formato narrativo. Però incornicia le sue novelle in un volume complesso, facendole recitare, in dieci giornate, da una **brigata di novellatori**, e quindi non rinuncia alla dimensione ampia e ambiziosa del «libro». Non rinuncia nemmeno alle rime, ma se ne serve come di eleganti intermezzi, facendole recitare dai suoi novellatori alla fine di ogni giornata. Nelle novelle sfrutta tutti i registri già sperimentati, specialmente quello avventuroso e quello psicologico-amoroso, ma spazza via ogni residuo di allegoria, di mitologia, di favola. A sorpresa, il *Decameron* sfodera una **capacità di osservazione della realtà** che le opere giovanili non lasciavano assolutamente prevedere. Nella nuova opera, non più, o non più soltanto, principi, principesse, ninfe, pastori, nobildonne: vi compaiono anche osti, monache, contadini, parroci di campagna, devoti di città, mercanti, imbroglioni, ladri, artisti, prostitute, giullari, nobili e plebei, ricchi e poveri. È tutto un brulicare di **tipi umani nuovi e d'ogni tipo**, che non avevano ancora trovato posto nella nostra letteratura in volgare. E i mezzi espressivi si conformano allo spalancarsi di questa nuova umanità: lo stile artificioso e la ricercata eleganza delle opere giovanili lasciano il passo alla naturalezza di una **lingua multipla, flessibile**, che senza eccessi retorici e senza scendere troppo in basso, ma attenendosi a una misura mezzana, è capace di descrivere casi d'amore tragici e felici, peripezie avventurose, ingegnose beffe e acuti motti di spirito, con risultati straordinari soprattutto nei dialoghi, nei quali riesce a rendere alla perfezione l'idea del parlato quotidiano.

«Cortesia» e «industria»: l'utopia di Boccaccio Boccaccio non si limita alla pura descrizione della nuova realtà che accoglie nel *Decameron*. Certo, il suo libro non aspira al valore profetico della *Commedia*, ma ugualmente svolge un suo discorso di valori: **valori terreni**, che riguardano la nostra convivenza di individui nella società, ma non per questo meno rilevanti.

In particolare, Boccaccio insegue l'utopia di una fusione e interazione di valori che provengono dall'**antico mondo feudale** (antico, ma ancora vivo e suggestivo) e dal **mondo borghese e mercantile** che sta nascendo. Dal primo proviene il valore della **«cortesia»**, cioè della generosità nel donare e nel donarsi, in senso materiale come spirituale; una sorta di carità cristiana mondanizzata, che non aspira a ricompense nell'altro mondo, ma rende invece nobile, compassionevole, armoniosa la nostra vita nell'aldiquà. È un valore a cui Boccaccio dedica non a caso le sue ultime novelle, a magnifica chiusura del libro, ma che si ritrova ovunque, e che, soprattutto, può essere praticato da chiunque: da un oste come Cisti [▶ **T12**, p. 612], o da un semplice gentiluomo privato come messer Torello, che su questo piano si misura addirittura con la cortesia del Grande Saladino. L'altro valore costitutivo del *Decameron* è l'**«industria»**, un tipo pragmatico di intelligenza, capace di muoversi nella realtà con astuzia e immaginazione, piegandola ai propri scopi. È, questo, un valore di estrazione mercantile, che appartiene soprattutto alla nuova classe imprenditoriale così ben nota a Boccaccio anche per ragioni personali e di famiglia.

«Cortesia» e «industria» non rimangono valori non comunicanti, caratteristici di personaggi socialmente separati. Boccaccio sogna piuttosto un mondo nuovo, pacificato e armonioso, dove la nobile generosità della tradizione aristocratica si unisca all'acuta intelligenza delle nuove classi. Un mondo in un certo senso «democratico», dove a chiunque sia riconosciuta la possibilità di comportarsi con la **cortesia di un principe**, e con l'**intuito operativo di un mercante**.

GUIDA ALLO STUDIO

1. Che cosa accomuna Boccaccio a Dante e Petrarca, per quanto riguarda il loro percorso di studi?
2. Che cosa leggeva il giovane Boccaccio?
3. Quale novità rappresenta il *Decameron*, dal punto di vista compositivo, nella produzione di Boccaccio?
4. Quali sono i tipi umani presenti nel *Decameron*?
5. Che lingua usa Boccaccio nel *Decameron*? In che cosa si differenzia dalla lingua delle opere giovanili?
6. Quali sono i valori che Boccaccio celebra nel *Decameron*?

A COLPO D'OCCHIO **Boccaccio, fondatore di una nuova cultura**

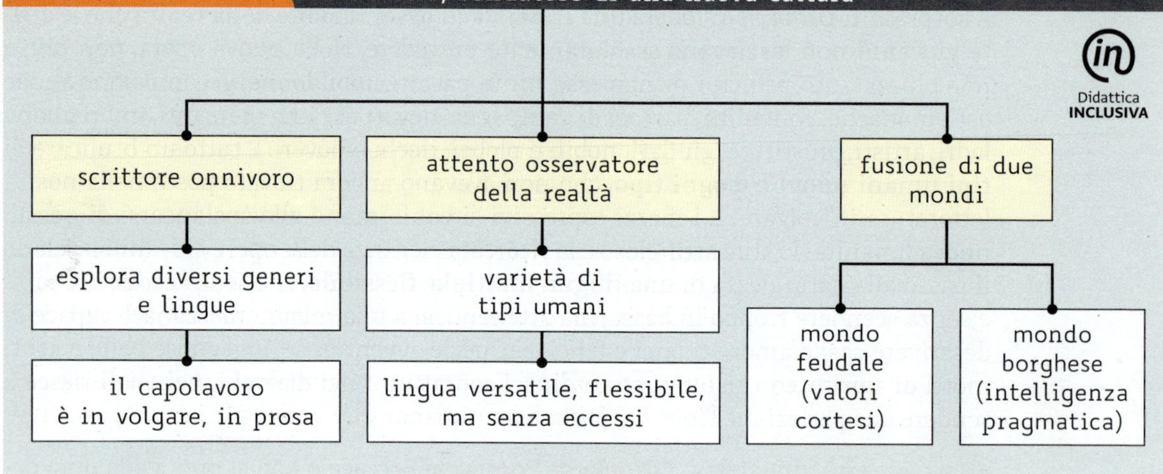

3 Le opere napoletane e le opere fiorentine

Accanto al capolavoro, il *Decameron*, Boccaccio è autore di numerose opere, che esplorano **temi e generi diversi** e che lo impegnano nell'arco di tutta la sua vita, dagli anni della giovinezza a Napoli fino alla morte.

Le opere napoletane

Caccia di Diana La *Caccia di Diana* è un **poemetto in terza rima** databile probabilmente a prima del 1334. Nei diciotto brevi canti di cui esso è composto, l'autore sviluppa un'esile trama mitologica, intrecciandovi allusioni alla dolce vita napoletana da lui ben conosciuta in quegli anni. Come ninfe di Diana, le belle dame dell'alta società napoletana compiono una caccia in onore della dea, ma si ribellano alla sua legge (Diana è dea, oltre che della caccia, della castità) e consacrano le prede a Venere, dea dell'amore, che trasforma gli animali in uomini. Nel contrasto Diana/Venere e castità/amore si esprime l'ideale della **superiorità di Amore** in quanto forza nobilitante, strumento di perfezionamento ed elevazione morale. La presentazione delle donne in una sorta di catalogo di bellezze consente all'autore di **esaltare la raffinata società angioina**, attraverso l'omaggio cortese alle sue rappresentanti femminili.

Ottava rima
Strofa di otto versi, i primi sei a rima alternata e gli ultimi due a rima baciata, secondo lo schema ABABABCC.

Filostrato Il *Filostrato* è un **poemetto, suddiviso in nove parti, in ottava rima**. Il titolo significa, secondo il greco approssimativo di Boccaccio, "uomo vinto e abbattuto da amore", ed è il nome che l'autore assume; l'opera è dedicata a una donna amata e lontana, chiamata Filomena. Composto intorno al 1335, trae spunto dai romanzi medievali di soggetto troiano quali il *Roman de Troie* ("Romanzo di Troia") di Benoît de Sainte-Maure e l'*Historia Troiana* ("Storia di Troia") di Guido delle Colonne. La narrazione si concentra sull'amore di Troiolo, figlio di Priamo, per Criseida, figlia dell'indovino Calcante e prigioniera a Troia. Criseida tradisce Troiolo con Diomede; Troiolo, disperato, vorrebbe uccidere il rivale in battaglia, ma trova la morte per mano di Achille.

Filostrato
▶ **T** L'angoscia di Troiolo

Filocolo Il *Filocolo* (ovvero "fatica d'amore", ancora una volta secondo il greco di Boccaccio) è un **romanzo in prosa, in cinque libri**, databile pressappoco al 1336-38. La storia dei due amanti **Florio e Biancifiore** era stata narrata in un poemetto francese del XII secolo, *Floire et Blancheflor*, e poi era stata ripresa nel trecentesco *Cantare di Fiorio e Biancifiore*, d'area toscana. In Boccaccio la materia si arricchisce grazie all'**influenza**

▲ Pagina miniata del *Filocolo*, con capolettera e cornici a intreccio su fondo oro (Mantova, 1463-64).

del romanzo greco alessandrino (fiorito a partire dal IV secolo a.C. sino alla fine dell'Età classica) che si era caratterizzato per la complicazione delle peripezie. Nel *Filocolo*, Florio e Biancifiore nascono nello stesso giorno e insieme crescono alla corte di Felice, re di Spagna. Fin da fanciulli i due protagonisti si innamorano l'uno dell'altra; la loro vicenda è fatta di ostacoli, viaggi, peripezie, coronate dal lieto fine. Un episodio particolare nel *Filocolo* è quello delle cosiddette **«questioni d'amore»**, ambientato a Napoli, dove Florio fa sosta durante la sua avventurosa ricerca dell'amata. Qui egli viene introdotto in una brigata cortese che, riunita in un giardino, si intrattiene nelle ore più calde del giorno discutendo tredici questioni d'amore, su ciascuna delle quali esprime il giudizio finale Fiammetta, eletta regina della compagnia. **La situazione anticipa quella della brigata di novellatori del *Decameron***; anzi, due dei racconti utilizzati nel *Filocolo* verranno ripresi e riscritti in due novelle del *Decameron* (X, 5 e 4 ▶ **T18**, p. 658).

Teseida delle nozze d'Emilia Il *Teseida delle nozze d'Emilia* è un **poema in ottave, in dodici libri** (come l'*Eneide* di Virgilio), scritto tra il 1339 e il 1341. L'intenzione dell'autore era quella di dotare la letteratura in volgare di un vero e proprio poema epico. Dedicata ancora una volta a **Fiammetta**, l'opera intreccia due motivi fondamentali, quello delle **armi** e quello dell'**amore**. La vicenda è incentrata sugli amori di due prigionieri tebani, Arcita e Palemone, per Emilia, regina delle Amazzoni e sorella di Ippolita, moglie di Teseo. Quest'ultimo, dopo varie vicende, stabilisce che i due rivali si contendano l'amore della donna in un torneo, al quale prenderanno parte ciascuno a capo di una schiera di cavalieri provenienti da tutta la Grecia. Il vincitore è Arcita il quale, nonostante sia ferito gravemente, può sposare Emilia, ma di lì a poco, ormai morente, la affida generosamente a Palemone.

▶ *Teseida*: disegno a penna ombreggiato raffigurante il poeta intento a scrivere seduto a un banco con schienale a nicchia. Ai lati, di profilo, due figure femminili, forse Ippolita ed Emilia.

◂ Marie Spartali Stillman, *Fiammetta che canta*, 1879, matita e acquerello (Collezione privata). In realtà, una scena simile nella *Fiammetta* di Boccaccio non esiste; l'artista si riferisce probabilmente a una delle tante feste napoletane descritte da Boccaccio, alle quali Fiammetta partecipa insieme ad altre donne.

Le opere fiorentine

Comedia delle ninfe fiorentine La *Comedia delle ninfe fiorentine*, o *Ninfale d'Ameto*, composta all'incirca nel 1341-42, è un **romanzo allegorico-pastorale in cui si alternano prosa e brani in terzine**. Vi si narra la vicenda del rozzo pastore Ameto, che vive tra l'Arno e il Mugnone, ove scorge una schiera di ninfe seguaci di Venere. Le guida Lia, della quale Ameto si innamora. Nel giorno della festa di Venere, che trascorre tra canti e danze, Lia propone che le ninfe (tra le quali vi è anche Fiammetta) raccontino a turno, nelle ore più calde del pomeriggio, le proprie storie d'amore. Si prefigura anche qui il motivo della brigata che **si intrattiene a raccontare**, che ritornerà poi nel *Decameron*. Al termine delle narrazioni compare Venere, per ordine della quale Ameto viene immerso in una fonte. Il giovane comprende il significato della sua esperienza: le sette ninfe rappresentano le quattro virtù cardinali e le tre virtù teologali; attraverso i loro racconti e l'amore per Lia il rozzo pastore, simbolo di una condizione di selvatichezza in cui prevale l'istinto sensuale, diviene uomo dotato di consapevolezza intellettuale e morale. Ritorna il motivo stilnovistico, già presente nella *Caccia di Diana*, dell'ingentilimento che Amore opera sugli animi umani.

Amorosa visione L'*Amorosa visione* è un **poema in terzine, in cinquanta canti**, composto intorno al 1342-43. Al poeta appare in sogno una donna gentile che lo conduce a un castello con due porte: una larga, che conduce ai piaceri terreni, l'altra stretta, attraverso la quale si giunge alla felicità eterna. Attraverso la prima porta, i due entrano nel castello, dove vedono affrescate scene allegoriche e incontrano personaggi celebri che esemplificano queste entità astratte. Fuori del castello, in un bel giardino, si incontrano poi delle nobildonne napoletane e fiorentine, tra cui Fiammetta, che il poeta cerca di possedere mentre ella dorme. La visione a questo punto si interrompe e la donna gentile che aveva guidato il poeta riappare a promettergli che lo ricondurrà dalla donna amata, ma passando per la porta stretta della virtù.

Elegia di madonna Fiammetta L'*Elegia di madonna Fiammetta* è un **romanzo in prosa** scritto probabilmente verso il 1343-44. L'opera si ricollega fin dal titolo al genere classico dell'**elegia**, ovvero del lamento d'amore. Fiammetta non si rivolge all'amato, ma a un **pubblico femminile** a cui affida la propria confessione per suscitarne la pietà e la solidarietà. Sposata a un gentiluomo napoletano e divenuta amante del giovane fiorentino Panfilo, è stata abbandonata da quest'ultimo il quale, rientrando a Firenze, l'ha dimenticata lasciandola in un'attesa angosciosa e disperata. L'originalità dell'*Elegia* consiste innanzitutto nel **ribaltamento della tradizione cortese**, per cui la donna passa qui da oggetto del desiderio e della rappresentazione maschile a soggetto che con la scrittura si racconta, confessando in prima persona la propria passione. L'opera presenta uno **scavo psicologico** nell'interiorità della protagonista che conferisce al testo una notevole modernità.

Ninfale fiesolano Il *Ninfale fiesolano* è un **poemetto mitologico-eziologico** (mito che tratta della nascita di nomi, città, usanze e riti; eziologia significa "studio delle cause") e di ambientazione pastorale, in 473 ottave, databile forse al periodo 1344-46. Il testo si propone di illustrare le **leggendarie origini di Fiesole e di Firenze**. Nel motivo delle trasformazioni affiora il ricordo delle *Metamorfosi* del poeta latino Ovidio, mentre la storia delle origini di Fiesole viene costruita sulla base della *Nuova cronica* di Villani e di altri cronisti fiorentini [▶ p. 221 sgg.].

GUIDA ALLO STUDIO

1. Qual è l'argomento ricorrente delle prime opere di Boccaccio?
2. Si può ritrovare un elemento narrativo del *Filocolo* che sarà presente anche nel *Decameron*? Quale?
3. Qual è il personaggio femminile ricorrente in alcune delle opere napoletane e fiorentine?
4. Qual è l'elemento di novità dell'*Elegia di madonna Fiammetta*?

T1

Elegia di madonna Fiammetta, VI

La moglie, l'amante, il marito

Anno: 1343-44

Genere: romanzo in prosa volgare

Argomento: Fiammetta mente al marito sulle ragioni del suo pianto notturno

La Fiammetta *è un romanzo psicologico, in cui si rappresentano con sorprendente realismo le contraddizioni di un amore tormentato. Il matrimonio di Fiammetta non è un matrimonio infelice: il suo sposo è giovane, bello, ricco, premuroso e innamorato. Fiammetta, dunque, non è affatto una "malmaritata", come saranno poi tante donne del* Decameron, *che tradiscono mariti vecchi, gelosi, impotenti o avari. Ma questa circostanza rende la storia di Fiammetta ancora più tormentosa: la sua passione adulterina si accompagna a profondi sensi di colpa, come è chiaro nel brano che qui riportiamo.*

Esì fu alto[1] il pianto mio, che, essendo già per lungo spazio nel profondo sonno stato involto il mio marito, costretto da quello si risvegliò[2], e a me, che tutta di lagrime era bagnata, rivoltosi, nelle braccia recandomisi, con voce benigna e pietosa così mi disse: «O anima mia dolce, qual cagione a questo pianto così doloroso nella quieta notte ti muove? Qual cosa, già è più tempo, t'ha sempre malinconica e dolente tenuta? Niuna cosa, che a te dispiaccia, dee

rr. 1-20 Il pianto notturno di Fiammetta sveglia il marito, che premurosamente le chiede quale ne sia la ragione e cosa possa fare lui per lei.

1. **sì fu alto:** fu così rumoroso.
2. **essendo già ... si risvegliò:** essendo stato già a lungo (*per lungo spazio*) in un sonno profondo, per effetto di quel pianto si destò.

essere a me celata. È egli alcuna cosa[3], la quale il tuo cuore disideri, che per me si possa, che dimandandola tu, fornita non sia? Non se' tu solo mio conforto e bene? Non sai tu che io sopra tutte le cose del mondo t'amo? E di ciò non una pruova, ma molte ti possono far vivere certa. Dunque perché piagni? Perché in dolore t'affliggi? Non ti paio io giovine degno alla tua nobiltà? O reputimi colpevole in alcuna cosa, la quale io possa ammendare[4]? Dillo, favella[5], scuopri il tuo disio: niuna cosa sarà che non s'adempia, solo che si possa. Tu, tornata nell'aspetto, nell'abito e nelle operazioni angosciosa, mi dài cagione di dolorosa vita, e se mai dolorosa ti vidi, oggi mi se' più che mai apparuta[6]. Io pensai già che corporale infermità fosse della tua palidezza cagione[7]; ma io ora manifestamente conosco che angoscia d'animo t'ha condotta a quello in che io ti veggio; per che io ti priego che quello che di ciò t'è cagione mi scuopra».

rr. 21-36 Fiammetta decide di mentire e di attribuire alla morte del fratello la causa del suo pianto.

Al quale io con feminile subitezza[8] preso consiglio al mentire[9], il quale mai per addietro mia arte non era stata, così rispondo: «Marito a me più caro che tutto l'altro mondo, niuna cosa mi manca la quale per te si possa, e te più degno di me senza fallo conosco, ma solo a questa tristizia per addietro e al presente recata m'ha la morte del mio caro fratello, la quale tu sai. Essa a questi pianti, ogni volta che a memoria mi torna, mi strigne[10]; e non certo tanto la morte, alla quale noi tutti conosco che dobbiamo venire, quanto il modo di quella piango, il quale disavventurato e sozzo conoscesti, e oltre a ciò le male andate cose dopo lui a maggior doglia mi stringono. Io non posso sì poco chiudere o dare al sonno gli occhi dolenti, come egli palido e di squallore coperto e sanguinoso, mostrandomi l'acerbe piaghe m'apparisce davanti. E pure testé, allora che tu piagner mi sentisti, di prima m'era egli nel sonno apparito con imagine orribile, stanco, pauroso, e con ansio petto[11], tale che appena pareva che potesse le parole riavere [...]. Adunque, caro marito, non senza cagione miseramente m'attristo».

rr. 37-40 Il marito consola pietosamente Fiammetta.

Oh quante pietose parole egli allora mi porse, medicando la piaga, la quale assai davanti era guarita, e li miei pianti s'ingegnò di rattemperare[12] con quelle vere ragioni, che alle mie bugie si confaceano!

rr. 41-52 Non appena il marito si addormenta, Fiammetta torna a piangere, divorata dal senso di colpa per il suo tradimento.

Ma poi che egli, me racconsolata credendosi, si diede al sonno, io, pensando alla pietà di lui, con più crudele doglia tacitamente piagnendo, ricominciai la tramezzata angoscia[13], dicendo: «O crudelissime spelunche abitate dalle rabbiose fiere, o inferno, o etterna prigione decretata alla nocente[14] turba, o qualunque altro essilio maggiore più giù si nasconde, prendetemi, e me a' meritati supplicii date nocente[15].

---

3. È egli alcuna cosa: C'è qualcosa.
4. la quale ... ammendare: alla quale io possa porre rimedio.
5. favella: parla.
6. Tu, tornata ... apparuta: Tu, diventata angosciosa nell'aspetto, nell'atteggiamento e nelle cose che fai, sei per me motivo di dolore, e se mai ti vidi dolente, oggi me lo sei sembrata più che mai.
7. fosse della tua palidezza cagione: fosse causa del tuo pallore.
8. subitezza: prontezza di spirito.
9. preso consiglio al mentire: presa la decisione di mentire.
10. strigne: costringe.
11. con ansio petto: con petto ansimante.
12. rattemperare: temperare, mitigare.
13. la tramezzata angoscia: l'angoscioso lamento, interrotto («tramezzato») durante il colloquio col marito.
14. nocente: colpevole.
15. e me ... nocente: e me colpevole date ai meritati supplizi.

O più che altra iniqua femina di questi e d'ogni maggiori supplicii degna, qual furia ti si parò davanti agli occhi casti, il dì che prima[16] Panfilo ti piacque? Dove abandonasti tu la pietà debita alle sante leggi del matrimonio? Dove la castità, sommo onore delle donne, cacciasti allora che per Panfilo il tuo marito abandonasti?

rr. 53-63 Fiammetta confronta la nobiltà d'animo del marito con la superficialità di Panfilo.

Ove è ora verso te la pietà dell'amato giovine[17]? Ove li conforti da lui dati a te nella tua miseria si trovano? Egli nel seno d'un'altra giovine lieto trascorre il fuggevole tempo, né di te si cura; e a ragione e meritamente così ti doveva avvenire, e a te e a qualunque altra li legittimi amori pospone alli libidinosi[18]. Il tuo marito, più debito ad offenderti che ad altro, s'ingegna di confortarti, e colui che ti doveria confortare, non cura d'offenderti[19]. Ohimè! or non era egli bello come Panfilo? Certo sì. Le sue virtù, la sua nobiltà e qualunque altra cosa non avanzavano[20] molto quelle di Panfilo? Or chi ne dubita? Dunque perché lui per altrui abandonasti? Qual cecità, quale traccutanza[21], quale peccato, quale iniquità vi ti condusse? Ohimè! che io medesima nol conosco.

rr. 64-75 La morale: si considerano di basso valore solo le cose che si possiedono con facilità.

Solamente le cose liberamente possedute sogliono essere reputate vili, quantunque elle sieno molto care; e quelle che con malagevolezza s'hanno, ancora che vilissime sieno, sono carissime reputate[22]. La troppa copia del mio marito[23], a me da dovere essere cara, m'ingannò, e io, forse potente a resistere[24], quello che io non feci miseramente piango; anzi senza forse era potente, se io voluto avessi, pensando a quello che gl'iddii e dormendo e vigilando m'aveano mostrato la notte, e la mattina precedente alla mia ruina. Ma ora che da amare, per ch'io voglia[25], non mi posso partire, conosco qual fosse la serpe che me sotto il sinistro lato[26] trafisse, e piena si partì del mio sangue; e similmente veggo quello che la corona caduta del tristo capo[27] volle significare: ma tardi mi giugne questo avvedimento».

---

16. **il dì che prima:** **il giorno in cui per la prima volta**.
17. **Ove è ora ... amato giovine:** **Dov'è ora la pietà dell'amato giovane** [Panfilo] **nei tuoi confronti?**
18. **verso te ... alli libidinosi:** **a te, e a qualsiasi altra donna che mette al secondo posto il legittimo amore matrimoniale rispetto a quello dettato dalla libidine**.
19. **Il tuo marito ... d'offenderti:** **Tuo marito, che avrebbe più diritto** («più debito») **a offenderti che ad altro, cerca di confortarti, e colui che dovrebbe confortarti non si preoccupa di offenderti**.
20. **avanzavano:** **superavano**.
21. **traccutanza:** **tracotanza**.
22. **e quelle che ... carissime reputate:** **e quelle che si ottengono con difficoltà, per quanto di poco conto, sono considerate di altissimo valore**.
23. **troppa copia del mio marito:** letteralmente, **l'abbondanza di mio marito**; Fiammetta intende dire che l'amore del marito era talmente grande e talmente disponibile che, per quanto detto sopra, lei lo considerava cosa da poco.
24. **forse potente a resistere:** **forse in grado di opporre resistenza**. Nelle righe sotto Fiammetta ammetterà che, «senza forse», lei avrebbe potuto, se ne avesse avuto la volontà, opporre resistenza alla passione per Panfilo.
25. **per ch'io voglia:** **per quanto io lo desideri**.
26. **sotto il sinistro lato:** cioè al cuore. Fiammetta si riferisce a un suo sogno, in cui un serpente l'aveva morsicata (segno della ferita d'amore).
27. **la corona caduta del tristo capo:** altro incidente premonitore: nel momento di uscire di casa, a Fiammetta era scivolata dal capo la sua corona di fiori, segno che da signora stava per diventare serva d'amore.

T1 Dentro il testo

IN SINTESI

In questo brano Boccaccio ci presenta Fiammetta e il marito di notte, a letto, in una situazione di intimità coniugale. Fiammetta piange e si dispera, pensando a Panfilo lontano e, forse, innamorato di un'altra donna. Il marito si sveglia, cerca di consolarla, e la donna improvvisa una scusa convincente: sta piangendo perché pensa alla recente morte del suo giovane fratello. L'inganno di Fiammetta è abile, ma la lascia in preda a tormentosi sensi di colpa. E, soprattutto, la lascia con una domanda inquietante: perché ha tradito? Perché ha tradito un uomo tutt'altro che inferiore a Panfilo, e che l'ama sinceramente? Sono domande a cui la donna non trova risposta.

I TEMI E L'ESPRESSIONE

LA «FEMINILE SUBITEZZA» DI FIAMMETTA

La prontezza con cui Fiammetta trova subito una scusa per giustificare il suo pianto viene definita da lei stessa «feminile subitezza» (r. 21). Ovvero, **capacità di improvvisare su due piedi una bugia credibile**: abilità tipicamente femminile. In questo senso Fiammetta anticipa molte donne - e mogli - del *Decameron*, che di questa abilità si avvarranno per nascondere le beffe inflitte a mariti creduloni. C'è però una grande differenza. Nel *Decameron* questa abilità verrà esercitata in racconti, appunto, beffardi, cioè comici. Qui nella *Fiammetta*, invece, la situazione è patetica. La differenza dipende soprattutto dalla figura del marito, di cui Fiammetta per prima riconosce le buone qualità, e soprattutto la premura con cui cerca di consolarla. Ne nasce una contraddizione molto sottile: Fiammetta si comporta come una moglie beffatrice, ma non sta nascondendo al marito le sue prodezze sessuali, bensì la sua sconfitta e disperazione di amante. E il marito è un marito tradito, ma che - la moglie è la prima a riconoscerlo - non se lo merita. Ne viene fuori un **triangolo di rapporti**, fra moglie, marito, amante, perfino più **complesso e contradditorio** di quelli che Boccaccio sarà capace di immaginare nel *Decameron*.

IL MISTERO DELLA PASSIONE

Fiammetta è la prima ad ammettere che il marito non ha nulla da invidiare all'amante: «Ohimè! or non era egli bello come Panfilo? Certo sì. Le sue virtù, la sua nobiltà e qualunque altra cosa non avanzavano molto quelle di Panfilo? ... Or chi ne dubita?». Perché, dunque, Fiammetta ha ceduto alla passione per Panfilo? Ella stessa se lo chiede, e in un primo momento si dà una risposta di sorprendente e concreto **realismo**: ha tradito perché le cose belle e buone (come il marito) quando si hanno facilmente a disposizione, non si apprezzano abbastanza, e istintivamente si va a cercare «quelle che con malagevolezza s'hanno, ancora che vilissime sieno». Ma questa risposta non basta. Secondo Fiammetta c'è stata **una sorta di fatalità**, nel suo cedere a Panfilo, nonostante i sogni funesti (e adesso chiarissimi) che hanno preceduto la sua resa all'amante. Adesso, nemmeno lei sa più rendersi conto di questa inspiegabile debolezza della sua volontà. Tutta la sua dolorosa vicenda ruota dunque intorno a un mistero, a una passione senza una vera giustificazione, senza un vero motivo. È uno dei momenti di più profondo scandaglio psicologico di tutta l'opera boccacciana.

Analisi e interpretazione Tipologia A

LEGGERE CON METODO

COMPRENSIONE GLOBALE

1. Qual è il motivo del pianto di Fiammetta?
2. Quale scusa convincente adduce per non rivelare al marito la vera ragione?

LA LINGUA E LE STRUTTURE

3. Rintraccia nel testo tutte le espressioni inerenti il campo semantico della pietà del marito nei confronti di Fiammetta.
4. In diversi passaggi del testo, nei dialoghi, si osserva una successione incalzante di interrogative. Dove? Qual è la loro funzione?

4 Il *Decameron*

«Boccaccesco» o «boccacciano»? Sul *Decameron* di Giovanni Boccaccio pesa un **pregiudizio:** che si tratti di un libro osceno, o perlomeno sboccato, tutto dedito all'eros e al sesso. Nonostante da decenni la critica abbia dimostrato quanto fuorviante sia tale giudizio, pure questa non bella (e inesatta) fama resiste, come dimostra il fatto che l'aggettivo stesso **«boccaccesco»** venga usato tuttora per designare **situazioni erotiche e piccanti.** Per questo nella saggistica sull'autore (e anche in questo manuale) si preferisce, a scanso di equivoci, usare l'aggettivo «boccacciano».

Il titolo e la struttura dell'opera

Rubrica
Nei testi antichi, era una sorta di intestazione posta all'inizio, solitamente scritta in inchiostro rosso (*ruber* in latino).

Il titolo La **rubrica** iniziale dell'opera recita così:

> Comincia il libro chiamato Decameron cognominato prencipe Galeotto, nel quale si contengono cento novelle in diece dì dette da sette donne e da tre giovani uomini.

Dunque siamo di fronte a un libro che ha un nome e anche un cognome, o piuttosto, un soprannome («cognominato prencipe Galeotto»); o meglio, un titolo e un sottotitolo. Che cosa significa *Decameron*? Che cosa significa «prencipe Galeotto»?

Decameron vuol dire **"dieci giornate"**, dal greco *dèka* e *hemeròn*; un greco un po' approssimativo (*hemeròn* in realtà è un genitivo, e significa "dei giorni"), come quello che Boccaccio volle usare anche in altre opere precedenti, come il *Filocolo* ("fatica d'amore") o il *Filostrato* ("l'abbattuto d'amore").

Il titolo "dieci giornate" fa riferimento alla vicenda narrata nella cornice dell'opera: sono le dieci giornate che i narratori delle novelle, per sfuggire alla peste, trascorrono in **campagna**, lontano da Firenze, e durante le quali vengono raccontate le storie che compongono il libro.

Quanto al **«prencipe Galeotto»**, qui invece l'**allusione è dantesca**. Boccaccio sicuramente ebbe in mente i celebri versi con cui Francesca, nel canto V dell'*Inferno* [▶ **T15**, p. 341], ricorda il suo peccato:

> Noi leggiavamo un giorno per diletto
> di Lancialotto come amor lo strinse;
> soli eravamo e sanza alcun sospetto.
> [...]
> Quando leggemmo il disïato riso
> esser basciato da cotanto amante,
> questi, che mai da me non fia diviso,
>
> la bocca mi basciò tutto tremante.
> Galeotto fu 'l libro e chi lo scrisse:
> quel giorno più non vi leggemmo avante.
> (*Inferno*, V, 127-38)

A sua volta, qui Francesca alludeva a un passo del *Lancelot*, in cui Galeotto, cortigiano di re Artù, favoriva il primo bacio fra Lancillotto e la regina Ginevra. Quello che Francesca voleva dire è che la **funzione di mediatore amoroso** assolta nel *Lancelot* dal personaggio chiamato Galeotto, nella sua storia era stata svolta dal *Lancelot* stesso, da quel libro la cui lettura aveva spinto lei e Paolo a rivelarsi il loro reciproco amore. Chiamando «Galeotto» il suo libro, evidentemente Boccaccio gli augura di assolvere lo stesso compito del personaggio della favola arturiana: ossia di essere **mediatore d'amore**.

Compito che è ancor più chiaro se si pensa che, come Boccaccio dichiara nel *Proemio*, questo libro soprannominato «Galeotto» è **dedicato alle donne**, sue ideali privilegiate lettrici. La menzione del personaggio arturiano, dunque, va letta come un augurio, come se l'autore dicesse: «Ecco il mio *Decameron*: e magari potesse fare per voi, donne lettrici, quello che Galeotto fece a vantaggio di Ginevra, o di Francesca...».

L'opera La rubrica del *Decameron* presenta l'opera come una raccolta di «cento novelle in diece dì dette da sette donne e da tre giovani uomini». Il *Decameron* non è, però, una semplice antologia di cento racconti, bensì un vero e proprio **libro unitario**, strutturato in un sistema complesso. Innanzitutto, già dalla rubrica è chiaro che le novelle sono «dette»: ogni racconto è in realtà la **rappresentazione** di un racconto, visto che ciascuno di essi è presentato come una **recita ad alta voce**, durante la quale, a turno, uno dei dieci giovani parla e gli altri fanno da spettatori.

Le 100 novelle sono raccolte nella **cornice** del *Decameron*. Boccaccio immagina che l'occasione delle novelle sia la **peste nera** che si abbatté su Firenze nella primavera-estate del **1348**: per sfuggire allo sfacelo e alla corruzione morale della città appestata, sette ragazze e tre giovani uomini decidono di concedersi un breve soggiorno in campagna, dove trascorrono due settimane in un clima di festa e di divertimento, sempre tuttavia nei limiti di una irreprensibile "onestà". Ogni giorno viene eletto un **re**, o una **regina**, che ha l'incarico di organizzare la vita della brigata e di programmare ordinatamente le attività del gruppo. In particolare, le ore più calde del pomeriggio vengono sempre trascorse raccontando delle novelle, secondo il **tema prescelto dal re o dalla regina** di turno. E, siccome il venerdì e il sabato sono dedicati rispettivamente al culto divino (in ricordo della Passione di Cristo) e all'igiene personale, delle due settimane trascorse in campagna rimangono per novellare solo dieci giorni: i dieci del titolo. Dieci i novellatori, dieci le novelle giornaliere, dieci i giorni a disposizione: di qui le cento novelle della rubrica.

I numeri del testo Il *Decameron* è dunque costruito secondo un **preciso sistema di numeri**. O, meglio, vorrebbe: le proporzioni numeriche non sono perfette come quelle della *Commedia* dantesca. Il testo rivela interne correzioni e aggiustamenti, come se l'insieme fosse governato da un bisogno di armonia assoluta, ma l'autore pensasse che la vera armonia deve contenere in sé anche un principio di dissonanza. Dunque, innanzitutto c'è il **numero dieci**. Ma in realtà le novelle sono cento più una, o "quasi una": perché all'inizio della quarta giornata **Boccaccio interviene nel libro** e racconta anche lui una novelletta, seppure lasciata incompleta. La brigata dei dieci giovani è a sua volta scomponibile in numeri altamente simbolici: **sette ragazze** (sette come i sacramenti, come le arti liberali, come i giorni della settimana ecc.) e **tre giovanotti** (tre come le persone della Trinità). Il soggiorno in campagna dura due settimane, dunque **sette giorni più sette**; ma i giorni del novellare, si è detto, sono cinque più cinque, dunque dieci. Tutti i re e le regine dettano il tema delle novelle, giorno per giorno: ma la **prima** giornata e la **nona** sono a tema libero. Inoltre, a partire dalla seconda giornata, un giovane della compagnia, Dioneo, chiede e ottiene il privilegio di novellare per ultimo e senza essere vincolato al tema prescritto; così, ogni decina di novelle è composta in realtà da un nove più uno. È evidente il senso di questo sistema di armoniose simmetrie, sempre corrette da qualche imperfezione: lo scopo è di offrire un insieme sì regolato e numerologicamente significativo, ma non squadrato, non del tutto prevedibile e fisso.

▶ T La novella delle papere (IV, Introduzione)

La brigata del *Decameron* e la struttura del libro Boccaccio afferma nella sua *Introduzione* che i componenti della brigata sono **personaggi reali** della Firenze contemporanea. I nomi veri, però, non li rivela, e inventa per loro nomi di significato più o meno allegorico. Questi i nomi delle novellatrici:

- **Pampinea** è «la rigogliosa» (forse per via della sua età più matura e della saggezza);

- **Fiammetta** è il nome amoroso per eccellenza, essendo la protagonista dell'*Elegia* giovanile di Boccaccio;
- **Filomena** è «l'amante del canto», personaggio della gioventù dell'autore (è la destinataria del *Filostrato*);
- **Emilia**, la «lusinghiera», è nome di personaggio noto, del *Teseida* e di altre opere precedenti il *Decameron*;
- **Lauretta** è un omaggio alla donna di Petrarca (e allusione, come in Petrarca, al lauro poetico);
- **Neifile** è «la novizia d'amore», forse con riferimento alla *Vita nuova* dantesca;
- **Elissa** è l'altro nome della Didone dell'*Eneide*, la regina cartaginese innamoratasi di Enea e poi suicida per la disperazione dopo la partenza dell'amato: allude quindi all'amore-passione.

Questi, invece, i nomi scelti per i ragazzi:

- **Panfilo** è il «tutto amore»;
- **Filostrato** è «l'abbattuto d'amore»;
- **Dioneo**, il più sbarazzino, è «il lussurioso» o «il venereo» (dal nome del personaggio mitologico di Dione, madre di Venere).

È inutile cercare di attribuire a questi personaggi una identità che vada oltre quella funzionale di narratori. Anche ogni insistenza su loro presunte e riconoscibili particolarità psicologiche o di carattere è destinata a scontrarsi con la realtà del testo. Il quale ci dice che è **la struttura del libro** che **comanda i caratteri** di questi personaggi, e non viceversa. Basterebbe a questo proposito il caso di Filostrato, il personaggio più serio e triste della brigata, che quando tocca a lui essere re, nella quarta giornata, impone il tema degli amori a fine infelice. Tuttavia, anche lui nelle altre giornate non può che adeguarsi al tema prescelto, e anzi, si adegua così bene da recitare storie molto piccanti, come quella, nella terza giornata, di Masetto e delle monache e, nella settima giornata, di Peronella [▶ **T16**, p. 640]. Insomma, nel *Decameron* il carattere delle novelle non scaturisce da quello dei narratori, ma sono **i narratori** che **si conformano alla struttura del libro** e ai vari temi che si susseguono di giornata in giornata.

▸ Enrico Pollastrini (1817-76), *I novellatori del* Decameron, olio su tela (Livorno, Museo Civico Fattori).

La cornice e gli interventi dell'autore

Un'altra vita è possibile La **cornice** del *Decameron* ha una funzione anche **ideologica**. Nella iniziale rappresentazione della peste, il libro registra soprattutto la **patologia morale e sociale** che l'epidemia ha scatenato nella città di Firenze. Quella è la vera peste: la rottura di ogni vincolo di vicinato, di parentela, di affetto, di cittadinanza. In questa Firenze devastata non esiste più legge comune, non esiste famiglia, non esiste religione. Ognuno cerca follemente scampo dal morbo per proprio conto: la società, con i suoi rituali, il suo ordine, le sue regole, si è dissolta. È contro questo sfacelo che matura la decisione dei dieci giovani, dietro suggerimento di Pampinea, di **abbandonare la città appestata** e concedersi un intervallo di distanza dal male, in campagna, a contatto con la natura.

I giovani sanno bene che la peste è presente anche nei luoghi ameni che frequenteranno; e, si badi bene - un dettaglio che troppo spesso si trascura -, essi alla fine delle due settimane di soggiorno nel contado tornano a una Firenze ancora **in preda alla peste**; la fine della loro "vacanza" non coincide affatto con la fine dell'epidemia, e il *Decameron* non è in questo senso un libro a lieto fine. Ma la brigata torna a Firenze e affronta di nuovo il pericolo della morte dopo avere dimostrato, anche se per pochi giorni, che un'altra vita è possibile. Questo è il senso dei rituali campagnoli: ricostruire una parvenza, almeno, di **ordinata convivenza civile**. Di qui la decisione di eleggere un re o una regina, a turno, giorno dopo giorno; di qui, fin dall'inizio, l'accurata ripartizione di responsabilità fra i servitori; di qui l'ordinato procedere del novellare durante le due settimane, con i debiti intervalli del venerdì e del sabato. Si ricostruisce così una piccola, idillica comunità, che, sia pure per pochi giorni, si oppone alla devastazione della vera comunità cittadina, della Firenze appestata lasciata alle spalle.

La voce dell'autore Le cento novelle del *Decameron* sono raccontate dai giovani della brigata, ma l'autore non rinuncia a intervenire nel libro in **prima persona**, con voce propria. Lo fa in particolare in **tre occasioni**, per spiegare a chi il libro è destinato, qual è la sua natura, come deve essere letto.

La prima volta, l'autore si fa avanti nel ***Proemio***, inquadrando scopo e destinatari del *Decameron*, che - egli dice - è stato scritto per **distrarre gli innamorati**, e specialmente le donne, dalle loro afflizioni d'amore.

La seconda volta, Boccaccio interviene all'**inizio della quarta giornata**, per difendere la parte dell'opera già scritta e divulgata. Qui egli sostiene che essa ha suscitato **invidie e critiche** da lui non previste, e a cui si sente di dovere rispondere subito. Siccome fra le critiche c'è quella di indulgere troppo al servizio delle donne e alla materia amorosa, Boccaccio replica con una sua novelletta, raccontata apposta per dimostrare la potenza della natura, che fatalmente inclina chiunque verso l'altro sesso e verso i piaceri dell'eros. Una novelletta, però, che rimane ostentatamente interrotta, senza finale, proprio perché con il «suo difetto stesso», dice l'autore, si veda a occhio che essa non appartiene al *corpus* delle cento raccontate dalla bella brigata.

Infine, l'autore rispunta alla fine del *Decameron*, riprendendo la parola nella ***Conclusione dell'autore***. Come nel *Proemio*, anche qui a Boccaccio interessa identificare i suoi lettori. Nel *Proemio* aveva detto che il libro era destinato alle donne; in questa *Conclusione* egli precisa che il *Decameron* non è destinato a essere letto né «nelle scuole de' filosofanti», «né tra cherici né tra filosofi», bensì «ne' giardini ... tra persone giovani». Ancora una volta, si escludono dal pubblico ideale del libro gli intellettuali di professione, sia laici (i «filosofanti») sia ecclesiastici (i «cherici»). Boccaccio identifica così un nuovo spazio culturale, estraneo alle sedi consuete dell'università e della Chiesa. È lo spazio dei «giardini», ovvero, metaforicamente, di una **letteratura d'intrattenimento e di svago**, rivolta a un pubblico laico, non specialista, libero da preconcetti. Un pubblico che potremmo già definire "borghese".

Un libro «verticale» o un libro «orizzontale»?

La struttura tematica del *Decameron* L'opera presenta un **disegno ascensionale**, polarizzato fra un inferno iniziale e un paradiso finale. L'inferno è quello della prima giornata, che si apre con la novella di Ciappelletto, il «piggior uomo» del mondo, che con una falsa confessione si guadagna clamorosamente lo statuto di santo. Ma tutta la giornata presenta casi di **comportamenti riprovevoli**, anche se non si tratta di peccati in senso religioso: sono in genere difetti di cortesia, cioè infrazioni di una morale tutta terrena e mondana. All'estremo opposto del libro, risponde simmetricamente a questa prima giornata «infernale» quella dedicata alla **cortesia**: virtù che rappresenta, nella gerarchia boccacciana dei valori, il culmine dell'umana perfezione. Al personaggio negativo di Ciappelletto si contrappone la virtù sublime di Griselda, la protagonista dell'ultima novella decameroniana: una povera contadina andata sposa al marchese di Saluzzo, che la sottopone a una triplice prova (le sottrae i figli, la ripudia e infine le chiede di preparare la casa per la sua nuova sposa), al termine della quale, visto che Griselda si mantiene mite e amorevole, egli decide che si tratta della donna «conveniente» al matrimonio e alla conduzione della vita domestica.

▲ Il peregrinare marino di Beritola e della balia (*Decameron*, IV, 2), miniatura francese, secondo quarto del XV secolo (Vienna, Österreichische Nationalbibliothek).

▲ La novella di Griselda (*Decameron* X, 10) tradotta in latino da Petrarca (*Rerum senilium libri*, XVII, 3), miniatura e capolettera ornato, seconda metà del XV secolo.

Tra questi due estremi si svolge un itinerario scandito dagli argomenti delle varie giornate, che interagiscono l'uno con l'altro in maniera significativa. Dopo la prima giornata a **tema libero**, la seconda parte con un tema generalissimo: i **casi della Fortuna**. A questa forza, dominatrice arbitraria dei destini dell'uomo, risponde la terza, dedicata all'**«industria»**: l'intelligenza pragmatica attraverso cui l'uomo contrasta i poteri della sorte. Le due giornate successive, quarta e quinta, vedono in campo l'**amore**, a fine rispettivamente infelice e lieto. A metà libro, si impennano i valori dell'**intelligenza**, nelle forme del **motto** (sesta giornata) e della **beffa** (settima e ottava giornata). Nelle due giornate di beffa, in particolare, si vedono le mogli aver ragione con sottili astuzie dei loro mariti (settima giornata); la beffa si libera poi di questi temi coniugali nella giornata successiva, dove l'intelligenza dei beffatori si esercita indifferentemente a danno di uomini o donne. Dopo la nona giornata, di nuovo a **tema libero** come la prima, la decima e ultima celebra, a coronamento del libro, come già si è detto, i valori magnanimi della **cortesia** e della **liberalità**.

Giornata	Tema	Re o regina
prima	tema libero	Pampinea
seconda	fortuna	Filomena
terza	«industria»	Neifile
quarta	amori con esito infelice	Filostrato
quinta	amori con esito felice	Fiammetta
sesta	motti di spirito	Elissa
settima	beffe ai mariti	Dioneo
ottava	beffe a uomini o donne	Lauretta
nona	tema libero	Emilia
decima	magnanimità e cortesia	Panfilo

Un libro «orizzontale» Nonostante la struttura «verticale», il *Decameron* **non è animato da alcun senso di trascendenza**. La religione vi compare spesso, nelle figure di monaci, abati, monache, devoti, ma viene rappresentata come uno dei tanti aspetti della vita terrena. Per questo stesso motivo, anche se le figure religiose del *Decameron* non fanno in genere una bellissima figura, non per ciò il libro deve essere giudicato come un libro anticlericale. Il fatto che monaci e monache si diano ai piaceri del sesso, o vengano presentati come imbroglioni, non significa che Boccaccio sia ostile alla religione cattolica, e neanche alla Chiesa. Significa piuttosto che Boccaccio trova ridicole, inumane, impossibili, certe regole del costume religioso, specie quelle che vorrebbero contraddire il potere invincibile della natura e degli istinti terreni.

A Boccaccio interessa raccontare come certe situazioni sociali danno luogo a comportamenti ingegnosi, divertenti, interessanti. Per questo si è spesso parlato del *Decameron* come di una **«commedia umana»**, in contrapposizione alla «commedia divina» di Dante: tutt'e due le opere offrono una rappresentazione vasta e varia della realtà, ma la «commedia» di Boccaccio non è inquadrata da una griglia di valori paragonabile a quella del poema dantesco. In Boccaccio **non c'è alcun sistema regolatore e ordinatore** della materia rappresentata: anche la struttura tematica è solo il risultato di una osservazione del reale, non lo predetermina.

A COLPO D'OCCHIO — Il *Decameron*

Didattica INCLUSIVA

- i valori
  - struttura ascensionale (dai difetti ai valori della cortesia), ma non trascendenza
  - osservazione della vita reale, non ricondotta a un sistema
- titolo e struttura
  - dieci giornate
  - i giovani riuniti decidono di raccontare una novella a testa per dieci giorni (due settimane meno i venerdì e i sabati)
  - ogni novella è un racconto recitato dai narratori
- la cornice
  - pestilenza del 1348: sette ragazze e tre ragazzi decidono di allontanarsi da Firenze
  - la brigata alla fine torna in una Firenze che è ancora in preda alla peste
- i temi
  - ogni giornata di racconto ha, a turno, un re o una regina che decide il tema
  - fortuna, beffa, «industria», amore, cortesia e liberalità
  - eccezioni: la prima e la nona giornata a tema libero; Dioneo, che chiede e ottiene di non essere obbligato ai temi delle giornate

Si può dire che il *Decameron* è un libro «orizzontale» perché descrive la realtà nella sua varietà inesauribile, con occhio curioso e senza pregiudizi, trovandovi spesso aspetti che la letteratura precedente aveva ignorato. Tuttavia, non per questo il mondo decameroniano è un mondo senza valori. Certi vizi sono particolarmente odiosi, come l'avidità di denaro, la mancanza di generosità, la grettezza, e certe virtù sono particolarmente apprezzate, come la cortesia, l'intelligenza, l'abilità di parola. Ma sono **vizi e virtù terreni**, che riguardano i rapporti fra gli uomini su questa terra.

GUIDA ALLO STUDIO

1. Perché Boccaccio chiamò il *Decameron* «prencipe Galeotto»?
2. Qual è la cornice delle novelle?
3. Che funzione hanno i re e le regine delle singole giornate?
4. Qual è il sistema di numeri sotteso al *Decameron*? Si può dire che sia un sistema perfetto?
5. Che cosa rappresenta simbolicamente la fuga in campagna dei dieci giovani?
6. Come e quando interviene Boccaccio all'interno della narrazione?
7. Qual è l'itinerario «verticale» del *Decameron*? In che senso, nonostante questo, lo si può definire anche un libro «orizzontale»?

Il *Proemio*

Un libro dedicato alle donne che soffrono per amore Il discorso dell'autore in questo ***Proemio*** si potrebbe riassumere così: «Un tempo ero innamorato, ma così ardentemente che stavo male, malissimo, sul punto di morire. Allora trovai qualcuno che mi consolò: adesso che la passione, come tutte le cose di questo mondo, è svanita, mi sento in obbligo di contraccambiare la gentilezza di chi mi portò conforto, confortando anch'io chi ne ha bisogno. Certo, non proprio quelli che mi furono d'aiuto allora: essendo così saggi, loro non ne hanno bisogno. Chi, allora? I più vulnerabili alle afflizioni amorose: ovvero, le donne. Povere donne: delicate più degli uomini, e sottoposte a passioni tanto più violente, perché non le possono nemmeno sfogare all'esterno. E non possono neanche cercare distrazioni, chiuse come sono in casa sotto l'attento controllo delle famiglie. Gli uomini, invece, se soffrono di pene d'amore possono distrarsi in mille modi: viaggiano, cacciano, cavalcano, si danno al commercio. E allora, per alleviare le pene d'amore di chi più ne ha bisogno, ecco che ho scritto questo libro proprio per le donne. Sono cento novelle, liete e tristi, antiche e moderne. Comunque, serviranno di distrazione a quelle donne innamorate che distrazioni non ne hanno. E con questo, credo di aver pagato il mio debito». Il *Decameron* sembra nascere quindi da una sorta di obbligo da pagare, o piuttosto, da una **proprietà transitiva della compassione**: se si è stati oggetto di conforto quando ne avevamo bisogno, gratitudine vuole che adesso, che bisogno non ne abbiamo più, porgiamo quel conforto a chi si trova nella situazione in cui ci trovavamo un tempo.

L'Introduzione

Firenze, 1348: l'arrivo della peste nera Il *Decameron* è un libro multistrato. Prima di arrivare al racconto delle novelle, dopo il *Proemio*, bisogna attraversare anche l'*Introduzione*, nella quale l'autore affronta la **descrizione della peste nera del 1348**, il grande flagello che, partendo dall'Oriente, si abbatté su tutta Europa decimandone la popolazione, modificandone radicalmente la demografia, suscitando profonde trasformazioni anche nella storia del pensiero filosofico, artistico e religioso. È quello che l'autore stesso definisce «orrido cominciamento» della sua opera, e che certo può sembrare sconcertante: perché inquadrare il racconto di cento novelle divertenti con la descrizione di un tale cataclisma? Ma, come si è detto, il *Decameron* non è una semplice antologia di novelle, ma un vero e proprio libro. E, all'interno della complessa struttura del libro, anche questa introduzione sulla peste acquista il suo senso, dando anzi alle singole novelle un significato più profondo. Va subito detto che ciò che interessa a Boccaccio non è tanto la peste come patologia medica, o come spunto per descrizioni lugubri e orrorose. L'aspetto del flagello su cui l'autore più si concentra è quello **sociale**, o meglio ancora **antropologico**: come ha reagito la società fiorentina alla peste? Quali sono stati i comportamenti dei singoli, delle famiglie, della città? Come sono cambiati i costumi, di fronte all'orrore del morbo?

GUIDA ALLO STUDIO

1. Per chi scrive il *Decameron* Boccaccio? E per quale motivo?
2. Quale aspetto della pestilenza del 1348 interessa maggiormente a Boccaccio?

Decameron, Proemio

T2

Le donne innamorate e la distrazione della lettura

Anno: 1349-51

Genere: *Proemio* della raccolta di novelle

Argomento: l'importanza della lettura per le donne innamorate

Il passo che segue, tratto dal Proemio, *lega la condizione delle donne innamorate con la necessità della lettura, e quindi con il libro stesso. Sono proprio le donne, specie se tormentate dalla passione amorosa, ad aver bisogno di uscire dalla loro situazione di isolamento, di immobilità, di subordinazione familiare, di noia. Quale migliore soluzione di un buon libro, che almeno idealmente rompa le pareti della loro prigione e le distragga per un po' dai pensieri ossessivi dei loro amori?*

L'aggettivo «vaghe» ha qui un significato molto diverso da quello che siamo soliti attribuirgli oggi. Abbiamo qui una doppia sfumatura: «vaghe» significa infatti "graziose", "piacevoli", ma anche "desiderose". Le donne quindi sono sia belle, sia animate da desiderio. È un aggettivo che tornerà spesso nel corso del *Decameron*.

E chi negherà questo, quantunque egli si sia, non molto più alle vaghe donne che agli uomini convenirsi donare[1]? Esse dentro a' dilicati petti, temendo e vergognando, tengono l'amorose fiamme nascose, le quali quanto più di forza abbian che le palesi coloro il sanno che l'hanno provate[2]: e oltre a ciò, ristrette[3] da' voleri, da' piaceri, da' comandamenti de' padri, delle madri, de' fratelli e de' mariti, il più del tempo nel piccolo circuito[4] delle loro camere racchiuse dimorano e quasi oziose sedendosi, volendo e non volendo in una medesima ora, seco rivolgendo diversi pensieri, li quali non è possibile che sempre sieno allegri. E se per quegli alcuna malinconia, mossa da focoso disio, sopraviene nelle lor menti, in quelle conviene che con grave noia si dimori, se da nuovi ragionamenti non è rimossa[5]: senza che elle[6] sono molto men forti che gli uomini a sostenere; il che degli innamorati uomini non avviene[7], sì come noi possiamo apertamente vedere. Essi, se alcuna malinconia o gravezza di pensieri gli affligge[8], hanno molti modi da alleggiare[9] o da passar quello, per ciò che a loro, volendo essi, non manca l'andare a torno, udire e veder molte cose, uccellare[10], cacciare, pescare, cavalcare, giucare o mercatare[11]: de' quali modi ciascuno ha forza di trarre, o in tutto o in parte, l'animo a sé e dal noioso pensiero rimuoverlo almeno per alcuno spazio di tempo, appresso il quale, con un modo o con altro, o consolazion sopraviene o diventa la noia minore.

Adunque, acciò che in parte per me s'amendi[12] il peccato della fortuna, la quale dove meno era di forza, sì come noi nelle dilicate donne veggiamo, quivi più avara fu di sostegno[13], in soccorso e rifugio di quelle che amano, per ciò che all'altre è assai l'ago e 'l fuso e l'arcolaio[14], intendo di raccontare cento novelle, o favole o parabole o istorie che dire le vogliamo, raccontate in diece giorni da una one-

Parafrasi integrale

1. **E chi negherà ... donare:** **E chi negherà che questo conforto, quale esso sia, sia molto più opportuno offrirlo alle donne graziose più che agli uomini?** Nelle righe precedenti Boccaccio aveva evidenziato la capacità di sollievo e conforto della propria opera.
2. **quanto più ... provate:** **sono molto più forti di quelle palesi, come sa chi le ha provate.**
3. **ristrette:** **costrette.**
4. **piccolo circuito:** **spazio chiuso, limitato.**
5. **E se ... rimossa:** **E se attraverso questi pensieri si insinua nei loro animi una malinconia, provocata dal desiderio ardente, accade che vi persista con grande sofferenza, se non è scacciata da altri pensieri.**
6. **senza che elle:** **senza contare che esse.**
7. **il che ... non avviene:** Boccaccio osserva che agli uomini non accade, come alle donne, di persistere a lungo in uno stato di malinconia. La ragione è spiegata subito dopo: gli uomini hanno molte occasioni per distrarsi da eventuali pensieri malinconici.
8. **se alcuna ... affligge:** **se sono afflitti da malinconia o da pensieri pesanti.**
9. **alleggiare:** **alleggerire.**
10. **uccellare:** **andare a caccia di uccelli** con le reti o con il falcone.
11. **mercatare:** **fare commerci.**
12. **per me s'amendi:** **attraverso la mia opera si possa riparare, correggere.**
13. **la quale ... sostegno:** **la quale** [la Fortuna], **dove c'era meno forza – come vediamo nelle donne delicate – fu più avara di sostegno.**
14. **arcolaio:** strumento che serve per fare le matasse di filo. Boccaccio qui distingue tra le donne capaci di amore e quelle comuni, dedite ai soli lavori domestici.

sta brigata di sette donne e di tre giovani nel pistelenzioso tempo della passata mortalità fatta[15], e alcune canzonette dalle predette donne cantate al lor diletto. Nelle quali novelle piacevoli e aspri casi d'amore e altri fortunati avvenimenti si vederanno così ne' moderni tempi avvenuti come negli antichi; delle quali le già dette donne, che queste leggeranno, parimente diletto delle sollazzevoli[16] cose in quelle mostrate e utile consiglio potranno pigliare.

---

15. nel pistelenzioso ... fatta: **formatasi** [si riferisce alla brigata dei dieci giovani] **nel periodo della peste**.
16. sollazzevoli: **divertenti**.

T2 Dentro il testo

IN SINTESI

In questa parte del *Proemio*, Boccaccio descrive efficacemente la condizione del suo pubblico ideale: le donne, e in particolare le donne innamorate. Esse sono costrette dalle convenienze sociali a reprimere i loro sentimenti d'amore, che quindi diventano tanto più tormentosi; inoltre, sottoposte al controllo dell'autorità familiare, rinchiuse la maggior parte del tempo nel «piccolo circuito delle loro camere», non possono neppure approfittare delle distrazioni che, in situazioni analoghe, alleviano le pene d'amore degli uomini, liberi di andare in giro, viaggiare, andare a caccia, giocare, dedicarsi alla mercatura. Ecco allora che il libro del *Decameron* si propone come un rimedio a questa ingiustizia: nella lettura di queste novelle, le donne troveranno l'evasione negata dalle circostanze della loro esistenza. E insieme al diletto della lettura, le novelle del *Decameron* potranno forse anche suggerire qualche utile consiglio.

I TEMI E L'ESPRESSIONE

SCRIVERE ATTRAVERSO ALTRI, PER ALTRI

Nelle sue opere giovanili, specie il *Filostrato* e la *Fiammetta*, Boccaccio aveva sempre parlato di sé e dei suoi amori, **trasponendo la sua autobiografia nei suoi personaggi** (anche in quello femminile di Fiammetta). La passione che viveva, infatti, lo spingeva a cercare di creare nella pagina un suo "doppio", attraverso cui sfogare le sue violente emozioni. Ma adesso, da uomo maturo, superate le passioni giovanili, egli ha superato anche quell'esigenza di sfogo autobiografico, un tempo così forte. Adesso egli non vuole più parlare di sé, ma del **mondo intorno a sé**. Per questo egli si crea dei vice-narratori - la «onesta brigata di sette donne e di tre giovani» - e l'oggetto del suo racconto è grande e vario. Inoltre, adesso egli scrive non più solo per sé, per alleviare la sua pena d'amore, ma **per gli altri**: per coloro che hanno bisogno di una lettura che li distragga dalle loro ossessioni amorose.

LE DONNE, LETTRICI IDEALI DEL *DECAMERON*

In questo *Proemio* il pubblico femminile è rappresentato in termini molto realistici, con grande attenzione alla **condizione effettiva delle donne** nella società del tempo. Tuttavia, quando si parla di pubblico femminile, nella nostra letteratura si intende spesso indicare, al di là del sesso, un tipo di pubblico non specialista, privo di un'istruzione regolare, ma curioso e intellettualmente vivo; come erano - e saranno a lungo - le donne nella nostra società. Infatti, il *Decameron* dice di voler parlare in primo luogo alle donne, ma parla soprattutto alla **nuova classe mercantile**: cioè a quei lettori che, come le donne, non erano intellettuali di professione, non provenivano dall'università o dalle grandi scuole ecclesiastiche, ma rappresentavano una classe nuova, che al di fuori dei vecchi schemi stava cercando e creando una **nuova cultura**; la cultura della borghesia europea. È questo tipo di pubblico che Boccaccio individua, attraverso l'omaggio galante alle donne come lettrici privilegiate della sua opera.

«NOVELLE», «FAVOLE», «PARABOLE», «ISTORIE»

Alla fine del *Proemio*, Boccaccio descrive così i racconti a cui sta per dare inizio: «intendo di raccontare cento **novelle**, o **favole** o **parabole** o **istorie** che dire le vogliamo». È una frase che ha dato filo da torcere ai critici e ai lettori del *Decameron*. L'impressione è che Boccaccio usi qui i termini di «favole», «parabole» e «istorie» come sottoinsiemi, per così dire, di «novelle». Appena dopo, infatti, si riferisce all'insieme dei racconti in questi termini: «Nelle quali *novelle* piacevoli e aspri casi d'amore e altri fortunati avvenimenti si vederanno», abbracciando l'intera opera sotto quell'unica qualifica. D'altronde, se volessimo classificare le novelle del *Decameron* secondo queste definizioni, ci troveremmo in grave imbarazzo. Di racconti "favolosi", per esempio, ce ne sarebbero ben pochi: appena un paio di novelle della decima giornata. Meglio pensare, dunque, che l'autore con quelle specifiche intendesse sottolineare l'**ampiezza di gamma del suo novellare**, non tanto proporre classificazioni narratologiche, fra l'altro, al suo tempo, anacronistiche.

▲ Giovannino de' Grassi (secolo XIV), *Taccuino: pagina con fanciulle che leggono* (Bergamo, Civica Biblioteca Angelo Mai).

Analisi e interpretazione Tipologia A

LEGGERE CON METODO

COMPRENSIONE GLOBALE

1. Perché, secondo Boccaccio, le donne innamorate hanno più bisogno di essere distratte e consolate degli uomini che si trovano nella stessa condizione?
2. Quali attività maschili, precluse alle donne, vengono elencate nel testo?
3. In quale modo la lettura del *Decameron* potrà giovare alle donne innamorate?

LA LINGUA E LE STRUTTURE

4. Scrivi il significato delle seguenti espressioni (si tratta perlopiù di termini oggi non più usati o che hanno cambiato significato, relativamente frequenti nel *Decameron*).

Termini o espressioni usati da Boccaccio	Significato
nascose	
focoso disio	
noia	
sostenere	
acciò che	
parimente	
diletto	
sollazzevoli	

I TEMI E L'INTERPRETAZIONE

5. Il *Decameron* ha uno scopo educativo o di intrattenimento? Oltre a individuare le donne (in particolare quelle innamorate) come destinatari privilegiati, a quale gruppo sociale si rivolge?

T3

Decameron, Introduzione

Morire in tempo di peste

Anno: 1349-51

Genere: introduzione alla raccolta di novelle

Argomento: la morte prima e durante la pestilenza

Parafrasi integrale

Il sintomo più atroce della "peste sociale" che l'epidemia ha scatenato in città consiste nel modo in cui adesso si muore, a Firenze. Ora che la morte è diventata cosa ordinaria, di massa, di tutti i giorni, il supremo momento dell'esistenza ha perso ogni sacralità, ogni solennità, ogni umanità. È uno splendido saggio antropologico sulle due maniere diverse con cui la cultura di una città fa fronte al trauma della fine della vita.

Quasi di necessità, cose contrarie a' primi[1] costumi de' cittadini nacquero tra coloro li quali rimanean vivi.

Era usanza, sì come ancora oggi veggiamo usare, che le donne parenti e vicine nella casa del morto si ragunavano e quivi con quelle che più gli appartenevano[2] piagnevano; e d'altra parte dinanzi alla casa del morto co' suoi prossimi si ragunavano i suoi vicini e altri cittadini assai, e secondo la qualità del morto vi veniva il chericato[3]; e egli sopra gli omeri de' suoi pari, con funeral pompa di cera e di canti[4], alla chiesa da lui prima eletta anzi la morte[5] n'era portato. Le quali cose, poi che a montar cominciò la ferocità della pistolenza[6], o in tutto o in maggior parte quasi cessarono e altre nuove in lor luogo ne sopravennero. Per ciò che, non solamente senza aver molte donne da torno morivan le genti, ma assai n'erano di quegli che di questa vita senza testimonio[7] trapassavano: e pochissimi erano coloro a' quali i pietosi pianti e l'amare lagrime de' suoi congiunti fossero concedute, anzi in luogo di quelle s'usavano per li più risa e motti e festeggiar compagnevole; la quale usanza le donne, in gran parte postposta la donnesca pietà[8], per salute di loro[9] avevano ottimamente appresa. E erano radi coloro i corpi de' quali fosser più che da un diece o dodici de' suoi vicini alla chiesa acompagnato[10]; de' quali[11] non gli orrevoli[12] e cari cittadini ma una maniera di beccamorti[13] sopravenuti di minuta gente[14] (che chiamar si facevan becchini, la quale questi servigi prezzolata[15] faceva) sotto entravano alla bara; e quella con frettolosi passi, non a quella chiesa che esso aveva anzi la morte disposto ma alla più vicina le più volte il portavano, dietro a quatro o a sei cherici con poco lume e tal fiata[16] senza alcuno; li quali con l'aiuto de' detti becchini, senza faticarsi in troppo lungo oficio[17] o solenne, in qualunque sepoltura disoccupata[18] trovavano più tosto il mettevano.

La peste fu una pandemia che colpì tutta l'Europa negli anni 1347-52, e secondo le stime uccise circa un terzo della popolazione europea.

1. **primi:** cioè precedenti la pestilenza.
2. **con quelle ... appartenevano:** **con le parenti più strette**.
3. **il chericato:** la gente di Chiesa, sacerdoti e altri officianti che intervenivano al funerale «secondo la qualità del morto», cioè più o meno numerosi a seconda dello *status* sociale del defunto.
4. **funeral ... di canti:** **con funerale solenne, con ceri e canti**.
5. **da lui ... anzi la morte:** i morti venivano allora sepolti solo in chiesa o in cappelle gentilizie; abitualmente le persone sceglievano prima della morte il luogo della sepoltura, o in tombe di famiglia, o comunque in luoghi sacri a cui erano particolarmente affezionati.
6. **poi che ... pistolenza:** **quando la pestilenza cominciò drasticamente a diffondersi**.
7. **senza testimonio:** **da soli**, senza nessuno che fosse testimone dei loro ultimi istanti di vita.
8. **in gran parte ... pietà:** **in gran parte lasciata perdere quella compassione che invece, in simili occasioni, ci si aspettava dal loro sesso**.
9. **per salute di loro:** sembra da intendere **per evitare il pericolo del contagio**, a cui le avrebbe esposte una intima e pietosa partecipazione ai funerali dei congiunti.
10. **acompagnato:** forma di participio invariato, non concordato (sarebbe "accompagnati"), non rara nella lingua del Trecento.
11. **de' quali:** da legare con il seguente «sotto entravano alla bara»: **alla bara dei quali sotto entravano** ecc.
12. **orrevoli:** **onorevoli**.
13. **maniera di beccamorti:** **sorta di becchini**.
14. **sopravenuti ... gente:** **venuti su dall'infima plebe**.
15. **prezzolata:** **a pagamento**.
16. **tal fiata:** **talvolta**.
17. **oficio:** **ufficio liturgico**, cioè preghiera.
18. **disoccupata:** **vuota**.

T3 Dentro il testo

IN SINTESI

Prima della peste, la morte era certamente un evento tragico: ma il morto spirava a casa sua, fra i suoi cari; venivano le donne, i parenti e il vicinato, a piangerlo nella veglia funebre; fuori casa, gli uomini si assiepavano portando il conforto della loro presenza e della loro solidarietà. Poi venivano i chierici, e con canti e ceri accesi il morto veniva portato, sulle spalle dei più onorevoli concittadini, alla chiesa dove si svolgeva il suo funerale e dove veniva sepolto secondo la sua espressa volontà. Con la peste, invece, anche la morte è diventata disumana. Si muore soli; si è portati via per mano di gente che riceve un compenso, i cosiddetti «beccamorti»; niente funerali solenni, niente sepolture nella chiesa di scelta del defunto; i cadaveri vengono sbrigativamente gettati nella prima tomba vuota disponibile.

I TEMI E L'ESPRESSIONE

UMANO E DISUMANO

Nel rievocare i **costumi precedenti** all'epidemia, questa pagina presenta un mondo profondamente umanizzato e, per così dire, "culturalizzato". Si trattava di un modo umano di morire; un modo di riconciliarsi con l'evento irreparabile della propria esistenza; per via di affetti, per via di rituali comuni e condivisi, per via di una religione che qui non ha evidentemente valenze teologiche o di fede, ma è costume e civiltà. La pestilenza spazza via tutto questo; il morbo è riuscito a **distruggere anche la dignità dei riti funebri**, quei riti ancestrali che, da sempre, fondano il senso di una comunità. Niente più pianti, solidarietà, riti; non c'è più tempo per nulla, nemmeno per la necessaria elaborazione del lutto. Il mondo della peste non ha **più nulla di umano**.

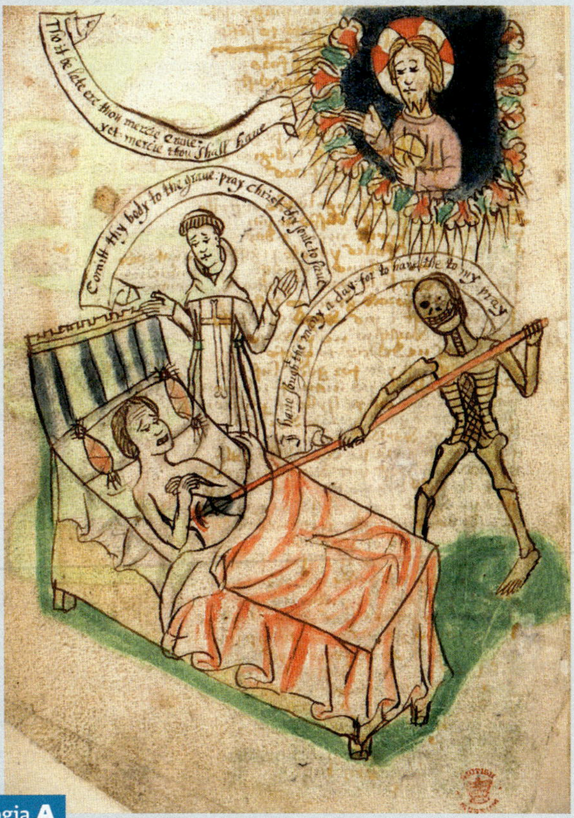

▸ Uomo che sta morendo di peste, XIV-XV secolo (Londra, British Library).

Analisi e interpretazione Tipologia A

LEGGERE CON METODO

COMPRENSIONE GLOBALE

1. Metti a confronto gli usi funebri a Firenze prima e durante la peste completando la tabella.

Prima della peste	Durante la peste
le donne e le vicine si riunivano nella casa del defunto e piangevano con le congiunte più strette	
davanti alla casa del morto si radunavano i vicini e molti cittadini, gente di Chiesa più o meno numerosa a seconda dello *status* del defunto	
le persone della stessa condizione si caricavano la bara sulle spalle e, con ceri e canti, la portavano nella chiesa scelta in vita dal defunto	

LA LINGUA E LE STRUTTURE

2. Nel rievocare la peste, Boccaccio usa uno stile tragico, retoricamente attento. Esamina le scelte sintattiche: i periodi sono per lo più brevi o lunghi? Prevale la paratassi (ovvero la coordinazione) o l'ipotassi (ovvero la subordinazione)? Si tratta di una sintassi semplice e lineare o piuttosto complessa e articolata? Ci sono esempi di strutture sintattiche che si possono ricondurre al modello della prosa latina?
3. In questo passo, centrato sulla contrapposizione degli usi funebri del passato con quelli sopravvenuti con la peste, la figura retorica prevalente è l'antitesi, messa in evidenza da congiunzioni avversative come «ma», «anzi». Trova qualche esempio.

I TEMI E L'INTERPRETAZIONE

4. Sicuramente uno dei punti più impressionanti del brano si ha quando Boccaccio dice «e pochissimi erano coloro a' quali i pietosi pianti e l'amare lagrime de' suoi congiunti fossero concedute, anzi in luogo di quelle s'usavano per li più risa e motti e festeggiar compagnevole». Come si spiega questo comportamento degli amici e dei parenti del morto? Quale involuzione della società viene messa in luce da questo particolare?
5. Perché con la peste anche la morte è divenuta disumana? Quali aspetti della «elaborazione del lutto» sono andati perduti?

T4

Decameron, Introduzione

Via dalla peste: il discorso di Pampinea

Anno: 1349-51

Genere: introduzione alla raccolta di novelle

Argomento: Pampinea spiega alle amiche perché andarsene da Firenze

Allo sfacelo di Firenze che non è più una città, il cronista contrappone un gruppo di sette ragazze fiorentine che un martedì mattina, secondo il loro solito, si danno convegno nella chiesa di Santa Maria Novella, per udire «i loro ufici». Sono in abito di lutto: segno della peste che ha devastato le loro case e le loro famiglie. Ma, se sono fra loro legate da vincoli di parentela, vicinato e amicizia, come viene precisato, significa che sono ancora sensibili a quella socialità che nel resto di Firenze sembra ormai distrutta.

Parafrasi integrale

Noi dimoriamo qui, al parer mio, non altramente che se essere volessimo o dovessimo testimonie di quanti corpi morti ci sieno alla sepoltura recati o d'ascoltare se i frati di qua entro, de' quali il numero è quasi venuto al niente, alle debite ore cantino i loro ufici[1], o a dimostrare a qualunque ci apparisce[2], ne' nostri abiti, la qualità e la quantità delle nostre miserie. E, se di quinci usciamo, o veggiamo corpi morti o infermi trasportarsi da torno, o veggiamo coloro li quali per li loro difetti[3] l'autorità delle publiche leggi già condannò a essilio, quasi quelle schernendo per ciò che sentono gli essecutori di quelle o morti o malati[4], con dispiacevoli impeti per la terra discorrere[5], o la feccia della nostra città, del nostro sangue riscaldata, chiamarsi becchini e in istrazio di noi andar cavalcando e discorrendo per tutto, con disoneste canzoni rimproverandoci i nostri danni[6]; né altra cosa alcuna ci udiamo, se non: – I cotali son morti –,

1. **ufici:** funzioni religiose.
2. **a qualunque ci apparisce:** a chiunque si faccia vedere qui, nella chiesa dove si trovano le donne.
3. **difetti:** reati.
4. **quasi quelle ... malati:** prendendosi gioco delle leggi, visto che chi doveva farle rispettare era o morto o malato.
5. **con dispiacevoli ... discorrere:** scorrazzare per la città («terra») facendo spiacevoli violenze.
6. **o la feccia ... i nostri danni:** ecco di nuovo i «becchini», o «beccamorti», di infima estrazione sociale («sopravenuti di minuta gente», era stato detto ▸ **T3**, p. 532, nota 14), che già si erano visti, per denaro, prestare ufficio ai funerali. Qui li vediamo, quasi eccitati dal sangue dei pochi nobili e uomini da bene rimasti, scorrazzare a cavallo «per tutto», rinfacciando ai sopravvissuti le loro disgrazie con oscene canzoni.

e - Gli altretali sono per morire -; e se ci fosse chi fargli[7], per tutto dolorosi pianti udiremmo. E se alle nostre case torniamo, non so se a voi così come a me adiviene[8]: io, di molta famiglia[9], niuna altra persona in quella se non la mia fante[10] trovando, impaurisco e quasi tutti i capelli adosso mi sento arricciare, e parmi, dovunque io vado o dimoro per quella, l'ombre di coloro che sono trapassati vedere, e non con quegli visi che io soleva, ma con una vista orribile non so donde in loro nuovamente venuta[11], spaventarmi. Per le quali cose, e qui e fuori di qui e in casa mi sembra star male, e tanto più ancora quanto egli mi pare che niuna persona, la quale abbia alcun polso e dove possa andare[12], come noi abbiamo, ci sia rimasa altri che noi. E ho sentito e veduto più volte, se pure alcuni ce ne sono, quegli cotali, senza fare distinzione alcuna dalle cose **oneste** a quelle che oneste non sono, solo che l'appetito le cheggia[13], e soli e accompagnati, di dì e di notte, quelle fare che più di diletto lor porgono[14]; e non che le solute persone[15], ma ancora le racchiuse ne' monisteri, faccendosi a credere che quello a lor si convenga e non si disdica che all'altre[16], rotte della obedienza le leggi, datesi a' diletti

---

7. **se ci fosse chi fargli:** **se ci fosse chi potesse farli**. La devastazione, la gravità dell'epidemia è tale che non ci sono nemmeno più persone per piangere.
8. **adiviene:** **succede**.
9. **famiglia:** nel senso antico di **parenti e servitori**.
10. **fante:** **cameriera**.
11. **con una vista ... venuta:** **con un aspetto orribile che non so da dove gli sia recentemente venuto**.
12. **abbia alcun ... andare:** **abbia qualche risorsa e un posto dove andare**.
13. **cheggia:** **chieda**; quindi, solo che ne abbiano voglia.
14. **quelle fare ... porgono:** **lasciarsi andare alle cose che danno loro più piacere**. Tutti, continuamente, compresi i religiosi, come si precisa subito dopo, si abbandonano ai piaceri dei sensi.
15. **le solute persone:** **le persone libere**, cioè quelle sciolte («solute») dai vincoli religiosi.
16. **faccendosi ... all'altre:** **convincendosi che a loro sia consono ciò che non è disdicevole per gli altri** (per le persone libere).

■ Le parole della tradizione

TROVARE LE PAROLE

▸ **onesto**: dal latino ***honestus***, "onorato", der. di ***honos -oris***, "onore". Si usa per indicare una persona che agisce con onestà e rettitudine

■ Nel discorso di Pampinea si contrappone la disonestà dei costumi, corrotti dalla peste, all'onestà della vita in campagna: «fuggendo come la morte i disonesti essempli degli altri onestamente a' nostri luoghi in contado [...] ce ne andassimo a stare». "Onestà, onesto, onestamente" sono parole chiave del *Decameron*, in cui esprimono in vario modo il rispetto dei valori che sottendono al progetto di ricostruzione del tessuto sociale sconvolto dalla pestilenza; i dieci protagonisti stessi sono ripetutamente definiti «onesta brigata».

■ Nella lingua di oggi, il significato principale dell'aggettivo «onesto» è di natura morale: «onesto» è colui che si astiene da atti malvagi e illeciti, in osservanza dei princìpi della morale e della legge. In passato la gamma di significati era più ampia; dal punto di vista etimologico, «onesto» è collegato a *honos*, *honoris*, "onore"; dunque il significato originario è "degno d'onore", per il comportamento, il ruolo sociale, la superiorità spirituale. Tutte queste sfumature semantiche sono presenti in Dante: ricordiamo almeno il celebre inizio del sonetto *Tanto gentile e tanto onesta pare* [▸ **T4**, p. 285], in cui «onesta» significa contemporaneamente "piena di decoro" e "degna di essere onorata per la sua manifesta superiorità spirituale".

■ Anche nel *Decameron* l'aggettivo è usato in un'ampia gamma di significati, tra cui prevale di gran lunga il valore sociale: «onesto» è sì ciò che è conforme alla morale - le donne caste e attente al loro buon nome - ma soprattutto i comportamenti improntati alle buone maniere, alla dignità formale, alle norme sociali. In diversi passi il termine si svincola da ogni considerazione morale e sociale, assumendo semplicemente il valore generico di "conveniente, adatto alle circostanze": più volte una scusa ben trovata è definita «onesta cagione», ovvero un pretesto credibile, benché del tutto falso.

▲ «I giovani si ritrovano nella chiesa di Santa Maria Novella e si accordano di abbandonare Firenze e cercare sollievo in campagna, miniatura dal manoscritto del *Decameron* realizzato per Teofilo Calcagnini alla corte degli Este di Ferrara (Oxford, Bodleian Library).

carnali, in tali guisa avvisando scampare[17], son divenute lascive e dissolute. E se così è, che essere manifestamente si vede, che faccian noi qui, che attendiamo, che sognamo? perché più pigre e lente alla nostra salute che tutto il rimanente de' cittadini siamo? reputianci noi men care[18] che tutte l'altre? o crediamo la nostra vita con più forti catene esser legata al nostro corpo che quella degli altri sia, e così di niuna cosa curar dobbiamo, la quale abbia forza d'offenderla? Noi erriamo, noi siamo ingannate: che bestialità è la nostra se così crediamo? quante volte noi ci vorrem ricordare chenti[19] e quali sieno stati i giovani e le donne vinte da questa crudel pestilenzia, noi ne vedremo apertissimo argomento. E per ciò [...] io giudicherei ottimamente fatto che noi, sì come noi siamo[20], sì come molti innanzi a noi hanno fatto e fanno, di questa terra[21] uscissimo, e fuggendo come la morte i disonesti essempli degli altri onestamente a' nostri luoghi in contado, de' quali a ciascuna di noi è gran copia[22], ce ne andassimo a stare; e quivi quella festa, quella allegrezza, quello piacere che noi potessimo, senza trapassare in alcuno atto il segno della ragione, prendessimo. Quivi s'odono gli uccelletti cantare, veggionvisi verdeggiare i colli e le pianure, e i campi pieni di biade non altramenti ondeggiare che il mare, e d'alberi ben mille maniere, e il cielo più apertamente[23], il quale, ancora che crucciato ne sia, non per ciò le sue bellezze

17. in tali ... scampare: pensando così di trovare scampo.
18. men care: meno preziose. Pampinea si chiede se lei e le compagne credano di esser gente di così poco valore, che non valga la pena di occuparsi della loro propria sorte.
19. chenti: di quale natura.
20. sì ... siamo: viste le nostre condizioni.
21. di questa terra: da questa città; da Firenze.
22. a ciascuna ... copia: ognuna ne possiede in gran numero.
23. e il cielo più apertamente: sottintendi «vi si vede», dal «veggionvisi» di prima.

eterne ne nega, le quali molto più belle sono a riguardare che le mura vote della nostra città; e èvvi[24], oltre a questo, l'aere assai più fresco, e di quelle cose che alla vita bisognano in questi tempi v'è la copia maggiore e minore il numero delle noie[25]. Per ciò che, quantunque quivi così muoiano i lavoratori[26] come qui fanno i cittadini, v'è tanto minore il dispiacere quanto vi sono più che nella città rade le case e gli abitanti. E qui d'altra parte, se io ben veggio, noi non abbandoniam persona, anzi ne possiamo con verità dire molto più tosto abbandonate: per ciò che i nostri, o morendo o da morte fuggendo, quasi non fossimo loro, sole in tanta afflizione n'hanno lasciate[27].

24. **èvvi:** vi è.
25. **noie:** fastidi. «Noia», in italiano antico, non aveva il significato odierno.
26. **i lavoratori:** dei campi, i contadini.
27. **sole ... lasciate:** dettaglio non trascurabile: queste donne non solo hanno visto morire i loro familiari, ma si sono viste anche abbandonare dai parenti che sono già fuggiti da Firenze.

T4 Dentro il testo

IN SINTESI

Il discorso di Pampinea si articola in due sezioni. Nella prima, la ragazza offre un'immagine desolata della città in preda alla peste, insistendo non tanto sugli aspetti orrifici della situazione, quanto sulle sue conseguenze sociali, nei confronti della vita civile di Firenze: gli esiliati che sono tornati in città schernendo le leggi, l'amministrazione della giustizia abbandonata a se stessa, la "feccia" del popolo imperversante per le strade, perfino i religiosi, ormai ribelli a ogni regola, e indecenza e disordine dappertutto. Da questa sconsolata diagnosi, tramite una "cerniera" costituita da una serie di domande retoriche («E se così è ... che faccian noi qui?» ecc.), Pampinea passa alla seconda parte del suo discorso, quella propositiva: «E per ciò [...] io giudicherei ottimamente fatto che noi ... di questa terra uscissimo». L'abbandono di Firenze appestata, dunque, non è presentato come una decisione impulsiva, dettata dal terrore, o da una superficiale illusione di scampare all'epidemia (Pampinea chiarisce molto bene che anche in campagna «il cielo è crucciato», cioè minaccia morte), ma da un ragionamento pienamente ponderato. Già in questo discorso si annuncia una delle caratteristiche di tutto il libro: l'uso della parola come capacità di lettura della realtà, e come strumento di dominio e progetto dell'esistenza umana.

I TEMI E L'ESPRESSIONE

IL BISOGNO DI NORMALITÀ

Se le sette ragazze si ostinano a venire ogni mattina in chiesa, non è soltanto per una loro fede individuale, ma perché ostinatamente osservano il costume normale di quando la peste non c'era, ed era abitudine comune di cominciare la propria giornata con la messa. Ed è proprio questo **bisogno di ricostruire una vita "normale"**, che spinge Pampinea, la più matura delle sette (ha ventotto anni), a proporre il suo progetto.

UN RICHIAMO ALLA RAGIONE E ALLA REALTÀ

L'elaborato ragionamento di Pampinea sembra perfino eccessivo, nel suo scrupolo di perorare la sua causa: abbandonare la città, riparare in campagna. Essa insiste però nell'inquadrare la sua proposta in maniera molto **consequenziale**: non si offende nessuno quando si usa la propria ragione; la ragione, sostiene Pampinea, ci dice che il primo obbligo che abbiamo verso noi stessi è tutelare la nostra esistenza; dunque, chi potrà mai criticarci se troviamo un rimedio per proteggere le nostre vite? Chi potrà trovare da ridire, se questo rimedio sarà allontanarsi dalla città impestata? Con questo ragionamento in realtà Pampinea **si sta difendendo da una possibile accusa**: quella **di disertare la città**, e di venir meno in tal modo all'impegno che lei e le sue compagne hanno assolto finora, quello di rimanere fedeli alla normalità della vita di tutti i giorni, pur nell'infuriare della peste. Ma ormai quella fedeltà, dice Pampinea, è diventata assurda e pericolosa, perché Firenze, **come corpo sociale**, non esiste più. Sarà allora lecito **prendere atto della realtà**, e cercare un rifugio altrove. Non si tratta certo di illudersi di scampare al contagio. Pampinea chiede soltanto di riconoscere la vanità degli sforzi con cui fino a questo martedì mattina lei e le sue compagne hanno tenuto in piedi un'apparenza di normalità ormai insostenibile. Una qualche normalità, se possibile, andrà ricostruita altrove.

UN INCISO SIGNIFICATIVO

Nel suo discorso, Pampinea sottolinea in modo particolare che lei e le sue compagne sono state **abbandonate a se stesse**. Le loro case sono vuote di familiari, e Pampinea stessa, tornando a casa, non ci trova che la sua cameriera, o «l'ombre di coloro che sono trapassati»: non a caso queste fanciulle sono tutte vestite a lutto. Ma, alla fine del suo discorso, Pampinea precisa che i loro familiari le hanno abbandonate, non solo soccombendo al morbo, ma dandosi alla fuga: «i nostri, o morendo o *da morte fuggendo, quasi non fossimo loro*, sole in tanta afflizione n'hanno lasciate». È un inciso particolarmente doloroso, e che nello stesso tempo **giustifica moralmente** tutta la cornice del *Decameron*. I familiari, quelli a cui spettava la tutela di queste ragazze, le hanno lasciate sole. È dunque legittimo che esse prendano in mano la loro sorte, e cerchino di ricostruire autonomamente, senza alcuna guida ulteriore, laica o religiosa, almeno una parvenza di vita ordinata. Per cui anche la convivenza in campagna con tre rappresentanti dell'altro sesso - inconcepibile in tempi normali - potrà essere **legittimata**. La peste ha lasciato Pampinea e le sue compagne senza protezione; ma, paradossalmente, le ha anche investite di una **nuova, inedita libertà**.

Analisi e interpretazione Tipologia A

LEGGERE CON METODO

COMPRENSIONE GLOBALE

1. Come si presenta Firenze agli occhi di Pampinea? Qual è la situazione nella sua stessa casa?
2. Che cosa propone a amiche e parenti?
3. Per quali motivi la vita in campagna è preferibile a quella in città?

LA LINGUA E LE STRUTTURE

4. Nel *Decameron*, il discorso di Pampinea è il primo esempio di un ragionamento argomentato (ne troveremo molti altri, pronunciati tanto dai novellatori quanto dai personaggi delle novelle). Ricostruiscine la struttura argomentativa completando la tabella:

Tesi	
Argomenti a favore	

5. Nella descrizione della campagna, sottolinea tutte le espressioni che la connotano positivamente, secondo il modello del *locus amoenus* (ovvero di un luogo letterariamente idealizzato).

I TEMI E L'INTERPRETAZIONE

6. I due scopi della proposta di Pampinea sono chiaramente espressi in questo passo: «fuggendo come la morte i disonesti essempli degli altri onestamente a' nostri luoghi in contado [...] ce ne andassimo a stare». Le due parole chiave, in antitesi, «disonesti / onestamente», mettono in luce la contrapposizione tra la corruzione dei costumi nella città sconvolta dalla peste e il progetto che Pampinea propone. Ancora più che fuggire la morte, qual è dunque l'intento principale che si prefigge?

Interpretare il mondo

Epidemie oggi: le reazioni collettive

La «morte nera», come veniva chiamata la peste, è stata la più grande forma di **paura collettiva** dei secoli passati, ben più delle guerre o delle carestie. Dopo aver decimato più volte la popolazione europea, la peste sembra oggi essere stata debellata.
Ciò non toglie che, anche ai giorni nostri, esistano epidemie, le quali si possono rapidamente trasformare in **pandemie** (possono cioè diffondersi a livello mondiale), grazie alla facilità con la quale uomini e merci si spostano da un luogo all'altro del pianeta. Alcune patologie hanno nomi meno spaventosi della peste, ma non per questo sono meno pericolose. L'**influenza**, per esempio, è una patologia contro la quale non esistono rimedi universali e "miracolosi", e anche i vaccini coprono solo alcune varianti del virus. Ma solo un centinaio di anni fa, l'influenza cosiddetta **«spagnola»** colpì il pianeta facendo circa 50 milioni di vittime; il contagio, anche se dovuto a un virus di ceppo diverso, si ripeté nel 1957 (due milioni di morti) e nel 1968 (un milione). Altre patologie di origine virale sembrano per ora più controllabili, perché il relativo virus non si trasmette così facilmente (come per esempio il virus Ebola).
Le **reazioni collettive** nel passato sono state **fatalistiche**, poiché nessuno conosceva le cause dei contagi, né esistevano microscopi così potenti da isolare virus e batteri; l'unica difesa possibile era la fuga (per esempio Petrarca riuscì a sfuggire alla peste, che uccise in diversi momenti sia Laura sia il figlio Giovanni); chi non poteva fuggire, come la gran parte della popolazione urbana che non aveva alcun mezzo per lasciare una città colpita, poteva rifugiarsi solo nella speranza e nelle preghiere.
Quali potrebbero essere le **reazioni odierne** a un'epidemia? Fino a ora abbiamo esempi dettati soprattutto dalla fantasia dei romanzieri e degli sceneggiatori. Nel suo romanzo *La peste* (1947), lo scrittore francese **Albert Camus** immaginò questo scenario: la città di Orano, colpita dal contagio, viene chiusa da un cordone sanitario; i cittadini reagiscono in due modi distinti: da una parte c'è chi si comporta come se niente fosse accaduto, continuando la vita di tutti i giorni, dall'altra c'è chi si rinchiude in casa, tappando porte e finestre, evitando qualsiasi contatto con altri esseri umani.
La peste evoca di per sé scenari apocalittici, mentre le attuali pandemie, come quella causata dal virus HIV (responsabile dell'AIDS), che ha già provocato 25 milioni di vittime, sembrano non essere considerate con lo stesso allarmismo. Infatti, il virus HIV nelle sue diverse varianti continua a diffondersi, nonostante siano note da tempo le sue modalità di trasmissione (scambio di sangue infetto oppure contatti sessuali non protetti). L'**infettivologia** (cioè la scienza che studia i virus e la loro trasmissione) ci dice che sarà fondamentale, in caso di prossime epidemie, il comportamento consapevole degli esseri umani.

«Durante la pandemia del 1918-19, nessuno conosceva la causa della malattia. Il patogeno criminale era invisibile, nessuno era in grado di capirlo o dargli un nome, perché la virologia all'epoca era appena agli albori. Non esistevano tecniche per isolare i virus, né microscopi elettronici. Il virus responsabile della spagnola [...] fu identificato con precisione soltanto nel... 2005!»

(D. Quammen, *Spillover. L'evoluzione delle pandemie*, trad. it. di L. Civalleri, Adelphi, Milano 2014)

RIFLESSIONE CRITICA | **Tipologia C**

1. Conosci qualche caso di paura collettiva di fronte a una malattia?
2. Prova a immaginare un virus che provochi una pandemia simile alla peste. Quali potrebbero essere, secondo te, le reazioni delle persone? Sarebbero diverse a seconda della cultura di appartenenza, o del livello di istruzione? Oppure sarebbero uguali per tutti? Esponi le tue idee in un dibattito in classe.

Come si legge...

LEGGERE CON METODO

Una novella di Boccaccio

COMPRENSIONE GLOBALE

■ Leggi con attenzione la **rubrica**, cioè il brevissimo riassunto che precede la novella, scritto da Boccaccio stesso allo scopo di orientare i lettori nella scelta delle novelle più adatte ai loro gusti e alle loro esigenze morali. Ti permetterà di individuare i nodi narrativi della vicenda.

■ Aiutandoti con le note, leggi una prima volta la novella **per intero**, senza preoccuparti di capire tutto.

LA LINGUA: GRAFIA E LESSICO

■ Le difficoltà nella lingua di Boccaccio non mancano, e per leggerla con maggiore scioltezza devi familiarizzare con alcune peculiarità. Le **note** ti permetteranno di capire il significato delle parole che non si usano più o che hanno mutato grafia.

LA LINGUA: LA SINTASSI

■ Le maggiori difficoltà di lettura del *Decameron* derivano non tanto dalla grafia o dal lessico, quanto dalla sintassi. Infatti, Boccaccio, nell'intento di creare una prosa nobile e raffinata, si rifece ampiamente a modelli letterari latini; ne nasce un **periodare ampio e complesso**, che a sua volta ha fortemente influenzato la prosa italiana almeno fino al Settecento. I tratti distintivi più evidenti sono:

- periodi lunghi con forte ricorso alla **subordinazione**, con subordinate che si incastrano l'una nell'altra; inoltre, spesso la principale si colloca a fine periodo;
- possibilità di iniziare un periodo con una **subordinata relativa**, che assume la funzione di reggente: «*Al qual servigio* gli fu molto più la fortuna benivola che alla mercatantia stata non era»;
- **strutture ellittiche** che imitano la costruzione latina dell'ablativo assoluto, ottenute perlopiù eliminando il gerundio dei verbi ausiliari: «e trovato comperatore» ("dopo aver trovato un acquirente");
- frequente collocazione degli **aggettivi prima del sostantivo**: «la più dilettevole parte d'Italia» ("la parte d'Italia più piacevole");
- tendenza a collocare il **verbo alla fine del periodo**: «e sopra una cassetta di gioie piene scampa» ("e riesce a salvarsi sopra una cassetta piena di gioielli");
- inversione della posizione di **verbo principale e ausiliare**: «ancora che molte volte il dì avanti la morte *chiamata avesse*» ("anche se il giorno prima aveva invocato la morte molte volte");
- nei predicati formati da verbi ausiliari, fraseologici, modali, dislocazione del participio o dell'infinito, collocato talvolta molto **lontano dal verbo principale** (tramite la figura retorica dell'iperbato): «trovò *essere* più altri legni *venuti*» ("scoprì che erano venute altre navi");
- uso più esteso, rispetto alla lingua attuale, di **subordinate** oggettive, soggettive, dichiarative all'infinito, a imitazione della costruzione infinitiva latina: «avisando quella *non potere sì poco valere*» ("pensando che quella non potesse valere così poco");
- secondo il modello latino, i verbi ***temere* e *dubitare*** sono costruiti con *non*: «*temendo non* quella cassa forse il percotesse» ("temendo che quella cassa potesse colpirlo").

LETTURA ANALITICA: LE STRUTTURE NARRATIVE, I TEMI, L'INTERPRETAZIONE

■ Rileggi ora la novella per individuarne le strutture narrative. In questa fase presta attenzione ai seguenti elementi:

- il **genere** testuale (novella d'avventura, motto, beffa ecc.);
- il **ritmo** narrativo, dato dall'alternarsi di sommari, scene e, sebbene più raramente, pause descrittive e riflessive;
- l'**ambientazione**;
- la caratterizzazione dei **personaggi**, specie attraverso il dialogato;
- il **punto di vista** (focalizzazione) attraverso cui è condotta la narrazione.

■ Concentrati infine sull'interpretazione della novella, individuandone il **tema** o i temi principali.

▸ Giovanni Francesco Rustici, *Cenotafio di Giovanni Boccaccio* (Certaldo, SS. Michele e Jacopo).

Prima giornata

Il formarsi della brigata Il progetto di Pampinea viene presto approvato, in linea di principio. Tuttavia, sette donne sole? La discretissima Filomena si permette di avanzare qualche dubbio: sarebbe molto meglio procurarsi un qualche appoggio, che Elissa, meno timida, riconosce subito nella **necessità di una guida maschile**. Ed ecco che la sorte interviene facendo entrare in chiesa tre giovani uomini, Panfilo, Filostrato, Dioneo. Se l'età delle ragazze va dai diciotto ai ventotto (di Pampinea), di questi giovani uomini nessuno ha meno di venticinque anni; dunque, la compagnia che si va organizzando è quella di giovani sì, ma di **giovani-adulti**, specie considerando i criteri del tempo di Boccaccio; giovani maturi e affidabili, capaci di reggere con "onestà" alla prova che li attende. La quale prova è la **convivenza comune**, in campagna: progetto ardito, tant'è vero che quando Pampinea, con la sua solita franchezza, fa lei stessa la proposta ai tre giovanotti, essi «si credettero primieramente essere beffati». Ma, una volta superate queste prime esitazioni, la brigata è presto allestita, e la partenza dalla città segue senza indugi. In campagna, i dieci giovani, con spirito perfettamente concorde, si applicano a ricreare un **regime di normalità**, di socialità civile, onesta, regolata. Ogni giorno ci sarà un **re** o una **regina**, democraticamente indicati la sera precedente, che disporrà l'organizzazione della giornata successiva; in particolare, dietro suggerimento di Pampinea, la prima regina, le ore calde del pomeriggio saranno dedicate ogni giorno al raccontare novelle. E così, fin dal mercoledì in cui la brigata si gode il primo giorno di fuga dalla peste, può cominciare il vero e proprio *Decameron*:

▶ T La marchesana di Monferrato (I, 5)

> Comincia la prima giornata del Decameron, nella quale [...] sotto il reggimento di Pampinea si ragiona di quello che più aggrada a ciascheduno.

Una giornata "improvvisata" La prima giornata del *Decameron*, come la nona, non ha un tema fisso. Tuttavia, tra questa e la nona c'è una sostanziale differenza. In quest'ultima sarà la regina, Emilia, a dare in anticipo esplicita licenza alla brigata di pensare novelle tra loro tematicamente slegate; qui invece Pampinea, regina di questa prima giornata, introduce per la prima volta l'abitudine di novellare durante le **ore calde del giorno**, invitando i suoi compagni a dar subito inizio al costume su cui poi è costruito tutto il libro. Insomma, per questa prima giornata più che di «tema libero» si dovrebbe parlare di **«tema improvvisato»**, visto che i narratori non hanno avuto alcun tempo di prepararsi al loro compito come invece avverrà d'ora in avanti. Anche la prima giornata così improvvisata, tuttavia, presenta a ben vedere una **struttura precisa**: le prime tre novelle sono di carattere religioso, le altre sette son novelle di motto, in cui si correggono, mediante battute mordaci e appropriate, i costumi scortesi. In particolare, le prime tre novelle rispondono così al costume medievale di incominciare ogni atto di scrittura (in effetti, ogni gesto della vita quotidiana) con un riferimento alla fede, una sorta di segno della croce. Tuttavia, questo "obbligo" devozionale è qui **rovesciato ironicamente**, visto che le tre novelle di apertura parleranno di una falsa confessione e di un falso santo (la prima), di un ebreo che si converte al cristianesimo perché convinto che una Chiesa corrotta come quella di Roma non potrebbe reggersi se non fosse di origine divina (la seconda), e infine di un saggio ebreo che dimostra al Saladino l'equivalenza delle tre religioni "del libro", la giudea, la cristiana e la musulmana (la terza). Il segno di croce iniziale si ribalta dunque in presentazioni quanto meno **paradossali della fede cattolica**, come si vedrà soprattutto nella novella di ser Ciappelletto, che leggeremo.

GUIDA ALLO STUDIO

1. Perché i tre ragazzi si aggregano alle sette ragazze?
2. Qual è il tema della prima giornata?
3. Perché le prime tre novelle sono di tema religioso?
4. In che senso la tematica religiosa di queste prime tre novelle è ribaltata da Boccaccio?

T5

Decameron, I, 1

Ser Ciappelletto

AUDIOLIBRO

Anno: 1349-51

Genere: novella

Argomento: il peccatore Ciappelletto riesce a imbrogliare il suo confessore

Parafrasi integrale

Questa novella racconta di una vera e propria "impostura" religiosa, perpetrata ai danni dei religiosi e dei fedeli della Borgogna dal gran peccatore Ciappelletto, il quale, in punto di morte, chiede di confessarsi; la sua confessione toglierà dall'imbarazzo i suoi ospiti, i quali, anzi, ne ricaveranno un notevole guadagno, avendo ospitato in casa un così sant'uomo.

Ser Cepparello con una falsa confessione inganna uno santo frate, e muorsi[1]*; e, essendo stato un pessimo uomo in vita, è morto*[2] *reputato per santo e chiamato san Ciappelletto.*[3]

[Messer Musciatto Franzesi, grande mercante e finanziere fiorentino, molto potente in terra di Francia, è costretto a tornare in Italia per sbrigarvi certe sue faccende. Prima di partire, affida i suoi affari a persone di fiducia; ma per riscuotere i suoi crediti in Borgogna, dove gli abitanti sono «riottosi» e «misleali» e «pieni d'inganni», gli occorre qualcuno particolarmente spregiudicato. La scelta cade su un certo ser Cepparello (o Ciappelletto) di Prato, del quale si offre il seguente ritratto.]

Era questo Ciappelletto di questa vita[4]: egli, essendo notaio, avea grandissima vergogna quando uno de' suoi strumenti[5], come che pochi ne facesse, fosse altro che falso trovato; de' quali[6] tanti avrebbe fatti di quanti fosse stato richesto, e quegli più volentieri in dono che alcun altro grandemente salariato[7]. Testimonianze false con sommo diletto diceva, richesto e non richesto[8]; e dandosi a que' tempi in Francia a' saramenti grandissima fede[9], non curandosi fargli falsi, tante quistioni[10] malvagiamente vincea a quante a giurare di dire il vero sopra la sua fede[11] era chiamato. Aveva oltre modo piacere, e forte vi studiava[12], in commettere[13] tra amici e parenti e qualunque altra persona mali e inimicizie e scandali[14], de' quali[15] quanto maggiori mali vedeva seguire tanto più d'allegrezza prendea. Invitato a un omicidio o a qualunque altra rea cosa[16], senza negar-

rr. 3-27 Ritratto di ser Ciappelletto: notaio amante degli atti falsi; incline a compiere con piacere qualsiasi nefandezza, compreso l'omicidio; bestemmiatore e sacrilego; goloso e gran bevitore. In poche parole, l'uomo peggiore che sia mai esistito

1. **muorsi:** **muore**; il verbo nella lingua antica poteva essere anche riflessivo.
2. **morto:** **una volta morto**, cioè dopo la sua morte.
3. Nessuna fonte precisa per questa novella; peraltro, i suoi protagonisti sono personaggi storici ben documentati (vedi note successive). Il motivo della falsa confessione non è nuovo; così quello del malvivente che, morto, viene fatto passare per santo: ad esempio, presso Tours, in Francia, secondo quanto riferito dalla *Vita* di San Martino di Sulpizio Severo, si venerava il sepolcro di un brigante (Branca).
4. **di questa vita:** **di tali costumi**.
5. **strumenti:** **atti notarili**.
6. **de' quali:** riferimento agli «strumenti» falsi, cioè agli atti illegali che il notaio Ciappelletto provava così gran gusto a produrre.
7. **e quegli ... grandemente salariato:** sottinteso «avrebbe fatto». Ser Ciappelletto avrebbe fatto atti falsi gratis, capitandogliene l'occasione, molto più volentieri di quanto un altro avrebbe fatto atti legali dietro pagamento di grandi salari, cioè di ricche parcelle.
8. **richesto e non richesto:** **quando glielo chiedevano, ma anche spontaneamente**.
9. **dandosi ... grandissima fede:** **attribuendosi a quei tempi in Francia grandissima fiducia** («fede») **ai giuramenti** («saramenti»).
10. **quistioni:** **cause**, **processi**.
11. **sopra la sua fede:** **sulla sua parola**. Non curandosi di giurare il falso in una società dove il rispetto del giuramento era tale da non concepirsi che qualcuno potesse infrangerlo, ser Ciappelletto aveva evidentemente buon gioco sui suoi avversari.
12. **forte vi studiava:** **ci si impegnava fortemente**.
13. **in commettere:** **nell'insinuare**.
14. **scandali:** **contrasti**.
15. **de' quali:** **in conseguenza dei quali**.
16. **rea cosa:** **reato**, **azione malvagia**.

lo mai, volonterosamente[17] v'andava, e più volte a fedire[18] e a uccidere uomini con le proprie mani si ritrovò volentieri. Bestemmiatore di Dio e de' santi era grandissimo, e per ogni piccola cosa, sì come colui che più che alcuno altro era iracundo[19]. A chiesa non usava giammai[20], e i sacramenti di quella tutti come vil[21] cosa con abominevoli parole scherniva; e così in contrario le taverne e gli altri disonesti luoghi visitava volentieri e usavagli[22]. Delle femine era così vago come sono i cani de' bastoni[23]; del contrario[24] più che alcun altro tristo[25] uomo si dilettava. Imbolato avrebbe e rubato[26] con quella coscienza che un santo uomo offerrebbe[27]. Gulosissimo[28] e bevitor grande, tanto che alcuna volta sconciamente gli facea noia[29]. Giucatore e mettitore di malvagi dadi era solenne[30]. Perché mi distendo io in tante parole[31]? egli era il piggiore uomo forse che mai nascesse.

[Per cominciare a riscuotere i crediti di Messer Musciatto (il quale, evidentemente, esercitava l'usura, come molti mercanti del suo tempo), Ciappelletto si trasferisce in Borgogna, presso una coppia di fratelli, pure italiani (e usurai anche loro). Qui, improvvisamente, cade ammalato, e si riduce in fin di vita. I suoi ospiti si trovano così in grave imbarazzo: conoscendo i suoi costumi, temono che ser Cepparello muoia senza confessarsi, e quindi senza ricevere un funerale religioso, il che li metterebbe in pessima luce presso la comunità in cui vivono, che già non li vede di buon occhio, dato il loro odioso mestiere. Ma ci penserà ser Cepparello in persona a cavarli d'impaccio.]

rr. 28-40 Ser Ciappelletto convoca i suoi ospiti e, per trarli fuori da ogni imbarazzo, chiede loro di procurare un confessore.

Ser Ciappelletto, il quale, come dicemmo, presso giacea là dove costoro così ragionavano, avendo l'udire sottile, sì come le più volte veggiamo aver gl'infermi, udì ciò che costoro di lui dicevano; li quali egli si fece chiamare, e disse loro: - Io non voglio che voi d'alcuna cosa di me dubitiate[32] né abbiate paura di ricevere per me[33] alcun danno. Io ho inteso ciò che di me ragionato avete e son certissimo che così n'averrebbe come voi dite, dove così andasse la bisogna[34] come avvisate[35]: ma ella andrà altramenti[36]. Io ho, vivendo, tante ingiurie fatte a Domenedio, che, per farnegli io una ora in su la mia morte, né più né meno ne farà[37]; e per ciò procacciate di

17. **volonterosamente:** volentieri, di sua propria volontà.
18. **fedire:** ferire.
19. **iracundo:** facile all'ira.
20. **non usava giammai:** non ci andava mai, non aveva l'abitudine di andarci.
21. **vil:** di poco conto, spregevole.
22. **usavagli:** li usava, ci soleva andare.
23. **Delle femine ... de' bastoni:** Le donne gli piacevano come piacciono ai cani le bastonate; ser Ciappelletto è un omosessuale, che detesta il sesso femminile.
24. **del contrario:** cioè del sesso con uomini, dei rapporti omosessuali.
25. **tristo:** malvagio, perverso (da non confondersi con «triste», comunque poco usato nella lingua antica).
26. **Imbolato ... rubato:** «imbolare» (anche «involare») indica il furto di nascosto; «rubare», il furto accompagnato da violenza.
27. **con quella ... offerrebbe:** con quella coscienza con cui un sant'uomo offrirebbe l'elemosina. Si contrappone l'atto di sottrarre a quello di offrire: il furto alla carità.
28. **Gulosissimo:** Golosissimo.
29. **sconciamente ... noia:** talvolta tutto quel bere e mangiare senza misura gli faceva disgustosamente («sconciamente») male.
30. **mettitore ... solenne:** cioè, era un baro bravissimo («solenne»), che giocava con dadi truccati («malvagi»).
31. **Perché ... parole?:** Perché la sto facendo così lunga?
32. **che voi ... dubitiate:** che voi siate in apprensione di nulla riguardo a me.
33. **per me:** per colpa mia.
34. **la bisogna:** la faccenda.
35. **avvisate:** pensate, prevedete.
36. **altramenti:** in ben altro modo.
37. **né più ... ne farà:** Dio non ne terrà conto; nel bilancio finale della sua esistenza, ciò che ser Ciappelletto sta per fare non inciderà né in senso positivo né negativo: una più, una meno... Si noti che da questa battuta si deduce che il personaggio, tutt'altro che ateo, sta invece ingaggiando un'ultima partita con «Domenedio».

farmi venire un santo e valente frate, il più[38] che aver potete, se alcun ce n'è; e lasciate fare a me, ché fermamente io acconcerò[39] i fatti vostri e' miei in maniera che starà bene e che dovrete esser contenti.

I due fratelli, come che molta speranza non prendessono[40] di questo, nondimeno se n'andarono ad una religione[41] di frati e domandarono alcuno santo e savio uomo che udisse la confessione d'un lombardo che in casa loro era infermo; e fu lor dato un frate antico[42] di santa e di buona vita e gran maestro in Iscrittura[43] e molto venerabile uomo, nel quale tutti i cittadini grandissima e speziale divozione aveano, e lui menarono. Il quale, giunto nella camera dove ser Ciappelletto giacea e allato postoglisi a sedere[44], prima benignamente il cominciò a confortare, e appresso il domandò quanto tempo era che egli altra volta[45] confessato si fosse.

rr. 41-50 I suoi ospiti procurano a Ciappelletto un confessore esemplare.

Al quale ser Ciappelletto, che mai confessato non s'era, rispose: - Padre mio, la mia usanza suole essere di confessarsi ogni settimana almeno una volta, senza che[46] assai sono di quelle che io mi confesso più; è il vero che poi che io infermai[47], che son passati a otto dì, io non mi confessai tanta è stata la noia[48] che la infermità m'ha data -.

rr. 51-67 Inizia la confessione di ser Ciappelletto, dalla quale emerge il ritratto di un uomo irreprensibile e devoto.

Disse allora il frate: - Figliuol mio, bene hai fatto, e così si vuol fare per innanzi[49]; e veggio che, poi[50] sì spesso ti confessi, poca fatica avrò d'udire o di domandare -.

Disse ser Ciappelletto: - Messer lo frate, non dite così: io non mi confessai mai tante volte né sì spesso, che io sempre non mi volessi confessare generalmente[51] di tutti i miei peccati che io mi ricordassi dal dì che io nacqui infino a quello che confessato mi sono; e per ciò vi priego, padre mio buono, che così puntalmente[52] d'ogni cosa mi domandiate come se mai confessato non mi fossi; e non mi riguardate perché io infermo sia[53], ché io amo molto meglio di dispiacere a queste mie carni che, faccendo agio loro[54], io facessi cosa che potesse essere perdizione dell'anima mia, la quale il mio Salvatore ricomperò col suo prezioso sangue[55] -.

---

38. il più: **il più santo e valente**.
39. acconcerò: **sistemerò**.
40. come che ... prendessono: **sebbene non avessero molta speranza**.
41. religione: **convento**.
42. antico: **molto vecchio**.
43. gran maestro in Iscrittura: **grande esperto di Sacra Scrittura**, quindi di grande dottrina.
44. allato ... a sedere: **messosi a sedere a fianco del letto di ser Ciappelletto**.
45. altra volta: **l'ultima volta**.
46. senza che: **senza contare che**.
47. poi che io infermai: **dopo che mi ammalai**.
48. la noia: **il fastidio**.
49. e così ... per innanzi: **e così si deve continuare a fare in futuro**.
50. poi: **poiché**.
51. confessare generalmente: ser Ciappelletto esagera, ma la confessione generale, cioè il bilancio finale di tutta la propria vita di peccatore, non era inusuale, in effetti, in punto di morte.
52. puntalmente: **punto per punto**.
53. non mi riguardate ... sia: **non mi usate riguardo perché sono malato**. Ser Ciappelletto invita il confessore a non esitare a sottoporlo alla fatica di una lunga confessione per riguardo alla sua debolezza di infermo.
54. faccendo agio loro: **indulgendo ai loro comodi**.
55. il mio Salvatore ... sangue: **che Cristo riscattò morendo per la redenzione dei peccati**.

rr. 68-83 Su richiesta di Ciappelletto, il confessore lo interroga seguendo lo schema dei sette vizi capitali, a cominciare dalla lussuria.

Queste parole piacquero molto al santo uomo e parvongli argomento[56] di bene disposta mente: e poi che a ser Ciappelletto ebbe molto commendato[57] questa sua usanza, il cominciò a domandare se egli mai in lussuria[58] con alcuna femina peccato avesse.

Al quale ser Ciappelletto sospirando rispose: - Padre mio, di questa parte mi vergogno io di dirvene il vero temendo di non peccare in vanagloria -.

Al quale il santo frate disse: - Dì sicuramente, ché il vero dicendo né in confessione né in altro atto si peccò giammai -.

Disse allora ser Ciappelletto: - Poiché voi di questo mi fate sicuro, e io il vi dirò[59]: io son così vergine come io usci' del corpo della mamma mia[60] -.

- Oh benedetto sie tu da Dio! - disse il frate - come bene hai fatto! e, faccendolo, hai tanto più meritato, quanto, volendo, avevi più d'albitrio di fare il contrario[61] che non abbiam noi e qualunque altri son quegli che sotto alcuna regola son constretti[62] -.

rr. 84-102 Segue la gola.

E appresso questo il domandò se nel peccato della gola aveva a Dio dispiaciuto[63]. Al quale, sospirando forte, ser Ciappelletto rispose di sì e molte volte; per ciò che, con ciò fosse cosa che egli, oltre alli digiuni delle quaresime che nell'anno si fanno dalle divote persone, ogni settimana almeno tre dì fosse uso di digiunare in pane e in acqua[64], con quello diletto e con quello appetito l'acqua bevuta aveva, e spezialmente quando avesse alcuna fatica durata o adorando[65] o andando in pellegrinaggio, che fanno i gran bevitori il vino; e molte volte aveva disiderato d'avere cotali insalatuzze d'erbucce[66], come le donne fanno quando vanno in villa[67], e alcuna volta gli era paruto migliore il mangiare che non pareva a lui che dovesse parere a chi digiuna per divozione, come digiunava egli[68].

Al quale il frate disse: - Figliuol mio, questi peccati sono naturali e sono assai leggieri, e per ciò io non voglio che tu ne gravi più la coscienza tua che bisogni[69].

---

56. **parvongli argomento:** gli parvero indizio.
57. **commendato:** lodato.
58. **lussuria:** comincia l'esame del confessore, scandito secondo i sette peccati capitali: lussuria, gola, avarizia, ira; mancheranno tuttavia all'appello superbia, accidia e invidia.
59. **e io il vi dirò:** allora io ve lo dirò. Costruzione paraipotattica, con la congiunzione «e» che introduce la proposizione principale.
60. **io son così vergine ... mamma mia:** ovviamente in questo caso ser Ciappelletto dice la verità, almeno riguardo ad aver commesso atti lussuriosi «con alcuna femina», visti i suoi costumi esclusivamente omosessuali.
61. **tanto più meritato ... di fare il contrario:** sei stato tanto più meritevole quanto più, se avessi voluto, avresti avuto la libertà di fare il contrario, cioè di abbandonarti alla lussuria. ■ **albitrio:** toscano per «arbitrio», libertà.
62. **noi ... constretti:** noi frati, e chiunque altro è obbligato a qualche regola monastica (che implica di norma il voto di castità).
63. **se nel peccato della gola ... dispiaciuto:** ricordiamo la presentazione di ser Ciappelletto: «Golosissimo e bevitor grande, tanto che alcuna volta sconciamente gli facea noia».
64. **con ciò fosse cosa ... in pane e in acqua:** nonostante che egli, oltre ai digiuni quaresimali che nel corso dell'anno vengono osservati dai fedeli devoti, avesse l'abitudine di digiunare a pane e acqua almeno tre giorni la settimana.
65. **adorando:** pregando.
66. **cotali insalatuzze d'erbucce:** quelle tali insalatine di erbette. I ricercati vezzeggiativi dicono lo struggente vagheggiamento del penitente per un piatto che poi, in effetti, si rivela poverissimo: verdure rustiche (che comunque non avrebbero rotto il digiuno; la carne, come si vede, non viene neppure presa in considerazione).
67. **in villa:** in campagna.
68. **alcuna volta ... digiunava egli:** qualche volta il mangiare gli era parso più desiderabile di quanto dovesse sembrare a chi digiuna per devozione, come faceva lui. Si noti la lambiccata costruzione («alcuna volta gli era paruto migliore il mangiare che non pareva a lui che dovesse parere»), che bene esprime la tortuosità degli scrupoli di questo (falso) devoto.
69. **che bisogni:** impersonale, che sia necessario.

Ad ogni uomo avviene, quantunque santissimo sia, il parergli dopo lungo digiuno buono il manicare[70] e dopo la fatica il bere –.

– Oh! – disse ser Ciappelletto – padre mio, non mi dite questo per confortarmi: ben sapete che io so che le cose che al servigio di Dio si fanno, si deono fare tutte nettamente e senza alcuna ruggine d'animo[71]: e chiunque altrimenti fa, pecca[72] –.

Il frate contentissimo disse: – E io son contento che così ti cappia nell'animo[73] e piacemi forte la tua pura e buona conscienza in ciò. Ma dimmi: in avarizia hai tu peccato disiderando più che il convenevole[74] o tenendo quello che tu tener non dovesti?

rr. 103-17 Segue l'avarizia.

Al quale ser Ciappelletto disse: – Padre mio, io non vorrei che voi guardasti perché io sia in casa di questi usurieri[75]: io non ci ho a far nulla[76], anzi ci era venuto per dovergli ammonire e gastigare e torgli da questo abominevole guadagno; e credo mi sarebbe venuto fatto[77], se Idio non m'avesse così visitato[78]. Ma voi dovete sapere che mio padre mi lasciò ricco uomo, del cui avere, come egli fu morto, diedi la maggior parte per Dio[79]; e poi, per sostentar la vita mia e per potere aiutare i poveri di Cristo, ho fatte mie piccole mercatantie[80], e in quelle ho disiderato di guadagnare. E sempre co' poveri di Dio, quello che guadagnato ho, ho partito per mezzo, la mia metà convertendo ne' miei bisogni, l'altra metà dando loro: e di ciò m'ha sì bene il mio Creatore aiutato, che io ho sempre di bene in meglio fatti i fatti miei[81] –.

Nota l'uso scaltro del linguaggio devoto: le disgrazie sono «visite» del Signore, prove in cui bisogna riconoscere la sua presenza. Anche fra' Cristoforo, nei *Promessi sposi*, di fronte al sopruso di don Rodrigo che ha impedito il matrimonio di Renzo e Lucia, commenta: «Il Signore vi ha visitati».

– Bene hai fatto: – disse il frate – ma come ti se' tu spesso adirato[82]?

rr. 118-35 Segue l'ira.

– Oh! – disse ser Ciappelletto – cotesto vi dico io bene che io ho molto spesso fatto; e chi se ne potrebbe tenere[83], veggendo tutto il dì gli uomini fare le sconce cose, non servare[84] i comandamenti di Dio, non temere i suoi giudicii? Egli sono state assai volte il dì[85] che io vorrei più tosto essere stato morto che vivo, veggendo i giovani andar dietro alle vanità e udendogli giurare e spergiurare, andare alle taverne, non visitare le chiese[86] e seguir più tosto le vie del mondo che quella di Dio –.

---

70. manicare: mangiare.

71. nettamente ... d'animo: pulitamente e senza nessuna macchia («ruggine») **che offuschi la purezza dell'intenzione**. Ma «ruggine» vale anche "risentimento", "malanimo", significato che pure si adatterebbe qui al contesto.

72. pecca: nota la secchezza senz'appello di questa chiusa. Il penitente comincia a esprimersi in modo più tagliente e intransigente del suo confessore.

73. così ... nell'animo: così ti stia nell'animo, che tu la pensi così; «cappia» da "capire" (latino *capere*), "comprendere", "contenere".

74. il convenevole: quello che si conviene, il giusto.

75. che voi guardasti ... usurieri: che voi deste troppa importanza al fatto che io sto in casa di questi usurai. Ciappelletto capisce al volo: l'avarizia e l'uso cattivo della ricchezza era infatti peccato pubblico dei mercanti e specie degli usurai, considerati spesso veri e propri ladri; il confessore ha tutto il diritto di pensare che il suo penitente sia macchiato di quel vizio. Ricordiamo che di Ciappelletto si è detto che «imbolato avrebbe e rubato con quella coscienza che un santo uomo offerrebbe». ■ **usurieri:** gli usurai, coloro che prestavano denaro con interessi altissimi, erano considerati dei veri e propri ladri. In molti passi della Bibbia (ma anche del Corano) l'usura è esplicitamente vietata.

76. io non ci ho a far nulla: io non ho nulla a che fare con loro.

77. e torgli ... fatto: e allontanarli da questo guadagno spregevole; e credo che mi sarebbe riuscito.

78. se Idio ... visitato: se Dio non mi avesse fatto visita. Per il devoto, le disgrazie sono «visite» del Signore, per mettere alla prova la sua virtù.

79. per Dio: per l'amor di Dio, quindi in elemosine.

80. mercatantie: traffici, commerci.

81. ho sempre ... i fatti miei: ho sempre fatto prosperare i miei affari.

82. ma come ... adirato?: ma quanto spesso tu ti sei lasciato sopraffare dall'ira? Ricordiamo che di Ciappelletto si è detto che «più che alcuno altro era iracundo».

83. tenere: trattenere.

84. servare: osservare.

85. Egli ... il dì: Ci sono state molte volte al giorno. ■ **Egli:** soggetto neutro di «sono state».

86. udendogli ... le chiese: esattamente i costumi di ser Ciappelletto: «A chiesa non usava giammai, e i sacramenti di quella tutti come vil cosa con abominevoli parole scherniva; e così in contrario le taverne e gli altri disonesti luoghi visitava volentieri e usavagli».

Disse allora il frate: - Figliuol mio, cotesta è buona ira, né io per me[87] te ne saprei penitenza imporre; ma, per alcun caso avrebbeti l'ira potuto inducere[88] a fare alcuno omicidio o a dire villania a persona o a fare alcuna altra ingiuria[89]?

A cui ser Ciappelletto rispose: - Oimè, messere[90], o voi[91] mi parete uomo di Dio: come dite voi coteste parole? o s'io avessi avuto pure un pensieruzzo di fare qualunque s'è l'una delle cose che voi dite, credete voi che io creda che Idio m'avesse tanto sostenuto[92]? Coteste son cose da farle gli scherani[93] e i rei uomini, de' quali qualunque ora io n'ho mai veduto alcuno, sempre ho detto: - 'Va, che Idio ti converta'. -

Allora disse il frate: - Or mi dì, figliuol mio, che benedetto sie tu da Dio: hai tu mai testimonianza niuna falsa detta contra alcuno[94] o detto male d'altrui o tolte dell'altrui cose senza piacere[95] di colui di cui sono?

rr. 136-45 Da qui si interrompe lo schema dei vizi capitali e il frate domanda a Ciappelletto se ha commesso il peccato di dire male di qualcuno.

- Mai messer sì[96], - rispose ser Ciappelletto - che io ho detto male d'altrui[97]; per ciò che io ebbi già un mio vicino che, al maggior torto del mondo, non faceva altro che batter la moglie, sì che io dissi una volta male di lui alli parenti della moglie, sì gran pietà mi venne di quella cattivella[98], la quale egli, ogni volta che bevuto avea troppo, conciava come Dio vel dica[99] -.

Disse allora il frate: - Or bene, tu mi di' che se' stato mercatante: ingannasti tu mai persona così come fanno i mercatanti?

rr. 146-55 L'attenzione si sposta sul peccato dell'inganno.

- Gnaffé[100], - disse ser Ciappelletto - messer sì; ma io non so chi egli si fu[101]: se non che, uno avendomi recati denari che egli mi doveva dare di panno che io gli avea venduto, e io messigli in una mia cassa senza annoverare[102], ivi bene a un mese[103] trovai ch'egli erano quatro piccioli[104] più che esser non doveano; per che, non rivedendo colui e avendogli serbati bene uno anno[105] per rendergliele[106], io gli diedi per l'amor di Dio -.

Disse il frate: - Cotesta fu piccola cosa, e facesti bene a farne quello che ne facesti - .

E, oltre a questo, il domandò il santo frate di molte altre cose, delle quali di tutte rispose a questo modo; e volendo egli già procedere alla absoluzione, disse ser Ciappelletto: - Messere, io ho ancora alcun peccato che io non v'ho detto - .

---

87. per me: **da parte mia**.
88. avrebbeti ... inducere: **ti avrebbe forse l'ira potuto indurre**.
89. a fare alcuno omicidio ... ingiuria?: anche qui teniamo presente il ritratto di ser Ciappelletto: «Invitato a un omicidio o a qualunque altra rea cosa, senza negarlo mai, volenterosamente v'andava; e più volte a fedire e a uccidere uomini con le proprie mani si trovò volentieri».
90. messere: si usava anche per i religiosi (**mio signore**).
91. o voi: **eppure voi**.
92. sostenuto: **tollerato** (nel senso che Dio l'avrebbe fulminato per castigo dei suoi delitti); o anche "appoggiato", "favorito", in riferimento alla fortuna economica che, come ha detto sopra, ha accompagnato i suoi affari.
93. scherani: **assassini prezzolati, sicari**.
94. hai tu mai testimonianza ... contra alcuno: anche qui teniamo presente il ritratto iniziale di ser Ciappelletto: «Testimonianze false con sommo diletto diceva, richesto e non richesto».
95. senza piacere: **senza il consenso**.
96. Mai messer sì: **Certo che sì, signore**; il «mai» in antico rafforza sia la frase negativa sia, come qui, l'affermativa.
97. d'altrui: **di altre persone**.
98. cattivella: **poveretta**.
99. come Dio vel dica: **come Dio solo potrebbe dirvelo**; **come Dio solo lo sa**.
100. Gnaffé: **In fede mia** (da «mia fé»). Antica interiezione, comunissima specie a Firenze.
101. chi egli si fu: la persona eventualmente ingannata da Ciappelletto.
102. senza annoverare: **senza contarli**.
103. ivi ... a un mese: **dopo un mese buono**.
104. quatro piccioli: somma infima; basta pensare che la moneta di Firenze, il fiorino, nel Trecento valeva 68 soldi, e ogni soldo 12 piccioli; il picciolo era dunque meno dell'ottocentesima parte di un fiorino.
105. bene uno anno: **per ben un anno**.
106. rendergliele: «gliele», in fiorentino (anche «gnene», più popolare) è indeclinabile, e quindi può essere singolare o plurale, maschile o femminile; qui significa **renderglieli**, riferito ai «quatro piccioli».

rr. 156-206 Quindi Ciappelletto espone ancora liberamente alcuni peccati, tutti irrisori e di minima entità.

Il frate il domandò quale; e egli disse: - Io mi ricordo che io feci al fante[107] mio, un sabato dopo nona[108], spazzare la casa e non ebbi alla santa domenica quella reverenza che io dovea - .

- Oh! - disse il frate - figliuol mio, cotesta è leggier cosa - .

- Non[109], - disse ser Ciappelletto - non dite leggier cosa, ché la domenica è troppo da onorare, però che in così fatto dì risuscitò da morte a vita il nostro Signore - .

Disse allora il frate: - O altro hai tu fatto?

- Messer sì, - rispose ser Ciappelletto - ché io, non avvedendomene[110], sputai una volta nella chiesa di Dio - .

Il frate cominciò a sorridere e disse: - Figliuol mio, cotesta non è cosa da curarsene: noi, che siamo religiosi, tutto il dì vi sputiamo - .

Disse allora ser Ciappelletto: - E voi fate gran villania[111], per ciò che niuna cosa si convien tener netta come il santo tempio, nel quale si rende sacrificio a Dio.

E in brieve de' così fatti ne gli disse molti; e ultimamente cominciò a sospirare e appresso[112] a piagner forte, come colui che il sapeva troppo ben fare quando volea.

Disse il santo frate: - Figliuol mio, che hai tu?

Rispose ser Ciappelletto: - Oimè, messere, ché un peccato m'è rimaso[113], del quale io non mi confessai mai, sì gran vergogna ho di doverlo dire; e ogni volta che io me ne ricordo piango come voi vedete, e parmi esser molto certo che Idio mai non avrà misericordia di me per questo peccato -.

Allora il santo frate disse: - Va via[114], figliuolo, che è ciò che tu di'? Se tutti i peccati che furon mai fatti da tutti gli uomini, o che si debbon fare da tutti gli uomini mentre che il mondo durerà, fosser tutti in uno uom solo, e egli ne fosse pentuto e contrito come io veggio te[115], si è tanta la benignità e la misericordia di Dio che, confessandogli egli, gliele[116] perdonerebbe liberamente[117]: e per ciò dillo sicuramente - .

Disse allora ser Ciappelletto sempre piagnendo forte: - Oimè, padre mio, il mio è troppo gran peccato, e appena posso credere, se i vostri prieghi non ci si adoperano, che egli mi debba mai da Dio esser perdonato - .

A cui il frate disse: - Dillo sicuramente[118], ché io ti prometto di pregare Iddio per te - .

Ser Ciappelletto pur piagnea[119] e nol dicea, e il frate pur il confortava a dire; ma poi che ser Ciappelletto piagnendo ebbe un grandissimo pezzo tenuto il frate

---

107. fante: servitore.
108. dopo nona: cioè dopo le tre del pomeriggio. In realtà, il tempo del riposo domenicale cominciava, è vero, di sabato, ma dal tramonto; Ciappelletto, al solito, esagera i suoi scrupoli.
109. Non: comune in antico per «no» (o forse qui ripetizione enfatica: «Non ... non dite»). Il penitente ancora una volta è più severo del confessore.
110. non avvedendomene: **senza accorgermene**, senza pensarci. E quindi, in realtà, senza colpa.
111. E voi fate gran villania: **E voi fate cosa molto brutta**. Da inquisito ser Ciappelletto è diventato ormai inquisitore.
112. appresso: **poi, di seguito**.
113. rimaso: **rimasto**.
114. Va via: modo di bonaria disapprovazione, ancor vivo in fiorentino: **Dài, su**.
115. Se tutti i peccati ... veggio te: **Se tutti i pecccati che furono mai commessi da tutti gli uomini, o che si devono commettere finché il mondo durerà, fossero in un uomo solo, e se egli fosse pentito e mortificato come vedo che sei tu**.
116. gliele: **glieli** (i «peccati» di cui sopra). Solita forma indeclinabile, comune nella lingua antica (v. nota 106).
117. liberamente: **generosamente, volentieri**.
118. sicuramente: **senza alcun timore**.
119. pur piagnea: **continuava a piangere**. Così subito dopo «pur il confortava», **continuava a confortarlo**.

così sospeso, e egli gittò un gran sospiro e disse: - Padre mio, poscia che voi mi promettete di pregare Idio per me, e io il vi dirò[120]: sappiate che, quando io era piccolino, io bestemmiai una volta la mamma mia[121] - . E così detto ricominciò a piagner forte.

Disse il frate: - O figliuol mio, or parti[122] questo così gran peccato? o gli uomini bestemmiano tutto il giorno Idio, e sì perdona Egli volentieri a chi si pente d'averlo bestemmiato; e tu non credi che Egli perdoni a te questo? Non piagner, confortati, ché fermamente, se tu fossi stato un di quegli che il posero in croce, avendo la contrizione ch'io ti veggio, sì ti perdonerebbe Egli - .

Disse allora ser Ciappelletto: - Oimè, padre mio, che dite voi? la mamma mia dolce, che mi portò in corpo nove mesi il dì e la notte e portommi in collo più di cento volte[123]! troppo feci male a bestemmiarla[124] e troppo è gran peccato; e se voi non pregate Idio per me, egli non mi sarà perdonato -.

[La paradossale, sacrilega confessione di ser Ciappelletto gli fa ottenere non solo un solenne funerale religioso, ma addirittura una immediata fama di santo. E, ciò che è più sorprendente, questo paradossale "santo" comincia anche a fare miracoli. Il che però, come spiega il narratore, non deve sorprenderci, perché Dio bada non alla qualità del personaggio a cui i fedeli si rivolgono, ma alla buona fede dei fedeli stessi.]

---

120. **e io il vi dirò:** allora ve lo dirò.
121. **io bestemmiai ... la mamma mia:** io dissi una parolaccia alla mia mamma.
122. **parti:** ti pare.
123. **più di cento volte:** per dire «innumerevoli volte».
124. **bestemmiarla:** insultarla.

T5 Dentro il testo

IN SINTESI

Ser Cepparello, o Ciappelletto, è un grandissimo peccatore: ladro, assassino, bestemmiatore, sempre dedito a commettere qualche malvagità, sodomita, giocatore d'azzardo, falso testimone, goloso, bevitore... insomma, il peggior uomo che sia mai esistito. Mandato in "missione" di recupero crediti in Borgogna, alloggia presso due fratelli italiani, di professione usurai. Ma qui si ammala e si riduce in fin di vita; i fratelli temono che la morte di quest'uomo spregevole possa mettere pure loro in cattiva luce (più di quanto già non siano) presso i concittadini. Ciappelletto li invita a non temere e chiede un frate confessore, promettendo che ne sortirà gran bene anche per loro. Al frate, egli si presenta come un bigotto pieno di scrupoli e di fissazioni religiose, che mettono in imbarazzo lo stesso confessore, il quale spesso lo consola dicendogli che sono peccati di poco conto. Dice di non aver mai peccato con le femmine (e forse qui è stato sincero), di non essere goloso se non di «insalatuzze d'erbucce», di non praticare l'usura e di fare commerci solo per poter donare ai poveri; poi di aver peccato d'ira arrabbiandosi contro i peccatori e di aver parlato male di un marito solo per poter salvare la moglie che egli picchiava. Quando confessa di aver una volta sputato in chiesa, sovrappensiero, e il frate gli risponde che i religiosi lo fanno in continuazione, arriva a rimbrottare il confessore stesso. Infine, il peccato che non ha mai confessato a nessuno: una volta ha insultato sua madre. Così, Ciappelletto ottiene non solo l'assoluzione ma, una volta morto, egli si guadagna anche un degno funerale e la sepoltura in terra consacrata, e addirittura la fama di santità.

I TEMI E L'ESPRESSIONE

IL RITRATTO DI SER CIAPPELLETTO

Il racconto è incentrato sul personaggio di Ser Ciappelletto. A lui non per nulla il narratore dedica un **ritratto particolareggiato**, il che non è usuale nelle novelle del *Decameron*. È un ritratto **tutto negativo**: anzi, negativo proprio in quanto Ciappelletto viene presentato come l'esatto rovescio di una persona per bene. Notaio, si sarebbe vergognato di produrre un atto notarile che non fosse falso; chiamato a testimoniare in tribunale, non rendeva testimonianze se non contrarie al vero; provava piacere sommo a mettere inimicizia tra parenti e amici e godeva dei mali che riusciva a provocare; con grande gusto partecipava a omicidi e crimini d'ogni genere. Anche come ladro, si dice di lui che avrebbe rubato «con quella coscienza che un santo uomo offerrebbe», cioè con quello scrupolo con cui una persona buona farebbe la carità. Bestemmiatore, iracondo, golosissimo, falsario, baro, anche la sua miscredenza viene presentata come un **comportamento «al contrario»**: in chiesa non entra mai; «in contrario», frequenta taverne e altri luoghi disonesti. Questo ritratto al rovescio culmina nei suoi gusti sessuali, opposti anch'essi rispetto alla morale comune, visto che delle femmine era desideroso come i cani delle bastonate, mentre «del contrario», cioè dei costumi omosessuali, si dilettava smisuratamente.

SER CIAPPELLETTO PERSONAGGIO INFERNALE

Ser Ciappelletto non è dunque soltanto un grande peccatore; è un vero e proprio **personaggio infernale**, perché è l'esatto **rovescio**, e quasi la parodia, **della virtù**.

Non per nulla il vizio è da lui praticato **senza alcun senso di colpa**. Anzi, la sua vita maledetta è accompagnata da «sommo diletto», «piacere», «allegrezza»: quasi una parodia della letizia interiore che dovrebbe accompagnare chi è in pace con la propria coscienza.

IL RITRATTO RIBALTATO

Ser Ciappelletto non si limita a una confessione qualsiasi, tanto per strappare un'assoluzione che gli garantisca una sepoltura in terra consacrata. Egli imbastisce una **grande scena di commedia**, calandosi nei panni non di un cristiano qualunque, ma di un credente pieno di fissazioni moralistiche.

Nella finzione, il bigotto recitato da Ciappelletto rovescia a sua volta, in una **esibizione di bontà** esatta e puntigliosa, il ritratto al contrario che il narratore aveva di lui offerto all'inizio. In tal modo questo Ciappelletto «finto» assume tutte le **virtù** di cui quello vero è, abbiamo visto, l'esatto contrario.

Non si era detto che Ciappelletto non frequentava mai le chiese e disprezzava i sacramenti? Adesso, in confessione, egli dichiara che ha l'abitudine di confessarsi ogni settimana «almeno una volta», ma di regola anche di più; salvo che ora la malattia lo ha costretto a letto, impedendogli questa pia abitudine.

Non si era detto che Ciappelletto non si era mai confessato? Adesso, egli esige dal confessore una confessione generale di tutta la sua esistenza.

Non si era detto che, avendo in orrore le donne, egli era omosessuale? Beh, in questo caso non ha bisogno di mentire di fronte al frate che lo interroga se abbia mai peccato con femmine: ma certo esagera, sostenendo che egli è «così vergine» come uscì dal corpo della madre.

Nel ritratto era stato detto «gulosissimo»; adesso egli confessa che sì, ha peccato di gola, perché talvolta, durante i suoi digiuni, gli è sembrato di desiderare un bicchier d'acqua o qualche insalatina con desiderio eccessivo per un devoto come lui. E poi ancora: avarizia? Figuriamoci: l'uomo che rubava con la stessa coscienza con cui un altro avrebbe fatto la carità, adesso afferma di aver dato tutta l'eredità ricevuta dal padre ai poveri. Ira? L'«iracundo» del ritratto iniziale adesso si accusa, ancora una volta, di ciò che in realtà è una virtù, cioè di essersi indignato di fronte ai vizi, alle «sconce cose» che gli uomini commettono ogni giorno. Omicidi? Il criminale che volentieri vi partecipava adesso si scandalizza perfino che gli venga attribuito «pure un pensieruzzo» di simili delitti. Testimonianze false? Colui che le faceva di gran gusto, adesso si accusa di una maldicenza che in realtà maldicenza non è, cioè di aver accusato presso i parenti gli eccessi di un marito violento. E, quando il confessore pensa d'aver finito, è Ciappelletto che rincara, accusandosi di aver fatto spazzare la casa a un servitore al tramonto del sabato, di avere sputato in chiesa (cosa che, all'epoca, non era un gesto di cattivo gusto o oltraggioso come lo considereremmo oggi), e, infine, dopo pianti e dichiarazioni d'indegnità, di avere commesso una mancanza per lui imperdonabile: aver detto una volta, da piccolo, una parolaccia alla sua mamma.

IL CONFESSORE E IL PENITENTE: RUOLI INVERTITI

Questo autoritratto falso, rovescio esatto del ritratto vero iniziale, riesce ad attirare nella sua falsità anche la figura del **frate confessore**. Il quale passa dalla bonomia iniziale **all'indulgenza e all'incoraggia-**

mento, di fronte alle trascurabili mancanze del suo penitente («questi peccati sono naturali e sono assai leggieri»; «cotesta è buona ira»; «Cotesta fu piccola cosa»; «cotesta è leggier cosa»; «cotesta non è cosa da curarsene»; «O figliuol mio, or parti questo così gran peccato?»), finché egli stesso non si trova inopinatamente **scavalcato e ribaltato di ruolo**. Prima corretto nella sua eccessiva indulgenza («padre mio, non mi dite questo per confortarmi»; «Non ... dite leggier cosa»); e infine, quando confessa lui - è il caso di dire - che i frati «tutto il dì» sputano in chiesa, si ritrova vittima del dito puntato di Ciappelletto: «E voi fate gran villania».

LA BEFFA DI SER CIAPPELLETTO

Ci si può chiedere: era necessario? Tutto questo spiegamento di falsità, semplicemente per acquistarsi una sepoltura in terra consacrata? Perché, a che scopo, creare con tanta bravura il personaggio del bigotto scrupoloso? Di fronte a chi? Destinato a chi?

Il fatto è che, fin da questa prima novella del *Decameron*, ci troviamo di fronte a un caratteristico **meccanismo di beffa**. La beffa in Boccaccio non è mai un semplice inganno funzionale; non è mai una truffa che ha per scopo un ritorno materiale. Uno scopo c'è sempre (o quasi), come qui il fatto di togliere d'imbarazzo gli ospiti di Ciappelletto. Ma la beffa nel Boccaccio non si ferma mai al suo semplice scopo concreto. Nella beffa decameroniana c'è sempre - come meglio si vedrà nelle giornate dedicate esplicitamente a questo tema, la VII e la VIII - un carattere eccessivo, esagerato, rispetto allo scopo da raggiungere. C'è sempre, in altre parole, un **margine di divertimento gratuito**.

CHI È IL BEFFATO?

Ci si può chiedere a chi Ciappelletto riservi il privilegio di assistere alla sua bravura di grande attore. Certo a se stesso, con il narcisismo tipico del *performer* compiaciuto della sua arte; certo ai fratelli suoi ospiti, che origliano dietro la porta della camera, meravigliandosi dell'ardire del moribondo. Ma, forse, c'è anche un più alto spettatore. Al momento di richiedere per sé un confessore, Ciappelletto ha detto che «vivendo» ha fatto «tante ingiurie ... a Domenedio, che, per farnegli io una ora in su la mia morte, né più né meno ne farà». Dunque **Ciappelletto non è ateo**. I suoi peccati sono stati commessi sotto lo sguardo di un «Domenedio» che egli ha consapevolmente ingiuriato tutta la vita. Adesso, quello spettatore ingiuriato è invitato ad assistere all'ultimo e più raffinato insulto che gli possa essere rivolto. È a Dio, dunque, spettatore forzato, che la beffa di Ciappelletto è soprattutto rivolta, in una **sfida ultima ed estrema**.

L'AMBIENTE MERCANTILE

La prima novella del *Decameron* è anche quella che subito ci presenta l'**ambiente mercantile** che tanta importanza avrà nel resto dell'opera. All'inizio infatti vediamo la figura di Musciatto Franzesi, ricco e influente mercante fiorentino alla corte di Filippo il Bello, che, dovendo tornare per affari in Italia, necessita di agenti a cui affidare le sue residue pendenze francesi. È evidente che Musciatto pratica l'usura, e proprio per questo ha bisogno di un esattore particolarmente spregiudicato. La novella comincia dunque all'interno di un **ambiente duro e cattivo**, ai limiti dell'illegalità; a questo ambiente è funzionale la figura di un personaggio come Ciappelletto, «il piggiore» uomo del mondo. D'altronde, lo stesso imbarazzo dei due fratelli lombardi che l'ospitano - usurai anche loro - deriva proprio dal timore di mettersi in ancora peggiore luce agli occhi di un Paese che non li ama, e che non aspetta altro che l'occasione per sfogare il proprio odio e l'avversione per questi forestieri e per il loro detestato mestiere. Altre novelle, specie della seconda giornata, ci daranno l'occasione di precisare il luogo che il mondo mercantile occupa nel *Decameron*. Ma fin da ora si può osservare che di certo non si tratta di un mondo idealizzato. È invece, in questa novella, un **mondo malvagio e odioso**, infestato di peccati. È con questo colore scuro, nelle tenebre dell'usura e del vizio, che i mercanti fanno il loro ingresso nel libro di Boccaccio.

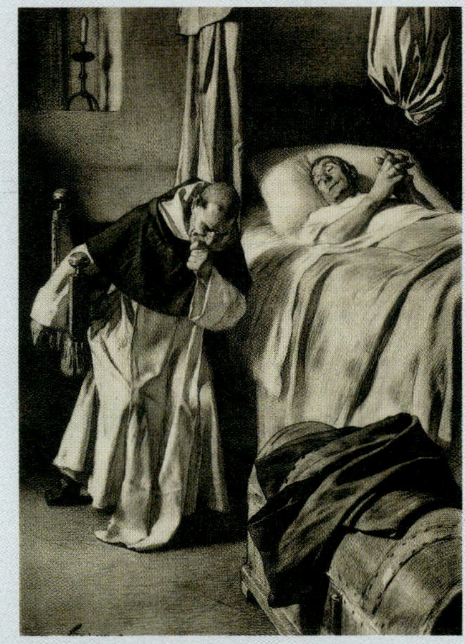

▸ Ser Ciappelletto, prima di morire, inganna, con una falsa confessione, un santo frate. Dal *Decameron* illustrato da Tito Lessi, 1909 (Firenze, Museo di Storia della Fotografia).

Analisi e interpretazione Tipologia A

LEGGERE CON METODO

COMPRENSIONE GLOBALE

1. Perché ser Ciappelletto si trova in Borgogna? Perché Musciatto Franzesi si è rivolto proprio a lui?
2. Qual è lo scopo della finta confessione?
3. Qual è il terribile peccato che Ciappelletto non ha mai osato confessare?
4. Sintetizza la novella in una quindicina di righe.

LA LINGUA E LE STRUTTURE

5. La struttura della novella si basa sulla contrapposizione tra il ritratto iniziale della voce narrante, in cui Ciappelletto era definito iperbolicamente «il piggiore uomo forse che mai nascesse» e il ritratto di sé che egli stesso fa durante la confessione. Analizza il funzionamento di tale struttura completando la tabella sul quaderno.

Com'è Ciappelletto (ritratto iniziale)	Come fa credere di essere al confessore
pur essendo notaio, preferiva fare atti falsi gratis che veri a pagamento.	presenta se stesso come un mercante che si è dato alla mercatura solo per procurarsi di che vivere e aiutare i poveri.
dava volentieri testimonianze false e, grazie a falsi giuramenti, riusciva a vincere cause legali.	
era molto felice quando riusciva a seminare zizzania tra amici e parenti.	
partecipava volentieri ad agguati e omicidi.	
bestemmiava Dio e i santi, non andava mai in chiesa, si burlava dei sacramenti, ma frequentava assiduamente le taverne e luoghi "disonesti".	
era iracondo.	
non era attratto dalle donne.	
rubava con la stessa gioia con cui un sant'uomo farebbe la carità.	
era golosissimo e grande bevitore.	
amava giocare d'azzardo ed era un grandissimo baro.	

6. La figura retorica dominante nel testo è l'iperbole, che caratterizza Ciappelletto sia nella veste vera di peggior uomo che mai sia nato, sia in quella falsa di uomo retto e rispettoso dei precetti cristiani. Individua alcuni esempi di questa figura.
7. Dal punto di vista narrativo, la prima parte della narrazione (così come la terza, qui non riportata) si affida alla voce narrante esterna del novellatore Panfilo, mentre la parte centrale, a parte brevi interventi della voce narrante, è affidata al dialogo tra Ciappelletto e il confessore. C'è un netto stacco di linguaggio tra queste due parti: il linguaggio di Panfilo è ironico, ricco di saporiti modi di dire della lingua parlata; quello di confessato e confessore è, invece, il linguaggio della letteratura religiosa e devozionale. Fai qualche esempio dei due linguaggi che si alternano nella novella.

I TEMI E L'INTERPRETAZIONE

8. In quale modo, durante la confessione, avviene un rovesciamento di ruoli tra penitente e confessore?

SCRIVERE CON METODO

COMMENTO

9. Elabora un commento di una pagina circa, mettendo in luce soprattutto la rappresentazione del mondo mercantile che emerge dalla novella.

Seconda giornata

▶ T Le disavventure di Martellino (II, 1)
▶ T Paganino e Ricciardo (II, 10)

Il regno della fortuna La seconda giornata del *Decameron* è la prima «a tema» di tutto il libro. Si tratta ancora, però, di un **tema generalissimo**, come la stessa regina, Filomena, sottolinea: essendo gli uomini stati «menati», da che mondo è mondo, dalle forze della fortuna, l'obbligo del narrare partirà proprio da questa condizione universale dell'umanità, cioè dalla sua **sottomissione al capriccio della sorte.**

> Finisce la Prima giornata del Decameron: e incomincia la Seconda, nella quale, sotto il reggimento di Filomena, si ragiona di chi, da diverse cose infestato, sia oltre la sua speranza riuscito a lieto fine.

Tuttavia, la rubrica non detta solo l'argomento della giornata, ma anche lo schema narrativo a cui i novellatori si dovranno attenere. Esso prescrive **tre costanti narrative**, che in ogni novella dovranno dare luogo a tre fasi distinte del racconto. Primo, il personaggio protagonista dovrà essere «da diverse cose infestato», cioè dovrà attraversare una fase di **peripezie negative** (più o meno complicate: «diverse»); secondo, tutte le novelle dovranno concludersi con un **lieto fine**, cioè dovranno tutte andare a finir bene; terzo (ma è un corollario del punto precedente) ogni lieto fine dovrà **eccedere in qualche modo le aspettative** dei protagonisti: la fortuna alla fine dovrà ricompensarli «*oltre* la loro speranza». È uno schema semplicissimo, addirittura elementare, ma che si presterà, nel corso della giornata, a straordinarie variazioni narrative.

Il mondo dei mercanti Questa seconda giornata è quella nella quale emerge prepotentemente la **figura del mercante.** Mercanti sono infatti Rinaldo d'Asti (2), Agolante degli Agolanti e i suoi parenti (3), Landolfo Rufolo (4), Andreuccio da Perugia (5); tutti rappresentati al vivo in mezzo ai frangenti e agli imprevisti del loro mestiere. Si tratta di una novità assoluta. Anche se la figura del mercante ormai era divenuta centrale nella società del tardo Medioevo, ciò nonostante, essa **non era ancora entrata nel mondo della letteratura**. Dante, per esempio, una generazione prima di Boccaccio, nella sua *Commedia* non dà alcuno spazio al mondo mercantile: o meglio, vi accenna con toni di disprezzo, considerandolo responsabile della corruzione contemporanea. «La gente nuova e i sùbiti guadagni»: così, nel canto XVI dell'*Inferno*, Dante liquida la nuova realtà sociale ed economica che si stava facendo largo a Firenze; per lui i mercanti non sono che dei «nuovi arrivati» e dei «nuovi ricchi», che hanno ammassato in troppo poco tempo discutibili fortune. Naturalmente, Boccaccio si poteva sentire assai meglio affiatato con la nuova classe dei mercanti per il semplice fatto che egli, come si è visto, ne faceva parte. **Figlio di questa classe**, egli è il primo a darle spazio nell'ambito dell'invenzione letteraria, cioè a considerare la figura del mercante, e i casi del suo mestiere, materiali interessanti dal punto di vista narrativo. In tal senso, è ben giusto sottolineare nel *Decameron*, come di solito si fa, la presenza di un'«epica mercantile»: il libro in effetti si apre generosamente alla rappresentazione della vita piena di imprevisti, impavida e per certi versi eroica, di questi precursori trecenteschi del moderno capitalismo. Tuttavia, proprio la lettura delle novelle di questa seconda giornata ci permette di precisare i termini e i limiti di questa epica.

Il mercante e l'onnipotenza della fortuna Nelle storie di Rinaldo d'Asti, di Alessandro Agolanti, di Landolfo Rufolo, di Andreuccio da Perugia, noi vediamo certamente all'opera un personaggio nuovo rispetto alla tradizione. Un personaggio in transito, **viaggiatore** coraggioso per terra e per mare, che non ha paura di affrontare i rischi di una mobilità, nel Trecento, ancora piena di imprevisti e di pericoli; che viaggia non più per spirito di avventura come gli antichi cavalieri, ma per soldi, spinto dalla nuova molla del **guadagno** e dell'accumulazione di capitale; abituato a trattare, negoziare, interagire con il mondo e a muoversi con disinvoltura fra le più diverse classi sociali; un personaggio massimamente **dinamico**, che inaugura davvero un nuovo modo di essere rispetto alla staticità - fisica e sociale - del Medioevo da cui sta uscendo. La nuova esistenza dei mercanti appare però, nel *Decameron*, tutt'altro che idealizzata. In modo molto realistico, Boccaccio rappresenta il mercante come una **figura socialmente instabile**; proprio perché nuova, proprio perché spregiudicata, essa si muove in questa seconda giornata come una figura *borderline*. Alessandro degli Agolanti è usuraio, Landolfo non esita a farsi pirata, Andreuccio, sia pure per disperazione, diventa ladro, e ladro sacrilego. Ma è soprattutto nel **rapporto con la Fortuna**, signora della giornata, che l'invenzione narrativa di Boccaccio ci dice del modo con cui egli percepisce l'universo dei mercanti. Infatti, nonostante essi lottino animosamente contro gli «accidenti» di una sorte avversa, alla fine è proprio la sorte stessa che li conduce, talvolta quasi contro la loro volontà, al **lieto fine**. Non è che essi non reagiscano e non mettano in azione forze di contrasto rispetto alle situazioni a cui sono sottoposti. Ma il risultato è sempre lo stesso: per quanto Rinaldo, Alessandro, Landolfo, Andreuccio si sforzino di opporsi alle loro disavventure, la forza misteriosa e capricciosa che governa il mondo risponderà sempre in modo **imprevedibile** ai loro sforzi; e se un finale lieto ci sarà - come ci deve essere, da rubrica - sarà sempre capricciosamente regalato da quella forza misteriosa.

Il che significa che l'apertura narrativa all'universo dei mercanti, nel *Decameron*, dà luogo non al romanzo vittorioso del personaggio che sfida la sorte e la vince (questo è riservato, semmai, agli industriosi innamorati della terza giornata), ma alla **peripezia** varia, emozionante, sorprendente, di quelli che, in sostituzione dei cavalieri antichi, sono diventati i nuovi personaggi d'avventura.

GRANDANGOLO Pasolini e il *Decameron*

GUIDA ALLO STUDIO

1. Qual è il tema della seconda giornata?
2. Quale novità apporta Boccaccio in letteratura, in relazione alla classe dei mercanti?
3. Che cosa spinge i personaggi di questa giornata a viaggiare per terra e per mare? In che modo essi sono diversi dagli avventurieri dei secoli precedenti?
4. Questi personaggi appaiono, nel mondo boccacciano, dominati da una «forza» che alla fine decide delle loro azioni: di quale forza si tratta?

T6

Decameron, II, 4

Landolfo Rufolo

AUDIOLIBRO

Anno: 1349-51

Genere: novella

Argomento: alterne fortune del mercante Landolfo Rufolo

Parafrasi integrale

La novella di Landolfo Rufolo è forse quella che, nell'ambito di questa seconda giornata, vede la più perfetta corrispondenza tra le vicissitudini concrete della vita del mercante e i capricciosi casi della Fortuna. Essa è infatti scandita da tre iniziative economico-commerciali di Landolfo, a cui rispondono simmetricamente tre colpi di Fortuna, uno negativo, uno positivo, uno di nuovo negativo; finché, nel finale, la Fortuna quasi costringerà fisicamente il riluttante protagonista ad accettare il lieto fine delle sue movimentate vicende.

Landolfo Rufolo, impoverito, divien corsale[1] e da' genovesi preso rompe in mare[2] e sopra una cassetta di gioie carissime piena scampa[3]; e in Gurfo[4] ricevuto da una femina, ricco si torna a casa sua.[5]

1. **corsale:** corsaro, pirata.
2. **rompe in mare:** fa naufragio.
3. **e sopra ... scampa:** e riesce a salvarsi aggrappandosi a una cassetta piena di pietre preziose.
4. **Gurfo:** Corfù.
5. Nessuna fonte precisa per questa novella, se non la comune memoria della vita dei mercanti, specie italiani, e dei loro costumi, spesso come qui in bilico fra il mestiere onorato di commerciante e altri ben più discutibili.

Credesi che la marina da Reggio[6] a Gaeta sia quasi la più dilettevole parte d'Italia; nella quale assai presso a Salerno è una costa sopra il mare riguardante[7], la quale gli abitanti chiamano la costa d'Amalfi, piena di picciole città, di giardini e di fontane e d'uomini ricchi e procaccianti in atto di mercatantia sì come alcuni altri[8]. Tralle quali cittadette n'è una chiamata Ravello[9], nella quale, come che[10] oggi v'abbia di ricchi uomini, ve n'ebbe già uno il quale fu ricchissimo, chiamato Landolfo Rufolo; al quale non bastando la sua ricchezza, disiderando di radoppiarla, venne presso che fatto di perder con tutta quella se stesso[11].

rr. 1-13 Presentazione del ricchissimo Landolfo.

Costui adunque, sì come usanza suole esser de' mercatanti, fatti suoi avvisi[12], comperò un grandissimo legno[13], e quello tutto, di suoi denari[14], caricò di varie mercatantie e andonne con esse in Cipri[15]. Quivi, con quelle qualità medesime di mercatantie che egli aveva portate, trovò essere più altri legni venuti[16]; per la qual cagione non solamente gli convenne far gran mercato di ciò che portato avea[17], ma quasi, se spacciar volle le cose sue, gliele convenne gittar via[18]: laonde egli fu vicino al disertarsi[19]. E portando egli di questa cosa seco grandissima noia[20], non sappiendo che farsi e veggendosi di ricchissimo uomo in brieve tempo quasi povero divenuto, pensò o morire o rubando ristorare i danni suoi[21], acciò che là onde ricco partito s'era povero non tornasse[22]. E trovato comperatore[23] del suo gran legno, con quegli denari e con gli altri che della sua mercatantia avuti avea comperò un legnetto sottile da corseggiare[24] e quello d'ogni cosa oportuna a tal servigio[25] armò e guernì[26] ottimamente, e diessi a far sua della roba d'ogni uomo e massimamente sopra i turchi[27].

rr. 14-29 Landolfo non ottiene a Cipro lo sperato successo: vende allora la sua grande nave e acquista una piccola imbarcazione per svolgere azioni di pirateria.

Il passaggio dal «grandissimo legno» con cui Landolfo era partito da Ravello a questo «legnetto sottile» segna la transizione del personaggio da mercante a corsaro.

Al qual servigio[28] gli fu molto più la fortuna benivola che alla mercatantia stata non era. Egli, forse infra[29] uno anno, rubò e prese tanti legni di turchi, che egli si trovò non solamente avere racquistato il suo che in mercatantia avea perduto ma di gran

rr. 30-56 Mentre sta rientrando in patria, dopo svariati successi, viene sorpreso dallo scirocco: ripara allora in un'insenatura, dove due grandi navi genovesi lo depredano.

---

6. Reggio: Reggio Calabria.
7. una costa ... riguardante: una costiera affacciata sul mare; la celebre Costiera amalfitana («costa d'Amalfi», subito sotto).
8. procaccianti ... altri: operosi in attività mercantili come nessun altro.
9. Ravello: città della Costiera amalfitana; Boccaccio doveva conoscerla bene, se non altro come luogo d'origine del suo grande amico Angelo di Ravello, celebre grammatico.
10. come che: pur se.
11. venne ... se stesso: poco mancò che perdesse, con tutta la sua ricchezza, anche la vita.
12. fatti suoi avvisi: fatti i suoi piani. Prima di partire, Landolfo programma attentamente le iniziative che, secondo lui, dovrebbero permettergli di raddoppiare il patrimonio.
13. un grandissimo legno: una grande imbarcazione mercantile, atta al trasporto delle merci, su cui Landolfo punta per arricchirsi ulteriormente.
14. di suoi denari: a spese sue.
15. Cipri: l'isola di Cipro.
16. con quelle qualità ... venuti: costruisci: «trovò essere più altri legni venuti con quelle qualità medesime di mercatantie che egli aveva portate». Insomma, il mercato di Cipro era saturo di quelle stesse merci che Landolfo vi aveva arrecate.
17. gli convenne ... portato avea: fu costretto a vendere a buon mercato, sottocosto, le merci che aveva portato.
18. gliele ... gittar via: gli convenne gettarle via, fu costretto a disfarsene senza alcun guadagno.
19. al disertarsi: a rovinarsi del tutto, a fallire.
20. noia: qui pena, dolore.
21. ristorare i danni suoi: recuperare ciò che aveva perso.
22. acciò che ... non tornasse: per non tornare povero là da dove era partito ricco, ossia in patria, a Ravello.
23. comperatore: acquirente.
24. un legnetto ... da corseggiare: un'imbarcazione leggera adatta alla pirateria.
25. tal servigio: questo mestiere, ossia la pirateria.
26. guernì: guarnì, attrezzò.
27. e diessi ... sopra i turchi: e si diede a impadronirsi della roba di chiunque (incontrasse per mare), e soprattutto a danno dei turchi. Quest'ultima precisazione vuole evidentemente attenuare l'illegalità del mestiere a cui si è convertito Landolfo; derubare gli infedeli, dopo tutto, sembra atto meno censurabile.
28. servigio: come prima, mestiere.
29. infra: entro.

lunga quello aver raddoppiato. Per la qual cosa, gastigato dal primo dolore della perdita[30], conoscendo che egli aveva assai, per non incappar nel secondo a se medesimo dimostrò quello che aveva, senza voler più, dovergli bastare[31]: e per ciò si dispose di tornarsi con esso[32] a casa sua. E pauroso della mercatantia, non s'impacciò d'investire altramenti i suoi denari[33], ma con quello legnetto col quale guadagnati gli avea, dato de' remi in acqua, si mise al ritornare. E già nell'Arcipelago[34] venuto, levandosi la sera uno scilocco[35], il quale non solamente era contrario al suo cammino ma ancora faceva grossissimo il mare, il quale il suo picciolo legno non avrebbe bene potuto comportare[36], in uno seno di mare, il quale una piccola isoletta faceva da quello vento coperto, si raccolse[37], quivi proponendo d'aspettarlo migliore. Nel quale seno poco stante[38] due gran cocche[39] di genovesi, le quali venivano di Costantinopoli, per fuggir quello che Landolfo fuggito avea, con fatica pervennero; le genti delle quali, veduto il legnetto e chiusagli la via da potersi partire, udendo di cui egli era[40] e già per fama conoscendol ricchissimo, sì come uomini naturalmente **vaghi** di pecunia e rapaci a doverlo

---

30. gastigato ... della perdita: **ammaestrato dal dolore della prima perdita**; ricordiamo che aveva perso quasi tutto il suo patrimonio nell'affare sfortunato di Cipro.
31. per non incappar ... bastare: **per non trovarsi nel dolore di una seconda perdita, si persuase che quello che aveva gli sarebbe bastato, senza bisogno di avere di più.**
32. con esso: **con quello che aveva**.
33. E pauroso ... denari: la lezione ricevuta a Cipro ha reso Landolfo «pauroso della mercatantia», cioè gli ha tolto ogni voglia di rimettersi nel commercio; per questo non investe in altro modo i denari acquistati con la pirateria.
34. Arcipelago: delle isole Egee; Landolfo naturalmente sta facendo vela verso Occidente.
35. scilocco: **scirocco**, vento di sud-est, quindi contrario, come dice subito, alla rotta di Landolfo.
36. faceva grossissimo ... comportare: **rendeva agitatissimo il mare, che la sua piccola imbarcazione non avrebbe potuto sopportare**.
37. in uno seno di mare ... si raccolse: **si raccolse in una insenatura, che una piccola isoletta teneva al riparo da quel vento**.
38. poco stante: **poco dopo**.
39. cocche: erano navi da trasporto, grandi ma leggere e veloci.
40. di cui egli era: **di chi era il legnetto**, chi era il suo padrone.

■ Le parole della tradizione

TROVARE LE PAROLE

▸ **vago**, dal latino ***vagus***, "vagante, instabile".

■ I genovesi sono definiti «vaghi di pecunia» cioè "avidi di denaro". L'aggettivo «vago» già all'epoca di Boccaccio era un termine polisemico, cioè dotato di diversi significati, ma egli non lo usa mai in quello oggi più comune, ovvero "incerto, indefinito, poco chiaro". Nel *Decameron* compare molte volte con altre sfumature semantiche. Il significato di base è "voglioso, desideroso": «vaghi d'essere ciascuno il più onorato tra i suoi» (I, 3); «I giovani sono vaghi delle cose simiglianti a loro» (V, 4), quindi anche "avido", come in questa novella. Tuttavia nelle novelle di Boccaccio il significato più comune è "leggiadro, grazioso, amabile, piacevole".
■ Frequente nel *Decameron* è anche il sostantivo derivato «vaghezza», quasi sempre usato nel significato di "desiderio".
■ Nel *Canzoniere* del contemporaneo Petrarca l'aggettivo "vago" copre un'area semantica ancora più ampia:
- "desideroso": «gli occhi [...] di sempre pianger vaghi» (*Canzoniere*, 37);
- "vagante, errante, instabile": «reduci i pensier vaghi a miglior luogo» (*Canzoniere*, 62);
- "leggiadro": «'l vago lume» (*Canzoniere*, 90);
- "amabile, desiderabile": «Quel vago impallidir» (*Canzoniere*, 123).

■ Attraverso Petrarca, il termine nelle sue varie sfumature semantiche entra stabilmente nel lessico poetico; ad esempio è frequentissimo nelle *Rime* di Tasso in tutti i significati già presenti in Petrarca, con una netta prevalenza di "bello, leggiadro, amabile" e "desideroso"; in quest'ultima accezione, diviene un termine chiave del lessico amoroso, tanto da essere usato anche come sostantivo nel significato di "amante, innamorato". Tasso è affascinato proprio dalla ricchezza semantica e dalla polisemia del termine, tanto che in molti passi i diversi significati si sovrappongono: ad esempio, «i vaghi lumi», ovvero gli occhi della donna amata, sono allo stesso tempo belli, desiderabili, amati e sfuggenti. Nelle sue *Rime* è presente anche il significato oggi prevalente di "incerto, indeciso".
■ Leopardi, poeta del vago e dell'indefinito, non poteva che amare questo aggettivo che nei *Canti* compare una ventina di volte in tutte le sue sfumature, spesso prediletto proprio per il significato ambiguo e polisemico.

avere si disposero[41]. E messa in terra parte della lor gente con balestra e bene armata, in parte la fecero andare che de' legnetto neuna persona, se saettato esser non volea[42], poteva discendere; e essi, fattisi tirare a' paliscalmi[43] e aiutati dal mare, s'accostarono al picciol legno di Landolfo e quello con piccola fatica in picciolo spazio, con tutta la ciurma senza perderne uomo, ebbero a man salva[44]: e fatto venire sopra l'una delle lor cocche Landolfo e ogni cosa del legnetto tolta, quello sfondolarono[45] lui in un povero farsettino ritenendo[46].

rr. 57-82 L'indomani, per effetto di un forte vento, la grande nave su cui è stato preso Landolfo si spacca su una secca: le merci galleggiano ovunque, e gli uomini, compreso Landolfo, cercano di mettersi in salvo aggrappandosi a esse.

Il dì seguente, mutatosi il vento, le cocche ver Ponente vegnendo fer vela[47] e tutto quel dì prosperamente vennero al loro viaggio; ma nel fare della sera si mise un vento tempestoso, il qual faccendo i mari altissimi divise le due cocche l'una dall'altra[48]. E per forza di questo vento addivenne che quella sopra la quale era il misero e povero Landolfo con grandissimo impeto di sopra all'isola di Cifalonia[49] percosse in una secca[50], e non altramenti che un vetro percosso a un muro tutta s'aperse e si stritolò: di che i miseri dolenti[51] che sopra quella erano, essendo già il mare tutto pieno di mercatantie che notavano[52] e di casse e di tavole, come in così fatti casi suole avvenire, quantunque obscurissima notte fosse e il mare grossissimo e gonfiato, notando quegli che notar sapevano[53], s'incominciarono a appiccare a quelle cose che per ventura loro si paravan davanti[54].

Intra li quali il misero Landolfo, ancora che molte volte il dì davanti la morte chiamata avesse[55], seco eleggendo[56] di volerla più tosto che di tornare a casa sua povero come si vedea, vedendola presta[57] n'ebbe paura: e, come gli altri, venutagli alle mani una tavola, a quella s'appiccò, se forse Idio, indugiando egli l'affogare, gli mandasse qualche aiuto allo scampo suo[58]; e a cavallo a quella, come meglio poteva, veggendosi sospinto dal mare e dal vento ora in qua e ora in là, si sostenne[59] infino al chiaro giorno. Il quale venuto, guardandosi egli da torno, niuna cosa altro che nuvoli e mare vedea e una cassa la quale sopra l'onde del mare notando talvolta con grandissima paura di lui gli s'appressava, temendo non quel-

41. **sì come ... si disposero:** **essendo uomini per natura avidi di guadagno e predatori si apprestarono a impadronirsene**.
42. **in parte ... esser non volea:** i genovesi fanno appostare i loro balestrieri in un luogo (dell'isoletta che bloccava l'insenatura) tale che nessuno poteva scendere dal legnetto di Landolfo, se non voleva essere colpito dalle loro saette.
43. **fattisi ... a' paliscalmi:** **fattisi rimorchiare dalle loro scialuppe**; in modo che le loro cocche si possano accostare, come dice subito, al «legnetto» di Landolfo.
44. **ebbero a man salva:** **presero senza colpo ferire**.
45. **sfondolarono:** **sfondarono**, mandandolo a fondo.
46. **in un povero farsettino ritenendo:** **prendendo lui prigioniero, vestito solo di un misero farsetto**. Evidentemente i genovesi rubano anche i vestiti al povero Landolfo, e lo lasciano con addosso un misero farsetto (giubbetto senza maniche, una specie di gilet imbottito).
47. **le cocche ... fer vela:** **le navi fecero vela verso Ponente**.
48. **faccendo i mari ... l'una dall'altra:** **sollevando onde altissime separò le due navi l'una dall'altra**.
49. **di sopra ... Cifalonia:** **verso l'isola di Cefalonia**, nello Ionio, presso le coste greche.
50. **percosse in una secca:** **andò a sbattere in una secca**.
51. **i miseri dolenti:** soggetto del successivo «s'incominciarono a appiccare», cominciarono ad aggrapparsi.
52. **mercatantie che notavano:** **merci che galleggiavano**.
53. **notando ... sapevano:** **nuotando quelli che erano in grado di nuotare**.
54. **a appiccare ... davanti:** **ad aggrapparsi alle cose che casualmente si trovavano davanti a loro**.
55. **ancora che ... avesse:** **benché il giorno prima avesse più volte invocato la morte**. Se il giorno prima Landolfo aveva desiderato di morire, giudicando la morte preferibile a un ritorno in patria in miseria, ora che realmente vede la morte davanti a sé reagisce con un immediato istinto di sopravvivenza.
56. **seco eleggendo:** **scegliendo dentro di sé**.
57. **vedendola presta:** **vedendosi la morte pronta, vicina**.
58. **se forse Idio ... allo scampo suo:** **sperando che forse Iddio, se egli riusciva a non affogare subito, gli avrebbe mandato qualche aiuto che gli salvasse la vita**.
59. **si sostenne:** **riuscì a resistere**.

la cassa forse il percotesse per modo che gli noiasse[60]; e sempre che presso gli venia, quando potea con mano, come che poca forza n'avesse, la lontanava. Ma, come che il fatto s'andasse[61], adivenne che solutosi subitamente nell'aere un groppo di vento e percosso nel mare[62] sì grande[63] in questa cassa diede e la cassa nella tavola[64] sopra la quale Landolfo era, che, riversata, per forza Landolfo lasciatala andò sotto l'onde e ritornò suso notando, più da paura che da forza aiutato, e vide da sé molto dilungata la tavola[65]: per che[66], temendo non potere a essa pervenire, s'appressò alla cassa la quale gli era assai vicina, e sopra il coperchio di quella posto il petto, come meglio poteva, con le braccia la reggeva diritta. E in questa maniera, gittato dal mare ora in qua e ora in là, senza mangiare, sì come colui che non aveva che[67], e bevendo più che non avrebbe voluto, senza sapere ove si fosse o vedere altro che mare, dimorò tutto quel giorno e la notte vegnente.

rr. 82-93 Landolfo rimane un giorno intero in mare, aggrappato a una cassa.

Il dì seguente appresso, o piacer di Dio o forza di vento che 'l facesse, costui divenuto quasi una spugna[68], tenendo forte con ammendune le mani gli orli della cassa a quella guisa che far veggiamo a coloro che per affogar sono quando prendono alcuna cosa[69], pervenne al lito dell'isola di Gurfo[70], dove una povera feminetta per ventura suoi stovigli con la rena e con l'acqua salsa lavava e facea belli[71]. La quale, come vide costui avvicinarsi, non conoscendo in lui alcuna forma[72], dubitando e gridando si trasse indietro. Questi non potea favellare[73] e poco vedea, e per ciò niente le disse; ma pur, mandandolo verso la terra il mare, costei conobbe la forma della cassa, e più sottilmente guardando e vedendo conobbe primieramente le braccia stese sopra la cassa, quindi appresso ravisò la faccia e quello esser che era s'immaginò[74]. Per che, da compassion mossa, fattasi alquanto per lo mare[75], che già era tranquillo, e per li capelli presolo, con tutta la cassa il tirò in terra e quivi, con fatica le mani dalla cassa sviluppategli[76], e quella posta in capo a una sua figlioletta che con lei era, lui come un picciol fanciullo[77] ne portò nella terra[78]: e in una stufa[79] messolo,

rr. 94-115 Una donna che sta lavando le stoviglie sulla spiaggia di Corfù salva la vita a Landolfo.

---

60. temendo ... gli noiasse: dipende da «con grandissima paura»: perché egli temeva che quella cassa gli venisse addosso in modo da fargli danno, cioè da strapparlo via dalla tavola in cui Landolfo riponeva ogni speranza di salvezza; «temendo non» è costruzione latina (*timeo ne*).

61. come ... s'andasse: **comunque il fatto andasse**, checché ne fosse la ragione.

62. solutosi ... nel mare: i venti qui sono rappresentati come forze che si contendono nell'aria: un «groppo» o nodo di loro si scioglie e libera una sferzata che si abbatte sul mare, spingendo con violenza la cassa addosso a Landolfo.

63. sì grande: avverbiale; **così grandemente**, **con tanta forza**.

64. e la cassa nella tavola: bisogna sottintendere «diede»: percosse.

65. da sé ... la tavola: **molto allontanata da sé**.

66. per che: **per cui**.

67. che non aveva che: **che non aveva di che mangiare**.

68. quasi una spugna: perché nella lunga permanenza in mare si era imbevuto totalmente di acqua.

69. a quella guisa ... alcuna cosa: **alla maniera che osserviamo in coloro che stanno per affogare quando afferrano qualcosa**.

70. al lito ... di Gurfo: **alla spiaggia dell'isola di Corfù**.

71. dove ... facea belli: sulla spiaggia si trova una donna di povera condizione che sta lavando e lucidando le sue stoviglie con la sabbia («rena») e con l'acqua salata («salsa») del mare. Immagine pacifica e domestica, dopo le tempestose avventure viste sin qui.

72. non conoscendo ... forma: a distanza, non si capisce cosa sia l'insieme costituito da Landolfo aggrappato alla sua cassa; per questo la donna si spaventa («dubitando»: avendo paura).

73. favellare: **parlare**.

74. e quello esser ... s'immaginò: **immaginò che fosse quello che era**, ossia un uomo. Il riconoscimento da parte della donna sulla riva è graduale: prima la cassa, poi, a uno sguardo più attento («più sottilmente»), le braccia, infine l'intero uomo.

75. fattasi alquanto per lo mare: **entrata con alcuni passi in mare**.

76. sviluppategli: **staccategli**; rende bene la difficoltà di staccare le mani di Landolfo dall'orlo della cassa, a cui è rimasto aggrappato per quasi due giorni.

77. come un picciol fanciullo: Landolfo è ancora inebetito dalla brutta avventura.

78. ne portò nella terra: **lo portò nel villaggio**.

79. stufa: **bagno caldo**; le stufe erano in genere terme pubbliche, con stanze per i bagni di vapore e inservienti specializzati.

tanto lo stropicciò e con acqua calda lavò, che in lui ritornò lo smarrito calore e alquante delle perdute forze. E quando tempo le parve trattonelo[80], con alquanto di buon vino e di confetto[81] il riconfortò, e alcun giorno come poté il meglio il tenne, tanto che esso, le forze recuperate, conobbe là dove era[82]. Per che alla buona femina parve di dovergli la sua cassa rendere, la qual salvata gli avea, e di dirgli che omai procacciasse sua ventura[83]; e così fece.

Costui, che di cassa[84] non si ricordava, pur la prese, presentandogliele[85] la buona femina, avvisando[86] quella non potere sì poco valere, che alcun dì non gli facesse le spese[87]; e trovandola molto leggiera assai mancò della sua speranza[88]. Nondimeno, non essendo la buona femina in casa, la sconficcò[89] per vedere che dentro vi fosse: e trovò in quella molte preziose pietre e legate e sciolte[90], delle quali egli alquanto s'intendea: le quali veggendo e di gran valore conoscendole, lodando Idio che ancora abbandonare non l'aveva voluto, tutto si riconfortò. Ma sì come colui che in piccol tempo fieramente era stato balestrato[91] dalla fortuna due volte, dubitando della terza[92], pensò convenirgli molta cautela avere a voler quelle cose poter conducere a casa sua; per che in alcuni stracci, come meglio potè, ravoltole, disse alla buona femina che più di cassa non avea bisogno, ma che, se le piacesse, un sacco gli donasse e avessesi quella[93].

rr. 116-39 Inaspettatamente Landolfo trova che la cassa cui si è aggrappato in mare è piena di pietre preziose. Decide di portare con sé in patria, a Ravello, il contenuto con molta cautela; quando a Trani si imbatte in alcuni concittadini, per prudenza non svela la vicenda della cassa.

La buona femina il fece volentieri; e costui, rendutele quelle grazie le quali poteva maggiori[94] del beneficio da lei ricevuto, recatosi suo sacco in collo[95], da lei si partì; e montato sopra una barca passò a Brandizio[96], e di quindi, marina marina[97], si condusse infino a Trani, dove trovati de' suoi cittadini, li quali eran drappieri[98], quasi per l'amor di Dio fu da lor rivestito[99], avendo esso già loro tutti li suoi accidenti narrati fuori che della cassa[100]; e oltre a questo prestatogli cavallo e datogli compagnia, infino a Ravello, dove del tutto[101] diceva di voler tornare, il rimandarono.

Quivi parendogli esser sicuro, ringraziando Idio che condotto ve lo avea, sciolse il suo sacchetto: e con più diligenzia cercata ogni cosa che prima fatto non avea[102], trovò sé avere tante e sì fatte pietre che, a convenevole pregio vendendole

80. **trattonelo:** tiratolo fuori di lì, dalla «stufa».
81. **confetto:** confetture, dolci.
82. **conobbe ... era:** ritornò pienamente in sé.
83. **procacciasse sua ventura:** vedesse di provvedere alla sua fortuna; se ne andasse per i fatti suoi.
84. **di cassa:** della cassa.
85. **presentandogliele:** visto che la buona donna gliela portava come sua; «gliele» indeclinabile come al solito.
86. **avvisando:** ritenendo.
87. **non potere ... gli facesse le spese:** non potesse essere di così poco valore da non potergli procurare il denaro necessario per mantenerlo per qualche giorno.
88. **assai mancò ... speranza:** gran parte della sua speranza venne meno.
89. **sconficcò:** aprì forzando.
90. **e legate e sciolte:** sia incastonate in gioielli sia da sole.
91. **balestrato:** bersagliato.
92. **dubitando della terza:** temendo che una terza volta la mala sorte potesse colpirlo.
93. **avessesi quella:** si tenesse pure la cassa, in cambio del «sacco» di cui adesso Landolfo ha bisogno.
94. **rendutele ... maggiori:** resele i maggiori ringraziamenti che poteva.
95. **recatosi suo sacco in collo:** messosi il suo sacco in spalla.
96. **Brandizio:** Brindisi.
97. **e di ... marina:** e di lì (da Brindisi), sempre seguendo la costa.
98. **drappieri:** commercianti di stoffe.
99. **quasi ... rivestito:** quasi per carità fu rivestito da loro.
100. **avendo esso ... della cassa:** avendo egli raccontato loro tutte le vicende che gli erano capitate, esclusa quella della cassa.
101. **del tutto:** assolutamente.
102. **con più diligenza ... non avea:** con più attenzione guardata ogni cosa di quanto non avesse fatto prima.

e ancor meno[103], egli era il doppio più ricco che quando partito s'era[104]. E trovato modo di spacciar[105] le sue pietre, infino a Gurfo mandò una buona quantità di denari, per merito del servigio ricevuto, alla buona femina che di mare l'avea tratto, e il simigliante fece a Trani a coloro che rivestito l'aveano; e il rimanente, senza più voler mercatare, si ritenne, e onorevolmente visse infino alla fine.

rr. 140-47 Dopo il rientro a Ravello, Landolfo si rende conto dell'entità del suo guadagno; una parte significativa viene inviata alla donna che lo ha salvato e ai concittadini che lo hanno aiutato.

---

103. a convenevole pregio ... e ancor meno: vendendole al giusto prezzo o anche a un prezzo inferiore.
104. egli era ... s'era: alla fine, dunque, Landolfo si trova nella condizione a cui aspirava all'inizio del racconto (raddoppiare la sua ricchezza), quando ormai ne disperava, secondo il dettato della giornata (dove si ragiona «di chi ... sia oltre alla sua speranza riuscito a lieto fine»).
105. spacciar: vendere.
106. per merito: come ricompensa.

T6 Dentro il testo

IN SINTESI

La novella presenta uno schema narrativo "ad anello": Landolfo, partito da Ravello con l'intenzione di raddoppiare le sue ricchezze, in effetti vi ritorna, al termine del racconto, «il doppio più ricco che quando partito s'era». All'interno di questo schema si dispongono le peripezie, scandite in tre tempi, che costituiscono «le diverse cose» previste dalla rubrica della giornata, con cui la Fortuna si diverte a "infestare" il protagonista. All'inizio, Landolfo parte per Cipro con una nave carica di mercanzie, ma trova nell'isola una concorrenza tale da dover vendere tutto al ribasso, riducendosi quasi in povertà (prima peripezia, sfortunata). Coi pochi soldi rimasti, compra un «legnetto», una nave leggera, con cui si dà alla pirateria, e con grande successo, finendo con l'accumulare un notevole tesoretto (seconda peripezia, fortunata). Sulla strada del ritorno, però, viene intercettato da due navi genovesi, il suo «legnetto» viene affondato, e Landolfo viene rapinato di tutto, rimanendo letteralmente con un solo «farsettino» addosso, e prigioniero dei suoi rapinatori. Se non bastasse, la nave su cui viaggia fa naufragio, ed egli si trova in mare, aggrappato a una tavola, in pericolo d'affogare (terza peripezia multipla, sfortunata). Ma un'ondata lo costringe a lasciare la sua tavola, e ad aggrapparsi invece a una gran cassa, dopo aver tentato più volte invano di respingerla. Sospinto dal mare a Corfù, e rifocillato da una buona donna del luogo, Landolfo scopre che la cassa è piena di pietre preziose; tornato a casa così ricompensato dalla Fortuna, decide di godersi le sue ricchezze e di lasciar perdere la mercatura.

I TEMI E L'ESPRESSIONE

FORTUNA E MERCATURA

Il rapporto tra Fortuna e mercatura, in questa novella, è giocato nettamente a vantaggio della prima. La **Fortuna** appare, infatti, in tutto il suo **insindacabile giudizio**, tanto che sembra quasi divertirsi a contraddire le iniziative del personaggio. Lo delude nella sua prima impresa commerciale a Cipro, lo lascia vincere nella sua parentesi di vita piratesca, permettendogli di accumulare un tesoro, solo per toglierglielo per mano dei genovesi; non contenta, lo mette a rischio della vita nel naufragio, solo per divertirsi, ancora una volta, a sbattergli addosso, letteralmente, un **insperato lieto fine** sotto forma della cassa a cui, per disperazione, un Landolfo sul punto d'affogare si aggrappa. È questa, fra l'altro, una Fortuna **evidentemente amorale**, che frustra il protagonista quando egli si comporta da onesto mercante, e lo gratifica quando sceglie la vita del pirata (anche se il narratore ammorbidisce questo passaggio, sottolineando che la pirateria di Landolfo si esercitava soprattutto a danno degli infedeli).

L'IMPOSIZIONE DEL LIETO FINE

Come da rubrica, la Fortuna sa di dover provvedere a un lieto fine. E stavolta lo fa in modo quasi ironico, **paradossale**. Landolfo, in mezzo al mare in tempesta, galleggia aggrappato a una tavola, e, fra i relitti del naufragio, cerca ripetutamente di difendersi da una grande cassa che, egli teme, venendogli addosso potrebbe fargli mollare la presa: «sempre che presso gli venia, quando potea con mano, come che poca forza n'avesse, la lontanava». Landolfo non sa che, con quei gesti, egli sta allontanando da sé la sua buona sorte; sta cercando fisicamente di rifiutare il lieto fine che la Fortuna ha in serbo per lui. Finché un'ondata più violenta delle altre gli fa abbandonare la tavola e lo costringe ad afferrare proprio la cassa; la quale, approdato Landolfo più morto che vivo all'isola di Corfù, si rivela carica di pietre preziose; sì che, come il personaggio aveva all'inizio programmato, «egli era il doppio più ricco che quando partito s'era». E così, **il cerchio si chiude**, ma non certo per merito di Landolfo e del suo spirito commerciale.

LA SCONFITTA DELLA MERCATURA

Rispetto alla imprevedibile signoria di una Fortuna senza princìpi, la forza della mercatura appare del tutto subordinata. Non solo: ma tutta la vicenda di Landolfo si può leggere come una sorta di **distacco progressivo dal mestiere del mercante**. Infatti, non solo il protagonista non esita qui a trasformarsi in pirata, sostituendo all'etica del commercio la violenza della ruberia; ma, si badi, al momento di tornare in patria Landolfo decide di non investire i suoi denari, bensì di portarli con sé, ammassati nel «legnetto», dove gli verranno sottratti dai genovesi: «E pauroso della mercatantia, non s'impacciò d'investire altramenti i suoi denari...». Dunque, il dinamismo di accumulazione protocapitalista si è arrestato; il processo di continuo arricchimento non funziona più. Landolfo, evidentemente, è ormai pronto a **vivere di rendita**; ha perduto l'istinto elementare del mercato, che è appunto l'atto di investire la ricchezza, di non lasciarla inutilizzata. D'altronde, alla fine della novella noi vediamo il personaggio **abdicare del tutto al suo antico mestiere**: ricompensati i suoi benefattori, «il rimanente [denaro], senza più voler mercatare, si ritenne, e onorevolmente visse infino alla fine». È evidentemente un finale che non si può leggere davvero come esaltazione dell'epica mercantile: il mercante si è trasformato in una persona che vive di rendita. Ma ciò non toglie, è ovvio, che sia il tratto mercantile della sua esistenza che merita di essere raccontato.

Analisi e interpretazione Tipologia A

LEGGERE CON METODO

COMPRENSIONE GLOBALE

1. Leggi una prima volta la novella per intero, concentrandoti sulla storia. Mentre leggi, cerca le risposte ai nodi narrativi ricavabili dalla rubrica.

Rubrica	Domande guida
Landolfo Rufolo, impoverito,	In quale modo Landolfo diviene povero?
divien corsale	Perché si dedica alla pirateria? Per quanto tempo e con quale esito?
e da' genovesi preso rompe in mare	In quali circostanze è catturato dai genovesi e subisce un naufragio?
e sopra una cassetta di gioie carissime piena scampa;	Come si salva dal naufragio? In particolare, quale funzione ha la cassa?
e in Gurfo ricevuto da una femina,	Come viene trovato e soccorso dalla donna di Corfù?
ricco	In che modo Landolfo si ritrova di nuovo ricco?
si torna a casa sua.	Come ritorna a Ravello? Che cosa decide di fare una volta rientrato a casa?

2. Che cosa fa inizialmente Landolfo, quando si trova la cassa vicino? Perché questo particolare è significativo?

LA LINGUA E LE STRUTTURE

3. Le seguenti parole si usano ancora oggi, ma al tempo di Boccaccio avevano un significato diverso. Accanto a ciascuna parola, scrivi il significato in cui è usata nella novella e il significato attuale.

Parola usata da Boccaccio	Significato nella novella	Significato attuale
noia (gli noiasse)		
spacciare		
eleggendo		
sottilmente		
cercata		

4. Ricerca nel testo e trascrivi i termini che fanno riferimento alla sfera semantica del commercio, indicandone anche il significato (qualora siano termini non più usati o che hanno mutato significato), come ti mostra l'esempio.
«*mercatantie*» (r. 66): *commercio*

5. Sono sicuramente i lunghi periodi con una struttura fortemente ipotattica a causare le maggiori difficoltà di lettura del *Decameron*. Di fronte ai periodi più complessi può essere utile scrivere una parafrasi che ne semplifichi la struttura, trasformando alcune subordinate in coordinate e, se necessario, spostando la reggente nella posizione abituale oggi. Scrivi la parafrasi dei periodi indicati.

E portando egli di questa cosa seco grandissima noia, non sappiendo che farsi e veggendosi di ricchissimo uomo in brieve tempo quasi povero divenuto, pensò o morire o rubando ristorare i danni suoi, acciò che là onde ricco partito s'era povero non tornasse.

E trovato comperatore del suo gran legno, con quegli denari e con gli altri che della sua mercatantia avuti avea comperò un legnetto sottile da corseggiare e quello d'ogni cosa oportuna a tal servigio armò e guernì ottimamente, e diessi a far sua della roba d'ogni uomo e massimamente sopra i turchi.

E già nell'Arcipelago venuto, levandosi la sera uno scilocco, il quale non solamente era contrario al suo cammino ma ancora faceva grossissimo il mare, il quale il suo picciolo legno non avrebbe bene potuto comportare, in uno seno di mare, il quale una piccola isoletta faceva da quello vento coperto, si raccolse, quivi proponendo d'aspettarlo migliore.

Il dì seguente appresso, o piacer di Dio o forza di vento che 'l facesse, costui divenuto quasi una spugna, tenendo forte con ammendune le mani gli orli della cassa a quella guisa che far veggiamo a coloro che per affogar sono quando prendono alcuna cosa, pervenne al lito dell'isola di Gurfo, dove una povera feminetta per ventura suoi stovigli con la rena e con l'acqua salsa lavava e facea belli.

I TEMI E L'INTERPRETAZIONE

6. Landolfo, nel bene e nel male, incarna alcune delle caratteristiche del mercante medievale. Individua se le seguenti affermazioni sono vere o false.

a. Avido di ricchezze. V F
b. Molto bravo negli affari. V F
c. Disposto ad affrontare rischi. V F
d. Molto religioso. V F
e. Non ha scrupoli morali. V F
f. Sa agire con prudenza. V F
g. Manifesta riconoscenza. V F

7. Come sai, il tema della seconda giornata è il potere della Fortuna («si ragiona di chi, da diverse cose infestato, sia, oltre alla sua speranza, riuscito a lieto fine»). Dopo aver riesaminato le vicende di Landolfo, ritieni che nella sua avventura abbia avuto maggiore peso l'iniziativa personale o il caso?

SCRIVERE CON METODO

APPROFONDIMENTI E CONFRONTI

8. L'arte di Boccaccio è realistica non nel senso che le storie che racconta siano vere, quanto piuttosto per la capacità di inserire le vicende in uno sfondo credibile e verosimile. Da questo punto di vista anche le avventure di Landolfo riflettono, se non le vicende veramente accadute a un singolo mercante, le paure e i rischi reali della professione mercantile. Ce lo ricorda un breve brano tratto da un saggio storico.

> Il mercante doveva essere pronto ad andare incontro al pericolo: esso costituiva il lato imprescindibile della sua professione e, di conseguenza, la coscienza del rischio, della minaccia non lo abbandonava mai. Il pericolo si celava nei viaggi a lunga distanza, soprattutto quelli per mare: i naufragi, gli assalti dei pirati o dei mercanti concorrenti. Il pericolo proveniva anche dalle perturbazioni del mercato. Ma il pericolo lo nascondevano anche le persone con le quali il mercante entrava in rapporti di diverso genere. È per questo che negli appunti e gli ammaestramenti usciti dalla penna dei mercanti-scrittori si pronunciano insistenti avvertimenti nei confronti delle controparti, dei concittadini, degli amici e persino dei parenti.
>
> (A. Ja. Gurevič, *Il mercante*, in *L'uomo medievale*, a cura di J. Le Goff, Laterza, Roma-Bari 1987)

a. Quali dei pericoli della professione mercantile si riscontrano nella novella?

b. Quali azioni di Landolfo si spiegano con la diffidenza nei confronti delle altre persone e la necessità di non fidarsi di nessuno?

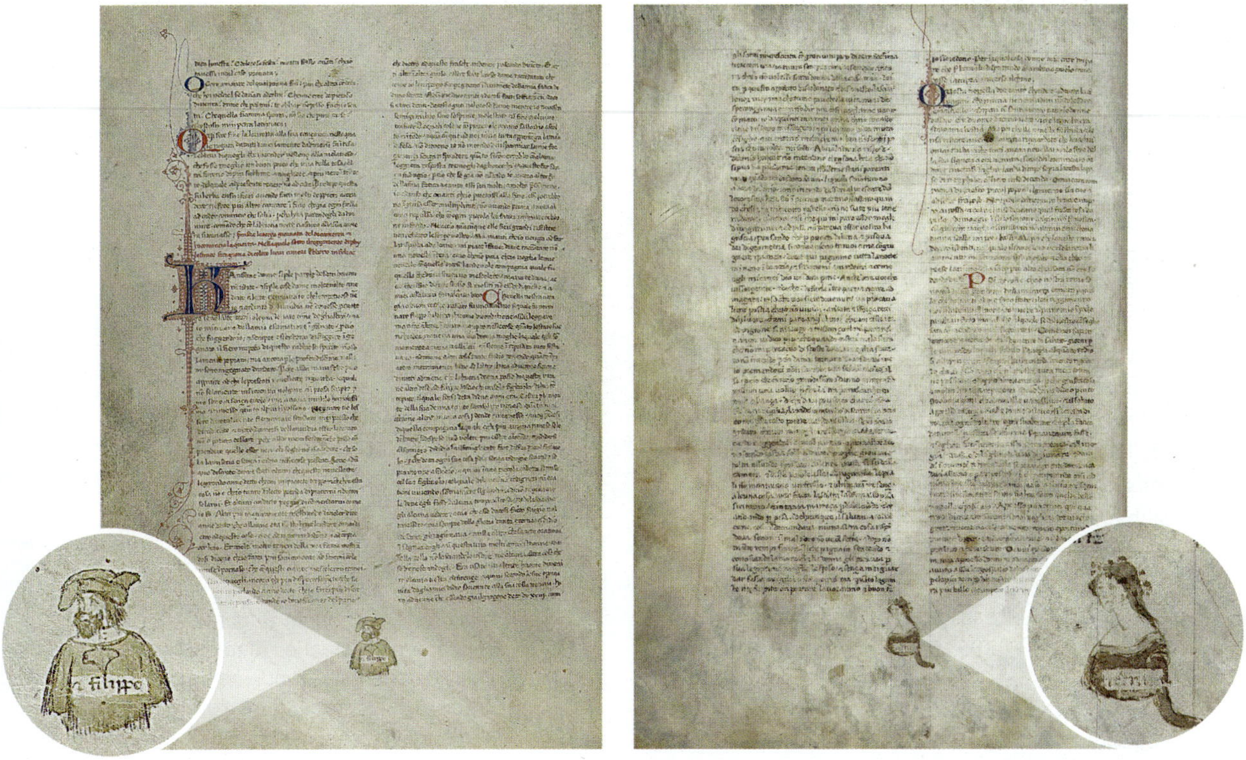

▲ **Boccaccio illustratore**
Il codice Hamilton 90, appartenuto prima a Giuliano de' Medici e in seguito a Pietro Bembo, è un manoscritto autografo sul quale Boccaccio stesso ha disegnato i ritratti di alcuni dei suoi personaggi (Berlino, Staatsbibliothek).

Interpretare il mondo

Lo spirito di imprenditorialità: startup *e* fund-raising

Come abbiamo visto, ai tempi di Giovanni Boccaccio stava emergendo una classe imprenditoriale la cui forza risiedeva soprattutto nel **capitale finanziario**, nella gestione delle **banche** (fiorentini e senesi si rivelarono particolarmente abili in questo campo) e nel grande **commercio**. Di grande rilievo anche gli **armatori**: i commerci si sviluppavano in Italia soprattutto via nave, vista la conformazione geografica della penisola, circondata dai mari e "chiusa" a nord dalle Alpi.
Ma c'era spazio anche per il piccolo imprenditore, perché la nuova mentalità si basava sulla voglia di fare fortuna con la propria **abilità imprenditoriale**, che si trattasse di lavoro manuale o di gestione di beni prodotti da altri. Il lavoro, anche manuale e artigiano, non era più visto esclusivamente come portatore di fatica e di sofferenza, ma anche come strumento di **promozione sociale**.
Nel mondo attuale, una delle strade più percorse da chi desidera misurarsi con la realtà dell'imprenditoria è la creazione di una ***startup***. Il concetto di *startup* è molto complesso: non coincide, infatti, con la semplice fondazione di una nuova impresa, ma deve avere alcune caratteristiche organizzative e finanziarie che identifichino l'impresa come tale. Limitandoci ai suoi aspetti più semplici, comunque, possiamo definirla come la **proposta di una nuova attività**, che spesso viene avviata in modo temporaneo fino allo sviluppo dell'idea, e che può essere poi ceduta a eventuali compratori (di solito - ma non necessariamente - attraverso il mercato azionario).
La raccolta iniziale di fondi per l'avvio dell'attività avviene spesso attraverso il ***fund-raising***, che prevede che i sovvenzionatori non abbiano un interesse economico "di ritorno"; in pratica, si tratta spesso di donazioni, o comunque di sovvenzioni che non garantiscono necessariamente un profitto per il donatore. Per esempio, chi finanzia il primo disco di un cantante può ricevere in cambio una canzone (o l'intero disco), ma non partecipa agli utili delle vendite.

Lo spirito di imprenditorialità coinvolge diverse abilità, che devono essere messe in evidenza anche negli **anni della formazione scolastica**, come prevede la normativa europea riguardo alle **competenze chiave**.

> Senso di iniziativa e di imprenditorialità significa saper tradurre le idee in azione. In ciò rientrano la creatività, l'innovazione e l'assunzione di rischi, come anche la capacità di pianificare e di gestire progetti per raggiungere obiettivi. È una competenza che aiuta gli individui ad acquisire consapevolezza del contesto in cui lavorano e a poter cogliere le opportunità che si offrono.
>
> www.competenzechiave.eu

▲ Mani che cooperano a uno stesso obiettivo.

RIFLESSIONE CRITICA Tipologia **C**

1. Conosci qualche caso di fund-raising che abbia avuto un grande successo? Per esempio, diversi musicisti hanno finanziato il disco d'esordio grazie al fund-raising. Svolgi qualche ricerca in rete ed esponi i risultati in classe.
2. Immagina di voler costituire una startup: in quale settore la svilupperesti? Qual è l'idea di base? Dove cercheresti i fondi, e con quali argomenti cercheresti di attirare gli investitori?

T7

Decameron, II, 5

Andreuccio da Perugia

AUDIOLIBRO

Anno: 1349-51

Genere: novella

Argomento: il giovane e inesperto Andreuccio vive una notte di disavventure

La rubrica di questa novella ci offre due chiavi essenziali di lettura. La prima: il racconto sarà scandito in tre sequenze, corrispondenti ai «tre gravi accidenti» che costituiscono gli "scherzi" della fortuna a cui è sottoposto il protagonista. La seconda: tali «accidenti» accadranno tutti nell'unità di tempo costituita da un'unica notte. Se a questa unità di tempo aggiungiamo l'unità di luogo – tutto si svolge nel cuore di Napoli – possiamo prendere atto fin d'ora dell'eccezionalità di questa novella.

Parafrasi integrale

Andreuccio da Perugia, venuto a Napoli a comperar cavalli, in una notte da tre gravi accidenti soprapreso, da tutti scampato con un rubino si torna a casa sua.[1]

rr. 1-13 Breve presentazione di Andreuccio, ingenuo mercante di cavalli arrivato a Napoli.

Fu, secondo che io già intesi, in Perugia un giovane il cui nome era Andreuccio di Pietro, cozzone di cavalli[2]; il quale, avendo inteso che a Napoli era buon mercato di cavalli[3], messisi in borsa cinquecento fiorin d'oro, non essendo mai più[4] fuori di casa stato, con altri mercatanti là se n'andò: dove giunto una domenica sera in sul vespro[5], dall'oste suo informato la seguente mattina fu in sul Mercato[6], e molti ne vide[7] e assai ne gli piacquero e di più e più mercato tenne[8], né di niuno potendosi accordare, per mostrare che per comperar fosse[9], sì come rozzo[10] e poco cauto più volte in presenza di chi andava e di chi veniva trasse fuori questa sua borsa de' fiorini che aveva.

rr. 14-33 Una giovane siciliana vede la borsa di denari di Andreuccio e progetta di impadronirsene; un'anziana siciliana le dà informazioni su Andreuccio e la sua famiglia.

E in questi trattati stando[11], avendo esso la sua borsa mostrata, avvenne che una giovane ciciliana[12] bellissima, ma disposta per piccol pregio a compiacere a qualunque uomo[13], senza vederla egli[14], passò appresso di lui e la sua borsa vide e subito seco disse: – Chi starebbe meglio di me se quegli denari fosser miei? – e passò oltre. Era con questa giovane una vecchia similmente ciciliana[15], la quale, come vide Andreuccio, lasciata oltre la giovane andare, affettuosamente corse a ab-

1. Tra le fonti più attendibili di questa novella vi è il *fabliau Bouvin de Provins*, in cui il protagonista, vantandosi di avere nella sua borsa 100 denari (in realtà ne ha solo 12), e fingendo di essere in cerca di una sua nipote per farla sua erede, attira l'attenzione della tenutaria di un bordello che, da lui falsamente riconosciuta come la nipote, lo ospita generosamente e, con l'intenzione di derubarlo del denaro, gli offre anche una delle sue prostitute. Ma lo scaltro Bouvin riuscirà a sventare l'inganno e a godersi sesso e ospitalità senza pagare alcun prezzo.

2. **cozzone di cavalli:** **sensale, mercante di cavalli**.

3. **a Napoli ... di cavalli:** in effetti, il mercato di cavalli napoletano era nel Medioevo assai rinomato, ed era stato favorito e incoraggiato da iniziative specifiche dei re Angioini.

4. **non essendo mai più:** **non essendo mai prima**.

5. **in sul vespro:** **sul far della sera**.

6. **Mercato:** con la maiuscola; si intende qui infatti la piazza del Mercato, di fronte al porto.

7. **ne vide:** s'intende, di cavalli.

8. **di più ... tenne:** **ne mise a prezzo parecchi**, fece trattative per parecchi (cavalli).

9. **né di niuno ... fosse:** **non potendo trovare l'accordo** (per l'acquisto) **di alcun** (cavallo), **per far vedere che si trovava** (in quel luogo) **per fare affari**. Da buon provinciale, Andreuccio non vuole che di lui si creda che stia lì al Mercato semplicemente a curiosare, contrattando cavalli senza avere i mezzi per comprarli; per questo si preoccupa di far vedere la sua borsa di fiorini, per dimostrare che, se volesse, potrebbe dar seguito alle trattative.

10. **sì come rozzo:** **essendo inesperto**.

11. **E in questi ... stando:** **E mentre era impegnato in queste trattative**.

12. **ciciliana:** **siciliana**.

13. **ma disposta ... qualunque uomo:** **pronta a concedersi a chiunque per poco prezzo**; si tratta dunque di una prostituta, e non di grandi pretese.

14. **senza vederla egli:** **senza che Andreuccio la notasse**.

15. **similmente ciciliana:** **anche lei siciliana**.

bracciarlo: il che la giovane veggendo, senza dire alcuna cosa, da una delle parti la cominciò a attendere[16]. Andreuccio, alla vecchia rivoltosi e conosciutala, le fece gran festa, e promettendogli essa di venire a lui all'albergo[17], senza quivi tenere troppo lungo sermone[18], si partì: e Andreuccio si tornò a mercatare ma niente comperò la mattina. La giovane, che prima la borsa d'Andreuccio e poi la contezza[19] della sua vecchia con lui aveva veduta, per tentare se modo alcuno trovar potesse a dovere aver quelli denari, o tutti o parte, cautamente incominciò a domandare chi colui fosse o donde[20] e che quivi facesse e come il conoscesse. La quale ogni cosa così particularmente[21] de' fatti d'Andreuccio le disse come avrebbe per poco[22] detto egli stesso, sì come colei che lungamente in Cicilia col padre di lui e poi a Perugia dimorata era, e similmente le contò dove tornasse[23] e perché venuto fosse.

rr. 34-163 La giovane siciliana raccoglie informazioni dalla più anziana e, fingendosi sorella di Andreuccio, lo trattiene presso di sé.

La giovane, pienamente informata e del parentado di lui e de' nomi, al suo appetito fornire con una sottil malizia[24], sopra questo fondò la sua intenzione[25]; e a casa tornatasi, mise la vecchia in faccenda[26] per tutto il giorno acciò che a Andreuccio non potesse tornare; e presa una sua fanticella[27], la quale essa assai bene a così fatti servigi aveva ammaestrata, in sul vespro la mandò all'albergo dove Andreuccio tornava[28].

La qual, quivi venuta, per ventura lui medesimo e solo trovò in su la porta e di lui stesso il domandò[29]. Alla quale dicendole egli che era desso[30], essa, tiratolo da parte, disse: - Messere, una gentil donna di questa terra[31], quando vi piacesse, vi parleria volentieri -. Il quale vedendola, tutto postosi mente e parendogli essere un bel fante della persona[32], s'avvisò[33] questa donna dover di lui essere innamorata, quasi altro bel giovane che egli non si trovasse allora in Napoli, e prestamente rispose che era apparecchiato e domandolla[34] dove e quando questa donna parlar gli volesse.

A cui la fanticella rispose: - Messere, quando di venir vi piaccia, ella v'attende in casa sua - .

Andreuccio presto[35], senza alcuna cosa dir nell'albergo, disse: - Or via mettiti avanti, io ti verrò appresso.

Laonde[36] la fanticella a casa di costei il condusse, la quale dimorava in una contrada chiamata Malpertugio[37], la quale quanto sia onesta contrada il nome

16. da una delle parti ... attendere: stando a osservarla cominciò a indugiare.
17. di venire ... all'albergo: di andarlo a trovare all'albergo dove Andreuccio era alloggiato.
18. senza ... sermone: senza stare lì (al mercato) **a fare discorsi troppo lunghi**.
19. contezza: dimestichezza, familiarità.
20. donde: di dove era.
21. così particularmente: in modo così dettagliato.
22. per poco: quasi.
23. dove tornasse: dove albergasse.
24. al suo appetito ... malizia: al fine di soddisfare il suo desiderio con un astuto inganno.
25. sopra questo fondò la sua intenzione: sopra questo fondò il suo disegno, cioè sulle informazioni ricevute dalla vecchia siciliana.
26. mise ... in faccenda: occupò la vecchia in faccende di casa. Dunque la vecchia siciliana è una domestica della giovane prostituta, e lei fa in modo, tenendola impegnata, di evitare che possa andare all'albergo di Andreuccio.
27. fanticella: servetta.
28. tornava: come sopra, **alloggiava**.
29. di lui stesso il domandò: gli chiese informazioni proprio di lui, ossia di Andreuccio.
30. che era desso: che era proprio lui.
31. terra: città.
32. tutto postosi mente ... persona: consideratosi con attenzione, e parendogli di esser un bel pezzo di giovanotto.
33. s'avvisò: immaginò.
34. prestamente ... domandolla: senza esitare («prestamente») **rispose che era pronto** («apparecchiato») **e le chiese**.
35. presto: subito.
36. Laonde: Quindi.
37. Malpertugio: ovvero "brutto buco": era un ben noto quartiere di Napoli, che prendeva nome da una breccia nelle mura della città, lasciata aperta come scorciatoia per recarsi al vicino porto. Era zona di traffici e di esercizi commerciali, ma anche, come qui si vede, di malaffare, infestata di bordelli e di malviventi.

medesimo il dimostra[38]. Ma esso, niente di ciò sappiendo né suspicando[39], credendosi in uno onestissimo luogo andare e a una cara[40] donna, liberamente[41], andata la fanticella avanti, se n'entrò nella sua casa; e salendo su per le scale, avendo la fanticella già la sua donna[42] chiamata e detto - Ecco Andreuccio, -, la vide in capo della scala farsi a aspettarlo.

Ella era ancora assai giovane, di persona grande[43] e con bellissimo viso, vestita e ornata assai orrevolemente[44]; alla quale come Andreuccio fu presso, essa incontrogli[45] da tre gradi[46] discese con le braccia aperte, e avvinghiatogli il collo alquanto stette senza alcuna cosa dire, quasi da soperchia[47] tenerezza impedita; poi lagrimando gli basciò la fronte[48] e con voce alquanto rotta disse: - O Andreuccio mio, tu sii il ben venuto!

Esso, maravigliandosi di così tenere carezze[49], tutto stupefatto rispose: - Madonna, voi siate la ben trovata!

Ella appresso, per la man presolo, suso nella sua sala il menò e di quella, senza alcuna altra cosa parlare, con lui nella sua camera se n'entrò, la quale di rose, di fiori d'aranci e d'altri odori tutta oliva[50], là dove egli un bellissimo letto incortinato[51] e molte robe su per le stanghe, secondo il costume di là[52], e altri assai belli e ricchi arnesi[53] vide; per le quali cose, sì come nuovo[54], fermamente credette lei dovere essere non men che gran donna.

E postisi a sedere insieme sopra una cassa che appiè del suo letto era, così gli cominciò a parlare: - Andreuccio, io sono molto certa che tu ti maravigli e delle carezze le quali io ti fo e delle mie lagrime, sì come colui che non mi conosci e per avventura mai ricordar non m'udisti[55]. Ma tu udirai tosto cosa la quale più ti farà forse maravigliare, sì come è che[56] io sia tua sorella; e dicoti che, poi che Idio m'ha fatta tanta grazia che io anzi la mia morte ho veduto alcuno de' miei fratelli, come che io disideri di vedervi tutti[57], io non morrò a quella ora che io consolata non muoia[58]. E se tu forse questo mai più non udisti, io tel vo' dire. Pietro, mio padre e tuo, come io credo che tu abbi potuto sapere, dimorò lungamente in Palermo, e per la sua bontà e piacevolezza vi fu e è ancora da quegli che il conobbero amato assai. Ma tra gli altri che molto l'amarono, mia madre, che gentil donna fu e allora era vedova, fu quella che più l'amò, tanto che, posta giù[59] la paura del padre e de' fratelli e il suo onore[60], in tal guisa con lui si dimesticò[61],

---

38. la quale ... il dimostra: basta il nome, Malpertugio, a far capire di che razza di quartiere onorato si trattasse.
39. suspicando: **sospettando**.
40. cara: **nobile**; la fanticella l'aveva presentata come una «gentil donna».
41. liberamente: **volentieri**, **di buon grado**.
42. la sua donna: **la sua padrona**.
43. di persona grande: **alta**.
44. orrevolemente: **onorevolmente**, **signorilmente**.
45. incontrogli: **incontro a lui**, avverbio.
46. gradi: **gradini**.
47. soperchia: **eccessiva**.
48. gli basciò la fronte: **gli baciò la fronte**; si noti la castità fraterna di questo bacio.
49. maravigliandosi ... carezze: Andreuccio infatti si aspettava tutt'altro genere di effusioni da parte della «gentil donna» che così arditamente lo aveva mandato a chiamare.
50. oliva: **profumava**.
51. incortinato: **a baldacchino**, tutto fasciato di cortine, o tende.
52. molte robe ... costume di là: a Napoli si usava dunque appendere «robe», abiti, su traverse di legno («stanghe») ben in mostra.
53. arnesi: **suppellettili**.
54. sì come nuovo: **da quell'inesperto che era**. Basta l'ostentazione del lusso (forse un po' volgare?) di questa camera di prostituta da poco prezzo per convincere l'ingenuo Andreuccio di trovarsi davanti a una «gran donna», come dice subito, a una gran signora.
55. sì come colui ... non m'udisti: **dal momento che non mi conosci e probabilmente non mi hai mai sentito nominare**.
56. sì come è: **cioè**.
57. come che io ... tutti: **anche se il mio desiderio sarebbe di vedervi tutti**, e non solamente «alcuno».
58. io non morrò ... non muoia: **io non morrò, nell'ora che mi sarà destinata, se non consolata dall'aver conosciuto qualcuno dei miei fratelli**.
59. posta giù: **messa da parte**.
60. e il suo onore: sottintendi «posto giù».
61. in tal guisa ... si dimesticò: **prese con lui tanta intimità**.

che io ne nacqui e sonne qual tu mi vedi[62]. Poi, sopravenuta cagione a Pietro di partirsi di Palermo e tornare in Perugia, me con la mia madre piccola fanciulla lasciò, né mai, per quello che io sentissi, più né di me né di lei si ricordò: di che[63] io, se mio padre stato non fosse, forte il riprenderei[64] avendo riguardo alla ingratitudine di lui verso mia madre mostrata[65] (lasciamo stare allo amore che a me come a sua figliuola non nata d'una fante né di vil femina[66] dovea portare), la quale le sue cose e sé parimente, senza sapere altrimenti chi egli si fosse, da fedelissimo amor mossa rimise nelle sue mani[67]. Ma che è[68]? Le cose mal fatte e di gran tempo passate sono troppo più agevoli a riprendere che a emendare[69]: la cosa andò pur così. Egli mi lasciò piccola fanciulla in Palermo, dove, cresciuta quasi come io mi sono[70], mia madre, che ricca donna era, mi diede per moglie a uno da Gergenti[71], gentile uomo e da bene, il quale per amor di mia madre e di me tornò a stare in Palermo; e quivi, come colui che è molto guelfo cominciò a avere alcuno trattato col nostro re Carlo[72]. Il quale, sentito dal re Federigo prima che dare gli si potesse effetto[73], fu cagione di farci fuggire di Cicilia quando io aspettava essere la maggior cavalleressa[74] che mai in quella isola fosse; donde, prese quelle poche cose che prender potemmo (poche dico per rispetto[75] alle molte le quali avavamo), lasciate le terre e li palazzi, in questa terra[76] ne rifuggimmo, dove il re Carlo verso di noi trovammo sì grato[77] che, ristoratici[78] in parte li danni li quali per lui ricevuti avavamo, e possessioni e case ci ha date, e dà continuamente al mio marito, e tuo cognato che è, buona provisione[79], sì come tu potrai ancor vedere. E in questa maniera son qui, dove io, la buona mercé di Dio e non tua[80], fratel mio dolce, ti veggio –.

E così detto, da capo il rabbracciò e ancora teneramente lagrimando gli basciò la fronte.

Andreuccio, udendo questa favola così ordinatamente, così compostamente detta da costei, alla quale in niuno atto[81] moriva la parola tra' denti né balbettava la lingua, e ricordandosi esser vero che il padre era stato in Palermo e per se

---

62. sonne ... mi vedi: sono venuta fuori come tu mi vedi. In altre parole: ed eccomi qua.
63. di che: della qual cosa.
64. forte il riprenderei: lo rimprovererei aspramente.
65. avendo riguardo ... mostrata: considerando l'ingratitudine da lui mostrata verso mia madre.
66. non nata d'una fante né di vil femina: non nata da una serva o da una donna di bassa condizione; ha già detto, infatti, che sua madre era «gentil donna».
67. la quale ... mani: la quale, mossa da un amore fedelissimo, affidò nelle sue mani il suo patrimonio e se stessa nello stesso tempo, senza sapere affatto chi egli fosse.
68. Ma che è?: Ma che ci possiamo fare?
69. sono troppo più agevoli ... a emendare: è molto più facile biasimarle che correggerle.
70. cresciuta ... io mi sono: arrivata pressoché all'età che ho adesso; quindi poco tempo prima.
71. Gergenti: Girgenti, l'attuale Agrigento.
72. e quivi ... re Carlo: gli Angioini erano stati cacciati dalla Sicilia dopo la rivolta dei Vespri siciliani (1282); ma qui si finge che il marito della donna continui a parteggiare per loro (e a essere quindi un guelfo molto convinto, «molto guelfo»), e in particolare a mantenere rapporti con il re Carlo II d'Angiò, regnante a Napoli dal 1285 al 1309; in questo lasso di tempo, di conseguenza, s'immagina che si svolga l'azione della presente novella.
73. Il quale ... effetto: «Il quale» si riferisce al precedente «trattato», o negoziato segreto, fra il marito della donna e il re Carlo; «sentito», ovvero scoperto prima che gli si potesse dare effetto da Federico II d'Aragona, succeduto agli Angioini nel Regno di Sicilia; esso fu causa della precipitosa fuga della donna (e della sua famiglia) dall'isola a Napoli.
74. cavalleressa: moglie di cavaliere, **gran dama**.
75. per rispetto: in confronto.
76. terra: città; in questo caso è Napoli.
77. grato: dato che la donna e il marito tutto avevano perduto per favorire un colpo di Stato che riportasse Carlo al potere in Sicilia. Da notare l'arditezza dell'invenzione della bella siciliana, che non si accontenta di fingersi nobile e ricca, ma si rappresenta implicata nei grandi giochi di potere del Regno, conteso fra Angioini e Aragonesi.
78. ristoratici: avendoci risarcito.
79. buona provisione: pensione, **stipendio**. Dettaglio verosimile: erano infatti molti i profughi siciliani che a Napoli ricevevano sussidio e aiuto dalla corte angioina.
80. la buona mercé ... non tua: grazie a Dio e non certo alla tua iniziativa. Punta di rimprovero al fratello, che non si era dato certo da fare per ritrovare questa sorella di cui ignorava l'esistenza.
81. in niuno atto: in nessuno dei suoi gesti, **dei suoi atteggiamenti**. Nessun gesto della donna lascia sospettare che non stia dicendo la verità.

medesimo de' giovani conoscendo i costumi[82], che volentieri amano[83] nella giovanezza, e veggendo le tenere lagrime, gli abbracciari e gli onesti basci, ebbe ciò che ella diceva più che per vero[84]: e poscia che ella tacque, le rispose: - Madonna, egli non vi dee parer gran cosa se io mi maraviglio: per ciò che nel vero, o che mio padre, per che che egli sel facesse, di vostra madre e di voi non ragionasse giammai, o che, se egli ne ragionò, a mia notizia venuto non sia[85], io per me niuna conscienza aveva di voi se non come se non foste[86]; e emmi tanto più caro l'avervi qui mia sorella trovata, quanto io ci sono più solo e meno questo sperava[87]. E nel vero io non conosco uomo di sì alto affare al quale voi non doveste esser cara, non che a me che un picciolo mercatante sono[88]. Ma d'una cosa vi priego mi facciate chiaro: come sapeste voi che io qui fossi?»

Al quale ella rispose: - Questa mattina mel fé sapere una povera femina la qual molto meco si ritiene[89], per ciò che con nostro padre, per quello che ella mi dica[90], lungamente e in Palermo e in Perugia stette; e se non fosse che più onesta cosa mi parea che tu a me venissi in casa tua[91] che io a te nell'altrui, egli ha gran pezza[92] che io a te venuta sarei -.

Appresso queste parole ella cominciò distintamente a domandare di tutti i suoi parenti nominatamente[93], alla quale di tutti Andreuccio rispose, per questo ancora più credendo quello che meno di creder gli bisognava[94].

Essendo stati i ragionamenti lunghi e il caldo grande, ella fece venire greco e confetti[95] e fé dar bere[96] a Andreuccio; il quale dopo questo partir volendosi, per ciò che ora di cena era, in niuna guisa il sostenne[97], ma sembiante fatto di forte turbarsi[98] abbracciandol disse: - Ahi lassa me, ché assai chiaro conosco come io ti sia poco cara! Che è a pensare[99] che tu sii con una tua sorella mai più da te non veduta, e in casa sua, dove, qui venendo, smontato esser dovresti[100], e vogli di quella[101] uscire per andare a cenare all'albergo? Di vero tu cenerai con esso meco[102]: e perché mio marito non ci sia, di che forte mi grava[103], io ti saprò bene secondo donna[104] fare un poco d'onore -.

---

82. **per se medesimo ... i costumi:** **per sua diretta esperienza conoscendo i costumi dei giovani.**
83. **amano:** **si danno agli amori.**
84. **ebbe ... per vero:** **giudicò ciò che ella diceva più che vero.**
85. **nel vero ... non sia:** **in verità, qualunque ne sia stato il motivo, o che mio padre non abbia mai parlato di vostra madre o di voi, o che, se egli ne parlò, non sia venuto a mia conoscenza.** Nota che la siciliana, rivolgendosi ad Andreuccio, gli ha dato del «tu»; Andreuccio invece, intimidito, risponde con il «voi».
86. **io per me ... non foste:** **da parte mia non avevo nessuna conoscenza di voi, come se nemmeno esisteste.**
87. **e emmi ... sperava:** **e mi è tanto più caro l'avervi trovata qui come mia sorella, in quanto io in questa città** («ci») **sono solo** (cioè, non conosco nessuno) **e non speravo in una cosa simile.**
88. **non conosco ... mercatante sono:** **in verità non conosco nessuno di così alta posizione sociale a cui voi non dobbiate essere cara, e figuriamoci a me, che sono un umile mercante.**
89. **molto meco si ritiene:** **si intrattiene molto con me**, frequenta abitualmente la mia casa.
90. **per quello ... mi dica:** **a quanto mi dice.**
91. **a me in casa tua:** **presso di me nella casa che è anche tua** per il rapporto di fratellanza.
92. **egli ha gran pezza:** **sarebbe già da lungo tempo.**
93. **nominatamente:** **uno per uno**: la vecchia siciliana le aveva riferito i nomi.
94. **per questo ... gli bisognava:** **per questo credendo ancora più saldamente a ciò che meno avrebbe avuto bisogno di credere.**
95. **greco e confetti:** **vino greco e dolci.**
96. **fé dar bere:** **fece dar da bere**; costruzione comune in antico.
97. **in niuna ... sostenne:** **in nessun modo lo permise.** La siciliana gli impedisce di andarsene.
98. **ma sembiante ... turbarsi:** **ma facendo finta di rattristarsi molto.**
99. **Che è a pensare:** **Come si può pensare.**
100. **dove ... dovresti:** venendo a Napoli, Andreuccio avrebbe dovuto «smontare», cioè alloggiare, non all'albergo, ma a casa della sorella.
101. **di quella:** dalla casa della sorella.
102. **Di vero ... meco:** **In verità tu cenerai con me.**
103. **e perché ... mi grava:** **e per quanto mio marito sia assente, il che mi dispiace assai.**
104. **secondo donna:** **per quanto può fare una donna**; più modestamente, cioè, di quanto avrebbe potuto fare il marito assente.

Alla quale Andreuccio, non sappiendo altro che rispondersi, disse: – Io v'ho cara quanto sorella si dee avere, ma se io non ne vado, io sarò tutta sera aspettato a cena e farò villania[105].

E ella allora disse: – Lodato sia Idio, se io non ho in casa per cui mandare a dire che tu non sii aspettato[106]! benché tu faresti assai maggior cortesia, e tuo dovere, mandare[107] a dire a' tuoi compagni che qui venissero a cenare, e poi, se pure andare te ne volessi, ve ne potresti tutti andar di brigata[108] –.

Andreuccio rispose che de' suoi compagni non volea quella sera[109], ma, poi che pure a grado l'era, di lui facesse il piacer suo[110]. Ella allora fè vista[111] di mandare a dire all'albergo che egli non fosse atteso a cena; e poi, dopo molti altri ragionamenti, postisi a cena e splendidamente di più vivande serviti, astutamente quella menò[112] per lunga infino alla notte obscura; e essendo da tavola levati e Andreuccio partir volendosi, ella disse che ciò in niuna guisa sofferrebbe[113], per ciò che Napoli non era terra da andarvi per entro di notte, e massimamente un forestiere[114]; e che come che egli a cena non fosse atteso aveva mandato a dire, così aveva dello albergo fatto il somigliante[115].

Egli, questo credendo e dilettandogli, da falsa credenza ingannato, d'esser con costei, stette. Furono adunque dopo cena i ragionamenti molti e lunghi non senza cagione[116] tenuti; e essendo della notte una parte passata, ella, lasciato Andreuccio a dormire nella sua camera con un piccol fanciullo che gli mostrasse se egli volesse nulla[117], con le sue femine[118] in un'altra camera se n'andò.

Era il caldo grande: per la qual cosa Andreuccio, veggendosi solo rimasto, subitamente si spogliò in farsetto[119] e trassesi i panni di gamba e al capo del letto gli si pose[120]; e richiedendo il naturale uso di dovere diporre il superfluo peso del ventre[121], dove ciò si facesse domandò quel fanciullo, il quale nell'uno de' canti della camera gli mostrò uno uscio e disse: – Andate là entro –.

rr. 164-87 Dopo la cena, al momento in cui vorrebbe andare in bagno, Andreuccio cade dal ballatoio, nella latrina, e rimane chiuso fuori.

Andreuccio dentro sicuramente[122] passato, gli venne per ventura posto il piè sopra una tavola, la quale dalla contraposta parte sconfitta

---

105. io sarò ... villania: **mi aspetteranno tutta la sera a cena, e** (se non mi faccio vedere) **commetterò una grave scortesia**. Chi lo aspetta sono (a parte l'oste) gli «altri mercatanti» con cui, come si è visto all'inizio della novella, è venuto a Napoli e con cui è sceso all'albergo.

106. Lodato ... aspettato!: Figurati se non ho qualcuno tramite cui mandare a dire all'albergo che non stiano ad aspettarti!

107. mandare: se tu mandassi.

108. tutti ... di brigata: andar tutti insieme.

109. de' suoi ... quella sera: che poteva fare a meno dei suoi compagni per quella sera.

110. poi che ... il piacer suo: visto che le piaceva così, facesse pure di lui quel che voleva.

111. fé vista: fece finta.

112. quella menò: «quella» è la cena, oggetto di «menò», il cui soggetto sottinteso è naturalmente la bella siciliana.

113. sofferrebbe: avrebbe tollerato.

114. non era terra ... forestiere: non era città in cui poter girare di notte, soprattutto per un forestiero.

115. e che ... il somigliante: e che come aveva mandato a dire che non lo aspettassero per cena, così aveva mandato a dire lo stesso dell'alloggio, cioè, che non lo aspettassero a dormire all'albergo.

116. non senza cagione: la bella siciliana manda i discorsi del dopocena per le lunghe non senza ragione: perché Andreuccio non possa più cambiare idea quanto al rimanere per la notte; per sottolineare il suo desiderio di familiarità con il fratello appena ritrovato; forse per mandarlo a letto il più stanco possibile, e approfittare del suo sonno.

117. che gli mostrasse ... nulla: che, se egli volesse qualcosa, gli potesse mostrare dove trovarla.

118. femine: domestiche.

119. farsetto: giubbino senza maniche, sorta di gilet, che si portava sotto l'abito, e sopra la camicia.

120. trassesi ... gli si pose: si levò le brache e i calzoni e se li ripiegò in capo al letto.

121. richiedendo ... del ventre: esigendo lo stimolo naturale di dover deporre l'eccessivo peso del ventre, cioè di defecare.

122. sicuramente: senza sospetto, con passo sicuro. Probabilmente Andreuccio non si aspetta di trovarsi di fronte al precario "servizio igienico" che ci viene qui subito descritto (una semplice tavola gettata da casa a casa, su cui appollaiarsi), ma pensa di entrare in uno di quei piccoli locali riservati che in genere, sporgendo all'esterno delle case, permettevano di fare i propri bisogni spesso in semplici fori praticati nel pavimento.

dal travicello sopra il quale era[123], per la qual cosa capolevando questa tavola con lui insieme se n'andò quindi giuso[124]: e di tanto l'amò Idio, che niuno male si fece nella caduta, quantunque alquanto cadesse da alto, ma tutto della bruttura[125], della quale il luogo era pieno, s'imbrattò. Il quale luogo, acciò che meglio intendiate e quello che è detto e ciò che segue, come stesse vi mostrerò. Egli era in un chiassetto stretto[126], come spesso tra due case veggiamo: sopra due travicelli, tra l'una casa e l'altra posti, alcune tavole eran confitte[127] e il luogo da seder[128] posto, delle quali tavole quella che con lui cadde era l'una.

Ritrovandosi adunque là giù nel chiassetto Andreuccio, dolente del caso[129], cominciò a chiamare il fanciullo; ma il fanciullo, come sentito l'ebbe cadere, così corse a dirlo alla donna. La quale, corsa alla sua camera, prestamente cercò se i suoi panni v'erano; e trovati i panni e con essi i denari, li quali esso non fidandosi mattamente[130] sempre portava addosso, avendo quello a che ella di Palermo, sirocchia d'un perugin faccendosi, aveva teso il lacciuolo[131], più di lui non curandosi[132] prestamente andò a chiuder l'uscio del quale egli era uscito quando cadde.

rr. 188-240 Invano Andreuccio grida e chiede aiuto: suscita anzi l'ira di un uomo burbero e minaccioso.

Andreuccio, non rispondendogli il fanciullo, cominciò più forte a chiamare: ma ciò era niente[133]. Per che[134] egli, già sospettando e tardi dello inganno cominciandosi a accorgere, salito sopra un muretto che quello chiassolino dalla strada chiudea[135] e nella via disceso, all'uscio della casa, il quale egli molto ben riconobbe, se n'andò, e quivi invano lungamente chiamò e molto il dimenò e percosse[136]. Di che egli piagnendo, come colui che chiara vedea la sua disaventura, cominciò a dire: - Oimè lasso, in come piccol tempo ho io perduti cinquecento fiorini e una sorella! -.

E dopo molte altre parole, da capo cominciò a battere l'uscio e a gridare; e tanto fece così, che molti de' circunstanti vicini, desti, non potendo la noia sofferire[137], si levarono; e una delle servigiali[138] della donna, in vista tutta sonnocchiosa[139], fattasi alla finestra proverbiosamente[140] disse: - Chi picchia là giù? -.

- Oh! - disse Andreuccio - o non mi conosci tu? Io sono Andreuccio, fratello di madama Fiordaliso[141] -.

---

123. la quale ... era: «era» va supposto due volte: **la quale [tavola] era sconficcata, schiodata, dal travicello su cui, dalla parte opposta, era appoggiata**.
124. capolevando ... giuso: **capovolgendosi cadde con lui verso il basso**.
125. della bruttura: **degli escrementi**.
126. Egli era ... stretto: il luogo in questione «era», cioè consisteva, in uno stretto vicolo, con i muri delle case a ridosso gli uni degli altri.
127. confitte: **inchiodate**.
128. luogo da seder: una sorta di sedile contenente un vaso da notte.
129. dolente del caso: **dolorante per la caduta**.
130. mattamente: era infatti una follia andare in giro portandosi addosso tutti quei denari. Altra mossa infelice del provinciale inesperto alle prese con la grande città.
131. avendo ... il lacciuolo: **avendo messo le mani su quello per cui essa aveva teso le sue insidie, da palermitana fingendosi sorella di un perugino**.
132. più di lui non curandosi: **senza più curarsi di lui.**
133. ciò era niente: **non serviva a nulla**.
134. Per che: **Per la qual cosa**.
135. salito ... chiudea: dunque il «chiassetto» o «chiassolino» era un vero e proprio cesso all'aperto, chiuso da muretti di confine rispetto alla via principale.
136. il dimenò e percosse: si riferisce alla porta di casa della siciliana, cui egli batte insistentemente invano.
137. la noia sofferire: **quel fastidio sopportare**: le grida e il bussare di Andreuccio.
138. servigiali: **serve**.
139. in vista ... sonnocchiosa: **fingendosi tutta assonnata**; come se anche lei fosse stata svegliata nel cuor della notte dall'importuno frastuono sollevato da Andreuccio.
140. proverbiosamente: **irritata e con tono di rimprovero**.
141. madama Fiordaliso: ha tutta l'aria di un nome d'arte, come spesso usava per le meretrici; ma si badi che Andreuccio la chiama ancora rispettosamente «madama», pur cominciando a sospettare tutto l'inganno.

Al quale ella rispose: - Buono uomo, se tu hai troppo bevuto, va dormi[142] e tornerai domattina; io non so che Andreuccio né che ciance son quelle che tu di'; va in buona ora e lasciaci dormir, se ti piace -.

- Come, - disse Andreuccio - non sai che io mi dico? Certo sì sai; ma se pur son così fatti i parentadi di Cicilia, che in sì piccol termine si dimentichino[143], rendimi almeno i panni miei[144], li quali lasciati v'ho, e io m'andrò volentier con Dio -.

Al quale ella quasi ridendo disse: - Buono uomo, e' mi par che tu sogni, -, e il dir questo e il tornarsi dentro e chiuder la finestra fu una cosa[145].

Di che Andreuccio, già certissimo de' suoi danni, quasi per doglia fu presso a convertire in rabbia la sua grande ira[146] e per ingiuria[147] propose di rivolere quello che per parole riaver non potea; per che da capo, presa una gran pietra, con troppi maggior colpi che prima fieramente[148] cominciò a percuoter la porta. La qual cosa molti de' vicini avanti destisi e levatisi[149], credendo lui essere alcuno spiacevole il quale queste parole fingesse per noiare quella buona femina[150], recatosi a noia[151] il picchiare il quale egli faceva, fattisi alle finestre, non altramenti che a un can forestiere tutti quegli della contrada abbaiano adosso[152], cominciarono a dire: - Questa è una gran villania a venire a questa ora a casa le buone femine[153] e dire queste ciance; deh! va con Dio, buono uomo; lasciaci dormir, se ti piace; e se tu hai nulla a far con lei[154], tornerai domane, e non ci dar questa seccaggine stanotte -.

Dalle quali parole forse assicurato[155] uno che dentro dalla casa era, ruffiano della buona femina, il quale egli né veduto né sentito avea, si fece alle finestre e con una boce[156] grossa, orribile e fiera disse: - Chi è laggiù? -

Andreuccio, a quella voce levata la testa, vide uno il quale, per quel poco che comprender poté, mostrava di dovere essere un gran bacalare[157], con una barba nera e folta al volto, e come se del letto o da alto sonno si levasse sbadigliava e stropicciavasi gli occhi: a cui egli, non senza paura, rispose: - Io sono un fratello della donna di là entro -.

Ma colui non aspettò che Andreuccio finisse la risposta, anzi più rigido[158] assai che prima disse:

---

142. va dormi: **va' a dormire**; comune l'uso in antico dei due imperativi coordinati senza congiunzione ("va' e dormi").
143. ma se pur ... si dimentichino: **ma se le parentele in Sicilia sono fatte così, che le si dimenticano in così breve tempo**; Andreuccio non sembra particolarmente afflitto dalla perdita della "sorella".
144. i panni miei: fatto più scaltro, Andreuccio non fa menzione dei fiorini, ma solo dei «panni»: quasi sperando che quelli di casa non si siano accorti di ciò che in quei panni era custodito.
145. fu una cosa: **fu tutt'uno**.
146. quasi per doglia ... ira: **per il dolore fu quasi sul punto di trasformare in rabbia la sua grande ira**.
147. per ingiuria: **usando violenza**; dipende dal successivo «rivolere», ed è correlato con «per parole».
148. fieramente: **con accanimento**.
149. avanti ... levatisi: **che già prima si erano svegliati e alzati**.
150. credendo ... buona femina: **pensando che Andreuccio fosse un seccatore che fingeva quelle parole per dare fastidio a quella brava donna**; detto con ironia, giacché il mestiere di madama Fiordaliso non dev'essere certo ignoto ai vicini di casa.
151. recatosi a noia: **infastiditi**, stufi del frastuono di Andreuccio.
152. non altramenti ... adosso: **non diversamente da quando tutti i cani della contrada abbaiano contro un cane forestiero**.
153. a casa le buone femine: **a casa di donne per bene, rispettabili**. La locuzione «casa», «in casa», in lingua antica era usata come una vera preposizione (simile al francese *chez*) e quindi non ha bisogno del «di».
154. se tu ... lei: **se hai qualcosa da discutere con lei**.
155. assicurato: **rassicurato, incoraggiato**.
156. boce: **voce**; forma toscana, qui di forte rilievo espressivo.
157. bacalare: propriamente, **laureato**, colui che si corona di bacca laurea, della corona di alloro. Indicava il primo titolo delle università medievali, ed è qui usato con evidente ironia: un sapientone, un personaggio autorevole.
158. più rigido: **più aggressivo**.

– Io non so a che io mi tegno[159] che io non vegno là giù, e deati tante bastonate quante io ti vegga muovere[160], asino fastidioso e ebriaco[161] che tu dei essere, che questa notte non ci lascerai dormire persona[162] –; e tornatosi dentro serrò la finestra.

Alcuni de' vicini, che meglio conoscieno la condizion di colui[163], umilmente[164] parlando a Andreuccio dissero: – Per Dio, buono uomo, vatti con Dio, non volere stanotte essere ucciso costì: vattene per lo tuo migliore[165] –.

rr. 241-78 Andreuccio si allontana e si imbatte in due ladri, che intendono coinvolgerlo in un furto sacrilego.

Laonde Andreuccio, spaventato dalla voce di colui e dalla vista e sospinto da' conforti[166] di coloro li quali gli pareva che da carità mossi parlassero, doloroso quanto mai alcuno altro e de' suoi denar disperato[167], verso quella parte onde il dì[168] aveva la fanticella seguita, senza saper dove s'andasse, prese la via per tornarsi all'albergo. E a se medesimo dispiacendo per lo puzzo che a lui di lui veniva[169], disideroso di volgersi al mare per lavarsi, si torse a man sinistra[170] e su per una via chiamata la Ruga Catalana[171] si mise. E verso l'alto della città andando, per ventura davanti si vide due che verso di lui con una lanterna in mano venieno, li quali temendo non fosser della famiglia della corte[172] o altri uomini a mal far disposti, per fuggirli, in un casolare, il qual si vide vicino, pianamente ricoverò[173]. Ma costoro, quasi come a quello proprio luogo inviati[174] andassero, in quel medesimo casolare se n'entrarono; e quivi l'un di loro, scaricati certi ferramenti[175] che in collo avea, con l'altro insieme gl'incominciò a guardare, varie cose sopra quegli ragionando.

E mentre parlavano, disse l'uno: – Che vuol dir questo? Io sento il maggior puzzo che mai mi paresse sentire –; e questo detto, alzata alquanto la lanterna, ebber veduto il cattivel d'Andreuccio[176], e stupefatti domandar: – Chi è là? –.

Andreuccio taceva, ma essi avvicinatiglisi con lume il domandarono che quivi così brutto facesse[177]: alli quali Andreuccio ciò che avvenuto gli era narrò interamente. Costoro, imaginando dove ciò gli potesse essere avvenuto, dissero fra sé: – Veramente in casa lo scarabone Buttafuoco fia stato questo[178] –.

E a lui rivolti, disse l'uno: – Buono uomo, come che[179] tu abbi perduti i tuoi denari, tu hai molto a lodare Idio che quel caso ti venne che tu cadesti né potesti

---

159. **a che io mi tegno:** perché mi trattengo.
160. **deati ... muovere:** ti dia tante bastonate quante (basteranno) finché non ti vedo fare un movimento, finché non ti ho ridotto all'immobilità.
161. **ebriaco:** ubriaco (cfr. il moderno «ebbrezza»).
162. **persona:** nessuno.
163. **la condizion di colui:** cioè, chi fosse e quali fossero i suoi comportamenti usuali.
164. **umilmente:** a bassa voce.
165. **per lo tuo migliore:** per il tuo bene.
166. **conforti:** consigli.
167. **de' suoi ... disperato:** ormai senza più speranza di recuperare i suoi denari.
168. **onde il dì:** dalla quale durante il giorno.
169. **a se medesimo ... veniva:** facendosi ribrezzo per il puzzo che emanava da lui stesso.
170. **si torse a man sinistra:** svoltò a sinistra.
171. **Ruga Catalana:** ma con il voltare a sinistra, Andreuccio imbocca la Ruga Catalana nella direzione che andava dal mare «verso l'alto della città», come dice subito; il contrario di quello che vorrebbe.
172. **temendo ... corte:** temendo che fossero del corpo di polizia; «temere» anche qui costruito alla latina (*timere ne*, "temere che"). Si ricordi che in effetti nelle città antiche, dopo il coprifuoco, solo le guardie potevano a buon diritto circolare; come in effetti si vedrà nel seguito della novella.
173. **pianamente ricoverò:** si rifugiò senza far rumore.
174. **inviati:** diretti.
175. **ferramenti:** oggetti di ferro.
176. **ebber ... d'Andreuccio:** videro d'un tratto quel meschinello di Andreuccio. Il trapassato indica, al solito, l'azione fulminea (che si dà quasi per trascorsa prima ancora di averla potuta registrare); «cattivel», "cattivo", da *captivus*, latino per "prigioniero", e quindi "infelice", "misero".
177. **che ... facesse:** che cosa egli facesse lì così sporco.
178. **Veramente ... questo:** Davvero questo dev'essere capitato in casa di scarabone Buttafuoco (con il solito costrutto locativo: vedi nota 137). «Scarabone» in siciliano significa "scarafaggio" e si usava per dire "scroccone", ma anche "ladro", "malvivente"; negli anni di questa novella è attestato a Napoli un Francesco Buttafuoco, siciliano, soldato e partigiano angioino emigrato a Napoli, nonché stipendiato del re Carlo (come, nella finzione di Fiordaliso, il suo inesistente marito).
179. **come che:** sebbene.

poi in casa rientrare: per ciò che, se caduto non fossi, vivi sicuro che[180], come prima adormentato ti fossi[181], saresti stato amazzato e co' denari avresti la persona[182] perduta. Ma che giova oggimai di piagnere? Tu ne potresti così riavere un denaio come avere delle stelle del cielo[183]: ucciso ne potrai tu bene essere, se colui sente che tu mai ne facci parola –.

E detto questo, consigliatisi alquanto[184], gli dissero: – Vedi, a noi è presa compassion di te: e per ciò, dove tu vogli con noi essere a fare alcuna cosa la quale a fare andiamo[185], egli ci pare esser molto certi che in parte ti toccherà il valere di troppo più che perduto non hai[186].

Andreuccio, sì come disperato[187], rispuose ch'era presto[188].

Era quel dì sepellito uno arcivescovo di Napoli, chiamato messer Filippo Minutolo[189], e era stato sepellito con ricchissimi ornamenti e con uno rubino in dito il quale valeva oltre a cinquecento fiorin d'oro, il quale costoro volevano andare a spogliare[190]; e così a Andreuccio fecer veduto[191].

Laonde Andreuccio, più cupido che consigliato[192], con loro si mise in via; e andando verso la chiesa maggiore[193], e Andreuccio putendo forte[194], disse l'uno: – Non potremmo noi trovar modo che costui si lavasse un poco dove che sia, che egli non putisse così fieramente[195]?

Disse l'altro: – Sì, noi siam qui presso a un pozzo al quale suole sempre esser la carrucola e un gran secchione; andianne là e laverenlo spacciatamente[196] –.

Giunti a questo pozzo trovarono che la fune v'era ma il secchione n'era stato levato: per che[197] insieme diliberarono di legarlo alla fune e di collarlo[198] nel pozzo, e egli là giù si lavasse e, come lavato fosse, crollasse[199] la fune e essi il tirebber suso; e così fecero.

Avvenne che, avendol costor nel pozzo collato, alcuni della famiglia della signoria[200], li quali e per lo caldo e perché corsi erano dietro a alcuno avendo sete, a quel pozzo venieno[201] a bere: li quali[202] come quegli due videro, incontanente[203] cominciarono a fuggire, li famigliari che quivi venivano a bere non avendogli veduti. Essendo già nel

rr. 279-305 I due ladri accompagnano Andreuccio a lavarsi a un pozzo, ma per il sopraggiungere inatteso di alcuni "poliziotti" lo lasciano cadere: saranno proprio i "poliziotti", in maniera del tutto inconsapevole, a tirarlo fuori.

---

180. vivi sicuro che: stai sicuro che.
181. come ... ti fossi: appena tu ti fossi addormentato.
182. la persona: la vita.
183. Tu ne potresti ... del cielo: Tu potresti riottenere un soldino (*denaio*) [di quei fiorini] **come avere delle stelle del cielo.**
184. consigliatisi alquanto: dopo avere un po' confabulato fra loro.
185. dove ... andiamo: qualora tu voglia unirti a noi per sbrigare un affare che stiamo per svolgere.
186. che in parte ... non hai: che ti toccherà, per la parte di tua spettanza, un valore ben maggiore di quello che hai perduto.
187. sì come disperato: disperato com'era.
188. presto: pronto.
189. Filippo Minutolo: membro di una nobile e influente famiglia napoletana, gran dignitario del Regno di Napoli, fu arcivescovo di Napoli dal 1285 al 24 ottobre 1301 (data precisa, dunque, di questa novella: anche se va notato che Boccaccio, con l'insistenza sul «caldo grande» di questa notte, si prende evidentemente qualche libertà).
190. spogliare: rubare, riferito al «rubino».
191. fecer veduto: mostrarono.
192. più cupido che consigliato: spinto più dalla cupidigia che dalla ragione.
193. chiesa maggiore: la cattedrale, dove era stato appena seppellito l'arcivescovo.
194. Andreuccio ... forte: costrutto che ricalca l'ablativo assoluto latino: **dato che Andreuccio continuava a puzzare così fortemente.**
195. così fieramente: così ferocemente.
196. laverenlo spacciatamente: lo laveremo in tutta fretta.
197. per che: per la qual cosa.
198. collarlo: calarlo.
199. crollasse: desse una scrollata.
200. della famiglia della signoria: come la «famiglia della corte» di cui sopra (r. 251), è la pattuglia di sbirri (sotto: «famigliari») che sta facendo la sua ronda notturna.
201. venieno: venivano.
202. li quali: sono gli sbirri, oggetto di «videro», di cui sono soggetto «quegli due», i due ladri compagni di Andreuccio. Quindi: **non appena i due compagni di Andreuccio li videro.**
203. incontanente: all'istante.

fondo del pozzo Andreuccio lavato, dimenò la fune. Costoro assetati, posti giù lor tavolacci[204] e loro armi e lor gonnelle[205], cominciarono la fune a tirare credendo a quella il secchion pien d'acqua essere appicato. Come Andreuccio si vide alla sponda del pozzo vicino, così, lasciata la fune, con le mani si gittò sopra quella[206]. La qual cosa costoro vedendo, da subita paura presi, senza altro dir lasciaron la fune e cominciarono quanto più poterono a fuggire: di che Andreuccio si maravigliò forte, e se egli non si fosse bene attenuto[207], egli sarebbe infin nel fondo caduto forse non senza suo gran danno o morte; ma pure uscitone e queste arme trovate, le quali egli sapeva che i suoi compagni non avean portate, ancora più s'incominciò a maravigliare.

Ma dubitando e non sappiendo che[208], della sua fortuna[209] dolendosi, senza alcuna cosa toccar quindi diliberò di partirsi[210]: e andava senza saper dove. Così andando si venne scontrato[211] in que' due suoi compagni, li quali a trarlo del pozzo venivano; e come il videro, maravigliandosi forte, il domandarono chi del pozzo l'avesse tratto. Andreuccio rispose che non sapea, e loro ordinatamente disse come era avvenuto e quello che trovato aveva fuori del pozzo. Di che costoro, avvisatisi[212] come stato era, ridendo gli contarono perché s'eran fuggiti e chi stati eran coloro che su l'avean tirato. E senza più parole fare, essendo già mezzanotte, n'andarono alla chiesa maggiore, e in quella assai leggiermente[213] entrarono e furono all'arca[214], la quale era di marmo e molto grande; e con lor ferro il coperchio, ch'era gravissimo[215], sollevaron tanto quanto uno uomo vi potesse entrare, e puntellaronlo[216].

rr. 306-49 Andreuccio ritrova i due ladri e si cala nella tomba dell'arcivescovo; finge di non trovare un prezioso anello, che vuole trattenere per sé, e i due ladri allora lasciano che la tomba si chiuda sopra di lui.

E fatto questo, cominciò l'uno a dire: - Chi entrerà dentro?

A cui l'altro rispose: - Non io -.

- Né io, - disse colui - ma entrivi[217] Andreuccio -.

- Questo non farò io, - disse Andreuccio.

Verso il quale ammenduni costoro[218] rivolti dissero: - Come non v'enterrai[219]? In fé di Dio, se tu non v'entri, noi ti darem tante[220] d'uno di questi pali di ferro sopra la testa, che noi ti farem cader morto -.

Andreuccio temendo v'entrò, e entrandovi pensò seco: - Costoro mi ci fanno entrare per ingannarmi, per ciò che, come io avrò loro ogni cosa dato, mentre che io penerò[221] a uscir dall'arca, essi se ne andranno pe' fatti loro e io rimarrò senza cosa alcuna -. E per ciò s'avisò di farsi innanzi tratto la parte sua[222]; e ricor-

---

204. **tavolacci:** scudi di legno.
205. **gonnelle:** da uomo, è ovvio; erano sopravvesti fermate ai fianchi da una cintura di cuoio.
206. **sopra quella:** la «sponda del pozzo».
207. **attenuto:** aggrappato, con le mani all'orlo del pozzo.
208. **dubitando ... che:** temendo e senza sapere neanche di che.
209. **della sua fortuna:** della sua sorte.
210. **quindi ... di partirsi:** decise di andarsene da quel posto.
211. **si venne scontrato:** si imbatté.
212. **avvisatisi:** resisi conto.
213. **leggiermente:** facilmente.
214. **all'arca:** è il sepolcro dell'arcivescovo, che bisogna immaginare come un sarcofago marmoreo, sollevato da terra. Il sepolcro di Filippo Minutolo esiste tuttora nel Duomo di Napoli, nella sua cappella di famiglia.
215. **gravissimo:** pesantissimo.
216. **puntellaronlo:** lo puntellarono, lo bloccarono con un puntello, in maniera da mantenere lo spazio per calarsi nell'arca.
217. **entrivi:** che ci entri.
218. **ammenduni costoro:** ambedue loro.
219. **enterrai:** entrerai (con metatesi, ovvero scambio di posizione, tra la prima «r» e la «e»).
220. **tante:** sottintende «percosse», «botte».
221. **penerò:** farò fatica.
222. **s'avisò ... la parte sua:** prese la decisione di prendersi anzitutto la sua parte.

datosi del caro[223] anello che aveva loro udito dire, come fu giù disceso così di dito il trasse all'arcivescovo e miselo a sè; e poi dato il pasturale e la mitra[224] e' guanti e spogliatolo infino alla camiscia, ogni cosa diè loro dicendo che più niente v'avea[225]. Costoro, affermando che esser vi doveva l'anello, gli dissero che cercasse per tutto: ma esso rispondendo che nol trovava e sembiante faccendo[226] di cercarne, alquanto li tenne in aspettare. Costoro che d'altra parte eran sì come lui maliziosi, dicendo pur[227] che ben cercasse, preso tempo[228], tirarono via il puntello che il coperchio dell'arca sostenea, e fuggendosi lui dentro dall'arca lasciaron racchiuso. La qual cosa sentendo Andreuccio, quale egli allor divenisse ciascun sel può pensare.

Egli tentò più volte e col capo e con le spalle se alzare potesse il coperchio, ma invano si faticava: per che[229] da grave dolor vinto, venendo meno cadde sopra il morto corpo dell'arcivescovo; e chi allora veduti gli avesse malagevolmente avrebbe conosciuto chi più si fosse morto, o l'arcivescovo o egli[230]. Ma poi che in sé fu ritornato, dirottissimamente cominciò a piagnere, veggendosi quivi senza dubbio all'un de' due fini[231] dover pervenire: o in quella arca, non venendovi alcuni più a aprirla, di fame e di puzzo tra' vermini del morto corpo convenirlo morire[232], o vegnendovi alcuni e trovandovi lui dentro, sì come ladro dovere essere appiccato[233].

E in così fatti pensieri e doloroso molto stando, sentì per la chiesa andar genti e parlar molte persone, le quali, sì come egli avvisava[234], quello andavano a fare che esso co' suoi compagni avean già fatto: di che la paura gli crebbe forte. Ma poi che costoro ebbero l'arca aperta e puntellata, in quistion caddero chi vi dovesse entrare, e niuno il voleva fare; pur dopo lunga tencione[235] un prete disse: - Che paura avete voi? Credete voi che egli vi manuchi[236]? Li morti non mangian uomini: io v'entrerò dentro io -. E così detto, posto il petto sopra l'orlo dell'arca, volse il capo in fuori e dentro mandò le gambe per doversi giuso calare. Andreuccio, questo vedendo, in piè levatosi prese il prete per l'una delle gambe e fé sembiante di volerlo giù tirare. La qual cosa sentendo il prete mise uno strido grandissimo e presto dell'arca si gittò fuori; della qual cosa tutti gli altri spaventati, lasciata l'arca aperta, non altramente a fuggir cominciarono che se da centomilia diavoli fosser perseguitati[237].

rr. 350-77 Sopraggiunge un altro gruppo di aspiranti ladri: quando aprono la tomba, Andreuccio spaventandoli li mette in fuga. Può dunque uscire dalla tomba con il preziosissimo anello.

La qual cosa veggendo Andreuccio, lieto oltre a quello che sperava[238], subito si gittò fuori e per quella via onde era venuto se ne uscì dalla chiesa; e già avvi-

223. **caro:** prezioso.
224. **il pasturale e la mitra:** paramenti comunque di valore: il bastone pastorale era in genere di metallo pregiato, e la mitra (il copricapo dei vescovi) era adorna di pietre preziose.
225. **v'avea:** c'era.
226. **sembiante faccendo:** fingendo.
227. **dicendo pur:** continuando a dire.
228. **preso tempo:** colto il momento giusto.
229. **per che:** per cui.
230. **malagevolmente ... egli:** a fatica avrebbe potuto distinguere chi fosse più morto, o l'arcivescovo o lui, Andreuccio.
231. **all'un de' due fini:** a una delle due morti.
232. **convenirlo morire:** convenirgli morire, essere inevitabile che morisse. Ma si noti la costruzione personale di «convenire».
233. **appiccato:** impiccato.
234. **avvisava:** via via riusciva a capire.
235. **tencione:** tenzone, discussione.
236. **vi manuchi?:** vi mangi? Ma qui il verbo «manucare» è più forte ed espressivo del semplice «mangiare».
237. **perseguitati:** inseguiti.
238. **lieto ... sperava:** anche qui si ricalca il dettato della rubrica di questa giornata, in cui si deve ragionare «di chi, da diverse cose infestato, sia oltre alla sua speranza riuscito a lieto fine».

cinandosi al giorno, con quello anello in dito andando all'avventura[239], pervenne alla marina e quindi al suo albergo si abbattè; dove li suoi compagni e l'albergatore trovò tutta la notte stati in sollecitudine de' fatti suoi[240]. A' quali ciò che avvenuto gli era raccontato, parve per lo consiglio dell'oste loro che costui incontanente[241] si dovesse di Napoli partire; la qual cosa egli fece prestamente e a Perugia tornossi, avendo il suo investito in uno anello, dove[242] per comperare cavalli era andato.

▸ *Il Decameron*, manoscritto del xv secolo, Andreuccio da Perugia.

Viene raffigurato il momento in cui Andreuccio, sbucato dal pozzo dove si stava lavando, spaventa la squadra di poliziotti che lo hanno inconsapevolmente tirato su. (Parigi, Bibliothèque Nationale).

239. **andando all'avventura:** andando in giro a caso.

240. **in sollecitudine ... suoi:** in pensiero di ciò che gli poteva essere accaduto.

241. **incontanente:** immediatamente.

242. **dove:** mentre.

T7 Dentro il testo

IN SINTESI

Andreuccio, mercante di cavalli, si reca da Perugia a Napoli con 500 fiorini d'oro. È la prima volta che fa un viaggio del genere e la sua inesperienza lo porta a compiere una grossa sciocchezza, cioè a mostrare i denari che ha con sé, per timore di non essere considerato come un «buon compratore». Viene così preso di mira da una giovane prostituta siciliana, che facilmente lo convince di essere sua sorella, cioè figlia dello stesso padre che avrebbe avuto un'avventura galante con sua madre, anni prima. Andreuccio si lascia convincere della veridicità del racconto e decide di passare la notte a casa della finta sorella. Chiede di andare in bagno, ma le assi del chiassetto cedono e lo sciagurato cade in mezzo allo sterco. Chiede aiuto, ma capisce presto di essere stato ingannato e di aver perso i suoi soldi. Tenta allora di dirigersi verso l'albergo dove alloggiava; incontra però due malviventi, ai quali racconta le sue disavventure; questi capiscono con chi hanno a che fare, e decidono di coinvolgerlo in una losca faccenda: rubare l'anello dal cadavere di un arcivescovo appena sepolto. Per strada, si fermano presso un pozzo, così che Andreuccio possa lavarsi; ma mentre lui è in fondo, arrivano sulla scena gli uomini della ronda notturna, e i due nuovi amici si dileguano; dal canto loro, quando gli uomini di ronda vedono Andreuccio risalire si spaventano e fuggono a loro volta. Andreuccio si ricongiunge con i due amici e i tre si dirigono verso la chiesa dove è sepolto l'arcivescovo. Andreuccio viene fatto scendere nell'arca, spoglia il cadavere di ogni cosa ma trattiene con sé l'anello: i due complici, spazientiti, se ne vanno togliendo il puntello al coperchio dell'arca, e Andreuccio resta chiuso dentro. Per sua fortuna, arrivano altri ladri, con le stesse intenzioni: aprono l'arca e uno di loro vi entra dentro, ma Andreuccio lo spaventa a morte, e mette in fuga tutta la banda. Andreuccio così è libero di tornare all'albergo, dove ritrova i suoi compagni ai quali racconta gli avvenimenti della notte appena trascorsa, partendo subito dopo per tornare a casa, risarcito della perdita dei suoi fiorini.

I TEMI E L'ESPRESSIONE

UN RAGAZZO DI PROVINCIA NELLA GRANDE CITTÀ

Andreuccio è un giovane mercante di cavalli, venuto per la prima volta a Napoli dalla sua nativa Perugia: il che è come dire, in una grande metropoli da una cittadina di provincia. Tutte le disgrazie - i «tre gravi accidenti» - di Andreuccio dipendono da questo sbilancio di fondo, tra l'**ingenuità** e l'**inesperienza** di un ragazzo provinciale e la vita tumultuosa e tentacolare della grande città. Non a caso il suo errore iniziale, che dà l'avvio a tutta la trama, ha origine nel suo comprensibile senso di inferiorità. Sul mercato di Napoli, esaminando vari animali, ma «di niuno potendosi accordare», Andreuccio è ansioso di far vedere che egli non è lì come uno scioperato, solo per guardare e fare trattative così, tanto per fare. Per «mostrare che per comperar fosse», cioè per dimostrare che, se trovasse l'affare giusto, egli potrebbe permetterselo, Andreuccio commette l'**imprudenza** di ostentare la sua borsa di fiorini «più volte in presenza di chi andava e di chi veniva». A questa prima ingenuità Andreuccio ne aggiunge poi una seconda. Quando la giovane prostituta siciliana lo manda a invitare a casa sua, Andreuccio pensa subito di aver fatto colpo su qualche gentildonna: quasi «altro bel giovane che egli non si trovasse allora in Napoli». Questa piccola **vanità** lo induce a seguire la servetta che gli ha portato l'invito, infilandosi a capofitto nel labirinto di una città di cui non conosce nemmeno la topografia: altrimenti almeno il nome del quartiere dove la servetta lo porta - Malpertugio - potrebbe metterlo sull'avviso. Da queste ingenuità iniziali di sprovveduto provinciale comincia la sua grande avventura nel ventre di Napoli.

LA BEFFA DELLA BELLA SICILIANA

La prima sequenza della novella - il primo «accidente» messo in moto dall'ingenuità di Andreuccio - ruota intorno all'**inganno della bellissima «ciciliana»**. Più che un semplice inganno, è una vera e propria beffa, messa in scena e recitata dalla donna con l'arte consumata di una vera attrice. Anzi, a questo proposito ci si può perfino chiedere perché la siciliana debba costruire una finzione così elaborata per trattenere Andreuccio in casa sua e impadronirsi dei suoi fiorini. Non sarebbe stato più semplice per lei attirare il giovane come faceva con tanti altri clienti, e magari venire incontro alle sue aspettative erotiche? Invece no. La bella siciliana deve **recitare** una grandiosa scena madre in cui ella si inventa un fantasioso romanzo familiare, accompagnandolo con gesti di patetica **teatralità**: abbracci, singhiozzi soffocati, un casto bacio in fronte all'allibito Andreuccio, che certo altro tipo di effusioni si aspettava... Siamo ancora una volta davanti all'irresistibile **vocazione teatrale dei beffatori** decameroniani. I quali non agiscono mai soltanto in modo strettamente "economico". Spesso, anzi, imbastiscono finzioni e improvvisazioni gratuite o, come in questo caso, eccessive. Perché? Perché parte del piacere di beffare è costituito non solo dal fine materiale dell'inganno, ma dal gusto di intrappolare il beffato in una realtà inventata, di cui il beffatore è il fantasioso regista.

ALTRI DUE «ACCIDENTI» (E DUE CADUTE)

Il primo accidente della notte napoletana di Andreuccio si conclude con la sua prima **caduta**: questa prima volta **in un cesso all'aperto**. Due successive cadute, o sprofondamenti, segneranno anche gli altri due accidenti della novella. Accompagnatosi infatti con una coppia di malviventi, Andreuccio si fa calare in un **pozzo** per ripulirsi, prima di procedere con loro alla spoliazione dell'arcivescovo, sepolto in cattedrale con i suoi ricchi paramenti. Poi, uscito fortunosamente dal suo bagno sotterraneo, Andreuccio si calerà giù un'altra volta, e proprio nel **sarcofago** dell'arcivescovo, alla ricerca del preziosissimo rubino con cui è stato sepolto. Qualche critico ha voluto vedere un significato simbolico in questa sequenza delle tre cadute, o sprofondamenti, di Andreuccio, quasi si trattasse di rituali (o di "battesimi": nello sterco, nell'acqua e nella morte) che scandiscono l'iniziazione del personaggio a una **nuova esistenza**, più esperta e consapevole. Ma anche senza volere insistere troppo sul simbolismo delle tre cadute, è innegabile come esse scandiscano il racconto in modo **simmetrico**, ogni volta ripetendo un meccanismo narrativo simile, e aumentando via via la dose di pericolo e di rischio di ogni caduta.

L'EDUCAZIONE DI ANDREUCCIO

Pur spaesato nella grande metropoli, Andreuccio è tuttavia personaggio **reattivo**, che risponde alle infestazioni della fortuna aguzzando l'**ingegno**. Già a casa della bellissima siciliana, pur sopraffatto dalla di lei eloquenza, egli manifesta qualche sospetto: domanda, per esempio, come la donna abbia saputo della sua presenza in città. Subito dopo, precipitato nel chiassetto, chiede indietro i suoi «panni», ma senza far cenno ai fiorini che vi ha lasciato dentro. Quando decide di passare dalla onesta condizione di mercante di cavalli a quella di ladro sacrilego, lo fa «come disperato», costretto dalle circostanze. Infine, sceso nella tomba dell'arcivescovo, gioca addirittura d'**astuzia**, tenendo per sé il rubino, e passando soltanto preziosi di minor valore ai suoi complici. È un calcolo sbagliato, visto che gli altri due ladri, più furbi di lui, non esitano a levare il puntello che tiene scoperchiato il sarcofago, e a seppellirci dentro il povero Andreuccio; ma è pur sempre un tentativo di cavarsi d'impaccio. Quando la nuova brigata di malviventi riapre l'arca, Andreuccio coglie il momento favorevole, tirando giù per le gambe il prete-ladro che vi si sta calando, ma anche questo è un gesto disperato più che calcolato. È significativo che lo scrittore e regista **Pier Paolo Pasolini** (1922-75), nella sua versione cinematografica del *Decameron* (1971), faccia addentare la gamba del prete al suo Andreuccio, stabilendo così una corrispondenza letterale con le parole del prete-ladro: «Che paura avete voi? Credete voi che egli vi manuchi?»: una corrispondenza che nel testo di Boccaccio non c'è, e che rende il personaggio pasoliniano più sottile e astuto di quello originale. Insomma, è giusto sottolineare il buon senso con cui il personaggio cerca di leggere la realtà circostante e di difendersene. Ma alla fine, come sempre in questa giornata, è la **Fortuna** che toglie e dà, giocando capricciosamente con l'iniziativa dei personaggi.

Analisi e interpretazione Tipologia A

LEGGERE CON METODO

COMPRENSIONE GLOBALE

1. Per quale motivo Andreuccio si trova a Napoli?
2. Quale legame reale c'è tra Andreuccio, la vecchia siciliana e madama Fiordaliso? Quale legame inventato viene messo in scena dall'astuta donna?
3. Individua le tre macrosequenze in cui si articola la novella; quindi riassumine le vicende in circa 20 righe.

LA LINGUA E LE STRUTTURE

4. Scrivi il significato delle seguenti parole o espressioni.
   - cozzone (r. 2)
   - contezza (r. 27)
   - fanticella (r. 38)
   - soperchia (r. 63)
   - villania (r. 145)
   - panni da gamba (r. 166)
   - bacalare (r. 228)
   - il cattivel d'Andreuccio (r. 258)
   - scarabone (r. 262)
   - putisse (r. 282)
   - dopo lunga tencione (r. 356)
5. In questa novella lo spazio assume un ruolo particolarmente importante. Perché l'ambientazione napoletana è essenziale nella struttura della novella? Quali luoghi fanno da sfondo alla vicenda? In che modo contribuiscono alla graduale iniziazione di Andreuccio?
6. Andreuccio non è uno sciocco, anzi, a modo suo cerca di mettere a frutto l'ingegno, ma è ingenuo e inesperto. Attraverso quali comportamenti emerge questa caratteristica?

I TEMI E L'INTERPRETAZIONE

7. Quale significato simbolico è stato individuato da alcuni critici nelle tre cadute di Andreuccio?
8. In quali modi la Fortuna si dimostra assoluta protagonista della vicenda?
9. La storia di Andreuccio può essere letta come una novella di formazione, in cui un personaggio sprovveduto e inesperto conosce aspetti sorprendenti della realtà e impara ad agire in modo più accorto. Discuti questa interpretazione.

SCRIVERE CON METODO

COMMENTO

10. Elabora un commento della novella dell'ampiezza di circa 3 colonne di foglio protocollo. Soffermati soprattutto sulla personalità di Andreuccio e sulla sua evoluzione nel corso della novella.

USARE IL DIGITALE

APPROFONDIMENTI E CONFRONTI

11. La novella di Andreuccio è una delle 10 scelte da Pier Paolo Pasolini per il suo film tratto dal *Decameron* (1971). Guarda l'episodio (che puoi trovare facilmente in rete) e scrivi le tue considerazioni sulle scelte del celebre regista: la trama segue fedelmente il testo boccacciano o Pasolini l'ha liberamente riadattata? Come ha reso l'atmosfera dei bassifondi napoletani? L'attore principale, Ninetto Davoli, è credibile nei panni di Andreuccio?

Terza giornata

Finisce la Seconda giornata del Decameron: incomincia la Terza, nella quale si ragiona, sotto il reggimento di Neifile, di chi alcuna cosa molto da lui disiderata con industria acquistasse o la perduta ricoverasse.

▶ T Masetto da Lamporecchio (III, 1)
▶ T Alibech e il diavolo in Inferno (III, 10)

Eros e «industria» È la **giornata dedicata all'«industria»**: ovvero, a un tipo particolare di intelligenza, né astratta né speculativa, ma pratica e operativa, abile a leggere la realtà e a modificarla secondo i propri scopi; un'intelligenza da *problem solving*, capace di analizzare una situazione e affrontarla nel modo migliore. Questa intelligenza sembra legata all'emergere di una nuova classe sociale, quella borghese e mercantile, che vede la nascita di un'umanità nuova: inventiva, creativa, mobile, flessibile; per la quale non conta tanto la cultura, o il possesso di un illustre *curriculum* scolastico, ma la **capacità nativa di intuizione e**, appunto, **di risoluzione dei problemi**. Pure, questa terza giornata dedicata all'«industria» non è una giornata "mercantile": anzi, di mercanti non ne compare nemmeno uno. Qui le risorse di intelligenza, abilità pratica, ingegnosità dei personaggi sono tutte applicate alla **conquista** - o riconquista - **dell'oggetto d'amore**; la "cosa desiderata", genericamente così indicata nella rubrica, è in realtà immancabilmente, in ogni novella, il corpo dell'amata, o dell'amato.

Sesso e cervello Con queste **novelle di intelligenza amorosa**, si presenta dunque un nodo fondamentale non solo della narrativa, ma dell'antropologia stessa decameroniana: quello che unisce strettamente eros e «industria», amore e intelligenza, sesso e cervello. Nel *Decameron* infatti l'impulso erotico per essere soddisfatto deve sempre passare attraverso le risorse dell'«industria», raffinarsi attraverso il controllo della ragione. Boccaccio ci presenta così una sorta di «arte d'amare» nella quale, mentre non viene affatto negato o disprezzato il puro istinto, si mostra tuttavia come anch'esso debba **affidarsi alle risorse dell'intelligenza** per trovare soddisfazione. Anzi, sembra proprio che sia l'amore, in tutte le sue forme, ad acuire le capacità strategiche, di macchinazione e di progetto, degli innamorati, esigendo che il loro desiderio si trasformi in capacità di lettura e di attivo intervento sulla realta. Ne consegue che anche gli impulsi più naturali ed elementari, nella narrativa decameroniana, daranno luogo a **piani di conquista meditati, complessi**, pazientemente architettati: ogni storia d'amore, dunque, non potrà che trasformarsi in un intrigo dell'intelligenza.

◀ Miniatura del xv secolo per un'edizione francese del *Decameron*, raffigurante due momenti della novella di Masetto (III, 1).

GUIDA ALLO STUDIO

1. Qual è il tema della terza giornata?
2. Come si configura il tipo di intelligenza all'opera nelle novelle di questa giornata?
3. In che modo si legano intelligenza e istinto amoroso in queste novelle?

T8

Decameron, III, 2

Il palafreniere del re Agilulfo

Anno: 1349-51
Genere: novella
Argomento: un duello d'astuzia tra un re e un palafreniere

La novella si presenta spartita in due sequenze. Nella prima assistiamo alla felice riuscita del piano attraverso cui un palafreniere del re Agilulfo, innamorato della regina, riesce a giacere con lei. Nella seconda vediamo come il palafreniere, scoperto dal re, riesca a sottrarsi con l'astuzia alla sua vendetta.

Parafrasi integrale

Un pallafreniere[1] giace con la moglie d'Agilulf re[2], di che Agilulf tacitamente s'accorge; truovalo e tondalo[3]; il tonduto tutti gli altri tonde[4], e così campa della mala ventura.[5]

Agilulf, re de' longobardi, sì come i suoi predecessori, in Pavia, città di Lombardia, avevan fatto, fermò il solio[6] del suo regno, avendo presa per moglie Teudelinga, rimasa vedova d'Auttari, re stato similmente de' longobardi: la quale fu bellissima donna, savia e onesta molto ma male avventurata in amadore[7]. E essendo alquanto per la vertù e per lo senno di questo re Agilulf le cose de' longobardi prospere e in quiete, adivenne che un pallafreniere della detta reina, uomo quanto a nazione di vilissima condizione[8] ma per altro da troppo più che da così vil mestiere[9], e della persona bello e grande così come il re fosse, senza misura della reina s'innamorò. E per ciò che il suo basso stato non gli avea tolto che egli non conoscesse questo suo amore esser fuor d'ogni convenienza[10], sì come savio a niuna persona il palesava né eziandio a lei con gli occhi[11] ardiva discoprirlo. E quantunque senza alcuna speranza vivesse di dover mai a lei piacere, pur seco si gloriava che in alta parte avesse allogati i suoi pensieri[12]; e, come colui che tutto ardeva in amoroso fuoco, studiosamente[13] faceva, oltre a ogn'altro de' suoi compagni, ogni cosa la qual credeva che alla reina dovesse piacere. Per che intervenia[14] che la reina, dovendo cavalcare, più volentieri il palafreno[15] da costui guardato cavalcava che alcuno altro: il che quando avveniva,

Umile, questo palafreniere, ma a quanto pare ben al corrente delle leggi dell'amor cortese, che insegnavano come fosse segno di animo naturalmente elevato innamorarsi d'una donna di stato sociale superiore al proprio. Per questo il palafreniere si compiace fra sé di avere «allogati i suoi pensieri», cioè di avere collocato la sua fantasia amorosa, così in alto.

1. **pallafreniere:** ragazzo di stalla; in particolare, addetto al «palafreno», o cavalcatura, della regina.
2. **Agilulf re:** Agilulfo regnò sui Longobardi dal 591 al 615; aveva sposato Teodolinda («Teudelinga» nella novella), vedova del re Autari, suo predecessore.
3. **tondalo:** gli taglia i capelli; nel corso della novella si alterna questa forma, «tondare», con quella più comune «tondere».
4. **il tonduto ... tonde:** il palafreniere a cui il re taglia i capelli li taglia a sua volta, come si vedrà, a tutti gli altri servi, così da non rendersi riconoscibile.
5. Lo sfondo longobardo della vicenda dipende sicuramente dalla lettura della *Historia Langobardorum* (787-89) di Paolo Diacono; la reazione della moglie del re, che crede sia il marito che torna una seconda volta per fare all'amore, ricorda quella di un brevissimo aneddoto del *Novellino*; la seconda parte della novella può ricordare la storia del tesoro del re, nel *Dolopathos*, una delle tante versioni del *Libro dei Sette Savi*.
6. **fermò il solio:** stabilì la sede, ovvero la capitale del suo regno.
7. **male ... in amadore:** poco fortunata in amore. Sembra riferirsi al fatto che il primo marito di Teudelinga, Autari, era morto (forse avvelenato) nemmeno un anno dopo il matrimonio.
8. **uomo ... condizione:** uomo quanto a nascita di bassissima posizione.
9. **ma per altro ... mestiere:** ma per tutto il resto ben più valoroso di quel che si convenisse a un così infimo mestiere.
10. **non gli avea ... d'ogni convenienza:** non gli aveva fatto perdere la coscienza di quanto questo suo amore fosse al di là di ogni convenienza, cioè del tutto sconveniente. Il palafreniere, insomma, è sì un povero ragazzo, ma non così sciocco da non rendersi conto dell'assurdità del suo amore.
11. **né eziandio ... con gli occhi:** nemmeno con lo sguardo osava palesarlo, il suo amore, alla regina.
12. **seco si gloriava ... i suoi pensieri:** il palafreniere si compiace fra sé di avere «allogati i suoi pensieri», cioè di avere collocato la sua fantasia amorosa così in alto, innamorandosi di una regina.
13. **studiosamente:** con ogni impegno.
14. **Per che intervenia:** Per cui accadeva; dato l'impegno che il palafreniere metteva nel suo lavoro.
15. **pallafreno:** così si chiamavano in genere i cavalli da donna, più piccoli e mansueti.

costui in grandissima grazia sel reputava[16] e mai dalla staffa non le si partiva[17], beato tenendosi qualora pure i panni toccar le poteva.

Ma come noi veggiamo assai sovente avvenire, quando la speranza diventa minore tanto l'amor maggior farsi, così in questo povero pallafreniere avvenia, in tanto che gravissimo gli era il poter comportare il gran disio così nascoso come facea[18], non essendo da alcuna speranza atato[19]; e più volte seco, da questo amor non potendo disciogliersi, diliberò[20] di morire. E pensando seco del modo[21], prese per partito di volere questa morte per cosa per la quale apparisse lui morire per lo amore che alla reina aveva portato e portava[22]: e questa cosa propose di voler che tal fosse, che egli in essa tentasse la sua fortuna in potere o tutto o parte aver del suo disidero[23]. Né si fece a voler dir parole alla reina o a voler per lettere far sentire il suo amore, ché sapeva che invano o direbbe o scriverebbe, ma a voler provare se per ingegno[24] con la reina giacer potesse; né altro ingegno né via c'era se non trovar modo come egli in persona del re[25], il quale sapea che del continuo con lei non giacea[26], potesse a lei pervenire e nella sua camera entrare. Per che, acciò che vedesse in che maniera e in che abito il re, quando a lei andava, andasse, più volte di notte in una gran sala del palagio del re, la quale in mezzo era tra la camera del re e quella della reina, si nascose: e intra l'altre una notte vide il re uscire della sua camera inviluppato in un gran mantello e aver dall'una mano un torchietto[27] acceso e dall'altra una bacchetta, e andare alla camera della reina e senza dire alcuna cosa percuotere una volta o due l'uscio della camera con quella bacchetta e incontanente essergli aperto e toltogli di mano il torchietto[28].

La qual cosa veduta, e similmente vedutolo ritornare, pensò di così dover fare egli altressì[29]: e trovato modo d'avere un mantello simile a quello che al re veduto avea e un torchietto e una mazzuola[30], e prima in una stufa[31] lavatosi bene acciò che non forse l'odor del letame[32] la reina noiasse[33] o la facesse accorgere dello inganno, con queste cose, come usato era, nella gran sala si nascose. E sentendo che già per tutto si dormia[34] e tempo parendogli o di dovere al suo disiderio dare effetto o di far via con alta cagione alla bramata morte[35], fatto con la pietra e con l'acciaio[36] che seco portato avea un poco di fuoco, il suo torchietto accese, e chiuso e avviluppato nel mantello se n'andò all'uscio della camera e due volte

---

16. costui ... sel reputava: lo prendeva come un grandissimo favore, un privilegio.
17. mai ... partiva: non si scostava mai dalla staffa del palafreno regale; uno dei compiti dello stalliere era evidentemente di fiancheggiare, a piedi, la cavalcata della regina.
18. in tanto ... facea: un po' come le donne innamorate del *Proemio*, anche questo palafreniere soffre tanto di più della sua passione, quanto più la deve tenere nascosta («nascoso»).
19. atato: aiutato.
20. seco ... diliberò: prese fra sé e sé la decisione.
21. del modo: di morire.
22. prese per partito ... portava: decise di voler morire in un modo («per cosa») **attraverso cui si capisse chiaramente che lui moriva per l'amore che aveva portato e portava alla regina**.
23. e questa cosa ... del suo disidero: e questo modo di morire si propose che fosse tale che egli in quello potesse tentare la fortuna, di poter soddisfare pienamente o almeno in parte il suo desiderio. Nota il passaggio, molto pragmatico, dai propositi di suicidio all'idea che, visto che doveva morire, forse poteva rischiare comunque di sfogare il suo desiderio.
24. per ingegno: attraverso una qualche macchinazione.
25. in persona del re: fingendosi il re.
26. il quale ... non giacea: che non dormiva sempre («del continuo») **nello stesso letto con la regina**, ma, come vedremo, in camere separate.
27. torchietto: piccola torcia.
28. e incontanente ... il torchietto: dipende sempre da «vide»: **e vide che gli veniva subito aperto e che gli veniva tolta di mano la piccola torcia**; da una «cameriera», come si vedrà sotto.
29. altressì: allo stesso modo.
30. mazzuola: piccola mazza, che faccia le veci della «bacchetta del re».
31. stufa: bagno caldo (▶ **T6**, nota 79).
32. l'odor del letame: la puzza di stalla, che il palafreniere inevitabilmente si porta sempre addosso.
33. noiasse: infastidisse.
34. si dormia: tutti dormivano.
35. di far via ... morte: di andare incontro alla morte da lui desiderata, ma con un gesto nobile («con alta cagione») **che causasse quella morte**.
36. con la pietra e con l'acciaio: con la pietra focaia e con l'acciarino.

il percosse colla bacchetta. La camera da una cameriera tutta sonnacchiosa fu aperta, e il lume preso e occultato: laonde egli, senza alcuna cosa dire, dentro alla cortina trapassato[37] e posato il mantello, se n'entrò nel letto nel quale la reina dormiva. Egli disiderosamente in braccio recatalasi[38], mostrandosi turbato, per ciò che costume del re esser sapea che quando turbato era niuna cosa voleva udire, senza dire alcuna cosa o senza essere a lui detta più volte carnalmente la reina cognobbe. E come che grave gli paresse il partire[39], pur temendo non la troppo stanza gli fosse cagione di volgere l'avuto diletto in tristizia[40], si levò e ripreso il suo mantello e il lume, senza alcuna cosa dire, se n'andò e come più tosto poté si tornò al letto suo.

Nel quale appena ancora esser potea[41], quando il re, levatosi, alla camera andò della reina, di che ella si maravigliò forte; e essendo egli nel letto entrato e lietamente salutatala, ella, dalla sua letizia preso ardire, disse: - O signor mio, questa che novità è stanotte? voi vi partite pur testé[42] da me e oltre l'usato modo di me avete preso piacere, e così tosto da capo ritornate? Guardate ciò che voi fate[43] -.

Il re, udendo queste parole, subitamente presunse la reina da similitudine di costumi e di persona essere stata ingannata; ma, come savio, subitamente pensò, poi vide la reina accorta non se ne era[44] né alcuno altro, di non volernela fare accorgere: il che molti sciocchi non avrebbon fatto ma avrebbon detto: - Io non ci fui io: chi fu colui che ci fu? come andò ? chi ci venne? - Di che molte cose nate sarebbono, per le quali egli avrebbe a torto contristata[45] la donna e datale materia di disiderare altra volta quello che già sentito avea: e quello che tacendo niuna vergogna gli poteva tornare, parlando s'arebbe vitupero recato[46].

Risposele adunque il re, più nella mente che nel viso o che nelle parole turbato: - Donna, non vi sembro io uomo da poterci altra volta essere stato e ancora appresso questa tornarci?

A cui la donna rispose: - Signor mio, sì; ma tuttavia io vi priego che voi guardiate alla vostra salute -.

Allora il re disse: - E egli mi piace di seguire il vostro consiglio, e questa volta senza darvi più impaccio me ne vo' tornare -.

E avendo l'animo già pieno d'ira e di maltalento[47] per quello che vedeva gli era stato fatto, ripreso il suo mantello, s'uscì della camera e pensò di voler chetamente[48] trovare chi questo avesse fatto, imaginando lui della casa dovere essere[49], e qualunque si fosse, non esser potuto di quella uscire. Preso adunque un picciolissimo lume in una lanternetta, se n'andò in una lunghissima casa[50] che nel suo palagio era sopra le stalle de' cavalli, nella quale quasi tutta la sua fami-

---

37. **dentro ... trapassato:** occorre immaginare un letto a baldacchino, debitamente chiuso da cortine, da tende.
38. **recatalasi:** recatasela, presala a sé.
39. **E come ... il partire:** E benché l'andarsene di lì gli dispiacesse parecchio.
40. **temendo ... in tristizia:** temendo che il troppo indugiare gli fosse causa di rovesciare in tristezza il piacere che aveva avuto; «troppo», avverbio, ma usato qui con funzione aggettivale. Il palafreniere è il primo a rendersi conto che anche il re, quella notte, potrebbe sopraggiungere per far all'amore con la regina, come infatti accadrà.
41. **Nel quale ... potea:** Nel quale letto poteva appena essere arrivato.
42. **pur testé:** un attimo fa.
43. **Guardate ... fate:** la regina è preoccupata che tutta questa (inconsueta) attività sessuale comprometta la salute del re.
44. **poi vide ... non se ne era:** poiché vide che la regina non se n'era accorta, di essere stata ingannata.
45. **contristata:** mortificata.
46. **e quello ... recato:** e quello che, passandolo sotto silenzio, non poteva arrecargli alcuna vergogna, manifestandolo («parlando») gli avrebbe procurato disonore.
47. **maltalento:** sdegno.
48. **chetamente:** segretamente, senza far clamore.
49. **imaginando ... essere:** figurandosi che il colpevole doveva essere uno di casa, uno dei servitori.
50. **lunghissima casa:** un casamento a guisa di corridoio, sorta di dormitorio.

glia[51] in diversi letti dormiva; e estimando che, qualunque fosse colui che ciò fatto avesse che la donna diceva, non gli fosse ancora il polso e 'l battimento del cuore, per lo durato affanno[52], potuto riposare, tacitamente, cominciato dall'un de' capi della casa, a tutti cominciò a andar toccando il petto per sapere se gli battesse.

Come che ciascuno altro dormisse forte, colui che con la reina stato era non dormiva ancora; per la qual cosa, vedendo venire il re e avvisandosi[53] ciò che esso cercando andava, forte cominciò a temere, tanto che sopra il battimento della fatica avuta la paura n'agiunse un maggiore; e avvisossi fermamente che, se il re di ciò s'avvedesse, senza indugio il facesse[54] morire. E come che varie cose gli andasser per lo pensiero di doversi fare, pur vedendo il re senza alcuna arme, diliberò di far vista di dormire e d'attender quello che il[55] far dovesse. Avendone adunque il re molti cerchi[56] né alcun trovandone il quale giudicasse essere stato desso[57], pervenne a costui e trovandogli batter forte il cuore seco disse: - Questi è desso -. Ma sì come colui che di ciò che fare intendeva niuna cosa voleva che si sentisse, niuna altra cosa gli fece se non che con un paio di forficette[58], le quali portate avea, gli tondé[59] alquanto dall'una delle parti i capelli, li quali essi a quel tempo portavan lunghissimi, acciò che a quel segnale[60] la mattina seguente il riconoscesse; e questo fatto, si dipartì e tornossi alla camera sua.

Costui, che tutto ciò sentito avea, sì come colui che malizioso[61] era, chiaramente s'avisò[62] perché così segnato era stato: laonde egli senza alcuno aspettar si levò, e trovato un paio di forficette, delle quali per avventura v'erano alcun paio per la stalla per lo servigio de' cavalli[63], pianamente andando a quanti in quella casa ne giacevano, a tutti in simile maniera sopra l'orecchie tagliò i capelli; e ciò fatto, senza essere stato sentito, se ne tornò a dormire.

Il re, levato la mattina, comandò che avanti che le porti[64] del palagio s'aprissono, tutta la sua famiglia gli venisse davanti; e così fu fatto. Li quali tutti[65], senza alcuna cosa in capo davanti standogli, esso cominciò a guardare per riconoscere il tonduto da lui[66]; e veggendo la maggior parte di loro co' capelli a un medesimo modo tagliati, si maravigliò, e disse seco stesso: - Costui, il quale io vo cercando, quantunque di bassa condizion sia, assai ben mostra d'essere d'alto senno -. Poi, veggendo che senza romore[67] non poteva avere quel ch'egli cercava, disposto a non volere per piccola vendetta acquistar gran vergogna, con una sola parola d'amonirlo e di mostrargli che avveduto se ne fosse gli piacque; e a tutti rivolto disse: - Chi 'l fece nol faccia mai più, e andatevi con Dio -.

Un altro gli avrebbe voluti far collare[68], martoriare[69], essaminare e domandare; e ciò facendo avrebbe scoperto quello che ciascun dee andar cercando di

---

51. **famiglia:** nel senso antico di **comunità di servitori**.
52. **lo durato affanno:** causato dall'emozione, dalla paura di essere scoperto ma, soprattutto, dall'attività erotica, che la regina aveva già commentato come inusualmente vigorosa.
53. **avvisandosi:** **rendendosi conto, indovinando**.
54. **il facesse:** **lo avrebbe fatto**.
55. **il:** **egli**, soggetto.
56. **cerchi:** **cercati**, **tastati**.
57. **desso:** **lui**; così subito dopo: «Questi è desso», "questo è lui".
58. **forficette:** **forbicette**.
59. **tondé:** **tagliò**.
60. **segnale:** **segno distintivo**.
61. **malizioso:** **astuto**.
62. **s'avisò:** **si accorse**.
63. **per lo servigio de' cavalli:** **per la toilette dei cavalli**.
64. **le porti:** **le porte**, plurale antico.
65. **Li quali tutti:** i componenti della «famiglia».
66. **il tonduto da lui:** **quello che lui aveva rasato**.
67. **senza romore:** **senza suscitare clamore**; che è quello che il re vuole evitare.
68. **collare:** **sottoporre al supplizio della colla**; la colla era una tortura, consistente in una corda con la quale un prigioniero veniva ripetutamente sollevato e strattonato.
69. **martoriare:** **torturare**.

ricoprire, e essendosi scoperto, ancora che intera vendetta n'avesse presa, non iscemata ma molto cresciuta n'avrebbe la sua vergogna e contaminata l'onestà della donna sua.

Coloro che quella parola udirono si maravigliarono e lungamente fra sé esaminarono che avesse il re voluto per quella dire, ma niuno ve ne fu che la 'ntendesse se non colui solo a cui toccava. Il quale, sì come savio, mai, vivente il re, non la scoperse, né più la sua vita in sì fatto atto commise[70] alla fortuna.

70. **commise:** affidò.

T8 Dentro il testo

IN SINTESI

È una novella esemplare del nesso che lega, in Boccaccio, eros e cervello. Infatti, il desiderio impossibile del giovane palafreniere (fare all'amore con la regina) viene soddisfatto solo attraverso un "ingegno" accuratissimo, cioè lo studio puntiglioso delle abitudini della coppia regale e la sostituzione del palafreniere al re, nel letto della regina. Questa, però, è soltanto la prima parte della novella. Nella seconda si istituisce un vero e proprio duello d'intelligenza, a distanza, fra il re e il suo servitore. Infatti, Agilulfo, venuto anche lui per congiungersi con la regina, quando capisce dalle parole di lei di essere stato preceduto da qualcun altro, saggiamente decide di individuarlo e punirlo senza scandalo e contando sul fatto che al colpevole, fra l'emozione e le fatiche sessuali appena compiute, dovrebbe ancora battere forte il cuore, riesce in effetti a identificare nel palafreniere (che finge di dormire fra i suoi compagni) il responsabile. Gli taglia una ciocca di capelli, per poterlo riconoscere il giorno dopo; ma il ragazzo, capita la sua intenzione, taglia a sua volta una ciocca di capelli a tutti gli altri servitori. Al re, il mattino seguente, non rimarrà che ammonire enigmaticamente che «chi l'ha fatto, non lo faccia mai più».

I TEMI E L'ESPRESSIONE

DALLA CORTESIA ALL'«INDUSTRIA»

L'amore del palafreniere per la regina si presenta, all'inizio, con **connotati** tipicamente **cortesi**: quelli consacrati dalla *fin'amor* della poesia provenzale. Risponde infatti al codice cortese che l'innamorato riponga il suo amore in una donna di più alta condizione; anche se qui la distanza è veramente abissale, fra un ragazzo di stalla e una regina. Cortese è anche la conseguenza di tale situazione: cioè che, almeno in teoria, un simile amore non sia consumabile; donde il tormento senza fine dell'amante e la perennità del suo desiderio insoddisfatto. La situazione iniziale del protagonista sembra dunque senza via d'uscita. Unico esito possibile, semmai, la morte, la morte per consunzione di un desiderio inappagabile. Ma questo è il *Decameron*, e non una lirica di Provenza. Nel senso che il nostro palafreniere, pur spinto sull'orlo del suicidio dal suo amore impossibile, con un vitale **guizzo pragmatico** esce dalla situazione bloccata dell'amor cortese, ed entra nell'eros decameroniano. E siccome in Boccaccio non si dà eros senza **«industria»**, ecco questo amante passare dal vagheggiamento del suicidio a un piano, industriosamente congegnato, volto a vedere «se per ingegno», ovvero, attraverso qualche astuta macchinazione «con la reina giacer potesse».

L'«INDUSTRIA» E L'INGEGNO DEL PALAFRENIERE

Il palafreniere sa bene che, rimanendo nei suoi panni, le sue *chances* sono uguali a zero. L'unico modo per arrivare al letto della donna che ama è di sostituirsi al legittimo sposo, cioè al re. Comincia allora l'accurata **investigazione**, da parte del personaggio, dei costumi coniugali della coppia regale; l'eros, caratteristicamente, si converte in «industria», e il desiderio sessuale deve accettare il governo e il controllo della **ragione**. Il palafreniere, appostato nelle sale del palazzo, scopre così che, nell'ordine: il re e la regina non dormono d'abitudine nella stessa camera; quando il re vuole andare dalla regina ci va avviluppato in un mantello, con una piccola torcia e una bacchetta in mano; arrivato alla porta della sposa, il re bussa con la bacchetta, una cameriera gli apre e il lume viene subito spento; a ciò si potrà aggiungere l'informazione suppletiva che il re, quando ha qualche preoccupazione, diventa taciturno, e che quindi sarebbe possibile supporre un amplesso senza parole. Il piano riesce, preceduto da un'ulteriore finezza del palafreniere, che prima di tentare la sua sorte con la regina, passa da una «stufa», cioè da un bagno di vapore, per cancellare ogni odore di stallatico. Così, egli riesce a godere di una donna per lui altrimenti irraggiungibile: ma, si badi, il **controllo del cervello sul sesso** continua anche a letto con la regina. Infatti, sia pure al culmine dei suoi desideri, il palafreniere non dimentica che sta rischiando la vita: per cui lascia quel letto di piacere, «come che grave gli paresse il partire», insomma assai prima di quanto avrebbe voluto.

UN DUELLO DI INTELLIGENZE

La novella non finisce però con l'amplesso del palafreniere e della inconsapevole regina. La seconda parte, infatti, vede il **duello a distanza** tra lo stalliere, tornato nel suo dormitorio con gli altri servi, e il re, che quella stessa notte va per fare anche lui all'amore con la sposa e, dalle parole con cui essa lo accoglie, si accorge subito di essere stato preceduto da qualcun altro. Comincia a questo punto il muto dialogo, di gesti e di reciproche iniziative, fra il re e il palafreniere. Il primo, convinto che chi si è approfittato della regina sia uno della casa, e che l'emozione lo possa ancora tradire attraverso il battito accelerato del cuore, riesce a individuare il palafreniere e, per riconoscerlo il giorno appresso, gli taglia una ciocca di capelli; dopo di che, «il tonduto tutti gli altri tonde», come dice la rubrica, vanificando così la sottile astuzia del re. La partita finisce pari: il giorno dopo, di fronte alla servitù tutta adunata, e tutta rasata, al re non rimarrà che lanciare un ammonimento, indecifrabile per tutti, tranne che per uno: «Chi 'l fece nol faccia mai più». La competizione erotica fra il re e il palafreniere viene così allontanata sullo sfondo: rimane solo, in primo piano, il confronto di due diverse malizie. La novella si è trasformata in una dimostrazione di **democrazia dell'intelligenza**: dove non ci sono più né stallieri né re, ma solo cervelli «industriosi».

Analisi e interpretazione Tipologia A

LEGGERE CON METODO

COMPRENSIONE GLOBALE

1. La novella si struttura in due macrosequenze, che a loro volta si possono suddividere in sequenze più brevi. Completa la tabella, indicando sinteticamente il contenuto delle sequenze, come ti mostrano gli esempi.

Prima macrosequenza	Il palafreniere si innamora di Teodolinda e trova il modo di giacere con lei.	
	sequenza 1	Il palafreniere si innamora senza speranza e medita il suicidio.
	sequenza 2	Decide di godere della regina prima di morire e a tal fine osserva le abitudini della coppia regale.
	sequenza 3	
Seconda macrosequenza	Re Agilulfo scopre quanto è accaduto e cerca, senza successo, di incastrare il colpevole.	
	sequenza 4	
	sequenza 5	
	sequenza 6	
	sequenza 7	

LA LINGUA E LE STRUTTURE

2. Coerentemente con i temi centrali, due sfere semantiche dominano la novella: quella dell'amore e quella dell'«industria» o ingegno. Individua e sottolinea in modi diversi le espressioni appartenenti alle due rispettive sfere semantiche, considerando, nella seconda, anche i verbi che indicano attività razionali (come "sapere, pensare").

3. Nelle novelle del *Decameron*, lo spazio viene raramente descritto, in quanto essenzialmente funzionale allo svolgimento della storia. Quali luoghi fanno da sfondo alla novella? Quale funzione assolvono?

4. L'ambientazione delle sequenze centrali è notturna. Perché anche questa collocazione temporale è funzionale allo sviluppo della vicenda?

I TEMI E L'INTERPRETAZIONE

5. Proprio nella terza giornata, Boccaccio introduce uno dei temi ricorrenti del *Decameron*: la non coincidenza tra condizione sociale e qualità personali. Individua e sottolinea le due frasi in cui viene espressa esplicitamente la disparità tra lo *status* sociale e le doti fisiche e intellettuali del palafreniere.
6. Con quali azioni sia il palafreniere sia Agilulfo dimostrano il loro ingegno? A quali fini sono rispettivamente rivolte le loro azioni? Quale differenza si può notare nella natura dell'ingegno dei due personaggi?

Quarta giornata

Finisce la Terza giornata del Decameron: e incomincia la Quarta, nella quale, sotto il reggimento di Filostrato, si ragiona di coloro li cui amori ebbero infelice fine.

Filostrato e il pessimismo in amore Questa giornata, in cui si ragiona degli **amori infelici**, è quella che più porta l'impronta del carattere del suo re. Essa si svolge infatti sotto il **reggimento di Filostrato**: ovvero, secondo le approssimative etimologie di Boccaccio, dell'"abbattuto d'amore", o dello "sfortunato in amore"; nome che già lo scrittore aveva utilizzato come titolo di un suo poema giovanile in ottave, dove aveva narrato gli amori infelici di Troiolo, figlio di Priamo, perfidamente tradito dalla sua Cressida. D'altronde, Filostrato stesso, imponendo il tema della giornata, ne sottolinea l'**affinità con i suoi destini amorosi**. Egli afferma di non volere che sotto il suo regno si ragioni «se non di quello che a' miei fatti è più conforme», cioè di amanti sventurati; e di sé traccia un desolato ritratto, come di amante «sempre ... a Amor subgetto», ma, nonostante la sua devozione e fedeltà, puntualmente destinato a essere «prima per altro abbandonato», e poi così via «di male in peggio».

▶T Tancredi e Ghismunda (IV, 1)
▶T Simona e Pasquino (IV, 7)
▶T I due Guglielmi (IV, 9)

Le novelle della giornata, tuttavia, ci parlano di un **altro tipo di infelicità amorosa**, rispetto a quella di Filostrato. In esse, infatti, non sarà mai questione di amanti non corrisposti, o abbandonati per altri, traditi o delusi. Anzi, tutte le storie narrate ci presenteranno coppie eroicamente fedeli, che anche nella malasorte non deflettono dalla profondità e sincerità dei loro sentimenti.

Perché queste storie finiscono male Il **finale tragico** delle novelle di questa giornata dipende da due elementi. Nella maggior parte delle novelle è la **disparità sociale degli amanti** che genera la tragedia: l'autorità familiare (padri, ma anche madri o fratelli) interviene a ostacolare la relazione, spesso con la cruenta eliminazione fisica dell'amante «indegno», cioè di rango inferiore. In altre novelle, invece, è la pura **fatalità**, o **casualità**, che provoca la morte degli amanti. È chiaro che il primo tipo di tragedia ha un peso ideologico ben diverso rispetto al secondo. Nelle novelle di primo tipo, infatti, Boccaccio svolge in modo drammatico uno dei temi che gli stanno più a cuore, e che altrove tratta invece in modo giocoso: quello dei **diritti dell'amore**, ovvero della natura, rispetto ai pregiudizi di una società autoritaria e gerarchica. In questa rivendicazione egli eredita, d'altronde, uno dei princìpi della lirica d'amore che lo aveva preceduto, a cominciare da Dante e dallo Stilnovo: cioè che la vera nobiltà non è quella del sangue, ma quella del cuore, del «cuor gentile», capace di annullare ogni privilegio di classe.

GUIDA ALLO STUDIO

1. Qual è il tema della quarta giornata?
2. A quale tipo di amore pensa Filostrato? È lo stesso che si ritrova nelle novelle?
3. Quali sono le due cause che provocano il finale tragico delle novelle?

T9

Decameron, IV, 5

Lisabetta da Messina

Anno: 1349-51

Genere: novella

Argomento: una tragedia amorosa scaturita dalla disparità sociale dei due amanti

Parafrasi integrale

Lisabetta appartiene a una florida famiglia di mercanti, mentre il suo innamorato, Lorenzo, non è che il garzone di bottega della ditta. Quando la trama amorosa viene scoperta, la reazione dei fratelli della fanciulla è di atroce violenza. Lisabetta, a sua volta, prima straziata dall'assenza inspiegabile dell'amato, poi avvertita dell'accaduto da un sogno rivelatore, scivolerà nella follia.

▸ Boccaccio, *Decameron*, l'uccisione di Lorenzo, Lisabetta ne disseppellisce il cadavere e si porta via la testa (ma qui non avvolta in uno «asciugatoio», ma direttamente nel vaso dove verrà piantato il basilico) (Parigi, Bibliothèque de l'Arsenal).

I fratelli d'Ellisabetta[1] uccidon l'amante di lei; egli l'apparisce in sogno e mostrale dove sia sotterato; ella occultamente disotterra la testa e mettela in un testo[2] di bassilico; e quivi sù piagnendo ogni dì per una grande ora[3], i fratelli gliele[4] tolgono, e ella se ne muore di dolor poco appresso.[5]

Erano adunque in Messina tre giovani fratelli e mercatanti, e assai ricchi uomini rimasi dopo la morte del padre loro, il quale fu da San Gimignano[6]; e avevano una loro sorella chiamata Elisabetta, giovane assai bella e costumata[7], la quale, che che se ne fosse cagione[8], ancora maritata non aveano. E avevano oltre a ciò questi tre fratelli in uno lor fondaco[9] un giovinetto pisano chiamato Lorenzo, che tutti i lor fatti guidava e faceva[10]; il quale, essendo assai bello della persona e leggiadro[11] molto, avendolo più volte Lisabetta guatato, av-

1. **Ellisabetta:** nel corso della novella viene chiamata soprattutto «Lisabetta» e talvolta «Elisabetta».
2. **testo:** vaso di terracotta.
3. **per una grande ora:** a lungo.
4. **gliele:** il solito indeclinabile: glielo.
5. La fonte, o meglio lo spunto, per questa novella, potrebbe essere la canzone popolare citata alla fine: Boccaccio la presenta come originata dalla triste storia di Elisabetta da Messina appena raccontata, ma potrebbe invece essere vero il contrario, cioè che la novella tragga ispirazione dal canto popolare *Qual esso fu lo malo cristiano* (attestato, però, solo dalla fine del Trecento). In particolare, il fatto che il vaso di basilico, nella canzone, sia chiamato «grasta», ma anche «testo», potrebbe aver suggerito il motivo della «testa» (di Lorenzo, amante di Lisabetta) nel «testo».
6. **San Gimignano:** celebre cittadina toscana del senese, nel Due e Trecento sede di fiorenti attività mercantili (specie nell'arte della lana); colonie di sangimignanesi sono attestate anche a Messina, sì che lo sfondo sociale della novella risulta del tutto verosimile.
7. **costumata:** di belle maniere.
8. **che ... cagione:** qualunque fosse la ragione. Siamo di fronte a un altro caso di indifferenza dei familiari nei confronti delle ragazze di casa e delle loro esigenze sentimentali e sessuali.
9. **fondaco:** è il magazzino delle merci, che serviva anche da bottega.
10. **che ... faceva:** dunque una sorta di *factotum*, una persona con svariate mansioni nell'azienda.
11. **leggiadro:** di bei modi.

venne che egli le incominciò stranamente[12] a piacere. Di che Lorenzo accortosi e una volta e altra[13], similmente, lasciati suoi altri innamoramenti di fuori, incominciò a porre l'animo a lei[14]; e sì andò la bisogna[15] che, piacendo l'uno all'altro igualmente, non passò gran tempo che, assicuratisi[16], fecero di quello che più disiderava ciascuno[17].

E in questo continuando e avendo insieme assai di buon tempo e di piacere, non seppero sì segretamente fare, che una notte, andando Lisabetta là dove Lorenzo dormiva, che il maggior de' fratelli, senza accorgersene ella, non se ne accorgesse. Il quale, per ciò che savio[18] giovane era, quantunque molto noioso[19] gli fosse a ciò sapere, pur mosso da più onesto consiglio[20], senza far motto o dir cosa alcuna, varie cose fra sé rivolgendo intorno a questo fatto, infino alla mattina seguente trapassò[21]. Poi, venuto il giorno, a' suoi fratelli ciò che veduto aveva la passata notte d'Elisabetta e di Lorenzo raccontò; e con loro insieme, dopo lungo consiglio[22], diliberò di questa cosa, acciò che né a loro né alla sirocchia[23] alcuna infamia ne seguisse, di passarsene tacitamente[24] e d'infignersi[25] del tutto d'averne alcuna cosa veduta o saputa infino a tanto che tempo venisse nel quale essi, senza danno o sconcio[26] di loro, questa vergogna, avanti che più andasse innanzi, si potessero torre dal viso[27].

E in tal disposizion dimorando[28], così cianciando e ridendo con Lorenzo come usati erano[29], avvenne che, sembianti faccendo d'andare fuori della città a diletto[30] tutti e tre, seco menaron Lorenzo; e pervenuti in un luogo molto solitario e rimoto, veggendosi il destro[31], Lorenzo, che di ciò niuna guardia prendeva[32], uccisono e sotterrarono in guisa che niuna persona se n'accorse. E in Messina tornatisi dieder voce[33] d'averlo per loro bisogne mandato in alcun luogo; il che leggiermente[34] creduto fu, per ciò che spesse volte eran di mandarlo da torno usati.

Non tornando Lorenzo, e Lisabetta molto spesso e sollecitamente[35] i fratei domandandone, sì come colei a cui la dimora lunga gravava[36], avvenne un giorno che, domandandone ella molto instantemente[37], che l'uno de' fratelli le disse: - Che vuol dir questo? che hai tu a far di Lorenzo, che tu ne domandi così spesso? Se tu ne domanderai più[38], noi ti faremo quella risposta che ti si conviene[39] - . Per

12. **stranamente:** **straordinariamente**.
13. **una volta e altra:** **più d'una volta**.
14. **lasciati ... a lei:** Lorenzo dunque aveva altre tresche amorose con donne estranee alla casa dei tre fratelli, ma adesso, innamoratosi anche lui, dedica tutta la sua attenzione a Lisabetta.
15. **sì andò la bisogna:** **così andò la vicenda**.
16. **assicuratisi:** **rassicuratisi**, del loro reciproco amore e del modo di dargli effetto.
17. **fecero ... ciascuno:** **consumarono il loro amore, così come l'uno e l'altra desideravano**.
18. **savio:** la saviezza di questo fratello maggiore consiste nella capacità di controllarsi, per non dare scandalo; peraltro essa si accompagna, come vediamo subito, a una fredda crudeltà.
19. **noioso:** **doloroso**.
20. **da più onesto consiglio:** questo «consiglio» (deliberazione) è «onesto», cauto, in quanto tutela l'onore della famiglia; non certo in senso morale.
21. **varie cose ... trapassò:** il fratello passa la notte, fino al mattino seguente, rimuginando fra sé varie cose intorno al fatto appena scoperto.
22. **dopo lungo ... consiglio:** **dopo essersi a lungo consultati**.
23. **sirocchia:** **sorella**.
24. **passarsene tacitamente:** **passarla sotto silenzio**.
25. **d'infignersi:** **di fingere**.
26. **sconcio:** **rovina**.
27. **questa vergogna ... dal viso:** **questa infamia, prima che procedesse oltre, si potessero levare di torno**, diremmo oggi; letteralmente "eliminare dalla vista".
28. **in tal ... dimorando:** **restando fermi in questo proposito**.
29. **come usati erano:** **come erano soliti**.
30. **sembianti ... a diletto:** **fingendo di fare una gita fuori città per divertimento**.
31. **veggendosi il destro:** **vedendo che era l'occasione buona**.
32. **che di ciò ... prendeva:** **che non pensava affatto a difendersi da una cosa simile**.
33. **dieder voce:** **sparsero la voce**.
34. **leggiermente:** **facilmente**.
35. **sollecitamente:** **con grande premura**.
36. **sì come colei ... gravava:** **dato che a lei era di gran peso il lungo ritardo di Lorenzo, che non tornava mai**.
37. **molto instantemente:** **con grande insistenza**.
38. **più:** **ancora**, **di nuovo**.
39. **che ti si conviene:** **che meriti**.

che la giovane dolente e trista[40], temendo e non sappiendo che[41], senza più domandarne si stava e assai volte la notte pietosamente il chiamava e pregava che ne venisse; e alcuna volta con molte lagrime della sua lunga dimora si doleva e senza punto rallegrarsi sempre aspettando si stava.

Avvenne una notte che, avendo costei molto pianto Lorenzo che non tornava e essendosi alla fine piagnendo adormentata, Lorenzo l'apparve nel sonno, pallido e tutto rabbuffato[42] e co' panni tutti stracciati e fracidi[43]: e parvele che egli dicesse: - O Lisabetta, tu non mi fai altro che chiamare e della mia lunga dimora[44] t'atristi e me con le tue lagrime fieramente[45] accusi; e per ciò sappi che io non posso più ritornarci[46], per ciò che l'ultimo dì che tu mi vedesti i tuoi fratelli m'uccisono -. E disegnatole[47] il luogo dove sotterrato l'aveano, le disse che più nol chiamasse né l'aspettasse, e disparve.

La giovane, destatasi e dando fede alla visione, amaramente pianse. Poi la mattina levata, non avendo ardire di dire alcuna cosa a' fratelli, propose[48] di volere andare al mostrato luogo e di vedere se ciò fosse vero che nel sonno l'era paruto[49]. E avuta la licenzia d'andare alquanto fuor della terra a diporto[50], in compagnia d'una che altra volta con loro era stata[51] e tutti i suoi fatti sapeva, quanto più tosto poté là se n'andò; e tolte via foglie secche che nel luogo erano, dove men dura le parve la terra quivi cavò; né ebbe guari cavato[52], che ella trovò il corpo del suo misero amante in niuna cosa ancora guasto né corrotto[53]; per che[54] manifestamente conobbe essere stata vera la sua visione[55]. Di che più che altra femina dolorosa, conoscendo che quivi non era da piagnere[56], se avesse potuto volentier tutto il corpo n'avrebbe portato[57] per dargli più convenevole sepoltura; ma veggendo che ciò esser non poteva, con un coltello il meglio che potè gli spiccò dallo 'mbusto la testa[58], e quella in uno asciugatoio inviluppata, e la terra sopra l'altro corpo[59] gittata, messala in grembo alla fante, senza essere stata da alcun veduta, quindi si dipartì e tornossene a casa sua.

Quivi con questa testa nella sua camera rinchiusasi, sopra essa lungamente e amaramente pianse, tanto che tutta con le sue lagrime la lavò, mille basci dandole in ogni parte. Poi prese un grande e un bel testo, di questi ne' quali si pianta la persa o il basilico[60], e dentro la vi mise fasciata in un bel drappo; e poi messavi sù la terra, sù vi piantò parecchi piedi di bellissimo bassilico salernetano[61], e quegli di niuna altra acqua che o rosata o di fior d'aranci o delle sue lagrime non inaffiava giammai. E per usanza aveva preso di sedersi sempre a questo

Il basilico e la maggiorana sono piante odorifere oggi molto usate nella cucina dell'area mediterranea; all'epoca, erano tenute in casa come piante ornamentali.

40. trista: qui **triste**.
41. non sappiendo che: **non sapendo di che dovesse temere**.
42. rabbuffato: **in disordine**.
43. fracidi: **fradici**; l'aspetto di Lorenzo è quello di un cadavere uscito di sottoterra.
44. della mia lunga dimora: **del mio lungo indugio a tornare**.
45. fieramente: **acerbamente**.
46. ritornarci: **ritornare qui**, nel mondo dei vivi.
47. disegnatole: **indicatole**.
48. propose: **si propose**.
49. paruto: **apparso**.
50. la licenzia ... a diporto: il permesso di andare un po' fuori dalla città per diletto.
51. d'una ... era stata: dunque, un'antica serva della famiglia.
52. guari cavato: **scavato molto**.
53. corrotto: **decomposto**.
54. per che: **per la qual cosa**.
55. visione: è il termine che nella lingua antica designa i sogni "veri", rivelatori, spesso usato proprio a contrasto col semplice sogno.
56. conoscendo ... piagnere: **rendendosi conto che non c'era tempo né quello era il luogo per piangere**.
57. n'avrebbe portato: **avrebbe portato via di lì**.
58. gli spiccò ... la testa: **gli tagliò via dal busto la testa**.
59. l'altro corpo: **il resto del corpo**, il cadavere decapitato del povero Lorenzo.
60. la persa o il basilico: **la maggiorana o il basilico**.
61. parecchi piedi ... salernetano: **parecchie pianticelle di bellissimo basilico salernitano**: evidentemente specie pregiata. La canzone finale, però, legge (nei versi che Boccaccio tuttavia non cita per intero) «selemontano», specie questa ben registrata nella botanica medievale.

testo vicina e quello con tutto il suo disidero vagheggiare[62], sì come quello che il suo Lorenzo teneva nascoso: e poi che molto vagheggiato l'avea, sopr'esso andatasene[63] cominciava a piagnere, e per lungo spazio, tanto che tutto il basilico bagnava, piagnea.

Il basilico, sì per lo lungo e continuo studio[64], sì per la grassezza della terra procedente dalla testa corrotta[65] che dentro v'era, divenne bellissimo e odorifero molto; e servando la giovane questa maniera del continuo[66], più volte da' suoi vicin fu veduta. Li quali, maravigliandosi i fratelli della sua guasta bellezza e di ciò che gli occhi le parevano della testa fuggiti[67], il disser loro: - Noi ci siamo accorti che ella ogni dì tiene la cotal maniera - . Il che udendo i fratelli e accorgendosene, avendonela alcuna volta ripresa[68] e non giovando, nascosamente da lei fecero portar via questo testo; il quale, non ritrovando ella con grandissima instanzia[69] molte volte richiese, e non essendole renduto[70], non cessando il pianto e le lagrime, infermò[71], né altro che il testo suo nella infermità domandava. I giovani si maravigliavan forte di questo adimandare, e per ciò vollero vedere che dentro vi fosse; e versata la terra, videro il drappo e in quello la testa non ancor sì consumata, che essi alla capellatura crespa non conoscessero lei essere quella di Lorenzo. Di che essi si maravigliaron forte e temettero non questa cosa si risapesse[72]: e sotterrata quella[73], senza altro dire, cautamente di Messina uscitisi e ordinato come di quindi si ritraessono[74], se n'andarono a Napoli.

La giovane non restando[75] di piagnere e pure[76] il suo testo adimandando, piagnendo si morì, e così il suo disaventurato amore ebbe termine. Ma poi a certo tempo divenuta questa cosa manifesta a molti, fu alcun che compuose quella canzone la quale ancora oggi si canta, cioè:

Quale esso fu lo malo cristiano,
che mi furò la grasta, *et cetera*[77].

---

62. **vagheggiare:** **contemplare amorosamente**. Nella fissazione feticista di Lisabetta per il suo «testo» comincia ad affiorare una sorta di follia allucinata, che alla fine la porterà alla morte.
63. **sopr'esso andatasene:** dopo averlo contemplato a distanza, Lisabetta si china sul suo basilico per irrorarlo delle sue lacrime.
64. **sì ... studio:** **sia per le lunghe e continue cure di cui Lisabetta lo circondava**.
65. **sì per la grassezza ... corrotta:** **sia per la fecondità della terra che derivava dalla testa in decomposizione**.
66. **servando ... del continuo:** **mantenendo la giovane questa abitudine continuamente**, senza interruzione.
67. **maravigliandosi ... fuggiti:** **siccome i fratelli si meravigliavano di come la sua bellezza fosse sfiorita, al punto che gli occhi erano così infossati che sembravano spariti via dalla testa**.
68. **avendonela ... ripresa:** **avendola talvolta rimproverata della sua strana abitudine**.
69. **instanzia:** **insistenza**; Lisabetta chiede ripetutamente notizie del vaso.
70. **non essendole renduto:** **non essendole restituito** [il vaso].
71. **infermò:** **si ammalò**.
72. **temettero non ... si risapesse:** costruzione latina, **temettero che questa cosa si venisse a sapere**.
73. **quella:** la testa di Lorenzo.
74. **ordinato ... ritraessono:** **organizzato il modo come potessero ritirarsi**, ovvero trasferire i loro affari da Messina a Napoli.
75. **non restando:** **non smettendo**.
76. **pure:** **sempre**, **continuamente**.
77. **Quale esso fu ... *et cetera*:** è l'inizio di una ballata popolare che secondo quanto dice qui Boccaccio sarebbe nata dalla vicenda di Lisabetta, mentre è invece probabile che si sia ispirato lui a questo testo, preesistente alla sua novella. È molto difficile stabilire se sia venuta prima la novella della ballata o viceversa; ciò che è certo è che la ballata racconta una storia ben diversa: a una ragazza è stato sottratto il suo amatissimo basilico, come qui; ma invece di piangere, struggersi e morire d'amore, ella offre scherzose ricompense a chi glielo riporterà: «cento once d'oro» e in aggiunta «un bacio in disianza».

T9 Dentro il testo

IN SINTESI

La novella racconta un amore tragico, centrato sulla figura di Lisabetta, che ama - riamata - Lorenzo, il bel giovane che lavora nell'impresa di famiglia. Ma per i fratelli della ragazza (la famiglia risiede a Messina ma è di San Gimignano, presso Siena) questo è un amore impossibile e sconveniente: un ragazzo di bottega non può mischiarsi con la ricca erede di una famiglia mercantile. Decidono quindi di eliminare il problema alla radice: attirano Lorenzo in un tranello, lo uccidono e lo seppelliscono. Lisabetta, che improvvisamente non vede più il suo innamorato, comincia a chiedere insistentemente di lui, senza avere risposta. Ma una notte, in sogno, la rivelazione: Lorenzo le appare e le rivela la verità, indicandole il luogo dove è sepolto il suo corpo. Ella lo trova e, con un macabro gesto, ne decapita il cadavere, e pone la sua testa in un grande vaso di terracotta, su cui fa crescere una pianta di basilico. Da quel giorno Lisabetta passa il suo tempo vicina al vaso, dove il basilico cresce rigoglioso (probabilmente - suggerisce Boccaccio - grazie al "fertilizzante" costituito dalla testa dell'amato); i fratelli, vedendo la sorella sfiorire e non comprendendo la ragione di questo suo strano attaccamento al vaso, decidono di sottrarglielo. Ma, davanti alle disperate richieste di Lisabetta di sapere dove fosse finito il suo vaso, insospettiti, lo rovesciano per vedere che cosa vi fosse dentro. Scoperta la macabra verità e temendo lo scandalo che ne sarebbe seguito se la cosa si fosse saputa, abbandonano la sorella e se ne vanno a Napoli. Lisabetta, ormai privata anche del vaso con la reliquia del suo amato, si lascia morire.

I TEMI E L'ESPRESSIONE

EROS E «RAGIONE DI MERCATURA»

La tragedia d'amore di questa novella nasce dal **contrasto fra natura e società**. Da una parte c'è Lisabetta, una fanciulla «assai bella e costumata» che, pur essendo in età da marito, i familiari (qui, i tre fratelli) non si curano di maritare. Dall'altra, la disparità di condizione sociale che separa Lisabetta da Lorenzo, il giovane garzone di bottega che essa si sceglie per amante. Quindi, da una parte c'è la **forza dell'eros**, che spinge la fanciulla a seguire le naturali inclinazioni del suo desiderio; dall'altra il **pregiudizio sociale** dei fratelli, che per potersi «torre dal viso ... questa vergogna» arrivano addirittura al delitto. Eppure siamo in una famiglia di mercanti, cioè in quella classe nuova, dinamica, avventurosa, alla quale siamo tentati di attribuire una mentalità più aperta rispetto alla vecchia aristocrazia. Ma novelle come questa ci dicono che la **«ragione di mercatura»** è altrettanto spietata della «ragion di Stato» dei nobili e dei potenti. Ancora una volta, il mondo dei mercanti ci appare qui in una luce tutt'altro che lusinghiera: questo crimine spiccio e tetro, deciso e compiuto con impassibile freddezza, ci dice anzi come le ragioni del denaro, del profitto, della rispettabilità sociale abbiano già indurito i cuori di questa nascente borghesia medievale.

IL SILENZIO DI LISABETTA

Nella novella **Lisabetta non parla mai**. L'unica sua battuta è riferita in **discorso indiretto**: quando, preoccupata per l'assenza di Lorenzo, ella chiede «molto instantemente» notizie del ragazzo che non torna. E, anche in quest'unica occasione, è eloquente il contrasto fra il modo indiretto con cui sono riferite nel testo le parole della ragazza e il brusco, diretto rimprovero di uno dei fratelli: «Che vuol dir questo? Che hai tu a far di Lorenzo, che tu ne domandi così spesso? Se tu ne domanderai più, noi ti faremo quella risposta che ti si conviene». Così, l'autorità familiare non solo disconosce il diritto femminile all'amore, ma anche alla parola, respingendo Lisabetta in una dimensione silente, introversa, solitaria. Non sorprende allora che in questa forzata chiusura interiore comincino ad apparire **fantasmi e visioni**. Ecco Lorenzo apparire in sogno all'innamorata: non più il bel giovinetto dell'inizio, ma un cadavere appena dissotterrato. Ed ecco farsi strada in Lisabetta una determinazione nuova, ma in cui già si colgono i segni di una certa follia: la fanciulla timida che abbiamo sin qui conosciuto si reca sul luogo dove è seppellito Lorenzo, scava, ne trova il cadavere e, con una sorta di macabra soavità, lo decapita: «con un coltello il meglio che poté gli spiccò dallo 'mbusto la testa». D'ora in avanti, la vita per la fanciulla consisterà tutta nella **cura maniacale del vaso** di basilico in cui ella riseppellisce la testa di Lorenzo. E, quando anche quel vaso le viene sottratto, senza più neanche la compagnia del suo basilico, Lisabetta «piagnendo si morì», quasi consumata dall'introversione delle sue passioni e dal divieto di manifestarle. In tal modo la **ballata** che Boccaccio dice scaturita da questa triste storia interviene meravigliosamente a dare infine voce a chi non l'aveva mai avuta. La novella si chiude immaginando una Lisabetta che **finalmente apre bocca**, affidando alla melodia di un canto popolare il racconto della propria tragedia d'amore.

Analisi e interpretazione Tipologia A

LEGGERE CON METODO

COMPRENSIONE GLOBALE

1. Come avviene l'innamoramento tra Lisabetta e Lorenzo?
2. Chi scopre la loro relazione e come si comporta?
3. In che modo viene ucciso Lorenzo?
4. Come riesce Lisabetta a scoprire che cosa è successo all'amato? Che cosa fa a questo punto?
5. Perché i fratelli, dopo aver scoperto che cosa si celava nel vaso, fuggono da Messina?

LA LINGUA E LE STRUTTURE

6. Lisabetta non ha parole; il suo linguaggio, dal momento in cui è privato del suo amore, diviene il pianto. Individua le espressioni appartenenti alla sfera semantica del pianto.
7. Scrivi il significato delle seguenti parole o espressioni.

Parola o espressione usata da Boccaccio	Significato
cagione	
bisogna	
assicuratisi	
noioso	
motto	
sirocchia	
sconcio	
come usati erano	
il destro	
la dimora lunga gravava	
fracidi	
testo	
persa	

8. Come quasi sempre in Boccaccio, non c'è un ritratto diretto dei personaggi, e la loro psicologia emerge dalle azioni. Traccia un breve ritratto psicologico di Lorenzo, dei tre fratelli, di Lisabetta, ricavandolo dal loro modo di agire.

I TEMI E L'INTERPRETAZIONE

9. La novella si muove attorno al conflitto tra due sistemi di valori contrapposti: quello di Lorenzo e Lisabetta da una parte, quello dei fratelli (rappresentanti della classe mercantile) dall'altro. Illustrali sinteticamente.
10. Qual è il significato del silenzio di Lisabetta?

Quinta giornata

Finisce la Quarta giornata del Decameron: incomincia la Quinta, nella quale, sotto il reggimento di Fiammetta, si ragiona di ciò che a alcuno amante, dopo alcuni fieri o sventurati accidenti, felicemente avvenisse.

▶ T Caterina e Ricciardo (V, 4)

Amori a lieto fine È una giornata simmetrica alla precedente: come in quella, sotto il reggimento di Filostrato, si sono narrate storie di amori a fine infelice, così in questa, sotto il **reggimento di Fiammetta**, si racconterà di **storie a lieto fine**. Come di consueto, la rubrica della giornata delinea non solo il tema, ma anche lo schema narrativo delle novelle, che qui si mostra chiaramente spartito in tre tempi: la situazione di godimento amoroso iniziale, una fase centrale di perturbazione (i «fieri o sventurati accidenti») e, infine, il ribaltamento felice delle sorti, e il conseguente, immancabile *happy ending*. In pratica, si potrebbe dire che le novelle di questa quinta giornata sono come le novelle della quarta - con il passaggio dalla felicità iniziale degli amanti alla perturbazione di quella felicità - più una "coda", ovvero un **rovescio di Fortuna ulteriore**, ma favorevole, che scongiura, talvolta *in extremis*, l'incombente finale tragico. Questo "ribaltone" finale è più o meno evidente a seconda delle novelle, ma talvolta sembra proprio una sorta di correzione all'ultimo momento di uno schema narrativo potenzialmente tragico, da quarta giornata. Tanto più che i «fieri o sventurati accidenti» dipendono il più delle volte proprio da fattori uguali a quelli della giornata di Filostrato: disparità sociale fra gli amanti, che ne ostacola l'unione, oppure fatalità ed equivoci, che ne ritardano la felicità. Da questo punto di vista, la quinta giornata è ideologicamente più "timida" della quarta. Se in quella si sfidavano i pregiudizi sociali in nome dell'amore, e si pagava la sfida con la morte, qui si preferisce una soluzione più accomodante e consolatoria, che **mette d'accordo le esigenze dell'amore con i pregiudizi della morale comune.**

Impedimenti speciali Non sempre, in questa giornata, gli impedimenti al lieto fine scaturiscono da cause esterne. In particolare, nelle novelle che leggeremo, gli **impedimenti** provengono piuttosto **dall'interno della coppia**: da malintesi, o incomprensioni, o disparità di valori, che dividono i due protagonisti. Di conseguenza, in questi casi il finale lieto segna anche un ritrovarsi dei due amanti, una loro sorta di riconciliazione. È uno **schema narrativo più raffinato** rispetto alle altre novelle della giornata, in cui un *deus ex machina* interviene alla fine a rimuovere l'ostacolo che impediva l'unione degli innamorati. Anzi, in questo schema meno usuale possiamo riconoscere l'antenato di tanti romanzi d'amore moderni, dove l'eroe e l'eroina potranno trovare la loro felicità solo cambiando interiormente, e riconoscendo, contro ogni orgoglio o pregiudizio, la forza dei loro sentimenti.

GUIDA ALLO STUDIO

1. Qual è il tema della quinta giornata?
2. In che modo il tema di questa giornata si rapporta a quello della giornata precedente?
3. Di che tipo sono gli «impedimenti d'amore» che si ritrovano in questa giornata?

T10

Decameron, V, 8

Nastagio degli Onesti

Anno: 1349-51

Genere: novella

Argomento: l'amore ostacolato di Nastagio trova soluzione grazie a una visione infernale, che egli sfrutta a proprio vantaggio

In questa novella, l'ostacolo all'amore dei protagonisti nasce dalla resistenza della donna al corteggiamento: l'impedimento da superare è dunque di natura psicologica. Di conseguenza, la soluzione dovrà essere trovata non in espedienti esterni, ma attraverso una sorta di conversione della protagonista femminile. Dal canto suo, il protagonista maschile dovrà essere capace di smuovere in qualche modo l'atteggiamento negativo dell'amata: qui lo fa attraverso un'astuzia, una «industria», che ricorda quella dei personaggi della terza giornata.

Parafrasi integrale

Nastagio degli Onesti[1]*, amando una de' Traversari*[2]*, spende le sue ricchezze senza essere amato; vassene pregato da' suoi a Chiassi; quivi vede cacciare a un cavaliere una giovane e ucciderla e divorarla da due cani*[3]*; invita i parenti suoi e quella donna amata da lui a un desinare, la quale vede questa medesima giovane sbranare e temendo di simile avvenimento*[4] *prende per marito Nastagio.*[5]

In Ravenna, antichissima città di Romagna, furon già assai nobili e gentili uomini, tra' quali un giovane chiamato Nastagio degli Onesti, per la morte del padre di lui e d'un suo zio, senza stima rimase ricchissimo. Il quale, sì come de' giovani avviene, essendo senza moglie s'innamorò d'una figliuola di messer Paolo Traversaro[6], giovane troppo più nobile che esso non era[7], prendendo speranza con le sue opere di doverla trarre a amar lui[8]. Le quali, quantunque grandissime, belle e laudevoli fossero, non solamente non gli giovavano, anzi pareva che gli nocessero, tanto cruda e dura e salvatica[9] gli si mostrava la giovinetta amata, forse per la sua singular bellezza o per la sua nobiltà sì altiera e disdegnosa divenuta, che né egli né cosa che gli piacesse le piaceva. La qual cosa era tanto a Nastagio gravosa a comportare[10], che per dolore più volte dopo molto essersi doluto gli venne in disidero d'uccidersi; poi, pur tenendosene[11], molte volte si mise in cuore di doverla del tutto lasciare stare, o se potesse d'averla in odio come ella aveva lui. Ma invano tal proponimento prendeva, per ciò che pareva che quanto più la speranza mancava, tanto più multiplicasse il suo amore.

---

1. **Nastagio degli Onesti:** la famiglia è attestata fra le nobili di Ravenna; nessun Nastagio, però (o Anastagio), nel XIII secolo.

2. **Traversari:** nobilissima famiglia di Ravenna; Dante ricorda i Traversari nel *Purgatorio*. In particolare, la fanciulla amata da Nastagio è detta più avanti figlia di Paolo Traversari, personaggio notissimo dell'Italia del tempo.

3. **quivi vede ... due cani:** la rubrica non spiega che si tratta, in realtà, di una visione infernale.

4. **di simile avvenimento:** che le possa capitare lo stesso.

5. Il motivo della caccia infernale è diffusissimo nel Medioevo; i testi più vicini a Boccaccio potevano essere, in tal senso, lo *Speculum historiale* di Vincenzo di Beauvais, ben noto a Boccaccio, *Lo specchio di vera penitenza* di Jacopo Passavanti (1302-57) e la tradizione della *Mesnie Hellequin*, la "masnada" del demone Hellequin. Il tema, invece, della punizione della donna che si nega, riporta alle tante fonti che affermano l'esistenza di un Purgatorio speciale per le belle ingrate; per esempio il *Lai du Trot* (1200-20). Infine, il modo con cui la bella sdegnosa viene qui punita ricorda la pena degli scialacquatori in Dante, *Inferno*, XIII, 11 e sgg.

6. **Paolo Traversaro:** fra i più nobili e cortesi uomini di Romagna, figlio di Pietro, lodato da Dante nel *Purgatorio*. Paolo era già morto nel 1240.

7. **giovane ... non era:** una giovane molto più nobile di lui. In questo caso non è la famiglia che fa opposizione, ma la ragazza stessa che, superba della sua più alta posizione aristocratica, sdegna l'amore di Nastagio.

8. **prendendo speranza ... amar lui:** essendo speranzoso di indurla ad amarlo con le sue azioni. Si tratta delle solite esibizioni di cortesia cavalleresca con cui i giovani cercano di ingraziarsi le dame; più avanti queste «opere» si specificano nello «spendere smisuratamente» di Nastagio.

9. **salvatica:** intrattabile.

10. **gravosa a comportare:** dura da sopportare.

11. **tenendosene:** astenendosene (dal vagheggiato suicidio).

Perseverando adunque il giovane e nello amare e nello spendere smisuratamente[12], parve a certi suoi amici e parenti che egli sé e 'l suo avere parimente fosse per consumare; per la qual cosa più volte il pregarono e consigliarono che si dovesse di Ravenna partire e in alcuno altro luogo per alquanto tempo[13] andare a dimorare, per ciò che, così faccendo, scemerebbe l'amore e le spese[14]. Di questo consiglio più volte fece beffe Nastagio; ma pure, essendo da loro sollecitato, non potendo tanto[15] dir di no, disse di farlo[16]; e fatto fare un grande apparecchiamento[17], come se in Francia o in Ispagna o in alcuno altro luogo lontano andar volesse, montato a cavallo e da' suoi molti amici accompagnato di Ravenna uscì e andossen a un luogo fuor di Ravenna forse tre miglia, che si chiama Chiassi[18]; e quivi fatti venir padiglioni e trabacche[19], disse a color che accompagnato l'aveano che starsi[20] volea e che essi a Ravenna se ne tornassono[21]. Attendatosi[22] adunque quivi Nastagio cominciò a fare la più bella vita e la più magnifica che mai si facesse, or questi e or quegli altri invitando a cena e a desinare, come usato s'era.

Ora avvenne che, venendo quasi all'entrata di maggio, essendo un bellissimo tempo e egli entrato in pensiero della sua crudel donna, comandato a tutta la sua famiglia[23] che solo il lasciassero per più poter pensare a suo piacere, piede innanzi piè[24] sé medesimo trasportò pensando[25] infino nella pigneta. E essendo già passata presso che la quinta ora del giorno[26] e esso bene un mezzo miglio per la pigneta entrato, non ricordandosi di mangiare né d'altra cosa, subitamente gli parve udire un grandissimo pianto e guai altissimi messi da una donna[27]; per che, rotto il suo dolce pensiero[28], alzò il capo per veder che fosse e maravigliossi nella pigneta veggendosi[29]. E oltre a ciò, davanti guardandosi, vide venire per un boschetto assai folto d'albuscelli e di pruni, correndo verso il luogo dove egli era, una bellissima giovane ignuda, scapigliata e tutta graffiata dalle frasche e da' pruni, piagnendo e gridando forte mercè[30]; e oltre a questo le vide a' fianchi due grandi e fieri mastini, li quali duramente[31] appresso correndole spesse volte crudelmente dove la giugnevano la mordevano; e dietro a lei vide venire sopra un corsier nero un cavalier bruno[32], forte nel viso crucciato, con uno stocco[33] in mano, lei di morte con parole spaventevoli e villane minacciando. Questa cosa a un'ora[34] maraviglia e spavento gli mise nell'animo, e ultimamente compassione della sventurata donna, dalla qual nacque disidero di liberarla da sì fatta

---

12. spendere smisuratamente: nelle «opere ... grandissime, belle e laudevoli» prima ricordate.
13. per alquanto tempo: **per qualche tempo**.
14. per ciò che ... spese: **perché, facendo così, sarebbero diminuiti l'amore e le spese**.
15. tanto: **più di tanto**.
16. disse di farlo: **disse che l'avrebbe fatto**.
17. un grande apparecchiamento: **grandi preparativi**.
18. Chiassi: è la pineta di Chiassi (oggi Classe), sul lido ravennate.
19. padiglioni e trabacche: sono tende di varie misure; le «trabacche» sono più piccole dei «padiglioni».
20. starsi: **fermarsi**.
21. tornassono: **tornassero**.
22. Attendatosi: **Accampatosi**.
23. tutta la sua famiglia: **la corte dei suoi servitori**; che, da quel «tutta», si intuisce molto numerosa.
24. piede innanzi piè: **passo dopo passo**.
25. sé ... pensando: **si lasciò trasportare, sempre assorto nei suoi pensieri**.
26. la quinta ora del giorno: sono le undici circa del mattino. La visione dunque non è notturna, come più spesso accade (così in Passavanti sopra citato, nota 5), ma avviene nel bel mezzo del giorno, in piena luce. Si ricordi in proposito che la più nota caccia infernale, quella degli spiriti purganti guidati dal demone Hellequin (la *Mesnie Hellequin*) compariva proprio a mezzogiorno.
27. guai ... donna: **acutissimi lamenti emessi da una donna**, da una voce femminile.
28. per che ... pensiero: **per cui, interrotta la sua dolce fantasticheria amorosa**.
29. maravigliossi ... veggendosi: **si stupì di trovarsi nella pineta**; Nastagio non si era reso conto di essersi inoltrato così tanto nella pineta.
30. gridando ... mercè: **invocando a gran voce misericordia**.
31. duramente: **con accanimento**.
32. sopra ... bruno: **sopra un cavallo nero un cavaliere anch'esso vestito di nero**.
33. stocco: sorta di spada dalla lama affusolata, adatta ai colpi di punta.
34. a un'ora: **nello stesso momento**.

angoscia e morte, se el potesse. Ma senza arme trovandosi, ricorse[35] a prendere un ramo d'albero in luogo di bastone e cominciò a farsi incontro a' cani e contro al cavaliere.

Ma il cavaliere che questo vide gli gridò di lontano: - Nastagio, non t'impacciare[36], lascia fare a' cani e a me quello che questa malvagia femina ha meritato -.

E così dicendo, i cani, presa forte la giovane ne' fianchi[37], la fermarono, e il cavaliere sopragiunto smontò da cavallo; al quale Nastagio avvicinatosi disse: - Io non so chi tu ti se', che me così cognosci[38], ma tanto ti dico[39] che gran viltà è d'un[40] cavaliere armato volere uccidere una femina ignuda e averle i cani alle coste messi come se ella fosse una fiera salvatica[41]: io per certo la difenderò quant'io potrò -.

Il cavaliere allora disse: - Nastagio, io fui d'una medesima terra teco[42], e eri tu ancora piccol fanciullo quando io, il quale fui chiamato messer Guido degli Anastagi[43], era troppo più innamorato di costei che tu ora non se' di quella de' Traversari; e per la sua fierezza[44] e crudeltà andò sì la mia sciagura, che io un dì con questo stocco, il quale tu mi vedi in mano, come disperato m'uccisi, e sono alle pene eternali dannato. Né stette poi guari[45] tempo che costei, la qual della mia morte fu lieta oltre misura, morì, e per lo peccato della sua crudeltà e della letizia avuta de' miei tormenti, non pentendosene, come colei che non credeva in ciò aver peccato ma meritato, similmente fu e è dannata alle pene del Ninferno[46]. Nel quale come ella discese, così ne[47] fu e a lei e a me per pena dato, a lei di fuggirmi davanti e a me, che già cotanto l'amai, di seguitarla come mortal nemica, non come amata donna; e quante volte io la giungo, tante con questo stocco, col quale io uccisi me, uccido lei e aprola per ischiena[48], e quel cuor duro e freddo, nel qual mai né amor né pietà poterono entrare, con l'altre interiora insieme, sì come tu vedrai incontanente, le caccio di corpo e dolle mangiare a questi cani[49]. Né sta poi grande spazio[50] che ella, sì come la giustizia e la potenzia di Dio vuole, come se morta non fosse stata, risurge e da capo incomincia la dolorosa fugga[51], e i cani e io a seguitarla. E avviene che ogni venerdì in su questa ora io la giungo qui[52] e qui ne fo lo strazio che vederai; e gli altri dì non credere che noi riposiamo, ma giungola[53] in altri luoghi ne' quali ella crudelmente contro a me pensò o operò; e essendole d'amante divenuto nimico, come tu vedi, me la conviene in questa guisa tanti anni seguitar quanti mesi ella fu contro a me crudele[54]. Adunque lasciami la divina giustizia mandare a essecuzione, né ti volere opporre a quello che tu non potresti contrastare -.

---

35. ricorse: **si adattò**.
36. non t'impacciare: **non ti immischiare**.
37. presa ... ne' fianchi: **azzannata con forza la giovane nei fianchi**, per immobilizzarla.
38. che ... cognosci: il cavaliere infatti si è rivolto a Nastagio chiamandolo per nome.
39. ma tanto ti dico: **ti dico solo questo**.
40. d'un: **da parte di un**.
41. alle coste ... salvatica: **alle costole come se fosse una bestia selvatica**, da cacciare come selvaggina.
42. d'una ... teco: **io fui tuo concittadino**; quindi anche lui ravennate.
43. Guido degli Anastagi: siamo ancora nell'ambito delle più nobili famiglie di Romagna; gli Anastagi sono rammentati insieme con i Traversari da Dante nel *Purgatorio*.
44. fierezza: **durezza di cuore**.
45. Né stette poi guari tempo: **Non passò poi molto tempo**.
46. Ninferno: **Inferno**.
47. ne: **ci**.
48. aprola per ischiena: **la squarto dal dorso**.
49. incontanente ... cani: **subito le cavo dal corpo, e le do da mangiare a questi cani**.
50. Né ... spazio: **Non passa poi molto tempo**.
51. fugga: **fuga**; forma rara.
52. la giungo qui: **la raggiungo in questo posto preciso**; informazione preziosa per Nastagio, come si vedrà.
53. gli altri ... giungola: **negli altri giorni non credere che ci riposiamo; ma la raggiungo**.
54. me la conviene ... crudele: **devo inseguirla in questo modo per tanti anni quanti furono i mesi nei quali ella si comportò così crudelmente nei miei confronti**. Detta così, sembra una pena provvisoria, quindi non dell'Inferno, quanto piuttosto di un temporaneo Purgatorio.

Nastagio, udendo queste parole, tutto timido[55] divenuto e quasi non avendo pelo addosso che arricciato non fosse, tirandosi adietro e riguardando alla misera giovane, cominciò pauroso a aspettare quello che facesse il cavaliere; il quale, finito il suo ragionare, a guisa d'un cane rabbioso con lo stocco in mano corse addosso alla giovane, la quale inginocchiata e da' due mastini tenuta forte gli gridava mercè, e a quella con tutta sua forza diede[56] per mezzo il petto e passolla dall'altra parte. Il qual colpo come la giovane ebbe ricevuto, così cadde boccone[57] sempre piagnendo e gridando: e il cavaliere, messo mano a un coltello, quella aprì nelle reni[58], e fuori trattone il cuore e ogni altra cosa da torno, a' due mastini il gittò, li quali affamatissimi incontanente il mangiarono. Né stette guari che la giovane, quasi niuna di queste cose stata fosse[59], subitamente si levò in piè e cominciò a fuggire verso il mare[60], e i cani appresso di lei sempre lacerandola: e il cavaliere, rimontato a cavallo e ripreso il suo stocco, la cominciò a seguitare, e in picciola ora[61] si dileguarono in maniera che più Nastagio non gli potè vedere.

Il quale, avendo queste cose vedute, gran pezza stette tra pietoso e pauroso: e dopo alquanto gli venne nella mente questa cosa dovergli molto poter valere[62], poi che ogni venerdì avvenia; per che, segnato[63] il luogo, a' suoi famigliari se ne tornò, e appresso, quando gli parve, mandato per più suoi parenti e amici[64], disse loro: – Voi m'avete lungo tempo stimolato[65] che io d'amare questa mia nemica mi rimanga[66] e ponga fine al mio spendere, e io son presto di[67] farlo dove voi una grazia m'impetriate[68], la quale è questa: che venerdì che viene voi facciate sì che messer Paolo Traversari e la moglie e la figliuola e tutte le donne lor parenti, e altre chi vi piacerà, qui sieno a desinar meco. Quello per che[69] io questo voglia, voi il vedrete allora –.

A costor parve questa assai piccola cosa a dover fare; e a Ravenna tornati, quando tempo fu, coloro invitarono li quali Nastagio voleva, e come che dura cosa fosse[70] il potervi menare la giovane da Nastagio amata, pur v'andò con l'altre insieme. Nastagio fece magnificamente apprestar da mangiare e fece le tavole mettere sotto i pini dintorno a quel luogo dove veduto aveva lo strazio della crudel donna; e fatti mettere gli uomini e le donne a tavola, sì ordinò[71], che appunto la giovane amata da lui fu posta a sedere di rimpetto al luogo dove doveva il fatto intervenire[72].

Essendo adunque già venuta l'ultima vivanda[73], e il romor disperato della cacciata giovane[74] da tutti fu cominciato a udire. Di che maravigliandosi forte ciascuno e domandando che ciò fosse e niuno sappiendol dire, levatisi tutti diritti e riguardando che ciò potesse essere, videro la dolente giovane e 'l cavalie-

---

55. timido: timoroso.
56. con tutta ... diede: inferse un gran colpo.
57. boccone: a faccia in giù.
58. aprì nelle reni: come aveva detto: «aprola per ischiena». Così come adesso le cava «altra cosa da torno», ovvero, come pure aveva detto, «l'altre interiora insieme».
59. quasi ... fosse: come se non fosse avvenuta alcuna di queste cose.
60. verso il mare: verso il lido di Chiassi (Classe).
61. in picciola ora: in poco tempo.
62. gran pezza ... valere: rimase a lungo [sospeso] tra pietà e paura; e dopo un po' si rese conto che questa cosa doveva tornargli utile.
63. segnato: contrassegnato.
64. mandato ... amici: mandati a chiamare parecchi suoi parenti e amici.
65. stimolato: consigliato.
66. mi rimanga: mi astenga.
67. son presto di: sono pronto a.
68. dove ... m'impetriate: purché cerchiate di ottenere per me una grazia.
69. Quello per che: La ragione per cui.
70. come che ... fosse: sebbene fosse molto difficile.
71. sì ordinò: così dispose i posti a tavola.
72. intervenire: verificarsi.
73. vivanda: portata.
74. e il romor disperato ... giovane: e le grida disperate della giovane cui era data la caccia.

re e' cani; né guari stette che essi tutti furon quivi tra loro[75]. Il romore fu fatto grande e a' cani e al cavaliere[76], e molti per aiutare la giovane si fecero innanzi; ma il cavaliere, parlando loro come a Nastagio aveva parlato, non solamente gli fece indietro tirare ma tutti gli spaventò e riempié di maraviglia; e faccendo quello che altra volta aveva fatto, quante donne v'aveva[77] (ché ve ne aveva assai che parenti erano state e della dolente giovane e del cavaliere e che si ricordavano dell'amore e della morte di lui) tutte così miseramente piagnevano come se a se medesime quello avesser veduto fare. La qual cosa al suo termine fornita, e andata via la donna e 'l cavaliere, mise costoro che ciò veduto aveano in molti e varii ragionamenti[78]. Ma tra gli altri che più di spavento ebbero, fu la crudel giovane da Nastagio amata, la quale ogni cosa distintamente veduta avea e udita e conosciuto che a sé più che a altra persona che vi fosse queste cose toccavano[79], ricordandosi della crudeltà sempre da lei usata verso Nastagio; per che già le parea fuggir dinanzi da lui adirato e avere i mastini a' fianchi.

E tanta fu la paura che di questo le nacque, che, acciò che questo a lei non avvenisse, prima tempo non si vide, il quale quella medesima sera prestato le fu[80] che ella, avendo l'odio in amor tramutato, una sua fida cameriera segretamente a Nastagio mandò, la quale da parte di lei il pregò che gli dovesse piacere d'andare a lei, per ciò ch'ella era presta[81] di far tutto ciò che fosse piacer di lui. Alla qual Nastagio fece rispondere che questo gli era a grado molto, ma che, dove le piacesse, con onor di lei voleva il suo piacere, e questo era sposandola per moglie[82]. La giovane, la qual sapeva che da altrui che da lei rimaso non era che moglie di Nastagio stata non fosse[83], gli fece risponder che le piacea. Per che, essendo ella medesima la messaggera[84], al padre e alla madre disse che era contenta d'esser sposa di Nastagio, di che essi furon contenti molto.

E la domenica seguente Nastagio sposatala e fatte le sue nozze, con lei più tempo lietamente visse. E non fu questa paura cagione solamente di questo bene, anzi sì tutte le ravignane donne paurose ne divennero[85], che sempre poi troppo più arrendevoli a' piaceri degli uomini furono, che prima state non erano.

---

75. **né guari stette ... loro:** **e non passò molto tempo che furono tutti lì in mezzo a loro**.
76. **Il romore ... al cavaliere:** **Si sollevò un gran clamore contro i cani e il cavaliere**. Gli astanti reagiscono come aveva reagito Nastagio la prima volta.
77. **quante donne v'aveva:** **tutte le donne che c'erano**.
78. **La qual cosa ... ragionamenti:** **Essendo la visione giunta al termine ed essendo andati via la donna e il cavaliere,** [la scena vista] **provocò negli spettatori una grande e varia discussione**.
79. **toccavano:** **si potevano riferire**.
80. **prima ... le fu:** **non appena vide l'occasione propizia, che le fu offerta quella stessa sera**.
81. **presta:** **pronta**, **disposta**.
82. **Alla qual ... per moglie:** la ragazza è pronta a concedersi subito all'amante; ma Nastagio, pur rispondendo che questo gli fa molto piacere («gli era a grado»), afferma che, se lei è d'accordo, intende godere del suo amore «con onor di lei», cioè salvaguardando il suo onore e sposandola.
83. **la qual ... non fosse:** **la quale sapeva che non dipendeva da altri se non da lei che non fosse già moglie di Nastagio**; ovvero è persuasa che le famiglie darebbero subito il loro consenso.
84. **essendo ... messaggera:** è lei stessa che si fa portavoce della proposta di matrimonio presso i suoi genitori; contro le usanze, perché in genere era l'uomo (o la sua famiglia) che si faceva avanti.
85. **anzi ... divennero:** **anzi tutte le donne di Ravenna ne presero tanta paura** [di quello che era stato visto nella pineta], **da diventare arrendevolissime, d'allora in avanti, alle proposte d'amore maschili**.

T10 Dentro il testo

IN SINTESI

Siamo a Ravenna. La novella è la storia di un amore non ricambiato che, alla fine, si tramuta in un'unione felice. All'inizio, la situazione sembra senza sbocco: la Traversari si rifiuta categoricamente di considerare Nastagio amante degno di lei: né nobiltà (sia pure meno fulgida di quella dell'amata), né ricchezza, né devozione di servizio amoroso o pazienza hanno alcun valore agli occhi della fanciulla, alla quale Nastagio semplicemente «non piace». Nastagio allora lascia Ravenna, ma va poco lontano: si accampa, con ogni comodità, nella vicina pineta di Chiassi. Durante una passeggiata, ha una visione infernale: un cavaliere scortato da due mastini insegue una donna nuda, la raggiunge e, ai timidi tentativi di difesa di lei che oppone Nastagio, gli spiega che quella è una punizione divina, che nulla e nessuno potrà fermare: la donna è stata così crudele con lui in vita, respingendolo al punto da indurlo al suicidio, che ora, nell'aldilà, è condannata, per una sorta di contrappasso, a essere uccisa e squartata dall'innamorato respinto, giorno dopo giorno per tanti anni quanti sono stati i mesi del suo diniego. Detto questo, il cavaliere, che si presenta come Guido degli Anastagi, compie il suo destino e uccide la donna, gettandone il cuore in pasto ai cani. Nastagio, al quale non sfugge la somiglianza con la sua situazione, decide di sfruttare la tragica caccia infernale a proprio vantaggio: invitata la Traversari con i famigliari a un grande banchetto, apparecchia le tavole proprio nel punto in cui sa che avverrà la visione. E così accade: anche i suoi ospiti assistono alla punizione della donna "crudele in amore"; e la Traversari, colpita pure lei dalla somiglianza della vicenda con la propria, capisce che è ora di cedere alle offerte d'amore di Nastagio, e così gli manifesta la sua disponibilità. Nastagio, da vero nobiluomo, rifiuta ogni soluzione che non sia l'onesto matrimonio; la Traversari non può che essere d'accordo, ben sapendo che, se non era ancora moglie di Nastagio, era stata solo colpa sua.

I TEMI E L'ESPRESSIONE

NASTAGIO, INNAMORATO CORTESE E NON SOLO

Nastagio è un giovane gentiluomo di Ravenna, erede di una grande fortuna dopo la morte del padre e dello zio. La sottolineatura iniziale della sua **grande ricchezza** è rilevante, perché è proprio quella ricchezza che gli permette di corteggiare la fanciulla dei Traversari secondo il costume cortese: ovvero spendendo «smisuratamente». Ma dietro ogni *largesse*, come l'avrebbero chiamata in Francia, dietro ogni prodigalità c'è **in agguato la bancarotta**. D'altronde Nastagio non è un personaggio estremo, capace di precipitare nella miseria pur di dimostrare il suo amore a forza di spendere (come sarà invece, come vedremo, Federigo degli Alberighi, ▶ **T11**, p. 603). E non è nemmeno un personaggio savio, capace di correggere radicalmente la sua condotta. La sua reazione alle pressioni dei parenti, preoccupati per il suo avvenire, è caratteristica: accetta di andarsene sì, ma si spinge appena fuori Ravenna, nella pineta di Chiassi; e per fare quei pochi chilometri mette su «un grande apparecchiamento, come se in Francia o in Ispagna o in alcuno altro luogo lontano andar volesse». Dove non c'è né una vera voglia di partire, né una vera risoluzione di tagliare le spese: solo un compromesso, un accomodamento pragmatico che non risolve veramente nulla. Anche Nastagio dunque avrà bisogno di un **trattamento psicologico traumatico** per uscire dalla sua situazione di stallo. La **visione infernale** non solo sarà quel trattamento, ma attiverà in lui doti che prima non erano state sfruttate. Essa infatti non rimane in lui inerte: passato lo spavento, diventa stimolo di iniziativa e d'invenzione creativa.

L'innamorato cortese, bloccato nella ripetizione dei suoi gesti inefficaci, dà luogo a un personaggio ingegnoso, in cui riconosciamo subito i segni dell'**intelligenza decameroniana**: capacità di cogliere l'occasione, spirito di progetto, acuta intuizione e previsione delle reazioni altrui. Uscendo dalla splendida ma inutile esibizione dei valori cortesi ed entrando nel mondo pragmatico dell'«industria», anche Nastagio potrà così conquistarsi il suo lieto fine.

INFERNO IN TERRA

La visione infernale, di cui Nastagio fa uso così ben mirato, è la parte della novella che risale a fonti ben accertabili. Da un lato c'è la tradizione della «***Mesnie Hellequin***», cioè della «masnada» del demone Hellequin, che porta in giro una lugubre sequela di anime del Purgatorio, o a mezzanotte o a mezzogiorno; e questo particolare, in cui l'orrore infernale si associa non alle tenebre, ma alla luce del giorno, potrebbe essere stato raccolto e sfruttato da Boccaccio. Dall'altro lato, ancora più precisa, c'è la celebre predica del domenicano **Jacopo Passavanti** [▶ **T1**, p. 200], in cui un carbonaio di Niversa assiste di notte a una scena molto simile a quella di questa novella: ma in quel caso la donna tormentata, Beatrice, veniva punita per aver ceduto all'amore di Giuffredi sino a uccidere il marito, Berlinghieri, per godere liberamente dell'amante.

La situazione decameroniana **ribalta la fonte religiosa** dell'episodio: la donna che Nastagio vede inseguita e dilaniata dai cani, e infine squartata spietatamente dal nero cavaliere con lo stocco, patisce la sua punizione per aver resistito all'amore del cavaliere, e averlo così spinto al suicidio con la sua durezza di cuore. Certo, questo è un ben strano Inferno: dove le donne sono dilaniate e squartate per aver detto di no ai loro amanti. D'altronde, non è neanche chiaro se si tratti di un Inferno, in cui le pene durano in eterno, o di un Purgatorio, dove esse hanno un termine: visto che il cavaliere dice, quanto a sé, di essere «alle pene eternali dannato», ma, quanto alla donna, che «me la conviene in questa guisa tanti anni seguitar quanti mesi ella fu contro a me crudele». Lo sfruttamento novellistico del motivo edificante evidentemente non si preoccupa troppo di esattezze teologiche, ma è interessato solo alla potente suggestione visiva e psicologica della scena. Ciò che conta è che anche l'aldilà, nel mondo terreno del *Decameron*, finisce con l'essere sfruttato ai fini dell'**aldiquà**.

UN NOME EVOCATIVO

Dal punto di vista linguistico, è interessante notare come il nome di Nastagio si rispecchi nel patronimico del cavaliere, Guido degli Anastagi. Boccaccio crea così una **corrispondenza tra i due personaggi**, quasi a voler costruire una sorta di continuità tra i due destini; continuità che non sfugge di certo alla Traversari, la quale vede nella giovane martoriata una possibile punizione ultraterrena anche per sé.

Analisi e interpretazione Tipologia A

LEGGERE CON METODO

COMPRENSIONE GLOBALE

1. Perché, su consiglio degli amici, Nastagio decide di lasciare Ravenna?
2. Chi sono il cavaliere e la donna che gli appaiono mentre passeggia nella pineta di Classe?
3. Qual è la reazione della bella Traversari dopo aver assistito alla caccia infernale?
4. Riscrivi in italiano di oggi il passo da «Nastagio, io fui» a «dannata alle pene del Ninferno» (rr. 64-73).

LA LINGUA E LE STRUTTURE

5. Dal punto di vista strutturale, la novella utilizza l'espediente del racconto nel racconto. In che modo viene utilizzata questa tecnica? Quali analogie si possono riscontrare tra la vicenda di Guido degli Anastagi e la donna amata e quella di Nastagio degli Onesti e la bella Traversari?
6. La novella colpisce anche per la varietà di toni e atmosfere: individua e sottolinea, da una parte, gli elementi tipici dell'amore cortese, dall'altra, gli elementi orrorosi.

I TEMI E L'INTERPRETAZIONE

7. In che modo Nastagio, da amante cortese ma irresoluto e incapace di uscire dalla sua situazione di stallo, si trasforma in eroe dell'ingegno?
8. In che modo Boccaccio recupera e rovescia il motivo della caccia infernale?

SCRIVERE CON METODO

COMMENTO

9. In un commento interpretativo di 2 colonne di foglio protocollo al massimo, rifletti soprattutto sui "valori" decameroniani riconoscibili nella novella.

GRANDANGOLO *Nastagio* nei pannelli di Botticelli

Nel Quattrocento, Lorenzo il Magnifico commissionò a Sandro Botticelli (1445-1501) quattro pannelli ispirati alla novella di Nastagio degli Onesti. Nei dipinti, come in un moderno fumetto, si dipanano i vari episodi della storia, dal momento in cui Nastagio si addentra pensieroso nella pineta, fino al suo banchetto di nozze con la donna amata. Qui presentiamo il secondo e il terzo.

▲ Sandro Botticelli, Bartolomeo di Giovanni e anonimo collaboratore di Sandro, *Novella di Nastagio degli Onesti*, secondo pannello, olio su tavola, 1482-83 (Madrid, Museo Nacional del Prado).

▲ Sandro Botticelli, Bartolomeo di Giovanni e anonimo collaboratore di Sandro, *Novella di Nastagio degli Onesti*, terzo pannello, olio su tavola, 1482-83 (Madrid, Museo Nacional del Prado).

SCRIVERE CON METODO

1. Osserva i quadri e rifletti in un testo di 20 righe sul modo in cui il pittore ha raffigurato la vicenda: come definiresti l'atmosfera? In che modo sono trattati gli elementi orrorosi? In che modo sono rispettati i particolari della novella? (Nota per esempio il colore del cavallo del cavaliere...)

T11

Decameron, V, 9

Federigo degli Alberighi

AUDIOLIBRO

Anno: 1349-51

Genere: novella

Argomento: il sacrificio (inconsapevole) di un falcone da caccia porta Federigo al matrimonio che desiderava

Federigo va in bancarotta e si deve ritirare in campagna, impoverito, con la sola compagnia del suo falcone «de' miglior del mondo»; per di più, non esita a sacrificarlo e a imbandirlo incautamente all'amata, proprio quando ella è venuta a richiederglielo come sommo favore. Monna Giovanna, dal canto suo, si vede morire il marito e poi il figlioletto, a cui non ha potuto portare il falcone tanto desiderato, visto che il troppo generoso amante glielo aveva servito come pietanza. Ma il vero impedimento alla loro unione è un profondo conflitto di valori, di cui entrambi sono portavoce e incarnazione. Sicché il lieto fine non vedrà soltanto il matrimonio dei protagonisti, ma anche la fusione dei loro diversi universi di valori; o, almeno, un loro ragionevole compromesso.

Parafrasi integrale

Federigo degli Alberighi[1] ama e non è amato, e in cortesia spendendo si consuma e rimangli un sol falcone, il quale, non avendo altro dà a mangiare alla sua donna venutagli a casa; la qual, ciò sappiendo, mutata d'animo, il prende per marito e fallo ricco.[2]

rr. 1-21 Federigo degli Alberighi, innamorato di monna Giovanna, sperpera invano per lei le sue ricchezze e si riduce a vivere in campagna con un unico bene: un prezioso falcone da caccia.

In Firenze fu già un giovane chiamato Federigo di messer Filippo Alberighi, in opera d'arme e in cortesia pregiato sopra ogni altro donzel di Toscana[3]. Il quale, sì come il più[4] de' gentili uomini avviene, d'una gentil donna chiamata monna Giovanna s'innamorò, ne' suoi tempi tenuta[5] delle più belle donne e delle più leggiadre che in Firenze fossero; e acciò che egli l'amor di lei acquistar potesse, giostrava, armeggiava, faceva feste e donava[6], e il suo senza alcun ritegno spendeva; ma ella, non meno onesta che bella, niente di queste cose per lei fatte né di colui si curava che le faceva.

Spendendo adunque Federigo oltre a ogni suo potere[7] molto e niente acquistando[8], sì come di leggiere[9] adiviene, le ricchezze mancarono e esso rimase povero, senza altra cosa che un suo poderetto piccolo essergli rimasa, delle rendite del quale strettissimamente[10] vivea e oltre a questo un suo falcone[11] de' migliori del mondo. Per che[12], amando più che mai né parendogli più potere essere cittadino come disiderava[13], a Campi[14], là dove il suo poderetto era, se n'andò a stare.

1. **Alberighi:** antica e nobile famiglia fiorentina del quartiere di San Piero (come gli Alighieri). Dante ne fa menzione in *Paradiso*, XVI, 89 sgg., ma per dire che erano ormai in decadenza; non a caso, allora, il tempo di questa novella è insolitamente retrodatato, come si legge subito sotto.
2. La novella può ricordare una favola delle *Metamorfosi* di Ovidio (VIII, 611 sgg.), in cui Filemone e Bauci, poverissimi, si trovano a ospitare Giove e Mercurio sotto mentite spoglie, e sono pronti a sacrificare per la cena degli ospiti la loro unica oca. Singolare il riscontro con un aneddoto della vita di Hatim Tai, figura leggendaria dell'Arabia pre-islamica, secondo cui Hatim una volta diede da mangiare il suo cavallo prediletto proprio alla persona che veniva a chiederlo in dono.
3. **in opera ... di Toscana:** «donzel» era il giovane che si apprestava a diventare cavaliere; qui sta in genere per "giovane nobile", dedito agli esercizi cavallereschi («opera d'arme») e alla «cortesia», come richiesto dal suo stato sociale.
4. **il più:** **per lo più**.
5. **tenuta:** **ritenuta**.
6. **giostrava ... donava:** sono gli esercizi di «opera d'arme» e di «cortesia»: giostre, tornei, organizzazione di feste, generosità nel donare; «armeggiava» indica l'uso sportivo e non bellico delle armi.
7. **oltre a ogni suo potere:** **ben al di là di quanto poteva permettersi**.
8. **niente acquistando:** tutto quello spendere non procura a Federigo alcun credito presso monna Giovanna.
9. **di leggiere:** **facilmente**.
10. **strettissimamente:** **in grandi ristrettezze**.
11. **un suo falcone:** da caccia: ultimo residuo delle signorili abitudini cavalleresche di Federigo.
12. **Per che:** **Per la qual cosa**.
13. **né parendogli ... disiderava:** a Federigo sembrava di non poter più vivere in città come egli avrebbe voluto; cioè da gran signore come prima.
14. **Campi:** ora Campi Bisenzio, nel contado vicino a Firenze, tra Peretola e Prato.

Quivi, quando poteva uccellando[15] e senza alcuna persona richiedere, pazientemente la sua povertà comportava[16].

Ora avvenne un dì che, essendo così Federigo divenuto allo stremo[17], che il marito di monna Giovanna infermò[18], e veggendosi alla morte venire fece testamento; e essendo ricchissimo, in quello lasciò suo erede un suo figliuolo già grandicello e appresso questo[19], avendo molto amata monna Giovanna, lei[20], se avvenisse che il figliuolo senza erede legittimo morisse, suo erede substituì, e morissi.

rr. 22-28 Monna Giovanna rimane vedova; il testamento del defunto marito la riconosce come erede in caso di morte del figlio.

Rimasa adunque vedova monna Giovanna, come usanza è delle nostre donne, l'anno di state[21] con questo suo figliuolo se n'andava in contado a una sua possessione assai vicina a quella di Federigo. Per che avvenne che questo garzoncello s'incominciò a dimesticare[22] con Federigo e a dilettarsi d'ucelli e di cani; e avendo veduto molte volte il falcon di Federigo volare e stranamente[23] piacendogli, forte disiderava d'averlo ma pure non s'attentava[24] di domandarlo, veggendolo a lui esser cotanto caro. E così stando la cosa, avvenne che il garzoncello infermò; di che la madre dolorosa molto, come colei che più no' n'avea[25] e lui amava quanto più si poteva, tutto il dì standogli dintorno non restava di confortarlo[26] e spesse volte il domandava se alcuna cosa era la quale egli disiderasse, pregandolo gliele dicesse, ché per certo, se possibile fosse a avere, procaccerebbe come l'avesse[27].

rr. 29-43 Il figlio di monna Giovanna, gravemente malato, chiede come conforto di avere il falcone di Federigo.

Il giovanetto, udite molte volte queste proferte[28], disse: – Madre mia, se voi fate che io abbia il falcone di Federigo, io mi credo prestamente guerire[29] –.

La donna, udendo questo, alquanto sopra sé stette[30] e cominciò a pensar quello che far dovesse. Ella sapeva che Federigo lungamente l'aveva amata, né mai da lei una sola guatatura[31] aveva avuta, per che ella diceva: – Come manderò io o andrò a domandargli questo falcone, che è, per quel che io oda, il migliore che mai volasse e oltre a ciò il mantien nel mondo[32]? E come sarò io sì sconoscente[33], che a un gentile uomo al quale niuno altro diletto è più rimaso, io questo gli voglia torre[34]? – E in così fatto pensiero impacciata, come che ella fosse certissima d'averlo se 'l domandasse, senza sapere che dover dire, non rispondeva al figliuolo ma si stava[35].

rr. 44-79 La donna, vinto l'imbarazzo, si reca da Federigo, proponendogli di pranzare insieme.

---

15. **uccellando: andando a caccia con il suo falcone**.
16. **senza ... comportava: senza chiedere nulla a nessuno, sopportava con pazienza la sua povertà**.
17. **divenuto allo stremo: venuto allo stremo delle sue risorse economiche, diventato poverissimo**.
18. **infermò: si ammalò**.
19. **appresso questo: dopo il figliuolo**; in subordine rispetto al primo erede.
20. **lei:** sta con «suo erede substituì»: nominò come suo erede sostituto lei, la moglie.
21. **l'anno di state: ogni anno in estate**.
22. **dimesticare: fare amicizia**.
23. **stranamente: straordinariamente**.
24. **non s'attentava: non osava**.
25. **che ... avea: che non aveva altri figli**.
26. **non restava di confortarlo: non la finiva mai di fargli animo, di consolarlo**.
27. **procaccerebbe come l'avesse: avrebbe fatto in modo di procurarlo**.
28. **proferte: offerte**.
29. **io mi credo ... guerire: io credo che guarirei subito**.
30. **alquanto ... stette: rimase un po' sovrappensiero**.
31. **guatatura: sguardo**.
32. **il mantien nel mondo: lo tiene in vita**. La caccia con il falcone è diventata per Federigo, da svago aristocratico, esercizio indispensabile alla sua sussistenza giornaliera: è quella caccia che gli permette di mettere ogni giorno carne in tavola.
33. **sconoscente: irriconoscente**, ma anche priva di discernimento.
34. **torre: togliere**.
35. **si stava: rimaneva indecisa**, senza far nulla.

Ultimamente tanto la vinse l'amor del figliulo, che ella seco dispose[36], per contentarlo, che che esser ne dovesse[37], di non mandare ma d'andare ella medesima per esso e di recargliele[38], e risposegli: - Figliuol mio, confortati e pensa di guerire di forza[39], ché io ti prometto che la prima cosa che io farò domattina, io andrò per esso e sì il ti recherò -[40] Di che il fanciullo lieto il dì medesimo mostrò alcun miglioramento.

La donna la mattina seguente, presa un'altra donna in compagnia, per modo di diporto[41] se n'andò alla piccola casetta di Federigo e fecelo adimandare[42]. Egli, per ciò che non era tempo, né era stato a quei dì, d'uccellare, era in un suo orto e faceva certi suoi lavorietti acconciare[43]; il quale, udendo che monna Giovanna il domandava alla porta, maravigliandosi forte, lieto là corse.

La quale vedendol venire, con una donnesca piacevolezza[44] levataglisi incontrò, avendola già Federigo reverentemente[45] salutata, disse: - Bene stea Federigo[46]! - e seguitò: - Io son venuta a ristorarti[47] de' danni li quali tu hai già avuti per me amandomi più che stato non ti sarebbe bisogno[48]: e il ristoro è cotale, che io intendo con questa mia compagna insieme desinar teco dimesticamente[49] stamane.

Alla qual Federigo umilmente[50] rispose: - Madonna, niun danno mi ricorda mai avere ricevuto per voi ma tanto di bene che, se io mai alcuna cosa valsi, per lo vostro valore e per l'amore che portato v'ho adivenne[51]. E per certo questa vostra liberale[52] venuta m'è troppo più cara che non sarebbe se da capo mi fosse dato da spendere quanto per adietro ho già speso, come che a povero oste siate venuta[53] - ; e così detto, vergognosamente[54] dentro alla sua casa la ricevette e di quella nel suo giardino la condusse, e quivi non avendo a cui farle tener compagnia a altrui[55], disse: - Madonna, poi che altri non c'è, questa buona donna moglie di questo lavoratore[56] vi terrà compagnia tanto che io vada a far metter la tavola -.

Egli, con tutto che la sua povertà fosse strema[57], non s'era ancor tanto avveduto, quanto bisogno gli facea, che egli avesse fuor d'ordine spese le sue ricchezze[58]; ma questa mattina niuna cosa trovandosi di che potere onorar la donna, per

rr. 80-98 Federigo, non avendo altro, serve alla donna come vivanda il suo falcone.

---

36. seco dispose: **decise**.
37. che ... dovesse: **qualunque cosa ne dovesse venir fuori**.
38. di non mandare ... recargliele: **di non mandare a chiedere il falcone a Federigo, ma di andare lei personalmente a chiederglielo** («per esso») **e di riportarglielo indietro** (al figliuolo); «-gliele», "-glielo", solito indeclinabile.
39. pensa ... di forza: **metticela tutta per guarire**.
40. e sì il ti recherò: enfatico: **e vedrai che te lo porterò**.
41. per ... diporto: **come capitando lì a spasso**.
42. fecelo adimandare: **fece chiedere di lui**.
43. faceva ... acconciare: **faceva sistemare certi lavoretti**.
44. con ... piacevolezza: con una certa signorile grazia, che nasconde l'imbarazzo della donna, e la sua apprensione di madre.
45. reverentemente: **con reverenza, rispettosamente**.
46. Bene stea Federigo: **Che Federigo stia bene!** Formula di saluto in terza persona; «Federigo» è soggetto.
47. ristorarti: **ricompensarti**.
48. più ... bisogno: **più di quanto avresti dovuto**. Nota la franchezza con cui monna Giovanna allude al loro passato: scherzandoci sopra, essa vuole dissipare ogni equivoco o imbarazzo che la sua inaspettata visita potrebbe causare.
49. dimesticamente: **alla buona, senza formalità**.
50. umilmente: anche prima l'aveva salutata «reverentemente».
51. se io ... adivenne: motivo cortese: il servizio d'amore, anche se non contraccambiato, migliora comunque l'amante. Per questo Federigo riconosce che, se egli ha mai acquistato qualche virtù («se io mai alcuna cosa valsi»), questo è dipeso dall'aver amato una donna del «valore» di monna Giovanna.
52. liberale: **spontanea, senza invito**.
53. come che ... venuta: **benché siate venuta a casa di un povero ospite**; che poco può offrire.
54. vergognosamente: vergognandosi della povera dimora in cui è costretto a fare accomodare la donna.
55. non avendo ... a altrui: **non avendo nessun altro a cui farle tener compagnia**.
56. lavoratore: **contadino**.
57. strema: **estrema**.
58. non s'era ... ricchezze: **non si era ancora reso conto di quanto bisogno gli causava l'aver dissipato disordinatamente le sue ricchezze**, cioè di quanto la sua prodigalità l'aveva reso bisognoso.

Federigo considera cibo degno della sua ospite un volatile arrosto, quindi un piatto di carne. È proprio nel Medioevo che la carne acquista centralità nell'immaginario alimentare, grazie anche alle invasioni dei popoli del Nord (abituali consumatori di carne, in quanto cacciatori e allevatori), spodestando dal "trono" il pane, considerato fino ad allora l'alimento più importante per l'uomo.

amor della quale egli già infiniti uomini onorati avea[59], il fé ravedere[60]. E oltre modo angoscioso, seco stesso maledicendo la sua fortuna, come uomo che fuor di sé fosse or qua e or là trascorrendo[61], né denari né pegno[62] trovandosi, essendo l'ora tarda e il disidero grande di pure onorar d'alcuna cosa la gentil donna e non volendo, non che altrui, ma il lavorator suo stesso richiedere[63], gli corse agli occhi il suo buon falcone, il quale nella sua saletta vide sopra la stanga[64]; per che, non avendo a che altro ricorrere, presolo e trovatolo grasso[65], pensò lui esser degna vivanda di cotal donna. E però[66], senza più pensare[67], tiratogli il collo, a una sua fanticella il fé prestamente, pelato e acconcio[68], mettere in uno schedone[69] e arrostir diligentemente; e messa[70] la tavola con tovaglie bianchissime, delle quali alcuna ancora avea, con lieto viso ritornò alla donna nel suo giardino e il desinare, che per lui far si potea[71], disse essere apparecchiato. Laonde la donna con la sua compagna levatasi andarono a tavola e, senza saper che si mangiassero, insieme con Federigo, il quale con somma fede[72] le serviva, mangiarono il buon falcone.

rr. 99-149 Monna Giovanna formula la sua richiesta, ma Federigo è costretto ad ammettere quanto accaduto: la donna prima lo biasima, ma poi sente per lui profonda stima.

E levate da tavola e alquanto con piacevoli ragionamenti con lui dimorate, parendo alla donna tempo di dire quello per che andata era[73], così benignamente verso Federigo cominciò a parlare: – Federigo, ricordandoti tu della tua preterita[74] vita e della mia onestà, la quale per avventura tu hai reputata durezza e crudeltà, io non dubito punto che tu non ti debbi maravigliare della mia presunzione sentendo quello per che principalmente qui venuta sono; ma se figliuoli avessi o avessi avuti, per li quali potessi conoscere di quanta forza sia l'amor che lor si porta, mi parrebbe esser certa che in parte m'avresti per iscusata. Ma come che tu no' n'abbia[75], io che n'ho uno, non posso però le leggi comuni dell'altre madri fuggire; le cui forze seguir convenendomi, mi conviene, oltre al piacer mio e oltre a ogni convenevolezza e dovere[76], chiederti un dono il quale io so che sommamente t'è caro: e è ragione[77], per ciò che niuno altro diletto, niuno altro diporto[78], niuna consolazione lasciata t'ha la tua strema fortuna; e questo dono è il falcon tuo, del quale il fanciul mio è sì forte invaghito, che, se io non gliele porto, io temo che egli non aggravi tanto nella infermità la quale ha, che poi ne segua cosa per la quale io il perda. E per ciò ti priego, non per l'amore che tu mi porti[79], al quale tu di niente se' tenuto[80], ma per la tua nobiltà, la quale

59. per amor ... avea: allusione alle feste e ai donativi ricordati all'inizio, cioè alle esibizioni di cortesia con cui Federigo aveva cercato di conquistare monna Giovanna.
60. il fé ravedere: gliene fece accorgere.
61. or ... trascorrendo: camminando agitato in su e in giù.
62. pegno: oggetto da dare in pegno.
63. non volendo ... richiedere: non volendo ridursi a chiedere qualche cosa in prestito, non solo ad altri, ma nemmeno al suo contadino.
64. il quale ... stanga: il povero falcone se ne sta appollaiato sulla sua sbarra, nella piccola sala della casetta di Federigo.
65. presolo ... grasso: presolo in mano e trovatolo bello grasso.
66. però: perciò.
67. senza più pensare: senza pensarci una seconda volta.
68. pelato e acconcio: spennato e ben preparato.
69. schedone: schidione, spiedo.
70. messa: apparecchiata.
71. che ... si potea: quale da lui poteva essere offerto, data la sua povertà.
72. con somma fede: con grandissima devozione.
73. quello ... era: la ragione per cui si era recata [da Federigo].
74. preterita: passata.
75. come ... n'abbia: siccome tu non ne hai [di figli].
76. le cui forze ... dovere: essendo costretta a obbedire alla forza dell'amore materno, sono costretta, contro quello che vorrei e contro ogni convenienza e dovere.
77. è ragione: è ben giusto, che quel «dono», ovvero ciò che la donna sta per chiedergli in dono, gli sia così «caro».
78. diporto: svago.
79. tu mi porti: nota che monna Giovanna usa qui il presente, mentre aveva sempre parlato dell'antico amore di Federigo come di cosa del passato.
80. al quale ... tenuto: rispetto al quale amore tu non sei obbligato a nulla.

in usar cortesia s'è maggiore che in alcuno altro mostrata, che ti debba piacere di donarlomi[81], acciò che io per questo dono possa dire d'avere ritenuto in vita il mio figliuolo e per quello averloti sempre obligato[82] –.

Federigo, udendo ciò che la donna adomandava e sentendo che servir non ne la potea[83] per ciò che mangiar gliele avea dato, cominciò in presenza di lei a piagnere anzi che[84] alcuna parola risponder potesse. Il qual pianto la donna prima credette che da dolore di dover da sé dipartire il buon falcone divenisse più che da altro[85], e quasi fu per dire che nol volesse[86]; ma pur sostenutasi[87], aspettò dopo il pianto la risposta di Federigo, il qual così disse: – Madonna, poscia che a Dio piacque che io in voi ponessi il mio amore, in assai cose m'ho reputata la fortuna contraria e sonmi di lei doluto[88]; ma tutte sono state leggieri[89] a rispetto di quello che ella mi fa al presente, di che io mai pace con lei aver non debbo[90], pensando che voi qui alla mia povera casa venuta siete, dove, mentre che ricca fu, venir non degnaste, e da me un picciol don vogliate, e ella[91] abbia sì fatto, che io donar nol vi possa: e perché questo esser non possa vi dirò brievemente. Come io udi' che voi, la vostra mercé[92], meco desinar volavate[93], avendo riguardo alla vostra eccellenzia e al vostro valore, reputai degna e convenevole cosa che con più cara vivanda secondo la mia possibilità io vi dovessi onorare, che con quelle che generalmente per l'altre persone s'usano: per che, ricordandomi del falcon che mi domandate e della sua bontà, degno cibo da voi il reputai, e questa mattina arrostito l'avete avuto in sul tagliere[94], il quale io per ottimamente allogato[95] avea; ma vedendo ora che in altra maniera il disideravate, m'è sì gran duolo che servire non ve ne posso, che mai pace non me ne credo dare –.

E questo detto, le penne e' piedi e 'l becco le fe' in testimonianza di ciò gittare avanti. La qual cosa la donna vedendo e udendo, prima il biasimò d'aver per dar mangiare[96] a una femina[97] ucciso un tal falcone, e poi la grandezza dell'animo suo, la quale la povertà non avea potuto né potea rintuzzare[98], molto seco medesima commendò[99]. Poi, rimasa fuori dalla speranza d'avere il falcone e per quello della salute del figliuolo entrata in forse, tutta malinconosa[100] si dipartì e tornossi al figliuolo. Il quale, o per malinconia che il falcone aver non potea o per la 'nfermità che pure a ciò il dovesse aver condotto[101], non trapassar molti giorni che egli con grandissimo dolor della madre di questa vita passò.

---

81. donarlomi: donarmelo.
82. per quello ... obligato: per quel dono avertelo reso sempre debitore; si riferisce al figlio che, se salvato dalla generosità di Federigo, gli dovrà rimanere sempre obbligato.
83. servir non ne la potea: non poteva renderle il servizio di cui era richiesto.
84. anzi che: prima che.
85. che ... da altro: costruisci: che dipendesse («divenisse») dal dolore di doversi separare dal buon falcone più che da qualche altro motivo.
86. nol volesse: non lo voleva.
87. sostenutasi: trattenutasi.
88. m'ho ... doluto: ho reputato la fortuna a me avversa, e me ne sono rammaricato.
89. leggieri: leggere, lievi.
90. di che ... non debbo: della qual cosa [lo sgarbo che la fortuna gli fa «al presente»] io non è possibile che mai mi riconcili con lei, che mai gliela perdoni.
91. ella: la fortuna.
92. la vostra mercé: per vostra grazia, per vostro sommo favore.
93. volavate: volevate; forma della Toscana occidentale.
94. tagliere: il piatto di portata, dove si tagliava la carne.
95. allogato: collocato, impiegato.
96. dar mangiare: non rara l'ellissi della preposizione: "dar da mangiare".
97. femina: meno raffinato di «donna» o «madonna», per accentuare lo spreco del falcone.
98. rintuzzare: sminuire.
99. seco medesima commendò: elogiò fra sé e sé.
100. malinconosa: più forte che malinconica: addolorata, preoccupata. Così subito dopo «malinconia», pena.
101. o per la 'nfermità ... condotto: o per la malattia che in ogni modo («pure») dovesse condurlo a tale fine.

La quale, poi che piena di lagrime e d'amaritudine fu stata alquanto, essendo rimasa ricchissima[102] e ancora giovane, più volte fu da' fratelli costretta[103] a rimaritarsi. La quale, come che voluto non avesse, pur veggendosi infestare[104], ricordatasi del valore di Federigo e della sua magnificenzia[105] ultima, cioè d'avere ucciso un così fatto falcone per onorarla, disse a' fratelli: - Io volentieri, quando vi piacesse, mi starei[106]; ma se a voi pur piace che io marito prenda, per certo io non ne prenderò mai alcuno altro, se io non ho Federigo degli Alberighi - .

rr. 150-70 Dopo la morte del figlio, monna Giovanna, entrata in possesso di una ricca eredità, accetta di unirsi in matrimonio a Federigo, che diventa «miglior massaio».

Alla quale i fratelli, faccendosi beffe di lei, dissero: - Sciocca, che è ciò che tu di'? come vuoi tu lui che non ha cosa del mondo?

A' quali ella rispose: - Fratelli miei, io so bene che così è come voi dite, ma io voglio avanti uomo che abbia bisogno di ricchezza che ricchezza che abbia bisogno d'uomo [107]-.

Li fratelli, udendo l'animo di lei e conoscendo Federigo da molto[108], quantunque povero fosse, sì come ella volle, lei con tutte le sue ricchezze gli donarono. Il quale così fatta donna e cui egli cotanto amata avea per moglie vedendosi, e oltre a ciò ricchissimo, in letizia con lei, miglior massaio[109] fatto, terminò gli anni suoi.

▸ *La caccia con il falcone*, miniatura del manoscritto realizzato sotto la guida di Alfonso X il Saggio, re di Castiglia e León, scuola spagnola, XIII secolo (Madrid, Biblioteca del Monasterio del Escorial).

102. ricchissima: secondo quanto previsto dal testamento del marito.
103. costretta: sollecitata insistentemente.
104. infestare: importunare.
105. magnificenzia: atto di generosità, cortesia.
106. mi starei: mi asterrei dal rimaritarmi.
107. ma io voglio ... uomo: detto di ascendenza classica, che Boccaccio poteva leggere fra l'altro nell'antologia di aneddoti esemplari dello scrittore latino Valerio Massimo, *Factorum et dictorum memorabilium libri IX*.
108. da molto: uomo di valore.
109. massaio: è colui che amministra la masserizia, il patrimonio di famiglia. Ecco Federigo convertito ai valori borghesi di monna Giovanna, dopo che lei ha dimostrato di apprezzare sommamente i valori cortesi di lui.

T11 Dentro il testo

IN SINTESI

La novella ci presenta due personaggi all'inizio inconciliabili. Federigo è innamorato di Giovanna, ma la donna, "maritata", è fedele ai solidi valori del matrimonio tradizionale. Egli sperpera le sue ricchezze per farsi bello agli occhi di lei, ma ben presto, spendendo oltre misura, resta povero, e si ritira in un suo podere che gli dà appena di che vivere. Gli è di conforto un pregiato falcone addestrato per la caccia. Le vicende del racconto provvedono a riavvicinare i due: Giovanna, rimasta vedova, si ritrova, in campagna, vicina di Federigo, e il suo unico figlio entra in confidenza con l'antico corteggiatore di lei. Caduto ammalato, il ragazzo confessa alla madre la sua passione per il falcone di Federigo: forse, se lo potesse avere, si sentirebbe meglio. Giovanna deve quindi recarsi dal suo spasimante, sperando nella sua cortese liberalità. Federigo, da gentiluomo qual è, nonostante il misero stato in cui si trova, non dimentica le regole della cortesia, ed è ben grato di trattenere a pranzo la nobildonna, senza ancora sapere il motivo della sua visita. Già, ma che cosa offrirle? La sua dispensa è vuota, ma c'è un animale che può essere degno di lei: il suo bel falcone da caccia. Lo tasta, lo trova degno della tavola e, senza pensarci troppo, gli tira il collo, lo fa preparare allo spiedo e lo serve arrostito alla sua ospite. A fine pasto, Giovanna si appella al suo dolore di madre, e chiede in dono a Federigo il suo prezioso falcone per il figlio malato. È il momento della rivelazione: disperato, Federigo le rivela quello che è appena accaduto, e cioè che la sua «cortesia» gli si è appena ritorta contro. Giovanna torna a casa quindi senza falcone, e il ragazzo, la cui malattia era già abbastanza grave, muore poco dopo. La morte del figlio, però, fa sì che Giovanna si ritrovi ricchissima, grazie alla generosità del marito, che aveva disposto che in caso di morte del suo unico erede, essa entrasse in possesso di tutte le ricchezze di famiglia. I fratelli, a questo punto, le chiedono con insistenza di risposarsi; lei, ricordando il gesto di grande generosità di Federigo, risponde che sposerà soltanto lui. Così avviene, e Federigo si rivelerà miglior amministratore dei nuovi beni che ha acquistato grazie al matrimonio di quanto non fosse stato dei propri.

I TEMI E L'ESPRESSIONE

IL MONDO CORTESE DI FEDERIGO

Federigo è rappresentato come un perfetto prodotto della cultura cortese: «in opera d'arme e in cortesia pregiato sopra ogni altro donzel di Toscana». Immancabilmente, questo «donzel», questo giovane cavaliere, è innamorato; e, codice dell'amore cortese alla mano, è innamorato di una donna maritata, che cerca di conquistare con il solito scialo di liberalità e magnificenza: «giostrava, armeggiava, ... e il suo senza alcun ritegno spendeva». In Federigo la **cortesia** svela così il suo aspetto autodistruttivo: al capolinea di questa vita cortese, vissuta senza limiti, c'è la **bancarotta**. Che Federigo accetta stoicamente: impoverito e umiliato, egli si ritira in campagna, appena fuori Firenze, in compagnia dell'ultima reliquia del suo antico splendore, un falcone da caccia. Con il suo falcone, egli continua a praticare quello che allora era lo sport per eccellenza dell'aristocrazia (addirittura l'imperatore Federico II aveva scritto un trattato di falconeria), divenuto però adesso, nella sua povertà, anche una risorsa pratica; perché è quel falcone che ogni giorno porta cibo sulla tavola di Federigo.

L'estremismo cortese del personaggio trova paradossale conferma nell'**atto sacrificale** che è al centro del racconto. Quando Giovanna, la donna da lui amata, viene a fargli visita per chiedergli proprio il suo falcone in dono per il figliuolo, prima ancora che ella possa formulare la sua richiesta, Federigo tira il collo a quel magnifico volatile come fosse un qualsiasi animale da cortile, perché altrimenti non avrebbe niente da imbandire all'antica innamorata. Il gesto è inaudito. Federigo non esita, infatti, a cancellare l'ultimo ricordo della sua passata condizione di ricco aristocratico, e insieme si priva di una risorsa di sopravvivenza per lui ormai essenziale: che cosa metterà in tavola il giorno dopo questa smisurata rinuncia?

IL MONDO BORGHESE DI MONNA GIOVANNA

Tutt'altro è il mondo di valori entro cui si muove monna Giovanna. È un mondo che si potrebbe definire, in senso positivo, «borghese»: nel quale contano i **valori familiari** e, ad essi intrecciato, quel valore supremamente mercantile che è il **senso del denaro**, e della sua savia amministrazione. Così, il codice cortese potrà pure prescrivere che i giovani cavalieri vagheggino le signore sposate, ma Giovanna, «non meno onesta che bella», non degna di uno sguardo quel «donzel» che si sta rovinando per lei. D'altronde, la sua **unione coniugale** è **felice**: quando il marito muore, si precisa che egli, «avendo molto amata monna Giovanna», provvede al suo futuro con un testamento alquanto originale. È un dettaglio del testo che spesso sfugge all'attenzione, ma che è invece cruciale per lo sviluppo del racconto. Infatti, quando rimaneva vedova, la donna dell'epoca di Boccaccio, e oltre, rientrava in possesso della sua dote, ovvero del patrimonio, grande o piccolo, che la sua famiglia d'origine aveva versato allo sposo, e che serviva proprio da assicurazione della futura indipendenza economica della sposa, una volta che fosse rimasta senza l'appoggio del consorte. Ma il marito di monna Giovanna fa un'eccezione. Proprio come postumo segno d'affetto per questa moglie molto amata, egli dispone che, se il suo erede morisse a sua volta senza eredi, la madre entrerà in possesso di tutto il patrimonio di famiglia. Si coglie così il modo, completamente opposto a quello cortese, con cui i borghesi concepiscono e amministrano il **denaro**: con previdente oculatezza.

UN FINALE EMBLEMATICO

Quando muore il figlio giovinetto di monna Giovanna, scatta il testamento del marito, e la donna si trova improvvisamente non soltanto agiata vedova, ma ricchissima. È per questo che i fratelli tanto la tormentano perché si risposi: perché evidentemente pensano che un simile patrimonio non possa essere amministrato da una donna. Di qui il **finale lieto**; il sacrificio del falcone ha dimostrato la grandezza d'animo di Federigo a tal punto che su di lui cade la scelta di Giovanna: «io voglio avanti uomo che abbia bisogno di ricchezza che ricchezza che abbia bisogno d'uomo». Così la «cortesia» fa ottenere a Federigo la donna amata, nonché un nuovo patrimonio, del quale tuttavia si dice, in chiusa, che egli si dimostrò «miglior massaio», cioè miglior amministratore, di quanto avesse fatto con il primo. I due mondi che sembravano così inconciliabili trovano dunque un **accordo**, e un accordo che sembra andare oltre la vicenda di Federigo e monna Giovanna. Sembra quasi che, in questo **matrimonio tra cortesia e masserizia**, Boccaccio voglia simboleggiare, o augurarsi, l'avvento di un mondo nuovo, che non perda lo splendore liberale di un passato aristocratico, ma sappia contemperarlo con l'abilità nuova caratteristica delle classi emergenti: quella di **far tornare i conti**.

Analisi e interpretazione Tipologia A

LEGGERE CON METODO

COMPRENSIONE GLOBALE

1. Sintetizza in circa venti righe il contenuto narrativo della novella, dopo averlo suddiviso in quattro macrosequenze, che corrispondono perfettamente alla struttura tipica di un testo narrativo:
   a. **esordio:** l'eccessiva prodigalità di Federigo, l'impoverimento, il trasferimento in campagna;
   b. **peripezie:** l'arrivo in campagna di monna Giovanna, la malattia del bambino;
   c. ***Spannung*:** la visita di Giovanna a Federigo e il sacrificio del falcone;
   d. **scioglimento:** la morte del bambino e il matrimonio tra Federigo e Giovanna.

LA LINGUA E LE STRUTTURE

2. Individua e sottolinea le parole che appartengono alla sfera semantica della «cortesia».
3. Individua e sottolinea le parole che appartengono alla sfera semantica della ricchezza/povertà.
4. Coerentemente con il livello sociale e con il carattere nobile dei personaggi che le pronunciano, i discorsi di monna Giovanna e di Federigo sono caratterizzati da un linguaggio elaborato, sia nelle scelte lessicali sia nella sintassi. Analizza sul piano sintattico e retorico il passo in cui monna Giovanna chiede in dono il falcone (da «Federigo, ricordandoti tu» ad «averloti sempre obligato», rr. 102-20), poi rispondi alle seguenti domande: i periodi sono lunghi o brevi, prevalentemente paratattici o ipotattici, lineari o articolati?
5. A fare da sfondo alla novella, due spazi contrapposti: la città e la campagna.
   a. Quale stile di vita adotta Federigo in città? Perché è proprio la città a essere teatro del suo sperpero? Quale stile di vita è costretto ad adottare in campagna? Perché ormai può vivere solo in campagna?
   b. Che cosa rappresenta invece la campagna per monna Giovanna?

I TEMI E L'INTERPRETAZIONE

6. Perché il gesto di sacrificare il falcone può essere considerato un gesto paradossale, simbolo e culmine dell'esagerata cortesia di Federigo?
7. Di quali sistemi di valori contrapposti sono rappresentanti Federigo e monna Giovanna?
8. Come possiamo interpretare il finale?

SCRIVERE CON METODO

COMMENTO

9. Nelle novelle fin qui lette, Boccaccio si è mostrato tutt'altro che tenero verso la borghesia, di cui – pur esaltandone l'intraprendenza – ha messo in luce la mancanza di scrupoli, l'avidità di denaro, la grettezza e la chiusura mentale (che nella novella di Lisabetta da Messina arriva addirittura all'omicidio quasi gratuito); qui, invece, il buon senso e la prudenza borghesi vengono positivamente contrapposti alla liberalità autodistruttiva aristocratica. Ripercorrendo le novelle lette, analizza in quale modo Boccaccio persegua l'ideale di una nuova «aristocrazia borghese», che sappia conciliare le ragioni della «masserizia» con la raffinatezza e la generosità della civiltà cortese.

Sesta giornata

Finisce la Quinta giornata del Decameron: incomincia la Sesta, nella quale, sotto il reggimento d'Elissa, si ragiona di chi con alcun leggiadro motto, tentato, si riscotesse, o con pronta risposta o avvedimento fuggì perdita o pericolo o scorno.

Il motto decameroniano Che cos'è il **motto** nel mondo del *Decameron*? Di per sé, è una battuta spiritosa, che suscita riso: ma si badi bene, non è una barzelletta. Le barzellette non si sa mai chi le abbia inventate; è possibile ripeterle all'infinito, nelle più diverse situazioni; non hanno altro scopo se non di far ridere l'uditorio. Il motto di Boccaccio è molto diverso: è una **battuta d'autore**, inventata sull'istante, ed efficace. È una battuta d'autore perché nasce direttamente dalla prontezza di spirito del motteggiatore, e dipende interamente dalla sua intelligenza e dalla sua capacità di invenzione linguistica. Non può essere ripetuto, perché è strettamente **legato alla circostanza** in cui è stato pronunciato e che, anzi, l'ha provocato; è difficile che quella stessa circostanza si ripresenti nello stesso modo. Ed è efficace: nel senso che ha il **potere di cambiare la situazione da cui nasce**, e di ribaltare il rapporto fra motteggiatore e motteggiato. Infatti, come dice la rubrica della giornata, serve a reagire a una precedente provocazione; oppure a evitare «perdita o pericolo o scorno», cioè a salvarsi da una situazione problematica. Non si tratta mai di frangenti drammatici: siamo all'interno della vita di tutti i giorni, in occasioni domestiche; eppure, il protagonista vi si sente a disagio, o provocato, o preso in giro, o annoiato o infastidito. Da questa che potremmo chiamare «microconflittualità quotidiana», si esce con una battuta che scioglie appunto il conflitto: riducendo al silenzio il motteggiato o, meglio, suscitando in lui una risata liberatoria. Questo vuol anche dire che se la vittima non capisce la battuta, come pure può avvenire, il motto è sprecato e non va a segno. Bisogna invece che la battuta sia così ben calibrata da **pungere senza offendere**, trasformando il possibile risentimento del motteggiato in complicità e in allegra ilarità.

▸ T Madonna Oretta (VI, 1)

Il motto, apice dell'abilità di parola Il motto è anche l'apice di una diffusa abilità di parola che si può vedere ovunque nel *Decameron* e che costituisce uno dei valori dominanti del mondo e dell'antropologia boccacciana. È la **parola**, infatti, l'essere "ben parlante", il **termometro dell'intelligenza**; è il dominio dell'espressione verbale che determina la diversa scala di valori tra i personaggi in campo nelle novelle, e che spesso trasforma il dialogo in una competizione, dove vince appunto colui (o colei) che parla meglio.

◂ Madonna Oretta, miniatura dal *Decameron*, traduzione in francese di Laurent de Premierfait, secondo quarto xv secolo (Parigi, Bibliothèque Nationale).

GUIDA ALLO STUDIO

1. Qual è il tema della sesta giornata?
2. In che senso il motto è una battuta "efficace"?
3. Perché è così importante la parola nel mondo del *Decameron*?

T12

Decameron, VI, 2

Cisti fornaio

Anno: 1349-51

Genere: novella

Argomento: la parola arguta di un fornaio sistema una situazione socialmente imbarazzante

La novella di Cisti è esemplare della spregiudicatezza del motto decameroniano, che vede qui nelle vesti di motteggiatore un umile fornaio, e in quelle di motteggiato un alto aristocratico fiorentino. Certo, se il motto rivolto da un fornaio a un aristocratico funziona, vuol dire che ci troviamo di fronte a due personaggi non comuni, capaci di superare, da una parte e dall'altra, le barriere della propria appartenenza sociale. Il fornaio, infatti, oserà sfidare la propria condizione subordinata; l'aristocratico, ignorerà signorilmente la propria superiorità.

Parafrasi integrale

Cisti fornaio con una sola parola[1] *fa raveder messer Geri Spina d'una sua trascutata domanda*[2].

Dico adunque che, avendo Bonifazio papa[3], appo il quale messer Geri Spina fu in grandissimo stato[4], mandati in Firenze certi suoi nobili ambasciadori per certe sue gran bisogne[5], essendo essi in casa di messer Geri[6] smontati[7], e egli con loro insieme i fatti del Papa trattando, avvenne che, che se ne fosse cagione[8], messer Geri con questi ambasciadori del Papa tutti a piè quasi ogni mattina davanti a Santa Maria Ughi[9] passavano, dove Cisti fornaio il suo forno aveva e personalmente la sua arte[10] esserceva[11]. Al quale quantunque la fortuna arte assai umile data avesse, tanto in quella gli era stata benigna, che egli n'era ricchissimo divenuto, e senza volerla mai per alcuna altra abbandonare splendidissimamente vivea, avendo tra l'altre sue buone cose sempre i migliori vini bianchi e vermigli che in Firenze si trovassero o nel contado.

Il quale, veggendo ogni mattina davanti all'uscio suo passar messer Geri e gli ambasciadori del Papa, e essendo il caldo grande, s'avisò[12] che gran cortesia sarebbe il dar lor bere del suo buon vin bianco; ma avendo riguardo alla sua condizione e a quella di messer Geri[13], non gli pareva onesta cosa il presummere d'invitarlo[14] ma pensossi di tener modo il quale inducesse[15] messer Geri medesimo a invitarsi. E avendo un farsetto[16] bianchissimo indosso e un grembiule di bucato innanzi sempre, li quali più tosto mugnaio che fornaio il dimostravano[17],

1. **con ... parola:** come si vedrà, infatti, il motto è in questo caso molto sintetico («A Arno»).
2. **trascutata domanda:** **malaccorta richiesta**. In effetti, la trascuratezza di Geri consisterà soltanto nel non controllare con quale tipo di fiasco il suo servo andrà a chiedere a Cisti un po' del suo prezioso vino bianco. La novella non sembra dipendere da alcuna fonte di rilievo, e sembra, piuttosto, riflettere l'aneddotica della vita municipale fiorentina.
3. **Bonifazio papa:** Bonifacio VIII (papa dal 1294 al 1303), la bestia nera di Dante Alighieri; qui non a caso visto in stretti rapporti con i guelfi neri di Firenze, dei quali Geri Spina era membro molto influente. Al suo appoggio si dovette la cacciata dei bianchi, nel 1301.
4. **appo ... stato:** **presso il quale messer Geri Spina fu tenuto in altissima considerazione**.
5. **per ... bisogne:** **per alcuni suoi affari di gran peso**; dovremmo essere quindi nel 1300, durante il priorato di Dante, quando Bonifacio VIII inviò a Firenze suoi emissari (fra cui il cardinale Matteo d'Acquasparta) per cercare di mediare fra le parti.
6. **in casa ... Geri:** il palazzo Spini ancora esiste a Firenze, in riva d'Arno, adesso di fronte al Ponte a Santa Trinita.
7. **smontati:** **sistemati**.
8. **che ... cagione:** **qualunque ne fosse il motivo**.
9. **Santa Maria Ughi:** piccola chiesa fatta costruire dall'aristocratica famiglia degli Ughi, presso Palazzo Strozzi.
10. **arte:** **mestiere**.
11. **esserceva:** **esercitava**. Come ribadisce subito dopo, Cisti faceva ancora il pane con le sue mani (qui, «personalmente»).
12. **s'avisò:** **si figurò**, **pensò**.
13. **ma avendo riguardo ... Geri:** Cisti è ben consapevole della distanza che separa lui, umile fornaio, da Geri Spina, gran signore.
14. **non gli pareva ... d'invitarlo:** **non gli sembrava cosa decorosa avere lui la presunzione di invitarlo** [ad assaggiare del suo vino].
15. **ma pensossi ... inducesse:** **ma pensò fra sé di trovare un modo per indurre**.
16. **farsetto:** è un giubbino senza maniche; fa caldo infatti («essendo il caldo grande», ha detto prima).
17. **li quali ... dimostravano:** **lo facevano sembrare più un mugnaio che un fornaio**, essendo i mugnai sempre intorno alla farina, e quindi impolverati di bianco, mentre i fornai avevano a che fare con il forno, la legna e il carbone.

ogni mattina in su l'ora che egli avvisava[18] che messer Geri con gli ambasciadori dover passare[19] si faceva davanti all'uscio suo recare una secchia nuova e stagnata[20] d'acqua fresca e un picciolo orcioletto bolognese[21] nuovo del suo buon vin bianco e due bicchieri che parevano d'ariento[22], sì eran chiari: e a seder postosi, come essi passavano, e egli, poi che una volta o due spurgato s'era, cominciava[23] a ber sì saporitamente questo suo vino, che egli n'avrebbe fatta venir voglia a' morti.

La qual cosa avendo messer Geri una e due mattine veduta, disse la terza: - Chente è[24], Cisti? è buono? -

Cisti, levato prestamente in piè, rispose: - Messer sì, ma quanto non vi potre' io dare a intendere[25], se voi non assaggiaste -.

Messer Geri, al quale o la qualità o affanno più che l'usato avuto o forse il saporito bere, che a Cisti vedeva fare[26], sete avea generata, volto agli ambasciadori sorridendo disse: - Signori, egli è buono[27] che noi assaggiamo del vino di questo valente uomo: forse che è egli tale, che noi non ce ne penteremo -; e con loro insieme se n'andò verso Cisti.

Il quale, fatta di presente[28] una bella panca venire di fuor dal forno, gli pregò che sedessero; e alli lor famigliari[29], che già per lavare i bicchieri si facevano innanzi, disse: - Compagni, tiratevi indietro e lasciate questo servigio fare a me, ché io so non meno ben mescere che io sappia infornare; e non aspettaste voi[30] d'assaggiarne gocciola! -. E così detto, esso stesso, lavati quatro bicchieri belli e nuovi e fatto venire un piccolo orcioletto del suo buon vino, diligentemente[31] diede bere a messer Geri e a' compagni, alli quali il vino parve il migliore che essi avessero gran tempo davanti[32] bevuto; per che, commendatol molto[33], mentre gli ambasciador vi stettero[34], quasi ogni mattina con loro insieme n'andò a ber messer Geri.

A' quali[35], essendo espediti[36] e partir dovendosi, messer Geri fece un magnifico convito, al quale invitò una parte de' più orrevoli[37] cittadini, e fecevi invitare Cisti, il quale per niuna condizione andar vi volle[38]. Impose adunque messer Geri a uno de' suoi famigliari che per un fiasco andasse del vin di Cisti e di quello un mezzo bicchier per uomo desse alle prime mense[39].

Il famigliare, forse sdegnato perché niuna volta bere aveva potuto del vino, tolse un gran fiasco[40].

---

18. avvisava: **pensava**.
19. che ... dover passare: **che ... dovessero passare**.
20. stagnata: cioè protetta all'interno da uno strato di stagno, che ne impediva la ruggine, quindi pulitissima.
21. orcioletto bolognese: piccola brocca, di fabbricazione bolognese.
22. d'ariento: **d'argento**.
23. e egli ... cominciava: costruzione paraipotattica; «poi che ... spurgato s'era»: Cisti sputa un paio di volte, come a preparare la gola a quel vino squisito; gesto forse non da giudicare così plebeo, in quella età.
24. Chente è: **Com'è**. Cisti ha ottenuto lo scopo di attirare l'attenzione del nobile Geri.
25. dare a intendere: **far capire**.
26. o la qualità ... vedeva fare: **o la qualità del tempo** [il caldo] **o la fatica avvertita più che di solito o forse la bevuta di gusto che vedeva fare a Cisti**.
27. egli è buono: **è bene**, **vale la pena**.
28. di presente: **subito**.
29. alli lor famigliari: **ai servi del loro seguito**.
30. non aspettaste voi: **non aspettatevi**. Il vino è di qualità pregiata, e quindi Cisti nega di poterlo offrire ai servi.
31. diligentemente: **con cura**.
32. gran tempo davanti: **da gran tempo**.
33. commendatol molto: **avendolo molto lodato**.
34. mentre ... stettero: **per tutto il tempo della permanenza degli ambasciatori**.
35. A' quali: dipende da «messer Geri fece un magnifico convito».
36. essendo espediti: **avendo sbrigato i loro affari**.
37. orrevoli: **onorevoli**.
38. fecevi ... vi volle: nota la signorile disinvoltura dell'aristocratico, che non esita a invitare un umile fornaio alla sua mensa; e la dignità dell'artigiano che, consapevole della sua posizione sociale, «per niuna condizione», cioè a nessun patto, vi volle andare.
39. alle prime mense: **con la prima portata**; quasi come un aperitivo, da gustare in piccola misura di per sé, e non come bevanda d'accompagnamento di tutto il pranzo.
40. tolse un gran fiasco: **prese un fiasco di grandi dimensioni**.

◂ Il *Decameron* di Giovanni Boccaccio illustrato da Tito Lessi, 1912: scena tratta dalla novella di *Cisti fornaio*, dove il protagonista osserva messer Geri Spina e i legati papali passare davanti alla sua bottega. (Firenze, Biblioteca del Museo di Storia della fotografia).

Il quale come Cisti vide, disse: – Figliuolo, messer Geri non ti manda a me –.

Il che raffermando[41] più volte il famigliare né potendo altra risposta avere, tornò a messer Geri e sì gliele disse; a cui messer Geri disse: – Tornavi e digli che sì fo[42]: e se egli più così ti risponde, domandalo a cui io ti mando –.

Il famigliare tornato disse: – Cisti, per certo messer Geri mi manda pure[43] a te –.

Al quale Cisti rispose: – Per certo, figliuol, non fa[44].

– Adunque –, disse il famigliare – a cui[45] mi manda?

Rispose Cisti: – A Arno[46].

Il che rapportando il famigliare a messer Geri, subito gli occhi gli s'apersero dello 'ntelletto[47] e disse al famigliare: – Lasciami vedere che fiasco tu vi porti –; e vedutol disse: – Cisti dice vero –; e dettagli villania gli fece torre un fiasco convenevole[48].

Il quale Cisti vedendo disse: – Ora so io bene che egli ti manda a me –, e lietamente glielo impiè.

E poi quel medesimo dì fatto il botticello riempiere d'un simil vino e fattolo soavemente[49] portare a casa di messer Geri, andò appresso, e trovatolo gli disse: – Messere, io non vorrei che voi credeste che il gran fiasco stamane m'avesse spaventato; ma, parendomi che vi fosse uscito di mente ciò che io a questi dì co' miei piccoli orcioletti v'ho dimostrato[50], cioè questo non sia vin da famiglia[51], vel volli staman raccordare[52]. Ora, per ciò che io non intendo d'esservene più guardiano[53], tutto ve l'ho fatto venire: fatene per innanzi[54] come vi piace –.

Messer Geri ebbe il dono di Cisti carissimo e quelle grazie gli rendé che a ciò credette si convenissero, e sempre poi per da molto l'ebbe e per amico[55].

---

41. raffermando: ripetendo; cioè, che messer Geri lo mandava proprio da lui.
42. che sì fo: che ti mando proprio da lui.
43. pure: proprio.
44. Per certo ... non fa: No di certo.
45. a cui: a chi.
46. A Arno: ovvero: "con codesto fiascone, si va a imbottigliare l'acqua d'Arno, non il mio prezioso vino". Ma il servo non capisce il motto, e per questo lo riferisce tal quale a Geri, il quale, invece, subito se ne insospettisce.
47. subito ... dello 'ntelletto: capì subito di che si trattava.
48. dettagli ... convenevole: rimproveratolo aspramente, gli fece prendere («torre», "togliere") un fiasco di una misura appropriata.
49. soavemente: delicatamente, con tutti i riguardi.
50. parendomi ... v'ho dimostrato: sembrandomi che vi foste dimenticato ciò che io vi ho dimostrato nei giorni scorsi con i miei piccoli recipienti.
51. cioè ... da famiglia: cioè che questo non è vino dozzinale, di quello che si dà alla servitù.
52. raccordare: ricordare.
53. per ciò ... guardiano: come se il vino fosse proprietà di Geri, e Cisti ne fosse solo il «guardiano», il custode.
54. per innanzi: d'ora in avanti.
55. da molto ... e per amico: sempre lo tenne in alta considerazione e lo stimò come amico.

T12 Dentro il testo

IN SINTESI

Cisti è un ricco fornaio e può permettersi di vivere da gran signore, tanto che ha nella sua cantina una buona riserva di ottimo vino bianco, che vorrebbe proprio far assaggiare a messer Geri Spina e ai suoi ospiti, ambasciatori di papa Bonifacio VIII. Non potendo invitarlo esplicitamente, a causa delle differenze sociali, decide di farsi trovare, davanti al suo forno, vestito di un «farsetto bianchissimo»; si fa portare una bella secchia stagnata di acqua fresca; un orcioletto del suo eccellente vino bianco, e «due bicchieri che parevano d'ariento, sì eran chiari»; quando passano Geri e gli ambasciatori, manda il suo tacito messaggio d'invito, sorseggiando il suo vino «sì saporitamente ... che egli n'avrebbe fatta venir voglia a' morti». Geri, invogliato, si fa avanti e chiede: «Chente è, Cisti? è buono?». E, da quel momento, ogni mattina, Geri e gli ospiti si fermano da Cisti per un bicchiere. Quando però Geri manda un servo a chiedere a Cisti un po' del suo vino per la cena di commiato degli ambasciatori, il servo si presenta con un fiasco enorme, evidentemente desideroso di trattenerne un po' per sé. Ma Cisti indovina subito che un fiasco di tali dimensioni non può certo provenire da un uomo della levatura di Geri Spina. Rimanda indietro fiasco e servitore, dicendo che «non è da me che ti ha detto di venire il tuo padrone». Il servo torna e riferisce, e si instaura un dialogo a distanza risolto solo quando Cisti risponde alla domanda «e da chi ti avrei mandato, allora?» con il motto «a Arno». Geri capisce immediatamente cosa vuol dire Cisti, si fa mostrare il fiasco e, punito il servo, lo rimanda indietro con un fiaschetto di dimensioni acconce. Adesso ci siamo! E Cisti manda a Geri la quantità di vino "corretta". Poi, perché il signore non pensasse male di lui, che cioè Cisti si fosse spaventato dalla grandezza del fiasco, gli spedisce il barilotto con tutta la riserva del suo prezioso vino, della quale Geri potrà fare ciò che vuole, rammentandogli però che non è vino degno della servitù. Da qui nasce tra l'aristocratico e il fornaio una bella amicizia.

I TEMI E L'ESPRESSIONE

UN FORNAIO MOLTO SPECIALE

Cisti non è il solito pover'uomo di animo nobile, il quale offre a chi è al di sopra di lui un dono che, per quanto modesto, ne dimostra la nativa generosità d'animo. Cisti è sì un fornaio, ma non un fornaio qualunque. Il suo è certo un «vil mestiero», una «arte assai umile»: ma con quel «vil mestiero» Cisti è diventato ricchissimo, e vive, dice il testo, «splendidissimamente», cioè da gran signore. Peraltro, Cisti è rappresentato come perfettamente consapevole e rispettoso della **rigidità dei rapporti di classe** che ancora governano il suo mondo. Vedendo passare ogni giorno davanti al suo forno messer Geri Spina con gli ambasciatori del papa, egli vorrebbe compiere un piccolo gesto di cortesia, facendo assaggiare all'aristocratica brigata del suo ottimo vino bianco: ma non si sente di azzardare un invito diretto. Ma, anche dopo che la sua messinscena va a segno, non per questo Cisti pensa di aver valicato i confini delle gerarchie sociali consolidate. Quando Geri, con la signorile sprezzatura dell'aristocratico privo di pregiudizi, lo invita al banchetto che egli offre ai suoi ospiti alla fine del loro soggiorno, è Cisti medesimo che rifiuta, **sapendo bene qual è il suo posto in società**. Geri si può anche comportare da nobile di larghe vedute, ma sta al nostro fornaio ribadire, con una sorta di orgoglio, la propria **diversità popolana**.

UN SOTTILE CONFLITTO DI CLASSE

Cisti e Geri possono intendersi, e diventare amici, riconoscendo l'uno l'intelligenza e la finezza d'animo dell'altro. Da questo punto di vista, essi sono – e si considerano – alla pari. Intorno a loro, però, la **società** appare **rigidamente gerarchizzata**. Cisti, infatti, non osa invitare direttamente Geri ad assaggiare il suo vino; sa che non è opportuno partecipare, lui, un vile fornaio, al banchetto degli ambasciatori; però si ribella di fronte al «gran fiasco», perché gli sembra una richiesta troppo arrogante, in cui si rifiuta di riconoscere la cortesia del nobile Spina. Insomma, la stima reciproca non annulla le differenze di classe (si badi che Geri a Cisti dà del «tu», ma Cisti gli dà del «voi»). Anzi, circola per tutta la novella una sorta di tensione conflittuale. Essa nasce dalla **dissimmetria fra società e individui**: perché un uomo come Cisti deve essere confinato in un mestiere socialmente di nessuna considerazione? (L'arte dei fornai, si badi, non godeva di nessuna rappresentanza politica). Ma, ancora di più: com'è che un individuo socialmente insignificante, come Cisti, vive «splendidissimamente»? A quanto pare, c'è una asimmetria anche tra posizione sociale e potere economico. Insomma, nonostante le apparenze pacifiche, Boccaccio ci rappresenta in questa novella una società immobile, ma piena di **contraddizioni**. Il motto è un momento di conciliazione di tali contraddizioni, ma non ha certo la pretesa di risolverle.

LA CATENA COMUNICATIVA

Il conflitto, sia pur passeggero, che oppone Geri e Cisti nel finale della novella, e che il motto ha il compito di risolvere, nasce da un equivoco, o meglio da un **disturbo di comunicazione**. Visto che Cisti non vuole intervenire al banchetto degli ambasciatori, Geri manda un suo servo a chiedergli «un fiasco» del suo buon vino bianco: non certo per pasteggiare, ma per farne assaggiare mezzo bicchiere prima del pranzo ai suoi ospiti. Il servo incaricato, però, crede di fare il furbo presentandosi da Cisti con un «gran fiasco». E qui comincia una catena di messaggi, verbali e iconici, che fa di questa novella un piccolo saggio di **arte della comunicazione**. Il primo messaggio è costituito proprio dalle dimensioni di quel «gran fiasco», nelle quali Cisti non riconosce la misurata cortesia di messer Geri. Quel «gran fiasco» suona come una sorta di messaggio aggressivo: «Mandami il tuo vino, che mi serve per mettere a tavola i miei ospiti». Per questo il messaggio viene respinto al mittente («Figliuolo, messer Geri non ti manda a me»). Non comprendendo il disturbo che si è verificato nella comunicazione, messer Geri insiste ancora e a sua volta Cisti, sicuro che quel «gran fiasco» non è un messaggio autentico, lo respinge di nuovo con il suo laconico motto: «A Arno». Ovvero: «con codesto tipo di fiasco si va ad attingere l'acqua dell'Arno, non il mio prezioso vino bianco». Geri finalmente capisce che nella catena comunicativa si è introdotta qualche distorsione; si fa mostrare il fiasco e, riconosciuto l'equivoco, lo sostituisce con uno «convenevole». Stavolta il messaggio viene riconosciuto autentico: «Ora so io bene che egli ti manda a me».

Si osservi, fra l'altro, l'**insipienza del servo**, completamente tagliato fuori da questo dialogo a distanza fra il fornaio e il suo padrone. Non solo egli non capisce le ragioni della resistenza di Cisti, ma non penetra minimamente il motto, che riferisce tal quale a Geri, tradendo in questo modo la sua inopportuna scelta del «gran fiasco». E per fortuna: riportando passivamente, senza capirle, le battute dei due interlocutori, il servo insipiente tutto sommato favorisce la loro riconciliazione finale.

Analisi e interpretazione Tipologia A

LEGGERE CON METODO

COMPRENSIONE GLOBALE

1. Perché Cisti giudica sconveniente offrire da bere a messer Geri? A quale espediente ricorre per fare in modo che egli si inviti da sé?
2. Perché Cisti non accetta l'invito al banchetto?
3. Su quali battute si impernia il dialogo a distanza tra messer Geri e Cisti? Quale battuta fa infine capire a Geri che c'è un equivoco, imputabile al servitore?
4. Per quale motivo Cisti non ha voluto riempire il fiasco? Che cosa ha voluto dimostrare a Geri?

LA LINGUA E LE STRUTTURE

5. Perché il dialogo tra Cisti e Geri, prima che alla parola, si affida alla comunicazione non verbale (cioè a gesti e oggetti)?
6. In quali oggetti contrapposti si concretizzano il senso della misura di Cisti e la sconveniente dismisura del servo?

I TEMI E L'INTERPRETAZIONE

7. Quali classi sociali compaiono nella novella? Quali confini invalicabili percepiamo tra le diverse classi? Quali sottili conflitti sociali e quali asimmetrie avvertiamo nella novella, al di là della apparente conciliazione, resa possibile dal motto? Qual è l'unico personaggio che rimane escluso dalla comunicazione instauratasi tra Cisti e Geri, rivelando la sua insipienza (ma anche i limiti della visione democratica di Boccaccio)?

SCRIVERE CON METODO

COMMENTO

8. Spiega in un breve commento interpretativo perché, con il suo comportamento e il suo uso della parola, Cisti incarna la figura del gentiluomo borghese, che sa fondere gli ideali della «masserizia», della prudenza e dell'ingegno borghesi con quelli della cortesia e della generosità aristocratiche.

T13

Decameron, VI, 4

Chichibio cuoco

AUDIOLIBRO

Anno: 1349-51
Genere: novella
Argomento: la pronta risposta di un cuoco gli fa evitare una severa punizione

Al centro di questa novella c'è una figura di motteggiatore tutt'altro che intelligente. Il cuoco Chichibio, infatti, viene presentato come un bizzarro chiacchierone. Come può dunque un simile personaggio candidarsi a motteggiatore, ed entrare nel mondo dell'intelligenza decameroniana? Lo spiega subito la narratrice nell'introdurre il racconto: il fatto è che quello che in altri è frutto di un'acuta e spiritosa creatività linguistica, in alcuni può ben scaturire dalla semplice urgenza delle situazioni. Inconsapevolmente, Chichibio pronuncia una sagace battuta di spirito, che lo salva.

Parafrasi integrale

Chichibio[1], cuoco di Currado Gianfigliazzi[2], con una presta parola[3] a sua salute[4] l'ira di Currado volge in riso e sé campa dalla mala ventura minacciatagli da Currado.[5]

Quantunque il pronto ingegno, amorose donne, spesso parole presti e utili e belle, secondo gli accidenti, a' dicitori[6], la fortuna ancora, alcuna volta aiutatrice de' paurosi, sopra la lor lingua subitamente di quelle pone che mai a animo riposato per lo dicitore si sarebber sapute trovare[7]: il che io per la mia novella[8] intendo di dimostrarvi.

rr. 1-28 Currado consegna al servo Chichibio, veneziano, una gru da cucinare; Brunetta, di cui è innamorato, gliene chiede una coscia e, dopo avere un po' resistito, egli cede alla richiesta.

Currado Gianfigliazzi, sì come ciascuna di voi e udito e veduto puote avere, sempre della nostra città è stato notabile cittadino, liberale e magnifico, e vita cavalleresca tenendo continuamente in cani e in uccelli s'è dilettato[9], le sue opere maggiori al presente lasciando stare[10]. Il quale con un suo falcone avendo un dì presso a Peretola[11] una gru ammazzata, trovandola grassa e giovane[12], quella mandò a un suo buon cuoco, il quale era chiamato Chichibio e era viniziano[13]; e sì gli mandò dicendo che a cena l'arrostisse e governassela bene[14]. Chichibio, il quale come nuovo bergolo era così pareva[15], acconcia la gru[16], la mise a fuoco e con sollecitudine a cuocer la cominciò. La quale essendo già presso che cotta e grandissimo odor venendone, avvenne che una feminetta della contrada, la quale Brunetta era chiamata e di cui Chichibio era forte

1. **Chichibio:** da «cicibìo», che in Veneto è il verso del fringuello (il personaggio è veneziano). Già il nome indica qualcuno un po' sciocco ("cervello d'uccellino" o, come si direbbe oggi, "di gallina").
2. **Currado Gianfigliazzi:** vissuto tra la fine del Duecento e l'inizio del Trecento; gran signore (più avanti è detto «notabile cittadino, liberale e magnifico»), di una ben nota famiglia di banchieri fiorentini con la quale, ai suoi tempi, Boccaccio stesso intrattenne fitti rapporti.
3. **con una presta parola:** con una pronta parola, con un motto.
4. **a sua salute:** detta per salvarsi, per cavarsi d'impiccio, secondo il dettato della giornata, nella quale si ragiona di chi, «con pronta risposta ... fuggì perdita o pericolo o scorno».
5. Nessuna fonte precisa per questa novella; possibile la suggestione di un episodio delle *Metamorfosi* di Apuleio (VIII, 31) in cui un servo, disperato perché un cane gli ha sottratto la coscia di cervo che avrebbe dovuto cucinare per il padrone, cerca un rimedio al furto; e lo troverebbe nel macellare l'asino protagonista dell'opera, se questo non si desse alla fuga.
6. **a' dicitori:** a coloro che parlano.
7. **sopra ... sapute trovare:** pone sulla lingua di chi parla inaspettatamente parole che mai avrebbero potuto trovare con animo tranquillo.
8. **per la mia novella:** attraverso la mia novella.
9. **in cani ... s'è dilettato:** si è dilettato nella caccia coi cani e col falcone.
10. **le sue opere ... lasciando stare:** tralasciando per adesso le sue azioni più importanti, di uomo pubblico e di banchiere.
11. **Peretola:** borgo tra Firenze e Prato, in una zona allora di acquitrini; i Gianfigliazzi vi possedevano un podere dall'eloquente nome di Pantano.
12. **giovane:** quindi tenera.
13. **viniziano:** proverbiale l'antipatia dei fiorentini (e di Boccaccio stesso) per Venezia e i veneziani, che si rispecchia anche in questa novella.
14. **governassela bene:** la preparasse bene, a puntino.
15. **il quale ... pareva:** dunque Chichibio anche all'apparenza sembrava proprio «nuovo bergolo», il ridicolo chiacchierone che era.
16. **acconcia la gru:** prepara la gru.

▶ Chichibio e la gru, *Decameron*, traduzione in francese di Laurent de Premierfait, miniatura, secondo quarto del xv secolo (Vienna, Osterreichische Nationalbibliothek).

innamorato, entrò nella cucina, e sentendo l'odor della gru e veggendola pregò caramente[17] Chichibio che ne le[18] desse una coscia.

Chichibio le rispose cantando[19] e disse: - Voi non l'avrì da mi, donna Brunetta, voi non l'avrì da mi[20] -.

Di che donna Brunetta essendo turbata, gli disse: - In fé di Dio, se tu non la mi dai, tu non avrai mai da me cosa che ti piaccia -; e in brieve le parole furon molte; alla fine Chichibio, per non crucciar la sua donna, spiccata[21] l'una delle cosce alla gru, gliele diede.

Essendo poi davanti a Currado e a alcun suo forestiere[22] messa la gru senza coscia, e Currado, maravigliandosene, fece chiamare Chichibio e domandollo che fosse divenuta l'altra coscia della gru[23]. Al quale il vinizian bugiardo subitamente rispose: - Signor mio, le gru non hanno se non una coscia e una gamba.

rr. 29-42 A Currado riferisce che le gru hanno una sola coscia.

Currado allora turbato disse: - Come diavol non hanno che una coscia e una gamba? Non vid'io mai più gru che questa[24]?

Chichibio seguitò: - Egli è, messer, com'io vi dico; e quando vi piaccia, io il vi farò veder ne' vivi[25] -.

Currado per amor dei forestieri che seco aveva[26] non volle dietro alle parole andare[27], ma disse: - Poi che tu di' di farmelo veder né vivi, cosa che io mai più non vidi né udi' dir che fosse, e[28] io il voglio veder domattina e sarò contento; ma io ti giuro in sul corpo di Cristo, che, se altramenti sarà[29], che io ti farò conciare in maniera, che tu con tuo danno ti ricorderai, sempre che tu ci viverai[30], del nome mio -.

---

17. **caramente:** **affettuosamente**.
18. **ne le:** **gliene**.
19. **cantando:** **cantilenando**; con il suo accento veneziano, che suona come una cantilena ai fiorentini.
20. **Voi ... da mi:** approssimativa resa del veneziano (che non farebbe sentire le doppie di «donna» e «Brunetta»; «avrì», "avrete", inoltre è del dialetto veronese, non veneziano).
21. **spiccata:** **staccata**.
22. **forestiere:** **ospite di fuori**.
23. **che ... della gru:** **che cosa ne fosse stato dell'altra coscia della gru**.
24. **Non vid'io ... questa?:** **È questa forse la prima gru che vedo in vita mia?**
25. **io ... ne' vivi:** **io ve lo farò vedere in esemplari vivi**.
26. **per amor ... aveva:** **per riguardo agli ospiti**, per non fare una "scenata" davanti agli invitati.
27. **non volle ... andare:** **non volle continuare la discussione**.
28. **e:** **ebbene**, **allora**.
29. **se altramenti sarà:** **se avverrà diversamente da quanto tu dici**, cioè che anche «ne' vivi» si debba constatare che le gru, com'è ovvio, abbiano due zampe e due cosce.
30. **sempre ... viverai:** **finché starai al mondo**; «ci», qui, su questa terra.

Finite adunque per quella sera le parole, la mattina seguente, come il giorno apparve, Currado, a cui non era per lo dormire l'ira cessata, tutto ancor gonfiato[31] si levò e comandò che i cavalli gli fossero menati; e fatto montar Chichibio sopra un ronzino[32], verso una fiumana[33], alla riva della quale sempre soleva in sul far del dì vedersi delle gru, nel menò[34] dicendo: - Tosto vedremo chi avrà iersera mentito, o tu o io - .

rr. 43-67 L'indomani Currado lo conduce al fiume, perché possa provargli quanto ha affermato: qui, effettivamente, le gru addormentate stanno su una sola gamba. Ma al grido di Currado si mettono in fuga, mostrando di avere evidentemente due gambe.

Chichibio, veggendo che ancora durava l'ira di Currado e che far gli conveniva pruova della sua bugia[35], non sappiendo come poterlasi fare[36] cavalcava appresso a Currado con la maggior paura del mondo, e volentieri, se potuto avesse, si sarebbe fuggito; ma non potendo, ora innanzi e ora adietro e dallato si riguardava, e ciò che vedeva credeva che gru fossero che stessero in due piè[37].

Ma già vicini al fiume pervenuti, gli venner prima che a alcun vedute[38] sopra la riva di quello ben dodici gru, le quali tutte in un piè dimoravano[39], sì come quando dormono soglion fare; per che egli, prestamente mostratele a Currado, disse: - Assai bene potete, messer, vedere che iersera vi dissi il vero, che le gru non hanno se non una coscia e un piè, se voi riguardate a quelle che colà stanno -.

Currado vedendole disse: - Aspettati, che io ti mostrerò che elle n'hanno due -, e fattosi alquanto più a quelle vicino, gridò: - Ho, ho! -; per lo qual grido le gru, mandato l'altro piè giù, tutte dopo alquanti passi cominciarono a fuggire[40]; laonde Currado rivolto a Chichibio disse: - Che ti par, ghiottone[41]? parti[42] che elle n'abbian due?

rr. 68-76 Chichibio si trae d'impaccio con una battuta inattesa.

Chichibio quasi sbigottito, non sappiendo egli stesso donde si venisse[43], rispose: - Messer sì, ma voi non gridaste - ho, ho! - a quella d'iersera; ché se così gridato aveste ella avrebbe così l'altra coscia e l'altro piè fuor mandata, come hanno fatto queste -.

A Currado piacque tanto questa risposta, che tutta la sua ira si convertì in festa[44] e riso, e disse: - Chichibio, tu hai ragione: ben lo dovea fare -.

Così adunque con la sua pronta e sollazzevol risposta Chichibio cessò la mala ventura[45] e paceficossi col suo signore.

---

31. tutto ... gonfiato: ancora tutto gonfio d'ira.
32. ronzino: cavallo di poco conto, come si addice a un servitore.
33. una fiumana: un fiume.
34. nel menò: se lo portò.
35. far ... bugia: gli era necessario provare la bugia che aveva detto.
36. come ... fare: come si sarebbe potuta fare la prova suddetta.
37. e ciò che vedeva ... in due piè: e tutto quello che vedeva gli sembrava che fossero gru su due piedi. La paura diventa allucinazione: come se dappertutto, intorno a Chichibio, ci fossero prove della sua stupida bugia.
38. gli venner ... vedute: gli capitò di vedere prima di ogni altro.
39. in un piè dimoravano: stavano ferme sopra un piede.
40. dopo ... fuggire: le gru prima fanno qualche passo (su due piedi!), poi cominciano a fuggire, presumibilmente a volo.
41. ghiottone: furfante. In antico non si riferiva solo al vizio della gola, che pure qui si adatterebbe bene al contesto.
42. parti: ti pare.
43. donde si venisse: da dove gli arrivasse (sottinteso: l'ispirazione per il suo motto).
44. festa: divertimento.
45. cessò ... ventura: evitò la sua disgrazia.

T13 Dentro il testo

IN SINTESI

Che Chichibio non sia un campione di saggezza lo vediamo fin dall'inizio della novella. Avendo avuto in consegna dal padrone, Currado Gianfigliazzi, una bella gru da cucinare, quando una ragazza della contrada gliene chiede una coscia, prima cerca di eludere la richiesta con una sciocca cantilena («Voi non l'avrì da mi, donna Brunetta, voi non l'avrì da mi»), poi, persuaso dalle moine e dalle minacce della ragazza, si decide ad accontentarla, e porta in tavola il volatile vistosamente amputato. Quando il padrone se ne accorge e gliene chiede ragione, Chichibio, invece di affrontare la realtà, non trova di meglio che cercare scampo in una giustificazione assurda: secondo lui, tutte le gru hanno una coscia sola. E quando la mattina dopo il padrone, molto irritato, lo porta alla palude per far prova della reale anatomia delle gru, Chichibio si sente come in un incubo da cui non può sfuggire («ora innanzi e ora adietro e dallato si riguardava, e ciò che vedeva credeva che gru fossero che stessero in due piè»), eppure non si decide ancora a confessare l'ovvia verità. Così quando la sorte gli mette davanti ben dodici gru che dormono - come fanno d'abitudine le gru - su una gamba sola, questo suo meccanismo difensivo, di negazione surreale dell'ovvio, trionfa: «Assai bene potete, messer, vedere ... che le gru non hanno se non una coscia e un piè». Quando con un grido Currado fa fuggire le gru che mostrano a questo punto le due zampe, il cuoco trova in un guizzo la frase risolutiva: «se voi ieri sera aveste gridato alla gru arrostita che era in tavola, anche lei avrebbe messo fuori l'altra zampa; ma non l'avete fatto...». A Currado non resta che riderci sopra, e - sbollita di colpo tutta la rabbia - alla fine dà perfino ragione a Chichibio.

I TEMI E L'ESPRESSIONE

VENEZIANO E «BERGOLO»

I motteggiatori di questa sesta giornata sono tutti toscani. Anche in questo senso Chichibio è un'eccezione perché è di **Venezia**: una città che Boccaccio e i fiorentini detestavano per motivi politici e finanziari. Anche la sua abilità di parola non è come quella dei toscani, che nasce dalla loro acutezza mentale e dalla prontezza con cui sanno manipolare la lingua. Chichibio è veneziano e «bergolo»: il suo rapporto con il linguaggio è quello di un "cinguettatore", magari divertente, ma **insulso e chiacchierone**. È per questo che il suo motto nasce non da un dominio dell'intelligenza sui propri mezzi espressivi, ma dalla **casuale fortuna** con cui egli pesca una battuta irresistibile nel *bla bla* dei suoi sciocchi ragionamenti.

UN MOTTO SURREALE

Alla fine è proprio dall'avvitarsi di Chichibio in una serie di proposizioni assurde che scatta, per disperazione, il motto finale, ed è dalla sua **disconnessione ostinata rispetto al reale** che nasce la comicità del motto. Mentre altri personaggi trovano le parole giuste in una lettura acuta della realtà - come Cisti fornaio - ci sono anche quelli che come il nostro Chichibio possono risultare irresistibili proprio perché si rifiutano di prendere la realtà per quella che è, e finiscono per sconfinare, appunto, nel **surreale**.

Analisi e interpretazione Tipologia A

LEGGERE CON METODO

COMPRENSIONE GLOBALE

1. Come mai la gru di Chichibio è priva di una coscia?
2. In che modo il cuoco cerca di giustificarsi?
3. Quale battuta di spirito lo salva?

LA LINGUA E LE STRUTTURE

4. Quali elementi caratterizzano Currado Gianfigliazzi come un rappresentante di quella ricca borghesia che ha ormai fatti propri i costumi e le maniere cortesi della nobiltà?
5. Per contrasto, come è invece caratterizzato il cuoco Chichibio?
6. Quale modalità narrativa prevale nella novella?
   - a Il sommario (narrazione condensata)
   - b La scena (dialogo)
   - c La pausa descrittiva
   - d La pausa riflessiva

I TEMI E L'INTERPRETAZIONE

7. Nel fortunato esito della vicenda, prevale l'ingegno o la fortuna? Motiva la risposta con riferimenti al testo.

RISCRITTURA, GIOCO, PARODIA

Aldo Busi riscrive la novella di Chichibio

Aldo Busi, uno dei più scanzonati e irriverenti autori italiani contemporanei, ha pubblicato nel 1990 una riscrittura dell'intero *Decameron* in italiano corrente. Da uno scrittore come lui, ci si sarebbe potuti aspettare un rifacimento anticonformista, provocatorio, "sopra le righe", dell'opera boccacciana. Invece, Busi si è limitato a "trasportare" letteralmente il testo antico nell'italiano di tutti i giorni, introducendo qua e là ammicchi alla contemporaneità, ma senza sforzare il dettato dell'originale. Lo scrittore stesso, nel presentare la sua fatica, avverte: «Desidero sottolineare che ho tradotto *Il Decamerone* di Giovanni Boccaccio, non ho scritto il mio: ho autocensurato dello scrittore che è in me trovate intimamente strepitose all'istante, ma che avrebbero marchiato la traduzione in modo irreversibile, rendendola subito scandalosa e subito dopo vecchia. Perché questa traduzione non ha affatto la pretesa di essere una traslitterazione o una ricreazione o altra cosa dall'originale: è l'originale oggi». Insomma, secondo Busi è così che Boccaccio avrebbe scritto le sue novelle - più o meno - se fosse vissuto ai tempi nostri.

La coscia fantasma

Corrado Gianfigliazzi, come voi madamine saprete di certo almeno per sentito dire, è stato uno dei nobili più liberali e vistosi della nostra città: eccellente sportivo, non faceva altro che correre continuamente dietro alla sua passione per uccelli e cani - per non parlare dei suoi meriti in altri campi. Bene, un giorno che con il suo falcone se ne era andato a caccia dalle parti di Peretola, ammazzò una gru così cicciotta e tenera che la mandò immediatamente al suo cuoco di fiducia, un veneziano che si chiamava Chichibio, con l'ordine di arrostirla per cena come dio comanda.

Chichibio, sempre con quella sua faccia tra il mattacchione e lo stordito, prepara la gru, la mette allo spiedo e comincia a farla rosolare senza perderla di vista un istante. Man mano che la cottura procedeva, il profumo si spandeva nell'aria come un inno e una certa Brunetta lì del posto, di cui Chichibio era cotto da tempo, capitò in cucina proprio a gru appena tolta dal fuoco. Il profumino era davvero struggente e la servetta, sdilinquendosi tutta, pregò Chichibio di dargliene una coscia.

Chichibio le rispose cantando: «Tu non l'avrai da mi / bruna Brunetta / tu non l'avrai da mi.» Al che, Brunetta indispettita gli rispose: «E neanche te da me. Scordatela!» e così cominciò tutto un ping-pong di paroline e alla fine Chichibio, per non perdere la pallina del suo cuore, staccò una coscia dalla gru e gliela diede. Poi la gru venne servita in tavola a Corrado che aveva a cena un paio di ospiti e, molto meravigliato di vedere una coscia sola, Corrado mandò a chiamare lo chef e gli domandò dove diavolo fosse l'altra coscia. Quel bugiardone di un veneziano rispose a muso duro:

«Ciò, sior paron, le gru hanno solo una coscia e una zampa.» «E da quando in qua hanno solo una coscia e una zampa?» ribattè Corrado incavolato. «Come se fosse questa la prima gru che vedo!» Senza fare una piega, Chichibio rispose:

«Invece, sior paron, è proprio come digo mi. E ce lo posso far vedere dal vivo quando vuole.» Corrado, per riguardo verso i suoi ospiti, si astenne dallo strozzarlo subito e tagliò corto: «Va bene, dato che vuoi aprirmi gli occhi dal vivo su una cosa che non ho mai visto e che non ho mai sentito, andiamo a vedere domani stesso, così mi tolgo la soddisfazione: ma ti giuro com'è vero Dio che se non è come dici tu, ti faccio conciare in un modo che ti ricorderai di me finché campi.»

Chiusala lì per quella sera, il giorno dopo, appena il buio si schiarì quanto bastava, Corrado uscì dal letto non meno furibondo di come c'era entrato e, ordinati i cavalli, fece montare Chichibio su un ronzino e lo portò verso un fiume sulle cui rive tutti i bird-watcher della zona accorrevano di primissimo mattino per saziarsi di gru. «Adesso vedremo chi dei due ieri sera ha contato su balle, se tu o io» gli disse come tutto "buongiorno".

Chichibio, constatando che la rabbia di Corrado non era ancora sbollita e che adesso a lui gli toccava farcire in qualche modo di verità la sua bugia, trotterellava dietro a Corrado con una cagarella super e avrebbe fatto a pezzi anche il suo

cordon bleu pur di poter tagliare la corda. Ma non poteva, e quindi lanciava sguardi avanti, indietro, a destra, a sinistra, e tutto quello che vedeva gli sembravano gru ben dritte su due piedi. Erano quasi al fiume, quando fu il primo a notare che sulla riva ce n'erano ben dodici, una più addormentata dell'altra e tutte in equilibrio su una sola zampa, come fanno di solito quando dormono. Allora puntò subito il dito davanti a Corrado e gli disse: «Ecco, come può vedere con i suoi occhi, sior paron, ieri sera io non me lo sono mica inventato che le gru hanno una coscia e una zampa sola. Guardi quelle lì, guardi!»
Corrado guardò e disse: «Aspetta un momentino, che ti faccio vedere io se non ce n'hanno due» e avvicinandosi al galoppo gridò: «Oh-oh!» e tutte le gru, buttata giù l'altra zampa, spiccarono una corsettina e poi scapparono a cosce levate.
Corrado si girò verso il suo cuciniere e disse: «Che ti pare, magna-a-ufo? Ti pare che ce n'hanno due o no?»
Chichibio, quasi in trance, senza sapere da dove gli salissero fuori le parole, disse:
«E certo, sior paron, ma lei non cià mica gridato "Oh-oh!" a quella di ieri sera. Se ci gridava così, anche quella là tirava fuori l'altra coscia e l'altra zampa come queste qui.»
Corrado si scompisciò talmente per questa risposta che tutta la sua rabbia diventò una risata: «Chichibio, hai ragione tu: ma come ha fatto a non venirmi in mente?!» disse.
E così, grazie alla sua spassosa replica a scottadito, Chichibio si tirò fuori dalla padella e dalle braci e fra il padrone e il servo tutto ricominciò a filare liscio come l'olio.

(A. Busi, *Il Decamerone*, Rizzoli, Milano 2013)

TRADUZIONE E ATTUALIZZAZIONE

Ogni traduzione non è mai una trasposizione parola per parola, ma consiste nell'avvicinamento di un testo lontano alla realtà di un nuovo gruppo di lettori. Così qui Busi, pur rispettando scrupolosamente l'originale, non soltanto lo riscrive con la scioltezza sintattica dell'italiano moderno; non soltanto elimina, com'è ovvio, la patina arcaica che noi possiamo sentire nella lingua trecentesca di Boccaccio, ma ci rende più familiare il linguaggio attraverso alcuni tocchi di leggera attualizzazione. Così, per esempio, il cuoco Chichibio diventa a un certo punto lo *chef*; il posto delle cicogne è uno dei preferiti dagli appassionati di *bird-watching*; Chichibio impaurito «avrebbe fatto a pezzi anche il suo cordon bleu pur di poter tagliare la corda». Come in quest'ultimo gioco di parole, Busi non rinuncia ad aggiungere anche trovate umoristiche di suo: fa parlare il cuoco con una coloritura più veneziana dell'originale («sior paron»), e nel battibecco fra Chichibio e la Brunetta infila un'allusione che in Boccaccio non c'era, ma che suona molto legittimamente boccacciana: «[...] la servetta, sdilinquendosi tutta, pregò Chichibio di dargliene una coscia. Chichibio le rispose cantando: "Tu non l'avrai da mi / bruna Brunetta / tu non l'avrai da mi." Al che, Brunetta indispettita gli rispose: "E neanche te da me. Scordatela!"». Questo vuol dire che Busi pretende di "sostituire" l'originale *Decameron* con la sua traduzione? Certamente no: ma la sua operazione (e altre simili) possono servire proprio come mediazione fra i lettori moderni e il testo antico; e invogliarli, si spera, a "risalire" da questa lettura più facile a quella del Boccaccio autentico.

TESTO ARGOMENTATIVO **Tipologia B**

1. Perché a proposito della sua riscrittura del *Decameron* Busi afferma che «non ha affatto la pretesa di essere una traslitterazione o una ricreazione o altra cosa dall'originale: è l'originale oggi»?
2. Individua gli elementi anacronistici e le espressioni colloquiali a cui Busi affida la sua attualizzazione del testo boccacciano.
3. Al contrario di Boccaccio (in cui l'unico tratto di venezianità è riscontrabile nella battuta «Voi non l'avrì da mi»), Busi ha voluto accentuare i tratti dialettali del linguaggio di Chichibio. Individua gli elementi dialettali nelle battute del cuoco.
4. Che cosa pensi di un'operazione come quella compiuta da Busi? È un tradimento dell'originale? O un buono strumento di mediazione per avvicinare i lettori di oggi a un testo altrimenti lontano?

T14

Decameron, VI, 9

Guido Cavalcanti

Anno: 1349-51

Genere: novella

Argomento: con un motto Cavalcanti si libera di chi gli voleva «dar briga»

Metà di questa novella è occupata da una lunga introduzione della narratrice, nella quale si rievocano le belle usanze della Firenze di fine Duecento e, fra queste, quella delle cosiddette «brigate di piacere»: compagnie di giovani gentiluomini che si riunivano insieme per spassarsela. A queste brigate si contrappone la figura di Guido Cavalcanti, presentato come un personaggio a doppia faccia: da una parte uomo di mondo; dall'altra intellettuale introverso e solitario. Non sorprende che Betto e la sua brigata, che tante volte hanno provato inutilmente a convincerlo a far parte del loro gruppo, siano sconcertati: Guido è in parte così simile a loro, in parte per loro così incomprensibile. Ed è su questa incomprensione che si costruisce lo scambio di battute al centro di questo racconto.

Parafrasi integrale

Guido Cavalcanti[1] *dice con un motto onestamente villania*[2] *a certi cavalier fiorentini li quali soprapreso*[3] *l'aveano.*[4]

Dovete adunque sapere che ne' tempi passati furono nella nostra città assai belle e laudevoli usanze, delle quali oggi niuna ve n'è rimasa, mercé della avarizia[5] che in quella con le ricchezze è cresciuta, la quale tutte l'ha discacciate[6]. Tralle quali n'era una cotale, che in diversi luoghi per Firenze si ragunavano insieme i gentili uomini delle contrade e facevano lor brigate di certo numero[7], guardando di mettervi tali che comportare potessono acconciamente le spese[8], e oggi l'uno, doman l'altro, e così per ordine tutti mettevan tavola, ciascuno il suo dì, a tutta la brigata[9]; e in quella spesse volte onoravano e gentili uomini forestieri, quando ve ne capitavano, e ancora de' cittadini[10]: e similmente si vestivano insieme almeno una volta l'anno[11], e insieme i dì più notabili[12] cavalcavano per la città e talora armeggiavano[13], e massimamente per le feste principali o quando alcuna lieta novella di vittoria o d'altro fosse venuta nella città.

---

1. **Guido Cavalcanti:** il celebre poeta fiorentino (1255-1300), figlio di Cavalcante de' Cavalcanti (che Dante incontra in *Inferno*, X). Qui compare nelle vesti, proverbiali in molte fonti antiche, di filosofo appartato e sdegnoso, ma anche di grande aristocratico dotato di ammirevoli virtù cortesi.
2. **dice ... onestamente villania:** quasi un ossimoro: Guido offende con un motto, ma «onestamente», con l'eleganza verbale e il garbo che il motto richiede.
3. **soprapreso:** **sorpreso**.
4. Probabile l'influsso, per questa novella, di un aneddoto narrato da Petrarca nei suoi *Rerum memorandarum libri* (II, 60), anteriori al *Decameron* (1343-45): vi si narra di un Dino da Firenze (forse il celebre medico Dino del Garbo) che un giorno, da giovane, trovandosi ad attraversare un cimitero, viene infastidito da un gruppo di vegliardi; egli si cava d'impaccio ribattendo: *Iniquum hoc loco certamen; vos enim ante domos vestras animosiores estis* ("Non è pari la contesa in un luogo come questo; infatti voi siete più animosi, davanti alle vostre case"), alludendo al prossimo trasloco di quei vecchi nella tomba. La battuta di Guido Cavalcanti, in sé simile, assume qui però tutt'altro significato.
5. **mercé della avarizia:** **grazie all'avidità**, o meglio, **per colpa dell'avidità**.
6. **che in quella ... l'ha discacciate:** sembra un paradosso: più Firenze è diventata ricca, più ha perso delle sue cortesi usanze. È cambiato evidentemente il senso del denaro: da mezzo per condurre una vita cortese e cavalleresca, è diventato scopo in se stesso; di qui «l'avarizia» dei nuovi ricchi, intenti solo ad accumulare il loro denaro.
7. **facevano ... numero:** si organizzavano in brigate di un determinato numero di componenti. Quella che segue è la descrizione della vita di una tipica compagnia di piacere, componente essenziale della società fiorentina (più ampiamente toscana: celebri le brigate senesi) tra fine Duecento e Trecento.
8. **tali ... le spese:** i componenti di tali compagnie erano scelti innanzitutto tra i giovani abbastanza agiati da poter sostenere le spese dei divertimenti e delle feste organizzate dalla brigata.
9. **mettevan tavola ... brigata:** **offrivano da mangiare, ciascuno nel proprio giorno, a tutta la brigata**.
10. **de' cittadini:** **alcuni dei concittadini**.
11. **similmente ... l'anno:** almeno una volta l'anno i componenti di una brigata uscivano vestiti tutti «similmente», nello stesso modo, con la stessa livrea.
12. **i dì più notabili:** **nei giorni di festa**. Lo ripete subito sotto, «per le feste principali».
13. **armeggiavano:** **si esibivano in giostre e tornei**.

Tralle quali brigate n'era una di messer Betto Brunelleschi[14], nella quale messer Betto e' compagni s'erano molto ingegnato[15] di tirare Guido di messer Cavalcante de' Cavalcanti, e non senza cagione: per ciò che, oltre a quello che egli fu un de' miglior loici che avesse il mondo e ottimo filosofo naturale[16] (delle quali cose poco la brigata curava), si fu egli leggiadrissimo e costumato e parlante[17] uom molto, e ogni cosa che far volle e a gentile uom pertenente[18] seppe meglio che altro uom fare; e con questo[19] era ricchissimo, e a chiedere a lingua sapeva onorare cui nell'animo gli capeva che il valesse[20]. Ma a messer Betto non era mai potuto venir fatto d'averlo[21], e credeva egli co' suoi compagni che ciò avvenisse per ciò che Guido alcuna volta speculando molto abstratto dagli uomini divenia[22]; e per ciò che egli alquanto tenea della oppinione degli epicuri[23], si diceva tralla gente volgare che queste sue speculazioni erano solo in cercare se trovar si potesse che Iddio non fosse[24].

Ora avvenne un giorno che, essendo Guido partito d'Orto San Michele[25] e venutosene per lo Corso degli Adimari infino a San Giovanni[26], il quale spesse volte era suo cammino[27], essendo arche grandi di marmo, che oggi sono in Santa Reparata, e molte altre dintorno a San Giovanni[28], e egli essendo tralle colonne del porfido che vi sono e quelle arche e la porta di San Giovanni, che serrata era[29], messer Betto con sua brigata a caval venendo su per la piazza di Santa Reparata, vedendo Guido là tra quelle sepolture, dissero: – Andiamo a dargli briga[30] –; e spronati i cavalli, a guisa d'uno assalto sollazzevole[31] gli furono, quasi prima che egli se ne avvedesse, sopra e cominciarongli a dire: – Guido, tu rifiuti d'esser di nostra brigata; ma ecco, quando tu avrai trovato che Idio non sia[32], che avrai fatto[33]?

A' quali Guido, da lor veggendosi chiuso[34], prestamente[35] disse: – Signori, voi mi potete dire a casa vostra ciò che vi piace –; e posta la mano sopra una di quel-

---

14. Betto Brunelleschi: Betto (diminutivo di Brunetto) Brunelleschi fu figura ben nota e controversa nella Firenze di Dante e Cavalcanti: di ricca famiglia ghibellina, fu guelfo bianco e poi, dopo il 1301, passò alla parte nera; rivale di Corso Donati, tramò per la sua fine e nel 1311 fu ucciso a tradimento, per vendetta, da due giovani dei Donati.
15. ingegnato: non rara forma invariata nei participi composti.
16. un de' miglior loici ... filosofo naturale: «loico», "logico", è il pensatore speculativo; «filosofo naturale» è colui che indaga i misteri della natura; oggi diremmo «filosofo della scienza». Nota che Boccaccio non fa menzione del Cavalcanti poeta, ma solo del pensatore.
17. leggiadrissimo ... parlante: **elegantissimo, di belle maniere ed eloquente**.
18. a gentile ... pertenente: **che si addicesse** («pertenente», "pertinente") **a uomo nobile**.
19. con questo: **per di più**.
20. e a chiedere ... valesse: **anche a chiedergli qualunque cosa venisse sulla punta della lingua di chiedergli, sapeva onorare chiunque pensava che lo meritasse**, ovvero, non c'era richiesta che egli non prendesse in considerazione, se veniva da una persona che egli ritenesse meritevole.
21. non era ... d'averlo: **non era mai riuscito ad averlo** [nella sua compagnia].
22. molto ... divenia: **si astraeva dalla compagnia della gente**.
23. alquanto ... degli epicuri: **si avvicinava alquanto alle credenze degli epicurei**, i seguaci del filosofo greco Epicuro, nel Medioevo identificati con i miscredenti che negavano l'immortalità dell'anima. Era una fama di famiglia: Dante colloca il padre di Guido, Cavalcante, proprio tra gli epicurei «che l'anima col corpo morta fanno» (*Inferno*, X, 15).
24. erano ... fosse: **non consistevano in altro se non nel cercare se si potesse dimostrare che Dio non esiste**. La negazione dell'immortalità dell'anima, infatti, era comunemente intesa come la negazione di ogni trascendenza, e quindi come una – più o meno esplicita – professione di ateismo.
25. d'Orto San Michele: l'attuale Orsanmichele. Guido scende dalle case dei Cavalcanti, situate nei pressi, verso la cattedrale (allora Santa Reparata) e il battistero, percorrendo corso Adimari (l'attuale via Calzaiuoli); la direttrice, in pratica, che collega piazza della Signoria a piazza del Duomo.
26. San Giovanni: il battistero di Firenze, consacrato a san Giovanni Battista, il patrono della città.
27. il quale ... suo cammino: quel tragitto era dunque una passeggiata abituale per Guido.
28. essendo ... a San Giovanni: intorno al battistero si trovavano allora vari sepolcri marmorei («arche») che adesso, specifica il narratore, sono stati portati all'interno della chiesa di Santa Reparata, l'antica cattedrale. I sepolcri infatti furono rimossi nel 1296, mentre adesso siamo, nel tempo del racconto, nel 1348.
29. e egli essendo ... che serrata era: Guido si trova tra le colonne di porfido, che pure si trovavano lì in piazza, i sepolcri suddetti e la porta di San Giovanni, che si apriva nella seconda cerchia di mura proprio in corrispondenza del battistero.
30. a dargli briga: **a dargli noia**.
31. a guisa ... sollazzevole: **come se lo assalissero, ma per scherzo**.
32. non sia: **non esiste**.
33. che avrai fatto?: **che cosa ti sembrerà di aver combinato?**
34. chiuso: **circondato**.
35. prestamente: **prontamente**. Al solito, il tempismo del motto è essenziale alla sua riuscita.

le arche, che grandi erano, sì come colui che leggerissimo[36] era, prese un salto e fusi gittato[37] dall'altra parte, e sviluppatosi[38] da loro se n'andò.

Costoro rimaser tutti guatando l'un l'altro, e cominciarono a dire che egli era uno smemorato[39] e che quello che egli aveva risposto non veniva a dir nulla[40], con ciò fosse cosa che quivi dove erano non avevano essi a far più che tutti gli altri cittadini, né Guido meno che alcun di loro[41].

Alli quali messer Betto rivolto, disse: - Gli smemorati siete voi, se voi non l'avete inteso: egli ci ha detta onestamente e in poche parole la maggior villania[42] del mondo, per ciò che, se voi riguarderete bene, queste arche sono le case de' morti, per ciò che in esse si pongono e dimorano i morti; le quali egli dice che son nostra casa, a dimostrarci che noi e gli altri uomini idioti[43] e non letterati siamo, a comparazion di lui e degli altri uomini scienziati, peggio che uomini morti, e per ciò, qui essendo, noi siamo a casa nostra -.

Allora ciascuno intese quello che Guido aveva voluto dire e vergognossi, né mai più gli diedero briga, e tennero per innanzi[44] messer Betto sottile e intendente[45] cavaliere.

---

36. **leggerissimo:** agilissimo.
37. **fusi gittato:** si gettò. Il trapassato esprime la fulmineità dell'azione, quasi che essa fosse già trascorsa prima che si avesse il tempo di registrarla.
38. **sviluppatosi:** liberatosi.
39. **smemorato:** stordito. E così dopo: «Gli smemorati siete voi».
40. **non veniva a dir nulla:** non voleva dire nulla.
41. **con ciò ... di loro:** siccome quello era un luogo pubblico, non più casa loro che degli altri concittadini, o di Guido stesso.
42. **onestamente ... villania:** riprende alla lettera la rubrica della novella (v. nota 2).
43. **idioti:** incolti. Opposto agli «scienziati», ovvero agli uomini istruiti.
44. **tennero per innanzi:** considerarono da allora in poi.
45. **sottile e intendente:** acuto e intelligente.

T14 Dentro il testo

IN SINTESI

Guido Cavalcanti è il noto poeta, amico di Dante, ma qui è presentato soprattutto come uomo schivo e solitario, e nelle vesti di filosofo epicureo, di cui si sottolinea il possibile ateismo. A Guido non piace mescolarsi con le «brigate» cittadine, compagnie di giovani gentiluomini dedite a far baldoria, e questo gli procura una certa aura di snobismo. Un giorno, mentre fa la sua abituale passeggiata, si ritrova vicino al battistero, dove c'erano alcune arche sepolcrali. Capita a passare di lì anche la brigata di Betto Brunelleschi. I giovani della brigata notano Guido e subito lo accerchiano per dargli noia. Gli domandano quindi a che gli servirà mai dimostrare che Dio non esiste... Per tutta risposta Guido dice che a casa loro essi possono dire ciò che vogliono, e si dilegua. I membri della brigata non capiscono la risposta, tranne Betto, il quale realizza che Guido ha appena dato loro dei «morti», in quanto rozzi e ignoranti, e lo spiega ai compagni. I quali, capita l'antifona, non danno mai più noia a Guido.

I TEMI E L'ESPRESSIONE

UNA BATTUTA PARTICOLARE

Le modalità di questo motto sono singolarissime, e non trovano riscontro nel resto della giornata. In genere, il motteggiatore vuole vedere se il suo motto è stato capito e se ha fatto effetto; qui invece Guido, presentato nella prima parte come «un de' miglior loici ... e ottimo filosofo naturale», lancia la sua battuta e poi si congeda saltando dall'altra parte dell'arca, del tutto **indifferente al destino delle sue parole**; che la brigata le capisca, non le capisca, evidentemente a Guido Cavalcanti non interessa. Inoltre, sul momento il motto non viene compreso, e rischia dunque di rimanere inefficace. Solo dopo averci pensato, Betto riesce a decifrarlo e a capire che, trovandosi loro in un cimitero, se quella è la loro casa, vuol dire che essi sono uomini morti; o meglio, morti viventi, come tutti quelli che stanno al mondo «idioti e non letterati». Non è un caso che, alla fine della novella, non si celebri tanto la superiore intelligenza e finezza del Cavalcanti motteggiatore, ma l'**acutezza del motteggiato Betto**, riconosciuto da tutti «sottile e intendente».

UN INCONTRO IMPOSSIBILE

Il fatto che Guido si dilegui **senza aspettare l'effetto del suo motto** impedisce uno degli effetti costitutivi del motto decameroniano. In Boccaccio, infatti, di norma, il motto è fatto per suscitare il riso del motteggiato e per risolvere così, in allegria, la tensione che si poteva essere instaurata tra motteggiato e motteggiatore. In questo senso è tipico l'esito della novella di Chichibio (risata liberatoria del padrone) o di Cisti fornaio (qui nessuna risata vera e propria, ma intesa finale reciproca fra Cisti e Geri e nascita di una vera amicizia fra i due). Il motto di Guido Cavalcanti, invece, anche quando viene capito, con fatica e tardivamente, non ha **nessun effetto di riconciliazione** fra le parti. Tra Guido e Betto Brunelleschi non si stabilisce nessuna vera intesa, nessuna simpatia, nessuna amicizia. È ancora una prova del carattere eccezionale, solitario e scontroso del grande Cavalcanti.

L'ATEISMO DI GUIDO

Che Guido Cavalcanti fosse **ateo**, e impiegasse il suo tempo a dimostrare «se trovar si potesse che Iddio non fosse» non lo pensava, a Firenze, solo la «gente volgare». Lo pensavano un po' tutti e con tutta probabilità anche Dante Alighieri, il quale, non potendo mandare Guido all'Inferno (visto che il viaggio nell'oltretomba descritto nella *Commedia* si immagina compiuto nella primavera del 1300, mentre Guido Cavalcanti morì qualche tempo dopo) ci manda però il padre di lui, Cavalcante de' Cavalcanti, seguendo l'opinione diffusa che voleva tutto quel casato macchiato di ateismo. Per di più, nel cerchio di coloro «che l'anima col corpo morta fanno», cioè che non credono all'immortalità dell'anima, i dannati come **Cavalcante** sono puniti entro arche sepolcrali arroventate, del tutto simili, dobbiamo immaginare, a quella oltre la quale Guido, in questa novella, spicca il suo leggerissimo salto. È impossibile che Boccaccio qui non abbia pensato, scrivendo di Guido ateo, al padre suo condannato all'Inferno nella ***Commedia***; ed è naturale che le sue arche siano un po' una risposta a quelle roventi immaginate da **Dante**. Se è così, è chiaro come Boccaccio abbia qui riconfigurato la leggenda nera che accompagnava i Cavalcanti. Il Guido decameroniano, infatti, non appare come ateo né come epicureo. Sono gli altri, la «gente volgare», a considerarlo tale; anche nel suo motto egli elude elegantemente la questione, evitando di cadere nella trappola predisposta dalla brigata.
Rispetto insomma alla fama diffusa dei Cavalcanti, e a Dante stesso, Boccaccio **sfuma qui il sospetto di ateismo**, facendone anzi una rozza semplificazione del volgo. L'ateismo di Guido in questa novella non è un marchio di peccato, quanto, invece, il segno dell'incomprensione che circonda chi si distacchi dal gruppo per la sua originalità di vita e di pensiero. È, si potrebbe dire, il sintomo della radicale diversità dell'intellettuale rispetto alla società del suo tempo.

Analisi e interpretazione Tipologia A

LEGGERE CON METODO

COMPRENSIONE GLOBALE

1. Che cos'erano e come si caratterizzavano le brigate?
2. A quale causa Betto e i suoi amici attribuiscono il rifiuto di Guido di fare parte della brigata?
3. In quale luogo la brigata sorprende Guido? Come fa il poeta, sul piano fisico, a sottrarsi al loro amichevole assalto?
4. Qual è il significato del motto di Guido, secondo Betto?

LA LINGUA E LE STRUTTURE

5. Nella novella, Guido Cavalcanti ha una duplice caratterizzazione; individua e sottolinea le espressioni che rimandano al mondo cortese, condiviso anche dalla brigata, e quelle che lo connotano come pensatore e uomo di scienza.
6. Betto Brunelleschi introduce la sua spiegazione del significato della battuta di Guido con un'espressione ossimorica: «egli ci ha detta onestamente e in poche parole la maggior villania del mondo». Perché le parole di Guido sono «oneste» nella forma e «villane» nei contenuti?

I TEMI E L'INTERPRETAZIONE

7. Perché tra Guido e i componenti della brigata non avviene una riconciliazione finale, come solitamente accade nelle novelle di Boccaccio basate su un motto?

LA PAROLA A... **Italo Calvino**

La leggerezza di Guido Cavalcanti

Fra le cosiddette *Lezioni americane* di **Italo Calvino** (1923-85) la prima è dedicata alla leggerezza. Le lezioni (una serie di conferenze destinate, nel 1984, all'università di Harvard) dovevano in realtà intitolarsi, in inglese, *Six Memos for the Next Millennium*: erano cioè concepite come riflessioni fondanti su concetti ritenuti dallo scrittore indispensabili per affrontare il nuovo millennio. Al centro della lezione sulla leggerezza, Italo Calvino evoca, come pagina esemplare, proprio la novella del motto di Guido Cavalcanti che abbiamo appena letto.

Da quanto ho detto fin qui mi pare che il concetto di leggerezza cominci a precisarsi; spero innanzitutto d'aver dimostrato che esiste una leggerezza della pensosità, così come tutti sappiamo che esiste una leggerezza della frivolezza; anzi, la leggerezza pensosa può far apparire la frivolezza come pesante e opaca. Non potrei illustrare meglio questa idea che con una novella del *Decameron* (VI, 9) dove appare il poeta fiorentino Guido Cavalcanti. Boccaccio ci presenta Cavalcanti come un austero filosofo che passeggia meditando tra i sepolcri di marmo davanti a una chiesa. La *jeunesse dorée* fiorentina cavalcava per la città in brigate che passavano da una festa all'altra, sempre cercando occasioni d'ampliare il loro giro di scambievoli inviti. Cavalcanti non era popolare tra loro, perché, benché fosse ricco ed elegante, non accettava mai di far baldoria con loro e perché la sua misteriosa filosofia era sospettata d'empietà [...]. Ciò che qui ci interessa non è tanto la battuta attribuita a Cavalcanti (che si può interpretare considerando che il preteso "epicureismo" del poeta era in realtà averroismo, per cui l'anima individuale fa parte dell'intelletto universale: le tombe sono casa vostra e non mia in quanto la morte corporea è vinta da chi s'innalza alla contemplazione universale attraverso la speculazione dell'intelletto). Ciò che ci colpisce è l'immagine visuale che Boccaccio evoca: Cavalcanti che si libera d'un salto «sì come colui che leggerissimo era». Se volessi scegliere un simbolo augurale per l'affacciarsi al nuovo millennio, sceglierei questo: l'agile salto improvviso del poeta-filosofo che si solleva sulla pesantezza del mondo, dimostrando che la sua gravità contiene il segreto della leggerezza, mentre quella che molti credono essere la vitalità dei tempi, rumorosa, aggressiva, scalpitante e rombante, appartiene al regno della morte, come un cimitero d'automobili arrugginite.

(I. Calvino, *Elogio della leggerezza*, in *Lezioni americane*, Garzanti, Milano 1988)

Nella lettura di Calvino, Cavalcanti diventa emblema di una leggerezza che non è superficialità frivola ma, invece, modalità pensosa: capacità di sollevarsi sopra la pesantezza del banale, della volgarità intellettuale incarnata nella brigata di Betto Brunelleschi. Cavalcanti, che accoppia la sua battuta acuta con il suo salto leggero, dimostra come possano coesistere profondità di pensiero e disinvoltura, altezza d'ingegno e scioltezza di comportamenti. Insomma, essere intellettuale, secondo Calvino, non vuol dire esibire la pesante serietà dei propri pensieri. La persona che davvero ha un'intensa, profonda vita di pensiero deve essere capace di esprimerla con la leggerezza dell'acrobatico salto di Guido Cavalcanti.

TESTO ARGOMENTATIVO Tipologia **B**

1. Quali tipi di leggerezza si contrappongono nel pensiero di Calvino?
2. Secondo Calvino, come andrebbe correttamente interpretato l'epicureismo di Guido Cavalcanti?
3. Quale correlazione vede Calvino tra «la vitalità dei tempi, rumorosa, aggressiva, scalpitante e rombante» e la brigata di Betto Brunelleschi?

T15

Decameron, VI, 10

Frate Cipolla

AUDIOLIBRO

Anno: 1349-51

Genere: novella

Argomento: frate Cipolla, vittima di una beffa, risponde prontamente con una controbeffa

Per una volta, in questa giornata dei motti, Dioneo rinuncia al proprio privilegio. Come avverte lui stesso rivolgendosi ai compagni, oggi egli si propone di seguire le «pedate» di chi l'ha preceduto. Tuttavia, basterebbe la lunghezza stessa della novella a far capire che non ci troviamo propriamente davanti a una novella di motto: invece di esibirsi in una battuta breve e incisiva, vedremo che il protagonista, frate Cipolla, si lancerà in una predica retoricamente elaborata, piena di doppi sensi e di spassose invenzioni linguistiche.

Parafrasi integrale

Frate Cipolla promette a certi contadini di mostrar loro la penna dell'agnolo Gabriello[1]; in luogo della quale trovando carboni, quegli dice esser di quegli che arrostirono san Lorenzo.[2]

rr. 3-15 Dioneo rinuncia alla sua consueta libertà e sceglie di attenersi al tema della giornata.

Essendo ciascuno della brigata della sua novella riuscito[3], conobbe Dioneo che a lui toccava il dover dire; per la qual cosa, senza troppo solenne comandamento aspettare, imposto silenzio a quegli che il sentito[4] motto di Guido lodavano, incominciò:

– Vezzose donne, quantunque io abbia per privilegio di poter di quel che più mi piace parlare, oggi io non intendo di volere da quella materia separarmi della quale voi tutte avete assai acconciamente[5] parlato; ma, seguitando le vostre pedate[6], intendo di mostrarvi quanto cautamente con subito riparo[7] uno de' frati di santo Antonio[8] fuggisse uno scorno[9] che da due giovani apparecchiato gli era. Né vi dovrà esser grave perché io, per ben dir la novella compiuta, alquanto in parlar mi distenda[10], se al sol guarderete il qual è ancora a mezzo il cielo.

rr. 16-29 Frate Cipolla, di cui si presenta una descrizione, ogni anno visitava Certaldo per raccogliere offerte.

Certaldo[11], come voi forse avete potuto udire, è un castel di Valdelsa posto nel nostro contado[12], il quale, quantunque piccol sia, già di nobili uomini e d'agiati fu abitato; nel quale, per ciò che buona pastura[13] vi trovava, usò un lungo tempo d'andare ogni anno una volta a ricoglier le limosine fatte loro dagli sciocchi un de' frati di santo Antonio, il cui nome era frate Cipolla[14], forse non meno per lo nome che per altra divozione

1. **agnolo Gabriello:** angelo Gabriele.
2. La novella, pur non rimandando a una fonte precisa, si inserisce tuttavia nella vasta letteratura medievale riguardante il culto delle reliquie, diffusa specie dopo la prima Crociata (1099); non rara nei maggiori predicatori dell'epoca la deplorazione dell'eccessiva credulità popolare, e il tentativo di distinguere tra reliquie vere e ridicole «bufferie».
3. **riuscito:** sbrigato.
4. **sentito:** profondo, significativo.
5. **assai acconciamente:** molto appropriatamente.
6. **seguitando ... pedate:** mettendomi sulle vostre orme.
7. **con subito riparo:** con subitaneo rimedio.
8. **uno ... Antonio:** si tratta di un frate degli antoniani di Vienne, in Francia (dove era la casa madre), seguaci di sant'Antonio Abate, o sant'Antonio del Deserto, un eremita egiziano vissuto fra III e IV secolo (da non confondere con il più noto sant'Antonio da Padova). I frati antoniani avevano fama di questuanti avidi e insistenti, e spesso si comportavano da veri imbroglioni di strada (come qui frate Cipolla).
9. **fuggisse uno scorno:** ripete la rubrica della giornata, in cui si ragiona di chi «con pronta risposta o avvedimento fuggì perdita o pericolo o scorno»; segno che Dioneo davvero intende conformarsi al tema del giorno.
10. **alquanto ... mi distenda:** si tratterà infatti di una novella assai lunga; d'altronde le altre della giornata sono state invece molto più brevi del solito, sì che, come osserva Dioneo, il sole è ancora alto: è ancora pieno pomeriggio.
11. **Certaldo:** è il borgo di famiglia di Boccaccio, probabile suo luogo di nascita.
12. **castel ... contado:** borgo fortificato di Valdelsa nel contado di Firenze.
13. **buona pastura:** buon pascolo; cioè, terreno fertile per la sua predicazione e relativa raccolta di elemosine.
14. **frate Cipolla:** sembra nome d'invenzione (e in ogni caso particolarmente propizio alla frequentazione dei certaldesi: si veda quel che segue); comunque era ed è nome (e oggi cognome) largamente attestato.

vedutovi volontieri[15], con ciò sia cosa che[16] quel terreno produca cipolle famose per tutta Toscana. Era questo frate Cipolla di persona piccolo, di pelo rosso e lieto nel viso e il miglior brigante del mondo[17]: e oltre a questo, niuna scienza avendo[18], sì ottimo parlatore e pronto era, che chi conosciuto non l'avesse, non solamente un gran rettorico[19] l'avrebbe estimato, ma avrebbe detto esser Tulio medesimo o forse Quintiliano[20]: e quasi di tutti quegli della contrada era compare o amico o benvogliente[21].

rr. 30-48 Egli annuncia di dover mostrare una reliquia, una penna dell'angelo Gabriele.

Il quale, secondo la sua usanza, del mese d'agosto tra l'altre v'andò una volta; e una domenica mattina, essendo tutti i buoni uomini e le femine delle ville da torno[22] venuti alla messa nella calonica[23], quando tempo gli parve, fattosi innanzi disse: - Signori e donne, come voi sapete, vostra usanza è di mandare ogni anno a' poveri del baron messer santo Antonio del vostro grano e delle vostre biade[24], chi poco e chi assai, secondo il podere[25] e la divozion sua, acciò che il beato santo Antonio vi sia guardia de' buoi e degli asini e de' porci e delle pecore vostre[26]; e oltre a ciò solete pagare, e spezialmente quegli che alla nostra compagnia[27] scritti sono, quel poco debito che ogni anno si paga una volta. Alle quali cose ricogliere io sono dal mio maggiore[28], cioè da messer l'abate, stato mandato; e per ciò con la benedizion di Dio, dopo nona[29], quando udirete sonare le campanelle, verrete qui di fuori della chiesa là dove io al modo usato vi farò la predicazione, e bascerete[30] la croce; e oltre a ciò, per ciò che divotissimi tutti vi conosco del barone messer santo Antonio, di spezial grazia[31] vi mostrerò una santissima e bella reliquia, la quale io medesimo già recai dalle sante terre d'oltremare[32]: e questa è una delle penne dell'agnol Gabriello, la quale nella camera della Vergine Maria rimase quando egli la venne a annunziare in Nazarette[33] -. E questo detto si tacque e ritornossi alla messa.

All'epoca esisteva un vero e proprio "mercato" delle reliquie. A esse erano attribuiti poteri miracolosi e per alcuni religiosi senza scrupoli erano mezzi per ottenere denaro dai devoti.

---

15. forse ... volentieri: **forse veduto lì** [a Certaldo]**, non meno volentieri per il suo nome, che per altri motivi di devozione religiosa**; in quanto, come spiega subito, quel nome, «Cipolla», ben si adattava al paese, famoso in tutta la Toscana per la sua produzione di cipolle.
16. con ciò sia cosa che: **poiché**.
17. il miglior ... del mondo: **il miglior amicone del mondo**; «brigante» da «brigata», quindi "membro di una compagnia".
18. niuna scienza avendo: **anche se non aveva alcuna istruzione**.
19. rettorico: **maestro di retorica**, **di eloquenza**.
20. Tulio ... Quintiliano: Cicerone (il cui nome completo era Marco Tullio Cicerone) o Quintiliano: i due campioni dell'oratoria latina.
21. benvogliente: **benevolente**, nel senso che era in rapporti benevoli, d'amicizia, con tutti gli abitanti del paese.
22. delle ville da torno: **dei villaggi dei dintorni**.
23. nella calonica: **nella canonica**; è la chiesa parrocchiale.
24. mandare ... biade: ecco perché frate Cipolla si reca a Certaldo nel mese di agosto: quando il grano è raccolto, e il foraggio («biade») è pronto, sì che i fedeli possano darne parte in elemosina per i poveri di sant'Antonio («baron» è titolo di onore, che si poteva usare anche per i santi).
25. il podere: **la possibilità**.
26. acciò che ... vostre: sant'Antonio Abate era venerato infatti come protettore degli animali, e veniva di solito raffigurato con un porco ai suoi piedi; devozione derivata, in realtà, dall'antica iconografia che lo raffigurava, nel deserto d'Egitto, perseguitato dalle tentazioni del demonio, che gli appariva in forme mostruose o animalesche e, in particolare, sotto l'aspetto di porco o cinghiale zannuto.
27. compagnia: **confraternita**; gli iscritti a tale associazione pagavano, come qui dice, una piccola quota annuale, che frate Cipolla passava a riscuotere.
28. maggiore: **superiore**.
29. dopo nona: **dopo le tre del pomeriggio**.
30. bascerete: **bacerete**; solita forma toscana.
31. di spezial grazia: **come grazia speciale**.
32. dalle sante terre d'oltremare: **dalla Terrasanta**.
33. una delle penne ... Nazarette: dunque l'angelo Gabriele, venendo a Nazareth ad annunziare a Maria la volontà divina, cioè che Ella fosse la madre del Creatore, avrebbe perso in quell'occasione una penna delle sue ali. Da notare l'uso transitivo di «annunziare», donde poi l'attributo di Vergine «annunziata».

Erano, quando frate Cipolla queste cose diceva, tra gli altri molti nella chiesa due giovani astuti molto, chiamato l'uno Giovanni del Bragoniera e l'altro Biagio Pizzini[34] li quali, poi che alquanto tra sé ebbero riso della reliquia di frate Cipolla, ancora che molto fossero suoi amici e di sua brigata[35], seco proposero di fargli di questa penna[36] alcuna beffa. E avendo saputo che frate Cipolla la mattina desinava nel castello[37] con un suo amico, come a tavola il sentirono così se ne scesero alla strada e all'albergo dove il frate era smontato[38] se n'andarono con questo proponimento, che Biagio dovesse tenere a parole il fante[39] di frate Cipolla e Giovanni dovesse tralle cose del frate cercare di questa penna, chente che ella si fosse, e torgliele[40], per vedere come egli di questo fatto poi dovesse al popol dire[41].

rr. 49-59 Due giovani decidono di ordire una beffa a suo danno.

Aveva frate Cipolla un suo fante, il quale alcuni chiamavano Guccio Balena e altri Guccio Imbratta, e chi gli diceva Guccio Porco[42]; il quale era tanto cattivo, che egli non è vero che mai Lippo Topo ne facesse alcun cotanto[43]. Di cui spesse volte frate Cipolla era usato di motteggiare con la sua brigata e di dire: - Il fante mio ha in sé nove cose tali che, se qualunque è l'una di quelle[44] fosse in Salamone o in Aristotile o in Seneca, avrebbe forza di guastare ogni lor vertù, ogni lor senno, ogni lor santità. Pensate adunque che uom dee essere egli, nel quale né vertù né senno né santità alcuna è, avendone nove! -; e essendo alcuna volta domandato quali fossero queste nove cose e egli[45], avendole in rima messe, rispondeva: - Dirolvi: egli è tardo, sugliardo[46] e bugiardo; negligente, disubidente e maldicente; trascutato, smemorato e scostumato[47]; senza che egli ha alcune altre taccherelle con queste[48], che si taccion per lo migliore[49]. E quel che sommamente è da rider de' fatti suoi è che egli in ogni luogo vuol pigliar moglie e tor casa a pigione[50]; e avendo la barba grande e nera e unta, gli par sì forte esser bello e piacevole, che egli s'avisa[51] che quante femine il veggano tutte di lui s'innamorino, e essendo lasciato[52], a tutte andrebbe dietro perdendo la coreggia[53]. È il vero che egli m'è d'un grande aiuto[54], per ciò che mai niun non mi

rr. 60-80 Descrizione di Guccio Imbratta, servitore di frate Cipolla.

---

34. Giovanni del Bragoniera ... Biagio Pizzini: nomi attestati in quei tempi a Certaldo; Biagio Pizzini, anzi, era in rapporti di amicizia con il padre di Boccaccio.
35. ancora che ... di sua brigata: **sebbene fossero molto suoi amici e della sua compagnia**.
36. di questa penna: **riguardo a questa penna**.
37. nel castello: **nella rocca fortificata**, la parte più alta del paese.
38. smontato: **alloggiato**.
39. tenere ... fante: **distrarre con dei discorsi il servitore**.
40. chente ... torgliele: **quale che essa fosse, e sottrargliela**.
41. per vedere ... dire: **per vedere come poi egli** [frate Cipolla] **se la sarebbe cavata a spiegare ai parrocchiani questo fatto**.
42. Guccio Balena ... Guccio Imbratta ... Guccio Porco: «Balena» probabilmente per la grossa corporatura; «Imbratta» per il sudiciume; «Porco» o per queste due caratteristiche o come abbreviazione del cognome se, come sembra, questo personaggio (già nominato in IV, 7) è da identificarsi con un Guccio Porcellana che lavorava al tempo di Boccaccio nell'Ospedale di San Filippo, nella parrocchia di San Paolo.
43. era tanto cattivo ... cotanto: **era un tale buono a nulla, che Lippo Topo non ne fece mai un altro simile**, cioè altrettanto indolente e fannullone. Lippo ("Filippo") Topo è il nome di un personaggio proverbiale a cui si attribuivano varie bizzarrie e, fra le altre, il capriccio di divertirsi a rendere la sua gente di famiglia oziosa e inoperosa.
44. qualunque ... di quelle: **una soltanto di quelle nove cose, così come essa è**.
45. e egli: costrutto paraipotattico: **ecco che egli**. ■ **e: ecco che**.
46. sugliardo: **sudicio** (come il francese *souillard*).
47. trascutato ... scostumato: **trascurato, distratto e di sozze maniere**.
48. alcune ... con queste: **alcuni altri difettucci in aggiunta a questi**.
49. che ... per lo migliore: **che sarà meglio passare sotto silenzio**.
50. tor ... a pigione: **affittare casa**, per metter su famiglia.
51. s'avisa: **si figura**, **si immagina**.
52. essendo lasciato: **se lo si lasciasse fare**.
53. a tutte ... coreggia: **andrebbe dietro a tutte, senza accorgersi di perdere la cintura per strada**; cioè, incurante di tutto. Ma la «coreggia» potrebbe essere anche la briglia di un cavallo, e in questo caso la frase significherebbe: come un cavallo sbrigliato, senza controllo.
54. È il vero ... aiuto: ironico: Guccio in realtà è un invadente, che origlia quando qualcuno vuole parlare al suo padrone in modo riservato («vuol ... segreto parlare»), e che si precipita a dire sì o no al suo posto quando gli viene chiesto qualcosa, come se avesse paura che il padrone da sé non sapesse rispondere.

vuol sì segreto parlare, che egli non voglia la sua parte udire; e se avviene che io d'alcuna cosa sia domandato, ha sì gran paura che io non sappia rispondere, che prestamente risponde egli e sì e no, come giudica si convenga -.

A costui, lasciandolo all'albergo, aveva frate Cipolla comandato che ben guardasse che alcuna persona non toccasse le cose sue, e spezialmente le sue bisacce, per ciò che in quelle erano le cose sacre. Ma Guccio Imbratta, il quale era più vago[55] di stare in cucina che sopra i verdi rami l'usignuolo, e massimamente se fante vi sentiva niuna[56], avendone in quella dell'oste[57] una veduta, grassa e grossa e piccola e mal fatta, con un paio di poppe che parean due ceston da letame[58] e con un viso che parea de' Baronci[59], tutta sudata, unta e affumicata, non altramenti che si gitti l'avoltoio alla carogna[60], lasciata la camera di frate Cipolla aperta e tutte le sue cose in abbandono, là si calò; e ancora che d'agosto fosse, postosi presso al fuoco a sedere, cominciò con costei, che Nuta aveva nome, a entrare in parole[61] e dirle che egli era gentile uomo per procuratore[62] e che egli aveva de' fiorini più di millantanove, senza quegli che egli aveva a dare altrui, che erano anzi più che meno[63], e che egli sapeva tante cose fare e dire, che domine pure unquanche[64]. E senza riguardare a un suo cappuccio sopra il quale era tanto untume, che avrebbe condito il calderon d'Altopascio[65], e a un suo farsetto rotto e ripezzato[66] e intorno al collo e sotto le ditella smaltato di sucidume[67], con più macchie e di più colori che mai drappi fossero tartereschi o indiani[68], e alle sue scarpette tutte rotte e alle calze sdrucite, le disse, quasi stato fosse il Siri di Ciastiglione[69], che rivestir la voleva e rimetterla in arnese[70], e trarla di quella cattività di star con altrui[71] e senza gran possession d'avere ridurla in isperanza di miglior fortuna[72] e altre cose assai: le quali quantunque molto affettuosamente le dicesse, tutte in vento convertite[73], come le più delle sue imprese facevano, tornarono in niente.

rr. 81-105 A Guccio Imbratta frate Cipolla affida il compito di sorvegliare le sue cose, ma il servo si distrae, invaghitosi di una sguattera della cucina locale.

---

55. più vago: più desideroso.
56. massimamente ... niuna: specialmente se sentiva che in cucina ci fosse qualche serva.
57. dell'oste: dell'albergatore.
58. due ... letame: due ceste da raccogliere il letame.
59. Baronci: famiglia fiorentina di leggendaria bruttezza. Nella novella VI, 6 sono stati definiti i più nobili uomini della città, in quanto i più antichi: così brutti, essi devono infatti essere stati creati fra i primi, quando Dio Creatore non ci aveva ancora preso la mano.
60. non altramenti ... alla carogna: non diversamente da come l'avvoltoio si getta sulla carogna (da spolpare); l'immagine rende insieme l'animalesco avventarsi di Guccio sulla sua preda, e il carattere repellente di quest'ultima.
61. a entrare in parole: ad attaccare discorso.
62. gentile ... procuratore: nobiluomo per procura. Come dire, non per davvero, ma per mandato di qualche altro, di cui egli ha la rappresentanza.
63. egli aveva ... che meno: esempio di eloquenza priva di senso, in cui si dice il contrario di quello che si vuol fare intendere: prima di tutto, «millantanove» è un numero inventato (e pericolosamente orecchiante «millantatore»); la quantità dei fiorini è "aumentata" mettendo in conto quelli dei debiti di Guccio («senza quegli che egli aveva a dare altrui»), i quali a loro volta sono enfaticamente esagerati («erano anzi più che meno»).
64. che domine pure unquanche: che neanche il suo padrone mai potrebbe. Guccio orecchia comicamente un linguaggio che vorrebbe essere elevato («unquanche»).
65. il calderon d'Altopascio: ad Altopascio (vicino a Lucca, sulla via Francigena, assai frequentata allora dai pellegrini che si recavano a Roma) esisteva un noto ospizio che preparava enormi calderoni di minestra per i poveri e i viandanti. L'unto del cappuccio di Guccio sarebbe bastato a condire il contenuto di quei calderoni.
66. ripezzato: rappezzato.
67. intorno ... sucidume: il farsetto di Guccio è così sporco intorno al collo e sotto le ascelle («ditella») da potersi dire «smaltato», tanto è lucida e dura la crosta del sudiciume.
68. drappi ... indiani: le stoffe e i tappeti orientali («tartereschi», "tartari") erano famosi per i loro variopinti colori.
69. il Siri di Ciastiglione: il signore di Châtillon, in Francia; per dire «un gran signore».
70. rimetterla in arnese: rimetterla in sesto.
71. trarla ... con altrui: liberarla da quella schiavitù di dover stare sottoposta ad altri.
72. e senza ... di miglior fortuna: e (voleva), anche se lei non aveva granché, darle speranza di una migliore condizione.
73. tutte in vento convertite: tutte svanite nel nulla.

rr. 106-39 Facilmente i due furbacchioni sottraggono la reliquia (una piuma di pappagallo) e la sostituiscono con dei carboni.

Trovarono adunque i due giovani Guccio Porco intorno alla Nuta occupato; della qual cosa contenti, per ciò che mezza la lor fatica era cessata[74], non contradicendolo alcuno[75] nella camera di frate Cipolla, la quale aperta trovarono, entrati, la prima cosa che venne lor presa per cercare fu la bisaccia nella quale era la penna; la quale aperta, trovarono in un gran viluppo di zendado[76] fasciata una piccola cassettina; la quale aperta, trovarono in essa una penna di quelle della coda d'un pappagallo, la quale avvisarono[77] dovere esser quella che egli promessa avea di mostrare a' certaldesi. E certo egli il poteva a quei tempi leggiermente[78] far credere, per ciò che ancora non erano le morbidezze d'Egitto, se non in piccola quantità, trapassate in Toscana, come poi in grandissima copia con disfacimento di tutta Italia son trapassate[79]: e dove che elle poco conosciute fossero, in quella contrada quasi in niente erano dagli abitanti sapute; anzi, durandovi ancora la rozza onestà degli antichi, non che veduti avessero pappagalli ma di gran lunga la maggior parte mai uditi non gli avea ricordare[80]. Contenti adunque i giovani d'aver la penna trovata, quella tolsero[81] e, per non lasciare la cassetta vota, vedendo carboni in un canto della camera, di quegli la cassetta empierono; e richiusala e ogni cosa racconcia[82] come trovata avevano, senza essere stati veduti, lieti se ne vennero con la penna e cominciarono a aspettare quello che frate Cipolla, in luogo della penna trovando carboni, dovesse dire.

Boccaccio ricorda e rimpiange i costumi antichi e la loro «rozza onestà».

Gli uomini e le femine semplici che nella chiesa erano, udendo che veder dovevano la penna dell'agnol Gabriello dopo nona, detta la messa, si tornarono a casa; e dettolo l'un vicino all'altro e l'una comare all'altra, come desinato ebbero ogni uomo[83], tanti uomini e tante femine concorsono nel castello[84], che appena vi capeano[85], con disidero aspettando di veder questa penna. Frate Cipolla, avendo ben desinato e poi alquanto dormito, un poco dopo nona levatosi e sentendo la moltitudine grande esser venuta di contadini per dovere la penna vedere, mandò a Guccio Imbratta[86] che là sù con le campanelle venisse e recasse le sue bisacce. Il qual, poi che con fatica dalla cucina e dalla Nuta si fu divelto[87], con le cose addimandate[88] con fatica lassù n'andò: dove ansando giunto, per ciò che il ber dell'acqua gli avea molto fatto crescere il corpo, per comandamento di frate Cipolla andatone in su la porta della chiesa, forte incominciò le campanelle a sonare.

Il verbo rende magnificamente la forza con cui Guccio si era installato in quella cucina.

74. **cessata: evitata**; non dovevano darsi pensiero di distrarre Guccio, già occupato con la Nuta.
75. **non ... alcuno: non opponendosi nessuno a quello che intendevano fare.**
76. **zendado: drappo di seta.**
77. **avvisarono: si figurarono.**
78. **leggiermente: facilmente.**
79. **per ciò che ancora ... trapassate:** insomma, come spiega subito, le penne di pappagallo erano ancora una rarità esotica, e potevano quindi ben passare per un piumaggio paradisiaco.
80. **mai uditi ... ricordare: non li aveva mai sentiti nominare.**
81. **tolsero: presero.**
82. **racconcia: rimessa a posto.**
83. **ogni uomo: ognuno.**
84. **concorsono nel castello: si radunarono nella parte alta del paese.**
85. **vi capeano: ci stavano, ci entravano.**
86. **mandò ... Imbratta: mandò a dire a Guccio Imbratta**, all'albergo dove il servo era rimasto mentre frate Cipolla desinava al castello, a Certaldo alto. Per questo dice subito dopo che Guccio venisse «là sù» con le campanelle, che venivano suonate in occasione dell'esposizione di reliquie.
87. **divelto: staccato.**
88. **addimandate: richieste.**

> **rr. 140-55** Frate Cipolla scopre l'assenza della piuma, e tuttavia avvia comunque con maestria la sua predica.

Dove, poi che tutto il popolo fu ragunato, frate Cipolla, senza essersi avveduto che niuna sua cosa fosse stata mossa[89], cominciò la sua predica e in acconcio de' fatti suoi[90] disse molte parole; e dovendo venire al mostrar della penna dell'agnol Gabriello, fatta prima con gran solennità la confessione[91], fece accender due torchi[92] e soavemente sviluppando il zendado[93], avendosi prima tratto il cappuccio[94], fuori la cassetta ne trasse. E dette primieramente alcune parolette a laude e a commendazione[95] dell'agnolo Gabriello e della sua reliquia, la cassetta aperse. La quale come piena di carboni vide, non sospicò[96] che ciò Guccio Balena gli avesse fatto, per ciò che nol conosceva da tanto[97], né il maladisse del male aver guardato che altri ciò non facesse[98], ma bestemmiò tacitamente sé, che a lui la guardia delle sue cose aveva commessa[99], conoscendol, come faceva, negligente, disubidente, trascutato e smemorato[100]. Ma non per tanto, senza mutar colore, alzato il viso e le mani al cielo, disse sì che da tutti fu udito: - O Idio, lodata sia sempre la tua potenzia! -

> **rr. 156-206** Frate Cipolla racconta delle sue mirabolanti peregrinazioni.

Poi richiusa la cassetta e al popolo rivolto disse: - Signori e donne, voi dovete sapere che, essendo io ancora molto giovane, io fui mandato dal mio superiore in quelle parti[101] dove apparisce il sole, e fummi commesso con espresso comandamento che io cercassi tanto che io trovassi i privilegi del Porcellana[102], li quali, ancora che a bollar niente costassero, molto più utili sono a altrui che a noi[103]. Per la qual cosa messom'io cammino, di Vinegia partendomi e andandomene per lo Borgo de' Greci e di quindi per lo reame del Garbo cavalcando e per Baldacca, pervenni in Parione, donde, non senza sete, dopo alquanto pervenni in Sardigna. Ma perché vi vo io tutti i paesi cerchi da me divisando?[104] Io capitai, passato il Braccio di San Giorgio[105], in Truffia e in Buffia, paesi molto abitati e con gran popoli[106]; e di quindi pervenni in terra di Menzogna, dove molti de' nostri

---

89. senza ... mossa: **senza aver verificato che nessuna sua cosa fosse stata spostata**.

90. in acconcio ... suoi: **accomodando la predica in funzione dei suoi interessi**.

91. fatta ... la confessione: recitato il *Confiteor*, l'atto di confessione dei peccati.

92. due torchi: **due grossi ceri**, uno di qua e uno di là, per illuminare degnamente la reliquia.

93. soavemente ... zendado: **delicatamente sciogliendo la fasciatura di seta**, che avvolgeva la cassetta della reliquia; gesto di studiata *suspence*.

94. avendosi ... cappuccio: **scopertosi prima il capo**, in segno di reverenza.

95. E dette ... commendazione: **E pronunciate in primo luogo alcune formule in lode e gloria**.

96. non sospicò: **non sospettò**.

97. nol conosceva da tanto: **non lo riteneva capace di una simile burla**.

98. né ... non facesse: **né lo maledisse per aver vigilato così malamente che altri non facessero** [quello che era sotto i suoi occhi].

99. commessa: **affidata**.

100. negligente ... smemorato: ripete alcuni dei vizi già attribuiti a Guccio nella sua presentazione.

101. in quelle parti: comincia il racconto dei fantastici viaggi compiuti da frate Cipolla da giovane; un misto di doppi sensi burleschi e di citazioni della topografia di Firenze, del tutto però ignota ai certaldesi, e quindi ai loro orecchi esotica e suggestiva. «Porcellana» era una via della parrocchia e quartiere di San Paolo, dove Guccio Imbratta, come visto, prestava servizio; «Vinegia ... e Borgo de' Greci» erano (e sono) strade tra piazza della Signoria e Santa Croce; «del Garbo» era pure una strada del centro (l'attuale via Condotta) e così pure «Baldacca»; «Parione» era, ed è, il quartiere (e via omonima) dietro la chiesa di Santa Trinita; «Sardigna» una riva d'Arno, fuori le mura della città, dove si accatastavano le carogne degli animali. Questa prima parte del viaggio di frate Cipolla dunque non è altro che l'attraversamento di Firenze da est a ovest: dal quartiere, approssimativamente, di Santa Croce, alla punta estrema occidentale dell'abitato. Frate Cipolla sfrutta l'assonanza di certi toponimi fiorentini con luoghi ben meno familiari: «Garbo» era anche un reame africano, «Baldacca» evoca Bagdad, «Sardigna» l'isola di Sardegna (spesso in antico proprio «Sardigna»).

102. i privilegi del Porcellana: i feudi del Porcellana, che era un ospedale di Firenze.

103. li quali ... che a noi: **i quali privilegi, benché non costassero niente ad apporvi il bollo richiesto, sono comunque più utili agli altri che a noi**. La frase pare senza senso, ma forse è del gergo burlesco.

104. Ma perché ... divisando?: **Ma perché vi vado descrivendo tutti i paesi da me percorsi?**

105. Braccio di San Giorgio: era una località d'Oltrarno; ma così si chiamava anche il Bosforo.

106. Truffia ... popoli: sono i paesi delle truffe e delle buffonate, densamente abitati; perché tanti sono i truffatori e i buffoni.

frati e d'altre religioni[107] trovai assai[108], li quali tutti il disagio andavan per l'amor di Dio schifando, poco dell'altrui fatiche curandosi, dove la loro utilità vedessero seguitare[109], nulla altra moneta spendendo che senza conio per quei paesi[110]: e quindi passai in terra d'Abruzzi[111], dove gli uomini e le femine vanno in zoccoli su pe' monti[112], rivestendo i porci delle lor busecchie medesime[113]; e poco più là trovai gente che portano il pan nelle mazze e 'l vin nelle sacca[114]: da' quali alle montagne de' Bachi[115] pervenni, dove tutte le acque corrono alla 'ngiù[116]. E in brieve tanto andai adentro, che io pervenni mei infino[117] in India Pastinaca[118], là dove io vi giuro per l'abito che io porto addosso che io vidi volare i pennati[119], cosa incredibile a chi non gli avesse veduti; ma di ciò non mi lasci mentire Maso del Saggio[120], il quale gran mercatante io trovai là, che schiacciava noci e vendeva gusci a ritaglio[121]. Ma non potendo quello che io andava cercando trovare, per ciò che da indi in là si va per acqua, indietro tornandomene, arrivai in quelle sante terre dove l'anno di state[122] vi vale il pan freddo quatro denari e il caldo v'è per niente[123]. E quivi trovai il venerabile padre messer Nonmiblasmete Sevoipiace[124], degnissimo patriarca di Ierusalem. Il quale, per reverenzia dell'abito che io ho sempre portato del baron messer santo Antonio, volle che io vedessi tutte le sante reliquie le quali egli appresso di sé aveva; e furon tante che, se io ve le volessi tutte contare, io non ne verrei a capo in parecchie miglia[125], ma pure, per non lasciarvi sconsolate[126], ve ne dirò alquante.

Egli primieramente mi mostrò il dito dello Spirito Santo così intero e saldo come fu mai, e il ciuffetto del serafino che apparve a san Francesco, e una dell'unghie de' gherubini, e una delle coste del Verbum-caro-fatti-alle-finestre e de' vestimenti della santa Fé catolica, e alquanti de' raggi della stella che apparve a' tre Magi in Oriente, e una ampolla del sudore di san Michele quando combatté col

---

107. d'altre religioni: di altri ordini religiosi.

108. in terra di Menzogna ... assai: altro paese metaforico, quello dei bugiardi, abitato da tanti dell'Ordine di sant'Antonio a cui frate Cipolla appartiene, e di altri Ordini religiosi («d'altre religioni»).

109. li quali tutti ... seguitare: i quali religiosi tutti andavano evitando ogni loro scomodo [disagio] **per l'amor di Dio, poco preoccupandosi delle fatiche degli altri laddove vedessero seguirne il loro utile**. Frate Cipolla si appropria delle critiche consuete rivolte al suo Ordine e agli Ordini religiosi in genere: oziosi, cinici e interessati. Ma basta quel «per l'amor di Dio» a ipnotizzare gli astanti, e a far credere che si stiano celebrando, in realtà, delle virtù monastiche.

110. nulla altra ... per quei paesi: non spendendo se non moneta senza validità, falsa, in quei paesi; ovvero, spacciando solo falsità: proprio quello che sta facendo frate Cipolla in questo momento.

111. in terra d'Abruzzi: l'Abruzzo suonava come terra lontana e favolosa: così anche nella novella di Calandrino e l'elitropia [▸ **T17**, p. 647].

112. dove gli uomini ... pe' monti: nel gergo burlesco, questa espressione indicava la sodomia.

113. rivestendo ... medesime: rivestendo i maiali delle loro stesse budella; suona come operazione stravagante, ma può essere intesa allo stesso tempo come fare insaccati, salsicce o salami.

114. che portano ... nelle sacca: sembrano strani costumi, ma possono essere intesi semplicemente come portare ciambelle di pane infilate su bastoni, o stanghe, e il vino in otri di pelle, come si usava.

115. Bachi: forse storpiatura intenzionale di «baschi», che anche nella novella di Calandrino e l'elitropia saranno citati come popolo remoto, abitante la favolosa contrada di Bengodi.

116. dove ... 'ngiù: anche questo, naturalmente, fenomeno assai poco stravagante.

117. mei infino: addirittura fino; «mei», letteralmente "meglio", ha funzione rafforzativa.

118. Pastinaca: la «pastinaca» è una radice dolce, che vuole qui forse, trasformata in toponimo, evocare le favolose spezie orientali.

119. i pennati: voluto equivoco tra i «pennati», coltellacci adunchi adoperati per potare gli arbusti, e i «pennuti», il cui volo naturalmente non desta alcuna meraviglia.

120. ma di ciò ... Maso del Saggio: ma di questo non mi lasci dire bugie [cioè, mi sia testimonio che è la verità] **Maso del Saggio**, noto burlone e beffatore, per il quale si veda l'inizio della novella di Calandrino e l'elitropia.

121. che ... a ritaglio: occupazione assurda e surreale: schiacciare le noci per venderne «a ritaglio», "al minuto", non la polpa, i gherigli, ma i gusci.

122. di state: d'estate.

123. pan freddo ... niente: tutto al contrario: il pane «caldo», cioè appena sfornato, è gratis, mentre quello «freddo», raffermo, costa quattro denari.

124. Nonmiblasmete Sevoipiace: letteralmente "nonmibiasimate per favore" («Sevoipiace» è il *s'il vous plaît* francese). Bizzarro nome di fantasia, ma altisonante all'orecchio.

125. in parecchie miglia: figurato: **neanche procedendo nel mio discorso per parecchie miglia**.

126. sconsolate: deluse. Il femminile era d'uso non raro, quando ci si rivolgeva a un pubblico misto di uomini e donne.

diavole, e la mascella della Morte di san Lazzero e altre[127]. E per ciò che io liberamente gli feci copia delle piagge di Monte Morello in volgare e d'alquanti capitoli del Caprezio[128], li quali egli lungamente era andati cercando, mi fece egli partefice[129] delle sue sante reliquie: e donommi uno de' denti della Santa Croce e in una ampoletta alquanto del suono delle campane del tempio di Salomone e la penna dell'agnol Gabriello, della quale già detto v'ho, e l'un de' zoccoli di san Gherardo da Villamagna[130] (il quale io, non ha molto[131], a Firenze donai a Gherardo di Bonsi[132], il quale in lui ha grandissima divozione) e diedemi de' carboni co' quali fu il beatissimo martire san Lorenzo arrostito; le quali cose io tutte di qua con meco divotamente le recai, e holle[133] tutte. È il vero che il mio maggiore non ha mai sofferto che io l'abbia mostrate infino a tanto che certificato non s'è se desse sono o no[134]; ma ora che per certi miracoli fatti da esse e per lettere ricevute dal Patriarca fatto n'è certo, m'ha conceduta licenzia che io le mostri; ma io, temendo di fidarle altrui[135], sempre le porto meco.

Vera cosa è che io porto la penna dell'agnol Gabriello, acciò che non si guasti, in una cassetta e i carboni co' quali fu arrostito san Lorenzo in un'altra; le quali son sì simiglianti l'una all'altra, che spesse volte mi vien presa l'una per l'altra, e al presente[136] m'è avvenuto: per ciò che, credendomi io qui avere arrecata la cassetta dove era la penna, io ho arrecata quella dove sono i carboni. Il quale io non reputo che stato sia errore, anzi mi pare esser certo che volontà sia stata di Dio e che Egli stesso la cassetta de' carboni ponesse nelle mie mani, ricordandom'io pur testé che la festa di san Lorenzo sia di qui a due dì[137]. E per ciò, volendo Idio che io, col mostrarvi i carboni co' quali esso fu arrostito, raccenda nelle vostre anime la divozione che in lui aver dovete, non la penna che io voleva, ma i benedetti carboni spenti dall'omor[138] di quel

rr. 207-23 Frate Cipolla giustifica mirabilmente l'assenza della penna, affermando di avere confuso per errore la cassetta in cui la tiene con quella in cui conserva i carboni su cui fu arso san Lorenzo.

---

127. **mi mostrò ... altre:** segue un elenco grottesco e surreale di reliquie "impossibili", spesso derivate da espressioni metaforiche, bibliche o liturgiche, prese alla lettera: «il dito dello Spirito Santo» riprende un verso dell'inno *Veni Creator Spiritus* (*Tu digitus paternae dexterae*, "Tu dito della destra del padre", ovvero "mezzo della sua volontà"); i «gherubini» o «cherubini», angeli della schiera più sublime, essendo puri spiriti non hanno «unghie» (per quanto, nella biblica visione di Ezechiele, essi hanno fattezze di leone e d'aquila; di qui, forse, queste unghie-reliquia); il «ciuffetto» è un ricciolo della chioma dell'angelo serafino che apparve a san Francesco quando il santo ricevette le stimmate; il «Verbum-caro-fatti-alle-finestre» è storpiatura dal prologo del Vangelo di San Giovanni (*Et Verbum caro factum est*, "E il Verbo si fece carne"), che naturalmente non può avere «coste», "costole"; così, la «santa Fé catolica» non potrà avere vesti (ma qui certo si pensa alle raffigurazioni allegoriche della fede in forma di figura femminile); altra reliquia "impossibile" quella dei «raggi della stella», o del «sudore» di san Michele, trionfatore del diavolo («diavole», forma comune, anche "diaule") nella contesa originaria tra angeli buoni e angeli ribelli (difficile, anche qui, che un angelo, puro spirito, possa sudare); quanto alla «mascella della Morte», qui si suppone che Lazzaro, resuscitato da Gesù, gliel'abbia strappata durante il suo soggiorno nel regno dei morti.

128. **io liberamente ... del Caprezio:** doppio senso osceno; le «piagge», in gergo burlesco, sono il deretano, e il «Caprezio» è il "capretto", metafora del partner omosessuale; di tutto questo frate Cipolla «feci copia», cioè tutto ciò donò in abbondanza al patriarca: allusione a rapporti sodomitici fra i due.

129. **partefice:** partecipe.

130. **donommi ... Villamagna:** altra serie di reliquie stravaganti: la santa Croce non si vede come possa avere «denti»; i suoni non si possono conservare in ampolla; la penna dell'angelo annunziante è quella che è sparita dalla cassetta del frate; più credibile la reliquia costituita da uno degli zoccoli di san Gherardo da Villamagna (1174-1267), uno dei primi seguaci di san Francesco.

131. **non ha molto:** non molto tempo fa.

132. **Gherardo di Bonsi:** figura pubblica ben nota a Firenze, poco più anziano di Boccaccio; fu priore, gonfaloniere di giustizia, e membro influente dell'Arte della Lana.

133. **holle:** ce l'ho.

134. **È il vero ... o no:** È ben vero che il superiore del mio Ordine («il mio maggiore») non ha mai permesso che io le mostrassi in pubblico finché non fosse ufficialmente accertato («certificato») se fossero proprio esse («desse») o no, cioè, se fossero autentiche.

135. **di fidarle altrui:** di affidarle ad altri.

136. **al presente:** adesso.

137. **ricordandom'io ... a due dì:** dato che ora mi viene in mente che la festa di san Lorenzo è fra due giorni. La novella ha luogo dunque precisamente l'8 di agosto.

138. **dall'omor:** dall'umore, cioè dai fluidi (grasso, sangue) emessi dal corpo del santo durante il supplizio.

santissimo corpo mi fé pigliare. E per ciò, figliuoli benedetti, trarretevi i cappucci[139] e qua divotamente v'appresserete a vedergli. Ma prima voglio che voi sappiate che chiunque da questi carboni in segno di croce è tocco[140], tutto quello anno può viver sicuro che fuoco nol cocerà che non si senta[141] –.

E poi che così detto ebbe, cantando una laude di san Lorenzo, aperse la cassetta e mostrò i carboni; li quali poi che alquanto la stolta moltitudine ebbe con ammirazione reverentemente guardati, con grandissima calca tutti s'appressarono a frate Cipolla e, migliori offerte dando che usati non erano, che con essi gli dovesse toccare il pregava ciascuno. Per la qual cosa frate Cipolla, recatisi questi carboni in mano, sopra li lor camiscion bianchi e sopra i farsetti e sopra li veli delle donne cominciò a fare le maggior croci che vi capevano[142], affermando che tanto quanto essi[143] scemavano a far quelle croci, poi ricrescevano nella cassetta, sì come egli molte volte aveva provato.

rr. 224-33 Frate Cipolla raccoglie cospicue offerte.

E in cotal guisa, non senza sua grandissima utilità avendo tutti crociati[144] i certaldesi, per presto accorgimento[145] fece coloro rimanere scherniti, che lui, togliendogli la penna, avevan creduto schernire. Li quali stati alla sua predica e avendo udito il nuovo riparo preso da lui e quanto da lungi fatto si fosse e con che parole, avevan tanto riso, che eran creduti smascellare. E poi che partito si fu il vulgo, a lui andatisene, con la maggior festa del mondo ciò che fatto avevan gli discoprirono e appresso gli renderono la sua penna; la quale l'anno seguente gli valse non meno che quel giorno gli fosser valuti i carboni[146].

rr. 234-43 I due burloni, divertitisi tantissimo, restituiscono la penna, con la quale Frate Cipolla l'anno dopo ottiene grande successo.

---

139. trarretevi i cappucci: vi scoprirete il capo.
140. è tocco: è toccato.
141. fuoco ... non si senta: non ci sarà fuoco che lo scotti, che non si senta. Ovvio: ma è di quelle affermazioni che giocano sull'aspettativa del pubblico, il quale, già disposto ad attribuire potere miracoloso ai carboni di san Lorenzo, naturalmente intende che, invece, per un anno sarà indenne da ogni scottatura.
142. che vi capevano: che ci potevano stare.
143. essi: i carboni, che nonostante si consumassero («scemavano») a fare quelle croci, poi sempre miracolosamente ricrescevano nella cassetta.
144. crociati: segnati di croce.
145. per ... accorgimento: con un pronto rimedio. Più sotto, r. 238, «riparo».
146. la quale ... carboni: la quale l'anno successivo gli fece avere offerte non inferiori a quelle che quel giorno gli avevano fatto avere i carboni.

T15 Dentro il testo

IN SINTESI

Siamo a Certaldo, la patria (probabilmente) di Boccaccio. Qui, frate Cipolla, un membro dell'Ordine di sant'Antonio, passa ogni anno a raccogliere elemosine, e a esibire agli ingenui popolani le sue reliquie. È un frate itinerante, gaudente, ignorante, ma dalla irresistibile parlantina; le sue reliquie sono una comica accozzaglia di cianfrusaglie, fra le quali, in questa novella, egli si propone di mostrare ai certaldesi una penna dell'angelo Gabriello (perduta, naturalmente, durante l'annunciazione alla Madonna). Suo servitore e guardiano delle reliquie, è Guccio Imbratta, un nome che è tutto un programma: sudicio, bugiardo, pigro, Guccio ha la passione di trovare l'amore in ogni luogo in cui il suo padrone faccia sosta. E così, anche qui a Certaldo, Guccio s'invaghisce della Nuta, una donzella degna di lui, una sguattera per altro fornita di «un paio di poppe che parean due ceston da letame». Mentre Guccio si intrattiene in cucina con la Nuta, due giovani certaldesi pensano di giocare un tiro a frate

Cipolla: sostituiscono nella cassetta delle reliquie, al posto della penna angelica, dei pezzi di carbone. Ma, al momento di esibire al popolo il contenuto della sacra cassetta, pur preso alla sprovvista, frate Cipolla non si scoraggia: imbastisce una mirabolante predica, in cui racconta i suoi pellegrinaggi in cerca delle più sante reliquie della cristianità, concludendo che i carboni, portati a Certaldo in cambio della penna dell'angelo, non sono altro che quelli su cui venne arso, sulla graticola, san Lorenzo. Il popolo stupisce e ammira, come sempre; frate Cipolla riscuote laute elemosine; i suoi beffatori si sganasciano dalle risa di fronte alla sua abilità di ciarlatano; e, alla fine, festeggiano tutti insieme la beffa giocata ai danni dei creduli certaldesi.

I TEMI E L'ESPRESSIONE

UN'ONOMASTICA FANTASIOSA

Di fronte alla sorpresa dei pezzi di carbone, l'**immaginazione** di frate Cipolla si attiva prontamente: l'impalcatura narrativa e strutturale della predica è presto trovata. In sostanza, frate Cipolla intende descrivere i mirabolanti viaggi che, nelle sue peregrinazioni di religioso, lo hanno alla fine condotto sul mercato per eccellenza delle reliquie: Gerusalemme. Ma per arrivarci, quanti Paesi esotici, quante regioni dagli strani nomi, quante lande attraversate da stravaganti costumi! O almeno, questa è l'impressione che un lettore superficiale, e a maggior ragione gli ingenui popolani di Certaldo, si suppone debbano ricevere. In realtà il viaggio di frate Cipolla è meno esotico di quanto sembri. All'inizio esso descrive semplicemente l'attraversamento del **centro di Firenze**, dal quartiere di Santa Croce fino fuori le mura occidentali della città: ma toponimi come Porcellana, Vinegia, Borgo de' Greci, Garbo, Baldacca, Parione, Sardigna possono ben suonare suggestivi, a chi non sappia che si tratta di vie e quartieri fiorentini. Un'altra tipologia topografica di questo fantastico viaggio è invece apertamente beffarda, come quella dei due paesi di **Truffia** e **Buffia**, o **la «terra di Menzogna»**; più realistica, ma proposta come citazione di terre remote, la menzione degli Abruzzi o dell'India Pastinaca, quest'ultima bizzarra ma non incredibile combinazione di un Paese effettivamente esotico e di una spezia orientale.

IL GIOCO LINGUISTICO

Al di là dell'onomastica fantasiosa, è il fuoco di fila dei **doppi sensi**, dei **nonsensi** e delle **allusioni smaccate** che rende la predica di frate Cipolla non solamente uno spassoso esercizio retorico, bensì anche la dimostrazione di una serissima legge della comunicazione verbale: cioè che **la gente**, per dirla in poche parole, **capisce quello che è già pronta a capire**. Se frate Cipolla può sedurre il popolo di Certaldo con la pirotecnia delle sue invenzioni linguistiche, è perché quel popolo è già disposto a conferire alla sua predica un carattere di assoluta credibilità e autorità, qualunque cosa venga effettivamente detta. In realtà, non è il contenuto, ovvero l'esatto significato del discorso, a incantare i certaldesi, ma il **puro suono**, l'ipnosi dei nomi e delle parole pronunciate con tanta irresistibile foga; altrimenti, perfino questi villani si accorgerebbero che non c'è niente di strano ad arrivare in un luogo «dove tutte le acque corrono alla 'ngiù», o capirebbero che rivestire «i porci delle lor busecchie medesime» significa semplicemente fare le salsicce, o che mettere «'l vin nelle sacca» vuol dire solo portare il vino negli otri, costume non poi così fuori del comune. E magari potrebbero chiedersi che senso abbia schiacciare le noci per venderne i gusci, come fa Maso del Saggio in Oriente, o pagare caro il pane raffermo, e nulla quello caldo di forno; e, se l'impeto torrentizio della predica potesse lasciare tempo per un minimo di **riflessione**, potrebbero scoprire nelle sue pieghe la sfacciata rivendicazione dei cattivi costumi dei frati, che in terra di Menzogna schivano ogni scomodo per l'amor di Dio.
Infine, il catalogo delle reliquie: un **campionario esilarante** di espressioni bibliche prese alla lettera e materializzate in *souvenir* religiosi, dal «dito dello Spirito Santo» al «Verbum-caro-fatti-alle-finestre». A conclusione, un ***nonsense* beffardo** per finire di intontire gli astanti: chi sarà toccato dai carboni di san Lorenzo, per un anno potrà «viver sicuro che fuoco nol cocerà che non si senta». Ma chi andrà mai ad analizzare quella doppia negazione? Il popolo di Certaldo capisce non quello che viene letteralmente detto, ma quello che **si aspetta che venga detto**: e che reliquie sarebbero questi carboni, dopotutto, se non facessero miracoli?

NON SDEGNO, MA DIVERTIMENTO

Frate Cipolla appartiene all'Ordine di sant'Antonio del Deserto: un ordine ben noto, anzi malfamato, per la sua ingordigia di denaro e la sua superstizione. In Paradiso, Dante non esita a mettere in bocca addirittura a Beatrice una violenta espressione denigratoria di quell'Ordine: «Di questo ingrassa il porco Sant'Antonio...» (*Paradiso*, XXIX, 124). Ma questa novella di frate Cipolla non può certo essere letta come una requisitoria contro la corruzione dei religiosi. Anche se frate Cipolla è un frate gaudente, anche se i suoi fedeli sono rappresentati succubi di un credo superstizioso, e anche se il suo corredo di reliquie è un carrozzone ridicolo, non c'è alcun cenno di sdegno morale in questa novella. Boccaccio **non si indigna**; **si diverte**, invece, ad affrontare il mondo pittoresco del folklore religioso: quel mondo di ciarlataneria, vagabondo e imbroglione, allegramente materialista, spesso osceno e sregolato che viveva e prosperava al di sotto della religione ufficiale e, specie nelle campagne, rappresentava il vero vissuto della fede popolare.

IL PERSONAGGIO DI GUCCIO IMBRATTA

Il pittoresco mondo dei religiosi in questa novella è rappresentato non solo da frate Cipolla e dalla sua mirabolante retorica, ma anche e forse soprattutto dal suo **servitore**, **Guccio Imbratta**. Guccio nella trama del racconto ha una funzione importante sì, ma che non giustificherebbe lo spazio accordato dal narratore al suo ritratto. Custode dei tesori del padrone, egli è distratto, in modo che sia possibile la sostituzione della penna angelica con i carboni di san Lorenzo. Ma la sua presenza va molto al di là di questa sua funzione. Già frate Cipolla ce lo descrive con **nove memorabili aggettivi** in rima, a tre a tre: «*tardo*, sugli*ardo* e bugi*ardo*; neglig*ente*, disubid*ente* e maldic*ente*; trascut*ato*, smemor*ato* e scostum*ato*»; la serie aggettivale serve a caratterizzare il personaggio in modo schematico, proverbiale, come se si trattasse di una **maschera comica**, più che di un personaggio in carne e ossa. Inoltre, Guccio Imbratta è sempre perso dietro alle gonnelle; ma con quel nome si può ben intuire che i suoi amori sono parodie sudice e grottesche degli innamoramenti così cari alla letteratura e alla poesia. Infatti, anche qui a Certaldo, Guccio ha trovato come sempre l'anima gemella: un **personaggio grottesco** come lui, ovvero la Nuta, una serva «grassa e grossa e piccola e mal fatta, con un paio di poppe che parean due ceston da letame». Luogo dell'idillio, la cucina affumicata e sozza dell'albergo, dove Guccio cala sulla sua preda, dice il testo, «non altramenti che si gitti l'avoltoio alla carogna». Un paragone che basta a trasformare il corteggiamento amoroso in un **atto famelico** quanto ripugnante.

UN RACCONTO PICARESCO

Qui dunque risiede l'interesse del narratore: nella descrizione di questi personaggi che sembrano già, servo e padrone, i protagonisti di un racconto picaresco; avventurieri di strada, in cerca di fortuna, di cucina in cucina, di predica in predica, di falsa reliquia in falsa reliquia; ammirevoli a loro modo, nella loro **inesauribile vitalità**. Il giudizio morale sull'Ordine di sant'Antonio può attendere.

Analisi e interpretazione Tipologia A

LEGGERE CON METODO

COMPRENSIONE GLOBALE

1. A quale scopo Giovanni e Biagio decidono di sottrarre la reliquia?
2. Quali mirabolanti reliquie sono state mostrate al frate dal patriarca di Gerusalemme? Quali gli sono state donate per l'Ordine di sant'Antonio?
3. Che cosa pensa frate Cipolla quando scopre che nella cassetta non c'è la penna, ma i carboni? Come spiega invece ai certaldesi perché mostrerà una reliquia diversa da quella promessa?

LA LINGUA E LE STRUTTURE

4. Rileggi il passo dedicato a Guccio (rr. 60-105) e sottolinea tutti i termini appartenenti alla sfera semantica della sporcizia.
5. Quali nomi di luoghi fiorentini vengono citati nella predica di frate Cipolla? A quale scopo?
6. Spiega le seguenti espressioni a doppio senso:
   a. «in Truffia e in Buffia, paesi molto abitati e con gran popoli»;
   b. «pervenni in terra di Menzogna, dove molti de' nostri frati e d'altre religioni trovai assai»;
   c. «tutti il disagio andavan per l'amor di Dio schifando, poco dell'altrui fatiche curandosi, dove la loro utilità vedessero seguitare»;
   d. «nulla altra moneta spendendo che senza conio per quei paesi».

I TEMI E L'INTERPRETAZIONE

7. In che modo in questa novella si combinano il tema del motto e il tema della beffa?
8. Secondo molti commentatori, il corteggiamento di Guccio è un'anticipazione e una parodia del linguaggio della predica di frate Cipolla. Quali punti in comune puoi trovare? Perché alla figura di Guccio è stato riservato uno spazio relativamente ampio?
9. A tuo parere, quanto peso ha in questa novella la satira contro il malcostume dei religiosi?

Settima giornata

Finisce la Sesta giornata del Decameron: incomincia la Settima, nella quale, sotto il reggimento di Dioneo, si ragiona delle beffe, le quali o per amore o per salvamento di loro le donne hanno già fatte a' suoi mariti, senza essersene avveduti o sì.

La giornata di Dioneo: da giullare a re Il **re della settima giornata** è **Dioneo.** Ciò significa che il **personaggio più impertinente della brigata**, quello che racconta le novelle più audaci, che propone le canzoni più spinte, che provoca e stuzzica con le sue battute e i suoi doppi sensi le ragazze del gruppo, quello che ha chiesto e ottenuto per sé il privilegio di non obbedire ai temi prescritti dagli altri re e regine, adesso si trova promosso a una funzione istituzionale. Potremmo dire che adesso il giullare della brigata diventa re. Come se la caverà Dioneo, adesso che è sua responsabilità non turbare l'ordine della compagnia, ma prendere lui in mano lo scettro della armoniosa organizzazione della convivenza comune? Naturalmente non si tratta di una contraddizione irrisolvibile, perché in realtà anche Dioneo, pur forzando i confini della licenza (e della decenza), non ha mai contravvenuto veramente al patto di scrupolosa **onestà** che regola la vita dei dieci novellatori. Egli potrà aver fatto arrossire le fanciulle con qualche novella troppo azzardata, potrà aver proposto di cantare canzonette oscene, ma un rimprovero più o meno scherzoso delle sue compagne è sempre bastato a farlo rientrare nei ranghi.

▶ T Tofano e monna Ghita (VII, 4)
▶ T Arriguccio e monna Sismonda (VII, 8)

Narrato e narratori Così, anche la giornata di Dioneo porterà un poco al limite la libertà di espressione della brigata, ma senza veramente sconfinare nella sconvenienza. Il tema prescelto da Dioneo-re, peraltro, è di quelli che suscitano comunque una iniziale resistenza nella componente femminile del gruppo. Dioneo propone infatti di narrare novelle in cui «si ragiona delle beffe, le quali o per amore o per salvamento di loro le donne hanno già fatte a' suoi mariti, senza essersene avveduti o sì»; in termini più espliciti, **novelle di adulterio femminile**, novelle in cui si parla "delle corna" che le donne fanno ai loro mariti. Di questa proposta, le ragazze inizialmente non sono per niente contente: non sembra loro appropriato di essere costrette a narrare le prodezze adulterine del loro sesso. Ma alle loro rimostranze Dioneo ribatte con due argomenti. Per prima cosa, egli invoca l'eccezionalità del tempo che la brigata sta vivendo, e che permette **maggiore libertà**, anche **di parola**; quella libertà della quale la loro stessa convivenza in campagna è il frutto. Il secondo argomento difensivo di Dioneo è la ferma sottolineatura della **distanza** che correrà, anche nella sua giornata, **fra narrato e narratori**, e specie narratrici: fra la materia eventualmente sconcia delle novelle e l'irreprensibile onestà delle donne che quella materia tratteranno. Si ribadisce dunque qui la vocazione realistica del *Decameron*: ovvero il superamento di quella identificazione tra autore e personaggio che in varie forme aveva dominato le opere giovanili di Boccaccio, e specie il *Filostrato* e la *Fiammetta.* Quella stagione di passionale autobiografismo è tramontata, per lasciare il passo a un racconto in cui la persona del **narratore non si identifica con i suoi personaggi e le loro storie**, ma anzi, se ne distacca e le guarda oggettivamente, come altro da sé.

L'arte della beffa femminile La delicatezza del tema proposto da Dioneo dipende anche dal fatto che tutta una tradizione letteraria misogina si era accanita a descrivere la donna come sessualmente insaziabile, intrinsecamente fedifraga, falsa e ingannatrice. Il proverbio «la donna ne sa una più del diavolo» non è che il residuo banalizzato di quella tradizione. Ma la giornata di Dioneo ribalta il mondo della misoginia classica e medievale, facendo delle donne che beffano i mariti **figure positive.** Al centro di queste novelle, infatti, non c'è più soltanto l'appetito sessuale. Senza mancare di ribadire la legittimità sacrosanta dell'eros femminile, il fulcro narrativo di queste narrazioni si sposta però sulle modalità con cui le donne **si procurano l'amore oppure**, scoperte, **si**

salvano da situazioni rischiose. Così, in questa settima giornata le donne protagoniste delle novelle non sono semplicemente delle adultere che tradiscono i loro mariti: sono dei personaggi singolarmente ingegnosi, inventivi e creativi, che trovano modo di aggiungere al tradimento l'esercizio divertito della loro **intelligenza.** Sono dunque, tutte, delle grandi attrici. Nelle loro macchinazioni, lungamente preparate o improvvisate con fulminea acutezza d'ingegno, esse confermano la dimensione performativa e teatrale inerente alla beffa di Boccaccio.

GUIDA ALLO STUDIO

1. Qual è il tema della settima giornata?
2. Come risponde Dioneo, il re della giornata, alle obiezioni delle ragazze riguardo al tema che ha scelto?
3. Come si presenta l'universo femminile in questa giornata?

T16

Decameron, VII, 2

Peronella e il doglio

Anno: 1349-51

Genere: novella

Argomento: Peronella, quasi sorpresa in flagrante adulterio, riesce a salvare la situazione

Parafrasi integrale

La giovane Peronella, filatrice e sposa di un muratore a giornata, ha un amante che riceve regolarmente in assenza del marito. Quando un giorno il legittimo sposo rientra all'improvviso, Peronella si esibisce in un vero e proprio "pezzo di teatro", e riesce a ingannare il marito, a soddisfare il proprio desiderio e quello dell'amante, e a sbarazzarsi di un orcio guadagnandoci pure qualche soldo.

Peronella mette un suo amante in un doglio[1] *tornando il marito a casa; il quale avendo il marito venduto, ella dice che venduto l'ha ad uno che dentro v'è a vedere se saldo*[2] *gli pare; il quale, saltatone fuori, il fa radere*[3] *al marito, e poi portarsenelo*[4] *a casa sua.*[5]

Egli non è ancora guari[6] che in Napoli un povero uomo prese per moglie una bella e vaga giovinetta chiamata Peronella, e esso con l'arte sua[7], che era muratore, e ella filando, guadagnando assai sottilmente[8], la lor vita reggevano come potevano il meglio. Avvenne che un giovane de' leggiadri[9], veggendo un giorno questa Peronella e piacendogli molto, s'innamorò di lei: e tanto in un modo e in uno altro la sollicitò[10], che con essolei si dimesticò[11]. E a potere essere insieme presero tra sé questo ordine[12]: che, con ciò fosse cosa che[13] il marito di lei si levasse ogni mattina per tempo per andare a lavorare o a trovar lavorio[14], che il giovane fosse in parte che uscir lo vedesse fuori; e essendo la contrada, che Avorio[15] si chiama, molto solitaria dove stava, uscito lui, egli in casa di lei se n'entrasse: e così molte volte fecero.

1. **doglio:** orcio di terracotta.
2. **saldo:** intero, senza incrinature.
3. **radere:** raschiare.
4. **portarsenelo:** dipende da «fa»: se lo fa portare via da lì.
5. La novella ricalca un episodio delle *Metamorfosi* di Apuleio (vedi il successivo *I temi e l'espressione*).
6. **Egli ... guari:** Non è da molto tempo.
7. **l'arte sua:** il suo mestiere.
8. **sottilmente:** scarsamente.
9. **un giovane de' leggiadri:** un giovane galante.
10. **la sollicitò:** la corteggiò.
11. **con ... dimesticò:** riuscì a ottenere la sua intimità.
12. **presero ... ordine:** si organizzarono in questo modo.
13. **con ciò ... che:** siccome.
14. **a lavorare ... lavorio:** nota la differenza: «a lavorare», se aveva già un lavoro, «a trovar lavorio», se gli toccava andarne in cerca. Ciò sottolinea la precarietà lavorativa di questo bracciante a giornata.
15. **Avorio:** via e piazza vicino a Porta Nuova (oggi Borgo Orefici).

Ma pur trall'altre avvenne una mattina che, essendo il buono uomo fuori uscito e Giannello Scrignario[16], ché così aveva nome il giovane, entratogli in casa e standosi con Peronella, dopo alquanto, dove in tutto il dì tornar non soleva[17], a casa se ne tornò; e trovato l'uscio serrato dentro[18], picchiò, e dopo 'l picchiare cominciò seco[19] a dire: - O Iddio, lodato sia tu sempre, ché, benché tu m'abbi fatto povero, almeno m'hai tu consolato di buona e d'onesta giovane di moglie[20]! Vedi come ella tosto[21] serrò l'uscio dentro, come io ci usci', acciò che alcuna persona entrar non ci potesse che noia le desse[22]-.

Peronella, sentito il marito, ché al modo del picchiare il conobbe, disse: - Oimè! Giannel mio, io son morta, ché ecco il marito mio, che tristo il faccia Iddio[23], che ci[24] tornò: e non so che questo si voglia dire, ché egli non ci tornò mai più a questa otta[25]: forse che ti vide egli quando tu c'entrasti! Ma per l'amore di Dio, come che il fatto sia[26], entra in cotesto doglio che tu vedi costì, e io gli andrò a aprire, e veggiamo quello che questo vuol dire di tornare stamane così tosto a casa -.

Giannello prestamente entrò nel doglio, e Peronella andata all'uscio aprì al marito e con un mal viso[27] disse: - Ora questa che novella[28] è, che tu così tosto torni a casa stamane? Per quello che mi paia vedere, tu non vuogli oggi far nulla, ché io ti veggio tornare co' ferri tuoi[29] in mano: e, se tu fai così, di che viverem noi? onde avrem noi del pane? Credi tu che io sofferi[30] che tu m'impegni la gonnelluccia e gli altri miei pannicelli, che non fo il dì e la notte altro che filare, tanto che la carne mi s'è spiccata dall'unghia, per potere almeno aver tanto olio, che n'arda la nostra lucerna? Marito, marito, egli non ci ha[31] vicina che non se ne maravigli e che non facci beffe di me, di tanta fatica quanta è quella che io duro[32]: e tu mi torni a casa colle mani spenzolate[33] quando tu dovresti essere a lavorare -. E così detto, incominciò a piagnere e a dir da capo: - Oimè, lassa me, dolente me, in che mal'ora nacqui, in che mal punto ci venni[34]! ché avrei potuto avere un giovane così da bene e nol volli, per venire a costui che non pensa cui egli s'ha menata a casa[35]! L'altre si danno buon tempo cogli amanti loro, e non ce n'ha niuna che non abbia chi due o chi tre, e godono e mostrano a' mariti la luna per lo sole[36]; e io, misera me! perché son buona e non attendo a così fatte novelle[37], ho male e mala ventura[38]: io non so perché io non mi pigli di questi amanti come fanno l'altre! Intendi sanamente[39], marito mio, che se io volessi far male, io troverrei ben con cui, ché egli ci son de' ben leggiadri[40] che m'amano e vo-

---

16. **Giannello Scrignario:** nome illustre di famiglia baronale.
17. **dove ... non soleva:** **mentre aveva l'abitudine di non tornare a casa per tutto il giorno.**
18. **dentro:** **da dentro, dall'interno.**
19. **seco:** **fra sé.**
20. **m'hai tu ... di moglie:** **mi hai dato la consolazione di una buona e onesta giovane per moglie.**
21. **tosto:** sta con «come io ci usci'»: **appena io uscii di casa.**
22. **che ... desse:** **che la importunasse.**
23. **che tristo ... Iddio:** **che Dio gli mandi un accidente.** ■ **«tristo»:** **disgraziato.**
24. **ci:** **qui**, a casa.
25. **non ci tornò ... otta:** **è la prima volta che torna a casa a quest'ora.**
26. **come ... sia:** **in qualunque modo stiano le cose.**
27. **con un mal viso:** **con aria corrucciata.**
28. **novella:** **novità.**
29. **co' ferri tuoi:** **con i tuoi arnesi da lavoro.**
30. **che io sofferi:** **che possa sopportare.**
31. **non ci ha:** **non c'è.**
32. **duro:** **sopporto.**
33. **spenzolate:** **ciondoloni.**
34. **in che ... ci venni:** **sotto quale cattiva stella sono venuta al mondo**: «punto» è termine del linguaggio astronomico, e indica una particolare congiunzione dei corpi celesti.
35. **cui ... a casa:** **a che tipo di donna si è messo in casa**: giovane, bella, onesta e di cui il marito non è degno.
36. **mostrano ... lo sole:** **danno a intendere ai loro mariti il contrario di quello che è.**
37. **non attendo ... novelle:** **non sto dietro a siffatte ciance.**
38. **ho male ... ventura:** **sono povera e sfortunata.**
39. **Intendi sanamente:** **Sta' bene a sentire.**
40. **de' ben leggiadri:** **dei giovani parecchio galanti.**

glionmi bene e hannomi mandato proferendo di molti denari[41], o voglio io robe o gioie[42], né mai mel sofferse il cuore, per ciò che io non fui figliuola di donna da ciò[43]: e tu mi torni a casa quando tu dei essere a lavorare! –

Disse il marito: – Deh! donna, non ti dar malinconia[44], per Dio! egli è il vero che io andai per lavorare, ma egli mostra[45] che tu nol sappi, come io medesimo nol sapeva. Egli è oggi la festa di santo Galeone[46] e non si lavora, e per ciò mi sono tornato a questa ora a casa; ma io ho nondimeno proveduto e trovato modo che noi avremo del pane per più d'un mese, ché io ho venduto a costui, che tu vedi qui con meco, il doglio, il quale tu sai che già è cotanto ha tenuta la casa impacciata[47]; e dammene cinque gigliati[48] –.

Disse allora Peronella: – E tutto questo è del dolor mio[49]: tu, che se' uomo e vai attorno[50] e dovresti sapere delle cose del mondo, hai venduto un doglio cinque gigliati, il quale io feminella che non fu' mai appena fuor dell'uscio, veggendo lo 'mpaccio[51] che in casa ci dava, l'ho venduto sette a un buono uomo, il quale, come tu qui tornasti, v'entrò dentro per vedere se saldo fosse –.

Quando il marito udì questo, fu più che contento, e disse a colui che venuto era per esso: – Buono uomo, vatti con Dio, ché tu odi che mia mogliere l'ha venduto sette, dove[52] tu non me ne davi altro che cinque.

Il buono uom disse: – In buona ora sia![53] –; e andossene.

E Peronella disse al marito: – Vien sù tu, poscia che tu ci se', e vedi con lui insieme i fatti nostri –.

Giannello, il quale stava con gli orecchi levati per vedere se d'alcuna cosa gli bisognasse temere o provedersi[54], udite le parole di Peronella, prestamente si gittò fuor del doglio; e quasi niente sentito avesse della tornata del marito, cominciò a dire: – Dove se', buona donna?

Al quale il marito, che già veniva[55], disse: – Eccomi, che domandi tu?

Disse Giannello: – Qual se' tu?[56] Io vorrei la donna con la quale io feci il mercato[57] di questo doglio –.

Disse il buono uomo: – Fate sicuramente meco, ché io son suo marito –.

Disse allora Giannello: – Il doglio mi par ben saldo, ma egli mi pare che voi ci abbiate tenuta entro feccia[58], ché egli è tutto impastricciato[59] di non so che cosa sì secca, che io non ne posso levar con l'unghie[60], e però nol torrei[61] se io nol vedessi prima netto –.

Disse allora Peronella: – No, per quello non rimarrà il mercato[62]; mio marito il netterà tutto –.

---

41. hannomi ... denari: **mi hanno mandato a sollecitare offrendomi molti denari**.
42. o voglio ... gioie: **o, se preferisco, vestiti e gioielli**.
43. né mai ... da ciò: **ma una cosa del genere il cuore non ha mai consentito che la facessi, perché io non sono mica figlia di una donnaccia**.
44. non ... malinconia: **non ti affliggere**.
45. egli mostra: **sembra proprio**.
46. santo Galeone: nota di colore locale: a Napoli in effetti esisteva, non lontano dal quartiere Avorio in cui è ambientata questa novella, una cappella di San Calione (o Eucalione, o Galione), vescovo e martire, oggetto di popolare devozione.
47. il quale ... impacciata: **che come tu sai è tanto tempo che ci ingombra la casa**.
48. gigliati: moneta angioina corrente nel Trecento, così detta dal giglio di Francia che vi campeggiava.
49. E tutto ... dolor mio: **E anche questo si somma al mio dolore**.
50. vai attorno: **vai in giro**, frequenti il mondo.
51. lo 'mpaccio: come sopra: **l'ingombro**.
52. dove: **mentre**.
53. In buona ora sia!: **E va bene così!**.
54. provedersi: **prendere qualche provvedimento**, **qualche rimedio**.
55. che già veniva: **che stava venendo**.
56. Qual se' tu?: **E tu chi sei?**.
57. il mercato: **l'affare**. Così sotto: «per quello non rimarrà il mercato».
58. feccia: della porcheria che ha fatto deposito.
59. impastricciato: **impiastricciato**.
60. che io ... con l'unghie: **che io non riesco a levare via quella crosta con le unghie**.
61. però nol torrei: **perciò non lo prenderei**.
62. per quello ... mercato: **per quello non andrà a monte l'affare**.

E il marito disse: - Sì bene -; e posti giù i ferri suoi e ispogliatosi in camiscione[63], si fece accendere un lume e dare una radimadia[64], e fuvvi entrato dentro[65] e cominciò a radere. E Peronella, quasi veder volesse ciò che facesse, messo il capo per[66] la bocca del doglio, che molto grande non era, e oltre a questo l'un de' bracci con tutta la spalla, cominciò a dire: - Radi quivi, e quivi, e anche colà -; e: - Vedine qui rimaso un micolino[67] -.

E mentre che così stava e al marito insegnava e ricordava[68], Giannello, il quale appieno non aveva quella mattina il suo disidero ancor fornito quando il marito venne, veggendo che come volea non potea[69], s'argomentò[70] di fornirlo come potesse; e a lei accostatosi, che tutta chiusa teneva la bocca del doglio, e in quella guisa che negli ampi campi gli sfrenati cavalli e d'amor caldi le cavalle di Partia assaliscono[71], a effetto recò il giovinil desiderio; il quale quasi in un medesimo punto ebbe perfezione e fu raso il doglio[72], e egli scostatosi[73] e la Peronella tratto il capo del doglio e il marito uscitone fuori.

Per che Peronella disse a Giannello: - Te' questo lume, buono uomo, e guata se egli è netto a tuo modo -.

Giannello, guardatovi dentro, disse che stava bene e che egli era contento; e datigli sette gigliati a casa sel fece portare.

---

63. **in camiscione:** senza farsetto; oggi diremmo «in maniche di camicia».
64. **radimadia:** un raschietto di quelli da pulire le madie, i cassoni dove si conservavano la farina e la pasta da lievitare.
65. **fuvvi ... dentro:** **in un baleno c'entrò dentro.**
66. **per:** **dentro**. Peronella si spenzola con la testa (nonché, si veda subito, con una delle braccia e tutta la spalla) dentro il doglio, appoggiando il corpo alla curvatura esterna del recipiente.
67. **micolino:** **briciolino**.
68. **ricordava:** **ammoniva**.
69. **veggendo ... non potea:** cioè, non poteva «fornire», condurre a fine, soddisfare il suo desiderio come avrebbe voluto, con tutta comodità.
70. **s'argomentò:** **s'ingegnò**.
71. **in quella guisa ... assaliscono:** ovvero, **possedette Peronella da tergo**; come i cavalli selvaggi («sfrenati», "non ancora domati") e in calore assaltano da dietro nelle aperte campagne le cavalle nelle terre dei Parti. Il riferimento all'Oriente vuole conferire al passo una maggiore nobiltà stilistica, ma anche un senso di lussurioso esotismo.
72. **il quale ... il doglio:** **in uno stesso momento il piacere di Giannello arrivò a compimento, e il doglio fu finito di raschiare**.
73. **scostatosi:** da Peronella.

T16 Dentro il testo

IN SINTESI

Siamo a Napoli, in un quartiere povero. Peronella è una «bella e vaga giovinetta», una filatrice; il marito, di cui non sappiamo il nome, è un muratore. Dai loro due mestieri guadagnano «assai sottilmente» e si ha l'impressione che sia la povertà a indurre la giovane moglie ad accettare la corte di Giannello, un giovane «de' leggiadri». Ma una mattina gli amanti non hanno ancora fatto in tempo a consumare, che il marito torna all'improvviso. Dove nascondere Giannello? In un «doglio», un grande orcio di terracotta. E quando il marito si presenta proprio con un acquirente del doglio, Peronella dapprima si lancia in una "sceneggiata" in cui rappresenta se stessa come moglie devota, che potrebbe avere tutti gli amanti che desidera, ma non è certo una siffatta donna; poi ha la presenza di spirito di inventarsi lì per lì che anche lei ha un acquirente del doglio, che ne sta esaminando, dal di dentro, l'integrità. All'amante non spetterà che completare il canovaccio improvvisato da Peronella, esigendo che il doglio sia ripulito della sua gromma; cosa che il marito farà di buon grado mentre addossati all'orcio, e con l'aria di controllarne minutamente il lavoro, Peronella e l'amante daranno soddisfazione al loro desiderio.

I TEMI E L'ESPRESSIONE

UNA SCENEGGIATA NAPOLETANA

Al di là della trama in sé, ciò che conferisce peculiare carattere a questa riscrittura di Boccaccio è la sua **ambientazione napoletana**. Basta la menzione della festa di santo Galeone, che esonera il marito di Peronella dal lavoro della giornata, a situare il racconto in un quartiere - e in un calendario - tipico. Basta il profilo esatto dei personaggi - il marito, bracciante a giornata; la moglie, povera e troppo bella per la sua condizione; l'amante, ricco scioperato - a montare una scena sociale semplice, ma perfettamente leggibile: quella di un **quartiere proletario in cui si aggirano i bei ragazzi tentatori delle classi alte**. Ma soprattutto, al centro di questo palcoscenico c'è Peronella, con il suo sfogo memorabile contro il marito che torna a casa così presto, senza essere andato (così ella crede, o mostra di credere) a lavorare: un pezzo di vera e propria sceneggiata napoletana, con la sua **esagerazione melodrammatica**, le emozioni a tinte forti, le lacrime, i ricatti, le minacce, le invocazioni, le maledizioni, le autocommiserazioni.

IL ROVESCIAMENTO DELLA REALTÀ

Sotto questa esagitazione drammatica, c'è però un ben controllato **piano di dominio** e **manipolazione delle circostanze**. Il rimprovero al marito buono a nulla, la rappresentazione patetica della propria povertà, l'invettiva contro le vicine che, quelle sì!, sanno come arrangiarsi, la spudorata rappresentazione di come lei non si comporterebbe mai (e che corrisponde invece a come ella si sta comportando), insomma, tutto questo teatro intende innanzitutto ribaltare sfacciatamente la realtà, e attrarre l'anonimo marito in una dimensione non solo falsa, ma esattamente **rovesciata** rispetto a quella reale. Tuttavia, ancora una volta il gusto della *performance* sembra esorbitare dalla mera funzionalità della finzione. Anche qui, la donna non solo inganna banalmente il marito, ma gli rovescia addosso una scena da grande attrice e, anzi, improvvisatrice. In questo **eccesso dei mezzi rispetto al fine** riconosciamo ancora una volta la caratteristica della beffa decameroniana.

BOCCACCIO E APULEIO

La novella ricalca quasi alla lettera un episodio delle *Metamorfosi* dello scrittore latino Apuleio (IX, 5-7), sia nell'andamento narrativo che nelle battute del dialogo.

Dunque, quest'uomo che lavorava da fabbro faceva la miseria nera e, con quel che guadagnava, appena appena riusciva a vivere. Anche sua moglie, come lui, non aveva il becco d'un quattrino ma, in compenso, era libidinosa al massimo, e tutti lo sapevano. Un giorno, di buon'ora, appena il marito se ne uscì per andare al lavoro, subito un amante, con estrema sfacciataggine, s'infilò in casa. Ma ecco che mentre i due s'azzuffavano alla bell'e meglio sul letto, l'ignaro marito, senza sospettare di nulla, tornò sui suoi passi e, trovando la porta chiusa e sprangata, fra sé compiacendosi dell'onestà della moglie, picchiò all'uscio e le dette anche un fischio per farsi riconoscere. La moglie, furba e pratica in imbrogli di questo genere, si staccò dall'uomo che teneva stretto fra le braccia e, come se niente fosse, lo nascose in una botte vuota, seminterrata in un angolo; poi, aperta la porta, aggredì il marito che ancora nemmeno era entrato: «Ah, è così? Ora mi vai anche a spasso, con le mani in tasca, come uno sfaccendato, buono a nulla. Perché non sei andato a lavorare? Alla famiglia non ci pensi, no? Cos'è che mangeremo oggi? E io, disgraziata, che me ne sto notte e giorno a rompermi le braccia filando lana perché in questa stanzetta almeno ci sia accesa la lampada. Guarda Dafne, quella qui vicino invece, com'è più fortunata di me: mangia e beve da prima mattina e si rivoltola ora con uno ora con un altro» E il marito, dopo una simile strapazzata: «Ma che ti prende?» le fece. «Il padrone aveva una causa in tribunale e ci ha fatto far festa. Però io ci ho pensato lo stesso alla nostra cenetta. La vedi quella botte? Sempre vuota, occupa tanto spazio per nulla, anzi sempre lì tra i piedi è più un impiccio che altro in casa. Ebbene, l'ho venduta a un tale per sei denari; tra poco sarà qui con i quattrini e se la porterà via. Perciò dammi una mano a tirarla fuori, così gliela consegneremo subito.» La moglie, pronta anche in una situazione come questa, scoppiò in una risata insolente e: «Ma che grand'uomo che è mio marito; ha proprio il bernoccolo degli affari: mi va a vendere a un prezzo inferiore della roba che io, povera donna, sempre chiusa in casa, ho già venduto per sette denari.» «E chi te l'ha comprata a così tanto?» fece lui tutto contento di quell'aumento di prezzo. E lei: «Ah scemo! È già da un po' ch'è lì dentro, per vedere se è sana!» Dal canto suo l'amante non fu da meno della donna e, spuntando fuori: «Vuoi sapere la verità, buona donna?» le fece. «Questa tua botte è troppo vecchia e sgangherata. Ha certe crepe che paion fessure» e rivolgendosi come se nulla fosse al marito: «E tu buon uomo, chiunque sia, fammi il favore di darmi una lanterna; voglio toglierci tutto lo sporco per vedere se può ancora servire. Non crederai mica che io li vada a rubare i miei soldi!» E quell'intelligentone, quella perla rara di marito, tutto premuroso senza sospettare di nulla, acceso il lume: «Tirati su di lì, amico mio, e stattene quieto e comodo. Ci penserò io a farlo e te la mostrerò quand'è pulita.» E così dicendo, toltisi gli abiti, si calò dentro con il lume e cominciò a raschiare tutta la gromma che con il tempo s'era formata in quella vecchia giara. Dal canto suo l'amante, un pezzo di ragazzo, si lavorava di gusto, dal di dietro, la moglie del fabbro che se ne stava appoggiata e curva sulla giara e che anzi, da vera puttana, sporgendo il capo all'interno, si prendeva gioco del marito dicendogli: «Pulisci qui, c'è ancora sporco lì, e qua e là,» finché portato a termine ciascuno il suo lavoro, e avuti i suoi sette denari, quel disgraziato fabbro fu costretto a caricarsi in spalla la giara e a portarla fino a casa del suo rivale.

(Traduzione di F. Carlesi, Sansoni, Firenze 1983)

Analisi e interpretazione Tipologia A

LEGGERE CON METODO

COMPRENSIONE GLOBALE

1. Riassumi la novella utilizzando il seguente schema:
   a. situazione iniziale: le condizioni economiche della coppia e l'inizio della relazione tra Peronella e Giannello;
   b. azione complicante: ritorno a casa improvviso del marito;
   c. peripezie: la "sceneggiata" di Peronella e la finta vendita e la pulizia del doglio;
   d. scioglimento: Giannello se ne va con il doglio.

LA LINGUA E LE STRUTTURE

2. Rileggi la "sceneggiata" di Peronella e sottolinea tutte le espressioni esagerate e melodrammatiche.
3. Dal punto di vista narrativo, Boccaccio ha seguito fedelmente il testo di Apuleio, ma lo ha attualizzato conferendogli una patina napoletana. Completa la tabella, evidenziando il modo di operare di Boccaccio.

Metamorfosi di Apuleio	*Decameron* di Boccaccio
il marito è un fabbro che guadagna appena di che vivere; non si dice nulla sulla collocazione geografica della vicenda	un muratore di Napoli e sua moglie tirano avanti stentatamente, lui facendo il suo lavoro, lei filando
la moglie è una donna molto libidinosa e ha diversi amanti, che non sono nominati	
non si dice dove si trovi la casa dove vivono i due e dove avvengono gli incontri amorosi	
il marito quel giorno non lavora perché il suo padrone ha una causa in tribunale	
la botte viene venduta per sette denari	

I TEMI E L'INTERPRETAZIONE

4. Ancora una volta in una novella di Boccaccio vediamo affiancarsi personaggi appartenenti a classi sociali diverse. A quale classe appartengono i due sposi? A quale classe appartiene invece Giannello? Quali motivi, non detti esplicitamente, potrebbero aver spinto Peronella ad accettare le sue *avances*?
5. Perché con la sua sceneggiata Peronella opera un vero e proprio rovesciamento della realtà?

Ottava giornata

Finisce la Settima giornata del Decameron: incomincia l'Ottava, nella quale, sotto il reggimento di Lauretta, si ragiona di quelle beffe che tutto il giorno o donna a uomo o uomo a donna o l'uno uomo all'altro si fanno.

▶ T Calandrino e il porco (VIII, 6)

Il regno della beffa L'ottava giornata del *Decameron* è strettamente **collegata alla precedente**, e poco manca che ne sia l'esatto rovescio. Se infatti Dioneo, dettando il tema della settima giornata, aveva obbligato le sue compagne a parlare delle beffe delle donne ai danni dei mariti, la **nuova regina, Lauretta**, è tentata di imporre che si ragioni «delle beffe che gli uomini fanno alle lor mogli». Le donne della brigata, si ricorderà, avevano fatto resistenza alla proposta di Dioneo: adesso sarebbe il momento di prendersi una bella rivalsa. Ma Lauretta non vuole, ella dice, «mostrare d'essere di schiatta di can botolo che incontanente si vuol vendicare», cioè non intende comportarsi come quei cani rabbiosi che si rivoltano subito, per vendicarsi delle provocazioni ricevute. Per cui il tema della nuova giornata saranno sì ancora le beffe, ma **beffe in generale**, che tutti i giorni le donne fanno agli uomini, o gli uomini alle donne, o «l'uno uomo all'altro». Quindi non più, o non più solo, mogli e mariti, matrimoni deludenti, situazioni erotiche da coprire con ben improvvisate finzioni; soprattutto, non più solo beffe il cui fine sia esclusivamente il godimento amoroso. Anzi, si fa strada qui una tipologia di beffa nella quale un fine pratico, se proprio non è assente, sfuma però sullo sfondo; mentre in primo piano viene sempre di più il **gusto stesso della finzione e della recita**, di fronte a un beffato la cui smarrita confusione è il premio, se non unico, almeno prevalente per i beffatori.

Il ciclo di Calandrino All'interno di questa giornata ottava (e nella seguente, la nona, a tema libero) spiccano alcune novelle in cui compaiono gli stessi personaggi, sino a formare un piccolo «ciclo». Vi compare il personaggio di **Calandrino**, accompagnato dai suoi compari beffatori, Bruno e Buffalmacco. Calandrino rappresenta nel *Decameron* quello che è stato definito il «beffato d'obbligo», ossia un personaggio che per la sua **personale sprovvedutezza**, o, come dice Boccaccio, «simplicità», è destinato a diventare **vittima degli inganni** e delle finzioni altrui. Ciò anche significa che le beffe a danno di Calandrino hanno lo scopo principale di dimostrare e ribadire, in circostanze diverse novella per novella, la sua istituzionale **inferiorità** rispetto all'intelligenza di Bruno e Buffalmacco. Queste infatti sono propriamente le beffe nelle quali il vero scopo dei beffatori non è, o non è soltanto, quello di ricavare dai loro inganni un (in genere modesto, spesso nullo) vantaggio materiale. Queste beffe sono beffe d'intelligenza fini a se stesse: i beffatori godono nel manipolare la semplicità di Calandrino e si divertono allo spettacolo della di lui goffaggine. Fra l'altro, è la costitutiva inferiorità intellettuale di Calandrino che permette l'esistenza stessa del ciclo: alla fine di ogni novella infatti egli **non si accorge** mai di essere stato vittima di un raggiro, anzi, paradossalmente, i suoi persecutori gli faranno credere di essere stato lui il furbo che si è preso gioco di loro. Tale meccanismo permette, com'è ovvio, la **reiterazione della beffa** in altre circostanze, in altre novelle: visto che il beffato mai si risveglia dal suo stato di credulità e di buona fede.

***Mobbing* medievale?** Ci troviamo dunque di fronte a beffe un po' sadiche, che sfruttano, in Calandrino, una sorta di sua "disabilità", beffe in cui la nostra sensibilità moderna potrebbe vedere, con qualche disagio, una sorta di *mobbing* medievale? Certo, nel divertimento con cui Bruno e Buffalmacco attirano Calandrino nello spazio dei loro inganni, possiamo ravvisare il compiacimento di chi, dall'alto di una intelligenza superiore, manovra come un burattinaio la sciocchezza altrui. Ma, a parte che l'esito di questi inganni non va mai oltre i limiti della **burla**, c'è anche da dire che in più d'un caso Bruno e Buffalmacco non fanno altro che assecondare la **vocazione di Calandrino stesso alla beffa**. Nel senso che lo spazio della finzione beffarda è sì, naturalmente, uno spazio inventato da loro, e in cui Calandrino rimane intrappolato; ma nella sua natura di realtà «altra», sovrapposta a quella normale di tutti giorni, la finzione della beffa può costituire anche uno **spazio di evasione, e di illusione**, a cui Calandrino stesso aspira. Facendosi gioco di lui, Bruno e Buffalmacco talvolta regalano alla loro vittima un quarto d'ora di felicità.

GUIDA ALLO STUDIO

1. Qual è il tema dell'ottava giornata?
2. Quale tipologia di personaggio incarna Calandrino? È consapevole delle beffe che vengono ordite ai suoi danni?
3. Come si pongono Bruno e Buffalmacco nei confronti della loro vittima?

T17

Decameron, VIII, 3

Calandrino e l'elitropia

Anno: 1349-51

Genere: novella

Argomento: il semplicione Calandrino viene beffato ben due volte

È la prima delle novelle di Calandrino, in cui la semplicità del personaggio è rappresentata in due momenti distinti. In un primo momento lo vediamo nella chiesa di San Giovanni, raggirato da Maso del Saggio che gli fa credere nell'esistenza del favoloso paese di Bengodi. In un secondo momento lo vediamo in riva al Mugnone, un torrente appena fuori le mura di Firenze, intento a cercare la pietra dell'elitropia, che dovrebbe renderlo invisibile.

Parafrasi integrale

Calandrino, Bruno e Buffalmacco[1] *giù per lo Mugnone vanno cercando di trovar l'elitropia*[2]*, e Calandrino se la crede aver trovata; tornasi a casa carico di pietre; la moglie il proverbia*[3] *e egli turbato la batte, e a' suoi compagni racconta ciò che essi sanno meglio di lui.*[4]

rr. 1-15 Presentazione dei personaggi: Calandrino, Bruno e Buffalmacco, Maso del Saggio.

Nella nostra città, la qual sempre di varie maniere e di nuove genti[5] è stata abondevole, fu, ancora non è gran tempo, un dipintore chiamato Calandrino, uom semplice e di nuovi costumi. Il quale il più del tempo con due altri dipintori usava[6], chiamati l'un Bruno e l'altro Buffalmacco, uomini sollazzevoli molto[7] ma per altro avveduti e sagaci, li quali con Calandrino usavan per ciò che de' modi suoi e della sua simplicità sovente gran festa[8] prendevano. Era similmente allora in Firenze un giovane di maravigliosa

1. **Calandrino ... Buffalmacco:** gli unici tre personaggi che tornano da protagonisti, nel *Decameron*, più di una volta (nelle novelle, oltre a questa, VIII, 6 e IX, 3 e 5; Bruno e Buffalmacco, senza Calandrino, tornano anche in VIII, 9). Sono personaggi realmente esistiti, tutt'e tre pittori, vissuti a cavallo tra Due e Trecento. Calandrino è il soprannome di Giovannozzo o Nozzo di Perino; Bruno è Bruno Giovanni d'Olivieri; Buffalmacco è Bonamico di Cristofano (1262-1340).
2. **elitropia:** pietra che si credeva facesse diventare invisibili chi se la portava addosso: così dalla *Naturalis historia* dello scrittore latino Plinio il Vecchio fino ai lapidari del Medioevo. La credenza nel potere di questa pietra, quindi, non dipende solo dalla ingenuità di Calandrino.
3. **il proverbia:** **lo rimprovera**.
4. Nessuna fonte precisa per questa novella, se non la credenza, sopra ricordata, nei poteri straordinari della favolosa elitropia.
5. **di varie ... genti:** **di costumi diversi dal consueto e di gente originale, bizzarra**; connotazione dei fiorentini già consueta al tempo di Boccaccio e poi divenuta proverbiale. Si noti l'accezione di «nuovo» come "mai visto prima", e quindi "strano, originale". Così, poco dopo, a proposito di Calandrino: «di nuovi costumi», di comportamenti stravaganti.
6. **usava:** **praticava**.
7. **sollazzevoli molto:** **molto piacevoli**, ma anche "a cui piaceva divertirsi".
8. **festa:** **divertimento**.

piacevolezza in ciascuna cosa che far voleva, astuto e avvenevole[9], chiamato Maso del Saggio[10]; il quale, udendo alcune cose della semplicità[11] di Calandrino, propose di voler prender diletto de' fatti suoi col fargli alcuna beffa o fargli credere alcuna nuova[12] cosa.

E per avventura[13] trovandolo un dì nella chiesa di San Giovanni e vedendolo stare attento a riguardare le dipinture e gl'intagli del tabernaculo il quale è sopra l'altare della detta chiesa, non molto tempo davanti postovi[14], pensò essergli dato luogo e tempo alla sua intenzione. E informato un suo compagno di ciò che fare intendeva, insieme s'accostarono là dove Calandrino solo si sedeva, e faccendo vista di non vederlo insieme incominciarono a **ragionare** delle virtù[15] di diverse pietre, delle quali Maso così efficacemente parlava come se stato fosse un solenne e gran lapidario[16]. A' quali **ragionamenti** Calandrino posta orecchie[17], e dopo alquanto levatosi in piè, sentendo che non era credenza[18], si congiunse con loro, il che for-

Faceva parte della cultura precedente la rivoluzione scientifica del Settecento (quindi ben oltre il Medioevo) la convinzione che le pietre esercitassero diversi poteri, collegati a loro volta a speciali influssi astrali.

rr. 16-46 L'occasione della beffa: Maso vede Calandrino intento a osservare un tabernacolo nella chiesa di San Giovanni; magnifica le virtù di certe pietre e lo spinge a cercarle nel paese di Bengodi.

---

9. avvenevole: **abile**, a cui tutte le cose riuscivano facilmente.
10. Maso del Saggio: anche questo fu un personaggio storico; faceva il sensale, cioè il mediatore nelle contrattazioni, ed era un famoso burlone fiorentino.
11. semplicità: non tanto sciocchezza quanto **credulità**.
12. nuova: anche qui **bizzarra**, **stravagante** (▸ nota 5).
13. per avventura: **per caso**.
14. nella chiesa ... postovi: Calandrino, da buon professionista della sua arte, è andato dunque a osservare gli intagli di un tabernacolo nuovo nella chiesa di San Giovanni, ovvero nel battistero di Firenze. Dovrebbe trattarsi del tabernacolo commissionato nel 1313 a Lippo di Benivieni; la vicenda di questa novella va dunque immaginata intorno a questa data.
15. delle virtù: **dei poteri**.
16. lapidario: era lo specialista delle pietre (dal latino *lapides*), che doveva conoscerne natura, caratteristiche fisiche, poteri ecc.
17. posta orecchie: raro questo participio invariato al femminile (in genere, semmai, è al maschile); ma forse Boccaccio intendeva «posta orecchia».
18. sentendo ... credenza: **rendendosi conto che non c'erano segreti**, quindi che la conversazione tra Maso e il compagno non era privata.

■ Le parole della tradizione

TROVARE LE PAROLE

▸ **ragionare**, dal latino ***ratiocinari***, "servirsi della ragione".

■ Il verbo «ragionare» e il sostantivo derivato «ragionamento» nel *Decameron* compaiono per lo più nei significati di "discorrere, conversare, parlare" e "conversazione, discorso"; in pochissimi casi è presente anche il significato attuale.

■ «Ragionare» compare in primo luogo nelle rubriche introduttive di ciascuna giornata: «si ragiona di coloro i cui amori ebbero infelice fine»; «si ragiona delle beffe»; «si ragiona ciascuno secondo che gli piace». Qui il significato è genericamente "si parla" o anche "si racconta". È frequentissimo per designare i discorsi, le chiacchiere, le conversazioni e i racconti dell'onesta brigata. In molti passi, proprio come nella novella di Calandrino, verbo e sostantivo indicano i discorsi che si scambiano persone legate da un rapporto confidenziale e amichevole, ma anche le chiacchiere imprudenti. Talvolta assume il significato più generale di "dire, parlare".

■ Nei significati segnalati per Boccaccio, «ragionare» compariva già nelle *Rime* di Dante («e quivi ragionar sempre d'amore», "e qui discorrendo sempre d'amore") e nell'*Inferno* («non ragioniam di lor, ma guarda e passa», "non parliamo più di loro, ma guarda e passa oltre"); nelle altre cantiche e soprattutto nel *Convivio* prevalgono invece i significati di "usare la ragione", "dimostrare con ragionamenti", "discutere argomentando".

■ "Parlare, discorrere" è il significato non unico ma largamente prevalente anche nel *Canzoniere* di Petrarca: «del vario stile in ch'io piango e ragiono», "dello stile vario con cui mi esprimo manifestando il mio dolore"; «Colui che del mio mal meco ragiona», "Colui che discorre con me del mio male".

■ Il significato si è conservato a lungo nella lingua letteraria, non solo poetica; se ne trovano esempi addirittura in vari scrittori del Novecento.

te piacque a Maso; il quale, seguendo le sue parole[19], fu da Calandrin domandato dove queste pietre così virtuose[20] si trovassero. Maso rispose che le più si trovavano in Berlinzone, terra de' baschi, in una contrada che si chiamava Bengodi[21], nella quale si legano le vigne con le salsicce e avevasi un'oca a denaio e un papero giunta[22]; e eravi una montagna tutta di formaggio parmigiano grattugiato, sopra la quale stavan genti che niuna altra cosa facevano che far maccheroni e raviuoli e cuocergli in brodo di capponi, e poi gli gittavan quindi[23] giù, e chi più ne pigliava più se n'aveva; e ivi presso correva un fiumicel di vernaccia[24], della migliore che mai si bevve, senza avervi[25] entro gocciola d'acqua.

– Oh, – disse Calandrino – cotesto è buon paese; ma dimmi, che si fa de' capponi che cuocon coloro?[26]

Rispose Maso: – Mangiansegli i baschi tutti –.

Disse allora Calandrino: – Fostivi tu mai?[27]

A cui Maso rispose: – Di' tu se io vi fu' mai? Sì vi sono stato così una volta come mille[28] –.

Disse allora Calandrino: – E quante miglia ci ha[29]?

Maso rispose: – Haccene più di millanta, che tutta notte canta[30] –.

Disse Calandrino: – Dunque dee egli essere più là che Abruzzi[31] –.

– Sì bene, – rispose Maso – si è cavelle[32] –.

Calandrino semplice, veggendo Maso dir queste parole con un viso fermo[33] e senza ridere, quella fede vi dava[34] che dar si può a qualunque verità è più manifesta, e così l'aveva per vere; e disse: – Troppo ci è di lungi a' fatti miei[35]: ma se più presso ci fosse, ben ti dico che io vi verrei una volta con esso teco[36] pur per veder fare il tomo a quei maccheroni e tormene una satolla[37]. Ma dimmi, che lieto sie tu[38], in queste contrade[39] non se ne truova niuna di queste pietre così virtuose?

rr. 47-71 Maso svela a Calandrino le località più vicine per reperire pietre miracolose. In particolare, per trovare l'elitropia, che rende invisibili.

A cui Maso rispose: – Sì, due maniere[40] di pietre ci si truovano di grandissima virtù. L'una sono i macigni da Settignano e da Montisci[41], per vertù de' quali, quando son macine fatti, se ne fa la farina[42], e per ciò si dice egli in que' paesi

---

19. seguendo ... parole: **continuando il discorso**.
20. così virtuose: **di così grandi poteri**.
21. Berlinzone ... baschi ... Bengodi: nomi e luoghi immaginari o comunque esotici: «Berlinzone» è inventato probabilmente per allusione a «Berlingaccio», fiorentino per "giovedì grasso", oppure a «berlingaio», cioè "ghiottone"; secondo Maso è città («terra») del paese dei baschi, effettiva regione all'estremo nord-occidentale della Spagna, quindi sentita remotissima; «Bengodi» è toponimo ben noto della favolosa contrada (spesso anche Cuccagna) in cui si mangia, si beve e si gode a sbafo, come spiega subito dopo.
22. e avevasi ... giunta: **e vi si poteva avere un'oca per una monetina** (il «denaio» è monetina spicciola, la dodicesima parte di un soldo), **con un papero gratis per giunta**. L'oca era piatto prelibato, d'obbligo per la festa di Ognissanti.
23. quindi: **da lì**, da quella montagna di parmigiano.
24. vernaccia: vino bianco tra i più pregiati.
25. avervi: **esservi**.
26. che si fa ... coloro?: tipico di Calandrino, cercare una logica entro un contesto surreale: qui egli si preoccupa di sapere che fine fanno tutti quei capponi, una volta che sono stati bolliti per fare il brodo.
27. Fostivi tu mai?: **Ci sei mai stato?**
28. Sì ... come mille: il che significa che se non c'è stato quell'«una volta», non c'è stato mai. Ma la frase suona come se dicesse che c'è stato mille volte.
29. ci ha: **ci sono**, di distanza.
30. Haccene ... canta: è un *nonsense*, una frase che non significa nulla, ma la rima «millanta : canta» la fa suonare autorevole. ■ **Haccene:** **Ce ne sono**.
31. Abruzzi: terra qui citata come paese remoto.
32. cavelle: **un nonnulla**: anche questa è frase priva di senso.
33. fermo: **serio**.
34. quella ... vi dava: **le credeva**.
35. Troppo ... miei: **È troppo lontano per me**.
36. con esso teco: **con te**.
37. pur ... una satolla: **anche soltanto per vedere fare il capitombolo a quei maccheroni, e farmene una scorpacciata**.
38. che ... tu: formula augurale, per ingraziarsi il favore dell'interlocutore: **che tu possa essere felice, fortuna a te**.
39. in queste contrade: **qui da noi**.
40. maniere: **tipi**.
41. i macigni ... Montisci: Settignano e Móntici sono due colline, l'una a nord e l'altra a sud di Firenze, note per le loro cave di pietra serena, una varietà di arenaria.
42. per vertù ... la farina: il potere dei macigni è che, quando se ne fanno le macine (da mulino, per macinare il grano), se ne ricava la farina.

di là che da Dio vengono le grazie e da Montisci le macine[43]; ma ècci[44] di questi macigni sì gran quantità, che appo noi è poco prezzata[45], come appo loro gli smeraldi, de' quali v'ha maggior montagne che Monte Morello[46], che rilucon di mezza notte vatti con Dio[47]; e sappi che chi facesse le macine belle e fatte legare in anella prima che elle si forassero e portassele al soldano, n'avrebbe ciò che volesse[48]. L'altra si è una pietra, la quale noi altri lapidarii[49] appelliamo elitropia, pietra di troppo gran vertù, per ciò che qualunque persona la porta sopra di sé, mentre la tiene, non è da alcuna altra persona veduto dove non è[50] –.

Allora Calandrin disse: – Gran virtù son queste; ma questa seconda[51] dove si truova?

A cui Maso rispose che nel Mugnone[52] se ne solevan trovare.

Disse Calandrino: – Di che grossezza è questa pietra? o che colore è il suo?

Rispose Maso: – Ella è di varie grossezze, ché alcuna n'è più, alcuna meno, ma tutte son di colore quasi come nero[53] –.

rr. 72-91 Calandrino coinvolge nella ricerca dell'elitropia anche Bruno e Buffalmacco.

Calandrino, avendo tutte queste cose seco[54] notate, fatto sembianti[55] d'avere altro a fare, si partì da Maso e seco propose di volere cercare di questa pietra; ma diliberò di non volerlo fare senza saputa di Bruno e di Buffalmacco[56], li quali spezialissimamente amava. Diessi[57] adunque a cercar di costoro, acciò che senza indugio e prima che alcuno altro n'andassero a cercare, e tutto il rimanente di quella mattina consumò in cercargli. Ultimamente, essendo già l'ora della nona[58] passata, ricordandosi egli che essi lavoravano nel monistero delle donne di Faenza[59], quantunque il caldo fosse grandissimo, lasciata ogni altra sua faccenda, quasi correndo n'andò a costoro e chiamatigli così disse loro: – Compagni, quando voi vogliate credermi, noi possiamo divenire i più ricchi uomini di Firenze: per ciò che io ho inteso da uomo degno di fede che in Mugnone si truova una pietra, la qual chi la porta sopra[60] non è veduto da niuna altra persona[61]; per che a me parrebbe che noi senza alcuno indugio, prima che altra persona v'andasse, v'andassimo a cercar. Noi la troverem per certo, per ciò che io la conosco; e trovata che noi l'avremo, che avrem noi a fare altro se non metter-

---

43. da Dio ... le macine: proverbio che vuole sottolineare come dato quasi di natura la provenienza delle grazie da Dio, e delle macine da Móntici. Ma più che un proverbio in uso «in que' paesi di là», esso sembra in realtà molto casalingo.
44. ècci: c'è.
45. che ... prezzata: che (consecutiva) da noi non la si apprezza.
46. Monte Morello: monte a nord di Firenze.
47. che rilucon ... con Dio: per dire le montagne di smeraldo di «que' paesi di là» splendono anche a notte fonda che è roba da non credere. Ma «vatti con Dio» è ancora una volta una conclusione che non significa nulla.
48. e sappi ... volesse: fantasia surreale: si immagina qui che le macine da mulino (enormi piastre circolari, forate al centro per poter girare intorno a un palo), se prima di praticarci il foro in mezzo si potessero incastonare («legare») come pietre preziose in anelli e si portassero così al sultano, verrebbero pagate qualunque prezzo.
49. lapidarii: specialisti dei minerali e dei loro poteri.
50. per ciò ... dove non è: Maso dice una banalità spacciandola per miracolo: perché è ovvio che chiunque si porti addosso l'elitropia, per tutto il tempo che se la tiene, non sia veduto da nessuno dove «non è». Ma l'affermazione, con la sua catena di negative («non ... alcuna ... non»), è fatta apposta per confondere, o meglio, per far sì che l'ascoltatore capisca quello che già si aspetta di capire.
51. questa seconda: l'elitropia; «seconda» rispetto ai macigni di Settignano e Móntici prima rammentati.
52. Mugnone: fiumicello che correva (e ancora corre, sia pur deviato nel corso) fuori dalla terza cerchia di mura, vicino, come vedremo, alla Porta di San Gallo.
53. Ella è ... come nero: ultimo divertimento di Maso: la descrizione che egli dà dell'elitropia potrebbe adattarsi a qualsiasi pietra, più o meno grossa, più o meno nerastra.
54. seco: fra sé e sé.
55. fatto sembianti: fingendo.
56. senza saputa ... Buffalmacco: senza che lo sapessero Bruno e Buffalmacco.
57. Diessi: Si diede.
58. l'ora della nona: cioè le tre del pomeriggio.
59. nel monistero ... Faenza: monastero di monache, cosiddetto perché si trovava appena fuori da Porta Faenza; non lontano dal Mugnone predetto.
60. sopra: addosso.
61. non è veduto ... persona: inutile dire che Calandrino ripete le parole di Maso secondo quello che egli ha voluto intendere.

cela nella scarsella[62] e andare alle tavole de' cambiatori[63], le quali sapete che stanno sempre cariche di grossi[64] e di fiorini, e torcene[65] quanti noi ne vorremo? Niuno ci vedrà; e così potremo arricchire subitamente, senza avere tutto dì a schiccherare le mura a modo che fa la lumaca[66] -.

rr. 92-121 I due colgono l'occasione della beffa e convincono Calandrino ad andare a cercare l'elitropia la domenica mattina presto sulle sponde del Mugnone.

Bruno e Buffalmacco, udendo costui, fra sé medesimi cominciarono a ridere, e guatando l'un verso l'altro fecer sembianti di maravigliarsi forte e lodarono il consiglio di Calandrino; ma domandò Buffalmacco come questa pietra avesse nome.

A Calandrino, che era di grossa pasta[67], era già il nome uscito di mente; per che egli rispose: - Che abbiam noi a far del nome, poi che noi sappiam la vertù? A me parrebbe che noi andassomo[68] a cercare senza star più[69] -.

- Or ben, - disse Bruno - come è ella fatta?

Calandrin disse: - Egli ne son d'ogni fatta[70] ma tutte son quasi nere; per che a me pare che noi abbiamo a ricogliere tutte quelle che noi vederem nere, tanto che[71] noi ci abbattiamo a essa; e per ciò non perdiam tempo, andiamo -.

A cui Bruno disse: - Or t'aspetta; - e volto a Buffalmacco disse: - A me pare che Calandrino dica bene, ma non mi pare che questa sia ora da ciò, per ciò che il sole è alto e dà per lo Mugnone entro[72] e ha tutte le pietre rasciutte[73], per che tali paion testé[74] bianche, delle pietre che vi sono, che la mattina, anzi che il sole l'abbia rasciutte, paion nere; e oltre a ciò molta gente per diverse cagioni è oggi, che è dì da lavorare, per lo Mugnone[75], li quali vedendoci si potrebbono indovinare quello che noi andassomo faccendo e forse farlo essi altresì; e potrebbe venire alle mani a loro[76], e noi avremmo perduto il trotto per l'ambiadura[77]. A me pare, se pare a voi, che questa sia opera da dover far da mattina[78], che si conoscon meglio le nere dalle bianche, e in dì di festa, che non vi sarà persona che ci vegga -.

Buffalmacco lodò il consiglio di Bruno, e Calandrino vi s'accordò: e ordinarono[79] che la domenica mattina vegnente[80] tutti e tre fossero insieme a cercar di questa pietra; ma sopra ogni altra cosa gli pregò Calandrino che essi non dovesser questa cosa con persona del mondo ragionare, per ciò che a lui era stata posta in credenza[81]. E ragionato questo, disse loro ciò che udito avea della contrada di Bengodi, con saramenti[82] affermando che così era. Partito Calandrino da loro, essi quello che intorno a questo avessero a fare ordinarono fra se medesimi[83].

---

62. nella scarsella: nella borsa; noi diremmo «in tasca».
63. cambiatori: cambiavalute.
64. grossi: piccole monete d'argento, di largo corso.
65. torcene: pigliarcene («tor-», "prendere").
66. senza avere ... la lumaca: senza dovere stare a imbrattare le mura [delle nostre vernici]**, come fa la lumaca quando lascia la sua scia di bava**. Calandrino sogna sempre, in queste novelle, di affrancarsi dal suo mestiere quotidiano, vissuto come faticoso e scarsamente retribuito.
67. di grossa pasta: di cervello poco fine.
68. andassomo: forma popolare: **andassimo**.
69. senza star più: senza più indugiare.
70. d'ogni fatta: di tutte le maniere.
71. tanto che: finché.
72. dà ... entro: picchia a diritto sul Mugnone.
73. rasciutte: asciugate, seccate.
74. testé: adesso.
75. per lo Mugnone: cioè, lungo il greto del Mugnone.
76. potrebbe ... a loro: potrebbe capitare in mano a loro.
77. noi ... l'ambiadura: l'«ambiadura» era un modo di far camminare il cavallo alquanto artificioso (facendogli muovere contemporaneamente le due gambe dallo stesso lato, invece che alternativamente quelle di destra e di sinistra), più comodo per il cavaliere, ma che rischiava di disabituare il cavallo dal «trotto», cioè da un passo più veloce e naturale. Bruno vuol dire che, precipitandosi adesso a cercare l'elitropia, lui e i compagni farebbero la cosa più comoda e immediata, ma forse perderebbero quella di "sostanza", ovvero il possesso della pietra stessa.
78. da mattina: la mattina presto.
79. ordinarono: combinarono.
80. vegnente: prossima.
81. a lui ... credenza: era stata confidata a lui in segreto; il che, in realtà, non è. Ma Calandrino si vuole far bello con gli amici.
82. saramenti: sacramenti, cioè giuramenti.
83. ordinarono ... medesimi: organizzarono fra di loro.

rr. 122-33 I tre si recano al Mugnone e Calandrino si carica di pietre.

Calandrino con disidero aspettò la domenica mattina: la qual venuta, in sul far del dì si levò. E chiamati i compagni, per la porta a San Gallo usciti e nel Mugnon discesi cominciarono a andare in giù[84] della pietra cercando. Calandrino andava, e come più volenteroso[85], avanti e prestamente or qua e or là saltando, dovunque alcuna pietra nera vedeva si gittava[86] e quella ricogliendo si metteva in seno. I compagni andavano appresso, e quando una e quando un'altra ne ricoglievano; ma Calandrino non fu guari di via andato[87], che egli il seno se n'ebbe pieno, per che, alzandosi i gheroni della gonnella, che all'analda non era, e faccendo di quegli ampio grembo, bene avendogli alla coreggia attaccati d'ogni parte, non dopo molto gli empié, e similmente, dopo alquanto spazio, fatto del mantello grembo, quello di pietre empié[88]. Per che, veggendo Buffalmacco e Bruno che Calandrino era carico e l'ora del mangiare[89] s'avicinava, secondo l'ordine da sé posto[90] disse Bruno a Buffalmacco: – Calandrino dove è?

rr. 133-70 Il momento della beffa: Bruno e Buffalmacco fingono che Calandrino sia diventato invisibile.

Buffalmacco, che ivi presso sel vedea, volgendosi intorno e or qua e or là riguardando, rispose: – Io non so, ma egli era pur poco fa qui dinanzi da noi –.

Disse Bruno: – Ben che fa poco![91] a me par egli esser certo che egli è ora a casa a desinare e noi ha lasciati nel farnetico[92] d'andar cercando le pietre nere giù per lo Mugnone –.

– Deh come egli ha ben fatto – disse allor Buffalmacco – d'averci beffati e lasciati qui, poscia che noi fummo sì sciocchi, che noi gli credemmo. Sappi![93] chi sarebbe stato sì stolto, che avesse creduto che in Mugnone si dovesse trovare una così virtuosa pietra, altri che noi?

Calandrino, queste parole udendo, imaginò che quella pietra alle mani gli fosse venuta e che per la vertù d'essa coloro, ancor che loro fosse presente, nol vedessero. Lieto adunque oltre modo di tal ventura[94], senza dir loro alcuna cosa[95], pensò di tornarsi a casa; e volti i passi indietro se ne cominciò a venire[96].

Vedendo ciò, Buffalmacco disse a Bruno: – Noi che faremo? ché non ce ne andiam noi?

A cui Bruno rispose: – Andianne[97]; ma io giuro a Dio che mai Calandrino non me ne farà più niuna[98]; e se io gli fossi presso come stato sono tutta mattina, io gli darei tale di questo ciotto nelle calcagna[99], che egli si ricorderebbe forse un

84. **in giù:** cioè, seguendo il corso del torrente.
85. **come più volenteroso:** **essendo quello che più era ansioso di trovare la pietra**.
86. **si gittava:** **si slanciava**.
87. **non fu … andato:** **non si fu molto allontanato**, da dove avevano cominciato la ricerca.
88. **per che … empié:** **per cui, alzando le falde della veste lunga che portavano allora, e che non era, come quelle di oggi, stretta e corta** («all'analda», dall'Hainaut, in Belgio, donde era venuta la nuova moda), **e facendo così un ampio grembo della veste, assicurate le falde da ogni parte intorno alla cintura, in poco tempo riempì di pietre anche quello, e allo stesso modo, dopo un po', fatto grembo anche del mantello** [dunque ripiegandolo e tenendone i lembi in mano], **lo riempì pure di pietre.**
89. **l'ora del mangiare:** **l'ora di pranzo**.
90. **secondo … posto:** **secondo il piano stabilito fra loro**.
91. **Ben … poco!:** **Sì, proprio poco!** Riprende con rabbia simulata l'osservazione del compagno.
92. **nel farnetico:** **in questa pazzia**.
93. **Sappi!:** qualcosa come **Ma via!**
94. **ventura:** **fortuna**.
95. **senza … cosa:** Calandrino non condivide dunque la sua fortuna con gli amici; la sua affezione per loro arriva sino a confidare le meraviglie dell'elitropia, ma, una volta trovatala, egli vorrebbe tenersela tutta per sé.
96. **a venire:** cioè a risalire il corso del Mugnone.
97. **Andianne:** **Andiamocene pure**.
98. **niuna:** di queste beffe. È ormai completo il ribaltamento dei ruoli tra beffato e beffatore.
99. **io gli darei … calcagna:** **io gli tirerei un tal colpo con questo sasso** («ciotto», "ciottolo") **nei calcagni**.

mese di questa beffa –; e il dir le parole e l'aprirsi[100] e 'l dar del ciotto nel calcagno a Calandrino fu tutto uno. Calandrino, sentendo il duolo, levò alto il piè e cominciò a soffiare[101] ma pur si tacque e andò oltre.

Buffalmacco, recatosi in mano uno de' codoli[102] che raccolti avea, disse a Bruno: - Deh vedi bel codolo: così giugnesse egli testé nelle reni a Calandrino![103] - e lasciato andare[104], gli diè con esso nelle reni una gran percossa; e in brieve in cotal guisa, or con una parola e or con un'altra, su per lo Mugnone infino alla porta a San Gallo il vennero lapidando[105]. Quindi, in terra gittate le pietre che ricolte aveano, alquanto con le guardie de' gabellieri[106] si ristettero; le quali, prima da loro informate, faccendo vista di non vedere lasciarono andar Calandrino con le maggior risa del mondo. Il quale senza arrestarsi se ne venne a casa sua, la quale era vicina al Canto alla Macina; e in tanto fu la fortuna piacevole[107] alla beffa, che, mentre Calandrino per lo fiume ne venne e poi per la città, niuna persona gli fece motto, come che pochi ne scontrasse per ciò che quasi[108] a desinare era ciascuno.

rr. 171-93 Calandrino rincasa; poiché donna Tessa lo vede, egli crede che sia lei colpevole di aver annullato il potere dell'elitropia, e la percuote duramente.

Entrossene adunque Calandrino così carico in casa sua. Era per avventura la moglie di lui, la quale ebbe nome monna Tessa, bella e valente[109] donna, in capo della scala: e alquanto turbata della sua lunga dimora[110], veggendol venire cominciò proverbiando[111] a dire: - Mai, frate, il diavol ti ci reca![112] Ogni gente ha già desinato quando tu torni a desinare –.

Il che udendo Calandrino e veggendo che veduto era[113], pieno di cruccio e di dolore cominciò a gridare: - Oimè, malvagia femina, o eri tu costì? Tu m'hai diserto[114]; ma in fè di Dio io te ne pagherò[115] - e salito in una sua saletta e quivi scaricate le molte pietre che recate avea, niquitoso[116] corse verso la moglie e presala per le trecce la si gittò a' piedi, e quivi, quanto egli poté menar le braccia e' piedi, tanto le diè per tutta la persona: pugna e calci, senza lasciarle in capo capello o osso adosso che macero[117] non fosse le diede, niuna cosa valendole il chieder mercé con le mani in croce.

Buffalmacco e Bruno, poi che co' guardiani della porta ebbero alquanto riso, con lento passo cominciarono alquanto lontani[118] a seguitar Calandrino; e giunti a piè dell'uscio di lui sentirono la fiera battitura[119] la quale alla moglie dava, e faccendo vista di giugnere pure allora[120] il chiamarono. Calandrino tutto sudato, rosso e affannato si fece alla finestra e pregogli che suso a lui dovessero andare. Essi, mostrandosi alquanto turbati, andaron suso e videro la sala piena di pietre e nell'un de' canti la donna scapigliata, stracciata, tutta livida e rotta[121] nel viso,

---

100. l'aprirsi: allargare le braccia, per scagliare il ciottolo con violenza.
101. a soffiare: dal dolore, ma non geme per non farsi sentire.
102. codoli: ciottoli.
103. così ... a Calandrino!: magari potesse arrivare adesso nel fianco a Calandrino!
104. lasciato andare: lanciato il sasso.
105. il vennero lapidando: proprio come in un martirio antico, o nell'esecuzione di una pena capitale.
106. le guardie de' gabellieri: erano le guardie della gabella, o del dazio, incaricate di controllare le merci che entravano in città, e di verificare se erano in regola con le tasse.
107. piacevole: favorevole.
108. quasi: sta con «ciascuno».
109. valente: di valore, intelligente.
110. della ... dimora: del suo ritardo.
111. proverbiando: rimproverandolo.
112. Mai ... ti ci reca!: Una buona volta, fratello, il diavolo ti riporta a casa!
113. veggendo ... veduto era: cioè accorgendosi che non era più invisibile.
114. diserto: rovinato; participio forte.
115. io ... pagherò: te la farò pagare.
116. niquitoso: inferocito.
117. macero: pesto.
118. alquanto lontani: tenendosi a distanza.
119. la fiera battitura: il rumore delle violente botte, e delle grida di monna Tessa.
120. pure allora: solo in quel momento.
121. rotta: ammaccata.

dolorosamente piagnere; e d'altra parte Calandrino, scinto[122] e ansando a guisa d'uom lasso, sedersi.

Dove, come alquanto ebbero riguardato, dissero: – Che è questo, Calandrino? vuoi tu murare[123], ché noi veggiamo qui tante pietre? – e oltre a questo sugiunsero: – E monna Tessa che ha? E' par che tu l'abbi battuta: che novelle son queste?[124] – Calandrino, faticato dal peso delle pietre e dalla rabbia con la quale la donna aveva battuta e dal dolore della ventura la quale perduta gli pareva avere, non poteva raccoglier lo spirito[125] a formare intera la parola alla risposta; per che soprastando[126], Buffalmacco ricominciò: – Calandrino, se tu avevi altra ira[127], tu non ci dovevi per ciò straziare come fatto hai; ché, poi sodotti ci avesti[128] a cercar teco della pietra preziosa, senza dirci a Dio né a diavolo, a guisa di due becconi[129] nel Mugnon ci lasciasti e venistitene[130], il che noi abbiamo forte per male[131]; ma per certo questa fia la sezzaia[132] che tu ci farai mai –.

rr. 194-205 Bruno e Buffalmacco, sopraggiunti, accusano Calandrino di essersi preso gioco di loro.

A queste parole Calandrino sforzandosi[133] rispose: – Compagni, non vi turbate, l'opera[134] sta altramenti che voi non pensate. Io, sventurato! aveva quella pietra trovata; e volete udire se io dico il vero? Quando voi primieramente di me domandaste l'un l'altro[135], io v'era presso a men di diece braccia e veggendo che voi ve ne venavate e non mi vedavate[136] v'entrai innanzi[137], e continuamente poco innanzi a voi me ne son venuto –. E cominciandosi dall'un de' capi infin la fine raccontò loro ciò che essi fatto e detto aveano e mostrò loro il dosso e le calcagna come i ciotti conci[138] gliel'avessero; e poi seguitò: – E dicovi che, entrando alla porta con tutte queste pietre in seno che voi vedete qui, niuna cosa mi fu detta, ché sapete quanto esser sogliano spiacevoli e noiosi[139] que' guardiani a volere ogni cosa vedere; e oltre a questo ho trovati per la via più miei compari e amici, li quali sempre mi soglion far motto e invitarmi a bere, né alcun fu che parola mi dicesse né[140] mezza, sì come quegli che non mi vedeano. Alla fine, giunto qui a casa, questo diavolo di questa femina maladetta mi si parò dinanzi e ebbemi veduto[141], per ciò che, come voi sapete, le femine fanno perder la vertù a ogni cosa[142]: di che io, che mi poteva dire il più avventurato uom di Firenze, sono rimaso il più sventurato; e per questo l'ho tanto battuta quanto io ho potuto menar le mani e non so a quello che io mi tengo[143] che io

rr. 206-39 Calandrino presenta la sua versione dei fatti; i due burloni, per evitare che picchi ancora la moglie, lo accusano di non aver ricordato che le donne fanno perdere il potere «alle cose».

122. **scinto:** perché, scaricandosi delle pietre, si era evidentemente tolto la cintura a cui aveva attaccato i lembi della veste.
123. **murare:** **fare un muro**, trasformarti in muratore.
124. **che ... queste?:** **che cos'è questa novità?**
125. **raccoglier lo spirito:** **ripigliare fiato**.
126. **soprastando:** **indugiando a rispondere**.
127. **se tu ... ira:** **se eri arrabbiato per qualche altra ragione**; e, quindi, se volevi sfogare in qualche modo il tuo malumore.
128. **poi ... ci avesti:** **dopo che tu ci avesti convinti con le tue lusinghe**; («sodotti», "sedotti").
129. **becconi:** il becco è il maschio della capra: quindi qui **caproni**, stupidi bestioni.
130. **venistitene:** **te ne sei tornato per conto tuo**.
131. **il che ... per male:** **del che noi ce la siamo presa parecchio**.
132. **la sezzaia:** **l'ultima**; l'ultima beffa: continua il ribaltamento dei ruoli tra beffato e beffatori.
133. **sforzandosi:** perché non ha ancora ripreso fiato.
134. **l'opera:** **la faccenda**.
135. **Quando ... l'un l'altro:** **Quando voi avete cominciato a domandare di me l'uno all'altro**.
136. **venavate ... vedavate:** forme della Toscana occidentale.
137. **v'entrai innanzi:** **cominciai a precedervi**.
138. **conci:** **conciati**; participio forte.
139. **noiosi:** **fastidiosi**.
140. **né:** **neanche**.
141. **ebbemi veduto:** il trapassato, al solito, esprime azione fulminea.
142. **per ciò che ... a ogni cosa:** pur di salvaguardare la sua illusione di aver trovato l'elitropia, Calandrino ha già escogitato la giustificazione del fatto che Tessa l'abbia veduto: si rifugia nel pregiudizio misogino per il quale le donne fanno perdere il potere a ogni cosa.
143. **mi tengo:** **mi trattengo**.

non le sego le veni[144], che maladetta sia l'ora che io prima la vidi e quando ella mai venne in questa casa! – E raccesosi nell'ira si voleva levare[145] per tornare a batterla da capo.

Buffalmacco e Bruno, queste cose udendo, facevan vista di maravigliarsi forte e spesso affermavano[146] quello che Calandrino diceva, e avevano sì gran voglia di ridere, che quasi scoppiavano; ma vedendolo furioso levare per battere un'altra volta la moglie, levatiglisi alla 'ncontro il ritennero[147], dicendo di queste cose niuna colpa aver la donna ma egli[148], che sapeva che le femine facevano perdere la vertù alle cose e non l'aveva detto che ella si guardasse d'apparirgli innanzi quel giorno: il quale avvedimento[149] Idio gli aveva tolto o per ciò che la ventura non doveva esser sua, o perché egli aveva in animo d'ingannare i suoi compagni, a' quali, come s'avedeva averla trovata, il dovea palesare. E dopo molte parole, non senza gran fatica la dolente donna riconciliata con essolui, e lasciandol malinconoso[150] con la casa piena di pietre, si partirono.

---

144. le veni: le vene.
145. levare: alzare; i compagni hanno trovato Calandrino senza fiato, a sedere per terra in un angolo della sala.
146. affermavano: confermavano.
147. levatiglisi ... ritennero: messisi di mezzo lo trattennero.
148. ma egli: bensì lui, ne aveva colpa.
149. avvedimento: accorgimento.
150. malinconoso: non solo malinconico, ma triste e arrabbiato.

T17 Dentro il testo

IN SINTESI

Il racconto, dopo la presentazione di Calandrino come «uom semplice», prende l'avvio dalla descrizione del paese di Bengodi fatta da Maso del Saggio, paese dove si trovano pietre di grandi poteri e soprattutto si ha una grande abbondanza di cibo e di buon vino. Calandrino, incuriosito, chiede dove si trovi questo Bengodi, e dalla fantasiosa descrizione di Maso deduce che deve essere troppo lontano; ma la curiosità per le pietre è rimasta, ed egli domanda a Maso se non vi siano pietre magiche anche dalle loro parti. Certo, risponde pronto il beffatore, ce ne sono due, una delle quali è l'elitropia, pietra che ha il potere di rendere invisibile (o così almeno capisce Calandrino) chi la porta. Egli non resiste alla voglia di condividere la sua scoperta, e cercati gli amici Bruno e Buffalmacco li mette subito al corrente. I due capiscono l'antifona, e lo portano una domenica mattina sul greto del Mugnone in cerca della pietra miracolosa. Dopo che Calandrino ha raccolto un bel po' di pietre, Bruno e Buffalmacco fingono di non vederlo più, e per dare maggior valore alla propria bugia (e per divertirsi ulteriormente alle sue spalle), finiscono quasi per lapidarlo, sempre fingendo che egli sia diventato invisibile. Calandrino si convince allora del potere delle pietre che ha con sé, e torna a casa dalla moglie, monna Tessa, la quale, nulla sapendo della questione, ovviamente lo vede e lo rimbrotta per il ritardo con cui torna a casa. Calandrino si convince che è colpa della donna se l'elitropia ha perso il suo potere, e la picchia selvaggiamente. Giunti a casa sua anche i due burloni, egli spiega loro che cosa è successo, e deve subire anche i rimproveri degli amici, che si fingono molto adirati di essere stati "beffati" da lui.

I TEMI E L'ESPRESSIONE

IL PERSONAGGIO DI CALANDRINO

Calandrino non è uno sciocco. Infatti egli viene subito definito «uom semplice», quindi non tanto stupido, quanto **credulo**, e «di nuovi costumi», cioè **bizzarro**, fuori dell'ordinario. Siamo di fronte dunque a un personaggio né balordo né deficiente, quanto piuttosto originale; un misto di **ingenuità** e di **stravaganza**. Fra l'altro, si badi: all'inizio della novella Calandrino è in San Giovanni per esaminare «le dipinture e gl'intagli» di un nuovo tabernacolo da poco lì collocato sull'altar maggiore: egli entra nel racconto come un professionista, interessato agli sviluppi e alle novità del suo mestiere. È questa mistura di **normalità** e di **stravaganza** che lo rende un personaggio singolare, insieme integrato e marginale, parte attiva della comunità e oggetto predestinato di beffe.

CALANDRINO BEFFATORE DI SE STESSO

La peculiarità di questa novella è che Calandrino, raccolto lo spunto da Maso, diventa lui stesso **parte attiva della sua beffa**. È lui che svela a Bruno e Buffalmacco i prodigiosi poteri dell'elitropia; lui che li coinvolge impaziente nella sua ricerca; lui che contrappone la facile prosperità che deriverebbe dall'essere invisibile (appressarsi ai banchi dei cambiatori e fare incetta di tutti quei soldi...) rispetto alle fatiche quotidiane di un mestiere che, ben lontano da ogni fascino artistico, egli descrive come «avere tutto dì a schiccherare le mura a modo che fa la lumaca». L'entusiasmo di Calandrino auto-beffatore è tale che Bruno e Buffalmacco possono ritagliarsi la parte di chi **razionalizza la proposta**: si informano del nome della pietra, vogliono sapere com'è fatta, sconsigliano di andare a cercarla sul greto del Mugnone se non di domenica, quando non c'è nessuno... e sul greto del torrente la loro funzione si ribalta addirittura da quella di beffatori in quella di beffati: «Deh come egli ha ben fatto - disse allor Buffalmacco - d'averci beffati». A questo punto, è Calandrino che protegge paradossalmente la realtà fittizia della beffa in cui è stato attirato. È lui che sopporta la "lapidazione" dei compagni; lui che si convince, nella città deserta, che nessuno lo veda; lui che, quando la moglie rompe l'incantesimo, non pensa nemmeno per un attimo di essere vittima di un inganno. E quando i compagni lo raggiungono a casa, continuando a recitare la parte dei **beffati**, è Calandrino che ha già bell'e pronta la giustificazione della sua perdita di invisibilità: «per ciò che, come voi sapete, le femine fanno perder la vertù a ogni cosa». Alla fine, dunque, è Calandrino che cerca ostinatamente di tutelare quella bolla di fuggevole felicità in cui è vissuto, nel tragitto dal Mugnone a casa sua. La beffa, il perfido inganno, è diventata per il beffato un **sogno da rimpiangere**.

LA PARTE DI MONNA TESSA

La comparsa della moglie, in cima alla scala, quando Calandrino torna a casa carico di pietre e, secondo lui, invisibile, è per il povero beffato come il crollo di un'illusione, l'amaro risveglio dal sogno alla realtà. Anche nelle altre novelle della serie, **monna Tessa** ha sempre il compito di costituire per lo stravagante consorte un vero e proprio **principio di realtà**: cioè esattamente quello da cui Calandrino cerca di evadere. In tal senso la sua battuta è esemplare: «Mai, frate, il diavol ti ci reca! Ogni gente ha già desinato quando tu torni a desinare». Ovvero: "Accidenti a te! È questa l'ora di tornare a casa a mangiare, che tutti hanno già pranzato?". Rispetto alle promesse dell'elitropia, Tessa richiama qui Calandrino alla *routine* di tutti i giorni: il pranzo domenicale, gli orari, la pressione dei costumi della comunità. Né Tessa può essere scambiata per la solita moglie bisbetica: è invece, come dice il testo, «bella e valente donna». Ma Calandrino recalcitra alla realtà quotidiana incarnata da monna Tessa.

Analisi e interpretazione Tipologia A

LEGGERE CON METODO

COMPRENSIONE GLOBALE

1. In che cosa consiste la prima beffa, quella ordita da Maso del Saggio? Qual è il suo scopo?
2. Perché, secondo Bruno, è meglio rimandare la gita al Mugnone alla domenica mattina?
3. Perché Calandrino, quando gli amici fingono di non vederlo, rimane in silenzio, anche dopo che hanno incominciato a lapidarlo?

LA LINGUA E LE STRUTTURE

4. Individua i *nonsense* e le espressioni a doppio senso che colorano il linguaggio burlesco di Maso del Saggio.

I TEMI E L'INTERPRETAZIONE

5. Spiega perché Calandrino può essere definito beffatore di se stesso.

USARE IL DIGITALE

APPROFONDIMENTI E CONFRONTI

6. Il tema del paese fantastico, dove regnano l'abbondanza e non c'è bisogno di lavorare, è stato presente per secoli nel folklore, nella letteratura e nell'arte. Tra gli esempi più celebri, il paese dei Balocchi delle *Avventure di Pinocchio* di Carlo Collodi (1826-90). Fai una ricerca in Internet sull'argomento, esponendo i risultati in una presentazione di circa quindici minuti.

Nona giornata

Nella nona giornata, sotto il reggimento di Emilia, si ragiona ciascuno secondo ciò che piace e che più aggrada. La nona è una giornata di **libertà**, in attesa dell'ultima, la decima, che già si annuncia la più impegnativa. Emilia, la regina, concede questa licenza sicura: ella dice che la «varietà» delle cose narrate non sarà meno piacevole che dover discorrere «pur d'una», e per sottolineare la bontà della sua scelta fa l'esempio dei giardini, più piacevoli all'occhio quando sono «di varie piante fronzuti» rispetto ai «boschi ne' quali solamente querce veggiamo». Segue, infatti, una giornata nella quale si distinguono novelle di beffa (1, 4, 10) e contro beffa (8), di motto (2, 9), di equivoci notturni (6), e di sogni premonitori (7); soprattutto, torna in campo Calandrino, che nella novella 3 viene convinto di essere in stato di gravidanza, mentre nella novella 5 viene illuso di aver conquistato il cuore della bella Niccolosa.

▶ T Ciacco e Biondello (IX, 8)

Decima giornata

Incomincia la Decima e ultima [giornata] nella quale, sotto il reggimento di Panfilo, si ragiona di chi liberalmente ovvero magnificamente alcuna cosa operasse intorno a' fatti d'amore o d'altra cosa.

Il «paradiso» del *Decameron* La decima giornata del *Decameron* è, come è stato spesso detto, il "Paradiso" del libro. Sotto il **reggimento di Panfilo**, infatti, l'opera culmina ragionando sulla "liberalità", cioè sulla generosità di chi dona qualcosa di sé, che si tratti di amore o di altre cose. D'altronde, il carattere speciale della giornata è sottolineato dal re stesso, che ne mette in luce il **valore esemplare e didattico**: cosa che non era mai stata fatta finora per nessuna delle giornate precedenti. Invece qui Panfilo dice ai suoi compagni che il solo fatto di raccontare novelle ispirate a così alti valori «senza alcun dubbio gli animi vostri ben disposti a valorosamente adoperare accenderà». Egli si augura dunque che i novellatori ricevano dalla giornata una spinta ancora più ardente a comportarsi valorosamente, cioè secondo le regole morali della cortesia, della generosità e della liberalità incarnate dai personaggi delle storie che verranno raccontate. Ogni novella della decima giornata va letta dunque come un ***exemplum*** da imitare.

▶ T Mitridanes e Matan (X, 3)
▶ T Torello e il Saladino (X, 9)
▶ T Griselda (X, 10)

Una giornata competitiva La decima giornata è costruita secondo uno **schema ascendente e competitivo**: nel senso che ogni novellatore si pone il compito di superare il precedente raccontando una storia di cortesia ancora più esemplare e stupefacente. Anche questa è una novità rispetto alle altre giornate. Spesso i novellatori avevano messo in relazione i loro racconti con quelli dei compagni, ma mai si erano impegnati in una **gara esplicita di bravura** come qui. E siccome si tratta di raccontare storie in cui i protagonisti offrono esempi di **generosità e liberalità**, la gara consiste nel presentare casi sempre più sublimi di capacità di dono, di abnegazione, di rinuncia ai propri beni in favore degli altri; tanto che la cortesia, valore mondano e non religioso, finisce con l'assomigliare talvolta alla vera e propria carità cristiana. In particolare, la giornata presenta nelle prime novelle casi in cui i personaggi sono pronti a disfarsi di beni materiali; ma questo rappresenta soltanto un livello appunto iniziale, elementare, di cortesia. Con il procedere dei racconti, capiamo che la più sublime cortesia consiste nel donare non beni materiali, ma ciò che più intimamente ci appartiene: come l'amore, l'onore o la vita stessa. Sono questi i valori a cui eroicamente rinunciano i protagonisti delle ultime novelle della giornata, offrendo esempi sempre più alti di nobiltà d'animo e di disinteresse.

GUIDA ALLO STUDIO

1. Qual è il tema della decima giornata?
2. In che senso la decima giornata è competitiva?
3. Quali sono i "doni" che hanno maggior valore nell'ottica della giornata?

Decameron, X, 5

T18 Madonna Dianora e il giardino d'inverno

Anno: 1349-51
Genere: novella
Argomento: Dianora fa una incauta promessa a un corteggiatore, il quale alla fine rinuncerà al suo "premio"

Parafrasi integrale

È una delle novelle della decima giornata in cui la gara di cortesia fra i personaggi ruota intorno a una pluralità di valori. Infatti, alla fine, i giovani della brigata trasformano la storia raccontata in una sorta di "caso" di scuola: chi è stato il più cortese dei protagonisti di questa storia? Ovvero: chi ha compiuto la rinuncia più generosa?

Madonna Dianora domanda a messer Ansaldo un giardino di gennaio bello come di maggio; Messer Ansaldo con l'obligarsi a uno nigromante[1] *gliele dà*[2]*; il marito le concede che ella faccia il piacere di messer Ansaldo*[3]*, il quale, udita la liberalità del marito, l'assolve*[4] *della promessa, e il nigromante, senza volere alcuna cosa del suo, assolve messer Ansaldo*[5].

In Frioli[6], paese quantunque freddo lieto di belle montagne, di più fiumi e di chiare fontane, è una terra[7] chiamata Udine, nella quale fu già una bella e nobile donna, chiamata madonna Dianora e moglie d'un gran ricco uomo nominato Gilberto[8], assai piacevole e di buona aria[9]. E meritò questa donna per lo suo valore d'essere amata sommamente da un nobile e gran barone, il quale aveva nome messer Ansaldo Gradense[10], uomo d'alto affare e per arme e per cortesia[11] conosciuto per tutto. Il quale, ferventemente amandola e ogni cosa faccendo che per lui[12] si poteva per essere amato da lei e a ciò spesso per sue ambasciate sollicitandola, invano si faticava. E essendo alla donna gravi[13] le sollicitazioni del cavaliere, e veggendo che, per negare ella ogni cosa da lui domandatole, esso per ciò d'amarla né di sollicitarla si rimaneva[14], con una nuova[15] e al suo giudicio impossibil domanda[16] si pensò di volerlosi torre da dosso.

E a una femina che a lei da parte di lui spesse volte veniva, disse indi[17] così: - Buona femina, tu m'hai molte volte affermato che messere Ansaldo sopra tutte le cose m'ama e maravigliosi doni m'hai da sua parte proferti[18]; li quali voglio che si rimangano a lui, per ciò che per quegli mai a amar lui né a compiacergli mi recherei[19]. E se io potessi esser certa che egli cotanto m'amasse quanto tu di', senza fallo io mi recherei a amar lui e a far quello che egli volesse; e per ciò, dove di ciò mi volesse far fede[20] con quello che io domanderò, io sarei a' suoi comandamenti presta -.

1. **con l'obligarsi a uno nigromante: ingaggiando un negromante dietro grande compenso**.
2. **gliele dà:** il giardino richiesto.
3. **che ella ... Ansaldo: che ella si conceda a messer Ansaldo**.
4. **l'assolve: la libera**.
5. **assolve ... Ansaldo: libera messer Ansaldo dall'obbligo di ricompensarlo**, rifiuta il compenso. La trama della novella, che ha molti antecedenti sia nella narrativa orientale che in quella europea, era già stata trattata da Boccaccio nel suo *Filocolo*; da quella questione (chi è il più generoso in questa storia? Il marito, l'amante, o il negromante?) deriva anche il commento finale di questa stessa novella.
6. **Frioli: Friuli**; Boccaccio probabilmente ci passò nel 1351, mentre si recava in Tirolo come ambasciatore di Firenze presso Ludovico di Baviera.
7. **terra: città**.
8. **Gilberto:** nel corso della novella anche «Giliberto».
9. **di buona aria: di buon carattere**.
10. **Gradense:** quindi forse originario di Grado.
11. **per arme ... cortesia:** occupazioni degne di un «gran barone»; «arme» sono i soliti esercizi cavallereschi della classe nobiliare, come giostre, tornei ecc.
12. **per lui:** complemento d'agente: **da lui**.
13. **gravi: pesanti, fastidiose**.
14. **veggendo ... si rimaneva: vedendo che, per quanto ella negasse ogni cosa che le veniva richiesta da lui, egli per questo non cessava** («si rimaneva») **di amarla e di sollecitarla**.
15. **nuova: inaudita, bizzarra**.
16. **impossibil domanda: domanda di una cosa impossibile**.
17. **indi: dunque, di conseguenza**.
18. **proferti: offerti**.
19. **per ciò ... mi recherei: perché in virtù di quei doni io non mi indurrei** («recherei») **mai ad amarlo o a compiacerlo**, a concedergli i piaceri che pretende da me.
20. **far fede: dare certa prova**.

Disse la buona femina: - Che è quello, madonna, che voi disiderate ch'el faccia?

Rispose la donna: - Quello che io disidero è questo: io voglio, del mese di gennaio che viene, appresso di questa terra[21] un giardino pieno di verdi erbe, di fiori e di fronzuti albori[22], non altrimenti fatto che se di maggio fosse; il quale dove egli non faccia[23], né te né altri mi mandi mai più, per ciò che, se più mi stimolasse[24], come io infino a qui del tutto al mio marito e a' miei parenti tenuto ho nascoso, così, dolendomene loro, di levarlomi da dosso m'ingegnerei[25] -.

Il cavaliere, udita la domanda e la proferta della sua donna, quantunque grave[26] cosa e quasi impossibile a dover fare gli paresse e conoscesse per niun'altra cosa ciò essere dalla donna addomandato se non per torlo dalla sua speranza[27], pur seco propose di voler tentare quantunque fare se ne potesse[28] e in più parti per lo mondo mandò cercando se in ciò alcun si trovasse che aiuto o consiglio gli desse; e vennegli[29] uno alle mani il quale, dove ben salariato fosse[30], per arte nigromantica profereva[31] di farlo. Col quale messer Ansaldo per grandissima quantità di moneta convenutosi[32], lieto aspettò il tempo postogli[33]; il qual venuto, essendo i freddi grandissimi e ogni cosa piena di neve e di ghiaccio, il valente uomo[34] in un bellissimo prato vicino alla città con sue arti[35] fece sì, la notte alla quale il calen di gennaio seguitava[36], che la mattina apparve, secondo che color che 'l vedevan testimoniavano, un de' più be' giardini che mai per alcun[37] fosse stato veduto, con erbe e con alberi e con frutti d'ogni maniera. Il quale come messere Ansaldo lietissimo ebbe veduto, fatto cogliere de' più be' frutti e de più be' fior che v'erano, quegli occultamente fe' presentare[38] alla sua donna e lei invitare a vedere il giardino da lei adomandato, acciò che per quel potesse lui amarla conoscere[39] e ricordarsi della promission fattagli e con saramento fermata[40], e come leal donna poi procurar d'attenergliele[41].

La donna, veduti i fiori e' frutti e già da molti del maraviglioso giardino avendo udito dire, s'incominciò a pentere[42] della sua promessa, ma con tutto il pentimento[43], sì come vaga di veder cose nuove, con molte altre donne della città andò il giardino a vedere; e non senza maraviglia commendatolo[44] assai, più che altra femina dolente a casa se ne tornò a quel pensando a che per quello era obligata[45]. E fu il dolore tale, che, non potendol ben dentro nascondere, convenne che di fuori apparendo[46] il marito di lei se n'accorgesse; e volle del tutto[47] da lei

21. **appresso ... terra:** **appena fuori di questa città**.
22. **albori:** **alberi** (dal latino *arbor*).
23. **il quale ... non faccia:** **il quale giardino, qualora** («dove») **egli non me lo faccia**, cioè se non riesce a procurarmi quel giardino.
24. **se ... stimolasse:** **se continuasse a insistere con le sue proposte**.
25. **come ... m'ingegnerei:** integra l'oggetto di «ho nascoso»: **come fin qui ho tenuto nascosto tutto a mio marito e ai miei parenti, così, lamentandomene con loro, troverei modo di levarmelo di torno**.
26. **grave:** **difficile**.
27. **conoscesse ... speranza:** **si rendesse ben conto che quello gli era stato domandato dalla donna per nessun altro motivo se non per toglierlo** («torlo») **dalla sua speranza**, cioè per scoraggiarlo definitivamente.
28. **quantunque ... potesse:** **tutto quanto se ne poteva fare**.
29. **vennegli:** **gliene capitò**.
30. **dove ... fosse:** **se fosse stato ben compensato**.
31. **profereva:** **si offriva**, **prometteva**.
32. **convenutosi:** **accordatosi**.
33. **postogli:** che gli era stato fissato da madonna Dianora.
34. **il valente uomo:** il bravo negromante.
35. **con sue arti:** **per mezzo delle sue arti magiche**.
36. **la notte ... seguitava:** la notte del primo gennaio.
37. **per alcun:** complemento d'agente: **da qualcuno**.
38. **occultamente fe' presentare:** **fece mandare segretamente in regalo**.
39. **acciò che ... conoscere:** **affinché per via di quel giardino potesse rendersi conto che lui l'amava**.
40. **con saramento fermata:** **confermata con giuramento**.
41. **attenergliele:** **mantenergliela**, la «promission», la promessa.
42. **pentere:** **pentirsi**.
43. **con ... pentimento:** **nonostante tutto il suo pentimento**.
44. **commendatolo:** **lodatolo**; Dianora non può fare a meno di riconoscere che il giardino è bellissimo.
45. **a quel ... obligata:** **pensando a quello a cui era obbligata per via di quel giardino**.
46. **di fuori apparendo:** **manifestandosi all'esterno**, nel comportamento di Dianora.
47. **del tutto:** **a ogni costo**.

di quello saper la cagione. La donna per vergogna il tacque molto: ultimamente, constretta, ordinatamente gli aperse[48] ogni cosa.

Gilberto primieramente ciò udendo si turbò forte: poi, considerata la pura intenzion della donna, con miglior consiglio cacciata via l'ira, disse: - Dianora, egli non è atto di savia né d'onesta donna d'ascoltare alcuna ambasciata delle così fatte[49], né di pattovire sotto alcuna condizione con alcuno la sua castità[50]. Le parole per gli orecchi[51] dal cuore ricevute hanno maggior forza che molti non stimano, e quasi ogni cosa diviene agli amanti possibile. Male adunque facesti prima a ascoltare e poscia a pattovire; ma per ciò che io conosco la purità dello animo tuo[52], per solverti[53] da' legame della promessa, quello ti concederò che forse alcuno altro non farebbe, inducendomi ancora la paura del nigromante, al qual forse messer Ansaldo, se tu il beffassi, far ci farebbe dolenti[54]. Voglio io che tu a lui vada e, se per modo alcun puoi, t'ingegni di far che, servata la tua onestà[55], tu sii da questa promessa disciolta: dove altramenti non si potesse, per questa volta il corpo ma non l'animo gli concedi [56]-.

La donna, udendo il marito, piagneva e negava sé cotal grazia[57] voler da lui. A Gilberto, quantunque la donna il negasse molto[58], piacque che così fosse: per che, venuta la seguente mattina, in su l'aurora, senza troppo ornarsi[59], con due suoi famigliari innanzi e con una cameriera appresso n'andò la donna a casa messere Ansaldo[60].

Il quale, udendo[61] la sua donna a lui esser venuta si maravigliò forte; e levatosi e fatto il nigromante chiamare gli disse: - Io voglio che tu vegghi quanto di bene la tua arte m'ha fatto acquistare[62]-; e incontro andatile, senza alcun disordinato appetito seguire[63], con reverenza onestamente[64] la ricevette, e in una bella camera a un gran fuoco se n'entrar tutti; e fatto lei porre a seder disse: - Madonna, io vi priego, se il lungo amore il quale io v'ho portato merita alcun guiderdone[65], che non vi sia noia d'aprirmi la vera cagione che qui a così fatta ora v'ha fatta venire e con cotal compagnia[66] -.

La donna vergognosa e quasi con le lagrime sopra gli occhi rispose: - Messere, né amor che io vi porti né promessa fede[67] mi menan qui ma il comandamento del mio marito, il quale, avuto più rispetto alle fatiche del vostro disordinato amore che al suo e mio onore, mi ci ha fatta venire; e per comandamento di lui disposta sono per questa volta a ogni vostro piacere -.

---

48. ordinatamente gli aperse: **gli rivelò per filo e per segno**.
49. d'ascoltare ... fatte: **di prestare orecchio a simili ambasciate**.
50. né di pattovire ... castità: **né di mettere a patti la propria castità ad alcuna condizione**.
51. per gli orecchi: **attraverso l'udito**.
52. la purità ... tuo: **l'innocenza della tua intenzione**.
53. solverti: **scioglierti**.
54. al qual ... far ci farebbe dolenti: **a cui [...] ci farebbe fare qualche brutto tiro**.
55. servata ... onestà: cioè, trovando il modo di non concedersi a messer Ansaldo.
56. il corpo ... concedi: Gilberto dunque permette alla moglie di concedersi a messer Ansaldo, ma solo fisicamente, senza alcuna partecipazione sentimentale.
57. cotal grazia: **una simile concessione**.
58. negasse molto: **dicesse ostinatamente di no**.
59. senza ... ornarsi: quasi a mostrare la riluttanza con cui Dianora si presenta a questo appuntamento amoroso.
60. a casa ... Ansaldo: consueta formula locativa.
61. udendo: **essendogli annunziato**.
62. Io voglio ... acquistare: vuole cioè mostrare al negromante la bellezza di Dianora: il «bene» che le sue arti magiche hanno conquistato a messer Ansaldo.
63. senza ... seguire: **senza alcuna manifestazione di scomposta passione sensuale**.
64. onestamente: **come donna onorata**.
65. guiderdone: **premio**.
66. che non vi sia noia ... compagnia: **che non vi dispiaccia di spiegarmi la vera ragione che vi ha fatto venire da me a quest'ora e così accompagnata**. Messer Ansaldo capisce subito, dalla "ufficialità" della visita di Dianora, che quello che si profila non è il furtivo convegno amoroso che la donna si era obbligata a concedergli.
67. promessa fede: **la parola data**.

Messer Ansaldo, se prima si maravigliava, udendo la donna molto più s'incominciò a maravigliare; e dalla liberalità di Giliberto commosso il suo fervore[68] in compassione[69] cominciò a cambiare e disse:

- Madonna, unque[70] a Dio non piaccia, poscia che così è come voi dite, che io sia guastatore dello onore di chi ha compassione al mio amore[71]; e per ciò l'esser qui sarà, quanto vi piacerà[72], non altramenti che se mia sorella foste, e quando a grado vi sarà liberamente vi potrete partire, sì veramente che[73] voi al vostro marito di tanta cortesia, quanta la sua è stata, quelle grazie renderete che convenevoli crederete, me sempre per lo tempo avvenire avendo per fratello e per servidore -.

La donna, queste parole udendo, più lieta che mai disse: - Niuna cosa mi poté mai far credere, avendo riguardo[74] a' vostri costumi, che altro mi dovesse seguir[75] della mia venuta che quello che io veggio che voi ne fate; di che io vi sarò sempre obligata -. E preso commiato, onorevolmente accompagnata si tornò a Gilberto e raccontogli ciò che avvenuto era; di che strettissima e leale amistà lui e messer Ansaldo congiunse.

Il nigromante, al quale messer Ansaldo di dare il promesso premio s'apparecchiava, veduta la liberalità di Giliberto verso messer Ansaldo e quella di messer Ansaldo verso la donna, disse: - Già Dio non voglia, poi che io ho veduto Giliberto liberale[76] del suo onore e voi del vostro amore, che io similmente non sia liberale del mio guiderdone; e per ciò, conoscendo quello a voi star bene[77], intendo che vostro sia -.

Il cavaliere si vergognò e ingegnossi di fargli o tutto o parte prendere; ma poi che invano si faticava, avendo il nigromante dopo il terzo dì tolto via[78] il suo giardino e piacendogli di partirsi, il comandò[79] a Dio; e spento del cuore il concupiscibile amore, verso la donna acceso d'onesta carità si rimase.

Che direm qui, amorevoli donne? preporremo la quasi morta donna e il già rattiepidito[80] amore per la spossata speranza a questa liberalità di messer Ansaldo, più ferventemente che mai amando ancora e quasi da più speranza acceso e nelle sue mani tenente la preda tanto seguita?[81] Sciocca cosa mi parrebbe a dover creder che quella liberalità a questa comparar si potesse.

---

68. il suo fervore: **la sua passione amorosa**.
69. compassione: noi diremmo **simpatia**.
70. unque: **mai**.
71. che io ... al mio amore: l'amante cortese riconosce come il suo amore per Dianora, se consumato, sarebbe lesivo dell'onore del marito.
72. quanto vi piacerà: **per il tempo che vi piacerà**.
73. sì ... che: **cosicché**.
74. avendo riguardo: **considerando**.
75. seguir: **succedere**.
76. liberale: cioè pronto a rinunciare generosamente: Gilberto al suo onore e Ansaldo al suo amore.
77. conoscendo ... star bene: **vedendo che quel compenso è bene che rimanga presso di voi**.
78. tolto via: **fatto sparire**.
79. il comandò: **lo raccomandò**.
80. rattiepidito: **intiepidito**.
81. preporremo ... seguita: paragona ancora, come all'inizio, la vicenda della novella precedente con questa. Lì il protagonista aveva creduto morta la donna amata e dunque aveva quasi perduta («spossata») la sua speranza di possederla; trovatala poi semiviva nel sepolcro, l'aveva generosamente resa al marito. Qui invece, dice la narratrice, messer Ansaldo si era trovato fra le mani la donna lungamente corteggiata come una «preda» ormai a sua disposizione; eppure aveva trovato la forza di rinunziarvi. A messer Ansaldo, dunque, la palma della liberalità in amore...

T18 Dentro il testo

IN SINTESI

Madonna Dianora, sposata al ricco Gilberto, è oggetto di un costante corteggiamento da parte del nobile Ansaldo. Per liberarsene, escogita un piano all'apparenza infallibile: gli manda a dire che gli si concederà solo se lui riuscirà a donarle in gennaio un giardino fiorito come se fosse maggio; in caso contrario, si risolverebbe a rivelare al marito e ai parenti questo corteggiamento sconveniente. Sembra un'impresa impossibile, ma Ansaldo si rivolge a un mago, un «negromante», che dietro compenso gli fa avere quello che vuole. Dianora a questo punto non può far altro che concedersi, come aveva incautamente promesso, ma del suo turbamento si accorge il marito, al quale ella confessa tutta la verità. Gilberto allora, pur rammaricandosi di questa promessa fatta dalla moglie, le dice che è suo dovere mantenere la parola data e le concede di recarsi da Ansaldo. Quest'ultimo, messo al corrente del gesto di liberalità di Gilberto, non vuole essere da meno: egli rinuncia quindi al «guiderdone», al suo "premio", sciogliendo così Dianora dalla sua promessa. Il negromante, a sua volta, udite queste due generose rinunce, dichiara di non volere il compenso pattuito, e dopo tre giorni fa sparire il giardino. Ad Ansaldo non resta che trasformare il suo amore per Dianora in «onesta carità».

I TEMI E L'ESPRESSIONE

LA GARA DI CORTESIA

La novella costituisce un esempio di gara di cortesia fra tre personaggi: Gilberto, il marito che accetta di venire disonorato; Ansaldo, l'amante che accetta di vedere il suo desiderio frustrato; il negromante, che accetta di rinunciare alla ricompensa pattuita. È una **gara estrema**, che presenta non a caso degli elementi di **inverosimiglianza**: il motivo del giardino d'inverno introduce nel racconto una componente di magia che è molto rara nel *Decameron*, e che dà al racconto un colore fiabesco. Va anche notato che la gara riguarda esclusivamente i protagonisti maschili della novella. Madonna Dianora - moglie di Gilberto e desiderata da Ansaldo - compare qui soltanto come l'oggetto dello scambio di cortesia fra i due principali personaggi maschili.

UN CONFLITTO DI VALORI

La novella mette in scena anche un conflitto di valori, tra il **codice borghese** della coppia Gilberto/Dianora, e quello **cortese** di messer Ansaldo. L'inizio del racconto, infatti, ci mette di fronte una coppia tranquilla e felice: madonna Dianora è «bella e nobile donna»; il marito, Gilberto, è un «gran ricco uomo ... assai piacevole e di buona aria». In questa armonia coniugale, l'amante si insinua come un intruso. Innanzitutto, egli è un «nobile e gran barone» (quindi appartiene a una classe sociale diversa, aristocratica). In coerenza con i costumi della sua classe, egli corteggia Dianora secondo il codice dell'**amor cortese**, che prescindeva dal matrimonio e dalle relative convenzioni sociali. La novella, quindi, mette di fronte **due mondi contrapposti**: quello dell'amore coniugale, legalizzato dal matrimonio, e quello dell'amore libero, caratteristico della *fin'amor* di derivazione provenzale. Alla fine, vincerà la coppia Gilberto/Dianora: ma proprio sfidando Ansaldo sul suo stesso terreno, cioè quello della magnanimità cortese, tipica della classe nobiliare a cui egli appartiene.

GILBERTO: SOLAMENTE CORTESIA?

Di fronte al giardino d'inverno, è il marito stesso, Gilberto, che convince la moglie a rispettare la sua incauta promessa, andando a soddisfare i desideri di messer Ansaldo. Questa sua liberalità va intesa proprio soltanto come un atto di cortesia? Prima di tutto, bisogna notare che non manca in questa mossa un **calcolo utilitaristico** più terra terra: cioè la **paura del negromante**, e di quello che messer Ansaldo, frustrato nelle sue aspettative, gli potrebbe far fare per vendetta. Ma, soprattutto, è l'apparente cortesia con cui il marito spedisce Dianora da Ansaldo che costituisce una mossa astuta, con cui il borghese di buon carattere mette all'angolo il romantico barone cortese. Ufficializzando il suo disonore di marito tradito, Gilberto mette il rivale in una situazione impossibile, come Ansaldo stesso riconosce: «unque a Dio non piaccia ... che io sia guastatore dello onore di chi ha compassione al mio amore». Il confronto fra i due, dunque, forse non si risolve tanto in una gara di cortesia, ma, ancora una volta, in una **competizione** tra i valori cortesi del barone (il libero amore) e i valori domestici e familiari del borghese (l'onore, la rispettabilità del marito). E, anche se siamo nella giornata della cortesia, per una volta è quest'ultima a soccombere.

E... DIANORA?

Dispiace ammetterlo, ma queste novelle in cui la cortesia coinvolge l'oggetto d'amore dei protagonisti sono fra le più rigorosamente **maschiliste** del libro. Anche qui, madonna Dianora è un "bene" che i due uomini protagonisti si rimbalzano l'uno all'altro senza troppo riguardo. Ansaldo la esaspera con la sua corte indesiderata, inducendola alla sciocchezza di chiedergli l'assurda prova del giardino d'inverno; Gilberto non tiene conto della sua resistenza inviandola in dono all'amante; l'amante la rimanda indietro rispondendo non ai voleri di lei, ma a quelli del marito. Alla fine, Dianora rimane perfino esclusa dall'amicizia che salda insieme l'amante mancato e il consorte. Perché la cortesia, e specie la cortesia d'amore, nel mondo del *Decameron* è valore precipuamente maschile. Le **donne** in queste situazioni narrative sono **oggetti di scambio**: servono all'espressione della liberalità maschile. Il valore trionfante, infatti, in tali novelle non è l'eros ma è appunto l'**«amistà»**. Il lieto fine non vede il costituirsi di felici coppie di amanti, ma lo stringersi di rapporti d'amicizia tra i rivali in amore.

Analisi e interpretazione Tipologia A

LEGGERE CON METODO

COMPRENSIONE GLOBALE

1. Suddividi la novella in sequenze (ne dovresti individuare almeno tre), quindi riassumila in una decina di righe.
2. Qual è lo scopo di madonna Dianora nel promettere ad Ansaldo di soddisfare i suoi desideri se avrà un giardino fiorito in pieno inverno?
3. Con quali argomentazioni Gilberto convince Dianora a recarsi da Ansaldo?
4. Sintetizza le parole con le quali Dianora spiega ad Ansaldo perché si è recata da lui.
5. Sintetizza il discorso in cui Ansaldo spiega a Dianora perché rinuncia al suo amore.

LA LINGUA E LE STRUTTURE

6. Quali caratteristiche del luogo, evidenziate nelle prime righe del testo, sono funzionali alla storia che verrà raccontata?
7. Una caratteristica inconsueta, l'elemento magico, conferisce alla novella un tocco fiabesco. Spiega in che modo interviene nella novella.
8. Individua e sottolinea le espressioni appartenenti alla sfera della cortesia e dell'amore cortese. A quale personaggio sono per lo più riferite?

I TEMI E L'INTERPRETAZIONE

9. Quali mondi e valori contrapposti si confrontano nella novella?
10. Quale ruolo è assegnato a Dianora?

PENSARE CON LA PROPRIA TESTA

APPROFONDIMENTI E CONFRONTI

11. All'inizio della novella successiva, Boccaccio dice che le ragazze e i giovani discussero a lungo tra di loro su chi avesse dato prova di maggiore magnanimità: il marito Gilberto rinunciando al suo onore; messer Ansaldo rinunciando al piacere amoroso; il negromante rinunciando al denaro. Secondo te, chi ha fatto il sacrificio più grande? Qual è il valore più prezioso tra quelli messi in gioco?

▾ John Waterhouse, *Il Giardino incantato*, 1916-17, olio su tela (Liverpool, Lady Lever Art Gallery).

NELL'OFFICINA DELLO SCRITTORE

Dal *Filocolo*, Libro IV, Questione 4: L'incantesimo del negromante

La novella di Dianora e del giardino d'inverno (*Decameron*, X, 5) è la riscrittura di un racconto del *Filocolo*. Nel suo romanzo giovanile Boccaccio aveva immaginato che Florio, il protagonista, arrivasse a Napoli, e qui partecipasse a una riunione di gentildonne e gentiluomini dove si dibattevano delle «questioni d'amore», a partire da storie esemplari raccontate dai membri della brigata. La quarta questione prende spunto da una storia che presenta esattamente la stessa trama della futura novella decameroniana. Tuttavia, la versione del *Filocolo* e quella del *Decameron* presentano una variante che vale la pena di sottolineare. Nel suo tentativo di accontentare Dianora, il messer Ansaldo del *Decameron*, come si è visto, «in più parti per lo mondo mandò cercando se in ciò alcun si trovasse che aiuto o consiglio gli desse; e vennegli uno alle mani il quale, dove ben salariato fosse, per arte nigromantica profereva di farlo». Invece il personaggio corrispondente del *Filocolo*, che lì si chiama Tarolfo, si mette lui stesso in cerca di chi lo possa aiutare, e, finito in Tessaglia (regione fin dall'antichità abitata da streghe e stregoni), s'imbatte in un esperto di arti magiche, di nome Tebano, e lo persuade a compiere l'incantesimo del giardino d'inverno. Il *Decameron* non entra nei particolari della magia operata dal negromante assoldato da messer Ansaldo; il *Filocolo*, invece, si sfrena in una lunghissima e fantasiosa descrizione, di cui diamo qui soltanto la sequenza culminante.

Poi, posto un grandissimo vaso sopra l'ardenti fiamme, pieno di sangue, di latte e d'acqua, quello fece per lungo spazio bollire, aggiungendovi l'erbe e le radici colte negli strani luoghi, mettendovi ancora con esse diversi semi e fiori di non conosciute erbe, e aggiunsevi pietre cercate nello estremo oriente, e brina raccolta le passate notti; insieme con carni e ali d'infamate streghe, e de' testicoli del lupo l'ultima parte, con isquama di cinifo[1] e con pelle del chelidro[2], e ultimamente un fegato con tutto il polmone d'un vecchissimo cervio: e, con queste, mille altre cose, o sanza nomi[3] o sì strane che la memoria nol mi ridice. Poi prese un ramo d'un secco ulivo e con esso tutte queste cose cominciò a mescolare insieme. La qual cosa faccendo, il secco ramo cominciò a divenire verde e in brieve a mettere le frondi, e, non dopo molto, rivestito di quelle, si poté vedere carico di nere ulive. Come Tebano vide questo, egli prese i boglienti liquori, e sopra lo eletto terreno, nel quale di tanti legni avea fatti bastoni quanti alberi e di quante maniere voleva, e quivi quelli liquori incominciò a spandere e ad inaffiare per tutto: la qual cosa la terra non sentì prima, ch'ella cominciò tutta a fiorire, producendo nuove e belle erbette, e i secchi legni verdi piantoni e fruttiferi divennero tutti.

(G. Boccaccio, *Filocolo*, a cura di E. Quaglio, in *Tutte le opere*, a cura di V. Branca, vol. I, Mondadori, Milano 1967)

1. **cinifo:** becco o caprone selvatico.
2. **chelidro:** sorta di rettile.
3. **sanza nomi:** sconosciute.

La differenza fra le due versioni chiarisce molto bene la svolta che il *Decameron* rappresenta rispetto alle opere precedenti di Boccaccio. Con il *Decameron*, infatti, lo scrittore compie una scelta di rigoroso realismo, e ciò significa anche rinunciare agli elementi di «meraviglioso» che invece abbondavano nella sua produzione giovanile. Qualcosa rimane, come qui nella novella di madonna Dianora, dove pure noi lettori dobbiamo credere che un negromante, per arte magica, possa far comparire un giardino primaverile nel cuore dell'inverno. Ma Boccaccio nel *Decameron* sorvola sugli aspetti magici della storia, concentrandosi piuttosto sui rapporti fra i personaggi. Nel romanzo giovanile, invece, egli si abbandonava a una fantasiosa immaginazione stregonesca, coerente d'altronde con il carattere ben poco realistico della storia di Florio e Biancifiore.

LEGGERE CON METODO

1. In che modo nel *Filocolo* Tarolfo si procura l'aiutante magico che opererà la magia?
2. Come muta l'ambientazione della novella del giardino d'inverno dal *Filocolo* al *Decameron*?
3. Perché Boccaccio, nel *Decameron*, sopprime quasi del tutto gli elementi del «meraviglioso»?

5 Dopo il *Decameron*

Buccolicum carmen Il *Buccolicum carmen* raccoglie **sedici egloghe** composte in tempi diversi, dal 1347 al 1367 circa. Sotto il velo del **travestimento allegorico** vengono affrontati svariati temi: eventi storici e politici oppure relativi alla vita affettiva dell'autore (come la morte della figlioletta Violante) e alla sua storia intellettuale (la devozione a Petrarca, l'aspirazione alla poesia classica). L'opera si ricollega, fin dal titolo, a una omonima di Petrarca, da cui Boccaccio si distingue per un uso meno sistematico dell'allegoria.

Genealogia deorum gentilium La *Genealogia deorum gentilium* ("Genealogia degli dèi pagani") è una sorta di **manuale enciclopedico** di notizie relative all'antica mitologia, in quindici libri composti a partire dal 1350, su cui l'autore intervenne praticamente fino alla morte. L'opera, per la conoscenza del mondo classico che rivelava e per il rigore con cui le fonti erano state utilizzate, ebbe un largo successo nella cultura dell'Umanesimo e del Rinascimento.

Corbaccio
▶ T La donna, peste della casa

Corbaccio Il *Corbaccio* è un'**opera in prosa di satira antifemminile**, composta intorno al 1365-67. La vicenda si presenta come **autobiografica**: l'autore, innamorato di una vedova che si è presa gioco di lui, sogna di smarrirsi in una selva paurosa, in cui gli uomini vittime d'amore sono trasformati in animali. Qui gli appare il defunto marito della donna, a dimostrargli che l'amore non si confà a chi, come il poeta, è persona matura e dedita agli studi, e a illustrargli i difetti delle donne e in particolare della vedova, di cui rivela la bruttezza, la volgarità e la viziosità.

Del **titolo** sono state offerte diverse interpretazioni: in relazione con «corvo» potrebbe alludere al potere di Amore che acceca (come l'uccello che si ciba degli occhi delle carogne); oppure potrebbe indicare la donna dalle nere vesti vedovili; o forse potrebbe derivare dallo spagnolo *corbacho*, "scudiscio, frustino", con allusione alla sferzata satirica contro le donne; o, ancora, potrebbe venire da *corbacium*, "cesta di letame", nel qual caso indicherebbe la donna come ricettacolo di ogni lordura.

Il *Corbaccio* sembra contenere una smentita clamorosa di tutta la carriera di Boccaccio, che sempre aveva accordato alle donne un posto di favore nelle sue opere. Il Boccaccio del *Corbaccio* invece è un **misogino**, che raccoglie tutti i **luoghi comuni** della tradizionale satira antifemminile, dall'antichità pagana al Medioevo cristiano. Le donne del *Corbaccio* sono maligne, bugiarde, infedeli, lussuriose, sporche, ambiziose, irascibili, isteriche... Ci si può chiedere che cosa abbia indotto Boccaccio a mutare così radicalmente registro. Forse lo scrittore è invecchiato, ed è diventato insensibile al fascino femminile? Forse la crisi spirituale degli anni Sessanta, pur superata, ha lasciato qualche traccia? Forse la devozione alle donne non si adatta più all'immagine che Boccaccio vuole adesso lasciare di sé, quella di un intellettuale erudito, dedito a un'alta cultura umanistica? Di certo c'è nel *Corbaccio* un'**invettiva contro il matrimonio**, visto incompatibile con una vita di studi e di completa dedizione intellettuale. Il dibattito se convenga o no prendere moglie continuerà, del resto, fino in pieno Rinascimento.

Agiografica
Dal greco *hághios*, "santo", indica un genere letterario dedicato alle vite dei santi.

Le opere su Dante Boccaccio **rese omaggio a Dante** con due opere. La prima è il *Trattatello in laude di Dante*, che ebbe tre diverse redazioni, la più completa delle quali risale agli anni 1351-55. Si tratta, come afferma il titolo stesso, di un'opera di lode, quasi **agiografica**, in cui la verità biografica lascia spesso il campo a ricostruzioni fantasiose, spesso nel tentativo di tracciare un parallelo tra la vita di Dante e la propria. Negli ultimi anni della sua vita, Boccaccio accetta di fare una serie di pubbliche letture con commento della *Commedia*; dagli appunti presi per queste conferenze nascono le *Esposizioni sopra la Comedia*, dove Boccaccio indugia a commentare soprattutto gli aspetti lessicali del testo e a spiegare il suo retroterra storico.

T19

Corbaccio

La donna senza trucco

Anno: 1365

Genere: opera in prosa di satira

Argomento: il ritratto orripilante della donna appena sveglia

La bellezza della donna, secondo la tradizione della letteratura misogina, è tutta dovuta al trucco, di cui essa è maestra. Molto spesso, queste rappresentazioni grottesche della figura femminile sono esercitazioni puramente letterarie, che si divertono a rovesciare l'immagine convenzionale della donna bella. Nel passo che segue, Boccaccio si allinea a questa tradizione, contrapponendo l'artificio della donna truccata alla repellente realtà della donna appena alzata dal letto, trascurata, sudicia e sgraziata.

Era costei, e oggi più che mai credo che sia, quando la mattina usciva dal letto, col viso verde, giallo, maltinto d'un colore di fummo di pantano, e broccuta[1] quali sono gli uccelli che mudano[2], grinza e crostuta[3] e tutta cascante; in tanto contraria a quello che parea poi che avuto avea spazio di leccarsi, che appena che niuno il potesse credere, che veduta non l'avesse, come vid'io già mille volte. E chi non sa che le mura affumicate, non che i visi delle femine, ponendovi su la biacca, diventano bianche e, oltre a ciò, colorite secondo che al dipintore di quelle piacerà di porre sopra il bianco? E chi non sa che, per lo rimenare, la pasta, che è cosa insensibile, non che le carni vive, gonfia; e, dove mucida[4] parea, diviene rilevata? Ella si stropicciava tanto e tanto si dipigneva e si faceva la buccia[5], per la quiete della notte in giù caduta, rilevarsi che a me, che veduta l'avea in prima, una strana maraviglia venire facea. E se tu, come io le più delle mattine la vedea, veduta l'avessi colla cappellina fondata in capo e col veluzzo dintorno alla gola, così pantanosa nel viso come ora dissi, e col mantello foderato covare il fuoco, in su le calcagna sedendosi, colle occhiaia livide, e tossire e sputare farfalloni[6], io non temo punto che tutte le sue virtù, dal tuo amico[7] udite, avessero tanto potuto farti di lei innamorare che, quello vedendo cento mila cotanti disamorare non t'avesse fatto.

▸ Giovanni Boccaccio, *Corbaccio*. Donna nuda con specchio, acquerello colorato da codice manoscritto fiorentino del XIV secolo (Firenze, Biblioteca Medicea Laurenziana).

1. **broccuta:** con la pelle ruvida.
2. **mudano:** cambiano il piumaggio, rimanendo a pelle nuda.
3. **crostuta:** piena di croste.
4. **mucida:** marcia.
5. **si faceva la buccia:** si faceva risollevare, rinfrescare, l'epidermide.
6. **farfalloni:** catarri.
7. **tuo amico:** è l'amico che ha incitato il protagonista a considerare la prospettiva di un matrimonio con la donna qui descritta.

T19 Dentro il testo

IN SINTESI

Il passo si incentra sulla contrapposizione fra la donna vista al naturale, appena levata da letto, di prima mattina, e la donna trasformata dal trucco. Boccaccio presenta le femmine come vere e proprie professioniste della metamorfosi fisica; egli, infatti, stabilisce un parallelo fra il trucco delle donne e l'arte del «dipintore», capace di mutare «mura affumicate» in pareti candide, pronte a ricevere qualsiasi colore: proprio come le donne che, lisciandosi il viso con la biacca, poi se lo truccano a piacimento. Un altro parallelo è con l'arte del fornaio che, lavorando la pasta, è capace di farla lievitare e renderla «rilevata», cioè gonfia, «dove mucida parea»: come le donne, che a forza di stropicciarsi e di massaggiarsi la pelle riescono a far sembrare la loro carnagione bella e fresca. La finzione delle donne, d'altra parte, non riguarda solo il puro aspetto fisico, ma anche il comportamento. Lontano da sguardi estranei, nell'intimità della sua cucina, la donna descritta da Boccaccio si abbandona a gesti volgari e disgustosi: se ne sta a piedi nudi seduta sui calcagni, nella cenere del focolare, a tossire e sputare catarri senza nessun riguardo. Siamo di fronte al rovescio grottesco della donna gentile cantata dalla poesia cortese e stilnovista.

I TEMI E L'ESPRESSIONE

LINGUAGGIO «ESPRESSIONISTA»

Nel *Decameron* Boccaccio si era espresso con uno stile “medio”: né troppo elevato, né troppo basso o volgare. Qui nel *Corbaccio*, invece, lo scrittore si abbandona spesso a uno **stile bassamente volgare**, caricato, in cui si esprime l'acre **intenzione satirica** da cui nasce l'operetta. Così in questo passo, dove si registrano espressioni come «maltinto d'un colore di fummo di pantano», «broccuta», «grinza», «crostuta», «pantanosa», «sputare farfalloni». Alcune di queste espressioni («crostuta», «pantanosa») sono **neologismi**, cioè parole inventate da Boccaccio, come se il vocabolario normale non gli bastasse a soddisfare la sua voglia di denigrazione del sesso femminile. In questo modo, distaccandosi dall'elegante e pacato stile medio del *Decameron*, Boccaccio sfiora un linguaggio che potremmo definire «espressionista», cioè deformato proprio dalla violenza aggressiva con cui l'autore tratta il suo tema.

Analisi e interpretazione Tipologia A

LEGGERE CON METODO

COMPRENSIONE GLOBALE

1. Qual è il contrasto fra la donna appena alzata e il suo aspetto dopo che ha avuto «spazio di leccarsi»?
2. Spiega il significato del periodo finale (rr. 14-24).

LA LINGUA E LE STRUTTURE

3. Sottolinea tutti gli aggettivi con connotazione negativa riferiti all'aspetto della donna appena alzata.

PENSARE CON LA PROPRIA TESTA

APPROFONDIMENTI E CONFRONTI

4. Elabora, a partire dal testo, una riflessione personale sul tema della bellezza fisica nella società odierna. Ritieni che anche oggi molti modelli diffusi dalla pubblicità e dai *media* inclinino a rifuggire l'aspetto “naturale” della donna priva di trucco?

DIBATTITO CRITICO

Il *Decameron*: epopea borghese o utopia cortese?

Il *Decameron* guarda al passato o al futuro? È un'opera che rievoca nostalgicamente le belle virtù cortesi di una classe feudale al tramonto, oppure è l'annuncio vigoroso di nuove virtù, scaturite dall'emergere prepotente delle nuove classi borghesi, a cui, fra l'altro, Boccaccio stesso appartiene? Nell'opera boccacciana, si potrebbero citare novelle a dimostrazione dell'una o dell'altra tesi: il che dimostra che il *Decameron* è un'opera in bilico, sospesa fra due età. Negli interventi critici che seguono, tre studiosi propongono tesi un po' diverse fra loro, ma alla fine tutto sommato convergenti, nel considerare il *Decameron* come opera complessa, che cerca di traghettare nel futuro le virtù e i valori di un mondo al quale non si può né si vuole rinunciare. In quest'opera di mediazione Boccaccio rappresenta, allo stesso tempo, la realtà che lo circonda e una nuova utopia: un mondo che ancora non esiste, e di cui la cornice del libro, presentandoci la vita idealizzata della brigata dei narratori, è l'immagine simbolica, e, si potrebbe dire, la proiezione fantastica.

▲ Francesco Podesti, *I novellatori del Decameron*, 1851 ca, particolare (Treviso, Musei Civici).

RISPOSTA 1

D

Vittore Branca

Il *Decameron* è l'epopea della vita mercantile

***Vittore Branca**, uno dei maggiori studiosi mondiali dell'opera boccacciana, invita a leggere il* Decameron *alla luce di quel periodo che una tradizione storiografica, inaugurata dallo storico olandese Johan Huizinga, chiama «autunno del Medioevo». Secondo tale interpretazione, il tardo Medioevo presenta già molti fattori di rinnovamento sociale e culturale legati all'espansione economica e commerciale in atto.*

La rievocazione della civiltà italiana nell'autunno del Medioevo, che si è rivelata nel *Decameron* grandiosa e suggestiva, trova uno dei suoi centri più vivi e affascinanti nella serie di avventurosi e mossi affreschi in cui si riflette la ricchissima vita mercantile fra il Duecento e il Trecento. Per la prima volta nella letteratura europea riceve alta consacrazione questo movimento decisivo per la nostra storia, promosso e diretto da quei veri eroi dell'intraprendenza e della tenacia umana, da quel pugno d'uomini lanciati alla conquista dell'Europa e dell'Oriente, che [...] siamo venuti sempre meglio scoprendo nella loro statura di uomini d'eccezione.

Isolata ancora nell'opera di Dante in un cerchio di aristocratico disprezzo per «la gente nova e i subiti guadagni», ignorata come inferiore o estranea dalla raffinata esperienza del Petrarca, restata ai margini persino nelle opere storiche di un Compagni o nello stilizzato narrare del *Novellino*, questa società irrompe nella «commedia umana» del *Decameron* e la domina con la sua esuberante vitalità. Non ci riferiamo solo alla folla di temi, di ambienti, di personaggi, di usi, di riferimenti vari che colora più della metà delle novelle con le tinte vivaci e sanguigne proprie a questo mondo. È la centralità nello stesso disegno ideale dell'opera, nel suo significato esemplare in senso umano e artistico, a configurare la presenza di questo ceto nella fantasia narrativa del Boccaccio come caratteristica, e si vorrebbe dire insostituibile allo svolgersi del *Decameron*. [...]

L'esperienza mercantile offriva anche al Boccaccio un punto di osservazione della vita contemporanea, donde il suo sguardo poteva spaziare al di là del comune, al di là della regione, al di là dell'Italia stessa per l'Europa civile e per il Mediterraneo fortunoso [...]. Se naturalmente la Toscana e Firenze (e Siena e Pisa) sono sempre al centro della geografia ideale del *Decameron*, come lo erano in quella del commercio e della finanza, anche il volto delle diverse regioni si definisce con singolare precisione e si anima di colori vivacissimi negli sfondi rapidi ma fortemente caratterizzati delle varie novelle. [...] Da questa generosa classe erano uscite le avanguardie della nuova unità europea e mediterranea; i geniali valutatori di situazioni e di congiunture mondiali pronti a cogliere anche le occasioni più complesse e remote, come quelle offerte dalle Crociate e dalle grandi trasmigrazioni mongole, per espandere i loro traffici e per potenziare la vita civile dei loro comuni; i campioni di quella invitta intraprendenza, di quella insaziata curiosità di uomini e di paesi, che possono avere il nome di Marco Polo, di Guido e Ugolino Vivaldi, di Niccolò Acciaiuoli. Proprio al tramonto di questa società che nell'autunno del Medioevo aveva creato i presupposti del nuovo vivere civile e sociale, proprio quando all'avventuroso ed eroico slancio dei pionieri stava per sottentrare una più cauta e sistematica organizzazione, il Boccaccio crea la sua «commedia» multiforme e umanissima: con una sensibilità ai valori e ai limiti di quel grandioso movimento, desta e risentita, ma che non diminuisce l'ammirazione e il nostalgico vagheggiamento per l'energia vitale di quegli uomini d'eccezione.

(V. Branca, *L'epopea dei mercanti*, in *Boccaccio medievale e nuovi studi sul "Decameron"*, Sansoni, Firenze 1981)

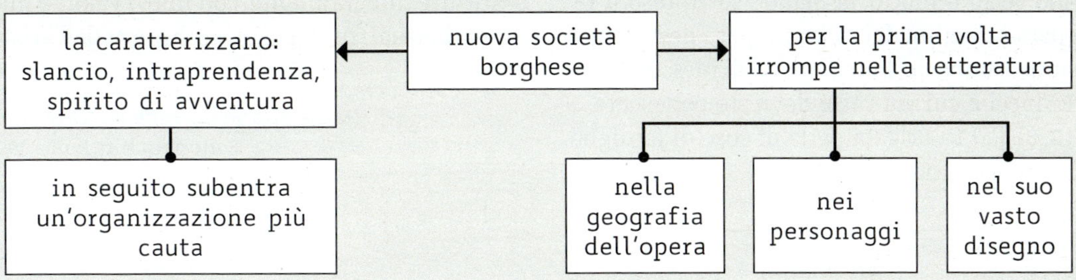

RISPOSTA 2

D **Mario Baratto**

Boccaccio è uno scrittore europeo-medievale

*Secondo **Mario Baratto**, nell'opera di Boccaccio due mondi, quello legato alla tradizione cavalleresca e quello cittadino, si intrecciano conferendole da un lato la capacità di rappresentare la realtà emergente delle nuove classi comunali, dall'altro il compito di rielaborare i tradizionali miti cortesi proprio in funzione delle nuove aristocrazie commerciali. Queste ultime, infatti, appaiono sì legate intimamente al proprio territorio, ma contemporaneamente operano già come avanguardia economica, politica e culturale sulla scena continentale. Proprio a queste aristocrazie, di conseguenza, spetta di raccogliere la lezione e l'eredità di quelle antiche, feudali e nobiliari, che le hanno precedute.*

Il *Decameron* non appare inedito, assolutamente nuovo, neppure nella scelta dei temi e nel gusto che la sorregge. Lo scrittore si definisce in un quadro culturale romanzo-fiorentino (dove confluisce, per varie vie, lo stesso filone classico), entro il quale tendeva già a delinearsi la fisionomia dell'anonimo compilatore (o almeno raccoglitore) del *Novellino*. Anche nel *Decameron* sono presenti due nuclei essenziali di ispirazione: da una parte la memoria di un mondo, soprattutto cavalleresco, che appare al tramonto; dall'altra l'osservazione di una realtà contemporanea, che è soprattutto cittadina.

Una prima differenza è reperibile nel rapporto quantitativo tra questi due elementi di base: la realtà cittadina si afferma nel *Decameron* con insolito vigore, creando notevoli ripercussioni nel corpo dell'intera raccolta. Ne deriva, infatti, che

la distinzione tra passato e presente è più consapevole e netta nel *Decameron* di quanto non fosse nel *Novellino*. [...]
Rispetto a questa realtà contemporanea, che si manifesta nel *Decameron* con una visuale così vasta, potrebbe sembrare contrastante, e in ogni caso bruscamente limitativa, una dimensione fiorentina, ora in senso municipale, che pure è evidente nell'opera. [...]
Questo legame dello scrittore con la propria città esprime un orgoglio municipale che prescinde, allora, da ogni differenziazione sociale, e coinvolge Firenze in quanto città, nel suo complesso; svelando, nel *Decameron*, un altro e più preciso retroterra culturale. Esso è così forte, soprattutto nella sesta giornata (quella dei «leggiadri motti», che non a caso è giornata quasi esclusivamente fiorentina), che qualche novella può restare quasi allo stato di frammento aneddotico, perché lo scrittore, ritrovando ritmi a lui preesistenti, va rapido verso il motto, lasciando sottinteso il resto, data la facilità dei richiami per i destinatari: «monna Nonna de' Pulci, cugina di messere Alesso Rinucci e cui voi tutte dovreste conoscere...» (VI, 3, 8). [...] La brigata parla di cose di famiglia, della propria città. [...]
Possiamo dunque, come prima conclusione di un'analisi del contenuto, definire il Boccaccio uno scrittore europeo-municipale: il che significherà attribuire al *Decameron* una ben precisa *storicità*, di documento letterario ma eloquente delle conquiste, dei limiti e delle contraddizioni dell'età comunale, che ha in Firenze un modello tipico. Un'età, ripetiamo, in cui la vecchia aristocrazia impone ancora la suggestione di certi miti cavallereschi e cortesi; e nel Trecento questi miti, modificati dal costume delle nuove monarchie e filtrati e diffusi da una civiltà cittadina, assicurano la saldatura culturale con l'incipiente e successiva civiltà signorile e poi principesca. È una traiettoria che dai vecchi miti feudali arriva alle nuove corti rinascimentali. E abbiamo pure notato che la classe borghese incide in questa realtà soprattutto con una pratica di vita, con una morale di comportamento più aperta ed attiva, più industriosa e spregiudicata, ma senza riuscire a sostituire integralmente, con nuovi valori e nuovi intellettuali organici, i vecchi miti dell'aristocrazia [...].

(M. Baratto, *Realtà e stile nel "Decameron"*, Editori Riuniti, Roma 1993)

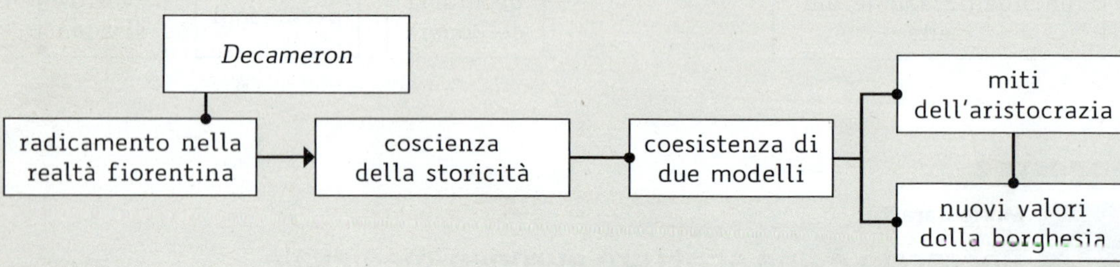

RISPOSTA 3

D Franco Fido

Ritrovare la dignità umana in un'epoca di crisi

Franco Fido *coglie dietro le complesse articolazioni e architetture del* Decameron *un'esigenza profonda: quella di rifondare una dimensione umana ispirata ai valori più elevati, di proporre il progetto utopico di un nuovo patto di convivenza sociale.*

È possibile, allora, che proprio l'Introduzione alla nona giornata offra una spiegazione della rapida e sorprendente decisione dei novellatori nella Conclusione della decima: o, per meglio dire, che i due momenti si illuminino a vicenda. Pampinea, Panfilo e i loro compagni possono (in un certo senso, *devono*) tornare a Firenze, riesporsi al contagio, quando si fa chiara anche in loro la certezza già sussurrata dall'autore alle carissime lettrici, che «o non saranno dalla morte vinti, o ella gli ucciderà lieti». Non si tratta, per loro, di eludere indefinitamente la sorte di tutti, ma di ritrovare di fronte ad essa quella dignità umana che gli altri fiorentini avevano perduta. Non

a caso, la «continua onestà, continua concordia, continua fraternal dimestichezza» in cui Panfilo riassume orgogliosamente i costumi della brigata si oppongono simmetricamente alla corruzione, alla discordia, alla rottura d'ogni vincolo naturale e d'ogni patto sociale nella città devastata dalla paura più ancora che dall'epidemia.
Da questo punto di vista, si sarebbe tentati di leggere il *Decameron*, sulla scorta della *Divina Commedia* e della *Comedia delle ninfe fiorentine*, come una lunga favola iniziatica[1], con uno sfondo borghese e storico al posto di quello oltremondano o boschereccio, un coro di personaggi in cui ciascuno è al tempo stesso docente e discepolo di tutti gli altri, uno scopo, infine, che non è più la salvezza dell'umanità o la perfezione dell'individuo attraverso l'amore, bensì, più modestamente, la restaurazione di una convivenza civile, il recupero di un ordine sociale all'interno del quale ognuno possa - come Landolfo Rufolo educato dall'alterna fortuna - «onorevolmente vivere infino alla fine» (II, 4, 30). [...]
Nata per evadere dallo spazio e dal tempo (la peste del 1348 a Firenze), la brigata può tornarci, sciogliersi senza rimpianto e, al caso, lietamente morire, dopo aver assolto con le novelle alla sua funzione. Causate, o rese possibili, da tale evasione, le novelle consumano da una giornata all'altra le ragioni di essere della brigata, traducendo in termini di storia e di cultura il sogno idillico della cornice, riaffermando la possibilità di «onorevolmente vivere» attraverso una esperienza straordinariamente varia e ricca del mondo reale.

(F. Fido, *Il sorriso di messer Torello*, in *Il regime delle simmetrie imperfette. Studi sul "Decameron"*, F. Angeli, Milano 1988)

1. **favola iniziatica:** un racconto esemplare, che descrive l'iniziazione dei personaggi a uno stadio di vita più alto e significativo.

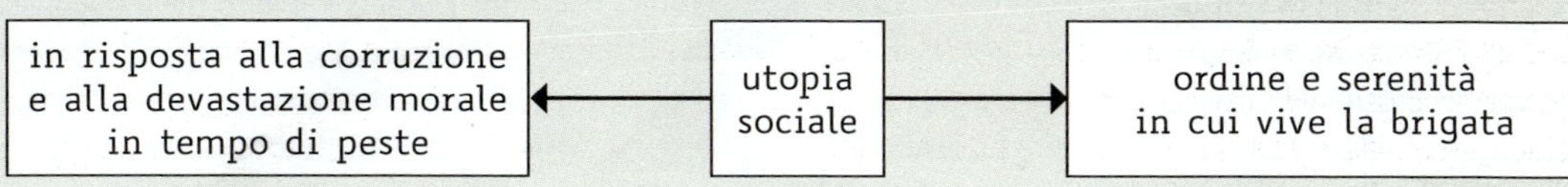

TESTO ARGOMENTATIVO **Tipologia B**

a. Esamina i tre esempi di testo argomentativo, sulla base delle domande.
- Perché secondo Branca il *Decameron* si presenta come specchio ed epopea del mobile e variegato mondo dell'autunno del Medioevo?
- In che modo, secondo Baratto, nel *Decameron* si intrecciano la memoria del mondo cavalleresco e la presente realtà cittadina? Perché Boccaccio è uno scrittore europeo-municipale?
- Perché, secondo Fido, nel *Decameron* si manifesta soprattutto il progetto del recupero di un ordine sociale sconvolto da un'epoca di crisi?

b. Formula la tua tesi, che potrà riprendere l'interpretazione che ti convince di più o essere una sintesi degli elementi comuni e/o più convincenti di diverse interpretazioni.
Dai un taglio prevalentemente argomentativo, esponendo la tua tesi con argomenti a sostegno, supportati da precisi riferimenti alle novelle lette.

6 Boccaccio in Europa: Geoffrey Chaucer e i *Racconti di Canterbury*

Boccaccio e la prosa europea Il *Decameron* di Boccaccio determinò il futuro della narrativa in prosa non solo nella letteratura italiana, ma in tutta Europa. Il racconto allegorico, fantastico o edificante, venne soppiantato infatti dal racconto di carattere realistico, in presa diretta con i personaggi, i costumi, le abitudini e il linguaggio del tempo. Uno dei primi ad accogliere la lezione di Boccaccio fu Geoffrey Chaucer, l'autore inglese a cui si deve uno dei capolavori della moderna lingua anglosassone, i *Racconti di Canterbury*.

LA VITA E L'OPERA

GEOFFREY CHAUCER (Londra, 1340 ca - 1400)

Geoffrey Chaucer nacque a **Londra** intorno al 1340 da una famiglia di mercanti. Assunto alla corte di Edoardo III, partecipò alla Guerra dei cent'anni, venne fatto prigioniero e, una volta riscattato, poté tornare al servizio di corte; nel frattempo completò gli studi presso uno dei collegi legali di Londra e, in un ambiente di corte saturo d'**influsso francese**, si dedicò allo studio delle lingue straniere, in particolare all'italiano, oltre al francese e al latino. La possibilità di approfondire la conoscenza delle opere in varie lingue e lo studio attento di classici e contemporanei permisero al poeta di acquisire e affinare una propria tecnica di scrittura, elegante ma al tempo stesso diretta e mai artificiosa, e gli suggerirono l'utilizzo di un nuovo verso decasillabo, il **pentametro giambico**, basato sull'endecasillabo italiano, che sarebbe poi divenuto uno dei principali metri poetici inglesi. L'educazione ricevuta lo qualificò all'impiego in missioni diplomatiche, che lo portarono a soggiornare in Francia e in Italia. In occasione delle ambascerie presso tre potenti città italiane quali Genova, Firenze e Milano, Chaucer entrò in contatto con figure rappresentative del tempo, e conobbe per certo i capolavori di Dante, Petrarca e Boccaccio. Morì a Londra nel 1400. Anche se i suoi primi lavori, *The Book of the Duchess* ("Il libro della duchessa", 1369-70) e *The Legend of Good Women* ("La leggenda delle donne esemplari", ca 1386) furono scritti sotto l'influsso dei poeti allegorici francesi Guillaume de Lorris e Jean de Meung, autori del *Roman de la Rose* (XIII secolo), è a Dante e soprattutto a Boccaccio che Chaucer si ispirò per il suo capolavoro, *The Canterbury Tales*, ("Racconti di Canterbury"), iniziato a partire dal 1387. Il passaggio dalla tradizione allegorico-cavalleresca dei poemi francesi all'**elaborazione in senso realistico dei personaggi e delle loro storie** costituisce l'innovazione poetica fondamentale dell'opera maggiore di Chaucer.

Il libro: la cornice e le novelle I *Racconti di Canterbury* sono una **raccolta di storie** contenute all'interno di una **cornice narrativa**, che costituisce il *Prologo* e ricompare a collegare una novella all'altra. Nella parte introduttiva, il narratore ci racconta del suo incontro ad aprile, nella locanda del «Tabarro» a Londra, con un gruppo di 29 pellegrini in viaggio verso il santuario di Thomas Becket a Canterbury. Il poeta immagina di essere subito accolto dalla compagnia: il creatore dei personaggi diventa dunque uno di loro, è incluso nel gruppo dei viandanti ed è perciò autorizzato a osservarli da vicino, a interpellarli direttamente e a riferirne risposte o commenti. Pur mantenendo le loro peculiari caratteristiche personali, i pellegrini introdotti nel *Prologo* riassumono i **tratti principali della società inglese** alla fine del Trecento, nel passaggio tra il vecchio ordine cavalleresco-feudale e la nuova classe **mercantile** e **borghese**. Al gruppo della nobiltà appartengono un cavaliere, con il figlio scudiero e il loro valletto d'arme, mentre del clero fanno parte una priora, una monaca cappellana con tre preti, un monaco benedettino e un frate mendicante. Il folto gruppo della borghesia in ascesa comprende un mercante, uno studente di Oxford, un commissario di Giustizia, un allodiere, ossia un proprietario di terra non nobile, un merciaio, un falegname, un tessitore, un tintore, un tappezziere, un cuoco, un marinaio, un medico, una comare di Bath. Seguono due personaggi umili ma virtuosi, un parroco di campagna e suo fratello contadino. Per ultimi vengono plebei e furfanti, ovvero un mugnaio, un economo, un fattore, un messo di tribunale ecclesiastico e un indulgenziere, ovvero un venditore di indulgenze.

L'ispirazione boccacciana è evidente fin dalla struttura dei *Racconti di Canterbury*, soprattutto nella creazione di una raccolta di novelle rilegate da una cornice narrativa, dove agiscono i personaggi-narratori. Tuttavia, sono evidenti anche le **differenze**. Infatti, mentre i narratori del *Decameron* si equivalevano per lignaggio ed età, i pellegrini di Chaucer sono molto diversi tra loro, sia per età sia per estrazione sociale. In effetti, l'unico luogo in cui personaggi tanto diversi possono incontrarsi è proprio la locanda da cui il narratore fa partire la sua storia. La villa di Boccaccio era il simbolo di una società ideale, paritaria, che opponeva il suo ordine al disordine della Firenze appestata. Invece, la locanda di Chaucer è un luogo realisticamente descritto, aperto alla varietà dell'esistenza, dove la personalità stessa degli avventori/narratori è oggetto di racconto.

D

I racconti di Canterbury, Il racconto dell'indulgenziere

Autoritratto dell'indulgenziere

Anno: 1387-88
Genere: novella
Argomento: l'indulgenziere si descrive ai compagni di viaggio

L'indulgenziere non nasconde la realtà del suo mestiere: anzi, è il primo a rappresentarsi come un gaglioffo imbroglione, che specula sulla credulità superstiziosa degli sprovveduti e riesce nel suo unico intento, quello di arricchirsi.

«Signori,» disse [l'Indulgenziere[1]] «in chiesa quando predico, mi sfiato per avere una voce forte e squillante come una campana, ma quello che devo dire lo so già a memoria. Il mio tema[2] è, ed è sempre stato, uno solo: *Radix malorum est Cupiditas*[3]... Comincio col dire da dove vengo, e poi mostro le mie bolle, tutte quante. Il sigillo del nostro signor feudatario[4] sulla mia lettera patente, quello lo mostro per primo, a garanzia della mia persona, perché nessuno, prete o chierico, sia tanto sfacciato da disturbarmi nel mio santo lavoro di Cristo. E poi racconto le mie solite storie; tiro fuori bolle di papi e cardinali, patriarchi e vescovi, e dico qualche parola in latino, tanto per condire la mia predica e stuzzicare alla devozione. Tiro poi fuori i miei bottiglioni di vetro, pieni zeppi di stracci e d'ossi che tutti credono siano reliquie. In una latta ho perfino la scapola d'una pecora[5] che era appartenuta a un san-

1. **Indulgenziere:** *pardoner* nell'originale; è un uomo di Chiesa (non necessariamente un prete consacrato) che se ne va in giro a vendere indulgenze o "perdoni", in cambio di denaro. Pagando si credeva infatti di poter scontare, per sé o per i propri morti, la penitenza connessa ai peccati.
2. **Il mio tema:** nel Medioevo anche una predica aveva le sue regole retoriche. Generalmente essa era suddivisa in 6 parti: tema o enunciazione del soggetto da trattare; protema o introduzione preparatoria; dilatazione o esposizione del testo; exemplum o aneddoto illustrativo; perorazione, per commuovere l'animo degli uditori; formula di chiusura.
3. ***Radix ... Cupiditas*:** **Radice d'ogni male è la cupidigia**. In questo caso il «tema» è tratto dalla Prima lettera di san Paolo apostolo a Timoteo (6, 10).
4. **sigillo ... feudatario:** il sigillo del papa o di qualche importante vescovo.
5. **la scapola d'una pecora:** le scapole di pecora vennero usate nell'antichità e durante il Medioevo per predire il futuro e in altre simili stregonerie.

to ebreo! «Buona gente,» dico «fate attenzione alle mie parole. Se immergete quest'osso dentro un pozzo, qualunque vacca, vitello, pecora o bue si gonfi per aver ingoiato o esser stato punto da una biscia, appena da quel pozzo prenda un po' d'acqua e si lavi la lingua, ecco che subito guarisce. Basta poi che una pecora beva un sorso da quel pozzo per guarire immediatamente da pustole, scabbia e ogni altro malanno. Attenzione a quel che dico. Se chi già possiede del bestiame beve al mattino a digiuno, prima che canti il gallo, un sorso da quel pozzo (basta una volta alla settimana, come quel santo ebreo insegnò ai nostri vecchi), ebbene, le sue bestie e i suoi averi si moltiplicheranno. Signori miei, quest'acqua guarisce perfino dalla gelosia: se qualcuno cade in preda a furia gelosa, se ne faccia un bel beveraggio, ed ecco che non avrà più alcun sospetto di sua moglie, pur conoscendo tutte le sue pecche e quand'anche lei si sia goduta due o tre preti. Ed eccovi qui un guanto, guardate: chi infila la mano in questo guanto, vedrà moltiplicarsi il suo raccolto, sia che abbia seminato grano oppure avena, purché offra qualche quattrino o soldarello. Però, buona gente, vi avverto: se c'è qualcuno ora in questa chiesa che abbia commesso qualche orribile peccato, così obbrobrioso da non potersi neppure confessare, oppure qualche donna, giovane o vecchia, che abbia fatto becco suo marito, ebbene, gente simile non ha né il potere né la grazia di fare in questo luogo offerta alle mie reliquie! Soltanto chi si trova fuori da tali colpe può venire nel nome di Dio a fare la sua offerta, e io l'assolverò con l'autorità che per bolla m'è stata conferita[6]...» Con questo trucco mi guadagno, da quando faccio l'indulgenziere, cento marchi all'anno. Me ne sto come un gran dotto sul mio pulpito, e appena quell'ingenua gente s'è seduta, faccio la mia predica come avete già sentito, aggiungendovi un altro centinaio di frottole. E intanto m'affanno a allungare il collo e a far capolino a destra e a sinistra sulla gente, come un colombo appollaiato sul granaio. Le mie mani e la mia lingua hanno una scioltezza tale, che davvero è una gioia vedermi al lavoro! Tutte le mie prediche riguardano l'avarizia e consimili malanni, per rendere la gente generosa nel dare i propri soldi... soprattutto a me! Il mio scopo infatti non è che far quattrini, non correggere i peccati. Per me, una volta che qualcuno sia sepolto, la sua anima può pure andare a finire nelle ortiche!... Eh sì, certo, molte delle mie prediche provengono spesso da cattiva intenzione... Alcune, per esempio, son fatte per compiacere e lusingare il pubblico, per poi approfittarne sia pure con ipocrisia; altre per vanagloria ed altre ancora per odio... Sì, perché se qualcuno offende me o i miei confratelli, siccome in altro modo non posso vendicarmi, allora predicando lo pungo sul vivo con la mia lingua, così ch'egli non possa scansare d'essere pubblicamente diffamato. Difatti anche senza ch'io dica proprio il suo nome, tutti sanno bene di chi parlo, dai cenni ed altri particolari. Così ripago chi ci dà dei dispiaceri! E sputo il mio veleno colorandolo di santità, in modo da farlo sembrare pio e sincero... Ma insomma, per dirvi proprio qual è il mio intento, non predico che per avidità. Ecco perché il mio tema è

6. **l'autorità ... conferita:** l'Indulgenziere porta con sé una sorta di certificato («bolla»), rilasciato da qualche autorità ecclesiastica, che attesta la legittimità del suo mestiere di venditore di indulgenze.

ancora e sempre: *Radix malorum est Cupiditas!*... Predico cioè sempre contro la cupidigia, contro lo stesso vizio che anch'io pratico continuamente. Eppure, per quanto io sia colpevole di questo peccato, riesco ancora a convincere gli altri a liberarsene ed a pentirsi amaramente. Ma non è questo il mio vero scopo... Io infatti non predico se non per avidità!

IN SINTESI

▲ Ritratto dell'Indulgenziere. Dai *Racconti di Canterbury* di Geoffrey Chancer (Cambridge, University of Cambridge).

L'indulgenziere qui si presenta in prima persona, rivendicando sfacciatamente la falsità delle sue reliquie, dei suoi strampalati consigli medico-spirituali, nonché la pratica del vizio - la cupidigia - contro cui egli predica continuamente. Infatti, dal suo stesso elenco delle false bolle, delle reliquie d'ogni genere e delle indulgenze vendute per danaro emerge con sconcertante sfacciataggine una straordinaria personalità di truffatore. Ma si faccia attenzione: nelle parole dell'indulgenziere, che si fa beffe lui per primo dell'ipocrisia religiosa e della degenerata pratica della vendita delle indulgenze, noi lettori possiamo cogliere il suo disgusto per un'umanità corrotta e credulona, ma anche per se stesso. Producendo un repertorio sempre nuovo di «trucchi» e «centinaia di frottole», l'indulgenziere riesce senza troppa fatica a gabbare i creduloni e a realizzare il suo unico intento, quello di arricchirsi. In definitiva, però, il disprezzo che egli riserva ai suoi sciocchi acquirenti finisce con il rivolgersi verso lui stesso - l'unico esponente di un'umanità corrotta a cui viene negata l'illusione e la speranza di una possibile redenzione.

La figura dell'indulgenziere presenta vari punti di contatto con quella boccacciana di frate Cipolla. Anche frate Cipolla, si ricorderà, andava in giro spacciando reliquie false (la penna dell'angelo Gabriello, i carboni della graticola di san Lorenzo...), magnificando le loro qualità terapeutiche e salvifiche, e soprattutto cercando di lucrare grasse elemosine. Ma il personaggio di Chaucer è una versione "in nero" di quello boccacciano. Già il fatto che l'indulgenziere rivendichi in prima persona i suoi imbrogli e la sua corruzione morale, lo sposta in un'altra categoria di personaggi, quella dei perversi vantatori della propria perversione: quello dell'indulgenziere è una specie di credo alla rovescia. Frate Cipolla era personaggio forse altrettanto malizioso, ma alleggerito da una vena comica, di autentico divertimento beffardo. E frate Cipolla non odiava. Qui, invece, l'indulgenziere afferma che le sue prediche, tutte originate da «cattiva intenzione», nascono da varie radici, tutte malvagie, e, in ultimo, «per odio». Odio come vendetta nei confronti dei propri detrattori e diffamatori. Niente di più lontano dal frate Cipolla del *Decameron*, che risponde alla beffa dei giovani di Certaldo con una vera e propria fantasmagoria verbale, pronto a unirsi, alla fine, alle loro stesse risa.

L'essenziale

AUDIOLIBRO

LA VITA

Giovanni Boccaccio nasce a Certaldo (o a Firenze) nel 1313. Nel 1327 si trasferisce a Napoli al seguito del padre, rappresentante della banca dei Bardi. A Napoli frequenta lo Studio e la Biblioteca reale, compie i primi studi di diritto e si interessa alla letteratura, componendo le prime opere. Rientra a Firenze nel 1340-41; nel 1345-48 è in missione a Ravenna e a Forlì; poi rientra a Firenze nel 1348, anno della peste che fa da sfondo al suo capolavoro, il *Decameron*. Nel 1350 incontra Petrarca, che lo sollecita a coltivare gli studi classici. Abbandona gli incarichi pubblici nel 1361 per dedicarsi all'erudizione; riprende le cariche pubbliche nel 1365. Nel 1373 inizia una serie di letture pubbliche della *Commedia* di Dante, che interrompe per le cattive condizioni di salute. Muore a Certaldo nel 1375.

CARATTERE, IDEE, POETICA

Boccaccio è essenzialmente un erudito autodidatta e un intellettuale di stampo umanistico. Legge di tutto, dagli autori classici ai poeti provenzali, e tutto rielabora e rimette in campo nelle sue opere. Nel *Decameron* abbandona il carattere prezioso e favolistico presentato nelle prime opere per dedicarsi alla narrazione in prosa, nella forma della novella. Presenta così un campionario di tipi umani quanto mai diversi tra loro, e la lingua usata da Boccaccio seguirà questa caratteristica, facendosi mutevole e variabile per adattarsi ai personaggi e alle situazioni. Nel *Decameron* Boccaccio tenta una conciliazione, per quanto difficile, tra il mondo mercantile che sta nascendo e gli ideali cortesi di una società nobiliare avviata al tramonto.

LE OPERE NAPOLETANE E FIORENTINE

Le prime opere di Boccaccio vedono la luce a Napoli. Si tratta di opere per lo più a tema amoroso, tra cui *La caccia di Diana*, *Filostrato*, *Filocolo* e *Teseida delle nozze d'Emilia*. Tra le opere del periodo fiorentino, la *Comedia delle ninfe fiorentine* è sempre a tema amoroso, così come l'*Amorosa visione*. Nell'*Elegia di Madonna Fiammetta*, la tematica dei patimenti d'amore vede una donna raccontare in prima persona, allontanandosi dal consueto schema cortese della donna come oggetto d'amore. Il *Ninfale fiesolano* racconta delle origini di Firenze; il *Buccolicum carmen* presenta vari argomenti; la *Genealogia deorum gentilum* è una sorta di enciclopedia della mitologia antica; il *Corbaccio* è una inusuale satira contro le donne. Concludono la produzione di Boccaccio due opere su Dante: il *Trattatello in laude di Dante*, di carattere biografico, e le *Esposizioni sopra la Comedia*, che raccoglievano le letture e il commento all'opera di Dante che Boccaccio iniziò a esporre in pubblico nel 1373.

IL *DECAMERON*

Decameron significa "dieci giorni", e fa riferimento ai dieci giorni nei quali sette ragazze e tre ragazzi raccontano a turno una novella ciascuno, per un totale di cento. L'opera è densa di riferimenti numerologici: i dieci ragazzi sono sette ragazze (come i sacramenti o le arti liberali) e tre ragazzi (come tre sono le persone della Trinità). Lo schema dei racconti prevede che ogni giornata abbia un re o una regina, che decide il tema che i racconti dovranno seguire. Solo Dioneo è libero di non seguire il tema e ottiene di raccontare sempre per ultimo.
La cornice del *Decameron* è la peste del 1348, durante la quale, vista la situazione di grande caos che regna a Firenze, dieci giovani decidono di passare due settimane in campagna, per ristabilire, almeno per un po', una parvenza di convivenza civile. Boccaccio interviene in prima persona solo in tre occasioni: nel *Proemio*, per identificare i suoi lettori soprattutto nelle donne che hanno bisogno di distrarsi dalle afflizioni d'amore; all'inizio della quarta giornata per difendere la sua opera (parte della quale era già stata divulgata); infine, nella *Conclusione*, per identificare ancora i suoi lettori tra i giovani, escludendo i letterati di professione e il clero.
Il *Decameron* ha una struttura «ascensionale». Il testo parte raccontando dei peggiori difetti dell'uomo e arriva a celebrare i valori della cortesia, ma nonostante questo non vi sono schemi che diano una struttura trascendente alla narrazione. Non vi è una tensione verso la redenzione: a Boccaccio interessa raccontare vizi e virtù terreni, e descrivere uomini e donne senza alcun pregiudizio.

A COLPO D'OCCHIO

Giovanni Boccaccio

Didattica INCLUSIVA

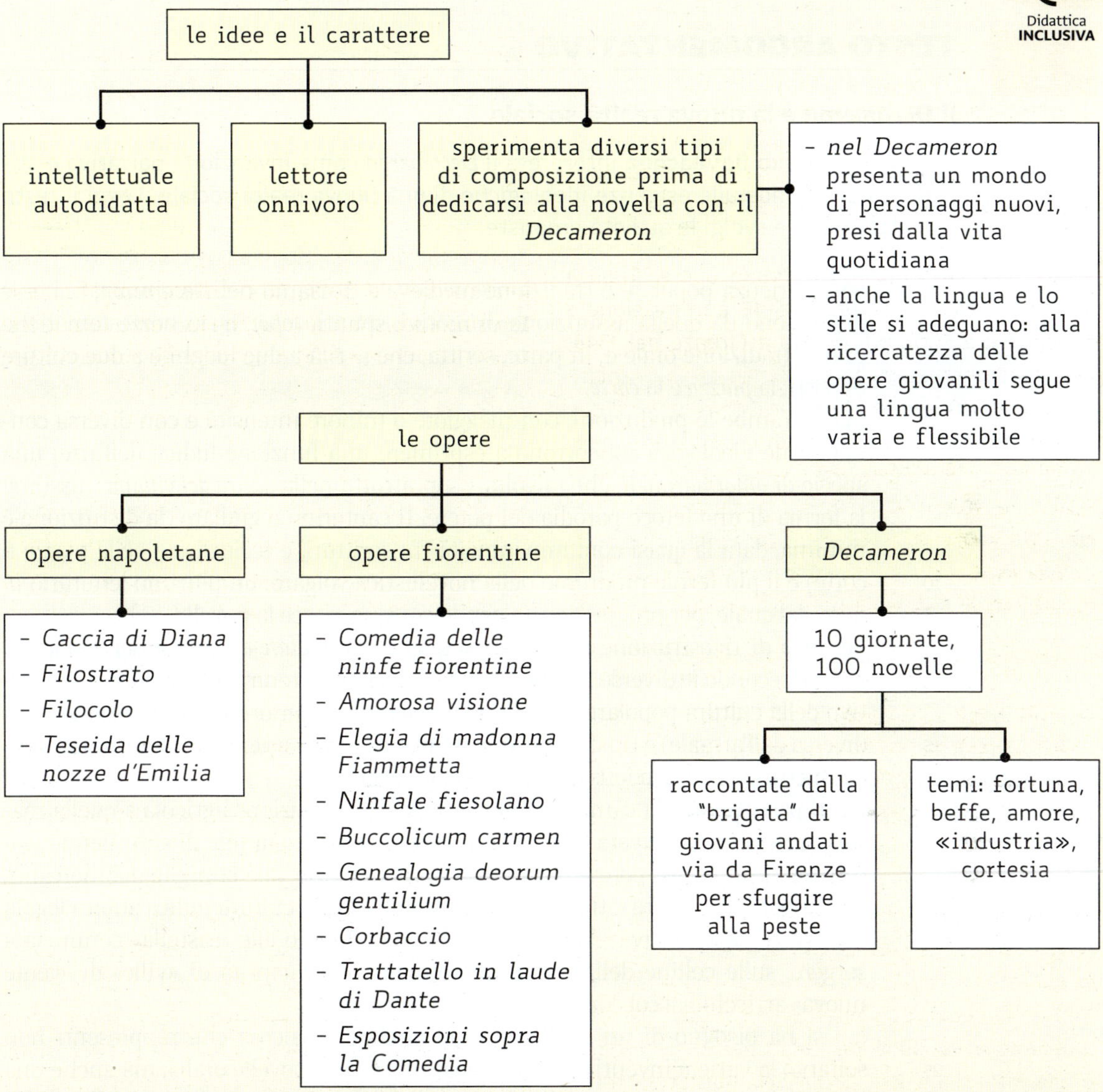

Le parole per ricordare

TROVARE LE PAROLE

MERCANTE

Boccaccio vive in un tempo in cui si passa da un'epoca di rendite a un'epoca basata sui profitti, derivanti dagli scambi commerciali e dalle attività bancarie. Boccaccio registra questo passaggio, descrivendo della nuova classe mercantile pregi e difetti.

BEFFA

Nel *Decameron* è molto presente il tema della beffa, della burla e del riso. È un tema a doppia faccia: da un lato la burla ha un aspetto liberatorio, giocoso, quasi goliardico (è il caso di frate Cipolla). Dall'altro, il motto arguto è manifestazione di intelligenza; spinge al riso ma anche alla riflessione (è il caso della risposta di Guido Cavalcanti).

CORPO

In Boccaccio l'amore presenta anche (ma non solo) il suo lato fisico, carnale. Il desiderio fisico è presentato per quello che è, come uno dei motori dell'agire umano, forse non il più nobile ma senz'altro uno dei più potenti. Il corpo, che la religione insegnava a disprezzare, rivendica con forza la sua importanza.

OBIETTIVO ESAME

Tipologia B

TESTO ARGOMENTATIVO

Il *Decameron* e la nuova realtà sociale

Lo studioso **Mirko Bevilacqua** interpreta il *Decameron* come invenzione narrativa e stilistica che risponde alle esigenze ideologiche di una nuova realtà sociale. Leggi il testo con attenzione e svolgi le attività proposte.

Se esperienza popolare e tradizione medievale troviamo nel *Decameron*, [...] esse discendono da quella assunzione di motivi, spunti, *topoi*, e ricchezze tematiche di una tradizione orale e, in parte, scritta, che si rifà a due luoghi e a due culture opposti: la *piazza* e la *corte*.

Ma entrambe le produzioni, con maggiore o minore intensità e con diversa connotazione ideologica concorrono a esprimere una funzione ludica dell'arte: una specie di *amor narrandi*, che talvolta - soprattutto nella *satira del villano* - assume la forma di una feroce parodia del potere. Il canterino o giullare (la distinzione è minima, data la quasi contemporaneità tra scrittura e recitazione nella piazza o corte) è il più fertile prodromo della novellistica volgare: un plurimo letterario *in nuce*, dal quale, per progressione e per deviazione, nasce la novella. [...]

Le linee di ricostruzione storica sono quelle del *giullare di corte* e del *giullare di piazza*: secondo le diverse prospettive ideologiche e letterarie, tra sviluppo alternativo della cultura popolare del villano cosciente (o «buffone», con accezione tutta diversa dall'attuale) e trasformazione in forma «ludica e gentile», di gusto istrionico-dilettevole, dei prodotti del giullare colto di corte.

[...] Il passaggio dalla campagna alla città, dalla produzione agricola a quella manifatturiera - incentivata da una sempre più organizzata rete di commerci - e il sorgere di un nuovo potere economico legato, è ovvio, alle famiglie dei mercanti, costringono il giullare - tipico rappresentante di una cultura ludica subito legata alla fruizione collettiva - a operare una svolta. Vicino alle «castella» comincia a sorgere, sulle colline della Firenze comunale, una quantità di «ville» di «gente nuova» arricchitasi col commercio.

[...] si ha bisogno di un sostitutivo del giullare, qualcosa che rappresenti non soltanto la varietà inventiva e occasionale delle sue «novelle orali», ma anche una unità dei prodotti artistici tali da essere fruiti in condizioni diverse dalla piazza o dalla corte: una vera e propria unità del molteplice reso concreto in un nuovo *medium* letterario.

Si esprime l'esigenza di poter usufruire di un vero «prodotto» letterario, un testo da utilizzare in modo individuale, con la lettura, e che diventi esso stesso un oggetto mobile come lo era il giullare: non sarà più il canterino a muoversi di fiera in fiera, o di corte in corte, ma il libro a passare di mano in mano. Quindi, un testo di svago culturale e di informazione che possa seguire, nel baule, i movimenti, da Occidente a Oriente, dei mercanti. [...]

La preoccupazione ideologica del Boccaccio nel momento di scrivere le novelle e di combinarle in una struttura o cornice comprensiva è di carattere formale: come convogliare e reinventare un materiale narrativo di doppia provenienza - aristocratica o lirico-cortese e popolare o giullaresca - in una forma che non facesse convivere separate le due tradizioni ma le riunisse, sul piano ideologico e stilistico, ancorché contraddizioni latenti, sopportate, possano rimanere nell'opera.

Tutto questo, è ovvio, presupponeva - e lo presuppone - una particolare scelta del pubblico: la borghesia mercantile e le classi, vecchie e nuove, attratte (per l'aspetto culturale, politico ed economico) da questo gruppo sociale.

Il rapporto tra ideologia, potere e pubblico nel secolo XIV era molto complesso: i modelli culturali diffusi dagli «intellettuali» trovano, nella società comunale, particolari condizioni di ricezione e di partecipazione. Non soltanto la cultura lirico-cortese ebbe una funzione organica nell'egemonia della classe dirigente feudale, ma si riprodusse e continuò a esercitare fascino e prestigio letterari in seguito a una parziale collaborazione, politica ed economica, tra feudatari, spesso urbanizzati e dediti al commercio, e grande borghesia mercantile, laddove esercitavano le stesse attività commerciali, sino alla concreta alleanza di classe - fine del secolo XIV-inizio del XV - che sanzionava il trionfo di una oligarchia finanziaria tra aristocrazia e borghesia. [...] Tra questi due poli culturali Boccaccio non esplica il ruolo di raccoglitore dei due tipi di materiali ideologici, proponendo una medietà di scrittura, ma reinventa, in una posizione di estrema autonomia dal punto di vista intellettuale e culturale e di derivazione di classe, quella tradizione e quella realtà, scrivendo un'opera - il *Decameron* - la cui tensione poetica forma un prodotto e un messaggio altro rispetto alle due derivate: ecco perché non si può restringere il Boccaccio in vecchie bottiglie medievali umaniste e tanto meno (terza ipotesi) realistico-popolari.

da M. Bevilacqua, *L'attualizzazione della scrittura. Dalla narrazione orale del giullare a quella scritta dello scrittore/raccoglitore di novelle*, in *Il giardino del piacere. Saggi sul* Decameron, Semar, Roma 1995, pp. 25-32

LEGGERE E ANALIZZARE

1. Di seguito ti forniamo uno schema della struttura argomentativa del testo: riporta le righe a cui corrispondono i diversi passaggi.
- Prima premessa: le culture presenti nel *Decameron* (rr. ....)
- Seconda premessa: elementi comuni a esse (rr. ....)
- Terza premessa: le culture presenti nel *Decameron* (rr. ....)
- Specificazioni: l'ambiente fiorentino (rr. ....)
- Le nuove esigenze del pubblico (rr. ....)
- Prima tesi: la preoccupazione formale di Boccaccio (rr. ....)
- Il contesto sociale e politico (rr. ....)
- Seconda tesi: la novità ideologica si traduce in invenzione letteraria (rr. ....)

ARGOMENTARE E PRODURRE

2. Sulla base del testo che hai letto, e delle tue conoscenze, elabora un breve testo argomentativo sui rapporti tra Boccaccio e la cultura medievale, cercando di fare emergere:
- le novità del *Decameron* rispetto alla novella tradizionale;
- il nuovo contesto culturale e sociale con cui Boccaccio si confronta.

COMPITO DI REALTÀ

TRA SCUOLA E LAVORO

Con Boccaccio in regia: dal *Decameron* a un cortometraggio

COMPETENZE COINVOLTE

Competenze chiave di cittadinanza
- Comunicazione nella madrelingua
- Comunicazione nelle lingue straniere
- Competenza digitale
- Imparare a imparare
- Competenze sociali e civiche
- Spirito di iniziativa e imprenditorialità
- Consapevolezza ed espressione culturale

Competenze di base - Asse dei linguaggi
- Padroneggiare gli strumenti espressivi e argomentativi indispensabili per gestire l'interazione comunicativa verbale in vari contesti
- Utilizzare una lingua straniera per i principali scopi comunicativi e operativi
- Utilizzare gli strumenti fondamentali per una fruizione consapevole del patrimonio artistico e letterario
- Utilizzare e produrre testi multimediali

Competenze di base - Asse storico e sociale
- Comprendere il cambiamento e la diversità dei tempi storici in una dimensione diacronica attraverso il confronto fra epoche e in una dimensione sincronica attraverso il confronto fra aree geografiche e culturali

TRA SCUOLA E LAVORO

Ambito lavorativo d'interesse:
- Produzione cinematografica

Aspetti rilevanti nel mondo del lavoro da tenere presenti:
- regolamento della scuola circa le attività parascolastiche
- utilizzo di dispositivi tecnologici
- pubblicità e promozione di eventi e prodotti digitali
- richiesta documentazioni e autorizzazioni

▸ SITUAZIONE-PROBLEMA

Nell'ambito del progetto «Sette autori in sette giorni», l'istituto scolastico ha deciso di celebrare Boccaccio con un concorso cinematografico, cui gli studenti di ogni classe sono tenuti a partecipare realizzando un cortometraggio incentrato su una fra le novelle del *Decameron* indicate. Ciascun video, per essere ammesso, deve presentare sottotitolazione in inglese, lunghezza non superiore a 6 minuti e dialoghi inediti. Oltre al cortometraggio che riceverà più visualizzazioni e *likes* online, sarà premiato quello che mostrerà, da un lato, maggiore creatività e brillantezza linguistica e, dall'altro, maggiore attenzione all'ambientazione propriamente boccacciana.

▸ PROGRAMMAZIONE

PRODOTTO	Cortometraggio su una novella di Boccaccio.
TEMPI	4 differenti fasi, così articolate: 1ª fase della durata di un'ora; 2ª fase di durata non quantificabile; 3ª fase della durata di 5 ore; 4ª fase della durata di un'ora.
RISORSE	Insegnanti di Italiano e Inglese; tecnico informatico della scuola o esperto esterno; libri di testo; un'edizione del *Decameron*; siti Internet affidabili in cui reperire informazioni; dizionari d'italiano e bilingui; stampante; fogli A4; videocamera; *smartphone*; PC; oggetti e costumi di scena.

▸ ISTRUZIONI

Prima fase **Presentazione del lavoro**. Gli studenti dovranno essere divisi in quattro gruppi, a ciascuno dei quali sarà affidata una novella tra le seguenti.

Gruppo 1: «*La marchesana di Monferrato, con un convito di galline e con alquante leggiadre parolette, reprime il folle amore del re di Francia*» (I, 5).
Gruppo 2: «*Messer Guiglielmo Rossiglione dà a mangiare alla moglie sua il cuore di messer Guiglielmo Guardastagno ucciso da lui e amato da lei; il che ella sappiendo, poi si gitta da una alta finestra in terra e muore e col suo amante è sepellita*» (IV, 9).
Gruppo 3: «*Gianni Lotteringhi ode di notte toccar l'uscio suo; desta la moglie, ed ella gli fa accredere che egli è la fantasima; vanno ad incantare con una orazione, e il picchiar si rimane*» (VII, 1).
Gruppo 4: «*Donno Gianni ad istanzia di compar Pietro fa lo 'ncantesimo per far diventar la moglie una cavalla; e quando viene ad appiccar la coda, compar Pietro, dicendo che non vi voleva coda, guasta tutto lo 'ncantamento*» (IX, 10).

Ciascun gruppo dovrà occuparsi della realizzazione del cortometraggio, attraverso questi passaggi:
- **lettura** della novella;
- scrittura della **sceneggiatura** (a parte, devono essere scritti anche i sottotitoli in inglese che compariranno nel video);
- realizzazione dello ***storyboard***: si tratta di un pannello nel quale dovranno essere riportate tutte le scene in sequenza. Questo non solo permette di risparmiare tempo nelle fasi di regia e montaggio, ma anche di vedere intuitivamente se il cortometraggio funziona;
- **preparazione delle riprese**: dovranno essere scelti attori, *location*, videocamera, costumi e oggetti di scena;
- **ripresa** delle varie scene;
- ***editing*** e **montaggio** del materiale girato: in questa fase - nel corso della quale sarà inserita anche la sottotitolazione in inglese - è utile avvalersi sia di un programma informatico adeguato, sia dell'aiuto del tecnico della scuola o di un esperto esterno;
- **caricamento *online*** del cortometraggio: dopo l'*upload* nel sito della scuola, il filmato dovrà essere promosso sui *social network* per ottenere più visualizzazioni e apprezzamenti possibili.

Verso il mondo del lavoro Contestualmente è necessario che gli studenti si documentino sui seguenti aspetti: modalità in base alle quali la scuola regola l'organizzazione delle attività parascolastiche; richiesta di autorizzazioni e liberatorie a tutela della *privacy*; funzionamento dei programmi informatici e dell'attrezzatura tecnica necessaria; *iter* corretto per caricare *online* il cortometraggio e promuoverlo sui *social network*.

Seconda fase **Realizzazione del cortometraggio.** Si tratta di una fase in *peer collaboration*, da svolgere al di fuori delle ore curricolari. Gli studenti dovranno assegnare a ciascun membro del gruppo un ruolo preciso (regista, sceneggiatore, addetto ai costumi ecc.), così da ottimizzare il contributo individuale. Nel rispetto della tempistica prevista dal concorso, questa fase potrà considerarsi conclusa quando il filmato richiesto sarà ultimato e supervisionato dagli insegnanti coinvolti.

Terza fase **Visione dei filmati.** Durante la giornata che la scuola dedica a Boccaccio, saranno proiettati tutti i video realizzati e saranno premiati i più meritevoli.

Quarta fase **Discussione e autovalutazione.** Al termine del progetto, l'insegnante inviterà gli studenti a discutere insieme dell'attività svolta a mettere a fuoco i risultati raggiunti. Successivamente gli studenti dovranno consegnare una breve relazione (con autovalutazione sul possesso e lo sviluppo delle competenze coinvolte e giudizio personale sull'evento), che concorrerà alla valutazione della prova.

AUTOVALUTAZIONE

Prodotto	**Processo**
☐ Insufficiente	☐ Insufficiente
☐ Sufficiente	☐ Sufficiente
☐ Buono	☐ Buono
☐ Ottimo	☐ Ottimo

Capitolo 10

Il motto e la beffa dopo Boccaccio

1 Franco Sacchetti e il *Trecentonovelle*

Sulle orme di Boccaccio, ma con originalità Nel *Proemio* del suo *Trecentonovelle*, Franco Sacchetti rende omaggio all'arte di Boccaccio, e pur dichiarandosi «uomo discolo e grosso», cioè incomparabilmente **meno colto e raffinato**, si pone chiaramente sulle sue orme. Tuttavia, la sua opera si presenta **profondamente diversa da quella boccacciana**, non soltanto dal punto di vista della struttura, dell'oggetto-libro, ma anche, all'interno, per le modalità assolutamente non decameroniane con cui Sacchetti rivede le due strutture principali del capolavoro boccacciano: **il motto e la beffa.**

Autografo Il termine indica il manoscritto originale di un'opera, la copia scritta di proprio pugno dall'autore. Deriva dal greco *autós*, "da sé", e *grápho*, "scrivo".

Il testo Al suo novelliere Sacchetti cominciò a lavorare probabilmente già dal 1385, e la composizione si spinse per certo almeno fino agli anni 1396-97. Il testo ebbe scarsa diffusione: ancora nel Cinquecento ne esisteva soltanto l'**autografo**, già lacero e in parte illeggibile; è merito del filologo fiorentino Vincenzo Borghini, che ne fece fare una copia, se il capolavoro sacchettiano è giunto fino a noi, sia pure incompleto (rimangono 223 novelle delle 300 originarie). È indubbio che il *Trecentonovelle* nasce **all'ombra e sotto l'influsso del *Decameron***: il nome e l'esempio di Boccaccio sono citati esplicitamente da Sacchetti fin dal *Proemio*. Tuttavia, l'opera si presenta subito con **caratteristiche di ardita indipendenza rispetto al modello**, per quanto riguarda sia la struttura sia i destinatari, i temi e lo stile.

LA VITA E L'OPERA

FRANCO SACCHETTI (Ragusa, 1330 ca - San Miniato, 1400)

Franco Sacchetti, di **famiglia mercantile fiorentina**, nacque poco dopo il 1330 (non si conosce la data esatta) a Ragusa, in Dalmazia, oggi la croata Dubrovnik, città dove i banchieri e i commercianti di Firenze avevano impiantato una florida colonia. Nel 1351 Franco risultava già iscritto all'Arte del Cambio, e fino al 1363 si dedicò attivamente alla mercatura, con numerosi viaggi in Italia e all'estero. Rientrato stabilmente a Firenze, **partecipò alla vita civile e politica del Comune** come ambasciatore, priore e podestà in varie località della Toscana e dell'Emilia. Nel 1379, durante il tumulto dei Ciompi (cioè dei lavoranti dell'Arte della Lana) il fratello di Franco, Giannozzo, si schierò dalla parte dei rivoltosi e, una volta tornata la normalità, venne processato e giustiziato. Il tragico episodio si riflesse drammaticamente sulla vita di Sacchetti e sulla sua opera, gettando un'ombra di sgomento e di drammatica riflessione morale sugli ultimi anni dello scrittore. Morì a San Miniato (presso Pisa), dove si trovava come vicario, nel 1400. Le prime opere di Sacchetti sono di **poesia**: la *Battaglia delle belle donne di Firenze con le vecchie*, poemetto in terzine di tono giocoso e grottesco, e le *Rime*, che Sacchetti cominciò in età giovanile e proseguì fino alla maturità. Alla piena maturità appartengono le *Lettere* (posteriori al 1378) e le *Sposizioni di Vangeli* (1378-81), 49 sermoni dedicati al commento di altrettanti passi evangelici, e spesso inframmezzati di novellette a mo' di *exempla*. Al culmine di questa variegata attività letteraria si pone la stesura del *Trecentonovelle*.

La struttura La struttura del *Trecentonovelle* si distacca da quella decameroniana **rifiutando seccamente la cornice**: in Sacchetti le novelle sono accostate l'una all'altra in serie, senza alcuna suddivisione interna del libro. La calibratissima struttura chiusa boccacciana è quindi sostituita da una **struttura aperta**, continuabile all'infinito. L'assenza della cornice implica a sua volta una diversa presenza del narratore all'interno dei racconti. Nel *Trecentonovelle* la brigata non c'è, e la responsabilità di introdurre i racconti e soprattutto di commentarli spetta direttamente a Sacchetti. L'autore, infatti, si riserva un proprio spazio istituzionale d'intervento, in calce a ogni novella, nelle cosiddette «morali», ovvero nei **commenti**, più o meno estesi, che egli inserisce in conclusione dei suoi racconti, dove più direttamente si svela la sua visione amara e angustiata del reale. Talvolta il legame della morale con la novella è molto esiguo, sì che spesso questi commenti d'autore sono stati visti come intrusioni non necessarie. Essi sono fondamentali, invece, per capire il significato del *Trecentonovelle*: un'opera che non nasce soltanto dal gusto del narrare, ma che **in ogni evento** anche minimo **della vita quotidiana scorge una lezione**, un motivo di riflessione morale.

I destinatari e le tematiche Anche i destinatari nel *Trecentonovelle* rappresentano una novità rispetto al *Decameron*. Come già Boccaccio, **Sacchetti si rivolge a un pubblico di non professionisti**, di non letterati in senso tecnico, ma allarga notevolmente i confini di classe del suo pubblico. I lettori a cui si rivolge l'autore sono i cittadini fiorentini appartenenti alle Arti minori: artigiani, lavoratori salariati, piccoli bottegai. Sono «genti grosse», anche dal punto di vista morale e intellettuale; gente lontana da ogni discorso di valori troppo elevato, e sensibile invece all'aneddoto spicciolo, alla cronaca domestica, a una narrativa fitta di riferimenti a una realtà ben nota, municipale, tangibile.

Pure i temi sono coerenti con questo abbassamento di tono. Invano cercheremo nel *Trecentonovelle* tematiche amorose: se c'è un elemento decameroniano a cui Sacchetti sembra rimanere indifferente è proprio quello dell'amor cortese. Anche il motivo dell'avventura governata dalla Fortuna è trattato in modo radicalmente diverso. In Sacchetti **la Fortuna viene ridimensionata a caso quotidiano** e ridotta ad accidente domestico, a bizzarra coincidenza, a imprevedibilità della minuta vita di tutti i giorni. Anche il motto e la beffa vengono riformulati in modo originale. Soprattutto, l'autore sembra avvertire il rischio che l'uno e l'altra sfuggano al razionale controllo dei motteggiatori e dei beffeggiatori, trasformandosi in azioni violente, capaci di suscitare risentimenti e vendette.

▸ T F. Sacchetti, Bartolino farsettaio e la moglie «nera»

GUIDA ALLO STUDIO

1. Qual è la struttura del *Trecentonovelle*? Sotto quali aspetti si distanzia dal *Decameron*?
2. Che funzione hanno i «commenti» dell'autore nel *Trecentonovelle*?
3. Quali sono i destinatari dell'opera di Sacchetti? Sono gli stessi di Boccaccio?
4. Quali sono le differenze con Boccaccio rispetto alle tematiche trattate?

PERCORSO IN MODALITÀ FLIPPED CLASSROOM

- **A casa** Gli studenti guardano il PowerPoint e leggono in autonomia il testo, prendendo appunti per rispondere alle domande delle *Guide allo studio*.
- **In classe** A partire dagli appunti raccolti dagli studenti, l'insegnante integra e approfondisce le informazioni. In seguito ci si dedica alla lettura e analisi dei testi.
- **Strumenti e materiali** Mappe in PowerPoint.

PERCORSO AD ALTA VELOCITÀ

- **Sintesi** L'essenziale, p. 692 – A colpo d'occhio, p. 692 – Le parole per ricordare, p. 692

T1

Franco Sacchetti, *Trecentonovelle*, CLXXIX

I «maleficiosi detti» di due donne

Anno: 1385-97

Genere: novella

Argomento: due cognate si punzecchiano a vicenda

Nel Decameron *sono rarissimi i casi in cui il motto non venga capito, o susciti una reazione negativa da parte del motteggiato: in genere, la novella di motto si chiude con la riconciliazione del motteggiato e del motteggiatore. In Sacchetti, invece, non è raro il caso in cui il motto non viene capito (rimanendo così inefficace) o serve, invece che a riconciliare gli animi, a irritarli. Così in questo scambio di battute fra due donne – una guelfa, l'altra ghibellina – divise da radicati odi di famiglia e di partito.*

Due donne di due conti Guidi moglie[1] si mordono[2] con due maleficiosi[3] detti, mossi per parte guelfa e ghibellina[4].

Fu, non è gran tempo, in casa[5] conti Guidi maritate due donne: l'una fu figliuola del conte Ugolino della Gherardesca[6], il quale i Pisani feciono morire di fame co' suoi figliuoli; l'altra fu figliuola di Bonconte da Montefeltro[7], uomo quasi capo[8] di parte Ghibellina, e che era, o egli o' suoi, stato sconfitto con gli Aretini da' Fiorentini a Certomondo[9]. Avvenne adunque per caso che del mese di marzo queste due donne, andando a sollazzo[10] verso il castello di Poppi[11] e giugnendo in quel luogo, a Certomondo, dove i Fiorentini aveano data la detta sconfitta, la figliuola del conte Ugolino si volse alla compagna e disse:

– O madonna tale, guardate quanto è bello questo grano e questo biado[12], dove furono sconfitti i Ghibellini da' Fiorentini; son certa che 'l terreno sente ancora di quella grassezza[13] –.

Quella di Buonconte subito rispose:

– Ben è bello; ma noi potremo morire prima di fame che fosse da mangiare[14].

La buona donna che cominciò a trafiggere[15], sentendosi così mordere, fece vista di non s'avedere delle velenose parole, e andorono per loro viaggio. Ora che diremo dello ingegno della malizia feminina? Più aguto hanno l'intelletto e più subito[16] e a fare e a dire il male, e più assai che gli uomeni sono fatte parziali[17]; che al buon tempo[18] elle averebbono ripresi e' mariti loro, oggi li confortono[19] a combattere per parte.

E per questo da loro è disceso assai male nel mondo e discenderanne, se Dio per la sua providenza non dispone gli animi a meglio che vedere si possa[20].

1. di due... moglie: **mogli di due conti Guidi, signori del Casentino**.
2. si mordono: **si pungono**, **si ingiuriano**.
3. maleficiosi: **maligni**, **offensivi**.
4. mossi ... ghibellina: **pronunciati da ciascuna in favore della propria parte** (una donna è guelfa, l'altra ghibellina).
5. in casa: **in casa di**; «in casa» ha valore di vera e propria preposizione (come nel francese *chez*), e quindi non ha bisogno del "di".
6. Ugolino della Gherardesca: è il celebre personaggio dantesco [▸ **T17**, p. 353]; di nobilissima famiglia tradizionalmente ghibellina, appoggiò il partito guelfo in seguito a un accordo con il genero Giovanni Visconti nel 1275; tenne per qualche anno la signoria del Comune di Pisa fino a quando, nel 1288, la parte ghibellina insorse (guidata dall'arcivescovo Ruggieri degli Ubaldini) e Ugolino, con due figli e due nipoti, venne allora rinchiuso in una torre e lasciato morire di fame (cfr. Dante, *Inferno*, XXXIII).
7. Bonconte da Montefeltro: altro personaggio dantesco; uno dei capi di parte ghibellina, morì nella battaglia di Campaldino, nel giugno 1289, nella quale si trovava al comando dell'esercito aretino contro Firenze (cfr. Dante, *Purgatorio*, V).
8. quasi capo: in quanto spartiva il comando con il vescovo di Arezzo.
9. Certomondo: in realtà, come detto sopra (nota 7) la battaglia è quella celebre di Campaldino, che vide una clamorosa vittoria dei guelfi fiorentini sui ghibellini di Toscana. Certomondo è località presso Campaldino, dove erano stati sepolti in grandi fosse comuni molti dei caduti in battaglia di parte ghibellina.
10. a sollazzo: **per svago**.
11. Poppi: castello nel Casentino, presso la piana di Campaldino.
12. biado: **biada**.
13. 'l terreno ... grassezza: allude ai cadaveri dei ghibellini sconfitti, che continuano a "ingrassare", come una sorta di concime, il terreno della battaglia.
14. ma ... mangiare: allude alla fine di Ugolino, morto di fame con i figli nella torre (detta appunto «della fame») a Pisa.
15. trafiggere: **colpire**.
16. subito: **pronto**.
17. parziali: **di parte**, **partigiane**.
18. buon tempo: **buon tempo antico**.
19. confortono: **esortano**, **incitano**. Esito normale (in *-ono*) nel toscano antico.
20. a meglio ... possa: **a cose migliori di quelle che è possibile vedere per ora**.

T1 Dentro il testo

IN SINTESI

Due cognate, una figlia del celebre conte Ugolino (guelfo) e l'altra figlia di Bonconte da Montefeltro (ghibellino), si ritrovano a passeggiare per la piana di Campaldino, dove l'esercito ghibellino fu sconfitto nel 1289. La figlia del conte Ugolino non perde l'occasione per rammentare malignamente all'altra l'esito della battaglia; ma la figlia di Bonconte ha la risposta pronta, e la rintuzza ricordandole malignamente la morte per fame del padre. La novella si chiude con la morale, secondo la quale le donne oggi sono più maligne degli uomini: mentre una volta avrebbero trattenuto i loro consorti, ora sono loro a incitarli all'odio di parte.

I TEMI E L'ESPRESSIONE

UN VELENOSO SCAMBIO DI BATTUTE

In questa novella il motto si appoggia alla proverbiale divisione che attraversa la vita civile del Medioevo, quella tra **guelfi e ghibellini**. Qui la parola non vuole funzionare da mezzo di conciliazione, ma anzi **offendere** con malignità: la donna guelfa ferisce l'altra ricordandole la sconfitta della sua famiglia, e la ghibellina contraccambia rammentando alla prima come i suoi familiari fossero stati condannati a morire di fame. Il motteggio è qui presentato da Sacchetti come un'arma ostile e pericolosa: il tessuto sociale non è quello cortese del *Decameron*, ma quello della cronaca sanguinosa della storia partigiana di Firenze. La chiusa non è accessoria: le donne vengono rimproverate per il fatto di identificarsi con gli **estremismi dei loro congiunti**; esse hanno abbandonato posizioni di mediazione per farsi faziose, di parte, e del mutamento di ruoli sono emblema questi motti particolarmente maliziosi e aggressivi.

DANTE E SACCHETTI

La breve novella intrattiene **rapporti allusivi** molto evidenti con la ***Commedia***. Le due donne, infatti, sono le discendenti di due famosi personaggi danteschi: la prima è la figlia del conte Ugolino (incontrato da Dante nel ghiaccio di Cocito, *Inferno*, XXXIII), la seconda di Bonconte da Montefeltro (che Dante incontra tra coloro che si sono pentiti in punto di morte, *Purgatorio*, V). Tutt'e due le donne motteggiano tenendo ben presente la cronaca dei loro tempi e delle loro famiglie, ma anche, indubbiamente, il testo dantesco. La figlia di Ugolino allude malignamente, infatti, alla sconfitta di Campaldino, dove era caduto il padre dell'altra; quella di Buonconte al tipo di pena patito da Ugolino, lasciato morire di fame insieme ai figliuoli. Sia la morte di Bonconte sia quella del conte Ugolino sono fra gli episodi più altamente commoventi della *Commedia*: è quasi un'irriverenza, che essi siano qui sfruttati per un motto «maleficioso». Irriverenza che testimonia anche della **libertà** con cui Sacchetti narratore si muove rispetto ai venerati "padri fondatori", e che viene confermata da un ulteriore dettaglio di questo rapporto con la *Commedia*. Nel caso di Bonconte, infatti, Dante chiedeva al personaggio di informarlo sulla fine che aveva fatto, visto che il suo cadavere non era mai stato trovato: «Qual forza o qual ventura / ti traviò sì fuor di Campaldino, / che non si seppe mai tua sepoltura?» (*Purgatorio* V, vv. 91-93). Di qui il racconto di Bonconte, sul cui corpo si era accanito il diavolo, che, suscitata una grande bufera, lo aveva trascinato via in fondo all'Arno. Insomma, il cadavere di Bonconte, stando al racconto dantesco, non aveva contribuito alla «grassezza» della piana di Campaldino cui malignamente allude la donna guelfa nella novella sacchettiana. Dimenticanza da parte di Sacchetti? Oppure intenzionale infrazione rispetto a un testo da tutti amato e conosciuto?

▲ Silvano Campeggi, *La battaglia di Campaldino*, 2010.

Analisi attiva

LEGGERE CON METODO

COMPRENSIONE GLOBALE

1. A quale episodio, doloroso per la congiunta, allude la battuta della figlia del conte Ugolino?
2. A quale episodio allude invece la risposta dell'altra donna?

LA LINGUA E LE STRUTTURE

3. Quale luogo fa da sfondo alla novella? Perché ha un ruolo significativo nella narrazione?
4. Distingui nel testo la parte riservata alla morale.

I TEMI E L'INTERPRETAZIONE

5. A quale fine è usato il motto? Qual è l'intento delle due donne? Noti differenze con il *Novellino* e con il *Decameron*?
6. Secondo Sacchetti, quale dovrebbe essere il ruolo delle donne, in caso di scontri politici? Quale giudizio misogino viene espresso sull'intero sesso femminile?

USARE IL DIGITALE

APPROFONDIMENTI E CONFRONTI

7. In quali modi nella novella di Sacchetti si fa riferimento a episodi della *Commedia* dantesca? Sintetizzali in una presentazione con *slide*.

Franco Sacchetti, *Trecentonovelle*, CLXXXVII

T2

Dalla beffa alla vendetta: Dolcibene, la «gattaconiglio» e i «topistornelli»

Anno: 1385-97

Genere: novella

Argomento: la beffa-vendetta di Dolcibene ai danni di chi gli aveva fatto mangiare una gatta

Anche la beffa in Sacchetti si presenta molto diversa da come l'abbiamo vista in Boccaccio. Qui siamo oltre la burla, in genere ridanciana, del Decameron*: in Sacchetti la beffa può travalicare in veri e propri atti di ostilità che determinano un inasprimento dei rapporti sociali e causano reazioni vendicative. Così in questa storia di una beffa un po' stomachevole a cui ne risponde un'altra, ancora più rivoltante; con il rischio che la sfida tra i beffatori degeneri, alla fine, in vero e proprio scontro fisico.*

A messer Dolcibene[1] si dà mangiare una gatta per scherne[2], dopo certo tempo elli dà a mangiare sorgi[3] a chi gli dié la gatta.

Molto fanno ridere queste beffe gli uditori, ma molto più dilettano quelle quando il beffatore dal beffato riceve la beffa[4], come in questa si dimostrerrà. Ciascuno puote avere inteso per certe novelle passate chi fu messer Dolcibene. Costui fu invitato a mangiare una volta dal piovano[5] della Tosa[6], il quale tenea Santo Stefano in Pane[7], dicendo ch'egli avea un coniglio in crosta[8]. E a questo mangiare vi fu e 'l Baccello della Tosa[9] e alcun altro che sapea il fatto. E questa si era una gatta, la quale era venuta alle mani del piovano, e messer

1. **Dolcibene:** Dolcibene dei Tori, buffone e uomo di corte dei tempi di Sacchetti; è personaggio ricorrente nel *Trecentonovelle* in cui ritorna da protagonista in altre otto novelle.
2. **una gatta per scherne:** **un gatto per scherno, burla**. Si noti che in antico «gatta» indicava la specie, non il sesso dell'animale (come oggi "la tigre").
3. **sorgi:** **sorci**.
4. **molto più ... la beffa:** Sacchetti teorizza che le beffe più divertenti sono in realtà le "controbeffe", in cui il beffato beffa a sua volta il beffatore.
5. **piovano:** prete della pieve, della parrocchia.
6. **della Tosa:** dei Tosinghi, nobile famiglia di Firenze.
7. **tenea ... Pane:** **reggeva la parrocchia di Santo Stefano in Pane**, nella zona di Rifredi, alla periferia di Firenze.
8. **in crosta:** avvolto cioè in un involucro di pasta e cotto in forno.
9. **Baccello della Tosa:** uno dei membri della famiglia dei Tosinghi.

Dolcibene n'era schifo[10]. Essendo adunque il piovano, messer Dolcibene e altri, fra l'altre vivande recandosi la crosta della gattaconiglio, ella fu sì buona che messer Dolcibene ne mangiò più che niuno[11]. Come la crosta fu mangiata, e 'l piovano con gli altri cominciano a chiamar: «muscia»[12]; e chi miagolava, come fa la gatta.

Messer Dolcibene, veggendo questo, imbiancoe[13], come il più de' buffoni fanno, e temperossi[14] dicendo:

- Ell'è stata molto buona -, per non gli fare lieti e per render loro, come vedesse il bello[15], pan per cofaccia[16].

Già mai non gli uscì questo fatto della mente, fin a tanto che, venendo la figliatura delli stornelli[17], de' quali era molto copioso a[18] un suo podere in Valdimarina[19], e in quello tempo provide di pigliare con trappole e con altri ingegni[20] in un suo granaio parecchi sorgi, acciò che gli avesse presti[21]; e ordinò con un suo fante[22] che una gabbiata di stornelli gioveni, mescolatovi alcuno pippione[23], recasse dopo desinare quando lo vedesse col piovano al Frascato[24]; e paresse gli portasse in mercato a vendere, dicendo co llui:

- Per quanto volete voi che io gli dia[25]?

Conoscea messer Dolcibene la natura del piovano e del Baccello, che, come gli vedossono, così dicessono[26]:- Tu non ci dài mai mangiare di queste tue uccellagioni -, e che gli chiederebbono cena.

E così proprio intervenne[27]; che giunto il fante, il piovano piglia la gabbia e disse non renderlila[28], se non desse loro cena. Di che messer Dolcibene aconsentì e fessi dare la gabbia e andonne a mettere in ordine[29] la cena. E giunto a casa, tolse[30] due pippioni e otto sorgi, i quali aconciò[31] per fare una crosta, levando i capi e le gambe e' piedi e le code, ar<rocchi>andogli per mezzo, sì che nella crosta pareano propri stornelli[32]; e mescolò due pippioni a quarti[33] tra essi e della carne insalata[34] e fece fare la crosta; e 'l fante mandò a vendere l'avanzo[35].

Giunta l'ora della cena, la brigata s'apresentò a casa[36] messer Dolcibene. Come li vide, disse:

- Voi non manicherete[37] istasera se non della gabbiata che toglieste, sì che non sperat'altro.

E così di motto in motto se n'andorono a mensa[38]. E venendo la crostata, dice il piovano:

- Aveteci voi messo alcuno pollastro dentro?

---

10. n'era schifo: l'aveva a schifo, non gli piaceva. Va notato che il gatto, peraltro, era pietanza accettata dalla cucina medievale; l'intolleranza di Dolcibene dipende dunque da un suo gusto personale.
11. più che niuno: più di tutti gli altri.
12. «muscia»: richiamo per gatti (come «micia», o meglio, oggi, «micio»; ma in antico si diceva *la gatta*, al femminile, per l'uno e l'altro sesso dell'animale, come oggi si dice *la tigre*).
13. imbiancoe: impallidì.
14. temperossi: si dominò, si controllò.
15. come ... bello: come si presentasse l'occasione.
16. cofaccia: focaccia (forma fiorentina).
17. la figliatura delli stornelli: il periodo dell'anno in cui figliano gli stornelli (varietà di uccelli, in genere prede di caccia autunnale, durante il loro "passaggio" migratorio).
18. era ... a: c'era molta abbondanza in.
19. Valdimarina: località presso Calenzano, nei dintorni di Firenze.
20. ingegni: ordigni, marchingegni.
21. presti: pronti per l'uso.
22. fante: servo.
23. pippione: piccione.
24. Frascato: osteria di Firenze, nelle vicinanze del Mercato Vecchio.
25. gli dia: li dia via, li venda.
26. che ... dicessono: che non appena li vedessero, direbbero.
27. intervenne: avvenne.
28. non renderlila: che non gliela avrebbe restituita.
29. mettere in ordine: preparare, predisporre.
30. tolse: prese.
31. aconciò: preparò.
32. ar<rocchi>andogli ... stornelli: piegandoli a rocchetto, arrotolandoli nella metà del corpo, di modo che sotto la crosta sembravano stornelli veri («propri»).
33. a quarti: divisi in quattro parti.
34. carne insalata: carne di maiale salata.
35. l'avanzo: il resto (della gabbiata e quindi gli stornelli veri).
36. a casa: come abbiamo già visto (nota 5, p. 684), «a casa» è vera preposizione, senza bisogno del «di».
37. manicherete: mangerete.
38. mensa: tavola.

E messer Dolcibene disse:

- La colombaia mia non ne fa; io n'ho fatta una crosta di pippioni e stornelli -.

Dice il piovano:

- O da che sono[39] li stornelli? Elle son bene delle cene vostre[40].

Dice messer Dolcibene:

- Io ne mangio tutto l'anno, e sono molto buoni.

Dice il Baccello:

- Sì manichereste voi topi, non vi costass'elli[41].

E così vennono a cavare[42] la vivanda della crosta; e 'l primo che assaggiò di que' topistornelli fu il piovano, e disse:

- E' son migliori che io non credea.

Messer Dolcibene s'era messo in coda[43], che[44] non poteano ben vedere il suo mangiare, e toccava spesso il tagliere[45], ma poco se ne mettea in bocca, se non un poco di carne salata, facendo di pane gran bocconi. Quando la crosta fu mangiata, sanza fare rilievo di topi[46], venuta l'acqua alle mani[47], disse messer Dolcibene:

La brocca d'acqua segnava la fine del pasto: non esistendo le posate, si usavano le mani sia per prendere il cibo dal piatto di portata, sia per portarlo alla bocca; al termine, quindi, era proprio necessario lavarsele.

- Fratelli carissimi, io v'ho dato cena istasera e convennemi[48] cacciare, e non sanza gran fatica, però che ogni ingegno e arte ci misi per spazio d'uno dì e una notte, acciò che voi stessi bene. Ben vorrei che la cacciagione fosse stata di maggior bestie, come sete voi; ma piacque alla fortuna, che balestra[49] spesso dove si conviene, che furono topi; i quali da lei messi nelle mie mani, parve che io dovesse dire: «Non ti ricordi tu della gatta ch'e' tuo' amici ti dierono a mangiare? Va', e rendi loro quello che meritano»; e brievemente[50] per suo consiglio feci fare la crosta, dove tutti quelli che mangiasti per stornelli, furono topi. Se vi sono paruti buoni, sonne contento; se non fossono stati buoni, reputatelo alla fortuna, ché di buon grano sono stati notricati[51], tanto che me n'hanno roso parecchie staia[52].

Come il piovano e gli altri udirono questo, diventorono che parvono interriati[53], dicendo quasi con boce[54] sbalordita:

- Che di' tu, Dolcibene?

- Dico che furono topi, e la vostra fu gatta: così nel mondo spesso si baratta[55].

Poco poterono rispondere a messer Dolcibene a ragione[56], che non gli confondesse[57], però ch'egli[58] avevono cominciato. E dee ciascuno che vive in questo mondo recarsi[59] a quella vera legge che chi la seguisse mai non errerebbe, cioè: non fare altrui quello che non vorresti fosse fatto a te. E pur[60] come non istimatori di questa legge, né del primo fallo venuto da loro, s'adirorono forte; e tale[61] disse:

Il riscorso alla violenza era una pratica comune, soprattutto quando era in gioco l'onore.

- Dolcibene, e' ti si vorrebbe darti una coltellata nel volto.

E que' rispondea:

- A voi sta[62]; che come da la gatta a' topi, così da la coltellata alla lanciata[63]

39. **da che sono:** cosa valgono.
40. **Elle ... vostre:** Sono proprio cene ben degne di voi, cioè di scarso valore.
41. **non ... costass'elli:** se non vi costassero nulla.
42. **cavare:** tirar fuori, estrarre.
43. **in coda:** in fondo alla tavola.
44. **che:** di modo che.
45. **tagliere:** piatto.
46. **sanza ... topi:** senza che alcuno si accorgesse che si trattava di topi.
47. **venuta l'acqua alle mani:** portata l'acqua per lavarsi le mani.
48. **convennemi:** ho dovuto.
49. **balestra:** colpisce.
50. **brievemente:** per farla breve.
51. **notricati:** nutriti.
52. **staia:** unità di misura di volume, usata per le granaglie; uno staio toscano equivaleva a circa 24 cm³ (o litri).
53. **interriati:** sbiancati in viso, terrei come cadaveri.
54. **boce:** voce, forma vernacolare fiorentina.
55. **si baratta:** si restituisce quello che si è avuto.
56. **a ragione:** con ragione, argomentando.
57. **gli confondesse:** li facesse rimanere confusi [con le sue argomentazioni].
58. **però ch'egli:** in quanto loro.
59. **recarsi:** rifarsi.
60. **E pur:** E tuttavia, E invece.
61. **tale:** uno di loro.
62. **A voi sta:** Sta a voi cominciare.
63. **lanciata:** colpo di lancia.

anderà. Uscitemi di casa; e qualunch'ora voi vorrete de' miei mangiari, io ve gli darò secondo che meriterete.

E se n'andorono scornati e co' ventri atopati[64]. E quello di che mai non si poterono dar pace fu che messer Dolcibene un buon pezzo, dicendo questa novella per la terra[65], scornava forte costoro[66]; tanto che 'l piovano e gli altri il pregorono non dovesse dir più; e feciono pace per non esser più vituperati.

Or così interviene a chi non fa mai la ragione del compagno[67]. E se alcuno uom di corte[68] fu vendicativo e tenesse a mente, fu messer Dolcibene; e ben lo seppe un uomo di corte chiamato messer Bonfi; il quale, avendo parole d'invidia con messer Dolcibene, però che non era se non da dare zaffate[69], un dì inanzi a molti gli diede una zaffata; messer Dolcibene non la sgozzò[70] mai, tanto che, colto un dì tempo[71], con un ventre pieno[72] il giunse[73] in Mercato Nuovo e in presenza di tutti i mercatanti gli lo percosse al viso per forma[74] che si penò a lavare una settimana o più. Colui l'offese con l'orina, ed elli si vendicò con lo sterco.

E però[75] non si può mai errare a porsi nel luogo[76] del compagno e fare la ragion sua come la sua propria; e così facendo, rade volte, vivendo, incontra[77] a l'uomo altro che bene.

---

64. **atopati:** pieni di topi; è espressiva coniazione sacchettiana.
65. **terra:** città.
66. **scornava forte costoro:** era per loro causa di vergogna.
67. **a chi ... compagno:** a chi non tiene in considerazione quel che prova il compagno.
68. **uom di corte:** buffone.
69. **però ... zaffate:** dal momento che non era buono se non a emettere getti d'orina («zaffate»).
70. **sgozzò:** mandò giù.
71. **tempo:** occasione favorevole.
72. **ventre pieno:** ventre di animale (maiale o vitello) pieno di sterco.
73. **il giunse:** lo raggiunse.
74. **gli lo ... forma:** glielo sbatté sul viso tanto che.
75. **però:** perciò.
76. **nel luogo:** nei panni, al posto.
77. **incontra:** capita.

Dentro il testo

IN SINTESI

La prima beffa di questa novella sembra essere tutto sommato lieve: a Dolcibene viene dato da mangiare un gatto, facendogli credere che sia coniglio in crosta. Si tratta di una beffa lieve, in quanto il gatto - cibo socialmente accettato - era semplicemente un cibo che non piaceva all'invitato. Il quale, però, decide di vendicarsi: prima cattura diversi topi nel granaio, poi - mentre è in compagnia degli amici di cui si vuole vendicare - fa passare un suo servo con una gabbietta di stornelli e piccioni, prevedendo che costoro si sarebbero autoinvitati a cena, cosa che puntualmente avviene. E così, per cena, prepara loro i topi in crosta, dando a intendere che siano gli uccelli che ha catturato. Svelato poi l'inganno, l'atmosfera si fa tesa, con minacce di coltellate e di colpi di lancia. In un'altra occasione, Dolcibene si era dimostrato altrettanto spietato, gettando un ventre d'animale pieno di sterco addosso a chi lo aveva ingiuriato schizzandolo con l'urina. Non fare agli altri ciò che non vorresti fosse fatto a te, rammenta Sacchetti: si agisce bene quando ci si mette nei panni dell'altro.

I TEMI E L'ESPRESSIONE

BEFFE E VIOLENZE

Nel suo carattere apparentemente comico, questa novella esplicita tutto il potenziale di **violenza, vendetta e inimicizia** che la beffa sacchettiana porta con sé. Soprattutto è chiarissimo che la beffa qui non è un giuoco di cui i beffatori hanno il pieno controllo: la beffa non si chiude in se stessa, ma innesca un meccanismo di botta e risposta che, alla fine della novella, minaccia di sfociare addirittura nel sangue. All'inizio, la beffa subìta da Dolcibene è solo relativamente disgustosa, nel senso che non lo è del tutto in sé, tant'è vero che i commensali non evitano di mangiare la gatta, ma in relazione a una personale repulsione di Dolcibene per quel tipo di cibo (ma finché non sa di che carne si tratta, ne mangia «più che niuno»). La contromossa di Dolcibene è già più grave: dare da mangiare topi facendoli passare per stornelli significa somministrare a tutti un cibo universalmente ritenuto disgustoso. E la cosa potrebbe non fermarsi qui: alle coltellate (che vorrebbero infliggergli i commensali) Dolcibene risponde con la minaccia di colpi di lancia. Questo pericoloso meccanismo di sfida «al rialzo» viene confermato nell'appendice della novella: a uno che gli aveva gettato dell'urina, Dolcibene aveva scagliato addosso, anche qui rincarando la dose, dello sterco. La **beffa** insomma è ormai diventata un **elemento di ostilità sociale**, una pericolosa incrinatura dei rapporti quotidiani.

DOLCIBENE, UOMO DI CORTE

Dolcibene, come si ricava anche dalle altre novelle di Sacchetti in cui egli fa la sua comparsa, era **uomo di corte**: una qualifica ampia, che poteva comprendere il semplice buffone (o giullare), l'uomo di spirito chiamato a rallegrare la mensa dei signori, fino al consigliere privato di qualche nobile. È chiaro che Dolcibene si attesta ai livelli più bassi di questa gerarchia: all'inizio della novella egli compare poco più che come uno scroccone, un parassita chiamato a cena dal piovano della Tosa. Ma l'uomo di corte è anche, in genere, un **grande attore**, abituato a recitare le parti più svariate. Per questo si dice, quando Dolcibene finge indifferenza di fronte agli allusivi miagolii dei suoi compagni di cena, che egli «imbiancoe, come il più de' buffoni fanno»; finse, insomma, siccome fingere era il suo mestiere. E infatti, l'inganno che segue è architettato più finemente del primo, e richiede un'arte della dissimulazione ancora più accorta. Siamo di fronte a un caso in cui la professionalità di Dolcibene agisce all'interno della sua esistenza quotidiana; in cui le arti dell'uomo di corte servono nella vita di tutti i giorni. La beffa, anche in Boccaccio, era sempre una recita; qui, essa viene sostenuta da un **vero professionista**.

UN DIVERSO REALISMO

La novella tratta argomenti francamente **disgust[illegible]si**. A parte cucinare un gatto (che a quei tempi [illegible] cibo, se non comune, in qualche modo accettabile, [illegible] la crostata di topi è certo repellente; e francamente schifoso è il confronto, nella chiusa, tra Dolcibene e messer Bonfi, in cui a una schizzata di orina si risponde con una di sterco «al viso». Siamo a un livello di **realismo crudo**, che non arretra di fronte a soggetti bassamente corporali, che sarebbero impensabili (o almeno rarissimi) nel *Decameron*. Quella di Sacchetti, rispetto a Boccaccio, è una visione della realtà meno idealizzata, meno filtrata; più vicina, in questo senso, al livello spregiudicato del «comico» dantesco.

Analisi attiva

LEGGERE CON METODO

COMPRENSIONE GLOBALE

1. Chi sono i personaggi della novella? A quale classe sociale, rispettivamente, appartengono?
2. Rifletti sulle diverse motivazioni delle due beffe: perché il piovano della Tosa fa mangiare a Dolcibene la gatta? Perché Dolcibene lo contraccambia con dei topi?
3. Quale morale trae Sacchetti da questa vicenda? Ti sembra che si schieri dalla parte dei Tosinghi o da quella di Dolcibene?

LA LINGUA E LE STRUTTURE

4. Distingui le tre parti in cui si articola il testo: la novella vera e propria, il secondo aneddoto su Dolcibene, la morale di Sacchetti.
5. Individua i tre termini coniati da Sacchetti, presumibilmente in funzione comica, che scandiscono le tappe del racconto.

I TEMI E L'INTERPRETAZIONE

6. In che modo nella novella la beffa si trasforma in una pericolosa sfida "al rialzo"?
7. A tuo parere, perché Sacchetti ha inserito nel testo la "coda" dedicata al disgustoso scambio di offese tra messer Bonfi e Dolcibene?

2 Giovanni Sercambi e il *Novelliere*

Sulle orme di Boccaccio, ma con maggiore rigore morale Anche Sercambi, come Sacchetti, attinge al **modello di Boccaccio**. Svariate novelle sercambiane infatti dipendono, per trame e motivi, da racconti del *Decameron*. In Sercambi però si afferma il principio della **doverosa punizione dell'irregolarità morale**, si tratti dell'adulterio femminile o di motti troppo pungenti o di burle troppo spinte. Tutto ciò è male, e in questo scrittore il male non può restare impunito. La giustizia, privata o pubblica che sia, è sempre affermata come necessaria, e spesso si esprime attraverso il gusto sadico della punizione corporale.

GIOVANNI SERCAMBI (Lucca, 1348-1424)

Di **estrazione modesta**, Giovanni Sercambi nacque a Lucca nel 1348. Da ragazzo aiutò il padre nella sua attività di speziale. Fin da giovanissimo si era legato comunque alla potente famiglia dei Guinigi, e ciò ne favorì la **carriera politica**, che iniziò nel 1372, quando entrò a far parte del Consiglio Generale della sua città, e raggiunse l'apice nel 1397-1400, periodo in cui per due volte ricoprì la carica di gonfaloniere di Giustizia. Nell'ottobre 1400 aiutò Paolo Guinigi a costituire la sua Signoria a Lucca, sostegno che gli valse in ricompensa il monopolio delle forniture di carta e materiale di cancelleria agli uffici pubblici. Ma ben presto i rapporti con Guinigi si incrinarono e Sercambi **si ritirò progressivamente dalla scena politica** dedicandosi con profitto alla bottega di speziale di sua proprietà, nonché alla **scrittura**. Dopo l'abbandono dell'attività pubblica scrisse le *Croniche*, opera storica con cui l'autore intende lasciare un resoconto delle vicende lucchesi di quegli anni; dei primi del Quattrocento è invece la stesura del *Novelliere*. Morì il 27 marzo 1424.

▶ T G. Sercambi, *La terribile beffa di Zanobi calzolaio*

La cornice: un folto gruppo in viaggio La struttura del *Novelliere* accoglie l'espediente boccacciano della **cornice**. Le novelle si immaginano infatti narrate durante un **lungo viaggio**, secondo un espediente narrativo che presenta singolari somiglianze con quello dei *Racconti di Canterbury* di Geoffrey Chaucer [▶ **D**, p. 673]. Secondo quanto racconta Sercambi, a Lucca, sullo sfondo della peste del 1374, una brigata di cittadini, riunitisi nella chiesa di Santa Maria del Corso, decide di allontanarsi dalla città «con ordine bello e con onesti e santi modi». Evidenti le somiglianze con il *Decameron*, ma non meno vistose le differenze: il gruppo è piuttosto folto, ed essendo costituito da «alquanti omini e donne, frati e preti e altri», risulta **molto distante per composizione sociale e numeri dalla esigua «brigata» aristocratica del *Decameron***. Esso, inoltre, non muta semplicemente luogo per recarsi in un altro più sicuro, ma stabilisce di viaggiare attraverso l'Italia, toccando molte città.

▲ Giovanni Sercambi, *Le Croniche*, miniatura con le istruzioni per il pellegrino diretto a Roma, XIV secolo (Lucca, Archivio di Stato).

GUIDA ALLO STUDIO

1. Qual è l'atteggiamento di Sercambi nei confronti delle "irregolarità" morali? Qual è la differenza rispetto a Boccaccio?
2. Qual è la cornice del *Novelliere*?
3. Che cosa differenzia la «brigata» del *Novelliere* da quella del *Decameron*?

L'essenziale

AUDIOLIBRO

FRANCO SACCHETTI E IL *TRECENTONOVELLE*

Le novelle di Sacchetti risentono dell'influenza di Boccaccio, anche se Sacchetti ammette di essere più «grosso», cioè meno colto e raffinato rispetto al maestro. Appaiono, però, molte differenze rispetto al modello boccacciano: il pubblico cui egli si rivolge è – come lui – meno colto, trattandosi soprattutto dei piccoli artigiani, bottegai e commercianti: quel popolo minuto che non cerca nella lettura grandi soddisfazioni intellettuali, ma divertimento e insegnamenti spiccioli. Per questo, Sacchetti chiude ogni novella con una morale esplicita, in modo tale che ogni racconto costituisca anche una lezione o un ammonimento per il lettore. Sacchetti rifiuta anche la cornice: le sue novelle sono sciolte, senza la rigida struttura che Boccaccio aveva previsto per i suoi racconti.

GIOVANNI SERCAMBI E IL *NOVELLIERE*

Anche le novelle di Giovanni Sercambi devono molto al *Decameron*, con il quale hanno diversi punti di contatto. Nel *Novelliere* troviamo una cornice, simile a quella boccacciana ma anche a quella dei *Racconti di Carterbury* di Geoffrey Chaucer: si tratta infatti di un gruppo di cittadini lucchesi che, durante la pestilenza del 1374, decidono di allontanarsi dalla città (tema boccacciano) e di intraprendere un lungo viaggio raccontandosi a turno delle novelle (tema chauceriano). Le differenze con Boccaccio riguardano sia la composizione del gruppo, molto più eterogeneo in Sercambi, sia la disposizione morale dell'autore, meno incline al perdono dei peccati o dei reati e più orientato alla punizione di ogni irregolarità.

A COLPO D'OCCHIO — La novella

Didattica INCLUSIVA

La novella prosegue oltre Boccaccio

- **Sacchetti**
  - assenza di cornice
  - destinatari meno colti
  - morale esplicita
- **Sercambi**
  - presenza di una cornice
  - sguardo più cupo, disposizione morale non orientata al perdono

■ Le parole per ricordare

TROVARE LE PAROLE

LITE

Sia Sacchetti sia Sercambi propongono nelle loro novelle situazioni molto più «estreme» di quelle boccacciane. Gli scherzi e le beffe perdono il loro carattere di ironia e di benevolenza, così come non servono più per riconciliare gli animi o risolvere le situazioni. Ci si trova davanti, al contrario, a beffe dal sapore agro, vissute come offese alle quali reagire con una beffa ancora più pesante, o – se necessario – mettendo mano alle armi.

MORALE

Mentre Boccaccio aveva uno sguardo indulgente sulle debolezze umane, Sacchetti e Sercambi sono decisamente più moralisti. Le loro novelle rimarcano sempre le conseguenze di ciò che si è fatto e la necessaria punizione, ma forniscono anche un insegnamento morale esplicito. Questa morale spicciola, d'altro canto, è proprio ciò che cercavano i loro lettori, meno intellettuali del pubblico di Boccaccio e più predisposti a vedersi somministrata una lezione di vita.

GLOSSARIO

AGNIZIONE Momento topico delle narrazioni e specialmente dei drammi classici, in cui viene svelata l'identità dei personaggi, con conseguente sconvolgimento (in senso positivo o negativo) degli equilibri interpersonali. Di solito collocata alla fine di una commedia, di una tragedia o di un racconto, l'agnizione costituisce il momento risolutivo, in cui si sciolgono i nodi della trama o si rivela l'entità della catastrofe.

> Nella tragedia, la rivelazione della parentela che lega Edipo a Giocasta, moglie e madre. Nei romanzi gialli, la rivelazione finale del colpevole.

ALLEGORIA Figura retorica che si verifica quando un'immagine, una frase, una situazione o un'intera opera, oltre al senso letterale, ne contiene un altro implicito, spesso concettuale, al quale si può arrivare mediante un ragionamento logico.

> La giustizia convenzionalmente rappresentata come una donna che regge una bilancia, per significare il suo ruolo di obiettiva e imparziale valutatrice.

ALLITTERAZIONE L'accostamento di parole diverse che hanno suoni consonantici simili o identici, in modo da creare alla lettura effetti acustici particolari. Se utilizzata in funzione semantica, ovvero per veicolare dei significati più o meno impliciti, può creare effetti di fonosimbolismo▶.

> «**Fresc**he le mie parole ne la sera / ti sien come il **frusc**ìo che **f**an le **f**oglie / del gelso» (G. d'Annunzio, *La sera fiesolana*, vv. 1-3).

ANACOLUTO Scorrettezza sintattica utilizzata a fini espressivi, spesso per mostrare l'incultura del parlante, o per abbassare il registro espressivo▶, o ancora per mettere in rilievo una specifica parola nella frase. Consiste nella mancata concordanza fra soggetto e verbo: in pratica è annunciato un soggetto che poi viene cambiato bruscamente nel corso della frase.

> «Lei sa che **noi altre monache**, ci piace di sentir **le storie** per minuto» anziché «Lei sa che **a noi monache** piace sentire **le storie** nel dettaglio» (A. Manzoni, *I promessi sposi*, IX).

ANADIPLOSI Figura retorica di sintassi che consiste nel riprendere, all'inizio di un verso o di una frase o di un segmento di frase, la parola conclusiva del verso o della frase o del segmento di frase precedente.

> «Ho risposto nel **sonno**: – È **il vento**, / **il vento** che fa musiche bizzarre» (V. Sereni, *Diario d'Algeria*, II, vv. 8-9).

ANAFORA Ripetizione di una o più parole all'inizio di versi o frasi o segmenti di frase successivi, per creare effetti di simmetria e segmentare il discorso. È una delle figure retoriche più usate in poesia, anche perché mette in rilievo la parola o l'espressione ripetuta, la quale di conseguenza acquista particolare importanza.

> «**Per me** si va ne la città dolente, / **per me** si va ne l'etterno dolore, / **per me** si va tra la perduta gente» (Dante, *Inferno*, III, vv. 1-3).

ANAGRAMMA Costruzione di una parola o una frase di senso compiuto mediante il rimescolamento delle lettere che ne compongono un'altra, in modo da celare la prima.

> Celebre ed efficacissima la definizione dell'anagramma (essa stessa un anagramma) data da Enrico Parodi: «Lo determini mercé l'esatto / rimescolamento delle lettere» (il segmento della frase dopo la sbarra è l'anagramma del primo e viceversa).

ANALESSI (O *FLASHBACK*) In narratologia▶ indica la rievocazione nel presente di un evento accaduto nel passato. «Passato» e «presente» s'intendono ovviamente non in senso assoluto, ma in relazione al momento in cui l'autore ha deciso di avviare la narrazione. L'analessi è dunque una delle principali risorse attraverso cui l'intreccio▶ può differire dalla fabula▶.

ANALOGIA Figura retorica che si ottiene quando, tra due o più immagini diverse tra loro e prive in apparenza di legami logici, si stabiliscono rapporti sorprendenti di affinità.

> «Le mani del pastore erano **un vetro** / **levigato**» (G. Ungaretti, *L'isola*, vv. 23-24).

ANASTROFE Inversione dell'ordine abituale delle parole nella frase. È affine all'iperbato▶ (il quale, però, implica l'inserimento di un inciso tra le parole).

> «Allor che all'opre femminili intenta / sedevi» anziché «Allor che sedevi intenta all'opre femminili» (G. Leopardi, *A Silvia*, vv. 10-11).

ANTAGONISTA In narratologia▶, il personaggio che si contrappone al protagonista▶, frapponendogli quegli impedimenti che costituiscono il nerbo della trama. Nella letteratura moderna, l'antagonista, più che un vero e proprio personaggio, è diventato una funzione narrativa, ovvero un'entità astratta che contrasta o rallenta il protagonista nel raggiungimento dei suoi obiettivi.

> Nei *Promessi sposi* di Manzoni l'antagonista di Renzo e Lucia è Don Rodrigo.

ANTIFRASI Figura retorica affine all'ironia▶ che consiste nell'usare una parola o un'intera espressione nel senso opposto a quello letterale.

> La frase fatta «ora viene il bello!», per significare che sta per arrivare una difficoltà.

ANTITESI Figura retorica di significato, che consiste nell'affiancamento di parole ed espressioni di significato opposto, per sottolineare un contrasto.

> «**Pace** non trovo, et non ò da far **guerra**» (F. Petrarca, *Canzoniere*, 134, v. 1).

ANTONOMASIA Utilizzo di un nome proprio al posto di un nome comune (o viceversa) per sottolineare una qualità.

> La parola «mecenate», che indica il protettore di studiosi e artisti, è in origine un'antonomasia che fa riferimento a Gaio Cilnio Mecenate (69 a.C. ca – 8 a.C.), patrocinatore e amico di Orazio e altri poeti.

APOSTROFE Il rivolgere improvvisamente il discorso, con enfasi, a persone o cose personificate.

«Ahi serva **Italia**, di dolore ostello, nave sanza nocchiere in gran tempesta, non donna di province, ma bordello!» (Dante, *Purgatorio*, V, 76-78).

ASINDETO In una frase o in un intero discorso, elenco di parole o espressioni senza l'uso della congiunzione, ma mediante un semplice accostamento, in modo da accelerare il ritmo e rendere l'idea della concitazione.

«Le donne, i cavallier, l'arme, gli amori, / le cortesie, l'audaci imprese io canto» (L. Ariosto, *Orlando furioso*, I, vv. 1-2).

ASSONANZA Tra due o più parole, l'identità delle sole vocali a partire dalla sillaba su cui cade l'accento. È il contrario della consonanza▶ e consiste in una rima▶ debole.

«Laudato si', mi' Signore, / per frate v**ento** / et per aere et nubilo / et sereno et onne t**empo**, / per lo quale a le tue creature dài sustentam**ento**» (San Francesco, *Cantico delle creature*, vv. 12-14).

AUTOBIOGRAFIA Narrazione in cui il protagonista coincide con l'autore stesso o intende sovrapporsi a esso. Nei casi più frequenti, è il racconto che l'autore fa della propria vita, ma esistono anche autobiografie fittizie o romanzate, immaginarie o solo in parte reali.

BALLATA Componimento in versi della tradizione popolare, originariamente collegato alla danza e al canto; è costituito da più stanze cui si alterna un ritornello (o ripresa).

BATTUTA In un dialogo è la frase pronunciata da un personaggio, la cui estensione, assai variabile, è limitata dall'intervento (battuta) di un altro personaggio.

BRACHILOGIA Genericamente indica un modo di esprimersi rapido e conciso. Nello specifico, consiste in una forma di ellissi▶, ovvero nella scelta di evitare di ripetere la stessa parola quando non necessario.

«Li uomini si vendicano delle leggiere offese, **delle gravi non possono**» anziché «gli uomini si vendicano delle piccole offese, giacché non possono **vendicarsi** di **quelle** gravi» (N. Machiavelli, *Il principe*, III).

CAMPO SEMANTICO Insieme di parole che condividono un significato di base comune e rinviano a uno stesso concetto.

«Gelo», «neve», «ghiaccio» appartengono al campo semantico del sostantivo «inverno» e rinviano al freddo.

CANTARE Poema della tradizione popolare, tipico del Basso Medioevo, di argomento epico-cavalleresco, composto per essere recitato dai cantastorie nelle piazze e per le strade.

Il *Cantare dei Cantari*, poemetto toscano della fine del XIV secolo, propone in ottave storie dell'epica greca e romana, del ciclo bretone e di quello carolingio.

CANZONE Componimento lirico, originariamente destinato alla musica, organizzato in più stanze che tendono a mantenere un ordine di rime e versi, solitamente endecasillabi e settenari. Spesso la canzone si chiude con una strofa di congedo.

CARME Tipico nella letteratura latina; il termine è passato a indicare in generale un componimento poetico di tono particolarmente solenne.

CATARSI Secondo il filosofo greco Aristotele (IV secolo a.C.), la purificazione delle passioni umane prodotta dall'opera d'arte in conseguenza di una forte emozione. Essa può indurre lo spettatore di un dramma o il lettore di un testo poetico o narrativo a meditare sugli insegnamenti morali dell'opera.

CHANSON DE GESTE Poema in versi della letteratura medievale francese. Di argomento cavalleresco, celebra le gesta di re e paladini. Gli studiosi hanno individuato possibili raggruppamenti definiti cicli.

La più antica e celebre *chanson de geste* è la *Chanson de Roland*, della seconda metà dell'XI secolo.

CHIASMO Disposizione a incrocio di parole e/o intere proposizioni, in base al significato o alla categoria grammaticale.

Il celebre motto dei tre moschettieri di Dumas «**Uno** per *tutti*, *tutti* per **uno**», o, per quanto riguarda la funzione grammaticale, «odi **greggi** *belar*, *muggire* **armenti**» (G. Leopardi, *Il passero solitario*, v. 8).

CLIMAX Sequenza di parole o gruppi di parole in scala crescente o decrescente d'intensità espressiva. Serve per dare enfasi al discorso.

«Diverse lingue, orribili favelle, / parole di dolore, accenti d'ira» (Dante, *Inferno*, III, vv. 25-26).

COMMEDIA Nella distinzione medievale dei generi letterari, consiste in un componimento di stile medio e con contenuti presi anche dalla quotidianità. Nel teatro – nell'accezione oggi più diffusa – indica un'opera in versi o in prosa che rappresenta le peripezie, solitamente a lieto fine, di personaggi tratti dalla vita comune.

COMICO Nella teoria dei generi artistici, il ridicolo, ciò che suscita il riso. Una delle risorse del comico è il grottesco▶.

CONNOTAZIONE Il significato secondario di una parola, che l'arricchisce di un valore supplementare aumentandone la capacità espressiva, al fine di suscitare emozioni, evocare stati d'animo mediante immagini nuove e impreviste. Il suo contrario è la denotazione▶.

CONSONANZA Tra due parole diverse, identità delle sole consonanti a partire dalla sillaba su cui cade l'accento. È il contrario dell' assonanza▶ e costituisce una rima▶ debole.

«Canto» / «fonte».

COPROTAGONISTA L'altro personaggio principale di un racconto, dramma o film, quando il protagonista▶ non è uno solo.

DENOTAZIONE L'insieme dei significati letterali di una parola, che vengono riportati nel vocabolario e servono per identificare nel modo il più possibile preciso ciò di cui si sta parlando. Il suo contrario è la connotazione▶.

DEUTERAGONISTA Il secondo personaggio principale di una narrazione, di un dramma o di un film. Si distingue dal coprotagonista▶ per il fatto che è posto a un gradino gerarchicamente inferiore.

DIGRESSIONE Deviazione dall'argomento o dal discorso principale, con l'inserimento di riflessioni o aneddoti più o meno attinenti alla trattazione/narrazione di partenza.

DIEGESI Lo svolgimento narrativo di un'opera, la narrazione intesa come oggetto di analisi della narratologia▶. In riferimento a essa, il narratore▶ si dice intradiegetico o extradiegetico se è interno o esterno alla narrazione, se cioè vi partecipa o se la osserva senza possibilità d'interazione.

DISCORSO DIRETTO All'interno di una narrazione, la citazione che si ritiene letterale di quanto detto da un personaggio o da un gruppo di personaggi. Il discorso diretto è sempre segnalato da specifici segni di interpunzione: i due punti seguiti dalle virgolette («...» o "...") o dal trattino lungo (–).

DISCORSO INDIRETTO All'interno di una narrazione, l'esposizione del discorso di un personaggio attraverso la voce del narratore. Non segnalato da specifici segni di interpunzione, è preceduto da formule come «disse che» o «pensò che» ecc. Nel caso in cui vengano a mancare questi verbi introduttivi, ma sia comunque riconoscibile la voce del personaggio (attraverso particolari spie lessicali), si parla di discorso indiretto libero.

DITTOLOGIA Figura retorica che consiste nell'usare due parole o espressioni collegate da una congiunzione per significare un unico concetto, che viene dunque rafforzato o adattato a precise cadenze ritmiche.

> «Movesi il vecchierel **canuto** e **bianco**» (F. Petrarca, *Canzoniere*, 16, v. 1).

DITTONGO Unione di due vocali, pronunciate in un'unica sillaba.

DOMANDA RETORICA Domanda che già presuppone al suo interno una risposta e che dunque non chiede all'ascoltatore o al lettore un'informazione o un giudizio, ma lo incoraggia a partecipare emotivamente al discorso, spesso suscitando sdegno o complicità.

> L'ironica domanda retorica di Umberto Eco «C'è davvero bisogno di domande retoriche?» (U. Eco, *38 consigli di buona scrittura*, in *Sator arepo eccetera*).

ELLISSI Come figura retorica, è l'omissione di alcune parti di una frase facilmente ricavabili dal contesto e dunque non indispensabili per la comprensione. In narratologia▶ indica un salto cronologico compiuto dal narratore▶ per accelerare il ritmo del racconto o per evitare di riferire fatti privi di rilevanza nella storia.

ENDIADI Figura retorica che consiste nell'utilizzo di una coppia di aggettivi o di sostantivi al posto di un sostantivo e un aggettivo o un sostantivo e un complemento.

> «Notte e ruina» al posto di «tenebrosa rovina» (G. Leopardi, *La ginestra*, v. 216).

ENJAMBEMENT Procedimento stilistico della poesia per cui l'unità sintattica non coincide con la suddivisione metrica, bensì travalica il singolo verso e si pone a cavallo tra più versi.

> «Zacinto mia, che te specchi nell'onde / del greco mar da cui vergine nacque / Venere, e fea quelle isole feconde» (U. Foscolo, *A Zacinto*, vv. 3-5).

ENUMERAZIONE Accumulo di parole o proposizioni con lo scopo di esprimere con forza un concetto, conferirgli particolare enfasi, o accelerare il ritmo del discorso. Avviene solitamente per asindeto▶, ma può anche svilupparsi per polisindeto▶.

> «E mi sovvien l'eterno, / e le morte stagioni, e la presente / e viva, e il suon di lei» (G. Leopardi, *L'infinito*, vv. 12-14).

EPANALESSI Ripetizione, solitamente consecutiva, di una o più parole, con lo scopo di rafforzare l'idea che si vuole esprimere o dare enfasi al discorso.

> «**O natura**, **o natura**, / perché non rendi poi / quel che prometti allor?» (G. Leopardi, *A Silvia*, vv. 36-38).

EPIFORA Ripetizione di una o più parole alla fine di versi, di strofe, periodi, frasi o segmenti di frasi. È speculare all'anafora▶.

> «Più sordo e più fioco / s'allenta e si **spegne**. / Sola una nota / ancor trema, si **spegne**, / risorge, trema, si **spegne**» (G. d'Annunzio, *La pioggia nel pineto*, vv. 75-79).

EPIFRASI Variante dell'iperbato▶ consistente nell'aggiunta di una o più parole per precisare quanto detto in precedenza, ma al di fuori della normale sede sintattica.

> «Io gli studi leggiadri / talor lasciando **e le sudate carte**» anziché «Io gli studi leggiadri **e le sudate carte** talor lasciando» (G. Leopardi, *A Silvia*, vv. 15-16).

EPISTOLA Testo in forma di lettera o componimento tendenzialmente in versi che tratta con tono familiare e discorsivo argomenti vari, talvolta anche elevati.

EPITETO Aggiunta di alcuni attributi, di solito aggettivi o complementi, a un nome, per precisarne alcune qualità che però sono del tutto scollegate dal contesto in cui la persona o la cosa vengono menzionate. Tipico dell'epica, l'epiteto è detto «formulare» quando si ripete pressoché identico (o con minime variazioni) nel corso dell'opera.

> «Achille piè veloce» nell'*Iliade* di Omero.

ESERGO Termine che nelle opere scritte indica la citazione (detta anche epigrafe) posta prima dell'inizio vero e proprio del testo.

ESORDIO Parte introduttiva di un discorso, di un'orazione o di un testo narrativo. In quest'ultimo caso il lettore viene informato dei personaggi e del contesto della storia (la situazione iniziale).

EUFEMISMO Espressione di un concetto mediante parole o locuzioni attenuate, in modo da ingentilire o indebolire il messaggio per non urtare la sensibilità dell'ascoltatore/lettore. Il suo contrario è il disfemismo.

> L'espressione formulare «è passato a miglior vita» per intendere «è morto».

EXEMPLUM Nella letteratura medievale, breve racconto proposto con un intento pedagogico o moralizzante.

EXPLICIT Le parole o le frasi finali di un testo in prosa o in versi. Il suo speculare è l'*incipit*▶.

FABULA La catena di avvenimenti che costituiscono la storia narrata dall'autore, ma riordinati secondo la sequenza cronologica (prima-dopo) e logica (causa-effetto) in cui essi si sono presentati o si sarebbero potuti presentare nella realtà.

FIGURA ETIMOLOGICA Accostamento di parole differenti legate però dalla stessa radice etimologica.

«Ahi quanto a dir qual era è cosa dura / esta **selva selvaggia** e aspra e forte / che nel pensier rinnova la paura! (Dante, *Inferno*, I, 4-6).

FILOLOGIA La disciplina che, avvalendosi dell'analisi linguistica e della critica testuale, mira alla ricostruzione di testi e documenti scritti nella loro forma originaria, liberandoli da errori e interpolazioni successive. Si è sviluppata con l'Umanesimo come studio dell'antichità, per poi orientarsi sulle letterature di differenti epoche e culture. In base all'ambito della ricerca, si può parlare di filologia classica, romanza, italiana, comparata ecc.

FLASHBACK Sinonimo di analessi▶.

FLASHFORWARD Sinonimo inglese di prolessi▶.

FONOSIMBOLISMO Particolare valore semantico assunto dai suoni di una parola o di un enunciato in un testo. Si ha quando si stabilisce una corrispondenza tra il significato delle parole e il loro significante▶. Generalmente le allitterazioni▶ hanno valenza fonosimbolica.

Il celebre verso dantesco «E **caddi** come **corpo** mor**to** **cade**» (Dante, *Inferno*, V, 142) riproduce il colpo sordo di un corpo che perde i sensi.

GROTTESCO In letteratura, uno degli aspetti del comico, basato su una deliberata sproporzione tra gli elementi costitutivi di un testo, una situazione, un personaggio ecc. Più genericamente, indica qualcosa di bizzarro, deforme, innaturale. Il termine ha origine dal genere pittorico della grottesca, che si riferisce agli affreschi delle dimore romane di Ercolano e Pompei, originariamente confuse dai primi scopritori con pitture rupestri.

IATO Contatto tra due vocali che non formano dittongo▶, non si contraggono né si elidono e sono quindi da pronunciare in sillabe distinte.

INCIPIT Le parole o le frasi iniziali di un testo in prosa o in versi. Il suo speculare è l'*explicit*▶.

INTERTESTUALITÀ Indica la serie di rapporti che legano un testo letterario con le altre opere dello stesso autore (rapporti intertestuali interni) oppure con le opere di altri autori, vicini o lontani nel tempo, o con il genere letterario di appartenenza (rapporti intertestuali esterni). L'analisi dei rapporti intertestuali, così come dei rapporti extratestuali (la realtà in cui si muove l'autore, gli eventi e le situazioni storico-sociali, le sue concezioni ideologiche e morali, la sua poetica) è utile per comprendere appieno un'opera, non considerandola come un prodotto isolato.

INTRECCIO In narratologia▶ indica lo sviluppo della storia così come l'autore ha deciso di esporla nel suo racconto, talvolta manomettendo l'ordine logico e temporale degli eventi. Può succedere che l'intreccio coincida con la *fabula*▶, quando l'autore sceglie di rispettare la sequenza temporale e causale degli episodi. Più spesso, il narratore▶ opera tagli, spostamenti, accelerazioni e decelerazioni del ritmo del racconto, funzionali alla caratterizzazione dei personaggi o dei luoghi o ancora delle situazioni che costituiscono la trama. I principali espedienti attraverso cui ciò avviene sono la prolessi▶ o *flashforward*, l'analessi▶ o *flashback*. Il narratore può inoltre manipolare la durata degli eventi, ad esempio per mezzo del sommario▶.

INVETTIVA Discorso di accusa, di solito concitato e violento, rivolto contro qualcuno o qualcosa che spesso non è presente. È una variante dell'apostrofe▶.

«Ahi Pisa, vituperio de le genti / del bel paese là dove 'l sì suona» (Dante, *Inferno*, XXXIII, 79-80).

IPERBATO Disposizione delle parole in un ordine diverso da quello usuale tramite l'inserimento di un elemento tra due parole o espressioni fortemente collegate sintatticamente. Lo scopo può essere ritmico, soprattutto in poesia, oppure semantico, quando serve a porre in maggiore evidenza il termine collocato in posizione insolita.

«Ben sento, / in noi di cari / inganni, / non che la speme, il desiderio / è spento» per significare: «Lo sento bene: in noi è venuta meno non solo la speranza, ma anche il desiderio delle care e ingannevoli illusioni» (G. Leopardi, *A se stesso*, vv. 3-5).

IPERBOLE Utilizzo di parole esagerate e oltre i limiti del verosimile per esprimere un concetto semplice. È utilizzata a fini espressivi e spesso con sfumature ironiche.

L'espressione topica «è **un secolo** che non ci vediamo!», per significare: «è molto tempo che non ci vediamo».

IPOTASSI In sintassi, indica la presenza di rapporti di subordinazione tra le proposizioni, che si trovano dunque disposte secondo un ordine gerarchico. Il suo contrario è la paratassi▶.

«Oggi ho fatto visita alla mia amica Anna, che vive in un quartiere distante dal mio, dove ci sono molti negozi e ristoranti» anziché: «Lontano da dove abito io c'è un quartiere; io ci sono stato e lì ho incontrato la mia amica Anna».

IRONIA Come figura retorica, consiste nell'esprimere un concetto per lasciare intendere il suo contrario.

«**Bella prodezza** picchiare un bambino!», per significare che è un gesto vile e malvagio.

LATINISMO Parola o espressione tratta dal latino, senza modifiche o con leggerissime variazioni, e usata in un'altra lingua.

LITOTE Espressione di un concetto attraverso la negazione del suo contrario. È affine all'eufemismo▶ ed è il contrario dell'iperbole▶.

«Non le era indifferente», per dire «le interessava molto, ne era innamorata».

METAFORA È la "regina" delle figure retoriche e consiste nella sostituzione di una parola con un'altra avente con la prima almeno una qualità in comune. Tradizionalmente, è intesa come una similitudine▶ accorciata, in cui sono stati soppressi i consueti elementi linguistici di paragone («come», «sembra», «pare» ecc.). La metafora può essere costruita con un sostantivo, un aggettivo, un verbo o un predicato nominale.

«Sei un dio», che abbrevia la similitudine «per me sei simile a un dio».

METONIMIA Sostituzione di una parola con un'altra avente con la prima un legame logico. Si può utilizzare: la materia al posto dell'oggetto, l'astratto per il concreto (o viceversa), il contenente al posto del contenuto, l'effetto per la causa (o viceversa), l'autore per l'opera ecc.

«Bere un bicchiere» anziché «bere dell'acqua».

MIMESI Termine di origine greca, desunto dall'opera del filosofo Aristotele (IV secolo a.C.), che indica l'imitazione della realtà. In narratologia▶, uno dei due modi fondamentali del raccontare: la rappresentazione. Diversamente dalla diegesi▶, nella mimesi l'autore rinuncia a essere presente nello svolgimento della storia, rimanendo per così dire occultato.

MONOLINGUISMO L'uso di un'unica lingua o di un unico codice linguistico da parte di un individuo o di una comunità. In letteratura consiste in un'omogeneità di stile e registro all'interno di un'opera o di un intero *corpus*.

La lingua di Petrarca, risultato di un puntiglioso raffinamento stilistico, rappresenta un monolinguismo che segna la produzione lirica italiana fino a Leopardi e che si contrappone al plurilinguismo tipico di Dante.

MONOLOGO Nel teatro o nel cinema è il discorso che viene pronunciato da un personaggio da solo in scena oppure in disparte rispetto agli altri. In narrativa è un discorso diretto molto lungo non interrotto da alcuna battuta di dialogo, ma tutt'al più interpolato da note descrittive. Una particolare tipologia di monologo è quello detto «interiore», che consiste in una riflessione introspettiva compiuta dal personaggio, talora anche inscenando un dialogo fittizio tra due parti di sé.

NARRATOLOGIA Disciplina della critica letteraria, sviluppatasi nel corso del Novecento, che si propone di studiare in modo scientifico la natura e il funzionamento del racconto nei suoi vari generi e nelle sue molteplici declinazioni (fiaba, novella, romanzo, poema, ma anche film, fumetto, fotoromanzo ecc.).

NARRATORE Colui che racconta la storia. Non deve essere confuso con l'autore reale (ovvero la persona storica che in un determinato periodo della sua vita ha scritto l'opera). Il narratore è piuttosto una *funzione* del testo, ovvero un'entità astratta, che può essere del tutto esterna (nel caso in cui non prenda parte alla vicenda narrata) o interna, quando coincide con l'autore implicito (la proiezione di un'immagine dell'autore reale nell'opera, colto nel momento in cui l'ha composta e realizzata). Si dice pertanto che il narratore è: interno od omodiegetico, se coincide con un personaggio della storia; esterno o eterodiegetico, se si trova al di fuori della storia. In una medesima opera possono esservi più narratori, legati l'uno all'altro da un rapporto di gerarchia. In questo caso di parla di narratore di 1° grado, di 2° grado ecc.

NOVELLA Opera narrativa in prosa, breve o di media lunghezza, originariamente legata alla tradizione orale, di argomento immaginario o reale, ma sempre trattato in maniera concreta e realistica.

ONOMATOPEA Parola che esprime sul piano semantico un rumore, una voce, un verso d'animale e al tempo stesso lo imita nel significante▶. Rappresenta dunque un'unione tra suono e senso, con effetti di particolare suggestione che, se insistiti, possono dar luogo al fonosimbolismo▶.

I verbi «scricchiolare», «cinguettare», «sibilare» ecc.

OSSIMORO Affiancamento di termini di senso opposto o contraddittorio, che logicamente non potrebbero stare insieme.

«È l'estate / fredda, dei morti» (G. Pascoli, *Novembre*, vv. 11-12).

PARADOSSO Enunciato apparentemente in contraddizione con l'esperienza comune, ma che - dopo attento esame critico - si rivela corretto o crea un cortocircuito nel pensiero logico. In entrambi i casi, la sua apparente assurdità ha l'obiettivo di destare sorpresa e far riflettere.

«Paradosso del mentitore», che recita: «La frase seguente è falsa. La frase precedente è vera».

PARAFRASI Riscrittura di un testo in una forma diversa, ma mantenendone il più possibile inalterato il significato. Si distingue dalla traduzione per il fatto che avviene all'interno di una stessa lingua. Di solito la parafrasi ha scopo esplicativo, serve cioè per esprimere in modo più semplice i significati di un testo complesso, o perché poetico, o perché arcaico, o perché ad alto contenuto tecnico. Le operazioni più comuni che determinano la parafrasi sono: organizzare periodi e proposizioni secondo un ordine sintattico lineare; sostituire le parole difficili con parole di uso comune; esplicitare gli elementi sottintesi; sciogliere le metafore.

PARALLELISMO Ripetizione della stessa struttura sintattica in versi o frasi o segmenti di frase successivi, per creare maggiore coesione e rafforzare un'equivalenza o un contrasto di senso.

«Le mie parole / sono **profonde / come le radici / terrene, /** [...] **nette come i cristalli / del monte...»** (G. d'Annunzio, *Le stirpi canore*, vv. 7-10, 18-19).

PARATASSI In sintassi, indica il rapporto di coordinazione tra le proposizioni, che hanno dunque la stessa importanza, essendo indipendenti l'una dall'altra e autonome. Il suo contrario è l'ipotassi▶.

«Marco è andato al cinema, Elisa ha studiato, Paola ha invitato degli amici a casa sua».

PARATESTO La parte, verbale o non verbale, che accompagna un testo a stampa in modo accessorio e complementare: il titolo dell'opera e i titoli delle sue sezioni, il nome dell'autore, l'indice, eventuali prefazioni ed eserghi▶, illustrazioni ecc.

PARODIA Imitazione intenzionale e caricaturale, a scopo ironico o satirico, di un'opera, di un genere o di un autore.

PARONOMASIA Accostamento di due o più parole di significato differente, ma assai simili sul piano del suono. È detta anche «bisticcio» e può contribuire a creare nel testo effetti di fonosimbolismo▶.

Le espressioni proverbiali «**carta canta**» o «dalle **stelle** alle **stalle**» o ancora «prendere **fischi** per **fiaschi**».

PATHOS Termine greco che significa "sofferenza", poi passato a indicare una forte emozione e, nel linguaggio tecnico della retorica classica, il tono concitato e passionale di un testo drammatico o poetico o narrativo.

PERIFRASI (O CIRCONLOCUZIONE) Sostituzione di un singolo termine con un giro di parole, o per evitare di nominare direttamente qualcuno o qualcosa, o per mettere in risalto alcune sue qualità, o ancora per spiegare meglio l'identità di ciò a cui ci si riferisce.

> «Colei che solo a me par donna» per indicare Laura, la donna amata da Petrarca (F. Petrarca, *Canzoniere*, 126, v. 3).

PERSONIFICAZIONE (O PROSOPOPEA) Rappresentazione di un concetto astratto o una cosa inanimata (la patria, una statua ecc.) con fattezze e qualità umane, tra cui soprattutto la parola. Può anche indicare la trasfigurazione di un personaggio immaginario, lontano o defunto, in una figura reale e presente, con la quale si interagisce.

> «Fratelli d'Italia, / l'Italia s'è desta, / dell'elmo di Scipio / s'è cinta la testa» (G. Mameli, *Canto nazionale*, vv. 1-4).

PLAZER Componimento lirico della tradizione provenzale che descrive situazioni o desideri gradevoli.

PLEONASMO Parola o espressione ridondante (cioè inessenziale) dal punto di vista logico e/o da quello grammaticale. Nella maggior parte dei casi il pleonasmo, quando non abbia specifica funzione espressiva, è un errore.

> La frequente scorrettezza nell'uso del pronome personale «a me **mi** piace», o del pronome dimostrativo: «il paese di cui **ne** ho parlato».

POEMA Vasto componimento in versi, di carattere narrativo o didascalico, con un metro solenne ma di tono vario. A seconda dell'argomento, può trattarsi di poema epico, storico, cavalleresco, allegorico, eroicomico, didascalico ecc.

POLITTOTO (O POLIPTOTO) Ripetizione di una stessa parola con funzioni grammaticali differenti (singolare/plurale, maschile/femminile, modo verbale, tempo verbale ecc.).

> «**Cred'**io ch'ei **credette** ch'io **credesse**» (Dante, *Inferno*, XIII, v. 25).

POLISINDETO Fitta sequenza di congiunzioni coordinanti, con conseguente effetto di accumulo. È molto frequente nell'enumerazione▶.

> «**E** ripensò le mobili / tende, **e** i percossi valli, / **e** il lampo de' manipoli, / **e** l'onda dei cavalli, / **e** il concitato imperio, / **e** il celere ubbidir» (A. Manzoni, *Il cinque maggio*, vv. 79-84).

PRETERIZIONE Figura retorica consistente nell'affermare qualcosa dichiarando che se ne intende tacere. Il suo scopo è mettere in rilievo l'informazione fingendo di volerle dare poca importanza.

> Numerose sono le preterizioni nel linguaggio di tutti i giorni, introdotte da espressioni come «per non parlare di...» o «non voglio dire che... ma...».

PROEMIO Parte introduttiva di opere letterarie di ampio respiro, in particolare del poema.

PROLESSI (*O FLASHFORWARD*) In una narrazione, anticipazione di un evento futuro rispetto al tempo in cui ci si trova.

PROSOPOPEA Sinonimo di personificazione▶.

PROTAGONISTA Il personaggio principale di un'opera drammatica, narrativa o cinematografica, ovvero colui intorno a cui ruota principalmente la trama. Al protagonista si contrappone l'antagonista▶, mentre possono affiancarlo uno o più deuteragonisti▶ e/o aiutanti.

REGISTRO ESPRESSIVO Il complesso delle qualità stilistiche di un enunciato rispetto alla situazione o al contesto.

RETICENZA Figura retorica consistente nel passare sotto silenzio una parte del discorso, lasciando che sia il lettore o l'ascoltatore a comprenderla. Di solito è segnalata graficamente dai puntini di sospensione.

> «E riprese: - ho creduto bene di darle un cenno su questa circostanza, perché se mai sua eccellenza... Potrebbe esser fatto qualche passo a Roma... non so niente... e da Roma venirle...» (A. Manzoni, *I promessi sposi*, cap. XIX).

RETORICA Arte del dire, ossia del parlare e dello scrivere in modo efficace e persuasivo, in uso presso gli antichi Greci e Latini e poi trasmessa alle culture posteriori. Si avvale di determinate espressioni e costrutti, detti appunto «figure retoriche», distinguibili in figure di senso (o di significato) e figure di forma (o di sintassi).

RIMA Identità di suono, a partire dalla sillaba tonica, tra due parole, specialmente se poste alla fine del verso. A seconda della collocazione dell'accento tonico delle parole in rima abbiamo: la rima tronca (se l'accento cade sull'ultima sillaba), piana (se l'accento cade sulla penultima sillaba), sdrucciola (se l'accento cade sulla terzultima sillaba). A seconda della disposizione delle rim[e] all'interno del testo abbiamo: la rir[ma] baciata o accoppiata (AA), alterna[ta] (ABAB), incatenata (ABA, BCB, CD[C] ecc.), incrociata o chiusa (ABBA), sciolta (quando è svincolata da schemi prestabiliti). Alcuni schemi variano i quattro tipi fondamentali: la rima ripetuta (ABC, ABC ecc.), invertita (ABC, CBA), caudata (AAAB, CCCB). Sono raggruppate sotto la definizione di «rime tecniche»: la rima identica (quando si ripete la stessa parola); la rima equivoca (se rimano due parole con suono uguale ma significati diversi); la rima derivativa (qualora le parole in rima abbiano una relazione etimologica); la rima ricca (quando l'omofonia include anche suoni precedenti la vocale tonica). Si dice, infine, rimalmezzo, quando una parola che si trova a metà del verso rima con la parola terminale del verso di norma precedente (talvolta di un verso vicino); rima interna, quando la parola-rima si trova all'interno del verso, ma non in vicinanza della cesura. Esistono inoltre casi imperfetti di rima, ovvero l'assonanza▶ e la consonanza▶.

SARCASMO Atteggiamento canzonatorio con cui si riferisce un'informazione o si esprime un giudizio, spesso alterando anche il tono della voce. Si distingue dall'ironia▶ perché non implica uno scollamento fra senso letterale e implicito dell'enunciato, ma, più genericamente, comporta l'impiego di un tono beffardo.

SATIRA Componimento della tradizione latina che, attraverso l'uso dell'ironia e del ridicolo, critica un individuo o una categoria sociale o un comportamento comune a tutta l'umanità. Ha intento comico o moralistico.

SENHAL Nella lirica provenzale è il nome fittizio (proprio o comune) usato per indicare la donna amata o l'amico a cui la poesia è dedicata o di cui la poesia parla. A volte può avere anche la forma di un'allusione nascosta.

Raimbaut de Vaqueiras si riferisce alla donna amata chiamandola «bel cavaller», Sordello da Goito parlando di «dolza enemia» ("dolce nemica"), Petrarca usando «l'aura» (in omofonia con il nome reale).

SEQUENZA Termine tratto dal linguaggio cinematografico, che designa una porzione di testo narrativo avente una relativa compiutezza formale e contenutistica. All'interno di una sequenza rimangono invariati i personaggi e l'ambientazione spazio-temporale. Viene definita «macrosequenza» una porzione di testo che comprende al suo interno varie sequenze; «microsequenza» ciascuna delle parti in cui ogni sequenza può essere ulteriormente suddivisa.

SIGNIFICANTE In linguistica, la componente sonora di una parola, indipendentemente dal suo significato.

SIMBOLO Rappresentazione di concetti o qualità astratte attraverso un oggetto concreto. È affine all'allegoria▶ e all'analogia▶, ma si distingue da queste per il fatto che il collegamento logico tra i due elementi messi in relazione non è né razionale e convenzionale come nell'allegoria, né soggettivo e arbitrario come nell'analogia, ma basato su emozioni condivise, e dunque intuibile senza bisogno di spiegazioni.

«Fuoco» per «passione d'amore», «colomba» per «pace».

SIMILITUDINE Paragone fra due termini legati da somiglianze più o meno evidenti. A differenza dall'analogia▶, è sempre introdotta da «come», «quale», «sembra», «pare» e altri simili elementi coordinanti.

«Dormire come un ghiro», «mangiare come un maiale» ecc.

SINEDDOCHE Sostituzione di una parola con un'altra avente con la prima un rapporto di quantità (maggiore-minore). Affine alla metonimia▶, differisce da essa perché può prevedere: l'uso del singolare al posto del plurale (o viceversa), del genere per la specie (o viceversa), della parte per il tutto (o viceversa).

«I senzatetto», dove «tetto» è sineddoche per «casa» (la parte per il tutto).

SINESTESIA Particolare forma di metafora▶ in cui si associano termini appartenenti a sfere sensoriali diverse: l'olfatto e la vista, l'udito e il tatto ecc.

«Fredde luci / parlano» (E. Montale, *Riviera*, vv. 39-40) è una triplice sinestesia, che associa a un elemento visivo (le luci) una sensazione tattile (il freddo) e una acustica (una voce).

SINONIMIA Sostanziale uguaglianza di significato fra due o più parole aventi diverso significante▶.

«Casa», «dimora», «abitazione», «alloggio» ecc.

SOMMARIO In narratologia▶, indica la concentrazione di un ampio lasso di tempo della storia in poche pagine o righe, con conseguente accelerazione della velocità del racconto. Il suo contrario è l'analisi.

SONETTO Componimento poetico, di vario argomento, costituito da quattordici versi endecasillabi suddivisi in due quartine e due terzine, con vari schemi di rime possibili.

STANZA Altro nome della strofa▶ come parte di una ballata▶ o di una canzone▶ o come componimento autonomo.

STILEMA Tratto stilistico di un autore che, ricorrendo spesso o assumendo particolare importanza nell'opera, può essere considerato come suo elemento peculiare e rappresentativo.

STRANIAMENTO Procedimento compositivo che mira a comunicare una nuova e insolita percezione di una realtà già nota e abituale, con il ricorso a particolari tecniche espressive e lo stravolgimento degli automatismi del linguaggio comune. Ha lo scopo di fare scoprire aspetti inediti o inusuali di realtà ben conosciute, ma spesso conosciute in modo convenzionale.

STROFA (o strofe) Gruppo di due o più versi, all'interno di un componimento poetico, costituenti un blocco unico in base a criteri di ritmo o rima. Si può indicare anche con il termine stanza▶.

SUSPENSE Nei testi narrativi (ma anche drammatici e cinematografici), è il senso di sospensione e incertezza sull'esito della vicenda, che prepara il colpo di scena.

TAUTOLOGIA Tipo di pleonasmo▶ particolarmente forte che si verifica quando, in un enunciato, il soggetto contiene già l'informazione espressa dal predicato. Spesso è un errore, ma in alcuni casi può essere usata per rimarcare con forza un concetto o per sarcasmo▶.

«I pennuti hanno le penne».

TIMBRO Indica la qualità del suono delle parole: cupo, aspro, chiaro ecc. In poesia accade spesso che il timbro venga usato dall'autore per rafforzare il suo messaggio, per esempio facendo corrispondere a immagini cupe e aspre suoni che abbiano le stesse qualità.

TOPOS Termine greco che designa il luogo comune, il tema peculiare e rappresentativo di un autore, di una cultura, di un genere ecc. o, più nel dettaglio, un argomento utilizzabile in discipline diverse.

TRAGEDIA Opera drammatica, caratterizzata da un tono e da uno stile solenni, che rappresenta un problema di coscienza privo di vie d'uscita se non nella catastrofe finale contraddistinta spesso da eventi luttuosi.

VARIATIO Variazione sintattica, lessicale, grammaticale, semantica o fonetica realizzata per rendere elegante un discorso, evitando una ripetizione o creando movimento ritmico-metrico. Un tipo particolare di *variatio* è la sinonimia▶.

INDICE DEI NOMI

A

B

C

D

E

F

G

FONTI DEI TESTI ANTOLOGIZZATI

La Chanson de Roland nella traduzione di Giovanni Pascoli, in G. Pascoli, *Poesie*, Mondadori, Milano 1939
Chrétien de Troyes, *Il cavaliere della carretta*, a cura di P. G. Beltrami, Edizioni dell'Orso, Alessandria 2004
Bernart de Ventadorn, *Canzoni*, a cura di M. Mancini, Carocci, Roma 2003
D. Compagni, *Cronica*, a cura di G. Luzzato, Einaudi, Torino 1968
D. Alighieri, *De vulgari eloquentia*, P. V. Mengaldo (a cura di), Ricciardi, Milano-Napoli 1996
Francesco d'Assisi, *Cantico delle creature*, in *Poeti del Duecento*, a cura di G. Contini, I, Ricciardi, Milano-Napoli 1960
D. Alighieri, *Divina Commedia*, a cura di G. Petrocchi, Mondadori, Milano 1966-67
Jacopone da Todi, *Laude*, a cura di F. Mancini, Laterza, Roma-Bari 1980
I poeti della scuola siciliana, a cura di R. Antonelli, C. Di Girolamo, R. Coluccia, 3 voll., Milano, Mondadori 2008
Giacomo da Lentini, *Poesie*, a cura di R. Antonelli, Bulzoni, Roma 1979
B. Panvini (a cura di), *Poeti italiani della corte di Federico II*, Liguori, Napoli 1994
Guittone d'Arezzo, *Le rime*, a cura di F. Egidi, Laterza, Bari 1940
G. Contini (a cura di), *Poeti del Duecento*, II, Ricciardi, Milano-Napoli 1960
G. Cavalcanti, *Rime*, a cura di D. De Robertis, Torino, Einaudi 1986
C. Angiolieri, *Le rime*, a cura di A. Lanza, Archivio Guido Izzi, Roma 1990
R. Filippi, *Sonetti*, a cura di P. V. Mengaldo, Einaudi, Torino 1971
D. Alighieri, *Rime*, a cura di G. Contini, Einaudi, Torino 1965
M. Barbi (a cura di), *Le opere di Dante*, vol. 1, Società dantesca italiana, Firenze 1960
M. Marti (a cura di), *Poeti del Dolce stil novo*, Le Monnier, Firenze 1969
M. Marti (a cura di), *Poeti giocosi del tempo di Dante*, Rizzoli, Milano 1956
I. Passavanti, *Specchio di vera penitenza*, in G. Baldassarri (a cura di), *Racconti esemplari di predicatori del Due e Trecento*, vol. 2, Salerno, Roma 1993
Caterina da Siena, *Lettere*, a cura di G. Anodal, Bibliotheca Fides, Roma 1973
G. Favati (a cura di), *Novellino*, Fratelli Brozzi, Genova 1970
G. Villani, *Nuova cronica*, a cura di G. Porta, Fondazione P. Bembo/Guanda, Parma 1990
M. Polo, *Il Milione*, a cura di V. Bertolucci Pizzorusso, Adelphi, Milano 1975
D. Alighieri, *Vita nuova*, a cura di M. Barbi, Le Monnier, Firenze 1932
D. Alighieri, *Rime*, a cura di G. Contini, Einaudi, Torino 1965
D. Alighieri, *Convivio*, a cura di F. Brambilla Ageno, Le Lettere, Firenze 1995
D. Alighieri, *De vulgari eloquentia*, a cura di P. V. Mengaldo, Ricciardi, Milano-Napoli 1996
D. Alighieri, *De Monarchia*, in P. Gaia [a cura di], *Opere minori di Dante Alighieri*, Utet, Torino 1986
F. Petrarca, *Prose*, trad. di E. Carrara, Ricciardi, Milano-Napoli 1955
F. Petrarca, *Opere*, vol. I, trad. di E. Bianchi, ed. critica di V. Rossi e U. Bosco, Sansoni, Firenze 1975
F. Petrarca, *Canzoniere*, a cura di G. Contini, Einaudi, Torino 1992
G. Boccaccio, *Elegia di madonna Fiammetta*, Garzanti, Milano 1988
G. Boccaccio, *Decameron*, a cura di V. Branca, in *Tutte le opere di G. Boccaccio*, vol. IV, Mondadori, Milano 1976
G. Boccaccio, *Corbaccio*, a cura di P. G. Ricci, Einaudi, Torino 1977
G. Chaucer, *I racconti di Canterbury*, trad. di E. Barisone, Utet, Torino 1967
F. Sacchetti, *Trecentonovelle*, a cura di E. Faccioli, Einaudi, Torino 1970

Referenze iconografiche:

pp.2-3: © 2018. A. Dagli Orti/Scala, Firenze; p.5: Scala, Firenze/"Medioevo", n.3, 2007; p.6: © Photoservice Electa/AKG Images/British Library; Vaticana. © 2018. Foto Scala, Firenze; p.8: Clic foto, 1990; p.9: Museo Correr, Venezia; p.12: University Library, Aberdeen; © The Art Archive/Bodleian Library Oxford; p.13: Biblioteca Monumentale e Archivio Storico, Montecassino/Skira 2001; p.14: Nationalbibliothek, Vienna; Dnalor 01, 2014/Wikimedia; p.17: Archivi Alinari, Firenze/ Ghigo Roli; © 2018 DeA Picture Library, concesso in licenza ad Alinari/Nimatallah G.; p.18: © 2018. Foto Scala, Firenze; Elisabetta Ivaldi, 2011/ conosciparma.it ; p.19: © A. Dagli Orti/Scala, Firenze;p.20: The Art Archive/Collection Dagli Orti; p.22: Wikipedia; p.24: Il Mulino,1994; p.25: Musée Atger, Montpellier; p.31: Biblioteca Nazionale Russa, San Pietroburgo/Diligent, 2009/Wikimedia; p.35: Mossot, 2009/Wikimedia; p.37: © Foto Pierpont Morgan Library/Art Resource/Scala, Firenze; p.38: Biblioteca Medicea Laurenziana, Firenze; p.42: Photo by JHU Sheridan Libraries/Gado/©2018 gettyimages; p.44: Library of the Ruprecht Karl University, Heidelberg; p.48: ©RMN-Réunion des Musées Nationaux/ distr. Alinari, Daniel Arnaudet; pp.60-61apertura??: ©2018 Raffaello Bencini/Archivi Alinari, Firenze; p.62: Biblioteca Marciana, Venezia; p.63: Museo dellìOpera del Duomo,Firenze/"Medioevo", 58, nov.2001; p.64: Civiche Raccolte d'Arte del Castello Sforzesco, Milano; p.67: Burgerbibliothek, Berna; p.68: © 2018. DeAgostini Picture Library/Scala, Firenze; p.69: © 2018. White Images/Scala, Firenze; © 2018. White Images/Scala, Firenze;p.73: © Icponline;p.75: © A. Dagli Orti/Scala, Firenze; © Photos.com, 2011; © akg/Bildarchiv Monheim; © HUANG Zheng/2013 Shutterstock.com; © Foto Scala, Firenze; p.77: ©Foto Scala, Firenze; p.82: Basilica Inferiore di San Francesco, Assisi; p.85: ©2018 De Agostini Picture Library/gettyimages; p.89: © softdelusion66/Shutterstock.com, 2016; p.90: ©Foto Scala, Firenze; p.95: © beboy/ Shutterstock. com, 2018; p.96: : ©2018 MONDADORI PORTFOLIO/Electa/Antonio Quattrone; p.97: © 2018. Foto Scala, Firenze; p.98: Basilica Inferiore di San Francesco,Assisi; p.112: Biblioteca Capitolare, Salerno; p.141: Minneapolis Institute of Arts/Giulio Einaudi Editore,1999; p.143: Biblioteca Nazionale Centrale, Firenze; p.154: © 2018. Veneranda Biblioteca Ambrosiana/DeAgostini Picture Library/Scala, Firenze; p.158: Bibliothèque Nationale de France, Parigi; p.159: British Library, Londra; p.161: sdecoret / Shutterstock.com, 2018; p.163: © 2018. Photo Josse/Scala, Firenze; p.164: Motta Editore, 1997/Palazzo Pubblico, Siena; .166: "Medioevo", n.5, 52, maggio 2001; p.169: © 2018. Veneranda Biblioteca Ambrosiana/DeAgostini Picture Library/Scala, Firenze; p.177: u.arizona.edu; p.179: De Besanez/Marka; p.182: The National Gallery, Londra/Wikimedia; p.184: © Mary Evans/Archivi Alinari; p.185: Biblioteca Medicea Laurenziana, Firenze/ ulio Einaudi Editore, Torino/ Gruppo Editoriale L'Espresso, 2007; p.189: © Foto Scala,Firenze - su concessione Ministero Beni e Attività Culturali; p.193: Castello del Buonconsiglio, Trento/ M. Smith, 1986; p.198: Archivio Seat/Archivi Alinari; p.199: © 2018 Paul Fearn / Alamy Stock Photo; p.202: © 2018 Pal Szilagyi Palko / Alamy Stock Photo; p.203: Pinacoteca di Brera, Milano; © 2018. Image copyright The Metropolitan Museum of Art/Art Resource/Scala, Firenze; p.207: Biblioteca Laurenziana, Firenze/DeAgostini Picture Library/Scala, Firenze; p.208: Biblioteca Nazionale, Torino; p.215: © 2018. Veneranda Biblioteca Ambrosiana/DeAgostini Picture Library/Scala, Firenze; p.221: sailko 2009/CC BY 2.5/Wikimedia; p.225: Parigi, Bibliothèque Nationale./ Medioevo, n.9, 56, settembre 2001; p.226: Elvonudinium, 2016/Wikimedia; p.229: Archivio Nazionale, Lucca; pp.236-237: © 2017. A. Dagli Orti/Scala, Firenze; p.238: © Icponline; p.240: British Museum, Londra; p.241: ©Only Fabrizio/Shutterstock;©Foto Scala, Firenze/bpk, Bildagentur fuer Kunst, Kultur und Geschichte, Berlino; A. Dagli Orti, 1996; p.247: ©Foto Scala, Firenze - su concessione Ministero Beni e Attività Culturali; p.251: Ghigo Roli/Franco Cosimo Panini Editore © su licenza Fratelli Alinari; ©Foto Scala, Firenze - su concessione Ministero Beni e Attività Culturali; Cappella degli Scrovegni, Padova/Archivi Alinari, Firenze; p253: ©2018. Foto Scala, Firenze; p.256: © 2018. Foto Scala,Firenze - su concessione Ministero Beni e Attività Culturali e del Turismo; p.257: ©2018. Foto Scala,Firenze; Biblioteca Apostolica Vaticana, Città del Vaticano; The British Library, Londra; Cattedrale di Santa Maria del Fiore, Firenze; ©2018. A. Dagli Orti/Scala, Firenze; p.258: ©2018. Foto Scala,Firenze; p.261: iCastello Malaspina, Fosdinovo; p.262: Museo di Castelvecchio, Verona; p.264:©S.Dalì by SIAE/ Roma, 2018/MONDADORI PORTFOLIO/ALBUM; p.269: Walker Art Gallery, Liverpool; p.271: : ©2018 World History Archive / Alamy Stock Photo; ©2018 World History Archive / Alamy Stock Photo; p.285: ©Mary Evans/20016 Archivi Alinari; p.288: internet; p.314: Biblioteca Apostolica Vaticana, Città del Vaticano; p.318: ©2018. DeAgostini Picture Library/Scala, Firenze; p.321: National Gallery of Victoria, Melbourne; p.322: © R. Guttuso by SIAE/Roma, 2018; p.323: Cornell University Library; p.324:©S.Dalì by SIAE/Roma, 2018/©Fine Art Images/Archivi Alinari, Firenze; p.325: The British Library, Londra; p.328: ©2018. Digital image,The Museum of Modern Art, New York/Scala, Firenze; p.332: © DeAgostini Picture Library/Scala, Firenze; p.340: K. B.Reynal /National Portrait Gallery, Londra; p.344: Musée Turpin de Crissé, Angers; p.347: Biblioteca Comunale, Imola; p.352: © Valentyn Volkov/Shutterstock.com; p.353: © Valentyn Volkov/ Shutterstock.com; p.357: © R. Guttuso by SIAE/Roma, 2018; p.359: Tate Gallery, Londra; p.360: Bodleian Library, Oxford University; p.370: Bodleian Library, Oxford University; p.372: : © 2018 MONDADORI PORTFOLIO/LEEMAGE; p.378: Staatliche Museen zu Berlin, Preussischer Kulturbesitz, Kupferstichkabinett, Berlino; p.387: outrapagina.com; p.391: ©Kobra 2018; p.404: ©2018 Bibliothèque Nationale de France, Fine Art Images/Archivi Alinari, Firenze; p.405: 011 Shutterstock.com; Biblioteca Laurenziana Medicea, Firenze; mond.; Biblioteca Apostolica Vaticana, Città del Vaticano; internet; p.406: Galleria Sabauda, Torino; Kunsthistisches Museum, Vienna/Wikimedia; p.409: ©2018 Dave Pattison / Alamy Stock Photo; p.411: Biblioteca Ambrosiana, Milano; p.415: Chiesa di Ognissanti, Firenze; p.419: © Foto Scala, Firenze; p.424: Bibliothèque nationale de France, Parigi; p.428: Venezia, Museo Correr/"Medioevo", anno 8, n. 6, giugno 2004; p.430: Casa del Petrarca, Arquà/"Medioevo", n.6, giugno 2004; p.431: Palazzo del Liviano, Padova/"Medioevo", giugno 2004; p.434: internet; p.447: DeAgostini Picture Library/Scala, Firenze; p.450: ©2018 René-Gabriel Ojéda /RMN-Réunion des Musées Nationaux/ distr. Alinari; p.457: Biblioteca Civica Queriniana, Brescia/Medioevo, n.6 (89), maggio 2004; p.459: C. Parmiggiani By SIAE/Roma, 2018/Collezione Compiani/R.C.S. Libri, 2000; p.470: ©2018 Bibliothèque Nationale de France; p.471: Museo Correr, Venezia/"Medioevo", anno 8, n. 6, giugno 2004; p.478: © 2018. A. Dagli Orti/Scala, Firenze; p.485: © Raphael GAILLARDE/Gamma-Rapho via Getty Images; p.486: © MONDADORI PORTFOLIO/Adriano Alecchi; p.489: Biblioteca Nazionale Centrale di Firenze, Firenze; Bibliothèque Nationale de France, Parigi; Österreichische Nationalbibliothek, Vienna; p.506: Galleria degli Uffizi, Firenze; p.507: Matteo Tani 2008/Wikipedia; www.itinerarintoscana.it; Metropolitan Museum, New York/Medioevo, n.1, 12, gennaio 1998; Bodleian Library, Oxford/1999, Giulio Einaudi editore; Bibliothèque Nationale de France, Parigi/ Giulio Einaudi Editore; Wikipedia; p.508: www.itinerarintoscana.it; © Foto Scala, Firenze - su concessione Ministero Beni e Attività Culturali; p.510: Galleria dell›Accademia, Venezia; p.512: Bibliothèque Nationale de France, Parigi/ Giulio Einaudi Editore; p.515: Bodleian Library, Oxford/1999, Giulio Einaudi Editore; Biblioteca Oratoriana del Monumento Nazionale dei Gerolamini/Giulio Einaudi editore; p.516: ©2018 Artothek/Archivi Alinari, Christie's Images; p.523: © 2018 Foto Scala, Firenze; p.525: Österreichische Nationalbibliothek, Vienna; Bibliothèque Nationale de France, Parigi/ Giulio Einaudi Editore; p.531: © 2018. Foto Scala, Firenze; p.533: © Foto Scala, Firenze/Heritage Images; p.536: Bodleian Library, Oxford/Phaidon, Londra, 1994; p.540: © 2018. Foto Scala, Firenze; p.551: Biblioteca del Museo di Storia della Fotografia Fratelli Alinari, Firenze; p.563: 90.© 2018. Foto Scala, Firenze/bpk, Bildagentur fuer Kunst, Kultur und Geschichte, Berlin; p.564: © Cienpies Design 2018/Shutterstock.com; p577: Bibliothèque Nationale de France, Parigi; p.580: internet; p.588: Laing Art Gallery, Newcastle; p.602: Museo Nacional del Prado, Madrid; p.608: © The Bridgeman Art Library/Archivi Alinari, Firenze / Biblioteca Monasterio del Escorial, Madrid; p.611: Bibliothèque Nationale de France, Parigi; p.614: ©2018 Biblioteca del Museo di Storia della Fotografia Fratelli Alinari, Firenze; p.618: Osterreichische Nationalbibliothek, Vienna/Giulio Einaudi Editore; p.621: ANSA; p.627: http:/ bookhaven.stanford.edu; p.663: .© 2018 Art Collection 2 / Alamy Stock Photo; p.666: Biblioteca Medicea Laurenziana, Firenze; p.668: © 2018. DeAgostini Picture Library/Scala, Firenze; p.672: Konemann/Hulton Getty; p.675: alamy; p.685: © Silvano Campeggi; p.691: Archivio di Stato, Lucca/Medioevo, n. 3, 110, marzo 2006;